MAX-PLANCK-INSTITUT
FÜR AUSLÄNDISCHES ÖFFENTLICHES RECHT
UND VÖLKERRECHT

Beiträge zum ausländischen öffentlichen Recht und Völkerrecht

Begründet von Viktor Bruns

Herausgegeben von
Armin von Bogdandy · Anne Peters

Band 272

Jochen Rauber

Strukturwandel als Prinzipienwandel

Theoretische, dogmatische und methodische Bausteine eines Prinzipienmodells des Völkerrechts und seiner Dynamik

The Changing Structure of International Law as a Change of International Law's Foundational Principles

(English Summary)

Springer

ISSN 0172-4770 ISSN 2197-7135 (electronic)
Beiträge zum ausländischen öffentlichen Recht und Völkerrecht

ISBN 978-3-662-55470-8 ISBN 978-3-662-55471-5 (eBook)
https://doi.org/10.1007/978-3-662-55471-5

Die Deutsche Nationalbibliothek verzeichnet diese Publikation in der Deutschen Nationalbibliografie; detaillierte bibliografische Daten sind im Internet über http://dnb.d-nb.de abrufbar.

Springer

Gedruckt auf säurefreiem und chlorfrei gebleichtem Papier

Springer ist Teil von Springer Nature
Die eingetragene Gesellschaft ist Springer-Verlag GmbH Deutschland
Die Anschrift der Gesellschaft ist: Heidelberger Platz 3, 14197 Berlin, Germany

„Le principe commande les règles; on peut changer une règle sans renverser un principe, mais si on change un principe il faut modifier une série de règles."

Georges Ripert, RdC 44 (1933-II), S. 565 (582).

Vorwort

Das vorliegende Buch beruht auf meiner Dissertation, die im Wintersemester 2015/2016 von der Juristischen Fakultät der Universität Heidelberg angenommen und inzwischen mit dem Förderpreis 2016 der Darmstädter Juristischen Gesellschaft e.V. sowie dem Walter-Witzenmann-Preis 2017 der Heidelberger Akademie der Wissenschaften ausgezeichnet wurde. Für die Drucklegung wurden Schrifttum, Rechtsprechung und Ratifikationsstände der zitierten Verträge zuletzt im August 2016 aktualisiert, spätere Entwicklungen konnten nur noch vereinzelt berücksichtigt werden.

Über die Jahre der Entstehung dieser Arbeit haben mich viele Menschen begleitet, ihnen allen möchte ich auf diesem Wege Danke sagen.

Mein herzlicher Dank gilt an erster Stelle meinem Doktorvater, Herrn Professor Dr. Bernd Grzeszick, LL.M., der mir an seinem Lehrstuhl eine akademische Heimat gegeben und mein Promotionsvorhaben mit wissenschaftlicher Neugier und Geduld begleitet hat. Sein Zuspruch und seine vorbehaltlose Förderung haben großen Anteil am Gelingen dieser Arbeit.

Frau Professorin Dr. Anne Peters, LL.M. danke ich für ein anregendes Zweitgutachten. Ihr und Professor Dr. Armin von Bogdandy bin ich für die Aufnahme in die Schriftenreihe „Beiträge zum ausländischen öffentlichen Recht und Völkerrecht“ sehr verbunden.

Wertvolle Denkanstöße, Hinweise und Kritik verdanke ich all denjenigen, die im Lauf der Zeit Teile der Arbeit mit mir diskutiert haben. Insbesondere Dr. Patrick Hilbert und Tobias Hofmann haben mich nicht nur vor manchem Fehler bewahrt, sondern mir gerade in schwierigen Phasen die Freude am gemeinsamen Nachdenken erhalten. In allen rechtstheoretischen Fragen hat mir Professor Dr. Martin Borowski wiederholt als Gesprächspartner zur Seite gestanden, zuletzt als Vorsitzender der Disputation. Darüber hinaus bin ich den Teilnehmern des Trierer Doktorandenkolloquiums von Professor Dr. Alexander Proelß, der AjV-Tagung in Göttingen sowie der von Professor Dr. Armin von Bogdandy initiierten 2. Max-Planck-Masterclass mit Professor Dr. Jürgen Habermas für wichtige Anregungen dankbar. Dort hatte ich Gelegenheit, mein Vorhaben in unterschiedlichen Stadien seiner Entstehung vorzustellen.

Ebenfalls wesentlich profitiert hat die Arbeit von den Phasen konzentrierten Schreibens, die ich während eines kurzen Aufenthalts am Lauterpacht Center der Universität Cambridge und eines Forschungssemesters am DFG-Graduiertenkolleg „Verfassung jenseits des Staates" an der Humboldt-Universität zu Berlin verbringen durfte. Dass ich oft auch in Heidelberg die notwendigen Freiräume fand, um mich ganz auf die Arbeit zu konzentrieren, verdanke ich der großzügigen Unterstützung durch die Landesgraduiertenförderung Baden-Württemberg.

Ingo Evers hat schließlich die Mühen des Lektorats auf sich genommen, wofür ich ihm herzlich danke.

In guter Erinnerung behalten werde ich die Promotionszeit nicht zuletzt dank all der Freundinnen und Freunde, die vor allem in Heidelberg und Berlin das tägliche Freud und Leid der Promotion mit mir geteilt haben. Stellvertretend für sie alle gilt mein Dank meinen Bürokolleginnen und -kollegen Dr. Franziska Buchwald, Dr. Katharina Stock, Jonathan Bauerschmidt und Matteo Bozzon.

Besonders bedanken möchte ich mich schließlich bei meiner Familie, insbesondere bei meiner Mutter Doris Dietrich, die meinen bisherigen Ausbildungsweg vorbehaltlos unterstützt und in vielerlei Hinsicht gefördert hat. Mehr aber als jeder andere hat meine Freundin, Dr. Lisa Evers, die Entstehung der Arbeit miterlebt. Sie an meiner Seite zu wissen, war und ist meine wichtigste Stütze.

Mannheim, im Februar 2017 Jochen Rauber

Inhaltsverzeichnis

Abkürzungsverzeichnis

Abs.	Absatz
Abschn.	Abschnitt
AcP	Archiv für die civilistische Praxis
AJCL	American Journal of Comparative Law
AJIL	American Journal of International Law
Akad.-Ausg.	Akademie-Ausgabe
Am. J. Juris.	American Journal of Jurisprudence
Am. U. Int'l L. Rev.	American University International Law Review
AöR	Archiv des öffentlichen Rechts
ARIEL	Austrian Review of International and European Law
ARS	Articles on Responsibility of States for Internationally Wrongful Acts
ARSP	Archiv für Rechts- und Sozialphilosophie
Asian JIL	Asian Journal of International Law
ASIL Proc.	American Society of International Law Proceedings
AJCL	American Journal of Comparative Law
AJPIL	Austrian Journal of Public and International Law
ASEAN	Association of South East Asian States
AsianYIL	Asian Yearbook of International Law
Austl. Int'l L. J.	Australian International Law Journal
AusYIL	Australian Yearbook of International Law
AVR	Archiv des Völkerrechts
B. U. Int'l L. J.	Boston University International Law Journal
B.C. Int'l & Comp. L. Rev.	Boston College International & Comparative Law Review
Bd.	Band
BDGIR	Berichte der Deutschen Gesellschaft für Internationales Recht
BDGVR	Berichte der Deutschen Gesellschaft für Völkerrecht
BGBl.	Bundesgesetzblatt
BGH	Bundesgerichtshof

BGHSt	Entscheidungen des Bundesgerichtshofs in Strafsachen
Berkeley J. Int'l L.	Berkeley Journal of International Law
Brook. J. Int'l L.	Brooklyn Journal of International Law
BVerfG	Bundesverfassungsgericht
BVerfGE	Entscheidungen des Bundesverfassungsgerichts
BVerfGG	Bundesverfassungsgerichtsgesetz
BVerwGE	Entscheidungen des Bundesverwaltungsgerichts
BYIL	British Yearbook of International Law
Cal. L. Rev.	California Law Review
Cal. W. Int'l L. J.	California Western International Law Journal
Cambridge Y.B. Eur. Legal Stud.	Cambridge Yearbook of European Legal Studies
CanadianYIL	Canadian Yearbook of International Law
Cardozo J. Int'l & Comp. L.	Cardozo Journal of International & Comparative Law
CARICOM	Caribbean Community and Common Market
CLJ	The Cambridge Law Journal
CLP	Current Legal Problems
Colum. L. R.	Columbia Law Review
Colum. J. Envtl. L.	Columbia Journal of Environmental Law
Colum. J. Transnat'l L.	Columbia Journal of Transnational Law
COMESA	Common Market for Eastern and Southern Africa
Conn. J. Int'l L.	Conneticut Journal of International Law
ders.	derselbe
dens.	denselben
dies.	dieselbe(n)
Diss.	Dissertation
Diss. Op.	Dissenting Opinion
DJZ	Deutsche Juristen-Zeitung
Doc.	Document
DÖV	Die Öffentliche Verwaltung
Duke J. Comp. & Int'l L.	Duke Journal of Comparative & International Law
DVBl	Deutsches Verwaltungsblatt
ebd.	ebenda
ECOSOC	Economic and Social Council
ECOWAS	Economic Community of West African States
EGMR	Europäischer Gerichtshof für Menschenrechte

EJIL	European Journal of International Law
EJLS	European Journal of Legal Studies
EKMR	Europäische Kommission für Menschenrechte
EMRK	Europäische Menschenrechtskonvention
EPIL	Encyclopedia of Public International Law
ETS	European Treaty Series
EU-GRCh	Charta der Grundrechte der Europäischen Union
EuGH	Gerichtshof der Europäischen Union
EuGRZ	Europäische Grundrechte-Zeitschrift
EUV	Vertrag über die Europäische Union
EuZW	Europäische Zeitschrift für Wirtschaftsrecht
EuR	Europarecht
Fa. A & M U. L. Rev.	Florida A & M University Law Review
FAZ	Frankfurter Allgemeine Zeitung
FG	Festgabe
Fordham L. Rev.	Fordham Law Review
FS	Festschrift
FYIL	Finnish Yearbook of International Law
GA	Generalanwalt / General Assembly
Ga. J. Int'l & Comp. L.	Georgia Journal of International and Comparative Law
GATT	General Agreement on Tariffs and Trade
Geo. J. Int'l L.	Georgetown Journal of International Law
German L. J.	German Law Journal
GK	Genfer Konvention / Große Kammer
GlobCon	Global Constitutionalism
GoJIL	Göttingen Journal of International Law
GS	Gedächtnisschrift
GV	Generalversammlung
GYIL	German Yearbook of International Law
Harv. Int'l L. J.	Harvard International Law Journal
Harv. J. L. & Pub. Pol'y	Harvard Journal of Law & Public Policy
Harv. L. Rev.	Harvard Law Review
Hastings Int'l & Comp. L. Rev.	Hastings International & Comparative Law Review
HJRL	Hague Journal on the Rule of Law
Hous. J. Int'l L.	Houston Journal of International Law
HRLJ	Human Rights Law Journal
Hrsg.	Herausgeber
HStR	Handbuch des Staatsrechts der Bundesrepublik Deutschland

Hum. Rts. Q.	Human Rights Quarterly
HuV-I	Humanitäres Völkerrecht – Informationsschriften
IACHR	Inter-American Court of Human Rights
IAGMR	Inter-Amerikanischer Gerichtshof für Menschenrechte
IAKMR	Inter-Amerikanische Kommission für Menschenrechte
ICAO	International Civil Aviation Organization
ICGLR	International Conference on the Great Lakes Region
ICJ Rep	International Court of Justice – Reports of Judgments, Advisory Opinions and Orders
ICLQ	International and Comparative Law Quarterly
ICLR	International Community Law Review
ICSID	International Centre for Settlement of Investment Disputes
IGH	Internationaler Gerichtshof
IILJ	Institute for International Law and Justice
ILC	International Law Commission
ILDC	International Law in Domestic Courts
ILM	International Legal Materials
ILR	International Law Reports
Ind. J. Global Leg. Stud.	Indiana Journal of Global Legal Studies
Indian JIL	Indian Journal of International Law
Int'l Crim. L. Rev.	International Criminal Law Review
Int'l Legal Persp.	International Legal Perspectives
Int'l Legal Theory	International Legal Theory
IO L. Rev.	International Organizations Law Review
IPbpR	Internationaler Pakt über bürgerliche und politische Rechte
IPwskR	Internationaler Pakt über wirtschaftliche, soziale und kulturelle Rechte
IRRC	International Review of the Red Cross
ISGH	Internationaler Seegerichtshof
IStGH	Internationale Strafgerichtshof
ItalianYIL	Italian Yearbook of International Law
IUCN	International Union for the Conservation of Nature
i.S.d.	im Sinne des
J. Conflict & Sec. L.	Journal of Conflict & Security Law

J. Int'l L. & Int' Rel.	Journal of International Law & International Relations
J. Int'l Legal Stud.	Journal of International Legal Studies
JA	Juristische Arbeitsblätter
JICJ	Journal of International Criminal Justice
JIEL	Journal of International Economic Law
JITE	Journal of Institutional and Theoretical Economics
JöR N.F.	Jahrbuch des Öffentlichen Rechts der Gegenwart (Neue Folge)
JStGH	Strafgerichtshof für das ehemalige Jugoslawien
JuS	Juristische Schulung
JWT	Journal of World Trade
JZ	JuristenZeitung
KSZE	Konferenz über Sicherheit und Zusammenarbeit in Europa
L. Q. Rev.	Law Quarterly Review
LA	Liber Amicorum
Law & Contemp. Probs.	Law and Contemporary Problems
LJIL	Leiden Journal of International Law
lit.	littera
Loy. L. A. Int'l & Comp. L. Rev.	Loyola of Los Angeles International and Comparative Law Review
LPICT	Law and Practice of International Courts and Tribunals
m.w.N.	mit weiteren Nachweisen
Melbourne J. Int'l L.	Melbourne Journal of International Law
Mich. J. Int'l L.	Michigan Journal of International Law
Mil. L. Rev.	Military Law Review
Minn. J. Int'l L.	Minnesota Journal of International Law
Modern L. Rev.	Modern Law Review
MPEPIL	Max Planck Encyclopedia of Public International Law
MPYUNL	Max Planck Yearbook of United Nations Law
MRA	Menschenrechtsausschuss der Vereinten Nationen
Ms.	Manuskript
N. Y. L. Sch. L. Rev.	New York Law School Law Review
NYU. J. Int'l L. & Pol.	NYU Journal of International Law & Politics
Neth. Q. Hum. Rts.	Netherlands Quarterly of Human Rights
New Eng. L. Rev.	New England Law Review

NGO	Non-Governmental Organization
NILR	Netherlands International Law Review
NJW	Neue Juristische Wochenschrift
No.	Number
NoFo	No Foundations. Journal of Extreme Legal Positivism
Nordic J. Int'l L.	Nordic Journal of International Law
NYIL	Netherlands Yearbook of International Law
NYU L. Rev.	New York University Law Review
NZYIL	New Zealand Yearbook of International Law
OAS	Organisation Amerikanischer Staaten
OECD	Organisation for Economic Co-operation and Development
Oxford J. Leg. Stud.	Oxford Journal of Legal Studies
ÖZöRV	Österreichische Zeitschrift für öffentliches Recht und Völkerrecht
Pace Envtl. L. Rev.	Pace Environmental Law Review
PCIJ	Permanent Court of International Justice
Penn St. Int'l L. Rev.	Penn State International Law Review
PolishYIL	Polish Yearbook of International Law
RabelZ	Rabels Zeitschrift für ausländisches und internationales Privatrecht
RBDI	Revue Belge de Droit International
RdA	Recht der Arbeit
RdC	Recueil des Cours. Collected Courses of the Hague Academy of International Law
Rdn.	Randnummer
RECIEL	Review of European Community and International Environmental Law
Res.	Resolution
Rg	Rechtsgeschichte
RGDIP	Revue Générale de Droit International Public
RIAA	Reports of International Arbitral Awards
RStGH	Strafgerichtshof für Ruanda
RW	Rechtswissenschaft
S.	Seite
S. Cal. L. Rev.	Southern California Law Review
SAARC	South Asian Association of Regional Cooperation
Santa Clara J. Int'l L.	Santa Clara Journal of International Law
Santa Clara L. Rev.	Santa Clara Law Review

SchweizJIR	Schweizerisches Jahrbuch für internationales Recht
Sep. Op.	Separate Opinion
Seton Hall Cir. Rev.	Seton Hall Circuit Review
Sp.	Spalte
SR	Sicherheitsrat
SRÜ	Seerechtsübereinkommen
Stan. L. Rev.	Stanford Law Review
Stan. Envtl. L. J.	Stanford Environmental Law Journal
Stan. J. Int'l L.	Stanford Journal of International Law
StIGH	Ständiger Internationaler Gerichtshof
StudZR	Studentische Zeitschrift für Rechtswissenschaft Heidelberg
Suffolk Transnat'l L. J.	Suffolk Transnational Law Journal
Sydney L. Rev.	Sydney Law Review
Syracuse J. Int'l L. & Com.	Syracuse Journal of International Law & Commerce
SZIER	Schweizerische Zeitschrift für Internationales und Europäisches Recht
Tex. L. Rev.	Texas Law Review
Tul. Envtl. L. J.	Tulane Environmental Law Journal
Tul. J. Int'l & Comp. L.	Tulane Journal of International and Comparative Law
u.a.	und andere
U. Chi. L. Rev.	University of Chicago Law Review
U. Tol. L. Rev.	University of Toledo Law Review
U. Pa. L. Rev.	University of Pennsylvania Law Review
U.C. Davis L. Rev.	University of California Davis Law Review
UCLA J. Int'l L. & For. Aff.	UCLA Journal of International Law & Foreign Affairs
UN	United Nations
UN-Charta	Charta der Vereinten Nationen
UNESCO	United Nations Educational, Scientific and Cultural Organization
UNTS	United Nations Treaty Series
Va. J. Int' L.	Virginia Journal of International Law
Vand. J. Transnat'l L.	Vanderbilt Journal of Transnational Law
Vand. L. Rev.	Vanderbilt Law Review
vgl.	vergleiche
VN	Vereinte Nationen
Vol.	Volume

VVDStRL	Veröffentlichungen der Vereinigung der Deutschen Staatsrechtslehrer
Wash. U. Global Stud. L. Rev.	Washington University Global Studies Law Review
Wis. Int'l L. J.	Wisconsin International Law Journal
WTO	World Trade Organization
WÜK	Wiener Übereinkommen über konsularische Beziehungen
WVK	Wiener Übereinkommen über das Recht der Verträge
Yale J. Int'l L.	Yale Journal of International Law
Yale L. J.	Yale Law Journal
YBILC	Yearbook of the International Law Commission
YBWA	Year Book of World Affairs
YIHL	Yearbook of International Humanitarian Law
ZaöRV	Zeitschrift für ausländisches öffentliches Recht und Völkerrecht
ZAU	Zeitschrift für angewandte Umweltforschung
ZÖR	Zeitschrift für Öffentliches Recht
ZP	Zusatzprotokoll
ZRP	Zeitschrift für Rechtspolitik

Einleitung

A. Problemstellung und methodischer Zugang

In der Völkerrechtstheorie ist es spätestens seit dem Erscheinen von *Wolfgang Friedmanns* „The Changing Structure of International Law“[1] üblich geworden, die Völkerrechtsordnung auch und gerade hinsichtlich ihrer strukturellen Veränderungen in den Blick zu nehmen. Die unter anderem von *Friedmann* vorgeschlagene Unterscheidung völkerrechtlicher Entwicklungsstufen wurde vielfach rezipiert[2] und die weiterhin aktuelle Diskussion über die Ausbildung eines internationalen Gemeinschaftsrechts[3] sowie die zahlreichen, meist unter dem Stichwort „Konstitutionalisierung“ firmierenden Versuche, das Völkerrecht oder einzelne seiner Teilbereiche als eine (im Entstehen befindliche) Verfassungsordnung zu begreifen,[4] zeugen davon, dass der Strukturwandel

---

[1] *W. Friedmann*, The Changing Structure of International Law, 1964.

[2] So unter anderem bei *A. Bleckmann*, AVR 23 (1985), S. 450 (464, 471 und öfters); *J. Delbrück*, Ind. J. Global Leg. Stud. 9 (2002), S. 401 (407); *A. Emmerich-Fritsche*, Vom Völkerrecht zum Weltrecht, 2007, S. 687 ff.; *I. Feichtner*, Community Interest, in: MPEPIL (online edition), Stand: Februar 2007, Rdn. 9; *B. Fassbender*, EuGRZ 30 (2003), S. 1 (3); *S. Hobe*, Duquesne Law Review 40 (2002), S. 655 (659); *J. Menzel*, Internationales Öffentliches Recht, 2011, S. 233 ff.; *M. Payandeh*, Internationales Gemeinschaftsrecht, 2010, S. 489; *M. Scheyli*, Konstitutionelle Gemeinwohlorientierung im Völkerrecht, 2008, S. 72 ff.; *B. Simma/A. Paulus*, EJIL 9 (1998), S. 266 (271); *C. Tomuschat*, RdC 281 (1999), S. 9 (56 ff.); *A. Verdross/B. Simma*, Universelles Völkerrecht, 3. Aufl. 1984, § 52 f.; *S. Villalpando*, EJIL 21 (2010), S. 387 (391 in Fn. 14).

[3] Siehe insbes. *M. Payandeh*, Internationales Gemeinschaftsrecht, 2010; *M. Nettesheim*, JZ 57 (2002), S. 569; ähnlich auch *S. Villalpando*, EJIL 21 (2010), S. 387 (419): „a helpful conceptual tool for understanding a general trend in the evolution of international law“; bereits zuvor zur Bedeutung der internationalen Gemeinschaft *A. Paulus*, Die internationale Gemeinschaft im Völkerrecht, 2001; *B. Simma*, RdC 250 (1994-VI), S. 217 ff.; *C. Tomuschat*, AVR 33 (1995), S. 1.

[4] Siehe dazu vor allem *J. Klabbers/A. Peters/G. Ulfstein*, The Constitutionalization of International Law, 2009; *T. Kleinlein*, Konstitutionalisierung im Völkerrecht, 2012; *M. Scheyli*, Konstitutionelle Gemeinwohlorientierung im Völkerrecht, 2008; siehe ferner die Nachweise auf S. 124 ff.

J. Rauber, *Strukturwandel als Prinzipienwandel*, Beiträge zum ausländischen öffentlichen Recht und Völkerrecht, https://doi.org/10.1007/978-3-662-55471-5_1

des Völkerrechts seine Faszination als Forschungsgegenstand noch immer nicht eingebüßt hat.[5]

Auch die vorliegende Arbeit begibt sich auf dieses Terrain und versucht zu einem besseren Verständnis aktueller Strukturveränderungen der Völkerrechtsordnung beizutragen. Der Zugang, den sie dazu wählt, beruht auf der Überlegung, dass die These, die Struktur der Völkerrechtsordnung sei im Wandel begriffen, nur einer induktiven Begründung zugänglich ist. Als abstrahierende Aussage über die Völkerrechtsordnung in ihrer Gesamtheit steht die Strukturwandelthese am Ende einer empirischen Analyse, die ihren Anfang in der Beobachtung einzelner, durchaus konkreter Veränderungserscheinungen nimmt. Verweist etwa die Konstitutionalisierungslehre zu ihrer Begründung auf die veränderte Interpretation des Friedensbegriffs in Art. 39 UN-Charta, auf das Aufkommen völkerrechtlicher Menschenrechtsschutzsysteme oder die abnehmende Bedeutung des Staatenkonsenses im Rahmen der Rechtsnachfolge in humanitäre Verträge,[6] so wird deutlich, dass es letztlich Veränderungen konkreter Einzelregelungen sind, die Anlass für die These geben, die gesamte Struktur des Völkerrechts sei in Bewegung. Jedenfalls *prima facie* zeigt sich der Strukturwandel des Völkerrechts somit in Form von Regelveränderungen; sei es, dass neue Regeln entstehen, die sich in die bisherige Struktur der Völkerrechtsordnung nicht bruchlos einfügen oder sei es, dass sich die Bedeutung bereits bestehender Regeln verschiebt und diese so aus den Grenzen der bisherigen Struktur ausbrechen. Erst in der abstrahierenden Gesamtschau dieser Einzelregelentwicklungen lässt sich von einem Wandel völkerrechtlicher Strukturen sprechen; und erst im Rahmen einer solchen Abstraktion entstehen Kategorien wie Konstitutionalisierung oder Internationales Gemeinschaftsrecht.

Sofern sich das Schrifttum mit dem Wandel des Völkerrechts auseinandersetzt, bestimmt bisher meist die Suche nach angemessenen Begriffen und Kategorien zur Beschreibung der Entwicklung die Debatte und so gerät oftmals aus dem Blick, dass die Regelveränderungen, die am Anfang der Strukturwandeldiagnose stehen, aus rechtswissenschaftlicher Perspektive vielfach nicht nur einer angemessenen Beschreibung, sondern auch einer dogmatischen Begründung und Rechtfertigung bedür-

---

[5] Neben diese Strömungen tritt seit einiger Zeit die Diskussion über eine Transnationalisierung des Rechts, die radikale Strukturveränderungen nicht nur des Völkerrechts, sondern des Rechts insgesamt ausmacht, siehe dazu statt vieler *L. Viellechner*, Transnationalisierung des Rechts, 2013.

[6] So z.B. *J. A. Frowein*, BDGVR 39 (1999), S. 427 (435 ff.).

fen.[7] Besonders deutlich zeigt sich das dort, wo sich der Bedeutungswandel bestehender Normen oder die Entstehung strukturfremder Rechtsregeln nicht unmittelbar auf staatliche Rechtsetzungsakte zurückführen lässt; denn oftmals ist es die Rechtsprechung internationaler Gerichte, die für die strukturverändernden Bedeutungsverschiebungen und Neuerungen im völkerrechtlichen Regelbestand verantwortlich zeichnet und die insofern den Motor völkerrechtlicher Dynamik darstellt. Angesichts dessen kann sich ein angemessenes Verständnis der aktuellen völkerrechtlichen Strukturveränderungen nicht darauf beschränken, die beobachtbaren Entwicklungen in treffenden Paradigmen zu beschreiben. Vielmehr bedarf es der Ergänzung durch eine Theorie völkerrechtlichen Strukturwandels, die die zugrundeliegenden Regelmodifikationen – allen voran die richterrechtlich angestoßenen – auch begründen und in die Dogmatik des Völkerrechts integrieren kann. Mit dem Ziel, eine Theorie zu skizzieren, die eben dies vermag, wählt die vorliegende Arbeit einen dezidiert normativen Zugang auf die Phänomene des völkerrechtlichen Strukturwandels: einen Zugang, der sich nicht um begriffliche Kategorisierungen bemüht, sondern die Frage nach dem normativen Grund und der dogmatischen Rechtfertigung völkerrechtlicher Regeldynamik in das Zentrum der Untersuchung rückt.

B. Kernthese der Arbeit

Die Kernthese, die die vorliegende Arbeit in Antwort auf diese Frage entwickelt, lässt sich mit der bereits im Titel enthaltenen Formel „Strukturwandel als Prinzipienwandel" resümieren und lautet wie folgt: Der Wandel der Strukturen des Völkerrechts und die Regelveränderungen, die ihn ausmachen, finden ihren normativen Grund darin, dass das Völkerrecht neue Grundprinzipien ausbildet, deren Wertungen auf die bestehenden völkerrechtlichen Regeln durchschlagen. Die Regelveränderungen, an die die Strukturwandelthese anknüpft, sind deshalb als Anpassungsvorgänge zu verstehen, die sich darum bemühen, den etablierten Regelbestand des Völkerrechts an den in einem veränderten Kreis völkerrechtlicher Grundprinzipien verkörperten Wertungen der Völkerrechtsordnung auszurichten. Im Rahmen dieser Anpassungsvorgänge fungieren die neu entstandenen Völkerrechtsprinzipien als ver-

[7] In der Sache ebenso *M. Payandeh*, Internationales Gemeinschaftsrecht, 2010, S. 3.

bindlich zu berücksichtigende Argumente, die die Neuinterpretation oder Fortbildung bestehender Regeln nicht nur plausibel, sondern zuweilen sogar erforderlich machen können. Rechtsdogmatisch werden die konkreten Strukturwandelphänomene damit in weiten Teilen als prinzipienbasierte Auslegungen oder Rechsfortbildungen erfassbar, sodass sich der Wandel völkerrechtlicher Strukturen letztlich als (Konsequenz eines) Wandel(s) völkerrechtlicher Prinzipien begreifen lässt.

C. Gang der Untersuchung

Der erste Teil der Analyse, die diese These stützen soll, dient vor allem der rechtstatsächlichen Bestandsaufnahme. Er gibt einen Überblick über die rechtlichen Phänomene und Entwicklungen, die sich als Einzelausprägungen des völkerrechtlichen Strukturwandels begreifen lassen und arbeitet heraus, auf welche Weise sich kommunitäre und konstitutionalistische Völkerrechtstheorien um die Erfassung dieser Entwicklungen bemühen. Im Zentrum steht dabei einerseits das Anliegen, mit den Einzelphänomenen des völkerrechtlichen Strukturwandels den Gegenstand der Untersuchung zu konkretisieren und andererseits durch den Blick auf bisherige Analyseansätze die skizzierte Problemstellung genauer zu umreißen.

Vor diesem Hintergrund legt der zweite Teil der Arbeit die rechtstheoretischen Grundlagen der „Strukturwandel als Prinzipienwandel"-These dar. Anknüpfend an die insbesondere von *Robert Alexy* ausgearbeitete Prinzipientheorie[8] definiert er das im Rahmen der Untersuchung zugrunde gelegte Prinzipienverständnis und analysiert das Verhältnis von Regeln und Prinzipien. Dabei deckt er auf, dass sich Rechtsprinzipien als Regelgründe verstehen lassen und rechtliche Regeln als Ergebnis einer Abwägung der ihnen zugrundeliegenden Rechtsprinzipien rekonstruierbar sind. So wird klar, dass mit dem Entstehen neuer Rechtsprinzipien bisher unbekannte Regelgründe auf den Plan treten, die – obwohl sie ebenfalls in die regelbegründende Abwägung einzustellen sind – in den regelförmigen Abwägungsergebnissen bisher keinen Niederschlag gefunden haben. Mit der Darlegung dieses

---

[8] Siehe nur *R. Alexy*, Theorie der Grundrechte, 1986, S. 75 ff.; *ders.*, in: ders., Recht, Vernunft, Diskurs, 1995, S. 177; *M. Borowski*, Grundrechte als Prinzipien, 2. Aufl. 2007; *J.-R. Sieckmann*, Regelmodelle und Prinzipienmodelle des Rechtssystems, 1990.

Zusammenhangs von Regeln und Prinzipien verfolgt das zweite Kapitel das Ziel, die zentrale Annahme der „Strukturwandel als Prinzipienwandel"-These – die Annahme, dass das Entstehen neuer Rechtsprinzipien bestehende Regeln nicht unberührt lässt – zunächst auf einer abstrakten, rechtstheoretischen Ebene zu plausibilisieren.

Ob die Theorie auch im positiven Völkerrecht Anknüpfungspunkte findet, untersuchen die folgenden Teile der Arbeit. Das dritte Kapitel eruiert dazu zunächst die Entstehungsbedingungen völkerrechtlicher Prinzipien, um aufbauend auf den dabei gewonnenen Ergebnissen die Entwicklung des völkerrechtlichen (Grund-)Prinzipienbestands darzustellen und mit der Feststellung, dass sich der Bestand völkerrechtlicher Grundprinzipien wandelt, zugleich die tragende empirische Prämisse der „Strukturwandel als Prinzipienwandel"-These zu belegen. Dabei zeigen die angestellten Überlegungen auf, dass das klassische Völkerrecht vom Prinzip staatlicher Souveränität dominiert wird, sich im aktuellen Völkerrecht hingegen auch ein Humanitäts-, Umwelt- und Rechtsschutzprinzip nachweisen lassen. All diese Prinzipien sind als allgemeine Rechtsgrundsätze im Sinne des Art. 38 Abs. 1 lit. c IGH-Statut Teil des positiven Völkerrechts und in normstruktureller Hinsicht Prinzipien im *Alexy*'schen Verständnis.

Angesichts dieser Erweiterung des völkerrechtlichen Prinzipienbestands gibt das vierte Kapitel Antwort auf die Frage, ob und inwieweit es die völkerrechtliche Methodenlehre zulässt oder gar erfordert, neu entstandenen Grundprinzipien des Völkerrechts bei der Auslegung und Anwendung bestehender Völkerrechtsregeln Ausdruck zu verleihen. Es analysiert Auslegungsregeln und Rechtsfortbildungsmethoden auf Einfallstore, über die neu entstandene Rechtsprinzipien auf die Regeln des bestehenden Völkerrechts Einfluss nehmen können und die so eine dogmatische Begründung von Bedeutungsverschiebungen oder Regelfortbildungen erlauben. Die Überlegungen des vierten Kapitels erarbeiten damit die zweite Prämisse der „Strukturwandel als Prinzipienwandel"-These, verspricht der in ihr angelegte Versuch, Regelentwicklungen auf den Einfluss neu entstandener Rechtsprinzipien zurückzuführen, dogmatisch doch nur dann Erfolg, wenn sich die völkerrechtliche Methodenlehre einem solchen Einfluss öffnet.

In Anwendung der in den Kapiteln drei und vier gewonnenen Einsichten greift das fünfte Kapitel schließlich einige der im ersten Kapitel skizzierten Strukturwandelphänomene erneut auf, um die „Strukturwandel als Prinzipienandel"-These anhand konkreter Beispiele einem Praxistest zu unterziehen. Es rekonstruiert dazu einige der für den Strukturwandel des Völkerrechts konstitutiven Regelentwicklungen als

Regelauslegungen oder -fortbildungen, die ihren normativen Grund in einem der neu entstandenen völkerrechtlichen Grundprinzipien finden. Zumindest exemplarisch illustriert es damit, dass sich die den Strukturwandel des Völkerrechts ausmachenden Regelveränderungen in weiten Teilen tatsächlich unter Rückgriff auf die neu entstandenen Grundprinzipien rechtfertigen und rechtsdogmatisch begründen lassen und die „Struktuwandel als Prinzipienwandel"-These insofern berechtigt erscheint.

Den Abschluss der Arbeit bilden einige Schlussüberlegungen und eine knappe Zusammenfassung der Ergebnisse.

Kapitel 1

Bestandsaufnahme: Der Strukturwandel des Völkerrechts und seine wissenschaftliche Erfassung

Das Völkerrecht ist in Bewegung. Schleichend, aber merklich verändern sich seine Grundstrukturen. Und die Rechtswissenschaft bemüht sich nacheilend darum, diese Dynamik durch die Identifikation völkerrechtlicher Entwicklungsstufen zu erfassen. Im Lichte der Auswirkungen zunehmender Globalisierung stoßen die dabei bislang erarbeiteten Paradigmen jedoch an ihre Grenzen; die strukturellen Veränderungen der Völkerrechtsordnung lassen die überkommenen Konzepte an Erklärungswert verlieren. Und so unternimmt die jüngere Völkerrechtswissenschaft den Versuch, den neueren völkerrechtlichen Entwicklungen mit den Begrifflichkeiten eines kommunitären bzw. konstitutionellen Völkerrechts Rechnung zu tragen, kurz: das moderne Völkerrecht als Recht der internationalen Gemeinschaft bzw. als internationale Verfassungsordnung zu verstehen.[1]

Der Rekonstruktion dieses Zusammenhangs gelten die im folgenden ersten Kapitel anzustellenden Überlegungen. Sie zeichnen die Architektur der Völkerrechtsordnung in ihren drei wesentlichen Entwicklungsstufen nach und fragen nach den (methodischen) Antworten, mit denen die Rechtswissenschaft die völkerrechtlichen Strukturveränderungen zu erfassen versucht. Für den in den nachfolgenden Kapiteln vorgelegten Entwurf eines Prinzipienmodells, mit dem die Dynamik der Völkerrechtsordnung als Prinzipienwandel zu beschreiben und dogmatisch zu erfassen versucht werden soll, entwickeln die folgenden Ausführungen damit die rechtstatsächlichen Grundlagen: sie illustrieren erstens die zu

---

[1] Zur Konstitutionalisierung als dritte Entwicklungsstufe ausdrücklich *A. Peters*, Völkerrecht: Allgemeiner Teil, 3. Aufl. 2012, S. 12; *dies.*, Int'l Legal Theory 11 (2005), S. 39, *B. Schöbener/M. Knauff*, Allgemeine Staatslehre, 3. Aufl. 2016, § 7 Rdn. 29 f., 32; *R. Wahl*, in: FS Brohm, 2002, S. 191 (199) und *C. Walter*, GYIL 44 (2001), S. 170 (175); zum kommunitären Völkerrecht als dritte Entwicklungsstufe siehe *M. Nettesheim*, JZ 57 (2002), S. 569 (571).

J. Rauber, *Strukturwandel als Prinzipienwandel*, Beiträge zum ausländischen öffentlichen Recht und Völkerrecht, https://doi.org/10.1007/978-3-662-55471-5_2

erfassenden Strukturveränderungen im Völkerrecht und zweitens das Potential der zu ihrer Erfassung bereits vorgestellten Modelle. Ihre These liest sich dabei zugleich als Problembestimmung für den Fortgang der Arbeit: Der fortschreitende Wandel der internationalen Rechtsordnung stellt einige der überkommenen Grundsätze völkerrechtlicher Dogmatik in Frage und die Rechtswissenschaft hat Mühe, mit dieser Entwicklung Schritt zu halten.

Um diese These zu stützen, werden zunächst die Kerncharakteristika des klassischen Völkerrechts in ihrer Entwicklung herausgearbeitet, um daran zugleich den Versuch der Rechtswissenschaft zu illustrieren, die grundlegenden Veränderungen der Völkerrechtsordnung mit Hilfe von Strukturparadigmen zur Beschreibung von Entwicklungsstufen begrifflich zu erfassen (dazu A.). Wie die im zweiten Abschnitt entwickelte Phänomenologie des modernen Völkerrechts zeigt, stoßen die dabei entwickelten Paradigmen angesichts der Strukturen des gegenwärtigen Völkerrechts an ihre Grenzen. Die Völkerrechtsordnung bedarf einer Neukonzeptualisierung (dazu B.). Die Versuche kommunitären und konstitutionellen Völkerrechtsdenkens, im Zeichen eines Internationalen Gemeinschaftsrechts oder einer Konstitutionalisierung des Völkerrechts in diese Theorielücke einzutreten, beleuchtet schließlich der dritte Abschnitt des Kapitels (dazu C.).

A. Strukturen des klassischen Völkerrechts

Im Laufe der völkerrechtlichen Entwicklung bilden sich bereits im klassischen Völkerrecht zwei Pole heraus, die sich in Inhalten, Funktionen, Regelungsmechanismen und Organisationsgrad unterscheiden (dazu I.).[2] Die Rechtswissenschaft bemüht sich, diese beiden Pole als Entwicklungsstufen des Völkerrechts strukturparadigmatisch zu erfassen (dazu II.).

---

[2] Vgl. dazu auch die Darstellungen bei *G. Abi-Saab*, RdC 207 (1987-VII), S. 9 (321 ff.), *ders.*, EJIL 9 (1998), S. 248 (251 ff.) und *M. Payandeh*, Internationales Gemeinschaftsrecht, 2010, S. 493 ff.

I. Entwicklung: Die Pole des klassischen Völkerrechts

1. Funktion und Inhalte des klassischen Völkerrechts

Noch bis fast in die Mitte des 20. Jahrhunderts hinein ist das Völkerrecht wesentlich von sich meist antagonistisch gegenüberstehenden staatlichen Einzelinteressen geprägt.[3] Seine Kernfunktion besteht einerseits im Schutz staatlicher Unabhängigkeit und Integrität,[4] andererseits in der Bereitstellung rechtlicher Instrumente, die es den Staaten erlauben, ihre Interessen auch in zwischenstaatlichen Austauschbeziehungen zu verfolgen.[5] Dieser Zwecksetzung entsprechend dominiert die staatliche Souveränität die normativen Inhalte des klassischen Völkerrechts: Die – zunächst unbeschränkte – staatliche Handlungsfreiheit nach innen und außen verleiht dem Souveränitätsprinzip den Charakter eines umfassenden Freiheitsrechts; mit Gewalt- und Interventionsverbot sowie der Anerkennung des Selbstverteidigungsrechts und eines weit reichenden *domaine reservé* entwickelt das Souveränitätsprinzip aber bald eine abwehrrechtliche Dimension, die den Staat vor Übergriffen auf sein Gebiet und seine politische Unabhängigkeit schützt.[6] Grenzbestimmungen, Jurisdiktionsregeln und der Schutz vor unkonsentierten Rechtspflichten grenzen einzelstaatliche Kompetenz- und Tätigkeitsbereiche ab[7] und halten die Staaten auf friedliche Weise voneinander fern.[8] Die Regeln des vertraglichen, konsularischen und diplomatischen Verkehrs ordnen dabei die internationalen Beziehungen.[9] Die Völker-

---

3 *A. Bleckmann*, Allgemeine Staats- und Völkerrechtslehre, 1995, S. 760, 789; *M. Payandeh*, Internationales Gemeinschaftsrecht, 2010, S. 497.

4 *C. Tomuschat*, RdC 281 (1999), S. 9 (57 f.).

5 *M. Nettesheim*, JZ 57 (2002), S. 569 (570).

6 *M. Payandeh*, Internationales Gemeinschaftsrecht, 2010, S. 505.

7 *A. Bleckmann*, Allgemeine Staats- und Völkerrechtslehre, 1995, S. 759; *M. Nettesheim*, JZ 57 (2002), S. 569 (570); *M. Payandeh*, Internationales Gemeinschaftsrecht, 2010, S. 493 f.; *M. Scheyli*, Konstitutionelle Gemeinwohlorientierung im Völkerrecht, 2008, S. 72; *C. Tomuschat*, RdC 281 (1999), S. 9 (57). Auch *W. Friedmann*, The Changing Structure of International Law, 1964, S. 60 zählt „the rules governing the limits [...] of territorial jurisdiction" zum Koexistenzvölkerrecht.

8 *G. Abi-Saab*, RdC 207 (1987-VII), S. 9 (322); *ders.*, EJIL 9 (1998), S. 248 (251); ähnlich auch *W. Friedmann*, The Changing Structure of International Law, 1964, S. 60.

9 *M. Nettesheim*, JZ 57 (2002), S. 569 (570).

rechtsordnung ist damit eine im Wesentlichen formale Ordnung; materielle Gehalte jenseits des Schutzes staatlicher Souveränität kennt sie nicht.[10]

In dem Maße jedoch, in dem die Staaten Interessen und Ziele entwickeln, deren Durchsetzung ihnen nicht allein gelingt, ändern sich bereits im klassischen Völkerrecht Funktion und Inhalte des Rechts. Dem Völkerrecht kommt nun zunehmend die Aufgabe zu, die zur Errichtung dieser Ziele notwendige zwischenstaatliche Kooperation zu organisieren.[11] Inhaltlich löst sich das Völkerrecht – wenn auch noch in nur vorsichtigem Maße – von „Individualinteressen im engsten Sinne"[12] und verleiht Gemeinschaftsinteressen Ausdruck;[13] weit überwiegend bleiben diese indes geteilte *Staaten*interessen, menschheitliche Anliegen sind nur vereinzelt Gegenstand völkerrechtlicher Regeln.[14] Der Umfang des völkerrechtlich erschlossenen Lebensbereichs dehnt sich damit aus, der völkerrechtliche Tabubereich innerer Angelegenheiten hingegen schwindet:[15] Sozial- und wirtschaftspolitische Fragen, sogar die Verteilung natürlicher Ressourcen sowie Menschenrechts- und Umweltschutz werden zu Themen des Völkerrechts.[16] Mit dieser vereinzelten rechtlichen Anerkennung allgemeinmenschlicher Interessen weitet sich auch der *numerus clausus* der Völkerrechtsubjekte erstmals aus. Neben den Staaten erlangt nun auch der Einzelne (partielle) Völkerrechtspersönlichkeit.[17]

---

10 *M. Nettesheim*, JZ 57 (2002), S. 569 (570).

11 *G. Abi-Saab*, EJIL 9 (1998), S. 248 (251 f.); *M. Nettesheim*, JZ 57 (2002), S. 569 (571); *M. Payandeh*, Internationales Gemeinschaftsrecht, 2010, S. 494.

12 *A. Bleckmann*, Allgemeine Staats- und Völkerrechtslehre, 1995, S. 760.

13 *W. Friedmann*, The Changing Structure of International Law, 1964, S. 368; *C. Tomuschat*, RdC 281 (1999), S. 9 (59); *M. Payandeh*, Internationales Gemeinschaftsrecht, 2010, S. 497, 503.

14 *M. Payandeh*, Internationales Gemeinschaftsrecht, 2010, S. 497.

15 *A. Bleckmann*, Allgemeine Staats- und Völkerrechtslehre, 1995, S. 763.

16 Vgl. *J. Delbrück*, SZIER 11 (2001), S. 1 (7); *W. Friedmann*, The Changing Structure of International Law, 1964, S. 152 ff.; *ders.*, AJIL 50 (1956), S. 475 (507 f.); *M. Nettesheim*, JZ 57 (2002), S. 569 (571); ferner *C. Tomuschat*, RdC 281 (1999), S. 9 (59 ff.).

17 *W. Friedmann*, The Changing Structure of International Law, 1964, S. 232 ff.; *M. Payandeh*, Internationales Gemeinschaftsrecht, 2010, S. 499; in diese Richtung auch *A. Bleckmann*, Allgemeine Staats- und Völkerrechtslehre, 1995, S. 774.

2. *Rechtsetzungsmechanismen und Regelungsstrukturen des klassischen Völkerrechts*

Mit diesem Wandel von Funktion und Inhalt völkerrechtlicher Normierung erfährt die vertragliche Rechtsetzung eine deutliche Aufwertung[18] und auch die Regelungsstrukturen verändern sich.[19] Die an der Bewahrung des Status quo orientierten Regeln, von denen die Entwicklung des klassischen Völkerrechts ihren Ausgang nimmt, finden ihre normative Verankerung beinahe ausschließlich im Völkergewohnheitsrecht.[20] Der sie beherrschenden Pflicht, die staatliche Souveränität fremder Staaten zu respektieren, verleihen sie in negativ formulierten Unterlassenspflichten Ausdruck. Dem Bestreben, im Rahmen internationaler Zusammenarbeit darüber hinausreichende Interessen zu verwirklichen, wird das schwerfällige Gewohnheitsrecht jedoch nicht gerecht.[21] In seiner späteren Entwicklungsphase bedient sich deshalb auch das klassische Völkerrecht dynamischeren Rechtsinstrumenten, insbesondere den – oft multilateralen – völkerrechtlichen Verträgen.[22] Daneben treten die rechtlich zumeist unverbindlichen Sekundärrechtsakte internationaler Organisationen sowie andere Formen weichen Rechts (sog. *soft law*).[23] Anders als für die ursprüngliche Form des klassischen Völkerrechts typisch, normieren diese Instrumente positiv formulierte Handlungsgebote.

---

[18] Dazu *A. Bleckmann*, Allgemeine Staats- und Völkerrechtslehre, 1995, S. 963.

[19] Siehe *G. Abi-Saab*, EJIL 9 (1998), S. 248 (252); *W. Friedmann*, The Changing Structure of International Law, 1964, S. 61 f., 89; *M. Payandeh*, Internationales Gemeinschaftsrecht, 2010, S. 497 f.

[20] Deutlich *A. Bleckmann*, Allgemeine Staats- und Völkerrechtslehre, 1964, S. 854: „Kompetenzvölkerrecht und Völkergewohnheitsrecht decken sich."

[21] *C. Bradley*, in: ders. (Hrsg.), Custom's Future, 2016, S. 34 (37); *M. Nettesheim*, JZ 57 (2002), S. 569 (576); *B. Simma*, RdC 250 (1994-VI), S. 217 (324); mit Einschränkungen *J. d'Aspremont*, IILJ Working Paper 2006/12, S. 22 f.

[22] *G. Abi-Saab*, EJIL 9 (1998), S. 248 (255); *A. Bleckmann*, Allgemeine Staats- und Völkerrechtslehre, 1995, S. 775, 963; *W. Friedmann*, The Changing Structure of International Law, 1964, S. 123 f.; *M. Payandeh*, Internationales Gemeinschaftsrecht, 2010, S. 500.

[23] Zu deren Bedeutung schon *W. Friedmann*, AJIL 50 (1956), S. 475 (508 f.); ferner *G. Abi-Saab*, RdC 207 (1987-VII), S. 9 (323); *A. Bleckmann*, Allgemeine Staats- und Völkerrechtslehre, 1964, S. 763.

Die Orientierung am Souveränitätsprinzip bleibt auf Ebene der strukturellen Völkerrechtsregeln dabei durchgängig erhalten: Im klassischen Völkerrecht entstehen Rechtsnormen nicht ohne die Zustimmung des betroffenen Staates.[24] Weder die inhaltlichen und funktionellen Wandlungen der Völkerrechtsordnung noch die Unterschiede in den jeweiligen Regelungsstrukturen ändern daran etwas.[25]

3. *Organisationsgrad der klassischen Völkerrechtsordnung*

Bedingt durch den Wandel der Interessen, deren Verwirklichung das Völkerrecht ins Zentrum rückt, kommt es im Laufe der Entwicklung des klassischen Völkerrechts zu einer organisatorisch-institutionellen Verdichtung. Lediglich zunächst zeichnet sich die Völkerrechtsordnung so durch eine atomistische Struktur aus, in der sich die Staaten in gleichgeordneter Isolation gegenüberstehen, ohne einer zentralen Ordnungsgewalt unterworfen zu sein; und ebenfalls nur in seinem Ausgangspunkt präsentiert sich das klassische Völkerrecht so als eine „completely non-institutional and non-organic form of law".[26] Denn die Fokussierung auf Interessen, deren Erreichung die Möglichkeiten des Einzelstaats übersteigt, führt im Laufe der Entwicklung des klassischen Völkerrechts zu zwischenstaatlichen Abhängigkeitsverhältnissen, die eine verstärkte internationale Kooperation notwendig erscheinen lassen. Auf diese Entwicklungen antwortet das Völkerrecht mit zunehmenden Multilateralisierungs- und Institutionalisierungstendenzen.[27] Die Entstehung internationaler Organisationen und deren Anerkennung als eigenständige Völkerrechtssubjekte[28] stellen die internationale

---

[24] *J. Delbrück*, Ind. J. Global Leg. Stud. 9 (2002), S. 401 (404); *M. Nettesheim*, JZ 57 (2002), S. 569 (570); *M. Payandeh*, Internationales Gemeinschaftsrecht, 2010, S. 499.

[25] Vgl. *J. Delbrück*, SZIER 11 (2001), S. 1 (7); *M. Nettesheim*, JZ 57 (2002), S. 569 (571); *M. Payandeh*, Internationales Gemeinschaftsrecht, 2010, S. 500, 511. So auch *W. Friedmann*, AJIL 50 (1956), S. 475 (509) für die Beschlüsse internationaler Organisationen.

[26] *G. Abi-Saab*, EJIL 9 (1998), S. 248 (252); ähnlich *H. Mosler*, The International Society as a Legal Community, 1980, S. 15.

[27] *A. Bleckmann*, Allgemeine Staats- und Völkerrechtslehre, 1995, S. 762 f.; *S. Hobe*, Duquesne Law Review 40 (2002), S. 655 (658); *C. Tomuschat*, RdC 281 (1999), S. 9 (59).

[28] *J. Delbrück*, SZIER 11 (2001), S. 1 (7 f.); *M. Payandeh*, Internationales Gemeinschaftsrecht, 2010, S. 499.

Zusammenarbeit auf eine dauerhafte institutionalisierte Grundlage. Eine rechtliche Kooperationsverpflichtung jedoch, kennt das Völkerrecht nicht. Vielmehr ist es Ausdruck einer noch immer am Grundprinzip staatlicher Souveränität festhaltenden internationalen Ordnung, dass die Teilnahme an Konferenzen zur Aushandlung multilateraler Verträge und auch die Mitgliedschaft in internationalen Organisationen der souveränen Entscheidung der Einzelstaaten anheimgestellt bleibt. Das Konsensprinzip behält auch insofern trotz zunehmender Integration Gültigkeit.[29]

4. Rechtsdurchsetzung im klassischen Völkerrecht

Angesichts des Fehlens institutioneller Strukturen im anfänglichen klassischen Völkerrecht bleibt auch die Durchsetzung völkerrechtlicher Normen dort den Staaten selbst anvertraut. Das Völkerrecht verweist sie insofern auf Retorsion und Repressalie.[30] Erst mit der Entstehung internationaler Foren zur Verwirklichung geteilter Interessen bricht sich ein neuer Mechanismus völkerrechtlicher Rechtsdurchsetzung Bahn: die sog. „sanction of non-participation".[31] Der rechtsbrüchig gewordene Staat wird von den Vorteilen internationaler Kooperation ausgeschlossen, indem ihm die Teilnahme an dieser versagt wird. Sein Handlungsspielraum wird damit empfindlich eingeschränkt, ist er zur Erreichung eigener Ziele doch auf die Zusammenarbeit angewiesen. Und so zwingt ihn letztlich sein Eigeninteresse zurück zur Rechtskonformität.

---

[29] *J. Delbrück*, SZIER 11 (2001), S. 1 (7); *M. Nettesheim*, JZ 57 (2002), S. 569 (571); *M. Payandeh*, Internationales Gemeinschaftsrecht, 2010, S. 495. Vgl. auch *W. Friedmann*, AJIL 50 (1956), S. 475 (508 f.); *ders.*, The Changing Structure of International Law, 1964, S. 293 f.

[30] *G. Abi-Saab*, EJIL 9 (1998), S. 248 (253); *J. Delbrück*, Ind. J. Global Leg. Stud. 9 (2002), S. 401 (422); *M. Payandeh*, Internationales Gemeinschaftsrecht, 2010, S. 500. Siehe auch *J. Delbrück*, SZIER 11 (2001), S. 1 (4). Zu den Begriffen *C. Tomuschat*, ZaöRV 33 (1973), S. 179 (184 ff.).

[31] Zu dieser insbes. *W. Friedmann*, The Changing Structure of International Law, 1964, S. 88 ff.; ferner *G. Abi-Saab*, EJIL 9 (1998), S. 248 (253).

5. *Ergebnis*

Schon dieser kursorische Überblick zeigt: Nicht erst seit über die Konstitutionalisierung des Völkerrechts diskutiert wird, befindet sich dieses in Bewegung. Bereits innerhalb des klassischen Völkerrechts lässt sich eine Entwicklung ausmachen, deren Pole sich merklich unterscheiden. So steht am einen Ende eine Völkerrechtsordnung, deren einziges Schutzgut die staatliche Souveränität und deren einzige Akteure die Staaten sind; eine Ordnung, die ohne institutionelle Struktur und basierend auf gewohnheitsrechtlichen Regeln Unabhängigkeit und Integrität der Einzelstaaten wahrt, ohne deren Interna anzutasten. Dem tritt am anderen Ende ein internationales Rechtssystem gegenüber, dessen Schutz gemeinsamen Staateninteressen und vereinzelt selbst Belangen gilt, die sich als allgemein-menschliche nicht der staatlichen Interessensphäre zuordnen lassen. Die Exklusivität der staatlichen Souveränität als Schutzgut wird vorsichtig aufgeweicht, ihr Primat dabei freilich nicht angetastet. Rechtsetzung ohne oder gegen den Willen der Staaten ist noch immer unmöglich. Doch mit der Fokussierung auf nur gemeinsam zu erreichende geteilte Interessen rückt die zwischenstaatliche Kooperation ins Zentrum und die staatliche Zusammenarbeit zur Verwirklichung gemeinsamer Interessen wird rechtlich institutionalisiert: Neben die Staaten treten internationale Organisationen als Akteure des Völkerrechts und auch die Frage nach der Völkerrechtssubjektivität des Individuums gewinnt an Bedeutung.

II. Erfassung: Strukturparadigmen für das klassische Völkerrecht

Soll diese Entwicklung völkerrechtlicher Strukturen begreiflich gemacht werden, bedarf es Begriffen, mit denen sich die jeweiligen Entwicklungsstufen kennzeichnen lassen. Dem damit angesprochenen erkenntnistheoretischen Problem, dass „Anschauungen ohne Begriffe blind" bleiben,[32] trägt der Rückgriff auf Strukturparadigmen Rechnung (dazu 1.). *Pars pro toto* soll diese Methode, strukturelle Veränderungen der Völkerrechtsordnung rechtswissenschaftlich zu erfassen, anhand der Ansätze *Georg Schwarzenbergers* und *Wolfgang Friedmanns* illus-

[32] Siehe dazu bereits *I. Kant*, Kritik der reinen Vernunft, hrsgg. v. Schmidt, Raymund, 3. Aufl. 1990, S. 95 (Akad.-Ausg. S. A 51/B 75): „Gedanken ohne Inhalt sind leer, Anschauungen ohne Begriffe sind blind."

triert werden (dazu 2.). Erst auf dieser Grundlage ist ein kritischer Blick auf die Grenzen eines solchen Ansatzes möglich (dazu 3.).

1. Begriff und Funktion völkerrechtlicher Strukturparadigmen

Zur Analyse und Darstellung völkerrechtlicher Entwicklungsstufen greift die Völkerrechtswissenschaft bisweilen auf begriffliche Leitmotive zurück, die die Kerncharakteristika und Grundstrukturen der Völkerrechtsordnung in einem bestimmten Zustand ihrer Entwicklung paradigmatisch erfassen; man mag sie als Strukturparadigmen bezeichnen.[33] Strukturparadigmen bieten begriffliche Muster, die die reale Mannigfaltigkeit struktureller Eigenheiten der Rechtsordnung ordnend zusammenfassen. *Max Weber* hat hierfür den Begriff des „Idealtypus" geprägt.[34] Dieser werde, so *Weber*, im Wege einer wertenden Abstraktion „durch Zusammenschluß einer Fülle von diffus und diskret, hier mehr, dort weniger, stellenweise gar nicht vorhandenen Einzelerscheinungen, die sich jenen einseitig herausgehobenen Gesichtspunkten fügen, zu einem in sich einheitlichen Gedankenbilde" gewonnen.[35] In ihrer Reinheit sind sie in der Realität nicht anzutreffen;[36] sie sind keine „Darstellung des Wirklichen", wollen dieser lediglich „eindeutige Ausdrucksmittel" verleihen.[37] In diesem Sinne illustriert der völkerrechtswissenschaftliche Rekurs auf Strukturparadigmen den Versuch, Maßstäbe für eine entwicklungsgeschichtliche Bestandsaufnahme des Völkerrechts zur Verfügung zu stellen. Der Blick auf das Völkerrecht durch das strukturparadigmatische Analysegitter hilft Rechtsinstitute und Rechtsinhalte zu klassifizieren und so den Entwicklungsstand des

---

33 Die diesbezügliche Terminologie variiert im völkerrechtlichen Schrifttum stark. So spricht *S. Yee*, in: ders./W. Tieya (Hrsg.), International Law in the Post-Cold War World, 2001, S. 18 (19) von „Leitmotiven" und *M. Payandeh*, Internationales Gemeinschaftsrecht, 2010, S. 489 von einem „normativen Konzept" bzw. von „Idealtypen des völkerrechtlichen Systems" (S. 491). Wie hier greift auch *A. Emmerich-Fritsche*, Vom Völkerrecht zum Weltrecht, 2007, S. 686 auf den Begriff des „Paradigmas" zurück.

34 *M. Weber*, in: ders., Gesammelte Aufsätze zur Wissenschaftslehre, 3. Aufl. 1968, S. 146 (190 ff.).

35 Ebd., S. 191.

36 Ebd.

37 So zum Idealtypus *M. Weber*, in: ders., Gesammelte Aufsätze zur Wissenschaftslehre, 3. Aufl. 1968, S. 146 (190).

Völkerrechts zu erheben und begrifflich abzubilden.[38] Meist jedoch erfolgt die völkerrechtliche Entwicklung schleichend.[39] Die strikte Trennung verschiedener Entwicklungsstufen ist schon deshalb ein „fragwürdiges Unterfangen"[40] und auch die schlichte Gegenüberstellung unterschiedlicher Strukturparadigmen bleibt deshalb stets eine Idealisierung. Keinesfalls sind die strukturparadigmatisch umschriebenen Entwicklungsstufen des Völkerrechts daher als streng voneinander geschiedene Etappen in einer historischen Abfolge zu verstehen. Und mitnichten ist ihre Gegenüberstellung gar als völkerrechtsgeschichtliches Fortschrittsnarrativ zu begreifen.[41] Vielmehr verdrängen die zur Kennzeichnung der unterschiedlichen Entwicklungsstufen herangezogenen Strukturparadigmen einander nicht, oft finden sie nebeneinander zur Erklärung und Erfassung unterschiedlicher Rechtsinstitute Anwendung.[42] Denn die Rechtsordnung bleibt – jedenfalls zunächst und zumeist – ein zwischen den Kategorien liegender Hybrid.[43]

Der begrifflichen Abbildung des Völkerrechts mit Hilfe von Strukturparadigmen kommt trotz dieser Uneindeutigkeit eine einheitsstiftende Funktion zu. Denn gerade dann, wenn sich bisher unbekannte und dem ersten Anschein nach unverbundene Rechtsentwicklungen mit ihr erfassen lassen, führt sie diese auf ein gemeinsames Leitmotiv zurück und

---

[38] *G. Abi-Saab*, RdC 207 (1987-VII), S. 9 (323): „une grille analytique commode pour le recensement et la classification du contenu du droit international". Ähnlich auch *M. Payandeh*, Internationales Gemeinschaftsrecht, 2010, S. 491; vgl. ferner *G. Schwarzenberger*, Ethics 53 (1943), S. 89 (94).

[39] *A. Emmerich-Fritsche*, Vom Völkerrecht zum Weltrecht, 2007, S. 686; siehe auch *J. Delbrück*, Ind. J. Global Leg. Stud. 9 (2002), S. 401 (403).

[40] *J. Delbrück*, Ind. J. Global Leg. Stud. 9 (2002), S. 401 (403) (eigene Übersetzung); ohne diese Einschränkung noch *ders.*, SZIER 11 (2001), S. 1 ff. Vgl. auch *R.-J. Dupuy*, RdC 165 (1979-IV), S. 9 (48 f.).

[41] Vgl. hierzu die Analysen von *G. Schwarzenberger*, AJIL 33 (1939), S. 56 (62 ff.), der ausdrücklich auch auf desintegrierende Entwicklungen im Völkerrecht aufmerksam macht, bevor er in *ders.*, The Frontiers of International Law, 1962, S. 34 ff., 41 f. eine zunehmende Gemeinschaftsbildung in neuerer Zeit konstatiert.

[42] *M. Nettesheim*, JZ 57 (2002), S. 569 (571); *M. Payandeh*, Internationales Gemeinschaftsrecht, 2010, S. 492. Dass dies auf unterschiedliche Weise möglich ist, zeigt die Abgrenzung *Abi-Saabs* vom Ansatz *Friedmanns* in *G. Abi-Saab*, RdC 207 (1987-VII), S. 9 (320) sowie *ders.*, EJIL 9 (1998), S. 248 (250).

[43] *G. Schwarzenberger*, Ethics 53 (1943), S. 89 (90).

verleiht ihnen so einen einheitlichen Rahmen. In den Worten von *Jan Klabbers* enthält die Methode so

> „the promise that there is some system in all the madness, some way in which the whole system hangs together and is not merely the aggregate of isolated and often contradictory movements.“[44]

2. *Die Ansätze Wolfgang Friedmanns und Georg Schwarzenbergers als Beispiele*

Die Strukturparadigmen, mit denen sich die völkerrechtliche Literatur um eine Erfassung der Metamorphosen des Völkerrechtsordnung bemüht, sind kaum mehr überschaubar:[45] So unterscheidet *Hans Morgenthau* zwischen unpolitischem und politischem Völkerrecht,[46] *Stanley Hoffmann* differenziert zwischen dem Recht des politischen Rahmens, dem Recht der Gegenseitigkeit und dem Recht der Gemeinschaft,[47] und *Albert Bleckmann* spricht schließlich von Kompetenz- und Kooperationsvölkerrecht.[48] Zur Illustration der Methode genügt es indes mit den Entwürfen *Georg Schwarzenbergers* (dazu lit. a)[49] und *Wolfgang Friedmanns* (dazu lit. b) lediglich die zwei bedeutendsten dieser Ansätze vorzustellen.[50] Beide setzen dabei völkerrechtssoziologisch

---

44 *J. Klabbers*, IO L. Rev. 1 (2004), S. 31 (49), in Bezug auf die „world constituionalism“-Debatte.

45 Einen Überblick liefern *W. Friedmann*, The Changing Structure of International Law, 1964, S. 64 ff. und *B. Simma*, Das Reziprozitätselement im Zustandekommen völkerrechtlicher Verträge, 1972, S. 274 ff.

46 *H. Morgenthau*, AJIL 34 (1940), S. 260 (278 f.).

47 *S. Hoffmann*, in: R. A. Falk/W. Hanrieder (Hrsg.), International Law and Organization, 1968, S. 89 (96 f.).

48 *A. Bleckmann*, Allgemeine Staats- und Völkerrechtslehre, 1995.

49 Ausführlich zum Ansatz Schwarzenbergers *S. Steinle*, Völkerrecht und Machtpolitik: Georg Schwarzenberger (1908-1991), 2002, S. 108 ff.; vgl. ferner *R. Barnet*, World Politics 18 (1965), S. 82; *A. Paulus*, Die internationale Gemeinschaft im Völkerrecht, 2001, S. 14 f. und 82 ff.

50 Eine vergleichbare Einschätzung bei *J. d'Aspremont*, IILJ Working Paper 2006/12, S. 2.

an, ihr gemeinsamer Ausgangspunkt ist die soziologische Unterscheidung von Gesellschaft und Gemeinschaft.[51]

a) Recht der Macht, Recht der Gegenseitigkeit und Recht der Koordination bei Georg Schwarzenberger

„Es läßt sich nicht bestreiten", so *Schwarzenberger*, „daß der spezifische Charakter einer sozialen Gruppe, das heißt ihre Zuordnung zum Typ der Gesellschaft oder Gemeinschaft, sich ihrem Rechtssystem in besonderem Maße aufprägt."[52] Für Schwarzenberger bildet die Soziologie so den Schlüssel zum Verständnis des Rechts: Funktion und Inhalt, ja sämtliche Spezifika einer Rechtsordnung erschließen sich erst im Lichte einer soziologischen Analyse.[53] Es verwundert daher nicht, dass sich die zugrunde gelegte soziologische Dichotomie von Gesellschaft und Gemeinschaft bei *Schwarzenberger* – jedenfalls zunächst – in einem Zweiklang juristischer Strukturparadigmen widerspiegelt: das *Recht der Macht* als Recht der Gesellschaft und das Recht der Gemeinschaft, das er zumeist als *Recht der Koordination* bezeichnet.[54]

Das die Klassifikation einer sozialen Gruppe als Gesellschaft oder Gemeinschaft bestimmende Element sieht *Schwarzenberger* im Kriterium der Solidarität.[55] Soziale Gruppen, denen es fehlt, bilden Gesellschaften; solche, die über es verfügen, bilden Gemeinschaften. Während Gemeinschaften folglich von einem Gefühl der Zusammengehörigkeit geprägt sind und auf gemeinsamen Werten aufbauen, zeugt das soziale Gefüge

---

[51] *B. Simma*, Das Reziprozitätselement im Zustandekommen völkerrechtlicher Verträge, S. 288; grundlegend zu dieser Unterscheidung *F. Tönnies*, Gemeinschaft und Gesellschaft (1887, 8. Aufl. 1935).

[52] *G. Schwarzenberger*, Machtpolitik, 1955, S. 129; siehe auch *ders.*, Ethics 53 (1943), S. 89 (89).

[53] *G. Schwarzenberger*, YBWA 1 (1947), S. 159 (159); vgl. auch *ders.*, Ethics 53 (1943), S. 89 (89): „law and justice do not exist *in vacuo*. They are social agencies and fulfil social functions."

[54] Die Bezeichnung „The Law of Co-ordination" findet sich etwa in *G. Schwarzenberger*, Ethics 53 (1943), S. 89 (92); *ders.*, YBWA 1 (1947), S. 159 (178); *ders.*, The Frontiers of International Law, 1962, S. 13; in *ders.*, Civitas Maxima?, 1973, S. 11 ist ebenfalls die Rede vom *„Recht der Koordination"* (Hervorhebung im Original). Anders allein *G. Schwarzenberger*, Machtpolitik, 1955, S. 136.

[55] *G. Schwarzenberger*, AJIL 33 (1939), S. 56 (60).

in Gesellschaftssystemen von den unterschiedlichen Interessen und Machtverhältnissen, von Furcht und Misstrauen gegenüber den jeweils anderen Mitgliedern der Gesellschaft, deren beherrschendes Ziel stets allein der eigene Vorteil, allen voran die Selbsterhaltung, ist.[56]

Dementsprechend erfüllt das Recht in Gesellschaftssystemen eine zweifache Funktion. Erstens verhindert es den *bellum omnium contra omnes*, indem es die divergierenden Interessen der Gesellschaftsmitglieder in Übereinstimmung mit den vorherrschenden Machtverhältnissen zum Ausgleich bringt.[57] Es ermöglicht eine Kooperation der Mitglieder und stellt rechtliche Instrumente bereit, mit denen sie – in Abhängigkeit ihrer Macht und Verhandlungsposition – den eigenen Vorteil fördern können.[58] Stets spiegele das Recht gesellschaftlicher Systeme damit aber die tatsächlichen Machtverhältnisse wider und verleihe ihnen die „respectability and sanctity of law".[59] Nach *Schwarzenberger* ist es somit nichts anderes als transformierte Machtpolitik,[60] ein Recht der Macht. Das klassische Völkerrecht bilde dabei keine Ausnahme,[61] denn allen voran das als Garantie staatlicher Handlungsfreiheit und Unabhängigkeit verstandene Souveränitätsprinzip sichere die faktischen Machtverhältnisse des zwischenstaatlichen Systems rechtlich ab. Es blende die inneren Angelegenheiten der Staaten völlig aus, stelle selbst die Außenpolitik ins Belieben der Staaten und sogar „die Entscheidung über Krieg oder Frieden bleibt jedem souveränen Staat selbst vorbehalten."[62] Den durch die Machtverhältnisse geschaffenen Handlungsspielraum der Staaten schränke auch das Völkerrecht nicht ein, mehr noch: es legalisiere ihn. So fehle es überhaupt an einer den Staaten übergeordneten Autorität, eine internationale Gerichtsbarkeit, die nicht von der

---

[56] Vgl. *G. Schwarzenberger*, AJIL 33 (1939), S. 56 (59 ff.); *ders.*, The Frontiers of International Law, 1962, S. 11, 21 ff.; zusammenfassend *S. Steinle*, Völkerrecht und Machtpolitik: Georg Schwarzenberger (1908-1991), 2002, S. 110 ff.

[57] *G. Schwarzenberger*, YBWA 1 (1947), S. 159 (159); ähnlich *ders.*, AJIL 33 (1939), S. 56 (61).

[58] *G. Schwarzenberger*, AJIL 33 (1939), S. 56 (61).

[59] *G. Schwarzenberger*, The Frontiers of International Law, 1962, S. 25; siehe auch *ders.*, Ethics 53 (1943), S. 89 (91).

[60] *G. Schwarzenberger*, The Frontiers of International Law, 1962, S. 24.

[61] Zum Folgenden *G. Schwarzenberger*, The Frontiers of International Law, 1962, S. 25 ff.; *ders.*, Machtpolitik, 1955, S. 130 ff.

[62] *G. Schwarzenberger*, Machtpolitik, 1955, S. 130.

Zustimmung der Staaten abhängig ist, bestehe nicht und Rechtsbindungen unterliegen dem Konsenserfordernis. Schließlich hindere – wie *Schwarzenberger* am Recht der Friedensverträge illustriert – selbst die unter der erdrückenden Macht des anderen Vertragspartners zustande gekommene Zustimmung eines Staates zu einer völkerrechtlichen Verpflichtung die völkerrechtliche Bindung nicht.

Demgegenüber verändere sich mit dem Entstehen gemeinsamer Werte und dem Aufkommen solidarischer Beziehungen zwischen den Gruppenmitgliedern auch die Funktion des Rechts. In gemeinschaftlichen Sozialgefügen bestehe die Kernfunktion des Rechts nunmehr darin, die Anstrengungen der Mitglieder im Interesse der Gemeinschaft zu koordinieren und deren Aktivitäten im gemeinsamen Interesse aufeinander abzustimmen.[63] Das Recht der Gemeinschaft ist folglich das Recht der Koordination. Unter diesem Koordinationsparadigma erfasst *Schwarzenberger* all diejenigen Völkerrechtsbereiche, deren Wesen in der Ermöglichung eines zwischenstaatlichen Zusammenwirkens im gemeinsamen Interesse besteht. Als Beispiele nennt er die Abschaffung des Sklavenhandels, den Abschluss von Flüchtlingskonventionen, das Recht der internationalen Wasserstraßen sowie das Allgemeine Abkommen über Zölle und Handel. Aber auch die Gründung des Weltpostvereins und der Internationalen Arbeitsorganisation (ILO) stellten Beispiele eines internationalen Rechts der Koordination dar.[64]

Zunächst und zumeist aber bleibt die Rechtsordnung ein zwischen den Idealtypen Gesellschaft und Gemeinschaft liegender Hybrid.[65] So lassen sich Gruppen, die weder allein der Primat der Macht noch allein die solidarische Verfolgung gemeinsamer Werte treffend beschreibt, keinem der beiden Pole vorbehaltlos zuordnen. Und so ergänzt *Schwarzenberger* insbesondere im Hinblick auf soziale Gruppen, deren Struktur durch ein ungefähres Mächtegleichgewicht der Mitglieder gekennzeichnet ist,[66] den Dualismus von Recht der Macht und Recht der Koordination um eine Zwischenstufe: das Recht der Gegenseitigkeit. Dieses bil-

---

63 *G. Schwarzenberger*, Ethics 53 (1943), S. 89 (92); siehe auch *ders.*, The Frontiers of International Law, 1962, S. 14 f.

64 *G. Schwarzenberger*, YBWA 1 (1947), S. 159 (173 ff.); *ders.*, Machtpolitik, 1955, S. 136 f.; *ders.*, The Frontiers of International Law, 1962, S. 34 ff.

65 *G. Schwarzenberger*, Ethics 53 (1943), S. 89 (90); *ders.*, YBWA 1 (1947), S. 159 (159 f.);

66 *G. Schwarzenberger*, Ethics 53 (1943), S. 89 (93); *ders.*, The Frontiers of International Law, 1962, S. 15.

de, so *Schwarzenberger*, „die geeignete Plattform, auf der sich das Recht der Macht und das Recht der Gemeinschaft zu einem sinnvollen Kompromiß vereinigen lassen".[67] Denn in der Situation eines Mächteäquilibriums liegt es im rationalen Eigeninteresse eines jeden der gleichstarken Partner zur Verwirklichung der Interessen, deren alleinige Durchsetzung ihm nicht möglich ist, Kompromisse einzugehen und sich auf das vertragliche *do ut des* mit anderen Staaten einzulassen. Im geltenden Völkerrecht sieht *Schwarzenberger* dieses Gegenseitigkeitsparadigma vor allem im Völkervertragsrecht verwirklicht.[68] Der vertraglich-reziproke Leistungsaustausch kann dabei einerseits bestehenden Machtverhältnissen Ausdruck verleihen, lässt dabei andererseits aber zugleich Raum für gemeinschaftliche Elemente. Denn im Rahmen eines solchen Austauschverhältnisses steht es den Einzelstaaten frei, ihre faktische Übermacht zu Lasten des Vertragspartners auszuspielen oder sich zugunsten bestimmter Werte oder Ziele selbst zu beschränken und die Ausgeglichenheit der Austauschbeziehung zu ihren eigenen Lasten aufzugeben.[69]

Letztlich durchzieht das Element der Reziprozität so jedoch das gesamte Völkerrecht.[70] Eine abgrenzende Funktion kommt dem Gegenseitigkeitsparadigma damit nicht mehr zu. Als Strukturparadigma, das eine gehaltvolle Beschreibung eines Teilbereichs des Rechts zu leisten versucht, scheint es damit ungeeignet. Es bedarf seiner aber auch nicht, denn nur das Postulat einer historischen Überschneidungsfreiheit der idealtypischen Völkerrechtszustände könnte ein mediatisierendes Strukturparadigma erforderlich machen. Erlauben die Idealtypen Gesellschaft und Gemeinschaft aber graduelle Abstufungen, erscheint eine zweistufige Beschreibung vorzugswürdig.

b) Koexistenz- und Kooperationsvölkerrecht bei Wolfgang Friedmann

In der völkerrechtlichen Literatur standen *Schwarzenbergers* völkerrechtssoziologische und strukturparadigmatische Überlegungen oftmals

---

67 *G. Schwarzenberger*, Machtpolitik, 1955, S. 130; *ders.*, Frontiers of International Law, S. 15.

68 *G. Schwarzenberger*, Frontiers of International Law, 1962, S. 31.

69 *G. Schwarzenberger*, Ethics 53 (1943), S. 89 (93 f.).

70 *B. Simma*, Das Reziprozitätselement im Zustandekommen völkerrechtlicher Verträge, 1972, S. 288 ff.; *ders.*, Reciprocity, in: MPEPIL (online edition), Stand: April 2008, Rdn. 18 f.

im Schatten der insbesondere von *Wolfgang Friedmann* geprägten und viel rezipierten[71] Unterscheidung zwischen Koexistenz- und Kooperationsvölkerrecht.[72] Diese sei, so *Friedmann*, „essential to an understanding of contemporary trends of certain basic changes in the structure of international law".[73] Weniger deutlich zwar als *Schwarzenberger*

---

[71] Siehe insbesondere *G. Abi-Saab*, RdC 207 (1987-VII), S. 9 (319 ff.); *ders.*, EJIL 9 (1998), S. 248 (250 ff.), der die Unterscheidung *Friedmanns* indes modifiziert und Koexistenz- und Kooperationsvölkerrecht für unterschiedliche völkerrechtliche Regelungstechniken hält, nicht für unterschiedliche Regelungsbereiche. Prägnant dazu *G. Abi-Saab*, RdC 287 (1987-VII), S. 9 (320): „Lorsqu'on parle du droit de coexistence ou du droit de coopération [...] il ne s'agit pas d'une classification des domaines ou branches du droit international qui sont délimités et fixés une fois pour toutes *ratione materiae*, [...] mais plutôt de deux techniques différentes de réglementation juridique ou de deux façons de l'envisager. Ce n'est donc pas une division selon l'objet de la réglementation, mais selon la manière dont on procède à cette réglementation."

Weitere Rezeptionen der *Friedmann*'schen Unterteilung unter anderem bei *A. Bleckmann*, AVR 23 (1985), S. 450 (464, 471 und öfters); *J. Delbrück*, Ind. J. Global Leg. Stud. 9 (2002), S. 401 (407); *A. Emmerich-Fritsche*, Vom Völkerrecht zum Weltrecht, 2007, S. 687 ff.; *I. Feichtner*, Community Interest, in: MPEPIL (online edition), Stand: Februar 2007, Rdn. 9; *B. Fassbender*, EuGRZ 30 (2003), S. 1 (3); *S. Hobe*, Duquesne Law Review 40 (2002), S. 655 (659); *J. Menzel*, Internationales Öffentliches Recht, 2011, S. 233 ff.; *M. Payandeh*, Internationales Gemeinschaftsrecht, 2010, S. 489; *M. Scheyli*, Konstitutionelle Gemeinwohlorientierung im Völkerrecht, 2008, S. 72 ff.; *B. Simma/A. Paulus*, EJIL 9 (1998), S. 266 (271); *C. Tomuschat*, RdC 281 (1999), S. 9 (56 ff.); *A. Verdross/B. Simma*, Universelles Völkerrecht, 3. Aufl. 1984, § 52 f.; *S. Villalpando*, EJIL 21 (2010), S. 387 (391 in Fn. 14). Vgl. zu *Friedmanns* Arbeit außerdem *R. Barnet*, World Politics 18 (1965), S. 82; *C. Leben*, EJIL 8 (1997), S. 399 sowie die übrigen Beiträge zum Symposium *The Changing Strucuture of International Law Revisited* in EJIL 8 (1997); kritisch *M. S. McDougal/W. M. Reisman*, Colum. L. Rev. 65 (1965), S. 810.

[72] Zu dieser Unterscheidung siehe *W. Friedmann*, The Changing Structure of International Law, 1964, S. 60 ff.; *ders.*, RdC 127 (1969-II), S. 37 (91 ff.). Unmittelbar an *Schwarzenberger* anknüpfend aber insbesondere *S. Hoffmann*, in: R. A. Falk/W. Hanrieder (Hrsg.), International Law and Organization, 1968, S. 89. Siehe auch *D. Thürer*, ZaöRV 60 (2000), S. 557 sowie *B. Simma*, Das Reziprozitätselement im Zustandekommen völkerrechtlicher Verträge, 1972, S. 274 ff.; auch *Friedmann* selbst verweist ausdrücklich auf *Schwarzenbergers* Vorarbeiten, siehe *W. Friedmann*, The Changing Structure of International Law, 1964, S. 68.

[73] *W. Friedmann*, RdC 127 (1969-II), S. 39 (91).

verknüpft *Friedmann* diese Unterscheidung mit den soziologischen Grundkategorien von Gesellschaft und Gemeinschaft.[74] Mit der These, die Struktur des Völkerrechts spiegle diejenige der internationalen politischen Beziehungen wider, bleibt sein Ausgangspunkt aber ein völkerrechtssoziologischer.[75]

Das Koexistenzvölkerrecht findet insofern seinen soziologischen Ausgangspunkt in der Annahme, dass „despite the deep-seated clashes of ideologies, the world is still basically organised into legally sovereign states, which have to deal with each other in continuous attempts to adjust their respective national interests short of war.“[76] Das friedliche Zusammenleben der Staaten, gleich welcher politischer Couleur und gleich welcher innerstaatlich-ideologischer Ausrichtung, bildet so den Telos des *Friedmann*'schen Koexistenzvölkerrechts.[77] Es dient ihm als leitmotivische Deutungsfolie für all die völkerrechtlichen Regelungsbereiche, deren Kernanliegen in der Vermeidung zwischenstaatlicher Konflikte im Lichte divergierender nationaler Interessen besteht. Den tragenden Pfeiler des Koexistenzvölkerrechts bilden daher die Regeln zur Abgrenzung staatlicher Kompetenzbereiche, der völkerrechtliche Immunitätsschutz für ausländische Hoheitsakte und Diplomaten, die Grundlagen der völkerrechtlichen Verantwortlichkeit für Verletzungen von Rechtspositionen anderer Staaten sowie die Stellung neutraler und Krieg führender Staaten im bewaffneten Konflikt, kurzum: die Regeln zum Schutze nationaler Souveränität.[78] Doch auch die Bedingungen des gegenseitigen diplomatischen Verkehrs lassen sich als Instrumente für den beständigen Versuch, die nationalen Individualinteressen einem Ausgleich zuzuführen, dem Koexistenzvölkerrecht zuordnen.[79] Die Konflikte, derer sich das Koexistenzvölkerrecht mit diesen Regelungen annimmt, sind zwischenstaatliche Souveränitätskonflikte. Diese sind „essentially insensitive to ideological, political or social differences be-

---

[74] Auch *Friedmann* knüpft aber gedanklich an sie an, siehe etwa *W. Friedmann*, AJIL 50 (1956), S. 475 (507); *ders.*, The Changing Structure of International Law, 1964, S. 68.

[75] Siehe *W. Friedmann*, The Changing Structure of International Law, 1964, S. xiii.

[76] Ebd., S. 16.

[77] Ebd., S. 60.

[78] Ebd.

[79] Ebd.

tween the States“[80]. Die Interna der Staaten klammert das Koexistenzvölkerrecht daher weiträumig aus.

Bedingt durch die Erkenntnis, dass bestimmte Problemlagen nur im Zusammenwirken der Staaten zu lösen sind,[81] erstrecken sich bald auch die internationalen politischen Beziehungen auf Bereiche jenseits des bloß formalen diplomatischen Verkehrs und des Schutzes staatlicher Souveränität. Wirtschaftliche, soziale, ja sogar humanitäre Fragen macht sich die internationale Politik zu eigen. Sie erstreckt sich damit auf Bereiche, die nicht mehr durch Konflikte partikularer Einzelstaateninteressen geprägt sind, sondern die ihre soziologische Grundlage gerade in einer „community of interest“[82] finden. Soziologisch gewendet zeichnen sich in den internationalen Beziehungen damit gemeinschaftsspezifische Elemente ab.[83] Insofern das Völkerrecht diesen Wandel widerspiegelt, überschreitet es die Schwelle zum Kooperationsvölkerrecht. Denn in dessen Zentrum stehen „the attempts to regulate and promote, by positive cooperation, interests of common concern“.[84] Die staatliche Zusammenarbeit zur Erreichung gemeinsamer Ziele bildet so das Leitmotiv des Kooperationsvölkerrechts. Die Bildung internationaler Organisationen und das Aufkommen multilateraler Konventionen in Bereichen der Wirtschafts- und Sozialpolitik, ja sogar im Bereich des Menschenrechtsschutzes lassen sich mit einem solchen Kooperationsparadigma erfassen.[85] In dem Maße, in dem das Völkerrecht sich dabei Regelungsbereichen jenseits des Schutzes staatlicher Souveränität annimmt, weicht die *domaine réservé* auf und die Suche nach gemeinsamen Interessen rückt auch die heterogenen Interna und die ideologischen Differenzen der Staaten verstärkt ins Licht.[86] Dabei illustriert das Kooperationsparadigma zugleich den Wandel der Regelungsstrukturen,

---

[80] *W. Friedmann*, RdC 127 (1969-II), S. 39 (92); ähnlich *ders.*, The Changing Structure of International Law, 1964, S. 61.

[81] *W. Friedmann*, The Changing Structure of International Law, 1964, S. 57 f.: „today only the concerted efforts of mankind […] can insure the survival of the human race“.

[82] *W. Friedmann*, The Changing Structure of International Law, 1964, S. 57.

[83] *W. Friedmann*, AJIL 50 (1956), S. 475 (507).

[84] *W. Friedmann*, The Changing Structure of International Law, 1964, S. 9; ähnlich bereits *ders.*, AJIL 50 (1956), S. 475 (507).

[85] Vgl. dazu ausführlich und mit umfangreichen Beispielen *W. Friedmann*, The Changing Structure of International Law, 1964, S. 275 ff.

[86] *W. Friedmann*, The Changing Structure of International Law, 1964, S. 62

fordert Zusammenarbeit doch aktives Tätigwerden. Dem koexistenzrechtlichen Schutz nationaler Souveränität durch völkerrechtliche Enthaltungspflichten korrespondiert insofern die kooperationsvölkerrechtliche Normierung positiver Handlungspflichten zur Erreichung gemeinsamer Ziele im Wege internationaler Zusammenarbeit.[87]

3. Grenzen der strukturparadigmatischen Erfassung

Doch unabhängig davon, ob man sich mit *Schwarzenberger* dafür entschließt, die völkerrechtliche Entwicklung mit den Paradigmen Recht der Macht und Recht der Koordination zu beschreiben, oder mit *Friedmann* einen Übergang vom Koexistenz- zum Kooperationsvölkerrecht konstatiert, das Potential einer strukturparadigmatischen Analyse völkerrechtlicher Strukturveränderungen bleibt begrenzt. Die Identifikation von Strukturparadigmen – und hierin dürfte ihr heuristischer Mehrwert bestehen – hilft zwar dabei, das Wesen des Völkerrechts in einer bestimmten Phase begrifflich kenntlich zu machen, indem sie dessen zentrale Merkmale als Leitmotiv der völkerrechtlichen Entwicklungsstufe ausweist. Die Begriffsbildung bleibt dabei zum einen aber stets subjektiv, denn die Identifikation des die Völkerrechtsordnung zu einem bestimmten Zeitpunkt oder in bestimmten Bereichen prägenden Leitmotivs erfolgt im Wege wertender Abstraktion, die stets die persönliche Interpretation des Beobachters wiedergibt.[88] Zum anderen kann der methodische Rückgriff auf Strukturparadigmen Entwicklungen im Völkerrecht nur deskriptiv kenntlich machen. Die strukturparadigmatische Analyse allein vermag die Völkerrechtsentwicklung weder zu bewerten noch zu legitimieren[89] und hält auch keine Instrumente für deren dogmatische Erfassung bereit. Strukturparadigmen bleiben so das Instrumentarium einer rein beobachtenden Völkerrechtswissenschaft,

---

87 *W. Friedmann*, The Changing Structure of International Law, 1964, S. 62, 89.

88 Vgl. *J. Klabbers*, in: J. Klabbers/A. Peters/G. Ulfstein, The Constitutionalization of International Law, 2009, S. 1 (6).

89 Damit soll nicht in Abrede gestellt werden, dass bestimmte Paradigmen, wie etwa derjeninge der Konstitutionalisierung, tatsächlich oftmals in der Absicht verwendet werden, die mit ihnen beschriebene Völkerrechtsentwicklung zugleich an der gemeinhin positiven Belegung des Verfassungsbegriffs teilhaben zu lassen und so zugleich mit einer positiven Wertung zu versehen (vgl. dazu noch unten S. 141). Zu begründen vermag der Rückgriff auf das Verfassungsparadigma allein diese Wertung allerdings nicht.

die sich der Dynamik des Rechts gewissermaßen von außen nähert. Dogmatische Folgen lassen sich auf Grundlage eines rein strukturparadigmatischen Ansatzes nicht begründen, dogmatische Veränderungen auf seiner Grundlage nicht erklären.

B. Phänomenologie des modernen Völkerrechts

Angesichts der fortschreitenden Entwicklung des Völkerrechts ist mittlerweile auch der strukturparadigmatische Dualismus zwischen zwischen Völkerrecht der Koexistenz und demjenigen der Kooperation, zwischen dem Recht der Macht und dem Recht der Koordination überholt. Neuere Entwicklungen im Völkerrecht stellen den Erklärungswert der überkommenen Strukturparadigmen zunehmend in Frage.[90] Die folgende Skizze des gegenwärtigen Völkerrechts soll dies zeigen. Sie belegt, dass die Völkerrechtsordnung heute von Tendenzen einer Materialisierung, Hierarchisierung, Privatisierung und Objektivierung geprägt ist. Mit dem bisherigen Analysegitter lassen sich diese Entwicklungen nur unzureichend erfassen.

I. Materialisierung: Norminhalte im modernen Völkerrecht

Unter den Bedingungen der Globalisierung hat die Völkerrechtsordnung eine neue inhaltliche Ausrichtung erhalten. Stärker als im Kooperationsvölkerrecht treten Interessen und Werte in den Vordergrund, die sich von der Institution Staat völlig ablösen. Und das noch für das Koexistenzvölkerrecht prägende Verständnis des Staates als einzigem Zweck der Rechtsordnung[91] weicht der Überzeugung, dass die Menschheit und die internationale Gemeinschaft den wesentlichen normativen Referenzpunkt des Völkerrechts bilden.[92] Mit dieser Er-

---

[90] *J. d'Aspremont*, IILJ Working Paper 2006/12, S. 2 f.

[91] So *M. Payandeh*, Internationales Gemeinschaftsrecht, 2010, S. 501.

[92] Dazu u.a. *A. A. Cançado Trindade*, RdC 316 (2005), S. 9; *ders.*, RdC 317 (2005), S. 9; *A. Emmerich-Fritsche*, Vom Völkerrect zum Weltrecht, 2007, S. 913 ff.; *P. Kunig*, AVR 41 (2003), S. 327 (333); *A. Peters*, EJIL 20 (2009), S. 513; *dies.*, in: A. Cassese (Hrsg.), Realizing Utopia, 2012, S. 118 (129); *dies.*, in: D. Grimm/A. Kemmerer/C. Möllers (Hrsg.), Rechtswege, 2015, S. 63 (74 f.); *R. Teitel*, Fordham L. Rev. 77 (2008), S. 667; *dies.*, Humanity's Law, 2011.

kenntnis liegt dem gegenwärtigen Völkerrecht ein selbst im Vergleich zum Kooperationsvölkerrecht radikalisiertes Konzept des Gemeinschaftsinteresses zu Grunde: Gemeinschaftliche Interessen sind nicht länger schwerpunktmäßig die aufgrund internationaler Interdependenzen parallelisierten (und damit geteilten) Staateninteressen, es sind Interessen der gesamten Menschheit, die der Vermittlung durch ein genuin staatliches Interesse nicht bedürfen und deren Verletzung damit eine Dimension aufweist, die über den unmittelbar betroffenen Staat hinausreicht.[93] In den Worten *Bruno Simmas*:

> „What all these community interests have in common is that they go far beyond interests held by states as such; rather, they correspond to the needs, hopes and fears of all human beings, and attempt to cope with problems the solution of which may be decisive for the survival of entire humankind."[94]

Vor dem Hintergrund einer derart erweiterten Wertgrundlage nimmt sich das gegenwärtige Völkerrecht Regelungsmaterien an, die zuvor allenfalls im innerstaatlichen Recht Beachtung fanden. Klassische Regelungsbereiche, die dem Schutz staatlicher Rechtsgüter dienen, werden ergänzt durch solche, die sich auf den Schutz menschlicher Rechtsgüter und globaler Interessen konzentrieren; die Forderung, staatliche Interessen müssten zum Wohle der Menschheit zurücktreten, erhält so vermehrt auch völkerrechtliche Anerkennung. Der internationale Schutz der Menschenrechte und die Entwicklung des Umweltvölkerrechts illustrieren dies eindrucksvoll.[95]

1. Schutz der Menschenrechte

In kaum einem Bereich hat sich das Völkerrecht deutlicher von der Konzentration auf staatliche Interessen und Rechtsgüter gelöst als im

---

93 *G. Gaja*, RdC 364 (2012), S. 9 (21); ähnlich, aber unter Einbeziehung bloßer Gruppeninteressen *T. Gas*, Gemeinwohl und Individualfreiheit im nationalen Recht und Völkerrecht, 2012, S. 478 f.

94 *B. Simma*, RdC 250 (1994-VI), S. 217 (244); ebenso *C. Voigt*, in: W. Benedek u.a. (Hrsg.), The Common Interest in International Law, 2014, S. 9 (17); ähnlich *A. Paulus*, in: FS Simma, 2011, S. 113 (125 f.).

95 So für den Umweltschutz ausdrücklich *B. Simma*, RdC 250 (1994-VI), S. 217 (238). Vgl. außerdem *J. d'Aspremont*, IILJ Working Paper 2006/12, S. 26 ff.; *M. Nettesheim*, JZ 57 (2002), S. 569 (571 f.) sowie die Nachweise zu den beiden folgenden Abschnitten.

Bereich des internationalen Menschenrechtsschutzes:[96] Die menschenrechtlichen Garantien (nicht nur) des Völkerrechts schränken die souveränen Handlungsspielräume der Staaten zugunsten der individuellen Freiheit der der staatlichen Hoheitsgewalt unterstellten Personen ein. Staatliche und menschliche Interessen treten so in unmittelbare Konkurrenz. Es verwundert daher nicht, dass der völkerrechtliche Schutz der Menschenrechte beinahe einhellig als internationales Gemeinschaftsinteresse identifiziert wird.[97] Die Bedeutung, die diesem im geltenden Völkerrecht zukommt, zeigt nicht allein die Anerkennung des Menschenrechtsschutzes als Ziel der Vereinten Nationen (Art. 1 Abs. 3 UN-Charta). Auch die Proklamation der Allgemeinen Erklärung der Menschenrechte durch die UN-Generalversammlung hat den Menschenrechten auf internationaler Ebene Gewicht verliehen.[98] Mittlerweile nehmen sich zahlreiche universelle[99] und regionale[100] Abkommen dem Schutz der grundlegenden Individualrechte an. Und auch im Völkergewohnheitsrecht ist ein menschenrechtlicher Mindeststandard fest verankert.[101] Durch die Institutionalisierung der Verfolgung völker-

---

[96] *I. Feichtner*, Community Interest, in: MPEPIL (online edition), Stand: Februar 2007, Rdn. 22.

[97] So u.a. *J. d'Aspremont*, IILJ Working Paper 2006/12, S. 27; *B. Fassbender*, EuGRZ 30 (2003), S. 1 (11 ff.); *A. Paulus*, Die internationale Gemeinschaft im Völkerrecht, 2001, S. 253 ff.; *M. Payandeh*, Internationales Gemeinschaftsrecht, 2010, S. 101; *B. Simma*, RdC 250 (1994-VI), S. 217 (242 f.); *C. Tomuschat*, RdC 241 (1993-IV), S. 195 (238).

[98] GV Res. v. 10. Dezember 1948, UN Doc. A/RES/3/217 A.

[99] Siehe insbesondere die beiden Menschenrechtspakte v. 16. Dezember 1966: *International Covenant on Civil and Political Rights*, UNTS Bd. 999, S. 171, BGBl. 1973 II, S. 1534 und *International Covenant on Economic, Social and Cultural Rights*, UNTS Bd. 993, S. 3, BGBl. 1976 II, S. 428.

[100] Z.B. *Convention for the Protection of Human Rights and Fundamental Freedoms* v. 4. November 1950, UNTS Bd. 213, S. 222, BGBl. 2010 II, S. 1198 (in der Fassung v. 22. Oktober 2010); *American Convention on Human Rights* v. 22. November 1969, UNTS Bd. 1144, S. 143; *African Charter on Human and Peoples' Rights* v. 27. Juni 1981, UNTS Bd. 1520, S. 217; *Arab Charter on Human Rights* v. 22. Mai 2004, International Human Rights Reports 12 (2005), S. 893.

[101] *J. Crawford*, Brownlie's Principles of Public International Law, 8. Aufl. 2012, S. 642; *T. Stein/C. v. Buttlar/M. Kotzur*, Völkerrecht, 14. Aufl. 2017, Rdn. 1000.

strafrechtlicher Verbrechen in den Statuten des IStGH,[102] der internationalen Strafgerichtshöfe für das ehemalige Jugoslawien (JStGH) und Ruanda (RStGH) und weiterer Sondertribunale[103] bemüht sich das Völkerrecht zudem darum, auch auf völkerrechtlicher Ebene einen Minimalstandard menschenrechtlicher Gewährleistungen gerichtlich durchzusetzen.

Bei alledem reicht der Einfluss menschenrechtlicher Erwägungen über Menschenrechtspakte und Völkerstrafrecht weit hinaus. Längst nimmt die Menschenrechtsidee große Teile des Völkerrechts für sich ein und gibt sich selbst bei der Interpretation völkerrechtlicher Regeln zu erkennen, die ursprünglich dem Ausgleich rein staatlicher Interessen dienten.[104] Die dauerhaft aktuelle Diskussion über Zulässigkeit und Grenzen humanitärer Interventionen[105] und die damit eng verbundene Frage nach einer staatlichen oder staatengemeinschaftlichen Schutzverantwortung[106] zeugen davon ebenso wie die Debatten über die Aufweichung des Immunitätsschutzes im Falle schwerer Menschenrechtsverletzungen[107] oder die heute kaum mehr in Frage gestellte Praxis des

---

102 *Rome Statute of the International Criminal Court* v. 17. Juli 1998, UNTS Bd. 2187, S. 3, BGBl. 2000 II, S. 1394.

103 Neben den im Text genannten bestehen derzeit noch der Sondergerichtshof für Sierra Leone (SLSGH), das Sondertribunal für den Libanon (LST) und die Außerordentlichen Kammern an den Gerichten von Kambodscha (sog. Rote-Khmer-Tribunal). Siehe zu diesen *C. Safferling*, International Criminal Procedure, 2012, S. 29 ff.

104 Vgl. zu diesem Einfluss die Beiträge in M. T. Kamminga/M. Scheinin (Hrsg.), The Impact of Human Rights Law on General International Law, 2009 sowie in N. Weiß/J.-M. Thouvenin (Hrsg.), The Influence of Human Rights on International Law, 2015.

105 Vgl. statt vieler *A. Cassese*, EJIL 10 (1999), S. 23; *ders.*, EJIL 10 (1999), S. 791; *M. Koskenniemi*, Modern L. Rev. 65 (2002), S. 159; *B. Simma*, EJIL 10 (1999), S. 1.

106 Siehe etwa *A. Rausch*, Responsibility to Protect, 2011; *C. Stahn*, AJIL 101 (2007), S. 99; C. *Verlage*, Responsibility to Protect, 2009; *M. Wenzel*, Schutzverantwortung im Völkerrecht, 2010.

107 Gute Überblicke, auch zur entsprechenden Rechtsprechung, unter anderem bei *W. Cremer*, AVR 41 (2003), S. 137; *O. Dörr*, AVR 41 (2003), S. 201 und *N. Paech*, AVR 47 (2009), S. 36. Vgl. aus der sonstigen – kaum zu überblickenden – Literatur ferner *C. Appelbaum*, Einschränkungen der Staatenimmunität in Fällen schwerer Menschenrechtsverletzungen, 2007; *C. Tomuschat*, RGDIP 109 (2005), S. 51. Aus der Rechtsprechung vor allem (aber ablehnend) IGH, *Ju-*

UN-Sicherheitsrates, auch humanitäre Katastrophen ohne grenzüberschreitendes Element als Friedensbedrohungen im Sinne des Art. 39 UN-Charta zu qualifizieren[108]. Aber auch die insbesondere durch den JStGH etablierte Rechtsprechung, in Fällen schwerwiegender Menschenrechtsverletzungen eine Ausnahme vom Grundsatz *male captus, bene detentus* selbst dann anzuerkennen, wenn der Staat, aus dem der Angeklagte entführt wurde, der Durchführung des Verfahrens nicht widerspricht, belegt, dass das Aufkommen menschenrechtlicher Erwägungen die Regeln des allgemeinen Völkerrechts nicht unberührt lässt.[109] Und auch die Feststellung des IGH, angesichts der Entwicklung des Völkerrechts könne ein Staat diplomatischen Schutz nicht lediglich für die Verletzung staatlicher Rechtspositionen (insbesondere also seiner eigenen Personalhoheit) ausüben, sondern auch für die Verletzung der Individualrechte seiner Angehörigen,[110] trägt dem Aufkommen des völkerrechtlichen Menschenrechtsschutzes Rechnung.

2. *Schutz der globalen Umwelt*

Anders als der völkerrechtliche Schutz der Menschenrechte hat das Umweltvölkerrecht klar koexistenzrechtliche Wurzeln. So limitiert das

---

risdictional Immunities of the State, ICJ Rep 2012, S. 99. Dass die Diskussion auch mit der Entscheidung des IGH noch nicht am Ende ist, zeigt die nachfolgende Entscheidung des italienischen Verfassungsgerichtshof, siehe Corte Costituzionale, Sentenza no. 238, Urt. v. 22. Oktober 2014 sowie dazu *K. Oellers-Frahm*, EuGRZ 42 (2015), S. 8; *dies.*, ZaöRV 76 (2016), S. 193 und die Symposiums-Beiträge in JICJ 14 (2016), S. 569 ff.

[108] Siehe dazu statt vieler *E. de Wet*, The Chapter VII Powers of the United Nations Security Council, 2004, S. 150 ff.; *N. Krisch*, Selbstverteidigung und kollektive Sicherheit, 2001, S. 154 ff.; *P. d'Argent/J. d'Aspremont Lynden/F. Dopagne/R. van Steenberghe*, in: J.-P. Cot/A. Pellet/M. Forteau (Hrsg.), La Charte des Nations Unies, 3. Aufl. 2005, Art. 39, S. 1155 ff.; jeweils mit weiteren Nachweisen.

[109] JStGH, *Prosecutor v. Nikolić*, Case No. IT-94-2-PT, Trial Chamber II, Decision on Defence Motion Challenging the Exercise of Jurisdiction by the Tribunal v. 9. Oktober 2002, Rdn. 111 ff.; JStGH, *Prosecutor v. Nikolić*, Case No. IT-94-2-AR73, Appeals Chamber, Decision on Interlocutory Appeal Concerning Legality of Arrest v. 5. Juni 2003, Rdn. 21 f.; ausführlich dazu noch unten Kapitel 5, A. III.

[110] IGH, *Diallo*, Preliminary Objections, ICJ Rep 2007, S. 582 (599); auch dazu ausführlich noch unten Kapitel 5, A. II. 2.

Verbot erheblicher grenzüberschreitender Umweltbelastungen die territoriale Souveränität des Emitter-Staates zum Schutze der territorialen Unversehrtheit des Nachbarstaates.[111] Dass hier allein staatliche Souveränitätsinteressen im Streit stehen, deren Abgrenzung das Umweltvölkerrecht leistet, zeigt das schon klassische Diktum des Schiedsgerichts im Trail Smelter-Verfahren zwischen den USA und Kanada:

> „Under the principles of international law [...] no State has the right to use or permit the use of its territory in such a manner as to cause injury by fumes in or to the territory of another, [...] when the case is of serious consequence and the injury is established by clear and convincing evidence."[112]

In dieser Konzeption präsentiert sich der Schutz der Umwelt als die eher zufällige Folge staatlicher Interessen, als Derivat territorialer Souveränität.[113] Im gegenwärtigen Völkerrecht hat sich hingegen die Einsicht durchgesetzt, dass die Umwelt nicht nur, und nicht hauptsächlich, als Teil staatlicher Souveränität des Schutzes bedarf.[114] Die Umwelt und die natürlichen Lebensgrundlagen werden zum Eigenwert erhoben oder im Hinblick auf deren Bedeutung für den Fortbestand der Menschheit für schutzwürdig erklärt.[115] Die Bewahrung von Umwelt und natürli-

---

[111] *W. Heintschel von Heinegg*, in: K. Ipsen (Hrsg.), Völkerrecht, 6. Aufl. 2014, § 50 Rdn. 8 ff., 17; vgl. dazu ferner *C. Tomuschat*, RdC 241 (1993-IV), S. 195 (294 ff.).

[112] *Trail Smelter Arbitration*, RIAA III, S. 1905 (1965).

[113] Siehe dazu noch unten S. 358 f. sowie S. 487 f.

[114] Siehe zu dieser Entwicklung auch *E. Riedel*, in: FS Roellecke, 1997, S. 245.

[115] So müssen wohl die Formulierungen in Art. 2 Abs. 1 des Wiener Übereinkommens zum Schutz der Ozonschicht (*Vienna Convention for the Protection of the Ozone Layer* v. 22. März 1985, UNTS Bd. 1513, S. 293, BGBl. 1988 II, S. 901) und der Präambel des Montrealer Protokolls (*Montreal Protocol on Substances that Deplete the Ozone Layer* v. 16. September 1987, UNTS Bd. 1522, S. 3, BGBl. 1989 II, S. 622) verstanden werden, die als Schutzgüter die menschliche Gesundheit und die Umwelt gleichrangig nebeneinander stellen. Siehe außerdem den ersten („für alle Völker von lebenswichtiger Bedeutung") und zweiten („Eigenwert der Meeresumwelt") Erwägungsgrund der Präambel des OSPAR-Übereinkommens (*Convention for the Protection of the Marine Environment of the North-East Atlantic* v. 22. September 1992, UNTS Bd. 2354, S. 67, BGBl. 1994 II, S. 1360). Ähnlich auch der dritte Erwägungsgrund der Präambel zum Durchführungs-Übereinkommen zum Teil XI des SRÜ (*Agreement Relating to the Implementation of Part XI of the United Nations Con-*

chen Ressourcen versteht das moderne Völkerrecht als „common concern of humankind".[116] Diese Neujustierung des Umweltvölkerrechts kommt in zahlreichen Deklarationen internationaler Konferenzen zum Ausdruck,[117] und auch in der Rechtsprechung des IGH hat sich dieser Wandel des Umweltvölkerrechts niedergeschlagen. So betont der Gerichtshof etwa in seiner Entscheidung zum Gabčíkovo-Nagymaros-Projekt, „the great significance that it attaches to respect for the environment, not only for States but also for the whole of mankind",[118] um im Anschluss daran festzustellen, dass das Völkerrecht nunmehr eine allgemeine Umweltschutzverpflichtung der Staaten enthalte, die sich nicht nur auf Umweltgüter auf dem Gebiet anderer Staaten beziehe, sondern gerade auch die Umwelt jenseits staatlicher Hoheitsgebiete erfasse.[119]

Völkervertragliche Ausprägungen dieses Schutzauftrages für die globale Umwelt und die natürlichen Ressourcen im Interesse der Menschheit finden sich inzwischen in den unterschiedlichsten Bereichen des Umweltvölkerrechts. Die Präambel der Biodiversitätskonvention[120] etwa definiert die biologische Vielfalt ausdrücklich als „gemeinsames Anliegen der Menschheit"; sie sei „zum Nutzen heutiger und zukünftiger Generationen zu erhalten und nachhaltig zu nutzen". Art. III der UN

vention of the Law of the Sea of 10 December 1982 v. 28. Juli 1994, UNTS Bd. 1836, S. 3, BGBl. 1994 II, S. 2566).

116 Dazu *A. Emmerich-Fritsche*, Vom Völkerrecht zum Weltrecht, 2007, S. 891 ff.; *T. Gas*, Gemeinwohl und Individualfreiheit im nationalen Recht und Völkerrecht, 2012, S. 471 ff.; *A. Paulus*, Die internationale Gemeinschaft, 2001, S. 267; *M. Payandeh*, Internationales Gemeinschaftsrecht, 2010, S. 116; *B. Simma*, RdC 250 (1994-VI), S. 217 (238 ff.). Einen guten Überblick liefert *F. Biermann*, AVR 34 (1996), S. 426.

117 Siehe *Declaration of the UN Conference on the Human Environment* v. 16. Juni 1972, UN Doc. A/CONF.48/14/Rev.1 (1973), Kapitel I; KSZE, Schlussakte v. 1. August 1975, http://www.osce.org/helsinki-final-act (geprüft am 3. August 2016); *Rio Declaration on Environment and Development* v. 14. Juni 1992, UN Doc. A/CONF.151/26 (Vol. I); *Johannesburg Declaration on Sustainable Development* v. 4. September 2002, UN Doc. A/CONF.199/20.

118 IGH, *Gabčíkovo-Nagymaros Project*, ICJ Rep 1997, S. 7 (41).

119 Ebd. unter Verweis auf IGH, *Nuclear Weapons*, Advisory Opinion, ICJ Rep 1996, S. 226 (241 f.).

120 *Convention on Biological Diversity* v. 5. Juni 1992, UNTS Bd. 1760, S. 79, BGBl. 1997 II, S. 1741.

Klimarahmenkonvention[121] stellt den Schutz des Klimasystems ausdrücklich in den Dienst „gegenwärtiger und künftiger Generationen der Menschheit", denn – so die Präambel – die nachteiligen Auswirkungen des Klimawandels erfüllten die „ganze Menschheit" mit Sorge. Ähnlich formuliert das Umweltschutzprotokoll zum Antarktisvertrag:[122] „im Interesse der ganzen Menschheit" sei die antarktische Umwelt umfassend zu schützen.[123] Auch Art. 2 Abs. 1 des Wiener Übereinkommens zum Schutz der Ozonschicht[124], der die Signatarstaaten abstrakt verpflichtet, Gefahren durch die Veränderung der Ozonschicht vorzubeugen, führt ausschließlich „die menschliche Gesundheit und die Umwelt" als Schutzgüter an.[125] Teil XI des UN-Seerechtsübereinkommens schließlich erklärt die Ressourcen des Meeresbodens und -untergrunds jenseits des Bereichs nationaler Hoheitsbefugnisse zum gemeinsamen Erbe der Menschheit und unterstellt diese im Interesse und „zum Nutzen der gesamten Menschheit"[126] einer internationalisierten Verwaltung durch die Behörde (Art. 156 Abs. 1 SRÜ). Diese Liste ließe sich fortsetzen. Trotz ihrer Unvollständigkeit aber zeigt sie, dass sich das gegenwärtige Völkerrecht mit dem Schutz der globalen Umwelt und der natürlichen Ressourcen in großem Umfang eines genuin menschheitlichen Anliegens annimmt und den Umweltschutz folgerichtig nicht mehr auf den Schutz von Umweltgütern beschränkt, die sich einer staatlichen Hoheitssphäre zuordnen lassen.

Für die bestehenden Regeln des allgemeinen Völkerrechts bleibt das derart erstarkte Umweltschutzkonzept nicht folgenlos. In diesem Sinne dienten die Ausführungen des IGH zur menschheitlichen Bedeutung

---

121 *United Nations Framework Convention on Climate Change* v. 9. Mai 1992, UNTS Bd. 1771, S. 107, BGBl. 1993 II, S. 1783.

122 *The Antarctic Treaty* v. 1. Dezember 1959, UNTS Bd. 402, S. 71, BGBl. 1978 II, S. 1518.

123 So ausdrücklich der siebte Erwägungsgrund der Präambel.

124 *Vienna Convention for the Protection of the Ozone Layer* v. 22. März 1985, UNTS Bd. 1513, S. 293, BGBl. 1988 II, S. 901.

125 Ebenso auch der erste Erwägungsgrund der Präambel zum *Montreal Protocol on Substances that Deplete the Ozone Layer* v. 16. September 1987, UNTS Bd. 1522, S. 3, BGBl. 1989 II, S. 622 sowie Art. 2 der *Convention on Long-range Transboundary Air Pollution* v. 13. November 1979, UNTS Bd. 1302, S. 217, BGBl. 1982 II, S. 374).

126 So ausdrücklich Art. 140 Abs. 1 SRÜ sowie der sechste Erwägungsgrund der Präambel.

der Umwelt und zur entsprechenden Verpflichtung der Staaten, auch Umweltgüter jenseits nationaler Hoheitgebiete zu respektieren,[127] schon im Kontext der oben zitierten Gabčíkovo-Nagymaros-Entscheidung vor allem als Auslegungsargumente. Der Gerichtshof führte sie an, um die These zu stütztten, ein Staat könne sich auch im Falle von Umweltgefährdungen auf den Rechtfertigungsgrund Notstand berufen, wie ihn Art. 33 des damals aktuellen ILC Entwurfs der Artikels zur Staatenverantwortlichkeit vorsah. Interessanterweise forderte der damalige Art. 33 ARS jedoch ausdrücklich die Gefährdung eines „essential interest *of the State*"[128] und haftete insofern einem klar souveränitätszentrierten Verständnis an, das den Schutz extraterritorialer und insofern keinem Staat zugeordneter Umweltgüter nicht zulässt. Eben diese Beschränkung („of the State") wurde in späteren Fassungen der ILC-Artikel – vermutlich in Reaktion auf die Entscheidung des IGH – indes aufgegeben,[129] wohl um so auch Gefahren für nichtstaatliche (Umwelt-)Güter erfassen zu können. Was somit im Rahmen der Völkerrechtskommission durch eine Neufassung der Notstandsregelung bewirkt wurde, erreichte die Rechtsprechung der GATT/WTO-Spruchkörper im Wege der Auslegung: Während die GATT-Rechtsprechung anfangs dazu neigte, Handelsbeschränkungen nur dann unter Umweltgesichtspunkten für gerechtfertigt zu halten, wenn der handelsbeschränkende Staat damit Umweltgüter innerhalb des eigenen Hoheitsgebiets schützte,[130] hat sich die Rechtsprechung der WTO-Panels und des WTO-Appellate Bodys mittlerweile von einer entsprechenden territorialen Beschränkung verabschiedet und sich für eine Auslegung der Ausnahmebestimmungen ausgeprochen, die anerkennt, dass unter anderem die „natural resources", von denen Art. XX lit. g GATT spricht, auch Umweltgüter außerhalb des staatlichen Hoheitsgebiets erfassen.[131] Im Schrifttum wird zudem vereinzelt auch dem Si-

---

[127] IGH, *Gabčíkovo-Nagymaros Project*, ICJ Rep 1997, S. 7 (41).

[128] Eigene Hervorhebung.

[129] ILC, Summary Record of the 2605th meeting, YBILC 1999, Bd. I, S. 274 (276, 283).

[130] So insbesondere GATT, *United Staates – Restrictions on Imports of Tuna*, Panel Report v. 3. September 1991, DS21/R, Rdn. 5.25 ff.

[131] WTO, *United States – Import Prohibition of Certain Shrimp and Shrimp Products*, Appellate Body Report v. 12. Oktober 1998, WT/DS58/AB/R, Rdn. 133; WTO, *European Communities – Measures Prohibiting the Importation and Marketing of Seal Products*, Appellate Body Report v. 22. Mai 2014,

cherheitsrat eine „eco-sensitive practice" attestiert, die den Schutz namentlich der lebenden Naturgüter als Elemente eines positiven Friedensbegriffs in den Schutzbereich des Art. 39 UN-Charta aufnimmt und den Begriff der Friedensbedrohung damit inhaltlich an der Entstehung des Gemeinschaftsinteresses Umweltschutz ausrichtet.[132]

3. Sonstige Regelungsbereiche mit menschheitlicher Schutzrichtung

Jenseits von Umwelt- und Menschenrechtsschutz fällt die Suche nach Präzedenzfällen für die inhaltlichen Veränderungen der Völkerrechtsordnung schwerer. Ansatzpunkte werden in den völkerrechtlichen Garantien barrierefreien grenzüberschreitenden Handels, einem Recht auf Demokratie beziehungsweise einem völkerrechtlichen demokratischen Legitimationsprinzip, dem Entwicklungsvölkerrecht und im Prinzip des Gemeinsamen Erbes der Menschheit gesehen.[133]

Zweifellos trifft das für letzteres einen richtigen Kern. Denn neben dem Verbot der Aneignung und dem Gebot ausschließlich friedlicher Nutzung zählt zu den typischen Ausprägungen[134] des Konzepts des gemeinsamen Menschheitserbes das Bekenntnis zum soeben bereits als Gemeinschaftsinteresse ausgemachten globalen Umweltschutz. Regelungen, die diesen klassischen Ausprägungen des „Common Heritage"-Prinzips verwandt sind, finden sich teilweise selbst in Verträgen, die –

WT/DS400/AB/R, WT/DS401/AB/R, Rdn. 5.173; ausführlich dazu noch unten S. 673 ff.

[132] Vgl. *A. Peters*, Novel practice of the Security Council: Wildlife poaching and trafficking as a threat to peace, EJIL: Talk!, 12. Februar 2014. *Peters* bezieht sich maßgeblich auf SR Res. 2134 v. 28. Januar 2014, UN Doc. S/RES/2134 (2014) sowie auf SR Res. 2136 v. 30. Januar 2014, UN Doc. S/RES/2136 (2014). Zu der damit verbundenen Frage der Zulässigkeit ökologischer Interventionen siehe *M. Nettesheim*, AVR 34 (1996), S. 168; *E. Riedel*, in: FS Roellecke, 1997, S. 245 (271 f.).

[133] Vgl. *D.-E. Khan/A. Paulus*, in: I. Erberich u.a. (Hrsg.), Frieden und Recht, 1998, S. 217 (244 ff.); *A. Paulus*, Die internationale Gemeinschaft im Völkerrecht, 2001, S. 264 ff; *B. Simma*, RdC 250 (1994-VI), S. 217 (235 ff.).

[134] Zu diesen *K. Baslar*, The Concept of the Common Heritage of Mankind in International Law, 1998, S. 79 ff.; *W. A. Kewenig*, in: FS Schlochauer, 1981, S. 385 (393); *R. Wolfrum*, Common Heritage of Mankind, in: MPEPIL (online edition), Stand: November 2009, Rdn. 11 ff., 26; am Beispiel des Tiefseebodens *ders.*, in: W. Vitzthum (Hrsg.), Handbuch des Seerechts, 2006, S. 287 (336 ff.) sowie *ders.*, ZaöRV 43 (1982), S. 312 (316 ff.).

wie der Weltraumvertrag[135] oder der Antarktisvertrag[136] – nicht explizit auf die Idee des Menschheitserbes Bezug nehmen.[137] An den wenigen Stellen, an denen sich das positive Recht hingegen ausdrücklich des Prinzips des gemeinsamen Erbes der Menschheit bedient, unterstützen Regelungen zur Ressourcennutzung den ohnehin deutlichen menschheitlichen Bezug. Art. 137 Abs. 2 SRÜ etwa weist alle Rechte an den Ressourcen des zum gemeinsamen Erbe der Menschheit erhobenen Meeresbodens ausdrücklich „der gesamten Menschheit" zu und auch der Mondvertrag[138] erklärt die Nutzung des Mondes zur „province of all mankind" (Art. 4 Abs. 1), den Mond selbst und dessen natürliche Ressourcen zum gemeinsamen Menschheitserbe (Art. 11 Abs. 1). Schon begrifflich stehen die Interessen der Menschheit hier eindeutig im Vordergrund. Allein das im „Common Heritage"-Prinzip ebenfalls enthaltene Aneignungsverbot und das Gebot friedlicher Nutzung mögen sich mit ihrer konfliktpräventiven, befriedenden Funktion auch auf Grundlage staatlicher Interessen erklären lassen; für das Konzept als Ganzes indes überzeugt eine solche Erklärung nicht.

Gleiches gilt für völkerrechtliche Garantien demokratisch-politischer Teilhabe.[139] Das ergibt sich schon aus den oben zum völkerrechtlichen Menschenrechtsschutz angestellten Erwägungen: Verpflichtet das Völkerrecht die Staaten zur Einrichtung demokratischer Strukturen, nimmt es ihnen zugunsten der freiheitlichen politischen Selbstbestimmung ihrer Bürger einen entscheidenden Teil der souveränen innenpolitischen

---

[135] *Treaty on principles governing the activities of States in the exploration and use of outer space, including the moon and other celestial bodies* v. 27. Januar 1967, UNTS Bd. 610, S. 205, BGBl. 1969 II, S. 1968.

[136] *The Antarctic Treaty* v. 1. Dezember 1959, UNTS Bd. 402, S. 71, BGBl. 1978 II, S. 1518.

[137] Siehe insbesondere Art. II, IV und IX Weltraumvertrag sowie Art. 1 und 4 Antarktisvertrag (*The Antarctic Treaty* v. 1. Dezember 1959, UNTS Bd. 402, S. 71, BGBl. 1978 II, S. 1518); auch dazu *K. Baslar*, The Concept of the Common Heritage of Mankind in International Law, 1998, S. 159 ff., 243 ff.; *W. A. Kewenig*, in: FS Schlochauer, 1981, S. 385 (394 ff.).

[138] *Agreement governing the Activities of States on the Moon and Other Celestial Bodies* v. 5. Dezember 1979, UNTS Bd. 1363, S. 3.

[139] Ausführlich zu dieser Debatte *F. Ehm*, Das völkerrechtliche Demokratiegebot, 2013; *T. M. Franck*, AJIL 86 (1992), S. 46; *N. Petersen*, Demokratie als teleologisches Prinzip, 2009; siehe außerdem die Beiträge von *S. Marks*, *S. Wheatley* und *J. d'Aspremont* in EJIL 22 (2011), Heft 2 sowie diejenigen in G. H. Fox/B. R. Roth (Hrsg.), Democratic Governance and International Law, 2000.

Gestaltungsfreiheit. Sofern das Völkerrecht Demokratiestandards im Völkerrecht bietet, steht daher ebenfalls das Anliegen individueller politischer Freiheit und damit ein genuin menschliches Interesse im Vordergrund. Positivrechtliche Anknüpfungspunkte hierfür finden sich etwa in Art. 25 IPbpR, Art. 4 IPwskR, der Charta der Organisation Amerikanischer Staaten und der Resolutionspraxis des Sicherheitsrats.[140] Sie sind damit ebenfalls als Ausdruck aufkeimender Gemeinschaftsinteressen zu verstehen.

Vor diesem Hintergrund können auch die verbleibenden Zweifel daran, ob sich auch Entwicklungs- und Wirtschaftsvölkerrecht auf menschheitliche Anliegen, und damit nicht primär auf Staateninteressen, zurückführen lassen,[141] am Ergebnis nichts mehr ändern. Die hier skizzierten Entwicklungen setzen einen völkerrechtlichen Trend fort, der sich in noch zurückhaltenden Ansätzen bereits im Kooperationsvölkerrecht zeigt: An die Seite subjektiver Staateninteressen treten gesamtmenschheitliche Anliegen; die rein formale Ordnung der zwischenstaatlichen Beziehungen wird um die materiell reichhaltigere Grammatik der internationalen Gemeinschaft ergänzt.[142] Das gegenwärtige Völkerrecht beschränkt sich somit nicht mehr auf die Formalia internationalen Verkehrs. Vielmehr geht es über die Bereitstellung von Handlungs- und Kooperationsformen zur Durchsetzung nationaler Bedürfnisse hinaus und bringt neue materielle Gehalte hervor: Das Völkerrecht wird zu einem „Wertesystem"[143], zu einer „objektiven Wertordnung"[144].[145]

---

[140] Siehe etwa SR Res. 940 v. 31. Juli 1994, UN Doc. S/RES/940 (1994), mit der der Sicherheitsrat ein internationales Eingreifen zum Zwecke der Wiederherstellung der Demokratie in Haiti autorisierte; zu diesem Fall *R. A. Falk*, Harv. Int'l L. J. 36 (1995), S. 341 und *J. Leininger*, Haiti Conflict, in: MPEPIL (online edition), Stand: Oktober 2008, Rdn. 25 ff. In jüngerer Zeit haben die Libyen-Resolutionen des Sicherheitsrates Anlass gegeben, die Diskussion über die Autorisierung von Regimewechseln durch den Sicherheitsrat wieder aufzugreifen; siehe dazu SR Res. 1970 v. 26. Februar 2011, UN Doc. S/RES/1970 (2011) und SR Res. 1973 v. 17. März 2011, UN Doc. S/RES/1973 (2011) sowie *M. Payandeh*, Va. J. Int'l L. 52 (2012), S. 355 (387 ff.).

[141] Zu diesen Zweifeln *M. Payandeh*, Internationales Gemeinschaftsrecht, 2010, S. 120 mit Nachweisen.

[142] *M. Nettesheim*, JZ 52 (2002), S. 569 (571); *D. Thürer*, ZaöRV 60 (2000), S. 557 (557 f.).

[143] *P. Alston*, EJIL 8 (1997), S. 435 (447) (eigene Übersetzung).

[144] *J. Kokott*, in: FG Schweizerischer Juristenverein, 2000, S. 3 (20). Sehr ähnlich *M. Herdegen*, in: B. Vogel/R. Dolzer/M. Herdegen (Hrsg.), Die Zukunft

II. Hierarchisierung: Norm- und Akteursrelationen im modernen Völkerrecht

In zweifacher Hinsicht ziehen mit der Zunahme materieller Gehalte auch Tendenzen einer hierarchischen Struktur in die Völkerrechtsordnung ein: Insbesondere die Normen des zwingenden Völkerrechts, Verpflichtungen mit *erga omnes*-Charakter und die Vorschriften der Charta der Vereinten Nationen werden als höherrangiges Recht anerkannt (dazu 1.) und in institutioneller Perspektive weicht das „Zu-Höchst-Sein" des souveränen Staates zumindest teilweise der staatlichen Subordination im Rahmen stärker werdender internationaler Organisationen (dazu 2.).

1. Normenhierarchien im modernen Völkerrecht

Noch im klassischen Völkerrecht war an eine Rangordnung der Rechtsquellen nicht zu denken.[146] Die Anerkennung zwingender Völkerrechtsnormen, die Entdeckung völkerrechtlicher *erga omnes*-Pflichten, die Unterscheidung zwischen internationalen Verbrechen und internationalen Delikten im Bereich der Staatenverantwortlichkeit[147] und die völkervertragliche Einigung der Staatengemeinschaft auf

---

der UNO und des Völkerrechts, 2004, S. 226 (232); *ders.*, Völkerrecht, 15. Aufl. 2016, § 5 Rdn. 8 ff. und *D. Thürer*, ZaöRV 60 (2000), S. 557 (598).

[145] Vgl. dazu ferner *D.-E. Khan/A. Paulus*, in: I. Erberich u.a. (Hrsg.), Frieden und Recht, 1998, S. 217; *M. Nettesheim*, JZ 57 (2002), S. 569 (571); *A. Paulus*, Die internationale Gemeinschaft im Völkerrecht, 2001, S. 250 ff.; *M. Payandeh*, Internationales Gemeinschaftsrecht, 2010, S. 96 ff.; *M. Scheyli*, Konstitutionelle Gemeinwohlorientierung im Völkerrecht, 2008, S. 204 ff.; *S. Villalpando*, EJIL 21 (2010), S. 387 (390 ff.).

[146] Zur Diskussion, ob die in Art. 38 Abs. 1 IGH-Statut aufgeführten Rechtsquellen in einer apriorischen Rangordnung stehen, siehe *M. Akehurst*, BYIL 47 (1974-75), S. 273 (274 ff.).

[147] Die Unterscheidung geht zurück auf Art. 19 der Draft Articles on State Responsibility, wie sie in erster Lesung von der ILC angenommen wurden, siehe ILC, Report of the ILC on the work of its thirty-second session, YBILC 1980, Bd. II/2, S. 30 (32); die Völkerrechtskommission hat sie in der späteren Version der Entwurfsartikel zur Staatenverantwortlichkeit allerdings wieder aufgegeben; eine normative Hierarchie sah in ihr etwa *A. de Hoogh*, AJPL 42 (1991), S. 183 (211): „different normative gradations"; vgl. auch *B. Simma*, RdC 250 (1994-VI), S. 217 (302 f.).

den Vorrang der UN-Charta nach deren Art. 103 aber hat große Teile der Rechtsprechung und des völkerrechtlichen Schrifttums dazu veranlasst, diese These für das gegenwärtige Völkerrecht zu revidieren.[148] Auch im Völkerrecht, so der – wenn auch noch keinesfalls *unisono* erklingende – Tenor, bilden sich hierarchische Normstrukturen heraus. Die folgende Analyse soll anhand der Konzepte des *ius cogens* (dazu lit. b), der Verpflichtungen *erga omnes* (dazu lit. c) und der Regel des Art. 103 UN-Charta (dazu lit. d) prüfen, inwiefern dies zutrifft. Methodisch notwendig erscheinen dafür zunächst einige klärende Ausführungen zum Begriff der Normenhierarchie (dazu lit. a).

a) Zum Begriff der Normenhierarchie

Eine Normenhierarchie bringt Rechtssätze in eine gestufte Ordnung. Sie unterscheidet Normen höheren von solchen niedrigeren Ranges. Ob allerdings normative Derogationsverhältnisse das rangbestimmende Kriterium bilden oder geltungstheoretische Bedingungszusammenhänge für die normative Stufenfolge entscheidend sind, wird unterschiedlich beurteilt.[149] Im ersten Sinne definiert etwa *Ulf Linderfalk*:

> „In the parlance of lawyers, a legal norm N_1 is *hierarchical superior* to a legal norm N_2, if, and only if, in the assumed legal system the resolution of conflicts between N_1 and N_2 are governed by laws consistently favouring the application of N_1 over N_2."[150]

Die Rede von der Normenhierarchie illustriert in dieser Konzeption die Ordnung primärer – das heißt zumeist handlungsleitender – Regeln nach Maßgabe geltenden Kollisionsrechts: In der Stufenordnung geht eine Norm all denjenigen Normen voran, die im Konfliktfall gegen sie zurücktreten müssen. Vorschriften hingegen, denen sie selbst im Kolli-

---

[148] Siehe die Nachweise in Fn. 178, 186, 203.

[149] Grundlegend zu dieser Unterscheidung *A. J. Merkl*, in: H. R. Klecatsky/R. Marcic/H. Schambeck (Hrsg.), Die Wiener rechtstheoretische Schule, Bd. 2, 1968, S. 1311 (1335 ff., insbes. 1339 f.); vgl. außerdem *P. Hilbert*, JZ 68 (2013), S. 130 (131); *M. Jestaedt*, Grundrechtsentfaltung im Gesetz, 1999, S. 300 ff.; mit Bezug zum Völkerrecht *J. Kammerhofer*, in: A. Orakhelashvili (Hrsg.), Research Handbook on the Theory and History of International Law, 2011, S. 143 (148-162); weiter differenzierend *T. Kleinlein*, NYIL 46 (2015), S. 173 (176 ff.).

[150] *U. Linderfalk*, Nordic J. Int'l L. 80 (2011), S. 1 (12); ebenso bereits *A. J. Merkl*, in: H. R. Klecatsky/R. Marcic/H. Schambeck (Hrsg.), Die Wiener rechtstheoretische Schule, Bd. 2, 1968, S. 1311 (1340).

sionsfall weichen muss, stehen ihr auch normenhierarchisch vor.[151] An das Vorliegen einer Normenhierarchie stellt dieser Ansatz sehr geringe Anforderungen. Ein jedes Rechtssystem, das über Regeln zur Lösung von Normenkollisionen verfügt, genügt ihnen. Sollen allerdings nicht lediglich einzelne Normenrelationen als hierarchisch gekennzeichnet, sondern die gesamte Rechtsordnung als hierarchisch gegliedert ausgewiesen werden, ist überdies erforderlich, dass die Rangordnung allen Normen einen eindeutigen Platz in der Stufenordnung zuweist (*Vollständigkeit der Rangordnung*) und die Rangverhältnisse zweier Normen sich auch in deren jeweiligen Verhältnissen zu einer jeden Dritten Norm konsequent widerspiegeln (*Transitivität der Rangordnung*).[152]

Dieser auf Derogationsverhältnisse aufbauenden Konzeption hat insbesondere die Stufenbaulehre in der Ausarbeitung *Hans Kelsens*[153] ein anspruchsvolleres Hierarchieverständnis gegenübergestellt. Statt auf den Vorrang in der Anwendung abzustellen, unterscheidet *Kelsen* zwischen erzeugendem und erzeugtem Recht,[154] zwischen bedingenden und bedingten Normen.[155] Während bedingende Normen den Inhalt und das Verfahren zur Erzeugung anderer Normen bestimmen und so deren Geltungsbedingungen festlegen, werden die nach diesen Voraussetzungen geschaffenen Normen als bedingte Normen bezeichnet. Die Existenz der ersteren bedingt dabei die Existenz der letzteren.[156] In diesen

---

151 *M. Jestaedt*, Grundrechtsentfaltung im Gesetz, 1999, S. 301 verwendet hierfür den Begriff „*axiologische* Präeminenz“.

152 *P. Koller*, in: S. L. Paulson/M. Stolleis (Hrsg.), Hans Kelsen. Staatsrechtslehrer und Rechtstheoretiker des 20. Jahrhunderts, S. 106 (111) fordert außerdem partielle Asymmetrie der Ordnung. Diese dürfte sich indes bereits aus deren Transitivität ergeben und wird im obigen *Merkl*-Zitat zudem deutlich angesprochen.

153 *H. Kelsen*, Reine Rechtslehre, 1. Aufl. 1934, S. 73 ff. sowie ausführlicher *ders.*, Reine Rechtslehre, 2. Aufl. 1960, S. 228 ff. Kelsen baut dabei allerdings in großem Maße auf den Vorarbeiten *Merkls* auf. Zu diesen sowie zu *Merkls* Hierarchiverständnis *A. J. Merkl*, in: H. R. Klecatsky/R. Marcic/H. Schambeck (Hrsg.), Die Wiener rechtstheoretische Schule, Bd. 2, 1968, S. 1311, insbes. S. 1340.

154 *R. Walter*, Der Aufbau der Rechtsordnung, 1964, S. 60.

155 *M. Jestaedt*, Grundrechtsentfaltung im Gesetz, 1999, S. 300.

156 Deutlich *H. Kelsen*, Reine Rechtslehre, 1. Aufl. 1934, S. 74: „Da […] eine Norm darum gilt, weil und sofern sie auf eine bestimmte, das heißt durch eine andere Norm bestimmte Weise erzeugt wurde, stellt diese den Geltungsgrund für jene dar.“

geltungstheoretischen Bedingungszusammenhängen findet *Kelsen* den Grund der Normenhierarchie:

> „Die Beziehung zwischen der die Erzeugung einer anderen Norm bestimmenden und der bestimmungsgemäß erzeugten Norm kann in dem räumlichen Bild der Über- und Unterordnung dargestellt werden. Die die Erzeugung bestimmende ist die höhere, die bestimmungsgemäß erzeugte ist die niedere Norm.“ [157]

Nach *Kelsen* wirkt demnach allein die Anzahl der die eigene Geltung vermittelnden Normen und damit die Nähe zur Grundnorm rangbestimmend.[158] Über Derogationsverhältnisse gibt diese Reihung jedoch keine Auskunft.[159] Nur insofern ein Rechtssystem solche geltungstheoretischen Bedingungszusammenhänge kennt, ist die Rede von einer Normenhierarchie demnach berechtigt. In beiden Ansätzen aber dient sie allein der bildhaften Illustration tatsächlicher Rechtsverhältnisse.[160] In dieser Funktion erhebt keiner der beiden Anspruch auf Exklusivi-

---

[157] *H. Kelsen*, Reine Rechtslehre, 1. Aufl. 1934, S. 74. Sehr ähnlich *A. J. Merkl*, in: H. R. Klecatsky/R. Marcic/H. Schambeck (Hrsg.), Die Wiener rechtstheoretische Schule, Bd. 2, 1968, S. 1311 (1340), der dem Stufenbau aufgrund logischer Ableitungszusammenhänge allerdings – wie oben schon angedeutet – eine zweite Normenhierarchie nach der derogatorischen Kraft der Norm zur Seite stellt. Kritisch zu diesem Dualismus *M. Borowski*, in: S. L. Paulson/M. Stolleis (Hrsg.), Hans Kelsen. Staatsrechtslehrer und Rechtstheoretiker des 20. Jahrhunderts, 2005, S. 122 (153 ff.); *P. Koller*, in: S. L. Paulson/M. Stolleis (Hrsg.), Hans Kelsen. Staatsrechtslehrer und Rechtstheoretiker des 20. Jahrhunderts, 2005, S. 106 (111 ff.) und *T. Oehlinger*, Der Stufenbau der Rechtsordnung, 1975, S. 18 ff.

[158] Diesbezüglich spricht *M. Jestaedt*, Grundrechtsentfaltung im Gesetz, 1999, S. 301 von „norm*genetischer* Präeminenz“. Ausführlich *T. Schilling*, Rang und Geltung von Normen in gestuften Rechtsordnungen, 1994, S. 159 ff.

[159] *A. J. Merkl*, in: H. R. Klecatsky/R. Marcic/H. Schambeck (Hrsg.), Die Wiener rechtstheoretische Schule, Bd. 2, 1968, S. 1311 (1342); *R. Walter*, Der Aufbau der Rechtsordnung, 1964, S. 67; zur Frage, ob sich Derogationsverhältnisse aus der Hierarchie nach dem Bedingungszusammenhang ableiten lassen *J. Kammerhofer*, in: A. Orakhelashvili (Hrsg.), Research Handbook on the Theory and History of International Law, 2011, S. 143 (159 ff.).

[160] Deutlich *R. Walter*, Der Aufbau der Rechtsordnung, 1964, S. 67 mit Fn. 117; ähnlich – wenn insgesamt auch kritisch – *G. Robbers*, NJW 1998, S. 935 (938): „Die Vorstellung vom Stufenbau der Rechtsordnung ist nur ein Bild […]“. Unzutreffend deshalb *K. Radke*, Der Staatsnotstand im modernen Friedensvölkerrecht, 1988, S. 199.

tät.[161] Auch die folgende Untersuchung beschränkt sich deshalb nicht auf einen der beiden Begriffe.

b) Zwingendes Völkerrecht und normativer Vorrang

Den Hauptanknüpfungspunkt der Diskussion um die Ausbildung hierarchischer Strukturen im Völkerrecht bildet das sog. *ius cogens*, das zwingende Völkerrecht. Seine Vorläufer findet dieses Institut bereits in den frühen naturrechtlichen Völkerrechtstheorien.[162] Im positiven Völkerrecht hat es sich indessen erst mit dem Abschluss der Wiener Vertragsrechtskonvention in der zweiten Hälfte des 20. Jahrhunderts endgültig durchgesetzt.[163] Als eine zwingende Vorschrift des allgemeinen Völkerrechts definiert Art. 53 WVK „eine Norm, die von der internationalen Staatengemeinschaft in ihrer Gesamtheit angenommen und anerkannt wird als eine Norm, von der nicht abgewichen werden darf und die nur durch eine spätere Norm des allgemeinen Völkerrechts derselben Rechtsnatur geändert werden kann." Nicht allein die häufig monierte Zirkularität dieser Definition[164] und der konkretisierungsbedürftige Bezug auf die internationale Staatengemeinschaft als Ganze[165] haben die Auslegungsprobleme des *ius cogens* auch fast vierzig Jahre nach Inkrafttreten der Wiener Vertragsrechtskonvention noch nicht abebben

---

[161] Das zeigt deutlich die Kombination beider Anknüpfungskriterien bei *A. J. Merkl*, in: H. R. Klecatsky/R. Marcic/H. Schambeck (Hrsg.), Die Wiener rechtstheoretische Schule, Bd. 2, 1968, S. 1311 (1340).

[162] Zu frühen *ius cogens*-Ansätzen im Völkerrecht *L. Hannikainen*, Peremptory Norms (jus cogens) in international law, 1988, S. 124 ff.; *A. Paulus*, Die internationale Gemeinschaft im Völkerrecht, 2001, S. 331 ff.

[163] *T. Schweisfurth*, Völkerrecht, 2. Kap. Rdn. 139 f., S. 84 f.; siehe auch *J. A. Frowein*, Ius Cogens, in: MPEPIL (online edition), Stand: März 2013, Rdn. 3 ff.; *S. Hobe*, Einführung in das Völkerrecht, 10. Aufl. 2014, S. 218; *M. Knauff*, ZaöRV 68 (2008), S. 453 (464); *T. Stein/C. v. Buttlar/M. Kotzur*, Völkerrecht, 14. Aufl. 2017, Rdn. 147; *E. de Wet*, ZaöRV 69 (2007), S. 777 (781).

[164] *G. Dahm/J. Delbrück/R. Wolfrum*, Völkerrecht, Bd. I/3, 2. Aufl. 2002, S. 710; *A. Paulus*, Die internationale Gemeinschaft im Völkerrecht, 2001, S. 356; *B. Simma*, RdC 250 (1994-VI), S. 217 (286 f.); *K. Zemanek*, MPYUNL 4 (2000), S. 1 (7 f.); anders aber *U. Linderfalk*, ZaöRV 71 (2011), S. 359 (370 ff.).

[165] Siehe dazu einerseits *A. Paulus*, Die internationale Gemeinschaft im Völkerrecht, 2001, S. 343 ff. und *M. Payandeh*, Internationales Gemeinschaftsrecht, 2010, S. 340 ff.; andererseits *K. Schmalenbach*, in: O. Dörr/K. Schmalenbach (Hrsg.), Vienna Convention on the Law of Treaties, 2012, Art. 53 Rdn. 26 ff.

lassen.[166] Doch weder Rechtsprechung noch Völkerrechtswissenschaft hat das dazu veranlasst, der Existenz zwingenden Völkerrechts die Anerkennung zu versagen. Im Schrifttum sind mittlerweile auch die Stimmen der letzten *ius cogens*-Leugner verstummt,[167] und nach anfänglicher Zurückhaltung hat mittlerweile auch der IGH, begleitet von anderen internationalen Gerichten, wie etwa dem EuGH,[168] dem IAGMR,[169] dem JStGH[170] und dem EGMR,[171] auf die Kategorie zwingenden Völkerrechts zurückgegriffen.[172] Auch staatliche Gerichte, z. B. das britische House of Lords[173] und das deutsche BVerfG,[174] haben die Kategorie ausdrücklich anerkannt.[175]

Dennoch bleiben viele Fragen, insbesondere den Anwendungsbereich und die Rechtsfolgen zwingenden Völkerrechts betreffend, ungeklärt. Im Bereich des Völkervertragsrecht versuchen die Regelungen der Wiener Vertragsrechtskonvention diesbezüglich für die notwendige Klarheit zu sorgen: Verträge, die im Widerspruch zu einer zwingenden Vorschrift des allgemeinen Völkerrechts stehen sind nichtig; und das unab-

---

166 *B. Simma*, RdC 250 (1994-VI), S. 217 (290): „the formalistic definition of *jus cogens* [...] creates more problems than it solves".

167 Insofern grundlegend aber *P. Weil*, AJIL 77 (1983), S. 413.

168 EuG, Urt. v. 21. September 2005, Rs. T-315/01 – *Kadi*, Rdn. 226 ff.; EuG, Urt. v. 21. September 2005, Rs. T-306/01 - *Yusuf*, Rdn. 277 ff.; EuGH, Urt. v. 3. September 2008, Rs. C-402/05 P, C-415/05 P – *Kadi und Al Barakaat*, Rdn. 280, 287 und öfter.

169 IAGMR, *Juridical Condition and Rights of the Undocumented Migrants*, Advisory Opinion, Ser. A, No. 18.

170 JStGH, *Prosecutor v. Furundžija*, Case No. IT-95-17/1-T, Trial Chamber, Urt. v. 10. Dezember 1998, Rdn. 155 ff.

171 EGMR, *Al-Adsani v. United Kingdom*, Appl. No. 35763/97, Urt. v. 21. November 2001, Rdn. 60 ff.

172 IGH, *Questions Relating to the Obligation to Prosecute or Extradite*, ICJ Rep 2012, S. 422 (457); *Armed Activities (New Application: 2002)*, Jurisdiction and Admissibility, ICJ Rep 2006, S. 6 (32 ff.; 52); ausführlich auch IGH, *Jurisdictional Immunities of the State*, ICJ Rep 2012, S. 99 (140 ff.). Ein guter Rechtsprechungsüberblick bei *D. Shelton*, AJIL 100 (2006), S. 291 (305 ff.).

173 House of Lords, *Regina v. Bow Street Metropolitan Stipendiary Magistrate and Others, Ex Parte Pinochet Ugarte (No. 3)*, Urt. v. 24. März 1999, [2000] 1 AC 147.

174 BVerfGE 18, 441 (448 f.).

175 Weitere Beispiele aus der Rechtsprechung noch unten S. 738 ff.

hängig davon, ob der Widerspruch bereits zum Zeitpunkt des Vertragsschlusses besteht (Art. 53 S. 1 WVK) oder durch die Neubildung zwingenden Völkerrechts nachträglich aufkommt (Art. 64 WVK).[176] Indessen erscheint heute allgemein anerkannt, dass die Wirkungen des *ius cogens* auch jenseits des Rechts völkerrechtlicher Verträge wahrnehmbar sind.[177] So erfasst die Nichtigkeitsfolge nach heute wohl einhelliger Ansicht auch völkergewohnheitsrechtliche Normen und auch der Wirksamkeit einseitiger Rechtsakte steht der Widerspruch zu zwingenden Vorschriften entgegen: Auslegungserklärungen, die im Widerspruch zu zwingendem Völkerrecht stehen, sind unbeachtlich; Vorbehalte zu Vertragsbestimmungen, die zwingendes Recht wiedergeben, sind unwirksam und selbst der *persistent objection* gegen zwingende völkergewohnheitsrechtliche Normen soll keine Bedeutung zukommen. Die Einwilligung in Verletzungen zwingender Völkerrechtsnormen hat keine rechtfertigende Wirkung, und auch Anerkennung oder Duldung sollen Situationen, die unter Verstoß gegen zwingendes Recht herbeigeführt wurden, nicht legalisieren können. Im Lichte dieser Wirkungen zwingender Vorschriften wird verständlich, warum zahlreiche Autoren das *ius cogens* als Indiz einer Hierarchisierung der internationalen Rechtsordnung deuten:[178] Das zwingende Völkerrecht nimmt allen ihm

---

[176] Siehe außer den oben genannten Vorschriften auch Art. 71 WVK.

[177] *T. Kleinlein*, Konstitutionalisierung im Völkerrecht, 2012, S. 363 ff.; *B. Simma*, RdC 250 (1994-VI), S. 217 (288). Ausführlich zum Wirkungsbereich *S. Kadelbach*, Zwingendes Völkerrecht, 1992, S. 324 ff.; *A. Orakhelashvili*, Peremptory Norms in International Law, 2006, Parts II-V; *K. Schmalenbach*, in: O. Dörr/K. Schmalenbach (Hrsg.), Vienna Convention on the Law of Treaties, 2012, Art. 53 Rdn. 61 ff.; *E. de Wet*, EJIL 15 (2004), S. 97.

[178] So etwa *M. Akehurst*, BYIL 47 (1974/75), S. 273 (281); *C. Bassiouni*, Law & Contemp. Probs. 59 (1996), S. 63 (67); *B.-O. Bryde*, Der Staat 42 (2003), S. 61 (66); *C. Chinkin*, FYIL 17 (2008), S. 63; *T. Cottier/M. Hertig*, MPYUNL 7 (2003), S. 261 (271); *U. Fastenrath*, Lücken im Völkerrecht, 1991, S. 227 f.; *I. Feichtner*, Community Interest, in: MPEPIL (online edition), Stand: Februar 2007, Rdn. 40 f.; *J. A. Frowein*, Obligations Erga Omnes, in: MPEPIL (online edition), Stand: Dezember 2008, Rdn. 2; *S. Hobe*, Einführung in das Völkerrecht, 10. Aufl. 2014, S. 220; *G. J. H. van Hoof*, Rethinking the Sources of International Law, 1983, S. 151 ff.; *K. Hossain*, Santa Clara J. Int'l L. 3 (2005), S. 72 (73); *F. Hoffmeister/T. Kleinlein*, International Public Order, in: MPEPIL (online edition), Stand: November 2013, Rdn. 9: „normative priority"; *S. Kirchner*, German L. J. 5 (2004), S. 47 (52); *A. Korkeakivi*, J. Int'l Legal Stud. 2 (1996), S. 81; *M. Koskenniemi*, EJIL 8 (1997), S. 566; *U. Linderfalk*, ZaöRV 69 (2009), S. 961 (977); *ders.* Nordic J. Int'l L. 80 (2011), S. 1 (19); *F. F. Martin*, Sas-

inhaltlich widersprechenden Rechtsakten, jedenfalls aber den mit ihm unvereinbaren Verträgen, die Gültigkeit. Insofern steht es als „höheres Recht" über diesen, wie es nun selbst der JStGH zum Folterverbot exemplarisch feststellt:

> „[T]he other major feature of the principle proscribing torture relates to the hierarchy of rules in the international normative order. Because of the importance of the values it protects, this principle has evolved into a peremptory norm or *jus cogens*, that is, a norm that enjoys a higher rank in the international hierarchy than treaty law and even ‚ordinary' customary rules."[179]

Die Hierarchisierungsthese ist freilich nicht unbestritten. Alle völkerrechtlichen Normen, so liest man bei den Gegnern, seien gleichwertig. Eine gestufte Normativität könne das Völkerrecht nicht aufweisen, denn seine Normen teilten einen gemeinsamen Geltungsgrund: Letztlich beruhten alle Völkerrechtsnormen auf dem Willen oder der Akzeptanz durch die Staaten, normative Differenzierungen mache dies undenkbar, ja logisch unmöglich.[180] Auch die Normen des zwingenden

---

katchewan Law Review 65 (2002), S. 333 (333 f. und öfter); *N. Matz*, Wege zur Koordinierung völkerrechtlicher Verträge, 2005, S. 244 ff.; *M. Nettesheim*, JZ 57 (2002), S. 569 (576); *A. Orakhelashvili*, Peremptory Norms in International Law, 2006, S. 7 ff.; *A. Peters*, Int'l Legal Theory 11 (2005), S. 39 (44 f.); *dies.*, LJIL 19 (2006), S. 579 (598); *M. Petsche*, Penn St. Int'l L. Rev. 29 (2010-2011), S. 233 (261 ff.); *K. Radke*, Der Staatsnotstand im modernen Friedensvölkerrecht, 1988, S. 196 ff., insbes. 199 f.; *C. L. Rozakis*, The Concept of Jus Cogens in the Law of Treaties, 1976, S. 22; *M. Schröder*, Treaties, Validity, in: MPEPIL (online edition), Stand: Januar 2015, Rdn. 18: „higher-ranking standard"; *T. Schweisfurth*, Völkerrecht, 2. Kap. Rdn. 135 ff., S. 138 ff.; *B. Simma*, RdC 250 (1994-VI), S. 217 (301): „higher law"; *K. Teraya*, EJIL 12 (2001), S. 917 (927): „a sense of superiority"; *R. Uerpmann*, JZ 56 (2001), S. 565 (572): „Priorität"; *S. Villalpando*, EJIL 21 (2010), S. 387 (401, 404); *E. de Wet*, EJIL 15 (2004), S. 97 (114 und öfter); *dies.* ICLQ 55 (2006), S. 51 (57); offen gelassen bei *M. Knauff*, ZaöRV 68 (2008), S. 453 (466).

179 JStGH, *Prosecutor v. Furundžija*, Case No. IT-95-17/1-T, Trial Chamber, Urt. v. 10. Dezember 1998, Rdn. 153.

180 *J.-A. Carillo Salcedo*, EJIL 8 (1997), S. 583 (585); *J. Combacau/S. Sur*, Droit International Public, 10. Aufl. 2012, S. 25; *P.-M. Dupuy/Y. Kerbrat*, Droit International Public, 11. Aufl. 2012, S. 18 f.; schwächer, aber im Ergebnis wohl ebenso *T. Kleinlein*, Konstitutionalisierung im Völkerrecht, 2012, S. 368, der die Annahme eines hierarchischen Vorrangs auch deshalb ablehnt, weil das zwingende Völkerrecht nur einen geringen Teil des Rechtserzeugungsrechts darstellt; auf die Gleichheit der Staaten im Normkreationsprozess abstellend *W. Heint-*

Völkerrechts seien deshalb nicht hierarchisch höherrangig, sie charakterisiere „lediglich eine verfestigte Geltungskraft".[181]

In der Tat bringt die Rede von der „verfestigten Geltungskraft" die erschwerte Abänderbarkeit der Normen des zwingenden Völkerrechts gut zum Ausdruck. Sie verkürzt die Darstellung zwingender Völkerrechtsvorschriften aber um deren eigentliches Proprium: ihre Fähigkeit, widersprechenden Normen die Geltung zu nehmen.[182] Diese aber ist es, die es erlaubt, das *ius cogens*-Prinzip als völkerrechtliche Kollisionsregel zu verstehen, die im Falle eines Normenkonflikts sicherstellt, dass Normen des zwingenden Rechts all denjenigen Normen vorgehen, die diese Qualität nicht aufweisen. Im Lichte des eingangs zuerst erörterten Hierarchiebegriffes (Vorrang nach dem Derogationszusammenhang) ist es deshalb auch diese Fähigkeit, die es rechtfertigt, in der Herausbildung zwingenden Völkerrechts erste Tendenzen einer Hierarchisierung der Völkerrechtsordnung zu erkennen.

Überdies sprechen gute Argumente dafür, den Normen des zwingenden Völkerrechts auch einen Vorrang nach dem Bedingungszusammenhang zuzusprechen. Schließlich haben Normen des *ius cogens* nicht lediglich Anwendungsvorrang. Völkerrechtliche Verträge, die mit zwingenden Normen in Widerspruch stehen, sind von Anfang an,[183] d.h. ab Entstehen des Normkonflikts, nichtig. Nichtigen Verträgen aber kommt nach Art. 69 Abs. 1 S. 2 WVK keine rechtliche Gültigkeit zu. Ein Vertrag, der mit geltenden Vorschriften zwingenden Völkerrechts unvereinbar ist, war deshalb nie mehr als ein juristisches *nullum*. Allenfalls für eine juristische Sekunde tritt er in die Rechtsordnung – die Sekunde, in der sich der Normenkonflikt manifestiert. So wird die Vertragsfreiheit in Bezug auf die von zwingenden Völkerrechtsvorschriften geschützten

---

schel von Heinegg, in: K. Ipsen (Hrsg.), Völkerrecht, 6. Aufl. 2014, § 16 Rdn. 45.

[181] *W. Heintschel von Heinegg*, in: K. Ipsen (Hrsg.), Völkerrecht, 6. Aufl. 2014, § 16 Rdn. 45; ihm folgend *G. Dahm/J. Delbrück/R. Wolfrum*, Völkerrecht, Bd. I/3, 2. Aufl., S. 711 und *T. Stein/C. v. Buttlar*, Völkerrecht, 13. Aufl. 2012, Rdn. 147. Kritisch zur Höherrangigkeit des *ius cogens* auch *C. Appelbaum*, Einschränkungen der Staatenimmunität in Fällen schwerer Menschenrechtsverletzungen, 2007, S. 255 ff.; *E. Klein*, in: FS Ress, 2005, S. 151 (152); *S. Schmahl*, in: C. Tomuschat/J.-M. Thouvenin (Hrsg.), The Fundamental Rules of the International Legal Order, 2006, S. 41 (45).

[182] Zu Recht kritisch auch *N. Matz*, Wege zur Koordinierung völkerrechtlicher Verträge, 2005, S. 245.

[183] *S. Kadelbach*, Zwingendes Völkerrecht, 1992, S. 324.

Inhalte erheblich entwertet, von ihr bleibt nur eine leere Hülle.[184] Es liegt deshalb nahe, die Vorschriften des *ius cogens* als inhaltliche Schranken der staatlichen Rechtsetzungskompetenz und damit als negative Kompetenznormen zu verstehen.[185] Als solche aber sind sie Bestimmungen, die die Erzeugung einer anderen Norm (mit)bestimmen. Auch im kelsianischen Modell kommt ihnen deshalb eine Vorrangstellung zu.

c) *Erga omnes*-Verpflichtungen und normativer Vorrang

In den sog. *erga omnes*-Pflichten findet die These, das Völkerrecht bilde hierarchische Normstrukturen aus, ihren zweiten Ansatzpunkt.[186] Es gebe Rechte, so der IGH in seinem berühmten *obiter dictum* der Barcelona Traction-Entscheidung, die so bedeutsam seien, dass alle Staaten ein rechtliches Interesse an ihrer Bewahrung haben. Die korrespondierende Pflicht zu deren Gewährleistung treffe den entsprechenden Staat folglich nicht nur gegenüber einem anderen Staat, sondern gegenüber der gesamten internationalen Gemeinschaft:

> „[A]n essential distinction should be drawn between the obligations of a State towards the international community as a whole, and those arising vis-à-vis another State in the field of diplomatic protection. By their very nature the former are the concern of all States. In

---

[184] *G. Dahm/J. Delbrück/R. Wolfrum*, Völkerrecht, Bd. I/3, 2. Aufl. 2002, S. 536 f.; *A. de Hoogh*, AJPIL 42 (1991), S. 183 (185) mit weiteren Nachweisen. Zur Frage, der Vertragsschlussfähigkeit in diesen Fällen *A. Peters*, Treaty Making Power, in: MPEPIL (online edition), Stand: März 2009, Rdn. 114 und 118.

[185] *M. Byers*, Nordic J. Int'l L. 66 (1997), S. 211 (212); *T. Meron*, AJIL 80 (1986), S. 1 (14); *H. Mosler*, The International Society as a Legal Community, 1980, S. 17; *A. Orakhelashvili*, Peremptory Norms in International Law, 2006, S. 9; *W. Werner*, in: N. Tsagourias (Hrsg.), Transnational Constitutionalism, S. 329 (334).

[186] Die Pflichten *erga omnes* sehen als höherrangiges Völkerrecht etwa *T. Cottier/M. Hertig*, MPYUNL 7 (2003), S. 261 (271); *J. Delbrück*, in: LA Jaenicke, 1998, S. 17 (35); *A. Emmerich-Fritsche*, Vom Völkerrecht zum Weltrecht, 2007, S. 437; *A. de Hoogh*, AJPIL 42 (1991), S. 183 (192); *S. Kirchner*, German L. J. 5 (2004), S. 47 (52); *A. Korkeakivi*, J. Int'l Legal Stud. 2 (1996), S. 81; *K. Teraya*, EJIL 12 (2001), S. 917 (932 f.); *R. Uerpmann*, JZ 56 (2001), S. 565 (572): „schwache Priorität"; *E. de Wet*, ICLQ 55 (2006), S. 51 (57). Zögernd *S. Kadelbach/T. Kleinlein*, AVR 44 (2006), S. 235 (252 ff.). Weitere Nachweise bei *U. Linderfalk*, Nordic J. Int'l L. 80 (2011), S. 1 (5 in Fn. 21).

view of the importance of the rights involved, all States can be held to have a legal interest in their protection; they are obligations *erga omnes*."[187]

Heute kann diese Konstruktion trotz mancher Uneinigkeit in den dogmatischen Details als allgemein anerkannt gelten.[188] So hat das Konzept der *erga omnes*-Pflichten insbesondere in die Arbeiten der Völkerrechtskommission zum Recht der Staatenverantwortlichkeit Eingang gefunden[189] und auch die Folgerechtsprechung des Internationalen Gerichtshofes hat wiederholt auf sie Bezug genommen.[190]

Die rechtlichen Wirkungen der neuentdeckten Normenkategorie aber bleiben bislang noch vielfach unklar.[191] Selbst über den Kernpunkt der IGH Formulierung besteht noch immer Dissens: Wer genau ist Verpflichtungsgegner einer „obligation towards the international community as a whole"? Denkbar erscheint einerseits, hierin allein die Erweiterung des ursprünglichen bilateralen Rechtsverhältnisses um weitere bilaterale Rechtsverhältnisse zu allen anderen Staaten zu sehen.[192] Andererseits könnte im Rahmen der *erga omnes*-Pflichten die internationale Gemeinschaft selbst als Rechtssubjekt in der Berechtigungsposition zu sehen sein.[193] Im ersten Fall würde das klassische zweiseitige

---

[187] IGH, *Barcelona Traction*, Second Phase, ICJ Rep 1970, S. 3 (32).

[188] *J. Delbrück*, in: LA Jaenicke, 1998, S. 17 (18); *J. A. Frowein*, Obligations Erga Omnes, in: MPEPIL (online edition), Stand: Dezember 2008, Rdn. 14; *B. Simma*, Rdc 250 (1994-VI), S. 217 (295); *T. Stein/C. v. Buttlar/M. Kotzur*, Völkerrecht, 14. Aufl. 2017, Rdn. 1152.

[189] Siehe die Artt. 33, 42 lit. b, 48 Abs. 1 lit. b und 54 ARS.

[190] IGH, *East Timor*, ICJ Rep 1995, S. 90 (102); IGH, *Legal Consequences of the Construction of a Wall in the Occupied Palestinian Territory*, Advisory Opinion, ICJ Rep 2004, S. 136 (199 ff.); zu *erga omnes partes*-Verpflichtungen IGH, *Questions Relating to the Obligation to Prosecute or Extradite*, ICJ Rep 2012, S. 422 (449 f.).

[191] Stark umstritten ist insbesondere die Frage, ob im Falle der Verletzung einer Norm mit *erga omnes*-Wirkung auch die nicht direkt betroffenen Staaten Gegenmaßnahmen ergreifen dürfen, dazu *J. A. Frowein*, in: FS Mosler, 1983, S. 241 (246 ff.); ausführlich auch *ders.*, RdC 248 (1994-IV), S. 345; *C. Tams*, Enforcing Obligations Erga Omnes in International Law, 2005, S. 198 ff.

[192] Dazu *A. Paulus*, Die internationale Gemeinschaft im Völkerrecht, 2001, S. 381; *M. Payandeh*, Internationales Gemeinschaftsrecht, 2010, S. 387 f.

[193] *I. Feichtner*, Community Interest, in: MPEPIL (online edition), Stand: Februar 2007, Rdn. 45.

Verpflichtungsverhältnis um weitere inhaltlich identische bilaterale Rechtsbeziehungen ergänzt, im zweiten allein der Berechtigte ausgetauscht. Trotz der Schwierigkeiten, die mit der Erhebung der internationalen Gemeinschaft zum Rechtssubjekt einhergehen, überwiegen die Sympathien für den zweiten Ansatz im neueren Schrifttum deutlich.[194] Für ihn spricht insbesondere der insofern eindeutige Wortlaut der Barcelona Traction-Entscheidung sowie der entsprechenden Entwurfsartikel über die Staatenverantwortlichkeit. Beide stellen auf die internationale Gemeinschaft „als Ganze" ab und nicht auf die Gesamtheit der Staaten. Die inhaltliche Verwandtschaft der *erga omnes*-Pflichten zum *ius cogens* legt zudem nahe, dass der IGH hier nicht die Gesamtheit der Staaten im Blick hatte.[195] Den Pflichten *erga omnes* korrespondiert folglich ein Kollektivrecht der internationalen Gemeinschaft als Ganzer.

Vor diesem Hintergrund gewinnt die Behauptung, bei Pflichten *erga omnes* handle es sich um höherrangiges Völkerrecht an Überzeugungskraft. Denn wie *Ulf Linderfalk* etwa am Recht der völkerrechtlichen Verträge gezeigt hat, kann ein verpflichteter Staat einen Vertrag, der *erga omnes*-Pflichten begründet, weder suspendieren noch modifizieren; und das selbst dann, wenn der ursprüngliche Vertragspartner dabei mitwirkt.[196] Denn sowohl die Suspendierung als auch die Modifikation eines völkerrechtlichen Vertrages sind nur dann zulässig, wenn sie „die anderen Vertragsparteien in dem Genuß ihrer Rechte auf Grund des Vertrags [...] nicht beeinträchtigt".[197] Erlangt eine vertragliche Bestim-

---

194 So bei *G. Dahm/J. Delbrück/R. Wolfrum*, Völkerrecht, Bd. I/3, 2. Aufl. 2002, S. 931; *G. Gaja*, RdC 364 (2012), S. 9 (25); *W. Heintschel von Heinegg*, in: K. Ipsen (Hrsg.), Völkerrecht, 6. Aufl. 2014, § 16 Rdn. 55: „Rechtspflichten [...] gegenüber der Staatengemeinschaft als Einheit"; *S. Kadelbach*, Zwingendes Völkerrecht, 1992, S. 33; *U. Linderfalk*, Nordic J. Int'l L. 80 (2011), S. 1 (10); *M. Payandeh*, Internationales Gemeinschaftsrecht, 2010, S. 387 f.; *P. Piccone*, in: E. Cannizzaro (Hrsg.), The Law of Treaties Beyond the Vienna Convention, 2011, S. 411 (424).

195 Zu diesen und weiteren Argumenten *M. Payandeh*, Internationales Gemeinschaftsrecht, 2010, S. 387 f.

196 *U. Linderfalk*, Nordic J. Int'l L. 80 (2011), S. 1 (14 ff.); ebenso bereits *A. Paulus*, Die internationale Gemeinschaft im Völkerrecht, 2001, S. 414; vgl. auch *G. Gaja*, RdC 172 (1981-III), S. 271 (281).

197 So wörtlich Art. 41 WVK für die Vertragsmodifikation, sehr ähnlich Art. 58 WVK für die Suspendierung. Im Übrigen bleiben diese Vorschriften auch dann anwendbar, wenn aus einem Vertrag *erga omnes*-Pflichten entstehen. Nach der hier vorgeschlagenen Lösung ist dann zwar die internationale Gemeinschaft als Ganze die aus dem Vertrag Berechtigte, formal betrachtet bleiben

mung aber *erga omnes*-Qualität, so erstarkt das ursprünglich alleinige Recht des Vertragspartners zum Kollektivrecht der internationalen Gemeinschaft als Ganzer. Eine allein zwischen den ursprünglichen Vertragsparteien vereinbarte Suspendierung oder den Pflichtenkatalog beschränkende Vertragsmodifikation geht dann notwendigerweise mit der Beeinträchtigung der Rechte Dritter, namentlich der internationalen Gemeinschaft, einher.[198] Die Folge: der *erga omnes*-Charakter der Bestimmungen versperrt Suspendierung und Modifikation durch die Vertragsparteien den Weg. Das ursprünglich allein von ihrem Willen abhängige Rechtsverhältnis wird für sie unverfügbar, denn „you cannot legally renounce or modify a right laid down in a treaty if the right does not belong to you individually".[199] Jenseits des Völkervertragsrechts zeigt sich der damit angesprochene Übergang der Verfügungsbefugnis auf die internationale Gemeinschaft etwa im Recht der Staatenverantwortlichkeit. Während dort eine staatliche Einwilligung grundsätzlich das Unrecht einer Rechtsbeeinträchtigung ausschließt, kann ein Staat Eingriffen in Rechte, denen *erga omnes*-Pflichten korrespondieren, nicht im Wege der Einwilligung den Unrechtscharakter nehmen.[200]

Insofern nehmen *erga omnes*-Pflichten in der Tat eine normenhierarchisch hervorgehobene Position ein. Ob man diese als Vorrang nach dem Bedingungszusammenhang oder Vorrang nach dem Derogationszusammenhang deutet, hängt maßgeblich davon ab, welche Rechtsfolgen an Verletzungen des Verbots von Suspendierungs- und Modifikationsvereinbarungen, die Kollektivrechte der internationalen Gemeinschaft betreffen, zu knüpfen sind, bzw. welche Konsequenzen die Einwilligung in Eingriffe in solche Rechte nach sich zieht. Erklärt man solche Vereinbarungen und einseitigen Rechtsakte für nichtig,[201] bedingen die *erga omnes*-Pflichten deren Geltung und genießen folglich Vorrang

---

aber die beiden Staaten Vertragspartner, so dass es sich nach wie vor um einen Vertrag zwischen Staaten im Sinne des Art. 1 WVK handelt.

198 *U. Linderfalk*, Nordic J. Int'l L. 80 (2011), S. 1 (14).

199 *U. Linderfalk*, Nordic J. Int'l L. 80 (2011), S. 1 (17).

200 Ebd. mit Verweis auf ILC, *Draft Articles on Responsibility of States for Internationally Wrongful Acts, with Commentaries*, YBILC 2001, Bd. II, Teil II, S. 31 (73), wo es im Kommentar zu Art. 20 der Artikel über die Staatenverantwortlichkeit heißt „[i]n circumstances where the consent of a number of States is required, the consent of one State will not preclude wrongfulness in relation to another".

201 So wohl *U. Linderfalk*, Nordic J. Int'l L. 80 (2011), S. 1 (14): „the modifying agreement will not be normative".

nach dem Bedingungszusammenhang im kelsianischen Sinne. Hält man sie lediglich für rechtswidrig und angesichts der entgegenstehenden *erga omnes*-Pflichten für wirkungslos,[202] so kommt ihnen zumindest derogatorische Kraft zu.

d) Normativer Vorrang der Charta der Vereinten Nationen

Schließlich zeige, so jedenfalls einige Verfechter der Hierarchisierungsthese, auch die privilegierte Stellung der Charta der Vereinten Nationen, dass das Völkerrecht das Konzept einer hierarchischen Normenordnung kenne.[203] Den Kernpunkt des Arguments bildet dabei die Vorrangklausel des Art. 103 UN-Charta:

> „Widersprechen sich die Verpflichtungen von Mitgliedern der Vereinten Nationen aus dieser Charta und ihre Verpflichtungen aus anderen internationalen Übereinkünften, so haben die Verpflichtungen aus dieser Charta Vorrang."

Die genauen Rechtsfolgen aber, die aus diesem „Vorrang" der Charta-Verpflichtungen resultieren, lässt die Bestimmung offen. Führt der Konflikt zur Nichtigkeit der konfligierenden Übereinkünfte oder sind diese lediglich aufhebbar, unanwendbar oder gar bloß nicht durchsetzbar?[204] Der Wortlaut des Art. 103 UN-Charta spricht zwar, insofern anders als Art. 53 WVK, nicht von der Nichtigkeit konfligierender Übereinkünfte. Doch ist die den „Vorrang" der Chartaverpflichtungen anordnende Formulierung der deutschen Übersetzung – ebenso wie auch die authentischen Sprachfassungen – diesbezüglich uneindeutig,

---

[202] In diese Richtung offenbar *G. Dahm/J. Delbrück/R. Wolfrum*, Völkerrecht, Bd. I/3, 2. Aufl. 2002, S. 692 uneindeutig indes ebd., S. 631 f., 669; *A. Emmerich-Fritsche*, Vom Völkerrecht zum Weltrecht, 2007, S. 437; *R. Uerpmann*, JZ 56 (2001), S. 565 (572); *S. Villalpando*, EJIL 21 (2010), S. 387 (404); vgl. zum Vorrang integraler Verpflichtungen auch noch unten S. 546 ff.

[203] *P.-M. Dupuy*, MPYUNL 1 (1997), S. 1 (12 f.); *B. Fassbender*, Colum. J. Transnat'l L. 36 (1998), S. 529 (577 f.); *U. Fastenrath*, Lücken im Völkerrecht, 1991, S. 227 f.; *T. M. Franck*, in: LA Eitel, 2003, S. 95 (98 f.); *A. Korkeakivi*, J. Int'l Legal Stud. 2 (1996), S. 81 (81 in Fn. 1); *F. F. Martin*, Saskatchewan Law Review 65 (2002), S. 333 (334 in Fn. 7); *S. Villalpando*, EJIL 21 (2010), S. 387 (404); wohl auch *E. Klein*, in: FS Ress, 2005, S. 151 (160). Auch *S. Kadelbach*, Zwingendes Völkerrecht, 1992, S. 28 behandelt Art. 103 UN-Charta im Abschnitt über „hierarchische Normstrukturen".

[204] Dazu ausführlich *R. Kolb*, RdC 367 (2013), S. 9 (226 ff.); *A. Paulus*, Die internationale Gemeinschaft im Völkerrecht, 2001, S. 308 f.

spart sie die maßgebliche Entscheidung zwischen Geltungs- und Anwendungsvorrang doch gerade aus.[205] Teleologisch betrachtet wird man indes nicht von der Nichtigkeit entgegenstehender Normen ausgehen können, denn um die Effektivität der Charta-Bestimmungen zu gewährleisten (und worin sonst sollte der Zweck des Art. 103 UN-Charta bestehen?) bedarf es eines Geltungsvorrangs gerade nicht.[206] Diese setzten sich im Konfliktfall auch dann ausreichend durch, wenn entgegenstehende Bestimmungen lediglich unangewendet bleiben. Auch systematische Erwägungen stützen dieses Verständnis, denn die Wiener Vertragsrechtskonvention erwähnt Art. 103 UN-Charta gerade nicht neben Art. 53 im Abschnitt über die Ungültigkeit völkerrechtlicher Verträge, sondern bereits in Art. 30, der die *lex specialis*- und *lex posterior*-Kollisionsregeln behandelt.[207] Vor diesem Hintergrund ist Art. 103 UN-Charta lediglich als Kollisionsregel zu verstehen, die es gebietet, Normenkonflikte zwischen der UN-Charta und anderen Übereinkommen zugunsten der Anwendung des Charta-Rechts zu entscheiden.[208] Die Charta bedingt so nicht die Geltung „einfachen" Vertragsrechts; auch ein hierarchischer Vorrang im Sinne einer normgenetischen Präeminenz kann sie folglich nicht beanspruchen. Ein solcher lässt sich auch nicht mit dem teilweise behaupteten Charakter der Charta als Ver-

---

[205] *A. Paulus/J. Leiß*, in: B. Simma u.a. (Hrsg.), The Charter of the United Nations. A Commentary, 3. Aufl. 2012, Art. 103 Rdn. 75.

[206] *T. Kleinlein*, Konstitutionalisierung im Völkerrecht, 2012, S. 417 mit weiteren Nachweisen und Verweis auf die *travaux préparatoires*.

[207] *S. Hörmann*, AVR 44 (2006), S. 267 (274 f.); *T. Kleinlein*, Konstitutionalisierung im Völkerrecht, 2012, S. 418; mit Verweis auf die ILC-Vorarbeiten zur Wiener Vertragsrechtskonvention *E. Sciso*, ÖZöRV 38 (1987/88), S. 161 (176).

[208] So auch *A. Paulus/J. Leiß*, in: B. Simma u.a. (Hrsg.), The Charter of the United Nations. A Commentary, 3. Aufl. 2012, Art. 103 Rdn. 77; *S. Kadelbach*, Zwingendes Völkerrecht, 1992, S. 28 mit weiteren Nachweisen; *ders./T. Kleinlein*, AVR 44 (2006), S. 235 (249 f.); *T. Kleinlein*, Konstitutionalisierung im Völkerrecht, 2012, S. 415 ff.; *M. Milanović*, Duke J. Comp. & Int'l L. 20 (2009), S. 69 (76); *A. Paulus*, Die internationale Gemeinschaft im Völkerrecht, 2001, S. 309; *E. Sciso*, ÖZöRV 38 (1987/88), S. 161 (169); *E. Suy*, in: O. Corten/P. Klein (Hrsg.), The Vienna Convention on the Law of Treaties: A Commentary, Bd. II, 2011, Art. 53 Rdn. 15; *A. Verdross/B. Simma*, Universelles Völkerrecht, 3. Aufl. 1984, § 641; zahlreiche weitere Nachweise bei *R. Kolb*, RdC 367 (2013), S. 9 (226 in Fn. 465), der sich auf S. 248 ebenfalls für diese Position ausspricht. Insoweit nicht eindeutig hingegen IGH, *Lockerbie* (Libya v. UK), Provisional Measures, ICJ Rep 1992, S. 3 (15), wonach die Charta-Verpflichtungen „prevail over [the] obligations under any other international agreement".

fassung der internationalen Gemeinschaft begründen.[209] Denn wenn Verfassungen stets Vorrang nach dem Bedingungszusammenhang genießen, sich ein solcher aber aus den Bestimmungen der Charta nicht ableiten lässt, dann ist deren Bezeichnung als Verfassung unangemessen; keinesfalls aber ist die Charta aufgrund des behaupteten konstitutionellen Status dann doch normgenetisch präeminent.[210] Derogatorische Kraft hat die Charta aber dennoch: Auf Anwendungsebene setzt sie sich konsequent gegen entgegenstehendes Vertragsrecht durch. In einem solchen schwachen Sinne trägt folglich auch Art. 103 UN-Charta zur Ausbildung einer völkerrechtlichen Normenhierarchie bei.[211]

2. *Institutionelle Hierarchien im modernen Völkerrecht*

Die Hierarchien auf Ebene der Normstrukturen finden im gegenwärtigen Völkerrecht eine gewisse – noch aber nur vorsichtig ausgeprägte – Entsprechung auf institutioneller Ebene. Denn die noch für das Kooperationsrecht charakteristische Gleichrangigkeit der Völkerrechtssubjekte weicht nunmehr vereinzelt subordinationsähnlichen Verhältnissen zwischen den völkerrechtlichen Akteuren. An der Spitze dieser Subordinationsbeziehungen stehen internationale Organisationen, die vermehrt selbst Hoheitsgewalt gegenüber ihren Mitgliedstaaten ausüben.[212] Sie rücken damit in eine hierarchische Vorrangposition ein.

---

[209] Zur These der UN-Charta als Verfassung der internationalen Gemeinschaft insbes. *B. Fassbender*, Colum. J. Transnat'l L. 36 (1998), S. 529 sowie die weiteren Nachweise in Fn. 575.

[210] Vgl. *T. Kleinlein*, Konstitutionalisierung im Völkerrecht, 2012, S. 423; *N. Matz*, Wege zur Koordinierung völkerrechtlicher Verträge, 2005, S. 250 sowie noch unten S. 148 ff.

[211] Anders *S. Kadelbach/T. Kleinlein*, AVR 44 (2006), S. 235 (249 f.), die allerdings nur im Falle normgenetischer Präeminenz von einem hierarchischen Vorrang sprechen wollen.

[212] Die Ausübung von Hoheitsgewalt im Völkerrecht beschränkt sich dabei nicht auf den hier behandelten – und noch immer paradigmatischen – Fall der rechtlichen Bindung der Vertragsstaaten durch Sekundärrechtsakte internationaler Organisationen, siehe etwa *A. v. Bogdandy/P. Dann/M. Goldmann*, German L. J. 9 (2008), S. 1375; *C. Feinäugle*, Hoheitsgewalt im Völkerrecht, 2011, S. 29 ff.; *M. Goldmann*, Internationale öffentliche Gewalt, 2015; vgl. außerdem die Beiträge in A. v. Bogdandy u.a. (Hrsg.), The Exercise of Public Authority by International Institutions, 2010.

Vorreiter dieser Entwicklung ist der UN-Sicherheitsrat. Seine Beschlüsse, so sieht es Art. 25 der Charta vor, sind für alle Mitgliedstaaten rechtlich bindend. Im Rahmen der ihm übertragenen „Hauptverantwortung für die Wahrung des Weltfriedens und der internationalen Sicherheit" (Art. 24 Abs. 1 UN-Charta) besitzt er folglich „die Rechtsmacht [...], andere zu bestimmen und ihre Freiheit einzuschränken, also ihre rechtliche und tatsächliche Situation einseitig zu gestalten."[213] Kurz: er besitzt Hoheitsgewalt.[214] Inhaltlich hat das weitreichende Folgen, sind die Grenzen der Befugnisse des Sicherheitsrats doch schwer zu ziehen und tendenziell durchlässig. Die Vielgestaltigkeit der vom Sicherheitsrat in der Vergangenheit beschlossenen Maßnahmen zeugt davon: Er autorisiert den Einsatz militärischer Gewalt,[215] gebietet die Unterbrechung der Handelsbeziehungen[216] oder erlegt den Mitgliedstaaten auf, die Finanzmittel ausgewählter Personen „einzufrieren".[217] Für Ruanda und das ehemalige Jugoslawien hat er *ad hoc* Straftribunale geschaffen[218] und sich in Reaktion auf die Anschläge des 11. September 2001 schließlich als „Weltgesetzgeber" betätigt,[219] indem er den Mitgliedstaaten konkrete Vorgaben für die nationalen Strafrechtsordnungen machte.[220]

---

[213] So die Definition von Hoheitsgewalt bei *C. Feinäugle*, Hoheitsgewalt im Völkerrecht, 2011, S. 36.

[214] *A. Emmerich-Fritsche*, Vom Völkerrecht zum Weltrecht, 2007, S. 726 spricht von einer „Weltbefehlsgewalt".

[215] Zuletzt etwa gegen Libyen: SR Res. 1973 v. 17. März 2011, UN Doc. S/RES/1973 (2011).

[216] Beispielsweise in SR Res. 661 v. 6. August 1990, S/RES/661 (1990); UN Doc. SR Res. 757 v. 30. Mai 1992, UN Doc. S/RES/757 (1992).

[217] SR Res. 1267 v. 15. Oktober 1999, UN Doc. S/RES/1267 (1999); SR Res. 1333 v. 19. Dezember 2000, UN Doc. S/RES/1333 (2000); SR Res. 1390 v. 28. Januar 2002, UN Doc. S/RES/1390 (2002); SR Res. 1617 (2005) v. 29. Juli 2005, UN Doc. S/RES/1617 (2005); SR Res. 1735 v. 22. Dezember 2006, UN Doc. S/RES/1735 (2006).

[218] SR Res. 827 v. 25. Mai 1993, UN Doc. S/RES/827 (1993); SR Res. 955 v. 8. November 1994, UN Doc. S/RES/955 (1994).

[219] Dazu unter anderem *J. D. Aston*, ZaöRV 2002, S. 257; *A. Marschik*, in: R. S. J. Macdonald/D. M. Johnston (Hrsg.), Towards World Constitutionalism, 2005, S. 457; *S. Talmon*, AJIL 99 (2005), S. 175; *A. Zimmermann/B. Elberling*, VN 52 (2004), S. 71; ferner ausführlich *T. M. Kloke*, Der Sicherheitsrat der Vereinten Nationen als Weltgesetzgeber, 2016.

[220] SR Res. 1373 v. 28. September 2001, UN Doc. S/RES/1373 (2001); wiederholt in SR Res. 2178 v. 24. September 2014, UN Doc. S/RES/2178 (2014).

Während diese Beschlüsse sich aufgrund ihrer verbindlichen Wirkung schon für die zum Handeln aufgeforderten Staaten als hoheitliche Akte darstellen, gewinnt die mit ihnen ausgeübte Hoheitsgewalt für den Staat, gegen dessen Verhalten sich die beschlossenen Maßnahmen richten, besondere Intensität. Vermittelt durch die Mitgliedstaaten übt der Sicherheitsrat gegen diesen Zwang aus, um ihn zur Beendigung der von ihm ausgehenden Gefährdung für Frieden und die internationale Sicherheit zu bewegen.[221]

Eine hierarchische Vorrangrolle kommt dem Sicherheitsrat überdies nicht lediglich im Verhältnis zu den Mitgliedstaaten zu.[222] Auch im Verhältnis zum IStGH räumt ihm Art. 16 des IStGH-Statuts hoheitliche Befugnisse ein. Danach kann der Sicherheitsrat den IStGH zur Wahrung oder Wiederherstellung des Weltfriedens und der internationalen Sicherheit verbindlich ersuchen, in einem bestimmten Fall für bis zu zwölf Monaten keine Ermittlungen einzuleiten oder die Strafverfolgung für diese Zeit auszusetzen.[223]

Vergleichbar umfassende Hoheitsbefugnisse besitzen andere internationale Organisationen nicht. Dennoch kommt auch ihnen vereinzelt die Rechtsmacht zu, ihre Mitgliedstaaten durch Sekundärrechtsakte rechtlich zu binden:[224] Im Rahmen der UNESCO-Welterbekonvention[225]

---

221 Im Schrifttum wird das teilweise als polizeiähnliche Exekutivgewalt charakterisiert, siehe *M. Koskenniemi*, EJIL 6 (1995), S. 325 (344); *C. Tomuschat*, RdC 241 (1993-IV), S. 195 (343).

222 Nach Ansicht des EuG hat der Sicherheitsrat auch Hoheitsbefugnisse gegenüber der Europäischen Gemeinschaft (heute: der Europäischen Union). In seinem Kadi-Urteil (EuG, Urt. v. 21. September 2005, Rs. T-315/01, Rdn. 203) heißt es dazu: „Durch die Übertragung dieser [Anm.: die zur Erfüllung der Verpflichtungen aufgrund der Charta der Vereinten Nationen erforderlichen] Befugnisse auf die Gemeinschaft haben die Mitgliedstaaten also ihren Willen erkennen lassen, die Gemeinschaft an die von ihnen aufgrund der Charta der Vereinten Nationen eingegangenen Verpflichtungen zu binden.“

223 Vgl. dazu insbesondere SR Res. 1422 v. 12. Juli 2002, UN Doc. S/RES/1422 (2002) und die daran anschließende Diskussion im Schrifttum: *Z. Deen-Racsmány*, NILR 49 (2002), S. 353; *O. Elias/A. Quast*, Non-State Actors and International Law 3 (2003), S. 165; *J. Herbst*, EuGRZ 29 (2002), S. 581; *S. Heselhaus*, ZaöRV 62 (2002), S. 907; *C. Stahn*, EJIL 14 (2003), S. 85; *S. Zappala*, JICJ 1 (2003), S. 114; *A. Zimmermann*, in: LA Eitel, 2003, S. 253.

224 Beispiele aus dem Bereich der Sonderorganisationen der Vereinten Nationen bei *M. Payandeh*, Internationales Gemeinschaftsrecht, 2010, S. 325 ff. und *C. Tomuschat*, RdC 241 (1993-IV), S. 195 (347 f.).

etwa begründet die Aufnahme einer Weltkulturerbestätte in die „Liste des Erbes der Welt" durch das entsprechende Komitee die Rechtspflicht des Heimatstaates der ausgewählten Stätte, diese zu schützen und zu pflegen.[226] Und auch zur Durchsetzung der Staatenverpflichtungen aus dem Kyoto-Protokoll kann die *Enforcement Branch* des *Compliance Committee* die Mitgliedstaaten durch ihre Entscheidungen rechtlich binden.[227]

III. Privatisierung: Nichtstaatliche Akteure im modernen Völkerrecht

Die völkerrechtliche Entwicklung hin zum modernen Völkerrecht lässt sich drittens als Privatisierung der Völkerrechtsordnung beschreiben.[228] Sie ist gleich in mehrfacher Hinsicht von einem Bedeutungszuwachs privater, d.h. nichtstaatlicher Akteure gekennzeichnet. So weitet sich die ehemals den Staaten vorbehaltene Völkerrechtssubjektivität zunehmend auf private Entitäten, wie etwa Nichtregierungsorganisationen (NGOs) und multinationale Unternehmen aus (dazu 1.). Und die teilweise bereits im Kooperationsvölkerrecht anerkannte Völkerrechtsfähigkeit nichtstaatlicher Akteure gewinnt mit der zunehmenden Anzahl individualberechtigender und -verpflichtender Normen – auch jenseits der klassischen Regelungsbereiche des Menschenrechtsschutzes und des Völkerstrafrechts – eine neue Dimension (dazu 2.). Schließlich lässt diese Entwicklung auch die Rechtsdurchsetzungsstrukturen nicht unberührt (dazu 3.).

---

[225] *Convention Concerning the Protection of the World Cultural and Natural Heritage* v. 16. November 1972, UNTS. Bd. 1037, S. 151, BGBl. 1977 II, S. 215.

[226] *C. Feinäugle*, Hoheitsgewalt im Völkerrecht, 2011, S. 39 f.; *D. Zacharias*, MPYUNL 10 (2006), S. 273 (308); *dies.*, German L. J. 9 (2008), S. 1833 (1857).

[227] Dazu *P. L. Láncos*, in: A. v. Bogdandy u.a. (Hrsg.), The Exercise of Public Authority by International Institutions, 2010, S. 271.

[228] Der Begriff der Privatisierung stammt von *O. Dörr*, JZ 60 (2005), S. 905, dessen Überlegungen auch die folgende Darstellung in Teilen folgt. Stattdessen spricht *W. Benedek*, in: ders. u.a. (Hrsg.), The Common Interest in International Law, 2014, S. 185 (186 ff.) von einer Humanisierung des Völkerrechts, was begrifflich allerdings allein die erstarkende Rolle des Menschen erfasst, NGOs und juristische Personen hingegen ausblendet.

1. Privatisierung der Völkerrechtssubjektivität

Als Völkerrechtssubjekte bezeichnet das Völkerrecht all die Akteure, deren Verhalten unmittelbar durch das Völkerrecht geregelt wird. Demnach besitzt Völkerrechtspersönlichkeit, wer Träger unmittelbar aus dem Völkerrecht herrührender Rechte oder Pflichten ist.[229] Wer Völkerrechtssubjekt ist, ist damit eine rechtsinhaltliche und keine auf theoretischer Ebene zu beantwortende Frage. Schon im Kooperationsvölkerrecht war die Trägerschaft solcher Rechte und Pflichten indes nicht auf Staaten beschränkt. Auch internationale Organisationen wurden als Subjekte des Völkerrechts anerkannt, und insbesondere im Bereich des Menschenrechtsschutzes setzte sich die partielle völkerrechtliche Subjektstellung des Individuums allgemein durch.[230] Auch auf der Grundlage des gegenwärtigen Völkerrechts behält dies Gültigkeit,[231] doch erodiert der *numerus clausus* der Völkerrechtsubjekte weiter.

Heute lässt sich kaum noch bestreiten, dass mittlerweile auch internationale Nichtregierungsorganisationen partielle Völkerrechtspersönlich-

---

[229] So etwa *A. Bleckmann*, in: I. Seidl-Hohenfeldern (Hrsg.), Lexikon des Rechts – Völkerrecht, 3. Aufl. 2001, S. 517; *T. Stein/C. v. Buttlar/M. Kotzur*, Völkerrecht, 14. Aufl. 2017, Rdn. 244; *C. Walter*, Subjects of International Law, in: MPEPIL (online edition), Stand: Mai 2007, Rdn. 1. Lediglich mittelbare Rechte und Pflichten, d.h. solche, die erst durch die innerstaatliche Umsetzung eines nicht unmittelbar anwendbaren Völkerrechtssatzes entstehen, begründen den Status als Völkerrechtssubjekt danach nicht. Ausführlich zu den unterschiedlichen Konzeptionen der Völkerrechtssubjektivität *M. Hempel*, Die Völkerrechtssubjektivität internationaler nichtstaatlicher Organisationen, 1999, S. 56 ff., *A. Peters*, JöR N.F. 59 (2011), S. 411 (421 ff.) sowie insbesondere *R. Portmann*, Legal Personality in International Law, 2010, S. 29 ff. (Part II).

[230] Dazu bereits oben S. 9 f., 12.

[231] Für die Subjektstellung des Individuums etwa *A. Bleckmann*, in: I. Seidl-Hohenfeldern (Hrsg.), Lexikon des Rechts – Völkerrecht, 3. Aufl. 2001, S. 517 (518); *K. Doehring*, Völkerrecht, 2. Aufl. 2004, Rdn. 250; *V. Epping*, in: K. Ipsen (Hrsg.), Völkerrecht, 6. Aufl. 2014, § 7 Rdn. 3; *H. Geldermann*, Völkerrechtliche Pflichten multinationaler Unternehmen, 2009, S. 98; *S. Hobe*, Einführung in das Völkerrecht, 10. Aufl. 2014, S. 167; *T. Schweisfurth*, Völkerrecht, 1. Kap. Rdn. 139, S. 40; *T. Stein/C. v. Buttlar*, Völkerrecht, 13. Aufl. 2012, Rdn. 244; *A. Verdross/B. Simma*, Universelles Völkerrecht, 3. Aufl. 1984, § 48; *C. Walter*, Subjects of International Law, in: MPEPIL (online edition), Stand: Mai 2007, Rdn. 18.; ausführlich *K. Parlett*, The Individual in the International Legal System, 2011, passim und deutlich auf S. 359.

keit besitzen;[232] in gewissem Umfang räumt das gegenwärtige Völkerrecht ihnen individuelle Freiheitsrechte, justizielle Verfahrensrechte und teilweise gar politische Beteiligungsrechte ein. Etwa die Versammlungs- und Vereinigungsfreiheit der Art. 10 und 11 der Afrikanischen Charta der Menschenrechte und Rechte der Völker schützt auch Nichtregierungsorganisationen, und auch der Grundrechtsschutz durch die Europäische Menschenrechtskonvention erfasst in persönlicher Hinsicht grundsätzlich auch juristische Personen des Privatrechts[233].[234] Als nichtstaatliche Organisationen im Sinne des Art. 34 EMRK ermächtigt die Konvention sie sogar zur gerichtlichen Durchsetzung ihrer Rechte im Wege des Individualbeschwerdeverfahrens. Als Drittbeteiligte oder *amicus curiae* nehmen sie darüber hinaus als Sachwalter des öffentlichen Interesses an den Straßburger Verfahren teil.[235] Auch das Prozessrecht anderer internationaler Gerichte oder Beschwerdeorgane ermöglicht es, Nichtregierungsorganisationen als *amicus curiae* an einem Verfahren zu beteiligen.[236] Teilweise können sie ein solches gar – wie etwa im Rah-

---

[232] So *J. Delbrück*, Ind. J. Global Leg. Stud. 9 (2002), S. 401 (412), der die Gegenansicht als „hardly tenable" bezeichnet; ähnlich auch *ders.*, SZIER 11 (2001), S. 1 (26). Für die beschränkte Völkerrechtssubjektivität von NGOs sprechen sich ebenfalls aus *A. Bleckmann*, in: Seidl-Hohenfeldern (Hrsg.), Lexikon des Rechts – Völkerrecht, 3. Aufl. 2001, S. 517 (518); *M. Hempel*, Die Völkerrechtssubjektivität internationaler nichtstaatlicher Organisationen, 1999, S. 190 ff.; *U. Hingst*, Auswirkungen der Globalisierung auf das Recht der völkerrechtlichen Verträge, 2001, S. 154 ff.; *S. Hobe*, AVR 37 (1999), S. 152 (172); *ders.*, Non-Governmental Organizations, in: MPEPIL (online edition), Stand: März 2010, Rdn. 42; *ders.*, Einführung in das Völkerrecht, 10. Aufl. 2014, S. 162; *W. Hummer*, BDGVR 39 (1999), S. 45 (195 f.); *K. Nowrot*, Ind. J. Global Leg. Stud. 6 (1999), S. 579 (635); *S. Riedinger*, Die Rolle nichtstaatlicher Organisationen bei der Entwicklung und Durchsetzung internationalen Umweltrechts, 2001, S. 320. Grundlegend dazu bereits *H. Mosler*, ZaöRV 22 (1962), S. 1 (40 ff.).

[233] *C. Grabenwarter/K. Pabel*, Europäische Menschenrechtskonvention, 6. Aufl. 2016, S. 129.

[234] Eine eingehende Analyse bei *M. Hempel*, Die Völkerrechtssubjektivität internationaler nichtstaatlicher Organisationen, S. 83 ff. Ebenso auch *J. Delbrück*, Ind. J. Global Leg. Stud. 9 (2002), S. 401 (412).

[235] Dazu *C. Grabenwarter/K. Pabel*, Europäische Menschenrechtskonvention, 6. Aufl. 2016, S. 95 f.

[236] *S. Charnovitz*, AJIL 100 (2006), S. 348 (353 f.); *O. Dörr*, JZ 60 (2005), S. 905 (912); *M. Hempel*, Die Völkerrechtssubjektivität internationaler nichtstaatlicher Organisationen, 1999, S. 135 ff.; *P. Sands/R. Mackenzie*, Internatio-

men der Amerikanischen Menschenrechtskonvention – selbst zur Verteidigung fremder Rechte initiieren.[237] In all diesen Fällen prozessualer Beteiligungsmöglichkeiten räumt ihnen das Völkerrecht unmittelbar eine eigene Rechtsposition ein.

Politische Teilhaberechte genießen Nichtregierungsorganisationen schließlich beispielsweise[238] im Rahmen des Wirtschafts- und Sozialrats der Vereinten Nationen. Auf Grundlage des Art. 71 UN-Charta hat dieser einigen NGOs Beobachterstatus eingeräumt. Die so in den Konsultativstatus erhobenen NGOs sind damit zugleich Subjekt der durch das völkerrechtliche Sekundärrecht des Wirtschafts- und Sozialrats[239] gewährten Beteiligungsrechte und -pflichten.[240] Abhängig davon, welcher Kategorie das UN-Sekundärrecht eine Organisation zuordnet, ist sie berechtigt, an den Sitzungen des Rats teilzunehmen, schriftliche Stellungnahmen abzugeben, im Rahmen der Diskussionen mündlich ihren Standpunkt darzulegen oder gar eigene Tagesordnungspunkte vorzuschlagen.[241] Auch im Rahmen der Welttourismusorganisation steht Nichtregierungsorganisationen eine sog. angeschlossene Mitgliedschaft (*affiliate membership*) offen, an die das Organisationsstatut unmittelbar

---

nal Courts and Tribunals, Amicus Curiae, in: MPEPIL (online edition), Stand: Januar 2008, Rdn. 3 ff.; *D. Shelton*, AJIL 88 (1994), S. 611 (619 ff.); *M. Wagner*, Non-State Actors, in: MPEPIL (online edition), Stand: Juli 2013, Rdn. 25; speziell zur jüngeren Praxis des Appellate Body der Welthandelsorganisation *S. Ohlhoff*, EuZW 10 (1999), S. 139; *ders./H. Schloemann*, MPYUNL 5 (2001), S. 675 (685 ff.).

[237] Siehe Art. 44 AMRK, ebenso Art. 48 EMRK; zahlreiche weitere Beispiele bei *S. Hobe*, AVR 37 (1999), S. 152 (162 ff.). Siehe auch *S. Charnovitz*, AJIL 100 (2006), S. 348 (354).

[238] Ein umfassenderer Überblick bei *M. Hempel*, Die Völkerrechtssubjektivität internationaler nichtstaatlicher Organisationen, 1999, S. 118 ff. Siehe ferner *S. Hobe*, AVR 37 (1999), S. 152 (160 ff.); *ders.*, Ind. J. Global Leg. Stud. 5 (1997), S. 191 (201 ff.).

[239] Siehe unter anderem Economic and Social Council Resolution 1296 v. 23. Mai 1968, E/RES/1968/1296.

[240] *M. Hempel*, Die Völkerrechtssubjektivität internationaler nichtstaatlicher Organisationen, 1999, S. 140 ff., insbes. S. 145 f.; *S. Hobe*, AVR 37 (1999), S. 152 (162); *W. Hummer*, BDGVR 39 (1999), S. 45 (95 ff.).

[241] Siehe Part IV der Economic and Social Council Resolution 1296 v. 23. Mai 1968, E/RES/1968/1296 sowie im Überblick *S. Hobe*, AVR 37 (1999), S. 152 (161 f.).

völkerrechtliche Teilnahmerechte und -pflichten knüpft.[242] Als Konsultativparteien wirken sie zudem zunehmend auch an internationalen Konferenzen und Vertragsverhandlungen mit.[243] Der völkerrechtliche Status von NGOs bleibt damit zwar derivativ und insofern vom Wohlwollen der Staaten abhängig. Die obigen Beispiele illustrieren aber, dass ihnen das gegenwärtige Völkerrecht die Fähigkeit nicht abspricht, Träger unmittelbar aus dem Völkerrecht rührender Rechte und Pflichten zu sein.

Weniger eindeutig ist die Frage zu beantworten, ob auch multinationalen Unternehmen mittlerweile Völkerrechtspersönlichkeit zukommt.[244] In der jüngeren wissenschaftlichen Diskussion scheint sie beinahe untrennbar mit der Debatte über die unmittelbare Drittwirkung internationaler Menschenrechte und einer dieser korrespondierenden Haftung transnationaler Unternehmen verbunden. In diesem Teilbereich aber fällt die Antwort bislang noch negativ aus.[245] Einen vielversprechenden Anknüpfungspunkt für eine Pflichtenposition multinationaler Unternehmen bilden allerdings zivilrechtliche Haftungsübereinkommen,[246] wie etwa das Wiener Übereinkommen über die zivilrechtliche Haftung

---

242 *M. Hempel*, Die Völkerrechtssubjektivität internationaler nichtstaatlicher Organisationen, 1999, S. 118 ff.

243 *S. Riedinger*, Die Rolle nichtstaatlicher Organisationen bei der Entwicklung und Durchsetzung internationalen Umweltrechts, 2001, S. 193 f. Speziell zu deren Rolle im Rahmen des Übereinkommens der Vereinten Nationen zur Bekämpfung der Wüstenbildung *K. W. Danish*, Ind. J. Global Leg. Stud. 3 (1995), S. 133 (162 ff.).

244 Ausführlich *J. Wouters/A.-L. Chané*, in: M. Noortmann/A. Reinisch/C. Ryngaert (Hrsg.), Non-State Actors in International Law, 2015, S. 225 (228 ff.).

245 *O. Dörr*, JZ 60 (2005), S. 905 (913); *A. Hennings*, Über das Verhältnis von Multinationalen Unternehmen zu Menschenrechten, 2009, S. 181; *S. Joseph*, NILR 46 (1999), S. 171 (175); *K. Schmalenbach*, AVR 39 (2001), S. 57 (80); *A. Seibert-Fohr*, ZaöRV 63 (2003), S. 195 (196 in Fn. 3); *D. Thürer*, ZaöRV 60 (2000), S. 557 (588); *M. Weschka*, ZaöRV 66 (2006), S. 625 (627); *K. Wiesbrock*, Internationaler Schutz der Menschenrechte vor Verletzungen durch Private, 1999, S. 81; *J. Wouters/A.-L. Chané*, in: M. Noortmann/A. Reinisch/C. Ryngaert (Hrsg.), Non-State Actors in International Law, 2015, S. 225 (236 ff.); wohl auch *H. Geldermann*, Völkerrechtliche Pflichten multinationaler Unternehmen, 2009, S. 100 ff.; vorsichtig befürwortend hingegen *C. Köster*, Die völkerrechtliche Verantwortlichkeit privater (multinationaler) Unternehmen für Menschenrechtsverletzungen, 2010, S. 94 ff.

246 Zu diesen *H. Geldermann*, Völkerrechtliche Pflichten multinationaler Unternehmen, 2009, S. 140 ff.

für Nuklearschäden[247], das Internationale Übereinkommen über die zivilrechtliche Haftung für Ölverschmutzungsschäden[248] und die bislang nicht in Kraft getretenen Lugano-Konvention des Europarates über die zivilrechtliche Haftung für Schäden aus umweltgefährdenden Tätigkeiten.[249] In privatrechtsgestaltender Intention sehen diese Abkommen die Einstandspflicht Privater für die von ihnen verursachten Schäden vor. Multinationale Unternehmen werden hiervon nicht ausgenommen.

Auch der völkerrechtliche Menschenrechtsschutz nimmt multinationale Unternehmen nicht durchgängig aus seinem persönlichen Anwendungsbereich aus. Die Europäische Menschenrechtskonvention etwa gewährleistet den Schutz (einiger) grundlegender Individualrechte auch für juristische Personen,[250] und das völkergewohnheitsrechtliche Fremdenrecht schützt insbesondere das Eigentumsrecht multinationaler Unternehmen bei Investitionen im Ausland.[251] Sofern die die Investition regelnden Vertragsbeziehungen zwischen dem Gaststaat und dem investierenden multinationalen Unternehmen (sog. *state contracts*) dabei, wie das in der Praxis zum Teil geschieht, mittels einer Rechtswahlklausel dem Völkerrecht unterstellt werden, sprechen überdies gute Argumente dafür, auch die vertraglichen Rechtspositionen der nichtstaatlichen Partei als dem Völkerrecht zugehörig zu qualifizieren und in der Vereinbarung der Völkerrechtsgeltung zugleich die Anerkennung des vertragsschließenden Unternehmens als Völkerrechtssubjekt zu se-

---

247 *Vienna Convention on Civil Liability for Nuclear Damage* v. 12. November 1977, UNTS Bd. 1063, S. 265, BGBl. 2001 II, S. 202.

248 *International Convention on Civil Liability for Oil Pollution Damage* v. 19. Juni 1975, UNTS Bd. 973, S. 3, BGBl. 1996 II, S. 670.

249 *Convention on Civil Liability for Damage Resulting from Activities Dangerous to the Environment* v. 21. Juni 1993, ETS No. 150.

250 *H. Geldermann*, Völkerrechtliche Pflichten multinationaler Unternehmen, 2009, S. 86 ff.; *C. Grabenwarter/K. Pabel*, Europäische Menschenrechtskonvention, 6. Aufl. 2016, S. 129; *A. Hennings*, Über das Verhältnis von multinationalen Unternehmen zu Menschenrechten, 2009, S. 30; *K. Schmalenbach*, AVR 39 (2001), S. 57 (63 f.); *J. Wouters/A.-L. Chané*, in: M. Noortmann/A. Reinisch/C. Ryngaert (Hrsg.), Non-State Actors in International Law, 2015, S. 225 (230 ff.).

251 *H. Geldermann*, Völkerrechtliche Pflichten multinationaler Unternehmen, 2009, S. 96.

hen.[252] Werden die *state contracts* der Jurisdiktion internationaler Schiedsgerichte unterstellt, so genießen multinationale Unternehmen im Verfahren schließlich eigene Verfahrensrechte und funktionale Immunitäten auf völkerrechtlicher Grundlage.[253] Schon angesichts dieses – notwendig unvollständigen Überblicks – liegt es nahe, auch multinationale Unternehmen als Träger völkerrechtlicher Rechte zu charakterisieren und sie in den Kreis der Völkerrechtssubjekte aufzunehmen. Auch im Schrifttum[254] und vereinzelt bereits in der Rechtsprechung[255] gewinnt diese Position stetig Anhänger.

Zu den neuesten Entwicklungen der Privatisierung der Völkerrechtssubjekte gehört die Frage nach der Stellung internationaler Terrororganisationen.[256] Insbesondere im Zusammenhang mit den völkerrechtlichen Regeln der internationalen Friedenssicherung haben sie einen Status erlangt, der demjenigen als völkerrechtliches Pflichtensubjekt zumindest sehr nahe kommt.[257] Einen Grund hierfür bildet die gegenwärtige Auslegung des Art. 51 UN-Charta. Dieser ermächtigt die Mitgliedstaaten der Vereinten Nationen im Falle eines bewaffneten Angriffs zur gewaltsamen Selbstverteidigung. Während der damit angesprochene bewaffnete Angriff sich nach unbestrittener Ansicht zwar gegen einen

---

[252] *K.-H. Böckstiegel*, Der Staat als Vertragspartner ausländischer Privatunternehmen, 1971, S. 309; *P. Fischer*, in: I. Seidl-Hohenfeldern (Hrsg.), Lexikon des Rechts – Völkerrecht, 3. Aufl. 2001, S. 288 (289).

[253] *L. Mammen*, Völkerrechtliche Stellung von internationalen Terrororganisationen, 2008, S. 53.

[254] *G. Dahm/J. Delbrück/R. Wolfrum*, Völkerrecht, Bd. I/1, 2. Aufl. 1989, S. 256; *P. Fischer*, Multinationale Gesellschaften, in: Seidl-Hohenfeldern (Hrsg.), Lexikon des Rechts – Völkerrecht, 3. Aufl. 2001, S. 288 (289); *H. Geldermann*, Völkerrechtliche Pflichten multinationaler Unternehmen, S. 367; *L. Mammen*, Völkerrechtliche Stellung von internationalen Terrororganisationen, 2008, S. 52 ff., insbes. S. 55; *K. Schmalenbach*, AVR 39 (2001), S. 57 (64 f.); *C. Walter*, Subjects of International Law, in: MPEPIL (online edition), Stand: Mai 2007, Rdn. 19 f.; in diese Richtung auch *C. Köster*, Die völkerrechtliche Verantwortlichkeit privater (multinationaler) Unternehmen für Menschenrechtsverletzungen, 2010, S. 54; *P. T. Muchlinski*, Corporations in International Law, in: MPEPIL (online edition), Stand: Juni 2014, Rdn. 7.

[255] *Texaco Overseas Petroleum Company v. California Asiatic Oil Company and the Government of the Libyan Arab Republic*, ILM 17 (1978), S. 1 (17 f.).

[256] *S. Peterke/M. Noortmann*, AVR 53 (2015), S. 1 (14 ff.).

[257] Siehe die Nachweise bei *C. Wandscher*, Internationaler Terrorismus und Selbstverteidigungsrecht, 2006, S. 236 Fn. 485.

Staat richten muss, nimmt spätestens seit den Anschlägen des 11. September 2001 die Zahl der Stimmen zu, die es nicht für erforderlich halten, dass dieser auch von einem Staat ausgeht. Auch Angriffe nichtstaatlicher Wirkungseinheiten – etwa der terroristische Anschlag der Al-Qaeda auf das World Trade Center – sollen danach vom Tatbestand des Art. 51 UN-Charta erfasst sein können.[258] Knüpfe die UN-Charta an ein solches Verhalten privater terroristischer Wirkungseinheiten aber das Recht zu gewaltsamen Gegenmaßnahmen, namentlich der Selbstverteidigung, so lasse sich der Vorschrift zugleich ein an Private gerichtetes implizites Verbot bewaffneter Angriffe entnehmen.[259] In dieser Lesart ist Art. 51 UN-Charta folglich als implizite Inpflichtnahme von Terrororganisationen zu qualifizieren.

Ganz ähnlich stellt sich dies auch im Rahmen der Friedenswahrung durch den Sicherheitsrat dar. So haben dessen Resolutionen in den letzten Jahren wiederholt auch Akte terroristischer Wirkungseinheiten als Friedensbedrohung im Sinne des Art. 39 UN-Charta eingestuft.[260] Sieht man auch in Art. 39 UN-Charta nicht lediglich die konstitutive Voraussetzung für den Einsatz von Zwangsmaßnahmen durch den Sicherheitsrat, sondern entnimmt ihm mit zahlreichen Stimmen im Schrifttum zugleich ein implizites Verbot friedensgefährdenden Verhaltens,[261] so geht

---

258 *D. Brown*, Cardozo J. Int'l & Comp. L. 11 (2003), S. 1 (24 f.); *T. M. Franck*, AJIL 95 (2001), S. 839 (840); *M. Krajewski*, AVR 40 (2002), S. 183 (197 ff.); *L. Mammen*, Völkerrechtliche Stellung von internationalen Terrororganisationen, 2008, S. 124 ff.; *R. van Steenberghe*, LJIL 23 (2010), S. 183 (197 ff.); *R. Wedgwood*, Yale J. Int'l L. 24 (1999), S. 559 (564); *R. Wolfrum/C. Philipp*, MPYUNL 6 (2002), S. 559 (589 f.); *R. Wolfrum*, MPYUNL 7 (2003), S. 1 (35 f.); wohl auch *T. Stein/C. v. Buttlar/M. Kotzur*, Völkerrecht, 14. Aufl. 2017, Rdn. 844. Ausführlich, aber kritisch zu dieser Neuinterpretation *C. Wandscher*, Internationaler Terrorismus und Selbstverteidigungsrecht, 2006, S. 232 ff.

259 Den Rückschluss von der Ermächtigung zur Selbstverteidigung auf die Pflicht, bewaffnete Angriffe zu unterlassen, befürworten etwa *M. Krajewski*, AVR 40 (2002), S. 183 (196) und *L. Mammen*, Völkerrechtliche Stellung von internationalen Terrororganisationen, 2008, S. 122.

260 So etwa SR Res. 1368 v. 12. September 2001, UN Doc. S/RES/1368 (2001); SR Res. 1373 v. 28. September 2001, UN Doc. S/RES/1373 (2001); SR Res. 1438 v. 12. Oktober 2002, UN Doc. S/RES/1438 (2002); SR Res. 1450 v. 28. November 2002, UN Doc. S/RES/1450 (2002); SR Res. 2178 v. 24. September 2014, UN Doc. S/RES/2178 (2014). Überblick dazu bei *L. Mammen*, Völkerrechtliche Stellung von internationalen Terrororganisationen, 2008, S. 100 ff.

261 *P.-M. Dupuy*, RGDIP 97 (1993), S. 617 (625); *T. Schilling*, AVR 33 (1995), S. 67 (89); dazu auch *S. Bienk-Koolman*, Die Befugnis des Sicherheitsrates der

die Feststellung einer Friedensbedrohung durch Terrororganisationen notwendig mit derjenigen eines Völkerrechtsbruchs durch eben diese Organisation einher. Art. 39 UN-Charta konstituierte dann ebenfalls unmittelbare völkerrechtliche Pflichten privater Terrororganisationen.[262]

2. *Privatisierung der Völkerrechtsinhalte*

Hand in Hand mit der Ausweitung des Kreises nichtstaatlicher Völkerrechtssubjekte geht die Zunahme völkerrechtlicher Regelungsmaterien, die unmittelbar Rechte oder Pflichten nichtstaatlicher Akteure begründen. So treten im modernen Völkerrecht nicht nur weitere private Völkerrechtssubjekte hinzu, auch der Kanon der den nichtstaatlichen Völkerrechtssubjekten eingeräumten Rechte und Pflichten dehnt sich aus. Die Stellung des Individuums als völkerrechtliches Pflichtensubjekt etwa konnte bislang allein im Bereich des Völkerstrafrechts, seine Trägerschaft völkerrechtlicher Rechte allein im Rahmen der Regeln des völkerrechtlichen Menschenrechtsschutzes als anerkannt gelten. Das gegenwärtige Völkerrecht hingegen entnimmt auch Regelungswerken mit ursprünglich rein zwischenstaatlicher Dimension individualrechtliche Garantien.[263] Besondere Prominenz hat in diesem Zusammenhang die Auslegung des Art. 36 Abs. 1 lit. b der Wiener Konsularrechtskonvention[264] erlangt. Die Pflicht des Empfangsstaats, bei Inhaftierung eines Staatsangehörigen des Entsendestaats das zuständige Konsulat des letzteren zu informieren, begründet nach der inzwischen gefestigten Rechtsprechung des IGH nicht nur ein korrespondierendes Recht des Ent-

---

Vereinten Nationen zur Einsetzung von ad hoc-Strafgerichtshöfen, 2009, S. 169 f.; *A. Stein*, Der Sicherheitsrat der Vereinten Nationen und die Rule of Law, 1999, S. 50; jeweils m.w.N.

262 *M. Krajewski*, AVR 40 (2002), S. 183 (197). – Die auf dieser Grundlage zur Wahrung oder Wiederherstellung des Weltfriedens beschlossenen Sanktionen des Sicherheitsrates aber können – selbst dann, wenn sie sich als „smart" bzw. „targeted sanctions" inhaltlich gezielt gegen internationale Terrororganisationen richten – in aller Regel nicht als Indiz der Völkerrechtssubjektivität internationaler Terrororganisationen gewertet werden. Sie verpflichten für gewöhnlich allein die Mitgliedstaaten und bedürfen der innerstaatlichen Umsetzung.

263 *O. Dörr*, JZ 60 (2005), S. 905 (907).

264 *Vienna Convention on Consular Relations* v. 24. April 1963, UNTS Bd. 596, S. 261, BGBl. 1969 II, S. 1585.

sendestaats, sondern zugleich ein Individualrecht des Betroffenen selbst.[265] Gestützt auf Wortlaut und systematischen Kontext der Vorschrift urteilte das Gericht im Jahre 2001:

> „The clarity of these provisions, viewed in their context, admits of no doubt. It follows, as has been held on a number of occasions, that the court must apply these as they stand [...]. Based on the text of these provisions, the Court concludes that Art. 36, paragraph 1, creates individual rights [...]." [266]

Eine vergleichbare Bedeutungsverschiebung zeichnet sich auch im humanitären Völkerrecht ab. Obwohl die Haager Landkriegsordnung bereits 1899 vom „Recht der Behandlung als Kriegsgefangener" (Art. 12 HLKO) oder dem „Anspruch auf Unverletzlichkeit" des Parlamentärs (Art. 32 HLKO) spricht, stellt sie doch – insoweit paradigmatisch für die frühen kriegsvölkerrechtlichen Abkommen – klar, sie finde „nur zwischen den Vertragsmächten Anwendung" (Art. 2 HLKO); Rechtspositionen Einzelner will sie demnach nicht begründen. Erst die nach dem Zweiten Weltkrieg beschlossenen Vertragswerke ergänzen das *vis-à-vis* staatlicher Rechtspositionen um die Dimension unmittelbar völkerrechtlich begründeter Individualrechte.[267] So rekurriert etwa Art. 7 der III. Genfer Konvention[268] ausdrücklich auf die Rechte, die das Abkommen den Kriegsgefangenen verleiht, und Art. 14 formuliert eindeutig im Sinne eines Individualrechts: „Die Kriegsgefangenen haben unter

---

265 IGH, *LaGrand Case*, ICJ Rep 2001, S. 466 (494); IGH, *Avena*, ICJ Rep 2004, S. 12 (35 f.). Siehe außerdem das Gutachten des IAGMR, *The Right to Information on Consular Assistance*, Advisory Opinion, Ser. A, No. 16. Kritisch zu dieser Entwicklung *B. Grzeszick*, AVR 43 (2005), S. 312. Vgl. zur diesbezüglichen deutschen Rechtsprechung BVerfGK 9, 174 m. Anm. *C. Burchard*, JZ 62 (2007), S. 891. Ausführlich zu dieser Rechtsprechungslinie von IAGMR und IGH noch unten S. 765 ff.

266 IGH, *LaGrand Case*, ICJ Rep 2001, S. 466 (494).

267 So *T. Meron*, AJIL 94 (2000), S. 239 (251 ff.), der insofern von einer „humanization of humanitarian law" spricht; ebenfalls – aber mit anderer Bedeutung – von einer Humanisierung des humanitären Rechts sprechen *R. Kolb*, in: K. M. Larsen/C. G. Cooper/G. Nystuen (Hrsg.), Searching for a ‚Principle of Humanity' in International Humanitarian Law, 2013, S. 23 (24, 52 ff.) und JStGH, *Prosecutor v. Kupreškić et al.*, Case No. IT-95-16-T, Trial Chamber, Urt. v. 14. Januar 2000, Rdn. 529.

268 *Geneva Convention Relative to the Treatment of Prisoners of War (Geneva Convention III)* v. 12. August 1949, UNTS Bd. 75, S. 135, BGBl. 1954 II, S. 838.

allen Umständen Anspruch auf Achtung ihrer Person und ihrer Ehre." Beinahe identische Individualgarantien enthalten auch Art. 27 der IV. Genfer Konvention[269] und das II. Zusatzprotokoll zu den Rotkreuzabkommen.[270] Für das gegenwärtige humanitäre Völkerrecht ist die Fokussierung auf zwischenstaatliche Rechtsbeziehungen deshalb nicht mehr zu halten. Und so wird im Schrifttum gar erwogen, in diesem Lichte auch die konservative Interpretation der frühen kriegsvölkerrechtlichen Abkommen zu überdenken und diese vor dem Hintergrund der völkerrechtlichen Entwicklung individualrechtsfreundlich auszulegen.[271]

Im Bereich des humanitären Völkerrechts hat die Privatisierung des Völkerrechts zudem auch in der entgegengesetzten Richtung entscheidende Fortschritte gemacht. So entnimmt insbesondere der JStGH dem humanitären Völkerrecht nicht nur individuelle Rechte, sondern auch strafbewehrte Individualpflichten in zuvor unbekanntem Umfang. Denn während die individuelle strafrechtliche Verantwortlichkeit für Verletzungen des humanitären Völkerrechts nach klassischem Verständnis auf Kriegsverbrechen im internationalen bewaffneten Konflikt beschränkt war,[272] befand das Jugoslawien-Tribunal in seiner Tadić-Entscheidung, dass Verletzungen des humanitären Völkerrechts auch im internen bewaffneten Konflikt strafbar seien. Denn, so führten die Richter aus,

> „customary international law imposes criminal liability for serious violations of common Article 3, as supplemented by other general principles and rules on the protection of victims of internal armed

---

[269] *Geneva Convention Relative to the Protection of Civilian Persons in Time of War (Geneva Convention IV)* v. 12. August 1949, UNTS Bd. 75, S. 287, BGBl. 1954 II, S. 917 berichtigt 1965 II, S. 1586.

[270] *Protocol Additional to the Geneva Conventions of 12 August 1949, and relating to the Protection of Victims of Non-International Armed Conflicts (Protocol II)* v. 8. Juni 1977, UNTS Bd. 1125, S. 609, BGBl. 1990 II, S. 1637.

[271] So im Ergebnis *K. Ipsen*, in: ders. (Hrsg.), Völkerrecht, 6. Aufl. 2014, § 60 Rdn. 3 f.

[272] Siehe etwa *G. de Beco*, Int'l Crim. L. Rev. 8 (2008), S. 319 (321); *G. Werle*, Völkerstrafrecht, 3. Aufl. 2012, Rdn. 1059.

conflict, and for breaching certain fundamental principles and rules regarding means and methods of combat in civil strife".[273]

In der Staatenpraxis und im wissenschaftlichen Schrifttum wurde diese Privatisierung der völkerrechtlichen Regeln für interne bewaffnete Konflikte überwiegend wohlwollend aufgenommen[274] und so hat die Entscheidung nunmehr in wesentlichen Aspekten in Art. 8 Abs. 2 lit. c, e des Rom-Statuts des IStGH Einzug erhalten.

Deutlich langsamer als das humanitäre Völkerrecht löst sich das universelle Wirtschaftsvölkerrecht von der Beschränkung auf rein zwischenstaatliche Rechtsbeziehungen.[275] Aber auch hier lassen sich Ansätze einer inhaltlichen Privatisierung verfolgen. Der rechtliche Schutz des geistigen Eigentums beispielsweise erfolgt auf völkerrechtlicher Ebene unter anderem durch die Gewährleistung individueller und exklusiver Schutzrechte für die Urheber geistiger Werke. In diesem Sinne stellt etwa Art. 5 Abs. 1 der Berner Übereinkunft zum Schutz von literarischen und künstlerischen Werken[276] von 1971 unmissverständlich klar, dass die Urheber der Werke unter anderem „die in dieser Übereinkunft besonders gewährten Rechte" genießen. In größerem Umfang genießen Private auf regionaler Ebene als Marktbürger wirtschaftliche Freiheiten und sind so unmittelbar Träger völkerrechtlicher Rechte. Die wirtschaftlichen Grundfreiheiten des Vertrages über die Arbeitsweise der

---

[273] JStGH, *Prosecutor v. Tadić*, Case No. IT-94-1-AR72, Appeals Chamber, Decision on the Defence Motion for Interlocutory Appeal on Jurisdiction v. 2. Oktober 1995, Rdn. 134.

[274] So *S. Boelaert-Suominen*, J. Conflict & Sec. L. 5 (2000), S. 63 (77); Zustimmung für die Position des JStGH aus dem Schrifttum etwa bei *S.-U. Burkhardt*, FYIL 9 (1998), S. 427 (436 f., 451 – in Bezug auf die Strafbarkeit von Verletzungen des gemeinsamen Art. 3 der Genfer Konventionen); *C. Greenwood*, EJIL 7 (1996), S. 265 (280 f.); *L. G. Maresca*, LJIL 9 (1996), S. 219 (226); *C. Meindersma*, NILR 42 (1995), S. 375; *L. Moir*, JICJ 7 (2009), S. 763 (766); *G. Werle*, Völkerstrafrecht, 3. Aufl. 2012, Rdn. 1062; ebenso, aber bereits vor der Entscheidung des JStGH in Tadić *T. Meron*, AJIL 89 (1995), S. 554; sehr kritisch zu diesem Aspekt der Entscheidung des JStGH aber *G. R. Watson*, Va. J. Int'l L. 36 (1995-1996), S. 687 (709 ff.); kritisch auch *C. Zeileissen*, ARIEL 3 (1998), S. 47 (81 ff.) siehe aus rechtstheoretisch-methodischer Perspektive ferner *B. Simma/A. Paulus*, AJIL 93 (1999), S. 302.

[275] Am Beispiel des Energiechartavertrages zeigen dies *B. Beylage-Haarmann/L. Ghione*, StudZR 8 (2011), S. 423 (427 ff.).

[276] *Berne Convention for the Protection of Literary and Artistic Works* v. 24. Juli 1971, UNTS Bd. 1161, S. 30, BGBl. 1973 II, S. 1069.

Europäischen Union (AEUV), die dem Einzelnen unmittelbar anwendbare und vor den nationalen Gerichten einklagbare Individualrechte vermitteln,[277] dürften das bekannteste Beispiel sein. Vergleichbare Individualrechte gewähren aber auch die Andinische Gemeinschaft, die Wirtschaftsgemeinschaft Westafrikanischer Staaten (ECOWAS) und die Karibische Gemeinschaft ihren Marktbürgern.[278] Und auch im Bereich des völkerrechtlichen Investitionsschutzes erkennen Rechtsprechung und Schrifttum mittlerweile überwiegend an, dass die entsprechendenen Investitionsschutzverträge oftmals nicht nur den vertragsschließenden Staaten, sondern auch den geschützten Investoren selbst individuelle Rechte verleihen.[279]

Schließlich entfernt sich mit dem Völkerrecht der Friedenssicherung eine weitere der ursprünglich genuin zwischenstaatlichen Regelungsmaterien von der Beschränkung auf die Staaten. Die völkerrechtliche Pflichtenposition, die auch nichtstaatliche Akteure in diesem Bereich erhalten haben, wurde oben bereits am Beispiel der Völkerrechtssubjektivität internationaler Terrororganisationen erläutert.[280]

3. *Privatisierung der Rechtsdurchsetzung*

In engem Zusammenhang mit der soeben ausschnittsweise dargestellten Zunahme völkerrechtlicher Regelungsbereiche, die Private berechtigen oder verpflichten, steht schließlich eine Entwicklung, die sich als Privatisierung der Rechtsdurchsetzung charakterisieren lässt: Sofern das Völkerrecht Private in materieller Hinsicht berechtigt, eröffnet es ihnen – wenn auch noch nicht durchgängig – auch die Option, ihre Rechte gegenüber den verpflichteten Staaten im Wege der Individualklage oder

---

[277] Zum Status der Grundfreiheiten als unmittelbar anwendbare subjektive Rechte siehe schon EuGH, Urt. v. 5. Februar 1963, Rs. 26/62 – *Vand Gend & Loos*, Slg. 1963, 1.

[278] Dazu mit weiteren Beispielen *O. Dörr*, JZ 60 (2005), S. 905 (908 ff.).

[279] *C. Tietje*, in: FS Riedel, 2013, S. 271 (283); siehe auch *R. Schwartmann*, Private im Wirtschaftsvölkerrecht, 2005, S. 465 f., allerdings mit einem engen Individualrechts-Begriff; ausführlich dazu *M. Eckhardt*, Die Entwicklung des Individualrechtsschutzes im internationalen Investitionsschutzrecht, 2014; *A. Peters*, Jenseits der Menschenrechte, 2014, S. 257 ff.

[280] Dazu soeben Kapitel 1, B. III. 1.

-beschwerde vor internationalen Judikativorganen geltend zu machen.[281]

Insbesondere aus dem Bereich des internationalen Menschenrechtsschutzes sind solche prozessualen Instrumente zur Durchsetzung individueller Rechte auf völkerrechtlicher Grundlage heute nicht mehr wegzudenken.[282] So können Einzelne gegen Verletzungen des Internationalen Pakts über bürgerliche und politische Rechte den UN-Menschenrechtsausschuss anrufen,[283] und bei Verstößen gegen die UN-Antifolterkonvention[284] steht dem Betroffenen die Individualbeschwerde zum UN-Ausschuss gegen Folter offen.[285] In gleicher Weise gewährleisten auch der UN-Ausschuss für die Beseitigung der Diskriminierung der Frau und der UN-Ausschuss gegen die Rassendiskriminierung individuellen Rechtsschutz in Bezug auf die entsprechenden Konventionsrechte. Zur Verfolgung grober und systematischer Menschenrechtsverletzungen kann der UN-Menschenrechtsrat im Beschwerdeverfahren gar von Einzelpersonen oder Personengruppen angerufen werden, die, ohne selbst in Rechten verletzt zu sein, lediglich „unmittelbare und verlässliche Kenntnis" solcher Verletzungen vortragen.[286] Auf regionaler Ebene komplementieren etwa die Individualbe-

---

281 Zu prozessualen Rechtspositionen ohne korrespondierende materielle Rechtspositionen siehe das Beispiel der OECD-Leitsätze für multinationale Unternehmen bei *B. Beylage-Haarmann/L. Ghione*, StudZR 8 (2011), S. 423 (441 f.).

282 Ein guter Überblick bei *D. Shelton*, Remedies in International Human Rights Law, 2. Aufl. 2005, S. 137 ff.

283 Siehe Art. 1 des Ersten Fakultativprotokolls zum IPbpR (*Optional Protocol to the International Covenant on Civil and Political Rights* v. 19. Dezember 1966, UNTS Bd. 999, S. 302, BGBl. 1992 II, S. 1247). Auch das Fakultativprotokoll zum Internationalen Pakt über wirtschaftliche, soziale und kulturelle Rechte sieht ein Individualbeschwerdeverfahren vor.

284 *United Nations Convention against Torture and Other Cruel, Inhuman or Degrading Treatment or Punishment* v. 10. Dezember 1984, UNTS Bd. 1465, S. 85, BGBl. 1990 II, S. 246.

285 Nach Art. 22 der UN-Antifolterkonvention bedarf es hierzu einer jurisdiktionsbegründenden Erklärung des Vertragsstaates.

286 Human Rights Council Resolution 5/1 v. 18. Juni 2007, A/HRC/RES/5/1, Rdn. 87. Ein Mitteilungsverfahren zur Untersuchung von Menschenrechtsverletzungen in ihrem Zuständigkeitsbereich kennt auch die UNESCO, siehe dazu *S. Marks*, Texas International Law Journal 13 (1977-1978), S. 35.

schwerdeverfahren des EGMR, der IAKMR und der Afrikanischen Kommission der Menschenrechte und der Rechte der Völker[287] diese Rechtsschutzmechanismen.

Auch zum Schutz der wirtschaftlichen Grundfreiheiten eröffnen zahlreiche Regionalorganisationen Individualklagemöglichkeiten. Die europäische Union kennt die Nichtigkeitsklage zum EuGH, die Andinische Gemeinschaft die Jurisdiktion des Andengerichtshofs für Individualklagen gegen gemeinschaftliche wie mitgliedstaatliche Rechtsakte, und auch die COMESA sowie die Westafrikanische Wirtschafts- und Währungsunionen haben Gerichtshöfe eingerichtet, die die durch die jeweiligen Verträge eingeräumten Rechte individuell einklagbar machen. Selbst die Kammer für Meeresbodenstreitigkeiten des ISGH bietet natürlichen und juristischen Personen des Privatrechts gemäß Art. 187 lit. c) bis e) SRÜ individuellen Rechtsschutz. Und schließlich steht privaten Aktueren auch im Investitionsschutzrecht eine individuelle Klagemöglichkeit zu, ermöglicht es Art. 36 i.V.m. Art. 25 ICSID privaten Investoren doch ausdrücklich, ein Schiedsverfahren gegen den Gaststaat einzuleiten, wenn der Rechtsstreit unmittelbar mit einer von dem Privaten getätigten Investition zusammenhängt.[288]

4. Zusammenfassung

Versteht man die Völkerrechtssubjektivität mit einer gängigen Formulierung als die Fähigkeit, Träger von völkerrechtlichen Rechten und Pflichten zu sein, so muss man, das hat dieser kurze Überblick gezeigt, einräumen, dass das gegenwärtige Völkerrecht die (partielle und nach wie vor derivative) Rechtspersönlichkeit auch Individuen, internationalen Nichtregierungsorganisationen, internationalen Terrororganisationen, multinationalen Unternehmen und anderen juristischen Personen zugesteht. Der Begriff der Privatisierung des Völkerrechts bezeichnet insofern eine Ausweitung des Kreises völkerrechtlicher Subjekte auf weitere nichtstaatliche Akteure. In einem zweiten Sinne kennzeichnet er das Übergreifen dieser Entwicklung auf Regelungsbereiche, denen ein individualrechtlicher Impetus zuvor völlig fehlte. Die Stellung Privater im Bereich des Konsular- und Investitionsschutzrechts oder dem Bereich der Friedenssicherung sind Tendenzerscheinungen dieses Phä-

---

287 Zu deren Individualbeschwerdeverfahren *C. A. Odinkalu*, Transnational Law & Contemporary Problems 8 (1998), S. 359.

288 Dazu *A. Peters*, Jenseits der Menschenrechte, 2014, S. 259 ff.

nomens. Schließlich kommt Privaten, das hat der vorangegangene Abschnitt gezeigt, auch im Rahmen der Rechtsdurchsetzung eine wachsende Bedeutung zu.

IV. Objektivierung: Normkreation und -durchsetzung im modernen Völkerrecht

Im klassischen Völkerrecht sind Rechtserzeugung und -durchsetzung stark subjektiv geprägt. Der ausdrücklich, konkludent oder stillschweigend kundgetane Wille der Staaten allein bildet das die rechtliche Bindung konstituierende Element. In diesem Sinne urteilte schon der StIGH in seiner Lotus-Entscheidung:

> „The rules of law binding upon States [...] emanate from their own free will as expressed in conventions or by usages generally accepted as expressing principles of law [...]“[289]

Der gegenwärtig zu beobachtende Strukturwandel der Völkerrechtsordnung lässt auch dieses Grundaxiom nicht unberührt. Das Verständnis des staatlichen Rechtsbindungswillens als *conditio sine qua non* völkerrechtlicher Bindung teilt zwar auch das moderne Völkerrecht dem Grundsatz nach, rechtliche Bindungen sind allerdings nicht mehr durchgängig vom Willen der verpflichteten Staaten abhängig.[290] Teilweise wird das Konsensprinzip rechtlich durchbrochen, häufig wird es

---

[289] StIGH, *Lotus*, Ser. A, No. 10, S. 18. Siehe auch IGH, *North Sea Continental Shelf*, ICJ Rep 1969, S. 3 (29).

[290] Ausführlich dazu *C. Tomuschat*, RdC 241 (1993-IV), S. 195-374 sowie *U. Hingst*, Auswirkungen der Globalisierung auf das Recht der völkerrechtlichen Verträge, 2001, insbes. S. 137-300; *M. Payandeh*, Internationales Gemeinschaftsrecht, 2010, S. 177-367. Deutlich zurückhaltender indes *N. Krisch*, AJIL 108 (2014), S. 1 (26 ff., 34, 36 und öfter), der eine Einschränkung des Konsenserfordernisses im Bereich der traditionellen Rechtsquellen, insbesondere des Völkervertragsrechts, nicht erkennt. Vielmehr sieht er das Prinzip konsensualer Regelsetzung im Völkerrecht dadurch herausgefordert, „that treaty law, itself not formally challenged, is increasingly sidelined through recourse to institutional lawmaking, informal forums, and unilateral action“ (ebd., S. 26; zustimmend *S. Besson*, LJIL 29 (2016), S. 289 [292 f.]). Die auf diesem Wege gesetzten Normen lassen sich allerdings keiner der klassischen Rechtsquellen zuordnen und sind daher nicht als Recht verbindlich (siehe dazu noch unten S. 229 ff.). Bei der folgenden Untersuchung bleiben diese Umgehungstendenzen daher außen vor.

faktisch aufgeweicht. Obwohl dieser Wandel stets im Rahmen herkömmlicher Dogmatik zu kaschieren versucht wird,[291] löst sich das Völkerrecht damit vorsichtig von seiner Fokussierung auf den subjektiven Staatenwillen. Die besagte Entwicklung lässt sich deshalb als Objektivierung der Völkerrechtsordnung beschreiben.[292] Der folgende Überblick soll diese Entwicklung belegen und zugleich zeigen, dass sie sich nicht auf die Strukturen völkerrechtlicher Rechtsetzung (dazu 1.) beschränkt.[293] Auch die Rechtsdurchsetzung im Völkerrecht vollzieht sich zunehmend ohne oder gegen den Willen des betroffenen Staates (dazu 2.).

1. Objektivierung der Rechtsetzungsstrukturen

Dass völkerrechtliche Bindung staatlichen Konsens voraussetzt, ergibt sich für die drei klassischen Rechtsquellen – Völkervertragsrecht, Völkergewohnheitsrecht und allgemeine Rechtsgrundsätze – unmittelbar aus Art. 38 Abs. 1 IGH-Statut. Die Anerkennung der jeweiligen Regeln durch die Staaten ist dessen zentrales Tatbestandsmerkmal: die „rules expressly *recognized* by the contesting states" bilden das Völkervertragsrecht, die „general practice *accepted* as law" das Völkergewohnheitsrecht und auch die allgemeinen Rechtsgrundsätze bedürfen der Anerkennung durch die „civilized nations".[294] Ihrer Konzeption nach kommt folglich keine der Rechtsquellen ohne den Konsens der Staaten aus, er bildet den „Kern der Völkerrechtsquellenlehre".[295] Noch vor-

---

291 *M. Payandeh*, Internationales Gemeinschaftsrecht, 2010, S. 177.

292 Vgl. *S. Besson*, in: dies./J. Tasioulas (Hrsg.), The Philosophy of International Law, 2010, S. 163 (165): „from being subjective international law has become more objective".

293 Der folgende Abschnitt beschränkt sich auf einen knappen Überblick, der sich maßgeblich an den detaillierten Darstellungen bei *C. Tomuschat*, RdC 241 (1993-IV), S. 195, *M. Payandeh*, Internationales Gemeinschaftsrecht, 2010, S. 177 ff. und *U. Hingst*, Auswirkungen der Globalisierung auf das Recht der völkerrechtlichen Verträge, 2001, S. 137 ff. orientiert.

294 Eigene Hervorhebungen.

295 *M. Payandeh*, Internationales Gemeinschaftsrecht, 2010, S. 178; siehe ferner *R. Geiger*, Grundgesetz und Völkerrecht, 6. Aufl. 2013, S. 8; *S. Hobe*, Einführung in das Völkerrecht, 10. Aufl. 2014, S. 180; *M. Petsche*, Penn St. Int'l L. Rev. 29 (2010-2011), S. 233 (265 f.); *A. Verdross/B. Simma*, Universelles Völkerrecht, 3. Aufl. 1984, § 519; siehe ausführlich zu dieser Konsensbasierung des Völkerrechts *S. Besson*, LJIL 29 (2016), S. 289.

sichtig, aber bereits merklich beginnt das gegenwärtige Völkerrecht mit dieser völkerrechtlichen Systementscheidung zu brechen.

a) Objektivierung der Rechtserzeugung im Völkervertragsrecht

Von der Entkonsensualisierung des völkerrechtlichen Rechtserzeugungsprozesses zeugt das Völkervertragsrecht an vielen Stellen. Stellvertretend sollen hier die Frage des Vertragsabschlusses im *Consensus*-Verfahren (dazu lit. aa), der Änderung völkerrechtlicher Verträge (dazu lit. bb), die Drittwirkungen völkerrechtlicher Verträge (dazu lit. cc), Entwicklungen im Bereich der Zulässigkeit von Vorbehalten zu völkerrechtlichen Verträgen (dazu lit. dd) und die Staatennachfolge in solche (dazu lit. ee) thematisiert werden.

aa) Konsensprinzip und Vertragsabschluss

Faktische Aufweichungen erfährt das Konsensprinzip bereits im Vertragsschlussstadium durch die Anwendung des sog. *Consensus*-Verfahrens. Im Rahmen internationaler Vertragsschlusskonferenzen ermöglicht dieses die Annahme des Vertragstextes ohne förmliche Abstimmung. Vielmehr gilt der Text, sofern nach Abschluss der Verhandlungen auf Aufruf durch den Verhandlungsleiter kein Staat aus eigener Initiative Widerspruch vorbringt, als angenommen.[296] In diesem Sinne definiert auch Art. 161 Abs. 8 lit. e SRÜ: „‚consensus' means the absence of any formal objection".[297] Die Vorzeichen der Annahmeentscheidung werden dabei zu Lasten des Konsensprinzips verschoben:[298] Die im Regelfall gerade ausdrücklich zu erklärende Zustimmung des Staates wird vermutet, sofern dieser einem entgegenstehenden Willen keinen Ausdruck verleiht. Damit einher geht eine Verschiebung der politischen

---

[296] *A. Boyle/C. Chinkin*, The Making of International Law, 2007, S. 157 f.; *C. Thiele*, Regeln und Verfahren der Entscheidungsfindung innerhalb von Staaten und Staatenverbindungen, 2008, S. 284; *R. Wolfrum/J. Pichon*, Consensus, in: MPEPIL (online edition), Stand: Oktober 2010, Rdn. 3.

[297] Ebenso Fn. 1 zu Art. IX Abs. 1 des WTO-Übereinkommens.

[298] Ähnlich spricht *P. C. Szasz*, Ga. J. Int'l & Comp. L. 9 (1979), S. 519 (529) von „something of a reversion of the classical unanimity principle"; vgl. auch *N. Krisch*, AJIL 108 (2014), S. 1 (17): „somewhat softer than consent"; *M. Goldmann*, Internationale öffentliche Gewalt, 2015, S. 138: „tatsächliche Beeinträchtigung der Souveränität".

Rechtfertigungslast: Gegenüber den Verhandlungspartnern erscheint allein der ausdrückliche Widerspruch rechtfertigungsbedürftig. Scheitert die Annahme im *Consensus*-Verfahren, droht zudem als *ultima ratio* oftmals die Abstimmung mit Mehrheitsentscheid.[299] Und selbst wenn ein solches Majoritätsvotum nicht vorgesehen ist, begnügt sich die Praxis – um vereinzelte Widersprüche überwinden zu können – zuweilen mit der Feststellung eines bloßen „quasi-consensus“[300] oder verschiebt die Abstimmung in Foren, die Entscheidungen mit einfacher Mehrheit ermöglichen, wie etwa die UN-Generalversammlung.[301] Das Wissen um diese Optionen oder deren Androhung genügt oft bereits, um den Druck auf mögliche Gegner derart zu erhöhen, dass diese ihren Widerspruch zurückhalten.[302] Wenn und weil der Vertragstext aber erst einmal angenommen wurde, ist auch eine in der Folge ausbleibende Ratifikation politisch schwer vermittelbar, hat der ratifikationsunwillige Staat doch schließlich die entscheidende Möglichkeit versäumt, seine Einwände vorzutragen.[303] Da ohne Ratifikation die Vertragsbindung ausbleibt, belässt das *Consensus*-Verfahren zwar *de iure* die rechtliche Bindung der souveränen Entscheidung eines jeden Staates. *De facto* indessen wird der freie Konsens als Grundlage vertraglicher Bindungen durch den mit dem *Consensus*-Verfahren einhergehenden Vorzeichenwechsel und die dadurch verursachten politischen Zwänge eingeschränkt. Für die Praxis macht eben dies das Verfahren attraktiv. Nicht nur in zahlreichen Organen internationaler Organisationen, sondern gerade auch im Rahmen von Vertragsschlusskonferenzen findet es da-

---

[299] *C. Thiele*, Regeln und Verfahren der Entscheidungsfindung innerhalb von Staaten und Staatenverbindungen, 2008, S. 284, 297; vgl. auch *P. C. Szasz*, Ga. J. Int'l & Comp. L. 9 (1979), S. 519 (529 f.); siehe etwa Art. IX Abs. 1 S. 2 des WTO-Übereinkommens.

[300] Siehe die Beispiele bei *N. Krisch*, AJIL 108 (2014), S. 1 (17, 26 f.) und *L. Rajamani*, ICLQ 60 (2011), S. 499 (515), die allerdings die Annahme nicht rechtsverbindlicher Dokumente betreffen.

[301] So etwa bei der Abstimmung über den Arms Trade Treaty, dazu *D. Akande*, What is the Meaning of „Consensus“ in International Decision Making?, EJIL: Talk!, 8. April 2013.

[302] *C. Thiele*, Regeln und Verfahren der Entscheidungsfindung innerhalb von Staaten und Staatenverbindungen, 2008, S. 297.

[303] *U. Hingst*, Auswirkungen der Globalisierung auf das Recht der völkerrechtlichen Verträge, 2001, S. 166 f.; *M. Payandeh*, Internationales Gemeinschaftsrecht, 2010, S. 193.

her verbreitete Verwendung:[304] Die Afrikanische Union, die WTO, OECD und zahlreiche UNO-(Unter-)Organe treffen ihre Entscheidungen im *Consensus*-Verfahren und auch im Redaktionsausschuss der Wiener Vertragsrechtskonferenz zur Aushandlung der WVK, auf der Genfer Konferenz zur Revision der Pariser Verbandsübereinkunft zum Schutze gewerblichen Eigentums sowie auf der III. UN-Seerechtskonferenz und der IStGH-Statut-Revisionskonferenz von Kampala genügte ausbleibender Widerspruch für die Annahme der jeweiligen Vertragstexte.

bb) Konsensprinzip und Vertragsänderungen

Genuin rechtliche Durchbrechungen des Konsensprinzips offenbart das geltende Völkerrecht im Bereich des Rechts der Änderungen völkerrechtlicher Verträge. Durchaus noch dem Konsensprinzip verpflichtet, bestimmt die völkervertragsrechtliche Regelentscheidung des Art. 40 Abs. 4 WVK, dass vertragliche Änderungen mehrseitiger völkerrechtlicher Verträge nur für die Parteien des geänderten Vertrages Anwendung finden, die zugleich Parteien der Änderungsübereinkunft geworden sind.[305] Verträge, die ihre Bestimmungen hiervon abweichenden Änderungsregelungen unterwerfen, sind indessen zahlreich.[306] So sieht etwa das UN-Seerechtsübereinkommen in Art. 155 Abs. 4 für einzelne seiner Bestimmungen ein vereinfachtes Änderungsverfahren vor, mittels dessen eine Dreiviertelmehrheit der Vertragsstaaten Vertragsänderungen mit Wirkung für die Gesamtheit der Vertragsparteien beschließen kann. Für eine Änderung der Charta der Vereinten Nationen mit Rechtswirkung für alle Mitglieder bedarf es nach Art. 108 UN-Charta sogar lediglich der Zustimmung und Ratifikation durch eine Zweidrittelmehr-

---

[304] Ein Überblick bei *C. Thiele*, Regeln und Verfahren der Entscheidungsfindung innerhalb von Staaten und Staatenverbindungen, 2008, S. 290 ff.; *G. Dahm/J. Delbrück/R. Wolfrum*, Völkerrecht, Bd. I/3, 2. Aufl. 2002, S. 553: „allgemeine Übung".

[305] *G. Dahm/J. Delbrück/R. Wolfrum*, Völkerrecht, Bd. I/3, 2. Aufl. 2002, S. 666; *J. Klabbers*, Treaties, Amendment and Revision, in: MPEPIL (online edition), Stand: Dezember 2006, Rdn. 7.

[306] Überblick und Kategorisierung bei *J. Brunnée*, in: D. B. Hollis (Hrsg.), The Oxford Guide to Treaties, 2012, S. 347 (356 ff.); *U. Hingst*, Auswirkungen der Globalisierung auf das Recht der völkerrechtlichen Verträge, 2001, S. 167 ff.; siehe auch *G. Dahm/J. Delbrück/R. Wolfrum*, Völkerrecht, Bd. I/3, 2. Aufl. 2002, S. 665.

heit der Mitgliedstaaten, sofern diese die fünf ständigen Mitglieder des Sicherheitsrats einschließt.

Obwohl naheliegend, begegnet der Schluss, die Bindung der Abstimmungsminderheit an den nach diesen Regeln veränderten Vertrag breche mit dem Konsensprinzip, zwei Einwänden. Die im Rahmen der Mehrheitsentscheidung unterlegenen Staaten hätten doch, so wird argumentiert, der den Mehrheitsbeschluss ermöglichenden Regel durch ihren Beitritt zum Vertrag zugestimmt. Dieser ursprüngliche Konsens decke auch die spätere Änderungsentscheidung inhaltlich ab. Außerdem stünde es den unterlegenen Staaten frei, aus den Vereinten Nationen auszutreten oder – für den Fall des Seerechtsübereinkommens – ihre Vertragsbindung zu kündigen. Nur wenn sie hiervon keinen Gebrauch machten, entfalte die Mehrheitsentscheidung auch für sie Rechtswirkungen. Letztlich beruhe daher auch die Rechtwirkung der Änderungsentscheidung auf einem eigenen Zustimmungsakt der im Rahmen der Mehrheitsentscheidung unterlegenen Staaten – konkret: ihrem Verbleib in der Organisation.[307] Zu überzeugen vermag das nicht. Denn zum einen dürfte nicht zuletzt das kurzweilige Intermezzo Indonesiens im Jahre 1965[308] – der bislang einzige Austrittsversuch eines Staates aus den Vereinten Nationen – zeigen, dass der Austritt aus den Vereinten Nationen keine politisch realistische Option ist.[309] Zum an-

---

[307] Beide Argumente klingen an bei *G. Witschel*, in: B. Simma u.a. (Hrsg.), The Charter of the United Nations. A Commentary, Bd. II, 3. Aufl. 2012, Art. 108 Rdn. 37, wenn dieser feststellt: „An amendment that has come into force is legally binding on each member of the UN, even if he State concerned voted against the amendment in the GA [...]. The obligation is established in Art. 108, by virtue of which each member undertakes to be bound by any future amendmend to the Charter and has thus signed, so to speak, a blank cheque. [...] The corrective to the collective binding effect on members is the right to withdrawal.“ Bezüglich des Austrittsrechts ähnlich *T. Opsahl*, ICLQ 10 (1961), S. 760 (773 f.).

[308] Dazu *E. Schwelb*, AJIL 61 (1967), S. 661.

[309] Im Ergebnis ebenso *A. Ross*, Constitution of the United Nations, 1950, S. 38; *C. Tomuschat*, RdC 241 (1993-IV), S. 195 (265); nicht auf die UN beschränkt *U. Hingst*, Auswirkungen der Globalisierung auf das Recht der völkerrechtlichen Verträge, 2001, S. 171. Auch *J. Klabbers*, Treaties, Amendment and Revision, in: MPEPIL (online edition), Stand: Dezember 2006, Rdn. 9 hält das – allerdings aus rechtlichen Gründen – für „not an easy option“. *B. Fassbender*, Colum. J. Transnat'l L. 36 (1998), S. 529 (579) scheint den Austritt gar für rechtlich unmöglich zu halten und beruft sich dazu auf einen Vergleich mit Art. 26 Abs. 2 der Völkerbundsatzung.

deren aber, und das ist entscheidend, vernachlässigt das Argument, dass der Mehrheitsbeschluss den unterlegenen Vertragsparteien in jedem Fall eine Reaktionspflicht aufbürdet, wenn sie der vertraglichen Änderung entgehen wollen.[310] Praktisch zwingt er sie zu einem Austritt.[311] Schon dies allein konstituiert eine rechtlich relevante Abweichung vom Konsensprinzip. Schließlich kann es auch nicht überzeugen, spätere Vertragsänderungen als vom ursprünglichen Konsens abgedeckt zu qualifizieren. Die Zustimmung zum Mehrheitsbeschluss stellt vielmehr gerade den Verzicht auf eine konsensuale Änderungsentscheidung dar.[312] Der späteren Mehrheitsentscheidung nimmt der ursprüngliche Konsens so allenfalls die mit Mehrheitsentscheidungen einhergehenden legitimatorischen Schwierigkeiten, ändert aber nichts daran, dass eine Mehrheitsentscheidung mit Wirkung für alle Mitgliedstaaten eine Durchbrechung des Konsensprinzips darstellt. Den ursprünglichen Konsens auch auf spätere Vertragsänderungen auszudehnen, begegnet überdies, wie *Christian Tomuschat* zu Recht betont, bereits für Sekundärakte internationaler Organisationen erheblichen Bedenken. Für Vertragsänderungen aber, die anders als die Sekundärrechtsakte jenseits des *ius cogens* keinen rechtlichen Grenzen unterliegen und so ihrem Inhalt nach gänzlich unvorhersehbar bleiben,[313] beläuft sich das auf eine „pure legal fiction".[314] Änderungsklauseln, wie beispielsweise Art. 108 UN-Charta, lassen sich mit dem Konsensprinzip deshalb nicht erklären.

---

[310] *U. Hingst*, Auswirkungen der Globalisierung auf das Recht der völkerrechtlichen Verträge, 2001, S. 168 Fn. 103.

[311] *G. Dahm/J. Delbrück/R. Wolfrum*, Völkerrecht, Bd. I/3, 2. Aufl. 2002, S. 671.

[312] In diese Richtung auch allgemein *C. Tomuschat*, RdC 241 (1993-IV), S. 195 (327).

[313] *A. Ross*, Constitution of the United Nations, 1950, S. 37 bezeichnet die Änderungskompetenz deshalb als eine *„technically unlimited power* of legislation". Kritisch dazu *J. A. Frowein*, in: ders., Völkerrecht – Menschenrechte – Verfassungsfragen Deutschlands und Europas, 2004, S. 129 (136 ff.).

[314] *C. Tomuschat*, RdC 241 (1993-IV), S. 195 (266).

cc) Konsensprinzip und *pacta tertiis*

In den Kategorien des klassischen Völkerrechts ebenfalls nicht zu erfassen sind Verträge, deren Regelungswirkungen sich auf Nichtvertragsparteien erstrecken. Denn orientiert sich die Rechtsetzung allein am subjektiven Willen der Staaten, muss der Grundsatz *pacta tertiis nec nocet nec prosunt* uneingeschränkte Geltung beanspruchen. Dritte, d.h. Nichtvertragsparteien, werden durch völkerrechtliche Verträge weder verpflichtet noch berechtigt. Obwohl dieser Grundsatz die zentrale Ausprägung des Konsensprinzips ausspricht,[315] hält das geltende Völkerrecht nicht vorbehaltlos an ihm fest. Illustrieren sollen das neben dem Recht der Verträge zugunsten Dritter (dazu (1)) die Auseinandersetzung mit der Frage, ob auch Nichtmitglieder an die Charta der Vereinten Nationen gebunden sind (dazu (2)), und das Institut der objektiven Vertragsregime (dazu (3)).

(1) Verträge zugunsten Dritter, Art. 36 WVK

Bereits im Rahmen der Vorarbeiten zur Wiener Vertragsrechtskonvention war heftig umstritten, ob völkerrechtliche Verträge auch einer nicht am Vertrag beteiligten Partei ohne deren Zustimmung Rechte zuweisen können. Der Kompromiss, von dem der heutige Art. 36 Abs. 1 WVK zeugt, ermöglichte es nach Meinung der UN-Völkerrechtskommission, die Frage offen zu lassen.[316] Nach Art. 36 Abs. 1 WVK setzt zwar grundsätzlich auch die Berechtigung einer Nichtvertragspartei deren Zustimmung voraus, doch, so sieht es Art. 36 Abs. 1 S. 2 WVK vor, wird diese Zustimmung widerleglich vermutet. Vom Erfordernis staatlichen Konsenses bleibt dabei wenig. Er gilt bereits dann als erwiesen, wenn der Staat sich nicht ausdrücklich gegen das ihm zugewiesene Recht wendet. Sofern der Drittstaat verhindern will, dass die Vertragsparteien Rechtsfolgen für ihn begründen, ist er folglich zur Reaktion gezwungen.[317] Da der am Vertrag nicht aktiv beteiligte Staat von den

---

[315] *G. Dahm/J. Delbrück/R. Wolfrum*, Völkerrecht, Bd. I/3, 2. Aufl. 2002, S. 613.

[316] *Draft Articles on the Law of Treaties with Commentaries*, YBILC 1966, Bd. II, S. 187 (228 ff.); ausführlich zu den dogmatischen Hintergründen dieser Kontroverse *R. G. Wetzel*, Verträge zugunsten und zu Lasten Dritter nach der Wiener Vertragsrechtskonvention, 1973, S. 96 ff.

[317] *D. J. Bedermann*, in: D. B. Hollis (Hrsg.), The Oxford Guide to Treaties, 2012, S. 328 (339): „the burden is on the beneficiary State“.

Rechten, die ihm ein solcher Vertrag zuweist, zumeist erst nach dessen Inkrafttreten Kenntnis erlangt, führt die Vermutungsregel letztlich dazu, dass das Recht des Dritten bereits (und allein) durch den Vertragsschluss begründet wird.[318] Möglicherweise geht sie gar so weit, selbst im Falle vorherigen Widerspruchs eines Staates die Rechtsbindung des Dritten zumindest für eine juristische Sekunde zu begründen, ist Gegenstand der Zustimmung doch die – juristisch wohl erst im Moment des Vertragsschluss zur Entstehung gelangende – Vertragsvorschrift. In letzter Konsequenz bricht Art. 36 Abs. 1 S. 2 WVK so mit dem Grundsatz, dass völkerrechtliche Rechtsverhältnisse eines Staates nur dann entstehen, wenn er deren Entstehung formell zugestimmt hat.[319]

(2) Bindung von Nichtmitgliedern an die Charta der Vereinten Nationen

Im Schrifttum werden zum Teil auch die Wirkungen der UN-Charta auf Nichtvertragsparteien erstreckt. So sind einige Autoren der Ansicht, dass die Charta hinsichtlich ihrer Grundprinzipien auch Nichtmitglieder verpflichte.[320] Jedenfalls aber sollen die Vorschriften des Kapitels VII der Charta auch Eingriffe gegenüber Nichtmitgliedern rechtfertigen können.[321] In der Praxis der Vereinten Nationen findet diese These al-

---

[318] *C. L. Rozakis*, ZaöRV 35 (1975), S. 1 (19, 21).

[319] Im Ergebnis ebenso *G. Dahm/J. Delbrück/R. Wolfrum*, Völkerrecht, Bd. I/3, 2. Aufl. 2002, S. 616; *M. Payandeh*, Internationales Gemeinschaftsrecht, 2010, S. 209 f.; anderer Ansicht ist *W. Heintschel von Heinegg*, in: K. Ipsen (Hrsg.), Völkerrecht, 6. Aufl. 2014, § 13 Rdn. 25.

[320] *A. Emmerich-Fritsche*, Vom Völkerrecht zum Weltrecht, 2007, S. 711; *U. Hingst*, Auswirkungen der Globalisierung auf das Recht der völkerrechtlichen Verträge, 2001, S. 184 mit weiteren Nachweisen in Fn. 175; *B. Fassbender*, Colum. J. Transnat'l L. 36 (1998), S. 529 (581 ff.); *H. Kelsen*, The Law of the United Nations, 1950, S. 85 f., 106 ff.; *H.-J. Schlochauer*, ZaöRV 19 (1958), S. 416 (428); *J. Soder*, Die Vereinten Nationen und die Nichtmitglieder, 1956, S. 254 ff.; *A. Verdross*, AJIL 60 (1966), S. 55 (62).

[321] So etwa *C. Fernandez de Casadevante Romani*, Objective Regime, in: MPEPIL (online edition), Artikel Stand: April 2010, Rdn. 13; *A. Emmerich-Fritsche*, Vom Völkerrecht zum Weltrecht, 2007, S. 711; *R. A. Falk*, The Authority of the United Nations over Non-Members, 1965, S. 66 ff.; *H. Mosler*, The International Society as a Legal Community, 1980, S. 193; *A. Ross*, Constitution of the United Nations, 1950, S. 33; *D. Schindler*, SZIER 2 (1992), S. 435 (458 f.); *C. Tomuschat*, BDGVR 28 (1988), S. 9 (15 f.); *A. Verdross/B. Simma*, Universelles Völkerrecht, 3. Aufl. 1984, § 294; in diese Richtung auch *C. To-*

lenfalls teilweise Bestätigung. Zwar hat der Sicherheitsrat 1950 ein militärisches Vorgehen gegen Nordkorea legitimiert und Mitte der Sechzigerjahre Wirtschaftssanktionen gegen Südrhodesien beschlossen, obwohl beide zu dieser Zeit nicht Mitglieder der Vereinten Nationen waren.[322] Im Falle Südrhodesiens jedoch ging den Sanktionen die Einwilligung Großbritanniens voran, unter dessen Verwaltung das Gebiet zu dieser Zeit stand. Auf eine Rechtfertigung durch den Sicherheitsrat kam es deshalb nicht an.[323] Die Staatlichkeit Nordkoreas indessen wurde zum Zeitpunkt der Sanktionen von der Mehrheit der UN-Mitgliedstaaten nicht anerkannt. Da die Sicherheitsratsresolutionen das Vorgehen Nordkoreas überdies durchgängig als „armed attack" qualifizieren,[324] liegt es nahe, dass auch der Sicherheitsrat lediglich von einem Fall kollektiver Selbstverteidigung ausging. Einen eindeutigen Beleg dafür, dass der Sicherheitsrat auch Nichtmitgliedern gegenüber die Rechtfertigungswirkung der UN-Charta in Anspruch nimmt, bietet die Sanktionspraxis deshalb nicht.

Die Verpflichtungswirkung der Resolutionen indessen erstreckt der Sicherheitsrat auch auf Nichtmitgliedstaaten. Nach anfänglich oft klarer Differenzierung zwischen Mitgliedstaaten und Nichtmitgliedern[325] adressiert der Sicherheitsrat seine Resolutionen mittlerweile regelmäßig an „all states"[326] oder gar ausdrücklich an „all states, including states

---

muschat, RdC 241 (1993-IV), S. 195 (252 ff.) und *W. Vitzthum*, in: B. Simma (Hrsg.), Charta der Vereinten Nationen. Kommentar, 1991, Art. 2 Ziff. 6 Rdn. 22; differenzierend *H.-K. Ress*, Das Handelsembargo, 2000, S. 75 f.

[322] Darauf rekurrieren *D. Schindler*, SZIER 2 (1992), S. 435 (459) und *S. Talmon*, in: B. Simma u.a. (Hrsg.), The Charter of the United Nations. A Commentary, 3. Aufl. 2012, Art. 2 (6) Rdn. 29.

[323] *H.-K. Ress*, Das Handelsembargo, 2000, S. 72 f., 89.

[324] SR Res. 82 v. 25. Juni 1950, UN Doc. S/RES/82 (1950); SR Res. 83 v. 27. Juni 1950, UN Doc. S/RES/83 (1950); SR Res. 84 v. 7. Juli 1950, UN Doc. S/RES/84 (1950).

[325] Deutlich diesbezüglich SR Res. 232 (1966) v. 16. Dezember 1966, UN Doc. S/RES/232 (1966).

[326] So beispielsweise SR Res. 670 v. 25. September 1990, UN Doc. S/RES/670 (1990); SR Res. 713 v. 25. September 1991, UN Doc. S/RES/713 (1991); SR Res. 757 v. 30 Mai 1992, UN Doc. S/RES/757 (1992); SR Res. 788 v. 19. November 1992, UN Doc. S/RES/788 (1992).

not members of the United Nations"[327].[328] So heißt es etwa in Resolution 661:[329]

> „*The Security Council*, [...]
>
> *Acting* und Chapter VII of the Charter [...]
>
> 5. *Calls upon* all States, including States non-members of the United Nations, to act strictly in accordance with the provisions of the present resolution notwithstanding any contract into or licence granted before the date of the present resolution."

So offen die Formulierung „calls upon" auch zunächst für die Interpretation als rechtlich unverbindliche Aufforderung sein mag,[330] so unmissverständlich stellt die spätere Resolution 670 klar, dass es sich hierbei um echte „obligations" aller Staaten handle, die „strict and complete compliance" erfordern.[331] An die Stelle des interpretationsoffenen „*Calls upon* all States" tritt dort denn auch die deutlichere Formulierung „*Decides* that all states".[332] Damit erhebt der Sicherheitsrat ausdrücklich den Anspruch, auch für Drittstaaten rechtsverbindliche Entscheidungen treffen zu können,[333] und offenbart zugleich ein Verständnis der Charta, das auch Nichtmitglieder zur Befolgung der Sicherheitsratsresolutionen verpflichtet. Offener Widerstand gegen diese extensive Handhabung der Kompetenzen des Sicherheitsrates hat sich seitens der

---

[327] Siehe etwa SR Res. 661 v. 6. August 1990, UN Doc. S/RES/661 (1990); SR Res. 917 v. 6. Mai 1994, UN Doc. S/RES/917 (1994); SR Res. 1054 v. 26. April 1996, UN Doc. S/RES/1054 (1996).

[328] Ausführlich dazu *A. Paulus*, Die internationale Gemeinschaft im Völkerrecht, 2001, S. 311 ff.; *M. Payandeh*, Internationales Gemeinschaftsrecht, 2010, S. 215 ff.; *C. Tomuschat*, RdC 241 (1993-IV), S. 254 f.

[329] SR Res. 661 v. 6. August 1990, UN Doc. S/RES/661 (1990).

[330] Die Interpretationsoffenheit der Formulierung zeigt deren variierende Übersetzung ins Französische. So heißt es im Französischen Text anstelle der englischen Formulierung „*Calls upon* all States" teilweise „*Prie* tous les Etats" (siehe z.B. SR Res. 232 v. 16. Dezember 1966, UN Doc. S/RES/221 [1966]) an anderen Stellen „*Requiert* tous les Etats" (siehe z.B. SR Res. 221 v. 9. April 1966, UN Doc. S/RES/232 [1966]).

[331] SR Res. 670 v. 25. September 1990, UN Doc. S/RES/670 (1990), Rdn. 1.

[332] SR Res. 670 v. 25. September 1990, UN Doc. S/RES/670 (1990), Rdn. 3-6.

[333] *H.-K. Ress*, Das Handelsembargo, 2000, S. 69; *B. Simma*, RdC 250 (1994-VI), S. 217 (261); *C. Tomuschat*, AVR 33 (1995), S. 1 (17).

Nichtmitglieder bislang nicht abgezeichnet.[334] Mit der *pacta tertiis*-Regel ist sie indessen nicht in Einklang zu bringen.[335] Jedenfalls auf den ersten Blick scheint auch der IGH diese Einschätzung zu teilen. So stellt er in seinem Namibia-Gutachten ausdrücklich klar, dass sich eine Bindungswirkung der Resolutionen des Sicherheitsrats für Nichtmitglieder jedenfalls nicht aus Art. 25 UN-Charta ergebe.[336] Dessen ungeachtet hielt er die Nichtmitglieder dennoch insofern an die streitbefangene Resolution des Sicherheitsrates gebunden, als diese die fortgesetzte Präsenz und alle Handlungen Südafrikas in Namibia für rechtswidrig erklärte. Diese sei ebenso wie die Beendigung des südafrikanischen Mandats durch die Vereinten Nationen „opposable to all States in the sense of barring erga omnes the legality of [this] situation".[337] Auch im Lichte des Bernadotte-Gutachtens des Gerichtshofs drängt sich der Schluss auf, auch der IGH befürworte eine begrenzte Drittbindungswirkung der Charta. Denn dort attestierte er den Vereinten Nationen eine „objective international personality".[338] Ersatzansprüche gegen Nichtmitglieder könne die Organisation folglich selbst dann erheben, wenn jene deren Völkerrechtspersönlichkeit zuvor nicht anerkannt haben. Die Anerkennung durch die Nichtmitglieder – ein einseitiger völkerrechtlicher Rechtsakt – wird durch den Vertragsschluss der „vast majority of the members of the international community"[339] ersetzt.

Vor dem Hintergrund dieser Tendenzen in Schrifttum, Praxis und der Rechtsprechung des IGH scheinen jedenfalls Zweifel an der Feststellung, dass rechtliche Bindungen aus der Charta nur für die Staaten resultieren, die ihnen zuvor zugestimmt haben, berechtigt.[340]

---

[334] So *C. Tomuschat*, RdC 241 (1993-IV), S. 256.

[335] So auch *A. Paulus*, Die internationale Gemeinschaft im Völkerrecht, 2001, S. 312.

[336] IGH, *Legal Consequences for States of the Continued Presence of South Africa in Namibia*, Advisory Opinion, ICJ Rep 1971, S. 16 (56).

[337] Ebd.

[338] IGH, *Reparation for Injuries Suffered in the Service of the United Nations*, Advisory Opinion, ICJ Rep 1949, S. 174 (185).

[339] Ebd.

[340] Sehr weitgehend *M. Payandeh*, Internationales Gemeinschaftsrecht, 2010, S. 219 f.

(3) Objektive Vertragsregime und Nichtvertragsparteien

Jedenfalls dem Wortlaut des Vertragstextes nach deutlicher als die UN-Charta erhebt das Seerechtsübereinkommen den Anspruch, Rechtswirkungen auch für Drittstaaten zu begründen. So definiert es den Rechtsstatus des Meeresbodens und des Meeresuntergrunds außerhalb nationaler Hoheitsgebiete in Art. 136 als „das gemeinsame Erbe der Menschheit" und konkretisiert in der Folge ohne Beschränkung auf die Vertragsparteien:

> „Kein Staat darf über einen Teil des Gebietes oder seiner Ressourcen Souveränität oder souveräne Rechte beanspruchen oder ausüben; ebensowenig darf sich ein Staat oder eine natürliche oder juristische Person einen Teil des Gebiets oder seiner Ressourcen aneignen."

In ähnlicher Weise spricht auch Art. 141 SRÜ eine objektive Ordnungsbehauptung[341] aus:

> „Das Gebiet steht allen Staaten [...] für eine ausschließlich friedlichen Zwecken dienende Nutzung offen."

Im Schrifttum werden Verträge, die in dieser oder ähnlicher Weise den Anspruch ihrer Schöpfer erkennen lassen, den Status eines abgegrenzten Raumes innerhalb der territorialen Kompetenz der Vertragsparteien im allgemeinen Interesse mit *erga omnes*-Wirkung zu normieren, als objektive Vertragsregime[342] oder Statusverträge[343] bezeichnet.[344] In der völkerrechtlichen Spruchpraxis spielen sie bislang eine nur marginale Rolle.[345] Lediglich vereinzelt haben internationale Gerichte aus zwischenstaatlichen Verträgen objektive Wirkungen abgeleitet. Im Falle der

---

[341] Begriff nach *E. Klein*, Statusverträge im Völkerrecht, 1980, passim.

[342] So etwa *N. Matz*, Wege zur Koordinierung völkerrechtlicher Verträge, 2005, S. 255.

[343] So insbesondere *E. Klein*, Statusverträge im Völkerrecht, 1980.

[344] Vgl. die Definitionen bei *C. Fernandez de Casadevante Romani*, Objective Regime, in: MPEPIL (online edition), Artikel Stand: April 2010, Rdn. 2 und *E. Klein*, Statusverträge im Völkerrecht, 1980, S. 23. Teilweise wird der Begriff der Statusverträge nicht auf solche mit territorialem Bezug beschränkt, für eine weite Definition vgl. *N. Matz*, Wege zur Koordinierung völkerrechtlicher Verträge, 2005, S. 255 f. In der Sache ist den objektiven Vertragsregimen auch das Konzept der sog. „world order treaties" verwandt, vgl. zu diesem *C. Tomuschat*, RdC 241 (1993-IV), S. 195 (248 ff.).

[345] Überblick bei *J. Delbrück*, in: LA Jaenicke, 1998, S. 17 (20 ff.) und *S. P. Subedi*, GYIL 37 (1994), S. 162 (185 ff.).

S.S. Wimbledon etwa entschied der StIGH, Art. 380 des Versailler Friedensvertrages wirke auch über die Vertragsparteien hinaus. Der dort bestimmten Öffnung des Kieler Kanals für Schiffe aller Nationen, die sich mit Deutschland im Friedenszustand befinden, wies der Gerichtshof folglich objektive Wirkung zu.[346] Präjudizien sind demnach rar. Auf das Fehlen objektiver Vertragsregime in der internationalen Vertragspraxis dürfte das indessen nicht zurückzuführen sein. So beanspruchte etwa bereits die vertraglich festgelegte Neutralität Belgiens 1839 objektive Wirkung, und auch die Entmilitarisierung der Ålandinseln 1856 im Pariser Frieden sollte über die Vertragsparteien hinaus wirken. Aus dem jüngeren Völkerrecht sind insbesondere der Weltraumvertrag und der Antarktisvertrag zu nennen.[347] Unter Berufung auf Tendenzen in der frühen Staatenpraxis sprach sich der Sonderberichterstatter *Humphrey Waldock* bereits im Rahmen der Vorarbeiten zur Wiener Vertragsrechtskonvention dafür aus, objektive Vertragsregime als Ausnahme des *pacta tertiis*-Grundsatzes zu qualifizieren.[348] Seine Ansicht, bestimmte Verträge etablierten als objektive Vertragsregime Wirkungen über den Kreis der Vertragsparteien hinaus, blieb in der UN-Völkerrechtskommission kein Unikat.[349] Da die Zweifel hinsichtlich der Frage, ob die konstatierten Drittwirkungen der von *Waldock* angeführten Verträge tatsächlich auf dem Vertrag selbst beruhten, letztlich aber überwogen, konnte sich sein Vorschlag, den objektiven Vertragsregimen in der Vertragsrechtskonvention eine eigene Vorschrift zu widmen, nicht durchsetzen. Obwohl die Wiener Vertragsrechtskonvention heute denn auch keine Anhaltspunkte für eine derartige *exceptio* vom Grundsatz ausbleibender Drittstaatsbindung liefert, erfreut sich die These, bestimmte Vertragsbestimmungen erzeugten über den Kreis der Vertragsparteien hinaus Rechtswirkungen, in der völkerrechtlichen Diskussion noch immer einiger Beliebtheit.[350] Nur selten zwar gehen ihre Befür-

---

[346] StIGH, *Wimbledon*, Ser. A, No. 1, S. 22 ff.

[347] Weitere Beispiele bei *D. J. Bedermann*, in: D. B. Hollis (Hrsg.), The Oxford Guide to Treaties, 2012, S. 328 (343 f.); *S. P. Subedi*, GYIL 37 (1994), S. 162 (174 ff.)

[348] *H. Waldock*, Third Report on the Law of Treaties by the Special Rapporteur, YBILC 1964, Bd. II, S. 5 (32).

[349] Siehe die Zusammenfassung der diesbezüglichen Diskussion in *Draft Articles on the Law of Treaties with Commentaries*, YBILC 1966, Bd. II, S. 187 (231).

[350] *J. Delbrück*, in: LA Jaenicke, 1998, S. 17 (35); *S. Hobe*, Einführung in das Völkerrecht, 10. Aufl. 2014, S. 195; *I. Feichtner*, Community Interest, in:

worter dabei so weit, den Willen einzelner am Vertrag unbeteiligter Staaten gänzlich auszublenden.[351] Erhebliche Aufweichungen erfährt das Konsensprinzip aber auch in den gemäßigten Ansätzen.[352] Diese lassen für die Bindung der Nichtvertragsparteien zumeist deren bloße Passivität genügen. Die wohl eleganteste Ausarbeitung hat dieser Ansatz in *Eckart Kleins* Überlegungen zu Statusverträgen im Völkerrecht gefunden. *Klein* folgert aus dem Zusammentreffen der territorialen Zuständigkeit der Vertragsparteien für das der Regelung unterliegende Gebiet und deren Anspruch, eine dem Allgemeinwohl dienende Regelung zu treffen, die Obliegenheit der Nichtvertragsparteien, der Ordnungsbehauptung der am Vertrag beteiligten Staaten gegebenenfalls entgegenzutreten. Unterlasse ein nicht am Vertrag beteiligter Staat dies, gehe er seines Rechts verlustig, an der Definition des Allgemeininteresses mitzuwirken, und gestehe den Vertragsparteien eine Regelungsbefugnis *erga omnes* zu. Aufgrund dieser müsse er sich auch selbst an den Bestimmungen des Vertrages festhalten lassen.[353] Eine objektive Wirkung komme Statusverträgen deshalb nicht automatisch zu. Die *erga omnes*-Wirkungen beruhten vielmehr auf der den Vertragsparteien stillschweigend zuerkannten Regelungskompetenz.[354] *Klein* selbst reklamiert für seine Lösung den Vorzug, „auf dem Boden des geltenden

---

MPEPIL (online edition), Stand: Februar 2007, Rdn. 28; *E. Klein*, Statusverträge im Völkerrecht, 1980, S. 345; *A. D. McNair*, The Law of Treaties, 1961, S. 259; *S. P. Subedi*, GYIL 37 (1994), S. 162 (167 ff.) mit zahlreichen weiteren Nachweisen in Fn. 118 ff. Vgl. auch *H. Ballreich*, in: FS Bilfinger, 1954, S. 1 (11 ff., 19 ff.) mit Nachweisen zum älteren Schrifttum. Einschränkend betrachtet *H. Mosler*, The International Society as a Legal Community, 1980, S. 223 Dritte nicht als unmittelbar an den Vertrag gebunden, dieser begründe aber eine „obligation to acquiesce in it". Bei Lichte besehen stellt freilich auch das eine Drittwirkung des Vertrages dar.

[351] In diese Richtung aber *G. Dahm*, Völkerrecht, Bd. III, 1961, S. 119 f.; ähnlich weit geht *McNair*, wenn er lediglich ein „degree of acceptance and durability extending beyond the limits of the actual contracting parties" fordert, siehe dessen Sep. Op. zum Gutachten des IGH im Fall *International Status of South-West Africa*, ICJ Rep 1950, S. 146 (153).

[352] Einen Überblick über die unterschiedlichen dogmatischen Begründungsansätze bei *B. Simma*, Rdc 250 (1994-VI), S. 217 (359 ff.) und daran anknüpfend bei *U. Hingst*, Auswirkungen der Globalisierung auf das Recht der völkerrechtlichen Verträge, 2001, S. 185 ff.

[353] *E. Klein*, Statusverträge im Völkerrecht, 1980, S. 212 f., 345.

[354] *E. Klein*, Statusverträge im Völkerrecht, 1980, S. 345.

Völkerrechts zu bleiben, da sie den Konsens als Grundlage der Verpflichtung nicht in Zweifel zieht".[355] Die Anforderungen, die an die Art, diesem Konsens Ausdruck zu verleihen, gestellt werden, lockert der Ansatz indessen erheblich. Auf die Begründung der Reaktionsobliegenheit der am Vertrag unbeteiligten Staaten verwendet denn auch *Klein* einigen Aufwand. Das verdeutlicht, dass auch er hierin eine Abweichung von klassischen Grundsätzen sieht.

Nicht verschwiegen werden soll, dass die vertragliche Drittwirkung objektiver Vertragsregime im Schrifttum vielfach auf Ablehnung stößt.[356] Der Tendenzaussage, dass sich das Völkervertragsrecht auch im Bereich der objektiven Vertragsregime teilweise und vorsichtig vom Konsens der Staaten als Grundlage völkerrechtlicher Bindungen löst, nimmt das angesichts der geschilderten Entwicklungen in der völkerrechtlichen Vertragspraxis, Rechtsprechung und Literatur nicht die Richtigkeit.

dd) Konsensprinzip und Vorbehalte zu völkerrechtlichen Verträgen

Angeführt von der Rechtsprechung internationaler Menschenrechtsgerichte und -auschüsse zeichnet sich im gegenwärtigen Völkerrecht auch hinsichtlich des Rechts der Vorbehalte zu völkerrechtlichen Verträgen eine Entwicklung ab, die die konsequente Ausrichtung völkerrechtlicher Rechtserzeugungsregeln am subjektiven Staatenwillen in Frage stellt.[357] Im Fall Belilos etwa hatte sich der EGMR mit einer „auslegenden Erklärung" der Schweiz zu Art. 6 Abs. 1 EMRK zu befassen. Entgegen des Wortlauts der Erklärung stufte der Gerichtshof diese als Vorbehalt ein und erklärte sie für mit Art. 64 Abs. 1 S. 2 und Abs. 2 EMRK unvereinbar.[358] Dem Konsensprinzip entsprechend hatte noch der IGH in seinem Völkermordgutachten im Jahr 1951 für solche Fälle entschie-

---

[355] *E. Klein*, Statusverträge im Völkerrecht, 1980, S. 213.

[356] *W. Heintschel von Heinegg*, in: K. Ipsen (Hrsg.), Völkerrecht, 6. Aufl. 2014, § 13 Rdn. 28; *S. Kadelbach*, Zwingendes Völkerrecht, 1992, S. 191; *L. T. Lee*, AJIL 77 (1983), S. 541 (564 f.); *N. Matz*, Wege zur Koordinierung völkerrechtlicher Verträge, 2005, S. 257; *H. Neuhold*, BDGVR 28 (1988), S. 51 (82 f.); *C. Tomuschat*, BDGVR 28 (1988), S. 9 (14) mit zahlreichen Nachweisen in Fn. 22; *S. Vasciannie*, CLJ 48 (1989), S. 85 (89 f.); skeptisch auch *M. Ragazzi*, The Concept of International Obligations *Erga Omnes*, 1997, S. 37 ff.

[357] Ausführlich dazu noch unten Kapitel 5, D. II.

[358] EGMR, *Belilos v. Switzerland*, Appl. No. 10328/83, Urt. v. 29. April 1988, Rdn. 60.

den, die Unwirksamkeit eines Vorbehaltes führe dazu, dass der den unzulässigen Vorbehalt erklärende Staat nicht Vertragspartei werde.[359] Anders entschied der EGMR. Statt die Unwirksamkeit der gesamten Ratifikationserklärung der Schweiz festzustellen, erklärte er schlicht, es sei „beyond doubt that Switzerland is, and regards itself as, bound by the Convention irrespective of the validity of the declaration."[360] Während dies offenbar tatsächlich einem von der Schweiz im Verfahren geäußerten Willen entsprach,[361] war eben dies im Fall Loizidou nicht der Fall. Nach ähnlichem Muster beurteilte der Gerichtshof dort die von der Türkei bei Unterzeichnung der Konvention erklärte Einschränkung der Zuständigkeit der Straßburger Gerichtsbarkeit auf Fälle innerhalb türkischen Territoriums.[362] Wie bereits die „auslegende Erklärung" der Schweiz im Fall Belilos hielt das Gericht auch die von der Türkei erklärte territoriale Beschränkung für mit der Konvention unvereinbar; und auch hier hatte die Unzulässigkeit der die Vertragsbindung beschränkenden Erklärung nicht die Unwirksamkeit der gesamten Unterwerfungserklärung zur Folge. Vielmehr entschied der Gerichtshof, die von der Türkei erklärte Beschränkung der Gerichtsbarkeit sei ein abtrennbarer Bestandteil der Erklärung, mit der die Türkei die Zuständigkeit von EKMR und EGMR anerkannt habe. Angesichts der Unwirksamkeit der Beschränkungserklärung unterstehe die Türkei deshalb

---

[359] IGH, *Reservations to the Convention on Genocide*, Advisory Opinion, ICJ Rep 1951, S. 15 (29).

[360] EGMR, *Belilos v. Switzerland*, Appl. No. 10328/83, Urt. v. 29. April 1988, Rdn. 60.

[361] *E. A. Baylis*, Berkeley J. Int'l L. 17 (1999), S. 277 (304); *R. W. Edwards*, U. Tol. L. Rev. 31 (1999-2000), S. 195 (205); *W. Schabas*, Brook. J. Int'l L. 21 (1995-1996), S. 277 (319).

[362] Genau genommen handelt es sich bei dieser Beschränkung nicht um einen Vorbehalt im Sinne des Völkervertragsrechts. Vielmehr unterschied selbst die der Loizidou-Enstscheidung zugrundeliegende alte Fassung der EMRK zwischen Vorbehalten, die in Art. 64 EMRK a.F. geregelt waren, und Beschränkungen oder Bedingungen, die sich auf die damals noch erforderlichen Erklärungen zur Begründung der Zuständigkeit von EKMR und EGMR bezogen und in Art. 25 Abs. 2 und Art. 46 Abs. 2 EMRK a.F. separat geregelt waren. Im Schrifttum werden sie hinsichtlich der Folgen ihrer Unzulässigkeit aber nach den gleichen Grundsätzen wie völkervertragliche Vorbehalte behandelt und daher stets im Zusammenhang mit diesen besprochen. Das rechtfertigt es, sie auch vorliegend in diesem Kontext zu diskutieren.

vollumfänglich der Konventionsgerichtsbarkeit[363] – und das obwohl die Türkei wiederholt erklärt hatte, im Fall der Unzulässigkeit der Beschränkung überhaupt nicht an ihre Erklärung gebunden sein zu wollen. Zur Begründung berief sich das Gericht auf das Urteil in Belilos und den „special character of the Convention as an instrument of European public order (ordre public) for the protection of individual human beings".[364] Mit dieser Rechtsprechung setzt sich der Gerichtshof zugunsten eines effektiven Menschenrechtsschutzes über den ursprünglichen Willen der Staaten hinweg. Das Konsensprinzip bringt sie erheblich ins Wanken. Dessen ungeachtet verfuhr auch der IAGMR im Verfahren Hilaire v. Trinidad and Tobago[365] entsprechend und auch der Menschenrechtsausschuss der Vereinten Nationen hat sich mittlerweile – zumindest in Bezug auf Vorbehaltserklärungen – der Position des EGMR angeschlossen. In seiner Zulässigkeitsentscheidung in Rawle Kennedy v. Trinidad and Tobago[366] befand er einen Vorbehalt, den Trinidad und Tobago bei der Ratifikation des Fakultativprotokolls zum IPbpR erklärt hatte, für unzulässig und schloss daraus, er sei folglich „not precluded from considering the present communication under the Optional Protocol".[367] In der Sache folgte er damit seinem *General Comment on Issues Relating to Reservations*, der diesbezüglich vorsieht:

> „The normal consequence of an unacceptable reservation is not that the Covenant will not be in effect at all for a reserving party. Rather, such a reservation will generally be severable, in the sense that the Covenant will be operative for the reserving party without benefit of the reservation."[368]

---

[363] EGMR, *Loizidou v. Turkey*, Appl. No. 15318/89, Preliminary Objections, Urt. v. 23. März 1995, Rdn. 98.

[364] EGMR, *Loizidou v. Turkey*, Appl. No. 15318/89, Preliminary Objections, Urt. v. 23. März 1995, Rdn. 93 f.

[365] IAGMR, *Hilaire v. Trinidad and Tobago*, Preliminary Objections, Ser. C, No. 80.

[366] MRA, *Rawle Kennedy v. Trinidad and Tobago*, Communication No. 845/1999, Admissibility, Auffassung v. 2. November 1999, UN Doc. CCPR/C/67/D/845/1999.

[367] Ebd., Rdn. 6.7.

[368] MRA, General Comment No. 24 (52) v. 4. November 1994, UN Doc. CCPR/C21/Rev.1/Add.6, Rdn. 18.

Insbesondere die USA, Frankreich und Großbritannien haben darauf mit deutlicher Ablehnung reagiert.[369] Auch im Schrifttum wird der von staatlicher Seite kritisierte Bruch mit dem Grundsatz konsensualer Rechtsbindung von einigen Autoren bemerkt. Daran, diese Rechtsprechungslinie zu befürworten, hindert es sie indes oft nicht.[370] Zahlreiche Stimmen stehen ihr indes noch immer kritisch gegenüber.[371] Der Vorschlag, den die Völkerrechtskommission zum Umgang mit unzulässigen Vorbehalten erarbeitet hat, stellt denn auch einen Kompromiss dar, der das Konsensprinzip jedoch ebenfalls nicht gänzlich unangetastet lässt. Denn wörtlich heißt es in dem von der Völkerrechtskommission herausgegebenen Leitfaden zum Umgang mit völkerrechtlichen Vorbehalten:[372]

> „Unless the author of the invalid reservation has expressed a contrary intention or such an intention is otherwise established, it is considered a contracting State or a contracting organization without the benefit of the reservation."[373]

Anders als insbesondere EGMR und IAGMR es zu akzeptieren scheinen, gesteht die Völkerrechtskommission es dem Reservatarstaat allerdings jederzeit („at any time") zu, eine abweichende Absicht zu äußern und die Vermutung damit zu widerlegen.[374] Die strikte Abtrennbar-

---

369 Dazu *B. Çali*, in: D. B. Hollis (Hrsg.), The Oxford Guide to Treaties, 2012, S. 525 (536) und *B. Simma*, RdC 250 (1994-VI), S. 217 (346 ff.) mit Nachweisen.

370 Die Rechtsprechung begrüßen etwa *H. J. Bourguignon*, Va. J. Int'l L. 29 (1989), S. 347 (382); *I. Cameron/F. Horn*, GYIL 33 (1990), S. 69 (116); *T. Giegerich*, ZaöRV 55 (1995), S. 713 (774 ff.); *S. Marks*, ICLQ 39 (1990), S. 300 (326 f.); zurückhaltender indessen *W. Schabas*, Hum. Rts. Q. 18 (1996), S. 472 (491): „Practice suggests that attitudes might be changing on this point." Grundsätzlich befürwortend auch *R. Goodman*, AJIL 96 (2002), S. 531 (556 ff.) und *B. Simma/G. I. Hernandez*, in: E. Cannizzaro (Hrsg.), The Law of Treaties Beyond the Vienna Convention, 2011, S. 60 (62, 81 ff. und öfter), die sich für eine „severance presumtion" aussprechen.

371 Ablehnung etwa bei *R. Baratta*, EJIL 11 (2000), S. 413 (425); *C. Bradley/J. L. Goldsmith*, U. Pa. L. Rev. 149 (2000-2001), S. 399 (438 f.); *R. Moloney*, Melbourne J. Int'l L. 5 (2004), S. 155; *B. Graefrath*, HuV-I 1996, S. 68 (70 ff.); *B. Simma*, RdC 250 (1994-VI), S. 217 (346).

372 ILC, *Guide to Practice on Reservations to Treaties*, UN Doc. A/66/10/Add.1.

373 Ebd., Richtlinie 4.5.3 Abs. 2.

374 Ebd., Richtlinie 4.5.3 Abs. 3.

keitslösung, die EGMR, IAGMR und Menschenrechtsausschuss präferieren, dürfte angesichts dessen noch nicht zu einer völkergewohnheitsrechtlichen Norm erstarkt sein. Dass sie aber von ihren Positionen abrücken, steht ebenso wenig zu erwarten. Jedenfalls im Lichte dieser Praxis stellt der subjektive Wille der Staaten auch im Bereich völkerrechtlicher Vorbehalte nicht mehr durchgängig den Fixpunkt juristischer Dogmatik dar.[375]

ee) Konsensprinzip und Staatennachfolge in völkerrechtliche Verträge

Ein ähnliches Bild zeichnet sich im Bereich der Staatennachfolge in völkerrechtliche Verträge ab. Auch dort erlangt das Konsensprinzip nur eingeschränkte Bedeutung. Während ein strikt dem Konsensprinzip verpflichtetes Völkerrecht im Falle der Staatennachfolge den Nachfolgestaat von allen Verpflichtungen frei stellen müsste (sog. *tabula rasa*- oder *clean slate*-Prinzip), ist insbesondere in Bezug auf Verträge, deren Gegenstand einen territorialen Bezug aufweist (sog. radizierte Verträge), und Statusverträge gewohnheitsrechtlich das Gegenteil anerkannt: Selbst ohne Zustimmung des Nachfolgestaates verpflichten gebietsbezogene Verträge auch den Nachfolgestaat.[376] Auch Art. 11 und 12 der bislang nicht in Kraft getretenen Wiener Konvention über die Staatennachfolge in völkerrechtliche Verträge[377] bestätigen dies.

---

[375] In diesem Zusammenhang wird oftmals auch die Tendenz im Schrifttum angeführt, Vorbehalte zu menschenrechtlichen Verträgen überhaupt für unzulässig zu erachten. Zwar wird die absolute Vertragsfreiheit der Staaten auch hierdurch eingeschränkt, doch führt diese Beschränkung nicht zur Ablösung völkerrechtlicher Bindung von der staatlichen Zustimmung, bleibt es den Staaten doch unbenommen, Menschenrechtsverträge erst gar nicht zu unterzeichnen.

[376] *G. Dahm/J. Delbrück/R. Wolfrum*, Völkerrecht, Bd. I/1, 2. Aufl. 1989, S. 167; *G. Hafner/G. Novak*, in: D. B. Hollis (Hrsg.), The Oxford Guide to Treaties, 2012, S. 396 (419 f.); *M. Kau*, in: W. Vitzthum/A. Proelß (Hrsg.), Völkerrecht, 7. Aufl. 2016, 3. Abschn. Rdn. 192; *S. Hobe*, Einführung in das Völkerrecht, 10. Aufl. 2014, S. 110; *T. Schweisfurth*, Völkerrecht, 9. Kap. Rdn. 224, S. 341; *T. Stein/C. v. Buttlar/M. Kotzur*, Völkerrecht, 14. Aufl. 2017, Rdn. 346; *A. Zimmermann*, Staatennachfolge in völkerrechtliche Verträge, 2000, S. 513; siehe auch IGH, *Gabčíkovo-Nagymaros Project*, ICJ Rep 1997, S. 7 (72).

[377] *Vienna Convention on succession of States in respect of Treaties* v. 23. August 1978, UNTS Bd. 1946, S. 3.

Seit längerem kontrovers diskutiert wird zudem die Frage, ob Nachfolgestaaten im Falle der Staatensukzession auch ungeachtet der eigenen Zustimmung an menschenrechtliche Verträge gebunden sind. Im Schrifttum hat dieser Ansatz vielfach Zustimmung erfahren.[378] Und auch die Staatenpraxis scheint ihm zunehmend positiv gesinnt. So resümiert *Menno Kamminga* seine Analyse der Staatenpraxis in den 1990er Jahren wie folgt:

> „[H]uman rights treaties are not affected by a succession of States. [...] The continuity of these obligations occurs *ipso jure*. The successor State is under no obligation to issue confirmations to anyone. Consent from the other States parties is not required. Individuals residing within a given territory therefore remain entitled to the rights granted to them under a human rights treaty."[379]

Der IGH hat sich bislang nicht ausdrücklich zu einer solchen Regel bekannt.[380] Als nach dem Zusammenbruch des ehemaligen Jugoslawiens Bosnien-Herzegowina gegen Serbien und Montenegro wegen Verletzungen der Völkermordkonvention Klage erhob, hielt es das Gericht für entbehrlich, über Fragen der Staatennachfolge zu entscheiden.[381] Der Einwand der Beklagten, Bosnien-Herzegowina habe erst im Dezember 1992 die Staatennachfolge in die Rechtspositionen Jugoslawiens aus der Völkermordkonvention erklärt, der Gerichtshof könne deshalb auch nur über nach diesem Zeitpunkt geschehene Verletzungen der Ge-

---

378 *M. T. Kamminga*, EJIL 7 (1996), S. 469 (482 f.); *T. Schweisfurth*, BDGVR 35 (1996), S. 49 (224 ff.); *ders.* Völkerrecht, 9. Kap. Rdn. 230; *R. Wolfrum*, Diskussionsbeitrag, BDGVR 35 (1996), S. 347 (348); IGH, *Genocide Case* (Bosnia Herzegovina v. Yugoslavia), Preliminary Objections, Sep. Op. Weeramantry, ICJ Rep 1996, S. 640 (645 ff.); wohl auch *A. Peters*, Völkerrecht: Allgemeiner Teil, 4. Aufl. 2016, S. 66; *A. Zimmermann*, Staatennachfolge in völkerrechtliche Verträge, 2000, S. 572 ff.; *ders.*, State Succession in Treaties, in: MPEPIL (online edition), Stand: November 2006, Rdn. 15; mit Einschränkungen *G. Seidel*, Diskussionsbeitrag, BDGVR 35 (1996), S. 364 (365); zögernd *B. Simma*, RdC 250 (1994-VI), S. 217 (354 ff.).

379 *M. T. Kamminga*, EJIL 7 (1996), S. 469 (482 f.); ähnlich auch *M. N. Shaw*, FYIL 5 (1994), S. 34 (84).

380 *A. Zimmermann*, in: C. Tams/J. Sloan (Hrsg.), The Development of International Law by the International Court of Justice, 2013, S. 53 (63).

381 IGH, *Genocide Case* (Bosnia Herzegovina v. Yugoslavia), Preliminary Objections, ICJ Rep 1996, S. 595 (612); ebenso im ähnlich gelagerten Nachfolgefall *Genocide Case* (Croatia v. Serbia), Merits, Urt. v. 3. Februar 2015, Rdn. 442.

nozid-Konvention befinden,[382] blieb dennoch erfolglos. Denn schließlich, so der IGH, schränke die Konvention die Zuständigkeit des Gerichts *ratione temporis* nicht ein, und auch im Hinblick auf „object and purpose of the Convention"[383] sei eine solche Beschränkung nicht anzuerkennen.[384] Im Ergebnis hielt der Gerichtshof die in der Genozidkonvention enthaltenen Regeln damit auch für die Zeit anwendbar, in der Bosnien-Herzegowina noch keine Sukzessionserklärung abgegeben hatte. Ob sich das dogmatisch anders erklären lässt als durch die unausgesprochene Annahme einer automatischen Staatennachfolge, wird im Schrifttum bezweifelt.[385] Denkbar, wenn auch gleichermaßen rechtfertigungsbedürftig, scheint aber auch eine Rückwirkung der späteren Sukzessionserklärung.[386] Alternativ ließe der Verweis des Gerichtshofs auf seine früheren Ausführungen zum Charakter der Genozidkonvention[387] und dessen Schluss, es handele sich um „rights and obligations *erga omnes*"[388] sogar das Argument zu, auf eine vertragliche Berechtigung Bosnien-Herzegowinas komme es aufgrund der *erga omnes*-Wirkung der enthaltenen Rechte und der behaupteten konventionsunabhängigen Bindung an die Prinzipien, die deren Regeln zugrunde liegen, nicht an.[389] Die Indizwirkung des Urteils selbst bleibt damit un-

---

[382] Siehe die *Sixth Preliminary Objection*, ICJ Rep 1996, S. 595 (605).

[383] Diesbezüglich verweist das Gericht ausdrücklich auf seine Ausführungen in *Reservations to the Convention on Genocide*, Advisory Opinion, ICJ Rep 1951, S. 15 (23).

[384] IGH, *Genocide Case* (Bosnia Herzegovina v. Yugoslavia), Preliminary Objections, ICJ Rep 1996, S. 595 (617); ebenso, mit der Begründung, die Frage des zeitlichen Anwendungsbereichs sei in diesem speziellen Fall keine bloße Frage der Zuständigkeit des Gerichts IGH, *Genocide Case* (Croatia v. Serbia), Preliminary Objections, ICJ Rep 2008, S. 412 (456 ff., 460).

[385] *M. Payandeh*, Internationales Gemeinschaftsrecht, 2010, S. 238; *A. Zimmermann*, Staatennachfolge in völkerrechtliche Verträge, 2000, S. 560.

[386] Vgl. dazu *A. Zimmermann*, in: C. Tams/J. Sloan (Hrsg.), The Development of International Law by the International Court of Justice, 2013, S. 53 (65 f.). Eine Rückwirkung der Vertragsbestimmungen selbst hat der IGH nunmehr abgelehnt, siehe *Genocide Case* (Croatia v. Serbia), Merits, Urt. v. 3. Februar 2015, Rdn. 100.

[387] IGH, *Genocide Case* (Bosnia Herzegovina v. Yugoslavia), Preliminary Objections, ICJ Rep 1996, S. 595 (616).

[388] Ebd.

[389] In diese Richtung auch *B. Simma*, RdC 250 (1994-VI), S. 217 (299).

gewiss, und so muss sich die Automatizitätsthese hauptsächlich auf die Sondervoten stützen. Deutlich und mit ausführlicher Begründung spricht sich dort insbesondere Richter *Weeramantry* für die Annahme einer automatischen Staatennachfolge aus.[390]

Hinsichtlich der Genfer Konventionen hat sich der JStGH dieser Position mittlerweile ausdrücklich angeschlossen[391] und auch in der Praxis der UN-Organe zum Schutz der Menschenrechte findet sie eine Stütze. So ging die mittlerweile durch den Menschenrechtsrat ersetzte Menschenrechtskommission der Vereinten Nationen im Falle einer Staatensukzession in ständiger Praxis von einer Fortgeltung der Internationalen Menschenrechtspakte aus. Die Nachfolgestaaten forderte sie stets lediglich auf, „to confirm [...] that they continue to be bound by obligations under relevant international human rights treaties".[392] Die Bezeichnung der verlangten Erklärung als bloße Bestätigung zeigt ebenso wie die Formulierung „continue to be bound", dass die Kommission einer solchen Erklärung keine konstitutive Bedeutung zumisst.[393] Und der UN-Menschenrechtsausschuss formuliert in einem General Comment aus dem Jahr 1997 gar:

> „The Human Rights Committee has consistently taken the view, as evidenced by its long-standing practice, that once the people are accorded the protection of the rights under the Covenant, such protection devolves with territory and continues to belong to them, notwithstanding change in Government of the State party, including dismemberment in more than one State or State succession [...]."[394]

Auf eine vergleichbare Position hatten sich die Vorsitzenden der Vertragsorgane der UN-Menschenrechtspakte bereits 1994 verständigt.[395]

---

390 IGH, *Genocide Case* (Bosnia Herzegovina v. Yugoslavia), Preliminary Objections, Sep. Op Weeramantry, ICJ Rep 1996, S. 640 (645 ff.).

391 JStGH, *Prosecutor v. Delalic et al., (Čelebići Case)*, Case No. IT-96-21-T, Appeals Chamber, Urt. v. 20. Februar 2001, Rdn. 111.

392 UN Commission on Human Rights, Res. v. 5. März 1993, UN Doc. E/CN.4/RES/1993/23; Res. v. 25. Februar 1994, UN Doc. E/CN.4/RES/1994/16.

393 So auch *M. Payandeh*, Internationales Gemeinschaftsrecht, 2010, S. 236.

394 MRA, General Comment No. 26 (61) v. 29. Oktober 1997, UN Doc. A/53/40, Annex VII, Rdn. 4.

395 Report of the Secretary General v. 28. November 1994, UN Doc. E/CN.4/1995/80, S. 3 f.

Neben radizierten Verträgen zeigt sich demnach auch für humanitäre Vertragswerke die Tendenz zu Lasten des Konsensprinzips vom *clean slate*-Prinzip abzuweichen und Nachfolgestaaten ohne deren Zustimmung an den vertraglichen Bindungen ihrer Vorgänger festzuhalten.

ff) Zwischenergebnis

Dieser Überblick über Entwicklungen im gegenwärtigen Völkervertragsrecht bleibt notwendig unvollständig. Zwei Schlüsse erlaubt er dennoch: Erstens zeigt er, dass die Orientierung am subjektiven Willen der Staaten das Völkervertragsrecht nach wie vor entscheidend prägt. Zweitens aber sind Tendenzen einer Objektivierung, ja teilweise sogar deutliche Brüche mit dem Grundsatz, dass Staaten an Regeln, denen sie nicht zugestimmt haben, auch nicht gebunden sind, heute kaum mehr zu leugnen. Dass dies in ähnlicher Weise auf das Völkergewohnheitsrecht zutrifft, soll der folgende Abschnitt belegen.

b) Objektivierung der Rechtserzeugung im Völkergewohnheitsrecht

Das Völkergewohnheitsrecht definiert Art. 38 Abs. 1 lit. b IGH-Statut als eine „general practice accepted as law“. Für die Entstehung einer völkergewohnheitsrechtlichen Norm sind danach zwei Elemente erforderlich: eine dauerhafte, einheitliche und allgemeine staatliche Übung (*consuetudo*) und die gemeinsame und übereinstimmende Überzeugung der Staaten von der rechtlichen Notwendigkeit des entsprechenden Verhaltens (*opinio iuris sive necessitatis*).[396] In doppelter Hinsicht liegt der Rechtserzeugungsprozess im Bereich des Völkergewohnheitsrechts demnach allein in staatlicher Hand. Jedenfalls seiner dogmatischen Konzeption nach trägt so auch das Völkergewohnheitsrecht der Regel Rechnung, dass ohne oder gegen den Willen eines Staates rechtliche Bindungen für diesen nicht entstehen.[397]

Die in der völkerrechtlichen Praxis übliche Interpretation des Erfordernisses allgemeiner Staatenpraxis weicht diesen Grundsatz indes

---

[396] Diese dualistische Begründung entspricht der allgemeinen Meinung, vgl. nur *W. Heintschel von Heinegg*, in: K. Ipsen (Hrsg.), Völkerrecht, 6. Aufl. 2014, § 17 Rdn. 2.

[397] Ausführlich dazu *K. Wolfke*, Custom in Present International Law, 1964, S. 157 ff.; nachdrücklich anders *A. T. Guzman*, Va. J. Int'l L. 52 (2012), S. 747 (775 ff.).

merklich auf, setzt sie doch gerade nicht voraus, dass das Verhalten eines jeden Staates bei der Entstehung des Völkergewohnheitsrechts Berücksichtigung findet. Lediglich in Fällen, in denen die staatliche Übung nur kurze Zeit andauert, fordert der IGH gewissermaßen als Kompensation, die Staatenpraxis – „short though it might be" – müsse „extensive and virtually uniform" sein.[398] Im Übrigen soll insbesondere dann, wenn das Erstarken vertraglicher Regeln in gewohnheitsrechtlicher Geltung in Frage steht, für das Entstehen einer allgemeinen Regel des Völkergewohnheitsrechts eine „very widespread and representative participation" genügen, die jedenfalls (möglicherweise aber auch nur) die Staaten umfassen müsse, „whose interests were specially affected".[399] Diejenigen Staaten, deren Teilnahme an der die gewohnheitsrechtliche Regel konstituierenden Praxis demnach entbehrlich ist, bindet bereits ihr bloßes Schweigen an die entstehende Regel. Selbst ein einmaliger Widerspruch vermag das nicht zu verhindern. Allein die *persistent objection*, der dauerhafte, mehrmalige und beharrliche Protest also gegen die entstehende Völkerrechtsregel, ermöglicht es, der rechtlichen Bindung zu entgehen.[400] Und selbst diese Möglichkeit stößt an Grenzen. So wird dem Institut der *persistent objection* in der Literatur zwar nur selten gänzlich die Anerkennung versagt,[401] doch scheint die Völkerrechtswissenschaft zunehmend geneigt, auch den beständigen Widerspruch eines Staates jedenfalls dann für unbeachtlich zu halten, wenn dieser sich gegen eine Regel des *ius cogens* richtet,[402] der wider-

---

398 IGH, *North Sea Continental Shelf*, ICJ Rep 1969, S. 3 (43).

399 IGH, *North Sea Continental Shelf*, ICJ Rep 1969, S. 3 (42).

400 Siehe nur *W. Heintschel von Heinegg*, in: K. Ipsen (Hrsg.), Völkerrecht, 6. Aufl. 2014, § 17 Rdn. 25 ff.; *T. Stein/C. v. Buttlar/M. Kotzur*, Völkerrecht, 14. Aufl. 2017, Rdn. 138.

401 So aber *J. I. Charney*, AJIL 87 (1993), S. 529 (538, 540); *ders.*, BYIL 56 (1985), S. 1; *P. Dumberry*, LJIL 23 (2010), S. 379 (389); einschränkend auch *H. Mosler*, The International Society as a Legal Community, 1980, S. 118.

402 *I. Brownlie*, Principles of Public International Law, 7. Aufl. 2008, S. 12 Fn. 56; *J. Brunnée*, Consent, in: MPEPIL (online edition), Stand: Oktober 2010, Rdn. 18; *T. Stein/C. v. Buttlar/M. Kotzur*, Völkerrecht, 14. Aufl. 2017, Rdn. 140, 149; *W. Vitzthum*, in: ders./A. Proelß (Hrsg.), Völkerrecht, 7. Aufl. 2016, 1. Abschn. Rdn. 126; wohl auch: *G. J. H. van Hoof*, Rethinking the Sources of International Law, 1983, S. 160 ff.; *M. Ragazzi*, The Concept of International Obligations *Erga Omnes*, 1997, S. 67 ff.; *B. Simma*, RdC 250 (1994-VI), S. 217 (292). Auch nach *G. Dahm/J. Delbrück/R. Wolfrum*, Völkerrecht, Bd. I/3, 2.

sprechende Staat sich durch seinen Widerspruch in der Staatengemeinschaft isoliert,[403] menschenrechtliche Verpflichtungen der Staaten betroffen sind[404] oder die Grundlagen der internationalen Gemeinschaft berührt werden.[405] Die so erheblich zurückgenommenen Anforderungen an das objektive Element des Völkergewohnheitsrechts entziehen die Entstehung völkergewohnheitsrechtlicher Vorschriften teils mehr, teils weniger dem staatlichen Einfluss, hindert doch selbst die staatliche Untätigkeit, ja teilweise gar der permanente Widerspruch gegen eine völkergewohnheitsrechtliche Regel die Bindung an diese nicht.[406]

Der Nachweis einer für die Entstehung neuen Völkergewohnheitsrechts genügenden Staatenpraxis ist demnach erheblich erleichtert. Dennoch verzichtet der IGH oftmals ganz auf ihn,[407] und redet so den Stimmen im Schrifttum das Wort, die dem Praxiselement seit jeher jegliche Bedeutung absprechen.[408] An die Stelle der Induktion völkergewohnheitsrechtlicher Regeln aus einer umfassenden Analyse staatlichen Verhaltens tritt dann die Deduktion des Völkergewohnheitsrecht aus der zum alleinigen Maßstab gemachten *opinio iuris*,[409] deren Ausdruck der Gerichtshof in völkerrechtlichen Verträgen und Resolutionen der

---

Aufl. 2002, S. 627 ist diese Ausnahme „anerkannt". Vgl. ferner die Nachweise bei *S. Kadelbach*, Zwingendes Völkerrecht, 1992, S. 196 in Fn. 135.

[403] *K. Doehring*, Völkerrecht, 2. Aufl. 2004, Rdn. 292; *T. Stein/C. v. Buttlar/M. Kotzur*, Völkerrecht, 14. Aufl. 2017, Rdn. 139.

[404] In diese Richtung *G. Dahm/J. Delbrück/R. Wolfrum*, Völkerrecht, Bd. I/1, 2. Aufl. 1989, S. 55 in Fn. 27 und *C. Tomuschat*, RdC 241 (1993-IV), S. 195 (289) mit weiteren Nachweisen in Fn. 228.

[405] *E. Klein*, Diskussionsbeitrag, BDGVR 28 (1998), S. 133 (135).

[406] So schon *H. Ballreich*, in: FS Bilfinger, 1954, S. 1 (8); *A. T. Guzman*, Va. J. Int'l L. 52 (2012), S. 747 (776).

[407] *J. I. Charney*, AJIL 87 (1993), S. 529 (537). Speziell in Bezug auf die Nicaragua-Entscheidung des IGH *F. L. Kirgis*, AJIL 81 (1987), S. 146 (147), *M. Koskenniemi*, EJIL 1 (1990), S. 4 (27) und *A. E. Roberts*, AJIL 95 (2001), S. 757 (758 f.). Mit ausführlicher Analyse der Staatenpraxis hingegen IGH, *Jurisdictional Immunities of the State*, ICJ Rep 2012, S. 99 (126 ff.).

[408] So etwa *R. Ago*, RdC 90 (1956-II), S. 851 (932 ff.); *B. Cheng*, Indian JIL 5 (1965), S. 23; *A. T. Guzman*, Mich. J. Int'l L. 27 (2005), S. 115 (122); in diese Richtung auch *B. D. Lepard*, in: C. A. Bradley (Hrsg.), Custom's Future, 2016, S. 62 (83); näher zu diesen Ansätzen *N. Petersen*, AVR 46 (2008), S. 502 (504 f.).

[409] Die Aufwertung der *opinio iuris* betont auch *J. Tasioulas*, Oxford J. Leg. Stud. 16 (1996), S. 85 (96).

UN-Generalversammlung erblickt. Findet sich hingegen eine verbreitete und einheitliche Praxis, wird andererseits der Nachweis der *opinio iuris* oftmals für entbehrlich gehalten. Die gemeinsame und übereinstimmende Überzeugung der Staaten von der rechtlichen Notwendigkeit der Übung könne dann aus der Staatenpraxis abgeleitet werden.[410] *Frederic Kirgis* hat diese Interpretation des Gewohnheitsrechts treffend als „custom on a sliding scale" beschrieben.[411] Dem Dualismus von staatlicher Übung und Rechtsüberzeugung, der die Erzeugung völkerrechtlicher Regeln in doppelter Hinsicht staatlichem Ermessen – und damit staatlicher Zustimmung – anheimstellt, wird sie allerdings nicht gerecht. Und doch steht die Rechtsprechung des IGH mit diesen Nachlässigkeiten beim Nachweis gewohnheitsrechtlicher Normen nicht allein. So ist insbesondere auch der JStGH zuweilen geneigt ist, die Schwelle für die Entstehung völkergewohnheitsrechtlicher Normen dadurch abzusenken, dass er auf den Nachweis einer allgemeinen, dauerhaften und einheitlichen Staatenpraxis verzichtet.[412] Anders als der IGH gesteht er das aber durchaus offen ein.[413]

Schließlich wird die Ausrichtung des Rechtsetzungsprozesses am subjektiven Willen der Staaten im Bereich des Völkergewohnheitsrechts dadurch durchbrochen, dass auch neu entstandene Staaten vollumfänglich an die allgemeinen Regeln des Völkergewohnheitsrechts gebunden werden.[414] Vom Grundsatz ausschließlich konsensualer Rechtsbindung hat sich demnach auch das Völkergewohnheitsrecht schon entfernt.

---

410 Siehe die Nachweise bei *F. L. Kirgis*, AJIL 81 (1987), S. 146 (148 in Fn. 14).

411 *F. L. Kirgis*, AJIL 81 (1987), S. 146. Ebenso *J. Tasioulas*, Oxford J. Leg. Stud. 16 (1996), S. 85.

412 Dazu ausführlich noch unten S. 794 ff.

413 So etwa in JStGH, *Prosecutor v. Tadić*, Case No. IT-94-1-AR72, Appeals Chamber, Decision on the Defence Motion for Interlocutory Appeal on Jurisdiction v. 2. Oktober 1995, Rdn. 99; *Prosecutor v. Kupreškić et al.*, Case No. IT-95-16-T, Trial Chamber, Urt. v. 14. Januar 2000, Rdn. 527.

414 *R. M. Anand*, New States and International Law, in: MPEPIL (online edition), Stand: Januar 2007, Rdn. 1; *H. Ballreich*, in: FS Bilfinger, 1954, S. 1 (8 f.); *J. Brunnée*, Consent, in: MPEPIL (online edition), Stand: Oktober 2010, Rdn. 16; *C. Tomuschat*, RdC 241 (1993-IV), S. 195 (305 f.); *W. Vitzthum*, in: ders./A. Proelß (Hrsg.), Völkerrecht, 7. Aufl. 2016, 1. Abschn. Rdn. 133; auch *W. Heintschel von Heinegg*, in: K. Ipsen (Hrsg.), Völkerrecht, 6. Aufl. 2014, § 17 Rdn. 29 bezeichnet das als herrschende Ansicht.

c) Objektivierung der Rechtserzeugung im Bereich allgemeiner Rechtsgrundsätze

Die Objektivierung völkerrechtlicher Rechtserzeugung begünstigen die allgemeinen Rechtsgrundsätze im Sinne des Art. 38 Abs. 1 lit. c IGH-Statut insbesondere durch zwei Charakteristika. Erstens setzt ihre Entstehung lediglich die Anerkennung durch die „civilized nations" voraus. Liegt diese vor, beanspruchen sie aber auch gegenüber den nicht zivilisierten Nationen Geltung.[415] Zwar wird die Beschränkung des Art. 38 Abs. 1 lit. c IGH-Statut auf die zivilisierten Nationen der Welt heute weitgehend für obsolet gehalten,[416] doch sprechen sich noch immer namhafte Stimmen in ihrem Sinne aus. So formuliert etwa *Christian Tomuschat*:

> „[T]he qualification 'civilized' is an essential screening element, which permits distinctions between States, departing from formalistic reliance on sovereign equality.[...] It is therefore utterly wrong to state that under the auspices of the Charter of the United Nations every State must be acknowledged as a civilized nation."[417]

Selbst die Autoren, die einer solchen Einschränkung der hinsichtlich der allgemeinen Grundsätze zu berücksichtigenden Staaten kritisch gegenüberstehen, setzen keinesfalls die Anerkennung jedes einzelnen Staates voraus.[418] Die Anerkennung „in den großen Rechtskreisen"[419]

---

[415] *H. Ballreich*, in: FS Bilfinger, 1954, S. 1 (10); *T. Kleinlein*, Konstitutionalisierung im Völkerrecht, 2012, S. 660.

[416] *M. Bogdan*, Nordic J. Int'l L. 46 (1977), S. 37 (45); *G. M. Danilenko*, Law-Making in the International Community, 1993, S. 177; *W. Heintschel von Heinegg*, in: K. Ipsen (Hrsg.), Völkerrecht, 6. Aufl. 2014, § 18 Rdn. 2; *S. Hobe*, Einführung in das Völkerrecht, 10. Aufl. 2014, S. 216; *T. Stein/C. v. Buttlar/M. Kotzur*, Völkerrecht, 14. Aufl. 2017, Rdn. 161; *H. Thirlway*, The Sources of International Law, 2014, S. 95; *W. Weiss*, AVR 39 (2001), S. 394 (405 ff.).

[417] *C. Tomuschat*, RdC 241 (1993-IV), S. 195 (319); ebenso *K. Hailbronner*, in: J. Delbrück (Hrsg.), New Trends in International Lawmaking, 1997, S. 105 (105 f.); *M. Herdegen*, ZaöRV 64 (2004), S. 571 (581); *C. Tomuschat*, RdC 281 (1999), S. 9 (337 f.); in diese Richtung auch *D. Thürer*, ZaöRV 60 (2000), S. 557 (601); vgl. ferner *H. Ballreich*, in: FS Bilfinger, 1954, S. 1 (10).

[418] *M. Bogdan*, Nordic J. Int'l L. 46 (1977), S. 37 (46); *W. Heintschel von Heinegg*, in: K. Ipsen (Hrsg.), Völkerrecht, 6. Aufl. 2014, § 18 Rdn. 1; *S. Kadelbach/T. Kleinlein*, AVR 44 (2006), S. 235 (257); *H. Mosler*, General Principles of Law, in: EPIL, Bd. II, 1995, S. 511 (517); *W. Weiss*, AVR 39 (2001), S. 394 (408).

[419] So *W. Weiss*, AVR 39 (2001), S. 394 (408); ähnlich *M. Bogdan*, Nordic J. Int'l L. 46 (1977), S. 37 (46).

bzw. „in einer repräsentativen Mehrheit der Staaten“[420] soll genügen. Zweitens könnte die Unabhängigkeit allgemeiner Rechtgrundsätze von einem zustimmenden Willensakt der Staaten daher rühren, dass Art. 38 Abs. 1 lit. c IGH-Statut Grundsätze, die die Staaten lediglich in *foro domestico* für bindend akzeptiert haben, auf die internationale Ebene transponiert. Deren Geltung auf zwischenstaatlicher Ebene sei vom Willen der Staaten daher nicht mehr gedeckt.[421]

Tendenzen, die Rechtserzeugung vom Konsens der Staaten zu lösen, lassen sich folglich auch im Bereich der allgemeinen Rechtsgrundsätze nachweisen.

d) Objektivierung der Rechtserzeugung im *ius cogens*

Ein entscheidendes Element der Objektivierung völkerrechtlicher Rechtserzeugung bilden schließlich die Normen des zwingenden Völkerrechts. Nach Art. 53 S. 2 WVK bedürfen diese lediglich der Annahme und Anerkennung durch die „internationale Staatengemeinschaft in ihrer Gesamtheit.“ Wie die Entstehungsgeschichte der Norm belegt, sollte diese Formulierung gerade deutlich machen, dass Art. 53 WVK nicht die Zustimmung eines jeden Staates voraussetzt.[422] Entsprechend erhält mit dem zwingenden Völkerrecht ein majoritäres Element Einzug in die Rechtsquellenlehre.[423] Die Dimension dieses Mehrheitselements ist indessen noch ungeklärt. Nach dem klassischen Verständnis der sog. Doppelkonsenslehre ermöglicht es Art. 53 WVK der Mehrheit der Staaten lediglich, mit allgemeiner Verbindlichkeit den zwingenden

---

420 So *S. Kadelbach/T. Kleinlein*, AVR 44 (2006), S. 235 (257).

421 So etwa *M. Payandeh*, Internationales Gemeinschaftsrecht, 2010, S. 301.

422 *G. Dahm/J. Delbrück/R. Wolfrum*, Völkerrecht, Bd. I/3, 2. Aufl. 2002, S. 710 f.; *H. Neuhold*, BDGVR 28 (1988), S. 51 (62 f.); *T. Stein/C. v. Buttlar/M. Kotzur*, Völkerrecht, 14. Aufl. 2017, Rdn. 148; *E. Suy*, in: O. Corten/P. Klein (Hrsg.), The Vienna Convention on the Law of Treaties: A Commentary, Bd. II, 2011, Art. 53 Rdn. 9; *G. J. H. van Hoof*, Rethinking the Sources of International Law, 1983, S. 159; vgl. dazu ferner *S. Kadelbach*, Zwingendes Völkerrecht, 1992, S. 44 f.; *A. Paulus*, Die internationale Gemeinschaft im Völkerrecht, 2001, S. 337 ff.

423 *A. Emmerich-Fritsche*, Vom Völkerrecht zum Weltrecht, 2007, S. 443 spricht ausdrücklich von einer „Mehrheitsregel“. Ähnlich *H. Neuhold*, BDGVR 28 (1988), S. 51 (63), der vom „Mehrstimmigkeitsprinzip“ spricht.

Charakter einer bereits bestehenden Norm festzulegen.[424] Der Prozess der Normentstehung selbst bleibt von Art. 53 WVK unberührt. Obwohl die majoritäre Struktur des *ius cogens* so erst auf zweiter Stufe zum Tragen kommt und lediglich über den zwingenden Charakter der nach allgemeinen Regeln der Völkerrechtsquellenlehre zur Geltung gelangten Norm entscheidet, bricht dies mit dem Konsensprinzip. Die rechtliche Bindung der Staaten nämlich, die zuvor zwar der Normentstehung zugestimmt haben, dem zwingenden Charakter jedoch die Anerkennung versagen, wird in ihrer Qualität ohne deren Zutun modifiziert. Das Mehrheitsvotum nimmt der unbeteiligten Minderheit die Verfügungsbefugnis über die ursprünglich als dispositiv akzeptierte Norm und schränkt die Vertragsschlussfreiheit der unterlegenen Staaten für die Zukunft ein, ohne dass sich dies auf deren Zustimmung zurückführen lässt.[425]

Eine im Vordringen befindliche Ansicht im Schrifttum indessen sieht im Konzept des *ius cogens* nicht lediglich eine norm*gestaltende* Kompetenz der internationalen Gemeinschaft begründet, sondern spricht der Anerkennung durch die internationale Staatengemeinschaft in ihrer Gesamtheit eine norm*kreative* Funktion zu. Die Anerkennung durch die internationale Staatengemeinschaft in ihrer Gesamtheit bedinge gleichzeitig Entstehung und zwingenden Charakter der in Art. 53 Abs. 1 S. 2 WVK angesprochenen Norm des allgemeinen Völkerrechts; der Konsens der nicht notwendig alle Staaten umfassenden Staatengemeinschaft genüge, um die Norm zum Entstehen zu bringen und ihr zugleich zwingenden Charakter zu verleihen.[426] Der internationalen Gemeinschaft gesteht dies eine Rechtsetzungskompetenz für die Gesamtheit der Staaten zu, die in offenen Konflikt zur Ausrichtung der Rechtserzeugungsregeln am subjektiven Willen der Staaten tritt.[427] Besondere Schärfe gewinnt

---

[424] *W. Heintschel von Heinegg*, Casebook Völkerrecht, 2005, Rdn. 325; *U. Linderfalk*, ZaöRV 71 (2011), S. 359 (371); *H. Neuhold*, BDGVR 28 (1988), S. 51 (61 ff.); *T. Schilling*, in: FS Ress, 2005, S. 235 (241); *K. Schmalenbach*, in: O. Dörr/K. Schmalenbach (Hrsg.), Vienna Convention on the Law of Treaties, 2012, Art. 53 Rdn. 35 ff.; *D. Shelton*, AJIL 100 (2006), S. 291 (300).

[425] Siehe dazu bereits oben S. 46 f. sowie noch unten S. 729 f.

[426] So *A. Orakhelashvili*, Peremptory Norms in International Law, 2006, S. 107 f.; *A. Paulus*, Die internationale Gemeinschaft im Völkerrecht, 2001, S. 345 ff.; *B. Simma*, RdC 250 (1994-VI), S. 217 (291 ff.); wohl auch *C. Tomuschat*, RdC 241 (1993-IV), S. 195 (306 f.).

[427] Diesen Konflikt betont auch *G. J. H. van Hoof*, Rethinking the Sources of International Law, 1983, S. 161.

dies dadurch, dass im Falle zwingenden Völkerrechts auch die *persistent objection* wirkungslos bleibt[428] und sich die Feststellung des zwingenden Charakters einer Vorschrift in der Praxis oftmals auf ein schlichtes Postulat beschränkt.[429] Damit tragen auch die Vorschriften über das zwingende Völkerrecht zur Objektivierung der völkerrechtlichen Rechtsetzungsstrukturen bei.

e) Objektivierung der Rechtserzeugung im völkerrechtlichen Sekundärrecht

Neben den in Art. 38 Abs. 1 lit. a bis c IGH-Statut ausdrücklich benannten Rechtsquellen hat in den letzten Jahren insbesondere das Sekundärrecht internationaler Organisationen erheblich an Bedeutung gewonnen und zur Erosion des staatlichen Konsenses als Grundlage völkerrechtlicher Rechtsetzung beigetragen. Viele internationale Organisationen sind mit der Rechtsmacht ausgestattet, ihre Mitglieder rechtlich zu binden,[430] in den meisten Fällen basieren die Beschlussentscheidungen dabei nicht auf dem Konsens aller Mitgliedstaaten, sondern werden mehrheitlich getroffen.[431] Deutlich wird dies insbesondere am Beispiel des Sicherheitsrats der Vereinten Nationen. Gemäß Art. 23 Abs. 1 UN-Charta besteht der Sicherheitsrat lediglich aus fünfzehn Mitgliedern der Vereinten Nationen, seine Beschlüsse trifft er nach Art. 27 UN-Charta mit qualifizierter Mehrheit. In den Beschlüssen des Sicherheitsrates begegnen die Mitgliedstaaten folglich Rechtsetzungsakten, denen sie zu einem überwiegenden Teil nicht zugestimmt haben, ja nicht einmal hätten zustimmen können. Dass das Konsensprinzip hier deshalb gewahrt sein soll, weil der Beitritt zur UN-Charta aufgrund eines staatlichen Zustimmungsaktes geschah und damit auch die Vorschriften über den Sicherheitsrat konsensual beschlossen wurden, überzeugt vor allem deshalb nicht, weil die Frage, ob und, wenn ja, welche rechtlichen Grenzen die Kompetenz des Sicherheitsrates kennt, unklar ist, und die Kreativität, mit der der Sicherheitsrat es in der Praxis ver-

---

[428] Siehe *K. Schmalenbach*, in: O. Dörr/K. Schmalenbach (Hrsg.), Vienna Convention on the Law of Treaties, 2012, Art. 53 Rdn. 51 ff. mit zahlreichen weiteren Nachweisen in Fn. 202.

[429] Paradigmatisch insoweit das Terrorlistenurteil des Europäischen Gerichts erster Instanz: EuG, Urt. v. 21. September 2005, Rs. T-315/01 – *Kadi*, Rdn. 231.

[430] Dazu schon oben S. 53 ff.

[431] *C. Tomuschat*, RdC 241 (1993-IV), S. 195 (326).

steht, auf neue Herausforderungen zu reagieren, die Vorstellungskraft der Mitgliedstaaten bei Unterzeichnung der Charta deutlich übersteigen dürfte. Dass der Sicherheitsrat heute auch rein innerstaatliche Sachverhalte als Friedensbedrohungen erfasst und zu deren Bewältigung Gerichtshöfe errichtet oder im Rahmen sog. „targeted sanctions" gezielt auf Einzelpersonen Einfluss nimmt, war bei Beschluss der Charta selbst für keinen Mitgliedstaat abzusehen. Nur wer dies verkennt, vermag nun unter Berufung auf die Zustimmung zur Charta eine jede Resolution des Sicherheitsrates auf den Willen der Staaten zurückführen.[432]

f) Ergebnis

Das gegenwärtige Völkerrecht weist, das hat der vorangegangene Überblick gezeigt, sowohl im Bereich der klassischen Rechtsquellen als auch im Bereich des völkerrechtlichen Sekundärrechts teilweise deutliche Abweichungen von der die völkerrechtliche Rechtserzeugung klassischerweise prägenden Ausrichtung am subjektiven Willen der Staaten auf. Rechtliche Bindungen eines Staates gegen oder ohne dessen Willen sind dem modernen Völkerrecht nicht fremd.

2. Objektivierung der Rechtsdurchsetzungsstrukturen

Es ist eine der Errungenschaften jüngerer völkerrechtlicher Entwicklungen, dass sich Rechtsdurchsetzung im Völkerrecht nicht mehr allein im bilateralen Verhältnis vollzieht. Die Organe internationaler Organisationen haben auch hier eine wichtige Rolle übernommen. Die Funktion der Staaten als *iudex in causa propria* wird so einerseits durch die in der Kompetenz des Sicherheitsrates kulminierende Sanktionsgewalt der Staatengemeinschaft, andererseits durch die Rechtsprechung einer Vielzahl internationaler Gerichte ergänzt. Dass dessen ungeachtet die frühe Kritik *Hegels* am Völkerrecht, das „keinen Prätor, höchstens Schiedsrichter und Vermittler zwischen Staaten, und auch diese nur zufälligerweise, d.i. nach besonderen Willen"[433] kenne, dem Grundsatz nach Richtigkeit behält, ist dem Konsensprinzip geschuldet. Denn dieses macht nicht nur die Bindung an völkerrechtliche Rechtsetzungsakte vom Willen der Staaten abhängig, sondern stellt zugleich sicher, dass Staaten ohne ihre Zustimmung keiner ihnen übergeordneten Instanz

---

[432] Vgl. *N. Krisch*, AJIL 108 (2014), S. 1 (18 f., 24 f.).

[433] *G. W. F. Hegel*, Grundlinien der Philosophie des Rechts, § 333 Anm.

der Rechtsdurchsetzung unterstehen.[434] Einer völkerrechtlichen Realanalyse hält dieser Grundsatz indessen nicht durchgängig Stand. Um dies zu zeigen, hilft es, zwei Formen völkerrechtlicher Rechtsdurchsetzung zu unterscheiden: Einerseits die *exekutive Rechtsdurchsetzung*, bei der der Rechtsbrecher mittels unmittelbarem oder mittelbarem politischem, wirtschaftlichem oder militärischem Zwang auf den Weg des Rechts zurückgedrängt wird (dazu lit. a); andererseits die *judikative Rechtsdurchsetzung*, die durch den verbindlichen Ausspruch der Illegalität eines Verhaltens dem Rechtsbrecher die Pflicht zur Beseitigung des Rechtsverstoßes auferlegt (dazu lit. b).

a) Exekutive Rechtsdurchsetzung

Nicht ohne Grund als „Weltpolizei" bezeichnet,[435] ist es der UN-Sicherheitsrat, dem die Staatengemeinschaft in Kapitel VII der UN-Charta die wohl umfassendsten Sanktionsbefugnisse zugewiesen hat. Verstößt ein Staat gegen seine Pflicht, Bedrohungen und Brüche des Friedens sowie Angriffshandlungen zu unterlassen, steht es im Ermessen des Sicherheitsrates, zunächst nichtmilitärische (Art. 41 UN-Charta) und notfalls auch militärische (Art. 42 UN-Charta) Zwangsmittel anzuordnen, um die Friedensbedrohung abzuwenden. Auf die Zustimmung des Adressaten lassen sich diese Maßnahmen aus zwei Gründen nicht zurückführen. Erstens sind im Sicherheitsrat, der gemäß Art. 27 UN-Charta zudem mit (qualifizierter) Mehrheit entscheidet, nicht alle Staaten repräsentiert (vgl. Art. 23 UN-Charta). Und zweitens vermag auch der Konsens hinsichtlich der kompetenzbegründenden Vorschriften der UN-Charta selbst die auf deren Grundlage ergriffenen Maßnahmen nicht zu tragen.[436] In Fällen aber, in denen der Sicherheitsrat, wie es im Schrifttum vielfach für zulässig gehalten wird,[437] Maß-

---

[434] So für die Jurisdiktion internationaler Gerichte *T. Stein*, in: FS Juristische Fakultät Heidelberg, 1986, S. 619 (625); *ders./v. Buttlar/M. Kotzur*, Völkerrecht, 14. Aufl. 2017, Rdn. 922; *H. Thirlway*, in: M. D. Evans (Hrsg.), International Law, 4. Aufl. 2014, S. 589 (595). Zum Konsens als Grundlage und Grenze der Jurisdiktion bereits StIGH, *Mavrommatis Palestine Concessions*, Ser. A, No. 2, S. 16. Ausführlich *E. Lauterpacht*, Aspects of the Administration of International Justice, 1991, S. 23 ff.

[435] Dazu *A. Emmerich-Fritsche*, Vom Völkerrecht zum Weltrecht, 2007, S. 723 ff.

[436] Dazu bereits oben S. 53 ff.

[437] Siehe die Nachweise in Fn. 321.

nahmen gegenüber einem Nichtmitglied ergreift, entfällt selbst diese ungenügende konsensuale Grundlage. Die mit den Sanktionskompetenzen des Sicherheitsrates ohnehin bereits einhergehende Objektivierung der Rechtsdurchsetzung ist dann besonders evident.

Jenseits der zentralisierten Sanktionsgewalt des Sicherheitsrates begegnet exekutive Rechtsdurchsetzung stets dann, wenn Einzelstaaten Gegenmaßnahmen ergreifen, um Rechtsverstöße eines anderen Staates zu sanktionieren. Gehen diese Gegenmaßnahmen von dem aus einem völkerrechtlichen Vertrag berechtigten Staat aus, dürfte dies vom Konsens des hinter seinen Verpflichtungen zurückbleibenden Vertragspartners noch gedeckt sein. Denn schon nach den Regeln des allgemeinen Völkerrechts, die insofern in den Art. 49 ff. ARS Niederschlag gefunden haben, ist die Zulässigkeit solcher Maßnahmen im bilateralen Austauschverhältnis anerkannt. In ihren Grundsätzen sind diese Regeln heute praktisch unbestritten.[438] Geht ein Staat eine völkerrechtliche Verpflichtung ein, so tut er dies daher in Kenntnis dieses Durchsetzungsregimes. Vor diesem Hintergrund sprechen gute Argumente dafür, den Konsens, der das völkerrechtliche Schuldverhältnis begründet, zugleich als Zustimmung zur entsprechenden Durchsetzung der Pflichten in diesem Verhältnis zu erstrecken. Im Falle von Verpflichtungen *erga omnes* stößt dieses Argument indes an Grenzen. Wie oben bereits aufgezeigt, besteht deren Spezifikum darin, dass an deren Durchsetzung alle Staaten ein rechtliches Interesse haben.[439] Im Hinblick darauf mehren sich die Stimmen im völkerrechtlichen Schrifttum, die in konsequenter Fortsetzung des Barcelona Traction-Diktums auch den nicht unmittelbar betroffenen Staaten das Recht zugestehen wollen, mit völkerrechtlichen Gegenmaßnahmen auf eine Verletzung von *erga omnes*-Pflichten zu reagieren.[440] Auf den Konsens der ursprünglichen Vertragsparteien wird man diese Möglichkeit dezentraler, aber kollektiver Rechtsdurchsetzung nur selten stützen können, dürften sich die Parteien doch regelmäßig weder auf den *erga omnes* Charakter einer Verpflichtung geeinigt haben noch sich dessen bewusst gewesen sein. Die Möglichkeit völkerrechtliche *erga omnes*-Pflichten mit Gegenmaßnahmen durchzusetzen, die statt vom ursprünglichen Gläubiger von Staa-

---

[438] Siehe statt vieler *G. Dahm/J. Delbrück/R. Wolfrum*, Völkerrecht, Bd. I/3, 2. Aufl. 2002, S. 982, 984 ff.

[439] Siehe Kapitel 1, B. II. 1. c).

[440] Ausführliche Diskussion bei *J. A. Frowein*, RdC 248 (1994-IV), S. 345; *C. Tams*, Enforcing Obligations *Erga Omnes* in International Law, 2005, S. 198 ff.

ten ausgehen, die an dem pflichtenbegründenden Rechtsverhältnis nicht unmittelbar beteiligt waren, setzt sich dabei möglicherweise nicht nur über den Willen des Staates hinweg, der sich den Gegenmaßnahmen ausgesetzt sieht. Auch der Wille der aus dem Vertrag berechtigten Vertragspartei tritt in den Hintergrund, verliert diese doch ihr ursprünglich ausschließliches Recht, über den Einsatz von Gegenmaßnahmen zur Durchsetzung der Verpflichtungen allein zu entscheiden.

b) Judikative Rechtsdurchsetzung

Für den Bereich judikativer Rechtsdurchsetzung hat die internationale Rechtsprechung selbst schon früh die zentrale Bedeutung der Zustimmung durch die Streitparteien betont.[441] Die Einräumung eines *ius standi* für am Streit nicht unmittelbar beteiligte Drittstaaten ist daher nicht frei von Problemen. Für völkerrechtliche Verpflichtungen *erga omnes* jedoch begegnet einer solchen Ausweitung der Prozessführungsbefugnis auf nicht unmittelbar betroffene Staaten nicht nur im Schrifttum offene Sympathie.[442] Im Wege der Prozessstandschaft soll es diesen erlaubt sein, die Verletzung von Verpflichtungen *erga omnes* gerichtlich geltend zu machen. Ebenso wie im Rahmen der exekutiven Durchsetzung von *erga omnes*-Pflichten durch Drittstaaten werden die subjektiven Willen der Parteien des Pflichtenverhältnisses dabei überlagert.[443] Zumindest für Verpflichtungen *erga omnes partes* jedoch hat der IGH die Möglichkeit der Prozessführung für nicht unmittelbar selbst verletzte Staaten mittlerweile anerkannt. In diesem Sinne verwarf er im Verfahren zwischen Belgien und dem Senegal den Einwand Senegals, die von Belgien nach Art. 7 Abs. 1 Anti-Folterkonvention begehrte Auslieferung des ehemaligen chadischen Präsidenten könne von Belgien deshalb nicht vor dem IGH eingeklagt werden, weil unter den Folteropfern des Präsidenten nachweislich keine belgischen Staatsangehörigen gewesen seien und Belgien folglich überhaupt nicht betoffen sei. Stattdessen entschied der Gerichtshof unter Verweis auf die Barcelona Trac-

---

441 Siehe etwa StIGH, *Mavrommatis Palestine Concessions*, Ser. A, No. 2, S. 16; IGH, *Anglo-Iranian Oil Company*, Preliminary Objections, ICJ Rep 1952, S. 93 (103).

442 Auch dazu ausführlich *C. Tams*, Enforcing Obligations *Erga Omnes* in International Law, 2005, S. 158 ff.

443 Siehe dazu soeben S. 104 f.

tion-Entscheidung,[444] dass im Falle der Verpflichtungen aus der Folterkonvention

> „[a]ll the other States parties have a common interest in compliance with these obligations by the State in whose territory the alleged offender is present. That common interest implies that the obligations in question are owed by any State party to all the other States parties to the Convention. All the States parties "have a legal interest" in the protection of the rights involved".[445]

Daraus aber folge, dass *jede* Vertragspartei berechtigt sei, „to make a claim concerning the cessation of an alleged breach by another State party",[446] unabhängig davon, ob sie in besonderer Weise von der behaupteten Vertragsverletzung betroffen sei.

Dass der Konsensgrundsatz in der Praxis Einschränkungen erfährt, zeigt zudem die oben bereits dargelegte Entwicklung der Rechtsprechung internationaler Menschenrechtsgerichtshöfe und -ausschüsse in Bezug auf unzulässige Vorbehalte.[447] Erklärt sich etwa der EGMR wie in seiner Loizidou-Entscheidung für behauptete Konventionsverletzungen türkischer Militärs auf nordzypriotischem Territorium zuständig, obwohl die Türkei genau diese Fälle ausdrücklich nicht der Konventionsgerichtsbarkeit unterstellen wollte, so kann dies auch dann nicht mehr auf den Willen der Türkei zurückgeführt werden, wenn sich diese territoriale Beschränkung als unzulässig erweist. Eher als die Zustimmung der Türkei scheinen es hier *effet utile*-Erwägungen zu sein, die die Gerichtsbarkeit begründen.[448]

Daneben hat *Elihu Lauterpacht* darauf aufmerksam gemacht, dass die Jurisdiktion der Inter-Amerikanischen Menschenrechtskommission insbesondere für die Staaten, die – wie etwa die Vereinigten Staaten – die Amerikanische Menschenrechtskonvention nicht ratifiziert haben, ebenfalls auf einer allenfalls schwachen konsensualen Grundlage beruht.[449] Denn zwar ist die IAKMR gemäß Art. 20 lit. b des Statuts der

---

[444] IGH, *Barcelona Traction*, Second Phase, ICJ Rep 1970, S. 3 (32).

[445] IGH, *Questions Relating to the Obligation to Prosecute or Extradite*, ICJ Rep 2012, S. 422 (449).

[446] Ebd., S. 450.

[447] Dazu oben S. 86 ff. und ausführlich noch unten S. 820 ff.

[448] So auch *B. Simma*, RdC 250 (1994-VI), S. 217 (374 f.).

[449] Ausführlich *E. Lauterpacht*, Aspects of the Administration of International Justice, 1991, S. 30 ff.

IAKMR auch für die Entgegennahme und Untersuchung von Mitteilungen zuständig, die Menschenrechtsverletzungen durch Staaten betreffen, die der Amerikanischen Menschenrechtskonvention nicht beigetreten sind. Den materiellen Standard hierfür entnimmt sie jedoch der Amerikanischen Erklärung der Menschenrechte – einem Rechtstext, der keinen Vertragscharakter besitzt und dessen Rechtsverbindlichkeit die Kommission allein darauf stützt, dass der Allgemeine Rat der OAS, dem auch die Nichtvertragsparteien der Amerikanischen Menschenrechtskonvention angehören, sie angenommen hat. Die Jurisdiktion der Kommission selbst beruht dabei allein auf dem Statut der Kommission, das trotz seiner Bezeichnung als Statut ebenfalls nicht als völkerrechtlicher Vertrag beschlossen, sondern lediglich von der Generalversammlung der OAS angenommen wurde. Diese stützte sich dabei auf die ihr gemäß Art. 54 lit. a der OAS-Charta zustehende Kompetenz „[to] determine the structure and functions of its organs". Und so ist der einzige Zustimmungsakt, mit dem sich Nichtvertragsparteien der Amerikanischen Menschenrechtskonvention der Jurisdiktion der IAKMR unterworfen haben, die Ratifikation der OAS-Charta. Doch ob sich dieser Ratifikation tatsächlich bereits die Anerkennung eines gerichtsähnlichen Mitteilungsverfahrens entnehmen lässt, darf man mit *Lauterpacht* mit gutem Grund bezweifeln.

Vor allem von den USA wegen der Begründung einer angeblich unkonsentierten Jurisdiktionsgewalt viel kritisiert wurde schließlich das Rom-Statut des IStGH. Dessen Zuständigkeitsregeln sehen vor, dass auch Staatsangehörige von Nichtmitgliedstaaten für die im Statut aufgeführten Kernverbrechen belangt werden können, solange die Tat auf dem Gebiet eines Mitgliedstaates begangen wurde oder die Opfer der Tat Staatsangehörige eines Mitgliedstaates waren.[450] Das Rom-Statut stellt indessen schon insofern einen Sonderfall dar, als es die Durchsetzung völkerrechtlicher Individualpflichten betrifft, das Konsensprinzip aber allein zwischen Staaten Anwendung findet. So steht es auch nach völkerrechtlich anerkannten Jurisdiktionsprinzipien jedem Staat frei, auch fremde Staatsangehörige für strafrechtliche Handlungen, die diese auf dem Territorium des Jurisdiktionsstaats begangen haben, zur Verantwortung zu ziehen (Territorialprinzip). Gleiches gilt auch dann, wenn der Täter die Staatsangehörigkeit des Gerichtsstaates besitzt (Personali-

---

[450] Kritisch hierzu etwa *L. A. Casey/D. B. Rivkin*, Va. J. Int' L. 44 (2003-2004), S. 63; *M. Morris*, Law & Contemporary Problems 64 (2001), S. 13; *D. J. Scheffer*, AJIL 93 (1999), S. 12 (18); *R. Wedgwood*, EJIL 10 (1999), S. 93 (99 ff.).

tätsprinzip).[451] Dass auch die Jurisdiktionsregeln des Art. 12 Abs. 2 Rom-Statut diesen Anknüpfungskriterien folgen, begegnet deshalb keinen Bedenken.[452]

Objektivierungstendenzen zeigen sich indessen darin, dass einige Stimmen im Schrifttum völkerrechtliche Übereinkommen, die die Überstellung eigener Staatsangehöriger an den Internationalen Strafgerichtshof auf bilateraler Basis verhindern sollen (sog. Nichtüberstellungsübereinkommen), dann für unzulässig halten, wenn diese von einem Staat getroffen werden, der das Rom-Statut ratifiziert hat und die Unterzeichnung des Nichtüberstellungsübereinkommens der Ratifikation des Rom-Statuts zeitlich nachfolgt.[453] Entgegen Art. 98 Abs. 2 Rom-Statut sollen solche Abkommen die Unterzeichnerstaaten folglich nicht von der Pflicht entheben, auch Staatsangehörige des Partnerstaates auf Ersuchen des Gerichtshofs an diesen zu überstellen.[454] Selbst der insofern im Vertrag ausdrücklich erkennbare entgegenstehende Wille stünde der Rechtsdurchsetzung danach nicht entgegen.

An der Schwelle zu den oben bereits erörterten Zwangsmaßnahmen ist es schließlich anzusiedeln, wenn der Sicherheitsrat im Rahmen seiner Kapitel VII-Befugnisse die Zuständigkeit eines Judikativorgans begründet und die Parteien so gegebenenfalls gegen deren Willen der judikativen Rechtsdurchsetzung unterwirft. Für den Internationalen Strafgerichtshof hat das in Art. 13 lit. b Rom-Statut ausdrückliche Anerkennung gefunden und findet selbst dann Anwendung, wenn der zu verfolgende Täter weder die Staatsangehörigkeit eines Mitgliedstaates besitzt, noch seine Tat auf dem Territorium eines Mitgliedstaates verübt hat.[455] Dass der Sicherheitsrat eine solche Kompetenz für sich in Anspruch

---

[451] Siehe zu beiden Jurisdiktionsprinzipien nur *J. Crawford*, Brownlie's Principles of Public International Law, 8. Aufl. 2012, S. 458 ff.; *M. N. Shaw*, International Law, 7. Aufl. 2014, S. 474 ff., 479 ff.

[452] *U. Hingst*, Auswirkungen der Globalisierung auf das Recht der völkerrechtlichen Verträge, 2001, S. 287.

[453] So etwa *K. Ambos*, Internationales Strafrecht, 4. Aufl. 2014, § 8 Rdn. 79 mit weiteren Nachweisen; zurückhaltender hingegen *T. Stein*, in: FS Ress, 2005, S. 295.

[454] Deutlich *K. Ambos*, Internationales Strafrecht, 4. Aufl. 2014, § 8 Rdn. 80, der meint, solche Abkommen seien „unzulässig und als nichtig zu betrachten".

[455] *K. Ambos*, Internationales Strafrecht, 4. Aufl. 2014, § 8 Rdn. 8; *W. Schabas*/*G. Pecorella*, in: O. Triffterer/K. Ambos (Hrsg.), The Rome Statute of the International Criminal Court. A Commentary, 3. Aufl. 2016, Art. 13 Rdn. 16.

nimmt, hat bereits die ebenfalls per Sicherheitsratsresolution verfügte Errichtung der beiden *ad hoc*-Tribunale JStGH und RStGH gezeigt.[456] Obwohl der Sicherheitsrat von diesem Instrument bislang lediglich zur Durchsetzung völkerstrafrechtlicher Pflichten des Individuums Gebrauch gemacht hat, scheint – jedenfalls theoretisch – auch dessen Erstreckung auf staatliche Konflikte keinesfalls ausgeschlossen. Am subjektiven Willen der Staaten orientierte sich diese Form der Rechtsdurchsetzung dann indes nicht mehr.

c) Ergebnis

Die völkerrechtlichen Rechtsdurchsetzungsstrukturen lösen sich bislang vor allem im Bereich exekutiver Rechtsdurchsetzung vom Konsensprinzip. Das zeigt die Sanktionsgewalt des Sicherheitsrates in besonderer Deutlichkeit. Doch auch im Bereich judikativer Rechtsdurchsetzung finden sich entsprechende Entwicklungen.[457] Sie treten unter anderem dort auf, wo der Sicherheitsrat gerichtliche Überprüfungen initiiert, wo Gerichte sich über unzulässige Vertragsvorbehalte hinwegsetzen und wo quasi-gerichtliche Organe, wie etwa die IAKMR ohne vertragliche Grundlage geschaffen werden. Bereichsübergreifend stellt zudem das Konzept der Verpflichtungen *erga omnes* die Orientierung der Rechtsdurchsetzung am subjektiven Willen der Parteien des Rechtsverhältnisses in Frage.

V. Schlussüberlegungen

Die vorstehende Untersuchung hat deutlich gemacht, dass das moderne Völkerrecht von Tendenzen der Materialisierung, Privatisierung, Hierarchisierung und Objektivierung geprägt ist. Insbesondere in inhaltli-

---

[456] Siehe SR Res. 827 v. 25. Mai 1993, UN Doc. S/RES/827 (1993); SR Res. 955 v. 6. November 1994, UN Doc. S/RES/ 955 (1994).

[457] *T. Ruys/A. Soete*, LJIL 29 (2016), S. 155 sehen eine solche auch darin, dass sich der ISGH in Art. 138 seiner Verfahrensregeln selbst die Zuständigkeit für Gutachtenverfahren zugewiesen habe. Da die dort vorgesehene Zuständigkeit allerdings ausdrücklich nur dann gegeben ist, wenn in einem Abkommen die Möglichkeit vorgesehen ist, ein Gutachten des ISGH zu beantragen, knüpft die Regelung an einen staatlichen Konsens an; siehe *R. Wolfrum*, in: ders./I. Gätzschmann (Hrsg.), International Dispute Settlement: Room for Innovations?, 2013, S. 35 (54).

cher Hinsicht bedeutet das nicht immer einen klaren Bruch mit den Grundsätzen des Kooperationsvölkerrechts. Vielmehr setzt sich etwa im Zuge völkerrechtlicher Materialisierung lediglich eine Entwicklung fort, die schon das Kooperationsvölkerrecht kennt: Das Völkerrecht dient nicht mehr allein dem Schutz staatlicher Souveränität, sondern nimmt sich dem Schutz von Gemeinschaftsinteressen an. Und doch wandelt sich deren Definition im modernen Völkerrecht. Während im Kooperationsvölkerrecht Gemeinschaftsinteressen überwiegend als im Lichte neuer Herausforderungen parallelisierte Staateninteressen verstanden werden, bezeichnet das moderne Völkerrecht mit dem Begriff der Gemeinschaftsinteressen allgemein-menschliche Belange, die sich von staatlichen Interessen gänzlich lösen. Die Gewährleistung von Menschenrechten, der Schutz der globalen Umwelt und der Einsatz für politische Selbstbestimmung sind nur einige der dabei neu hinzutretenden Schutzgüter. Auf staatliche Souveränitätsinteressen lassen sie sich nicht zurückführen, vielfach treten sie zu diesen gar in Konkurrenz. So geht ihre Aufnahme in den Kanon völkerrechtlich geschützter Güter beinahe notwendigerweise mit einer Relativierung der Bedeutung einher, die der Staatensouveränität als Schutzgut noch zukommt. Die erweiterte Wertgrundlage des modernen Völkerrechts verdrängt die Staatensouveränität aus ihrer Rolle als einziger materieller Fixpunkt der Völkerrechtsordnung. Die Materialisierung des Völkerrechts ist damit zugleich „materielle Entsouveränisierung".

Neben diese inhaltliche Wandlung des Völkerrechts treten die oben als Privatisierung, Hierarchisierung und Objektivierung bezeichneten Entwicklungstendenzen; mit kooperationsvölkerrechtlichen Grundsätzen sind diese kaum mehr zu erfassen. Das strukturell streng am Konsensprinzip orientierte Kooperationsvölkerrecht kennt weder Möglichkeiten der Rechtsetzung und -durchsetzung gegen oder ohne den Willen der Staaten, noch sind ihm normative Hierarchien, wie sie im modernen Völkerrecht vor allem im Konzept zwingender Völkerrechtsvorschriften begegnen, vertraut.[458] Die partielle Subjektqualität des In-

---

[458] Sehr deutlich *A. Tanzi*, ICLR 12 (2010), S. 145 (157): „The principle of the existence of a category of rules superior to the generality of rules because of the importance of their contents was totally unknown to the horizontal and bilateralistic setting of traditional international law that easily reflected at the structural level the sovereign equality paradigm. Indeed, the concept of a set of rules that, because of their contents, may not be derogated from by the free will of states through mutual consent, or possibly even through their participatory conduct in the making of an ordinary custom – be it general, or local – may

dividuums erkennt es zwar an, doch greift diese im Zuge der Privatisierung des Völkerrechts großflächig auf weitere Regelungsbereiche über, deren Subjekte zuvor allein die Staaten waren. Im Konsular- und Wirtschaftsvölkerrecht, im humanitären Völkerrecht und selbst im Völkerrecht der Friedenssicherung wird das Individuum zum Inhaber unmittelbar aus dem Völkerrecht abgeleiteter Rechte oder Pflichten. Die Erweiterung des *numerus clausus* der Völkerrechtssubjekte setzt sich im gegenwärtigen Völkerrecht zudem dadurch fort, dass auch NGOs und andere nichtstaatliche Handlungseinheiten zu Trägern völkerrechtlicher Rechte und Pflichten werden.

Mit der beschriebenen Materialisierung des Völkerrechts verbindet diese Hierarchisierungs-, Privatisierungs- und Objektivierungstendenzen ein gemeinsamer Kern: die Zurückdrängung des Souveränitätsprinzips. Anders als die völkerrechtliche Materialisierung relativieren sie indes nicht die materielle Dimension der Staatensouveränität, lassen sie die Bedeutung staatlicher Freiheit und Integrität als Schutzobjekte völkerrechtlicher Primärregeln doch unangetastet. Stattdessen stellen sie die strukturellen Implikationen der Staatensouveränität für die Völkerrechtsordnung in Frage; ihr Angriffspunkt sind die sekundären Völkerrechtsregeln.[459] So beschränkt die Herausbildung normativer Hierarchien die souveräne Rechtsetzungskompetenz der Staaten und damit die absolute Vertragsautonomie, wie sie einem nicht durch andere Rechtswerte beschränkten Souveränitätsprinzip entspräche; die institutionelle Hierarchisierung stellt das souveräne Zuhöchstsein des Staates in Frage,[460] indem es den völkerrechtlichen Grundsatz staatlicher Selbstbindung durch eine aus souveränitätsprinzipieller Perspektive zunächst befremdlich wirkende Form der Fremdbestimmung ergänzt; die Privatisierung des Völkerrechts weicht die im klassischen Völkerrecht

---

seem to run contrary to the traditional concept of State sovereignty." Ähnlich auch *M. Petsche*, Penn St. Int'l L. Rev. 29 (2010-2011), S. 233 (263 ff.).

[459] Zum Begriff primärer Regeln einerseits, sekundärer Regeln andererseits siehe *H. L. A. Hart*, The Concept of Law, 2. Aufl. 1994, S. 94 ff. und öfter.

[460] Siehe *A. Bleckmann*, AVR 23 (1985), S. 450 (464); *A. Verdross/B. Simma*, Universelles Völkerrecht, 3. Aufl. 1984, § 35; ebenso noch *M. Herdegen*, Völkerrecht, 10. Aufl. 2011, § 28 Rdn. 4: „Souveränität bedeutet Nicht-Unterworfensein unter eine höhere Instanz", der dies an gleicher Stelle der 15. Auflage (2016) – ganz im Sinne der obigen Ausführungen – nunmehr als eine „lange gehegte Vorstellung" bezeichnet, die sich „mit dem Wandel des Völkerrechts von einer reinen Koordinationsrechtsordnung hin zu einem System mit subordinationsrechtlichen Zügen überlebt" habe.

typische, ja teilweise gar für konstitutiv erachtete,[461] Korrelation von Souveränität und Völkerrechtssubjektivität weiter auf, und sofern sich schließlich im Rahmen der Objektivierung des Völkerrechts Rechtsetzung und -durchsetzung vom staatlichen Konsens lösen, ist es ebenfalls die Staatensouveränität, die an Bedeutung verliert, denn der Grundsatz, dass staatliche Rechtsbindung staatliche Zustimmung voraussetzt, ruht auf ihr.[462]

In doppelter Hinsicht ist die Entwicklung zum gegenwärtigen Völkerrecht folglich vom Bedeutungsverlust staatlicher Souveränität gekennzeichnet: Erstens büßt die staatliche Souveränität ihre Monopolstellung als völkerrechtlich zu schützendes Rechtsgut ein („materielle Entsouveränisierung“). Zweitens lösen sich auch die sekundären Regeln, insbesondere im Hinblick auf Rechtsetzung und -durchsetzung, von der strikten Orientierung am Souveränitätsprinzip („strukturelle Entsouveränisierung“). Diese strukturelle Entsouveränisierung übersteigt nicht nur den begrifflichen Rahmen des Kooperationsvölkerrechts, sie bringt mit den souveränitätsbasierten Grundsätzen unbeschränkter Vertragsfreiheit, ausschließlicher Selbstbindung und dem Prinzip konsensualer Rechtsetzung und -durchsetzung zugleich dessen prägende Grundstrukturen ins Wanken. Anders als der Übergang vom Koexistenz- zum Kooperationsvölkerrecht wirft das Aufkommen des modernen Völkerrechts damit nicht lediglich die Frage nach begrifflichen Alternativen zur Erfassung des völkerrechtlichen Status quo auf. Vielmehr gerät auch die völkerrechtliche Dogmatik durch die geschilderten Entwicklungen unter Druck.[463] Für Hierarchisierung und Objektivierung des Völker-

---

[461] Vgl. *A. Peters*, JöR N.F. 59 (2011), S. 411 (422 f.); deutlich auch *D. C. Dicke*, Die Intervention mit wirtschaftlichen Mitteln im Völkerrecht, 1978, S. 67: „Die Souveränität ist insofern Grundlage der Völkerrechtssubjektivität“; *K. A. Schachtschneider*, Souveränität, 2015, S. 341.

[462] Deutlich *J. Crawford*, Brownlie's Principles of Public International Law, 8. Aufl. 2012, S. 447; *A. Verdross/B. Simma*, Universelles Völkerrecht, 3. Aufl. 1984, § 35; siehe auch *S. Besson*, Sovereignty, in: MPEPIL (online edition), Stand: April 2011, Rdn. 91; *T. Stein/C. v. Buttlar/M. Kotzur*, Völkerrecht, 14. Aufl. 2017, Rdn. 516.

[463] *Herdegen* spricht hinsichtlich dieses dogmatischen Wandels vom Entstehen eines „konstruktiven Völkerrechts“, siehe *M. Herdegen*, in: FS Tomuschat, 2006, S. 899; *ders.*, ZaöRV 64 (2004), S. 571; *ders.*, Völkerrecht, 15. Aufl. 2016, § 5 Rdn. 17. Ähnlich macht *T. Rensmann*, Wertordnung und Verfassung, 2007, S. 385 f. einen Wandel vom "induktiven zum deduktiven Völkerrecht" aus. Den dogmatischen Wandel konstatieren ebenfalls *M. Nettesheim*, JZ 57 (2002), S. 569 (575 ff.); *R. Uerpmann*, JZ 56 (2001), S. 565 (572); vgl. auch *A. van Aa-*

rechts genügt eine strukturparadigmatisch-begriffliche Beschreibung nicht; sie verlangen nach einer dogmatischen Erklärung. Um zwei aktuelle Ansätze, die sich um eine Erfassung des gegenwärtigen Völkerrechts bemühen und dabei strukturparadigmatisch-beschreibende Elemente mit dogmatisch-erklärenden verbinden, soll es im Folgenden gehen.

C. Neue Strukturparadigmen für ein neues Völkerrecht: Kommunitäres und konstitutionelles Völkerrecht

Das gegenwärtige Völkerrecht ist dem begrifflichen Rahmen des Kooperationsvölkerrechts entwachsen, und dessen souveränitätsbasierte Strukturen weicht es merklich auf. Es hinterlässt so erstens eine analysebegriffliche Lücke, denn jedenfalls zunächst fehlt damit ein Strukturparadigma, das den Entwicklungsstand des Völkerrechts treffend zu beschreiben vermag und das angesichts der oben beschriebenen und auf den ersten Blick unverbundenen Einzelentwicklungen Einheit stiftet.[464] Zweitens reißt es eine dogmatische Lücke auf, denn auch eine Dogmatik, die die strukturellen Entsouveränisierungserscheinungen erfassen und erklären könnte, fehlt. Mit zwei in der Sache verwandten Konzepten versuchen kommunitäres und konstitutionelles Völkerrechtsdenken nun in diese beiden Theorielücken einzutreten. Mit dem Entwurf eines „Internationalen Gemeinschaftsrechts“ einerseits (dazu I.) und der Vision einer internationalen Verfassungsordnung andererseits (dazu II.) bemühen sie sich um eine Rekonstruktion des geltenden Völkerrechts. Der folgende Abschnitt stellt diese Versuche als mögliche Antworten auf den konstatierten Strukturwandel im Völkerrecht vor und befragt sie auf ihre Eignung, dem modernen Völkerrecht deskriptiv und dogmatisch Ausdruck zu verleihen.

---

ken, Ind. J. Global Leg. Stud. 16 (2009), S. 483 (492 f.) für die Methodik des Völkerrechts.

[464] Zu diesen Funktionen völkerrechtlicher Strukturparadigmen bereits oben S. 16 f.

I. Die kommunitäre Vision: Das internationale Gemeinschaftsrecht

„To conceive international relations in terms of a community", mahnte *Georg Schwarzenberger* kurz nach dem Ende des Zweiten Weltkriegs, „requires a certain sense of humour".[465] Trotz des angeblich ausgeprägten Sinns für Humor würde diese Warnung heutigen Vertretern kommunitären Völkerrechtsdenkens[466] wohl kaum mehr als ein müdes Schmunzeln entlocken, eint deren Völkerrechtsverständnis doch vor allem eines: die Überzeugung, dass das Konzept der „international community" für das Verständnis geltenden Völkerrechts unverzichtbar ist. Mit dem Strukturparadigma „Internationales Gemeinschaftsrecht" bietet die kommunitäre Völkerrechtstheorie dabei eine Alternative zum Idealtypus des Kooperationsvölkerrechts, die die strukturellen Wandlungen der Völkerrechtsordnung begrifflich-beschreibend erfassen soll (dazu 1.). In der völkerrechtlichen Dogmatik versucht sie diese mit der Rechtssubjektivität der internationalen Gemeinschaft und dem Vorschlag einer eigenen Rechtsquelle des internationalen Gemeinschaftsrechts abzubilden (dazu 2.). Der Gemeinschaftsgedanke dient ihr so als analytische Verständnisfolie der erörterten Entwicklungen einerseits, als normatives Erklärungsinstrument zu deren Legitimation und dogmatischer Erfassung andererseits.[467]

---

[465] *G. Schwarzenberger*, YBWA 1 (1947), S. 159 (160).

[466] Siehe aus der kommunitären Völkerrechtstheorie insbesondere *R.-J. Dupuy*, RdC 165 (1979-IV), S. 9; *ders.*, La communauté internationale entre le mythe et l'histoire, 1986; *H. Mosler*, The International Society as a Legal Community, 1980; *M. Nettesheim*, JZ 57 (2002), S. 569; *A. Paulus*, Die internationale Gemeinschaft im Völkerrecht, 2001; *M. Payandeh*, Internationales Gemeinschaftsrecht, 2010; *B. Simma*, RdC 250 (1994-VI), S. 217; *ders./A. Paulus*, EJIL 9 (1998), S. 266 (268); *C. Tomuschat*, RdC 241 (1993-IV), S. 195; *ders.*, AVR 33 (1995), S. 1; *ders.*, RdC 281 (1999), S. 9 (72 ff.); *S. Villalpando*, L'émergence de la communauté internationale dans la responsabilité des Etats, 2005; *ders.*, EJIL 21 (2010), S. 387.

[467] Siehe *M. Payandeh*, Internationales Gemeinschaftsrecht, 2010, S. 3; vgl. auch *C. Tomuschat*, RdC 281 (1999), S. 9 (73): „a conceptual framework suited to explain the phenomena reffered to"; ebenso *ders.*, RdC 241 (1993-IV), S. 195 (210); *N. Tsagourias*, in: I. F. Dekker/W. Werner (Hrsg.), Governance and International Legal Theory, 2004, S. 97 (101); ähnlich auch *B. Kingsbury/M. Donaldson*, in: FS Simma, 2011, S. 79 (79): „the notion of an ‚international community' is employed as both a descriptive device [...] and as a way of embodying a normative view about what international law should increasingly [...] be about."

1. Die analytische Perspektive: Internationales Gemeinschaftsrecht als Strukturparadigma

Die besprochenen völkerrechtlichen Entwicklungstendenzen lassen, so liest man auch bei kommunitären Völkerrechtlern, die *Friedmann*'schen Paradigmen des Koexistenz- und Kooperationsvölkerrechts an ihre Grenzen stoßen. Deren Stelle nehmen in der kommunitären Völkerrechtstheorie unterschiedliche Konzepte ein: „Internationales Gemeinschaftsrecht"[468], das „Völkerrecht der internationalen Gemeinschaft"[469], das „gemeinschaftliche"[470] oder „kommunitäre Völkerrecht"[471] sowie das „Recht der nicht-organisierten Staatengemeinschaft"[472] sind nur einige der Strukturparadigmen, die die gewandelte Völkerrechtsordnung als „dritte Entwicklungsstufe des Völkerrechts"[473] erfassen sollen.[474] Die Fähigkeit eines solchen kommunitären Paradigmas, die strukturellen Spezifika des modernen Völkerrechts deskriptiv zu erfassen, hängt dabei maßgeblich davon ab, welche Bedeutung dem Begriff der (internationalen) Gemeinschaft zugeschrieben wird. Nur wenn das Gemeinschaftskonzept Begriffsmerkmale aufweist, die es erlauben, die zu erfassenden Phänomene des gegenwärtigen Völkerrechts mit ihm zu assoziieren, eignet sich das kommunitäre Vokabular zur idealtypischen Erfassung des völkerrechtlichen Status quo; ohne diese begrifflichen Anknüpfungspunkte verliert die einheitsstiftende interpretative Leistung, die mit der wertenden Abstraktion der Idealtypenbildung[475] einhergeht, an Plausibilität. Ausgehend von einer kurzen Begriffsklärung (dazu lit. a) stellt der folgende Abschnitt daher die Fra-

---

468 *M. Payandeh*, Internationales Gemeinschaftsrecht, 2010, S. 489 ff.

469 *M. Nettesheim*, JZ 57 (2002), S. 569 (578).

470 *A. Paulus*, Die internationale Gemeinschaft im Völkerrecht, 2001, S. 425.

471 *M. Nettesheim*, JZ 57 (2002), S. 569 (570, sowie bereits im Titel).

472 *A. Paulus*, Die internationale Gemeinschaft im Völkerrecht, 2001, S. 423.

473 *M. Payandeh*, Internationales Gemeinschaftsrecht, 2010, S. 489; ähnlich *M. Nettesheim*, JZ 57 (2002), S. 569 (570), der von "Ansätze[n] einer neuen Entwicklungsstufe" spricht.

474 Deutlich *M. Payandeh*, Internationales Gemeinschaftsrecht, 2010, S. 4: „[I]m geltenden internationalen Recht [lässt sich] eine dritte Stufe der Völkerrechtsentwicklung ausmachen [...], die auf der Entwicklung vom *Koexistenzvölkerrecht* zum *Kooperationsvölkerrecht* aufbaut und diese in Form des *internationalen Gemeinschaftsrechts* fortsetzt".

475 Dazu erneut *M. Weber*, in: ders., Gesammelte Aufsätze zur Wissenschaftslehre, 3. Aufl. 1968, S. 146 (191) sowie bereits oben S. 14 ff.

ge, inwiefern sich das gegenwärtige Völkerrecht unter das Leitmotiv der internationalen Gemeinschaft fügt (dazu lit. b).

a) Der Begriff der internationalen Gemeinschaft

In der völkerrechtswissenschaftlichen Diskussion ist der Begriff der internationalen Gemeinschaft keinesfalls neu, doch er schillert noch immer.[476] Während etwa die bereits 1926 veröffentlichten Überlegungen *Alfred Verdross'* zu einer verfassten „Völkerrechtsgemeinschaft"[477] und auch *Hermann Moslers* Schrift zur internationalen Rechtsgemeinschaft[478] einen eher formalen Gemeinschaftsbegriff zugrunde legen, der die internationale Gemeinschaft als Rechtsgemeinschaft versteht, das gemeinschaftsbildende Element folglich im Völkerrecht selbst[479] beziehungsweise in der allgemeinen Überzeugung erblickt, dessen Grundsätzen unterstellt zu sein,[480] stützen sich neuere Arbeiten weit überwiegend auf einen um materielle Elemente angereicherten Gemeinschaftsbegriff. Die internationale Gemeinschaft kennzeichnet danach vor allem ein bestimmter Grundbestand an gemeinsamen Werten und Interessen,[481] die über die Individualinteressen der Einzelstaaten hinausreichen

---

[476] Ausführlich zum Begriff *A. Paulus*, Die internationale Gemeinschaft im Völkerrecht, 2001.

[477] *A. Verdross*, Die Verfassung der Völkerrechtsgemeinschaft, 1926.

[478] *H. Mosler*, The International Society as a Legal Community, 1980.

[479] Deutlich *A. Verdross*, Die Verfassung der Völkerrechtsgemeinschaft, 1926, S. 9: „Das Völkerrecht ist [...] nicht das Erzeugnis, sondern der Erzeuger der Völkerrechtsgemeinschaft"; ähnlich *C. Tomuschat*, RdC 281 (1999), S. 9 (72 f.).

[480] *H. Mosler*, The International Society as a Legal Community, 1980, S. 2.

[481] Siehe *A. Emmerich-Fritsche*, Vom Völkerrecht zum Weltrecht, 2007, S. 701; *T. M. Franck*, Fairness in International Law and Institutions, 1995, S. 10 f.; *M. Herdegen*, Völkerrecht, 15. Aufl. 2016, § 5 Rdn. 2 f.; *D.-E. Khan/A. Paulus*, in: I. Erberich u.a. (Hrsg.), Frieden und Recht, 1998, S. 217; *M. Nettesheim*, JZ 57 (2002), S. 569 (569 f.); *M. Payandeh*, Internationales Gemeinschaftsrecht, 2010, S. 58 f.; *B. Simma*, RdC 250 (1994-VI), S. 217 (245); *ders./A. Paulus*, EJIL 9 (1998), S. 266 (268); *C. Tomuschat*, RdC 241 (1993-IV), S. 195 (237 und öfter); *S. Villalpando*, EJIL 21 (2010), S. 387 (390 ff. und öfter); ähnlich *C. Tomuschat*, AVR 33 (1995), S. 1 (6): „internationale Gemeinschaft als Hüter von Grundwerten".

und zu deren Gunsten diese unter Umständen zurücktreten müssen.[482] Teilweise wird dieses normative Element um ein faktisches ergänzt: Neben einer gemeinsamen Wertgrundlage ist demnach eine durch verstärkte soziale Interaktion bedingte Nähe, Verbundenheit und Interdependenz der Akteure für die internationale Gemeinschaft typisch.[483]

b) Das moderne Völkerrecht als internationales Gemeinschaftsrecht

Die oben als Materialisierung beschriebene Entwicklung lässt sich mit diesem begrifflichen Instrumentarium leicht erfassen. Dass die Normen des Völkerrechts zunehmend Gemeinschaftsinteressen zum Ausdruck bringen, die sich nicht mehr allein auf staatliche Egoismen zurückführen lassen, sondern allgemein-menschlichen Anliegen dienen, versteht die kommunitäre Völkerrechtstheorie als rechtlichen Ausdruck der gemeinschaftsbegründenden Werte und Interessen.[484] Die Suche nach Organen, die die Völkerrechtsordnung mit der Durchsetzung eben dieser Werte betraut, führt die Vertreter des gemeinschaftlichen Völkerrechts unter anderem zu den hier als Tendenzen einer institutionellen Hierarchisierung bezeichneten Phänomenen. Sie reformulieren die Frage nach institutionellen Hierarchien folglich als Frage nach „eigenständige[n] Handlungseinheiten, die Gemeinschaftswerte notfalls auch ohne oder gegen den Willen einzelner Staaten verfolgen".[485] Institutionelle Subordinationsverhältnisse kann die kommunitäre Theorie damit allerdings nur dann erfassen, wenn sich die Ausübung der Hoheitsgewalt in diesen Verhältnissen tatsächlich der Durchsetzung von Gemeinschaftswerten annimmt und sich nicht lediglich an individuellen Staateninteressen ori-

---

[482] *M. Payandeh*, Internationales Gemeinschaftsrecht, 2010, S. 127; siehe auch *D.-E. Khan/A. Paulus*, in: I. Erberich u.a. (Hrsg.), Frieden und Recht, 1998, S. 217 (229 f.).

[483] Vgl. *M. S. McDougal/W. M. Reisman/A. R. Willard*, U.C. Davis L. Rev. 21 (1988), S. 807 (809); *M. Nettesheim*, JZ 57 (2002), S. 569 (570): „nie gekanntes Gefühl der Nähe"; *M. Payandeh*, Internationales Gemeinschaftsrecht, 2010, S. 20 ff., 127; *B. Simma/A. Paulus*, EJIL 9 (1998), S. 266 (269).

[484] Vgl. *B. Fassbender*, EuGRZ 30 (2003), S. 1 (5 ff., 10 ff.); *ders.*, in: FS Jayme, Bd. 2, 2004, S. 1089 (1093 f.); *M. Nettesheim*, JZ 57 (2002), S. 569 (571 ff.); *A. Paulus*, Die internationale Gemeinschaft im Völkerrecht, 2001, S. 252 ff., 284; *M. Payandeh*, Internationales Gemeinschaftsrecht, 2010, S. 96 ff.; *B. Simma*, RdC 250 (1994-VI), S. 217 (233 ff.); *S. Villalpando*, EJIL 21 (2010), S. 387 (390 ff.).

[485] *M. Payandeh*, Internationales Gemeinschaftsrecht, 2010, S. 131.

entiert. Gerade deshalb aber fällt ihr Fazit gemischt aus. Der UN-Sicherheitsrat etwa, der im Zentrum dieser Diskussionen steht, nimmt mittlerweile zwar auch für den internationalen Menschenrechtsschutz eine „quasi-universelle Hüterrolle“[486] ein und widmet sich so vielfach dem Schutz von Gemeinschaftsinteressen,[487] doch spielen bei Abstimmungen im Sicherheitsrat die Partikularinteressen der Mitglieder, insbesondere der fünf Vetomächte, noch immer eine dominante Rolle.[488] Nur mit diesen Vorbehalten lässt sich die institutionelle Hierarchisierung daher als Herausbildung gemeinschaftlicher Organstrukturen erfassen.

Ebenfalls als potentielle Organe der internationalen Gemeinschaft finden im völkerrechtlichen Gemeinschaftsdenken Nichtregierungsorganisationen, ja selbst der Einzelne Erwähnung.[489] Für NGOs erscheint das insofern plausibel, als diese, indem sie an Rechtsetzungsprozessen partizipieren und im Rahmen internationaler Organisationen oder gerichtlicher Verfahren eigene Beteiligungsrechte erhalten, auf internationaler Ebene einen eigenen Beitrag zur Formulierung und Verfolgung von Gemeinschaftsinteressen leisten können. Aus kommunitärer Perspektive stellt sich die Privatisierung des Völkerrechts insofern als eine organisatorische Absicherung gemeinschaftlicher Werte dar; auch sie ließe sich so mit kommunitärem Vokabular erfassen. Vorbehaltlos überzeugen kann diese Interpretation aber deshalb nicht, weil NGOs als selbstberufene Vertreter des Gemeinwohls nicht legitimiert sind und Instrumente, die garantieren, dass sie stets im Interesse der Gemeinschaft handeln, nicht bestehen.[490] Lediglich im Rahmen der Privatisierung judikativer Rechtsdurchsetzung bestehen vergleichbare Bedenken nicht. Denn sofern es NGOs oder auch Einzelpersonen verfahrensrechtlich ermöglicht wird, ein Gerichtsverfahren zu initiieren oder zu begleiten, an dessen Ende die Feststellung einer Rechtsverletzung steht, haben sie auf den Inhalt des in der möglicherweise verletzten Norm kodifizierten Gemeinschaftsinteresses keinen Einfluss. Selbst wenn sie aus partikularen Motiven heraus ein solches Verfahren anstrengen, verhelfen sie letztlich doch einem Gemeinschaftsinteresse zur Durchsetzung. Die

---

486 *M. Nettesheim*, JZ 57 (2002), S. 569 (574).

487 *M. Payandeh*, Internationales Gemeinschaftsrecht, 2010, S. 148.

488 *M. Payandeh*, Internationales Gemeinschaftsrecht, 2010, S. 148 f., 168.

489 Siehe *M. Nettesheim*, JZ 57 (2002), S. 569 (574, 576 f.); *M. Payandeh*, Internationales Gemeinschaftsrecht, 2010, S. 164 ff.

490 *M. Payandeh*, Internationales Gemeinschaftsrecht, 2010, S. 166 f., 521.

Privatisierung judikativer Rechtsdurchsetzung lässt sich damit kommunitär lesen.

Da sich Gemeinschaftsinteressen auch im Konzept des normhierarchisch höherrangigen *ius cogens* wiederfinden, kann die kommunitäre Theorie auch die normative Hierarchisierung begrifflich erfassen. Die den Geltungsvorrang zwingenden Völkerrechts begründende Nichtigkeitsfolge für mit *ius cogens*-Normen unvereinbare Rechtsakte lässt sich mit ihr als dogmatisches Instrument zur Absicherung der gemeinschaftlichen Wertgrundlage interpretieren.[491] Im *ius cogens* verleiht „[d]ie ‚internationale Staatengemeinschaft' […] demnach […] ihren wichtigsten, nicht hintergehbaren materiellen Grundlagen […] besondere Geltungskraft."[492] Für die Unwirksamkeit von *inter partes*-Abreden, die von *erga omnes*-Verpflichtungen abweichen,[493] ließe sich ein ähnliches Argument vorbringen; soweit ersichtlich geschieht dies bislang indes nicht. Stattdessen steht in der gemeinschaftsvölkerrechtlichen Interpretation ein anderer Aspekt der Verpflichtungen *erga omnes* im Vordergrund, namentlich die mit deren Anerkennung einhergehende Modifikation der Rechtsdurchsetzungsstrukturen. Die Möglichkeit auch nicht unmittelbar betroffener Staaten, die Erfüllung solcher Verpflichtungen gerichtlich einzuklagen oder gar durch Gegenmaßnahmen durchzusetzen, stellt sich in kommunitärem Licht betrachtet ebenfalls als nicht-institutionalisierter Mechanismus zur Effektivierung des Schutzes völkerrechtlicher Gemeinschaftsinteressen dar,[494] denn „einzelne Staaten oder Staatengruppen treten [hier] als Vertreter der internationalen Gemeinschaft auf und nehmen deren rechtlich geschützte Interessen wahr".[495] Gleiches lässt sich auch für die Objektivierungstendenzen im Rahmen der Rechtsetzung konstatieren. Denn sofern sich in der Völkerrechtswissenschaft oder gar der internationalen Praxis Tendenzen zeigen, etwa die Bindungswirkung völkerrechtlicher Verträge auf Drittstaaten auszudehnen, eine automatische Staatennachfolge in völker-

---

491 *B. Simma*, RdC 250 (1994-VI), S. 217 (285 f.); *S. Villalpando*, EJIL 21 (2010), S. 387 (401 ff.); weniger deutlich, aber in dieselbe Richtung *C. Tomuschat*, RdC 281 (1999), S. 9 (85 ff.).

492 *A. Paulus*, Die internationale Gemeinschaft im Völkerrecht, 2001, S. 361.

493 Siehe dazu oben S. 49 ff.

494 *M. Nettesheim*, JZ 57 (2002), S. 569 (577); *A. Paulus*, Die internationale Gemeinschaft im Völkerrecht, 2001, S. 423; *C. Tomuschat*, AVR 33 (1995), S. 1 (14 f.); vgl. auch *S. Villalpando*, EJIL 21 (2010), S. 387 (400 f.).

495 *M. Payandeh*, Internationales Gemeinschaftsrecht, 2010, S. 429.

rechtliche Verträge anzunehmen oder völkervertragliche Vorbehalte für unzulässig zu erklären, ohne auf eine vertragliche Bindung des Reservatarstaats zu verzichten, ist Voraussetzung und Grund der damit einhergehenden Aufweichung des Konsensprinzips stets das Vorliegen eines Gemeinschaftsinteresses.[496] Insbesondere die Effektivierung des internationalen Menschenrechtsschutzes wird so zum Motor dogmatischer Neuerung. Steht der Verzicht auf staatliche Zustimmung aber unter der Bedingung, dass dadurch gemeinschaftliche Werte geschützt werden, so lässt sich die Objektivierung der Rechtsetzung ebenfalls als dogmatisches Instrument zur Stärkung des völkerrechtlichen Schutzes gemeinschaftlicher Interessen deuten.

Die kommunitäre Interpretation des modernen Völkerrechts kann damit dessen wesentliche Phänomene erfassen. Ihre Fokussierung auf das Konzept gemeinschaftlicher Interessen erlaubt es, die Materialisierung des Völkerrechts als rechtliche Inkorporation kommunitärer Werte zu beschreiben. Hierarchisierung, Privatisierung und Objektivierung stellen sich aus ihrer Perspektive als Mechanismen dar, die der Durchsetzung und dem Schutz dieser Gemeinschaftswerte dienen.

2. Die normative Perspektive: Internationales Gemeinschaftsrecht als Instrument völkerrechtlicher Dogmatik

Insbesondere in den neueren Beiträgen zur kommunitären Völkerrechtstheorie hat das Denken in völkerrechtlichen Entwicklungsstufen eine Wende zur Dogmatik genommen:[497] Das Anliegen, die Entwicklungen des Völkerrechts „unter dem gemeinsamen Leitmotiv der internationalen Gemeinschaft in Verhältnis zueinander [zu] setzen“[498] und so zu deren Verständnis beizutragen, wird ergänzt um eine genuin kommunitäre Völkerrechtsdogmatik, die den Wandlungen des Völkerrechts auch auf Ebene der allgemeinen Rechtsstrukturen Ausdruck ver-

---

[496] Vgl. *M. Nettesheim*, JZ 57 (2002), S. 569 (576); *M. Payandeh*, Internationales Gemeinschaftsrecht, 2010, S. 359 f., 459.

[497] Diese dogmatische Dimension findet sich etwa bei *A. Paulus*, Die internationale Gemeinschaft im Völkerrecht, 2001, S. 329 ff., zusammenfassend auf S. 423 ff. und *M. Payandeh*, Internationales Gemeinschaftsrecht, 2010, S. 437 ff., Zusammenfassung auf S. 526 ff.; zurückhaltender noch *C. Tomuschat*, RdC 241 (1993-IV), S. 195 (240): „Our endeavour cannot be to upset the traditional system of sources.“

[498] *M. Payandeh*, Internationales Gemeinschaftsrecht, 2010, S. 3.

leiht. Im Zentrum steht dabei einerseits die These, das gegenwärtige Völkerrecht kenne neben den in Art. 38 Abs. 1 IGH-Statut normierten Rechtsquellen eine weitere: das sogenannte „Internationale Gemeinschaftsrecht“[499] (dazu lit. a). Andererseits sei, um die Strukturen des gemeinschaftlichen Völkerrechts auch dogmatisch abbilden zu können, die Völkerrechtssubjektivität der internationalen Gemeinschaft selbst anzuerkennen (dazu lit. b).

a) Das internationale Gemeinschaftsrecht als eigene Rechtsquelle

Die These, das „Internationale Gemeinschaftsrecht“ bilde eine eigene, außerhalb des klassischen Rechtsquellenkanons des Art. 38 Abs. 1 IGH-Statut zu verortende Rechtsquelle, ist der bemerkenswerte Versuch kommunitärer Völkerrechtstheorie, sich im Bereich der Objektivierung der Rechtsetzungsstrukturen von einer Begründung singulärer Ausnahmen – wie etwa der Drittwirkung objektiver Regime mit dem dogmatischen Institut der Statusverträge – zu lösen und an ihre Stelle eine allgemeine Dogmatik nicht-konsensualer Rechtsetzung zu setzen, die alle beobachtbaren Abweichungen vom Konsensprinzip zu erfassen vermag. Die unterschiedlichen Aufweichungen des Konsensprinzips werden mit ihr nicht mehr punktuell legitimiert, sondern auf eine gemeinsame dogmatische Grundlage gestellt. Ausgehend von der Überzeugung, dass „[e]in normatives System [...] die soziale Ordnung, die es zu regeln versucht, realistisch widerspiegeln“ muss, um nicht „in die Bedeutungslosigkeit zu entgleiten“,[500] vollzieht sie die geschilderten Objektivierungstendenzen im Bereich der Rechtsetzung so nach und verleiht ihr dogmatische Form. Den dabei aus der Analyse der Objektivierungstendenzen destillierten Grundsätzen gemäß entsteht eine Norm des internationalen Gemeinschaftsrechts dann, wenn sie – formell betrachtet – von einer repräsentativen oder gar überwältigenden Mehrheit der internationalen Gemeinschaft als Ganzes in einem allen Staaten offenstehenden Rechtserzeugungsprozess angenommen wurde und – materiell betrachtet – einem von der internationalen Gemeinschaft anerkannten Gemeinschaftsinteresse dient, ohne sich dabei „übermäßig zu Lasten legitimer Partikularinteressen einzelner Staa-

---

[499] So bislang einzig *M. Payandeh*, Internationales Gemeinschaftsrecht, 2010, S. 447 ff.

[500] Ebd., S. 6.

ten"[501] auszuwirken.[502] Zunächst bleiben die beiden materiellen Entstehungskonstitutiva allerdings noch vage: Erstens sind die Existenzkriterien für ein Gemeinschaftsinteresse, trotz deren prozeduraler Definition über die Anerkennung durch die internationale Gemeinschaft, noch unbestimmt, und zweitens impliziert die Berücksichtigung legitimer Partikularinteressen letztlich eine Abwägung von Gemeinschafts- und Individualinteressen.

Für den im Laufe der vorliegenden Arbeit vorzustellenden Versuch, den völkerrechtlichen Strukturwandel als Rechtsprinzipienwandel zu erklären, scheint das bereits an dieser Stelle erwähnenswert. Denn mit der Hinwendung auf Rechtsprinzipien, die zugleich in rechtstheoretischer Hinsicht Prinzipiencharakter besitzen, ersetzt er einerseits das Abstellen auf Gemeinschaftsinteressen durch den Rekurs auf Rechtsprinzipien, deren Existenz an den klareren Kriterien der Rechtsquellenlehre zu messen ist, und er vermag andererseits die notwendige Abwägung zu strukturieren, indem er zeigt, was es dabei zu begründen gilt.

b) Die internationale Gemeinschaft als Völkerrechtssubjekt

Beinahe notwendig führt die Anerkennung des so definierten internationalen Gemeinschaftsrechts zur zweiten dogmatischen These kommunitärer Völkerrechtstheorie: der Völkerrechtssubjektivität der internationalen Gemeinschaft.[503] Denn wie die beschriebenen Entstehungsbedingungen für die Normen des internationalen Gemeinschaftsrechts zeigen, verleiht deren Anerkennung der internationalen Gemeinschaft eine eigene Rechtsetzungskompetenz:[504] In formeller Hinsicht ist es die Annahme durch sie, und in materieller Hinsicht sind es die durch ihre Anerkennung generierten Gemeinschaftsinteressen, die der Norm zur Rechtsgeltung verhelfen. Bei Lichte besehen ist das indes kein Novum dieser Rechtsquelle; auch das *ius cogens* stellt auf die Anerkennung und Annahme durch die internationale Gemeinschaft ab und im Rahmen der Verpflichtungen *erga omnes* begegnet die internationale Gemeinschaft als Verpflichtungsgegner und damit als Inhaber völkerrechtlicher

---

[501] Ebd., S. 460.

[502] Zu den Voraussetzungen insgesamt ebd., S. 454 ff., mit Normierungsvorschlag auf S. 473.

[503] Sehr kritisch zu dieser These *M. Herdegen*, Völkerrecht, 15. Aufl. 2016, § 5 Rdn. 7: „Völlig verfehlt".

[504] *M. Payandeh*, Internationales Gemeinschaftsrecht, 2010, S. 443.

Rechte.[505] Sie tritt in der kommunitären Konzeption des modernen Völkerrechts damit als eigenes Rechtssubjekt auf, das materielle Rechte innehat und rechtsetzende Kompetenzen besitzt. Ihre Inhaberschaft hinsichtlich der den Verpflichtungen *erga omnes* korrespondierenden Rechte kann dabei die den Durchsetzungsstrukturen des klassischen Völkerrechts unbekannten unilateralen Durchsetzungsmaßnahmen durch nicht unmittelbar betroffene Einzelstaaten – seien sie judikativer oder exekutiver Natur – legitimieren und begrenzen. In der kommunitären Theorie sind diese legitim, weil und sofern die Staaten bei der Durchsetzung der *erga omnes*-Verpflichtungen als Treuhänder der internationalen Gemeinschaft agieren; ihre Rechtsdurchsetzungskompetenz ist eine lediglich abgeleitete. Damit aber endet der Legitimationszusammenhang – und damit auch die Kompetenz zum unilateralen Vorgehen –, sobald sie aufhören, das Gemeinschaftsinteresse zu verfolgen.[506]

II. Die konstitutionelle Vision: Die internationale Verfassungsordnung

Die dem kommunitären Völkerrechtsdenken eigenen Anliegen teilt auch die konstitutionelle Völkerrechtstheorie. Auch sie versucht die gegenwärtige Völkerrechtsordnung einerseits mit angemessenen Begriffen zu beschreiben und die Entwicklungen des modernen Völkerrechts so einem einheitlichen und damit einheitsstiftenden Konzept zu unterstellen. Ihr interpretatorisches Leitmotiv jedoch ist ein konstitutionelles: Während die kommunitäre Theorie aktuelle Entwicklungen auf die internationale Gemeinschaft und deren Interessen zurückführt, bemühen völkerrechtliche Konstitutionalisten den dem nationalen Staatsrecht entlehnten Verfassungsbegriff, um den völkerrechtlichen Status quo deskriptiv zu erfassen. Das aktuelle Völkerrecht, so mag man deren These etwas zugespitzt formulieren, trage Züge, die sich nur durch einen terminologischen Rückgriff auf die bislang dem nationalen Recht vorbehaltene Kategorie des Verfassungsrechts beschreiben lassen;[507] die Völ-

---

[505] Zu beidem *A. Paulus*, Die internationale Gemeinschaft im Völkerrecht, 2001, S. 423; *M. Payandeh*, Internationales Gemeinschaftsrecht, 2010, S. 442 f.

[506] Zum Ganzen *M. Payandeh*, Internationales Gemeinschaftsrecht, 2010, S. 443 f.

[507] *M. Scheyli*, Konstitutionelle Gemeinwohlorientierung im Völkerrecht, 2008, S. 95.

kerrechtsordnung entwickle sich zu einer internationalen Verfassungsordnung (dazu 1.). Andererseits bleibt auch die konstitutionelle Völkerrechtstheorie nicht auf dieser analytischen Ebene stehen. Vielmehr hat sie starke normative Implikationen und will – wo nötig – den gewandelten Strukturen des Völkerrechts im Rahmen völkerrechtlicher Dogmatik Ausdruck verleihen (dazu 2.). In dieser doppelten Dimension soll sie im Folgenden vorgestellt werden.

1. Die analytische Perspektive: Internationales Verfassungsrecht als Strukturparadigma

In ihrer analytischen Dimension versucht die konstitutionelle Völkerrechtstheorie die gegenwärtige Völkerrechtsordnung mit einem konstitutionellen Strukturparadigma zu beschreiben und dem völkerrechtlichen Ist-Zustand so einen Namen zu geben. Im völkerrechtlichen Sprachgebrauch hat sich das in unterschiedlichen Formen niedergeschlagen. So macht *Erika de Wet* eine „international constitutional order“[508] aus, *Stefan Kadelbach* und *Thomas Kleinlein* analysieren „überstaatliches Verfassungsrecht“[509], *Martin Nettesheim* fragt nach einer „internationalen Verfassungsordnung“[510] und *Juliane Kokott* nach einer „Weltverfassung“[511]. Als „Verfassung der Menschheit“[512] bezeichnet *Christian Tomuschat* das Völkerrecht, und bezüglich des „internationalen Verfassungsrechts“[513], von dem etwa *Anne Peters* spricht, schließt *Robert Uerpmann*, es sei „nicht Wunschtraum, sondern Realität“.[514] Nicht selten wird diese wie auch immer bezeichnete verfassungsrechtliche Dimension des Völkerrechts dabei ausdrücklich als dritte Entwicklungsstufe der internationalen Ordnung präsentiert: Von Koexistenz-

---

[508] *E. de Wet*, ICLQ 55 (2006), S. 51 (75).

[509] *S. Kadelbach/T. Kleinlein*, AVR 44 (2006), S. 235.

[510] *M. Nettesheim*, in: LA Oppermann, 2001, S. 381.

[511] *J. Kokott*, in: FG Schweizerischer Juristenverein, 2000, S. 3 (20).

[512] *C. Tomuschat*, in: UN (Hrsg.), International Law on the Eve of the Twenty-first Century, 1997, S. 37; ebenso *E.-U. Petersmann*, NYU J. Int’l L. & Pol. 31 (1999), S. 753 (766 f.).

[513] *A. Peters*, ZÖR 65 (2010), S. 3 (12).

[514] *R. Uerpmann*, JZ 56 (2001), S. 565 (573).

und Kooperationsvölkerrecht zur konstitutionalisierten Weltordnung.[515]

Die mittlerweile kaum mehr zu überblickende Dimension dieser Debatte[516] hat indessen zu einer Nuancierung geführt, die die Frage berechtigt erscheinen lässt, „whether we should even consider the writings on constitutionalism as engaged in a common project".[517] Denn eine genaue Betrachtung zeigt erstens, dass schon über den maßstabs-

---

[515] Dieser Dreischritt u.a. bei *A. Emmerich-Fritsche*, Vom Völkerrecht zum Weltrecht, 2007, S. 708; *A. Peters*, Int'l Legal Theory 11 (2005), S. 39 (39); *dies.*, Völkerrecht: Allgemeiner Teil, 4. Aufl. 2016, S. 12; *dies.*, ZÖR 2010, S. 3 (11); *B. Schöbener/M. Knauff*, Allgemeine Staatslehre, 3. Aufl. 2016, § 7 Rdn. 29 f., 32; *R. Wahl*, Der Staat 40 (2001), S. 45 (47); *ders.*, in: FS Brohm, 2002, S. 191 (199) und *C. Walter*, GYIL 44 (2001), S. 170 (175).

[516] Siehe aus dem umfangreichen Schrifttum etwa *D. Bodansky*, Ind. J. Global Leg. Stud. 16 (2009), S. 565; *A. v. Bogdandy*, Harv. Int'l L. J. 47 (2006), S. 223: *D. Z. Cass*, EJIL 12 (2001), S. 39; *B.-O. Bryde*, Der Staat 42 (2003), S. 61; *T. Cottier/M. Hertig*, MPYUNL 7 (2003), S. 261; *J. L. Dunoff*, EJIL 17 (2006), S. 647; *P.-M. Dupuy*, MPYUNL 1 (1997), S. 1; *B. Fassbender*, Colum. J. Transnat'l L. 36 (1998), S. 529; *ders.*, in: FS Isensee, 2007, S. 73; *J. A. Frowein*, BDGVR 39 (1999), S. 427; *S. Kadelbach/T. Kleinlein*, AVR 44 (2006), S. 235; dies., GYIL 50 (2007), S. 303; *S. Kirchner*, German L. J. 5 (2004), S. 47; *J. Klabbers*, IO L. Rev. 1 (2004), S. 31; *J. Klabbers/A. Peters/G. Ulfstein*, The Constitutionalization of International Law, 2009; *T. Kleinlein*, Konstitutionalisierung im Völkerrecht, 2012; *M. Knauff*, ZaöRV 68 (2008), S. 453; *J. Kokott*, in: FG Schweizerischer Juristenverein, 2000, S. 3; *A. Peters*, Int'l Legal Theory 11 (2005), 39; *dies.*, LJIL 19 (2006), S. 579; *dies.*, Ind. J. Global Leg. Stud. 16 (2009), S. 397; *E.-U. Petersmann*, NYU J. Int'l L. & Pol. 31 (1999), S. 753; *M. Scheyli*, Konstitutionelle Gemeinwohlorientierung im Völkerrecht, 2008; *ders.*, AVR 40 (2002), S. 273; *C. E. J. Schwöbel*, ICON 8 (2010), S. 611; *dies.*, LJIL 23 (2010), S. 529; *A. Stone Sweet*, Ind. J. Global Leg. Stud. 16 (2009), S. 621; *J. P. Trachtman*, EJIL 17 (2006), S. 623; *R. Uerpmann*, JZ 56 (2001), S. 565; *R. Wahl*, in: FS Brohm, 2002, S. 191; *C. Walter*, GYIL 44 (2001), S. 170; *ders./F. Schorkopf*, German L. J. 4 (2003), S. 1359; *E. de Wet*, ICLQ 55 (2006), S. 51; *dies.*, LJIL 19 (2006), S. 611; *dies.*, in: M. Rosenfeld/A. Sajó (Hrsg.), The Oxford Handbook of Comparative Constitutional Law, 2012, S. 1209; *J.-R. Yeh/W.-C. Chang*, Penn St. Int'l L. Rev. 27 (2008), S. 89; sowie die Beiträge in P. Dobner/M. Loughlin (Hrsg.), The Twilight of Constitutionalism?, 2010; J. L. Dunoff/J. P. Trachtman (Hrsg.), Ruling the World, 2009, und N. Tsagourias (Hrsg.), Transnational Constitutionalism, 2007). Kritik u.a. bei *U. Haltern*, AöR 128 (2003), S. 511; *J. Kammerhofer*, LJIL 23 (2010), S. 723; *J. G. v. Mullingen*, LJIL 24 (2011), S. 277.

[517] *J. L. Dunoff*, J. Int'l L. & Int' Rel. 1 (2004-2005), S. 191 (198).

bildenden Verfassungsbegriff Uneinigkeit besteht (dazu lit. a) und zweitens, dass mit diesen unterschiedlichen Verfassungsbegriffen auch Fokus und Gegenstand der vorgenommenen Beschreibung des Völkerrechts variiert (dazu lit. b). Den Wert des konstitutionellen Paradigmas für die Erfassung gegenwärtigen Völkerrechts mindert das deutlich (dazu lit. c).

a) Der Verfassungsbegriff: Mögliche Kriterien und völkerrechtliche Variationen

Der Versuch, die gegenwärtige Völkerrechtsordnung als internationale Verfassungsordnung zu beschreiben, kommt nicht umhin, über seinen Verfassungsbegriff Rechenschaft abzulegen. Überblickt man die völkerrechtliche Debatte, so scheinen sich verfassungsrechtliche Bestimmungen sowohl durch formale Kriterien als auch durch bestimmte Inhalte und Funktionen von Normen nichtkonstitutioneller Natur zu unterscheiden. Die dabei als verfassungstypisch ausgemachten Formalia reichen von der Entstehung der Verfassungsnormen in einem „constitutional big bang"[518] über den normhierarchischen Vorrang der Verfassung bis hin zu deren erschwerter Abänderbarkeit und ihrer schriftlichen Fixierung in einer Urkunde. Als aufgrund ihres Inhalts verfassungsspezifisch gelten einerseits institutionell-organisationsrechtliche Bestimmungen, die durch die Einsetzung von Organen, die Zuweisung von Kompetenzen oder in sonstiger Weise die Wahrnehmung legislativer, exekutiver und judikativer Aufgaben ermöglichen. Ebenfalls verfassungsspezifischen Inhalt besitzen andererseits materiell-normative Bestimmungen, die die materiellen Wertentscheidungen für das konstituierte Gemeinwesen kodifizieren. Funktionell wird so gewährleistet, dass die Verfassung Herrschaftsgewalt zugleich konstituiert und beschränkt, dabei individuelle und kollektive Freiheit gewährleistet und mittels Teilhabe am Verfassungsleben bzw. durch materielle Identifikation mit den normativen Leitentscheidungen der Verfassung integrierend wirkt.[519]

---

518 *K. Milewicz*, Ind. J. Global Leg. Stud. 16 (2009), S. 413 (417); *A. Peters*, LJIL 19 (2006), S. 579 (584).

519 Zum Verfassungsbegriff vgl. *P. Kirchhof*, in: O. Depenheuer/C. Grabenwarter (Hrsg.), Verfassungstheorie, 2010, S. 69 (77 ff.); *A. Tschentscher*, VVdStRL 75 (2016), S. 407 (413); *C. Winterhoff*, Verfassung – Verfassunggebung – Verfassungsänderung, 2007, S. 95 (der allerdings von Verfassungstypologie anstatt von Verfassungsbegriff sprechen will); speziell zu Verfassungsfunk-

Diese Trias aus Form, Inhalt und Funktion bietet zahlreiche Anknüpfungspunkte, um eine Norm mit dem Prädikat „Verfassungsrecht“ zu belegen. Ein kurzer verfassungsvergleichender Blick auf die bekanntlich ungeschriebene Verfassung Großbritanniens genügt,[520] um festzustellen, dass selbst das nationalstaatliche Verfassungsrecht – der Kernbereich des Verfassungsbegriffes – dabei nicht stets alle der möglichen Verfassungselemente verwirklicht. Und so zeigt denn auch das völkerrechtliche Schrifttum die Tendenz, dem jeweils verwendeten Verfassungsbegriff lediglich einen selektiven Kern der erörterten Verfassungsmerkmale zugrunde zu legen. So besteht für einen Teil der völkerrechtlichen Konstitutionalisten – man mag sie als Vertreter eines *funktionellen Verfassungsbegriffs*[521] bezeichnen – der Kern der konstitutionellen Idee im Völkerrecht darin, dass „bewährte Funktionen der Verfassung des modernen Staates [...] mit den erforderlichen Anpassungen auf der supra- und internationalen Ebene zur Anwendung gebracht“ werden.[522] Sie fragen folglich nach Normen, die auf internationaler Ebene Verfassungsfunktionen übernehmen,[523] indem sie die Ausübung staatlicher Gewalt beschränken, die internationale Gemeinschaft konstituieren und organisieren, individuelle und gesellschaftliche Freiheit schützen und dabei durch die Normierung gemeinsamer Werte integrie-

---

tionen *O. Depenheuer*, in: ders./C. Grabenwarter (Hrsg.), Verfassungstheorie, 2010, S. 537.

520 Der Hinweis darauf auch bei *A. Peters*, Int'l Legal Theory 11 (2005), S. 39 (43).

521 Dazu zählen insbesondere *A. van Aaken*, Ind. J. Global Leg. Stud. 16 (2009), S. 483 (487) – ergänzt um das formelle Merkmal besonderer Änderungsverfahren; *B. Fassbender*, in: FS Isensee, 2007, S. 73 (87); *A. Peters*, GYIL 24 (2001), S. 25 (35 f.); *dies.*, in: FS Walther-Schücking-Institut, 2014, S. 127 (129); *E.-U. Petersmann*, ZaöRV 65 (2005), S. 543 (545 ff.); *ders.*, Constitutional Functions and Constitutional Problems of International Economic Law, 1991, S. XL; *C. Walter*, ZaöRV 59 (1999), S. 961 (966 ff., 977: „funktionale Betrachtung“); wohl auch *M. Nettesheim*, in: LA Oppermann, 2001, S. 381 (391); ähnlich *A. Peters*, LJIL19 (2006), S. 579 (585), *dies.*, Int'l Legal Theory 11 (2005), S. 39 (46) und *D. Thürer*, ZaöRV 60 (2000), S. 557 (598 f.), wobei bei den drei letztgenannten auch materiell-inhaltliche Aspekte eine Rolle spielen.

522 *B. Fassbender*, in: FS Isensee, 2007, S. 73 (87); vgl. auch *S. Kadelbach/T. Kleinlein*, GYIL 50 (2007), S. 303 (309 f.).

523 So *E.-U. Petersmann*, ZaöRV 65 (2005), S. 543 (545 ff.); ebenso *A. Peters*, GYIL 24 (2001), S. 25 (35 f.); ähnlich auch *dies.*, ZÖR 65 (2010), S. 3 (12), wo allerdings auch inhaltliche Aspekte mitschwingen.

rend wirken.[524] In vielen Beiträgen stehen demgegenüber verfassungsspezifische Inhalte im Vordergrund. In diesem Sinne legen einige Konstitutionalisten einen *materiellen Verfassungsbegriff* zugrunde, der die Verfassung als die Gesamtheit derjenigen Rechtsprinzipien versteht, die die normativen Grundwerte der verfassten Gemeinschaft definieren.[525] Meist, aber nicht stets, wird dies mit dem formalen Kriterium des Vorrangs der Verfassung oder der Unverfügbarkeit verfassungsrechtlicher Normen verbunden.[526] Völkerrechtler, die den Schwerpunkt stattdessen nicht auf die materiellen Inhalte der Verfassung legen, sondern diejenigen Bestimmungen, die die Organisation der Hoheitsfunktionen in einer Gemeinschaft regeln, für zentral halten, machen sich einen *institutionell-organisatorischen Verfassungsbegriff* zur Grundlage. Er fragt nach sekundären Regeln, die Methoden zur Erzeugung und Durchsetzung des Rechts regeln und eine gerichtliche Streitschlichtung ermöglichen.[527] Paradigmatisch hierfür definiert etwa *Christian Tomuschat*:

> „Together with the rules on discharge of the executive and the judicial functions, the rules on law-making form the constitution of any system of governance. All these sets of prescriptions can be logically characterized as meta-rules, rules on how the bulk of other rules are produced, how they enter into force, how they are implemented and

---

[524] Vgl. *B. Fassbender*, in: FS Isensee, 2007, S. 73 (87); *A. Peters*, GYIL 24 (2001), S. 25 (36).

[525] So insbesondere *R. Wahl*, in: FS Brohm, 2002, S. 191 (205); ähnlich *B.-O. Bryde*, Der Staat 42 (2003), S. 61 (63); *S. Kadelbach/T. Kleinlein*, AVR 44 (2006), S. 235 (236 f., 241), die ausdrücklich darauf hinweisen, ihr „Zugriff [blende] die institutionelle Ebene weitgehend aus" (S. 236); *M. Knauff*, ZaöRV 68 (2008), S. 453 (462): „Herausbildung verfassungsrechtlicher Prinzipien mit Vorrangwirkung"; *J. Kokott*, in: FG Schweizerischer Juristenverein, 2000, S. 3, die ihren Verfassungsbegriff nicht ausdrücklich offenlegt; *D. Thürer*, SZIER 5 (1995), S. 455 (463 ff.).

[526] *M. Knauff*, ZaöRV 68 (2008), S. 453 (462); *R. Wahl*, in: FS Brohm, 2002, S. 191 (205).

[527] Einen solchen Verfassungsbegriff verwenden etwa *T. M. Franck*, in: LA Eitel, 2003, S. 95 (99); *A. Stone Sweet*, Ind. J. Global Leg. Stud. 16 (2009), S. 621 (626); *C. Tomuschat*, RdC 241 (1994-IV), S. 195 (216); *ders.*, in: UN (Hrsg.), International Law on the Eve of the Twenty-First Century, 1997, S. 37 (38, 44 ff.). Auch *B. Fassbender*, Colum. J. Transnat'l L. 36 (1998), S. 529 (536 f., 558, 569) steht diesem Begriff zumindest sehr nahe. Vgl. ferner *J. H. Jackson*, The World Trade Organization, 1998, S. 101 mit Fn. 1: „a particular system of governing rules".

who, in case of differences over their interpretation and application, is empowered to settle an ensuing dispute."[528]

Auch diese Definition wird von manchen Autoren um einige der oben genannten formalen Charakteristika erweitert.[529] Materielle Bestimmungen hingegen spielen eine untergeordnete Rolle.[530] Lediglich eine letzte Gruppe konstitutioneller Völkerrechtler will auch sie als notwendige Ergänzung der organisationsrechtlichen Bestimmung voraussetzen, um von einer Verfassung zu sprechen. In Kombination der beiden vorangegangenen Verfassungsbegriffe – dem materiellen und dem institutionell-organisatorischen – definieren sie die Verfassung zwar ebenfalls über ihre Inhalte, fordern aber, dass diese sowohl normative Grundwerte definiert als auch die Ausübung von Hoheitsfunktionen rechtlich organisiert.[531] Notwendig treten so neben die Normierung konstitutioneller Werte oder Rechtsprinzipien instrumentell-organisatorische Vorschriften, die deren Durchsetzung besorgen.[532] Sie lassen sich damit als Vertreter eines *dualen Verfassungsbegriffs* bezeich-

---

528 *C. Tomuschat*, RdC 241 (1994-IV), S. 195 (216); ebenso *ders.*, in: UN (Hrsg.), International Law on the Eve of the Twenty-First Century, 1997, S. 37 (38, 44 ff.).

529 So *B. Fassbender*, Colum. J. Transnat'l L. 36 (1998), S. 529 (569 f., 573 ff.); *T. M. Franck*, in: LA Eitel, 2003, S. 95 (97 f.: erschwerte Abänderbarkeit; 98: Vorrang); auch *A. Stone Sweet*, Ind. J. Global Leg. Stud. 16 (2009), S. 621 (626) spricht von „higher-order legal rules and principles".

530 Doch fehlen sie zumindest bei manchen Autoren nicht ganz, siehe etwa *C. Tomuschat*, RdC 241 (1994-IV), S. 195 (211, 236); *A. Stone Sweet*, Ind. J. Global Leg. Stud. 16 (2009), S. 621 (629 ff.) hält sie offenbar ebenfalls für eine mögliche, aber nicht notwendige Ergänzung.

531 *E.-U. Petersmann*, NYU J. Int'l L. & Pol. 31 (1999), S. 753 (766); *ders.*, in: FS Steinberger, 2002, S. 291 (302); ebenso *A. Paulus*, in: J. L. Dunoff/J. P. Trachtman (Hrsg.), Ruling the World?, 2009, S. 69 (71 f. und *passim*); *T. Schilling*, Jean Monnet Working Paper 06/05, S. 9, 12; in diese Richtung auch *A. Nollkaemper*, Ind. J. Global Leg. Stud. 16 (2009), S. 535 (539 f.). Siehe außerdem die Nachweise in Fn. 533.

532 So definiert findet sich der duale Verfassungsbegriff etwa bei *M. Scheyli*, Konstitutionelle Gemeinwohlorientierung im Völkerrecht, 2008, S. 194 f., 199, 448 ff.; ebenso *ders.*, AVR 40 (2002), S. 271 (286); *J. A. Frowein*, BDGVR 39 (1999), S. 427 (446, These 1); *E. de Wet*, ICLQ 55 (2006), S. 51 (53); *dies.*, LJIL 19 (2006), S. 611 (612); *dies.*, ZaöRV 67 (2007), S. 777 (778).

nen. Formale Verfassungsmerkmale beziehen sie dabei meist mit ein.[533] So ergänzt *Uerpmann* das Verfassungsverständnis um das Erfordernis normhierarchischen Vorrangs[534] und *Bodansky* erweitert den Verfassungsbegriff um das Merkmal erschwerter Abänderbarkeit verfassungsrechtlicher Normen.[535]

Auf einen konsentierten, einheitlichen Verfassungsbegriff, das zeigt schon dieser kurze Überblick, kann die konstitutionelle Völkerrechtstheorie so bislang jedenfalls nicht zurückgreifen. Selbst wenn man eine gewisse, einer jeden Systematisierung inhärente, Pauschalisierung in Kauf nimmt, lassen sich in der völkerrechtlichen Konstitutionalisierungsdiskussion noch immer vier unterschiedliche Spielarten des Verfassungsbegriffs ausmachen: ein funktioneller, ein materieller, ein institutionell-organisatorischer und ein dualer.

b) Das moderne Völkerrecht als internationales Verfassungsrecht

Die Antwort auf die Frage, ob sich die oben geschilderten Spezifika des modernen Völkerrechts mit einem konstitutionellen Paradigma erfassen lassen, muss angesichts dieses uneinheitlichen begrifflichen Maßstabs differenziert ausfallen.

Aus der Perspektive eines hauptsächlich oder zumindest auch über die materiellen Inhalte definierten Verfassungskonzepts (materieller bzw. dualer Verfassungsbegriff) findet die konstitutionelle Lesart des Völkerrechts allen voran in den beschriebenen Erscheinungsformen einer sich materialisierenden Völkerrechtsordnung eine Stütze. Die Bedeutungszunahme internationaler Menschenrechtsgarantien,[536] die Anerkennung

---

[533] So bei *S. Besson*, in: J. L. Dunoff/Trachtman (Hrsg.), Ruling the World?, 2009, S. 381 (385 ff.); *D. Bodansky*, Ind. J. Global Leg. Stud. 16 (2009), S. 565 (570), der den institutionell-organisatorischen Aspekt besonders betont; *K. Milewicz*, Ind. J. Global Leg. Stud. 16 (2009), S. 413 (418, 421, 433); *B. Simma*, RdC 250 (1994-VI), S. 217 (259 ff.); *R. Uerpmann*, JZ 56 (2001), S. 565; *C. Walter/F. Schorkopf*, German L. J. 4 (2003), S. 1359 (1360).

[534] *R. Uerpmann*, JZ 56 (2001), S. 565; ebenso *E. de Wet*, LJIL 19 (2006), S. 611 (616 f.).

[535] *D. Bodansky*, Ind. J. Global Leg. Stud. 16 (2009), S. 565 (571).

[536] *B.-O. Bryde*, Der Staat 42 (2003), S. 61 (64); *J. A. Frowein*, BDGVR 39 (1999), S. 427 (435 ff.); *S. Kadelbach/T. Kleinlein*, AVR 44 (2006), S. 235 (246); *M. Knauff*, ZaöRV 68 (2008), S. 153 (167 f.), *A. Peters*, LJIL 19 (2006), S. 579 (601); *E.-U. Petersmann*, NYU J. Int'l L. & Pol. 31 (1999), S. 753 (767); *D.*

des freien Handels als Grundwert der Weltwirtschaftsordnung,[537] der noch vorsichtige Anklang demokratischer Mindeststandards,[538] das Konzept des gemeinsamen Erbes der Menschheit und des völkerrechtlichen Umweltschutzes,[539] der Gehalt zwingender Völkerrechtsnormen,[540] die Verpflichtungen *erga omnes* und das Völkerstrafrecht,[541] ja selbst die Aufweichung des Staatenkonsenses im Bereich des Völkervertragsrechts[542] deuten die Vertreter eines solchen Verfassungsbegriffs als Zeichen einer aufkommenden internationalen „objektiven Werteordnung"[543] und damit als Indiz der Ausbildung materiellen Verfassungsrechts.[544]

Thürer, SZIER 5 (1995), S. 455 (464); *R. Uerpmann*, JZ 56 (2001), S. 565 (570 f.); *C. Walter/F. Schorkopf*, German L. J. 4 (2003), S. 1359 (1374); *E. de Wet*, ICLQ 55 (2006), S. 51 (57 ff.).

537 In diese Richtung *R. Uerpmann*, JZ 56 (2001), S. 565 (571) im Anschluss an *D.-E. Khan/A. Paulus*, in: I. Erberich u.a. (Hrsg.), Frieden und Recht, 1998, S. 217 (253); *E. de Wet*, ICLQ 55 (2006), S. 51 (62 f.).

538 *S. Kadelbach/T. Kleinlein*, AVR 44 (2006), S. 235 (247); *A. Peters*, LJIL 19 (2006), S. 579 (600); *E. de Wet*, ICLQ 55 (2006), S. 51 (62 f.); in diese Richtung auch *J. A. Frowein*, BDGVR 39 (1999), S. 427 (429 ff.), der die Bedeutung demokratischer Standards für die Anerkennung von Staaten betont.

539 *A. Peters*, LJIL 19 (2006), S. 579 (589, 601); dazu auch *D. Bodansky*, Ind. J. Global Leg. Stud. 16 (2009), S. 565 (579 f.); *M. Scheyli*, Konstitutionelle Gemeinwohlorientierung im Völkerrecht, 2008, 4. Kapitel; *ders.*, AVR 40 (2002), S. 271 (286); *D. Thürer*, SZIER 5 (1995), S. 455 (465); *R. Wahl*, in: FS Brohm, 2002, S. 191 (199 f.); vgl. auch *B.-O. Bryde*, Der Staat 42 (2003), S. 61 (64).

540 *B.-O. Bryde*, Der Staat 42 (2003), S. 61 (66); *M. Knauff*, ZaöRV 68 (2008), S. 453 (464 ff.); siehe auch *S. Kadelbach/T. Kleinlein*, AVR 44 (2006), S. 235 (252 ff.)

541 *M. Knauff*, ZaöRV 68 (2008), S. 453 (468 f.); *J. Kokott*, in: FG Schweizerischer Juristenverein, 2000, S. 3 (18); *D. Thürer*, SZIER 5 (1995), S. 455 (465).

542 *J. A. Frowein*, BDGVR 39 (1999), S. 427 (428, 437 f.) etwa betont die Sonderstellung von Menschenrechtsverträgen hinsichtlich der Staatennachfolge und Vorbehalten; *J. Kokott*, in: FG Schweizerischer Juristenverein, 2000, S. 3 (17 f.).

543 Begriff bei *J. Kokott*, in: FG Schweizerischer Juristenverein, 2000, S. 3 (20).

544 *T. Kleinlein*, Konstitutionalisierung im Völkerrecht, S. 15 f.; *T. Rensmann*, Wertordnung und Verfassung, 2007, S. 376 spricht von „materiellen ‚Verfassungsprinzipien'"; ebenso *A. Peters*, in: A. Cassese (Hrsg.), Realizing Utopia,

Wer einen institutionell-organisatorischen Verfassungsbegriff zugrunde legt oder die entsprechenden Verfassungsinhalte zumindest auch für relevant hält (institutionell-organisatorischer bzw. dualer Verfassungsbegriff), wird indessen die Herausbildung institutioneller Hierarchien und die Objektivierung der Rechtsdurchsetzungsstrukturen in den Mittelpunkt rücken. Die Bestimmungen des Kapitels VII der UN-Charta etwa erscheinen aus dieser Sicht als Sekundärnormen, die dem Sicherheitsrat sowohl exekutive als auch legislative und – über die Befugnis, selbst Gerichte einzusetzen oder Sachverhalte einem bestehenden Gericht zuzuweisen – mittelbar auch judikative Kompetenzen einräumen.[545] Die UN-Charta, so einige Konstitutionalisten daher, etabliere damit ein „system of governance", das es rechtfertige, in ihr eine „rudimentary constitutional order" der internationalen Gemeinschaft zu sehen.[546] Indizien für eine solche institutionell-organisationsrechtliche Verfassungsförmigkeit der Völkerrechtsordnung finden sich indes auch jenseits der UN-Charta. Die vereinzelt bestehenden Legislativkompetenzen internationaler Organisationen[547] lassen sich hier ebenso nennen wie die Streitschlichtungsorgane EuGH, EGMR und Appellate Body der Welthandelsorganisation.[548] In letzteren erblickt etwa *Alec Stone Sweet* ausgeprägte verfassungsgerichtsähnliche Judikativorgane, denn die Vertragsregime der EU, der EMRK und der WTO seien, wie es ein institutionell-organisatorischer Verfassungsbegriff erfordert, „constitu-

---

2012, S. 118 (124 f.); *dies.*, in: FS Walther-Schücking-Institut, 2014, S. 127 (131): „konstitutionelle Grundwerte".

545 Vgl. *C. Tomuschat*, in: UN (Hrsg.), International Law on the Eve of the Twenty-First Century, 1997, S. 37 (46): „Chapter VII of the Charter of the United Nations is the key element of that constitution." Siehe auch *R. Uerpmann*, JZ 56 (2001), S. 565 (567 f.); *E. de Wet*, ICLQ 55 (2006), S. 51 (64); ganz allgemein auf das „U.N. legal and institutional framework" rekurriert *E.-U. Petersmann*, NYU J. Int'l L. & Pol. 31 (1999), S. 753 (767).

546 *B. Fassbender*, Colum. J. Transnat'l L. 36 (1998), S. 529 (576); ebenfalls kritisch zur Qualifikation der UN-Charta als Verfassung der internationalen Gemeinschaft unter anderem *A. Peters*, LJIL 19 (2006), S. 579 (597 f.).

547 *R. Uerpmann*, JZ 56 (2001), S. 565 (567) in Bezug auf die Internationale Zivilluftfahrtorganisation.

548 *A. Stone Sweet*, Ind. J. Global Leg. Stud. 16 (2009), S. 621 (639 ff.); vgl. auch *R. Uerpmann*, JZ 56 (2001), S. 565 (568 f.); in diese Richtung auch *E.-U. Petersmann*, NYU J. Int'l L. & Pol. 31 (1999), S. 753 (780 f.); mit Bezug auf den ISGH *J. A. Frowein*, BDGVR 39 (1999), S. 427 (439) und *E. de Wet*, ICLQ 55 (2006), S. 51 (67).

ted, like the systems of virtually all nation-states today, by written meta-norms or codified secondary rules".[549] Wie bereits diese Beispiele zeigen, verengt der institutionell-organisatorische Verfassungsbegriff den Blick damit meist auf spezielle Vertragsregime, das allgemeine Völkerrecht bietet ihm nur wenige Anknüpfungspunkte. Allein die Anerkennung dezentraler Rechtsdurchsetzung im Rahmen völkerrechtlicher Verpflichtungen *erga omnes* lässt sich als normative Verankerung exekutiver (sofern Gegenmaßnahmen nicht betroffener Staaten in Frage stehen) und judikativer (sofern deren *ius standi* begründet wird) Befugnisse verstehen.[550]

Die damit bereits angesprochenen Anknüpfungspunkte decken sich mit denjenigen, die sich einem funktionellen Verfassungsbegriff im gegenwärtigen Völkerrecht bieten, weitgehend. Was dort inhaltlich beschrieben wird, wird hier funktionell gewendet. Nur einige Beispiele mögen das illustrieren: Institutionelle Hierarchisierungstendenzen etwa erfüllen im Lichte einer funktionellen Betrachtung hoheitsgewaltskonstitutive Funktionen (Konstitutierungsfunktion): sie begründen rechtlich verfasste Hoheitsgewalt einzelner völkerrechtlicher Akteure. Der Einzug verbindlicher Rechtswerte im Zuge der Materialisierung der Völkerrechtsordnung hingegen stellt sich aus funktioneller Perspektive als Beschränkung staatlicher Hoheitsgewalt dar (Begrenzungsfunktion).[551] Interessanterweise besser als seine Konkurrenten kann ein funktioneller Zugang auch die geschilderten Privatisierungstendenzen erfassen. Denn der Anerkennung der Völkerrechtssubjektivität privater Akteure kommt in seiner Beschreibung eine das Gemeinwesen konstituierende Funktion zu, sie erhebt die betroffenen Privaten zu Mitgliedern der internationalen Gemeinschaft mit eigenen Rechten. Durch die Zuweisung von Partizipationsrechten integriert[552] sie diese dabei zugleich in das Verfassungsleben (Integrationsfunktion).[553] Jenseits dieser Strukturen des allgemeinen Völkerrechts verengt indes auch der funktionelle Verfassungsbegriff die Perspektive oftmals auf einzelne Vertragsregime. So

---

549 *A. Stone Sweet*, Ind. J. Global Leg. Stud. 16 (2009), S. 621 (630 f.).

550 *J. A. Frowein*, BDGVR 39 (1999), S. 427 (443); *E. de Wet*, ICLQ 55 (2006), S. 51 (69).

551 Zu letzterem *A. Peters*, LJIL 19 (2006), S. 579 (599) in Bezug auf den internationalen Menschenrechtsschutz.

552 *R. Smend*, Verfassung und Verfassungsrecht, 1928, S. 32 ff. spricht hinsichtlich solcher Integrationsformen von „funktioneller Integration".

553 Vgl. *A. Peters*, LJIL 19 (2006), S. 579 (593, 599).

erfüllt die EMRK nach *Christian Walter* Verfassungsfunktionen deshalb, weil sie Hoheitsgewalt begrenzt und damit individuelle Freiheit sichert,[554] und *Ernst-Ulrich-Petersmann* sieht verfassungsspezifische Funktionen durch das Recht der Welthandelsorganisation (WTO) erfüllt;[555] schließlich konzentrierten sich die Abkommen auf „grundlegende Freiheitsprinzipien, Diskriminierungsverbote und Rechtsstaatsprinzipien“[556], die innerstaatliche Verfassungsgarantien verstärken und für alle WTO-Mitgliedstaaten eine obligatorische Gerichtsbarkeit begründen, die die Durchsetzung der entsprechenden Regeln gewährleistet.[557]

Sofern die erörterten Verfassungsbegriffe um formelle Kriterien, insbesondere den Vorrang der Verfassung erweitert werden, erlauben sie auch die normative Hierarchisierung des Völkerrechts, wie sie insbesondere in den Regeln des zwingenden Völkerrechts begegnet, zu erfassen.[558] Doch welcher Verfassungsbegriff auch zugrunde liegen mag, am Ziel einer bereits existierenden internationalen Verfassungsordnung wähnen sich bislang nur wenige Konstitutionalisten. *Robert Uerpmanns* euphorisches Credo, das internationale Verfassungsrecht sei „nicht Wunschtraum, sondern Realität“[559] bleibt insofern ein Unikum.[560] Deutlich überwiegt die Anzahl derjenigen, die angesichts der noch unvollkommenen Abbildung ihres Verfassungsbegriffs durch die völkerrechtliche Wirklichkeit lediglich eine im Entstehen befindliche internationale Verfassungsordnung[561] ausmachen. Verfassungsvokabular dient ihnen nicht zur Beschreibung des völkerrechtlichen Ist-Zustands, sondern zur Identifikation einer völkerrechtlichen Entwick-

---

[554] *C. Walter*, ZaöRV 59 (1999), S. 961 (965).

[555] *E.-U. Petersmann*, ZaöRV 65 (2005), S. 543 (554 ff.).

[556] Ebd., S. 556.

[557] Ebd., S. 554.

[558] *A. Fischer-Lescano*, ZaöRV 63 (2003), S. 717 (743 ff.); *A. Peters*, Int'l Legal Theory 11 (2005), S. 39 (45 f.); *dies.*, LJIL 19 (2006), S. 579 (599); *R. Uerpmann*, JZ 56 (2001), S. 565 (571 f.) für das *ius cogens* und Verpflichtungen *erga omnes*.

[559] *R. Uerpmann*, JZ 56 (2001), S. 565 (573).

[560] Siehe aber auch *J. A. Frowein*, RdC 248 (1994-IV), S. 345 (365): „[T]he threshold to a constitutional structure has long been crossed.“

[561] *E. de Wet*, LJIL 19 (2006), S. 611.

lungstendenz: einem Prozess der Konstitutionalisierung.[562] In diesem Sinne schließt etwa *Juliane Kokott* mit noch vorsichtigem Optimismus aus den besagten Phänomenen: „Ja, wir sind auf dem Wege zu einer Weltverfassung".[563]

c) Kritik

Im Lichte der vorstehenden Überlegungen erscheint der Wert eines konstitutionellen Strukturparadigmas für die Beschreibung des gegenwärtigen Völkerrechts in doppelter Hinsicht defizitär. Erstens fehlt der konstitutionellen Theorie bislang ein einheitlicher begrifflicher Maßstab.[564] Die Verwendung des Verfassungsbegriffs stellt stattdessen einen bloßen Formelkompromiss dar; der Bezug auf dessen Begriffsfamilie (Verfassung, Konstitution, Konstitutionalismus, Konstitutionalisierung etc.) eint die konstitutionelle Völkerrechtsdiskussion so nur vordergründig. Ein Blick hinter diesen vordergründigen Einklang bringt ans Licht, dass sich die Völkerrechtswissenschaft in ihrem Versuch einer konstitutionellen Rekonstruktion vier unterschiedliche Verfassungsbegriffe verwendet: einen funktionellen, einen materiellen, einen institutionell-organisatorischen und einen dualen. Selbst innerhalb dieser vier Gruppen aber, das haben die obigen Ausführungen gezeigt, bestehen Varianzen. Insbesondere die Frage, ob und wenn ja welche formalen Verfassungselemente in die Beschreibung miteinzubeziehen sind, wird unterschiedlich beurteilt: Sind diese gänzlich verzichtbar, genügt normenhierarchischer Vorrang oder bedarf es gar eines verfassungsschöpfenden Aktes? Dass in den einzelnen Beiträgen funktionelle und inhaltliche Verfassungsverständnisse teilweise fließend ineinander überge-

---

562 Vgl. *B.-O. Bryde*, Der Staat 42 (2003), S. 61 (63); *J. A. Frowein*, BDGVR 39 (1999), S. 427 (446); *S. Kadelbach/T. Kleinlein*, AVR 44 (2006), S. 235 (266); *M. Knauff*, ZaöRV 68 (2008), S. 453 (470).

563 *J. Kokott*, in: FG Schweizerischer Juristenverein, 2000, S. 3 (20).

564 Zur Uneinheitlichkeit des Sprachgebrauchs auch *C. Mac Amhlaigh*, GlobCon 5 (2016), S. 173 (174 ff.); *A. J. Peaslee*, ASIL Proc. 35 (1941), S. 100; *A. Peters*, ZÖR 65 (2010), S. 3 (10); *dies.*, in: A. Orford/F. Hoffmann (Hrsg.), The Oxford Handbook of the Theory of International Law, 2016, S. 1011 (1015); *V. P. Tzevelekos/L. Lixinski*, LJIL 29 (2016), S. 343 (348 f.); *R. Wahl*, in: FS Brohm, 2002, S. 191 (199).

hen,[565] illustriert den begrifflichen Nuancenreichtum des Diskussionsfeldes.[566]

Dieser wächst noch dadurch, dass viele der einschlägigen Beiträge, auch das hat der obige Überblick exemplarisch illustriert, Verfassung nicht als Zustandsbegriff verwenden, sondern, bemüht um eine ausgewogene Beschreibung, zurückhaltend von einem Prozess der Konstitutionalisierung sprechen. Die terminologischen Schwierigkeiten reißen mit der Betonung des Prozesscharakters indessen nicht ab; ja, man könnte gar das Gegenteil annehmen, erhält mit dem Konzept eines „Verfassungsrechts im Werden" doch eine graduelle Dimension Einzug in die Debatte, die das Potential hat, den Verfassungsbegriff weiter aufzuweichen.[567] Durch diese ist die Frage nach der Verfassungsförmigkeit einer Rechtsordnung nicht mehr „a matter of yes or no, but of more or less".[568] Keinesfalls muss man das als „Charme der Unbestimmtheit der Redeweise" und des „großen Verwendungspotential[s] eines noch unbeschriebenen und ungenauen Begriffes" beschönigen,[569] es besteht aber auch kein Anlass, diesen Sprachgebrauch als begriffliche Verwässerung zu verdammen. Versteht man den Begriff der Konstitutionalisierung als Beschreibung eines zeitlich ausgedehnten Entstehungsprozesses verfassungsrechtlicher Strukturen,[570] teilt er zwar die Ungenauigkeiten des Verfassungsbegriffes, auf den er rekurriert,[571] fügt ihm aber zumindest

---

565 Das zeigt etwa *A. Peters*, LJIL 19 (2006), S. 579 (585), die verfassungstypische Funktionen und Inhalte in einem gemeinsamen Abschnitt behandelt; ebenso *dies.*, Int'l Legal Theory 11 (2005), S. 39 (46 ff.).

566 *Fassbender* setzt sogar in unterschiedlichen Beiträgen unterschiedliche Schwerpunkte (siehe die Nachweise in Fn. 522 einerseits und Fn. 529 andererseits).

567 Diesbezüglich kritisch *R. Wahl*, in: FS Brohm, 2002, S. 191 (191 f.).

568 *D. Bodansky*, Ind. J. Global Leg. Stud. 16 (2009), S. 565 (571); ebenso *S. Besson*, in: J. L. Dunoff/J. P. Trachtman (Hrsg.), Ruling the World?, 2009, S. 381 (385); *T. Cottier/M. Hertig*, MPYUNL 7 (2003), S. 261 (282 f.); *A. Peters*, ZÖR 65 (2010), S. 3 (11); *N. Walker*, in: G. de Búrca/J. Scott (Hrsg.), The EU and the WTO. Legal and Constitutional Issues, 2001, S. 31 (33).

569 Beide Zitate bei *R. Wahl*, in: FS Brohm, 2002, S. 191 (192).

570 *A. Peters*, Ind. J. Global Leg. Stud. 16 (2009), S. 397 (397 f.); *dies.*, ZÖR 65 (2010), S. 3 (11); ähnlich, wenn auch weiter *C. Möllers*, in: A. v. Bogdandy/J. Bast (Hrsg.), Europäisches Verfassungsrecht, 2. Aufl. 2009, S. 227 (265); auf gegenläufige Tendenzen hinweisend *H. Krieger*, VVdStRL 75 (2016), S. 439 (449 ff.).

571 *M. Knauff*, ZaöRV 68 (2008), S. 453 (455 f.).

nicht notwendig weitere hinzu. Die konstitutionelle Sprachverwirrung würde man ihm deshalb zu Unrecht anlasten. So lange sich das internationale Recht *de lege lata* nicht dem exklusiven Erklärungsanspruch eines einzigen Strukturparadigmas unterwirft – und das ist nicht zu erwarten –, sondern einen Hybrid darstellt, der sich im Laufe der Zeit über die Schnittstellen der Strukturparadigmen hinweg in die eine oder andere Richtung bewegt, hat daher auch ein gradueller Verfassungsbegriff, wie ihn sich der Konstitutionalisierungsansatz zur Grundlage nimmt, seine Berechtigung. Ohne Zweifel ist das Völkerrecht keine vollständig verfassungsförmige Ordnung; einzelne verfassungsähnliche Spuren aufzuweisen, wird man ihm aber nicht absprechen können. Nehmen diese Anteile im Laufe der Zeit zu, spricht deshalb nichts dagegen, diese Entwicklung als Konstitutionalisierung zu bezeichnen. Unternimmt man den Versuch, das geltende Völkerrecht in seinem Ist-Zustand zu beschreiben, bedarf es indessen keiner Betonung von Entwicklungstendenzen. Es genügt festzuhalten, ob und, falls ja, in welchem Umfang, die aktuelle Völkerrechtsordnung als internationale Verfassungsordnung treffend beschrieben ist.

Eher ernüchternd fällt demnach das Ergebnis aus: Statt begrifflicher Klarheit bestimmen terminologische Verwirrungen die Diskussion, die der Konstitutionalisierungsdiskussion eine „Babel-like quality" verleihen.[572] So bleiben Zweifel daran nicht aus, ob ein derart mehrdeutiger Verfassungsbegriff dem oben an ein Strukturparadigma gestellten Anspruch gerecht werden kann. Eindeutige Ausdrucksmittel jedenfalls vermag er der völkerrechtlichen Anschauung nicht zu verleihen.[573]

Zweitens – und auch das hat der oben stehende Überblick gezeigt – präsentiert sich die derzeitige konstitutionelle Beschreibung des Völkerrechts deshalb als defizitär, weil sie bedingt durch die Wahl ihres Verfassungsbegriffs die Phänomene des modernen Völkerrechts oftmals stark einseitig beleuchtet. Sofern etwa im Rahmen des institutionell-organisatorischen Verfassungsbegriffs vorrangig die Organisation von Hoheitsfunktionen und die institutionelle Struktur der Völkerrechtsordnung in den Vordergrund treten, bleibt die Materialisierung des Völkerrechts weitestgehend unberücksichtigt. Sofern sich die Diskussi-

---

[572] Treffend *D. Bodansky*, Ind. J. Global Leg. Stud. 16 (2009), S. 565 (567); ähnlich *C. Mac Amhlaigh*, GlobCon 5 (2016), S. 173 (173, 176): „constitutional cacophony"; siehe auch *T. Opsahl*, ICLQ 10 (1961), S. 760 (777), der deshalb vorschlägt, auf den Begriff eines „international constitutional law" völlig zu verzichten.

[573] So aber die Forderung *Webers* für Idealtypen; dazu bereits oben S. 15.

on andererseits mit dem materiellen Verfassungsbegriff auf die Ausbildung einer verfassungsähnlichen Werteordnung konzentriert, hebt sie zwar die materielle Anreicherung des Völkerrechts um den Schutz von Werten und Interessen, die der Völkerrechtsordnung bislang fremd waren, hervor und berücksichtigt meist auch die normhierarchische Dimension des gegenwärtigen Völkerrechts. Uninteressiert hingegen zeigt sie sich gegenüber der Herausbildung institutioneller Hierarchien. Objektivierung von Rechtsetzung und Rechtsdurchsetzung erfasst sie lediglich als Indiz einer entstehenden objektiven Werteordnung, ihre institutionellen Implikationen blendet sie aus. Zur begrifflichen Erfassung des modernen Völkerrechts eignen sich diese beschränkten Verfassungsbegriffe deshalb nicht.

Diese inhaltliche Einseitigkeit wird durch eine teils erheblich verengte Untersuchungsperspektive noch begünstigt, hat die obige Darstellung doch gezeigt, dass oftmals nicht die Völkerrechtsordnung in ihrer Gesamtheit in den Blick genommen wird, sondern stattdessen nach Verfassungscharakteristika der Weltwirtschaftsordnung[574] oder der UN-Charta,[575] des Rechts der Staatenverantwortlichkeit[576] oder des Friedenssicherungssystem der Vereinten Nationen,[577] der EMRK[578] oder

---

[574] *D. Z. Cass*, EJIL 12 (2001), S. 39; *J. L. Dunoff*, J. Int'l L. & Int'l Rel. 1 (2004-2005), S. 191; *ders.*, EJIL 17 (2006), S. 647; *T. Kill*, Minn. J. Int'l L. 20 (2011), S. 65; *M. Krajewski*, Verfassungsperspektiven und Legitimation des Rechts der Welthandelsorganisation, 2001, S. 120 ff.; *ders.*, JWT 35 (2001), S. 167; *S. Langer*, Grundlagen einer internationalen Wirtschaftsverfassung, 1995; *J. O. McGinnis/M. L. Movsesian*, Harv. L. Rev. 114 (2000), S. 511; *E.-U. Petersmann*, Constitutional Functions and Constitutional Problems of International Economic Law, 1991; *ders.*, ZaöRV 65 (2005), S. 543; *J. P. Trachtman*, EJIL 17 (2006), S. 623.

[575] *M. W. Doyle*, in: J. L. Dunoff/J. P. Trachtman (Hrsg.), Ruling the World?, 2009, S. 113; *P.-M. Dupuy*, MPYUNL 1 (1997), S. 1; *B. Fassbender*, Colum. J. Transnat'l L. 36 (1998), S. 529; *ders.*, in: J. L. Dunoff/J. P. Trachtman (Hrsg.), Ruling the World?, 2009, S. 133; *T. M. Franck*, in: LA Eitel, 2003, S. 95; *R. S. J. Macdonald*, in: ders./D. M. Johnston (Hrsg.), The Structure and Process of International Law, 1983, S. 889.

[576] *A. Nollkaemper*, Ind. J. Global Leg. Stud. 16 (2009), S. 535.

[577] *M. Herdegen*, Vand. J. Transnat'l L. 27 (1994), S. 135.

[578] *C. Walter*, ZaöRV 59 (1999), S. 961; *ders.*, ZaöRV 75 (2015), S. 753 (763 f.); vgl. ferner *A. Stone Sweet*, Ind. J. Global Leg. Stud. 16 (2009), S. 621 (639 ff.).

des Umweltvölkerrecht[579] gefragt wird. *Pars pro toto* stehen diese Ansätze für einen konstitutionellen Diskurs, der kaum seltener als nach den Verfassungsstrukturen der Völkerrechtsordnung in ihrer Gesamtheit nach sektorspezifischen Teilverfassungen und materiell beschränkten Konstitutionalisierungsprozessen[580] fragt. Rechtsphänomene, die außerhalb der untersuchten Sektoren liegen, wollen diese Ansätze nicht erfassen.

Das Potential, diese Probleme der Einseitigkeit zu überwinden, hat allein ein um das formale Element hierarchisch vorrangiger Geltung angereichertes funktionelles oder duales Verfassungsverständnis, das mit perspektivischem Weitwinkel die Völkerrechtsordnung in ihrer Gesamtheit in den Blick nimmt.

2. *Die normative Perspektive: Internationales Verfassungsrecht zwischen Vision und Dogmatik*

Dass die Beliebtheit konstitutionellen Völkerrechtdenkens ungebrochen ist, obwohl ihm ein einheitlicher Verfassungsbegriff fehlt und es die Phänomene des modernen Völkerrechts – teils der Entscheidung für einen Verfassungsbegriff, teils einer selbstgewählten perspektivischen Verengung geschuldet – bislang oft nicht angemessen erfasst, legt eine Vermutung nahe, die *Oliver Diggelmann* und *Tilmann Altwicker* wie folgt formuliert haben:

> „[T]he world-constitutionalism argument cannot derive its force entirely from its explanatory value. [...] In our view, the concept cannot be understood appropriately if it is regarded as a purely „analytical“ or „descriptive“ tool. It has a „subtext“ which deserves our attention.“ [581]

---

579 *D. Bodansky*, Ind. J. Global Leg. Stud. 16 (2009), S. 565; *M. Scheyli*, AVR 40 (2002), S. 273; *ders.*, Konstitutionelle Gemeinwohlorientierung im Völkerrecht, 2008.

580 Auf deren Plural insistierend *C. Walter*, ZaöRV 75 (2015), S. 753 (761).

581 *O. Diggelmann/T. Altwicker*, ZaöRV 68 (2008), S. 623 (631); ebenso *J. Klabbers*, in: J. Kammerhofer/J. d'Aspremont (Hrsg.), International Legal Positivism in a Post-Modern World, 2014, S. 264 (266 f.); siehe zur Mehrdimensionalität der Konstitutionalisierungsdebatte auch *J. Klabbers*, in: J. Klabbers/A. Peters/G. Ulfstein, The Constitutionalization of International Law, 2009, S. 1 (4).

Der folgende Abschnitt soll zeigen, dass dieser Subtext ein normativer ist. In drei unterschiedlichen Varianten geht die Diskussion konstitutioneller Konzepte im Völkerrecht über die bloß beobachtende Beschreibung des Völkerrechts *de lege lata* hinaus: Erstens impliziert bereits ihr Sprachgebrauch ein normatives Ideal (dazu lit. a), für das sie zweitens oftmals auch offen mit den Argumenten praktischer Vernunft oder politischen Pragmatismus' eintritt (dazu lit. b). Um die punktuell beobachtbaren strukturellen Wandlungen des Völkerrechts rechtlich-methodisch zu legitimieren, dient ihr der behauptete Verfassungsstatus mancher Völkerrechtsnormen drittens als dogmatisches Argument (dazu lit. c). Angesichts der oben ausgemachten dogmatischen Lücke, die das moderne Völkerrecht hinterlässt, ist insbesondere die dritte normative Dimension konstitutioneller Völkerrechtstheorie hier von Bedeutung.

a) Internationales Verfassungsrecht als „hidden agenda“[582]

Unausgesprochen und möglicherweise gar unbeabsichtigt impliziert die Interpretation des Völkerrechts im Lichte des Verfassungsparadigmas selbst dann, wenn sie nur beschreiben will, bereits durch ihre Terminologie ein normatives Ideal. Besonders deutlich wird dies dort, wo die Diskussion auf den prozesshaften Terminus der Konstitutionalisierung zurückgreift, hat dieser doch nicht nur eine rückwärtsgewandt-deskriptive sondern angesichts der beinahe *unisono* erklingenden Feststellung, ein vollausgebildetes internationales Verfassungsrecht existiere noch nicht, eine ebenso zukunftsgerichtet-präskriptive Dimension. Die Feststellung einer „fortschreitende[n] Konstitutionalisierung“[583] oder einer „emerging constitutional order“[584] ist nicht weniger Prognose und Versprechen als Analyse und Beschreibung.[585] Sie suggeriert, die bislang beobachtete Entwicklung setze sich – den methodischen Problemen ei-

---

[582] So bezeichnet bei *O. Diggelmann/T. Altwicker*, ZaöRV 68 (2008), S. 623 (650).

[583] *R. Uerpmann*, JZ 56 (2001), S. 565.

[584] *E. de Wet*, LJIL 19 (2006), S. 611.

[585] Deutlich *A. Tschentscher*, VVdStRL 75 (2016), S. 407 (426: „schafft einen Erwartungshorizont“, 430: „regulative Idee“); vgl. auch *T. Kleinlein*, Konstitutionalisierung im Völkerrecht, 2012, S. 59: „Versprechen einer Überwindung der Politik“.

nes solchen notwendig induktiven Schlusses zum Trotz[586] – konsequent fort. Der Begriff der Konstitutionalisierung zeichnet den Entwicklungsprozess hin zu einer verfassungsförmigen Ordnung so terminologisch vor. Diese begrifflich angelegte Teleologie verleiht ihm einen normativen Impetus, der auch dann mitschwingt, wenn er lediglich als Analyseinstrument verwendet wird.[587] Aus der Feder von *Anne Peters* klingt das so:

> „It [Anm: the constitutionalist reconstruction] reminds us of the linkage between the various features of constitutionalism and *calls for complementing the existing constitutional features of international law* (such as judicial review of governmental acts) with missing ones, such as democracy and judicial review of the acts of international organizations."[588]

Selbst dort aber, wo auf den Prozessbegriff der Konstitutionalisierung verzichtet wird, schwingt das Ideal globaler Verfassungsstrukturen stets mit. Entscheidend hängt das damit zusammen, dass sich der Rekurs auf den Verfassungsbegriff nie auf rein terminologischer Ebene bewegt. Die stark an die Geschichte des Nationalstaates gekoppelte und entsprechend positiv konnotierte Begriffsgeschichte vermag er nicht hinter sich zu lassen.[589] Diese Verschmelzung von juristischen und politischen Fragen aber verleiht „jeder verfassungstheoretischen Aussage auch eine verfassungspolitische Bedeutung".[590] In der neueren Literatur zur konstitutionellen Völkerrechtstheorie ist man sich dessen zunehmend bewusst:

---

[586] Zu den Schwierigkeiten induktiven Schließens *K. Popper*, Logik der Forschung, 11. Aufl. 2005, S. 3 ff. sowie *J. Vickers*, The Problem of Induction, in: E. N. Zalta (Hrsg.), The Stanford Encyclopedia of Philosophy (Stand: Herbst 2014).

[587] Vgl. *M. Herdegen*, Völkerrecht, 15. Aufl. 2016, § 5 Rdn. 8, der davon spricht, dass der Begriff „kaum einlösbare Erwartungen [...] weckt";

[588] *A. Peters*, Ind. J. Global Leg. Stud. 19 (2006), S. 397 (403) (eigene Hervorhebung).

[589] *C. Möllers*, in: A. v. Bogdandy/J. Bast (Hrsg.), Europäisches Verfassungsrecht, 2. Aufl. 2009, S. 227 (228); vgl. auch *J. Klabbers*, IO L. Rev. 1 (2004), S. 31 (47 f.).

[590] *C. Möllers*, in: A. v. Bogdandy/J. Bast (Hrsg.), Europäisches Verfassungsrecht, 2. Aufl. 2009, S. 227 (228).

„Constitutional paradigms do not just make intelligible and help interpret the present legal and political world. They also shape how we imagine its future.“[591]

b) Internationales Verfassungsrecht als „open agenda“

Für die Implikationen, die der Verfassungsbegriff mehr oder weniger versteckt in sich trägt, treten andere Konstitutionalisten ganz offen ein. Die Errichtung einer internationalen Verfassungsordnung erheben sie, gestützt auf Argumente praktischer Vernunft oder politischen Pragmatismus, zur offenen Forderung. Freilich, die rechtswissenschaftliche Methodik gerät hier an ihre Grenzen. Denn nicht die Analyse des Rechts *de lege lata* steht im Zentrum, sondern die argumentative Auseinandersetzung mit normativen Modellen *de lege ferenda*. Und so sind es insbesondere Philosophen und Vertreter der normativen politischen Theorie, deren Beiträge diese Dimension der Diskussion bestimmen:[592] *Otfried Höffe* etwa argumentiert, es sei moralisch geboten, auch im Lichte der Globalisierungsentwicklungen das Demokratiegebot nicht aufzugeben und „der Verdrängung der Politik durch den Markt“ vorzubeugen.[593] Hierzu trägt er ein umfangreiches Plädoyer für die Konstitutionalisierung des internationalen Rechts vor, die bei ihm in einer kantianisch inspirierten „subsidiären und föderalen Weltrepublik“ ihren Abschluss findet.[594] In einem viel beachteten Beitrag hat auch *Jürgen Habermas* für eine Konstitutionalisierung des Völkerrechts plädiert.[595] Verwirklicht wissen will er diese durch eine Reform der Vereinten Na-

---

591 *M. Kumm*, in: J. L. Dunoff/J. P. Trachtman (Hrsg.), Ruling the World?, 2009, S. 258 (324); siehe auch *H. Krieger*, VVdStRL 75 (2016), S. 439 (441): die Konstitutionalisierungsthese sei „ein politisches Projekt“; *A. Tschentscher*, VVdStRL 75 (2016), S. 407 (408): „Deutungsmuster für [...] die völkerrechtliche Zukunft“; sehr kritisch dazu *J. Kammerhofer*, LJIL 23 (2010), S. 723 (725 f., 727 f.).

592 So auch *A. v. Bogdandy*, ZaöRV 63 (2003), S. 853 (871); aus der Rechtswissenschaft aber ebenfalls in diese Richtung *A. Peters*, in: A. Cassese (Hrsg.), Realizing Utopia, 2012, S. 118 (128 ff.), die das kritische Potential der Konstitutionalisierungsdebatte betont und Vorschläge *de lege ferenda* unterbreitet.

593 *O. Höffe*, Demokratie im Zeitalter der Globalisierung, 1999, S. 25 f.; ähnlich *D. Held*, Models of Democracy, 3. Aufl. 2006, S. 304 ff.

594 *O. Höffe*, Demokratie im Zeitalter der Globalisierung, 1999, S. 229 ff

595 *J. Habermas*, in: ders., Der gespaltene Westen, 2004, S. 113.

tionen.[596] Teils argumentiert er dabei pragmatisch: im Lichte der Herausforderungen der „postnationalen Konstellation" überwiegen die Vorteile des Konstitutionalisierungsprojektes diejenigen der zur Verfügung stehenden alternativen Visionen, allen voran einer Welt unter Hegemonie der Vereinigten Staaten;[597] teils moralisch: „der moralische Universalismus" sei „die maßstabsbildende Intuition" für eine Konstitutionalisierung des Völkerrechts durch eine zeitgemäße Rekonstruktion der kantischen Weltrepublik.[598] Das dabei stark gemachte normative Anliegen, die Konstitutionalisierung des Völkerrechts voranzutreiben, stößt auch im juristischen Schrifttum auf offene Sympathie.[599] Auch aus dem rechtswissenschaftlichen Lager ist der rechtspolitische Ruf nach einer Konstitutionalisierung des Völkerrechts daher klar und deutlich zu vernehmen.[600] Eine Antwort auf das dogmatische Kernproblem der beobachteten Völkerrechtsentwicklung bleibt die konstitutionelle Theorie aber auch hier zunächst schuldig.

---

596 Ebd., S. 172 ff.; so in jüngerer Zeit erneut *J. Habermas*, ZaöRV 72 (2012), S. 1 (35 ff.).

597 Ebd., S. 148, 178 ff. und *passim*.

598 *J. Habermas*, in: ders., Die Einbeziehung des Anderen, 1996, S. 192 (207 ff.), Zitat auf S. 219.

599 Deutlich etwa bei *A. Paulus*, in: J. L. Dunoff/J. P. Trachtman (Hrsg.), Ruling the World?, 2009, S. 69 (108) und *A. Peters*, in: J. Klabbers/A. Peters/G. Ulfstein, The Constitutionalization of International Law, 2009, S. 153 (157).

600 Siehe etwa die ausführliche Arbeit von *A. Emmerich-Fritsche*, Vom Völkerrecht zum Weltrecht, 2007, die, ebenfalls kantianisch ansetzend, die Konstitutionalisierung der Weltordnung auf insgesamt fünf unterschiedlichen Verfassungsebenen zu einem „Postulat praktischer Vernunft" erklärt (ebd., S. 306) und ein Modell konzipiert, das den Bereich des Völkerrechts in gleich dreifacher Weise konstitutionalisiert: in Regionalverfassungen, einer „Verfassung der Völkergemeinschaft" und einer „Welt- und Weltbürgerlichen Verfassung" (ebd., S. 312). Pragmatischer argumentiert etwa *Anne Peters*, deren Appell zu einer Konstitutionalisierung des Völkerrechts von der pragmatischen Erwägung getragen ist, dass Nationalverfassungen aufgrund der immer weiter reichenden Übertragung von Aufgaben auf außerstaatliche Institutionen die ihnen ursprünglich zugedachten Funktionen nicht mehr vollständig erfüllen können (siehe *A. Peters*, LJIL 19 (2006), S. 579).

c) Internationales Verfassungsrecht als dogmatisches Argument

Die Frage, die so noch bleibt, ist eine genuin juristische: Hält die normative Dimension konstitutioneller Völkerrechtstheorie auch Instrumente bereit, um die strukturellen Entsouveränisierungserscheinungen des gegenwärtigen Völkerrechts dogmatisch zu erfassen und zu erklären? Wie also reagiert die konstitutionelle Dogmatik auf Objektivierung, Hierarchisierung und Privatisierung des Völkerrechts? Beschreibung (dazu lit. aa) und Kritik (dazu lit. bb) der konstitutionellen Antwort auf diese Fragen unternimmt der folgende Abschnitt.

aa) Beschreibung

Die konstitutionelle Antwort auf die dogmatischen Herausforderungen der strukturellen Entsouveränisierung kommt deutlich weniger subtil daher als ihre kommunitäre Alternative. Der Kern ihres dogmatischen Instrumentariums besteht darin, die Klassifikation bestimmter Normen als dem internationalen Verfassungsrecht zugehörig zum Interpretationsargument zu erheben; der verfassungsrechtliche Status dieser Normen erwächst so unmittelbar in rechtsfolgenbegründender bzw. -modifizierender Bedeutung. Die Motivation der konstitutionellen Theorie scheint es dabei nicht allein und nicht vorrangig zu sein, die beobachteten Strukturwandelphänomene in dogmatische Form zu kleiden, um den dogmatischen Wandel auf diesem Wege erfassen zu können. Im Zentrum scheint vielmehr die Intention zu stehen, der idealistischen Vision einer konstitutionellen Völkerrechtsordnung mit den Mitteln völkerrechtlicher Dogmatik auf den Weg zu verhelfen.[601] Bereits beobachtete Konstitutionalisierungsentwicklungen werden auf eine allgemeine dogmatische Grundlage gestellt, um ihre Fortsetzung zu sichern. Sind die dogmatischen Grundsätze einmal gefunden, können sie indes auch zur Erklärung bereits beobachteter Durchbrechungen klassischer Dogmatik dienen. Doch was heißt es konkret, wenn die Konstitutionalisierungstheorie den Verfassungsstatus bestimmter Normen zum dogmatischen Argument macht? An zwei Beispielen lässt sich das leicht illustrieren: Erstens an der Diskussion über spezielle Auslegungsgrundsätze für internationales Verfassungsrecht, zweitens an den behaupteten Rechtsfolgen des Status der UN-Charta als Verfassung der internationalen Gemeinschaft.

---

[601] Kritisch dazu *J. Kammerhofer*, LJIL 23 (2010), S. 723 (727): „a modern form of natural law theory, hidden under positivist rhetoric".

Konstitutionelles Völkerrecht, so die in der Konstitutionalisierungslehre verbreitete Position, sei aufgrund ihres Verfassungscharakters anders auszulegen als gewöhnliches Völkerrecht.[602] Die konstitutionelle Rekonstruktion der Völkerrechtsordnung sei als „guideline for the (dynamic) interpretation of international law towards a more constitutionalized community" zu verstehen[603] und die Interpretation des völkerrechtlichen Verfassungsrechts folglich von der strikten Orientierung am Willen der Vertragsparteien und somit auch von den *travaux préparatoires* zu lösen. Damit müsse die Auslegung, um objektive Sinnermittlung bemüht, die Verfassung als „living instrument" verstehen und bereit sein, im Wege dynamisch-evolutiver Interpretation den sich wandelnden Umständen und Wertvorstellungen Raum zu geben.[604] Doch ob sich der Inhalt der geforderten verfassungsrechtlichen Auslegung tatsächlich hierauf beläuft, harrt noch der Klärung. Denn der soeben genannten, auf den konstitutionellen Normcharakter gestützten Forderung einer weiten Auslegung korrespondiert am gegenüberliegenden Ende des Meinungsspektrums die Ansicht, gerade die konstitutionelle Interpretation des Völkerrechts berge das Potential, die Befugnisse internationaler Organisationen zu beschränken und eine Ausweitung des internationalen Rechts auf Kosten des nationalen Rechts zu verhindern.[605] Freilich bilden diese beiden Positionen keine notwendigen Gegensätze, doch der konkrete Fall beweist: sie konfligieren. Während et-

---

[602] *B.-O. Bryde*, Der Staat 42 (2003), S. 61 (63); *B. Fassbender*, Colum. J. Transnat'l L. 36 (1998), S. 529 (594 ff.); *T. M. Franck*, in: LA Eitel, 2003, S. 95 (102 ff.); *A. Peters*, Ind. J. Global Leg. Stud. 16 (2009), S. 397 (406); *dies.*, in: J. Klabbers/A. Peters/G. Ulfstein, The Constitutionalization of International Law, 2009, S. 153 (157).

[603] So *A. Peters*, in: J. Klabbers/A. Peters/G. Ulfstein, The Constitutionalization of International Law, 2009, S. 153 (157).

[604] *B. Fassbender*, Colum. J. Transnat'l L. 36 (1998), S. 529 (594 f.); *T. M. Franck*, in: LA Eitel, 2003, S. 95 (102 f.). Besonders deutlich wird dieser Auslegungsansatz auch in der Rechtsprechung des EGMR, siehe etwa EGMR, *Loizidou v. Turkey*, Appl. No. 15318/89, Preliminary Objections, Urt. v. 23. März 1995, Rdn. 71: „[t]he Convention is a living instrument which must be interpreted in the light of present-day conditions". Obwohl der EGMR die Konvention dabei zugleich als ein „constitutional instrument of European public order" versteht (ebd., Rdn. 75), zieht er den Verfassungscharakter der Konvention bislang nicht als argumentative Stütze dieser dynamischen Auslegungsmethode heran.

[605] *A. Paulus*, in: J. L. Dunoff/J. P. Trachtman (Hrsg.), Ruling the World?, 2009, S. 69 (108).

wa *Andreas Paulus* im letztgenannten Sinne feststellt, dass „a constitutional reading [of the UN Charter] would […] be sceptical about the recent broadening of the sanctioning practice of the Security Council",[606] begründet *Bardo Fasssbender* gerade diese Ausweitung der Kompetenz des Sicherheitsrates mit dem konstitutionellen Charakter der Charta.[607] Neben diesen beiden Polen finden sich schließlich drittens noch Stimmen, die die *differentia specifica* einer konstitutionellen Auslegung darin sehen, dass im Falle eines Normkonflikts nicht formelle Kriterien, sondern die Bedeutung der geschützten Norminhalte über den Vorrang entscheidet, der wichtigeren Norm also der Vorzug zu gewähren ist.[608]

Sofern die völkerrechtlichen Konstitutionalisten solche methodischen Folgerungen nicht zu ziehen bereit sind,[609] begegnet ihnen Verwunderung. „Eigentümlich konsequenzlos", so formuliert etwa *Bardo Fassbender*, bleibe die Bezeichnung der UN-Charta als Verfassung etwa bei *Alfred Verdross* und *Bruno Simma*;[610] eine Verfassung, die nur als wissenschaftliches Analyseinstrument diene, „would be a rather poor thing".[611] Selbst weiß er diesen (vermeintlichen) Mangel zu vermeiden, bleibt seine Qualifikation der UN-Charta als Verfassung der internationalen Gemeinschaft doch nicht ohne dogmatische Folgen. Unter anderem sei es gerade auf den konstitutionellen Charakter der Charta zurückzuführen und nur durch ihn zu erklären, dass sie ihren Geltungsanspruch nicht auf die Mitgliedstaaten beschränke.[612] Ja, weil die Charta die Verfassung der internationalen Gemeinschaft darstelle und diese nicht lediglich aus Staaten bestehe, binde sie sogar Individuen und nichtstaatliche Entitäten, wie Aufständische oder multinationale Unternehmen. Sicherheitsratsresolutionen, die sich an diese wenden, fänden

---

606 Ebd., S. 100.

607 *B. Fassbender*, Colum. J. Transnat'l L. 36 (1998), S. 529 (609 f.) in Bezug auf die Kompetenz, auch Individuen mit Sanktionen zu adressieren.

608 So insbesondere *A. Peters*, in: J. Nijman/A. Nollkaemper (Hrsg.), New Perspectives on the Divide Between National and International Law, 2007, S. 251 (306); *dies*., Ind. J. Global Leg. Stud. 16 (2009), S. 397 (406); ähnlich auch *R. Uerpmann*, JZ 56 (2001), S. 565 (572).

609 So etwa *C. Tomuschat*, RdC 281 (1999), S. 9 (88).

610 *B. Fassbender*, in: FS Isensee, 2007, S. 73 (79 f.).

611 *B. Fassbender*, in: J. L. Dunoff/J. P. Trachtman (Hrsg.), Ruling the World?, 2009, S. 133 (137).

612 *B. Fassbender*, Colum. J. Transnat'l L. 36 (1998), S. 529 (593 f.).

gerade im Verfassungscharakter der Charta ihre Grundlage.[613] Auch verleihe die Charta als Verfassung der internationalen Gemeinschaft einem jeden Staat, der die Voraussetzungen des Art. 4 Abs. 1 UN-Charta erfüllt, ein Recht auf Mitgliedschaft. Einen entsprechenden Aufnahmeantrag seien auch die bestehenden Mitglieder dann zu befürworten verpflichtet.[614] Darüber hinaus folge aus dem Verfassungscharakter der Charta, dass eine Chartaänderung nur über die in Art. 108 f. UN-Charta vorgesehenen Verfahren möglich sei[615] und die Mitgliedstaaten dabei in inhaltlicher Hinsicht die Verpflichtung treffe, die Kernprinzipien der Charta zu bewahren.[616] Diese inhaltliche Bindung an die Kernprinzipien der Charta habe auch Auswirkungen auf die seit langem diskutierte Reform des Sicherheitsrates:

> „[O]ne can say that if a reform of the Council made it impossible for the organization effectively to serve [its] purpose, such a reform would have to be deemed unconstitutional. To put it differently, because the Charter is the constitution of the international community, member states are obliged to maintain a mechanism with a certain minimum ability to safeguard international peace."[617]

Solche Tendenzen, dem konstitutionellen Denken eine dogmatische Funktion zuzuweisen, dringen – wenn auch bislang nur punktuell – auch in den Bereich der völkerrechtlichen Rechtsprechung vor.[618] Bereits in einem Sondervotum zum Völkermordgutachten des IGH trug Richter *Alvarez* die Ansicht vor, die Genozidkonvention sei Teil der internationalen Verfassungsordnung.[619] Deshalb sei die Konvention dynamisch und zukunftsgerichtet auszulegen;[620] und unter anderem deshalb seien Vorbehaltserklärungen hinsichtlich der Konvention unzuläs-

---

[613] Ebd., S. 609 f.

[614] Ebd., S. 610.

[615] Ebd., S. 600.

[616] Ebd., S. 605 f.

[617] Ebd., S. 606.

[618] Zur dogmatischen Funktion konstitutionellen Denkens in der Rechtsprechung des EuGH siehe *C. Möllers*, in: A. v. Bogdandy/J. Bast (Hrsg.), Europäisches Verfassungsrecht, 2. Aufl. 2009, S. 227 (260 ff.).

[619] IGH, *Reservations to the Convention on Genocide*, Advisory Opinion, Diss. Op. Alvarez, ICJ Rep 1951, S. 49 (51).

[620] Ebd., S. 53.

sig.[621] Auch der EGMR hat sich zur Beantwortung einzelner Rechtsfragen auf den Verfassungsstatus der Europäischen Menschenrechtskonvention gestützt. So begründete der Gerichtshof in seiner oben bereits angesprochenen[622] Loizidou-Entscheidung die Unzulässigkeit der von der Türkei erklärten Einschränkung der Zuständigkeit der Straßburger Gerichtsbarkeit auf Fälle innerhalb türkischen Territoriums unter anderem mit dem Charakter der Konvention als „constitutional instrument of European public order (ordre public)“,[623] dessen Effektivität anderenfalls gefährdet sei.

bb) Kritik

Aus zwei Gründen können diese dogmatischen Argumente nicht überzeugen. Erstens, und das ist der entscheidendere Vorwurf, verfällt die konstitutionelle Dogmatik mit ihren Begründungsfiguren in begriffsjuristische Paralogismen,[624] deren Strukturen zirkulär und mit rechtspositivistischen Grundannahmen unvereinbar sind. Ein Beispiel mag das stellvertretend illustrieren: In seinem Beitrag für das Columbia Journal of Transnational Law begründet *Bardo Fassbedender* seine Ansicht, die UN-Charta sei als „living instrument“ zu verstehen und entsprechend dynamisch auszulegen, in einem einfachen Dreischritt. Dessen Prämissen bilden erstens *Fassbenders* Erkenntnis, dass die UN Charta als Verfassung der internationalen Gemeinschaft zu verstehen sei, und zweitens die Feststellung, dass „a constitution [...] typically emancipates itself from the forces that brought it about“,[625] das Verständnis einer jeden Verfassung also einem dynamisch-evolutiven Wandel unterliege. Daher, so *Fassbenders* Konklusion, sei auch die UN-Charta dynamisch auszulegen. Ohne Zweifel folgt die Konklusion aus den dargelegten Prämissen. Woher aber kommt das in der zweiten Prämisse enthaltene Gebot, Verfassungen gleich welcher Art dynamisch auszulegen?[626] Eine

[621] Ebd., S. 55.

[622] Siehe oben S. 58.

[623] EGMR, *Loizidou v. Turkey*, Appl. No. 15318/89, Preliminary Objections, Urt. v. 23. März 1995, Rdn. 75.

[624] Der Vorwurf der Begriffsjurisprudenz etwa bei *R. Kolb*, RdC 367 (2013), S. 9 (238 ff.); siehe auch die Warnung bei *A. Peters*, ZöR 68 (2013), S. 1 (55).

[625] *B. Fassbender*, Colum. J. Transnat'l L. 36 (1998), S. 529 (595).

[626] Dazu auch *J. Kammerhofer*, LJIL 23 (2010), S. 723 (733).

entsprechende rechtssystemübergreifende sekundäre Norm, die dies für alle nur denkbaren Verfassungen gebietet, ist schwer vorstellbar;[627] jedenfalls wäre ihr Nachweis noch zu erbringen. Und so scheint die zweite Prämisse ihren Ursprung in einem Begriffsverständnis zu finden, das die dynamisch-evolutive Interpretation als konstitutives Verfassungsmerkmal anerkennt. Von einem in bestimmter Weise geprägten *Begriff* der Verfassung schließt das Argument folglich auf das *Gebot*, diese in einer bestimmten Art und Weise auszulegen. Das aber verkennt das Wesen des Verfassungsbegriffs, ist dieser doch lediglich eine zusammenfassende Sammelbezeichnung, die dazu dient, Normenmengen, die gewisse gemeinsame Eigenschaften (eben die klassischen Verfassungsmerkmale) aufweisen, begrifflich erfassen zu können – in der Terminologie *Philip Hecks* ein „zusammenfassender Gebotsbegriff",[628] in den Worten *Gustav Radbruchs* eine „kategoriale Konstruktion".[629] Aus derart deskriptiven Begriffen folgt indessen nichts:

> „Rechtsbegriffe sind keine Rechtsquellen. Aus Begriffen allein lassen sich keine Sollenssätze, keine Rechtsfolgen ableiten. Sie geben juristisch nicht mehr her als zuvor in sie hineingelegt worden ist."[630]

Genau hier liegt das Missverständnis der konstitutionellen Völkerrechtstheorie. Verwendet sie den Verfassungsbegriff für völkerrechtliche Institute, die – wie oben gezeigt – lediglich einen selektiven Kern der klassischen Verfassungsmerkmale aufweisen, kann sie die verbleibenden konstitutionellen Charakteristika auch nicht dadurch generieren, dass sie den betreffenden Normen, Verträgen oder Rechtsinstituten das Label „Verfassungsrecht" verleiht, mag dieses auch das Vorliegen der übrigen Verfassungsmerkmale suggerieren.[631] Der Versuch, durch Begriff-

---

[627] Vgl. die Feststellung bei *A. Gamper*, Regeln der Verfassungsinterpretation, 2012, S. 324: „Interpretationsmethoden scheinen also nicht von vornherein auf einen bestimmten Rang der zu interpretierenden Rechtsvorschrift zugeschnitten zu sein." Der Verfassungsvergleich zeige vielmehr gerade „nicht, dass es grundsätzliche Unterschiede zwischen den Methoden der Verfassungsinterpretation und den Methoden der unterverfassungsrangigen Interpretation gäbe."

[628] *P. Heck*, DJZ 14 (1909), Sp. 1457 (1458).

[629] *G. Radbruch*, Rechtsphilosophie, 3. Aufl. 1932, S. 116 f.

[630] *B. Rüthers/C. Fischer/A. Birk*, Rechtstheorie, 9. Aufl. 2016 Rdn. 205; ebenso *K. F. Röhl/H. C. Röhl*, Allgemeine Rechtslehre, 3. Aufl. 2008, S. 71.

[631] Vgl. für das *ius cogens S. Kadelbach/T. Kleinlein*, AVR 44 (2006), S. 235 (254); ähnlich *dies.*, GYIL 50 (2007), S. 303 (328 f.). Dieser Gedanke zeigt, dass die Gefahr eines solchen auf reine Begrifflichkeiten gestützten

lichkeiten derart auf Normgehalte einzuwirken, ist methodisch betrachtet ein untauglicher. Man mag an dieser Stelle an *Philip Heck* erinnern, der solche Schlüsse von bloßen Begriffen auf Rechtsge- und -verbote bereits 1909 als „diejenige Begriffsjurisprudenz, die wir bekämpfen" brandmarkte[632] und für sie den Begriff des „Inversionsverfahrens"[633] prägte. Unzulässigerweise kehrt sie den Zusammenhang „zwischen den Rechtssätzen und den zusammenfassenden Gebotsbegriffen" um,[634] denn „[a]us Zusammenfassungen kann man ohne Selbsttäuschung keinen neuen Inhalt gewinnen"[635]. Dies doch zu tun, hieße das Recht in einem Verfahren ändern zu wollen, das dieses selbst nicht vorsieht.[636] Solange die unter dem Begriff der Konstitutionalisierung zusammengefassten Einzelentwicklungen lediglich unter einer gemeinsamen Bezeichnung versammelt werden, muss der Versuch, hieraus dogmatische Folgen abzuleiten, scheitern.[637] Der Anspruch einiger Konstitutionalisierungstheoretiker, der Klassifikation „internationales Verfassungsrecht" rechtsfolgenbegründende oder -modifizierende Wirkung beizumessen, ist deshalb nicht zu halten.

Dass dabei, wie der Streit um die verfassungsspezifische Auslegung zeigt, zweitens zugleich ungewiss ist, welche konkreten Inhalt die Rechtsfolgen besitzen, die der Verfassungsstatus begründen soll, ist vor diesem Hintergrund ein zu vernachlässigendes Manko konstitutioneller Dogmatik. Doch das Ergebnis bleibt ernüchternd: Dogmatische Instrumente, die die strukturellen Entsouveränisierungstendenzen des modernen Völkerrechts erklären und erfassen können, kann die konstitutionelle Völkerrechtstheorie bislang nicht bieten.[638]

---

normmodifizierenden Schlusses voraussetzt, dass der zusammenfassende Gebotsbegriff zumindest potentiell reicher ist als die konkret unter ihm zusammengefassten Einzelbestimmungen. Für den Verfassungsbegriff wird dies in dem oben bereits angesprochenen Verständnis des Verfassungsbegriffs als graduell abstufbarer besonders deutlich. Siehe dazu oben S. 136 f.

[632] *Heck*, DJZ 14 (1909), Sp. 1457.

[633] Ebd., Sp. 1458.

[634] Ebd., Sp. 1458.

[635] Ebd., Sp. 1460.

[636] *J. Kammerhofer*, LJIL 23 (2010), S. 723 (739).

[637] Siehe auch *T. Kleinlein*, Konstitutionalisierung im Völkerrecht, 2012, S. 16, 447, 571 sowie deutlich auf S. 685: „‚Verfassung' an sich ist kein Argument".

[638] Vgl. aber auch *T. Kleinlein*, Konstitutionalisierung im Völkerrecht, 2012, S. 617 ff., der für die These streitet, dass sich im Völkerrecht Rechtsprinzipien

III. Zwischenergebnis

In die strukturparadigmatische Lücke, die das moderne Völkerrecht aufreißt, indem es die Grenzen des Kooperationsvölkerrechts durchbricht, versuchen kommunitäres und konstitutionelles Völkerrechtsdenken mit unterschiedlichen, in der Sache aber verwandten Konzepten einzutreten. Dabei hat deren Diskussion gezeigt, dass es beiden Ansätzen nicht mehr allein um die Wahl des optimalen analytischen Konzepts geht. Längst haben sie eine normative und dogmatische Dimension entwickelt. So prägt das kommunitäre Konzept die Überzeugung, dass die beobachtbaren Einzelentwicklungen einen grundlegenden Wandel des Völkerrechts beschreiben, dem es – will das Völkerrecht seine Bedeutung als handlungslenkendes Instrument nicht verlieren – dogmatische Ausdrucksmittel an die Hand zu geben gilt.[639] Mit dem Plädoyer für die Anerkennung der internationalen Gemeinschaft als Völkerrechtssubjekt und des internationalen Gemeinschaftsrechts als nonkonsensuales Rechtsetzungsinstrument versucht die kommunitäre Völkerrechtstheorie diesen Anspruch einzulösen. Dem setzt die konstitutionelle Völkerrechtstheorie ein zumeist idealistisch motiviertes Programm zur dogmatischen „Verlängerung" der beobachteten Tendenzen entgegen.[640] Überzeugt von den in den neueren Völkerrechtsentwicklungen aufscheinenden Werten und Idealen, verfolgt sie das Projekt, die Konstitutionalisierungsentwicklung nicht nur beschreibend zu erfassen, sondern sie mit den Methoden rechtwissenschaftlicher Dogmatik selbst zu erklären und dabei zugleich zu befördern. Die passenden Mittel hierfür hat die Diskussion bislang nicht gefunden, vermögen rein strukturparadigmatische Betrachtungen den dogmatischen Anspruch der Diskussion doch nicht einzulösen.

---

herausbilden, die in rechtsquellentheoretischer Hinsicht allgemeine Rechtsgrundsätze i.S.d. Art. 38 Abs. 1 lit. c IGH-Statut und in rechtstheoretischer Hinsicht Optimierungsgebote im *Alexy*'schen Sinne darstellen. Diese sollen die Aufgabe einer „dogmatischen Rekonstruktion des Phänomens der Konstitutionalisierung" (ebd., S. 619) erfüllen. Allerdings unternimmt auch Kleinlein nicht den Versuch, die oben als Phänomene des völkerrechtlichen Strukturwandels ausgemachten Rechtsentwicklungen auf dieser Grundlage im Einzelnen dogmatisch zu erklären.

639 *M. Payandeh*, Internationales Gemeinschaftsrecht, 2010, S. 5 ff., 448 f.

640 Treffend spricht *T. Kleinlein*, Konstitutionalisierung im Völkerrecht, 2012, bereits im Untertitel seiner Arbeit von einer „idealistischen Völkerrechtslehre".

D. Ergebnis

Die Überlegungen des ersten Kapitels haben gezeigt, dass sich die Völkerrechtsordnung grundlegend wandelt. Das in der Völkerrechtswissenschaft lange vorherrschende zweistufige Modell zur Beschreibung der völkerrechtlichen Entwicklung lässt dies an seine Grenzen stoßen. Es vermag angesichts der aktuellen Materialisierung, Hierarchisierung, Privatisierung und Objektivierung der Völkerrechtsordnung keine angemessene Beschreibung des geltenden Völkerrechts mehr zu leisten; der damit verbundenen materiellen wie formellen Entsouveränisierung werden die überkommenen Strukturparadigmen nicht gerecht. In der aktuellen völkerrechtswissenschaftlichen Diskussion wird deshalb versucht, das Völkerrecht mit kommunitären („internationales Gemeinschaftsrecht") oder konstitutionellen („internationales Verfassungsrecht") Strukturparadigmen zu erfassen. Über die Suche nach verständnisfördernden Begrifflichkeiten hinaus zeigt sich in beiden Lagern die Überzeugung, dass Art und Dimension des völkerrechtlichen Strukturwandels es – sei es aus normativen oder pragmatischen Gründen – erforderlich erscheinen lassen, die überkommenen dogmatischen Grundstrukturen zu hinterfragen und den beobachteten Veränderungen anzupassen, um ihnen auch auf normativer Ebene Ausdruck verleihen zu können. Eine begriffliche Erfassung ist – so sehr sie das Verständnis des Rechts auch fördern mag – nicht mehr genug.

Vor diesem Hintergrund löst sich die vorliegende Arbeit im Folgenden von einem strukturparadigmatischen Ansatz und sucht das die Einzelerscheinungen des Strukturwandels einende *proprium* im rechtsinternen, nicht wie die rein beschreibende Begrifflichkeit im rechtsexternen Bereich. Dazu bemüht sie – gewissermaßen als Alternative zu den vorgestellten Instrumenten kommunitärer und konstitutioneller Dogmatik – ein prinzipiengestütztes Modell, mit dem sie versucht, den Strukturwandel der Völkerrechtsordnung als Prinzipienwandel zu erfassen. Nachdem im vorstehenden ersten Kapitel mit der Analyse der völkerrechtlichen Entwicklungen die faktischen Grundlagen hierfür gelegt wurden, versteht sich das folgende zweite Kapitel als rechtstheoretische Grundlegung des prinzipiengestützten Erklärungsmodells.

Kapitel 2

Theoretische Grundlagen: Der Begriff rechtlicher Prinzipien und ihre Stellung im Schichtenbau der Rechtsordnung

Die Herausforderung, die die bisherigen Betrachtungen hinterlassen, ist eine doppelte. Sie besteht darin, einen methodischen Zugriff auf die zu beobachtenden Strukturveränderungen im Völkerrecht zu entwickeln, der einerseits eine Idee des Ganzen zu vermitteln vermag und so die bei erstem Blick unzusammenhängenden Einzelentwicklungen als kohärentes Ganzes in den Blick zu nehmen erlaubt. Dieser Zugriff darf dabei andererseits nicht auf rein begrifflicher Ebene verharren. Vielmehr muss er die beobachteten Wandlungen dogmatisch nachvollziehen und ihnen so innerhalb des Rechts Ausdruck verleihen. Nur so birgt er das Potential, das neue Rechtsmaterial nicht nur ordnend erfassen zu können, sondern darüber hinaus Instrumente an die Hand zu geben, die der in kommunitärer und konstitutioneller Völkerrechtstheorie gleichermaßen empfundenen Notwendigkeit Rechnung tragen, den Wandel der völkerrechtlichen Grundstrukturen dogmatisch zu erklären; Instrumente, die es der Völkerrechtswissenschaft darüber hinaus möglicherweise gar erlauben, propositiv auf die Fortentwicklung des Völkerrechts einzuwirken und die beobachteten Entwicklungstendenzen auf dogmatischem Wege in Bereiche, die bislang nicht erfasst wurden, zu „verlängern".

Schon diese Problemskizze legt einen rechtsprinzipienbasierten Ansatz nahe. Denn es sind Rechtsprinzipien, denen gemeinhin eben diese Doppelrolle zugeschrieben wird: sie haben analytisch-ordnende Funktion einerseits, normativ-gestaltende Funktion andererseits.[1] Gegenüber

---

[1] *A. v. Bogdandy*, in: ders./J. Bast (Hrsg.), Europäisches Verfassungsrecht, 2. Aufl. 2009, S. 13 (17 ff.); *R. Kolb*, NILR 53 (2006), S. 1 (27 ff.); *M. Koskenniemi*, Oikeustiede-Jurisprudentia 18 (1985), S. 117 (125 ff., 129 ff., 142 ff.). Vgl. zur systemtragenden Funktion von Prinzipien insbes. *C.-W. Canaris*, Systemdenken und Systembegiff in der Jurisprudenz, 2. Aufl. 1983, S. 46 ff.; ähnlich auch die Betonung der Bedeutung von Prinzipien für die Kohärenz des Rechts-

J. Rauber, *Strukturwandel als Prinzipienwandel,* Beiträge zum ausländischen öffentlichen Recht und Völkerrecht, https://doi.org/10.1007/978-3-662-55471-5_3

Bezeichnungen wie „Kommunitarisierung" oder „Konstitutionalisierung" verhält sich die damit vorgeschlagene Fokussierung auf Rechtsprinzipien neutral, ja einer Liaison mit diesen Ansätzen stünde nichts im Wege. Und doch hat sie einen entscheidenden Mehrwert gegenüber einer schlicht begrifflich-strukturparadigmatischen Erfassung: Indem sie die beobachteten Strukturveränderungen auf die Ausbildung und den Einfluss prinzipienhafter Rechtsnormen zurückführt, verlagert sich die Antwort auf die geschilderten Herausforderungen in den Bereich rechts*interner* Diskurse. Das erlaubt es nicht nur, die beobachteten Einzelentwicklungen dogmatisch zu erklären und zu legitimieren. Die insbesondere im konstitutionellen Völkerrechtsdenken häufig eingenommene Perspektive schöpferischer Rechtsfortbildung vermag dieser Ansatz zugleich an anerkannte Grundsätze rechtswissenschaftlicher Methodik rückzubinden und damit dort, wo sie methodisch möglich erscheint, zu begründen und dort, wo sie die Grenzen des methodisch Möglichen überschreitet, zu limitieren. Ein solcher Zugriff ebnet den Weg für eine genuin rechtswissenschaftliche Erfassung der beobachteten Entwicklungen. Sie geht über die Bildung Kohärenz offenbarender Begrifflichkeiten hinaus und erfüllt ihre einheitsstiftend-ordnende Funktion dadurch, dass sie einen gemeinsamen Grund der zu erfassenden Entwicklungen herausarbeitet. Sie weiß die völkerrechtlichen Wandlungen daher nicht nur als kohärentes Ganzes darzustellen, sondern zugleich als normativ berechtigt hervorzuheben.

Vor diesem Hintergrund nimmt sich das zweite Kapitel der Aufgabe an, diesen prinzipienbasierten Zugriff rechtstheoretisch auszuarbeiten. Die bereits unternommene rechts*tatsächliche* Grundlegung der Arbeit soll dabei um ein rechts*theoretisches* – oder konkreter: prinzipientheoretisches – Fundament ergänzt werden. Drei Leitfragen geben dabei Orientierung. Erstens: Was ist unter einem Rechtsprinzip zu verstehen und welche Charakteristika zeichnen es aus (dazu A.)? Zweitens: Welche Folgen hat das für die Struktur der Rechtsordnung und welche Möglichkeiten eröffnet das für die Erklärung des völkerrechtlichen Strukturwandels (dazu B.)? Und schließlich drittens: Stehen der Übertragung einer so verstandenen Prinzipientheorie auf das internationale Recht die Eigenheiten der Völkerrechtsordnung entgegen (dazu C.)?[2]

---

systems bei *N. D. MacCormick*, Legal Reasoning and Legal Theory, 1994, S. 152 ff.

[2] Die Notwendigkeit dieser Frage betonen *E. Vranes*, ZÖR 65 (2010), S. 87 (97 f.) und *A. Proelß*, JZ 66 (2011), S. 496 (499 f.); ausführlich auch *J. Schröter*,

A. Rechtsregeln & Rechtsprinzipien: Eine konzeptuelle Standpunktbestimmung

Der Streit um Wesen und Normstruktur von Rechtsprinzipien gehört zu den nicht abebben wollenden Debatten der Rechtstheorie.[3] Längst hat sie den Bereich des Überschaubaren verlassen und ein Reflexionsniveau erreicht, dass dem Außenstehenden den Zugang erheblich erschwert.[4] Um Kernthesen und Intention prinzipientheoretischer Forschung exemplarisch zu beleuchten, nimmt die vorliegende Untersuchung ihren Ausgang bei einer knappen Skizze der frühen Prinzipientheorie *Robert Alexys* (dazu I.). Das scheint schon deshalb geboten, weil *Alexys* Ansatz die deutsche Diskussion noch immer beherrscht und auch die Mehrzahl dogmatisch orientierter Untersuchungen sich, sofern sie die Prinzipientheorie fruchtbar zu machen versucht, ausschließlich auf ihn beruft. Indessen darf sich eine prinzipientheoretisch inspirierte Völkerrechtstheorie angesichts der umfangreichen kritischen Auseinandersetzung mit dem Prinzipienverständnis *Alexys* nicht auf dessen unreflektierte Übernahme beschränken. Nach einigen Überlegungen zur Methodik prinzipientheoretischer Überlegungen (dazu II.) gilt es daher, in Auseinandersetzung mit möglichen rechtstheoretischen Alternativkonzeptionen ein für die Zwecke der folgenden Untersuchung tragfähiges Prinzipienverständnis auszuarbeiten (dazu III.); ein Prinzipienverständnis, dessen analytische Erkenntnisleistung sich zumindest teilweise gegen die rechtsdogmatische Kritik an der Prinzipientheorie zu behaupten weiß und folglich auch für die Rechtsanwendung keinesfalls wertlos bleibt (dazu IV.).

Strukturprinzipien des Umweltvölkerrechts und ihr Beitrag zur Eindämmung des Klimawandels, 2015, S. 173 ff.

[3] Das zeigt schon die beträchtliche Anzahl jüngerer Veröffentlichungen zu dem Thema. Siehe etwa *A. Heinold*, Die Prinzipientheorie bei Ronald Dworkin und Robert Alexy, 2011; *F. Kalscheuer*, ARSP 99 (2013), S. 499; *B. Pokol*, Rechtstheorie 42 (2011), S. 105; *R. Poscher*, RW 1 (2010), S. 349; sowie die Beiträge in ARSP 97 (2011), Heft 2, in M. Borowski (Hrsg.), On the Nature of Legal Principles, ARSP Beiheft 119 (2010) und in J.-R. Sieckmann (Hrsg.), Legal Reasoning: The Methods of Balancing, ARSP Beiheft 124 (2010).

[4] Treffend spricht *J. H. Klement*, JZ 63 (2008), S. 756 (757) diesbezüglich von einer „faktischen Selbstimmunisierung gegenüber den Kritikern“.

I. Die Prinzipientheorie: Eine vorläufige Skizze am Beispiel Robert Alexys

Die im anglo-amerikanischen Raum spätestens mit *Ronald Dworkins* Kritik am Rechtspositivismus *H.L.A. Harts*[5] bekannt gewordene Unterscheidung von Rechtsregeln und Rechtsprinzipien hat im deutschsprachigen Raum vor allem in den zahlreichen Arbeiten *Robert Alexys* eine prominente Ausarbeitung gefunden.[6] In seiner Habilitationsschrift entwickelt *Alexy* eine Strukturtheorie der Grundrechte, die die von *Dworkin* vorgeführte Unterscheidung von Rechtsregeln und Rechtsprinzipien aufgreift und modifiziert, um mit ihrer Hilfe grundrechtsdogmatische Phänomene, insbesondere dasjenige der Abwägung, erfassbar zu machen. Devianzen in der Normanwendung sollen mit dem Verweis auf Differenzen in der Normstruktur rekonstruierend erklärbar werden.[7] Der Kern der dabei skizzierten normstrukturellen Unterscheidung lässt sich in wenigen Grundannahmen umreißen. Erstens ist nach *Alexys* Prinzipientheorie jede Norm entweder eine Regel oder ein Prinzip – *tertium non datur.*[8] Zweitens unterscheiden sich Prinzipien von Regeln durch die Art des statuierten Sollens: Regeln normieren ein definitives Sollen. Prinzipien hingegen definiert *Alexy* als Optimierungsgebote; sie gebieten lediglich, etwas relativ auf das tatsächlich und rechtlich Mögliche in möglichst hohem Maße zu realisieren. Ihre Gebo-

---

5 *R. Dworkin*, U. Chi. L. Rev. 35 (1967), S. 14 (22): „I want to make a general attack on positivism, and I shall use H. L. A. Hart's version as a target, when a particular target is needed". Dabei gilt die Kritik den Ausführungen in *H. L. A. Hart*, The Concept of Law, 1961 (nunmehr 2. Aufl. 1994). Siehe zur Debatte insgesamt zuletzt *J. Saurer*, ARSP 98 (2012), S. 214 sowie umfassend *R. M. Watkins-Bienz*, Die Hart-Dworkin Debatte, 2004.

6 Siehe insbesondere *R. Alexy*, Theorie der Grundrechte, 1986, S. 71 ff.; außerdem *ders.*, ARSP Beiheft 25 (1985), S. 13; *ders.*, in: ders., Recht, Vernunft, Diskurs, S. 177; *ders.*, Ratio Juris 13 (2000), S. 294; *ders.*, in: B. Schilcher/P. Koller/B.-C. Funk (Hrsg.), Regeln, Prinzipien und Elemente im System des Rechts, 2000, S. 31. *Alexy* selbst entwickelt seine Prinzipientheorie in unmittelbarer Auseinandersetzung mit den Arbeiten *Dworkins*. Grundlegend zur Unterscheidung zwischen Regeln und Prinzipien bereits *J. Esser*, Grundsatz und Norm in der richterlichen Fortbildung des Privatrechts, 1. Aufl. 1956 (nunmehr 4. Aufl. 1990).

7 *R. Alexy*, Theorie der Grundrechte, 1986, S. 32 spricht insofern selbst vom „empirisch-analytischen Charakter" seiner Theorie.

8 Ebd., S. 77.

te haben somit nur *prima facie*-Charakter.[9] Daraus folgt drittens ihr unterschiedliches Kollisionsverhalten: Konfligierende Regeln stehen in einem logischen Widerspruch, der nur dadurch aufgelöst werden kann, dass einer der beiden Regeln die Geltung abgesprochen oder einer der Regeln eine Ausnahme hinzugefügt wird.[10] Wenn und weil zwei (oder auch mehr) konfligierende Normen aber Prinzipiencharakter aufweisen, steht ihrer gleichzeitigen Geltung auch nicht entgegen, dass sie auf denselben Sachverhalt anwendbar sind. Der Einzelfall findet seine Lösung dann in einer an den Umständen des zu entscheidenden Falls orientierten Abwägung der widerstreitenden Prinzipien.[11]

II. Prolegomena zur Struktur prinzipientheoretischer Überlegungen

Im rechtsdogmatischen Schrifttum ist diese Charakterisierung von Prinzipien als Optimierungsgebote zwar vielfach rezipiert worden.[12] Beinahe ebenso häufig aber wird das Prinzipienverständnis *Alexys* – im Kreis seiner Schüler[13] wie auch über dessen Grenzen hinaus[14] – in

---

[9] Ebd., S. 87 f.

[10] Ebd., S. 77.

[11] Ebd., S. 78 f.

[12] Siehe etwa *E.-W. Böckenförde*, Der Staat 29 (1990), S. 1 (21 ff.); *M. Borowski*, Die Glaubens- und Gewissensfreiheit des Grundgesetzes, 2006, S. 195 ff., insbes. 197 f. mit und in Fn. 100; *W. Brugger*, in: B. Schilcher/P. Koller/B.-C. Funk (Hrsg.), Regeln, Prinzipien und Elemente im System des Rechts, 2000, S. 221 (242); *C. Bumke*, Der Grundrechtsvorbehalt, 1998, S. 164 mit und in Fn. 631; *M. Cornils*, Die Ausgestaltung der Grundrechte, 2005, S. 48; *A. Leisner-Egensperger*, Kontinuität als Verfassungsprinzip, 2002, S. 171 ff.; *H. Rossen*, in: C. Grabenwarter u.a. (Hrsg.), Allgemeinheit der Grundrechte und Vielfalt der Gesellschaft, 1994, S. 41 (54 ff.); *N. Teifke*, Das Prinzip Menschenwürde, 2011, S. 101 ff.; *S. Unger*, Das Verfassungsprinzip der Demokratie, 2008, S. 91 ff., speziell zum Konzept des Optimierungsgebots S. 99, 123 f.; ferner *P. Lerche*, in: FS Stern, 1997, S. 197 (204 ff.), der zwar insgesamt mit *Alexys* Theorie sehr kritisch umgeht, aber dennoch nicht leugnet, dass das Grundgesetz als Optimierungsgebote verstandene Prinzipien kennt. Zur Rezeption im Völkerrecht siehe noch unten S. 207.

[13] Kritisch zur Charakterisierung von Prinzipien als Optimierungsgebote insbesondere *J.-R. Sieckmann*, Regelmodelle und Prinzipienmodelle des Rechtssystems, 1990, S. 62 ff.; *ders.*, in: ders. (Hrsg.), Die Prinzipientheorie der Grundrechte, 2007, S. 17 (19 f.); *ders.*, Recht als normatives System, 2009, S. 22

rechtstheoretischer Hinsicht in Frage gestellt. Und so ist die Suche nach dem „richtigen" Prinzipienbegriff noch immer nicht abgeschlossen. Wie aber ist die Frage nach dem „richtigen" Prinzipienbegriff überhaupt zu stellen? Welche Maßstäbe sind an die Bestimmung rechtstheoretischer Begriffe anzulegen? Diese Fragen leiten die folgenden Vorüberlegungen. Sie verstehen sich als Reflektion auf die argumentative Struktur prinzipientheoretischer Überlegungen und stellen die anschließende rechtstheoretische Diskussion auf eine methodische Grundlage.

Rechtstheoretische Begriffe, wie auch der Begriff des Rechtsprinzips, entziehen sich den Kategorien richtig oder falsch. Ein Prinzipienbegriff kann nicht verifiziert und nur bedingt falsifiziert werden.[15] Der Maßstab seiner Richtigkeit ist vorrangig seine Erklärungskraft unter Berücksichtigung des Gebots konzeptueller Ökonomie. Unter mehreren rechtstheoretischen Begriffen, die dasselbe Rechtsphänomen widerspruchsfrei beschreiben, verdient derjenige den Vorzug, der seinen Gegenstand am prägnantesten und einfachsten zu erklären vermag.[16] Rechtstheoretische Konzepte sind demnach vorrangig an ihrer eigenen Zwecksetzung – der Aufdeckung, Beschreibung und Erklärung allgemeiner, dem positiven Recht zugrundeliegender Rechtsstrukturen – zu

---

f.; *ders.*, ARSP 97 (2011), S. 178 (185 f.); außerdem *N. Jansen*, Die Struktur der Gerechtigkeit, 1998, S. 82 ff.; *M. Reßing*, ARSP 95 (2009), S. 28 (37 ff.).

[14] So z.B. bei *H. B. Ávila*, Theorie der Rechtsprinzipien, 2006, S. 53 f.; *W. Enderlein*, Abwägung in Recht und Moral, 1992, S. 87 ff.; *K. Günther*, Der Sinn für Angemessenheit, 1988, S. 268 ff.; *J. Habermas*, Faktizität und Geltung, 1992, S. 255, 309 ff.; siehe auch *ders.*, in: ders., Die Einbeziehung des Anderen, 1996, S. 309 (366 ff.); *A. Jakab*, Rechtstheorie 27 (2006), S. 49 (52 ff.); *U. Penski*, JZ 44 (1989), S. 105 (109 f.); *R. Poscher*, RW 1 (2010), S. 349; *T. Schilling*, Rang und Geltung von Normen in gestuften Rechtsordnungen, 1994, S. 90 f.

[15] *J.-R. Sieckmann*, in: ders. (Hrsg.), Die Prinzipientheorie der Grundrechte, 2007, S. 17 (17 f.). Ein Prinzipienbegriff kann nur insofern falsifiziert werden, als er sich mit seinen eigenen Prämissen in Widerspruch setzt. In diese Richtung geht etwa der Einwand *Sieckmanns* gegen *Alexys* Definition von Prinzipien als Optimierungsgebote. *Sieckmann* zeigt auf, dass Optimierungsgebote gerade keine von Regeln unterscheidbare Struktur aufweisen. *Alexys* These, Prinzipien seien eine von Regeln logisch zu unterscheidende Normklasse ist daher schon auf abstrakter Ebene nicht zu halten, wenn er Prinzipien als Opimierungsgebote definiert und diese Regelstruktur aufweisen; siehe *J.-R. Sieckmann*, Regelmodelle und Prinzipienmodelle des Rechtssystems, 1990, S. 62 ff. und noch unten Kapitel 2, A. III. 2. a) aa).

[16] *A. Jakab*, Rechtstheorie 27 (2006), S. 49 (54 f.); *ders.*, ARSP Beiheft 119 (2010), S. 145 (147 f.).

messen. Dieser Maßstab verweist die rechtstheoretische Diskussion notwendig auf die Phänomene des positiven Rechts zurück. Diese bilden ihr *Explanandum*: das mit Mitteln der Rechtstheorie erst zu Explizierende, zu dem das rechtstheoretische *Explanans* schon deshalb in einem Abhängigkeitsverhältnis steht, weil dieses versucht, jenes deskriptiv zu erfassen. Die Auswahl des zu Beschreibenden bedingt folglich die Beschreibung; die Selektion des zu Erklärenden dessen Erklärung.[17]

Sofern die Prinzipientheorie – wie am Beispiel *Alexys* exemplarisch beleuchtet – bestimmte Rechts(anwendungs)phänomene mit der begrifflichen Unterscheidung zwischen Regeln und Prinzipien zugleich beschreiben und darüber hinaus unter Verweis auf deren normstrukturelle Differenzen erklären will, hat sie zwei Fragen zu trennen: Sie muss in einem ersten Schritt bestimmen, welche Funktion die Unterscheidung zwischen Rechtsregeln und Rechtsprinzipien erfüllen soll, was also Gegenstand der Unterscheidung ist.[18] Dafür muss sie auf beschreibender Ebene hinreichende Unterschiede – mit *Alexy* etwa in der Rechtsanwendung beziehungsweise der Funktionsweise – bestimmter Normen ausmachen, die es zweckmäßig erscheinen lassen, zum Verständnis des Rechts diesbezüglich gleichartige Normen klassifikatorisch zusammenzufassen und begrifflich gegenüber einheitlichen, aber in dem gewählten Aspekt andersartigen Normgruppen abzugrenzen. Mit der Auswahl derjenigen Abweichung, die mit der begrifflichen Unterscheidung gekennzeichnet wird, definiert die Unterscheidung ihren theoretischen Zweck.[19] Die Begriffe Rechtsregel und Rechtsprinzip bieten auf dieser Ebene zunächst bloße Beschreibungen für Normklassen, die sich phänomenologisch in einem Aspekt wesensbedingt unterscheiden.[20] *Alexy* hat der Prinzipientheorie indes eine zweite Ebene eröffnet,[21] indem er

---

17 Vgl. *J. Finnis*, Natural Law and Natural Rights, 1980, S. 9.

18 *J.-R. Sieckmann*, ARSP 97 (2011), S. 178 (180).

19 *F. Reimer*, Verfassungsprinzipien, 2001, S. 179 ff. steht einer solchen zweckbezogenen Begriffsdefinition vor dem Hintergrund des gängigen Sprachgebrauchs kritisch gegenüber.

20 Diese These setzt freilich bereits die Überzeugung voraus, dass der Unterschied in der Anwendung seinen Grund in der Normstruktur findet und nicht in Umständen außerhalb der Normen selbst, vgl. dazu etwa die Kritik an *Alexy* durch *K. Günther*, Der Sinn für Angemessenheit, 1988, S. 268 ff. und noch unten S. 182 f.

21 Bei *Dworkin* etwa findet sich noch keine Analyse der Normstrukturen, er beschränkt sich auf eine Beschreibung der durch bloße Beobachtung zugänglichen Phänomene der Rechtsanwendung, so auch *C. Huerta*, in: L. Clérico/J.-R.

Normen nicht nur in das binäre begrifflich-beschreibende Schema Rechtsregel-Rechtsprinzip einordnet, sondern darüber hinaus nach den Normstrukturen fragt, die die Erklärung der beschriebenen Anwendungsdifferenzen ermöglichen.[22] Die Begriffe Rechtsregel und Rechtsprinzip werden hier nicht mehr in ihrer Gegenüberstellung in Frage gestellt, sie werden lediglich unter Rückgriff auf normstrukturelle Charakteristika ihrerseits exakter beschrieben und abgegrenzt.[23]

Prinzipientheoretische Überlegungen kennzeichnet demnach eine zweistufige Argumentationsstruktur. Ihre beiden Ebenen sind dabei eng miteinander verknüpft: Einigkeit über die mit dem Begriff des Rechtsprinzips beschriebenen Rechtsphänomene auf der ersten Ebene ist die Bedingung der Möglichkeit einer gewinnbringenden Auseinandersetzung über die Normstrukturen, die diese Phänomene auf der zweiten Ebene erklären sollen. Oder anders gewendet: Wird der Prinzipienbegriff zu unterschiedlichen Zwecken eingesetzt, so sollte es nicht verwundern, wenn auch die Analyse prinzipienspezifischer Normstrukturen unterschiedliche Ergebnisse hervorbringt, unterscheidet sich doch der Untersuchungsgegenstand. Prinzipientheoretische Überlegungen haben deshalb zunächst den theoretischen Zweck der Unterscheidung zwischen Regeln und Prinzipien zu definieren.

III. Rechtsprinzipien: Begriffsbestimmung und Strukturanalyse

1. Das Explanandum: Die Abwägung von Rechtsprinzipien im Kollisionsfall

Für die vorliegende Arbeit soll der Prinzipienbegriff mit dem Konzept der Abwägung in Verbindung gebracht werden. Die Unterscheidung zwischen Rechtsregeln und Rechtsprinzipien wird folglich vorrangig im

---

Sieckmann (Hrsg.), Grundrechte, Prinzipien und Argumentation, 2009, S. 183 (184); *K. F. Röhl/H. C. Röhl*, Allgemeine Rechtslehre, 3. Aufl. 2008, S. 661; *J.-R. Sieckmann*, ARSP Beiheft 119 (2010), S. 49 (49 in Fn. 4).

[22] Die Unterscheidung zwischen Beschreibungs- und Erklärungsebene trifft implizit auch *N. Jansen*, Die Struktur der Gerechtigkeit, 1998, S. 81.

[23] Die logisch vorrangige Frage nach dem Erklärungsgegenstand des Prinzipienbegriffs verliert die Debatte dabei teils aus dem Blick, vgl. *J.-R. Sieckmann*, ARSP 97 (2011), S. 178 (179): „Es gibt nicht nur keinen einheitlichen Sprachgebrauch, es finden sich auch diametral entgegengesetzte Verwendungsweisen."

Hinblick auf deren unterschiedliches Verhalten in Normkonflikten getroffen.[24] Während konfligierende Rechtsregeln niemals zugleich gültig sind, berührt der Konflikt zweier Rechtsprinzipien deren Geltung nicht. Die Kollision wird dann lediglich im Wege der Abwägung aufgelöst.

In Rahmen der Abwägung wird zwischen kollidierenden Prinzipien unter Berücksichtigung deren relativer Bedeutung sowie der Umstände des Einzelfalls eine bedingte Vorrangrelation gebildet.[25] Die Inbezugnahme der Einzelfallumstände impliziert dabei, dass für die Ermittlung der Präferenzrelation neben der Wertigkeit der sich gegenüberstehenden Rechtsgüter zugleich der Grad deren Nichterfüllung beziehungsweise Beeinträchtigung entscheidend ist.[26] Das im Rahmen der Abwägung unterlegene und damit für den konkreten Fall nachrangige Prinzip tritt zurück, büßt dabei jedoch seine Zugehörigkeit zur Rechtsordnung nicht ein.[27] Diese Art des Kollisionsverhaltens stellt an die Struktur der

---

[24] So auch die Mehrheit der Stellungnahmen im Schrifttum, siehe etwa *R. Alexy*, Theorie der Grundrechte, 1986, S. 77 ff.; *ders.*, in: B. Schilcher/P. Koller/B.-C. Funk (Hrsg.), Regeln, Prinzipien und Elemente im System des Rechts, 2000, S. 31 (32); *R. Dworkin*, Bürgerrechte ernstgenommen, 1984, S. 61 f.; *C. Huerta*, in: L. Clérico/J.-R. Sieckmann (Hrsg.), Grundrechte, Prinzipien und Argumentation, 2009, S. 183 (184); *J.-R. Sieckmann*, ARSP 97 (2011), S. 178 (180); *S. Unger*, Das Verfassungsprinzip der Demokratie, 2008, S. 93; wohl auch *F. Riechelmann*, ARSP 97 (2011), S. 207, der der Prinzipientheorie „vor allem für den Fall einer Kollision unterschiedlicher Grundrechtsinteressen (Grundrechtsprinzipien)" Bedeutung zumisst. Ähnlich auch *N. Jansen*, Die Struktur der Gerechtigkeit, 1998, S. 76 ff.; dazu im Gesamten *H. B. Ávila*, Theorie der Rechtsprinzipien, 2006, S. 41 ff.

[25] Zur Charakterisierung der Abwägung *R. Alexy*, Theorie der Grundrechte, 1986, S. 81; *H.-J. Koch*, in: W. Erbguth u.a. (Hrsg.), Abwägung im Recht, 1996, S. 9 (10 ff., 19); *J.-R. Sieckmann*, Probleme der Prinzipientheorie der Grundrechte, in: L. Clérico/J.-R. Sieckmann (Hrsg.), Grundrechte, Prinzipien und Argumentation, 2009, S. 39 (46); *ders.*, Recht als normatives System, 2009, S. 65. Ausführliche Analysen bei *L. Clérico*, Die Struktur der Verhältnismäßigkeit, 2001, S. 140 ff.; *B. Schlink*, Abwägung im Verfassungsrecht, 1976.

[26] *R. Alexy*, Theorie der Grundrechte, 1986, S. 146; *L. Clérico*, Die Struktur der Verhältnismäßigkeit, 2001, S. 162; *M. Sachs*, in: ders. (Hrsg.), GG, 7. Aufl. 2014, Art. 20 Rdn. 157; *K.-P. Sommermann*, in: H. v. Mangoldt/F. Klein/C. Starck (Hrsg.), GG, Bd. II, 6. Aufl. 2010, Art. 20 Rdn. 314.

[27] *K. F. Röhl/H. C. Röhl*, Allgemeine Rechtslehre, 3. Aufl. 2008, S. 289: „Anwendungsvorrang" des stärkeren Prinzips.

kollidierenden Normen einen dreifachen Anspruch.[28] Sie muss erstens rekonstruieren können, wie der der Abwägung vorausgehende und erst durch sie zu lösende Normwiderspruch möglich ist. Nur wenn Prinzipien strukturell die Fähigkeit aufweisen, in Widerspruch zueinander zu treten, bleibt Raum für eine Abwägung. Zweitens setzt die Auflösung von Normenkonflikten im Wege der Abwägung voraus, dass nicht jede Mindererfüllung eines Prinzips auch dessen Verletzung bedeutet. Prinzipien müssen also strukturbedingt abstufbar erfüllt werden können.[29] Anderenfalls erwiese sich der Verweis der Abwägung auf den Grad der Beeinträchtigung eines Prinzips – und damit auf die konkreten Einzelfallumstände – als überflüssig. Drittens muss die Struktur der Prinzipien verständlich machen, warum Prinzipienkollisionen nicht in der Dimension der Geltung ausgetragen werden, sondern zwei Prinzipien, die im konkreten Fall Gegensätzliches gebieten, zugleich Teil derselben Rechtsordnung sein können und dies auch nach Auflösung des konkreten Kollisionsfalls bleiben, obwohl dabei eines der Prinzipien zurücktreten musste.

Die Rolle, die Prinzipien im Abwägungsprozess selbst einnehmen, stellt hingegen keine weiteren Anforderungen an deren Normstruktur. So erweist sich etwa die Forderung, die Normstruktur von Prinzipien müsse zugleich deren Funktion als *Gründe* in der Abwägung erklären können,[30] als unbegründet. Prinzipien sind allen voran *Gegenstand* der Abwägung. Nur insofern als das im Wege der Abwägung getroffene Ergebnis normativ auf dem Prinzip beruht, das im Rahmen der Abwägung obsiegt, lassen sich die kollidierenden Prinzipien als Gründe verstehen. Die im Rahmen der Abwägung eigentlich zu treffende Entscheidung jedoch, diejenige nämlich, welchem Prinzip unter den gegebenen Bedingungen der Vorrang gebührt, kann gerade nur unter Be-

---

[28] Teilweise übereinstimmend *J.-R. Sieckmann*, in: B. Schilcher/P. Koller/B.-C. Funk (Hrsg.), Regeln, Prinzipien und Elemente im System des Rechts, 2000, S. 69 (70 f.).

[29] *H.-J. Koch*, in: W. Erbguth u.a. (Hrsg.), Abwägung im Recht, 1996, S. 9 (18); den Zusammenhang zwischen gradueller Erfüllbarkeit und Abwägung verkehrt *F. Riechelmann*, ARSP 97 (2011), S. 207 (212).

[30] Diese Forderung findet sich wiederholt bei *J.-R. Sieckmann*, ARSP 97 (2011), S. 178 (180); *ders.*, Recht als normatives System, 2009, S. 41 f.; *ders.*, in: ders. (Hrsg.), Die Prinzipientheorie der Grundrechte, 2007, S. 17 (19); *ders.*, Rechtstheorie 25 (1994), S. 163 (163); *ders.*, Regelmodelle und Prinzipienmodelle des Rechtssystems, 1990, S. 75, 87.

zugnahme auf Faktoren bestimmt werden, die außerhalb der Prinzipien selbst liegen.[31]

2. *Das Explanans: Die normstrukturelle differentia specifica von Rechtsprinzipien*

Zur Erklärung dieser Charakteristika bieten sich auf Ebene der Normstruktur unterschiedliche Ansatzpunkte, die erst eine logisch-strukturelle Normanalyse deutlich macht. Dafür kann eine Norm als Bedeutung oder Proposition eines Normsatzes verstanden werden;[32] Normsätze können ihrerseits als deontische Sätze charakterisiert werden. Sie sind Sätze, die ein Verbot, ein Gebot oder eine Erlaubnis enthalten.[33] Geltungstheoretisch verhält sich der damit zugrunde gelegte semantische Normbegriff neutral:[34] Geltung ist ein mögliches, keineswegs aber ein notwendiges Prädikat einer Norm. Da die Geltungsdimension indes auch als lediglich mögliches Prädikat einer Norm einen Ansatzpunkt für die Erklärung der abwägungsspezifischen Normcharakteristika darstellt, bietet es sich an, auch die Geltungsdimension einer Norm in die Betrachtung miteinzubeziehen. Die um die Dimension der Geltung erweiterte Grundstruktur einer Norm N lässt sich formalisiert wie folgt darstellen:

$$N: T \rightarrow G(Op)$$

In dieser Formalisierung steht T für den Tatbestand der Norm, und G bezeichnet das Geltungsprädikat (es gilt, dass...). O vertritt den deonti-

31 So zutreffend *N. Jansen*, Die Struktur der Gerechtigkeit, 1998, S. 93 mit Verweis auf *L. Nelson*, Kritik der praktischen Vernunft, 1917, S. 127; ebenso *M. Jestaedt*, Grundrechtsentfaltung im Gesetz, 1999, S. 241 in Fn. 144: die „Festsetzung der konkreten Präferenzrelation [könne] nicht den widerstreitenden Prinzipien selbst entnommen werden."

32 *W. Enderlein*, Abwägung in Recht und Moral, 1992, S. 27; *O. Weinberger*, Rechtslogik, 1970, S. 32 f.

33 Ebenso *J. H. Klement*, Verantwortung, 2006, S. 35 f.; *M. Riedel*, Norm und Werturteil, 1979, S. 53 f.; *B. Rüthers/C. Fischer/A. Birk*, Rechtstheorie, 9. Aufl. 2016, Rdn. 123 f.; *T. Schilling*, Rang und Geltung von Normen in gestuften Rechtsordnungen, 1994, S. 14; *G. H. v. Wright*, Norm und Handlung, 1979, S. 106.

34 Ausführlich *J.-R. Sieckmann*, ARSP 80 (1994), S. 227 (228 ff.).

schen Operator (es ist geboten/verboten/erlaubt, dass...),[35] p den Norminhalt.[36] Das Pfeilsymbol deutet auf einen Bedingungszusammenhang (wenn..., dann...) hin.[37] Ist der Tatbestand (T) erfüllt, so lässt sich die Formulierung demnach lesen, so gilt (G), beziehungsweise ist es der Fall, dass das norminhaltlich bestimmte Verhalten (p) geboten (O) ist. In welchem dieser Strukturelemente aber ist die das Kollisionsverhalten erklärende *differentia specifica* der Rechtsprinzipien zu suchen?

a) Differenzen im Norminhalt

aa) Relativierter Sollensgehalt: Prinzipien als Optimierungsgebote

Alexy definiert Prinzipien als Optimierungsgebote. Den Schlüssel zur normstrukturellen Erklärung ihrer Kollisionseigenschaften sucht er damit im formellen Teil ihres Norminhalts.[38] Als Optimierungsgebote seien Prinzipien Normen, deren Inhalt dadurch charakterisiert werden könne, dass das jeweils Gebotene – unabhängig von dessen materiellem Gehalt – „in einem relativ auf die rechtlichen und tatsächlichen Möglichkeiten möglichst hohen Maße" zu realisieren sei.[39] Das gebotene

---

35 In der deontischen Logik steht O lediglich für den Gebotsmodus. Aus Gründen der Einfachheit der Darstellung wird er hier jedoch verallgemeinernd verwendet. Das scheint auch deshalb unproblematisch, weil sich Erlaubnis (P) und Verbot (F) ebenfalls mittels des Gebotsoperators ausdrücken lassen ($Pp = \neg O \neg p$; $Fp = O \neg p$).

36 Normbegriff und Formalisierung nach *M. Reßing*, ARSP 95 (2009), S. 28 (29); vgl. ferner *B. Rüthers/C. Fischer/A. Birk*, Rechtstheorie, 9. Aufl. 2016, Rdn. 121 ff.; *J.-R. Sieckmann*, Regelmodelle und Prinzipienmodelle des Rechtssystems, 1990, S. 53; ähnlich auch die Definition von „Gebotsnormen" bei *J. Raz*, Praktische Gründe und Normen, 2006, S. 66.

37 Denkbar sind freilich auch unbedingte Normen. Da ihnen der Tatbestand als Strukturelement fehlt, lassen sie sich als G(Op) formalisieren. Rechtsnormen weisen indessen bereits durch ihren beschränkten räumlichen, zeitlichen und persönlichen Anwendungsbereich stets hypothetischen Charakter auf, vgl. *K. F. Röhl/H. C. Röhl*, Allgemeine Rechtslehre, 3. Aufl. 2008, S. 191.

38 Dass die Definition den Norminhalt betrifft, wird deutlich bei *R. Alexy*, in: ders., Recht Vernunft, Diskurs, 1995, S. 177 (203 f. mit und in Fn. 94); ebenso *M. Reßing*, ARSP 95 (2009), S. 28 (33 f.); *J.-R. Sieckmann*, Regelmodelle und Prinzipienmodelle des Rechtssystems, 1990, S. 64.

39 *R. Alexy*, Theorie der Grundrechte, 1986, S. 75.

Maß ihrer Erfüllung hänge demnach von den rechtlichen und tatsächlichen Rahmenbedingungen ab. Genau das erkläre ihr Kollisionsverhalten, seien danach doch alle Prinzipien dadurch bestimmt, „daß gegenläufige Prinzipien die rechtlichen Möglichkeiten ihrer Realisierung begrenzen."[40]

Das Phänomen der Abwägung vermag diese Konzeption indes nicht zu erklären. Denn Prinzipien sind, versteht man sie als Optimierungsgebote, weder einer Abwägung fähig noch bedürfen sie dieser. Das Gebot, etwas relativ auf die tatsächlichen und rechtlichen Möglichkeiten in höchstmöglichem Maße zu realisieren, kann schlicht nicht graduell erfüllt werden. Es hat vielmehr definitiven Charakter,[41] denn: „Either one does or one does not optimize."[42] Dabei hat die im Begriff des Optimierungsgebots angelegte apriorische Relativierung des Norminhalts auf das tatsächlich und rechtlich Mögliche zugleich zur Folge, dass auch die einer jeden Abwägung vorausgehende Kollision zweier Prinzipien undenkbar wird. Denn eine normative Spannungslage, die im Wege der Abwägung aufzulösen wäre, kann zwischen zwei Optimierungsgeboten nicht bestehen.[43] Mit der Konzeptualisierung von Prinzipien als Optimierungsgeboten bleibt das prinzipientheoretisch zu Erklärende, das Phänomen der Abwägung, somit letztlich im Dunkeln.

---

[40] *R. Alexy*, ARSP Beiheft 25 (1985), S. 13 (20).

[41] Dieser Einwand geht zurück auf *J.-R. Sieckmann*, Regelmodelle und Prinzipienmodelle des Rechtssystems, 1990, S. 63 ff. und *A. Aarnio*, ARSP Beiheft 42 (1990), S. 180 (187), findet sich aber auch bei *H. B. Ávila*, Theorie der Rechtsprinzipien, 2006, S. 54; *M. Peters*, ZÖR 51 (1996), S. 159 (169); *R. Poscher*, Grundrechte als Abwehrrechte, 2003, S. 79; *ders.*, RW 1 (2010), S. 349 (351 f.); *M. Reßing*, ARSP 95 (2009), S. 28 (39 f.); siehe auch *P. Lerche*, in: FS Stern, 1997, S. 197 (205). Ansätze einer Gegenkritik bei *A. Jakab*, Rechtstheorie 27 (2006), S. 49 (52). Selbst *Alexy* gibt seinen Kritikern insofern Recht, siehe *R. Alexy*, in: L. Clérico/J.-R. Sieckmann (Hrsg.), Grundrechte, Prinzipien und Argumentation, 2009, S. 21 (21 f.); *ders.*, in: B. Schilcher/P. Koller/B.-C. Funk (Hrsg.), Regeln, Prinzipien und Elemente im System des Rechts, 2000, S. 31 (38).

[42] So *A. Aarnio*, ARSP Beiheft 42 (1990), S. 180 (187).

[43] *J.-R. Sieckmann*, ARSP Beiheft 53 (1994), S. 205 (205, 207); *ders.*, in: ders. (Hrsg.), Die Prinzipientheorie der Grundrechte, 2007, S. 17 (19); im Anschluss an diesen auch *N. Jansen*, Die Struktur der Gerechtigkeit, 1998, S. 100 und *M. Reßing*, ARSP 95 (2009), S. 28 (40).

bb) Idealer Sollensgehalt: Prinzipien als Gebote unbegrenzter Ideale

Positiv gewendet erhellt diese Kritik an *Alexys* früher Prinzipienkonzeption zum einen, dass Abwägungsvorgänge sich nur dann normstrukturell rekonstruieren lassen, wenn die Normen, die sich in der Abwägung gegenüber stehen, ihrem Sollensgehalt nach nicht auf den Bereich des tatsächlich und rechtlich Möglichen begrenzt sind.[44] Norminhaltlich kennzeichnet Prinzipien demnach eine überschießende Tendenz; sie „wollen“ mehr als sie rechtlich oder tatsächlich können. Anderenfalls kollidierten sie nicht und für eine Abwägung bestünde kein Bedarf.

Zum anderen ruft die Auseinandersetzung mit *Alexys* Konzept der Optimierungsgebote in Erinnerung, dass sich die Abwägungsfähigkeit von Prinzipien nur dann erfassen lässt, wenn der Gegenstand des von ihnen postulierten Sollens abstufbar ist.[45] Gebote, Verbote oder Erlaubnisse, deren Erfüllung – wie das gerade diskutierte Gebot, zu optimieren – nicht als Frage des Mehr oder Weniger formuliert werden kann, können nicht Inhalt von Prinzipien sein.

Beide Aspekte aber zeigen, dass das Proprium prinzipienhafter Normen im materiellen, nicht im formellen Teil des Norminhalts zu suchen ist.[46] Dieses materiell von Prinzipien Gebotene lässt sich begrifflich als ideales Sollen umschreiben, ein Sollen also, das über das tatsächlich und rechtlich erfüllbare reale Sollen hinausgeht[47] und folglich auch nicht voraussetzt, dass das Gesollte normativ und tatsächlich vollständig möglich ist;[48] ein Sollen zudem, dessen Gegenstand im Sinne eines gesollten Ideals Abstufungen zulässt.

---

[44] *J.-R. Sieckmann*, ARSP Beiheft 53 (1994), S. 205 (205); ebenso *ders.*, in: G. Meggle (Hrsg.), Analyomen 2, Bd. III, 1997, S. 349 (351); *ders.*, Rechtstheorie 25 (1994), S. 163 (168); vor diesem Hintergrund erschließt es sich, wenn *M. Reßing*, ARSP 95 (2009), S. 28 (46) Prinzipien als Gebote von „unbegrenzten Idealen“ kennzeichnet.

[45] Dazu schon oben Kapitel 2, A. III. 1.

[46] *M. Reßing*, ARSP 95 (2009), S. 28 (46).

[47] So *J.-R. Sieckmann*, Rechtstheorie 25 (1994), S. 163 (168 f.); *ders.*, ARSP 97 (2011), S. 178 (180).

[48] *R. Alexy*, in: ders., Recht Vernunft, Diskurs, 1995, S. 177 (204); *N. Jansen*, Die Struktur der Gerechtigkeit, 1998, S. 91; ähnlich *R. Alexy*, in: L. Clérico/J.-R. Sieckmann (Hrsg.), Grundrechte, Prinzipien und Argumentation, 2009, S. 21 (23); ausführlich dazu nun *C. Kallmeyer*, Ideales Sollen, 2016.

cc) Folgeproblem: Das Widerspruchsdilemma

In dem Maße aber, in dem der Sollensgehalt der so verstandenen Prinzipien die Grenze rechtlicher Möglichkeiten überschreitet, treten sie zueinander in Widerspruch. Meist wird das am Beispiel einer beleidigenden Aussage illustriert:[49] Nennt A den B einen Idioten, so wird man aus Sicht der Meinungsfreiheit zu dem Ergebnis kommen müssen, dass A ein Recht hatte, seine entsprechende Meinung kundzutun. Aus der Perspektive des allgemeinen Persönlichkeitsrechts des B ergibt sich hingegen, dass dieser ein Recht hatte, nicht als Idiot bezeichnet zu werden, A folglich gerade nicht das Recht besaß, sich entsprechend zu äußern. Damit beanspruchen zwei sich widersprechende konkrete normative Urteile, den Fall für sich zu entscheiden. Teils gestützt auf Erwägungen der Normlogik[50] – denn zwei sich widersprechende Normen könnten aufgrund des Satzes vom ausgeschlossenen Widerspruch nicht zugleich gültig sein –, teils gestützt auf die Funktion des Rechts[51] – denn eine widersprüchliche Rechtsordnung büße die Fähigkeit zur Handlungsleitung und Stabilisierung von Verhaltenserwartungen ein –wird dies in der prinzipientheoretischen Diskussion als Problem wahrgenommen.[52] „Die logische Einheit und Korrektheit der Normenordnung", so liest sich diese Problemanalyse in ihrer normlogischen Variante, lasse es aus logischen Gründen nicht zu, etwas zugleich für geboten und verboten zu erklären.[53] Geschehe dies doch, leide die Rechtsordnung an einem

[49] Beispiel nach *J.-R. Sieckmann*, Recht als normatives System, 2009, S. 42 f.; ähnlich *R. Alexy*, in: L. Clérico/J.-R. Sieckmann (Hrsg.), Grundrechte, Prinzipien und Argumentation, 2009, S. 21 (27 f.).

[50] In diese Richtung *M. Reßing*, ARSP 95 (2009), S. 28 (42); wohl auch *J.-R. Sieckmann*, ARSP 97 (2011), S. 178 (181, 189 in Fn. 53) sowie *ders.*, Recht als normatives System, 2009, S. 43: Widersprüche zwischen Normen müssten „wegen der Forderung der Widerspruchsfreiheit ebenso vermieden werden wie im Bereich nicht-normativer Aussagen."

[51] *J.-R. Sieckmann*, Recht als normatives System, 2009, S. 43; *ders.*, in: B. Schilcher/P. Koller/B.-C. Funk (Hrsg.), Regeln, Prinzipien und Elemente im System des Rechts, 2000, S. 69 (76), der in der Fußnote allerdings auch auf die normlogische Begründung hinweist; ebenso *C. Bumke*, Relative Rechtswidrigkeit, 2004, S. 38 f. und offenbar auch *J. Habermas*, Faktizität und Geltung, 1992, S. 311.

[52] Siehe neben den in den beiden vorangegangen Fußnoten genannten Autoren auch *R. Alexy*, Theorie der Grundrechte, 1986, S. 78.

[53] *O. Weinberger*, Rechtslogik, 1970, S. 214; ebenso *H. Nawiasky*, Allgemeine Rechtslehre als System der rechtlichen Grundbegriffe, 2. Aufl. 1948,

logischen Mangel, der aber rechtsfolgenlos bleibe[54] oder gar – so *Hans Kelsen* – der Geltung der kollidierenden Normen entgegenstehe, denn es liege dann „ein sinnloser Normsetzungsakt und sohin [...] keine objektiv gültige Rechtsnorm vor".[55] In dieser kelsianischen Tradition begreift auch die Prinzipientheorie, sofern sie sich auf Grundsätze der Normlogik stützt, den Widerspruch zweier Prinzipien als Geltungsproblem.[56] Unhinterfragt setzt sie dabei indes die Geltung des Satzes vom ausgeschlossenen Widerspruch im normativen Bereich voraus.[57] Für die Sätze der exakten Wissenschaften formuliert der Satz vom ausgeschlossenen Widerspruch die elementare Grundbedingung der Wissenschaftlichkeit; er hat schlechthin wahrheitskonstitutive Bedeutung. Gerade deshalb aber scheint seine Geltung im Bereich der Normen alles andere als evident, weisen doch Normen gerade keinen Wahrheitsgehalt

---

S. 142; *K. F. Röhl/H. C. Röhl*, Allgemeine Rechtslehre, 3. Aufl. 2008, S. 154; *H. Sodan*, JZ 54 (1999), S. 864 (866 ff.).

[54] So etwa *J. Berkemann*, in: H. Lenk (Hrsg.), Normenlogik, 1974, S. 166 (181 f., 184).

[55] *H. Kelsen*, Reine Rechtslehre, 2. Aufl. 1960, S. 211; ähnlich geht auch *C.-W. Canaris*, Die Feststellung von Lücken im Gesetz, 2. Aufl. 1983, S. 65 davon aus, es entstehe dann eine „Kollisionslücke".

[56] So etwa *M. Reßing*, ARSP 95 (2009), S. 28 (42); *J.-R. Sieckmann*, ARSP 97 (2011), S. 178 (181, 189 in Fn. 53, 190); *ders.*, in: ders. (Hrsg.), Die Prinzipientheorie der Grundrechte, 2007, S. 17 (23); siehe auch *W. Enderlein*, Abwägung in Recht und Moral, 1992, S. 48.

[57] In der rechtstheoretischen und -philosophischen Literatur wird dessen Geltung indes vielfach bestritten, so etwa von *C. Bumke*, Relative Rechtswidrigkeit, 2004, S. 38 f.; *B. Rüthers/C. Fischer/A. Birk*, Rechtstheorie, 9. Aufl. 2016, Rdn. 192; *T. Schilling*, Rang und Geltung von Normen in gestuften Rechtsordnungen, 1994, S. 373 f.; wohl auch *E. Wiederin*, Rechtstheorie 21 (1990), S. 311 (313 f. mit Fn. 10, 318 f.); ebenfalls zweifelnd *C.-W. Canaris*, Systemdenken und Systembegriff in der Jurisprudenz, 2. Aufl. 1983, S. 123. In seinem Spätwerk hat sich auch *Hans Kelsen* ausdrücklich gegen die Geltung des Satzes vom ausgeschlossenen Widerspruch im Bereich der Normen ausgesprochen, siehe *H. Kelsen*, ÖZöR 13 (1963), S. 1 (2) und dazu aus jüngerer Zeit *H. Dreier*, JZ 66 (2011), S. 1151 (1152 ff.). Vgl. allgemein zur Geltungsbegründung logischer Grundsätze im Bereich deontischer Sätze *U. Neumann*, in: A. Kaufmann/W. Hassemer/U. Neumann (Hrsg.), Einführung in die Rechtsphilosophie und Rechtstheorie der Gegenwart, 8. Aufl. 2011, S. 298 (315 ff.).

auf.[58] Warum (und wie), so mag man daher fragen, sollte man die im Satz vom ausgeschlossenen Widerspruch enthaltene Wahrheitsbedingung an Normen als nicht wahrheitsfähige Gegenstände anlegen?

> „Die Antwort auf diese Frage ist: daß logische Prinzipien, wenn nicht direkt, so doch indirekt, auf Rechtsnormen angewendet werden können, sofern sie auf die diese Rechtnormen beschreibenden Rechtssätze, die wahr oder unwahr sein können, anwendbar sind. Zwei Rechtsnormen widersprechen sich und können daher nicht zugleich als gültig behauptet werden, wenn die beiden sie beschreibenden Rechtssätze sich widersprechen".[59]

Diese Übertragung des Anspruchs der Widerspruchsfreiheit von der Satzebene auf die rechtliche Gegenstandsebene beruht allerdings auf einem Wahrheitskriterium, das der Rechtswissenschaft – jedenfalls insofern sie das positive Recht beschreibt – nicht entspricht.[60] Sofern wissenschaftliche Sätze etwas über das Sein eines Gegenstandes aussagen, kommt ihnen das Prädikat „wahr" genau dann zu, wenn das in ihnen Ausgesagte den Tatsachen entspricht. Für die Rechtswissenschaft gilt entsprechendes: Ein analytischer rechtswissenschaftlicher Satz ist dann wahr, wenn er auf der rechtlichen Gegenstandsebene eine Entsprechung findet.[61] Insofern kann gerade auch die Feststellung, dass eine Rechtsordnung inhaltlich unvereinbare Normen enthält, ein zulässiges rechtswissenschaftliches Ergebnis sein. Der Satz vom ausgeschlossenen Widerspruch kann daher nicht auf indirektem Wege auf die normative Ebene übertragen werden. Aus der bloßen Widersprüchlichkeit zweier Geltungssätze ein Geltungsproblem zu folgern, überzeugt deshalb nicht. Damit aber verliert das Ausbleiben von Normwidersprüchen sei-

---

[58] Zum fehlenden Wahrheitsgehalt von Normen siehe *M. Riedel*, Norm und Werturteil, 1979, S. 56 f.; *K. F. Röhl/H. C. Röhl*, Allgemeine Rechtslehre, 3. Aufl. 2008, S. 155; *G. H. v. Wright*, Norm und Handlung, 1979, S. 108 ff.

[59] *H. Kelsen*, Reine Rechtslehre, 2. Aufl. 1960, S. 77, siehe auch ebd., S. 209 f.

[60] Vgl. *S. Haack*, Widersprüchliche Regelungskonzeptionen im Bundesstaat, 2002, S. 127; *T. Schilling*, Rang und Geltung von Normen in gestuften Rechtsordnungen, 1994, S. 374 f.

[61] *R. Alexy*, in: L. Clérico/J.-R. Sieckmann (Hrsg.), Grundrechte, Prinzipien und Argumentation, 2009, S. 21 (28); für normative Aussagen ebenso *J.-R. Sieckmann*, ARSP 80 (1994), S. 227 (235). Vgl. zu der dieser These zugrundeliegenden Korrespondenztheorie der Wahrheit etwa *M. David*, The Correspondence Theory of Truth, in: E. N. Zalta (Hrsg.), The Stanford Encyclopedia of Philosophy (Stand: Herbst 2013).

ne Stellung als negative Normgeltungsbedingung; es bleibt aber ein Erfordernis praktischer Rationalität. Das Postulat der Widerspruchsfreiheit findet demnach allein in der Funktion des Rechts seine Verankerung.[62] Für die Prinzipientheorie bedeutet das, dass eine normstrukturelle Konstruktion des Abwägungsvorgangs, die die Funktion des Rechts gefährdende Normwidersprüche vermeidet, das Recht als rationale Ordnung und sinnvolles Ganzes zu begreifen erlaubt und insofern gegenüber einer Theorie, die dies nicht vermag, den Vorzug verdient.[63] Selbst in dieser abgeschwächten Form jedoch provoziert das in der Diskussion ausgemachte Dilemma zwischen idealem Sollen und Widerspruchsfreiheit der Rechtsordnung die Frage nach Lösungen.

b) Differenzen in der Normgeltung

Wie also ist ein Prinzipienverständnis, das Prinzipien als Normen idealen Sollens begreift, mit dem Postulat der Widerspruchsfreiheit der Rechtsordnung in Einklang zu bringen?

aa) Ideale Geltung: Prinzipien als reiterierte Geltungsgebote

Jan-Reinard Sieckmann formuliert in Antwort auf genau diese Frage seine Theorie reiterierter Geltungsgebote. Dazu unterscheidet er bloße Normformulierungen von Geltungssätzen einerseits, von Geltungsgeboten andererseits. Während Normformulierungen Sätze darstellen, die eine Norm im semantischen Sinne wiedergeben, ohne ihr zugleich Geltung zuzusprechen (formalisiert: Op), besagen Geltungssätze, dass eine Norm bestimmten Inhalts auch gilt (formalisiert: G[Op]). Ein Geltungsgebot schließlich gebietet, einer bestimmten Norm Geltung zu verleihen (formalisiert: OG[Op]).[64] Der Widerspruch zweier Prinzipien aber, so *Sieckmann*, sei nur dann und deshalb „nicht akzeptabel“[65], wenn und weil Prinzipien als definitiv geltende Gebote und folglich als

---

[62] *C. Bumke*, Relative Rechtswidrigkeit, 2004, S. 38 f.

[63] Zu diesem Anspruch der Rechtserkenntnis *H. Kelsen*, Reine Rechtslehre, 2. Aufl. 1960, S. 210.

[64] *J.-R. Sieckmann*, in: G. Meggle (Hrsg.), Analyomen 2, Bd. III, 1997, S. 349 (352).

[65] *J.-R. Sieckmann*, Recht als normatives System, 2009, S. 43.

Geltungssätze verstanden würden.[66] Verzichte man auf die propositionale Struktur von Geltungsaussagen, lasse sich, so darf man *Sieckmanns* Folgerungen verstehen, auch der logische Widerspruch vermeiden, denn die Grundsätze der Aussagenlogik fänden dann keine Anwendung. Gebe man die definitive Geltung auf, gerate auch die handlungsleitende Funktion des Rechts nicht in Gefahr, beinhalteten Prinzipien dann doch keine unmittelbaren Handlungsdirektiven. Die zur Lösung des Widerspruchsproblems demnach naheliegende Option, Prinzipien ohne Geltungsoperator und damit nicht als Aussagen definitiver Geltung, sondern als bloße Normformulierungen zu konstruieren, scheidet jedoch aus. Auch Prinzipien erheben den Anspruch, den konkreten Fall verbindlich zu entscheiden; auch ihnen muss demnach eine Form der Geltung zukommen.[67] Und so bleibt schließlich allein die Möglichkeit, Prinzipien als Geltungsgebote zu qualifizieren:

> „Sollen Geltungsgebote nicht als normative Aussagen verstanden werden, aber gleichwohl geltungstheoretischen Gehalt haben, bietet es sich an, das in ihnen enthaltene ideale Sollen durch eine beliebig fortsetzbare Iteration von Geltungsgeboten zu charakterisieren."[68]

Prinzipien haben demnach die logische Form ...OGOG(Op). Sie sind folglich weder bloße Normformulierungen noch Geltungsaussagen, und doch besitzen sie „eine Form idealer Geltung"[69], eine „prinzipielle Geltung"[70], die sie nach *Sieckmann* ihrer iterativen Struktur verdanken.[71] Damit aber scheint das Dilemma gelöst, denn selbst „[u]nvereinbare Geltungsgebote können zugleich gültig sein".[72]

---

[66] Vgl. *J.-R. Sieckmann*, ARSP 97 (2011), S. 178 (181); *ders.*, Recht als normatives System, 2009, S. 42 f., 57; *ders.*, in: B. Schilcher/P. Koller/B.-C. Funk (Hrsg.), Regeln, Prinzipien und Elemente im System des Rechts, 2000, S. 69 (76 f.); *ders.*, Rechtstheorie 25 (1994), S. 163 (165).

[67] *J.-R. Sieckmann*, Recht als normatives System, 2009, S. 57; *ders.*, Rechtstheorie 25 (1994), S. 163 (168).

[68] *J.-R. Sieckmann*, in: G. Meggle (Hrsg.), Analyomen 2, Bd. III, 1997, S. 349 (351 f.).

[69] Ebd., S. 351 sowie *ders.*, ARSP 97 (2011), S. 178 (188).

[70] Ebd., S. 352 sowie *ders.*, Recht als normatives System, 2009, S. 55; *ders.*, ARSP 97 (2011), S. 178 (188).

[71] *J.-R. Sieckmann*, ARSP 97 (2011), S. 178 (189); *ders.*, in: ders. (Hrsg.), Die Prinzipientheorie der Grundrechte, 2007, S. 17 (23).

[72] *J.-R. Sieckmann*, Recht als normatives System, 2009, S. 55.

Allerdings stellt gerade die Frage nach der Form der Geltung der *Sieckmann*'schen Geltungsgebote die Achillesverse seiner Konzeption dar. Nimmt man die Rede von Geltungsgeboten ernst, unterscheiden sich diese zunächst nicht von bloßen Normformulierungen, denn in der Form OG(Op) sind sie strukturell geltungslos. Und auch die Lösung, die *Sieckmann* hierfür mit der Iteration von Geltungs- und Gebotsoperatoren anbietet, ist nicht über jeden Zweifel erhaben. Ihr scheint der Gedanke zugrunde zu liegen, dass sich aus der infiniten Kombination definitiver und bloß gebotener Geltung eine Form abgeschwächter Geltung konstruieren lässt[73] – ein Schluss, für den die Theorie keine plausible Erklärung bietet und dessen Ergebnis – die „prinzipielle Geltung" reiterierter Geltunsgebote – inhaltlich unterbestimmt bleibt. Letztlich illustriert die Konstruktion *Sieckmanns* so allein, dass Prinzipien zwischen geltenden Geboten und gebotener Geltung in der Schwebe bleiben – und das auf denkbar unhandliche Weise.[74] Im Lichte des rechtstheoretischen Anliegens einer möglichst prägnanten und einfachen Beschreibung macht bereits diese Komplexität den Entwurf *Sieckmanns* unattraktiv.

bb) Doppelte Geltung: Prinzipien als abstrakt und konkret geltende Gebote

Wenn auch ohne die *Sieckmann*'sche Reiterationsthese zu übernehmen, so greift doch auch *Maximilian Reßing* auf Geltungsgebote zurück, um die Struktur von Prinzipien zu illustrieren. *Reßing* schlägt vor, Prinzipien zur Lösung des obigen Widerspruchsdilemmas als Normen mit zweifacher, nämlich abstrakter und konkreter Geltungsebene zu verstehen.[75] Auf abstrakter Ebene enthalten Prinzipien nach *Reßing* Gel-

---

[73] Kritisch zu Graduierungen der Normgeltung *U. Neumann*, in: B. Schilcher/P. Koller/B.-C. Funk (Hrsg.), Regeln, Prinzipien und Elemente im System des Rechts, 2000, S. 115 (117).

[74] *R. Alexy*, in: B. Schilcher/P. Koller/B.-C. Funk (Hrsg.), Regeln, Prinzipien und Elemente im System des Rechts, 2000, S. 31 (42 f.), der deshalb die Ergänzung des binären Geltungsprädikats durch indexierte Geltungsoperatoren in Erwägung zieht, ebd., S. 41; ebenfalls kritisch *P.-H. Wang*, ARSP Beiheft 124 (2010), S. 29 (34 ff.).

[75] *M. Reßing*, ARSP 95 (2009), S. 28 (46 ff.); Tendenzen in diese Richtung bereits bei *U. Neumann*, in: B. Schilcher/P. Koller/B.-C. Funk (Hrsg.), Regeln, Prinzipien und Elemente im System des Rechts, 2000, S. 115 (121): „Das unterschiedliche Kollisionsverhalten […] erklärt sich also, so die These, aus einer un-

tungsgebote der Form $G_a(O\ G_k[Op])$. Abstrakt gebieten sie demnach, dass ein Gebot mit dem Norminhalt p, der die Erfüllung eines Ideals beschreibt, konkret gilt. Obwohl *Reßing* hier wie *Sieckmann* auf das Konzept von Geltungsgeboten zurückgreift, unterscheidet sich die abstrakte Geltungsebene von *Sieckmanns* Entwurf erheblich. Denn *Reßings* Geltungsgebote beanspruchen definitive Geltung und haben damit eindeutig den Charakter von Geltungssätzen. Sie sind geltende Geltungsgebote. Auf konkreter Geltungsebene beschreiben Prinzipien nach *Reßing* Handlungsgebote, die er in der Form $G_k(Oq)$ formalisiert. Der Norminhalt q kennzeichnet dabei anders als der Norminhalt p auf abstrakter Ebene nicht die Erfüllung eines unbegrenzten Ideals, sondern die Verwirklichung „einer Festsetzung im Raum des tatsächlich und rechtlich Möglichen".[76] Die gleichzeitige Geltung inhaltlich unvereinbarer Prinzipien meint *Reßing* mit dieser Konzeption deshalb erklären zu können, weil auf abstrakter Ebene ein Prinzipienwiderspruch niemals auftrete, auf konkreter Ebene aber – wie im Falle von Regeln – stets nur ein Prinzip seine Geltung behalte.[77] Welches Prinzip im Falle einer Kollision die konkrete Geltung einbüße, sei mittels *Alexys* Abwägungsgesetz' zu bestimmen.[78] Die abstrakte Geltungsebene aber bleibe davon unberührt. So ermögliche die Verdopplung der Geltungsebenen, dass Prinzipien auch dann gelten, wenn sie im Wege der Abwägung zurücktreten müssen.

Freilich ist nicht zu übersehen, dass *Reßings* Argument ganz entscheidend von der Prämisse abhängt, dass Prinzipien auf Ebene der abstrakten Geltung nicht kollidieren, wenigstens aber keine inakzeptablen Normwidersprüche erzeugen. Ist *Reßing* mit dieser These auch nicht allein,[79] so reicht sein Versuch, sie anhand nur eines Beispiels – dem

---

terschiedlichen Geltungsstruktur, die aus der Zuordnung zu unterschiedlichen Ebenen resultiert."

[76] *M. Reßing*, ARSP 95 (2009), S. 28 (48).

[77] Ebd., S. 46 f.

[78] Ebd., S. 47.

[79] Siehe etwa *D. Buchwald*, in: B. Schilcher/P. Koller/B.-C. Funk (Hrsg.), Regeln, Prinzipien und Elemente im System des Rechts, 2000, S. 83 (91 mit Fn. 15); *K.-E. Hain*, Die Grundsätze des Grundgesetzes, 1999, S. 159; *U. Neumann*, in: B. Schilcher/P. Koller/B.-C. Funk (Hrsg.), Regeln, Prinzipien und Elemente im System des Rechts, 2000, S. 115 (120); ähnlich auch *C. Huerta*, in: L. Clérico/J.-R. Sieckmann (Hrsg.), Grundrechte, Prinzipien und Argumentation, 2009, S. 183 (189) und *A. Peczenik*, On Law and Reason, 2009, S. 52 f., 67.

Verhandlungsunfähigkeitsbeschluss des BVerfG[80] – zu belegen, zur Begründung der zu beweisenden Allaussage nicht hin. Eben hier knüpft die Kritik *Sieckmanns* an, der sich bemüht hat, *Reßings* Folgerung mit Gegenbeispielen zu erschüttern. Dass Prinzipien auch abstrakt kollidieren könnten, beweise nach *Sieckmann* etwa der Konflikt zwischen dem Prinzip der Drittwirkung der Grundrechte und dem Prinzip der Privatautonomie; auch die Prinzipien Einzelfallgerechtigkeit und Rechtssicherheit stünden bereits vor jedem Fallbezug in Widerspruch zueinander.[81] Auf den ersten Blick scheint diese Kritik einen richtigen Kern zu treffen, denn allgemeiner formuliert: Warum soll ein Prinzipienwiderspruch auf abstrakter Ebene gänzlich undenkbar sein? Logisch formulieren lässt sich eine Kontradiktion abstrakter Geltungsgebote ohne weiteres.[82] Und doch greift der Einwand zu kurz. Denn die Widerspruchsfreiheit der Rechtsordnung ist keine logische Notwendigkeit.[83] Lediglich Widersprüche, die die handlungsleitende Funktion des Rechts in Frage stellen, darf ein rationales Normensystem nicht enthalten.[84] Unmittelbare Handlungsleitung kann und will die von *Reßing* skizzierte abstrakte Geltungsebene indes nicht leisten, enthält sie doch lediglich Geltungs- und keine Handlungsgebote. Ein entsprechender inakzeptabler Widerspruch kann auf Ebene der abstrakten Geltung folglich gar nicht entstehen.[85] Das Kollisionsproblem kann das Konzept von Prinzipien als Normen mit zwei Geltungsebenen folglich überzeugend lösen.

---

[80] BVerfGE 51, 324.

[81] *J.-R. Sieckmann*, ARSP 97 (2011), S. 178 (187 mit und in Fn. 50).

[82] So stünde der Geltungssatz G_a(O G_k[Op]) mit der normativen Aussage G_a(¬O G_k[Op]) aussagenlogisch ebenso in einem kontradiktorischen Widerspruch wie deren Äquivalente auf konkreter Geltungsebene G_k(Oq) und G_k(¬Oq). Die Abstraktionsebene ändert an der Möglichkeit, einen logischen Widerspruch zu erzeugen, folglich nichts.

[83] Vgl. bereits oben Kapitel 2, A. III. 2. a) cc).

[84] In diesem Punkt stellt *Reßing* offenbar selbst zu Unrecht höhere Anforderungen an seine Theorie, denn er geht davon aus, dass zwei kontradiktorische Normen aus logischen Gründen nicht zugleich gelten können, siehe *M. Reßing*, ARSP 95 (2009), S. 28 (40).

[85] Das zeigt deutlich, dass es – anders als *J.-R. Sieckmann*, ARSP 9 (2011), S. 178 (197 in Fn. 75) meint – durchaus entscheidend ist, ob man das Verbot normativer Widersprüche als Anforderung der Logik oder der praktischen Rationalität versteht.

Doch gibt *Reßing* zunächst keine Antwort auf die Frage, warum Prinzipien auf abstrakter Geltungsebene als Gebote, die die Geltung eines abstufbaren Ideals gebieten, zu verstehen sein sollen und nicht vielmehr als die bereits geltenden Gebote eines solchen Ideals. Verständlich wird das erst im Lichte zweier Beobachtungen. Erstens ermöglicht erst dies die logisch-strukturelle Abbildung der normativen Begründungsrelation zwischen Prinzipien und den aus der Abwägung resultierenden Regeln. Und zweitens entgeht *Reßing* – wie gerade gezeigt – erst mit der Unterscheidung zwischen Geltungsgebot auf abstrakter Ebene und Handlungsgebot auf konkreter Ebene dem Vorwurf, das Widerspruchsproblem ungelöst zurückzulassen. Denn nur so können Prinzipien auf abstrakter Ebene kollidieren, ohne dadurch einen inakzeptablen Widerspruch zu erzeugen.

Letztlich ungeklärt bleibt in *Reßings* Entwurf aber, in welcher Beziehung die jeweiligen Norminhalte auf abstrakter (p) und konkreter Geltungsebene (q) zueinander stehen. Die unterschiedliche Struktur auf abstrakter (Geltungsgebot) und konkreter Geltungsebene (Handlungsgebot) lässt es jedenfalls nicht zu, etwa im Wege der Subsumtion oder mittels anderer Schlussinstrumente von $G_a(O\ G_k[Op])$ zu $G_k(Oq)$ zu gelangen, folgt doch aus einem Geltungsgebot ebenso wenig die Geltung der gebotene Norm wie aus einem Handlungsgebot der Vollzug der gebotenen Handlung. Lässt sich q demnach nicht mit den Mitteln juristischer Methodik aus p ableiten, so bleibt allein die Möglichkeit, prinzipienhaften Normen im Wege der Auslegung bereits von Anfang an sowohl den Inhalt des abstrakt geltenden Sollens als auch denjenigen des konkret geltenden Sollens zu entnehmen. Da das konkret geltende Sollen aber stets eine Festsetzung im Raum des tatsächlich und rechtlich Möglichen enthält, wären Prinzipien insofern dann nicht mehr von Regeln zu unterscheiden, und die Relevanz des abstrakt geltenden Sollens erschlösse sich nicht. Für die Auflösung des Widerspruchsproblems bezahlt die Lösung *Reßings* daher einen zu hohen Preis.

c) Differenzen in der deontischen Modalität

Unter dem Druck der Kritik hat indessen auch *Alexy* sein ursprüngliches Prinzipienverständnis modifiziert und das Konzept des „idealen Sollens" auch für seine Theorie rehabilitiert.[86] Er unterscheidet nun-

---

[86] *Alexy* selbst war es, der den Begriff des idealen Sollens in die Debatte eingeführt hat, siehe *R. Alexy*, in: ders., Recht Vernunft, Diskurs, 1995, S. 177 (202 ff.). Doch hat er wegen der Gefahr von Missdeutungen auf dessen Verwendung

mehr zwischen *Geboten zu optimieren* (Optimierungsgebote i.e.S.) und *zu optimierenden Geboten.*[87] Während erstere strukturell Regelcharakter besitzen, seien letztere die abwägungsgegenständlichen Prinzipien. Nach *Alexy* enthalten diese in doppelter Hinsicht ein ideales Sollen: *norminhaltlich* (p) kennzeichnet sie ein Sollen, das mehr enthält als bloß das tatsächlich und rechtlich Mögliche;[88] *deontisch*, d.h. auf Ebene des Gebotsoperators (O), beschreiben sie ein Sollen, das „nur unter der Bedingung, daß man von allem absieht oder abstrahiert, was dem entgegenstehen könnte,"[89] Erfüllung verlangt. Das Gebot wird demnach so behandelt, „als ob es für das Ganze oder für alles, was zählt, stünde".[90] Die Beschreibung als *„pro tanto*-Sollen" oder *„prima facie*-Sollen" soll das begrifflich zum Ausdruck bringen.[91] Formalisiert gibt sich das ideale Sollen durch einen indexierten Gebotsoperator (O_i) zu erkennen.[92] In eben dieser ergänzenden Modifikation des Gebotscharakters findet auch die Ausgangsfrage – gleichzeitige Geltung unvereinbarer Prinzi-

---

verzichtet, siehe *R. Alexy*, Theorie der Grundrechte, 1986, S. 120 in Fn. 148; ausführlich nun *C. Kallmeyer*, Ideales Sollen, 2016.

[87] *R. Alexy*, in: B. Schilcher/P. Koller/B.-C. Funk (Hrsg.), Regeln, Prinzipien und Elemente im System des Rechts, 2000, S. 31 (38 f.); *ders.*, Ratio Juris 13 (2000), S. 294 (300).

[88] Dazu schon oben S. 166 f.

[89] *R. Alexy*, in: L. Clérico/J.-R. Sieckmann (Hrsg.), Grundrechte, Prinzipien und Argumentation, 2009, S. 21 (23).

[90] Ebd.

[91] Mit dem Begriff des *pro tanto*-Sollens orientiert sich *Alexy* ausdrücklich an *S. Hurley*, Natural Reasons, 1989, S. 130 ff., 261 und *N. Jansen*, Die Struktur der Gerechtigkeit, 1998, S. 50 mit und in Fn. 47 sowie S. 101. Der Ansatz *Jansens* unterscheidet sich – je nach Interpretation – von demjenigen *Alexys* nicht sehr stark. So unterscheidet offenbar auch *Jansen* zwischen einem idealen und einem realen Sollen, wenn er schreibt, Prinzipien „sollen *pro tanto* vollständig erfüllt werden" und sie seien „idealiter vollständig gesollt, [lediglich] realiter" müsse das nicht der Fall sein. Zugleich betont er allerdings, dass er den *„Pro-tanto*-Charakter [...] als eine Eigenschaft des jeweiligen Norminhalts" konzipiere. Ob er demnach tatsächlich auch eine deontische Unterscheidung trifft, geht aus seinen Ausführungen nicht klar hervor (alle Zitate bei *N. Jansen*, Die Struktur der Gerechtigkeit, 1998, S. 101 f. mit und in Fn. 101). Vgl. zu Pro-tanto-Gründen auch *J. Lenman*, Reasons for Action, in: E. N. Zalta (Hrsg.), The Stanford Encyclopedia of Philosophy (Stand: Winter 2011).

[92] *R. Alexy*, in: L. Clérico/J.-R. Sieckmann (Hrsg.), Grundrechte, Prinzipien und Argumentation, 2009, S. 21 (25).

pien trotz Widerspruchsfreiheit der Rechtsordnung? – ihre Antwort: Zwar werde der Widerspruch nicht vermieden, doch sei dieser unschädlich.[93] Die Kollision von Ideal-Geboten nämlich gefährde die handlungsleitende Funktion der Rechtsordnung nicht. Denn

> „[e]s geht auf der Ebene des idealen Sollens noch nicht direkt um definitive Handlungsgebote, sondern um Gründe für solche definitiven Handlungsgebote."[94]

Erst das im Wege der Abwägung zu erhebende reale Sollen hat unmittelbar handlungsleitende Funktion. Dank der Vermittlungsleistung der Abwägung besteht der Widerspruch auf Ebene des realen Sollens aber gerade nicht mehr fort.[95]

Mit dieser Konstruktion von Prinzipien als Ideal-Geboten legt *Alexy* die bislang überzeugendste Prinzipienkonstruktion vor. Sie findet nicht nur einen Weg, die gleichzeitige Existenz inhaltlich unvereinbarer prinzipiengestützter normativer Urteile im Rechtssystem zu rekonstruieren, sondern zeigt zudem in ausgesprochen anschaulicher Weise, dass sich die Anwendung von Prinzipien stets in zwei Schritten vollzieht:[96] Zunächst wird im Wege der Subsumtion aus dem abstrakt-idealen Sollen („Wenn etwas eine Meinung ist, ist seine Äußerung grundsätzlich erlaubt") ein konkret-ideales Sollen („Es ist A grundsätzlich erlaubt, B einen Idioten zu nennen") gewonnen, um schließlich erst mit Hilfe der Abwägung widerstreitender konkret-idealer Gebote ein konkret-reales Sollen („Es ist A definitiv erlaubt, B einen Idioten zu nennen") mit handlungsleitender Funktion zu generieren.[97] Anders als die komplexe Konzeption reiterierter Geltungsgebote ist das revidierte Konzept *Alexys* leicht verständlich und lässt die Prinzipientheorie ihren ursprüng-

---

[93] Ebd., S. 31 in Fn. 47.

[94] Ebd., S. 28.

[95] Auch insofern ähneln sich die Entwürfe von *Alexy* und *Jansen*, hält dieser Prinzipienwidersprüche doch gerade deshalb für unschädlich, weil Prinzipien „die Eigenschaft der Abwägungsfähigkeit besitzen" und entsprechende Kollisionen im Wege der Abwägung gelöst werden könnten, siehe *N. Jansen*, Die Struktur der Gerechtigkeit, 1998, S. 101.

[96] Damit ist zugleich dargetan, dass es zu kurz greift, Prinzipien allein mit dem Anwendungsmodus der Abwägung zu verbinden, so aber wohl noch *R. Alexy*, Rechtstheorie 18 (1987), S. 405 (407 f.) und *M. Borowski*, Die Glaubens- und Gewissensfreiheit des Grundgesetzes, 2006, S. 201; zutreffend hingegen *ders.*, Grundrechte als Prinzipien, 2. Aufl. 2007, S. 118 ff.

[97] Dazu *R. Alexy*, ARSP Beiheft 119 (2010), S. 9 (11).

lich entscheidenden rechtstheoretischen Vorteil wieder für sich zurückgewinnen: „ihre intuitive Plausibilität“.[98]

d) Ergebnis

Regeln und Prinzipien unterscheiden sich folglich in Norminhalt und deontischer Modalität. Ihr Geltungsmodus aber ist identisch. Während Regeln definitiv geltende definitive Gebote tatsächlich und rechtlich möglicher Festsetzungen enthalten, beschreiben Prinzipien inhaltlich abstufbare und nicht auf die tatsächlichen und rechtlichen Möglichkeiten begrenzte Ideale, deren Erfüllung nur idealiter, d.h. „nur unter der Bedingung, daß man von allem absieht oder abstrahiert, was dem entgegenstehen könnte,“[99] geboten ist. Auch sie gelten aber definitiv. Das normstrukturelle Proprium prinzipienhafter Normen liegt demnach in ihrem materiellen Norminhalt und ihrer deontischen Modalität begründet. Ein solches Prinzipienverständnis erlaubt es, die abwägungsspezifischen Eigenschaften prinzipienhafter Normen zu erklären, und lässt sich im Übrigen auch mit anderen in der Diskussion vorgeschlagenen Abgrenzungsfiguren gut vereinbaren. So verleiht die norminhaltliche Qualifizierung von Prinzipien als auf die Erfüllung von Idealen gerichtete Gebote Prinzipien eine besondere Generalität des Inhalts. Ansätze, die diese Generalität oder die besondere Abstraktionshöhe von Prinzipien zum entscheidenden Merkmal erheben,[100] lassen sich daher in den hier verteidigten Prinzipienbegriff integrieren. In der norminhaltlichen Charakterisierung von Prinzipien als Gebote eines Ideals dürften sich zudem auch Vertreter einer weiteren ebenfalls anzutreffenden Position wiedererkennen.[101] Sie vertreten die These, Prinzipien

---

[98] *M. Borowski*, Grundrechte als Prinzipien, 2. Aufl. 2007, S. 105.

[99] *R. Alexy*, in: L. Clérico/J.-R. Sieckmann (Hrsg.), Grundrechte, Prinzipien und Argumentation, 2009, S. 21 (23).

[100] So etwa *U. Di Fabio*, Jura 18 (1996), S. 566 (571); *N. D. MacCormick*, Legal Reasoning and Legal Theory, 1994, S. 152 ff.; *R. Poscher*, RW 1 (2010), S. 349 (371); *F. Reimer*, Verfassungsprinzipien, 2001, S. 179 ff.; durchaus ähnlich *U. Penski*, JZ 44 (1989), S. 105 (108): „Unbestimmtheit der Verhaltensanordnung“ und *J. Raz*, Yale L. J. 81 (1972), S. 823 (838): „principles prescribe highly unspecific actions“.

[101] *A. Peczenik*, On Law and Reason, 2009, S. 61: „Each principle expresses an ideal, in other words a value“.

kennzeichne ein werttheoretischer Inhalt;[102] sie seien für die Rechtsordnung folglich in normativer Hinsicht besonders bedeutende Normen.[103] Mit der hier gefundenen Definition dürfte beides regelmäßig koinzidieren.

3. *Der Überflüssigkeitseinwand*

So populär die Prinzipientheorie und so überzeugend die normstrukturelle Rekonstruktion von Abwägungsentscheidungen auch sein mögen, längst haben die Kritiker einen festen Kanon an Einwänden erarbeitet, dem sich jedes normstrukturelle Prinzipienverständnis stellen muss.[104] Drei der gewichtigsten und daher auch hier zu behandelnden Gegenargumente eint ein gemeinsamer Kern: Der Vorwurf der Überflüssigkeit. Eines Prinzipienbegriffs, der das Phänomen der Abwägung zu erklären versuche, indem er den Unterschied von Prinzipien und Normen mit Regelcharakter in deren Struktur ausmache, bedürfe es schlicht nicht.[105]

a) Überflüssigkeit einer logisch-strukturellen Unterscheidung zwischen Regeln und Prinzipien

Die gemäßigte Variante dieses Überflüssigkeitseinwands findet sich etwa bei *András Jakab*. Die Rechtsanwendungsphänomene, die die Prinzipientheorie mit ihrem Prinzipienbegriff zu erklären versuche, ließen

---

[102] So etwa *C.-W. Canaris*, Systemdenken und Systembegriff in der Jurisprudenz, 2. Aufl. 1983, S. 50; ähnlich *K. Larenz*, Richtiges Recht, 1979, S. 29: „nähere inhaltliche Bestimmungen der Rechtsidee“. Zum Verhältnis von Prinzipien und Werten noch unten S. 191 ff.

[103] Dazu *A. Jakab*, ARSP Beiheft 119 (2010), S. 145 (151 f.); *R. Poscher*, RW 1 (2010), S. 349 (371).

[104] Eine Übersicht und Kategorisierung bei *R. Alexy*, in: L. Clérico/J.-R. Sieckmann (Hrsg.), Grundrechte, Prinzipien und Argumentation, 2009, S. 9 (12 f.).

[105] Diese Kritik unter anderem bei *K. Günther*, Der Sinn für Angemessenheit, 1988, S. 268 ff.; *A. Jakab*, Rechtstheorie 37 (2006), S. 49 (54 ff.); *ders.*, ARSP Beiheft 119 (2010), S. 145 (147 ff.); *R. Poscher*, Ratio Juris 22 (2009), S. 425 (433 ff.); *ders.*, RW 1 (2010), S. 349 (354 ff.); *J. Steiff*, Rechtsfindung im Umweltrecht, 2006, S. 137 ff.; weitere Nachweise mit Gegenkritik bei *M. Borowski*, Grundrechte als Prinzipien, 2. Aufl. 2007, S. 105 ff. Noch schärfer, sogar die Existenzmöglichkeit von Prinzipien in Frage stellend *L. Alexander*, in: M. Klatt (Hrsg.), Institutionalized Reason, 2012, S. 115 (129).

sich, so seine These, ohne weiteres auch ohne ihn erklären. Prinzipien seien nichts anderes „als unbestimmte, durch die Rechtsanwendung zu konkretisierende, abstrakte Regeln".[106] Der Begriff der von Regeln logisch-strukturell zu unterscheidenden Prinzipien sei deshalb „einfach *überflüssig*".[107] Um das zu belegen, rekonstruiert *Jakab* das auch von *Alexy* zur Illustration seiner Thesen herangezogene Lebach-Urteil des BVerfG. Die Auflösung des dort diskutierten Spannungsverhältnisses von Rundfunkfreiheit und allgemeinem Persönlichkeitsrecht sei in der Feststellung zu sehen, dass das unterlegene Prinzip „nicht anwendbar" sei, das BVerfG „also diese GG-Bestimmung so interpretiert [habe], daß der konkrete Fall nicht darunter zu subsumieren [sei]".[108] Bereits die Normauslegung, so muss man *Jakab* wohl verstehen, müsse stets zu dem Ergebnis führen, dass nur ein Prinzip auf den Fall anwendbar ist. Eine Abwägung finde daher nur „insoweit statt, als dies auch bei allen teleologischen Interpretationen der Fall ist".[109]

Mit der ausdrücklichen Feststellung des BVerfG, im zu entscheidenden Fall wirkten „mehrere Grundrechte auf die Anwendung des einfachen Rechts ein[…], und zwar in entgegengesetzter Richtung",[110] sodass ein „Konflikt zwischen der Rundfunkfreiheit […] und dem Persönlichkeitsschutz"[111] bestehe, ist diese Sichtweise indes nicht zu vereinbaren. Denn auf das einfache Recht einwirken und dabei konfligieren können nur Normen, unter deren Tatbestandsvoraussetzungen sich der zu beurteilende Sachverhalt auch subsumieren lässt. Anders als *Jakab* annimmt, setzt eine Normabwägung deshalb eine vorangegangene Subsumtion des Falles unter die abzuwägenden Normen voraus. Nur im Rahmen dieser Subsumtion lässt sich nämlich feststellen, ob tatsächlich eine durch Abwägung aufzulösende normative Spannungslage besteht, das heißt ob also tatsächlich (mindestens) zwei Normen den Anspruch erheben, den Fall in je unterschiedlicher Weise zu entscheiden. Angesichts der Tatsache, dass diese Subsumtion ihrerseits eine vorangegangene Normauslegung voraussetzt,[112] verkehrt *Jakabs* Vorschlag, den

---

[106] *A. Jakab*, Rechtstheorie 37 (2006), S. 49 (55).

[107] Ebd., S. 56 (Hervorhebung im Original).

[108] Ebd.

[109] Ebd.; kritisch dazu auch *N. Petersen*, AVR 46 (2008), S. 502 (513).

[110] BVerfGE 35, 202 (219).

[111] BVerfGE 35, 202 (238).

[112] Zu dieser Abfolge *R. Wank*, Die Auslegung von Gesetzen, 6. Aufl. 2015, S. 3, 14 ff.

Abwägungsvorgang als Teil der teleologischen Normauslegung zu verstehen und ihn so im Rechtsanwendungsprozess vorzuverlagern, diese methodisch unumgängliche[113] Abfolge.[114]

Da das Ergebnis der von *Jakab* in den Auslegungsprozess vorverlagerten Abwägung wie jede Abwägung maßgeblich auch von den konkreten Umständen des Einzelfalls abhängt, hat sein Ansatz zudem Folgen für sein Verständnis der Normauslegung. Denn begreift man die Auslegung als Vorgang der Sinnermittlung einer Norm,[115] liegt es ungeachtet des erforderlichen Hin- und Herwandern des Blicks, jedenfalls nicht nahe, die im Auslegungsvorgang zu ermittelnde Bedeutung von Normmerkmalen von den Einzelfallumständen, wie etwa der Intensität der Betroffenheit der kollidierenden Verfassungsgüter, abhängig zu machen. Eben dies aber ist die Konsequenz des *Jakab*'schen Ansatzes. Überflüssig macht er den Begriff der logisch-strukturell von Regeln zu unterscheidenden Prinzipien deshalb nicht.

---

[113] Das gilt freilich nur für Fälle der Normabwägung. Interessenabwägungen hingegen sind jedenfalls nicht in gleichem Maße auf eine vorherige Subsumtion angewiesen und haben daher auch im Rahmen der teleologischen Auslegung ihren Platz; insbesondere dann, wenn ein Gesetz mehrere Zwecke verfolgt und die *ratio* der Norm für einen konkreten Fall fruchtbar gemacht werden soll. Dazu *H.-J. Koch*, in: W. Erbguth u.a. (Hrsg.), Abwägung im Recht, 1996, S. 9 (13 f., 23 f.).

[114] Dieser Vorschlag scheint maßgeblich von der Fallgestaltung des Lebach-Urteils getragen zu sein, spielten die grundrechtlichen Erwägungen hier ja lediglich im Rahmen der Auslegung der §§ 22, 23 KUG eine Rolle. Auch wenn in derartigen Fällen mittelbarer Drittwirkung das Ergebnis der Abwägung der widerstreitenden Prinzipien im Rahmen der Auslegung Berücksichtigung findet, so setzt die Abwägung selbst als auslegungsexterner Vorgang voraus, dass der Fall unter die Voraussetzungen der kollidierenden Prinzipien subsumiert werden kann. Die Abwägung folgt deshalb auch hier deren Auslegung nach. Die Tatsache, dass das gefundene Abwägungsergebnis im Rahmen der Auslegung einer anderen Regel – hier §§ 22, 23 KUG – relevant sein mag, ändert daran nichts. Insofern ist die Auslegung dieser Regel und die Auslegung der Prinzipien strikt zu trennen.

[115] Siehe zu dieser Definition etwa *K. F. Röhl/H. C. Röhl*, Allgemeine Rechtslehre, 3. Aufl. 2008, S. 612; *K. Walter*, Rechtsfortbildung durch den EuGH, 2009, S. 21.

b) Überflüssigkeit einer normbezogenen Unterscheidung zwischen Regeln und Prinzipien

Die zweite Variante des Überflüssigkeitseinwands geht auf Überlegungen *Klaus Günthers* zurück. Er ist der Ansicht, die prinzipientypische „Forderung, eine Norm relativ zu den tatsächlichen und normativen (rechtlichen) Möglichkeiten […] anzuwenden“, könne an jede Norm gestellt werden.[116] Folglich bedinge nicht die Norm selbst ihren Anwendungsmodus.[117] Vielmehr lasse sich die „von Alexy in der Normstruktur lokalisierte Unterscheidung“ zwischen Regeln und Prinzipien „angemessener in den Konversationsbedingungen rekonstruieren“.[118] Sie sei somit keine Unterscheidung „des Normbegriffs, sondern der Handlungsbedingungen, unter denen Normen angewendet werden“.[119] Definiert werden diese Handlungsbedingungen durch den institutionellen Rahmen der Rechtsordnung. Sie enthalte die „institutionelle[n] Einschränkungen“, aufgrund derer „im Falle der Regelanwendung Angemessenheitserwägungen […] ausgeschlossen und im Fall der Prinzipienanwendung zugelassen sind.“[120]

Mit dieser Konzentration auf die Handlungsbedingungen versperrt *Günther* jedoch den Bick dafür, dass ein jeder Anwendungsmodus an die ihm unterstellten Normen bestimmte Anforderungen stellt.[121] Abwägungsfähigkeit etwa setzt graduelle Erfüllbarkeit und Kollisionsfähigkeit voraus. Normen, denen diese Eigenschaften fehlen, können nicht im Wege der Abwägung angewendet werden, mögen die institutionellen Konversationsbedingungen auch anderes gebieten. Die Forderung, eine Norm relativ zu den tatsächlichen und rechtlichen Möglichkeiten anzuwenden, lebt, so mag man demnach in Anlehnung an das bekannte Diktum *Ernst-Wolfgang Böckenfördes* formulieren, von Voraussetzungen, die sie selbst nicht garantieren kann. Sinnvollerweise

---

[116] *K. Günther*, Der Sinn für Angemessenheit, 1988, S. 272.

[117] Ebd.

[118] Ebd., S. 270.

[119] Ebd., S. 273; ähnlich offenbar auch *H. B. Ávila*, Theorie der Rechtsprinzipien, 2006, S. 52 f.

[120] *K. Günther*, Der Sinn für Angemessenheit, 1988, S. 270.

[121] Vgl. dazu oben S. 161 f.; aus anderen Gründen kritisch *M. Borowski*, Grundrechte als Prinzipien, 2. Aufl. 2007, S. 110 f.

kann sie daher eben nicht an jede Norm gestellt werden.[122] Ohne die Normstrukturen einzubeziehen, erlaubt das Modell *Günthers* eine Rekonstruktion der Rechtsanwendungsmodi folglich nicht.[123] Die prinzipientheoretische Regel-Prinzipien-Unterscheidung macht es deshalb nicht entbehrlich.

c) Überflüssigkeit der Unterscheidung zwischen Regeln und Prinzipien überhaupt

Seine schärfste Form findet der Überflüssigkeitseinwand schließlich in einigen Gedanken *Joseph Raz*'. Während *Jakab* und *Günther* lediglich andere Erklärungsmuster für die beobachteten Anwendungsunterschiede präferieren, stellt *Raz* bereits diese Differenzen selbst in Frage. Denn, so *Raz*, auch ein Konflikt zweier Regeln führe nicht stets zur Ungültigkeit einer der beiden Normen.[124] Vielmehr seien Regeln ähnlich wie Prinzipien der Abwägung zugänglich. Die These, dass sich die Anwendung von Rechtsregeln und Rechtsprinzipien unterscheide, beruhe demnach auf einer Fehlbeobachtung. Denn stelle eine Rechtsordnung etwa tätliche Angriffe auf andere Personen generell unter Strafe, so stehe diese Norm mit der Regel, dass auch solche Übergriffe auf andere Personen in Notwehrsituationen erlaubt seien, im Konflikt. Der Richter, der über einen solchen Fall zu entscheiden habe, müsse daher das relative Gewicht der Regeln beurteilen und eine entsprechend abwägungsbasierte Entscheidung treffen.

Dass dieser These jedoch eine unplausible, letztlich auf *Raz*' Theorie der Individuation von Gesetzen beruhende, Vorstellung von Normkonflikten zugrunde liegt, hat *Ronald Dworkin* bereits treffend bemerkt.[125]

---

[122] Das gilt jedenfalls dann, wenn man anders als *Günther* die Anwendung relativ auf die tatsächlichen und rechtlichen Möglichkeiten nicht lediglich als „Berücksichtigung aller Umstände" versteht, sondern – und nur dann trifft *Günthers* Kritik die Prinzipientheorie – als Optimierung begreift, vgl. *R. Alexy*, in: B. Schilcher/P. Koller/B.-C. Funk (Hrsg.), Regeln, Prinzipien und Elemente im System des Rechts, 2000, S. 31 (37).

[123] Vgl. *R. Alexy*, in: B. Schilcher/P. Koller/B.-C. Funk (Hrsg.), Regeln, Prinzipien und Elemente im System des Rechts, S. 31 (37 f.); *M. Raabe*, Grundrechte und Erkenntnis, 1998, S. 190; das übersieht auch *M. Reßing*, ARSP 95 (2009), S. 28 (38).

[124] *J. Raz*, Yale L. J. 81 (1972), S. 823 (829 ff.).

[125] *R. Dworkin*, Bürgerrechte ernstgenommen, 1984, S. 130 ff.

Das Recht, in Notwehr auch andere Personen zu verletzen, stellt eine Ausnahme des Verbots dar, tätliche Angriffe vorzunehmen. Als solche Ausnahme der Verbotsregel steht sie mit dieser aber nicht in einem Konflikt, setzt die Verbotsregel doch bereits tatbestandlich ein rechtswidriges Verhalten voraus.[126] Die Unanwendbarkeit von Rechtfertigungsgründen lässt sich daher angemessener als negative Voraussetzung der Verbotsregel in deren – rechtstheoretisch, nicht strafrechtlich verstandenem – Tatbestand verorten. Rechtfertigungsgründe sind daher als Ausnahmebestimmungen zu verstehen, die den zunächst unvollständigen Regeltatbestand erst komplettieren. Ein Normkonflikt liegt insofern gerade nicht vor. Doch selbst wenn man dies mit *Raz* anders beurteilte, bestünde ein entscheidender Unterschied zum Fall einer Prinzipienkollision. Denn anders als im Falle einer Prinzipienabwägung hängt auch in *Raz'* Ansatz das Verhältnis zwischen Ausnahmebestimmung und Regeltatbestand gerade nicht von den konkreten Umständen des Einzelfalls ab.[127] Vielmehr ist es in dem Sinne konstant, dass in jedem Fall, in dem die Tatbetandsvoraussetzungen der Ausnahme erfüllt sind, die Regel keine Anwendung mehr findet. *Raz'* These, auch Regeln seien abwägbar, überdeckt damit gerade die wesentliche Differenz zwischen Regeln und Prinzipien, sodass der Überflüssigkeitseinwand auch in der von ihm vorgetragenen Form ins Leere geht.

d) Ergebnis

Prinzipien sind Normen, die sich von Regeln strukturell unterscheiden. Diese Differenzthese bringt auch die vorstehend erörterte Kritik nicht ins Wanken. Ohne die in ihr angesprochenen normstrukturellen Differenzen lässt sich das Phänomen der Normabwägung nicht angemessen begreifen. Rechtstheoretisch ist die normstrukturelle Unterscheidung

---

[126] Die Rechtswidrigkeit ist freilich nur im rechtstheoretischen weiten Sinne eine tatbestandliche Voraussetzung. Das wird klar wenn man sich das obige Normschema (T → G[Op]) noch einmal vor Augen führt. Auch Rechtswidrigkeits- und Schuldvoraussetzungen sind hier allein im Tatbestand verortbar. Über die dogmatische Zuordnung dieser Elemente zum Tatbestand im engen strafrechtlichen Sinne, wie das etwa die Lehre von den negativen Tatbestandsmerkmalen propagiert, ist damit nicht entschieden. Eine Erweiterung des Bezugspunkts des Vorsatzes impliziert die vorliegende Zuordnung daher nicht.

[127] Siehe *J. Raz*, Yale L. J. 81 (1972), S. 823 (832 f.); vgl. auch *A. Peczenik*, On Law and Reason, 2009, S. 66 f.; *T. Riehm*, Abwägungsentscheidungen in der praktischen Rechtsanwendung, 2006, S. 70 f.

zwischen Regeln und Prinzipien deshalb auch nicht überflüssig; vielmehr ist sie zum Verständnis rechtlicher Normabwägungsvorgänge notwendig.

IV. Konklusion

Die vorstehenden Überlegungen haben zweierlei gezeigt. Sie haben erstens deutlich gemacht, dass es möglich ist, die Abwägung zweier Normen auf Eigenschaften in der Normstruktur der an der Abwägung beteiligten Normen zurückzuführen. Normen, die im Kollisionsfall der Abwägung bedürfen und ihrer fähig sind, können dazu auf einer ersten Stufe begrifflich als Prinzipien bezeichnet und auf einer zweiten Stufe normstrukturell als Ideal-Gebote abstufbarer und nicht auf die tatsächlichen und rechtlichen Möglichkeiten begrenzter Ideale verstanden werden. Von Normen mit Regelcharakter sind sie demnach aufgrund ihrer Normstruktur zu unterscheiden. Die Überflüssigkeit dieser Unterscheidung hat zweitens auch die Kritik nicht plausibel zu machen vermocht. Eine Rekonstruktionsalternative mit vergleichbarem Erklärungswert ist nicht in Sicht, das *Explanandum* nicht zu leugnen. Für das Verständnis der Normabwägung bleibt die Rechtstheorie deshalb auf die normstrukturelle Rekonstruktion angewiesen.

V. Epilegomena zur Leistungsfähigkeit prinzipientheoretischer Überlegungen: Prinzipientheorie und Rechtsanwendung

Schon *Alexys* frühe Prinzipientheorie beansprucht indes, mehr zu leisten als eine bloße, das Rechtsverständnis fördernde Rekonstruktion. Die Prinzipientheorie, so formuliert *Alexy* selbst, ziele zwar auf die „begrifflich-systematische Durchdringung des Rechts“.[128] Sie analysiere und beschreibe, keinesfalls jedoch als Selbstzweck, sondern stets mit Blick auf die rationale Begründung juristischer Sollensurteile und die richtige juristische Entscheidung.[129] Entsprechend verstehe sie sich nur als eine „primär und nicht eine rein analytische Theorie“.[130] Denn mit der Darlegung der normstrukturellen Eigenheiten von Regeln einer-

[128] *R. Alexy*, Theorie der Grundrechte, 1986, S. 37 f.

[129] Ebd., S. 32.

[130] Ebd., S. 32.

und Prinzipien andererseits hofft *Alexy* zugleich ausweisen zu können, welchen argumentativen Strukturen deren Anwendung zu folgen hat. Aus dem Wesen der Norm deduziert er deren Anwendungsmodus. So tritt neben die deskriptiv-analytische eine normative Dimension der Theorie, die schließlich in der These kulminiert, „daß der Grundsatz der Verhältnismäßigkeit [...] aus dem Prinzipiencharakter logisch folgt".[131] Der Bogen von der Analyse rechtlicher Strukturen zur Anleitung der Rechtsanwendung scheint damit geschlagen, analytischer und normativer Anspruch scheinen verbunden.

Vor allem im grundrechtsdogmatischen Schrifttum hat eben dieser Anspruch, juristische Entscheidungen durch die Prinzipientheorie normativ anzuleiten, in erheblichem Umfang Kritik erfahren.[132] Insbesondere zwei der dabei ausgemachten neuralgischen Punkte verdienen auch im vorliegenden Zusammenhang eine kurze Behandlung. Deren erster betrifft den bereits angesprochenen Zusammenhang von Prinzipiencharakter und Verhältnismäßigkeitsgrundsatz. Nach *Alexy* ist dieser Zusammenhang „so eng wie nur möglich"[133]; so eng, dass *Alexy* die Geltung des Verhältnismäßigkeitsgrundsatzes auf den Prinzipiencharakter stützen zu können glaubt: Der Prinzipiencharakter, so *Alexy*, impliziere den Grundsatz der Verhältnismäßigkeit und umgekehrt. Mag diese materiale Äquivalenz von Prinzipiencharakter und Verhältnismäßigkeitsgrundsatz auch bestehen, so erlaubt sie dennoch nicht, zur Begründung des Prinzipiencharakters auf den Verhältnismäßigkeitsgrundsatz zu verweisen, um anschließend diesen selbst aus jenem herzuleiten. Ein solches Argument wäre zirkulär. Eine notwendige Wahrheitsbedingung von *Alexys* Schluss vom Prinzipiencharakter auf den Verhältnismäßigkeitsgrundsatz besteht daher darin, dass der Prinzipiencharakter be-

---

[131] Ebd., S. 100. Das soll selbst umgekehrt gelten, siehe *R. Alexy*, Ratio Juris 13 (2000), S. 294 (297); *ders.*, in: B. Schilcher/P. Koller/B.-C. Funk (Hrsg.), Regeln, Prinzipien und Elemente im System des Rechts, 2000, S. 31 (35); *ders.*, in: GS Sonnenschein, 2003, S. 771 (772); *ders.*, in: L. Clérico/J.-R. Sieckmann (Hrsg.), Grundrechte, Prinzipien und Argumentation, 2009, S. 21 (25).

[132] Diesbezüglich kritische Stimmen etwa bei *M. Cornils*, Die Ausgestaltung der Grundrechte, 2005, S. 49; *W. Cremer*, Freiheitsgrundrechte, 2004, S. 224; *B. Grzeszick*, Rechte und Ansprüche, 2002, S. 317 ff.; *M. Jestaedt*, Grundrechtsentfaltung im Gesetz, 1999, S. 214 ff.; *ders.*, in: FS Isensee, 2007, S. 253 (260 ff.); *J. H. Klement*, JZ 63 (2008), S. 756 (759 ff.); *Lindner*, Theorie der Grundrechtsdogmatik, 2005, S. 53 ff.; *R. Poscher*, Grundrechte als Abwehrrechte, 2003, S. 75 ff.; vgl. auch *P. Reimer*, Der Staat 52 (2013), S. 27.

[133] *R. Alexy*, Theorie der Grundrechte, 1986, S. 100.

stimmter Normen eine Begründung findet, die von der Geltung des Verhältnismäßigkeitsgrundsatzes unabhängig ist. Angesichts der Tatsache, dass *Alexy* zur Begründung des Prinzipiencharakters aber nicht – wie eine dogmatische Theorie es versuchen würde – an dem die Norm verkörpernden Gesetzestext ansetzt, sondern als empirisch-analytische an der Anwendung der Norm durch das BVerfG ihren Ausgang nimmt, gerät eben diese Unabhängigkeit ins Wanken. Erst die beobachtbare bundesverfassungsgerichtliche Einstellung der Grundrechte in den Grundsatz der Verhältnismäßigkeit lässt *Alexy* auf Unterschiede in der Normstruktur schließen.[134] Begründet er mit diesen wiederum die spezifische Anwendungsform, weckt das den Verdacht zirkulärer Argumentation.[135] Die Folgerung, einem *prima facie*-Gebot entspreche der Anwendungsmodus der Abwägung im Rahmen eines irgendwie gearteten Verhältnismäßigkeitsgrundsatzes, trifft dieser Einwand allerdings nicht *per se*;[136] nein, das Argument geht nur solange fehl, wie sich der Beleg dafür, dass bestimmte Normen lediglich ein solches *prima facie*-Sollen normieren, nicht von der bloßen Feststellung, dass die Normen regelmäßig in den Verhältnismäßigkeitsgrundsatz eingestellt werden, emanzipiert. Diese Emanzipation aber – und hier setzt der zweite Kritikpunkt an – erfordert Maßstäbe dafür, wann eine Vorschrift als Prinzip, wann als Regel zu interpretieren ist. Der Prinzipientheorie – so die Kritik – fehlen solche Maßstäbe; ja, als empirisch-analytische Theorie transzendiere die Frage nach diesen gar ihren Erkenntnishorizont, denn „ob und wieweit eine Norm Prinzip oder Regel ist, ist Folge deren normativen Gehalts".[137] Die Kategorisierung von Normen in das dua-

---

[134] Vgl. *J. H. Klement*, JZ 63 (2008), S. 756 (761).

[135] *M. Jestaedt*, in: FS Isensee, 2007, S. 253 (261 ff.); die Gefahr sieht auch *S. Unger*, Das Verfassungsprinzip der Demokratie, 2008, S. 148.

[136] In der Sache findet *Alexys* These, der Verhältnismäßigkeitsgrundsatz ergebe sich aus dem Wesen der Grundrechtsnormen, vielfach Zustimmung, siehe etwa *A. v. Arnauld*, JZ 55 (2000), S. 276 (279); *M. Borowski*, Grundrechte als Prinzipien, 2. Aufl. 2007, S. 95, 186, 190; *ders.*, ZÖR 53 (1998), S. 307 (325); *R. Dechsling*, Das Verhältnismäßigkeitsgebot, 1989, S. 90; *P. Häberle*, Der Staat 26 (1987), S. 135 (140 f.); *S. Huster*, Rechte und Ziele, 1993, S. 108; *J. Rivers*, in: N. Tsagourias (Hrsg.), Transnational Constitutionalism, 2007, S. 107 (113); *M. Stelzer*, Das Wesensgehaltsargument und der Grundsatz der Verhältnismäßigkeit, 1991, S. 220 ff.

[137] *B. Grzeszick*, Rechte und Ansprüche, 2002, S. 319; ebenso *W. Cremer*, Freiheitsgrundrechte, 2004, S. 221, 224; *M. Jestaedt*, Grundrechtsentfaltung im Gesetz, 1999, S. 216; *J. H. Klement*, JZ 63 (2008), S. 756 (761); *F. Reimer*, Verfassungsprinzipien, 2001, S. 180; *S. Unger*, Das Verfassungsprinzip der Demo-

listische Regel-Prinzipien-Schema verweist die Prinzipientheorie demnach auf die einfache Dogmatik zurück.[138] *Alexy* hingegen orientiert sich statt an den Grundsätzen einfacher Dogmatik, also der Auslegung der Norm, an der Rechtsprechung des BVerfG.[139] In dem Versuch, eine Norm in die Kategorien Regel und Prinzip einzuordnen, bleibt seine Theorie damit aber darauf beschränkt, der Rechtsprechungspraxis hinterherzueilen.[140] Ihr einziges Argument zur Kategorisierung einer Norm bleibt die Erkenntnis, dass die beobachtete Rechtsprechungspraxis bestimmte Normen als Regeln, andere als Prinzipien behandelt. Für die normative Frage nach der Begründung des Prinzipiencharakters einer Norm liefert diese Rekonstruktion – angesichts der Fehlbarkeit auch höchstrichterlicher Entscheidungen – indes allenfalls ein widerlegliches Indiz. Eine hinreichend sichere Letztbegründung für die Kategorisierung leistet allein die von der rechtstheoretischen Prädizierung unabhängig vorzunehmende Auslegung.[141] *Alexys* frühe Prinzipientheorie bringt folglich in erster Linie ans Licht, wie Prinzipienkollisionen und Regelkonflikte methodisch aufzulösen sind. Die logisch vorrangige Entscheidung, ob und wann ein solcher vorliegt, erwartet man von ihr vergeblich.[142] Sie bleibt der einfachen Dogmatik überantwortet.

Unmittelbar losgelöst von den Grundsätzen der Normauslegung gibt die Prinzipientheorie für die Entscheidung künftiger Fälle deshalb keinen Halt. Sie bleibt, was zu sein sie primär angetreten ist: eine deskriptive juristische Strukturtheorie. Ihre Stärke liegt – und das gilt über die

---

kratie, 2008, S. 147; vgl. auch *P. Reimer*, Der Staat 52 (2013), S. 27 (38, 42), der dementsprechend erklärt, der Unterschied zwischen Regeln und Prinzipien sei ein rechtsinhaltlicher.

[138] Ausführlich dazu *S. Unger*, Das Verfassungsprinzip der Demokratie, 2008, S. 144 ff.; in Reaktion auf die Kritik nun ebenfalls in diese Richtung: *J.-R. Sieckmann*, in: ders. (Hrsg.), Die Prinzipientheorie der Grundrechte, 2007, S. 17 (25). Siehe außerdem *M. Borowski*, Grundrechte als Prinzipien, 2. Aufl. 2007, S. 69 f., 114 ff.; *R. Poscher*, Ratio Juris 22 (2009), S. 425 (445 ff.).

[139] Zum Vorwurf des Verfassungsgerichtspositivismus *M. Borowski*, Grundrechte als Prinzipien, 2. Aufl. 2007, S. 132 ff. in Reaktion auf *H. Dreier*, in: ders., GG, Bd. I, 2. Aufl. 2004, Vorb. Rdn. 79.

[140] *M. Jestaedt*, Grundrechtsentfaltung im Gesetz, 1999, S. 218 spricht vom „aposteriorische[n] Charakter strukturtheoretischer Prädizierung".

[141] *J. H. Klement*, JZ 63 (2008), S. 756 (761).

[142] *M. Jestaedt*, Grundrechtsentfaltung im Gesetz, 1999, S. 214.

Überlegungen *Alexys* hinaus – in ihrer analytischen Dimension.[143] Sie stellt mit der Dichotomie von Rechtsregeln und Rechtsprinzipien konzeptionelle Instrumente bereit, die es erlauben, die Rechtspraxis rekonstruierend zu verstehen, und deckt dabei eben diejenigen normativen Grundstrukturen auf, die eine Normabwägung erst begreifbar machen. Sie leistet damit nicht weniger als die Freilegung der normstrukturellen Möglichkeitsbedingungen rechtlicher Abwägungsvorgänge, Möglichkeitsbedingungen, die – betrachtet man sie aus der Perspektive der Rechtsdogmatik – allerdings zugleich Erkenntniskriterien angeben, anhand derer sich der Regel- oder Prinzipiencharakter einer Norm (und damit deren Abwägungsfähigkeit) bestimmen lässt,[144] und zwar *ex ante*, d.h. vor jeder Kollision. Denn Prinzipiencharakter hat eine Norm genau dann, wenn sie abstufbare, nicht auf die tatsächlichen und rechtlichen Möglichkeiten begrenzte Ideale normiert und deren Erfüllung idealiter, d.h. unter Abstraktion von allem, was dem entgegenstehen könnte (kurz: *pro tanto*), gebietet. Während sich die Frage, ob der Sollensgehalt einer Norm ein solches Ideal beschreibt, im Wege der Auslegung leicht zu erheben sein dürfte, lässt sich insbesondere der *pro tanto*-Charakter des normierten Sollens – so viel ist den Kritikern zuzugeben – einer Norm nicht immer leicht entnehmen.[145] Schwierige Auslegungsfragen begegnen indes auch andernorts. Den Gewinn der prinzipientheoretischen Überlegungen schmälert dies nur wenig. Denn mit der Identifikation von prinzipientypischen Normstrukturspezifika emanzipiert sich der hier vorgestellte prinzipientheoretische Ansatz von der Fokussierung früher Prinzipientheorien auf die verfassungsgerichtliche Rechtsprechung. Erst diese Emanzipation ermöglicht eine Normklassifikation ohne den Makel des Aposteriorismus, und eben deshalb lässt

---

143 Allgemein zu den Stärken der Theorie *M. Jestaedt*, in: FS Isensee, 2007, S. 253 (258 ff.).

144 Vgl. *D. Buchwald*, in: B. Schilcher/P. Koller/B.-C. Funk (Hrsg.), Regeln, Prinzipien und Elemente im System des Rechts, 2000, S. 83 (90 f.) sowie *J.-R. Sieckmann*, in: L. Clérico/J.-R. Sieckmann (Hrsg.), Grundrechte, Prinzipien und Argumentation, 2009, S. 39 (60 mit und in Fn. 83). Anders als *Buchwald* es darstellt, bezeichnet aber jede – und nicht nur seine – Prinzipienkonzeption in ihren normstrukturellen Definitionsmerkmalen Erkenntniskriterien, mögen diese im Wege der Auslegung auch mehr oder weniger leicht zugänglich sein.

145 Vgl. *W. Enderlein*, Abwägung in Recht und Moral, 1992, S. 98; *J. H. Klement*, JZ 63 (2008), S. 756 (760 f.). Kritisch auch *Lindner*, Theorie der Grundrechtsdogmatik, 2005, S. 54, der in Bezug auf die Grundrechte meint, dem Grundgesetz lasse sich die theoretische Unterscheidung zwischen Regeln und Prinzipien überhaupt nicht entnehmen.

erst sie die Herleitung des normadäquaten Anwendungsmodus ohne den Makel zirkulärer Begründung gelingen. Zwar belegt der im Wege der Auslegung begründete Prinzipiencharakter einer Norm vordergründig lediglich deren Abwägungsbedürftigkeit und -fähigkeit im Falle der Kollision mit anderen Prinzipien. Zugleich ausgewiesen ist damit aber eine Möglichkeit, die kollidierenden Normen zur Anwendung zu bringen und so deren geltungsimmanentem Anwendungsanspruch[146] gerecht zu werden. Dieser besteht darin, dass Prinzipien als geltende Normen vom Rechtsanwender eben ihre Anwendung verlangen, sofern sie auf den zu entscheidenden Fall anwendbar sind. Fehlen konfliktlösende Meta-Normen – etwa Derogationsregeln – die den Anwendungsanspruch einer der Kollisionsnormen zurückdrängen, bleibt der Rechtsanwender gebunden, beide Normen anzuwenden. Dem von beiden Prinzipien an ihn herangetragenen Anwendungsgebot kann er dabei nur nachkommen, wenn er den Konflikt im Wege der Abwägung auflöst und so beide Normen zur Anwendung bringt.[147] Mit dem Prinzipiencharakter einer Norm erstarkt die Abwägung im Konfliktfall folglich zum standardmäßigen Anwendungsmodus. Denn nur sie wird dem geltungsimmanenten Anwendungsanspruch beider kollidierenden Normen zugleich gerecht. Von der Regel der Kollisionsauflösung im Wege der Abwägung ist daher nur dann eine Abweichung anzuerkennen, wenn eine Meta-Norm eben eine solche Abweichung vorschreibt. Der Verhältnismäßigkeitsgrundsatz geht folglich mit dem Prinzipiencharakter einer Norm zumindest regelmäßig einher.

Auf diese Weise lässt sich die analytische Stärke der Prinzipientheorie[148] auch für Fragen der Rechtsanwendung gewinnbringend nutzbar machen. Sie stellt Erkenntniskriterien bereit, die die Fragen der Auslegung leiten und es erlauben, deren Abwägungsbedürftigkeit und -fähigkeit im Kollisionsfall zu begründen. Zugleich erschließt sie so den einer Norm regelmäßig adäquaten Anwendungsmodus. Selbst ohne normativen Anspruch ist die Frage nach Begriff und Normstruktur von

---

[146] *M. Koskenniemi*, Oikeustiede-Jurisprudentia 18 (1985), S. 117 (129): „if they [i.e. norms] are applicable, they must be applied".

[147] *R. Alexy*, Theorie der Grundrechte, 1986, S. 101.

[148] Allgemein zu den Stärken der Theorie *M. Jestaedt*, in: FS Isensee, 2007, S. 253 (258 ff.).

Rechtsprinzipien daher für die Rechtsdogmatik und Rechtsanwendung nicht wertlos.[149]

B. Rechtsregeln, Rechtsprinzipien & Werte: Versuch einer Relationsbestimmung

Die Definition von Prinzipien als ideal gesollte Gebote abstufbarer Ideale, die erst im Wege der Abwägung ein Urteil darüber erlauben, welches Verhalten oder welches Urteil konkret-definitiv rechtlich gesollt ist, spricht zwei Grenzphänomene in unmittelbarer Nachbarschaft der Prinzipien an: Verweist der Prinzipienbegriff auf die Erfüllung von Idealen, ist damit zum einen die Frage nach dem Verhältnis von Prinzipien und Werten aufgeworfen (dazu I.); nimmt er auf die Gewinnung konkret-definitiver rechtlicher Sollensurteile Bezug, bedarf zum anderen das Verhältnis von Rechtsprinzipien und Rechtsregeln näherer Erörterung (dazu II.). Es sind eben diese Relationen und das Zusammenwirken der unterschiedlichen Ebenen, in denen die Implikationen des prinzipientheoretischen Ausgangspunkts für die Struktur der Rechtsordnung (dazu III.) zu Tage treten. Diese gilt es im Folgenden freizulegen.

I. Rechtsprinzipien und Werte

Werte sind Kriterien für Be*wert*ungen. Sie sind Maßstäbe für Urteile darüber, ob etwas als gut oder schlecht zu klassifizieren oder in Verhältnis zu einem anderen als besser oder schlechter zu beurteilen ist.[150] Dabei treten Werte, sobald es eines konkreten Werturteils bedarf, oftmals miteinander in Konkurrenz.[151] Denn ein Gegenstand kann aus Sicht des einen Wertes als gut, aus Sicht eines anderen Wertes als

---

149 In dieser Deutlichkeit aber etwa *R. Poscher*, Grundrechte als Abwehrrechte, 2003, S. 81 f.: „Nullpunkt juristischer Dogmatik".

150 Zutreffend weist *F. v. Kutschera*, Wert und Wirklichkeit, 2010, S. 12 darauf hin, dass neben dem Prädikat „gut" weitere Wertbegriffe existieren. Als „das allgemeinste positive Wertprädikat" (ebd.), lässt es sich aber als deren Grundbegriff verstehen.

151 *K. F. Röhl/H. C. Röhl*, Allgemeine Rechtslehre, 3. Aufl. 2008, S. 281; *F. v. Kutschera*, Einführung in die Logik der Normen, Werte und Entscheidungen, 1973, S. 85 f.

schlecht zu bewerten sein. In solchen Fällen setzt ein definitives Urteil über Vorzugswürdigkeit oder Güte des Bewertungsgegenstands eine Abwägung der Werte voraus. Eine Schreibtischlampe beispielsweise, deren Leuchtkraft es nicht erlaubt, in der Dämmerung ein Buch zu lesen, deren Energieverbrauch dafür aber gering ist, mag aus Sicht des Wertes Helligkeit als schlecht zu bewerten sein, aus der Perspektive des Wertes Energieverbrauch indessen als gut. Eine Gesamtbewertung kommt somit nicht umhin, die beiden konkurrierenden Werte zueinander in ein Verhältnis zu setzen. Bereits in diesem Punkt zeigt sich eine erste strukturelle Verwandtschaft von Werten und Rechtsprinzipien: Sie können zueinander in Widerspruch treten und verhalten sich in Konfliktfällen analog. Darüber hinaus verweisen Werte inhaltlich zweitens ebenso wie Rechtsprinzipien auf Ideale. Leuchtkraft oder Energiesparsamkeit im obigen Beispiel etwa sind optimierbare Faktoren, für rechtlich anerkannte Güter wie Demokratie, Rechtsstaatlichkeit oder Umweltschutz gilt das gleichermaßen. Diese inhaltlich-strukturelle Ähnlichkeit hat drittens zur Folge hat, dass auch Werte gradweise realisiert werden können. Ihre Verwirklichung folgt keinem binären Schema, sondern ist abstufbar.[152]

Die entscheidende Differenz zwischen Werten und Rechtsprinzipien allerdings besteht in der kategorialen Verschiedenheit prinzipienbasierter Entscheidungen einerseits und wertgestützter Urteile andererseits.[153] Werte rekurrieren auf den Grundbegriff des Guten, ihre Kategorien bilden die Gegensätze gut und schlecht, in komparativer Form: besser und schlechter. Wertbasierte Urteile sind deshalb notwendig axiologisch, das heißt Urteile über die Güte eines Gegenstands.[154] Prinzipien

---

[152] Zu diesen Strukturanalogien *R. Alexy*, Theorie der Grundrechte, 1986, S. 125; vgl. auch *C.-W. Canaris*, Systemdenken und Systembegriff in der Jurisprudenz, 2. Aufl. 1983, S. 52: „ein System […] oberster Werte müßte einem System von Prinzipien jedenfalls sehr stark ähneln, *eines müßte sich weitgehend […] in das andere umformulieren lassen.*" *J. Habermas*, Faktizität und Geltung, 1992, S. 310 ff. kritisiert den Grund dieser Verwandtschaft – *Alexys* Prinzipiendefinition – als „kontraintuitive Gleichsetzung von Rechtsprinzipien mit Gütern, Zielen und Werten", die Grundrechte in teleologische Grundwerte transformiere und so deren Wesen als „Trümpfe" im Rechtsdiskurs verkenne. Gegenkritik unter anderem bei *R. Alexy*, in: B. Schilcher/P. Koller/B.-C. Funk (Hrsg.), Regeln, Prinzipien und Elemente im System des Rechts, 2000, S. 31 (46 ff.); *A. Jakab*, Rechtstheorie 37 (2006), S. 49 (52); *N. Jansen*, Die Struktur der Gerechtigkeit, 1998, S. 83 ff.; *M. Reßing*, ARSP 95 (2009), S. 28 (45).

[153] Ausführlich *R. Alexy*, Theorie der Grundrechte, 1986, S. 126 f.

[154] Vgl. *M. Riedel*, Norm und Werturteil, 1979, S. 94 f.

hingegen gehören dem Bereich des Rechts an. Ihr Grundbegriff ist derjenige des Sollens. Nur für Entscheidungen über das, was rechtlich gesollt ist, vermögen sie als Maßstab zu dienen. Prinzipien sind demnach Kriterien deontologischer Urteile, von Werten trennt sie die Schwelle des Rechts.

Aufgrund ihrer wertanalogen Struktur jedoch bieten Rechtsprinzipien ein in besonderem Maße geeignetes Medium für die abstrakt-generelle Inkorporation von Werten in den Bereich des Rechts. Sie bieten den Gehalten außerrechtlicher Werte innerhalb der Rechtsordnung eine strukturgleiche rechtliche Form. Eben deshalb dürften allgemeine Wertentscheidungen innerhalb einer Rechtsordnung zuvörderst auf Prinzipienebene zu finden sein; und eben deshalb wird die rechtliche Normierung abstrakter Wertordnungselemente regelmäßig mit der Ausbildung von Rechtsprinzipien einhergehen.[155] Im Lichte der oben geschilderten Materialisierung der Völkerrechtsordnung[156] macht bereits dieser enge Zusammenhang zwischen Werten und Rechtsprinzipien eine prinzipiengestützte Betrachtung völkerrechtlicher Strukturverschiebungen attraktiv und zu einem aussichtsreichen Kandidaten für deren rechtstheoretische Erklärung. Er erhellt zugleich eine Seite des Verhältnisses von Werten und Rechtsprinzipien: Außerrechtliche Werte finden in der Gestalt von Prinzipien rechtliche Anerkennung.[157] Aus der entgegensetzten Perspektive betrachtet ist es dabei gerade die außer- und vorrechtliche Anerkennung eben dieser Werte

---

[155] In Form von Regeln lassen sich Werte nur auf zweierlei Weise in eine Rechtsordnung inkorporieren. Entweder die Rechtsordnung enthält eine konkrete rechtliche Festsetzung für jeden Fall, in dem der Wert eine Rolle spielt – was schon aus praktischen und epistemischen Gründen unmöglich sein dürfte. Oder aber das allgemein formulierte Schutzgebot hinsichtlich eines jeden inkorporierten Gutes hat einen festen Platz in einer normierten transitiven Rechtsgüterordnung.

[156] Siehe oben S. 26 ff.

[157] Vgl. *S. Besson*, in: dies./P. Pichonnaz (Hrsg.), Les principes en droit européen – Principles in European Law, 2011, S. 19 (30, 47, 64); *R. Kolb*, NILR 53 (2006), S. 1 (7); *R. Dreier*, in: ders., Recht – Staat – Vernunft, S. 95 (104 f.); ähnlich *A. Zysset/J. Rochel*, in: S. Besson/P. Pichonnaz (Hrsg.), Les principes en droit européen – Principles in European Law, 2011, S. 85 (85, 94 und öfter), die Prinzipien als „an interface between a positive legal order and more general normative propositions" begreifen; siehe auch *J. Verschuuren*, Principles of Environmental Law, 2003, S. 25: „Principles can be seen as the link [...] between values and rules. [...] Principles are a necessary medium for ideals to find their way into concrete rules."

durch die rechtsetzende Instanz, die der Rechtsetzung als Motiv regelmäßig vorausliegt.[158] Entsprechend stellen sich Rechtsprinzipien vielfach als mit Rechtskraft versehene Werte des sozialen Raums dar. Sie erheben zum Maßstab des Gesollten, was vormals lediglich Maßstab des Guten war. In einem gezielt vage bleibenden, untechnischen Sinne mag man formulieren: Rechtsprinzipien gründen in Werten.

II. Rechtsprinzipien und Rechtsregeln

Das damit angesprochene Konzept der Begründungsrelationen macht auch das Verhältnis von Rechtsprinzipien und Rechtsregeln verständlich. Denn ungeachtet ihrer normstrukturellen Differenzen eint die beiden Normklassen, dass sie im Rahmen praktischer Argumentation als Gründe auftreten (dazu 2. und 3.). Auch zwischen ihnen besteht eine Beziehung von Grund und Begründetem (dazu 4.). Doch was heißt es eigentlich, ein Grund zu sein (dazu 1.)?

1. Begriffliche Annäherung: Was es heißt, ein Grund zu sein

Gibt man Gründe für etwas an, so geschieht dies, um das Begründete verständlich zu machen oder als berechtigt hervorzuheben. In diesem Sinne können Gründe sowohl erklären als auch rechtfertigen. Der Begriff des Grunds lässt sich deshalb gleichermaßen deskriptiv wie normativ verwenden. Um diese unterschiedlichen Dimensionen deutlich zu machen, bietet es sich an, auch begrifflich zu unterscheiden: Werden Gründe angeführt, um auf die Frage nach dem „Warum?“ eines Sachverhalts erklärend Antwort zu geben, spricht man von *explanatorischen Gründen*. Für Gründe, die das Begründete als angemessen, gerechtfertigt, rational oder auf sonstige Weise normativ berechtigt herausstellen, ist die Bezeichnung *normative Gründe* üblich geworden.[159] Der ex-

[158] Für Normen, die nicht im Wege klassischer Rechtsetzungsverfahren entstehen – man denke insbesondere im Völkerrecht an Gewohnheitsrecht und allgemeine Rechtsgrundsätze – lässt sich das in vergleichbarer Weise konstruieren. Denn auch sie knüpfen an bestimmte Handlungsformen an, die Ausdruck motivgeleiteten Handelns sind.

[159] Vgl. *E. J. Bond*, Reason and Value, 1983, S. 27 ff.; *F. Hofmann*, in: G. Schönrich (Hrsg.), Wissen und Werte, 2009, S. 223 (230); *M. Iorio*, Echte Gründe, echte Vernunft, 1998, S. 180 ff.; *J. Lenman*, Reasons for Action, in: E. N. Zalta (Hrsg.), The Stanford Encyclopedia of Philosophy (Stand: Winter 2011),

planatorische Grund einer Handlung etwa besteht in den Motiven, von denen sich der Handelnde leiten ließ.[160] Sie geben eine Erklärung dafür, warum der Handelnde in der geschehenen Weise gehandelt hat, mögen sie auch – etwa wenn der Handelnde irrte oder falsche Folgerungen anstellte – noch so irrational sein und dürften sie bei Lichte besehen auch in keiner Weise für die Vornahme der Handlung ins Gewicht fallen. Genau dies liegt bei normativen Gründen anders. Als normativer Grund einer Handlung lässt sich eine Überlegung oder Tatsache nur dann bezeichnen, wenn sie zu der begründeten Handlung tatsächlich wenigstens in einer Beziehung des „Dafür-sprechens" steht.[161] Ob sie auf die Vornahme der konkreten Handlung hingegen auch tatsächlichen Einfluss hatte, ist nicht von Bedeutung.

Indes spielen Gründe nicht lediglich für Handlungen eine Rolle. Auch Überzeugungen, Wünsche, Einstellungen oder Normen lassen sich begründen.[162] Neben Handlungsgründen interessieren im Folgenden insbesondere Gründe für Normen. Auf diese lässt sich die obige Unterscheidung explanatorischer und normativer Gründe wie folgt übertragen. Explanatorische Gründe einer Rechtsnorm bilden all diejenigen Bedingungen, die in der rechtlichen Verbindlichkeit eben dieser Norm – und damit zumeist im Akt der Rechtsetzung – tatsächlich wirksam geworden sind. Sie erschließen, warum eine Norm der Rechtsordnung angehört und damit als Rechtsnorm existiert. Als normative Gründe einer Norm können all diejenigen Tatsachen und Überlegungen bezeichnet werden, die objektiv „dafür sprechen", dass die (Rechts-)Norm gilt. Sie sind Argumente, die einen entsprechenden Rechtsetzungsakt als berechtigt erscheinen lassen, und damit Gründe für deren Geltung.

---

m.w.N. auch zu abweichender Terminologie; ausführlich auch *J. Raz*, Oxford Legal Studies Research Paper No. 13/2007, S. 2 ff.; kritisch bezüglich dieser Unterscheidung hingegen *P. Stemmer*, Normativität, 2008, S. 92 ff.

160 *O. Höffe*, in: ders. (Hrsg.), Lexikon der Ethik, 7. Aufl. 2008, S. 121.

161 So etwa *F. Hofmann*, in: G. Schönrich (Hrsg.), Wissen und Werte, 2009, S. 223 (230); *T. Scanlon*, What We Owe to Each Other, 1998, S. 17; enger *M. Smith*, The Moral Problem, 1994, S. 95.

162 *J. Raz*, Praktische Gründe und Normen, 2006, S. 16.

2. *Rechtsregeln als Gründe*

Regeln treten in diesem Sinne zunächst als normative Handlungsgründe in Erscheinung.[163] Als definitiv geltendes konkret-reales[164] Gebot rechtfertigt eine Regel im Falle ihrer Anwendbarkeit nicht nur die Vornahme der durch sie gebotenen Verhaltensweise; sie lässt es auch berechtigt erscheinen, konkurrierende Gründe für regelwidriges Verhalten, ja sogar konkurrierende Gründe für regelkonformes Verhalten zu ignorieren. Regeln sind demnach exklusionäre normative Gründe für Handlungen.[165] Das schließt indessen nicht aus, Regeln auch als Gründe für Normen zu betrachten. Im Gegenteil: Erlässt beispielsweise ein Hoheitsträger – wie ihm gesetzlich verbindlich vorgegeben – innerhalb der ihm eingeräumten Rechtsmacht einen Verwaltungsakt, so handelt er[166] und schafft durch eben diese Handlung eine konkrete rechtliche Sollensanordnung, das heißt eine Norm. Findet die Bekanntgabe der Verfügung in den zur Anwendung gebrachten gesetzlichen Regeln ihren normativen Grund, so gilt entsprechendes auch für die durch die Bekanntgabe entstandene Norm selbst. Zumindest mittelbar stützt sie sich auf dieselben normativen Gründe, die auch der sie erschaffenden Handlung zugrunde liegen. Überdies fungieren Regeln teilweise auch als unmittelbare normative Normgründe. Das wird in Fällen deutlich, in denen eine Norm, die nicht im Wege der Abwägung eingeschränkt werden kann, einen Abstraktionsgrad aufweist, der es erlaubt, aus ihr konkretisierende Einzelregeln logisch zu deduzieren.[167] In diesem Sinne wird im Rahmen des deutschen Verfassungsrechts etwa gemeinhin die Regel, niemand müsse sich im Rahmen eines strafrechtlichen Verfahrens selbst bezichtigen, aus der verfassungsrechtlichen Verbürgung der Men-

---

[163] *P. Stemmer*, Normativität, 2008, S. 159.

[164] Zur Unterscheidung konkret-real – konkret-ideal siehe oben S. 177.

[165] *J. Raz*, Praktische Gründe und Normen, 2006, S. 77 ff.; zwar verwendet *Raz* durchweg ganz allgemein den Begriff Norm, doch „[d]as ihm am ehesten entsprechende deutsche Wort ist Regel" (ebd., S. 9). Vgl. ferner *J. Raz*, The Authority of Law, 1979, S. 30 sowie *ders.*, The Morality of Freedom, 1986, S. 38 ff.

[166] Es ist wichtig zu sehen, dass das konkrete rechtliche Sollen in diesen Fällen erst durch die Bekanntgabe des Verwaltungsakts entsteht (§ 43 Abs. 1 S. 1 VwVfG) und es demnach tatsächlich auf eine Handlung ankommt.

[167] *R. Alexy*, Theorie der Grundrechte, 1986, S. 91; vgl. dazu auch das Konzept moralischer Grundnormen bei *H. Kelsen*, Reine Rechtslehre, 1. Aufl. 1934, S. 63.

schenwürde abgeleitet.[168] Qualifiziert man die Menschenwürdegarantie mit der noch vorherrschenden Ansicht als uneinschränkbar und deshalb als Regel,[169] so handelt es sich bei ihr um eine Regel, die zugleich den normativen Grund einer anderen Regel – eben der *nemo tenetur*-Regel – bildet. Prinzipien indessen lassen sich durch Regeln nicht begründen.

3. Rechtsprinzipien als Gründe

Jedoch wäre es ein Irrtum, daraus zu folgern, Regeln könnten ihre normativen Gründe lediglich wiederum in anderen Regeln finden. Das Gegenteil trifft zu: Auch Prinzipien können Regeln den normativen Grund bereiten, auch sie agieren als normative Gründe für Regeln.[170] Dass das so ist, folgt aus ihrer Abwägungsbedürftig- und -fähigkeit. Im Wege der Abwägung wird zwischen kollidierenden Prinzipien unter Berücksichtigung der Umstände des konkreten Einzelfalls eine bedingte Vorrangrelation gebildet. Diese beantwortet die Frage, ob unter den Bedingungen des konkret zu entscheidenden Falls das eine oder das andere Prinzip rechtlichen Vorrang genießt. Dass ein Prinzip vor einem anderen den Vorrang genießt, bedeutet nun aber zugleich, dass die Rechtsfolge – das heißt das Gebot, Verbot oder die Erlaubnis[171] – des vorgehenden Prinzips gilt. Stellt die Abwägungsentscheidung eine bedingte Vorrangrelation kollidierender Prinzipien her, so bestimmt sie damit folglich (mittelbar) ebenfalls, ob ein bestimmtes Verhalten rechtlich geboten, verboten oder erlaubt ist. Da der Vorrang des vorgehenden Prinzips indes nur unter den konkreten, die Abwägung mitbe-

---

[168] BVerfGE 38, 105 (114 f.); *M. Herdegen*, in: T. Maunz/G. Dürig, GG, 62. Erg.-Lfg. 2011, Art. 1 Abs. 1 Rdn. 86; *C. Hillgruber*, in: V. Epping/C. Hillgruber, Beck-OK GG, Stand: 01.10.2011, Art. 1 Rdn. 36.

[169] Zur These der absoluten Geltung der Menschenwürde *M. Baldus*, AöR 136 (2011), S. 529 (529 ff.) mit zahlreichen Nachweisen.

[170] Deutlich *J. Esser*, Grundsatz und Norm in der richterlichen Fortbildung des Privatrechts, 4. Aufl. 1990, S. 51 f.: „Das Prinzip ist […] nicht selbst ‚Weisung', sondern Grund, Kriterium und Rechtfertigung der Weisung." Ebenso *W. Enderlein*, Abwägung in Recht und Moral, 1992, S. 95; *G. Fitzmaurice*, RdC 92 (1957-II), S. 1 (7); *K. Larenz*, Richtiges Recht, 1979, S. 24 ff.; *N. D. MacCormick*, Legal Reasoning and Legal Theory, 1994, S. 166 wenn auch jeweils mit anderem Prinzipienbegriff. Vgl. auch *P. Sourlas*, Rechtsprinzipien als Handlungsgründe, 2011, S. 97: „Rechtsregeln sind mit *Rechtsprinzipien* untrennbar verbunden."

[171] Dazu oben S. 163.

stimmenden Umständen des Einzelfalls Geltung beansprucht, ist auch das so gefundene Ergebnis (Gebot, Verbot oder Erlaubnis der Handlung) entsprechend bedingt. Im Abwägungsvorgang offenbart sich so ein Bedingungszusammenhang zwischen der Geltung der Rechtsfolge des vorgehenden Prinzips und den Bedingungen dessen Vorrangs. Diese Relation lässt sich in Form einer Rechtsregel formulieren: Immer dann, wenn eine Handlung die Bedingungen erfüllt, unter denen ein Prinzip einem mit ihm kollidierenden Prinzip vorgeht, gilt die Rechtsfolge des vorgehenden Prinzips.[172] Mit der Herstellung einer bedingten Vorrangrelation zwischen zwei Rechtsprinzipien im Wege der Abwägung geht deshalb stets die Festsetzung einer Regel einher.[173] So wird schließlich klar, inwiefern Prinzipien Gründe für Regeln darstellen. Denn den entscheidenden normativen Grund seiner Geltung findet die aus der Abwägung resultierende Regel in eben dem Rechtsprinzip, dem unter den fraglichen Bedingungen der Vorrang gebührt. Das vorrangige Prinzip rechtfertigt, dass die im Wege der Abwägung gewonnene Regel die dem Prinzip entsprechende Rechtsfolge für definitiv verbindlich erklärt.[174]

Jedenfalls potentiell bildet das vorrangige Prinzip damit zugleich mittelbar den explanatorischen Grund der im konkreten Fall gefällten richterlichen Entscheidung. Sie wird verständlich aufgrund des vorrangigen Prinzips, bildet dieses doch – zumindest bei zutreffender juristischer Argumentation – das Motiv der richterlichen Entscheidung. Unmittelbar entscheidungsbegründend treten Prinzipien indes nicht auf; jedenfalls dann nicht, wenn mehrere Rechtsprinzipien den Anspruch erheben, den Fall zu entscheiden. Denn dank der dann zur Prinzipienanwendung erforderlichen Abwägung führt der Weg vom rechtsprinzipiellen idealen Sollen zur konkreten juristischen Entscheidung notwendigerweise über die Festsetzung eines regelförmigen realen Sollens. Erst

---

[172] *R. Alexy*, Theorie der Grundrechte, 1986, S. 83 f.; *J.-R. Sieckmann*, Regelmodelle und Prinzipienmodelle des Rechtssystems, 1990, S. 224; siehe auch *H. Stück*, ARSP 84 (1998), S. 405 (412).

[173] *R. Alexy*, Theorie der Grundrechte, 1986, S. 92.

[174] Ebd. Für die gewonnene Regel allerdings – das ist der Vollständigkeit halber einzuräumen – bildet das Prinzip nicht den einzigen Grund. Denn auf die Frage, warum das im Rahmen der Abwägung obsiegende Prinzip unter den gegebenen Umständen vorgeht, vermag es selbst keine Antwort zu geben. Sie lässt sich nur mit Erwägungen begründen, die außerhalb des Prinzips selbst liegen.

diese dabei gebildete Regel bildet den unmittelbaren Entscheidungsgrund.[175]

4. Die Inversionsthese

Rechtsprinzipien sind demnach mögliche normative Gründe von Regeln. Oder anders gewendet: es existieren Regeln, die ihren normativen Grund in einem Rechtsprinzip finden. Nun erscheint es reizvoll, diese Begründungsrelation von Rechtsprinzipien und Rechtsregeln zu verallgemeinern, den Existenzsatz also zu einem Allsatz zu erweitern. Regeln, so lautete die daraus gewonnene These, finden ihren normativen Grund *stets* in Rechtsprinzipien; eine *jede* Regel lässt sich als Ergebnis einer Rechtsprinzipienabwägung rekonstruieren, denn bildlich gesprochen stehen „hinter" jeder Rechtsregel Rechtsprinzipien. Der Tatbestand einer jeden Rechtsregel enthält damit schlicht die Festsetzung derjenigen Bedingungen, unter denen das Rechtsprinzip, dem die regelförmig angeordnete Rechtsfolge Ausdruck verleiht, kollidierenden Prinzipien vorgeht.[176] Diese Annahme soll hier als Inversionsthese bezeichnet werden.

Logisch lässt sie sich aus der Erkenntnis, dass Prinzipien mögliche Gründe für Regeln sind, indes nicht ableiten; der unmittelbare Übergang von Existenz- zu Allsatz ist unzulässig. Die Inversionsthese bedarf folglich weiterer sie stützender Argumente. Plausibilität gewinnt sie insbesondere vor dem Hintergrund der Beobachtung, dass richterliche

---

[175] Dem entspricht es im Ergebnis, wenn etwa *U. Neumann*, in: B. Schilcher/P. Koller/B.-C. Funk (Hrsg.), Regeln, Prinzipien und Elemente im System des Rechts, 2000, S. 115 (115 ff.) Prinzipien nur auf Begründungs-, nicht aber auf Regelungsebene Geltung zuspricht oder *J.-R. Sieckmann*, Regelmodelle und Prinzipienmodelle des Rechtssystems, 1990, S. 83 ff. zwischen Abwägungs- und Handlungsstufe unterscheidet und Prinzipien allein ersterer zuordnet.

[176] Vgl. auch *H. Stück*, ARSP 84 (1998), S. 405 (412 f.); *P.-H. Wang*, ARSP Beiheft 119 (2010), S. 37 (41 f.); Ähnliches klingt auch an bei *B.-C. Funk*, in: B. Schilcher/P. Koller/B.-C. Funk (Hrsg.), Regeln, Prinzipien und Elemente im System des Rechts, 2000, S. 259 (259): „Regeln sind Ausdruck von Prinzipien" und *A. Peczenik*, On Law and Reason, 2009, S. 66: „[T]he rule in question does not express a single value but a compromise of many values (and corresponding principles)".

und gesetzgeberische Rechtsgewinnung sich strukturell gleichen;[177] ja, konkret: dass Abwägungsprozesse im Rahmen von Rechtsetzungsprozessen ebenso ihren Platz haben wie im Kontext richterlicher Rechtsgewinnung. Nicht nur Richter stellen bedingte Vorrangrelationen zwischen kollidierenden Prinzipien her, auch rechtsetzende Organe wägen ab, wenn sie regelbildend tätig werden. Denn rechtlicher Vorgaben bedarf es besonders dort, wo es konfligierende Ziele, Werte, Interessen oder Rechtsgüter – und damit konkurrierende Prinzipien – in einen schonenden Ausgleich zu bringen gilt. Rechtsetzung ist damit regelmäßig, möglicherweise sogar stets, auf Abwägungen angewiesen.[178] Eben deshalb erscheint es naheliegend, auch die Ergebnisse von Rechtsetzungsprozessen als Abwägungsergebnisse zu verstehen. Regeln werden so zu eben den bedingten Vorrangrelationen, als die sie die Inversionsthese versteht. Sie vermitteln zwischen den kollidierenden Rechtsprinzipien, die im Anwendungsbereich der Regel beanspruchen, die Entscheidung des Falles zu determinieren. Sobald Regeln als Vermittler eingesetzt sind, verlieren die hinter den Regeln stehenden Prinzipien ihre unmittelbare Bedeutung für die Rechtsanwendung. Sie werden in die zweite Reihe gedrängt und bilden nunmehr lediglich die normative Grundlage und die juristischen „Tiefenstrukturen"[179] der vordergründig regeldominierten Rechtsordnung. Wie die folgende Untersuchung noch zu zeigen unternimmt, entpuppt sich eben diese Tiefenstruktur des Rechts für rechtliche Entwicklungsprozesse außerhalb formaler Rechtsänderungen als ein „doppelter Boden" mit erheblichem Erklärungspotential.

---

[177] Pointiert *M. Jestaedt*, Das mag in der Theorie richtig sein..., 2006, S. 18 ff., insbes. 24 f.; siehe auch *I. Appel*, VVDStRL 67 (2008), S. 226 (256 f.) sowie bereits *H. Kelsen*, Reine Rechtslehre, 1. Aufl. 1934, S. 97 ff. unter zutreffendem Hinweis auf den entscheidenden Unterschied, namentlich den unterschiedlichen Umfang der Rechtsbindung. Vgl. ferner *M. Raabe*, Grundrechte und Erkenntnis, 1998, S. 273 ff. m.w.N.

[178] *F. Becker*, Kooperative und konsensuale Strukturen der Normsetzung, 2005, S. 308; *H. Schneider*, Gesetzgebung, 3. Aufl. 2002, Rdn. 111; *H. Stück*, ARSP 84 (1998), S. 405 (413) m.w.N.; vgl. auch *A. Gutman/D. Thompson*, Democracy and Disagreement, 1996, S. 46 ff.; *F. V. Lange*, Grundrechtsbindung des Gesetzgebers, 2010, S. 269.

[179] *K. F. Röhl/H. C. Röhl*, Allgemeine Rechtslehre, 3. Aufl. 2008, S. 283; ebenso *J. Schröter*, Strukturprinzipien des Umweltvölkerrechts und ihr Beitrag zur Eindämmung des Klimawandels, 2015, S. 200.

Ein naheliegender Einwand, der sich gegen diese Inversionsthese vortragen lässt, lautet: Mag sich Rechtsetzung auch als Abwägungsvorgang verstehen lassen, so fließen in die Abwägung doch keinesfalls lediglich *Rechts*prinzipien ein. Nicht jedes Interesse, das der Rechtsetzer abwägt, ist ein rechtlich geschütztes; nicht jeder abzuwägende Wert ein rechtlich inkorporierter. Mit der Rekonstruktion von Rechtsregeln als Festsetzungen bedingter Vorrangrelationen konkurrierender Rechtsprinzipien, so die mögliche Kritik, verfehlt die Inversionsthese daher das Wesen gesatzter Rechtsregeln. Dieser Einwand enthält ohne Zweifel einen richtigen Kern. Denn der Umfang der Rechtsbindung – und damit zugleich das Ausmaß der Freiheit, außerjuristische Faktoren in die vorzunehmende Abwägung einzubeziehen – unterscheidet sich für Rechtsprechung und Rechtsetzung, jedenfalls unter der Ägide des Grundgesetzes, erheblich. Diese Differenz mag einen Schwachpunkt der oben zur Stützung der Inversionsthese bemühten Analogie darstellen: Die Form der Abwägung, die bei der Entscheidung juristischer Streitfragen durch Gerichte vorgenommen wird, darf mit derjenigen, die im rechtskreativen Akt der Regelschöpfung stattfindet, nicht gleichgesetzt werden.[180] Die Inversionsthese erscheint im Lichte dieser Kritik indessen keinesfalls unhaltbar, lediglich ergänzungsbedürftig. Denn werden auch nicht lediglich *Rechts*prinzipien in die rechtsetzungstypische Abwägung eingestellt, so finden rechtliche Prinzipien in ihr doch jedenfalls *auch* ihren Platz.[181] Ein Beispiel mag das illustrieren: Macht sich der parlamentarische Gesetzgeber etwa daran, die Gewährung finanzieller Unterstützung für Erwerbslose neu auszugestalten, werden bei der Regelung der Höhe der Bezüge neben außerrechtlichen Erwägungen (man denke etwa an Anreizwirkungen oder die finanzielle Leistungsfähigkeit des Staates) auch die rechtlichen Vorgaben des Sozialstaatsprinzips eine erhebliche Rolle spielen.[182] Regeln lassen sich folglich als Ergebnisse von Abwägungsprozessen verstehen, deren Gegenstände zwar nicht ausschließlich, aber zumindest auch Prinzipien rechtlicher Provenienz bilden.

---

180 Vgl. *H. Schulze-Fielitz*, Theorie und Praxis parlamentarischer Gesetzgebung, 1988, S. 249 f.

181 Vgl. für das Gesetzgebungsverfahren im Bundestag *M. Reicherzer*, Authentische Gesetzgebung, 2006, S. 439, 451, 457; *H. Schulze-Fielitz*, Theorie und Praxis parlamentarischer Gesetzgebung, 1988, S. 154.

182 Im Ergebnis ebenso, aber aus entgegengesetzter Perspektive *A. Gutman/D. Thompson*, Democracy and Disagreement, 1996, S. 224 f.

Selbst in dieser Form erscheint die Inversionsthese indes noch zu anspruchsvoll. Denn warum – so mag man mit einem zweiten Einwand fragen – sollten Rechtsprinzipien im Rahmen der Rechtsetzung überhaupt als Argumente in die Abwägung einbezogen werden? Könnte der Rechtsetzer Rechtsprinzipien denn nicht jederzeit ändern oder abschaffen? Wie aber kann für die rechtsetzende Entscheidung von Relevanz sein, was an sie keine normativen Maßstäbe richtet? Tatsächlich legen diese Fragen eine zweite Einschränkung der obigen These nahe. Denn ein Rechtsprinzip, das durch den Rechtsetzungsakt auch ebenso gut hätte negiert werden können, lässt sich zu dessen Rechtfertigung nicht anführen. Es steht dem Rechtsetzungsakt und damit auch der neu geschaffenen Norm gleichgültig gegenüber und spricht somit in keiner Weise für die Geltung oder den Erlass der letzteren. Als normativer Grund der Regel kommt es daher nicht in Betracht. Daraus aber folgt, dass Rechtsprinzipien sich im Rahmen der Rechtsetzung nur dann als Gegenstände der Abwägung verstehen lassen, wenn sie für die rechtsetzende Instanz auch verbindlich sind. Die Rekonstruktion von Regeln im Lichte zugrundeliegender Rechtsprinzipien ist deshalb nur berechtigt, wenn und weil auch die rechtsetzende Instanz an die Rechtsprinzipien gebunden ist, die als Abwägungsgegenstände begriffen werden. Die Inversionsthese lässt das auf folgenden Gehalt schrumpfen: *Regeln können als Ergebnis von Abwägungen verstanden werden, deren Gegenstände jedenfalls die Rechtsprinzipien bilden, die die rechtsetzende Instanz im Rahmen der Rechtsetzung binden.* Der Umfang, in dem Rechtsprinzipien in diesem Sinne verbindliche normative Vorgaben für zukünftige Rechtsetzungsakte machen, hängt freilich stark von den jeweiligen rechtsinstitutionellen Rahmenbedingungen ab und erlaubt – wie die qualifizierten Mehrheitserfordernisse des Art. 79 Abs. 2 GG sowie die absolute Änderungssperre des Art. 79 Abs. 3 GG belegen – Abstufungen. Im deutschen Rechtssystem ist der Gesetzgeber etwa – wie überhaupt für demokratische Rechtsordnungen üblich – allenfalls an einen bestimmten Grundbestand verfassungsrechtlicher Prinzipien gebunden.[183]

Doch noch ein dritter Einwand bleibt: Denn was, wenn die prälegislative Abwägung eben diese bindenden Prinzipien unberücksichtigt lässt und dennoch – gestützt auf andere Gründe – eine Regel erlässt, die mit ihnen vereinbar ist? Wie lässt es sich in solchen Fällen rechtfertigen,

---

[183] Zur Bindung des Gesetzgebers an einfachgesetzliche Systementscheidungen vgl. *B. Grzeszick*, VVDStRL 71 (2012), S. 49 sowie *M. Payandeh*, AöR 136 (2011), S. 578.

die entstandene Regel als Resultat einer Rechtsprinzipienabwägung zu rekonstruieren – obwohl diese in der Abwägung gar keine Rolle gespielt haben? Und ließe sich die Regel hier nicht angemessener im Lichte der Gründe rekonstruieren, die den Erlass der Norm tatsächlich motiviert haben?

Bei genauer Betrachtung eröffnet dieser Einwand zwei unterschiedliche Lesarten. Deren erste, aber schwächere, lässt sich wie folgt formulieren: Die rechtsprinzipienbasierte Rekonstruktion von Regeln führt zu einer falschen Vorstellung der Regeln, weil die fraglichen Rechtsprinzipien im Rechtsetzungsverfahren möglicherweise keine Rolle gespielt haben. Deshalb gelte: Einem Grund, der im Rechtsetzungsvorgang keine Bedeutung erlangt hat, darf eine solche auch im Rahmen der Rekonstruktion nicht zukommen. Regeln ließen sich demnach nur dann als das Ergebnis von Rechtsprinzipienabwägungen rekonstruieren, wenn diese den Regelerlass auch tatsächlich motiviert haben. In dieser Form trifft der Einwand die Inversionsthese jedoch nicht. Ihr geht es um die normative Rekonstruktion von Regeln im Lichte derjenigen Rechtsprinzipien, die ihnen als normative Gründe zugrunde liegen. Diese Rekonstruktion verliert nicht schon dann ihre Berechtigung, wenn die explanatorischen Gründe, die den Normerlass erklären, die möglichen normativen Gründe nur unvollständig oder, wie im Extremfall eines Abwägungsausfalls, gar überhaupt nicht abbilden. Denn ein Rechtsprinzip, das den Rechtsetzer bindet, spricht innerhalb seines Anwendungsbereichs auch dann für beziehungsweise gegen den Erlass einer bestimmten Regel, wenn der Rechtsetzer das verkennt. Aufgrund seiner rechtlichen Verbindlichkeit bleibt das Rechtsprinzip objektiv ein normativer Grund des Regelerlasses, und das unabhängig von der subjektiven (Fehl-)Beurteilung des Rechtsetzers. Die bloße Nichtberücksichtigung von Rechtsprinzipien im Rechtsetzungsvorgang schließt es deshalb nicht aus, Regeln stets in deren Lichte zu rekonstruieren.

Meist jedoch bedeutet die Nichtberücksichtigung rechtsprinzipieller Gründe die Berücksichtigung andersartiger Gründe. Eben darauf fokussiert die zweite Lesart des Einwands. Die Inversionsthese hält sie nicht vorrangig deshalb für unberechtigt, weil diese auf Rechtsprinzipien rekurriert, die im Rechtsetzungsvorgang unberücksichtigt geblieben sind. Sie lehnt sie vielmehr deshalb ab, weil an Stelle der Rechtsprinzipien außerrechtliche Erwägungen dem Rechtsetzer hinreichenden Grund gaben, die fragliche Norm zu erlassen. Das tatsächliche normative Fundament der Regel, so mag man den Einwand daher formulieren, wird durch die prinzipienbasierte Rekonstruktion schlicht ersetzt, das Wesen der konkreten Regel daher verkannt. Dass auch diese starke

Lesart des dritten Einwands fehlgeht, erhellt ein Blick auf den Status der im Rechtsetzungsprozess ausgeblendeten Rechtsprinzipien. Sofern ihr Anwendungsbereich eröffnet ist, sind sie im Rahmen der Rechtsetzung bindendes Recht. Das aber enthebt sie der Funktion lediglich kontingenter explanatorischer Gründe des jeweiligen Rechtsetzungsakts und lässt sie zu *notwendigen* normativen Gründen der gesatzten Regeln erstarken.[184] Als in diesem Sinne notwendige normative Gründe kennzeichnet die rechtsetzungsverbindlichen Rechtsprinzipien, dass ein definitives Urteil darüber, ob der Erlass einer bestimmten Norm berechtigt erscheint, auf sie nicht verzichten kann. Dass das so ist, folgt wiederum aus ihrem Charakter als *Rechts*prinzipien. Als rechtliche Gründe erheben sie den Anspruch, ihnen entgegenstehende außerrechtliche Argumente in der Abwägung stets zu übertrumpfen; ja, außerrechtliche Erwägungen aus dem praktischen Diskurs insoweit zu verdrängen, als diese sich als mit ihnen unvereinbar erweisen. Die Autorität des Rechts verleiht den Rechtsprinzipien folglich einen exklusionären Charakter,[185] der rechtsfremden Erwägungen lediglich innerhalb des durch rechtliche Prinzipien vorgezeichneten Rahmens Raum belässt.[186] Die normative Begründung einer Norm, die Rechtsprinzipien als Gründe ausblendet, bleibt deshalb stets vorläufig. Sie bleibt der Ungewissheit ausgesetzt, möglicherweise auf Gründen zu beruhen, die den Rahmen rechtsprinzipieller Vorgaben verlassen und folglich von diesen exkludiert werden. Außerrechtliche Gründe vermögen zur Rechtfertigung eines Normerlasses demnach nur beizutragen, wenn und weil sie mit den rechtsprinzipiellen Vorgaben vereinbar sind. Sie verdanken ihre Begründungswirkung der Tatsache, dass ihnen Rechtsprinzipien nicht entgegenstehen. Selbst in Fällen, in denen, wie im geschilderten Einwand, rechtsfremde Argumente allein für die Entscheidung des Norm-

---

[184] Ebenfalls in diese Richtung *A. Gutman/D. Thompson*, Democracy and Disagreement, 1996, S. 199 f.: „necessary guides to democratic decision making" (ebd., S. 200).

[185] Vgl. *J. Raz*, The Authority of Law, 1979, S. 30; vgl. auch ebd., S. 31: „non-legal reasons do not justify deviation from a legal requirement".

[186] Wie groß dieser Spielraum ist, hängt neben der Anzahl der verbindlichen Prinzipien vom Charakter der für den Rechtsetzer verbindlichen Rechtsprinzipien ab. So stehen sich etwa für die Grundrechte des Grundgesetzes die konkurrierenden Interpretationen „Grundrechte als Rahmenordnung" und „Grundrechte als objektive Wertordnung" gegenüber. Vgl. zu Charakterisierung und Konsequenzen für den gesetzgeberischen Spielraum *M. Jestaedt*, Grundrechtsentfaltung im Gesetz, 1999, S. 75 ff.

erlasses hinreichend zu sein scheinen – man mag insofern von einer scheinbaren argumentativen „Überdetermination“ sprechen[187] – kann eine schlüssige normative Begründung auf die verbindlichen Rechtsprinzipien als Argumente deshalb nicht verzichten. Das lässt es auch in diesen Fällen berechtigt erscheinen, die gesatzten Regeln im Lichte eben dieser Rechtsprinzipien zu rekonstruieren. Auch diese Fälle nehmen der Inversionsthese daher nicht ihre Berechtigung.

III. Konklusion: Der Schichtenbau der Rechtsordnung als Erklärungsmodell

Damit fügt sich auch das letzte Glied in die Kette: Handlungen gründen in Rechtsregeln, Rechtsregeln gründen in Rechtsprinzipien, Rechtsprinzipien gründen in Werten. Sie markiert mit diesen drei Begründungsrelationen zugleich die wesentlichen Implikationen des hier verwendeten prinzipientheoretischen Grundmodells für die Struktur der Rechtsordnung. Der Bereich des eigentlich Rechtlichen beschränkt sich dabei auf die Beziehung von Rechtsregeln und Rechtsprinzipien. Sie bilden – so mag man nach den vorstehenden Überlegungen etwas bildhaft resümieren – die Schichten des Rechts.[188] Regeln gründen in Prinzipien, diese liegen jenen zugrunde.[189] Die Rede von Prinzipien als „Tiefenstruktur“[190] des Rechts erhält so eine konkrete Bedeutung. Für

---

[187] *G. H. v. Wright*, Normen, Werte und Handlungen, 1994, S. 149.

[188] Ein ähnliches Bild bei *F. Reimer*, Verfassungsprinzipien, 2001, S. 303 f. („Schichtenbau“) und *J. H. H. Weiler*, ZaöRV 64 (2004), S. 547 (548 ff.), der in seiner „Geology of International Law“ – obgleich mit anderem Erkenntnisinteresse – ebenfalls (Rechts-)Schichten ausmacht.

[189] *N. D. MacCormick*, Legal Reasoning and Legal Theory, 1994, S. 166: „The ‚general principles‘ […] express the underlying reasons for the specific rules“. – Für das Völkerrecht: *C.-S. Zoellner*, Das Transparenzprinzip im internationalen Wirtschaftsrecht, 2009, S. 91 und sogar IGH, *Reparation for Injuries Suffered in the Service of the United Nations*, Advisory Opinion, ICJ Rep 1949, S. 174 (182): „the principle underlying this rule“ sowie IGH, *Jurisdictional Immunities of the State*, ICJ Rep 2012, S. 99 (123): „the principles underlying […] the rule of State immunity“.

[190] So etwa *K. F. Röhl/H. C. Röhl*, Allgemeine Rechtslehre, 3. Aufl. 2008, S. 283; *H.-J. Koch*, Die normtheoretische Basis der Abwägung, in: W. Erbguth u.a. (Hrsg.), Abwägung im Recht, 1996, S. 9 (17); in Anschluss an letzteren auch *S. Unger*, Das Verfassungsprinzip der Demokratie, 2008, S. 103; vgl. auch

die Erfassung rechtlicher Entwicklungen jenseits formaler Rechtsänderungen kommt eben dieser Tiefenstruktur des Rechts und damit zugleich dem Schichtenbau-Modell der Rechtsordnung eine explanatorische Schlüsselrolle zu. Denn der normative Zusammenhang von Rechtsregeln und Rechtsprinzipien macht deutlich, dass Veränderungen auf Regelebene ein Sekundärphänomen sind. Das Schichtenbau-Modell der Rechtsordnung konzipiert sie als Folgeerscheinungen einer veränderten Abwägungsgrundlage und damit als Resultat von Wandlungen auf Prinzipienebene. Eine Erklärung rechtlicher Entwicklungen auf Regelebene bleibt ohne den Rekurs auf die zugrundeliegende Prinzipienebene daher nicht nur unvollständig; nein, der Wechsel der Perspektive hin auf die Prinzipienebene birgt überdies das Potential, scheinbar unzusammenhängende, aber artverwandte Einzelentwicklungen auf Regelebene als einheitliches Phänomen zu erklären, indem sie diese auf die Ausstrahlungs- und Reflexwirkungen ein und desselben Rechtsprinzips zurückführt. Das Schichtenbau-Modell der Rechtsordnung leistet so eine binnenrechtliche Erklärung, die eben deshalb, weil sie zur Erklärung auf andere Rechtsnormen verweist, zugleich die Mittel für eine dogmatische „Verlängerung“ der beobachteten Entwicklungen bereitstellt, die über die bereits ins Wanken geratenen Einzelregeln – jedenfalls potentiell – hinausreicht. Denn als Rechtsnormen wirken Prinzipien auf andere Rechtsnormen ein, sei es im Rahmen der Auslegung von Regeln oder der Abwägung in Fällen, in denen Regeln bislang fehlen.[191] Überall dort jedenfalls, wo sich das Recht dem Einfluss der Veränderungen auf Prinzipienebene öffnet, bricht der Wandel auf die Regelebene durch. Das Schichtenbau-Modell der Rechtsordnung ist folglich einheitsstiftendes Erklärungsmodell und Instrument normativer Rechtsfortbildung zugleich.

Die noch ausstehenden Überlegungen der Arbeit sollen erweisen, inwiefern dieses Modell auch für die Entwicklungen der Völkerrechtsordnung, die die Betrachtungen des ersten Teils aufgedeckt haben, eine Analysegrundlage liefert, die die Defizite der konstitutionellen und kommunitären Erklärung überwindet. Doch taugt die Prinzipientheorie auch für das Völkerrecht?

M. Koskenniemi, Oikeustiede-Jurisprudentia 18 (1985), S. 117 (160): „deep structure“.

[191] Ausführlich dazu S. 491 ff.

C. Prinzipientheorie und Völkerrecht: Einige Überlegungen zur Kompatibilität

Auch im Völkerrecht sind die Begriffe Regel und Prinzip (engl.: rule/principle; frz.: règle/principe) längst gebräuchlich. Internationale Konventionen,[192] Urteile internationaler Gerichte,[193] völkerrechtliche Sekundärrechtsakte[194] und völkerrechtliches Schrifttum[195] greifen regelmäßig auf die Gegenüberstellung von Regeln und Prinzipien zurück. Nur selten jedoch geht damit eine normkategoriale Unterscheidung einher, oft werden die beiden Begriffe gar synonym verwendet.[196] Erst im jüngeren völkerrechtlichen Schrifttum gewinnt der längst vertraute Sprachgebrauch – angeführt von umweltvölkerrechtlichen Untersuchungen und klar dominiert von deutschen Autoren – Anschluss an die prinzipientheoretische Debatte.[197] Und so setzt sich zunehmend die

---

[192] Siehe etwa Art. 2, 6 und 11 („principles") einerseits und Art. 21, 30 und 62 („rules") andererseits der UN-Charta sowie Art. 38 Abs. 1 lit. a („rules") einerseits und lit. c („principles") andererseits des IGH-Statuts.

[193] Vgl. nur StIGH, *Lotus*, Ser. A, No. 10, S. 18; IGH, *Gulf of Maine*, ICJ Rep 1984, S. 246 (288 ff.); IGH, *Nuclear Weapons*, Avisory Opinion, ICJ Rep 1996, S. 226 (239); sowie IGH, *Jurisdictional Immunities of the State*, ICJ Rep 2012, S. 99 (123).

[194] So etwa die *Declaration on Principles of International Law concerning Friendly Relations and Co-operation among States in accordance with the Charter of the United Nations*, GV Res. v. 24. Oktober 1970, UN Doc. A/RES/25/2625, Annex.

[195] So neben den sogleich in Fn. 197 genannten Autoren etwa *G. Arangio-Ruiz*, The UN Declaration on Friendly Relations and the System of the Sources of International Law, 1979, S. 65 f.; *H. C. Dillard*, RdC 91 (1957-I), S. 445 (477 ff.); *J. Falterbaum*, AVR 33 (1995), S. 245 (262 ff.); *G. Fitzmaurice*, RdC 92 (1957-II), S. 1 (7); *C. Tomuschat*, RdC 281 (1999), S. 9 (28, 161 und öfters).

[196] IGH, *Gulf of Maine*, ICJ Rep 1984, S. 246 (288 ff.): „one and the same idea".

[197] Die rechtstheoretische Unterscheidung von Regeln und Prinzipien rezipieren im Völkerrecht etwa *A. Emmerich-Fritsche*, Vom Völkerrecht zum Weltrecht, 2007, S. 351, 802; *J. Finke*, EJIL 21 (2010), S. 853 (871 ff.); *G. J. Göttsche*, Die Anwendung von Rechtsprinzipien in der Spruchpraxis der WTO-Rechtsmittelinstanz, 2005, S. 103 ff.; *S. Kadelbach/T. Kleinlein*, AVR 44 (2006), S. 235 (255, 262 ff.); *dies.*, GYIL 50 (2007), S. 303 (342 ff.); *W. Kälin*, BDGVR 33 (1994), S. 9 (37 f.); *T. Kleinlein*, German L. J. 12 (2011), S. 1141 (1149 f.); *ders.*, Konstitutionalisierung im Völkerrecht, 2012, S. 663 ff.; *N. Petersen*, AVR 46 (2008), S. 502 (508 ff.); *ders.*, Am. U. Int'l L. Rev. 23 (2008), S. 275 (302 ff.);

Überzeugung durch, dass Rechtsregeln und Rechtsprinzipien auch im Völkerrecht unterschiedliche Normkategorien bilden. Angesichts der ausdrücklichen Erwähnung der „general principles of law" – also allgemeiner Rechtsprinzipien – in Art. 38 Abs. 1 lit. c IGH-Statut mag die Übertragung der normkategorialen Unterscheidung zumindest auf den ersten Blick nicht erstaunen (dazu I.). Dennoch begegnet die Fruchtbarmachung der Prinzipientheorie im Völkerrecht einigen Einwänden (dazu II. und III.).

I. Rechtsprinzipien und „general principles of law" im Sinne des Art. 38 Abs. 1 lit. c IGH-Statut

Nach Art. 38 Abs. 1 IGH-Statut entscheidet der IGH die ihm unterbreiteten Streitfälle nach dem Völkerrecht. Zu diesem zählt lit. c der Vorschrift die von den Kulturvölkern anerkannten „general principles of law". Rechtsprinzipien, oder wie die deutsche Übersetzung formuliert: Rechtsgrundsätze, die – sei es in den nationalen Rechtsordnungen oder nach umstrittener Ansicht auch lediglich auf internationaler Ebene[198] – die allgemeine Anerkennung der zivilisierten Staatenwelt finden, sind demnach Teil des Völkerrechts. Für die Frage nach der Übertrag-

---

ders., Demokratie als teleologisches Prinzip, 2009, S. 68 ff.; *A. Proelß*, JZ 66 (2011), S. 496 (499 f.); *V. Röben*, GoJIL 2 (2010), S. 1063 (1072 f.); *M. Scheyli*, Konstitutionelle Gemeinwohlorientierung im Völkerrecht, 2008, S. 293 ff.; *S. Stahl*, Schutzpflichten im Völkerrecht, 2012, S. 14 ff.; *R. Uerpmann*, JZ 56 (2001), S. 565 (572); *H.-J. Ziegenhain*, Extraterritoriale Rechtsanwendung und die Bedeutung des Genuine-Link-Erfordernisses, 1992, S. 36 ff.; *C.-S. Zoellner*, Das Transparenzprinzip im internationalen Wirtschaftsrecht, 2009, S. 84 ff.; wohl auch *H. Thirlway*, RdC 294 (2002), S. 265 (307 f.). Siehe speziell aus dem Umweltvölkerrecht *U. Beyerlin*, in: FS Steinberger, 2002, S. 31 (51 ff.); *W. Durner*, Common Goods, 2001, S. 20 ff.; *C. Erben*, Das Vorsorgegebot im Völkerrecht, 2005, S. 44 ff.; *K. Frauenkron*, Das Solidaritätsprinzip im Umweltvölkerrecht, 2008, S. 106 ff.; *M. Kaltenborn*, Entwicklungsvölkerrecht und Neugestaltung der internationalen Ordnung, 1998, S. 117 ff.; *D. Maurmann*, Rechtsgrundsätze im Völkerrecht am Beispiel des Vorsorgeprinzips, 2008, S. 27 ff.; *J. Monien*, Prinzipien als Wegbereiter eines globalen Umweltrechts, 2014, S. 45 ff. und öfter; *J. Schröter*, Strukturprinzipien des Umweltvölkerrechts und ihr Beitrag zur Eindämmung des Klimawandels, 2015, S. 121 ff.

[198] Siehe dazu *M. Bogdan*, Nordic J. Int'l L. 46 (1977), S. 37 (42 ff.); *H. Mosler*, General Principles of Law, in: EPIL, Bd. II, 1995, S. 511 (517); *W. Weiss*, AVR 39 (2001), S. 394 (397 ff.) sowie ausführlich noch unten S. 250 ff.

barkeit der normtheoretischen Unterscheidung von Regeln und Prinzipien provoziert das Missverständnisse.[199] Denn nicht nur spricht Art. 38 Abs. 1 lit. c IGH-Statut in seiner authentischen englischen Sprachfassung ausdrücklich von „principles“, lit. a stellt dem zudem die in internationalen Übereinkünften festgelegten „rules“ gegenüber. Dass sich das Nebeneinander von Regeln und Prinzipien damit auch noch in einer Norm findet, die völkerrechtliche Normen kategorisiert, könnte durchaus dazu verleiten, der Unterscheidung eine rechtstheoretische Dimension beizumessen. Bei Lichte besehen jedoch bleibt der Wortlaut der Vorschrift hierfür das einzige und keinesfalls hinreichende Indiz. Denn auch aus dem Zusammenhang des Art. 38 Abs. 1 lit. c IGH-Statut mit den umstehenden Vorschriften, insbesondere der lit. a, b und d, geht nicht hervor, dass die Norm neben der quellentheoretischen Differenzierung nach unterschiedlichen Gründen der Rechtsqualität auch eine normstrukturelle Kategorisierung vornimmt. Als allgemeine Rechtsgrundsätze im Sinne des Art. 38 Abs. 1 lit. c IGH-Statut hat überdies sowohl die gerichtliche Praxis (in deren Lichte die Bestimmung immerhin auszulegen ist) als auch das wissenschaftliche Schrifttum wiederholt Normen identifiziert, die nicht die Realisierung eines Ideals gebieten, sondern eindeutig Regelcharakter aufweisen.[200] So dürften weder die *lex posterior*-Regel noch die Norm *pacta sunt servanda* abwägungsfähig sein. Eine historische Überlegung stützt diese Skepsis. Denn als sich 1945 die ersten Staaten auf das Statut des IGH einigten, griffen sie in Art. 38 eine Formulierung auf, die sich bereits gleichlautend im Statut des StIGH von 1920 fand.[201] In der Rechtstheorie hingegen setzte sich die normtheoretische Unterscheidung von Regeln und Prinzipien endgültig erst Mitte der 1960er Jahre mit den Schriften *Ronald Dworkins*

---

[199] Vgl. *D. Maurmann*, Rechtsgrundsätze im Völkerrecht am Beispiel des Vorsorgeprinzips, 2008, S. 30 f.; *C.-S. Zoellner*, Das Transparenzprinzip im internationalen Witschaftsrecht, 2009, S. 97.

[200] Eine Übersicht bei *H. Mosler*, General Principles of Law, in: EPIL, Bd. II, 1995, S. 511 (518 ff.); *M. N. Shaw*, International Law, 7. Aufl. 2014, S. 71 ff.; demgegenüber scheint *C. Voigt*, Retfaerd 121 (2008), Nr. 2, S. 3 (10) die in Art. 38 Abs. 1 lit. c IGH-Statut genannten Rechtsgrundsätze tatsächlich mit Rechtsprinzipien im normstrukturtheoretischen Sinne gleichzusetzen; in diese Richtung wohl auch *A. van Aaken*, Ind. J. Global Leg. Stud. 16 (2009), S. 483 (499 f.).

[201] *Statute of the Permanent Court of International Justice* v. 16. Dezember 1920, LNTS Bd. 6, S. 380, RGBl. 1927 II, S. 227; vgl. auch *G. Gaja*, General Principles of Law, MPEPIL (online edition), Stand: Mai 2013, Rdn. 2; *W. Weiss*, AVR 39 (2001), S. 394 (395).

durch.[202] Auch vor diesem Hintergrund lässt sich die Gegenüberstellung von Rechtsregeln und Rechtsprinzipien in Art. 38 IGH-Statut daher nicht als Anerkennung der normtheoretischen Unterscheidung im Völkerrecht deuten. Allgemeine Rechtsgrundsätze unterscheiden sich von anderen Normen des Völkerrechts folglich allein aufgrund ihres Entstehungsmodus. Über die Normstruktur ist damit nicht entschieden. Nicht jeder allgemeine Rechtsgrundsatz stellt daher ein Rechtsprinzip im rechtstheoretischen Sinne dar, und auch umgekehrt gilt entsprechendes.[203]

II. Einwände gegen die Übertragung der normstrukturellen Regel-Prinzipien-Unterscheidung auf das Völkerrecht

Damit bleibt die Völkerrechtswissenschaft zur Beantwortung der Frage, ob die Unterscheidung von Regeln und Prinzipien anhand ihrer Normstruktur auch im Völkerrecht ihren Platz hat, auf den rechtstheoretischen Maßstab der Zweckmäßigkeit und damit das Kriterium der adäquaten Erklärung zurückverwiesen.[204] Damit jedoch löst sich die Debatte nicht nur von zwingend richtigen – weil normativ vorgegebenen – Ergebnissen, sie öffnet sich zugleich für mögliche Einwände. Insofern verdienen insbesondere fünf kritische Aspekte eine eingehendere Erörterung: Erstens könnte einer Übertragung der prinzipientheoretischen Grundunterscheidung in den Bereich des Völkerrechts bereits die koordinationsrechtliche Grundstruktur der Völkerrechtsordnung entgegenstehen (dazu 1.). Zweitens ließe sich einwenden, dass mit der Entdeckung einer neuen Normkategorie im Völkerrecht bislang unerörterte Kollisionsprobleme auftreten (dazu 2.), die drittens gemeinsam mit

---

[202] Als frühe Vorläufer lassen sich hingegen bereits *W. Wilburg*, Die Elemente des Schadensrechts, 1941; *ders.*, Entwicklung eines beweglichen Systems im bürgerlichen Recht, 1950, und *J. Esser*, Grundsatz und Norm in der richterlichen Fortbildung des Privatrechts, 1. Aufl. 1956 (nunmehr 4. Aufl. 1990) nennen.

[203] *M. Kaltenborn*, Entwicklungsvölkerrecht und Neugestaltung der internationalen Ordnung, 1998, S. 128; *D. Maurmann*, Rechtsgrundsätze im Völkerrecht am Beispiel des Vorsorgeprinzips, 2008, S. 31 f.; *J. Schröter*, Strukturprinzipien des Umweltvölkerrechts und ihr Beitrag zur Eindämmung des Klimawandels, 2015, S. 185; *C.-S. Zoellner*, Das Transparenzprinzip im internationalen Wirtschaftsrecht, 2009, S. 95.

[204] Dazu schon oben S. 158 f.

der für Rechtsprinzipien typischen Unbestimmtheit (dazu 3.) und der viertens durch den Einzug von Prinzipien ins Völkerrecht zu befürchtenden Relativierung völkerrechtlicher Normativität (dazu 4.) die verhaltenssteuernde Kraft des Völkerrechts gefährden. Schließlich muss eine prinzipientheoretische Völkerrechtskonzeption fünftens erweisen, dass die Rezeption prinzipientheoretischer Erkenntnisse auch ohne naturrechtliche Implikationen auskommt (dazu 5.).

1. Der Inkompatibilitätseinwand

Am nationalen Recht geschult, verdient das Völkerrecht in den Augen vieler Juristen noch immer das Stigma des Sonderfalls. Dass die Völkerrechtsordnung weitestgehend auf subordinationsrechtliche Sanktionsmechanismen verzichtet, ihre Subjekte sich auf gleicher Ebene begegnen und dabei Normsetzer und -unterworfener zugleich sind,[205] hat manche Autoren gar veranlasst, den Rechtscharakter des Völkerrechts in Frage zu stellen.[206] Auch wenn man diese Skepsis nicht teilt, macht sie doch deutlich, dass Völkerrecht und nationales Recht strukturelle Differenzen aufweisen, die möglicherweise auch die Übertragbarkeit der rechtstheoretischen Regel-Prinzipien-Unterscheidung auf das Völkerrecht in Zweifel zu ziehen geeignet sind.[207] Das englische House of Lords verlieh eben diesen Zweifeln Ausdruck, als es unter ausdrücklicher Bezugnahme auf die Prinzipientheorie *Ronald Dworkins* ent-

---

[205] Siehe zu den strukturellen Eigenheiten der Völkerrechtsordnung *M. N. Shaw*, International Law, 7. Aufl. 2014, S. 4 ff.; *W. Vitzthum*, in: ders./A. Proelß (Hrsg.), Völkerrecht, 7. Aufl. 2016, 1. Abschn. Rdn. 45 ff.

[206] So etwa die Völkerrechtsleugner *G. W. F. Hegel*, Grundlinien der Philosophie des Rechts, § 333 und *J. Austin*, Lectures on Jursprudence, 5. Aufl. 1896, Lecture VI; ähnliche Kritik aus jüngerer Zeit etwa bei *J. L. Goldsmith/E. A. Posner*, The Limits of International Law, 2005 und dazu kritisch *H.-J. Cremer*, ZaöRV 67 (2007), S. 267.

[207] Vgl. *U. Beyerlin*, in: FS Steinberger, 2002, S. 31 (53); *H.-J. Ziegenhain*, Extraterritoriale Rechtsanwendung und die Bedeutung des Genuine-Link-Erfordernisses, 1992, S. 37 f.; *C.-S. Zoellner*, Das Transparenzprinzip im internationalen Witschaftsrecht, 2009, S. 92; ein solcher Einwand klingt auch an bei *A. Proelß*, JZ 66 (2011), S. 496 (499 f.), der ihn freilich nicht für überzeugend hält. *B.-C. Funk*, in: B. Schilcher/P. Koller/B.-C. Funk (Hrsg.), Regeln, Prinzipien und Elemente im System des Rechts, 2000, S. 259 (261) hält ein Prinzipienmodell für koordinationsrechtliche Ordnungen hingegen offenbar gar für besonders plausibel.

schied, ein prinzipientheoretischer Ansatz „cannot be adopted in international law", denn dieses sei „based upon the common consent of nations."[208] Die weit überwiegende Zahl der dogmatischen Untersuchungen, die sich auf die Prinzipientheorie stützen, behandelt denn auch Fragen des nationalen öffentlichen Rechts.[209] Grundrechte, Staatsstrukturbestimmungen, Ermessensausübung und Verhältnismäßigkeit sind die Hauptanwendungsgegenstände der Prinzipientheorie.[210] Gerade im innerstaatlichen öffentlichen Recht allerdings zeigt sich das Merkmal, dessen Fehlen der Völkerrechtsordnung vorgeworfen wird: Die Möglichkeit autoritativer Entscheidungen und deren Durchsetzung in Subordinationsverhältnissen.

Es griffe jedoch zu kurz, aus dieser einseitigen Forschungslage zu folgern, dass die prinzipientheoretische Unterscheidung von Rechtsregeln und Rechtsprinzipien auf die genannten rechtsgebietsspezifischen Charakteristika angewiesen ist. Versteht man Prinzipien als abwägungsfähige Normen, die im Kollisionsfall der Abwägung auch bedürfen,[211] so hat die normtheoretische Differenzierung zwischen Regeln und Prinzipien überall dort ihren Platz, wo Normabwägungen stattfinden. Die Anwendungsbedingungen der prinzipientheoretischen Grundunterscheidung hängen demnach weniger von der Struktur der Rechtsordnung ab als vielmehr von der Struktur der Normen, auf denen die jeweilige Rechtsordnung beruht. Insofern aber gleichen sich nationales und internationales öffentliches Recht:[212] Ebenso wie das nationale öffentliche Recht kennt auch das Völkerrecht abwägungsfähige Normen,

---

[208] House of Lords, *Jones v. Ministry of the Interior of the Kingdom of Saudi Arabia and another*, Urteil v. 14. Juni 2006, [2007] 1 A.C. 270 (298) (per *Lord Hoffmann*); deutlich klingt hier zugleich der Einwand an, die mit Prinzipien verbundene Abwägungsmethodik sei mit einer konsensual begründeten Rechtsordnung nicht zu vereinbaren, hierzu ausführlich unten S. 589 ff.

[209] Siehe die Nachweise auf S. 157 in Fn 12.

[210] Interessanterweise stammen die frühen prinzipientheoretischen Überlegungen allesamt von Zivilrechtlern, siehe etwa *J. Esser*, Grundsatz und Norm in der richterlichen Fortbildung des Privatrechts, 1. Aufl. 1956 (nunmehr 4. Aufl. 1990) sowie *C.-W. Canaris*, Systemdenken und Systembegriff in der Jurisprudenz, 2. Aufl. 1983, S. 46 ff. Auch die Beispiele bei *R. Dworkin*, U. Chi. L. Rev. 35 (1967), S. 14 (23 f.) sind dem Zivilrecht entnommen.

[211] Siehe dazu bereits oben S. 160 f.

[212] *U. Beyerlin*, in: FS Steinberger, 2002, S. 31 (53 f.); *G. J. Göttsche*, Die Anwendung von Rechtsprinzipien in der Spruchpraxis der WTO-Rechtsmittelinstanz, 2005, S. 115.

deren Kollision nur im Wege der Abwägung zu lösen ist.[213] Dass es die prinzipientheoretische Differenzierung zwischen Regeln und Prinzipien bislang vor allem im nationalen öffentlichen Recht zu Prominenz gebracht hat, nimmt diesem „legal transplant“ seine Berechtigung nicht. Zudem verfängt die Kritik auch perspektivisch betrachtet nicht. Denn je mehr die tragenden Säulen des Koordinationsvölkerrechts durch die aktuellen Wandlungsprozesse[214] ins Wanken geraten, desto mehr nähern sich die Strukturen des internationalen öffentlichen Rechts denjenigen des nationalen öffentlichen Rechts an;[215] und desto lauter werden die Rufe nach einem „public law approach“ im Völkerrecht.[216] Vor diesem Hintergrund drängt sich die Frage geradezu auf: Warum nicht eine Theorie bemühen, die gerade im Bereich des innerstaatlichen öffentlichen Rechts besondere Plausibilität für sich beansprucht?

2. *Der Kollisionseinwand*

Ulrich Beyerlin scheint eben hierauf Antwort zu geben, wenn er gegen die Übertragung der Regel-Prinzipien-Unterscheidung zu bedenken gibt, das Völkerrecht müsse

> „wie jede andere Rechtsordnung auf die Vermeidung einer unnötigen Proliferation von Normen bedacht sein, führt diese doch potentiell zu Normkonkurrenzen und -kollisionen, die sich schon deshalb schwer auflösen lassen, weil das Verhältnis der betreffenden Normen untereinander Fragen aufwirft.“[217]

Mit der normstrukturellen Differenzierung zwischen Regeln und Prinzipien, so der darin anklingende Einwand, entstehen neuartige Kollisionslagen, deren Auflösung den Rechtsanwender vor Probleme stellt und die aufgrund der daraus resultierenden Ungewissheit die Funktion des Rechts, Verhalten zuverlässig anzuleiten, gefährdet. Neuartige Kol-

---

[213] Ausführlich dazu S. 286 ff., 369 ff.

[214] Dazu oben S. 26 ff.

[215] *T. Kleinlein*, Konstitutionalisierung im Völkerrecht, 2012, S. 625.

[216] Zum Appell *A. v. Bogdandy/P. Dann/M. Goldmann*, German L. J. 9 (2008), S. 1375 und *J. A. Frowein*, BDGVR 39 (1999), S. 427 (427 f.); zur Ausführung etwa *C. Feinäugle*, Hoheitsgewalt im Völkerrecht, 2011, S. 3, 65 ff.; *M. Goldmann*, Internationale öffentliche Gewalt, 2015, S. 291 ff. sowie die Beiträge in A. v. Bogdandy u.a. (Hrsg.), The Exercise of Public Authority by International Institutions, 2010.

[217] *U. Beyerlin*, in: FS Steinberger, 2002, S. 31 (60).

lisionslagen können dabei einerseits daher rühren, dass mit der Anerkennung der Prinzipienkategorie im Völkerrecht neue prinzipienartige Normen ans Licht treten und sich der Bestand völkerrechtlicher Normen folglich vermehrt. Andererseits gewinnen die bestehenden Kollisionen, selbst wenn diese quantitative Zunahme normativer Konflikte ausbleibt, eine neue qualitative Dimension, kollidieren nun doch auch strukturell verschiedenartige Normen. Die Befürchtung aber, dies könne zu Unsicherheiten in der Rechtsanwendung führen und so die verhaltenssteuernde Funktion des Völkerrechts beeinträchtigen, dürfte sich als unbegründet erweisen. Zur Bewältigung der geschilderten Kollisionslagen haben sich im nationalen Recht längst methodische Instrumente herausgebildet,[218] die sich angesichts der dem nationalen Recht vergleichbaren Normstrukturen auch zur Lösung völkerrechtlicher Normkollisionen heranziehen lassen. Zu denken ist dabei insbesondere an den (grundsätzlichen) Vorrang der speziellen Regeln im Verhältnis zu den notwendig allgemein gehaltenen Prinzipien[219] sowie an das Institut der Abwägung und den Grundsatz der Verhältnismäßigkeit im Falle von Prinzipienkollisionen. Dass auch der Grundsatz der Verhältnismäßigkeit nicht jede Normkollision auf exakt ein richtiges Ergebnis fixiert und folglich auch nicht jede Unsicherheit in der Rechtsanwendung eliminiert, bestreiten auch Verfechter der Prinzipientheorie nicht.[220] Der prinzipientheoretischen Unterscheidung zwischen Regeln und Prinzipien lässt sich diese verbleibende Unsicherheit indessen – wie die geschilderten Kollisionsprobleme überhaupt – nicht anlasten. Sie stellt lediglich analytische Instrumente bereit, die das Kollisionsverhalten von Normen begrifflich erfassen und mittels derer es sich normstrukturell rekonstruieren lässt. Die Kategorisierung von Normen in die Klassen Regel und Prinzip erzeugt weder die damit verbundenen normstrukturellen Charakteristika, noch modifiziert sie die Normentstehungsbedingungen. Sofern die befürchteten Kollisionslagen beste-

---

[218] Vgl. etwa zum Verhältnismäßigkeitsgrundsatz *A. Stone Sweet/J. Mathews*, Colum. J. Transnat'l L. 47 (2008), S. 73 und *J. Saurer*, Der Staat 51 (2012), S. 3.

[219] Siehe zum Grundsatz des Regelvorrangs *R. Alexy*, Theorie der Grundrechte, 1986, S. 121; *N. Petersen*, AVR 46 (2008), S. 502 (510); *K. F. Röhl/H. C. Röhl*, Allgemeine Rechtslehre, 3. Aufl. 2008, S. 288; *P. Sourlas*, Rechtsprinzipien als Handlungsgründe, 2011, S. 119; *H. Stück*, ARSP 84 (1998), S. 405 (416).

[220] *R. Alexy*, Theorie der Grundrechte, 1986, S. 143; aus völkerrechtlicher Perspektive diesbezüglich kritisch *W. Durner*, Common Goods, 2001, S. 301: „ein recht bescheidenes Maß an rechtlicher Vorhersehbarkeit".

hen, bestehen sie folglich auch unabhängig von dieser Kategorisierung.[221]

3. Der Unbestimmtheitseinwand

Ebenfalls um die Funktionsfähigkeit des Völkerrechts besorgt, bringt ein dritter Einwand die strukturelle Unbestimmtheit prinzipienhafter Normen gegen die Übertragung der Regel-Prinzipien-Unterscheidung auf das Völkerrecht in Stellung. Prinzipien, so die Kritik, normierten Ideale, was sie notwendig im Bereich des Abstrakten und Allgemeinen verharren lasse. Welche konkreten rechtlichen Gebote aus diesen Prinzipien aber folgten, bleibe angesichts dieser Abstraktheit letztlich unbestimmt, und Übereinstimmung in den Folgerungen aus den Rechtsprinzipien sei unter den Bedingungen „einer wertpluralistischen und politisch gespaltenen Welt" unwahrscheinlich.[222] Als Richtlinie staatlichen Verhaltens taugten Prinzipien daher nicht. Vielmehr seien sie dem Vorwurf ausgesetzt, das völkerrechtliche Rechtmäßigkeitsurteil einer Beliebigkeit auszuliefern, die die vereinfachende Funktion der rechtlichen Binärcodierung (rechtmäßig – rechtswidrig)[223] in Frage stelle. Denn die monierte Allgemeinheit der Prinzipien ermögliche es, unterschiedlichste – in Extremfällen gar konfligierende – Staatenpraxis unter Berufung auf Prinzipien zu legitimieren.[224]

Allerdings geht auch dieser Einwand am Wesen der prinzipientheoretischen Normkategorisierung in Regeln und Prinzipien vorbei. Denn die inhaltliche Unbestimmtheit prinzipienhafter Normen lässt sich auf sie nicht zurückführen. Eine Norm wird nicht deshalb unbestimmt, weil die Völkerrechtswissenschaft sie als Rechtsprinzip klassifiziert. Vielmehr verhält es sich umgekehrt: Eine Norm lässt sich nur dann als Prinzip kategorisieren, wenn sie ein auf die Erfüllung eines abstufbaren Ideals gerichtetes ideales Sollen enthält, sie also bereits die Eigenschaften besitzt, die ihr den Vorwurf der Unbestimmtheit einbringen.

---

221 Noch weitergehend *T. Kleinlein*, Konstitutionalisierung im Völkerrecht, 2012, S. 676 ff., der die von ihm aufgewiesenen Verfassungsprinzipien (auch) als Kollisionsprinzipien versteht. Als solche erzeugen sie nicht zusätzliche Kollisionslagen, sondern tragen zur Lösung bestehender Normkonflikte zwischen unterschiedlichen völkerrechtlichen Regimen bei.

222 Vgl. *U. Fastenrath*, Lücken im Völkerrecht, 1991, S. 132.

223 Dazu *N. Luhmann*, Das Recht der Gesellschaft, 1993, S. 165 ff.

224 *M. Koskenniemi*, Oikeustiede-Jurisprudentia 18 (1985), S. 117 (159).

4. Der Einwand relativer Normativität

Lassen sich demnach weder der spezifische Gehalt noch die Struktur einer Norm der Prinzipientheorie anlasten, so geht auch ein vierter Einwand ins Leere. Gegen die Überführung der prinzipientheoretischen Normkategorien ins Völkerrecht greift er die ursprünglich in anderem Zusammenhang prominent gewordene Kritik an Formen relativer Normativität auf. Ebenso wie *ius cogens*-Normen, *erga omnes*-Verpflichtungen und *soft law*-Regelungen relativiere, so die mögliche Kritik, auch die Übertragung der Regel-Prinzipien-Unterscheidung ins Völkerrecht dessen Normativität und setze so eine Entwicklung fort, die namentlich *Prosper Weil* bereits 1983 einem epochemachenden Generalangriff unterzogen hat.[225] In den kritisierten Phänomenen erblickte *Weil* werthaltige Anreicherungen des Völkerrechts, die dessen formalistisch-voluntaristische Grundlage aufweichten und dadurch die Kernfunktion des Völkerrechts – die Ordnung der internationalen Beziehungen – gefährdeten.[226] Sie ließen die Schwelle zwischen Recht und Nicht-Recht verschwimmen,[227] verwässerten die Trennung von Normgebundenen und nicht Normgebundenen[228] und führten zu Differenzierungen unterschiedlicher Normativitätsstufen[229] innerhalb des Völkerrechts. Normativität sei so nicht länger eine Frage des Ja oder Nein, sie werde zu einer Frage des Mehr oder Weniger.[230] Die damit verbundene Unbestimmtheit schwäche das normative System des Völkerrechts.[231]

---

[225] *P. Weil,* AJIL 77 (1983), S. 413, zuvor auf Französisch bereits abgedruckt in Revue Générale de Droit Internationale Public 86 (1982), S. 5. Zur Gegenkritik vgl. *U. Fastenrath*, EJIL 4 (1993), S. 305 und *J. Tasioulas*, Oxford J. Leg. Stud. 16 (1996), S. 85. Gegen letzteren wiederum *J. A. Beckett*, EJIL 12 (2001), S. 627. Einen Zusammenhang zwischen Prinzipiendiskussion und der Kritik relativer Normativität stellt etwa *U. Beyerlin*, in: FS Steinberger, 2002, S. 31 (60 f.) her; vgl. auch *R. Schütz*, Solidarität im Wirtschaftsvölkerrecht, 1994, S. 99 mit und in Fn. 19, der *Alexys* ideales Sollen offenbar dem "soft law" zuordnet.

[226] *P. Weil,* AJIL 77 (1983), S. 413 (421).

[227] Ebd., S. 415 ff.

[228] Ebd., S. 430 ff.

[229] Ebd., S. 418 ff., 423 ff.

[230] Ebd., S. 421.

[231] Ebd., S. 442.

In den Kanon dieser Anreicherungen des Völkerrechts, die es nach *Weil* als normativitätsrelativierende Destabilisatoren der internationalen Ordnung zu bemäkeln gilt, reihen sich auf den ersten Blick auch völkerrechtliche Prinzipien ein.[232] Deren typischerweise materiell-werthaltiger Charakter ist nicht zu leugnen und im Schrifttum ist zudem die These verbreitet, Prinzipien und Regeln unterschieden sich im Grad ihrer rechtlichen Verbindlichkeit;[233] ja, jene wiesen eine „wenn nicht mindere, so doch jedenfalls andersartige Verbindlichkeit"[234] auf. Dass dies nicht zutrifft, wurde oben bereits gezeigt.[235] Doch selbst wenn dies anders wäre, ließe sich der Überführung der prinzipientheoretischen Normkategorien ins Völkerrecht diese mit Prinzipien möglicherweise verbundene Relativierung rechtlicher Normativität nicht entgegenhalten. Denn erneut gilt: Die Normkategorien selbst beeinflussen nicht den Gehalt einer Norm, auch nicht deren Normativität. Das Sollen einer Norm wird nicht deshalb zu einem idealen Sollen, weil sie Prinzipiencharakter besitzt. Es verhält sich auch hier umgekehrt: Eine Norm ist als Prinzip zu verstehen, weil sie kein reales sondern ein ideales Sollen normiert. Das prinzipientheoretische Begriffsinstrumentarium verhält sich zu dem Normativitätsgehalt der von ihm erfassten Normen deshalb neutral.

5. Der Naturrechtseinwand

Den Wandel des Völkerrechts weg vom rein formalistischen Voluntarismus hin zur Integration materiell-werthaltiger Elemente, den *Weil* als Ursache der völkerrechtlichen Normativitätsrelativierungen ausmacht, deutet er als Ausdruck „[of] an unexpected return to the historic

---

232 Ob sich diese andersartige Verbindlichkeit, das heißt konkret: die Differenz zwischen idealem und realem Sollen, tatsächlich als relativierte Normativität verstehen lässt, hängt wesentlich davon ab, was unter Normativität zu verstehen ist. Denn im Geltungsmodus unterscheiden sich Regeln und Prinzipien nicht, vgl. dazu schon oben S. 170 ff. Zum Konzept rechtlicher Normativität etwa *P. Stemmer*, Normativität, 2008, §§ 8 ff.

233 *C. Erben*, Das Vorsorgegebot im Völkerrecht, 2005, S. 45; a.A. *M. Kaltenborn*, Entwicklungsvölkerrecht und Neugestaltung der internationalen Ordnung, 1998, S. 121, 124.

234 *U. Beyerlin*, in: FS Steinberger, 2002, S. 31 (60).

235 Siehe S. 163 ff.

sources of international law: to ‚irreducible natural law'".[236] Dem positivistischen Mainstream[237] der Völkerrechtswissenschaft gegenüber muss eine solche Entwicklung rechtfertigungsbedürftig und aus epistemologischen Gründen problematisch erscheinen. Die Prinzipientheorie scheint ihr hingegen zumindest teilweise wohlgesonnen. So besteht etwa *Dworkin* darauf, „daß Prinzipien nicht mit der positivistischen Theorie vereinbar sind",[238] denn deren Existenz beweise, dass die positivistische Trennung von Recht und Moral aufzugeben sei.[239] Und auch die von *Alexy* konstatierte Nähe von Prinzipien- und Werttheorie könnte zu einer antipositivistischen Lesart der ersteren verleiten.[240] Genau das gibt schließlich Anlass zu einem fünften Einwand gegen die Übertragung der prinzipientheoretischen Grundunterscheidung von Rechtsregeln und Rechtsprinzipien auf das Völkerrecht: Als auf Ideale bezogene Erfüllungsgebote sind Prinzipien wertaffine Normen; sie verbinden Recht und Moral, indem sie moralischen Werten Eingang ins Recht verschaffen.[241] Ein Völkerrechtsverständnis, das sich auf sie stützt, kommt deshalb nicht ohne naturrechtliche Implikationen aus. Die Übertragung der Regel-Prinzipien-Unterscheidung auf das Völkerrecht lässt damit, so jedenfalls die denkbare Kritik, einen jeden rechtspositivistischen Grundansatz unhaltbar erscheinen und öffnet sich für die bekannten Schwächen der naturrechtlichen Methode.

Der Prinzipientheorie geschieht in diesem Einwand gleich in mehrerlei Hinsicht Unrecht. Zuzugeben ist ihm allein, dass Prinzipien in Werten

---

[236] *P. Weil*, AJIL 77 (1983), S. 413 (422 f.); für eine ähnliche Einschätzung aus anderem Anlass vgl. auch *M. Koskenniemi*, Modern L. Rev. 65 (2002), S. 159: „general turn to ethics".

[237] *S. Kadelbach/T. Kleinlein*, GYIL 50 (2007), S. 303 (306); ebenso *R. Dworkin*, Philosophy & Public Affairs 41 (2013), S. 2 (5).

[238] *R. Dworkin*, Bürgerrechte ernstgenommen, 1984, S. 77; gemeint ist die positivistische Theorie *Harts*, konkret dessen These, „daß es in jedem Rechtssystem einen letzten Test dafür gibt, ob etwas bindendes Recht ist" (ebd.). Mit Einschränkungen zustimmend auch *R. Dreier*, in: ders., Recht – Staat – Vernunft, S. 95 (105, 107).

[239] *R. Dworkin*, Bürgerrechte ernstgenommen, 1984, S. 88; vgl. auch *A. Heinold*, Die Prinzipientheorie bei Ronald Dworkin und Robert Alexy, 2011, S. 96, der die Trennung von Recht und Moral nach *Dworkin* für „illusorisch" hält.

[240] Zur Nähe von Werttheorie und Naturrecht siehe etwa *S. Kadelbach/T. Kleinlein*, GYIL 50 (2007), S. 303 (333).

[241] *S. Besson*, in: dies./P. Pichonnaz (Hrsg.), Les principes en droit européen – Principles in European Law, 2011, S. 19 (30, 47, 64).

gründen, jene folglich diesen im Bereich des Rechts Ausdruck verleihen. Erstens jedoch impliziert das mitnichten eine notwendige Verbindung von Recht und Moral, wie sie naturrechtlichen Ansätzen typischerweise eignet.[242] Und zweitens stellt auch die Übertragung der Regel-Prinzipien-Unterscheidung auf das Völkerrecht nicht die Möglichkeit in Frage, Recht von Nicht-Recht zu unterscheiden. Denn das prinzipientheoretische Regel-Prinzipien-Schema will lediglich bestehende Rechtsnormen kategorisieren und verstehen helfen. Was nicht bereits Recht ist, beansprucht es weder zu Rechtsgeltung zu erheben noch zu erfassen. Seine Kriterien betreffen lediglich die Normstruktur, nicht die Normgeltung als Recht. Mit dieser Eingrenzung aber soll auch hier lediglich als Rechtsprinzip berücksichtigt werden, was nach den Geltungsbedingungen der jeweiligen Rechtsordnung Teil des Rechts ist. Den Naturrechtsvorwurf lässt das ins Leere gehen, denn entgegen *Dworkin* macht die Anerkennung von prinzipienhaften Normen die Abgrenzung der „limits of law" damit weder überflüssig noch unmöglich.[243]

6. *Zwischenergebnis*

Als rechtstheoretische Kategorien dienen die Konzepte Rechtsregel und Rechtsprinzip dazu, das bestehende Recht, wie es ist, erfassbar und erklärbar zu machen. Sie decken Normstrukturen auf, ohne die Normen selbst zu modifizieren. Hauptsächlich dieser beschränkte Anspruch der prinzipientheoretischen Grundkategorien ist es, der sie gegen die geschilderten Einwände immunisiert. Die Unterscheidung zwischen Rechtsregeln und Rechtsprinzipien lässt sich daher auch auf das Völkerrecht übertragen.[244]

---

[242] Vgl. *M. Jestaedt*, in: FS Isensee, 2007, S. 253 (262); *N. Petersen*, AVR 46 (2008), S. 502 (512 f.).

[243] *J. Raz*, Yale L. J. 81 (1972), S. 823 (824, 842 ff.); vgl. zur *Rechts*geltung von Prinzipien auch *J.-R. Sieckmann*, Recht als normatives System, 2009, S. 130 ff.

[244] *S. Kadelbach/T. Kleinlein*, AVR 44 (2006), S. 235 (262 in Fn. 116); *T. Kleinlein*, Konstitutionalisierung im Völkerrecht, 2012, S. 663.

III. Einwände gegen die Übertragbarkeit des Schichtenbau-Modells der Rechtsordnung

Voraussetzungsvoller als die Unterscheidung logisch differenter Normkategorien erscheinen das oben verfochtene Erklärungsmodell eines Schichtenbaus der Rechtsordnung und die diesem zugrundeliegende Inversionsthese. In Umkehr des *Alexy*'schen Kollisionsgesetzes rekonstruiert sie Regeln als Ergebnisse von Abwägungen, in die als Abwägungsgegenstände jedenfalls die Rechtsprinzipien eingestellt werden, die die rechtsetzende Instanz im Rahmen der Rechtsetzung binden.[245] Wie bereits gesehen, geht sie aus der Anerkennung der prinzipientheoretischen Grundaxiome keinesfalls zwingend hervor. Auch über ihre Adäquanz für das Völkerrecht ist mit der Übertragbarkeit der Regel-Prinzipien-Unterscheidung daher noch nicht entschieden.

Und so könnten insbesondere zwei Spezifika völkerrechtlicher Rechtsetzung eine Inversion des Kollisionsgesetzes im internationalen Recht in Frage stellen. Erstens fehlen anders als im Rahmen nationaler Rechtsordnungen zentralisierte Rechtsetzungsformen auf zwischenstaatlicher Ebene weitgehend. Normkreation erfolgt hier im Wege völkerrechtlicher Vertragsschlüsse, durch die Ausbildung von Völkergewohnheitsrecht und durch die Anerkennung allgemeiner Rechtsgrundsätze. An der Plausibilität der Annahme, eine jede Regel lasse sich als Abwägungsergebnis einer Prinzipienkollision rekonstruieren, lässt das zweifeln. Denn ist es nicht vor allem der parlamentarische Beratungsprozess, in dem Abwägungen stattfinden? Bedarf es nicht eines zentralisierten Rechtsetzungsverfahrens, um von einer Abwägung im Rechtsetzungsvorgang sprechen zu können, und verliert damit der prinzipienbasierte Rekonstruktionsversuch für das Völkerrecht nicht an Überzeugungskraft? Die Antwort lautet: Nein, die Inversionsthese hat auch unter diesen veränderten institutionellen Voraussetzungen Bestand, und das vor allem aus einem Grund: Auch die dezentralen Rechtsetzungsverfahren des Völkerrechts beinhalten Abwägungsvorgänge. Das lässt sich leicht verdeutlichen. In einem allgemeinen Sinne beschreibt der Begriff Abwägung einen Vorgang, in dem Gründe für und gegen eine Entscheidung gewichtet und zueinander in Verhältnis gesetzt werden; ein Vorgang, der einem jeden Handeln vorangeht.[246] Unbestrittener Teil der dabei konkurrierenden Gründe sind die für den Abwä-

---

245 Siehe S. 199 ff.

246 Vgl. etwa *J. Nida-Rümelin*, Strukturelle Rationalität, 2001, S. 12 f., 74 f., 77 f.

genden verbindlichen Normen.[247] Hierzu zählen auch die ihn bindenden Rechtsprinzipien. Sie fungieren folglich überall dort als Abwägungsgegenstände und normative Entscheidungsgründe, wo der von ihnen Gebundene eine (Handlungs-)Entscheidung trifft, die in ihren Anwendungsbereich fällt. Für die Rekonstruktion von Regeln im Lichte der ihnen als normative Gründe zugrundeliegenden Prinzipien bedeutet das: Nicht das Bestehen zentralisierter Rechtsetzungsverfahren, vielmehr die Verknüpfung der Rechtsetzung mit einem irgendwie gearteten Handeln der an Rechtsprinzipien gebundenen Normerzeuger ist die entscheidende Plausibilitätsbedingung der Inversionsthese. Das macht deutlich, dass sie auch im Völkerrecht ihren Platz hat. Denn ob im Falle völkerrechtlicher Verträge, des Völkergewohnheitsrechts oder allgemeiner Rechtsgrundsätze, gemeinsamer Anknüpfungspunkt der völkerrechtlichen Rechtsquellen ist stets ein irgendwie geartetes Staatshandeln – und sei es bloß das Unterlassen eines Widerspruchs (im Falle des Völkergewohnheitsrechts) oder ein Akt innerstaatlicher Gesetzgebung (im Falle allgemeiner Rechtsgrundsätze). Geht aber Handeln mit Abwägen einher, so geht auch völkerrechtlichen Rechtsetzungsakten regelmäßig eine Abwägung voraus.

Dass auch in den Rechtsetzungsformen des Völkerrechts tatsächlich Abwägungen stattfinden, macht die Übertragung der Inversionsthese plausibel, genügt für ihre Begründung indes nicht. Denn ihre Berechtigung setzt voraus, dass Gegenstand dieser Abwägungen auch Rechtsprinzipien sind, die den Rechtsetzer binden. Im Rahmen des Rechtsetzungsprozesses verbindliche Rechtsprinzipien, so ließe sich gegen die völkerrechtliche Inversionsthese deshalb zweitens vorbringen, könne das Völkerrecht nicht ausbilden. Denn angesichts der Tatsache, dass die Rechtsetzungsregeln des Völkerrechts dem staatlichen Konsens nicht nur rechtsbegründende, sondern auch rechtsaufhebende Wirkung zumessen,[248] bleibe letztlich jede völkerrechtliche Norm dispositives Recht. Mit bestehendem Recht unvereinbare Rechtsakte begründeten daher nicht nur neues Recht, sondern bedingten das alte, entgegenstehende Recht zugleich ab. Eindeutig jedoch hat dieses Argument eine zu einfache Konstellation vor Augen. Es übersieht dabei, dass Rechtset-

---

[247] Das gilt im Ergebnis selbst für Anhänger eines Rational Choice-Ansatzes. Eigentlicher Grund bildet für sie zwar nicht die Normgeltung selbst, sondern die Angst vor interessenschädlichen Folgen einer Normverletzung. Ohne Norm ist diese aber nicht denkbar. Vgl. *J. L. Goldsmith/E. A. Posner*, The Limits of International Law, 2005, S. 100 f.

[248] Siehe z.B. Art. 54 lit. b) WVK.

zungsentscheidungen bereits dann rechtlich gebunden sind, wenn aufgrund erhöhter rechtlicher Anforderungen an die Änderung bestimmter Normen diese sich für den Erlass des fraglichen Rechtsakts als indisponibel erweisen.[249] Eine derart verstärkte Geltungskraft besitzen etwa das *ius cogens* und die Normen *erga omnes*, aber selbst universale beziehungsweise multilaterale völkerrechtliche Verträge sind jedenfalls dann, wenn sie integrale Verpflichtungen enthalten, schon deshalb nur schwer abänderbar, weil von ihnen nur im Konsens aller Mitgliedstaaten abgewichen werden kann, nachfolgende Rechtsetzungsakte aber oft nur einen Teil dieser Staaten einschließen werden.[250] Auch im Falle allgemeiner Rechtsgrundsätze oder des Völkergewohnheitsrechts genügt ein Zuwiderhandeln nicht, um den rechtskonstitutiven Konsens aufzukündigen. Es scheint daher ohne weiteres denkbar, dass auch die völkerrechtliche Rechtsetzung an bestimmte Rechtsprinzipien gebunden ist, die eben deshalb notwendige normative Gründe der von den Staaten gesetzten Regeln darstellen. Und so erstaunt es schließlich auch nicht, dass selbst der IGH gelegentlich – wenngleich meist ohne Abwägungsstrukturen zu erkennen zu geben – Begründungsrelationen zwischen Prinzipien und Regeln andeutet und somit das Schichtenbau-Modell bestätigt. Dass etwa die Rücknahme eines Vorbehalts zu einem völkerrechtlichen Vertrag erst dann wirksam wird, wenn die übrigen Vertragsparteien eine entsprechende Notifikation erhalten haben, sei, so der Gerichtshof in einer jüngeren Entscheidung, „a *rule* of international

---

[249] Ein Blick auf das deutsche Verfassungsrecht fördert ein vergleichbares Bild zu Tage. So bindet das nicht von der Ewigkeitsklausel des Art. 79 Abs. 3 GG erfasste „einfache Verfassungsrecht" den einfachen Gesetzgeber grundsätzlich bei dessen Tätigkeit. Doch sofern entsprechende Mehrheiten erreicht werden (und gewisse Formerfordernisse eingehalten werden), wird auch das einfache Verfassungsrecht verfügbar. Auch die Bestimmungen des deutschen Rechts kennen daher unterschiedliche Grade der Änderungsfestigkeit.

[250] Vgl. Art. 41 Abs. 1 lit. b Nr. i WVK sowie unten Kapitel 4, A. IV. 1. b) aa) (1). Siehe zur Unterscheidung von integralen und nicht-integralen Verpflichtungen *K. Odendahl*, in: O. Dörr/K. Schmalenbach (Hrsg.), Vienna Convention on the Law of Treaties, 2012, Art. 41 Rdn. 18; *A. Orakhelashvili*, in: O. Corten/P. Klein (Hrsg.), The Vienna Contenion on the Law of Treaties. A Commentary, 2011, Art. 30 Rdn. 34 ff.; *J. Pauwelyn*, AJIL 95 (2001), S. 535 (549); *ders.*, Conflict of Norms in Public International Law, 2003, S. 52 ff.; *K. Sachariew*, NILR 35 (1988), S. 273 (276 ff.); ähnlich auch *L.-A. Sicilianos*, EJIL 13 (2002), S. 1127 (1132 ff.).

law, deriving from the *principle* of legal security".[251] Und in ähnlicher Weise führt er auch in seiner Jurisdictional Immunities-Entscheidung aus, die „*rule* of State immunity [...] derives from the *principle* of sovereign equality of States".[252]

Die strukturellen Besonderheiten der Völkerrechtsordnung jedenfalls stehen der Übertragung der Inversionsthese auf das Völkerrecht folglich nicht entgegen.

D. Ergebnis

Rechtsprinzipien sind abwägungsfähige und im Konfliktfall abwägungsbedürftige Rechtsnormen. Von Rechtsregeln unterscheiden sie sich aufgrund ihrer normstrukturellen Charakteristika kategorial. Sie gebieten die Verwirklichung abstufbarer, nicht auf die tatsächlichen und rechtlichen Möglichkeiten beschränkter Ideale, allerdings lediglich in Form eines idealen Sollens, eines Sollens also, das von allem abstrahiert, das ihm entgegenstehen könnte. Dieser ideale Gebotscharakter macht sie zu *pro-tanto*-Gründen im juristischen Diskurs. Funktional betrachtet werden sie so zu Argumenten, die im Rahmen von Rechtsgewinnungsprozessen – sei es Rechtsetzung oder Rechtsprechung – stets für diejenige Entscheidung ins Gewicht fallen, die dem Gebot des Rechtsprinzips Ausdruck verleiht. Der Weg vom rechtsprinzipiellen idealen Sollen zur konkreten juristischen Entscheidung führt dabei allerdings stets über den Zwischenschritt eines rechtsregelförmigen realen Sollens. Prinzipien anzuwenden, bedeutet folglich zugleich, Regeln zu bilden. Dasjenige, wofür Prinzipien Gründe sind, sind demnach zu allererst Regeln. Mit der hier vertretenen Inversionsthese lässt sich genau diese Begründungsrelation verallgemeinern. Regeln rekonstruiert sie stets als Ergebnisse von Abwägungen, in die als Abwägungsgegenstände jedenfalls die Rechtsprinzipien eingestellt werden, die die entscheidende Instanz im Rahmen der Rechtsgewinnung binden. Einer jeden Regel liegen demnach Prinzipien zugrunde. Die Rechtsordnung im Gesamten ist demnach angemessen nur als Schichtenbau aus rechtsprinzipienbasierter Tiefenstruktur und rechtsregelförmiger Oberflächenstruktur zu er-

---

[251] IGH, *Armed Activities (New Application: 2002)*, Jurisdiction and Admissibility, ICJ Rep 2006, S. 6 (23) (eigene Hervorhebung).

[252] IGH, *Jurisdictional Immunities of the State*, ICJ Rep 2012, S. 99 (123) (eigene Hervorhebung).

fassen. Für die Erfassung von Rechtsentwicklungen jenseits förmlicher Rechtsänderungen bildet dieses Modell aus zwei Gründen eine jedenfalls potentiell tragfähige Basis: Es ist einheitsstiftendes Erklärungsmodell und Instrument normativer Rechtsfortbildung zugleich. Denn erstens lassen sich in ihm mehrere gleichartige oder artverwandte Rechtsregelveränderungen als Folge einer einzigen Veränderung auf Prinzipienebene konzeptualisieren. Zweitens stellt die Fokussierung auf Prinzipien des Rechts einen innerrechtlichten Grund der Rechtsregelveränderungen in den Vordergrund, der möglicherweise auch jenseits der bereits bemerkten Entwicklungen Modifikationen auf Ebene der Rechtsregeln rechtfertigen oder gar erforderlich machen kann.

Diese Einsichten haben schließlich auch im Völkerrecht ihren Platz. Weder der Unterscheidung von Rechtsregeln und Rechtsprinzipien noch der prinzipientheoretischen Inversionsthese stehen die Eigenheiten der Völkerrechtsordnung entgegen.

Kapitel 3

Dogmatische Grundlagen: Die Rechtsquellen völkerrechtlicher Prinzipien und die Veränderungen ihres Bestands

Die Vorüberlegungen, auf deren Grundlage sich die Einzelerscheinungen des völkerrechtlichen Strukturwandels in rechtstheoretischer Hinsicht als beispielhafte Ausprägungen eines tieferliegenden Prinzipienwandels deuten lassen, sind mit dem Entwurf des prinzipientheoretischen Schichtenbau-Modells der Rechtsordnung geleistet. Zu überzeugen vermag die „Strukturwandel als Prinzipienwandel"-These indes erst dann, wenn sie nicht nur rechtstheoretisch – also im Hinblick auf die Strukturen der Rechtsordnung – möglich erscheint, sondern daneben auch rechtsdogmatisch – also hinsichtlich der konkreten Inhalte der Rechtsordnung[1] – schlüssig zu begründen ist. So steht und fällt sie mit der ihr impliziten Behauptung einer Evolution der Prinzipien des positiven Völkerrechts: Die im ersten Kapitel betrachteten Einzelphänomene völkerrechtlichen Strukturwandels lassen sich mit Hilfe des im zweiten Kapitel dargelegten Schichtenbau-Modells der Rechtsordnung nur dann als Konsequenz einer veränderten Prinzipienstruktur begreifen, wenn das Völkerrecht erstens tatsächlich über Normen verfügt, die im rechtstheoretischen Sinne als Prinzipien zu qualifizieren sind und sich diese Prinzipienschicht des Völkerrechts zweitens auch tatsächlich ge-

---

[1] Vgl. zur Dogmatik als rechtsinhaltsbezogene Disziplin etwa *W. Hassemer*, in: G. Kirchhof/S. Magen/K. Schneider, Was weiß Dogmatik?, 2012, S. 3 (8); *dens.*, Rechtstheorie 39 (2008), S. 1 (15). Dass der im Folgenden unternommene Nachweis von (neuen) Rechtsprinzipien dem Bereich der Dogmatik zuzuschlagen ist, zeigt auch die Definition bei *R. Alexy*, Theorie der juristischen Argumentation, 7. Aufl. 2012, S. 307 ff., nach der dogmatisch unter anderem verfährt, wer „eine Interpretation einer Norm oder eine neue Norm oder ein neues Institut vorschlägt" (ebd., S. 309); siehe auch *M. Goldmann*, Der Staat 53 (2014), S. 373 (378). Im Einzelnen ist die Definition dessen, was unter Rechtsdogmatik zu verstehen ist, indes stark umstritten; einen knappen Überblick über den Diskussionsstand in der Literatur bietet etwa *C. Waldhoff*, in: G. Kirchhof/S. Magen/K. Schneider, Was weiß Dogmatik?, 2012, S. 17 (21 ff.).

J. Rauber, *Strukturwandel als Prinzipienwandel*, Beiträge zum ausländischen öffentlichen Recht und Völkerrecht, https://doi.org/10.1007/978-3-662-55471-5_4

wandelt hat. Ohne Prinzipienwandel, gar ohne Prinzipien, ginge auch die These selbst ins Leere.

Die im folgenden Kapitel anzustellenden Überlegungen nehmen sich dieser zweifachen Vorbedingung an. Sie sollen zum einen erweisen, dass das Völkerrecht prinzipienhafte Normen enthält, zum anderen, dass deren Bestand sich im Laufe der Entwicklung des Völkerrechts verändert. Die Suche nach Rechtsprinzipien im Koexistenzvölkerrecht einerseits (dazu B.), im „neuen", d.h. kommunitären bzw. konstitutionellen Völkerrecht andererseits (dazu C.) hilft ersteres, der vergleichende Blick auf die Fundstücke vermag zweiteres (dazu D.) zu belegen. Die folgenden Vorüberlegungen rekapitulieren und konkretisieren dafür zunächst die Anforderungen an die gesuchten Prinzipien und skizzieren damit zugleich die Kriterien, die deren Nachweis erfüllen muss (dazu A.).

A. Vorüberlegungen: Anforderungen an die gesuchten Prinzipien

Die Rekonstruktion strukturrelevanter völkerrechtlicher Regelveränderungen im Lichte eines diesen Veränderungen zugrundeliegenden Wandels völkerrechtlicher Prinzipien setzt nicht lediglich voraus, dass das Völkerrecht Prinzipien enthält, deren Bestand sich wandelt. Sie erfordert genauer, dass es sich bei diesen sich wandelnden Prinzipien eben um solche Prinzipien handelt, in deren Lichte die völkerrechtlichen Regeln rekonstruiert werden können. Wie die obige Inversionsthese zeigt, ist das nur für Rechtsprinzipien der Fall, die die rechtsetzende Instanz auch im Rahmen der Rechtsetzung binden.[2] An die im Rahmen des hier vorgeschlagenen Modells auszuweisenden Grundprinzipien stellt sich somit eine dreifache Anforderung: Sie müssen erstens normstrukturell Prinzipiencharakter besitzen (dazu I.), zweitens normkategorial als Prinzipien des Rechts ausweisbar sein (dazu II.) und ihre Verbindlichkeit muss sich drittens auch auf den Rechtsetzungsvorgang erstrecken (dazu III.).[3] Nur Prinzipien, die diesen drei Anforderungen genügen, können zur Begründung der Strukturwandel als Prinzipienwandel-These herangezogen werden. Sie gilt es daher im Folgenden kurz zu rekapitulieren und – wo möglich und erforderlich – bereits losgelöst von der Frage nach bestimmten Prinzipiennormen zu konkretisieren.

---

2 Siehe oben S. 199 ff.

3 Siehe aus rechtstheoretischer Sicht dazu bereits oben S. 202.

I. Normstrukturelle Anforderungen: Völkerrechtliche Prinzipien als Rechts*prinzipien*

Die gesuchten völkerrechtlichen Normen müssen sich demnach erstens im rechtstheoretischen Sinne als Prinzipien erweisen. Bei der Konkretisierung der damit angesprochenen normstrukturellen Anforderungen lässt sich an die Überlegungen des vorangegangenen Kapitels anknüpfen: Rechtsprinzipien sind Normen, die in inhaltlicher Hinsicht Ideale beschreiben, deren Erfüllung sie allerdings nur idealiter, d.h. „nur unter der Bedingung, daß man von allem absieht oder abstrahiert, was dem entgegenstehen könnte“[4], gebieten. Von Rechtsregeln unterscheiden sie sich folglich sowohl auf Ebene des Norminhalts als auch in ihrer deontischen Modalität.[5]

Beides lässt sich einer Norm erst durch Interpretation im Einzelfall entnehmen. Der Bezeichnung als Prinzip oder Grundsatz, als *principle* oder *principe* dürfte dabei eine allenfalls schwache Indizwirkung zukommen.[6] Bereits die Mehrdeutigkeit des Prinzipienbegriffs, gerade auch im juristischen Kontext, lässt valide Schlüsse auf die Struktur einer als Prinzip bezeichneten Norm nicht zu. Entscheidend dürfte hingegen der Text der Norm bzw. der die Norm stützenden Rechtsüberzeugungsbekundungen sein. Lässt dieser darauf schließen, dass die Norm zum Schutz eines graduell erfüllbaren Rechtsgutes verpflichtet, und lässt er klare, abschließend formulierte Beschränkungen oder Ausnahmen nicht erkennen, so spricht in der Tat bereits aus systematischen Gründen eine Vermutung dafür, dass die fragliche Norm auch strukturell Prinzipiencharakter besitzt. Denn gebietet eine Rechtsordnung den Schutz mehrerer abstufbar realisierbarer Rechtsgüter, ohne deren Verhältnis dabei durch klar definierte Schranken oder Ausnahmen abstrakt zu normieren, so ist jedenfalls dann, wenn die Existenz von Kollisionsbereichen der geschützten Rechtsgüter nicht ausgeschlossen werden kann, anzunehmen, dass die im Einzelfall erforderliche Abgrenzung der Normbereiche auch unter Berücksichtigung der Umstände des Einzelfalls erfolgen soll. Die einzige Alternative hierzu wäre die Bildung einer für alle Fälle verbindlichen Rechtsgüterhierarchie, die Kollisionen trotz

---

4 *R. Alexy*, in: L. Clérico/J.-R. Sieckmann (Hrsg.), Grundrechte, Prinzipien und Argumentation, 2009, S. 21 (23).

5 Siehe oben S. 164 ff., 175 ff.

6 Anders *H. Henninger*, Menschenrechte und Frieden als Rechtsprinzipien des Völkerrechts, 2013, S. 237: „Vermutungswirkung“.

gradueller Erfüllbarkeit stets nach dem abstrakten Kriterium des höheren Ranges und folglich in jedem Fall identisch auflöste – eine angesichts der Vielzahl potentieller Kollisionslagen wenig plausible Lösung, gegen die jedenfalls dann, wenn die fraglichen Normen Ausnahme- und Schrankenvorschriften nicht enthalten, nicht zuletzt das Argument spricht, dass sich solche im Falle einer klaren hierarchischen Rechtsgüterordnung leicht hätten normieren lassen. Eine Norm, die den Schutz eines Rechtsguts gebietet, ohne dies durch das Ver- oder Gebot bestimmter Verhaltensformen zu konkretisieren, besitzt, so lässt sich folglich vermuten, Prinzipiencharakter. Diese Vermutung dürfte dann zur Gewissheit erstarken, wenn sich eine entsprechend abwägende Auflösung von Kollisionslagen bereits in der Praxis der rechtsanwendenden Staaten oder gar in gerichtlichen Entscheidungen zeigt (vgl. Art. 31 Abs. 3 lit. b WVK) oder aber in der Wissenschaft übereinstimmend Anklang findet (vgl. Art. 38 Abs. 1 lit. d IGH-Statut).

II. Normkategoriale Anforderungen: Völkerrechtliche Prinzipien als *Rechts*prinzipien

Aus zwei Gründen müssen die gesuchten völkerrechtlichen Prinzipien zudem in normkategorialer Hinsicht Prinzipien des Rechts sein, also dem Bestand völker*rechtlicher*, nicht lediglich völker*moralischer* oder -*sittlicher* Normen angehören. Der erste dieser Gründe lässt sich wie folgt formulieren: Handelte es sich bei den entstehenden Prinzipien nicht um rechtliche Normen, stünden sie – systemtheoretisch gesprochen – zu den Regeln, deren Veränderungen durch sie erst erklärbar werden sollen, in einer System-Umwelt-Beziehung. Eine unmittelbare Einwirkung auf bestehende Rechtsregeln wäre den außerrechtlichen Prinzipien damit versperrt. Erst ihr Rechtscharakter eröffnet die Möglichkeit für eine unvermittelte Einwirkung auf bestehende Völkerrechtsregeln; und erst er macht folglich verständlich, wie neu entstehende Prinzipien Veränderungen bestehender Rechtsregeln rekonstruktiv erklären können.[7]

---

[7] Vgl. dazu die Ausführungen von *A. Orakhelashvili*, The Interpretation of Acts and Rules in International Public Law, 2008, S. 105 ff., der zeigt, dass „non-law" in der Rechtsprechungspraxis auf die Auslegung völkerrechtlicher Normen allenfalls geringen Einfluss hat. Den Grund hierfür sieht er darin, dass staatliche Verpflichtungen anderenfalls durch Elemente beeinflusst würden, die sich nicht auf den Konsens der Staaten stützen können.

Der zweite Grund für die Fokussierung auf rechtliche Prinzipien findet sich bereits in den obigen rechtstheoretischen Überlegungen: Zwar fungieren Prinzipien bereits aufgrund ihrer bloßen Normstruktur als Regelgründe, erst ihre Verbindlichkeit als Rechtsprinzipien jedoch lässt sie zu notwendigen normativen Gründen erstarken – zu Gründen, in deren Lichte sich bestehende Völkerrechtsregeln selbst dann rekonstruieren lassen, wenn ihnen für den Rechtserzeugungsakt keine explanatorische Bedeutung zukommt.[8] Soll – wie hier – eine Regelveränderung durch Veränderungen auf Prinzipienebene verständlich gemacht werden, die der Inkraftsetzung der ursprünglichen Regel nachfolgen, kann den veränderungsbedingenden neu hinzutretenden Prinzipien eine solche explanatorische Bedeutung aber gerade nicht zukommen.

Die gesuchten völkerrechtlichen Grundprinzipien müssen folglich solche des Rechts sein. Doch wo liegt die Schwelle rechtlicher Normativität im Völkerrecht? Welche Kriterien muss eine Norm erfüllen, um als völker*rechtliche* zu gelten?

1. Die Schwelle rechtlicher Normativität im Völkerrecht

Der Kanon der Antworten, mit denen sich die gegenwärtige Völkerrechtswissenschaft in der Frage nach den für die Rechtsqualität einer Norm maßgeblichen Kriterien positioniert, ist breit gefächert: Er umfasst rechtspositivistische (dazu lit. a) ebenso wie naturrechtliche Ansätze (dazu lit. b), erstreckt sich auf rechtsrealistische (dazu lit. c) und post-positivistische Theorien (dazu lit. d) gleichermaßen. In der Absicht, auch weiche Regelungsinstrumente (*soft law*) als Recht erfassen zu können, die zwar keine formelle Rechtsbindung begründen, aber eine verbindlichen Rechtsnormen vergleichbare verhaltenssteuernde Wirkung aufweisen, entdecken viele dieser Theorien Recht auch jenseits des klassischen Rechtsquellenkanons.[9] Konsentierte Kriterien, die die Suche rechtlicher Normen verlässlich anleiten könnten, haben sich dabei indes noch nicht herauskristallisiert (dazu lit. e).

---

8 Siehe oben S. 202 f.

9 Einen recht knappen Überblick bietet *J. Pauwelyn*, in: ders./R. Wessel/J. Wouters (Hrsg.), Informal International Lawmaking, 2012, S. 125 (131 ff.).

a) Rechtspositivistische Theorien: Die Suche nach der völkerrechtlichen *rule of recognition*

Die rechtspositivistische Völkerrechtstheorie steht heute überwiegend in der Tradition *H.L.A. Harts.*[10] Entsprechend bedient sie sich zur Identifikation von Normen mit Rechtsqualität einer Meta-Regel:

> „If the rule meets the criteria contained in the rule of recognition of positive rules of law, it is a legal rule; if not, then it is not."[11]

Diese Erkenntnisregel enthält die Kriterien, mit denen eine Rechtsordnung Rechtsnormen von anderen, nicht-rechtlichen Normen unterscheidet. Dem Bestand (völker-)rechtlicher Normen gehört eine Norm demnach genau dann an, wenn sie selbst den Bedingungen der *rule of recognition* genügt oder sich ihre Setzung auf Normen zurückführen lässt, die die Erkenntnisregel ihrerseits als Rechtsnormen ausweist. Mit diesem Regress auf eine den Stufenbau der Rechtsordnung abschließende, ultimative Erkenntnisregel bestimmt im rechtspositivistischen Modell letztlich die Herkunft einer Norm über deren Rechtlichkeit; die Zuordnung zu oder Rückführbarkeit auf eine anerkannte Rechtsquelle markiert die Grenze zwischen rechtlichen und nicht-rechtlichen Normen.[12] *Harts* Erkenntnisregel selbst ist dabei weder eine gesatzte Regel, noch – wie im Modell *Kelsens* – ein bloßes Axiom. Stattdessen zeigt sie sich „in the general practice, on the part of officials or private persons, of identifying rules by this criterion"[13] und beruht somit auf ihrer fakti-

---

[10] An *Hart* knüpfen etwa an *S. Besson*, in: dies./J. Tasioulas (Hrsg.), The Philosophy of International Law, 2010, S. 163 (178 ff.); *J. d'Aspremont*, RGDIP 113 (2009), S. 635; *ders.*, Formalism and the Sources of International Law, 2011, *passim*, insbes. S. 195 ff.; *J. Ellis*, LJIL 25 (2012), S. 313 (313 f.; 318); *B. Kingsbury*, EJIL 20 (2009), S. 23; *D. Lefkowitz*, in: S. Besson/J. Tasioulas (Hrsg.), The Philosophy of International Law, 2010, S. 187 (196 ff.); *M. Payandeh*, EJIL 21 (2010), S. 967 (977 ff.); *G. J. H. van Hoof*, Rethinking the Sources of International Law, 1983, S. 44 ff., insbes. S. 53 ff.; Theorien in Anlehnung an *Kelsen* finden sich hingegen insbesondere bei *J. Kammerhofer*, Int'l Legal Theory 12 (2007), S. 5; *ders.*, LJIL 22 (2009), S. 225; *ders.*, Uncertainty in International Law. A Kelsenian perspective, 2011; *ders.*, in: J. d'Aspremont/J. Kammerhofer, International Legal Positivism in a Post-Modern World, 2014, S. 81; siehe auch *A. Somek*, EJIL 18 (2007), S. 409; *T. Altwicker*, ZRPh 10 (2012), S. 46; einige Vorzüge der Theorie *Harts* gegenüber derjenigen *Kelsens* im Hinblick auf das Völkerrecht macht *J. d'Aspremont*, RGDIP 113 (2009), S. 635 (647 ff.) aus.

[11] *J. Ellis*, LJIL 25 (2012), S. 313 (318).

[12] *R. Dworkin*, Bürgerrechte ernstgenommen, 1984, S. 47.

[13] *H. L. A. Hart*, The Concept of Law, 2. Aufl. 1994, S. 101.

schen Anerkennung. Sie ist eine regelförmige soziologische Beschreibung der Kriterien, auf die Rechtsanwender zur verbindlichen Feststellung von Rechtsnormen zurückgreifen.

Hart selbst war der Meinung, im internationalen Bereich seien nach diesen Maßstäben rechtliche Normen nicht auszumachen, denn

> „international law not only lacks the secondary rules of change and adjudication which provide for legislature and courts, but also a unifying rule of recognition specifying ‚sources' of law and providing general criteria for the identification of its rules." [14]

Nach Unterstützern dieser Diagnose sucht man – obwohl das Bekenntnis zum Rechtspositivismus derzeit die vorherrschende Position sein dürfte[15] – in der gegenwärtigen Völkerrechtstheorie vergeblich.[16] Stattdessen hat in der Frage nach der Erkenntnisregel des Völkerrechts heute ganz überwiegend der Verweis auf Art. 38 Abs. 1 IGH-Statut den *Hart*'schen Negativbefund abgelöst. Mit den in Art. 38 Abs. 1 IGH-Statut genannten, konkretisierend umschriebenen und ausweislich der einleitenden Formulierung ausdrücklich dem Völkerrecht zuzuordnenden Normkategorien enthält das IGH-Statut eine Auflistung von Kriterien, die es erlauben, über die Existenz einer völker*rechtlichen* Norm zu befinden; eine Auflistung, die auch in der Rechtsanwendungspraxis anerkannt wird. Nicht nur die Richter internationaler und nationaler Gerichte behandeln den Rechtsquellenkanon des Art. 38 IGH-Statut als

---

14 Ebd., S. 214, ausführlich auch ebd., S. 233 ff.

15 So etwa *B. Kingsbury*, EJIL 20 (2009), S. 23 (28): „Positivist concepts, in which the authoritative source of the norm [...] is decisive for its status as law, provide a baseline acceptability in the absence of agreement on content-based (or truth-based) criteria for determining what is law, and in the absence of an agreed political theory [...] that could support any other approach to law."; ebenso *R. Dworkin*, Philosophy & Public Affairs 41 (2013), S. 2 (5): „Positivism [...] seems to be now generally accepted by practioners and scholars of international law."

16 Kritisch oder ablehnend etwa *S. Besson*, in: dies./J. Tasioulas (Hrsg.), The Philosophy of International Law, 2010, S. 163 (180 ff.); *P.-M. Dupuy*, RdC 297 (2002), S. 9 (76 f.); *J. Ellis*, EJIL 22 (2011), S. 949 (953 in Fn. 15); *M. Payandeh*, EJIL 21 (2010), S. 967 (989 ff.); *N. Petersen*, Am. U. Int'l L. Rev. 23 (2007), S. 275 (299 in Fn. 122); *I. Scobbie*, in: M. D. Evans (Hrsg.), International Law, 3. Aufl. 2010, S. 58 (64); *G. J. H. van Hoof*, Rethinking the Sources of International Law, 1983, S. 53 ff.; *J. Waldron*, in: L. Duarte d'Almeida/J. Edwards/A. Dolcetti (Hrsg.), Reading HLA Hart's ‚The Concept of Law', 2013, S. 209 (213 ff.).

verbindlichen Maßstab für die Identifikation der Normen des Völkerrechts,[17] auch der Akzeptanz von Seiten der Staaten dürfen sich die Rechtserkenntniskriterien des Art. 38 Abs. 1 IGH-Statut – das zeigt die beinahe allgemeine Ratifikation des IGH-Statuts[18] – sicher sein.[19]

Die Kriterien, an die Art. 38 Abs. 1 IGH-Statut die Rechtsqualität einer Norm knüpft, sind indes rein formaler Natur. Nach ihnen kann jeder Inhalt Recht sein.[20] Eben dies, so meint *Benedict Kingsbury* mit Blick auf Handlungsformen des globalen Verwaltungsrechts, entspreche nicht dem völkerrechtlichen Status quo.[21] Modifizierend schlägt er daher vor, den *Hart*'schen Ausgangspunkt zwar beizubehalten, die völkerrechtliche *rule of recognition* aber um Erfordernisse der Öffentlichkeit („publicness requirements"[22]) anzureichern. An das Recht stellen diese nach *Kingsbury* den Anspruch, von der gesamten Gesellschaft hervorgebracht worden zu sein und sich Anliegen anzunehmen, die die Gesellschaft als solche betreffen.[23] Konkret müsse eine Norm bestimmten Prinzipien genügen, die jedem wahrlich öffentlichen Recht immanent seien: dem Prinzip der Rechtsbindung („legality") und der Pflicht, Entscheidungen zu begründen („rationality"), dem Grundsatz der Verhältnismäßigkeit („proportionality") sowie dem Bekenntnis zur „rule of law" und zur Achtung der Grundrechte.[24] Nur Normen, die diesen

---

[17] Vgl. *S. Besson*, in: dies./J. Tasioulas (Hrsg.), The Philosophy of International Law, 2010, S. 163 (181).

[18] Nach Art. 93 Abs. 1 UN-Charta sind alle Mitglieder der Vereinten Nationen zugleich Vertragsparteien des IGH-Statuts. Derzeit sind dies 193 Staaten, siehe https://treaties.un.org/Pages/ViewDetails.aspx?src=TREATY&mtdsg_no=I-1&chapter=1&clang=_en (geprüft am 3. August 2016).

[19] Vgl. *M. Bogdan*, Nordic J. Int'l L. 46 (1977), S. 37 (41); *G. M. Danilenko*, Law-Making in the International Community, 1993, S. 30 ff.; darauf, dass auch die Anerkennung der rechtsunterworfenen, aber zugleich rechtsanwendenden Staaten relevant ist, weist *J. d'Aspremont*, RGDIP 113 (2009), S. 635 (650) hin.

[20] Gewisse Einschränkungen ergeben sich allein aus dem Bestand zwingender Völkerrechtsnormen, siehe Art. 53 WVK.

[21] *B. Kingsbury*, EJIL 20 (2009), S. 23; vgl. auch *B. Kingsbury/M. Donaldson*, in: FS Simma, 2011, S. 79 (insbes. 86 ff.).

[22] *B. Kingsbury*, EJIL 20 (2009), S. 23 (30).

[23] Ebd., S. 31.

[24] Ebd., S. 31 f.

rechtsimmanenten Öffentlichkeitserfordernissen genügten, könnten, so *Kingsbury*, als Recht betrachtet werden.[25]

Mit dieser These setzt *Kingsbury* dem *formalen Rechtspositivismus*, dem sich die Mehrheit der Stimmen im völkerrechtlichen Schrifttum verpflichtete fühlt, einen *inklusiven Rechtspositivismus*[26] entgegen, der die Rechtlichkeit einer Völkerrechtsnorm an inhaltlich-moralische (Minimal-)Anforderungen bindet.[27] Argumentativ stützt er sich dabei jedoch – anders als es die liberale Färbung seines Prinzipienkanons vermuten ließe – keinesfalls vorrangig auf normativ-philosophische, sondern vielmehr auf komparativ-empirische Argumente.[28] Der vergleichende Blick auf die nationalen Rechtsordnungen moderner Demokratien beweise, so *Kingsbury*, dass Öffentlichkeit ein notwendiges Element des Rechtsbegriffs sei;[29] und auch die Praxis im Bereich des globalen Verwaltungsrechts attestiere den genannten Öffentlichkeitskriterien bei der Evaluation des (Rechts-)Charakters einer Norm zunehmende Bedeutung.[30]

Die Öffentlichkeitserfordernisse selbst allerdings belässt diese Analyse in einer seltsamen Schwebelage zwischen Notwendigkeit und Kontingenz – und das in gleich doppelter Hinsicht. Erstens betrifft das ihr Verhältnis zu den üblichen Rechtsquellenkriterien des Art. 38 Abs. 1 IGH-Statut. Einerseits präsentiert *Kingsbury* die Öffentlichkeitserfordernisse als zusätzliche, aber notwendige Kriterien, ohne deren Einhaltung ein Rechtssatz die Schwelle der Rechtlichkeit auch dann nicht überwinden könne, wenn er die Kriterien der klassischen Rechtsquel-

---

25 Ähnliche, ebenfalls inklusiv-positivistische Überlegungen entwickelt auch *S. Besson*, EJIL 22 (2011), S. 373 (386) im Anschluss an *J. Waldron*, EJIL 22 (2011), S. 315.

26 Zum Begriff *W. J. Waluchow*, Inclusive Legal Positivism, 1994, auf den der Begriff zurückgeht.

27 *M. Goldmann*, LJIL 25 (2012), S 335 (362); *A. Somek*, EJIL 20 (2009), S. 985 (990).

28 Das betont auch *J. Ellis*, LJIL 25 (2012), S. 313 (329). Sie übersieht jedoch, dass *Kingsbury* auf genuin normative Argumente keinesfalls ganz verzichtet. So bringt er etwa vor, es sei „normatively important to emphasize and build the (tempered) requirements of publicness in law" und weist dies als Vorzug seines Ansatzes aus, siehe *B. Kingsbury*, EJIL 20 (2009), S. 23 (55).

29 *B. Kingsbury*, EJIL 20 (2009), S. 23 (31 ff.).

30 Ebd., S. 34 ff. sowie deutlich auf S. 40 und 41 ff.

lenlehre erfülle.[31] An anderen Stellen hingegen dient ihm der Verweis auf die Einhaltung der Öffentlichkeitserfordernisse lediglich als mögliches, kompensierendes Argument: Sind sie gewahrt, vermag dies das Nichterfüllen der üblichen Rechtsquellenkriterien zu kompensieren. Bei Erfüllung der letzteren aber bleiben sie ohne Bedeutung.[32] Ohne eine exakte Bestimmung dieses Verhältnisses jedoch bleibt *Kingsburys* Neujustierung des völkerrechtlichen Rechtsbegriffs eine bloß vorläufige Tendenzaussage,[33] die für die Entscheidung im Einzelfall keine verlässliche Grundlage bietet.

In der Schwebe bleiben die Öffentlichkeitserfordernisse zweitens auch hinsichtlich ihrer rechtstheoretischen Verortung: Während *Kingsburys* induktive Analyse der Praxis unterschiedlicher internationaler Institutionen die zunehmende Anerkennung der Öffentlichkeitserfordernisse im Bereich des globalen Verwaltungsrechts ausweist und so dazu Anlass gibt, diese als kontingenten Inhalt der derzeitigen völkerrechtlichen *rule of recognition* zu begreifen,[34] versucht er sie andererseits zugleich als jedem (öffentlichen) Recht immanent auszuweisen und versteht sie damit als notwendige Elemente des Rechtsbegriffs selbst.[35] So steht *Kingsburys* Ansatz trotz des ausdrücklichen Bekenntnisses zum Positivismus *Harts* der naturrechtlichen Theorie *Lon Fullers* jedenfalls na-

---

[31] So etwa *B. Kingsbury*, EJIL 20 (2009), S. 23 (31): „Jurisprudential practices in modern democratic states do not accept that emanation from an agreed source of law is sufficient for law […]. More than this is now required of law. ‚Publicness' is a necessary element in the concept of law under modern democratic conditions." Siehe außerdem ebd., S. 49 mit dem Verweis auf Zweifel am Rechtscharakter von Verträgen zwischen Staaten, die die Öffentlichkeitserfordernisse nicht erfüllen.

[32] Siehe etwa *B. Kingsbury*, EJIL 20 (2009), S. 23 (31): „compliance with publicness considerations becomes more and more important in determining weight (perhaps even rising to be requirements of validity) the less the established sources criteria are met"; oder ebd., S. 57: „The pressures and incentives to adhere to requirements of publicness become greater, the less the entity is able to rely on firmly established sources of law".

[33] So auch ebd., S. 57: „very preliminary investigation".

[34] In diesem Sinne etwa die Interpretation der Theorie *Kingsburys* bei *P. Capps*, in: J. Kammerhofer/J. d'Aspremont (Hrsg.), International Legal Positivism in a Post-Modern World, 2014, S. 213 (237).

[35] *M. Goldmann*, LJIL 25 (2012), S 335 (362): „a delicate balance between positivist and non-positivist elements". Auch *Kingsbury* selbst sieht diese Zweideutigkeit, siehe *ders.*, EJIL 20 (2009), S. 23 (40).

he.[36] Er stellt damit die Weichen hin zu einem rein naturrechtlichen Rechtsverständnis.

b) Naturrechtliche Antworten: Die acht Prinzipien der *inner morality of law*

Naturrechtliche Rechtskonzeptionen verorten moralische Minimalstandards im Rechtsbegriff selbst und postulieren eine für alle Rechtsordnungen notwendige Verbindung von Recht und Moral.[37] In der modernen Völkerrechtswissenschaft hat dabei vor allem die prozeduralnaturrechtliche Theorie *Lon Fullers*[38] Anklang gefunden.[39] Formale Kriterien, wie sie rechtspositivistische Ansätze zur Identifikation rechtlicher Normen bemühen, könnten, so die naturrechtliche Kritik, zwar nützliche Anhaltspunkte zur Unterscheidung von Recht und Nicht-Recht bereitstellen, doch genügten sie nicht, denn „formality alone is not strong enough to generate fidelity".[40] Eng angelehnt an die acht Prinzipien, in denen *Fuller* die innere Moral des Rechts erkennt, und anknüpfend an konstruktivistische Theorien der politikwissenschaftlichen Forschung definieren etwa *Jutta Brunnée* und *Stephen Toope* die für den Rechtscharakter einer Norm maßgeblichen Kriterien daher wie folgt:

---

36 Vgl. auch *P. Capps*, in: J. Kammerhofer/J. d'Aspremont (Hrsg.), International Legal Positivism in a Post-Modern World, 2014, S. 213 (227) und *A. Somek*, EJIL 20 (2009), S. 985 (990) sowie *B. Kingsbury*, EJIL 20 (2009), S. 23 (30 f.) selbst.

37 Siehe nur *R. Alexy*, Begriff und Geltung des Rechts, 3. Aufl. 2011, S. 17.

38 *L. Fuller*, The Morality of Law, 2. Aufl. 1969.

39 An diese knüpfen etwa an *J. Brunnée/S. J. Toope*, Legitimacy and Legality in International Law, 2010; *D. Dyzenhaus*, IILJ Working Paper 2008/7, S. 13 ff.; *J. Klabbers*, NoFo 5 (2008), S. 84; *ders.*, in: ders./A. Peters/G. Ulfstein, The Constitutionalization of International Law, 2009, S. 81 (112 ff.); siehe aber auch die an *Dworkin* angelehnten anti-positivistischen Ansätze bei *G. Palombella*, in: L. Pineschi (Hrsg.), General Principles of Law – The Role of the Judiciary, 2015, S. 3 (9 ff.); *A. E. Roberts*, AJIL 95 (2001), S. 757 (770 ff.) und *J. Tasioulas*, Oxford J. Leg. Stud. 16 (1996), S. 85 (111 ff.) sowie *R. Dworkin*, Philosophy & Public Affairs 41 (2013), S. 2.

40 *J. Brunnée/S. J. Toope*, Legitimacy and Legality in International Law, 2010, S. 46 f.

> „What distinguishes law from other types of social ordering is not form, but adherence to specific criteria of legality: generality, promulgation, non-retroactivity, clarity, non-contradiction, not asking the impossible, constancy, and congruence between rules and official action.“ [41]

Dieser Rückgriff auf die Theorie *Fullers* dient *Brunnée* und *Toope* dazu, einen Rechtsbegriff zu konstruieren, der insbesondere das Konzept rechtlicher Verbindlichkeit jenseits staatlicher Ordnungen verständlich macht.[42] Rechtliche Verbindlichkeit, so *Brunnée* und *Toope*, entspringe einem „sense of obligation [that] will only arise when states and other actors perceive law-making to be legitimate“ [43]. Eben dies aber setze voraus, dass die *Fuller*'schen Legalitätskriterien gewahrt seien.[44] *Brunnée* und *Toope* verlegen damit eben diejenigen normativen Bedingungen in den Rechtsbegriff, die sie für das Entstehen eines Bindungsgefühls auf Seiten der Rechtsadressaten für erforderlich halten, Bedingungen, die damit zugleich die Normbefolgung begünstigen.[45] Die bekannte Kritik *Harts* an der Theorie *Fullers*, diese umschreibe lediglich die Bedingungen effektiver Rechtsetzung,[46] versuchen sie damit scheinbar ins Konstruktive zu wenden.[47] Ihr Rechtsbegriff bewegt sich dadurch ein entscheidendes Stück in Richtung Faktizität, tendiert er doch dazu, Normen, die befolgt werden, dem Recht zuzuordnen und solche, die nicht befolgt werden, aus ihm auszuscheiden. *Brunnée* und *Toope* verstehen

---

[41] Ebd., S. 6. Auch *J. Klabbers*, in: ders./A. Peters/G. Ulfstein, The Constitutionalization of International Law, 2009, S. 81 (120 f.) meint, jedenfalls in einem konstitutionalisierten Völkerrecht stelle das Zurückbleiben einer Norm hinter einem der acht *Fuller*'schen Kriterien deren Rechtlichkeit in Frage. Seine Überlegungen zielen indes weniger auf eine Erfassung des völkerrechtlichen Status quo; sie sind vielmehr als normative Vision zu verstehen, siehe etwa *J. Klabbers*, NoFo 5 (2008), S. 84 (85); *ders.*, in: ders./A. Peters/G. Ulfstein, The Constitutionalization of International Law, 2009, S. 81 (84 f.); kritisch *W. Weiss*, AVR 53 (2015), S. 220 (245 in Fn. 106), der meint, die acht Kriterien *Fullers* seien zu formal, um über die Legitimation einer Norm Aufschluss zu geben.

[42] So *J. Brunnée/S. J. Toope*, Legitimacy and Legality in International Law, 2010, S. 5 f.

[43] Ebd., S. 55.

[44] Ebd., S. 6 f.

[45] Ebd., S. 53, 92.

[46] *H. L. A. Hart*, Harv. L. Rev. 78 (1965), S. 1281 (1284 ff.).

[47] Vgl. auch *M. Koskenniemi*, International Theory 3 (2011), S. 319 (322 f.).

dies als einen Vorzug ihrer Theorie. Denn mit ihr gelinge es, auch die verpflichtende Wirkung völkerrechtlicher *soft law*-Instrumente zu erklären.[48] Doch was die Theorie dabei tatsächlich erklärt, ist vorrangig die Tatsache, warum bestimmte – auch weiche – Normen auch in Abwesenheit zentraler Sanktionsmechanismen verhaltenssteuernd wirken: sie begründen, weil und sofern sie den *Fuller*'schen Legalitätskriterien genügen, das Gefühl ihrer Adressaten, einem als legitim empfundenen Normenbestand Folge leisten zu müssen. Die Prinzipien *Fullers* sind damit allen voran Akzeptanz- oder Wirksamkeitsbedingungen. Genau dadurch macht sich der Rechtsbegriff von *Brunnée* und *Toope* allerdings in doppelter Hinsicht angreifbar: Erstens, weil dessen Anbindung an die acht *Fuller*'schen Prinzipien in der Theorie von *Brunnée* und *Toope* ein – zwar nicht unplausibles, aber – unbegründetes Postulat bleibt. Denn dass tatsächlich gerade die Kriterien *Fullers* die empfundene Bindung auf Seiten der Normadressaten garantieren, hätte sich nur empirisch erweisen lassen. *Brunnée* und *Toope* verzichten auf einen solchen Nachweis jedoch. Selbst wenn er sich erbringen ließe, blieben *Brunnée* und *Toope* – und hierin besteht der zweite Mangel – die Antwort auf die eigentlich zentrale Frage schuldig: Welche Gründe streiten dafür, die Faktoren, die das Bindungsgefühl bedingen, in den Rechtsbegriff zu integrieren und nicht als Wirksamkeitsbedingungen einer Normordnung von deren Rechtscharakter zu separieren? Bei *Brunnée* und *Toope* scheint dies die eher funktional als naturrechtlich motivierte Überzeugung zu sein, dass erst ein bestimmtes – von den klassischen Rechtsquellenlehren nicht erreichtes – Maß sozialer Wirksamkeit eine Norm zu einer rechtlichen macht. Damit aber sind sie von rechtsrealistischen Ansätzen nicht mehr weit entfernt.

c) Rechtsrealistische Antworten: Was wie Recht wirkt, ist Recht

Rechtsrealistische Theorien stehen rechtssoziologischen Positionen nahe. Ihrem empirischen Fokus entsprechend sind für sie weder Herkunft noch Inhalt einer Norm entscheidend. Vielmehr bemühen sie sich um einen „objective look at empirical reality“[49]. Die „empirische Wende“, der es auch in der Völkerrechtswissenschaft demnach bedürfe, führen diese Ansätze bei der Bestimmung des völkerrechtlichen Rechtsbegriffs

---

[48] *J. Brunnée/S. J. Toope*, Legitimacy and Legality in International Law, 2010, S. 50 f.

[49] *J. E. Alvarez*, International Organizations as Law-Makers, 2006, S. 51.

konsequent zu Ende: Ob eine Norm dem Bereich des Rechts angehöre, sei, so die These dieses Ansatzes, allein anhand ihrer Wirkungen zu bestimmen. Kurz: Was wie Recht wirkt, ist Recht.[50] Wer demgegenüber versuche, die Zugehörigkeit einer Norm zum Bestand des Rechts unter Rückgriff auf die rein formalen Kriterien der formal-rechtspositivistischen Rechtsquellenlehre zu definieren, versperre den Blick für die „ambiguous authoritative authority"[51] derjenigen Handlungsformen, die sich im Kanon des Art. 38 Abs. 1 IGH-Statut gerade nicht wiederfinden, dessen ungeachtet aber verhaltenssteuernd wirkten. Weder die vielfältigen Rechtsetzungsaktivitäten internationaler Organisationen noch diejenigen nichtstaatlicher Akteure ließen sich mit ihm erfassen. Deren „normative impact on states and other actors"[52] bleibe so rechtlich letztlich unerschlossen.[53]

Die Schwierigkeiten, die der Versuch bereitet, diese normativen Effekte mit einem derart empirisch gewendeten Rechtsbegriff zu erfassen, sind indes nicht zu übersehen.[54] Denn erstens lässt er für effektiv handlungsleitende Normen jenseits des Rechts keinen Raum. Will man Normen der Völkersitte oder der Moral also nicht sämtlich Ineffektivität attestieren, so wird man sie in diesem Definitionsvorschlag dem Recht zuordnen müssen. Das aber birgt die Gefahr, wesentliche Unterschiede zu verschleiern – etwa das Recht, auf eine Normverletzung im einen Fall mit Sanktionen zu reagieren, im anderen nicht.[55] Zweitens lässt das Abstellen auf das Staatenverhalten als für den Rechtscharakter einer Norm maßgebliches Kriterium den Rechtsbegriff apologetisch werden. Er büßt jeden normativ-utopischen Überhang ein.[56] Rechtsnormen sind nicht länger kontrafaktische Präskriptionen, sondern werden zu De-

---

[50] Diese prägnante Umschreibung bei *J. Klabbers*, IO L. Rev. 3 (2006), S. 153 (154); ähnlich *W. Weiss*, AVR 53 (2015), S. 220 (243).

[51] *J. E. Alvarez*, International Organizations as Law-Makers, 2006, S. 258.

[52] Ebd., S. 119.

[53] Ebd., S. xiv f., 118 f., 258, 260 f. und öfter.

[54] Kritisch auch *J. Klabbers*, IO L. Rev. 3 (2006), S. 153 (154 ff.); *A. van Aaken*, EJIL 17 (2006), S. 289.

[55] *W. Vitzthum*, in: ders./A. Proelß (Hrsg.), Völkerrecht, 7. Aufl. 2016, 1. Abschn. Rdn. 66.

[56] Vgl. *M. Koskenniemi*, EJIL 1 (1990), S. 4 (11); grundlegend zu diesen Polen völkerrechtlicher Argumentation *ders.*, From Apology to Utopia, 2006.

skriptionen, die gänzlich in der Faktizität aufgehen.[57] Damit verliert das Recht nicht nur seine verhaltenssteuernde Funktion; es kann sie drittens auch nicht mehr zuverlässig erfüllen, setzt sie doch voraus, dass der zum Handeln Entschlossene die normativen Erwartungen, die das Recht an ihn stellt, im Voraus kennt. Doch „looking for the ‚normative ripple' makes it impossible to know in advance what the law will be on any given topic".[58]

d) Post-Positivistische Antworten: Recht als Kommunikationsmodus

Post-positivistische Ansätze versuchen die apologetischen Folgen des rechtsrealistischen Rechtsbegriffs zu vermeiden, indem sie den Rechtscharakter einer Norm nicht an deren handlungsleitender Wirkung messen. Stattdessen verstehen sie Recht als einen spezifischen Kommunikationsmodus.[59] In diesem Sinne sieht etwa *Friedrich Kratochwil* den wesentlichen Unterschied zwischen rechtlichen und nicht-rechtlichen Normen in „the degree and scope of guidance"[60], die diese in Entscheidungssituationen bieten. Anders als in den rechtspositivistischen Ansätzen steht damit nicht die Rechtsetzung, sondern die Rechtsanwendung im Fokus der Theorie. Nicht die Herkunft, sondern die Struktur des Anwendungsdiskurses und die Art der Entscheidungsanleitung trennen rechtliche von moralischen oder politischen Normen: Da der Geltungsanspruch rechtlicher Normen nicht universell, sondern stets an einen bestimmten Kontext gebunden sei, sei die von ihnen ausgehende Orientierungswirkung im Vergleich zu moralischen Normen erstens spezifischer.[61] Zweitens unterscheide sie von diesen, dass sie vom Gewissen des Anwenders unabhängig seien und in jedem streitigen Fall auch eine Entscheidung forderten.[62] Andererseits bestehe ihre Diffe-

---

57 Vgl. *J. Klabbers*, NoFo 5 (2008), S. 84 (90); *J. Pauwelyn*, in: ders./R. Wessel/J. Wouters (Hrsg.), Informal International Lawmaking, 2012, S. 125 (137); *W. Weiss*, AVR 53 (2015), S. 220 (244); eine ähnliche Kritik übt *H.-J. Cremer*, ZaöRV 67 (2007), S. 267 (276 f.) an dem ebenfalls empirisch orientierten *rational choice*-Ansatz von *J. L. Goldsmith/E. A. Posner*, The Limits of International Law, 2005.

58 *J. Klabbers*, IO L. Rev. 3 (2006), S. 153 (155).

59 *M. Goldmann*, LJIL 25 (2012), S. 335 (358).

60 *F. V. Kratochwil*, ARSP 69 (1983), S. 13 (38).

61 Ebd.

62 *F. V. Kratochwil*, Rules, Norms, and Decisions, 1989, S. 207.

renz zu politischen Vorgaben erstens im „principled character“[63] rechtlicher Argumentation. Diese binde für die Zukunft, indem sie fordere, vergleichbare Fälle auch einheitlich zu entscheiden.[64] Zweitens definierten Rechtsnormen nicht nur Ziele, sondern bestimmten zugleich die entsprechenden Mittel zu deren Erreichung. Auch gegenüber politischen Normen komme rechtlichen Normen daher ein Mehr an Spezifität zu.[65]

Eine klare Abgrenzung, das gesteht auch *Kratochwil* selbst, ist mit diesen Kriterien indes nicht möglich. Die Normkategorien Recht, Politik und Moral überlappen an den Rändern,[66] denn Grad und Umfang der Handlungsleitung einer Norm sind graduelle Faktoren, die die Ziehung scharfer Grenzlinien erheblich erschweren.[67] Schwerer wiegt indes, dass diese Kriterien selbst im Lichte der obigen rechtstheoretischen Überlegungen nicht zu halten sein dürften. *Kratchowil* vernachlässigt, dass mit Rechtsprinzipien jedenfalls auch Normen Rechtscharakter besitzen können, deren Struktur moralischen Werten sehr ähnelt,[68] die zweitens die zu Ihrer Realisation einzusetzenden Mittel unbestimmt lassen und deren Spezifität schließlich drittens auch sonst nicht wesentlich über diejenige moralischer oder politischer Normen hinausgeht. Dies übersieht *Kratochwil*, weil er sich bei der Suche nach dem gemeinsamen Nenner rechtlicher Phänomene noch zu sehr von der ursprünglichen *Hart*'schen Vorstellung des Rechts als bloßer Regelordnung leiten lässt. Den Kreis rechtlicher Norm engt er daher über Gebühr ein.[69] Nicht nur, aber insbesondere für die hier zu unternehmende Untersuchung völkerrechtlicher Prinzipien eignet sich der Rechtsbegriff *Kratochwils* daher nicht.

Aus teilweise ähnlichen Erwägungen heraus hat *Nicholas Onuf* deshalb den Vorschlag unterbreitet, rechtliche Normen nicht über deren Anwendungsmodus abzugrenzen, sondern deren Rechtscharakter sprach-

---

63 *F. V. Kratochwil*, ARSP 69 (1983), S. 13 (38); *ders.*, Rules, Norms, and Decisions, 1989, S. 208.

64 *F. V. Kratochwil*, ARSP 69 (1983), S. 13 (38).

65 *F. V. Kratochwil*, Rules, Norms, and Decisions, 1989, S. 206.

66 Ebd., S. 205.

67 *N. Onuf*, Harv. Int'l L. J. 26 (1985), S. 385 (393 f.).

68 Siehe S. 191 ff.

69 Vgl. *N. Onuf*, Harv. Int'l L. J. 26 (1985), S. 385 (395).

philosophisch zu erhellen.[70] Er greift dafür auf die maßgeblich von *John Austin* und *John Searle* entwickelte, für die Sozialphilosophie von *Jürgen Habermas* adaptierte Sprechakttheorie zurück. Nach dieser erhebt der Sprecher mit jedem Sprechakt einen auf den Inhalt seiner Aussage bezogenen Geltungsanspruch. Sofern der Hörer das jeweilige Sprechaktangebot annimmt, indem er dieses bestätigt, begründet er für die Zukunft bestimmte Verhaltenserwartungen. Zwischen Sprecher und Hörer entsteht damit eine normative Bindung. Durch eben diese normative Bindung erhält der Sprechakt die Form und die Funktion einer Regel.[71] Nach *Onuf* gehen Regeln daher immer und notwendigerweise auf Sprechakte zurück.[72] Rechtsregeln bilden dabei keine Ausnahme, doch zeichnen sie sich durch ein „considerable degree of formality and institutional support"[73] aus. Das lässt sie zu Sprechakten besonderer Art werden:

> „[R]ules that are legal in function take the form of declarative speech acts, that is, they are successful or performatively sufficient, without depending on the hearers' assent to implicate hearers in their normativity."[74]

Die diese Besonderheit bedingende Institutionalisierung gründet ihrerseits wiederum in Regeln, Regeln, die einerseits zu eben diesen deklaratorischen Sprechakten ermächtigen und damit andererseits selbst perlokutionäre Sprechakte darstellen, die für ihre eigene Geltung wiederum auf eine entsprechende Formalisierung und Institutionalisierung angewiesen sind. Diese Konstruktion führt zu einem Regress, der in einem Sprechakt endet, dessen eigene Normativität letztlich nur noch in der formalen Zustimmung zu ihm selbst oder den Umständen und damit einer entsprechenden Gewohnheit gründen kann.[75] Die Rechtlichkeit der Regeln der weniger entwickelten Völkerrechtsordnung indes sei nur mittels selbstreferentieller (Sprech-)Akte zu erklären. Sie seien:

---

[70] Ebd., S. 385.

[71] Ebd., S. 398; siehe auch *N. Onuf*, EJIL 5 (1994), S. 1.

[72] *N. Onuf*, EJIL 5 (1994), S. 1.

[73] Ebd., siehe auch *N. Onuf*, World of Our Making, 1989, S. 138.

[74] *N. Onuf*, Harv. Int'l L. J. 26 (1985), S. 385 (406 f., 408).

[75] Ebd., S. 407.

> „performatively sufficient not because they refer back to other declarations, but mostly because they are made performatively sufficient as a direct consequence of their creation.“[76]

Wie auch *Onuf* selbst gesteht, macht all das die Identifikation rechtlicher Regeln nicht einfach.[77] Die Kriterien Formalisierung und Institutionalisierung sind nicht nur in ihrem Gehalt schillernd, sondern auch in unterschiedlichen Abstufungen erfüllbar. Wann das von *Onuf* selbst bemühte „considerable degree“ erreicht ist, bleibt letztlich ungewiss, die Schwelle zwischen rechtlichen und nicht-rechtlichen Regeln folglich verschwommen. Für die Regeln des Völkerrechts gilt das umso mehr, fehlt für sie nach *Onuf* doch sogar die für rechtliche Normen sonst kennzeichnende stufenbauförmige Institutionalisierung. Sie sind als selbstreferentielle Sprechakte, deren Geltung letztlich nur auf ihre eigene Kreation verweist, von moralischen Normen nicht mehr zu unterscheiden.[78]

e) Ergebnis

Eine überzeugende Alternative zum formal-rechtspositivistischen Verweis auf die Rechtsquellen des Art. 38 Abs. 1 IGH-Statut besteht derzeit demnach nicht. Denn erstens fehlen den meisten der Alternativkonzeptionen klare Kriterien zur Abgrenzung rechtlicher von nichtrechtlichen Normen oder sie vermögen diese nicht überzeugend zu begründen: In *Kingsburys* inklusivem Rechtspositivismus bleiben die Öffentlichkeitskriterien inhaltlich zu vage[79] und deren Verhältnis zu den formalen Kriterien der Rechtsquellenlehre unbestimmt; *Brunnée* und *Toope* degradieren die acht *Fuller*'schen Prinzipien zu bloßen Bedingungen der Rechtstreue und lassen sie als solche unbegründet; und auch die post-positivistische Analyse des Rechts in Begriffen der Sprachtheorie lässt eine klare Abgrenzung von Recht und Moral nicht zu. Verlässliche Kriterien für die Identifikation rechtlicher Normen bieten daher allein die Rechtsquellen des Art. 38 Abs. 1 IGH-Statut.

---

[76] Ebd.

[77] Ebd., S. 409.

[78] *M. Goldmann*, LJIL 25 (2012), S. 335 (359).

[79] *J. Klabbers*, in: J. Kammerhofer/J. d'Aspremont (Hrsg.), International Legal Positivism in a Post-Modern World, 2014, S. 264 (279).

Der Rekurs auf Art. 38 Abs. 1 IGH-Statut verliert zudem zweitens auch nicht dadurch seine Berechtigung, dass er die Rechtsqualität einer Norm an rein formale Kriterien knüpft. Zwar wird er – wie oben gezeigt – in der geschilderten Diskussion zuweilen genau deshalb in Zweifel gezogen, doch stellt die inhaltliche Anreicherung der Kriterien der Rechtlichkeit ein ihrerseits selbst zu erklärendes Phänomen völkerrechtlichen Strukturwandels dar.[80] Soll sich dieses mit dem Verweis auf das Entstehen neuer Rechtsprinzipien erklären lassen, darf für deren Nachweis nicht bereits auf einen inhaltlich aufgeladenen Rechtsbegriff zurückgegriffen werden.

Die Anerkennung des Art. 38 Abs. 1 IGH-Statut als Ausdruck der völkerrechtlichen Erkenntnisregel versperrt schließlich drittens auch keinesfalls notwendigerweise den Blick für weiche Regelungsinstrumente. Das gilt jedenfalls dann, wenn man anerkennt, dass er die Rechtserkenntniskriterien nicht abschließend umschreibt. Vielmehr normiert er einen eigenständigen, aber unvollständigen Teil der völkerrechtlichen *rule of recognition*. Das zeigt bereits der Hinweis auf die mittlerweile ebenfalls als verbindliche Völkerrechtsakte anerkannten unilateralen staatlichen Akte.[81] In ähnlicher Weise könnten auch bestimmte Formen weichen Rechts ergänzend hinzutreten. Die Feststellung jedoch, dass Normen, die die Voraussetzungen der in Art. 38 Abs. 1 IGH-Statut erwähnten Rechtsquellen erfüllen, dem Bestand völker*rechtlicher* Normen angehören, zieht das nicht in Zweifel. Die Kriterien des Art. 38 Abs. 1 IGH-Statut stellen damit hinreichende, möglicherweise aber nicht notwendige Bedingungen für die Rechtsqualität einer Norm dar.

Die im Folgenden auszuweisenden Prinzipien gehören demnach jedenfalls dann dem Völkerrecht an, wenn sie gem. Art. 38 Abs. 1 lit. a IGH-Statut als völkervertragliche Normen ausdrücklich anerkannt sind (dazu sogleich 2.), sich gem. Art. 38 Abs. 1 lit. b IGH-Statut als Ausdruck einer allgemeinen, als Recht anerkannten Übung dem internationalen Gewohnheitsrecht zuordnen lassen (dazu 3.) oder gem. Art. 38 Abs. 1 lit. c IGH-Statut den von den Kulturvölkern anerkannten allgemeinen Rechtsgrundsätzen angehören (dazu 4.). Nicht jede dieser Rechtsquellen bietet Rechtsprinzipien indes gleichermaßen fruchtbaren Boden.

---

[80] Siehe dazu unten S. 789 ff.

[81] Darauf verweist auch *S. Besson*, in: dies./J. Tasioulas (Hrsg.), The Philosophy of International Law, 2010, S. 163 (181); siehe IGH, *Nuclear Tests Case* (Australia v. France), ICJ Rep 1974, S. 253 (268).

2. *Rechtsprinzipien auf völkervertragsrechtlicher Grundlage*

Schon ein genauer Blick auf den Wortlaut des Art. 38 Abs. 1 lit. a IGH-Statut stimmt skeptisch gegenüber dem Versuch, dem Völkervertragsrecht Rechtsprinzipien zu entnehmen, spricht dieser doch ausdrücklich von „international conventions [...] establishing *rules* expressly recognized by the contesting states".[82] Allein Regeln, nicht aber Prinzipien, so ließe sich daraus schließen, seien möglicher Inhalt völkerrechtlicher Verträge. Wie der wortlautgemäßen Beschränkung des Art. 38 Abs. 1 lit. c IGH-Statut auf allgemeine Rechtsgrundsätze,[83] so dürfte indes auch dieser Formulierung eine Beschränkung auf Normen einer bestimmten rechtstheoretischen Struktur nicht zu entnehmen sein. Dafür spricht zum einen auch hier ein entstehungszeitliches Argument: Während die Formulierung des Art. 38 Abs. 1 lit. a IGH-Statut auf die gleichlautende Vorgängervorschrift des StIGH-Statuts zurückgeht, beginnt die rechtstheoretische Diskussion über die Unterschiede zwischen Regeln und Prinzipien erst wesentlich später. Dass Art. 38 Abs. 1 IGH-Statut diese Differenzierung antizipiert, erscheint unplausibel. Und selbst die Annahme, das IGH-Statut habe mit der Beschränkung auf Rechtsgrundsätze einerseits, auf Regeln andererseits zwischen allgemeineren und spezielleren Normen unterscheiden und das Vertragsrecht auf letztere beschränken wollen, überzeugt nicht. Warum, das beweist ein Blick auf die Vertragspraxis: Mitnichten beschränken sich bestehende völkerrechtliche Verträge auf die Normierung spezieller Rechtsregeln, stattdessen ist die Aufnahme allgemeinerer völkerrechtlicher Grundsätze alles andere als eine Seltenheit. So enthält beispielsweise Art. 2 UN-Charta ausweislich seiner einleitenden Formulierung „principles" und eben keine „rules", und auch der dritte Teil des Statuts des IStGH umfasst Normen, die er selbst als „general principles" ausweist. Der Inhalt völkerrechtlicher Verträge ist somit nicht ganz grundsätzlich auf Regeln beschränkt. Ebenso gut kann er Normen mit Prinzipiencharakter enthalten.

Dass sich Prinzipien, die – wie die hier gesuchten – die gesamte Struktur des Völkerrechts prägen, auf völkervertragsrechtlicher Basis nachweisen lassen, ist gleichwohl unwahrscheinlich. Denn diese müssen definitions- und funktionsgemäß Teil des allgemeinen, für alle Staaten verbindlichen Völkerrechts sein. Sie ließen sich demnach allenfalls in Verträgen finden, die universelle Zustimmung gefunden haben und

---

[82] Eigene Hervorhebung.

[83] Siehe dazu bereits oben S. 208 ff.

auch allseitig ratifiziert wurden. Dies ist bislang nur für sehr wenige völkerrechtliche Verträge der Fall.

3. *Rechtsprinzipien auf völkergewohnheitsrechtlicher Grundlage*

Zumindest auf den ersten Blick aussichtsreicher erscheint daher der Versuch, Rechtsprinzipien als Normen des internationalen Gewohnheitsrechts auszuweisen, enthält dieses doch noch immer den überwiegenden Teil des allgemeinen Völkerrechts.[84] Aufgrund der spezifischen Normstruktur völkerrechtlicher Prinzipien bleiben allerdings auch bei diesem Versuch Schwierigkeiten nicht aus. Denn ist es überhaupt denkbar, die Geltung von Rechtsprinzipien auf eine „general practice accepted as law" zu stützen? Grund zur Skepsis gibt folgende Überlegung: Mit der Definition des Gewohnheitsrechts als eine „general practice accepted as law" beschränkt Art. 38 Abs. 1 lit. b IGH-Statut den Bestand gewohnheitsrechtlicher Normen auf Bestimmungen, die sich im Verhalten von Völkerrechtssubjekten äußern und bewähren können. Gewohnheitsrechtliche Normen sind damit ihrem Wesen nach verhaltensbezogene Normen. Rechtsprinzipien hingegen sind eben dies nicht: Ihr norminhaltliches Proprium besteht in der Normierung von Idealen. Sie sind wert- oder rechtsguts-, nicht aber handlungsbezogen. Durch diese unterschiedliche Fokussierung und die mit ihr notwendig einhergehende norminhaltliche Abstraktheit prinzipienhafter Rechtsnormen werden Rechtsprinzipien für die Staatenpraxis unzugänglich. Bereits strukturell sperren sie sich gegen einen unmittelbar auf staatlichem Verhalten aufbauenden Nachweis.[85]

Dieser Analyse ließe sich erstens entgegenhalten, sie verkenne, dass auch Verbalakte als staatliche Praxis zur Entstehung gewohnheitsrechtlicher Normen beitragen können.[86] Denn verkörperten auch die Äuße-

---

[84] *A. Bleckmann*, Grundprobleme und Methoden des Völkerrechts, 1982, S. 110.

[85] *N. Petersen*, AVR 46 (2008), S. 502 (518); ebenso *K. F. Gärditz*, in: W. Kahl (Hrsg.), Nachhaltigkeit als Verbundbegriff, 2008, S. 137 (168 f.).

[86] Verbalakte erkennen als Element der Staatenpraxis etwa an *M. Akehurst*, BYIL 47 (1974-1975), S. 1 (4 ff.); *I. Brownlie*, Principles of Public International Law, 7. Aufl. 2008, S. 6; *W. Heintschel von Heinegg*, in: K. Ipsen (Hrsg.), Völkerrecht, 6. Aufl. 2014, § 17 Rdn. 6; *H. Thirlway*, The Sources of International Law, 2014, S. 66; *A. Verdross/B. Simma*, Universelles Völkerrecht, 3. Aufl. 1984, § 559: „Rechtsbehauptungen staatlicher Organe"; wohl auch *H. Charlesworth*, in: J. Crawford/M. Koskenniemi (Hrsg.), The Cambridge Companion to Inter-

rungen staatlicher Amtsträger gewohnheitsrechtsbildende Verhaltensformen, so stelle die Abstraktheit oder Rechtsgutsbezogenheit einer Norm keinen überzeugenden Einwand gegen deren gewohnheitsrechtliche Verankerung dar, sei verbal doch schließlich jeder Norminhalt zugänglich. Als Teil des Völkergewohnheitsrechts ließen sich Rechtsprinzipien auch auf dieser Grundlage indes allenfalls dann ausweisen, wenn die gewohnheitsrechtliche *consuetudo* vollständig in einer staatlichen Verbalpraxis aufginge. Das aber entspricht ersichtlich nicht der Konzeption des Gewohnheitsrechts, wie sie etwa Art. 38 Abs. 1 lit. b IGH-Statut formuliert. Dieser umschreibt das Gewohnheitsrecht als eine allgemeine staatliche Übung, die deshalb in Rechtsgeltung erwächst, weil sie als Recht anerkannt wird. Die Berufung auf eine verbale Praxis stellt im Lichte dieser Definition einen Sonderfall dar. Sie bezieht sich auf eine Übung, die einerseits durch die Unterscheidung von Sagen und Gesagtem und andererseits durch die Möglichkeit, in einer Aussage zu Normsätzen Stellung zu beziehen, scheinbar zwei Anknüpfungspunkte für die *opinio iuris* bereithält und damit zugleich Ausgangspunkt zweier unterschiedlicher gewohnheitsrechtlicher Normen sein zu können verspricht: Sowohl das gewohnheitsrechtliche Gebot, Verbot oder die gewohnheitsrechtliche Erlaubnis einer bestimmten staatlichen Äußerung (z.B. das Verbot, fremde Staaten durch Kundgabe von Missachtung zu beleidigen und in ihrer Ehre zu verletzen[87]) als auch die gewohnheitsrechtliche Geltung eines Normsatzes, den die Äußerung inhaltlich stützt (z.B. das Gewaltverbot, zu dem sich ein Staat öffentlich bekennt), scheinen staatliche Verbalakte begründen zu können. In der zweiten dieser Varianten ließe sich in der Tat auch prinzipienhaften Normen zur gewohnheitsrechtlichen Geltung verhelfen. Doch ist es eben diese zweite Variante, die besonderen Zweifeln begegnet. Sie anzuerkennen bedeutete, das Erfordernis verbreiteter, übereinstimmender Übung ganz allgemein auf dasjenige eines allgemeinen verbalen Bekenntnisses zu einer Norm zu reduzieren. In seiner Wirkung ist dieses der klassischen Übung allerdings nicht vergleichbar: Das Erfordernis der Staatenpraxis

---

national Law, 2012, S. 187 (193); befürwortend auch ILC, Second report on identification of customary international law (by Michael Wood), UN Doc. A/CN.4/672, Rdn. 37; ablehnend hingegen *A. D'Amato*, The Concept of Custom in International Law, 1971, S. 88; *G. J. H. van Hoof*, Rethinking the Sources of International Law, 1983, S. 107; *T. Schilling*, in: FS Ress, 2005, S. 235 (237 f. und öfter); *J. Tasioulas*, in: C. A. Bradley (Hrsg.), Custom's Future, 2016, S. 95 (96 f.).

[87] Dazu *A. v. Arnauld*, Völkerrecht, 3. Aufl. 2016, Rdn. 319; *V. Epping*, in: K. Ipsen (Hrsg.), Völkerrecht, 6. Aufl. 2014, § 5 Rdn. 262 f.

verknüpft in seiner klassischen Form eine zunächst abstrakt anerkannte Norm mit der Verhaltenswirklichkeit der Staaten. Insbesondere bei Normen mit bilateral-koordinierender Struktur und reziprokem Charakter erfüllt sie damit eine stabilisierende Funktion. Die Verwurzelung in der Praxis bestätigt das Recht in der Wirklichkeit, schafft damit Vertrauen in regeltreues Verhalten der anderen Staaten und gibt so jedem Staat Grund, sich seinerseits rechtmäßig zu verhalten. Das Erfordernis staatlicher Praxis verhindert so zugleich, dass das Recht in den Bereich des Utopischen entgleitet.[88] Vergleichbares lässt sich über bloße Bekenntnisse, die sich nicht selten als bloße Lippenbekenntnisse entpuppen, nicht sagen. Weder begründen sie in entsprechender Weise Vertrauen, noch vermitteln sie in vergleichbarer Weise zwischen Faktizität und Geltung. Es spricht daher viel dafür, staatliche Äußerungen nur dann dem Praxiselement des Gewohnheitsrechts zuzuschlagen, wenn tatsächlich die Zulässigkeit einer bestimmten Äußerung in Frage steht. Sofern Verbalpraxis jedoch allein deshalb bemüht wird, weil der Staat sich mit seiner Äußerung inhaltlich zu einer Norm positioniert, dürfte es näher liegen, sie allein als Indiz einer *opinio iuris* zu werten. Eine ausschließlich auf verbale Praxis gestützte Gewohnheitsrechtsbildung kann es daher in diesen Fällen jedenfalls nicht geben.[89] In eben diesem Sinne hat auch der IGH wiederholt betont, die Entstehung gewohnheitsrechtlicher Normen erfordere eine „*actual* practice".[90] Will man diese Maßstäbe für den Nachweis prinzipienhafter Normen nicht aufgeben, so lässt sich die obige Feststellung, Rechtsprinzipien seien mit den Anforderungen an völkergewohnheitsrechtliche Normen strukturell inkompatibel, daher auch nicht durch den Verweis auf die Möglichkeit staatlicher Verbalpraxis revidieren.

Sie muss sich jedoch zweitens der Frage stellen, was dagegen spricht, im Wege der Induktion aus verwandten, aber nicht gleichartigen Mustern einer „actual practice" eben diejenigen abstrakteren Prinzipien abzuleiten, in denen sich die fraglichen Verhaltensformen berühren. Könnte es so nicht gelingen, auch prinzipienhafte Normen auf gewohnheitsrecht-

[88] Vgl. dazu insgesamt *N. Petersen*, AVR 46 (2008), S. 502 (517 f.).

[89] *G. M. Danilenko*, Law-Making in the International Community, 1993, S. 91; *T. Schilling*, in: FS Ress, 2005, S. 235 (237 f.); *G. J. H. van Hoof*, Rethinking the Sources of International Law, 1983, S. 107 f.; ebenfalls kritisch *B. Simma/P. Alston*, AusYIL 5 (1988/89), S. 82 (96 f.).

[90] So etwa IGH, *Continental Shelf* (Tunisia v. Libya), ICJ Rep 1982, S. 18 (46); *Continental Shelf* (Libya v. Malta), Application to Intervene, ICJ Rep 1984, S. 3 (29) – eigene Hervorhebung.

licher Basis zu begründen? Hiergegen spricht zunächst, dass bei einem solchen gesamtschauartigen Rekurs auf verschiedenartige Verhaltensmuster kaum noch von einer allgemeinen Übung gesprochen werden kann. Was hier noch allen gemein ist, ist nicht die Übung, sondern allein deren Bezug zu einem abstrakteren Prinzip. Der zweite Einwand gegen eine solche gewohnheitsrechtliche Begründung rechtlicher Prinzipien schließt genau hier an, denn die Staatenpraxis stellt für sie „keine formale Bestätigung eines bestehenden Konsenses mehr [dar], sondern nur noch ein Indiz für die Existenz eines abstrakteren Prinzips".[91] Ihr Begründungsmodus ist stets indirekt, das staatliche Verhalten wird zu einem bloßen Indikator staatlicher Rechtsüberzeugungen. Dem Gewohnheitsrecht lassen sich solche Normen daher nicht zuordnen.

Vor diesem Hintergrund muss es umso mehr erstaunen, dass im Schrifttum teilweise gerade die tragenden Grundprinzipien des Völkerrechts, wie etwa das Souveränitätsprinzip, dessen ungeachtet dem Fundus völkergewohnheitsrechtlicher Normen zugeordnet werden.[92] Getragen ist dieses Urteil meist von dem dritten möglichen Einwand gegen die obige Skepsis. Rechtsprinzipien, so lässt sich dieser formulieren, mögen sich zwar nicht unmittelbar selbst in der Staatenpraxis bewähren können, lassen sich jedoch als Abstraktionen aus bestehenden gewohnheitsrechtlichen Normen gewinnen und sind ebenso wie das Material, dessen sie sich bedienen, dann ebenfalls dem Völkergewohnheitsrecht zuzuordnen. Die auf diesem Wege aus bestehenden gewohnheitsrechtlichen Regeln gewonnenen Prinzipien haben mit üblichen gewohnheitsrechtlichen Normen indes nichts gemein. Sie sind von ihnen noch weiter entfernt als die soeben diskutierten Fälle. Sie sind weder Ergebnis einer „general practice accepted as law", noch überhaupt das unmittelbare Resultat einer Praxis. Vielmehr hat die Staatenpraxis für sie, da sie aus bereits bestehenden Normen abgeleitet werden, eine nur noch doppelt-mittelbare Bedeutung.[93] Die staatliche Übung dient der Prinzipiengewinnung nur noch, insofern sie zum Entstehen von völkergewohnheitsrechtlichen Einzelregeln beigetragen hat, auf deren Grundlage in einem zweiten Schritt die Prinzipiengewinnung erfolgen kann. Aus ihr lässt sich schließen, dass die Prinzipien von den Staaten aner-

---

[91] *N. Petersen*, AVR 46 (2008), S. 502 (518).

[92] So für das Souveränitätsprinzip etwa *A. v. Arnauld*, Völkerrecht, 2. Aufl. 2014, Rdn. 301; *A. Bleckmann*, in: B. Simma (Hrsg.), Charta der Vereinten Nationen. Kommentar, 1991, Art. 2 Ziff. 1 Rdn. 10; kritisch hingegen *R. Kolb*, NILR 50 (2003), S. 119 (125 f.).

[93] Vgl. *J. G. Lammers*, in: GS van Panhuys, 1980, S. 53 (69).

kannt werden. Im Kanon völkergewohnheitsrechtlicher Normen wirken sie dennoch fremd.

4. Rechtsprinzipien auf Grundlage allgemeiner Rechtsgrundsätze

Als formelle Rechtsquelle prinzipienhafter Normen bleiben so schließlich einzig die von den Kulturvölkern anerkannten allgemeinen Rechtsgrundsätze. Deren Rechtsgeltung macht Art. 38 Abs. 1 lit. c des Statuts des IGH davon abhängig, dass sie von den Kulturvölkern anerkannt werden („recognized by civilized nations").[94] Insbesondere der Modus der demnach erforderlichen Anerkennung bleibt dabei zunächst noch unbestimmt (dazu lit. a).[95] Und auch auf die Frage, wen die Vorschrift als Kulturvolk in Bezug nimmt und ob unter diesen Einstimmigkeit gefordert ist, vermag erst ein zweiter Blick Antwort zu geben (dazu lit. b).

---

[94] Zweifel an der Qualität der allgemeinen Rechtsgrundsätze als eigenständige Rechtsquelle werden mittlerweile zu Recht nicht mehr erhoben (anders aber etwa noch *E. Härle*, ZöR 11 [1931], S. 206 [234 ff.]; *G. Herczegh*, General Principles of Law and the International Legal Order, 1969, S. 68, 97 und öfter; *H. Strebel*, ZaöRV 36 (1976), S. 301 [339]; *G. I. Tunkin*, in: FS Verdross, 1971, S. 523 [531]; *ders.*, Völkerrechtstheorie, 1972, S. 237; weitere Nachweise dazu bei *B. Vitanyi*, RGDIP 86 [1982], S. 48 [56 ff.]). Denn wären die allgemeinen Rechtsgrundsätze Bestandteil des Völkervertrags- oder Völkergewohnheitsrechts oder enthielten sie lediglich nicht-normative Grundsätze, so ließe sich ihre eigenständige Nennung in Art. 38 Abs. 1 lit. c IGH-Statut nicht erklären, die Vorschrift wäre schlicht obsolet (in diesem Sinne bereits früh kritisch *G. Ripert*, RdC 44 [1933-II], S. 565 [573]). Die gegenteilige Ansicht verliert zudem auch und gerade im Lichte der bei der Annahme des IGH-Statut ergänzten einleitenden Formulierung („whose function is to decide in accordance with international *law*" – eigene Hervorhebung) und im Vergleich zur einschränkenden Formulierung des lit. d („as *subsidiary means* for the *determination* of rules of law" – eigene Hervorhebung) an Überzeugungskraft.

[95] Vgl. *G. M. Danilenko*, Law-Making in the International Community, 1993, S. 173: „there is still no general agreement as to the exact mode of their formation".

a) Anerkennungsmodus: Das „Wie“ der Anerkennung allgemeiner Rechtsgrundsätze

aa) Anerkennung *in foro domestico*

Bei den Vorarbeiten zu Art. 38 Abs. 3 StIGH-Statut, der wortlautidentischen Vorläufervorschrift des Art. 38 Abs. 1 lit. c IGH-Statut, stand einigen der Mitglieder des mit dem Entwurf betrauten Juristenkomitees vor allem eine Form der Anerkennung vor Augen: die Anerkennung eines Rechtsgrundsatzes in innerstaatlichen Gesetzgebungsakten.[96] Rechtsgrundsätze, die in den nationalen Rechtsordnungen übereinstimmend Anerkennung finden, sollten kraft dieser allgemeinen innerstaatlichen Geltung auch in völkerrechtlicher Verbindlichkeit erwachsen können.[97] In den Kontroversen um das richtige Verständnis der entsprechenden Nachfolgevorschrift im IGH-Statut bildet diese Lesart noch immer den interpretatorischen Minimalkonsens. Einen Rechtsgrundsatz, so die allgemeine Ansicht, erkennt jedenfalls derjenige Staat an, der ihm innerstaatlich Verbindlichkeit verleiht.

Für die Feststellung der gemäß Art. 38 Abs. 1 lit. c IGH-Statut erforderlichen Anerkennung bilden die Vorschriften der staatlichen Rechtsordnungen daher einen beinahe unbestrittenen Anhaltspunkt.[98] Selbst

---

[96] Siehe etwa Permanent Court of Justice, Advisory Committee of Jurists, Procès-Verbaux of the Proceedings of the Committee, 1920, S. 335 (Lord Phillimore), 345 f. (Fernandes); ebenso *O. Elias/C. Lim*, NYIL 28 (1997), S. 3 (20); *E. Härle*, ZöR 11 (1931), S. 206 (215); *F. O. Raimondo*, General Principles of Law in the Decisions of International Criminal Courts and Tribunals, 2008, S. 46; *G. J. H. van Hoof*, Rethinking the Sources of International Law, 1983, S. 139.

[97] Permanent Court of Justice, Advisory Committee of Jurists, Procès-Verbaux of the Proceedings of the Committee, 1920, S. 346. Zur Frage, ob dies als Analogie zu verstehen ist, eine Konsequenz des Estoppel-Grundsatzes darstellt oder Ausdruck eines hypothetischen Staatenkonsenses ist, siehe *A. Bleckmann*, Grundprobleme und Methoden des Völkerrechts, 1982, S. 138 ff.

[98] Für die Anerkennung *in foro domestico* vgl. statt vieler *A. v. Arnauld*, Völkerrecht, 3. Aufl. 2016, Rdn. 264; *M. Bos*, A Methodology of International Law, 1984, S. 259 ff.; *S. Hobe*, Einführung in das Völkerrecht, 10. Aufl. 2014, S. 217; *H. Mosler*, General Principles of Law, in: EPIL, Bd. II, 1995, S. 511 (517); *H. Thirlway*, BYIL 61 (1990), S. 1 (114); anders – soweit ersichtlich – einzig *S. C. Hicks*, Suffolk Transnat'l L. J. 2 (1978), S. 1 (42): „One step towards authenticity would be the interpretation of Article 38(1)(c) of the Statute of the I.C.J. as *general principles* of international law necessary to international order rather than reflective of municipal legal systems.“

der ursprünglich insbesondere von der sowjetischen Völkerrechtslehre vorgetragene Einwand, Rechtsgrundsätze, die kapitalistischen und sozialistischen Rechtssystemen gemein seien, könne es nicht geben, die Suche nach allgemeinen Rechtsgrundsätzen sei auf Grundlage nationalrechtlicher Gemeinsamkeiten daher zum Scheitern verurteilt,[99] ist nach Ende der Blockgegensätze verstummt.[100] Und auch die internationale Rechtsprechung, die die Grundlage der von ihr bemühten Rechtsgrundsätze oftmals im Dunkeln beließ, hat inzwischen vereinzelt angedeutet, für die Gewinnung allgemeiner Rechtsgrundsätze auf die Anerkennung *in foro domestico*, also im nationalen Recht, abzustellen.[101] Nicht nur die völkerrechtliche Praxis, sondern auch die wissenschaftliche Suche nach allgemeinen Rechtsgrundsätzen im Sinne des Art. 38 Abs. 1 lit. c IGH-Statut ist damit in erheblichem Maße auf die Unterstützungsleistungen der Rechtsvergleichung angewiesen. Gegenstand und Umfang des demnach erforderlichen Vergleichs sind indes noch auf völkerrechtlicher Ebene in gleich doppeltem Maße kontrovers.

(1) Weite des Rechtsvergleichs: *private & public law analogies*

So wird teilweise einerseits der Vergleichsbereich, vor allem im älteren Schrifttum, inhaltlich beschränkt: Nur im Privatrecht, nicht jedoch im öffentlichen Recht könnten Rechtsgrundsätze anerkannt werden, die über die Brücke des Art. 38 Abs. 1 lit. c IGH-Statut auch im Völkerrecht rechtswirksam werden könnten.[102] Denn den Weg ins Völker-

---

[99] So insbesondere *G. I. Tunkin*, in: FS Verdross, 1971, S. 523 (527); *ders.*, Völkerrechtstheorie, 1972, S. 233 f.; relativierend *G. Herczegh*, General Principles of Law and the International Legal Order, 1969, S. 94 f.; ebenfalls skeptisch *H. Kelsen*, Principles of International Law, 2. Aufl. 1967, S. 539 f.

[100] So auch *W. Weiss*, AVR 39 (2001), S. 394 (396); ähnlich *C. Janik*, Die Bindung internationaler Organisationen an internationale Menschenrechtsstandards, 2012, S. 492.

[101] Siehe etwa IGH, *Corfu Channel*, Merits, ICJ Rep 1949, S. 4 (18), wo der Gerichtshof die Zulässigkeit eines indirekten Beweises darauf stützt, dass „indirect evidence is admitted in all systems of law"; siehe auch *G. M. Danilenko*, Law-Making in the International Community, 1993, S. 183 sowie zur Rechtsprechung des JStGH *N. Jain*, AJIL 109 (2015), S. 486 (489 f.).

[102] Dazu *A. Bleckmann*, Grundprobleme und Methoden des Völkerrechts, 1982, S. 145 f.; die Beschränkung auf das nationale Privatrecht findet sich etwa bei *G. Ripert*, RdC 44 (1933-II), S. 565 (582 ff.); ebenso auch *H. Lauterpacht*, Private Law Sources and Analogies of International Law, 1927, S. 71; aus ande-

recht, so die hinter dieser Position stehende Erwägung, öffne Art. 38 Abs. 1 lit. c IGH-Statut nur denjenigen Grundsätzen, die auch zum Völkerrecht passten, sich in dessen besondere Strukturen einfügten. Eben das jedoch sei für Grundsätze, die ihren Ursprung im öffentlichen Recht haben, nicht der Fall, seien diese doch auf Subordinationsverhältnisse zugeschnitten, wie sie zwar das nationale öffentliche Recht kennzeichneten, dem auf Gleichordnung angelegten internationalen öffentlichen Recht aber fremd seien.

Mit der Forderung, allgemeine Rechtsgrundsätze nur dann ins Völkerrecht zu übertragen, wenn die innerstaatlichen Situationen, auf die sie Anwendung finden, den internationalen Situationen, deren Lösung sie versprechen, ausreichend ähneln, beruht diese privatrechtliche Engführung auf einer grundsätzlich zutreffenden Überlegung.[103] Und doch schießt sie über ihr Ziel hinaus, erweist sich der gleichermaßen pauschale wie kategorische Ausschluss öffentlich-rechtlicher Grundsätze doch als keineswegs erforderlich, um der Gefahr gleichlaufender Entscheidungen unvergleichbarer Fälle vorzubeugen.[104] Das zeigen vor allem zwei Erwägungen. Erstens weist das heutige Völkerrecht vielerorts funktionale und strukturelle Parallelen zum innerstaatlichen öffentlichen Recht auf:[105] Mit der rechtlichen Anerkennung von Gemeinschaftsgütern, wie sie etwa im Schutz der globalen Umwelt und der Verpflichtung zur Wahrung der Menschenrechte begegnen, nimmt sich

---

ren – nicht auf die Strukturunterschiede zwischen nationaler und der internationaler Rechtsordnung abstellenden – Gründen zweifelnd auch *A. v. Arnauld*, Völkerrecht, 3. Aufl. 2016, Rdn. 266 f.; vgl. auch *E. Härle*, ZöR 11 (1931), S. 206 (228): „[i]n der Hauptsache […] privatrechtliche Systeme".

[103] Diese wird denn auch heute noch weit überwiegend angestellt, ohne daraus jedoch die genannte Beschränkung abzuleiten, vgl. etwa *A. Bleckmann*, Grundprobleme und Methoden des Völkerrechts, 1982, S. 145 ff.; *J. G. Lammers*, in: GS van Panhuys, 1980, S. 53 (61 f.); *G. J. H. van Hoof*, Rethinking the Sources of International Law, 1983, S. 140; *W. Weiss*, AVR 39 (2001), S. 394 (407 f.).

[104] Heute ist die grundsätzliche Möglichkeit des Rückgriffs auf öffentlichrechtliche Grundsätze denn auch beinahe allgemein anerkannt, siehe etwa IGH, *South West Africa Cases*, Second Phase, Diss. Op. Tanaka, ICJ Rep 1966, S. 250 (294) sowie aus dem Schrifttum *R. Bernhardt*, ZaöRV 24 (1964), S. 431 (447 ff.); *A. Bleckmann*, Grundprobleme und Methoden des Völkerrechts, 1982, S. 145 f.; *M. Bos*, A Methodology of International Law, 1984, S. 271 f.; *S. Kadelbach*/*T. Kleinlein*, AVR 44 (2006), S. 235 (258 f.); *T. Kleinlein*, Konstitutionalisierung im Völkerrecht, 2012, S. 624 f.

[105] Siehe dazu bereits die oben S. 26 ff., 53 ff. geschilderten Entwicklungen.

das Völkerrecht in ähnlicher Weise wie das innerstaatliche Verfassungs- und Verwaltungsrecht dem Schutz öffentlicher Interessen an.[106] Und im Lichte zunehmender Institutionalisierung greift auch die These, das Völkerrecht sei bloßes Koordinations-, nicht aber Subordinationsrecht zu kurz.[107] Insbesondere im Recht der internationalen Organisationen schwinden so auch die strukturellen Unterschiede zwischen internationaler und nationaler Rechtsordnung. Ähnlich deutlich zeigt sich der damit eingeläutete Abschied von der Idee absoluter koordinativer Gleichordnung überall dort, wo das Völkerrecht unmittelbar auf den Einzelmenschen zugreift, indem es ihm Rechte verleiht oder Pflichten auferlegt; mitnichten stehen sich Staat und Individuum hier als Gleiche gegenüber[108] und kaum noch lässt sich deren völkerrechtlich bestimmtes Verhältnis strukturell von seinem innerstaatlichen, öffentlich-rechtlichen Pendant unterscheiden. Es dürften daher insbesondere diese beiden Bereiche sein – institutionalisiertes Völkerrecht einerseits, die völkerrechtliche Rechtsstellung des Einzelnen andererseits –, in denen einem Rückgriff auf allgemeine Rechtsgrundsätze, die dem öffentlichen Recht entstammen, der Einwand der Unvergleichbarkeit nationaler und internationaler Sachverhalte nicht entgegenstehen wird.

Zweitens ist die Bedeutung, die das öffentliche Recht damit jedenfalls unter gegenwärtigen Bedingungen für die Begründung allgemeiner Rechtsgrundsätze gewinnt, kein originäres Konstitutionalisierungsphänomen, ja nicht einmal eine Erscheinung der letzten Jahre oder Jahrzehnte. Vielmehr enthält bereits die Rechtsprechung internationaler Schiedsgerichte sowie des StIGH zahlreiche Bezugnahmen auf allgemeine Rechtsgrundsätze, die aus dem innerstaatlichen Prozessrecht bekannt und folglich dem öffentlichen Recht zuzuordnen sind:[109] Der *lex fori*-Grundsatz und die Maxime, dass den Kläger die Beweislast trifft,

---

[106] *T. Kleinlein*, Konstitutionalisierung im Völkerrecht, 2012, S. 625; siehe auch *N. Petersen*, AVR 46 (2008), S. 502 (521).

[107] *A. Bleckmann*, Grundprobleme und Methoden des Völkerrechts, 1982, S. 145 f.; *T. Kleinlein*, Konstitutionalisierung im Völkerrecht, 2012, S. 625; *W. Weiss*, AVR 39 (2001), S. 394 (409).

[108] Vgl. dazu kritisch *J. H. H. Weiler*, ZaöRV 64 (2004), S. 547 (558).

[109] Zur Rechtsprechung der frühen Schiedsgerichtsbarkeit mit Nachweisen *F. O. Raimondo*, General Principles of Law in the Decisions of International Criminal Courts and Tribunals, 2008, S. 8, zusammenfassend auf S. 16: „arbitral tribunals used to apply general principles not just of private law […] but also of public law"; ebenso für StIGH und IGH *C. Bassiouni*, Mich. J. Int'l L. 11 (1989-1990), S. 768 (790).

zählen hierzu ebenso wie das Verbot, in eigener Sache zu entscheiden (*nemo iudex in re sua*)[110]. Eine pauschale Beschränkung auf Grundsätze des Privatrechts lässt sich folglich weder der Rechtsprechung entnehmen, noch erscheint sie im Lichte neuerer Entwicklungen berechtigt. Im Grundsatz spricht daher nichts dagegen, für die Gewinnung eines allgemeinen Rechtsgrundsatzes auch an die Anerkennung in den innerstaatlichen Vorschriften des öffentlichen Rechts anzuknüpfen. An die Stelle der kategorischen, privatrechtlichen Engführung der allgemeinen Rechtsgrundsätze sollte daher vielmehr eine ausgewogene Vergleichbarkeitsprüfung in jedem konkreten Fall treten: Sofern der Anwendungsfall eines allgemeinen nationalen Rechtsgrundsatzes auf internationaler Ebene eine in allen wesentlichen Punkten vergleichbare Entsprechung findet, so steht der Übertragung ins Völkerrecht jedenfalls nicht entgegen, dass der Rechtsgrundsatz dem öffentlichen Recht und nicht dem Privatrecht entstammt.

(2) Tiefe des Rechtsvergleichs: *law on the books & law in action*

Von einigen Autoren wird dieser Forderung nach einer Weitung der Vergleichsperspektive auf Privatrecht und öffentliches Recht zudem diejenige nach einer vertieften, auch die Rechtspraxis umfassenden Vergleichung an die Seite gestellt. Der Nachweis dafür, dass ein Staat einen Rechtsgrundsatz anerkenne, dürfe sich nicht auf die oberflächliche Analyse der Rechtstexte beschränken, nein „[i]f the comparisons are to be relevant and useful, both doctrine and practice must be compared“.[111] Nur ein Grundsatz, der auch effektiv durchgesetzt werde, könne im Rahmen des Art. 38 Abs. 1 lit. c IGH-Statut von Bedeutung sein; bloßen Lippenbekenntnissen hingegen komme eine rechtskreative Funktion nicht zu.[112]

Zugegeben, ein detailgetreuer Vergleich nationaler Regelungen wird ohne die Einbeziehung der Rechtsanwendung nicht gelingen, sind es doch gerade die Rechtsanwender, die die Spielräume des geschriebenen Rechts konkretisieren. Für den Nachweis allgemeiner Rechtsgrundsätze

---

[110] StIGH, *Interpretation of Article 3, Paragraph 2, of the Treaty of Lausanne*, Advisory Opinion, Ser. B, No. 12, S. 32.

[111] *L. J. Maki*, Cal. W. Int'l L. J. 10 (1980), S. 272 (282); ähnlich *A. Bleckmann*, Grundprobleme und Methoden des Völkerrechts, 1982, S. 140.

[112] *G. Dahm/J. Delbrück/R. Wolfrum*, Völkerrecht, Bd. I/1, 2. Aufl. 1989, S. 66.

jedoch setzt dies die Anforderungen aus mehreren Gründen zu hoch an. Denn erstens ist eine Übereinstimmung in allen Details für die Übertragung der gesuchten rechtlichen Grundsätze nicht erforderlich. Die Beschränkung auf die allgemeinen Rechts*grundsätze* zeigt vielmehr, dass Art. 38 Abs. 1 lit. c IGH-Statut eine Übereinstimmung in allen Konkretisierungen nicht erfordert, sondern die Kongruenz in den zugrunde liegenden Wertungen genügt.[113] Zweitens dürfte sich – worauf *Thomas Kleinlein* zu Recht hinweist – ein Rechtsgrundsatz, der nicht nur allgemein anerkannt ist, sondern auch noch ausnahmslos durchgesetzt und damit von der Praxis übereinstimmend konkretisiert wird, kaum jemals nachweisen lassen.[114] Art. 38 Abs. 1 lit. c IGH-Statut ließe eine entsprechende Interpretation folglich leer laufen; seine Aufgabe, dem Ausspruch eines *non liquet* vorzubeugen, bliebe unerfüllt. Eine Auslegung, die die Anerkennung im Sinne des Art. 38 Abs. 1 lit. c IGH-Statut an die Bedingung konsequenter Rechtsdurchsetzung knüpft, bärge zudem drittens die Gefahr, den Unterschied zwischen allgemeinen Rechtsgrundsätzen und Gewohnheitsrecht ohne Not zu nivellieren. Oder erfüllte eine allgemeine Rechtsdurchsetzungspraxis nicht zugleich das Erfordernis gewohnheitsrechtskonstitutiver *consuetudo*? Und bliebe dann überhaupt noch Raum für allgemeine Rechtsgrundsätze, die nicht zugleich auch völkergewohnheitsrechtlich verbindlich wären? Viertens sprechen denn auch sprachliche Erwägungen gegen das Erfordernis konsequenter und übereinstimmender Anwendungspraxis. Denn seiner gewöhnlichen Bedeutung nach beschreibt das Wort „anerkennen" zumeist entweder eine rein innerliche Haltung des Anerkennenden oder aber – und im juristischen Kontext häufiger – eine einmalige Handlung oder Erklärung, mit der die betreffende Person dieser Haltung nach außen Ausdruck verleiht. Das zeigt sich auch im völkerrechtlichen Kontext, erfolgen doch etwa die Anerkennung eines Staates oder einer Regierung in aller Regel in einem einmaligen Akt, wie

---

113 So etwa *W. Heintschel von Heinegg*, Casebook Völkerrecht, 2005, Rdn. 283; vgl. auch *M. Bos*, A Methodology of International Law, 1984, S. 264: „in the context of Article 38, paragraph 1(c), it is never more than the principle behind the rule which counts"; *J. G. Lammers*, in: GS van Panhuys, 1980, S. 53 (62); *W. Weiss*, AVR 39 (2001), S. 394 (407); *H. Mosler*, General Principles of Law, in: EPIL, Bd. II, 1995, S. 511 (517) weist darauf hin, dass eben deshalb dem internationalen Richter die Aufgabe der Konkretisierung und gegebenenfalls der Anpassung obliege.

114 *T. Kleinlein*, Konstitutionalisierung im Völkerrecht, 2012, S. 631 mit Verweis auf *E. de Wet*, The Chapter VII Powers of the United Nations Security Council, 2004, S. 84.

etwa einer öffentlichen Erklärung. Diese Erklärung wird man für gewöhnlich aber selbst dann noch als Anerkennung bezeichnen, wenn die spätere Praxis ihr keinen Ausdruck verleiht. Gleiches zeigt im Übrigen die Vorschrift des Art. 38 Abs. 1 lit. a IGH-Statut, der das Völkervertragsrecht als bestehend aus „rules expressly recognized by the contesting states" umschreibt. Auch hier bezeichnet die Anerkennung nur eine einmalige Erklärung – diejenige nämlich, die dem Vertrag zur Verbindlichkeit verhilft. Ein späteres davon abweichendes Verhalten, ja selbst eine anschließende ausdrückliche Erklärung mit gegenteiligem Inhalt lässt die Anerkennung der vertraglichen Regeln nicht zweifelhaft werden. Begrifflich liegt es daher nicht nahe, die Anerkennung eines Rechtsgrundsatzes an dessen konsequente Durchsetzung zu koppeln. Lediglich ergänzend mag man angesichts der Erkenntnis, dass Recht stets und notwendigerweise kontrafaktisch ist,[115] schließlich fünftens aus rechtsphilosophischer Sicht „erwägen, ob nicht bei der Feststellung geltenden internationalen Rechts das Wort der staatlichen Rechtsordnungen [ganz grundsätzlich] wichtiger sein kann als die Tat".[116] Auch dies spricht dafür, eine konsequente Durchsetzung allgemeiner Rechtsgrundsätze nicht zur Voraussetzung für deren Anerkennung im Sinne des Art 38 Abs. 1 lit. c IGH-Statut zu erheben.

bb) Anerkennung *in foro internationalis*

(1) Grundsatz: Rechtsgrundsätze lassen sich auch jenseits des nationalen Rechts gewinnen

Allgemeine Rechtsgrundsätze im Sinne des Art. 38 Abs. 1 lit. c IGH-Statut lassen sich auch jenseits des nationalen Rechts gewinnen. Sie können ihren Ursprung unmittelbar in den internationalen Beziehungen haben und unmittelbar auf internationaler Ebene Anerkennung finden.[117]

---

[115] Vgl. dazu differenzierend *C. Möllers*, Die Möglichkeit der Normen, 2015, S. 108, 131 f., 244 und öfter.

[116] *R. Bernhardt*, ZaöRV 24 (1964), S. 431 (447).

[117] So auch IGH, *Pulp Mills*, Sep. Op. Cançado Trindade, ICJ Rep 2010, S. 135 (146); IGH, *South West Africa Cases*, Second Phase, Diss. Op. Tanaka, ICJ Rep 1966, S. 250 (299 f.) sowie *C. Bassiouni*, Mich. J. Int'l L. 11 (1989-1990), S. 768 (768 f. und öfter); *G. Gaja*, RdC 364 (2012), S. 9 (34 f.); *S. Kadelbach/T. Kleinlein*, AVR 44 (2006), S. 235 (255, 259 ff.); *dies.*, GYIL 50 (2007), S. 303 (339 f.); *T. Kleinlein*, Konstitutionalisierung im Völkerrecht, 2012, S. 620,

Eine breite Strömung der – vor allem älteren – Literatur steht dieser These indes kritisch gegenüber.[118] Sie beruft sich dabei auf zwei Argumente, die jedoch beide nicht verfangen. Erstens, so tragen Kritiker vor, beschränke der Wortlaut des Art. 38 Abs. 1 lit. c IGH-Statut die allgemeinen Rechtsgrundsätze von vornherein auf solche, die dem nationalen Recht entnommen seien.[119] Eine Anerkennung jenseits des nationalen Rechts lasse die Formulierung „general principles of law recognized by civilized nations" schlicht nicht zu. Aus welchem Wort oder welchem Teil des Vorschriftstexts sich das ergeben soll, bleibt dabei leider im Dunkeln und erschließt sich auch bei zweiter Lektüre nicht. Denn die bestehende Formulierung hätte an mindestens zwei Stellen Gelegenheit geboten, die Beschränkung auf innerstaatlich anerkannte Grundsätze festzuschreiben. Doch an beiden findet sich eine entsprechende Klarstellung nicht: Weder spricht Art. 38 Abs. 1 lit. c IGH-Statut von „general principles of *domestic* law", noch beschränkt er die Form der Anerkennung ausdrücklich auf eine innerstaatliche wie dies etwa durch die Ergänzung „recognized by civilized nations *in their internal legal orders*" leicht möglich gewesen wäre. Die Tatsache allein, dass es die „civilized nations" sind, auf deren Anerkennung es ankommen soll, schließt eine Anerkennung von Rechtsgrundsätzen in den internationalen Beziehungen ebenfalls nicht aus. Sprachlich ist Art. 38 Abs. 1 lit. c IGH-Statut demnach jedenfalls ausreichend offen gestaltet,

---

633 ff.; *J. G. Lammers*, in: GS van Panhuys, 1980, S. 53 (66 ff.); *N. Petersen*, AVR 46 (2008), S. 502 (511 f., 520 f.); *ders.*, Am. U. Int'l L. Rev. 23 (2008), S. 275 (306 ff.); *B. Simma/P. Alston*, AusYIL 5 (1988-1989), S. 82 (102 ff.); *P. C. Szasz*, in: O. Schachter/C. C. Joyner (Hrsg.), United Nations Legal Order, Bd. I, 1995, S. 35 (43 f.); *W. Weiss*, AVR 39 (2001), S. 394 (400 ff.); offenbar auch *G. Dahm/J. Delbrück/R. Wolfrum*, Völkerrecht, Bd. I/1, 2. Aufl. 1989, S. 73; vgl. auch *T. Schilling*, in: FS Ress, 2005, S. 235 (240); *G. J. H. van Hoof*, Rethinking the Sources of International Law, 1983, S. 147 f.

118 *F. Berber*, Lehrbuch des Völkerrechts, Bd. I, 2. Aufl. 1975, S. 69; *R. A. Billib*, Die allgemeinen Rechtsgrundsätze gemäss Artikel 38 I c des Statuts des Internationalen Gerichtshofs, 1972, S. 202; *M. Bos*, A Methodology of International Law, 1984, S. 262; *G. Ripert*, RdC 44 (1933-II), S. 565 (580); heute noch ebenso *S. Besson*, in: dies./P. Pichonnaz (Hrsg.), Les principes en droit européen – Principles in European Law, 2011, S. 19 (33, 35); *G. Sulyok*, in: C. Sampford/S. Zifcak/D. Aydin Okur (Hrsg.), Rethinking international law and justice, 2015, S. 313 (313 f.); weitere Nachweise aus dem älteren Schrifttum bei *B. Vitanyi*, RGDIP 86 (1982), S. 48 (96 ff.) und *J. G. Lammers*, in: GS van Panhuys, 1980, S. 53 (56 f.).

119 *M. Bothe*, ZaöRV 36 (1976), S. 280 (282).

um auch Rechtsgrundsätze zu erfassen, deren Ursprung nicht im innerstaatlichen Recht liegt.[120] Eher als die Einbeziehung letzterer erscheint daher die Beschränkung auf nationale Rechtsgrundsätze rechtfertigungsbedürftig.

Für diese Rechtfertigung bemühen die Verfechter der Beschränkungsthese zweitens eine „historische Reduktion", die sich im Wesentlichen auf die Entstehungsgeschichte des Art. 38 StIGH-Statut stützt. Der Blick in die *travaux préparatoires* beweise, so das Argument, dass die allgemeinen Rechtsgrundsätze auf aus dem nationalen Recht entnommene Grundsätze beschränkt bleiben müssten. In diesem Sinne argumentiert etwa *Marten Bos*, „in 1920 principles of international law definitely were not envisaged to be included among general principles of law, and their inclusion no doubt would mean a violation of the [...] spirit of Article 38, paragraph 1(c)".[121] Bei näherer Betrachtung trägt indes auch dieser Verweis auf die Normgenese nicht weit. Ihn schwächt einerseits bereits, dass er sich zur Begründung seiner These auf die Vorarbeiten zu einem Vertrag beruft, der seine Rechtsgeltung bereits eingebüßt hat. StIGH-Statut und IGH-Statut mögen sich inhaltlich weitgehend decken, formal betrachtet bleiben sie zu unterscheidende Verträge. Und so dürften denn auch die Vorarbeiten zu ersterem für die Interpretation des zweiten allenfalls von mittelbarer Bedeutung sein.[122] Dessen ungeachtet verschweigt die Begründung zudem andererseits, dass die Meinungsdifferenzen über die konkrete Herkunft der allgemeinen Rechtsgrundsätze, die der StIGH nach Art. 38 Abs. 3 StIGH-Statut anwenden sollte, im Juristenkomitee bis zuletzt nicht beigelegt werden konnten. Davon zeugt etwa der von *Albert de Lapradelle* in den Diskussionen geäußerte Wunsch, den Ursprung der Rechtsgrundsätze, deren Anwendung Art. 38 Abs. 3 des Statuts dem Ständigen Internationalen Gerichtshof aufgebe, im Text der Vorschrift nicht ausdrücklich zu

---

[120] So auch *J. G. Lammers*, in: GS van Panhuys, 1980, S. 53 (67) und *T. Schilling*, in: FS Ress, 2005, S. 235 (240).

[121] *M. Bos*, A Methodology of International Law, 1984, S. 268. Auf dieses *travaux*-Argument berufen sich außerdem *G. Ripert*, RdC 44 (1933-II), S. 565 (580); *A. Verdross/B. Simma*, Universelles Völkerrecht, 3. Aufl. 1984, § 601. Letztere messen ihm allerdings keine durchschlagende Bedeutung bei (siehe ebd., § 606).

[122] Diesbezüglich deutlich auch *G. I. Tunkin*, in: FS Verdross, 1971, S. 523 (523 f.).

nennen.[123] Im Rahmen der Vorarbeiten, die der Textfassung des späteren IGH-Statut selbst vorausgingen, glaubten sich einige Vertreter gar sicher, durch die neu eingefügte Eingangsformulierung („whose function is to decide in accordance with *international* law" – eigene Hervorhebung) sei die Gewinnung allgemeiner Rechtsgrundsätze aus dem innerstaatlichen Recht nunmehr ausgeschlossen[124] und der chilenische Vertreter schlug ausdrücklich vor, den Text des Art. 38 Abs. 1 lit. c IGH-Statut um die Worte „and especially the principles of international law" zu ergänzen. Die *travaux préparatoires* sind folglich weit davon entfernt, einen dahingehenden historischen Konsens zu belegen, dass die Anerkennung allgemeiner Rechtsgrundsätze lediglich im innerstaatlichen Recht Ausdruck finden kann.[125] Auch die Juristen, die für den Entwurf des IGH-Statuts verantwortlich zeichneten, waren sich dieser und anderer Kontroversen vielmehr durchaus bewusst. Doch sie waren überzeugt davon, dass sich die Auslegungsprobleme für die Spruchtätigkeit des StIGH bislang nicht als hinderlich erwiesen hatten, dieser die Vorschrift vielmehr gekonnt anzuwenden verstanden hatte. So beschloss das Komitee, es denn auch weiterhin dem Gerichtshof zu überlassen, die Vorschrift operabel zu machen.[126] Der Text des Art. 38 Abs. 1 lit. c IGH-Statut lässt sich im Lichte dieser entstehungsgeschichtlichen Überlegungen als Formelkompromiss verstehen, dessen Konkretisierung die Schöpfer ausdrücklich an den Gerichtshof delegierten. Ein eindeutiges Argument für eine Interpretation, die die Anerkennung allgemeiner Rechtsgrundsätze auf den Bereich des inner-

---

[123] Permanent Court of Justice, Advisory Committee of Jurists, Procès-Verbaux of the Proceedings of the Committee, 1920, S. 336. Darauf weisen ebenfalls hin *R. A. Billib*, Die allgemeinen Rechtsgrundsätze gemäss Artikel 38 I c des Statuts des Internationalen Gerichtshofs, 1972, S. 33; *G. Herczegh*, General Principles of Law and the International Legal Order, 1969, S. 15 f.

[124] *R. A. Billib*, Die allgemeinen Rechtsgrundsätze gemäss Artikel 38 I c des Statuts des Internationalen Gerichtshofs, 1972, S. 35.

[125] *E. Carpanelli*, in: L. Pineschi (Hrsg.), General Principles of Law – The Role of the Judiciary, 2015, S. 125 (127); *J. G. Lammers*, in: GS van Panhuys, 1980, S. 53 (66).

[126] So zitiert *G. Herczegh*, General Principles of Law and the International Legal Order, 1969, S. 17 f. den Bericht von *Jules Basdevant* mit den Worten: „Article 38 which determines, according to its terms, what the Court 'shall apply' has given rise to more controversies in doctrine than difficulties in practice. The Committee thought that it was not the opportune time to undertake the revision of this article. It has trusted to the Court to put it into operation […]".

staatlichen Rechts beschränkt, lässt sich den *travaux* jedenfalls nicht entnehmen. Dies anders zu bewerten, liegt auch angesichts der Entscheidungspraxis des StIGH, auf die sich die Juristen 1945 ausdrücklich beriefen, nicht nahe. Sie nämlich spiegelt eine entsprechende Beschränkung nicht wider: Kaum einmal stellt der Gerichtshof ausdrücklich auf nationale Vorschriften ab,[127] teilweise gewinnt er seine Rechtsgrundsätze stattdessen gar unter ausdrücklicher Berufung auf die Anerkennung eines Grundsatzes in den internationalen Beziehungen.[128] Bei alledem bleibt der Verweis auf die Entstehungsgeschichte zudem ein lediglich subsidiär zu berücksichtigendes Auslegungsargument.[129] Und selbst *Bos* räumt ein, dass „there is room for a somewhat relaxed view of legal history after so many years".[130]

Zwingende Gründe für eine Beschränkung des Art. 38 Abs. 1 lit. c IGH-Statut auf Rechtsgrundsätze, die sich im internen Recht der Staaten wiederfinden, ergeben sich folglich weder aus der gewöhnlichen Bedeutung der Vorschrift noch aus deren Entstehungsgeschichte. Der Wortlaut spezifiziert weder die Form der Anerkennung noch den Rechtskorpus, aus dem die Rechtsgrundsätze zu entnehmen sind,[131]

---

[127] Überblick bei *A. Verdross*, RdC 52 (1935-II), S. 191 (230 ff.).

[128] So etwa, wenn er den Grundsatz *nemo iudex in re sua* aus den Absätzen 6 und 7 des Art. 15 der Völkerbundsatzung gewinnt, siehe StIGH, *Interpretation of Article 3, Paragraph 2, of the Treaty of Lausanne*, Advisory Opinion, Ser. B, No. 12, S. 32; ebenso zur Praxis des IGH auch *E. Carpanelli*, in: L. Pineschi (Hrsg.), General Principles of Law – The Role of the Judiciary, 2015, S. 125 (128) und *S. Knuchel*, in: S. Besson/P. Pichonnaz (Hrsg.), Les principes en droit européen – Principles in European Law, 2011, S. 121 (127).

[129] So heute ausdrücklich Art. 32 WVK; kritisch dazu *J. D. Mortenson*, AJIL 107 (2013), S. 780. Im Kontext der Auslegung des Art. 38 Abs. 1 lit. c IGH-Statut weisen darauf ebenfalls hin *T. Kleinlein*, Konstitutionalisierung im Völkerrecht, 2012, S. 635; *N. Petersen*, Am. U. Int'l L. Rev. 23 (2008), S. 275 (307).

[130] *M. Bos*, A Methodology of International Law, 1984, S. 268.

[131] An letzterem Punkt ändert entgegen *G. I. Tunkin*, in: FS Verdross, 1971, S. 523 (524 ff.) auch die einleitende Klarstellung des Art. 38 Abs. 1 IGH-Statut nichts, dass der Gerichtshof „in accordance with *international* law" entscheide. Denn selbst wenn die allgemeinen Rechtsgrundsätze, die er zur Anwendung bringt, ihren Ursprung in den innerstaatlichen Rechtsordnungen – und damit im nationalen Recht – finden, so wendet der Gerichtshof sie freilich nicht als solche an, sondern gewinnt auf deren Grundlage einen eigenständigen Völkerrechtssatz; ebenfalls kritisch zu dem Argument Tunkins *C. Tomuschat*, RdC 241 (1993-IV), S. 195 (313 f.).

und die – lediglich nachrangig bedeutsame – Genese des Art. 38 Abs. 1 lit. c IGH-Statut zeigt, dass dessen Autoren die Klärung der durch den Wortlaut offen gelassenen Fragen dem Gerichtshof überlassen wollten. Dieser jedoch hat sich bei der Anwendung allgemeiner Rechtsgrundsätze ebenso wenig wie sein Vorgänger auf Rechtsgrundsätze beschränkt, die ihren Ursprung in den innerstaatlichen Rechtsordnungen haben.[132] Aus teleologischer Sicht erscheint das auch nicht geboten, soll es Art. 38 Abs. 1 lit. c IGH-Statut dem Gerichtshof doch ermöglichen, durch den Rückgriff auf anerkannte allgemeine Rechtsgrundsätze den Ausspruch eines *non liquet* zu verhindern.[133] Dieser Funktion aber lässt sich gerade mit einer Interpretation besonders gut gerecht werden, die den Kreis potentieller allgemeiner Rechtsgrundsätze nicht von vornherein auf solche beschränkt, die sich im nationalen Recht entwickelter Staaten übereinstimmend finden. Denn vor dem Hintergrund einer seit 1920 stark gewachsenen und damit zugleich merklich heterogener gewordenen Staatengemeinschaft sind eben solche Rechtsgrundsätze zunehmend schwieriger zu gewinnen.[134] Zudem unterscheiden sich auf innerstaatlicher Ebene anerkannte Rechtsgrundsätze auch in normativer Hinsicht nicht von solchen, die auf internationaler Ebene gewonnen wurden – und das unabhängig davon, ob man die Verbindlichkeit allgemeiner Rechtsgrundsätze auf einen hypothetischen oder impliziten Staatenkonsens oder eine (Rechts-)Analogie zurückführt. Denn warum sollte nur das innerstaatliche Recht einen impliziten Konsens zum Ausdruck bringen oder Anknüpfungspunkt für einen hypothetischen Konsens sein können, nicht jedoch das Handeln der Staaten auf internationaler

---

[132] So IGH, *Pulp Mills*, Sep. Op. Cançado Trindade, ICJ Rep 2010, S. 135 (144); *C. Bassiouni*, Mich. J. Int'l L. 11 (1989-1990), S. 768 (789); *G. Gaja*, RdC 364 (2012), S. 9 (35); *ders.*, General Principles of Law, in: MPEPIL (online edition), Stand: Mai 2013, Rdn. 32; *S. Knuchel*, in: S. Besson/P. Pichonnaz (Hrsg.), Les principes en droit européen – Principles in European Law, 2011, S. 121 (127); *W. Weiss*, AVR 39 (2001), S. 394 (402 f.).

[133] *J. G. Lammers*, in: GS van Panhuys, 1980, S. 53 (67); das heben als Zweck allgemeiner Rechtsgrundsätze ebenfalls hervor *C. Bassiouni*, Mich. J. Int'l L. 11 (1989-1990), S. 768 (778 f., 792); *R. Bernhardt*, ZaöRV 36 (1976), S. 50 (74); *G. Gaja*, General Principles, in: MPEPIL (online edition), Stand: Mai 2013, Rdn. 21; *M. N. Shaw*, International Law, 6. Aufl. 2008, S. 70; *T. Stein/C. v. Buttlar/M. Kotzur*, Völkerrecht, 14. Aufl. 2017, Rdn. 166; *H. Thirlway*, BYIL 61 (1990), S. 1 (112); *W. Vitzthum*, in: ders./A. Proelß (Hrsg.), Völkerrecht, 7. Aufl. 2016, 1. Abschn. Rdn. 142; *W. Weiss*, AVR 39 (2001), S. 394 (411 f.).

[134] *G. Dahm/J. Delbrück/R. Wolfrum*, Völkerrecht, Bd. I/1, 2. Aufl. 1989, S. 63.

Ebene?[135] Und warum sollten nur innerstaatlich anerkannte Grundsätze im Wege der Analogie – quasi vertikal – ins Völkerrecht „hochgezont" werden können, bereits auf internationaler Ebene getroffene Wertungen aber nicht – gewissermaßen horizontal – auf andere, ungeregelte Fälle übertragen werden dürfen? Wer normativ relevante Unterschiede zwischen einer Anerkennung auf internationaler Ebene und einer solchen im innerstaatlichen Recht nicht zu benennen vermag, wird letztlich auch auf diese Fragen eine Antwort schuldig bleiben. Ohne eine solche Antwort aber bleibt schließlich auch die Wortlautreduktion, die mit der Beschränkung auf innerstaatlich anerkannte Rechtsgrundsätze einhergeht, unbegründet.

Die Engführung der nach Art. 38 Abs. 1 lit. c IGH-Statut vom Gerichtshof anzuwendenden allgemeinen Rechtsgrundsätze auf solche, die den staatlichen Rechtsordnungen zu entnehmen sind, verkürzt den Anwendungsbereich der Norm folglich über Gebühr. Sie hat weder die sprachlichen noch die historischen Gründe, auf die sie sich beruft, auf ihrer Seite. Stattdessen legen Wortlaut und Telos eine weite Lesart des Art. 38 Abs. 1 lit. c IGH-Statut nahe. Die Anerkennung allgemeiner Rechtsgrundsätze kann folglich auch jenseits des nationalen Rechts Ausdruck finden.

(2) Bestehende Völkerrechtsnormen als Indizien der Anerkennung

Einen ersten Anknüpfungspunkt für die Gewinnung allgemeiner Rechtsgrundsätze auf internationaler Ebene bilden die bestehenden Regeln des Völkervertrags- und Völkergewohnheitsrechts. Beruht eine Mehrzahl gewohnheits- oder vertragsrechtlich verbindlicher Regeln auf einem gemeinsamen Grundgedanken, so impliziert deren Rechtsgeltung einen staatlichen Konsens, der sich inhaltlich nicht lediglich auf die besagten Regeln selbst erstreckt, sondern darüber hinaus auch den allgemeinen Rechtsgrundsatz umfasst, der diesen zugrunde liegt. Im Wege der Induktion lässt sich bestehenden Völkerrechtsregeln so eine Wertung entnehmen, die über jene hinausreicht und folglich eine rechtliche Bewertung auch dort ermöglicht, wo der Anwendungsbereich keiner der Regeln selbst eröffnet ist.[136] Diese Form abstrahierend-induktiver

---

[135] Vgl. auch *S. Kadelbach/T. Kleinlein*, AVR 44 (2006), S. 235 (260).

[136] *A. Blondel*, in: FS Guggenheim, 1968, S. 201 (208); vgl. allgemein *R. Kolb*, NILR 53 (2006), S. 1 (7 f., 10).

Gewinnung rechtlicher Grundsätze findet verbreitete Anerkennung.[137] Doch werden die so gewonnenen Prinzipien oftmals in gleich zweifacher Hinsicht von den aus den nationalen Rechtsordnungen hergeleiteten allgemeinen Rechtsgrundsätzen unterschieden. Erstens begrifflich: Während letztere etwa im Englischen unter der Bezeichnung „general principles of law" firmieren, werden die aus dem bestehenden Völkerrecht abgeleiteten Rechtgrundsätze meist als „general principles of international law" in Bezug genommen. Auf ähnliche Weise wird im französischen Schrifttum zwischen „principes généraux de droit" und „principes généraux du droit international" differenziert.[138] Die Sinnhaftigkeit dieser terminologischen Unterscheidung wird erst vor dem Hintergrund der zweiten – rechtsquellentheoretischen – Unterscheidung verständlich: Nach verbreiteter Ansicht sind die aus dem internationalen Recht abgeleiteten Rechtsgrundsätze nicht dem Art. 38 Abs. 1 lit. c IGH-Statut, sondern den lit. a bzw. b zuzuordnen.[139] Für diese

---

[137] Siehe unter anderem *R. A. Billib*, Die allgemeinen Rechtsgrundsätze gemäss Artikel 38 I c des Statuts des Internationalen Gerichtshofs, 1972, S. 202, 205; *S. Kadelbach/T. Kleinlein*, AVR 44 (2006), S. 235 (259 f.); *J. G. Lammers*, in: GS van Panhuys, 1980, S. 53 (67 ff., 74); *W. Weiss*, AVR 39 (2001), S. 394 (401, 409 f.); auch und insbesondere in der sowjetischen Völkerrechtsdoktrin hat diese Form der Gewinnung allgemeiner Rechtsgrundsätze Unterstützer gefunden, siehe etwa *G. Herczegh*, General Principles of Law and the International Legal Order, 1969, S. 43 f., 55, 91 mit weiteren Nachweisen; die abgeleiteten Prinzipien werden von den genannten Vertretern der sowjetischen Völkerrechtslehre – wenngleich nicht nur von diesen – allerdings nicht den allgemeinen Rechtsgrundsätzen im Sinne des Art. 38 Abs. 1 lit. c IGH-Statut zugeordnet, sondern der Rechtsquelle, aus deren Regeln sie sich speisen (dazu noch sogleich im Text).

[138] *S. Besson*, in: dies./P. Pichonnaz (Hrsg.), Les principes en droit européen – Principles in European Law, 2011, S. 19 (33); *A. Pellet*, in: A. Zimmermann u.a. (Hrsg.), The Statute of the International Court of Justice. A Commentary, 2. Aufl. 2012, Art. 38 Rdn. 258 in Fn. 734. Den als „general principles of international law" bzw. „principes généraux du droit international" bezeichneten Grundsätzen werden dabei auch diejenigen zugeschlagen, die sich ohne die geschilderte abstrahierend-induktive Methode aus Völkervertrags- oder Völkergewohnheitsrecht ergeben.

[139] So neben den bereits genannten Vertretern der sowjetischen Völkerrechtslehre auch *F. Berber*, Lehrbuch des Völkerrechts, Bd. I, 2. Aufl. 1975, S. 69 f.; *M. Bogdan*, Nordic J. Int'l L. 46 (1977), S. 37 (42); *F. O. Raimondo*, General Principles of Law in the Decisions of International Criminal Courts and Tribunals, 2008, S. 41 mit weiteren Nachweisen; *M. Virally*, in: FS Guggenheim,

Ansicht lässt sich allenfalls vortragen, dass schließlich auch die abstrahierend-induktive Gewinnung dieser Grundsätze an Regeln anknüpft, die eben diesen Rechtsquellen zugehören. Zu überzeugen vermag sie dennoch nicht. Erstens deckt sich das im Wege der Induktion aus den völkervertrags- oder völkergewohnheitsrechtlichen Regeln gewonnene Prinzip inhaltlich nicht mit diesen, sondern geht in seinem Regelungsgehalt über sie hinaus.[140] Es enthält somit ein normatives „Mehr", dessen Rechtsverbindlichkeit zweitens weder auf der ausdrücklichen Anerkennung in einem völkerrechtlichen Vertrag beruht noch auf eine „general practice accepted as law" zurückzuführen ist. Vermögen die von einer Rechtsüberzeugung getragene Staatenpraxis bzw. die ausdrückliche Anerkennung aber lediglich die Rechtsverbindlichkeit der konkreten Regeln zu begründen, so kann ein allgemeiner Rechtsgrundsatz, der diesen Regeln zugrunde liegt und dabei doch über sie hinausreicht, nur dann dem Bereich des Rechts zugehören, wenn er einen anderen Rechtsgeltungsgrund auf seiner Seite hat, sich also auf eine alternative Rechtsquelle zurückführen lässt. Die Einordnung der aus völkergewohnheitsrechtlichen Regeln abgeleiteten Prinzipien als allgemeine Rechtsgrundsätze im Sinne des Art. 38 Abs. 1 lit. c IGH-Statut erkennt genau dies an: Dass es nicht *opinio iuris* und *consuetudo* oder die ausdrückliche vertragliche Anerkennung sind, die die Rechtsgeltung dieser Grundsätze bedingen, sondern der in den Normen anderer Rechtsquellen zum Ausdruck kommende implizite Konsens der Staaten. Die Diskussion über die zutreffende rechtsquellentheoretische Lokalisierung dieser Rechtsgrundsätze ist dabei allenfalls vordergründig ein akademisches Glasperlenspiel. Denn die Erkenntnis, dass geltende Völkerrechtssätze einem impliziten Konsens Ausdruck verleihen können, der für die Genese allgemeiner Rechtsgrundsätze von Bedeutung ist, eröffnet zugleich die Möglichkeit, einen allgemeinen Rechtsgrundsatz auch dort nachzuweisen, wo sowohl innerstaatliches als auch internationales Recht je für sich betrachtet noch keine ausreichende Anerkennung erkennen lassen, im kumulativen Zusammenwirken beider an einer Anerkennung des entsprechenden Grundsatzes aber kein Zweifel mehr bleibt.[141]

1968, S. 531 (546); wohl auch *A. Verdross/B. Simma*, Universelles Völkerrecht, 3. Aufl 1984, § 605.

[140] *J. G. Lammers*, in: GS van Panhuys, 1980, S. 53 (69); *W. Weiss*, AVR 39 (2001), S. 394 (401).

[141] Dazu noch unten S. 278 f.

(3) Nicht unmittelbar rechtsverbindliche staatliche Äußerungen als Indizien der Anerkennung

Allgemeine Rechtsgrundsätze lassen sich auf internationaler Ebene aber auch dort nachweisen, wo sie sich nicht auf einen in bestehenden völkervertraglichen und völkergewohnheitsrechtlichen Normen zum Ausdruck kommenden und damit formalisierten Konsens der Staatengemeinschaft stützen können. Jedenfalls in bestimmten Fällen genügt das formlose – und hinreichend verbreitete – Bekenntnis zu einem Grundsatz, um diesen über die Schwelle der Rechtlichkeit zu heben.[142]

Bereits der offene Wortlaut des Art. 38 Abs. 1 lit. c IGH-Statut belegt hier ein weiteres Mal, dass hinsichtlich der erforderlichen Anerkennung Formzwänge nicht bestehen, sofern deren inhaltliche Anforderungen erfüllt sind. Daher gilt auch für die Prinzipiengewinnung auf internationaler Ebene: Manifestiert sich in den internationalen Beziehungen die Überzeugung, ein bestimmter allgemeiner Grundsatz entfalte gerade als *Rechts*grundsatz Verbindlichkeit für das Verhalten der Staaten in ihren völkerrechtlich bestimmten Beziehungen, so ist die Form, in der sie dies tut, unerheblich. Die Anerkennung *als* Recht, nicht aber die Anerkennung *durch* (nationales oder internationales) Recht macht Art. 38 Abs. 1 lit. c IGH-Statut zur Voraussetzung. In der Umschreibung, mit der sich das IGH-Statut den allgemeinen Rechtsgrundsätzen nähert, stellen sich diese folglich als „expression of the legal conviction of states"[143] dar, deren Genese ihren Ausgangspunkt nicht nur in den Impli-

---

[142] Siehe etwa *K. Ambos*, AVR 37 (1999), S. 318 (332 ff.); *C. Bassiouni*, Mich. J. Int'l L. 11 (1989-1990), S. 768 (768 f.); *S. Kadelbach/T. Kleinlein*, AVR 44 (2006), S. 235 (259 f.); *dies.*, GYIL 50 (2007), S. 303 (339 ff.); *T. Kleinlein*, Konstitutionalisierung im Völkerrecht, 2012, S. 633 ff.; *J. G. Lammers*, in: GS van Panhuys, 1980, S. 53 (66 ff.); *N. Petersen*, AVR 46 (2008), S. 502 (512); *ders.*, Am. U. Int'l L. Rev. 23 (2008), S. 275 (284 ff., 291 f.); *B. Simma/P. Alston*, AusYIL 5 (1988-1989), S. 82 (102 ff.); *A. Verdross*, Die Quellen des universellen Völkerrechts, 1973, S. 128; *A. Verdross/B. Simma*, Universelles Völkerrecht, 3. Aufl. 1984, § 606; *C. Voigt*, Sustainable Development as a Principle of International Law, 2009, S. 155 ff.; *dies.*, Retfaerd 121 (2008), Nr. 2, S. 3 (8); *W. Weiss*, AVR 39 (2001), S. 394 (400 f.); wohl auch *W. Cremer*, AVR 41 (2003), S. 137 (156). Vgl. ferner *R. Bernhardt*, ZaöRV 36 (1976), S. 50 (54), der die Geltung der Grundprinzipien des Völkerrechts „aus einem allgemeinen, mehr oder weniger eindeutigen Konsens der Staatengemeinschaft ableiten" will, und *M. O'Boyle/M. Lafferty*, in: D. Shelton (Hrsg.), The Oxford Handbook on International Human Rights Law, 2013, S. 194 (207).

[143] *J. G. Lammers*, in: GS van Panhuys, 1980, S. 53 (67); ebenso *C. Voigt*, Sustainable Development as a Principle of International Law, 2009, S. 157: „If a

kationen geltender Rechtsnormen, sondern grundsätzlich in jeder von staatlicher Seite und auf „internationaler Ebene geäußerte[n] Meinung über Recht“[144], ja in jeder „nicht unmittelbar bindenden [staatlichen] Willensäußerung“[145] nehmen kann. Resolutionen internationaler Organisationen, insbesondere der UN-Generalversammlung, öffentliche Erklärungen und Diskussionsbeiträge von Staatenvertretern, Urteile nationaler Gerichte,[146] völkerrechtliche *soft law*-Instrumente, Präambeln internationaler Verträge oder die Richtlinien nationalstaatlicher Außenpolitik sind nur einige der Äußerungsformen, die Auskunft über die demnach entscheidenden Rechtsüberzeugungen der Staaten versprechen.[147]

Kritiker dieser Lesart des Art. 38 Abs. 1 lit. c IGH-Statut geben ihr gegenüber zweierlei zu bedenken. Erstens, so mahnen sie an, dürften Stellungnahmen, die Staatenvertreter etwa im Rahmen internationaler Konferenzen oder bei Sitzungen der Generalversammlung abgeben, nicht überbewertet werden. Äußerungen seien in diesen Foren meist als politische Akte zu verstehen, die gerade wegen, jedenfalls aber in Kenntnis

---

norm can be shown to be part of the ‚common legal conscience‘ it becomes a legal norm as a general principle.“

144 *W. Weiss*, AVR 39 (2001), S. 394 (403); ebenso *N. Petersen*, Am. U. Int'l L. Rev. 23 (2008), S. 275 (292): *„opinio juris“*; *B. Simma*, in: Academy of European Law (Hrsg.), Collected Courses of the Academy of European Law, Vol. IV, Book 2, 1995, S. 153 (225): „opinio juris without concordant state practice“; ähnlich *C. Bassiouni*, Mich. J. Int'l L. 11 (1989-1990), S. 768 (768 f.).

145 *N. Petersen*, AVR 46 (2008), S. 502 (512).

146 Entscheidungen internationaler Gerichte und Stellungnahmen von Völkerrechtswissenschaftlern, auf die in diesem Zusammenhang ebenfalls gelegentlich hingewiesen wird, können indes selbst die erforderliche Anerkennung nicht begründen, stellt Art. 38 Abs. 1 lit. c IGH-Statut doch unzweifelhaft auf die Anerkennung durch die Staaten ab. Dessen ungeachtet bleiben sie als Erkenntnisquellen, d.h. als Hilfsmittel zur Feststellung des nachzuweisenden impliziten Konsenses (vgl. Art. 38 Abs. 1 lit. d IGH-Statut), auch im Rahmen der allgemeinen Rechtsgrundsätze von Bedeutung.

147 Vgl. *C. Bassiouni*, Mich. J. Int'l L. 11 (1989-1990), S. 768 (768 f.); *S. Kadelbach/T. Kleinlein*, AVR 44 (2006), S. 235 (259 f.); *N. Petersen*, AVR 46 (2008), S. 502 (512); *W. Weiss*, AVR 39 (2001), S. 394 (409 f.); insbesondere zu Resolutionen der Generalversammlung *A. Verdross*, in: FS Guggenheim, 1968, S. 521 (525 f.); *ders.*, Die Quellen des universellen Völkerrechts, 1973, S. 128; *C. Voigt*, Retfaerd 121 (2008), Nr. 2, S. 3 (8); *K. Zemanek*, YBWA 19 (1965), S. 199 (208); ähnlich auch bereits *G. Dahm*, Völkerrecht, Bd. I, 1958, S. 38, der allerdings voraussetzt, dass die Staatenpraxis sich nicht „durchweg anders verhält“.

ihrer rechtlichen Unverbindlichkeit vorgenommen würden.[148] Ihnen dessen ungeachtet rechtskreative Wirkung beizumessen, bedeute das Völkerrecht auf bloße politische Lippenbekenntnisse zu gründen.[149] Die Anerkennung allgemeiner Rechtsgrundsätze in solchen Äußerungsformen aber *a priori* auszuschließen, verkennt erstens, dass die Frage, ob eine Äußerung eine Rechtsüberzeugung wiedergibt, eine wertende Analyse nicht nur der verwendeten Worte, sondern auch des Kontextes der Äußerung voraussetzt. Sie ist insofern nur unter Berücksichtigung empirischer Elemente und stets nur für den Einzelfall zu beantworten, kann für diesen aber durchaus auch positiv ausfallen. Zweitens ist genau dies im Rahmen der Feststellung gewohnheitsrechtlicher Sätze auch einhellig anerkannt.[150] Denn auch dort steht der Rechtsanwender vor der Aufgabe, (unter anderem) eine Rechtsüberzeugung nachzuweisen – eine Aufgabe, für deren Erfüllung ihn die meisten gängigen Lehrbücher auf eben die oben genannten Äußerungsformen verweisen.[151] Warum aber sollten an den Nachweis der erforderlichen Rechtsüberzeugung im Rahmen des Völkergewohnheitsrechts geringere Anforderungen gestellt werden als im Rahmen der allgemeinen Rechtsgrundsätze? Warum sollten die Akzeptanz einer Norm als Recht („accepted as law") und die Anerkennung eines allgemeinen Rechtsgrundsatzes („general principles of law recognized") derart auseinanderfallen? Den Erklärungen, die Staaten auf internationaler Ebene abgeben, pauschal jede rechtskreative Bedeutung abzusprechen und sie zu bloßen Lippenbekenntnissen zu degradieren, wird zudem drittens der Art und Weise, wie diese durch die Staaten selbst wahrgenommen werden, nicht gerecht. So bemerkt

---

[148] *G. Dahm/J. Delbrück/R. Wolfrum*, Völkerrecht, Bd. I/1, 2. Aufl. 1989, S. 60 f.; *O. Schachter*, RdC 178 (1982-V), S. 9 (115 f.); *W. Vitzthum*, in: ders./A. Proelß (Hrsg.), Völkerrecht, 7. Aufl. 2016, 1. Abschn. Rdn. 146; siehe auch *C. Janik*, Die Bindung internationaler Organisationen an internationale Menschenrechtsstandards, 2012, S. 495.

[149] So insbesondere *M. Bogdan*, Nordic J. Int'l L. 46 (1977), S. 37 (43).

[150] Diese willkürlich anmutende Unterscheidung zeigt sich etwa bei *H. Strebel*, ZaöRV 36 (1976), S. 301 (342), der meint, Stellungnahmen und Stimmabgaben von Staaten im Rahmen der UN-Generalversammlung könnten Ausdruck einer für das Völkergewohnheitsrecht relevanten *opinio iuris* sein, nicht aber der für Art. 38 Abs. 1 lit. c IGH-Statut erforderlichen Anerkennung.

[151] Siehe unter anderem *G. M. Danilenko*, Law-Making in the International Community, 1993, S. 120 ff. und *H. Thirlway*, in: M. D. Evans (Hrsg.), International Law, 4. Aufl. 2014, S. 91 (100), die beide auf die entsprechende Rechtsprechung des IGH verweisen.

etwa *Christian Tomuschat*, Deklarationen würden auch von den Staaten „allgemein als Rechtsinstitute von bleibender Bedeutung angesehen".[152] Das wird einerseits daran deutlich, dass die Erklärung förmlicher Vorbehalte zu Deklarationen internationaler Organisationen, denen nach dem jeweiligen Organisationsrecht keine unmittelbare Rechtsverbindlichkeit zukommt, als gängige Staatenpraxis gelten kann.[153] Andererseits unterscheidet sich auch die Härte, mit der über Resolutionstexte einerseits, über Vertragstexte andererseits verhandelt wird, nicht merklich.[154] Selbst in der Eigenbewertung der Staaten haben Erklärungen und Abstimmungsverhalten in diesen Foren folglich ihren rein politischen Charakter eingebüßt. Aus diesen Formen staatlicher Willensäußerung gegebenenfalls auch auf Rechtsüberzeugungen zu schließen, liegt vor diesem Hintergrund alles andere als fern. Ja, wo es allgemein für erforderlich gehalten wird, durch die Erklärung förmlicher Vorbehalte Rechtswirkungen der fraglichen Beschlüsse ausdrücklich auszuschließen, da scheint es geradezu konsequent, die staatliche Befürwortung des Beschlusses beim Ausbleiben einer Vorbehaltserklärung nicht lediglich als rechtlich unbedeutendes Lippenbekenntnis zu behandeln.[155]

Bei alledem bleibt indes letztlich doch eines einzuräumen: Die Annahme, ein Grundsatz werde als *Rechts*grundsatz anerkannt, mag näher liegen, wenn diese selbst ihre Grundlage in Rechtsakten – sei es des nationalen, sei es des internationalen Rechts – findet. Da die kategoriale Grenze zwischen Recht und Nicht-Recht hier bereits überwunden ist, mag der Nachweis einer bestehenden *Rechts*überzeugung der Staaten tatsächlich leichter zu führen sein, wenn sich der entsprechende Konsens auf formalisierte Äußerungsformen mit unmittelbarer Rechtswirkung stützen kann. Doch selbst wenn man dies zugesteht, verliert der Einwand, staatliche Äußerungen in internationalen politischen Foren ließen auf eine *Rechts*überzeugung nicht schließen, schließlich viertens vor dem Hintergrund einer vergleichenden Überlegung deutlich an

---

152 *C. Tomuschat*, ZaöRV 36 (1976), S. 444 (483).

153 *G. Dahm/J. Delbrück/R. Wolfrum*, Völkerrecht, Bd. I/1, 2. Aufl. 1989, S. 72; *C. Tomuschat*, ZaöRV 36 (1976), S. 444 (483).

154 *A. Bleckmann*, in: E. Klein (Hrsg.), Menschenrechtsschutz durch Gewohnheitsrecht, 2003, S. 29 (46 f.).

155 Anderer Ansicht ist *C. Janik*, Die Bindung internationaler Organisationen an internationale Menschenrechtsstandards, 2012, S. 464 mit weiteren Nachweisen zu dieser Diskussion in den Fn. 230-237.

Gewicht, die sichtbar macht, dass mit der Feststellung einer *irgendwie gearteten* Rechtsüberzeugung keinesfalls alle Probleme gelöst sind. So stellt die klassische Lehre – im Übrigen: ohne sich dafür weiter rechtfertigen zu müssen – für die Gewinnung allgemeiner Rechtsgrundsätze etwa auf das innerstaatliche Privatrecht ab, obwohl bei Lichte besehen auch das staatliche Privatrecht den Schluss auf die Überzeugung, dass die entsprechenden Grundsätzen auch für das eigene völkerrechtlich bestimmte Verhalten der Staaten Verbindlichkeit entfalten, allenfalls sehr indirekt zulässt. Die Überzeugung, die sich der Setzung privatrechtlicher Normen entnehmen lässt, mag eine *Rechts*überzeugung sein, doch sie richtet sich auf Rechtsverhältnisse, an denen der auf völkerrechtlicher Ebene gebundene Staat selbst nicht unmittelbar beteiligt ist.[156] Was in privatrechtlichen Normen so zum Ausdruck gelangt, ist folglich zunächst die Anerkennung einer *fremden* Rechtsbindung. Dass mit dieser Anerkennung zugleich die Rechtsüberzeugung einhergeht, auch in den eigenen Rechtsverhältnissen an die entsprechenden Grundsätze gebunden zu sein, bleibt eine Hypothese, die ihre Grundlage erst in der wertenden Feststellung findet, dass die innerstaatliche Situation, für deren Regelung die Grundsätze ausdrücklich und direkt anerkannt wurden, der internationalen Situation, auf die sie übertragen werden sollen, hinreichend ähnelt. Die zur Begründung allgemeiner Rechtsgrundsätze herangezogene *private law analogy* ist daher keinesfalls frei von wertenden Elementen und den damit einhergehenden Unsicherheiten. Der Methode, die allgemeine Rechtsgrundsätze unmittelbar aus staatlichen Äußerungen in internationalen Foren entnimmt, ist der Rückgriff auf innerstaatliches Privatrecht daher nicht wesentlich überlegen, beruft sich erstere doch zumindest auf Aussagen, die eigene und nicht fremde Rechtsbindungen betreffen. Während die *private law analogy* für den Schluss von der Anerkennung fremder auf die Anerkennung eigener Rechtsbindungen einer vergleichenden Bewertung der geregelten Situationen bedarf, ist die auf internationale Äußerungen der Staaten abstellende Methode auf eine stets ebenso wertende Auslegung der fraglichen Äußerungen in ihrem Kontext angewiesen. Die Unsicherheiten, die beide Methoden beinhalten, mögen unterschiedlicher Art sein, dass sie sich jedoch in quantitativer Hinsicht deutlich unter-

[156] Das gilt jedenfalls so lange, wie die an dem Rechtsverhältnis beteiligten Parteien nicht zur Klärung eines entstandenen Streits ein staatliches Gericht um eine verbindliche Klärung bitten. Denn dann hat auch der Staat, in der Person des Richters, die fraglichen Rechtsgrundsätze zu beachten. Vgl. allgemein zur Bindung des Richters *P. Hilbert*, JZ 68 (2013), S. 130.

scheiden, ist jedenfalls nicht evident. Wer der Gewinnung allgemeiner Rechtsgrundsätze aus nicht unmittelbar bindenden Willensäußerungen der Staaten skeptisch gegenübersteht, müsste der Übertragung privatrechtlicher Grundsätze ähnlich skeptisch begegnen. Gegen die Hypothese, mit der Anerkennung von Rechtsgrundsätzen im Privatrecht gehe deren Anerkennung auch für das Völkerrecht einher, scheinen grundsätzliche Bedenken jedoch nicht zu bestehen.

Aus all diesen Gründen müssen und sollten Resolutionen internationaler Organisationen, öffentliche Erklärungen von Staatenvertretern, Urteile nationaler Gerichte, völkerrechtliche *soft law*-Instrumente oder andere nicht unmittelbar (völker-)rechtsverbindliche Willensäußerungen der Staaten nicht pauschal als rechtlich irrelevante Lippenbekenntnisse aus dem Entstehungsprozess allgemeiner Rechtsgrundsätze ausgeklammert werden. Denn sofern sie einer Rechtsüberzeugung Ausdruck verleihen, vermögen sie hier einen entscheidenden Beitrag zu leisten. Dabei ist – und das ins Bewusstsein gerückt zu haben, dürfte das entscheidende Verdienst der Kritik sein – auf die Beantwortung der Frage, ob eine Äußerung tatsächlich eine Rechtsüberzeugung kundgibt, besondere Mühe zu verwenden und bei der Würdigung des Einzelfalls gegebenenfalls Vorsicht zu üben. Indikatoren einer entsprechenden Rechtsüberzeugung können neben den gewählten Formulierungen insbesondere auch Kontext sowie Art und Weise der Positionierung zu dem fraglichen Grundsatz sein. Eine ausführlich begründete Befürwortung eines Grundsatzes dürfte folglich eher auf eine entsprechende *opinio iuris* schließen lassen als die bloße Mitwirkung an einer im Konsensusverfahren angenommenen Deklaration. Ebenso wird die Heranziehung vorheriger Grundsatzerklärungen (etwa durch die UN-Generalversammlung) zur Begründung eines staatlichen Standpunkts stärker ins Gewicht fallen als deren einmalige, wenngleich einstimmige Annahme.[157]

Mit dieser Möglichkeit, allgemeine Rechtsgrundsätze aus irgendwie artikulierten staatlichen Rechtsüberzeugungen zu gewinnen, können allgemeine Rechtsgrundsätze auch und gerade dort entstehen, wo sich eine entsprechende Norm des Gewohnheitsrechts wegen des Fehlens einer korrespondierenden Staatenpraxis noch nicht bilden konnte. Allgemeine Rechtsgrundsätze sind in diesen Fällen oftmals Ausdruck einer

---

[157] *G. Dahm/J. Delbrück/R. Wolfrum*, Völkerrecht, Bd. I/1, 2. Aufl. 1989, S. 73.

„inchoate custom“[158] oder einer „coutume sauvage“[159]. Besonders deutlich hat das *M. Cherif Bassiouni* zum Ausdruck gebracht:

> „General Principles are […] expressions of other unperfected sources of international law enumerated in the statutes of the PCIJ and ICJ; namely conventions, custom, writings of scholars, and decisions of the PCIJ and the ICJ. It is obvious that if these legal sources are perfected, they are ipso facto creative of international legal obligations. When they are not perfected, however, such as when a custom is not evidenced by a sufficient or consistent practice, or when States express opinio juris without any supportive practice, these manifestations, singularly or cumulatively with others, may possibly be considered to be expressions of a given principle.“[160]

Autoren, die dieser Form allgemeiner Rechtsgrundsätze ablehnend gegenüberstehen, bietet eben dies einen Ansatzpunkt für eine zweite, systematisch argumentierende Linie der Kritik: Gewinne man Rechtsgrundsätze aus einer bloßen *opinio iuris*, die in der Staatenpraxis aber noch keine, jedenfalls aber keine hinreichende Bestätigung gefunden habe, so korrumpiere man die Entstehungsbedingungen völkergewohnheitsrechtlicher Normen; obwohl Art. 38 Abs. 1 lit. b IGH-Statut die Praxis als konstitutives Element vorsieht, könne eine Norm plötzlich auch dann entstehen, wenn eine entsprechende Praxis noch gänzlich fehle. Eine Auslegung der allgemeinen Rechtsgrundsätze, die dies ermögliche, führe folglich zu einer Umgehung der Kriterien des Art. 38 Abs. 1 lit. b IGH-Statut und überzeuge bereits deshalb nicht.[161]

Dass eine solche Umgehung tatsächlich nicht die Folge eines entsprechend weiten Verständnisses allgemeiner Rechtsgrundsätze ist, wird in der Literatur mit unterschiedlichen Argumenten zu begründen versucht. Trotz Unterschieden im Detail ähneln sich alle diese Argumente strukturell: Sie bemühen sich, einen bestimmten Kreis von Normen

---

[158] Begriff etwa bei *O. Elias/C. Lim*, NYIL 28 (1997), S. 3 (35).

[159] *R.-J. Dupuy*, in: FS Rousseau, 1974, S. 75 (insbes. 85 ff.).

[160] *C. Bassiouni*, Mich. J. Int’l L. 11 (1989-1990), S. 768 (768 f.).

[161] Diese Kritik etwa bei *G. M. Danilenko*, Law-Making in the International Community, 1993, S. 189; *O. Elias/C. Lim*, NYIL 28 (1997), S. 3 (36); *S. Knuchel*, in: S. Besson/P. Pichonnaz (Hrsg.), Les principes en droit européen – Principles in European Law, 2011, S. 121 (136 f.); *A. Paulus*, BDGIR 46 (2014), S. 7 (21); vgl. auch *S. Besson*, in: dies./P. Pichonnaz (Hrsg.), Les principes en droit européen – Principles in European Law, 2011, S. 19 (41 f.).

aufgrund norminhaltlicher oder normstruktureller Kriterien *a priori* aus dem Einzugsbereich des Völkergewohnheitsrecht auszuklammern.

Der prominenteste dieser Begründungsversuche stammt von *Bruno Simma* und *Philip Alston.*[162] Mit besonderem Fokus auf internationale Menschenrechtsgarantien treten sie für die These ein, Menschenrechtsgewährleistungen könnten durch die sich auf internationaler Ebene formlos herausbildende Rechtsüberzeugung als allgemeine Rechtsgrundsätze im Sinne des Art. 38 Abs. 1 lit. c IGH-Statut eingestuft werden. Dem systematischen Einwand, die Entstehungsvoraussetzungen des Völkergewohnheitsrechts würden so umgangen, setzen sie zwei Erwägungen entgegen, die beide auf die inhaltlichen Besonderheiten menschenrechtlicher Normen abstellen. Erstens verpflichten Menschenrechtsnormen einen Staat zu einem bestimmten Verhalten gegenüber all den Personen, die seiner Hoheitsgewalt unterstehen, insbesondere denjenigen also, die sich auf dessen Staatsgebiet befinden. Ihrer normativen Richtung nach, so *Simma* und *Alston*, zielen Menschenrechtsverpflichtungen folglich auf ein staatliches Verhalten, das sich nach innen richtet und nicht unmittelbar die zwischenstaatlichen Beziehungen betrifft. Die Entstehung von Gewohnheitsrecht aber sei auf eben eine solche *zwischen*staatliche Praxis angewiesen, eine übereinstimmende *inner*staatliche Praxis genüge nicht.[163] Das zeige sich etwa daran, dass in Fällen eines „internationally concordant domestic behaviour" nur aufgrund des Bestehens einer internationalen *opinio iuris* zwischen rechtlich gebotenen und rein zufälligen Verhaltensregelmäßigkeiten unterschieden werden könne. Daraus folgern *Simma* und *Alston*, dass „as a matter of logic, such an *opinio juris* would remain the only relevant element; domestic practice would simply not matter any more".[164] Der Nachweis völkerrechtlicher Menschenrechtspflichten sei zweitens aber auch deshalb nicht auf den Beleg von Staatenpraxis angewiesen, weil Menschenrechtsnormen überwiegend auf ein staatliches Unterlassen zielten. Denn Unterlassenspflichten „do not (and simply cannot) result from a gradual accretion of State practice eventually accepted as law".[165] Staatliches Verhalten, dem die unmittelbare zwi-

---

[162] *B. Simma/P. Alston*, AusYIL 5 (1988-1989), S. 82.

[163] Ebd., S. 99: „the processes of customary international law can only be triggered […] in situations in which States interact"; vgl. auch *H. Thirlway*, LJIL 28 (2015), S. 495 (498).

[164] *B. Simma/P. Alston*, AusYIL 5 (1988-1989), S. 82 (100).

[165] Ebd., S. 104.

schenstaatliche Dimension fehlt oder das über ein bloßes Unterlassen nicht hinausgeht, kann – so muss man *Simma* und *Alston* folglich verstehen – als Staatenpraxis im Sinne des Völkergewohnheitsrechts keine Berücksichtigung finden. Da Normen, die zu einem solchen Verhalten verpflichten, völkergewohnheitsrechtlicher Geltung somit ohnehin nicht zugänglich seien, bedeute es – so lässt sich die auf die Überlegungen von *Simma* und *Alston* gestützte Verteidigung gegen den systematischen Einwand resümieren – auch keine Umgehung des Staatenpraxiserfordernisses, für die Entstehung entsprechender allgemeiner Rechtsgrundsätze das Bestehen einer internationalen Rechtsüberzeugung genügen zu lassen.

Insbesondere mit ihrer These, staatliches Unterlassen vermöge Gewohnheitsrecht nicht zu begründen, dürften *Simma* und *Alston* jedoch auf Widerspruch stoßen.[166] Diese Möglichkeit pauschal auszuschließen, überzeugt jedenfalls nicht, kann doch insbesondere eine Verhaltensänderung hin zu einem Unterlassen (etwa der Anwendung von Gewalt in Konfliktsituationen) durchaus eine Rechtsüberzeugung formal bestätigen und so auch als Staatenpraxis Bedeutung entfalten.[167] Gleiches gilt auch dann, wenn die konkrete Situation zu der Annahme Anlass gibt, ein bestimmter Staat habe Grund, aktiv tätig zu werden, und er dennoch davon absieht.[168] Die von *Simma* und *Alston* ergänzend herangezogene Forderung, rein innerstaatlichem Verhalten die gewohnheitsrechtskonstitutive Bedeutung abzusprechen, erfreut sich ebenfalls nur

---

[166] Diesbezüglich kritisch denn auch *S. Besson*, in: dies./P. Pichonnaz (Hrsg.), Les principes en droit européen – Principles in European Law, 2011, S. 19 (59); *G. Dahm/J. Delbrück/R. Wolfrum*, Völkerrecht, Bd. I/1, 2. Aufl. 1989, S. 58 meinen, es entspreche „ganz herrschender Auffassung", dass auch durch ein Unterlassen Staatenpraxis gesetzt werden könne und auch *A. Pellet*, in: A. Zimmermann u.a. (Hrsg.), The Statute of the International Court of Justice. A Commentary, 2. Aufl. 2012, Art. 38 Rdn. 220 nennt durchgängig „acts or omissions" als mögliche Staatenpraxis. Siehe außerdem *M. Wood*, Third report on identification of customary international law by the Special Rapporteur, UN Doc. A/CN.4/682, Rdn. 19 ff.

[167] Ausführlich zur Frage einer Staatenpraxis durch Unterlassen *H. Günther*, Zur Entstehung von Völkergewohnheitsrecht, 1970, S. 123 ff.

[168] *M. Wood*, Third report on identification of customary international law by the Special Rapporteur, UN Doc. A/CN.4/682, Rdn. 22 f., 26; *G. Dahm/J. Delbrück/R. Wolfrum*, Völkerrecht, Bd. I/1, 2. Aufl. 1989, S. 58; vgl. auch *G. M. Danilenko*, Law-Making in the International Community, 1993, S. 86 mit und in Fn. 35; sogar ohne eine entsprechende Einschränkung *A. Bleckmann*, Grundprobleme und Methoden des Völkerrechts, 1982, S. 110.

geringer Zustimmung.[169] Jedenfalls die von den Autoren selbst vorgetragene Begründung überzeugt denn auch nicht. Denn ihr Verweis darauf, dass bei innerstaatlichem Verhalten allein die *opinio iuris* über die Rechtsverbindlichkeit eines übereinstimmend geübten Verhaltens entscheidet, trifft den Fall zwischenstaatlichen Verhaltens gleichermaßen: Auch hier werden Völkergewohnheitsrecht und bloße *courtoisie* anhand des Bestehens einer entsprechenden Rechtsüberzeugung abgegrenzt.[170] Einen Grund dafür, das Erfordernis der Staatenpraxis auch hier für verzichtbar zu halten, wird darin dennoch zu Recht nicht gesehen. Anders als *Simma* und *Alston* anzunehmen scheinen, belegt die Notwendigkeit des Hinzutretens einer Rechtsüberzeugung denn auch keinesfalls, dass der Nachweis eines entsprechenden staatlichen Verhaltens überflüssig wäre; eine „matter of logic"[171] ist dies jedenfalls nicht, lässt sich die Tatsache, dass erst die *opinio iuris* das Verhalten zum rechtlichen Gebot erhebt, doch gerade auch dadurch erklären, dass beide Elemente – Rechtsüberzeugung und Staatenpraxis – kumulativ vorliegen müssen und dann bei Vorliegen nur eines der zwei gleichermaßen konstitutiven Elemente stets das zweite über den Rechtscharakter entscheidet.

Einen überzeugenderen Vorschlag zur Abgrenzung von Völkergewohnheitsrecht und allgemeinen Rechtsgrundsätzen, die ihren Ursprung in den internationalen Beziehungen haben, hat *Niels Petersen* vorgelegt.[172] Ausgangspunkt seiner Überlegungen ist die Prämisse, dass das Erfordernis der Staatenpraxis für die Entstehung von Völkergewohnheitsrecht seinen normativen Grund darin findet, „Recht und Wirklichkeit miteinander in Einklang zu bringen".[173] Es solle verhindern, dass normative Postulate zu Recht erhoben werden, denen jede

[169] Anders etwa ILC, Second report on identification of customary international law (by Michael Wood), UN Doc. A/CN.4/672, Rdn. 37; *A. Bleckmann*, Grundprobleme und Methoden des Völkerrechts, 1982, S. 111 und *G. Dahm/J. Delbrück/R. Wolfrum*, Völkerrecht, Bd. I/1, 2. Aufl. 1989, S. 57, die jeweils auch rein innerstaatliche (Rechtsetzungs-)Akte als mögliche Staatenpraxis nennen; einschränkend auch *M. Bothe/G. Ress*, in: W. E. Butler (Hrsg.), International Law in Comparative Perspective, 1980, S. 49 (50).

[170] *T. Stein/C. v. Buttlar/M. Kotzur*, Völkerrecht, 14. Aufl. 2017, Rdn. 129; *W. Vitzthum*, in: ders./A. Proelß (Hrsg.), Völkerrecht, 7. Aufl. 2016, 1. Abschn. Rdn. 69; *A. v. Arnauld*, Völkerrecht, 2. Aufl. 2014, Rdn. 262.

[171] *B. Simma/P. Alston*, AusYIL 5 (1988-1989), S. 82 (100).

[172] *N. Petersen*, AVR 46 (2008), S. 502; *ders.*, Am. U. Int'l L. Rev. 23 (2008), S. 275; *ders.*, Demokratie als teleologisches Prinzip, 2009, S. 67 ff.

[173] *N. Petersen*, AVR 46 (2008), S. 502 (518).

verhaltenssteuernde Wirkung fehlt. Denn erst die Staatenpraxis stelle sicher, dass das Völkergewohnheitsrecht nicht Utopisches fordere. Sie bestätige die Regel in der Verhaltenswirklichkeit, begründe damit bei den Adressaten der Norm das Vertrauen in eine regelmäßige Normbefolgung und motiviere sie damit zugleich, sich auch selbst regelkonform zu verhalten. Erst die staatliche Praxis verleihe dem Recht so eine gewisse Stabilität.[174] Diese Funktion könne die Staatenpraxis aber lediglich für regelhafte Normen, nicht jedoch für Normen mit Prinzipienstruktur erfüllen. Anders als für Rechtsregeln bestehe für Rechtsprinzipien (im normtheoretischen Sinne) folglich auch kein Grund, in einer entsprechenden Staatenpraxis ein für die Normentstehung konstitutives Element zu sehen.

Den Grund für diese Funktionslosigkeit der Staatenpraxis sieht *Petersen* in den inhaltlichen Spezifika prinzipienhafter Normen. Während Rechtsregeln ein bestimmtes Verhalten gebieten, verbieten oder freistellen, seien Rechtsprinzipien wesenhaft wertbezogen, ohne gerade zu einer bestimmten Verhaltensweise unmittelbar Stellung zu beziehen.[175] Das beeinflusst erstens das Verhältnis von Normgehalt und Staatenpraxis.[176] Im Falle rechtlicher Regeln wirkt eine entsprechende staatliche Praxis als direkte formale Bestätigung des Regelgebots; eben diese Bestätigung weckt bei allen anderen Regeladressaten Vertrauen in die Normbefolgung. Rechtsprinzipien hingegen bleiben aufgrund ihres Wertbezugs notwendigerweise abstrakt. Durch konkrete Verhaltensweisen sind sie nicht unmittelbar beschreibbar, sie können aus diesem nur durch eine stark abstrahierende Induktion gewonnen werden. Diese für Rechtsprinzipien unvermeidbare Distanz von staatlichem Verhalten und Normgehalt führt dazu, dass Staatenpraxis für Prinzipiennormen nicht in vergleichbarem Maße normbestätigend zu wirken vermag. Anders als im Falle rechtlicher Regeln schafft das staatliche Verhalten für die Orientierung an Rechtsprinzipien daher auch keinen vergleichbar starken Vertrauenstatbestand. Für Prinzipiennormen bleibt die Staatenpraxis damit lediglich ein Indikator unter vielen (sonst im Rahmen der

---

174 Siehe *N. Petersen*, AVR 46 (2008), S. 502 (517 f.).

175 *N. Petersen*, AVR 46 (2008), S. 502 (518); vgl. dazu auch bereits oben Kapitel 2, A. III. 2. c) sowie B. I.

176 Zum Folgenden *N. Petersen*, AVR 46 (2008), S. 502 (518); *ders.*, Am. U. Int'l L. Rev. 23 (2008), S. 275 (302).

opinio iuris zu berücksichtigenden), von denen er sich funktional indes nicht länger unterscheidet.[177]

Nach *Petersen* richten sich Rechtsprinzipien zweitens vorrangig auf den Schutz öffentlicher oder individueller (nicht: staatlicher) Güter.[178] Die Bewahrung der globalen Umwelt und die Garantie grundlegender Menschenrechte dürften die zwei prominentesten Beispiele hierfür sein. Durch diese normative Abwendung von unmittelbar staatlichen Eigeninteressen geht Rechtsprinzipien das für die klassischen völkerrechtlichen Regeln typische Reziprozitätselement verloren: Während bei Regeln, insbesondere bei solchen, die das Verhalten zweier oder mehrerer Staaten im je bilateralen Verhältnis koordinieren, Gegenseitigkeitserwägungen eine starke Motivation für normkonformes Verhalten darstellen, ist das für Prinzipien, deren Zielrichtung der Schutz öffentlicher Güter ist, nicht in vergleichbarem Maße gegeben. Hier gilt: „If there is reciprocity at all, this reciprocity is diffuse at best".[179] Das Erfordernis der Staatenpraxis kann die ihm zugedachte Stabilisierungsfunktion aber nur dann erfüllen, wenn das staatliche Verhalten nicht nur das Vertrauen in normkonformes Verhalten zu begründen vermag, sondern dieses Vertrauen in die Normbefolgung durch die anderen Normadressaten zugleich einen Grund für die eigene Rechtstreue darstellt. Wo wie im Falle prinzipienhafter Normen reziproke Strukturen fehlen, ist aber eben dies nicht der Fall.

---

[177] In eine ähnliche Richtung deutet die Differenzierung von *A. Verdross*, RdC 52 (1935-II), S. 191 (224), der – gestützt auf den Wortlaut des Art. 38 Abs. 3 StIGH-Statut – argumentiert, allgemeine Rechtsgrundsätze müssten gerade „vrais *principes*" und keine reinen „règle[s] technique[s]" sein. Lediglich für erstere, nicht aber für letztere sei die bloße Anerkennung eine hinreichende Rechtsgeltungsbedingung.

[178] *N. Petersen*, JITE 165 (2009), S. 71 (79); *ders.*, AVR 46 (2008), S. 502 (518). Dabei übersieht *Petersen* allerdings, dass auch das Souveränitätsprinzip Prinzipiencharakter hat, obwohl es eindeutig einzelstaatliche Güter schützt (dazu unten S. 313 ff.); sein Argument dürfte daher nicht für alle Rechtsprinzipien greifen.

[179] *N. Petersen*, JITE 165 (2009), S. 71 (79); vgl. auch *A. van Aaken*, RW 4 (2013), S. 227 (241 f.); *A. Paulus*, in: A. Cassese (Hrsg.), Realizing Utopia, 2012, S. 89 (96) sowie bereits *B. Simma*, Das Reziprozitätselement in der Entstehung des Völkergewohnheitsrechts, 1970, S. 66; aus rechtstheoretischer Perspektive zur Reziprozität im (Völker-)Recht siehe *V. Boehme-Neßler*, Rechtstheorie 39 (2008), S. 521 (534 ff.).

Die gewünschte Koppelung von völkerrechtlicher Norm und staatlichem Verhalten kann das Erfordernis der Staatenpraxis im Falle von Rechtsprinzipien daher nicht erfüllen. Damit aber fehlt ein Grund dafür, auch für prinzipienhafte Normen am Erfordernis einer „general practice“ festzuhalten. Interessanterweise scheint sich auch der IGH eben diese Differenzierung zwischen Rechtsregeln und Rechtsprinzipien zu Nutze zu machen. So stellt etwa *Samantha Besson* fest, der Gerichtshof verwende beim Nachweis einzelner Normen „the fact that they are general principles *qua* type of norms to distance itself from a clear test of customary international law“.[180] Er behandle Rechtsprinzipien im rechtstheoretischen Sinne als eine „embryonic and lighter form of customary international law“.[181]

Dass dies in der Tat überzeugt, zeigt aber schließlich vor allem eine dritte Erwägung. Denn selbst wenn man den Wertbezug und das aus diesem oftmals resultierende hohe Abstraktionsniveau prinzipienhafter Normen nicht in gleichem Maße betont wie *Petersen*, so eignet Prinzipien nach den obigen Überlegungen doch gerade nur eine eingeschränkte normative Kraft. Das in ihnen verkörperte Sollen ist lediglich ein *prima facie*-Sollen, das nur dann zu einem definitiven Verhaltensgebot erstarkt, wenn stärkere Gegengründe nicht bestehen. Lediglich im Raum des rechtlich Möglichen, der durch entgegenstehende Regeln und Prinzipien beschränkt wird, fordern Prinzipien Erfüllung. Sie bleiben aber gerade auch dann Bestandteil des Rechts, wenn sie sich nicht in jedem Fall durchsetzen, weil in manchen Fällen eben gegenläufigen Prinzipien das höhere relative Gewicht zukommt. Prinzipien charakterisiert demnach gerade, dass sie zwar rechtlich gelten, aber dennoch nicht in jeder Situation, die in ihren Anwendungsbereich fällt, tatsächlich auch ein verbindliches definitives Verhaltensgebot etablieren, das ihren Wertungen entspricht. Eine dauerhafte, allgemeine und vor allem konsistente Staatenpraxis, die das Verhaltensgebot einer Norm in der Realität als regelmäßig wirksam bestätigte, wäre vor dem Hintergrund dieser Überlegung ein klares Indiz dafür, dass es sich bei der gesuchten Norm gerade nicht um ein Prinzip, sondern um eine Regel handelt. Ein Prinzip ließe sich durch eine solche konsistente Staatenpraxis nur dann bestätigen, wenn es sich in Kollisionsfällen stets gegen gegenläufige Prinzipien

---

[180] *S. Besson*, in: dies./P. Pichonnaz (Hrsg.), Les principes en droit européen – Principles in European Law, 2011, S. 19 (41).

[181] Ebd.; ebenso und ausführlich *P. d'Argent*, in: S. Besson/P. Pichonnaz (Hrsg.), Les principes en droit européen – Principles in European Law, 2011, S. 107 (110 ff., insbes. 113, 118 f.).

durchsetzen würde, damit aber faktisch kein bloßes *prima facie*-Sollen mehr enthielte, sondern Regelcharaker gewönne. Das Kriterium einer einheitlichen staatlichen Übung ist folglich gerade auf regelartige Normen zugeschnitten. Der prinzipientypischen Eigenschaft, zu gelten und doch gerade nicht für jeden Fall, der ihrem Anwendungsbereich unterfällt, auch auf der Ebene des definitiven Sollens Befolgung einzufordern, wird das völkergewohnheitsrechtliche Geltungskriterium einer beständigen und konsistenten Staatenpraxis daher nicht gerecht. Sind die Geltungskritrien des Art. 38 Abs. 1 lit. b IGH-Statut aber bereits strukturell auf völkerrechtliche Regeln zugeschnitten, so lässt sich dem Nachweis allgemeiner Rechtsgrundsätze aufgrund einer bloßen Anerkennung bzw. *opinio iuris* der Verzicht auf das Erfordernis staatlicher Übung jedenfalls insoweit nicht entgegenhalten, als der Nachweis prinzipienhafter Normen in Frage steht.

Auch der systematische Einwand gegen die Gewinnung allgemeiner Rechtsgrundsätze aus einer sich im internationalen Bereich formlos abzeichnenden Rechtsüberzeugung besticht folglich nicht. Jedenfalls Rechtsprinzipien, die als wertbezogene Normen der unmittelbaren Bestätigung durch Staatenpraxis nicht zugänglich sind, können als allgemeine Rechtsgrundsätze auch dann völkerrechtlich verbindlich werden, wenn sie sich lediglich auf einen impliziten Konsens der Staatengemeinschaft stützen können – und das auch, ohne dass dieser in der Staatenpraxis bereits in einer Form Niederschlag gefunden hat, der den Anforderungen an eine allgemeine Übung im Sinne des Art. 38 Abs. 1 lit. b IGH-Statut genügen würde.

cc) Kumulative Anerkennung

Allgemeine Rechtsgrundsätze sind demnach nicht auf die Anerkennung *in foro domestico* beschränkt. Vielmehr können sie grundsätzlich auch im internationalen Bereich anerkannt werden. Sofern sich aus völkerrechtlichen Verträgen, geltendem Völkergewohnheitsrecht oder rechtlich nicht unmittelbar verbindlichen Willensäußerungen der Staaten eine entsprechende Rechtsüberzeugung ergibt, kann auch sie allgemeinen Rechtsgrundsätzen im Sinne des Art. 38 Abs. 1 lit. c IGH-Statut zur Entstehung verhelfen. Die damit skizzierten Anerkennungsmodi können bei der praktischen Gewinnung allgemeiner Rechtsgrundsätze durchaus auch zusammenwirken.[182] Sie verstehen sich als unterschiedli-

---

[182] *T. Kleinlein*, Konstitutionalisierung im Völkerrecht, 2012, S. 653 f.

che Wege, auf denen eine staatliche Rechtsüberzeugung zum Ausdruck gelangen kann; keinesfalls jedoch bilden sie hermetisch abgeschlossene Kategorien allgemeiner Rechtsgrundsätze. Eine hinreichend verbreitete Anerkennung eines Rechtsgrundsatzes kann sich im Einzelfall somit durchaus auch einmal in einer Zusammenschau nationaler Regelungen, verbindlicher Völkerrechtsnormen und rechtlich nicht unmittelbar verbindlicher Äußerungen von Staaten ergeben. Anerkennungsdefizite in einem der Modi lassen sich so durch das Abstellen auf andere möglicherweise kompensieren. Und Rechtsgrundsätze, die auf einem dieser Wege bereits anerkannt wurden, können durch die erweiterte Perspektive auf die Anerkennungsindizien der anderen Modi bestätigt oder möglicherweise konkretisiert werden. Die Frage etwa, ob – und wenn ja, in welcher konkreten Form – ein national-rechtlich anerkannter Grundsatz auch ins Völkerrecht übertragbar ist, mag so ein Blick auf internationale Erklärungen, Resolutionen oder Verträge beantworten;[183] die Schwierigkeit, auf internationaler Ebene moralische, politische und rechtliche Bekenntnisse der Staaten zu unterscheiden, mag ein Blick ins nationale Recht erleichtern. Die Normen des innerstaatlichen Rechts, internationale Verträge und Gewohnheitsrechtsnormen, internationale Erklärungen und Stellungnahmen, Resolutionen internationaler Organisationen und staatliche Verhaltenspraktiken – sie alle bilden für die Anerkennung als Recht, auf die Art. 38 Abs. 1 lit. c IGH-Statut aufbaut, folglich grundsätzlich gleichberechtigte Indizien. Über die Existenz allgemeiner Rechtsgrundsätze im Sinne des Art. 38 Abs. 1 lit. c IGH-Statut können sie – getrennt oder gemeinsam – gleichermaßen Aufschluss geben.

b) Anerkennungssubjekte: Das „Wer“ der Anerkennung allgemeiner Rechtsgrundsätze

Auf die Frage, wer es ist, dessen Anerkennung einen allgemeinen Rechtsgrundsatz völkerrechtlich verbindlich macht, antwortet Art. 38 Abs. 1 lit. c IGH-Statut mit dem schon sprachlich antiquiert anmutenden Verweis auf die Kulturvölker. Dass die damit anklingende Differenzierung zwischen zivilisierten und unzivilisierten Nationen jedenfalls dem gegenwärtigen Völkerrecht nicht angemessen ist, darüber be-

---

[183] Vgl. *C. Janik*, Die Bindung internationaler Organisationen an internationale Menschenrechtsstandards, 2012, S. 496.

steht weitgehend Einigkeit:[184] Die konkretisierende Festlegung, allgemeine Rechtsgrundsätze müssten gerade durch die *zivilisierten* Völker anerkannt werden, beschränkt den Kreis der Anerkennungssubjekte heute nicht mehr.[185] Stattdessen kommen schlicht alle Staaten als Anerkennungssubjekte in Betracht, und das ungeachtet der Ausgestaltung ihrer innerstaatlichen Rechtsordnung. Anders als es auf den ersten Blick erscheinen mag, lässt sich dieser Deutung auch nicht entgegenhalten, sie nehme den Wortlaut nicht ernst, übergehe sie doch schlicht das Merkmal „zivilisiert". Denn die genaue Lektüre der Vorschrift zeigt, dass Art. 38 Abs. 1 lit. c IGH-Statut ausdrücklich auf zivilisierte *Völker*, nicht auf zivilisierte *Staaten* abstellt. Die Staatlichkeit lässt sich so gerade als die entscheidende zivilisatorische Errungenschaft deuten, die ein Volk erst in die Position versetzt, allgemeine Rechtsgrundsätze in völkerrechtlich relevanter Weise anerkennen zu können. Entstehungsgeschichtlich betrachtet liegt diese Deutung ebenfalls nicht fern. Denn bereits im Rahmen der Vorarbeiten zum StIGH-Statut wurde die Erforderlichkeit der Einschränkung auf zivilisierte Völker mit einem ähnlichen Argument in Frage gestellt.[186] Recht, so argumentierte etwa *Albert de Lapradelle* im Juristenkomitee, impliziere bereits einen ausreichenden Zivilisationsgrad, die Beschränkung auf die Kulturvölker sei daher verzichtbar.[187] Aus systematischer Perspektive wirkt sie gar befremdlich. Denn nur mit einer Auslegung, die allen Staaten im Rahmen der Erzeugung allgemeiner Rechtsgrundsätze identische Rollen zuerkennt, lässt sich auch der in Fragen der Rechtsetzung elementaren Vorstellung souveräner Gleichheit gerecht werden, könnte von Rechtsgleichheit doch kaum mehr gesprochen werden, wenn einige Staaten durch ihre

---

[184] Zu den neuerdings wieder abweichenden Ansichten siehe bereits oben S. 98 f.

[185] Siehe etwa *S. Kadelbach/T. Kleinlein*, AVR 44 (2006), S. 235 (257); *A. Pellet*, in: A. Zimmermann u.a. (Hrsg.), The Statute of the International Court of Justice. A Commentary, 2. Aufl. 2012, Art. 38 Rdn. 261; *H. Thirlway*, in: M. D. Evans (Hrsg.), International Law, 4. Aufl. 2014, S. 91 (104); *G. I. Tunkin*, in: FS Verosta, 1980, S. 67 (76); *W. Vitzthum*, in: ders./A. Proelß (Hrsg.), Völkerrecht, 7. Aufl. 2016, 1. Abschn. Rdn. 143; *W. Weiss*, AVR 39 (2001), S. 394 (405 f.).

[186] Darauf weisen ebenfalls hin *G. Herczegh*, General Principles of Law and the International Legal Order, 1969, S. 40; *F. O. Raimondo*, General Principles of Law in the Decisions of International Criminal Courts and Tribunals, 2008, S. 31.

[187] Permanent Court of Justice, Advisory Committee of Jurists, Procès-Verbaux of the Proceedings of the Committee, 1920, S. 335.

Anerkennung Recht erzeugen könnten, das in der Folge auch für die übrigen Staaten verbindlich würde.[188] Für die Frage nach dem „Wer" der Anerkennung bedeutet all dies zunächst: Die Staaten – und das heißt: alle Staaten gleichermaßen – sind es, deren Anerkennung für die Entstehung allgemeiner Rechtsgrundsätze maßgeblich ist.

Keinesfalls jedoch bedeutet das, dass die Entstehung eines allgemeinen Rechtsgrundsatzes stets die Anerkennung durch jeden einzelnen Staat voraussetzt. Während diese Ansicht noch im Rahmen der Ausarbeitung des StIGH-Statuts auf Sympathien gestoßen sein mag[189] und auch das frühe Schrifttum hiervon nur vorsichtig abzuweichen bereit war,[190] hat sich spätestens unter der Ägide des IGH-Statuts die Überzeugung herausgebildet, dass Art. 38 Abs. 1 lit. c IGH-Statut eine universelle Anerkennung nicht verlangt.[191] Stattdessen beschränkt die heute überwiegende Ansicht das Anerkennungserfordernis in Anlehnung an Art. 9 IGH-Statut auf eine „repräsentative[...] Mehrheit der Staaten [...], die die Hauptrechtssysteme der Welt einschließt".[192] Hierfür streiten nicht

---

[188] IGH, *North Sea Continental Shelf*, Sep. Op. Ammoun, ICJ Rep 1969, S. 101 (132 f.); *W. Weiss*, AVR 39 (2001), S. 394 (406). – Im Rahmen der vorliegenden Untersuchung bleibt zudem ein weiteres Argument zu berücksichtigen: Wenn die neuerdings wieder aufkommende restriktive Lesart der Bezugnahme auf die Kulturvölker oben bereits als zu erklärendes Konstitutionalisierungsphänomen ausgewiesen wurde, so darf sie den Prinzipien, die diese Erklärung erst ermöglichen sollen, nicht bereits zugrunde gelegt werden.

[189] Siehe etwa die Stellungnahme von *Root* im Rahmen der Diskussionen des Juristenkomitees, Permanent Court of Justice, Advisory Committee of Jurists, Procès-Verbaux of the Proceedings of the Committee, 1920, S. 308; auch *de Lapradelle* fordert „unanimous or quasi-unanimous support" (ebd., S. 335) und *Loder* spricht von „principles universally recognised" (ebd., S. 294).

[190] Siehe etwa *E. Härle*, ZöR 11 (1931), S. 206 (215), der die Anerkennung von „fast allen Nationen" fordert.

[191] So ausdrücklich IGH, *South West Africa Cases*, Second Phase, Diss. Op. Tanaka, ICJ Rep 1966, S. 250 (299); *C. Bassiouni*, Mich. J. Int'l L. 11 (1989-1990), S. 768 (788).

[192] *S. Kadelbach/T. Kleinlein*, AVR 44 (2006), S. 235 (257); in der Sache ebenso *C. Bassiouni*, Mich. J. Int'l L. 11 (1989-1990), S. 768 (789); *M. Bothe*, ZaöRV 36 (1976), S. 280 (292); *J. G. Lammers*, in: GS van Panhuys, 1980, S. 53 (62 f.); *H. Mosler*, General Principles of Law, in: EPIL, Bd. II, 1995, S. 511 (517); *W. Weiss*, AVR 39 (2001), S. 394 (408); *E. de Wet*, The Chapter VII Powers of the United Nations Security Council, 2004, S. 82; aus rechtsvergleichender Perspektive kritisch dazu *J. Ellis*, EJIL 22 (2011), S. 949; *N. Jain*, AJIL 109 (2015), S. 486 (490 ff.); *dies.*, Harv. J. Int'l L. 57 (2016), S. 111 (133 ff.); aus ent-

zuletzt pragmatische Erwägungen, dürfte der Nachweis universeller Anerkennung die Gerichte angesichts der heutigen Größe der Staatengemeinschaft doch selbst dann überfordern, wenn tatsächlich alle staatlichen Rechtsordnungen einen entsprechenden Rechtsgrundsatz aufweisen.[193] Zu groß wären die sprachlichen Hürden, zu aufwändig die erforderlichen Recherchen. Um Art. 38 Abs. 1 lit. c IGH-Statut nicht der Gefahr auszusetzen, seine lückenfüllende Funktion im Ernstfall nicht effektiv wahrnehmen zu können, erscheint der Verzicht auf den Nachweis ausnahmsloser Anerkennung daher notwendig, eine entsprechende Auslegung folglich auch aus teleologischer Perspektive gerechtfertigt. Dass Art. 38 Abs. 1 lit. c IGH-Statut dennoch von *allgemeinen* Rechtsgrundsätzen spricht, dürfte dem nicht entgegenstehen.[194] Denn angesichts der Stellung des Wortes innerhalb der Vorschrift – „*general* principles of law recognized by civilized nations" statt „principles of law *generally* recognized by civilized nations" – liegt es näher, die angesprochene Allgemeinheit als inhaltliche oder strukturelle Eigenschaft der genannten Prinzipien zu verstehen, als sie auf die Verbreitung deren Anerkennung zu beziehen.[195] Und auch die Feststellung, dass sowohl die spanische als auch die französische Textfassung des Art. 38 Abs. 1 lit. c IGH-Statut die Kulturvölker mit dem bestimmten Artikel einführt („reconnus par *les* nations civilisées", „reconocidos por *las* naciones civilizadas"), zwingt nicht zu einem gegenteiligen Schluss. Denn mögen diese Formulierungen es auch nahelegen, tatsächlich alle Kulturvölker zu berücksichtigen, so bleibt der englische Wortlaut, der schlicht von „general principles of law recognized by civilized nations" spricht, diesbezüglich uneindeutig. Auf die unkompliziert mögliche Klarstellung, alle Staaten müssten die fraglichen Rechtsgrundsätze anerkennen, verzichtet jede der drei Sprachfassungen. Ein ergänzendes Indiz dafür, dass allgemeine Rechtsgrundsätze den Nachweis universeller Anerken-

---

stehungsgeschichtlicher Perspektive kritisch *G. M. Danilenko*, Law-Making in the International Community, 1993, S. 178 f.

[193] *J. Ellis*, EJIL 22 (2011), S. 949 (956 f.).

[194] Vgl. zum Wortlaut auch *G. Ripert*, RdC 44 (1933-II), S. 565 (579), der meint, Einstimmigkeit sei nicht gefordert, denn „[l]e texte ne le dit pas".

[195] Aus anderen Gründen zum selben Ergebnis gelangt *M. Bos*, A Methodology of International Law, 1984, S. 262 f.; anderer Ansicht sind hingegen *O. Elias/C. Lim*, NYIL 28 (1997), S. 3 (24); *J. Ellis*, EJIL 22 (2011), S. 949 (955); allgemein zur Interpretation des Allgemeinheitsmerkmals in Art. 38 Abs. 1 lit. c IGH-Statut siehe *M. Bogdan*, Nordic J. Int'l L. 46 (1977), S. 37 (48 f.) sowie *B. Vitanyi*, RGDIP 80 (1976), S. 536.

nung nicht erfordern, liefert schließlich die Anwendung des Art. 38 Abs. 1 lit. c IGH-Statut durch die Gerichte selbst. Denn von wenigen Ausnahmen[196] abgesehen, sucht man in der Rechtsprechungspraxis internationaler Gerichte vergeblich nach einer umfassenden komparativen Analyse staatlicher Rechtsordnungen, wenn allgemeine Rechtsgrundsätze zur Begründung einer Entscheidung herangezogen werden. Vieles spricht demnach dafür, die universelle Anerkennung eines Rechtsgrundsatzes nicht für erforderlich zu halten. Angesichts der letztlich konsensualen Basis allgemeiner Rechtsgrundsätze wird man die oben umschriebene Anforderung an deren Nachweis – konkret: die Anerkennung in einer repräsentativen Mehrheit der Staaten, die die Hauptrechtssysteme der Welt einschließt – bei der Anwendung im konkreten Fall allerdings im Zweifel restriktiv handhaben müssen, deren Kriterien bei der Anwendung im Einzelfall jedenfalls nicht leichtfertig aufweichen dürfen.

5. *Ergebnis*

Die gesuchten Rechtsprinzipien werden ihre quellentheoretische Grundlage demnach am ehesten in der formellen Rechtsquelle der allgemeinen Rechtsgrundsätze im Sinne des Art. 38 Abs. 1 lit. c IGH-Statut finden. Die Entstehung dieser Grundsätze hängt einzig von ihrer staatlichen Anerkennung ab und stellt so – anders als das Gewohnheitsrecht – keine Anforderungen, denen prinzipienhafte Normen nicht genügen könnten; im Gegenteil: gerade aufgrund der prinzipienhaften Struktur der gesuchten Normen eröffnet sich die Möglichkeit, sie als allgemeine Rechtsgrundsätze auch dort nachzuweisen, wo sie sich lediglich auf eine hinreichend verbreitete und auf internationaler Ebene formlos geäußerte Rechtsüberzeugung berufen können, sie indes weder in nationalen Rechtsetzungsakten noch in bestehenden völkerrechtlichen Normen ausreichend Ausdruck gefunden haben.

---

[196] Insbesondere die internationalen Strafgerichtshöfe praktizieren einen strengeren Nachweisstandard, siehe dazu *J. Ellis*, EJIL 22 (2011), S. 949 (956, 967 ff.).

III. Normautoritative Anforderungen: Völkerrechtliche Prinzipien als rechtsetzungsverbindliche Prinzipien

Im Lichte der oben skizzierten Inversionsthese sind schließlich auch an die Autorität, d.h. den Grad und die Dimensionen der Verbindlichkeit eines Rechtsprinzips bestimmte Anforderungen zu stellen, wenn dieses zur Rekonstruktion völkerrechtlicher Regelveränderungen herangezogen werden können soll. So stellen Rechtsprinzipien nur dann normative Gründe einer Regel dar, wenn sie für die regelsetzende Instanz unverfügbar sind. Kann diese über jene frei disponieren, sprechen jene weder für noch gegen die gesetzte Regel, und eine Begründungsrelation zwischen beiden besteht nicht. Rechtsprinzipien, die als normative Gründe eine Regel selbst oder deren Veränderungen erklären sollen, müssen den Regelsetzer folglich gerade auch als solchen binden.

Im konsensbasierten Völkerrecht, so mag man einwenden, liegt die Rechtsetzung in der Hand der Staaten selbst; der Bestand derjenigen Normen jedoch, über die sich auch der staatliche Konsens nicht hinwegzusetzen vermag, ist gering. Er beschränkt sich nach überwiegender Ansicht auf den kleinen Kreis zwingender Völkerrechtsregeln.[197] Die Suche nach Prinzipien, die normativ verbindliche Anforderungen an die Regelsetzer formulieren, lässt das beinahe aussichtslos erscheinen, verlangt sie doch auf den ersten Blick beinahe gänzlich Unwahrscheinliches: die Entstehung neuer Völkerrechtsprinzipien mit *ius cogens*-Charakter. Tatsächlich sind die eingangs formulierten normautoritativen Anforderungen indes deutlich leichter zu erfüllen, als dieser Einwand suggeriert. Denn wenn dieser annimmt, das konsensuale Zusammenwirken mehrerer Staaten allein sei es, dem eine rechtskreative Funktion zukomme, so beruht er auf einer stark vereinfachenden Prämisse. Zwar trifft es zu, dass alle Rechtsquellen des Art. 38 Abs. 1 IGH-Statut in der einen oder anderen Form an übereinstimmende Willensäußerungen der Staaten anknüpfen,[198] doch lässt der für die Rechtsentstehung demnach zunächst entscheidende Staatenkonsens vielfach Spielräume, deren Konkretisierung dem Rechtsanwender und -interpreten

---

[197] Zur Frage, ob sich eine Unverfügbarkeit oder erschwerte Abänderbarkeit auch daraus ergeben kann, dass eine Norm integrale oder interdependente Verpflichtungen enthält, siehe unten Kapitel 4, A. IV. 1. b) aa) (1).

[198] Besonders deutlich *P. E. Corbett*, BYIL 6 (1925), S. 20 (25 und öfter); *A. Verdross/B. Simma*, Universelles Völkerrecht, 3. Aufl. 1984, § 519; siehe zudem *A. v. Arnauld*, Völkerrecht, 3. Aufl. 2017, Rdn. 187; *S. Hobe*, Einführung in das Völkerrecht, 10. Aufl. 2014, S. 180.

aufgegeben bleibt. Ebenso wie im nationalen Kontext sind es auch im Völkerrecht insbesondere Gerichte, die mit dieser Konkretisierungsaufgabe betraut sind. Ihre Wahrnehmung unterscheidet sich von der staatlichen Rechtsschöpfung *ex nihilo* dabei allenfalls hinsichtlich des Umfangs bestehender Rechtsbindungen, strukturell hingegen ähneln sich beide stark.[199] Denn sowohl die Entscheidungen der rechtsetzenden Staaten als auch diejenigen eines verbindlich entscheidenden Gerichts reduzieren die Zahl zur Verfügung stehender Handlungsoptionen, indem sie die ohne sie noch bestehenden normativen Spielräume verengen. Rechtsetzung, so zeigt diese Überlegung, stellt sich folglich auch im Völkerrecht als mehrstufiger und arbeitsteiliger Prozess dar, in dem neben den Staaten auch internationale Gerichte eine entscheidende Rolle einnehmen.[200] Ebenso wie die rechtsetzenden Staaten sind die regelkonkretisierenden Gerichte dabei zwar nicht an ihre eigenen Rechtsetzungsakte, d.h. an die von ihnen selbst vorgenommenen Konkretisierungen bestimmter Völkerrechtsregeln, gebunden.[201] Die von den Staaten geschaffenen Völkerrechtsnormen jedoch sind für sie unverfügbar. Lässt sich ein Prinzip demnach einer der Rechtsquellen des Art. 38 Abs. 1 IGH-Statut zuordnen, so erfüllt es damit zugleich die Anforderungen, die hinsichtlich seiner Verbindlichkeit an es zu stellen sind, um für die gerichtliche Rechtsetzung einen zu berücksichtigenden normativen Grund darzustellen. Und auch für Konkretisierungs- und Interpretationsvorschläge aus der Wissenschaft stellt ein Prinzip bereits unter diesen verringerten Voraussetzungen einen normativen Grund dar. Denn will die Wissenschaft der gerichtlichen Norminterpretation mit eigenen Vorschlägen argumentative Hilfe und Anleitung bieten, so kann dies nur dann überzeugend gelingen, wenn sie sich an den gleichen Maßstäben messen lässt.

---

199 *M. Jestaedt*, Das mag in der Theorie richtig sein…, 2006, S. 18 ff., insbes. 24 f.; siehe auch *I. Appel*, VVDStRL 67 (2008), S. 226 (256 f.) sowie bereits *H. Kelsen*, Reine Rechtslehre, 1. Aufl. 1934, S. 97 ff. unter zutreffendem Hinweis auf den entscheidenden Unterschied, namentlich den unterschiedlichen Umfang der Rechtsbindung. Vgl. ferner *M. Raabe*, Grundrechte und Erkenntnis, 1998, S. 273 ff. m.w.N.

200 Vgl. nur *A. v. Bogdandy/I. Venzke*, In wessen Namen?, 2014.

201 Im Völkerrecht existiert eine *stare decisis*-Regel nicht, siehe *J. Crawford*, Brownlie's Principles of Public International Law, 8. Aufl. 2012, S. 71; *M. Geistlinger*, in: GS Mayer-Maly, 2011, S. 159 (165); *M. Shahabuddeen*, Precedent in the World Court, 1996, S. 97.

Dass Gleiches nicht notwendigerweise auch für die völkerrechtliche Regelsetzung erster Stufe gilt, ist richtig, stellt im Kontext der vorliegenden Fragestellung jedoch kein entscheidendes Manko dar. Denn Strukturwandelphänomene, die auf eine Regelveränderung auf erster Stufe, d.h. auf eine Modifikation der Regel durch die Staaten selbst, zurückgehen, sind auch ohne Rekurs auf materielle Prinzipien leicht zu erklären: Sie beruhen auf einem veränderten staatlichen Willen. Bedeutungsverschiebungen bei der gerichtlichen oder wissenschaftlichen Anwendung bestehender staatlich gesetzter Regeln indes können sich hierauf nicht zurückziehen, sondern bedürfen einer alternativen Erklärung und Rechtfertigung. Rechtsprinzipien können dazu einen Beitrag leisten. Dafür genügt es, dass sie normative Gründe darstellen, die für Gerichte als zweitstufige Rechtsetzer unverfügbar sind. An die Verbindlichkeit der Prinzipien stellt das keine allzu hohe Anforderung. Vielmehr ist sie bereits dann erfüllt, wenn sich ein Prinzip einer der Rechtsquellen des Art. 38 Abs. 1 IGH-Statut zuordnen lässt.

B. Prinzipienmonismus im Koexistenzvölkerrecht: Zur Vorherrschaft der (äußeren) Staatensouveränität als Rechtsprinzip

Wer nach den prägenden Rechtsprinzipien des Völkerrechts sucht, wird schnell auf eine Bemerkung stoßen, die *Albert Bleckmann* im Jahre 1985 veröffentlichte. „Wir werden im folgenden zeigen," so formulierte *Bleckmann* dort Vorhaben und These zugleich, „daß die gesamte Völkerrechtsordnung nur Ausdruck des einheitlichen Prinzips der äußeren Souveränität ist."[202] So ambitioniert dieses Vorhaben klingt, so erfolgversprechend ist es – jedenfalls für den Bereich des Koexistenzvölkerrechts. Koexistenzvölkerrecht, so sollen auch die folgenden Überlegungen belegen, ist wesentlich Souveränitätsvölkerrecht.[203] Seine Regeln

---

[202] *A. Bleckmann*, AVR 23 (1985), S. 450 (464); ähnlich *ders.*, GYIL 28 (1985), S. 144 (151 f.) sowie IGH, *Nicaragua*, Merits, ICJ Rep 1986, S. 14 (133): „the fundamental principle of State sovereignty, on which the whole of international law rests". Weitere Nachweise bei *S. Bedi*, The Development of Human rights Law by the Judges of the International Court of Justice, 2007, S. 40.

[203] *B. Fassbender*, in: N. Walker (Hrsg.), Sovereignty in Transition, S. 115 (118) sowie bereits oben S. 9 f.

fußen beinahe durchweg auf dem Prinzip staatlicher Souveränität; dieses dient jenen als normativer Grund.

Um diese These zu erhärten und damit zugleich die Prinzipienstruktur des Koexistenzvölkerrechts als monistische zu entlarven, sollen im Folgenden vor dem Hintergrund einer Skizze des Souveränitätsdiskurses in der völkerrechtlichen Literatur (dazu I.) Gehalt und Struktur der Staatensouveränität im Völkerrecht erarbeitet werden. Der Vielzahl gegensätzlicher Interpretationen staatlicher Souveränität soll dabei eine Konzeption des Souveränitätsprinzips gegenübergestellt werden, die einige dieser Gegensätze aufhebt und die Operationalisierung des Souveränitätsprinzips in der Rechtsanwendung erklärt, indem sie verdeutlicht: die Staatensouveränität ist ein Rechtsprinzip im rechtstheoretischen Sinne (dazu II.). Sie verleiht dem Wert staatlicher Autonomie in der Sprache des Rechts Ausdruck (dazu II. 2.), ist abwägungsfähig und im Konfliktfall auch -bedürftig, fungiert als normativer Grund völkerrechtlicher Regeln und drängt im Rahmen der tatsächlichen und rechtlichen Möglichkeiten auf die größtmögliche Verwirklichung (zu diesen Punkten II. 3.).

I. Interpretationen des Souveränitätsprinzips

In dem Versuch, Inhalt, Bedeutung und Rechtfertigung des Konzepts staatlicher Souveränität zu vermessen, hat die Völkerrechtswissenschaft bislang eine verwirrende Vielzahl divergierender Interpretationen hervorgebracht. Weder verfügt sie über eine konsentierte Definition noch über eine einheitliche Bewertung der mit dem Souveränitätsbegriff in Bezug genommenen Phänomene.[204] Stattdessen bewegt sich die völkerrechtswissenschaftliche Diskussion in Gegensatzpaaren. Und so oszilliert das Souveränitätsprinzip in seinem formalen Gehalt zwischen Zuhöchst-sein und Unabhängigkeit (dazu 1.), materiell zwischen Freiheitsgarantie und Kompetenzbündel (dazu 2.), in seinem Umfang zwischen Relativität und Absolutheit (dazu 3.) funktional zwischen norma-

---

[204] Vgl. *H. Steinberger*, Sovereignty, in: EPIL, Bd. IV, 2000, S. 500 (500): „Sovereignty is the most glittering and controversial notion in the history, doctrine and practice of public international law.“; *G. Erler*, BDGVR 1 (1957), S. 29 (32): „allgemeine Sprachverwirrung um den Begriff der Souveränität“; siehe ferner *U. Haltern*, Was bedeutet Souveränität?, S. 1; *J. Kranz*, AVR 30 (1992), S. 411 (411); *W. P. Nagan/C. Hammer*, Colum. J. Transnat'l L. 43 (2004), S. 141 (142 ff.).

tivem Rechtssatz und beschreibendem Sammelbegriff (dazu 4.), legitimatorisch zwischen rechtlich konstituierter und dem Recht vorgegebener Freiheit (dazu 5.) und in seiner Bewertung zwischen einem das Völkerrecht noch immer prägenden Grundprinzip und einem längst verabschiedeten Anachronismus (dazu 6.).

1. Souveränität formal betrachtet: Zwischen Zu-Höchst-Sein und Keiner-anderen-Autorität-unterworfen-Sein

„Man kann von der Souveränität selbst wenig mehr sagen," so eröffnete *Herbert Krüger* im Jahre 1955 seinen Vortrag vor der Deutschen Gesellschaft für Völkerrecht, „als daß sie die Eigenschaft eines sozialen Verbandes, insbesondere seiner Gewalt ist, Zu-höchst-zu-sein."[205] Der Staat und seine Gewalt, so ist in Staats- und Völkerrechtslehre vielfach ganz in diesem Sinne zu lesen, seien souverän, wenn und weil die Staatsgewalt die höchste Gewalt sei, der Staat also unabgeleitete Rechtsmacht besitze[206] – Staatensouveränität als „höchstrangige Macht [...], die sich im Innen- und Außenverhältnis grundsätzlich frei entfalten kann."[207] Dieses im Konzept des Zu-höchst-seins verkörperte formale Souveränitätsverständnis trägt den Ballast einer staatstheoretisch dominierten Begriffsgeschichte, die sich in den völkerrechtstheoretischen Kontext nicht ohne weiteres einfügt.[208] Während staatstheoretisch die Annahme der Überlegenheit staatlicher Gewalt gegenüber allen anderen Verbänden und deren Angehörigen aufgrund der bereits perspektivisch bedingten Einzigkeit der Staatsgewalt ohne theoretische Zerwürfnisse auskommt, eröffnet der Blick auf das Recht jenseits (und im Verhältnis unterschiedlicher) staatlicher Ordnungen, dass der je einzelne souveräne Staat in seinem Anspruch zu-höchst-zu-sein nicht al-

---

205 *H. Krüger*, BDGVR 1 (1957), S. 1 (1).

206 Siehe *F. Koja*, Allgemeine Staatslehre, 1993, S. 37; *C. Möllers*, Souveränität, in: Heun u.a. (Hrsg.), Evangelisches Staatslexikon, 2006, Sp. 2174; *S. Oeter*, in: FS Steinberger, 2002, S. 259 (272); *H. Kelsen*, Allgemeine Staatslehre, 1925, S. 102, 103, 109 und öfter sieht darin das Konzept der „herrschenden Lehre" (ebd., S. 103); der Formulierung nach auch *A. Randelzhofer*, in: J. Isensee/P. Kirchhof, HStR, Bd. II, 3. Aufl. 2004, § 17 Rdn. 23: „höchste Gewalt von Rechts wegen".

207 *T. Schweisfurth*, Völkerrecht, 1. Kap. Rdn. 39, S. 14.

208 Vgl. *R. M. Anand*, RdC 197 (1986-II), S. 9 (26 f.); *L. Henkin*, in: FS Tieya, 1994, S. 351 (352 f.); *ders.*, Fordham L. Rev. 68 (1999), S. 1 (2).

leine ist. Die völkerrechtliche Perspektive bedingt so eine Multiplikation souveräner Höchstgewalten, die in ihrem Anspruch auf Suprematie konkurrieren. Sofern und soweit sich deren Aktionssphären überschneiden, lässt sich nicht mehr jedem der Staaten die superlative Gewalt staatlicher Souveränität attestieren.[209]

Die Völkerrechtslehre hat auf diese konstruktive Schwierigkeit ganz überwiegend[210] damit reagiert, sich im staatlichen Außenverhältnis von einem superlativen Verständnis des Souveränitätsbegriffs zu trennen.[211] Etymologisch, so bringt sie vor, sei ein solches ohnehin nie plausibel gewesen.[212] Im Verhältnis zu anderen Staaten impliziert Souveränität demnach kein „Zu-höchst-sein", sondern lediglich, keiner anderen Autorität unterworfen zu sein.[213] Unabhängigkeit von fremder Herrschaftsgewalt wird so zum zentralen Merkmal des nach außen souveränen Staates.[214] Das Verständnis der Staatensouveränität bleibt damit ein

---

[209] *H. Kelsen*, Das Problem der Souveränität, 2. Aufl. 1928, S. 102; vgl. auch *C. Chaumont*, in: FS Basdevant, 1960, S. 114 (131); IGH, *Nuclear Weapons*, Advisory Opinion, Diss. Op. Shahabuddeen, ICJ Rep 1996, S. 375 (393).

[210] Anders jedoch *Kelsen*, der sich dagegen wehrt, einen einheitlichen Begriff in zwei Bedeutungen zerfallen zu lassen, und stattdessen den Bezugspunkt ändert: Nicht der Staat, sondern allein die (Völker-)Rechtsordnung könne souverän sein, siehe *H. Kelsen*, Das Problem der Souveränität, 2. Aufl. 1928, insbes. S. 9 ff., 37 ff.; *ders.*, Geo. L. J. 48 (1959-1960), S. 627; ihm folgend *N. Politis*, RdC 6 (1925-I), S. 1 (18 f.); kritisch dazu *K. A. Schachtschneider*, Souveränität, 2015, S. 287 f.

[211] Aus historischer Perspektive deutlich *E. N. v. Kleffens*, RdC 82 (1953-I), S. 1 (44): „as soon as there was more than one sovereign calling himself sovereign, the notion of sovereignty changed its meaning".

[212] *D. C. Dicke*, Die Intervention mit wirtschaftlichen Mitteln im Völkerrecht, 1978, S. 54 ff.; ausdrücklich anders aber *H. Kelsen*, Das Problem der Souveränität, 2. Aufl. 1928, S. 39: „Souveränität ist ihrem Wesen nach ein Superlativ, und zwar ein Absolutum."; *N. Politis*, RdC 6 (1925-I), S. 1 (18); ähnlich unter Bezugnahme auf *A. Dock*, Der Souveränitätsbegriff, 1897, S. 40 auch *J. Dennert*, Ursprung und Begriff der Souveränität, 1964, S. 101, nach dem Souveränität das „Erste und Höchste in seiner Art" bezeichne.

[213] *G. Schwarzenberger*, CLP 10 (1957), S. 264 (270); *H. Steinberger*, Sovereignty, in: EPIL, Bd. IV, 2000, S. 500 (511 f.).

[214] Insofern klassisch die Ausführungen von *Max Huber* in *Island of Las Palmas Case*, RIAA II, S. 829 (838); siehe aus der Literatur *J. Bentzien*, Die völkerrechtlichen Schranken der nationalen Souveränität im 21. Jahrhundert, 2007, S. 17; *J. Bertele*, Souveränität und Verfahrensrecht, 1998, S. 14, 64; *D. C. Dicke*, Die Intervention mit wirtschaftlichen Mitteln im Völkerrecht, 1978,

formales, rein in Verhältnissen beschreibendes.[215] Seine superlativischen Implikationen jedoch bleiben ihm nur in seiner staatstheoretischen Dimension – und damit „nach innen" – erhalten. Begrifflich verliert die Staatensouveränität mit dieser inhaltlichen Teilrevision ihre einheitliche Bedeutung; sie zerfällt in Innen und Außen, in staatsrechtliche und völkerrechtliche Souveränität. In beiden Dimensionen jedoch behält die Diskussion den Begriff bei:[216] Souveränität umschreibt beides, „höchste Gewalt nach innen *und* Unabhängigkeit nach außen".[217]

2. *Souveränität materiell betrachtet: Zwischen Freiheitsgarantie und Kompetenzbündel*

Dem derart dimensional gespaltenen, zwischen Unabhängigkeit und Zu-höchst-sein changierenden Souveränitätsbegriff fügt die völkerrechtliche Debatte eine weitere Facette dadurch hinzu, dass sie die zunächst noch ganz im Formalen verharrende Definition staatlicher Souveränität um materielle Gehalte zu ergänzen sucht,[218] sich in deren

---

S. 59; *G. Erler*, BDGVR 1 (1957), S. 29 (35); *R. Jennings/A. Watts*, Oppenheim's International Law, Bd. I/1, 9. Aufl. 1992, S. 125; *J. Kokott*, ZaöRV 64 (2004), S. 517 (519); *J. Kranz*, AVR 30 (1992), S. 411 (411); *S. Oeter*, in: FS Steinberger, 2002, S. 259 (276); *U. K. Preuß*, in: T. Stein/H. Buchstein/C. Offe (Hrsg.), Souveränität, Recht, Moral, 2007, S. 313 (317); *A. Randelzhofer*, in: J. Isensee/P. Kirchhof (Hrsg.), HStR, Bd. II, 3. Aufl. 2004, § 17 Rdn. 25; *M. Troper*, in: M. Rosenfeld/A. Sajó (Hrsg.), The Oxford Handbook of Comparative Constitutional Law, 2012, S. 350 (354); *L. Wildhaber*, in: R. S. J. Macdonald/D. M. Johnston (Hrsg.), The Structure and Process of International Law, 1983, S. 425 (437); in der Sache auch *A. Müller-Wewel*, Souveränitätskonzepte im geltenden Völkerrecht, 2003, S. 178.

215 Siehe *J. Crawford*, Brownlie's Principles of Public International Law, 8. Aufl. 2012, S. 447: „sovereignty is in a major aspect a relation to other states"; *E. N. v. Kleffens*, RdC 82 (1953-I), S. 1 (89).

216 Sehr kritisch dazu *H. Kelsen*, Das Problem der Souveränität, 2. Aufl. 1928, S. 38.

217 *A. Randelzhofer*, in: J. Isensee/P. Kirchhof (Hrsg.), HStR, Bd. II, 3. Aufl. 2004, § 17 Rdn. 23 (eigene Hervorhebung); ebenso *M. Troper*, in: M. Rosenfeld/A. Sajó (Hrsg.), The Oxford Handbook of Comparative Constitutional Law, 2012, S. 350 (354).

218 *H. Kelsen*, Allgemeine Staatslehre, 1925, S. 109 spricht in diesem Zusammenhang von einer Umdeutung der Souveränität von einem „Rechts-Wesens-Begriff" oder „Formalbegriff" zu einem „Rechtsinhaltsbegriff"; ebenso *F. Koja*, Allgemeine Staatslehre, 1993, S. 37 f.

konkreter Bestimmung indes keinesfalls einig ist. Es greife zu kurz, so der jenseits aller Divergenzen im Detail *unisono* erklingende Tenor, Souveränität völkerrechtlich vollständig in Unabhängigkeit aufgehen zu lassen,[219] lässt dies doch die entscheidende Frage offen, „worin" oder „wobei" sich der souveräne Staat von fremder Herrschaftsgewalt unabhängig weiß. Dieses „Worin" sei das eigentlich Wesentliche der Souveränität. Deren Unabhängigkeitskomponente hingegen erfülle eine vorrangig dienende Funktion,[220] sie sei bloßes Implikat[221] dieses positiv erst zu bestimmenden inhaltlichen „Mehr".

Mit der Frage nach diesem „Mehr" ändert sich zugleich das Wesen des Souveränitätsprinzips. Bezeichnete dieses bislang die Position des Staates relativ zu derjenigen anderer Staaten oder denjenigen anderer rechtlicher Gemeinschaften, so wird es nun zu einem Begriff, dessen Inhalt durch einen bestimmten Bestand materieller Rechtspositionen, seien dies Freiheiten, Befugnisse oder Pflichten, gekennzeichnet ist.[222] In der Bestimmung des Kanons dieser über die staatliche Unabhängigkeit hinausgehenden materiellen Souveränitätsgehalte lassen sich – wenngleich gewisse Schematisierungen dabei nicht ausbleiben – zwei Pole ausmachen, zwischen denen sich die Diskussion um den materiellen Gehalt des Souveränitätsprinzips bewegt. Souveränität, so die These am einen Ende der Debatte, lässt sich in Analogie zu individuellen Freiheitsgarantien konstruieren.[223] Was Souveränität positiv-materiell kennzeichne seien allgemeine freiheits-grundrechtsähnliche Positionen der Staaten. Ganz in diesem Sinne formuliert etwa *Albert Bleckmann*:

---

[219] Siehe etwa *A. Bleckmann*, in: B. Simma (Hrsg.), Charta der Vereinten Nationen. Kommentar, 1991, Art. 2 Ziff. 1 Rdn. 12; *M. S. Korowicz*, RdC 102 (1961-I), S. 1 (13).

[220] *D. C. Dicke*, Die Intervention mit wirtschaftlichen Mitteln im Völkerrecht, 1978, S. 144; siehe zur Unabhängigkeit als negative Souveränitätskomponente auch *A. Müller-Wewel*, Souveränitätskonzepte im geltenden Völkerrecht, 2003, S. 178; *G. Schwarzenberger*, CLP 10 (1957), S. 264 (270).

[221] Vgl. *G. Schwarzenberger*, CLP 10 (1957), S. 264 (268, 270).

[222] *H. Kelsen*, Allgemeine Staatslehre, 1925, S. 109.

[223] *L. Henkin*, in: FS Tieya, 1994, S. 351 (353 f.); *M. Mahlmann*, in: T. Stein/H. Buchstein/C. Offe (Hrsg.), Souveränität, Recht, Moral, 2007, S. 270 (271); vgl. auch *M. S. Korowicz*, RdC 102 (1961-I), S. 1 (7), der darauf hinweist, dass die Idee der Souveränität in der Antike mit den Begriffen „*liber* and *libertas*" ausgedrückt worden sei.

„Zunächst begründet das Souveränitätsprinzip umfassende Handlungsrechte, also die ‚allgemeine Handlungsfreiheit' der Staaten."[224]

Und an anderer Stelle ergänzt er:

„Sie [Anm.: die Souveränität] begründet ferner Rechtspositionen, die der Freiheit, dem Eigentum und der Gleichheit im nationalen Recht weitgehend entsprechen."[225]

Die Antwort, die diese Lesart auf die Frage nach dem „Worin" staatlicher Unabhängigkeit gibt, lautet: in der Ausübung eben dieser grundrechtsähnlichen Freiheiten. Kaum jedoch einmal wird der materielle Gehalt des Souveränitätsprinzips auf diese allgemeinen Rechtspositionen beschränkt, meist wird dessen Bestimmung um speziellere Inhalte angereichert.[226] Und so steht der liberalistischen Lesart am anderen Ende des Meinungsspektrums eine Interpretation des Souveränitätsprinzips gegenüber, die dieses inhaltlich in spezielle Kompetenzen und Zuständigkeiten aufzulösen versucht und die Frage nach dem materiellen Gehalt staatlicher Souveränität folglich mit einer Auflistung bestimmter staatlicher Einzelbefugnisse beantwortet.[227] Souveränität erscheint in

---

224 *A. Bleckmann*, in: B. Simma (Hrsg.), Charta der Vereinten Nationen. Kommentar, 1991, Art. 2 Ziff. 1 Rdn. 16 (Hervorhebung weggelassen); ebenso *ders.*, in: FS Scupin, 1983, S. 407 (410). Einen solchen Zusammenhang von Souveränität und staatlicher Handlungsfreiheit stellen ferner her *R. M. Anand*, RdC 197 (1986-II), S. 9 (28); *J. Bertele*, Souveränität und Verfahrensrecht, 1998, S. 64; *A. Emmerich-Fritsche*, Vom Völkerrecht zum Weltrecht, 2007, S. 155, 156 f.; *J. Hoffmann*, Theorie des internationalen Wirtschaftsrechts, 2009, S. 131 f.; *A. Müller-Wewel*, Souveränitätskonzepte im geltenden Völkerrecht, 2003, S. 178; *K. A. Schachtschneider*, Souveränität, 2015, S. 344; *H. Steinberger*, Sovereignty, in: EPIL, Bd. IV, 2000, S. 500 (513); allgemeiner *W. Vitzthum*, in: ders./A. Proelß (Hrsg.), Völkerrecht, 7. Aufl. 2016, 1. Abschn. Rdn. 49: „Staatenfreiheit".

225 *A. Bleckmann*, AVR 23 (1985), S. 450 (466); ebenso *L. Henkin*, in: FS Tieya, 1994, S. 351 (353 f.); die Paralelle zum Eigentumsrecht zieht auch *U. K. Preuß*, in: T. Stein/H. Buchstein/C. Offe (Hrsg.), Souveränität, Recht, Moral, 2007, S. 313 (317 f.).

226 So nennt auch *A. Bleckmann*, AVR 23 (1985), S. 450 (467) als inhaltliche Elemente der Souveränität die Gebiets-, Personal- und Organisationshoheit sowie das Recht zum Vertragsschluss, zum diplomatischen Verkehr und zur Kriegsführung.

227 Dazu *H. Kelsen*, Allgemeine Staatslehre, 1925, S. 109 f.

diesem Ansatz als ein „Bündel von Herrschaftsbefugnissen“.[228] Der Versuch, dieses Bündel aufzuschnüren, um die materiellen Souveränitätsgehalte zu konkretisieren, provoziert jedoch die Frage nach den Grenzen des Souveränitätsprinzips: Welche Rechte sind noch *souveräne* Rechte und welche sind es nicht mehr?[229] Eine Frage, die die methodische Schwierigkeit provoziert, Kriterien für die Zugehörigkeit zum Souveränitätsprinzip anzugeben. Das Recht, „ausschließlich und alleine Mittel legaler Zwangsgewalt auf dem eigenen Territorium zu verwenden“[230], sowie die Personal- und Organisationshoheit[231] sollen dazu gehören, ebenso die Befugnis, völkerrechtliche Verträge zu schließen[232] und überhaupt mit anderen Staaten frei zu verkehren.[233] Ja, auch das Recht, Krieg zu führen[234] wird dem Bündel für das klassische Völker-

---

[228] *M. Hagemann*, SchweizJIR 16 (1959), S. 53 (55); ebenso *R. L. Bindschedler*, in: FS Guggenheim, 1968, S. 167 (169); *H. Lauterpacht*, International Law, Bd. III, 1977, S. 8; *A. Müller-Wewel*, Souveränitätskonzepte im geltenden Völkerrecht, 2003, S. 199; *L. Wildhaber*, in: R. S. J. Macdonald/D. M. Johnston (Hrsg.), The Structure and Process of International Law, 1983, S. 425 (442): „the aggregate sum of several powers“; in diese Richtung auch *S. Oeter*, in: FS Steinberger, 2002, S. 259 (279, 284); *G. F. Schuppert*, in: T. Stein/H. Buchstein/C. Offe (Hrsg.), Souveränität, Recht, Moral, 2007, S. 251 (253); vgl. auch *A. Verdross*, Die Einheit des rechtlichen Weltbildes auf Grundlage der Völkerrechtsverfassung, 1923, S. 35: „Denn ‚Souveränität‘ ist gerade die besondere Kompetenz, die die ‚Staaten‘ aufgrund des Völkerrechts besitzen.“

[229] Für einen Ansatz, der ein solches Kriterium begründet, vgl. *T. Endicott*, in: S. Besson/J. Tasioulas (Hrsg.), The Philosophy of International Law, 2010, S. 245 (252): „So the content of sovereignty is determined by the powers and the forms of independence that a state needs *in order to be a good state.*“ (Hervorhebung im Original).

[230] *S. Oeter*, in: FS Steinberger, 2002, S. 259 (279); ebenso *L. Wildhaber*, in: R. S. J. Macdonald/D. M. Johnston (Hrsg.), The Structure and Process of International Law, 1983, S. 425 (436).

[231] Vgl. *A. Bleckmann*, AVR 23 (1985), S. 450 (467); *ders.*, in: B. Simma (Hrsg.), Charta der Vereinten Nationen. Kommentar, 1991, Art. 2 Ziff. 1 Rdn. 25.

[232] *A. Bleckmann*, AVR 23 (1985), S. 450 (467).

[233] *H. Kelsen*, Allgemeine Staatslehre, 1925, S. 110.

[234] *R. M. Anand*, RdC 197 (1986-II), S. 9 (29); *R. Bernhardt*, ZaöRV 36 (1976), S. 50 (55); *A. Bleckmann*, AVR 23 (1985), S. 450 (467); *B. Fassbender*, in: N. Walker (Hrsg.), Sovereignty in Transition, 2006, S. 115 (117); *S. Oeter*, in: FS Steinberger, 2002, S. 259 (272).

recht zugerechnet.[235] Das Souveränitätsprinzip, so ist teilweise gar zu lesen, bündele schlicht alle Rechte, die einem Staat im fraglichen Zeitpunkt zustehen – und das unabhängig davon, ob diese auf völkervertraglicher oder völkergewohnheitsrechtlicher Grundlage ruhen, und gleichviel, ob sie den fraglichen Staat lediglich im bilateralen Verhältnis zweier Staaten, gegenüber mehreren Staaten oder gar gegenüber allen Staaten berechtigen. Souveränität sei eben die „Gesamtheit der nach dem Völkerrecht einem Staat zukommenden Zuständigkeiten und Befugnisse".[236]

3. Souveränität funktional betrachtet: Zwischen Normativität und Deskription

Die damit hergestellte Verbindung zwischen Staatensouveränität und bestimmten materiellen Rechtspositionen zieht – und dabei ist es von untergeordneter Bedeutung, ob diese Rechtspositionen strukturell als allgemeine staatliche Grundrechtsgarantien oder als spezielle Einzelbefugnisse konzipiert werden – die Frage nach deren Verhältnis nach sich. Gehen staatliche Souveränität und die mit ihr verbunden Einzelrechtspositionen gänzlich ineinander auf? Ja, besitzt das Souveränitätsprinzip möglicherweise überhaupt keine normative Bedeutung, die über diejenige der Einzelrechtspositionen, die ihm inhaltlich zugeschrieben werden, hinausgeht?

Die Diskussion zerfällt auch in der Beantwortung dieser Fragen in zwei Lager. Die überwiegende Mehrheit jedoch bejaht sie:[237] Staatliche Souveränität als solche sei keine Norm, ja überhaupt kein Element des Rechts:

---

[235] Eine kurze Auflistung der heute noch mit dem Souveränitätsprinzip in Verbindung gebrachten Elemente findet sich bei *H. Steinberger*, Sovereignty, in: EPIL, Bd. IV, 2000, S. 500 (501); siehe auch *A. Peters*, EJIL 20 (2009), S. 513 (516).

[236] Deutlich *A. Müller-Wewel*, Souveränitätskonzepte im geltenden Völkerrecht, 2003, S. 199; siehe auch *B. Fassbender*, in: N. Walker (Hrsg.), Sovereignty in Transition, 2006, S. 115 (129); *S. Oeter*, in: FS Steinberger, 2002, S. 259 (284); *H. G. Koppensteiner*, Die Europäische Integration und das Souveränitätsproblem, 1963, S. 38; *J. L. Kunz*, Die Staatenverbindungen, 1929, S. 37 f.; *G. Schwarzenberger*, CLP 10 (1957), S. 264 (276 ff.); ablehnend *J. Bertele*, Souveränität und Verfahrensrecht, 1998, S. 63.

[237] Siehe *J. Crawford*, Brownlie's Principles of Public International Law, 8. Aufl. 2012, S. 448.

„Elle [Anm.: la souveraineté] ne résulte pas d'une norme du droit international et elle n'est pas un principe (une norme) de ce droit, comme on le prétend souvent. Elle n'est pas non plus la source juridique des compétence de l'Etat. La souveraineté est un concept descriptif et fonctionnel qui n'énonce aucune règle juridique."[238]

Seinen normativen Selbststand büßt das Konzept staatlicher Souveränität in dieser Interpretation vollständig ein. Es ist nichts als ein „Oberbegriff"[239], mit dem ein gewisser Bestand von in anderen Normen verkörperten Rechtsgehalten beschreibend und gesammelt in Bezug genommen werden kann.[240] Eine normative Verbindung aber, ein Ableitungszusammenhang etwa, besteht zwischen diesen und jenem nicht.[241] Souveränität wird zu einer bloßen „Abbreviatur"[242] ohne normativen Eigenwert.

Der Abschied von der Souveränität als *Rechts*begriff ist damit offen eingeläutet, doch nicht überall will man ihn gehen lassen. Staatliche Souveränität, so lässt sich die Gegenposition resümieren, sei eine genuin normative Konzeption und ihr Wesen verkenne, wer sie auf einen Sammelbegriff reduziere, dessen Funktion gänzlich im Deskriptiven versandet. Dass die Staatensouveränität als normativ-rechtliches Konzept noch nicht aufgegeben wurde, zeigen insbesondere die Formulierungen, in denen das Verhältnis von Souveränitätsprinzip einerseits und den Rechtpositionen, die als dessen materielle Gehalte gelten, andererseits umschrieben wird: Die Staatensouveränität, so liest man dort, „be-

---

238 *J. Kranz*, AVR 30 (1992), S. 411 (440) (Nachweise weggelassen); ebenso *L. Henkin*, in: FS Tieya, 1994, S. 351 (353): „‚Sovereignty' [...] is not *per se* a normative conception in international law."; *S. Oeter*, in: FS Steinberger, 2002, S. 259 (287): „zunächst deskriptiv".

239 *G. F. Schuppert*, in: T. Stein/H. Buchstein/C. Offe (Hrsg.), Souveränität, Recht, Moral, 2007, S. 251 (253) (Hervorhebung weggelassen).

240 *A. Cassese*, International Law, 2. Aufl. 2005, S. 48; *J. Crawford*, Brownlie's Principles of Public International Law, 8. Aufl. 2012, S. 448; vgl. auch *S. Oeter*, in: FS Steinberger, 2002, S. 259 (283); *B. Fassbender*, in: N. Walker (Hrsg.), Sovereignty in Transition, 2006, S. 115 (129): „collective or umbrella term".

241 *B. Fassbender*, in: N. Walker (Hrsg.), Sovereignty in Transition, 2006, S. 115 (132).

242 *C. Hillgruber*, JZ 57 (2002), S. 1072 (1073); *S. Oeter*, in: FS Steinberger, 2002, S. 259 (287).

gründet" Rechtspositionen,[243] aus ihr lassen sich völkerrechtliche Rechtssätze „ableiten",[244] ja, diese seien „Ausfluß der äußeren Souveränität".[245] Fern davon, in einer bloß beschreibenden Funktion zu verharren, gewinnt die Souveränität in diesem Verständnis eine normative Dimension: sie begründet Rechtspositionen, ist normative Quelle speziellerer Rechtssätze.

4. Souveränität extensional betrachtet: Zwischen Absolutheitsanspruch und Relativitätsdogma

Unabhängig davon, ob Souveränität als normative oder deskriptive Konzeption zu verstehen ist, umschreibt (bzw. gewährt) sie mit ihrer inhaltlichen Rückbindung an bestimmte materielle Rechtspositionen eine staatliche Sphäre rechtlichen Dürfens, einen Raum unabhängiger staatlicher Selbstbestimmung.[246] Die Frage nach den Grenzen dieses Handlungsspielraums bleibt damit indes noch ungeklärt: Verleiht die Souveränität dem Staat eine ungebundene, inhaltlich unbeschränkte Freiheit, die ihn gar von der Bindung an das Völkerrecht freizeichnet, oder ist sie immer schon durch die Regeln des Völkerrechts und die Souveränität anderer Staaten beschränkt? Die Diskussion um die Souveränität im Völkerrecht lässt sich auch in diesem Aspekt anhand zweier unversöhnlicher Positionen skizzieren: dem Konzept absoluter Souveränität einerseits, demjenigen relativer Souveränität andererseits.[247] So

---

[243] So *A. Bleckmann*, AVR 23 (1985), S. 450 (466); *ders.*, in: B. Simma (Hrsg.), Charta der Vereinten Nationen. Kommentar, 1991, Art. 2 Ziff. 1 Rdn. 16.

[244] So *A. Emmerich-Fritsche*, Vom Völkerrecht zum Weltrecht, 2007, S. 151; in diese Richtung wohl auch *A. Peters*, EJIL 20 (2009), S. 513 (516): „legal consequences of the status of state sovereignty".

[245] *A. Randelzhofer*, in: J. Isensee/P. Kirchhof (Hrsg.), HStR, Bd. II, 3. Aufl. 2004, § 17 Rdn. 28; ebenso spricht *H.-J. Ziegenhain*, Extraterritoriale Rechtsanwendung und die Bedeutung des Genuine-Link-Erfordernisses, 1992, S. 27 von „Kompetenzen, die aus der staatlichen Souveränität fließen"; ähnlich *W. Vitzthum*, in: ders./A. Proelß (Hrsg.), Völkerrecht, 7. Aufl. 2016, 1. Abschn. Rdn. 49: „Dem Souveränitätsprinzip *entspringt* der [...] Grundsatz des Völkerrechts: die Staatenfreiheit." (eigene Hervorhebung).

[246] Vgl. *K. Loewenstein*, AJIL 48 (1954), S. 222 (243); ebenso auch *G. Jellinek*, Allgemeine Staatslehre, 3. Aufl. 1914, S. 481.

[247] Diese Gegenüberstellung etwa bei *D. C. Dicke*, Die Intervention mit wirtschaftlichen Mitteln im Völkerrecht, 1978, S. 60, 107 ff.; *A. Müller-Wewel*,

gebräuchlich die Gegenüberstellung dieser Positionen jedoch auch ist, so einheitlich fällt die Positionierung in ihr aus:[248] Stimmen, die sich in einer staatsverherrlichenden Übersteigerung des Souveränitätskonzepts offen zu einem jeder Rechtsbindung entgegenstehenden absolut gesetzten Souveränitätsprinzip bekennen, sind nicht mehr zu finden.[249] Das Bekenntnis zur Relativität der Souveränität hingegen ist ubiquitär. Als Rechtsinstitut könne staatliche Souveränität überhaupt nur relativ gedacht werden, die Idee absoluter Souveränität hingegen führe das Völkerrecht *ad absurdum*.[250] Souveränität, so folgert *Luzius Wildhaber*, sei daher keine „unlimited, unlicensed law-making and law-breaking power of states", sondern „must [...] always mean a merely relative supremacy, subject to international law."[251]

Souveränitätskonzepte im geltenden Völkerrecht, 2003, S. 172 ff.; *G. Schwarzenberger*, CLP 10 (1957), S. 264 (268, 275 f.).

[248] *H. Steinberger*, Sovereignty, in: EPIL, Bd. IV, 2000, S. 500 (517 f.) diagnostiziert eine „*communis opinio*" der Staatengemeinschaft zu Gunsten einer relativen Souveränitätskonzeption; ebenso *C. Chaumont*, in: FS Basdevant, 1960, S. 114 (114); *M. S. Korowicz*, RdC 102 (1961-I), S. 1 (27); ähnlich *L. Wildhaber*, in: R. S. J. Macdonald/D. M. Johnston (Hrsg.), The Structure and Process of International Law, 1983, S. 425 (437): „All authoritative modern writers are agreed on this point."

[249] *A. Müller-Wewel*, Souveränitätskonzepte im geltenden Völkerrecht, 2003, S. 177.

[250] Vgl. *J.-A. Carillo-Salcedo*, RdC 257 (1996), S. 35 (59); *D. C. Dicke*, Die Intervention mit wirtschaftlichen Mitteln im Völkerrecht, 1978, S. 51 f.; *M. S. Korowicz*, RdC 102 (1961-I), S. 1 (108); *A. Müller-Wewel*, Souveränitätskonzepte im geltenden Völkerrecht, 2003, S. 173; *N. Schrijver*, BYIL 70 (2000), S. 65 (70); *H. Steinberger*, Sovereignty, in: EPIL, Bd. IV, 2000, S. 500 (518); *W. v. Simson*, Die Souveränität im rechtlichen Verständnis der Gegenwart, 1965, S. 53; *L. Wildhaber*, in: R. S. J. Macdonald/D. M. Johnston (Hrsg.), The Structure and Process of International Law, 1983, S. 425 (438).

[251] *L. Wildhaber*, in: R. S. J. Macdonald/D. M. Johnston (Hrsg.), The Structure and Process of International Law, 1983, S. 425 (438); in der Sache ebenso *R. M. Anand*, RdC 197 (1986-II), S. 9 (33); *G. Dahm/J. Delbrück/R. Wolfrum*, Völkerrecht, Bd. I/1, 2. Aufl. 1989, S. 215; *A. Emmerich-Fritsche*, Vom Völkerrecht zum Weltrecht, 2007, S. 156 f.; *J. Hoffmann*, Theorie des internationalen Wirtschaftsrechts, 2009, S. 132; *M. S. Korowicz*, RdC 102 (1961-I), S. 1 (108); *S. Oeter*, in: FS Steinberger, 2002, S. 259 (287); *A. Randelzhofer*, in: J. Isensee/P. Kirchhof (Hrsg.), HStR, Bd. II, 3. Aufl. 2004, § 17 Rdn. 23; *T. Schweisfurth*, Völkerrecht, 1. Kap. Rdn. 41, S. 14.

Unausgesprochen und mit leichten Modifikationen schwelt die Vorstellung einer absoluten Souveränität jedoch trotz dieses vordergründigen Konsenses zu Gunsten relativer Souveränitätskonzepte weiter.[252] Mitnichten zwar – und so weit reicht der Konsens tatsächlich – berechtigt die staatliche Souveränität zur willkürlichen Lossagung von oder Hinwegsetzung über völkerrechtlich eingegangene Verpflichtungen, doch erstens stellen auch die Verfechter einer relativen Souveränitätskonzeption einen „hypothetischen Zustand absoluter, rechtsungebundener Souveränität" an den Anfang des Völkerrechts.[253] So zeigt etwa die gerade auch von „Relativisten" verteidigte These, „[a]ll international law of today" sei „made up of the limitations of sovereignty"[254], dass Souveränität ihrem Ursprung nach eine rechtlich unbeschränkte, inhaltlich umfassende und damit absolute Freiheit beschreibt. Ihre Schranke findet sie erst in den ihr zeitlich nachfolgenden Bestimmungen des Völkerrechts.

Zudem berühren selbst die damit angesprochenen Souveränitätsbeschränkungen in der Lesart der überwiegenden Ansicht keinesfalls – und hier zeigt sich ein zweites Überbleibsel des absoluten Souveränitätsverständnisses – die rechtliche Souveränität der Staaten. Lediglich die Ausübung souveräner Rechte, nicht die Souveränität selbst, werde durch das Völkerrecht eingeschränkt. In diesem Sinne stellt *Helmut Steinberger* fest:

> „Such obligations may, and frequently do restrict a State's freedom of action and thereby the *exercise* of its sovereignty, but they do not diminish or deprive it of its sovereignty as a legal status".[255]

Und *Marek Korowicz* ergänzt: „the substance of sovereignty remains unaltered".[256] Beide wissen sich damit in guter Gesellschaft, entspricht

---

[252] *A. Müller-Wewel*, Souveränitätskonzepte im geltenden Völkerrecht, 2003, S. 193.

[253] So ausdrücklich *W. Vitzthum*, in: ders. (Hrsg.), Völkerrecht, 3. Aufl. 2004, 1. Abschn. Rdn. 46.

[254] *M. S. Korowicz*, RdC 102 (1961-I), S. 1 (111); *L. Wildhaber*, in: R. S. J. Macdonald/D. M. Johnston (Hrsg.), The Structure and Process of International Law, 1983, S. 425 (442).

[255] *H. Steinberger*, Sovereignty, in: EPIL, Bd. IV, 2000, S. 500 (512) (eigene Hervorhebung).

[256] *M. S. Korowicz*, RdC 102 (1961-I), S. 1 (108).

diese Differenzierung doch der Rechtsprechung des StIGH[257] und prominenten Stimmen im Schrifttum.[258] Dennoch hinterlässt die Position ein Rätsel: Denn bleibt die Souveränität selbst von völkerrechtlichen Verpflichtungen unberührt und der Staat lediglich in deren Ausübung gebunden, beschränkt sich einerseits die These relativer Souveränität auf die Feststellung, dass völkerrechtliche Verpflichtungen den Staat in seinem Handeln binden, obwohl er grundsätzlich weiterhin unbeschränkte Souveränität besitzt. Was aber kann dabei andererseits unbeschränkte Souveränität noch bedeuten, wenn diese einer durch völkerrechtliche Bindungen bedingten Verengung des staatlichen Handlungsspielraums nicht entgegengehalten werden kann? Die Differenzierung zwischen Souveränität und deren Ausübung führt so zu einem konstruktiven Dilemma: der souveräne Staat ist in seinem Status unbeschränkt frei, in seinem Verhalten aber zugleich an die Regeln des Völkerrechts gebunden.

Die Gegenposition hält denn auch dagegen:

> „[T]he assumption that any such limitations [Anm.: limitations of sovereignty] relate merely to the *exercise* of sovereign rights, but leave unimpaired a somewhat hypothetical status of independence appears slightly artificial. It would make it necessary to allow for the existence of a number of ghosts of a ‚hollow sovereignty' and to in-

---

[257] Vgl. StIGH, *Wimbledon*, Ser. A, No. 1, S. 25; *Jurisdiction of the European Commission of the Danube*, Advisory Opinion, Ser. B No. 14, S. 36; *Lighthouses in Crete and Samos*, Ser. A/B, No. 71, S. 94 (103); ebenso die Joint Dissenting Opinion zu StIGH, *Customs Régime between Germany and Austria*, Advisory Opinion, Ser. A/B, No. 41, S. 74 (77) und StIGH, *Exchange of Greek and Turkish Populations*, Advisory Opinion, Ser. B, No. 10, S. 22: „national sovereignty is not affected by the Convention in question"; deutlich auch der Schiedsspruch in *Texaco Overseas Petroleum Company v. California Asiatic Oil Company and the Government of the Libyan Arab Republic*, ILM 17 (1928), S. 1 (26) sowie WTO, *China – Measures Related to the Exportation of Various Raw Materials*, Panel Report v. 5. Juli 2011, WT/DS394/R, WT/DS395/R, WT/DS 398/R, Rdn. 7.378.

[258] *R. L. Bindschedler*, in: FS Guggenheim, 1968, S. 167 (170); *E. N. v. Kleffens*, RdC 82 (1953-I), S. 1 (87 f.); *A. Verdross*, in: FS von der Heydte, Halbbd. 1, 1977, S. 703 (706); *A. v. Arnauld*, Völkerrecht, 3. Aufl. 2016, Rdn. 317; ebenso *P. Mendes de Leon*, in: G. Kreijen (Hrsg.), State, Sovereignty and International Governance, 2002, S. 483 (486); in diese Richtung auch *L. Wildhaber*, in: R. S. J. Macdonald/D. M. Johnston (Hrsg.), The Structure and Process of International Law, 1983, S. 425 (442), nach dem Vertragsverpflichtungen die Souveränität des Staates unberührt lassen.

troduce yet another pair of variants of sovereignty, that is to say, formal and substantive sovereignty."[259]

Wo immer ein Staat völkerrechtlich gebunden ist, sieht sie auch dessen rechtliche Souveränität reduziert. Auf die Trennung von Souveränitätsstatus und Ausübung der Souveränität verzichtet sie folglich. Doch geschieht dies auf Kosten der Einheitlichkeit des Souveränitätskonzepts. Denn beschränken völkerrechtliche Bindungen eines Staates nicht nur die Ausübung souveräner Rechte, sondern beschneiden die Substanz völkerrechtlicher Souveränität, so setzt sich der *relativisme fondamental* der Völkerrechtsordnung sogar innerhalb einzelner völkerrechtlicher Normen, namentlich dem Souveränitätsprinzip, fort: Wird der Gehalt staatlicher Souveränität selbst an die völkerrechtlichen Bindungen der Staaten rückgebunden, so schlagen die durch die Relativität völkervertraglicher Verhältnisse bedingten Differenzen in den völkerrechtlichen Verpflichtungen unmittelbar auf die Substanz des Souveränitätsprinzips durch. Von der Vorstellung einer gleichen rechtlichen Souveränität aller Staaten löst sich diese Interpretation entschieden ab. Sie kann daher zwar auf die von *Schwarzenberger* gefürchtete Differenzierung zwischen „formal and substantive sovereignty"[260] verzichten, rettet damit aber keinesfalls die Einheitlichkeit des Konzepts. Vielmehr relativiert sie das Konzept staatlicher Souveränität so grundlegend, dass sie zwischen der Souveränität eines jeden Staates unterscheiden muss.[261]

Nur vordergründig ist der Streit zwischen absoluter und relativer Souveränitätskonzeption folglich entschieden. Zwar steht heute außer Streit, dass staatliche Souveränität einer völkerrechtlichen Bindung staatlichen Handelns nicht entgegensteht. Bei Lichte besehen jedoch lebt das absolute Souveränitätsverständnis in modifizierter Form bei Teilen des Schrifttums unausgesprochen fort. Die Souveränitätsdiskussion oszilliert so weiterhin zwischen einem Absolutheitsanspruch, dem sie längst abgeschworen zu haben glaubt, und dem Dogma relativer Souveränität.

---

[259] *G. Schwarzenberger*, CLP 10 (1957), S. 264 (282); ebenfalls kritisch zu dieser Unterscheidung *C. Chaumont*, in: FS Basdevant, 1960, S. 114 (121 f.).

[260] *G. Schwarzenberger*, CLP 10 (1957), S. 264 (282).

[261] Das erkennt auch *J. L. Kunz*, Die Staatenverbindungen, 1929, S. 37 f.

5. Souveränität dynamisch betrachtet: Zwischen Kontinuität und Wandel

Wer aber durch die völkerrechtlichen Bindungen die staatliche Souveränität selbst beschränkt sieht, wird sich von denjenigen, die in eben diesen Bindungen lediglich Beschränkungen der Ausübung souveräner Rechte, nicht aber Schranken der Souveränität selbst erkennen, notwendigerweise auch in seiner Antwort auf eine weitere Frage unterscheiden: Unterliegt die Souveränität denn einem Wandel? Während sich dieser Wandel für die erstgenannten Autoren durch Veränderungen des völkerrechtlichen Normbestands wie von allein ergibt, geben die Vertreter der letztgenannten Position auf diese Frage eine verneinende Antwort. Konsequent hält etwa *Marek Korowicz* in diesem Sinne fest, auch im Falle völkerrechtlicher Veränderungen gelte: „the substance of sovereignty remains unaltered".[262] Wie auch, wenn nicht durch den Einfluss neu hinzutretender Völkerrechtsnormen, sollte sich der Gehalt des Souveränitätsprinzips verändern? Im Schrifttum steht *Korowicz* damit dennoch auf Seiten der Minderheit.

Wenn die Souveränität selbst von den Normen des Völkerrechts beschränkt werde, so liest sich die mehrheitliche Gegenansicht, geht mit der Veränderung des völkerrechtlichen Normbestands notwendigerweise auch eine substantielle Modifikation staatlicher Souveränität einher.[263] Und so findet sich kaum ein Beitrag zur Souveränitätsdebatte, der nicht den Wandel des Souveränitätsbegriffs betont;[264] und auch Versuche, die staatliche Souveränität für die Zwecke des gegenwärtigen Völkerrechts neu auszudeuten fehlen nicht. Stichworte wie die „humanization of sovereignty"[265] oder die „Umweltpflichtigkeit der Souverä-

---

[262] *M. S. Korowicz*, RdC 102 (1961-I), S. 1 (108).

[263] Vgl. bereits *J. L. Kunz*, Die Staatenverbindungen, 1929, S. 37 f.; ebenso *D. C. Dicke*, Die Intervention mit wirtschaftlichen Mitteln im Völkerrecht, 1978, S. 66, der zwischen Souveränität und Völkerrecht daher eine Wechselbeziehung sieht; *S. Oeter*, in: FS Steinberger, 2002, S. 259 (276).

[264] So etwa *M. Breuer*, in: FS Klein, 2013, S. 747 (748, 764); *B. Fassbender*, in: N. Walker (Hrsg.), Sovereignty in Transition, 2006, S. 115 (129 und öfter); *H. Schermers*, in: G. Kreijen (Hrsg.), State, Sovereignty and International Governance, 2002, S. 185 (185); *N. Schrijver*, BYIL 70 (2000), S. 65; *G. F. Schuppert*, in: T. Stein/H. Buchstein/C. Offe (Hrsg.), Souveränität, Recht, Moral, 2007, S. 251 (265); *L. Wildhaber*, in: R. S. J. Macdonald/D. M. Johnston (Hrsg.), The Structure and Process of International Law, 1983, S. 425 (440 f.).

[265] *A. Peters*, EJIL 20 (2009), S. 513 (513 und öfter); *E. Schmeer*, Responsibility to Protect und Wandel von Souveränität, 2010, S. 19 f.: „humane Souveräni-

nität“[266] sind nur zwei Beispiele, die sich in diesem Zusammenhang anführen lassen und die „Notwendigkeit eines veränderten Verständnisses staatlicher Souveränität“ [267] betonen.

6. Souveränität legitimatorisch betrachtet: Zwischen rechtlich konstituierter und dem Recht vorgegebener Freiheit

Oftmals, wenngleich keinesfalls mit Notwendigkeit, gehen das Votum für ein stabiles oder ein dynamisches Souveränitätskonzept, für ein normatives oder ein rein deskriptives Verständnis der Staatensouveränität und die Positionierung zwischen den Polen einer zumindest im Ursprung absoluten oder einer schon immer rechtlich relativierten Souveränität auf die Haltung in einem tieferliegenden Dissens zurück: dem Streit um Ursprung und Rechtfertigung staatlicher Souveränität. Selbst in dieser so grundlegenden Frage oszilliert die Souveränitätsdiskussion zwischen zwei Polen: zwischen „legal approach“ einerseits und „pure fact approach“ andererseits.[268] *Martti Koskenniemi*, auf den diese Unterscheidung zurückgeht, umschreibt den *legal approach* wie folgt:

> „According to this approach, sovereignty is a quality which is allocated to certain entities by international law which, in this sense, is conceptually anterior to them. [...] The law delegates to certain entities the quality of statehood as a sum of rights, liberties and competences.“[269]

Der *pure fact approach* hingegen nimmt an, dass

> „sovereignty is external to international law, a normative fact with which the law must accommodate itself.“[270]

Während Souveränität im *legal approach* demnach eine rechtlich konstituierte Freiheitssphäre umschreibt, geht die staatliche Autonomie – nicht nur als tatsächliche sondern auch als normative – der Existenz des

---

tät“; siehe auch *M. Kotzur*, Theorieelemente des internationalen Menschenrechtsschutzes, 2001, S. 322 ff. und *R. Teitel*, ASIL Proc. 103 (2009), S. 417.

[266] *K. Odendahl*, Die Umweltpflichtigkeit der Souveränität, 1998.

[267] So im Untertitel von *K. Odendahl*, Die Umweltpflichtigkeit der Souveränität, 1998.

[268] *M. Koskenniemi*, From Apology to Utopia, 2006, S. 228 ff., insbes. S. 233.

[269] Ebd., S. 229.

[270] Ebd., S. 231.

Völkerrechts im *pure fact approach* voran.[271] Entsprechend variieren die Antworten, die beide auf das „Warum“ staatlicher Freiheit geben: Staatliche Freiheit, so sieht es der *legal approach*, existiert weil (und insofern) die Völkerrechtsordnung diese zuweist und nicht weil, wie es der *pure fact approach* verteidigt, Staaten ein natürliches Freiheitsrecht besitzen.[272] Mit diesen Prämissen jedoch sind für die übrigen Fragen bereits entscheidende Weichen gestellt: Wer mit dem *legal approach* Souveränität als rechtlich konstituierten Rechtsstatus versteht, der hat erstens gute Gründe, Souveränität als je schon relativen Begriff zu verstehen, denn einen Zustand „vorrechtlicher“ Souveränität gibt es für ihn nicht. Eben deshalb scheint es für ihn zweitens besonders plausibel zu sein, dem Souveränitätsprinzip einen über die rechtlich zugewiesenen Einzelkompetenzen hinausgehenden normativen Mehrwert nicht zu entnehmen. Und auch mit der These, völkerrechtliche Bindungen beschränkten nicht die Souveränität selbst, geriete der *legal approach* in konstruktive Schwierigkeiten. Denn wie soll die Rechtsordnung den Staaten auch dort noch einen unberührten Freiheitsraum gewähren, wo sie zugleich beansprucht, staatliche Freiheit durch völkerrechtliche Bindungen einzuschränken? Das aber macht das Souveränitätsverständnis des *legal approach* zugleich zu einem dynamischen, sich mit dem völkerrechtlichen Normbestand wandelnden. Wer hingegen mit dem *pure fact approach* Souveränität als dem Völkerrecht vorgegebene normative Größe begreift, wird tendenziell auch dessen Gehalt von der Entwicklung des völkerrechtlichen Normbestands entkoppeln und folglich Sympathien für ein ebenso statisches wie absolutes Souveränitätsverständnis hegen, das völkerrechtlichen Bindungen zwar nicht ent-

---

[271] Dem *legal approach* sind dementsprechend etwa zuzurechnen *B. Fassbender*, in: N. Walker (Hrsg.), Sovereignty in Transition, 2006, S. 115 (129); *H. Lauterpacht*, International Law, Bd. III, 1977, S. 8; *S. Oeter*, in: FS Steinberger, 2002, S. 259 (276); *K. A. Schachtschneider*, Souveränität, 2015, S. 277, 288 und öfter; *A. Verdross*, Die Einheit des rechtlichen Weltbildes auf Grundlage der Völkerrechtsverfassung, 1923, S. 35; einen *pure fact approach* hingegen vertreten *A. Bleckmann*, in: FS Scupin, 1983, S. 407 (410); *J.-A. Carillo-Salcedo*, RdC 257 (1996), S. 35 (44, 63); *M. Hagemann*, SchweizJIR 16 (1959), S. 53 (53).

[272] Vgl. *M. Koskenniemi*, From Apology to Utopia, 2006, S. 238 f. Die Annahme einer natürlichen Freiheitssphäre geht dabei vielfach auf ein Argument zurück, das in Analogie zur Begründung individueller Rechte, wie sie sich etwa in kontraktualistischen Modellen findet, entwickelt wird, der sog. „domestic analogy“, vgl. dazu umfassend *C. Bottici*, Men and States, 2009; *H. Suganami*, The Domestic Analogy and World Order Proposals, 1989; zu diesem Argument im frühen Völkerrecht siehe *M. Vec*, Rg 18 (2011), S. 66 (72 ff.).

gegensteht, aber von ihnen doch unberührt bleibt. Zudem gewinnt die Souveränität im *pure fact approach* auch ihren normativen Selbststand zurück. Mögen die Regeln des Völkerrechts dem vorrechtlich-souveränen Freiheitsanspruch der Staaten auch innerhalb der Rechtsordnung durch die Zuweisung bestimmter Handlungsbefugnisse Ausdruck verleihen, so erschöpft sich der normative Gehalt der Souveränität doch keinesfalls in diesen. Vielmehr geht er ihnen voran und über sie hinaus.

Mit dem Wechsel zwischen den beiden Rechtfertigungsnarrativen wandelt sich auch die Rolle des Völkerrechts: Stellt sich das Völkerrecht aus der Perspektive des *legal approach* als eine Ordnung freiheitskonstituierender Ermächtigungsnormen dar, so erscheint es aus derjenigen des *pure fact approach* als Ansammlung freiheitsbeschränkender Regulative. Zugespitzt stehen sich das Credo des *pure fact approach* und die Grundmaxime des *legal approach* so diametral entgegen: „Was das Völkerrecht nicht verbietet, ist völkerrechtlich erlaubt“ einerseits, „Wozu das Völkerrecht nicht ermächtigt, ist völkerrechtlich untersagt“ andererseits.[273]

7. Souveränität kritisch betrachtet: Zwischen fortbestehendem Grundprinzip und verabschiedetem Anachronismus

Schließlich zerfällt das Diskussionsfeld auch in der Bewertung der Rolle staatlicher Souveränität für das geltende Völkerrecht in zwei Lager, deren Positionen gegenteiliger nicht sein könnten.[274] So wird der Staatensouveränität einerseits vor allem von Seiten der Politikwissenschaft offen das Ende verkündet und das Souveränitätsprinzip zu einem Anachronismus „aus den längst vergangenen Zeiten des vormodernen Völkerrechts“[275] erklärt.[276] Unabhängigkeit, wie sie die These vom souve-

---

[273] Zu dieser Gegenüberstellung *A. Bleckmann*, ÖZöRV 29 (1978), S. 173 (174 ff., 177 ff.); siehe auch *ders.*, in: FS Scupin, 1983, S. 407 (408 ff.).

[274] *M. S. Korowicz*, RdC 102 (1961-I), S. 1 (5 f.).

[275] *S. Oeter*, in: FS Steinberger, 2002, S. 259 (283), nach dessen Ansicht die Rechtsfigur Souveränität aber noch eine wichtige Rolle erfüllt.

[276] Siehe etwa *N. Politis*, RdC 6 (1925-I), S. 1 (111); *A. Rosas*, in: J. Iivonen (Hrsg.), The Future of the Nation State in Europe, 1993, S. 130 (153); *ders.*, Journal of Peace Research 31 (1994), S. 129 (133); vgl. allgemein zu dieser Diskussion *J. A. Camilleri/J. Falk*, The End of Sovereignty? The Politics of a

ränen Staat propagiere, entspreche, so die empirisch inspirierte Form dieser Kritik, schlicht nicht mehr der politischen Realität. Wirtschaftlich, ökologisch und politisch sei der Staat in vielfacher Weise von anderen Staaten abhängig. Ihm trotz dieser weitreichenden Interdependenzen weiterhin Souveränität zu attestieren, heiße, ein unzeitgemäßes Porträt des Staates zu zeichnen, das mit der Wirklichkeit nicht in Einklang zu bringen sei.[277] Überdies, so die moralisch motivierte Spielart der Anachronismus-These, begünstige das Beharren auf staatlicher Souveränität nationale Egoismen und leiste einer Völkerrechtstheorie Vorschub, die im Anschluss an *Hegel* den Wert des Staates überhöhe und einer Entwicklung des Völkerrechts hin zu einer liberalen und an humanitären Werten orientierten Ordnung im Wege stehe.[278] Schließlich, so die letzte Strophe des Grabgesangs auf die staatliche Souveränität, könne auch aus rechtlicher Perspektive am Konzept staatlicher Souveränität heute nicht mehr festgehalten werden. Der ehemals souveräne Nationalstaat sehe sich heute in großem Umfang völkerrechtlichen Pflichten gegenüber und habe zudem zentrale Kompetenzen an internationale Organisationen abgetreten oder auf deren Ausübung völkerrechtlich verzichtet. Weder sei er damit rechtlich unabhängig, noch besitze er die Herrschaftsbefugnisse, die die Souveränität kennzeichneten.[279] „Sovereignty on the international plane", so folgert etwa *Eli Lauterpacht* daher, „must be seen largely as a myth".[280]

Shrinking and Fragmenting World, 1992; D. J. Eaton (Hrsg.), The End of Sovereignty? A Transatlantic Perspective, 2006; *C. Schreuer*, EJIL 4 (1993), S. 447.

277 Siehe *M. Koskenniemi*, From Apology to Utopia, 2006, S. 233; *N. Schrijver*, BYIL 70 (2000), S. 65 (71 f.); *A. Van Staden/H. Vollaard*, in: G. Kreijen (Hrsg.), State, Sovereignty and International Governance, 2002, S. 165 (167 ff.).

278 *C. W. Jenks*, A New World of Law?, 1969, S. 134; *ders.*, Law in the World Community, 1967, S. 34 ff.; ähnlich auch *L. Henkin*, in: FS Tieya, 1994, S. 351 (352): „destructive of human values"; *ders.*, Fordham L. Rev. 68 (1999), S. 1 (2).

279 Vgl. *E. Lauterpacht*, International Affairs 73 (1997), S. 137 (141 ff.); *N. D. MacCormick*, Modern L. Rev. 56 (1993), S. 1 (16) insbesondere im Hinblick auf die Mitgliedstaaten der Europäischen Union; ebenso *R. Stemplowski*, in: D. J. Eaton (Hrsg.), The End of Sovereignty? A Transatlantic Perspective, 2006, S. 237 (239): „legal sovereignty may be relegated to a place in the museum of history of the European Continent"; zu diesem Einwand auch *R. Jennings*, in: G. Kreijen (Hrsg.), State, Sovereignty and International Governance, 2002, S. 27 (31 ff.).

280 *E. Lauterpacht*, International Affairs 73 (1997), S. 137 (149).

Doch die Erkenntnis, dass sowohl aus soziologischer als auch aus moralphilosophischer Perspektive gute Gründe dafür sprechen mögen, das Konzept staatlicher Souveränität zu verabschieden, gibt auf die Frage nach deren Bedeutung als Rechtsinstitut keine Antwort. Selbst wenn heute jeder Staat faktisch in ein System wechselseitiger Interdependenzen eingebettet und das Beharren auf staatlicher Souveränität dem Fortschritt des Völkerrechts abträglich ist, kann die Souveränität etwa als Garantie der Unabhängigkeit von fremder Rechtsmacht, als Summe rechtlicher Befugnisse oder als rechtlich garantierte Handlungsfreiheit Bestand haben. Ganz überwiegend sieht sich die Stimme der Rechtswissenschaft an einem entsprechenden Befund auch nicht durch den Hinweis auf die völkerrechtlichen Bindungen des Staates und den Umfang delegierter Kompetenzen gehindert. Denn völkerrechtliche Bindungen seien erstens noch immer Selbstbindungen des Staates,[281] denen zudem zweitens oftmals hinzugewonnene Rechte gegenüberstünden. Übertrage der Staat Kompetenzen auf eine internationale Organisation, gehe dies oft mit der Erweiterung der eigenen Einflusssphäre einher.[282] Daher sei es noch „too early to sound the deathknell of sovereignty".[283]

8. Synthese

Souveränität bleibt, das zeigt dieser Überblick über den völkerrechtlichen Diskussionsstand, nach wie vor ein schillernder Begriff; sein konsentierter Kern beschränkt sich auf drei Aspekte. Erstens: völkerrechtliche Souveränität meint in ihrem formalen Aspekt Unabhängigkeit, nicht Zu-höchst-sein. Daneben beinhaltet die staatliche Souveränität materiell-inhaltlich zweitens einen bestimmten (oder möglicherweise besser: unbestimmten) Bestand völkerrechtlicher Rechte. Schließlich steht drittens die Souveränität eines Staates dessen Bindung an das Völ-

---

[281] Siehe etwa *N. Schrijver*, BYIL 70 (2000), S. 65 (97).

[282] *J. E. Alvarez*, in: A. Cassese (Hrsg.), Realizing Utopia, 2012, S. 26 (31); *R. Jennings*, in: G. Kreijen (Hrsg.), State, Sovereignty and International Governance, 2002, S. 27 (37 f.).

[283] *L. Wildhaber*, in: R. S. J. Macdonald/D. M. Johnston (Hrsg.), The Structure and Process of International Law, 1983, S. 425 (444); ebenso *J. E. Alvarez*, in: A. Cassese (Hrsg.), Realizing Utopia, 2012, S. 26 (26); *R. M. Anand*, RdC 197 (1986-II), S. 9 (40 ff., 49); *A. de Hoogh*, in: FS Wellens, 2012, S. 169 (169, 195); *N. Schrijver*, BYIL 70 (2000), S. 65 (65, 95 ff.); *A. Van Staden/H. Vollaard*, in: G. Kreijen (Hrsg.), State, Sovereignty and International Governance, 2002, S. 165 (166 f.).

kerrecht weder entgegen, noch kann sie gegen diese in Stellung gebracht werden. Jenseits dieses engen konsentierten Kerns jedoch verschwimmen die Konturen. Und so stehen Häufig- und Selbstverständlichkeit der Berufung auf *die* Souveränität in einem auffälligen Missverhältnis zu den Ungewissheiten und Gegensatzpositionen, die den Begriff noch immer umgeben.

Soll das Koexistenzvölkerrecht als Souveränitätsvölkerrecht ausgewiesen werden, gilt es daher zunächst das Souveränitätsprinzip genauer zu konturieren. Einige der geschilderten Gegensätze lassen sich überwinden, indem man sie nicht zugunsten einer der Positionen aufzulösen, sondern sie – gewissermaßen hegelianisch – aufzuheben versucht, d.h. nach der höheren Einheit des zunächst Widersprüchlichen sucht und den Widerspruch dabei zugleich negiert und bewahrt.[284] Das Potential hierzu hat eine Rekonzeptualisierung des Souveränitätsprinzips, die dieses als Rechtsprinzip im rechtstheoretischen Sinne versteht. Sie zeigt, dass das Souveränitätsprinzip inhaltlich tatsächlich zugleich allgemeine staatliche Grundrechtspositionen und spezielle Einzelbefugnisse enthält, dass es in seinem Umfang von völkerrechtlichen Bindungen tatsächlich zugleich unberührt bleiben und doch beschränkt werden kann und sich so folglich zugleich mit dem Bestand des Völkerrechts fortentwickelt und sich dennoch inhaltlich treu bleibt. Der Aufgabe, diese These plausibel zu machen, widmen sich die folgenden Überlegungen. Sie stellen die völkerrechtliche Souveränität als Rechtsprinzip vor und eröffnen so den Blick auf eine übergreifende Konzeption des Souveränitätsprinzips, die einige der obigen Oszillationen in sich aufnimmt, anstatt sie jeweils einzeln zu Gunsten einer der Optionen zu entscheiden.

II. Souveränität als Rechtsprinzip

Rechtsprinzipien, das haben die Überlegungen des vorangegangenen Kapitels ergeben, sind Normen, die in inhaltlicher Hinsicht ein Ideal beschreiben, deren Erfüllung sie allerdings nur idealiter, d.h. „nur unter

---

[284] Vgl. zum Konzept der Aufhebung bei *Hegel* nur *J. Disse*, Kleine Geschichte der abendländischen Metaphysik, 2. Aufl. 2004, S. 260. Ähnlich lässt such auch der Versuch von *S. Besson*, in: T. Balmelli/A. Borghi/P.-A. Hildbrand (Hrsg.), La souveraineté au XXIe siècle, 2003, S. 7 (27 ff.) verstehen, die Souveränität als „concept essentiellement contestable“ konzipiert, die definitorischen Gegensätze so gerade als Wesen des Souveränitätskonzepts ausweist und eben damit in dieses aufnimmt.

der Bedingung, daß man von allem absieht oder abstrahiert, was dem entgegenstehen könnte"[285], gebieten.[286] Eben dies, das soll der folgende Teil belegen, trifft auch auf das Souveränitätsprinzip zu. Seinem Gehalt nach gebietet es die Realisierung eines Ideals (dazu 2.), und dies in deontisch idealer Weise (dazu 3.).[287] Doch wie lassen sich Inhalt und Struktur einer Norm erheben, die sich bisher jeder eindeutigen Analyse zu entziehen scheint (dazu 1.)?

1. Methodische Vorüberlegungen

Nicht selten begegnen im völkerrechtlichen Schrifttum ganz grundsätzliche Zweifel an der Möglichkeit, das Souveränitätsprinzip strukturell, insbesondere aber inhaltlich zu bestimmen.[288] „Abstrakte, zeitlose oder allgemeingültige Definitionen der Souveränität", gibt in diesem Sinne etwa *Detlev Dicke* zu bedenken, „müssen sich auf den formallogischen Bereich beschränken und können keine darüber hinausgehenden inhaltlichen Ergebnisse liefern."[289] Im Lichte dieser Skepsis scheint selbst ein von allen Staaten ausnahms- und vorbehaltlos anerkanntes[290] völkerrechtliches Grundprinzip auf einen Formelkompromiss zusammenzu-

---

[285] *R. Alexy*, in: L. Clérico/J.-R. Sieckmann (Hrsg.), Grundrechte, Prinzipien und Argumentation, 2009, S. 21 (23).

[286] Siehe oben S. 175 ff.

[287] Siehe auch die Überlegungen bei *A. Bleckmann*, in: B. Simma (Hrsg.), Charta der Vereinten Nationen. Kommentar, 1991, Art. 2 Ziff. 1 Rdn. 10, der ausdrücklich von einer Abwägung des Souveränitätsprinzips mit Gegenprinzipien spricht; einen Prinzipiencharakter des Souveränitätsprinzips attestieren ferner *S. Douma*, Optimization of Tax Sovereignty and Free Movement, 2011, S. 79 ff.; *P. Hector*, Das völkerrechtliche Abwägungsgebot, 1992, S. 155 ff., insbes. 168 ff.; *G. Noll*, Nordic J. Int'l L. 66 (1997), S. 429 (439 ff.); *E. Vranes*, Trade and the Environment, 2009, S. 122 ff.; *H.-J. Ziegenhain*, Extraterritoriale Rechtsanwendung und die Bedeutung des Genuine-Link-Erfordernisses, 1992, S. 36 ff.; vgl. auch *U. Linderfalk*, On the Interpretation of Treaties, 2007, S. 281 f., der in Fn. 12 ausdrücklich auf *Alexy* verweist.

[288] *D. C. Dicke*, Die Intervention mit wirtschaftlichen Mitteln im Völkerrecht, 1978, S. 66; *W. v. Simson*, Die Souveränität im rechtlichen Verständnis der Gegenwart, 1965, S. 44 f., 52 f.; ausführlich und nachdrücklich auch *M. Koskenniemi*, From Apology to Utopia, 2006, S. 224 ff.

[289] *D. C. Dicke*, Die Intervention mit wirtschaftlichen Mitteln im Völkerrecht, 1978, S. 66.

[290] *A. Cassese*, International Law, 2. Aufl. 2005, S. 48.

schrumpfen, dessen Gehalt nicht nur gegenwärtig diffus bleibt, sondern sich als schlichtweg unbestimmbar entpuppt.

Und in der Tat lässt sich diese paradox anmutende Kombination aus allgemeiner Anerkennung als tragendes Rechtsprinzip einerseits und erheblichen inhaltlichen Unschärfen andererseits nur schwer überwinden. Denn methodisch muss die Annäherung an das Souveränitätsprinzip – als Annäherung an ein *Rechts*prinzip – juristischen Pfaden folgen, hermeneutisch angelegt sein, sich an bestehenden Normen, Einzelentscheidungen und sonstigem Rechtsmaterial orientieren.[291] Die normativen Anknüpfungspunkte aber, an denen eine solche genuin juristische Inhaltsbestimmung ihren Ausgang nehmen könnte, erweisen sich bei näherem Hinsehen oftmals als für die Auslegung unergiebig. Das pauschale Bekenntnis der UN-Charta zum nicht näher qualifizierten Grundsatz souveräner Gleichheit ist insofern paradigmatisch: Schon grammatikalisch tritt es nicht als Souveränitäts-, sondern als Gleichheitsgarantie auf, doch auch gewöhnliche Wortbedeutung, Regelungskontext und Telos der Charta lassen Rückschlüsse auf das ihm zugrunde liegende Souveränitätsverständnis kaum zu.[292] Sofern sich daneben auch andere Abkommen den Schutz staatlicher Souveränität zur Aufgabe machen, präsentiert sich das Souveränitätsprinzip dort oft ähnlich plakativ und zusammenhanglos. Und noch ein weiteres kommt hier hinzu: Dem Souveränitätsprinzip als Grundprinzip des *allgemeinen* Völkerrechts Konturen zu verleihen, kann im Wege der Auslegung nur dann gelingen, wenn deren Gegenstand eine Souveränitätsgarantie universeller Geltung ist. Jenseits der Charta jedoch ist eine solche nicht ersichtlich. Der Versuch, den Inhalt des Souveränitätsprinzips durch Auslegung einzelner völkervertraglicher Normen zu erheben, verspricht demnach kaum Erfolg.

Fruchtbarer erscheint es demgegenüber, die mit ihm verbundene Fokussierung auf einzelne Normen zu lockern und den Gehalt des Souveränitätsprinzips durch eine abstrahierende Gesamtschau derjenigen Normen zu erschließen, die jenem Ausdruck verleihen oder von ihm begrifflich-beschreibend in Bezug genommen werden.[293] Insbesondere

---

[291] Vgl. allgemein *A. v. Bogdandy*, EuR 44 (2009), S. 749 (752).

[292] Es erstaunt daher nicht, dass keiner der gängigen Kommentare zur UN-Charta sich bei der Erläuterung des Grundsatzes an den klassischen Auslegungsmethoden orientiert, siehe nur *B. Fassbender*, in: B. Simma u.a. (Hrsg.), The Charter of the United Nations. A Commentary, 3. Aufl. 2012, Art. 2(1).

[293] Zu diesem Gegensatzpaar oben S. 290 ff.

einige Arbeiten *Albert Bleckmanns* bedienen sich dieser Methode.[294] Ausgehend von der Prämisse, das Koexistenzvölkerrecht beruhe in seiner Gesamtheit auf dem einzigen Prinzip der Staatensouveränität, folgert er „the content of this principle [i.e. the principle of external sovereignty] as enshrined in positive international law can be determined by considering the content of all single norms of *the whole international legal order*".[295] Das Souveränitätsprinzip, durch Abstraktion aus bestehenden Regeln abgeleitet, gewinnt so den Charakter eines allgemeinen Rechtsgrundsatzes,[296] dessen inhaltliche Konkretisierung vom Bestehen einer auslegungsfähigen vertraglichen Einzelnorm unabhängig ist. Neben diesem Vorzug bringt der *Bleckmann*'sche Ansatz jedoch zwei entscheidende Probleme mit sich. Denn erstens bleibt seine zentrale Prämisse, das gesamte Koexistenzvölkerrecht beruhe auf dem Prinzip staatlicher Souveränität, in ihm nicht nur letztlich unbegründet, sie lässt sich auf seiner Grundlage auch nicht mehr begründen. Damit aber verstellt er zugleich den Weg zur Erreichung des hier verfolgten Beweisziels. Denn soll – wie hier – das klassische Koexistenzvölkerrecht erst aufgrund des Inhalts des Souveränitätsprinzips als auf diesem basierend ausgewiesen werden, so darf, um eben diesen Inhalt zu bestimmen, nicht bereits vorausgesetzt werden, dass das gesamte Koexistenzvölkerrecht dem Prinzip staatlicher Souveränität Ausdruck verleiht. Angesichts der andauernden Ungewissheit darüber, ob das Souveränitätsprinzip sich in den mit ihm in Verbindung stehenden Einzelrechtssätzen erschöpft oder einen über diese hinausreichenden normativen Gehalt besitzt, muss sich der Ansatz *Bleckmanns* zweitens vorhalten lassen, die abstrahierend-induktive Methode präjudiziere auch die Antwort auf diese Frage. Denn gewinnt man das Souveränitätsprinzip als verallgemeinernde Abstraktion aus bestehenden Regeln, so liegt dem stets die Überzeugung zugrunde, durch das normative „Mehr" des zugrundeliegenden Prinzips auch in Bereichen rechtliche Antworten möglich zu machen, die von den fraglichen Einzelregeln bisher nicht abgedeckt werden.[297] Zutreffend und keinesfalls zufällig stellt *Bleckmann*

---

[294] *A. Bleckmann*, AVR 23 (1985), S. 450 (464); *ders.*, GYIL 28 (1985), S. 144 (151 f.); *ders.*, in: B. Simma (Hrsg.), Charta der Vereinten Nationen. Kommentar, 1991, Art. 2 Ziff. 1, Rdn. 10; siehe auch allgemein dazu aus methodischer Perspektive *A. Bleckmann*, AVR 31 (1993), S. 353.

[295] *A. Bleckmann*, GYIL 28 (1985), S. 144 (151 f.) (eigene Hervorhebung).

[296] *A. Bleckmann*, GYIL 28 (1985), S. 144 (152); im Ergebnis ebenso *S. Besson*, Sovereinty, in: MPEPIL (online edition), Stand: April 2011, Rdn. 86.

[297] Aus jüngerer Zeit kritisch dazu *G. Beaucamp*, DÖV 2013, S. 41 (43 ff.).

selbst seine Methode denn auch in unmittelbaren Zusammenhang mit der Bildung von Rechtsanalogien.[298] Methodisch betrachtet krankt die mit ihr vorgenommene Inhaltsbestimmung des Souveränitätsprinzips folglich an zweierlei: Erstens lässt sie die Auswahl derjenigen Normen, mittels derer sie den Gehalt des Souveränitätsprinzip zu erschließen versucht, unbegründet. Dabei setzt sie zweitens immer schon voraus, dass das Souveränitätsprinzip normativ mehr ist als nur das Bündel der in eben diesen Normen enthaltenen Rechte und Pflichten.

Der Versuch, diese Defizite zu vermeiden, ohne dabei auf die Vorzüge der induktiv-abstrahierenden Methode verzichten zu müssen, erfordert demnach erstens eine begründete Entscheidung darüber, welche Normen dem Souveränitätsprinzip tatsächlich Ausdruck verleihen und über dessen Gehalt somit Aufschluss zu geben vermögen. Doch wie lässt sich eine solche Auswahl begründen, ohne ihr bereits eine inhaltlich bestimmte Souveränitätsvorstellung zugrunde zu legen? Ja drohte hier nicht der unübersehbare Einwand, die Auswahl souveränitätsausgestaltender Normen könne nur treffen, wer den Inhalt des Souveränitätsprinzips bereits kenne, denn über Begründungsrelationen oder „Beruhens-Verhältnisse" zweier Normen, deren einer noch jede inhaltliche Kontur fehlt, lasse sich ein begründetes Urteil nicht fällen? Mag dies zunächst auch wie ein unüberwindbares methodisches Dilemma klingen, so lässt sich diesem Einwand doch entgehen, ermöglicht das Völkerrecht dem Rechtsanwender doch durchaus auch inhaltsunabhängige Argumente über die Beziehung zweier Normen. Denn wie jede völkerrechtliche Norm, so beruht auch das Souveränitätsprinzip letztlich auf der Anerkennung durch die Staaten. Das gilt auch und gerade hinsichtlich seines völkerrechtlich verbindlichen Inhalts; das Souveränitätsprinzip entfaltet mit demjenigen Inhalt Rechtsverbindlichkeit, den die Staaten ihm im Wege der – ausdrücklichen oder konkludenten – Anerkennung verliehen haben. Auch eine bestehende Völkerrechtsregel erlaubt unmittelbare Rückschlüsse auf den Gehalt des Souveränitätsprinzips daher nur dann, wenn sie in einem *anerkannten* Verhältnis zu diesem steht. Die inhaltliche Bestimmung des Souveränitätsprinzips, die für die Auswahl souveränitätsausgestaltender Völkerrechtsregeln erforderlich erscheint, lässt sich so gewissermaßen an die Staaten delegieren. Deren Souveränitätskonzeption entscheidet über die Auswahl der souveränitätskonkretisierenden Normen. Nicht die vorweggenommene und ihrerseits unbegründete, inhaltlich bestimmte Souveränitätskonzeption der Völkerrechtswissenschaft oder eines entscheidenden Gerichts ist

---

298 Siehe *A. Bleckmann*, AVR 31 (1993), S. 353.

demnach Grund für die These, eine bestimmte Regel sei eine souveränitätsausgestaltende Norm und verspreche daher Aufschluss über den normativen Gehalt des Souveränitätsprinzips selbst. Vielmehr dürfen und müssen sie auf die schlichte Tatsache verweisen, dass die fragliche Regel als souveränitätsausgestaltende Norm anerkannt wird. Die Auswahl derjenigen Normen, die sich zur inhaltlichen Konkretisierung des Souveränitätsprinzips heranziehen lassen, treffen folglich die rechtsetzungs- und damit zugleich rechtskonkretisierungsbefugten Staaten selbst. Erkennen diese eine bestimmte Norm als Ausdruck der Staatensouveränität an, sehen sie in der Souveränität der Staaten das Schutzgut einer Norm oder bezeichnen sie eine solche gar als Konsequenz oder Ableitung aus dem Prinzip äußerer Souveränität, so erlaubt die Anerkennung dieser Normrelation zugleich Rückschlüsse auf die Souveränitätsvorstellung, die den entsprechenden Äußerungen zugrunde liegt. Sie impliziert die Anerkennung eines Souveränitätsprinzips bestimmten Inhalts.

Die Fokussierung auf die Anerkennung eines bestimmten normativen Zusammenhangs zwischen völkerrechtlichen Einzelregeln und dem Souveränitätsprinzip erlaubt dabei zweitens auch ein kritisches Urteil darüber, ob sich das Souveränitätsprinzip in den mit ihm in Verbindung gebrachten Regeln erschöpft oder einen über diese hinausreichenden normativen Gehalt besitzt. Denn Äußerungen, die erkennen lassen, *ob* eine Einzelregel zum Souveränitätsprinzip in Beziehung steht, wird oftmals auch Hinweise darauf enthalten, *wie* sich der Anerkennende diese Beziehung vorstellt. So mag zwar etwa die bloße Bezeichnung einer Handlungsermächtigung als souveränes Recht noch keine eindeutige Entscheidung darüber erlauben, ob das Souveränitätsprinzip hier lediglich als beschreibender Sammelbegriff verwendet wird oder tatsächlich den normativen Grund des besagten Rechts darstellt. Sofern das Souveränitätsprinzip indes ausdrücklich als Ableitungsbasis bestimmter Regeln oder Grundsätze anerkannt wird, lässt dies kaum einen anderen Schluss zu, als ihm auch jenseits der mit ihm verbundenen Einzelregeln eine eigene normative Bedeutung zuzusprechen.

Dieses verstärkt auf die staatliche Anerkennung abstellende Verfahren zur Konkretisierung des Souveränitätsprinzips ähnelt dem oben geschilderten Verfahren zur Gewinnung allgemeiner Rechtsgrundsätze aus den internationalen Beziehungen in wesentlichen Aspekten.[299] Entsprechend kann auch hier sowohl auf ausdrückliche Stellungnahmen der Staaten selbst als auch auf Deklarationen multilateraler Konferen-

[299] Siehe oben S. 256 ff.

zen, Resolutionen internationaler Organisationen oder Normen des Völkervertragsrechts abgestellt werden, sofern sich diese selbst als mit dem Souveränitätsprinzip im Zusammenhang stehend zu erkennen geben. Rechtsprechung, insbesondere diejenige der internationalen Gerichtshöfe, und Stellungnahmen der Wissenschaft dienen auch hier als Rechtserkenntnisquellen.

2. *Gehalt des Souveränitätsprinzips*

Je für sich betrachtet jedoch erweisen sich selbst diejenigen Resolutionen, Urteilspassagen oder Stellungnahmen, die sich ausdrücklich um eine Definition des Souveränitätsprinzips bemühen, als wenig aufschlussreich. Zu vielgestaltig sind die Aspekte, die in Staaten- und Rechtsprechungspraxis mit dem Souveränitätsprinzip in Verbindung gebracht werden, zu punktuell und unbestimmt hingegen die Definitionsversuche, die sich in Verträgen, Resolutionen oder einschlägigen Judikaten finden lassen.[300] Erst in der Gesamtschau einer Vielzahl staatlicher Äußerungen, völkervertraglicher Normen und insbesondere gerichtlicher Entscheidungen erschließt sich folglich der Gehalt des Souveränitätsprinzips in seiner ganzen Breite. Im Lichte einer derart synthetischen Konzeption erscheint das Souveränitätsprinzip als Garant einer umfassenden staatlichen Autonomie, ja als staatliches Selbstbestimmungsrecht, das sich in drei Ausprägungen konkretisieren lässt: als Selbst*verfügungs*-, Selbst*gestaltungs*- und Selbst*entfaltungs*recht – als *Substanz*- (dazu lit. a), *Akzidenz*- (dazu lit. b) und *Handlungs*autonomie (dazu lit. c).

Während der Staat diese Autonomie lediglich durch seine Organe auszuüben vermag und als Subjekt dieser im Souveränitätsprinzip verkörperten Freiheitsgarantie folglich einzig in seiner Funktion als Staatsgewalt angesprochen ist, wird er als Objekt dieser Freiheitsausübung in allen drei seiner Elemente in Bezug genommen: Staatsgebiet und -volk sind ebenso Gegenstand des staatlichen Selbstbestimmungsrechts wie die Staatsgewalt selbst. In der Ausübung der Souveränität als *Selbst*bestimmungsrecht bezieht sich der Staat folglich auf sich selbst, genauer: die Staatsgewalt verhält sich zu Staatgebiet, Staatsvolk und Staatsgewalt.

---

[300] Bezeichnend insofern der tautologische Definitionsversuch im sechsten Grundsatz der *Friendly Relations Declaration*, GV Res. v. 24. Oktober 1970, UN Doc. A/RES/25/2625, wo der Grundsatz souveräner Gleichheit mit der Feststellung konkretisiert wird, dass „[e]ach State enjoys the rights inherent in full sovereignty".

Er verfügt über sie, gestaltet sie aus und entfaltet dabei, was er ist oder entwickelt, was er sein will.

a) Souveränität als Substanzautonomie: Das Recht zur Selbstverfügung

Als Substanz bezeichnet die Philosophie den Träger prädikativer Bestimmungen und damit das, was allen Attributen logisch vorangeht und durch diese seine konkrete Form (sein „Wie-Sein") erhält.[301] Die Substanz, die – der völkerrechtlich bestimmenden Drei-Elemente-Lehre folgend – einem jeden staatlichen „Wie-Sein" zugrunde liegt, sind Staatsgewalt, -gebiet und -volk. Als Konstitutiva eines jeden Staates bilden sie genau diejenigen zunächst noch abstrakten Elemente, in denen die Vorstellung des Staates vollständig aufgeht. Was immer einem Staat als Eigenschaft zugeschrieben wird, haftet so letztlich ihnen an. Die staatliche Freiheit, über genau diese konstitutiven Staatselemente und damit über die Substanz des Staates selbst vollumfänglich zu verfügen, gewährleistet die Souveränität. Staatsgewalt, -gebiet und -volk umschreiben dabei indes in erster Linie Herrschaftsräume: einen organisatorischen, einen physischen und einen personellen; sie bilden die drei Dimensionen staatlicher Zuständigkeit.[302] Über Staatsgebiet, -volk oder -gewalt zu verfügen, heißt demnach Zuständigkeiten aufgeben und übertragen, ja über das (völker-)rechtliche Zuordnungsverhältnis von Staat und Herrschaftsbereich ganz grundsätzlich disponieren.

Dass das Recht hierzu seine Grundlage im Souveränitätsprinzip findet, hat für den personellen Herrschaftsraum des Staates, das heißt das Staatsvolk, bereits früh Anerkennung gefunden. So führt schon der StIGH in seinem Gutachten zum Erwerb der polnischen Staatsbürgerschaft aus, es sei „generally speaking, [...] true that a sovereign State has a right to decide what persons shall be regarded as its nationals".[303]

---

[301] Siehe nur *J. Mittelstraß*, in: ders. (Hrsg.), Enzyklopädie Philosophie und Wissenschaftstheorie, Bd. IV, 1996, S. 133 (133).

[302] Siehe statt vieler *R. Zippelius*, Allgemeine Staatslehre, 16. Aufl. 2010, S. 74 f.

[303] StIGH, *Acquisition of Polish Nationality*, Advisory Opinion, Ser. B, No. 7, S. 16; ebenso StIGH, *Nationality Decrees*, Advisory Opinion, Ser. B, No. 4, S. 24; aus der nationalen Rechtsprechung siehe etwa Supreme Court of Israel, *Adalah v. Minister of Interior of Israel and others*, Urt. v. 16. Mai 2006, HCJ 7052/03, ILDC 393 (IL 2006), Rdn. 50 f. per Vice-President *Cheshin*; Constitutional Court of Slovenia, *Stepanovic and others*, Urt. v. 16. Juni 2005, U-I-2/04, ILDC 424 (Sl 2005), Rdn. 3.

Und auch sein Nachfolger bestätigt, einem Staat bleibe es aufgrund seiner Souveränität selbst überlassen, „to settle by its own legislation the rules relating to the acquisition of its nationality“ [304] – eine These, die in jüngerer Zeit unter anderem im Rahmen der Debatten der Völkerrechtskommission über die Auswirkungen der Staatennachfolge auf die Staatsangehörigkeit[305] Ausdruck gefunden hat, sich aber bereits lange zuvor auf eine einmütige staatliche Anerkennung stützen konnte.[306] Und auch die Ausbürgerung von Staatsangehörigen wird gemeinhin als „an act of the [...] State performed in the exercise of its sovereign rights“ eingeordnet und so letztlich im Souveränitätsprinzip verortet.[307] Diese im Souveränitätsprinzip verankerte Freiheit der Staaten, über Verleihung und Verlust ihrer Staatsangehörigkeit frei zu entscheiden und damit zugleich den Umfang ihrer personellen Substanz zu bestimmen, wird nach außen durch die Pflicht, Ein- oder Ausbürgerungsakte fremder Staaten zu respektieren, auch abwehrrechtlich abgesichert.[308] In der staatlichen und gerichtlichen Praxis wird meist auch diese Pflicht auf das Gebot zurückgeführt, die Souveränität fremder Staaten zu respektieren. Die normative Verankerung von Ein- und Ausbürgerungsentscheidungen im Souveränitätsprinzip wird eben dadurch bestätigt. So argumentierte beispielsweise Deutschland im Vorfeld der ersten Haager Konferenz zur Kodifikation des Völkerrechts, ein Staat, der Angehörige eines fremden Staates bereits dann einbürgere, wenn diese das Territorium des ersten Staates nur betreten, stelle damit das völkerrechtliche Zuordnungsverhältnis der betroffenen Personen zu ihrem Heimatstaat in Frage und überschreite folglich „the limits at which the

---

304 IGH, *Nottebohm Case*, Second Phase, ICJ Rep 1955, S. 4 (20): „[I]t is for every sovereign State, to settle by its own legislation the rules relating to the acquisition of its nationality, and to confer that nationality by naturalization granted by its organs in accordance with that legislation.“

305 Siehe die Stellungnahmen von Special Rapporteur *Václav Mikulka* in Summary Record of the 2483rd Meeting, YBILC 1997, Bd. I, S. 62 (67) und von *Zdzislaw Galicki* in Summary Record of the 2486th Meeting, YBILC 1997, Bd. I, S. 79 (80), die beide von einem „sovereign right“ sprechen.

306 Siehe die Antworten der Staaten in *League of Nations*, Conference for the Codification of International Law, Bases of Discussion, Bd. I, 1929, S. 13 ff.

307 So ausdrücklich Roumano-Hungarian Mixed Arbitral Tribunal, *„Generala“ et al. v. Sternberg*, Annual Digest of Public International Law Cases (1925-26), Case No. 304, S. 403 (404).

308 Siehe dazu das IGH, *Nottebohm Case*, Memorial Liechtenstein, 14. Mai 1952, ICJ Pleadings, Bd. I, S. 21 (36 ff.).

legislation of the States encroaches on the sovereignty of another".[309] Das in der Staatsangehörigkeit verkörperte Zuordnungsverhältnis von Staat und Person genießt, so lässt sich aus all dem schließen, völkerrechtlichen Schutz, weil die Freiheit, über dieses zu verfügen, kraft staatlicher Souveränität allein und ausschließlich dem sich dadurch selbst bestimmenden Staat zusteht.

Hinsichtlich des Staatsgebiets, der physischen Dimension des staatlichen Herrschaftsbereichs, finden sich ähnliche Ausführungen etwa in der von der UN Generalversammlung angenommenen *Friendly Relations Declaration* und der KSZE Schlussakte von Helsinki. Beide zählen die Unverletzlichkeit der territorialen Integrität zu den Elementen souveräner Gleichheit und stellen die Freiheit eines jeden Staates, selbst und ausschließlich über seinen physischen Herrschaftsbereich zu verfügen, damit unter den Schutz des Souveränitätsprinzips.[310] Positiv formuliert entschied in diesem Sinne etwa der kanadische Supreme Court, zu den „powers and rights that fall under the umbrella of sovereignty" gehöre auch das Recht „to [...] dispose of the state's territory".[311] Und auch der indische Supreme Court argumentiert entsprechend, wenn er feststellt, es sei „universally recognized that one of the attributes of sovereignty is the power to cede parts of national territory if necessary"[312] und darüber hinaus gar „the power to acquire foreign territo-

---

[309] Siehe Stellungnahme Deutschlands in *League of Nations*, Conference for the Codification of International Law, Bases of Discussion, Bd. I, 1929, S. 13. Ein extremer Fall dieser Art ereignete sich 2008, als Russland massenhaft und zwangsweise georgische Staatsangehörige einbürgerte, die in den Provinzen Südossetien und Abchasien ansässig waren. Obwohl der Fall dem IGH zur Entscheidung unterbreitet wurde, konnte dieser über eine mögliche Souveränitätsverletzung Georgiens nicht entscheiden, weil sich die Zuständigkeit des Gerichthofs allenfalls aus Art. 22 der UN-Rassendiskriminierungskonvention hätte ergeben können, siehe IGH, *Application of the International Convention on the Elimination of All Forms of Racial Discrimination*, Preliminary Objections, ICJ Rep 2011, S. 70.

[310] Siehe den sechsten Grundsatz der *Friendly Relations Declaration*, GV Res. v. 24. Oktober 1970, UN Doc. A/RES/25/2625; KSZE, Schlussakte v. 1. August 1975, S. 4 (erster Grundsatz), http://www.osce.org/helsinki-final-act (geprüft am 3. August 2016).

[311] Supreme Court of Canada, *R v. Hape*, Urt. v. 7. Juni 2007, 2000 SCC 26, ILM 46 (2007), S. 815 (827) per *LeBel* J.

[312] Supreme Court of India, *In re Berubari Union and Exchange of Enclaves*, Urt. v. 14. März 1960, AIR 1960 SC 845, Rdn. 32.

ry"[313] dem Kanon souveränitätsbasierter Rechte zuschlägt. In jüngerer Zeit beriefen sich etwa Nigeria und Kamerun vor dem IGH auf das Argument, erst die Souveränität verleihe einem Staat des Recht, über Gebiet zu verfügen,[314] und der Schiedsspruch im Streit zwischen Eritrea und dem Jemen bestätigt sie: Da sich die Souveränität des Osmanischen Reiches auch auf die streitbefangenen Inseln erstreckt habe, habe es diesem frei gestanden, „to cede title to the islands to a third state",[315] denn „[a]n essential component of sovereign title is the right to alienate".[316] Seinen extremsten Ausdruck findet diese Verfügungsbefugnis über den physischen Herrschaftsraum schließlich in dem Recht eines Staates, einem anderen Staat beizutreten: In Ausübung seines Verfügungsrechts verfügt er den vollständigen Übergang seiner territorialen Substanz und damit das Ende seiner Existenz als eigenständiger Staat.[317] Doch selbst diese radikalste Form der Selbstverfügung eines Staates führt die Rechtsprechung auf das Souveränitätsprinzip zurück. Indirekt wird dies etwa deutlich, wenn sich Kongo vor dem IGH auf sein „sovereign right of self-defence" beruft,[318] ist es doch eben das staatliche Recht, grundsätzlich allein über den eigenen Fortbestand zu entscheiden, die durch die Befugnis zur notfalls gewaltsamen Gegenwehr abgesichert wird. Indem der IGH dieses Recht zur Selbsthilfe mit dem Souveränitätsprinzip in Verbindung bringt („*sovereign* right of self-defence"), erkennt er folglich mittelbar auch das geschützte Verfügungsrecht selbst als Ausdruck

---

313 Ebd., Rdn. 33.

314 IGH, *Land and Maritime Boundary between Cameroon and Nigeria*, ICJ Rep 2002, S. 303 (402 f.).

315 *Award on Territorial Sovereignty and Scope of the Dispute*, ILM 40 (2001), S. 900 (923).

316 Ebd.

317 *C. Tomuschat*, in: E. Cannizzaro (Hrsg.), The Present and Future of Jus Cogens, 2015, S. 7 (19 f., 39 f.); vgl. in diesem Sinne zum Beitritt der DDR zur BRD: BGHSt 37, 305 (310 f.); ähnlich spricht auch BVerfGE 92, 277 (330) vom „Prozeß der Wiedervereinigung, in dessen Verlauf im Gebiet der ehemaligen DDR die Staatsgewalt von der Bundesrepublik Deutschland übernommen wurde".

318 IGH, *Armed Activities* (Congo v. Uganda), ICJ Rep 2005, S. 168 (194); diesbezüglich deutlich auch das Vorbringen im Rahmen der Nürnberger Kriegsverbrecherprozesse: „War in self-defense is permitted as an inalienable right to all states; without that right, sovereignty does not exist; [...]." (International Military Tribunal Nuremberg, Trial of the Major War Criminals, Bd. XVII, 1948, S. 458 [469]).

staatlicher Souveränität an. Deutlicher jedoch hat diese Position in der Rechtsprechung des StIGH Ausdruck gefunden. So erwiderte dieser in seiner Wimbledon-Entscheidung den Einwand des Deutschen Reichs, bestimmte Rechte eines Staates, seien „personal and imprescriptibel“, ja grundsätzlich unverfügbar, mit der ebenso knappen wie deutlichen Klarstellung, diese Annahme stehe im Widerspruch zu „general considerations of the highest order“, sei doch der Vertragsschluss selbst Ausdruck staatlicher Souveränität.[319] Staatliche Rechte, die selbst im vertraglichen Konsens nicht verfügbar wären, kann es, so muss man folglich annehmen, nicht geben. Entsprechend deutlich stellt der Gerichtshof auch in der Entscheidung zur Deutsch-Österreichischen Zollunion fest, jeder Staat habe „in principle [...] sovereign control over [its] own independence“.[320] Diese Unabhängigkeit eines Staates aber, so ergänzt Richter *Anzilotti*, „ceases to exist by the will of the State itself when the latter agrees to renounce it in favour of another State, for example, by becoming absorbed in the latter“.[321]

Seiner staatlichen Unabhängigkeit, so *Anzilotti*, könne ein Staat sich aber auch begeben „by [...] placing itself under the latter's [i.e. another State's] authority“;[322] sie bleibe beim Abschluss völkerrechtlicher Verträge nur erhalten, wenn „the State does not thereby deprive itself of its organic powers“.[323] Neben der Zuordnung von Staat und Gebiet unterfällt demnach auch die Zuordnung von Staat und Kompetenzen dem in der staatlichen Souveränität wurzelnden Dispositionsrecht über die eigene Unabhängigkeit. Nicht nur das Vermögen, über Umfang des physischen und personellen Herrschaftsbereichs zu verfügen, auch die Rechtsmacht, den inhaltlichen Umfang der eigenen Zuständigkeit zu bestimmen, findet so letztlich ihre Grundlage im Souveränitätsprinzip. An dieser Erkenntnis führt insbesondere im Lichte des Wimbledon-Diktums, das letztlich eine jede vertragliche Bindung oder Verfügung auf die staatliche Souveränität zurückführt, kein Weg vorbei. Denn un-

---

319 StIGH, *Wimbledon*, Ser. A, No. 1, S. 25.

320 StIGH, *Customs Régime between Germany and Austria*, Advisory Opinion, Ser. A/B, No. 41, S. 37 (45); gegen ein solches Recht staatlicher Selbstaufgabe *K. A. Schachtschneider*, Souveränität, 2015, S. 376, 380.

321 StIGH, *Customs Régime between Germany and Austria*, Advisory Opinion, Indiv. Op. Anzilotti, Ser. A/B, No. 41, S. 55 (58).

322 Ebd.

323 StIGH, *Customs Régime between Germany and Austria*, Advisory Opinion, Diss. Op. Adatci u.a., Ser. A/B, No. 41, S. 74 (77).

bestritten kommt zahlreichen völkerrechtlichen Verträgen Bedeutung für den Umfang nationaler Kompetenzen zu.[324] Völkerrechtlich entpuppt sich somit die vor allem in der staatsrechtlichen Diskussion meist mit dem Souveränitätsbegriff assoziierte Kompetenz-Kompetenz als *ein* Aspekt der völkerrechtlichen Souveränität: als das kompetenziell-organisatorische Selbstverfügungsrecht des Staates, die Freiheit des Staates, den Umfang seiner kompetenziellen Substanz eigenmächtig zu bestimmen.

Das Souveränitätsprinzip garantiert folglich radikale Substanzautonomie, indem sie den Staaten ein Selbstverfügungsrecht zusichert, das ihnen Staatsgewalt, -gebiet und -volk vollständig zur Disposition stellt und die Entscheidung über den Umfang des staatlichen Herrschaftsraums in personeller, physischer und kompetenziell-organisatorischer Hinsicht im Grundsatz dem freien Ermessen der Staaten überlässt.

b) Souveränität als Akzidenzautonomie: Das Recht zu Selbstgestaltung

Das Recht, die in ihrem Umfang folglich bereits durch souveräne Entscheidung bestimmte staatliche Substanz mit weiteren Eigenschaften zu versehen und den Staat so zu einem So-und-so-Seienden zu machen, gewährleistet die Souveränität als Akzidenzautonomie. Sie garantiert das Recht, die Trias aus physischem, personellem und organisatorischem Herrschaftsraum auszugestalten und durch die Ausübung staatlicher Herrschaft in diesen Kompetenzsphären dem Staat sein individuelles Gepräge zu verleihen. Für die durch die Staatsangehörigkeit umgrenzte personelle Herrschaftssphäre der Staaten hat in diesem Sinne etwa Libyen vor dem IGH geltend gemacht „the right […] to exercise its criminal jurisdiction over its own subjects“ sei „a fundamental right derived from the sovereignty of the State“.[325] Ja ganz allgemein sei, so meint auch der kanadische Supreme Court, die „jurisdictional compe-

---

[324] Deutlich für den ehemaligen Vertrag über die Gründung der Europäische Gemeinschaft EuGH, *Van Gend & Loos*, Urt. v. 5. Februar 1963, Rs. 26/62, Slg. 1963, S. 1 (12); EuGH, *Costa/ENEL*, Urt. v. 15. Juli 1964, Rs. 6/64, Slg. 1964, S. 585 (593); für die International Labour Organization findet sich ein entsprechendes Argument bei StIGH, *Competence of the ILO*, Advisory Opinion, Ser. B, No. 2, S. 8 (23): „It was much urged in argument that the establishment of the International Labour Organisation involved an abandonment of rights derived from national sovereignty“.

[325] Siehe IGH, *Lockerbie* (Libya v. USA), Provisional Measures, Diss. Op. Weeramantry, ICJ Rep 1992, S. 160 (163).

tence on the basis of [...] nationality" auf die staatliche Souveränität zurückzuführen.[326] Gerade wenn und weil Staaten Souveränität zukommt, so lässt sich daraus folgern, besitzen sie das Recht, an das rechtliche Band der Staatsangehörigkeit Rechte und Pflichten zu knüpfen, die das durch die Staatsangehörigkeit vermittelte Zugehörigkeitsverhältnis von Staat und Person inhaltlich ausgestalten. „The rights that, by the law of nations, are regarded as appurtenant to, or attributes of, sovereignty", so ist auch in jüngerer Zeit noch beim australischen High Court zu lesen, „include the right to regulate, by legislation, the conduct [...] of Australian citizens".[327] Keinesfalls jedoch beschränkt das Souveränitätsprinzip die Staaten in der Gestaltung ihrer personellen Herrschaftssphäre auf die Form des Rechts. „A state's authority over ist own nationals", so formuliert etwa der kanadische Supreme Court deutlich weiter, „may [...] be regarded as an aspect of sovereignty itself".[328] Durch Herrschaft zu gestalten, ist es folglich, wozu das Souveränitätsprinzip gegenüber den eigenen Staatsangehörigen ermächtigt.

Für die physische Dimension staatlicher Herrschaft findet das so skizzierte Selbstgestaltungsrecht seinen Niederschlag im Grundsatz der Gebietshoheit. Sie erlaubt es dem Staat nicht nur, jegliches Verhalten, das sich innerhalb der Staatsgrenzen abspielt, einer rechtlichen Regelung zuzuführen und somit gewissermaßen die „Nutzungsbedingungen" für das Staatsgebiet zu definieren, sondern gestattet es ihm ganz allgemein, seine Herrschaft auf alle im Staatsgebiet befindlichen Personen und Gegenstände zu erstrecken und seine physisch delimitierte Herrschaftssphäre dadurch inhaltlich auszugestalten. Dass die Gebietshoheit ihre normative Grundlage dabei im Souveränitätsprinzip findet, hat vor internationalen Gerichten vielfach Anerkennung gefunden. Für jeden Staat, so definierte etwa *Max Huber* in seinem Schiedsspruch im Streit um die Insel Palmas, bedeute Souveränität „in regard to a portion of the globe [...] the right to exercise therein, to the exclusion of any other State, the functions of a State".[329] Bereits kurz zuvor hatte sich

---

[326] Supreme Court of Canada, *R v. Cook*, Urt. v. 1. Oktober 1998, (1998) 2 SCR 597, per *Lamer* C.J. and *Cory*, *Iacobucci*, *Major* and *Binnie* JJ.

[327] High Court of Australia, *XYZ v. Australia*, Urt. v. 13. Juni 2006, Case No. M14/2005, 2006 HCA 25, ILDC 528 (AU 2006), Rdn. 13, per *Gleeson* C.J.

[328] Supreme Court of Canada, *The Queen v. Klassen*, Urt. v. 19. Dezember 2008, 2008 BCSC 1762, ILDC 941 (CA 2008), Rdn. 44.

[329] *Island of Palmas Case (or Miangas)*, RIAA II, S. 829 (838); ebenso Constitutional Court of South Africa, *Kaunda v. President of South Africa*, Urt. v. 4. August 2004, Case No. CCT23/04, ILDC 89 (ZA 2004), Rdn. 38.

der StIGH entsprechend geäußert[330] und auch der IGH hat mittlerweile bekannt, „that there flows from that sovereignty the jurisdiction of the State over events and persons within that territory".[331] Ja, das Souveränitätsprinzip, so wird angenommen, verleiht einem jeden Staat schlicht „the right to legislate as it wishes within the limits of its own territory".[332] Zahlreich sind daneben auch die Entscheidungen oder Stellungnahmen, die die Gebietshoheit zwar nicht in dieser Allgemeinheit auf den Grundsatz staatlicher Souveränität zurückführen, aber doch einzelne ihrer Ausprägungen unmittelbar in ihm verankern. Das Recht, „to determine taxes within its territory"[333], den Handel zu regulieren,[334] die kulturelle Vielfalt zu fördern[335] und bestimmte Handlungen unter Strafe zu stellen,[336] wird hier ebenso genannt wie die Befugnis, im Inland ansässige Unternehmen zu enteignen,[337] Personen zum

---

[330] StIGH, *Lotus*, Ser. A, No. 10, S. 19: „its title to exercise jursidiction rests in its sovereignty"; deutlich auch Diss. Op. Loder, Ser. A, No. 10, S. 34 (35).

[331] IGH, *Jurisdictional Immunities of the State*, ICJ Rep 2012, S. 99 (123); siehe auch Supreme Court of Canada, *R v. Hape*, Urt. v. 7. Juni 2007, 2007 SCC 26, ILM 46 (2007), S. 815 (841) per *LeBel* J.: „territorial jurisdiction as a matter inherent in state sovereignty".

[332] StIGH, *Lotus*, Diss. Op. Altamira, Ser. A, No. 10, S. 95 (101); in der Sache ebenso *China – Measures Related to the Exportation of Various Raw Materials*, WT/DS394/R, WT/DS395/R, WT/DS398/R, Panel Report v. 5. Juli 2011, Rdn. 7.378; siehe auch High Court of Australia, *R v. Aird and others*, Urt. v. 9. September 2004, 2004 HCA 44, ILDC 514 (AU 2004), Rdn. 119 per *Kirby* J.

[333] Schlussanträge des Generalanwalts *Poiares Maduro* v. 7. April 2005, *Köhler v. Finanzamt Düsseldorf*, Rs. C-58/04, Slg. 2005, I-8221 (8226).

[334] *China – Measures Related to the Exportation of Various Raw Materials*, WT/DS394/R, WT/DS395/R, WT/DS398/R, Panel Report v. 5. Juli 2011, Rdn. 7.156.

[335] Art. 2 Abs. 2, Art. 5 Abs. 1 *Convention on the Protection and Promotion of the Diversity of Cultural Expressions* v. 20. Oktober 2005, UNTS Bd. 2440, S. 311, BGBl. 2007 II, S. 234.

[336] StIGH, *Lotus*, Diss. Op. Weiss, Ser. A, No. 10, S. 40 (44); EGMR (GK), *Üner v. The Netherlands*, Appl. No. 46410/09, Urt. v. 18. Oktober 2006, Conc. Op. Maruste; IGH, *Avena*, Counter-Memorial USA, 2. November 2003, S. 185.

[337] *Texaco Overseas Petroleum Company v. California Asiatic Oil Company and the Government of the Libyan Arabic Republic*, ILM 17 (1978), S. 3 (22): „expression of its sovereignty". UN Commission on Transnational Corporations, Draft UN Code fo Conduct on Transnational Corporations, ILM 23 (1984), S. 626, Rdn. 54.

Zwecke der Strafverfolgung an einen anderen Staat auszuliefern[338] oder von Schiffen das Führen einer Flagge auch auf Binnengewässern zu fordern.[339] Dass sich in dieser Reihe der auf das Souveränitätsprinzip zurückgehenden Handlungskompetenzen auch das Recht findet, bei der Behandlung von Inländern menschenrechtliche Erwägungen nicht anzustellen[340] oder die im Staatsraum befindlichen natürlichen Ressourcen zu nutzen,[341] belegt, dass das Souveränitätsprinzip die Staaten auch bei der inhaltlichen Ausgestaltung ihrer physischen Herrschaftssphäre nicht auf den Erlass rechtlicher Regelungen beschränkt, sondern auch reale Herrschaftsakte mit einbezieht. Entsprechend belässt das Souveränitätsprinzip auch die Entscheidung über die Öffnung der physischen Herrschaftssphäre für Einflüsse von außen allein dem Staat selbst und sichert damit dessen Selbstgestaltung vor unkonsentierten Einwirkungen sowohl faktischer als auch rechtlicher Art ab. In diesem Sinne wird in der staatlichen und gerichtlichen Praxis das Recht, den Zugang zu den eigenen Häfen zu regeln,[342] die Einreise von einem Visum abhängig

---

[338] IGH, *Asylum Case*, ICJ Rep 1950, S. 266 (274); Supreme Court of Israel, *Rosenstein v. Israel*, Urt. v. 30. November 2005, Crim A 4596/05, ILDC 159 (IL 2005), Rdn. 57; Supreme Federal Court of Brazil, *Italy v. Battisti*, Urt. v. 16. Dezember 2009, ILDC 1674 (BR 2009), A 6.

[339] IGH, *Dispute Regarding Navigational and Related Rights*, ICJ Rep 2009, S. 213 (260, 263).

[340] In diese Richtung etwa das Argument der Ukraine in IGH, *Interpretation of Peace Treaties*, Telegram from the Minister for Foreign Affairs of the USSR to the ICJ, 15. Januar 1950, ICJ Pleadings, S. 198 sowie das von den USA zitierte Vorbringen Bulgariens in IGH, *Interpretation of Peace Treaties*, Written Statement USA, ICJ Pleadings, S. 131 (141 und öfter), wonach die Menschenrechtspolitik den „domestic matters of sovereign States" angehört.

[341] Art. 3, 15 *Convention on Biological Diversity* v. 5. Juni 1992, UNTS Bd. 1760, S. 79, BGBl. 1997 II, S. 1741; *Declaration of the UN Conference on the Human Environment* v. 16. Juni 1972, UN Doc. A/CONF.48/14/Rev.1 (1973), Prinzip 21: „sovereign right to exploit their own resources"; WTO, *China – Measures Related to the Exportation of Various Raw Materials*, WT/DS394/R, WT/DS395/R, WT/DS398/R, Panel Report v. 5. Juli 2011, Rdn. 7.380; siehe auch ILC, Draft Articles on the Law of Non-Navigational Uses of International Watercourses, YBILC 1994, Bd. II/2, S. 89 (98); in diese Richtung auch Supreme Court of Canada, *R v. Hape*, Urt. v. 7. Juni 2007, 2007 SCC 26, ILM 46 (2007), S. 815 (827) per *LeBel* J.: „the power to use […] the state's territory".

[342] IGH, *Nicaragua*, Merits, ICJ Rep 1986, S. 14 (111).

zu machen[343] und in sonstiger Art zu beschränken[344] oder einzuführende Waren zu inspizieren und die Einfuhr gegebenenfalls zu untersagen[345] ebenso auf den Grundsatz staatlicher Souveränität zurückgeführt wie das an die jeweils übrigen Staaten adressierte Verbot grenzüberschreitender Umwelteinflüsse.[346] Dem entspricht es auch, wenn zahlreiche Verträge es ihren Mitgliedstaaten verbieten, Hoheitsakte auf fremdem Staatsgebiet vorzunehmen, und den damit ausgesprochenen Grundsatz der Gebietsausschließlichkeit unter dem Titel „Protection of Sovereignty" behandeln[347] oder Gewalt- und Interventionsverbot normativ mit dem Souveränitätsprinzip in Verbindung gebracht werden.

---

[343] So das Vorbringen Nicaraguas in IGH, *Dispute Regarding Navigational and Related Rights*, ICJ Rep 2009, S. 213 (257).

[344] Supreme Court of Israel, *Adalah v. Minister of Interior of Israel and others*, Urt. v. 16. Mai 2006, HCJ 7052/03, ILDC 393 (IL 2006), Rdn. 50 f. per Vice-President *Cheshin* sowie Rdn. 5 per *Levy* J.; US Supreme Court, *Nishimura Eiku v. United States*, Urt. v. 18. Januar 1892, 142 US 651 (659) per *Gray* J.; High Court of Australia, *Ruhani v. Director of Police*, Urt. v. 31. August 2005, 2005 HCA 43, ILDC 509 (AU 2005), Rdn. 26; siehe auch den Vortrag Russlands in EGMR, *Nolan and K. v. Russia*, Appl. No. 2512/04, Urt. v. 12. Februar 2009, Rdn. 108 („the right to admit aliens to its territory was a universally recognised sovereign right of a State") sowie die Ausführungen und weiteren Nachweise des EGMR selbst in *Saadi v. United Kingdom*, Appl. No. 13229/03, Urt. v. 29. Januar 2008, Rdn. 64: „States enjoy ‚an undeniable sovereign right to control aliens' entry into and residence in their territory'". Entsprechend entspringt dem Souveränitätsprinzip auch das Recht, Personen aus dem Staatsgebiet auszuweisen, siehe Supreme Court of India, *Sonowal v. India and the State of Assam*, Urt. v. 12. Juli 2005, No. 131 of 2000, ILDC 335 (IN 2005), Rdn. 49.

[345] Supreme Court of Canada, *Little Sisters Book and Art Emporium v. Canada (Minister of Justice)*, Urt. v. 15. Dezember 2000, 2000 SCC 69, Rdn. 148; vgl. auch das Vorbringen der USA in *United States – Import Prohibition of Certain Shrimp and Shrimp Products*, WT/DS58/R, Panel Report v. 15. Mai 1998, Rdn. 7.24.

[346] IGH, *Nuclear Tests Case* (Australia v. France), Memorial Australia, 23. November 1973, S. 331 f. (Rdn. 432 ff.); vgl. auch IGH, *Nuclear Tests Case* (New Zealand v. France), Memorial New Zealand, 29. Oktober 1973, S. 204 (Rdn. 192); IGH, *Nuclear Weapons*, Written Statement Egypt, 20. Juni 1995, S. 18 (Rdn. 32); IGH, *Pulp Mills*, Memorial Argentina, 15. Januar 2007, S. 82 (Rdn. 3.189).

[347] Art. 4 Abs. 2 *United Nations Convention Against Corruption* v. 31. Oktober 2004, UNTS Bd. 2349, S. 41, BGBl. 2006 III, Nr. 47; Art. 4 Abs. 2 *United Nations Convention Against Transnational Organized Crime* v. 15. November

Schließlich genießt der Staat kraft seiner Souveränität auch in seiner organisatorischen Herrschaftssphäre, der Staatsgewalt selbst, Akzidenzautonomie und damit das Recht, die zuvor lediglich in ihrem Umfang festgelegte staatliche Substanz mit Eigenschaften zu versehen, ja sie inhaltlich auszugestalten. Entsprechend werden sowohl die Freiheit eines jeden Staates, sein politisches System selbst zu bestimmen, als auch das Recht, seine Staatsgewalt so einzurichten, dass sie dieser Grundentscheidung entspricht, gemeinhin im Souveränitätsprinzip verankert. Erstere erklärt etwa die *Charter of Economic Rights and Duties of States* zum souveränen Recht,[348] und die *Friendly Relations Declaration* zählt sie zu den Ausprägungen des Prinzips souveräner Gleichheit.[349] Der IGH sieht das ebenso und erklärt, die Wahl seines politischen Systems gehöre zu den Bereichen „in which each State is permitted, by the principle of State sovereignty, to decide freely".[350] Noch weitergehend hat bereits sein Vorgänger in der Position des Ad hoc-Richters *Stelio Séfériadès* anerkannt, dass nicht nur „the right to free political organization", sondern auch die Freiheit, Polizei, Strafvollzug und Verwaltung nach eigenem Ermessen zu gestalten, Souveränitätsbestandteile darstellen, „without which no sovereignty can be described as such".[351] Dass insbesondere das Interventionsverbot Einmischungen in eben diese Bereiche verbietet und dabei selbst regelmäßig im Souveränitätsprinzip

---

2000, UNTS Bd. 2225, S. 209, BGBl. 2005 II, S. 954; Art. 3 Abs. 3 *Inter-American Convention Against the Illicit Manufacturing of and Trafficking in Firearms, Ammunition, Explosives and Other Related Materials* v. 14. November 1997, UNTS Bd. 2029, S. 55; in der Sache ebenso auch Schweizerisches Bundesgericht, Urt. v. 22. Juni 2007, BGE 133 I, S. 234 (239); UK Supreme Court, *R (on the application of Smith) v. Secretary of State for Defence*, Urt. v. 30. Juni 2010, 2010 UKSC 29 SC, ILDC 1572 (UK 2010), Rdn. 321 per Lord *Kerr*.

[348] Art. 1 *Charter of Economic Rights and Duties of States*, GV Res. v. 12. Dezember 1974, UN Doc. A/RES/29/3281.

[349] So der sechste Grundsatz der *Friendly Relations Declaration*, GV Res. v. 24. Oktober 1970, UN Doc. A/RES/25/2625; ebenso KSZE, Schlussakte v. 1. August 1975, S. 4 (erster Grundsatz), http://www.osce.org/helsinki-final-act (geprüft am 3. August 2016).

[350] IGH, *Nicaragua*, Merits, ICJ Rep 1986, S. 14 (108).

[351] StIGH, *Lighthouses in Crete and Samos*, Sep. Op. Séfériadès, Ser. A/B, No. 71, S. 131 (136).

verankert wird,[352] komplettiert das Bild und stützt die These, dass jenes den Staaten das Recht zur organisatorischen Selbstgestaltung einräumt. Die Fähigkeit eines Staates sich völkerrechtlich zu binden verleiht diesem Recht in den staatlichen Außenbeziehungen Ausdruck, vermag der Staat der von ihm ausgeübten Hoheitsgewalt doch auch dadurch Charakter zu geben, dass er sich hinsichtlich deren Ausübung Beschränkungen unterwirft oder sich in der Kooperation mit anderen Staaten neue Handlungsspielräume erschließt. Erst aus der Souveränität, so wird in diesem Sinne allgemein angenommen, folge auch das Recht eines Staates, sich überhaupt rechtlich zu binden und die Staatsgewalt so hinsichtlich der Ausübung ihrer Kompetenzen zu beschränken[353] oder sie gar der rechtlichen Autorität einer übergeordneten, meist gerichtlichen Instanz zu unterwerfen.[354] Die Option, diese Beschränkungen gegebenenfalls durch die Erklärung von Vorbehalten zu limitieren, wird ebenfalls vielfach auf die Souveränität eines Staates zurückgeführt,[355]

---

[352] Supreme Court of Canada, *R v. Hape*, Urt. v. 7. Juni 2007, 2000 SCC 26, ILM 46 (2007), S. 815 (828) per *LeBel* J.; IGH, *Nicaragua*, Merits, ICJ Rep 1986, S. 14 (111); Vortrag des Klägers in EGMR, *Jorgic v. Germany*, Appl. No. 74613/01, Urt. v. 12. Juli 2007, Rdn. 59; siehe ferner die *Declaration on the Inadmissibility of Interverniton in the Domestic Affairs of States and the Protection of Their Independence and Sovereignty* v. 21. Dezember 1965, UN GV Res. 2131 (XX), UN Doc. A/RES/20/2131.

[353] Siehe statt vieler StIGH, *Wimbledon*, Ser. A, No. 1, S. 25; ferner StIGH, *Exchange of Greek and Turkish Populations*, Advisory Opinion, Ser. B, No. 10, S. 21; IGH, *Nuclear Weapons*, Advisory Opinion, Diss. Op. Shahabuddeen, ICJ Rep 1996, S. 375 (417); *Texaco Overseas Petroleum Company v. California Asiatic Oil Company and the Government of the Libyan Arabic Republic*, ILM 17 (1978), S. 3 (22); *China – Measures Related to the Exportation of Various Raw Materials*, WT/DS394/R, WT/DS395/R, WT/DS398/R, Panel Report v. 5. Juli 2011, Rdn. 7.378.

[354] IGH, *Fisheries Jurisdiction* (Spain v. Canada), ICJ Rep 1998, S. 432 (453); IGH, *Legality of the Use of Force* (Yugoslavia v. Belgium), Provisional Measures, Order, Sep. Op. Oda, ICJ Rep 1999, S. 144 (149).

[355] Siehe etwa die sich auf eine absolute Souveränitätstheorie stützende Stellungnahme Russlands (IGH, *Reservations to the Convention on Genocide*, Written Statement UN, Annexed Doc. No. 76, ICJ Pleadings, S. 159), der Ukraine (Written Statement Ukrainian Soviet Socialist Republic, 20. Januar 1951, ICJ Pleadings, S. 292), Polens (Written Statement Poland, 13. Januar 1951, ICJ Pleadings, S. 283 [285]) und Guatemalas (Written Statement UN, Annexed Doc. No. 86, ICJ Pleadings, S. 168); ohne eine absolute Souveränitätstheorie erkennen zu lassen, verankert etwa San Salvador (Written Statement UN, Annexed Doc. No. 123, ICJ Pleadings, S. 185 [186]) das Recht, Vorbehalte zu

und zahlreiche Verträge verankern darüber hinaus gar die Möglichkeit eines vertraglichen Rücktritts im Souveränitätsprinzip, wenn sie es einem jeden Mitgliedstaat zugestehen, sich – „in exercising its national sovereignty" – vom Vertrag loszusagen.[356] Die Freiheit zur autonomen Gestaltung der organisatorischen Herrschaftssphäre des Staates wird so umfassend gewährleistet und darüber hinaus durch Abwehrrechte ergänzt, die vor einer rechtlichen Fremdbestimmung der Staaten bewahren sollen und regelmäßig ebenfalls auf das Souveränitätsprinzip zurückgeführt werden. So wird die in den Regeln der Staatenimmunität verkörperte Garantie, keiner fremden Rechtsgewalt unterworfen zu sein, in der staatlichen und gerichtlichen Praxis ebenso aus dem Souveränitätsprinzip abgeleitet[357] wie etwa das Recht im Streit befindlicher

---

erklären, im Souveränitätsprinzip. Der IGH (*Reservations to the Convention on Genocide*, Advisory Opinion, ICJ Rep 1951, S. 15 [24]) hat zwar der These, die Souveränität verleihe einen Anspruch darauf, einen Vorbehalt erklären und mit diesem auch Vertragspartei werden zu können, eine klare Absage erteilt, nicht aber der Grundaussage, dass das grundsätzliche Recht, einen Vorbehalt zu erklären – ebenso wie die Vertragsschlusskompetenz – ihren Ursprung im Souveränitätsprinzip findet. Das hat auch keiner derjenigen Staaten bestritten, die sich der absoluten Souveränitätstheorie der oben genannten Staaten entgegenstellten.

[356] Art. 20 *Convention on the Prohibition of the Use, Stockpiling, Production and Transfer of Anti-Personnel Mines and on Their Destruction* v. 18. September 1997, UNTS Bd. 2056, S. 211, BGBl. 1998 II, S. 778; Art. 20 *Convention on Cluster Munitions* v. 30. Mai 2008, UNTS Bd. 2688, S. 39, BGBl. 2009 II, S. 502; Art. XIX Abs. 3 *Treaty Between the United States of America and the Union of Soviet Socialist Republics on the Limitations of Strategic Offensive Arms* v. 18. Juni 1979, ILM 18 (1979), S. 1138; Art. 20 *African Nuclear-Weapon Free Zone Treaty* v. 11. April 1996, ILM 35 (1996), S. 705.

[357] Deutlich IGH, *Jurisdictional Immunities of the State*, ICJ Rep 2012, S. 99 (123); siehe ferner House of Lords, *Regina v. Bow Street Metropolitan Stipendiary Magistrate and Others, Ex Parte Pinochet Ugarte (No. 3)*, Urt. v. 24. März 1999, [2000] 1 A.C. 147 (265) per *Lord Saville of Newdigate*; BVerfGE 117, 141 (152, 154); Supreme Court of Poland, *Winicjusz N v. Federal Republic of Germany*, Urt. v. 29. Oktober 2010, SN IV CSK 465/09, ILDC 1769 (PL 2010), Rdn. 22; Corte di Cassazione, *United States v. Tissino and others*, Entsch. v. 25. Februar 2009, Case No. 4461/2009, ILDC 1262 (IT 2009), Rdn. 16; High Court of Kenya, *Twictor Investments Ltd v. United States*, Urt. v. 23. Mai 2003, Civil Suit No. 1309 of 2001, ILDC 927 (KE 2003), Rdn. 16; EGMR, *McElhinney v. Ireland*, Appl. No. 31253/96, Urt. v. 21. November 2001, Rdn. 35: „respect of another State's sovereignty"; ebenso auch EGMR, *Al-Adsani v. United Kingdom*, Appl. No. 35763/97, Urt. v. 21. November 2001, Rdn. 54; vgl. auch Special Supreme Court of Greece, *Germany v. Margellos*, Urt. v. 17. September

Staaten, ihren Disput selbstständig zu klären und dabei keiner übergeordneten Streitschlichtungsinstanz unterworfen zu sein.[358] Selbst der Schutz vor unkonsentierten Zuweisungen von Rechten wird im Souveränitätsprinzip verankert.[359] Dass daneben auch der Grundsatz, dass Regeln, die Rechtspflichten eines Staates konstituieren, nicht ohne dessen Zustimmung oder gar gegen seinen Willen entstehen, in seiner Geltung ausdrücklich auf das Souveränitätsprinzip zurückgeführt,[360] zumindest jedoch implizit auf souveräne Staaten beschränkt wird,[361] ist vor diesem Hintergrund nur konsequent.

Im Lichte dieser Überlegungen erscheint das Souveränitätsprinzip als staatliche Freiheitsgewährleistung, die den Staaten mehr als bloß den Umfang der staatlichen Herrschaftssphären zur Disposition stellt. Vielmehr überlässt es ihnen auch deren inhaltliche Ausgestaltung. In den physischen, personellen und organisatorischen Herrschaftssphären gesteht es den Staaten die grundsätzlich ausschließliche Herrschaft zu und ermöglicht ihnen so die zunächst leere staatliche Substanz mit Eigenschaften aufzufüllen, die den Staat erst zu einem So-und-So-Seienden werden lassen. Souveränität wird so zum Garant staatlicher Akzidenzautonomie, zur rechtlichen Gewährleistung staatlicher Selbstgestaltung.

c) Souveränität als Handlungsautonomie: Das Recht zur Selbstentfaltung

Als Handlungsautonomie gewährleistet das Souveränitätsprinzip schließlich drittens das Recht eines Staates, sich selbst zu entfalten und

---

2002, Case No. 6/2002, ILDC 87 (GR 2002), Rdn. 14; New Zealand Court of Appeal, *Controller and Auditor-General v. Sir Ronald Davison*, Urt. v. 16. Februar 1996, ILM 36 (1996), S. 729 (736).

358 StIGH, *Mavrommatis Palestine Concessions*, Diss. Op. Pessôa, Ser. A, No. 2, S. 88 (88, 91).

359 StIGH, *Free Zones of Upper Savoy and the District of Gex*, Order, Op. Nyholm, Ser. A, No. 22, S. 23 (26).

360 StIGH, *Free Zones of Upper Savoy and the District of Gex*, Second Phase, Order, Ser. A, No. 24, S. 12; IGH, *Nuclear Weapons*, Advisory Opinion, Sep. Op. Guillaume, ICJ Rep 1996, S. 287 (291 f.); ebenso führt bereits StIGH, *Lotus*, Ser. A, No. 10, S. 18 diesen Grundsatz auf die Unabhängigkeit der Staaten – und damit auf deren Souveränität – zurück.

361 IGH, *Nicaragua*, Merits, ICJ Rep 1986, S. 14 (135).

seine „Persönlichkeit" auch im Handeln nach außen zu entwickeln. Das Völkerrecht zieht den Schutzbereich der staatlichen Handlungsautonomie dabei weit und gesteht einem jeden Staat das Recht zu, sein Verhalten überall dort, wo entsprechende Verbote nicht entgegenstehen, nach Belieben zu gestalten.[362] Bereits in seiner Entscheidung in der Rechtssache S.S. Lotus hatte der StIGH in diesem Sinne festgestellt, „the very nature and existing conditions of international law" zwängen zu dem Schluss, dass ein jeder Staat dort, wo völkerrechtliche Verbotsnormen nicht nachgewiesen werden können, in seinem Handeln frei sei.[363] „Restrictions upon the independence of States", so die berühmte Folgerung des Gerichtshofs, „cannot therefore be presumed".[364] Der völkerrechtliche Normalfall, so lässt sich aus diesen Ausführungen folgern, ist die staatliche Freiheit; nicht diese selbst, sondern ihre Beschränkungen bedürfen der Rechtfertigung.

Der Versuch indes, diesen Ausführungen des StIGH den Beleg für eine völkerrechtliche Garantie staatlicher Handlungsautonomie zu entnehmen, begegnet im Schrifttum heftigen Zweifeln. Denn erstens, so die Kritiker des Lotus-Diktums, bleibe die Natur der vom StIGH zugrunde gelegten residualen Freiheitsposition völlig im Dunkeln: Ob positivrechtliche Freiheitsgarantie, rechtstheoretisches Postulat oder bloßer Verweis auf das Faktum staatlicher Freiheit jenseits rechtlicher Bindungen – das Urteil selbst jedenfalls lege sich nicht fest und stelle zweitens auch in keiner dieser Lesarten einen überzeugenden Fürsprecher einer rechtlich gewährleisteten Handlungsfreiheit der Staaten dar. Und in der Tat, um den Nachweis, dass das positive Völkerrecht einen allgemeinen Rechtsgrundsatz oder eine gewohnheitsrechtliche Norm enthält, die für Verhaltensweisen, die keinem rechtlichen Verbot unterliegen, eine positive Erlaubnis ausspricht, bemüht sich der Gerichtshof nicht. Stattdessen scheint er, so mag man zu folgern versucht sein, seine Argumentation weniger auf eine positiv gesatzte Norm als vielmehr auf die rechtstheoretische Annahme zu stützen, Nicht-Verboten-Sein und Erlaubt-Sein seien logisch äquivalente Modi, die residuale Freiheitsgarantie da-

---

[362] Ebenso *A. Bleckmann*, in: B. Simma (Hrsg.), Charta der Vereinten Nationen. Kommentar, 1991, Art. 2 Ziff. 1 Rdn. 16: „allgemeine Handlungsfreiheit"; *K. A. Schachtschneider*, Souveränität, 2015, S. 344; *N. Tsagourias*, in: ders. (Hrsg.), Transnational Constitutionalism, 2007, S. 71 (100): „Freedom of action derives from the principle of sovereignty"; *W. Werner*, in: I. F. Dekker/W. Werner (Hrsg.), Governance and International Legal Theory, 2004, S. 125 (144 f.).

[363] StIGH, *Lotus*, Ser. A, No. 10, S. 18.

[364] Ebd.

her ein immanenter, rechtstheoretisch notwendiger und folglich nicht der positiven Setzung bedürftiger Bestandteil einer jeden Rechtsordnung.[365] Wo ein positiv-rechtliches Verbot nicht bestehe, folge, so muss man dieses Argument verstehen, die rechtliche Erlaubnis bereits aus Gründen der Logik. Wie sich insbesondere *Ulrich Fastenrath* zu zeigen bemüht hat, ruht die Annahme eines solchen rechtstheoretisch begründeten residualen Freiheitsprinzips indes auf der keinesfalls alternativlosen Entscheidung für ein zweiwertiges Logiksystem.[366] Sie macht sich damit zugleich von begründungsbedürftigen Grundannahmen abhängig. Denn mag man ein solches zweiwertiges Logiksystem auch intuitiv für plausibel halten, so ist es doch nur einer Rechtsordnung angemessen, die den Anspruch erhebt, ausnahmslos jedes Verhalten entweder für verboten oder für erlaubt zu erklären, und die Existenz eines rechtlich neutralen Raums damit kategorisch ausschließt.[367] Die Gleichsetzung der Prädikate „nicht-verboten" und „erlaubt" setzt damit die Vollständigkeit der Rechtsordnung voraus – eine Prämisse, die sich ihrerseits meist unausgesprochen an die Kantische Rechtsphilosophie anlehnt. In der Rechtsphilosophie *Kants* indes folgt sie aus der Annahme eines vernunftrechtlichen und damit gerade nicht positiv gesetzten allgemeinen Freiheitsrechts.[368] Und so erscheint in dieser Deutung der Lotus-Entscheidung auch die von ihr scheinbar propagierte staatliche Handlungsfreiheit nur auf einer überpositiven Grundlage haltbar[369] –

---

[365] Diese Annahme etwa bei *H. Kelsen*, Revue internationale de la théorie de droit 8 (1934), S. 9 (14); implizit auch *ders.*, Reine Rechtslehre, 2. Aufl. 1960, S. 251; *ders.*, Allgemeine Theorie der Normen, 1979, S. 106. Kritisch zu dieser Interpretation Kelsens *J. Kammerhofer*, BYIL 80 (2009), S. 333 (340 ff.), der meint, *Kelsen* werde zu Unrecht ein solches bivalentes Rechtsverständnis zugeschrieben.

[366] *U. Fastenrath*, Lücken im Völkerrecht, 1991, S. 242 f.

[367] *I. Tammelo*, AJCL 8 (1959), S. 187 unterscheidet insofern offene von geschlossenen Rechtsordnungen: Während offene Rechtsordnungen die Abwesenheit von Recht, also einen rechtlich neutralen Raum, zulassen, halten geschlossene Rechtsordnungen für jede mögliche Rechtsfrage eine Antwort bereit.

[368] Siehe *I. Kant*, Metaphysische Anfangsgründe der Rechtslehre, hrsgg. v. Ludwig, Bernd, 2. Aufl. 1998, S. 47 (Akad.-Ausg. S. 237).

[369] Vgl. *U. Fastenrath*, Lücken im Völkerrecht, 1991, S. 241 f.; *J. Kammerhofer*, BYIL 80 (2009), S. 333 (356); *M. Koskenniemi*, From Apology to Utopia, 2006, S. 256 und öfter; siehe auch *A. Peters*, LJIL 24 (2011), S. 95 (101): „inspired by a jusnaturalist idea".

einer Grundlage, für die die folglich meist fälschlicherweise als positivistisch charakterisierte Lotus-Rechtsprechung nicht offen eintritt und die darüber hinaus auch keine universale Unterstützung finden dürfte. Allein mit Mitteln der Rechtslogik, so resümiert *Fastenrath*, lasse sich daher jedenfalls nicht begründen, „daß die Handlungsfreiheit die Kehrseite eines fehlenden rechtlichen Verbots ist".[370]

Wenn sich die von der Lotus-Entscheidung angesprochene Handlungsfreiheit demnach weder als positiv-rechtliche Erlaubnisnorm noch als aus den Grundsätzen der Rechtslogik zwingend zu deduzierende Handlungserlaubnis verstehen lasse, so bleibe, so meint etwa *Jörg Kammerhofer*, einzig eine Deutung plausibel: Die staatliche Freiheit jenseits rechtlicher Beschränkungen bewege sich im rechtlich neutralen Raum, einem Bereich also, den das Recht weder erlaubend[371] noch verbietend regelt.[372] Das Völkerrecht wird in dieser Deutung zu einer offenen Rechtsordnung, die bivalente Logik unanwendbar und die Freiheit, die das Lotus-Diktum anspricht, auf eine rein faktische Freiheit reduziert,[373] aus der sich eine allgemeine Handlungserlaubnis, ohne die Kategoriengrenze von Sein und Sollen unzulässig zu überschreiten, nicht ableiten lässt.

Unter anderem deshalb jedoch wird diese Deutung dem Urteil des StIGH nicht gerecht. Denn sie übersieht, dass die Staatenfreiheit, die der StIGH an manchen Stellen als „independence",[374] an anderen Stel-

---

[370] *U. Fastenrath*, Lücken im Völkerrecht, 1991, S. 243.

[371] *J. Kammerhofer*, BYIL 80 (2009), S. 333 (357) setzt rechtliche Neutralität indes unter Berufung auf *Hans Kelsen* und *Georg Henrik v. Wright* mit einer sog. negativen oder schwachen Erlaubnis gleich, bemerkt aber selbst, dass sich diese Kategorie außerhalb des Rechts bewegt. Sehr kritisch zu diesem Konzept einer schwachen Erlaubnis auch *J. Raz*, Praktische Gründe und Normen, 2006, S. 119 f.

[372] *J. Kammerhofer*, BYIL 80 (2009), S. 333 (356 f.); ebenso *G. W. Berge*, Mich. J. Int'l L. 26 (1927-28), S. 361 (375 f.); *A. Peters*, LJIL 24 (2011), S. 95 (101); wohl auch *I. F. Dekker/W. Werner*, Nordic J. Int'l L. 68 (1999), S. 225 (235 ff., insbes. 237), *C. A. Ford*, Duke J. Comp. & Int'l L. 5 (1994), S. 35 (59) und *O. Spiermann*, in: L. Boisson de Chazournes/P. Sands (Hrsg.), International Law, the International Court of Justice and Nuclear Weapons, 1999, S. 131 (148); zu dieser Ansicht auch *V. Bruns*, ZaöRV 1 (1929), S. 1 (32).

[373] *M. Koskenniemi*, From Apology to Utopia, 2006, S. 255 ff. spricht von einem „pure fact approach".

[374] StIGH, *Lotus*, Ser. A, No. 10, S. 18.

len als „discretion",[375] „sovereignty"[376] oder „principle of freedom"[377] in Bezug nimmt, in gleich mehreren Passagen der Entscheidung zur Grundlage normativer Schlussfolgerungen gemacht wird. Das Völkerrecht regele die Beziehungen voneinander unabhängiger Staaten, so stellt der StIGH etwa gleich zu Beginn seiner rechtlichen Beurteilung fest, um aus eben dieser Unabhängigkeit anschließend den Schluss zu ziehen, dass „[t]he rules of law binding upon States *therefore* emanate from their own free will".[378] Ganz ähnlich argumentiert er kurz darauf, wenn er zunächst darlegt, dass der Gesamtbestand völkerrechtlicher Verbote denjenigen Raum be- und umgrenzt, in dem das Völkerrecht den Staaten einen Handlungsspielraum belässt (oder vielleicht besser: überlässt, das heißt einräumt),[379] um mit der Folgerung zu schließen: „within these limits, its *title* to exercise jurisdiction rests in its sovereignty".[380] Sowohl die Regeln der Rechtsentstehung als auch die rechtliche Befugnis eines Staates, seine Jurisdiktion auszuüben, leitet der StIGH damit aus der staatlichen Freiheit ab. Wer diese als reines Faktum versteht, kommt folglich nicht umhin, die Argumentation des Gerichtshofs als naturalistischen Fehlschluss zu deuten, der sich über Kategoriengrenzen hinwegsetzt und Normen entdeckt, wo nur Tatsachen zu finden sind.[381] Die Interpretation *Kammerhofers* verliert so erheblich an Plausibilität, und der Vorzug der konkurrierenden Deutungen wird deutlich: Sie verstehen die staatliche Freiheit als normative Position und erübrigen damit den Vorwurf, dem StIGH sei ein grundlegender

---

[375] Ebd., S. 19, 21.

[376] Ebd., S. 19.

[377] Ebd., S. 20.

[378] Ebd., S. 18.

[379] Der Gerichtshof verwendet hier durchgängig die Worte „laisse" bzw. „leaves". Beides kann sowohl belassen (im Sinne von: nicht wegnehmen, was zuvor bereits vorhanden) als auch überlassen (im Sinne von: einräumen oder übergeben, was zuvor noch nicht vorhanden) bedeuten. Während „belassen" folglich nahelegen würde, dass die angesprochene Freiheit eine vorrechtliche faktische Freiheit ist, spräche „überlassen" für eine rechtlich eingeräumte Freiheit und damit für eine positive Handlungserlaubnis.

[380] StIGH, *Lotus*, Ser. A, No. 10, S. 19 (eigene Hervorhebung). Das ist auch kein bloßes Formulierungsversehen oder gar ein Übersetzungsfehler, denn auch in der französischen Sprachfassung des Urteils ist von „le titre" die Rede.

[381] Vgl. zur diesbezüglichen Kritik am StIGH etwa *J. L. Brierly*, L. Q. Rev. 44 (1928), S. 154 (155 f.); *V. Bruns*, ZaöRV 1 (1929), S. 1 (33); *A. v. Bogdandy/M. Rau*, Lotus, The, in: MPEPIL (online edition), Stand: Juni 2006, Rdn. 18.

Schlussfehler unterlaufen. Und auch mit anderen Stellen der Entscheidung, die die vom StIGH bemühte Freiheitsposition gar als positivrechtliche Norm zu verstehen nahelegen, harmonieren sie besser. So weist der StIGH etwa das französische Argument, die Türkei dürfe ihre Jurisdiktion nur dort ausüben, wo sie sich auf eine entsprechend ermächtigende Norm berufen könne, mit dem Hinweis zurück, dieses sei „opposed to the generally accepted international law".[382] Den dem französischen Vortrag dabei offenbar widerstreitenden Grundsatz staatlicher Freiheit aber verortet der StIGH damit ausdrücklich im positiven, weil allgemein anerkannten („generally accepted") Völkerrecht. Und auch die Antwort des Gerichtshofs auf die Frage, ob – wie es die Türkei vortrug – dieses „principle of freedom, [...] would also apply as regards law governing the scope of jurisdiction in criminal cases"[383] oder ob nicht zumindest in diesem Bereich – wie es dem Vorbringen Frankreich entsprach – ein jedes staatliche Handeln auf eine spezielle Erlaubnisnorm angewiesen ist, deutet in diese Richtung. Denn für die französische Systementscheidung, im Bereich der strafrechtlichen Jurisdiktion sei ohne eine völkerrechtliche Erlaubnisnorm jedes staatliche Handeln völkerrechtswidrig, stellt der StIGH ausdrücklich fest: „[I]ts correctness depends upon whether there is a custom of having the force of law establishing it", ja „to establish [it], one must [...] prove the existence of a principle of international law".[384] Die Systementscheidung selbst, das grundlegende Residualprinzip also, beruht, so stellt der StIGH damit für die abgelehnte Ansicht Frankreichs ausdrücklich klar, folglich ihrerseits auf einer Norm des positiven Völkerrechts. Warum aber sollte sich das für das letztlich obsiegende Grundprinzip staatlicher Freiheit anders darstellen? Es spricht daher viel dafür, die vom StIGH postulierte Freiheit nicht nur als normative Freiheit zu verstehen, sondern sie darüber hinaus sogar im Bereich des positiven Völkerrechts zu verorten.

In der staatlichen und gerichtlichen Praxis wird die rechtstheoretische Finesse, mit der sich etwa *Fastenrath* und *Kammerhofer* darum bemüht haben, das Lotus-Diktum auf eine rein faktische Freiheit zu reduzieren, die durch das Recht nur insofern gewährleistet wird, als dieses für den fraglichen Bereich weder Ver- noch Gebote enthält, denn auch nicht geteilt. Vielmehr wird der vom StIGH ausgerufene allgemeine Freiheits-

---

[382] StIGH, *Lotus*, Ser. A, No. 10, S. 19.

[383] Ebd., S. 20.

[384] Beide Zitate ebd., S. 21.

satz willig aufgenommen, vielfach anerkannt und dabei durch die ausdrückliche Gleichsetzung der Prädikate „nicht-verboten" und „erlaubt" durchweg normativ konnotiert. „[W]e treat as generally admitted", so argumentierte etwa Russland im Vorfeld des IGH-Gutachtens zur Frage der Rechtmäßigkeit des Einsatzes von Nuklearwaffen, „the presumption that the state *may* accomplish any acts, which are not prohibited under international law."[385] Ähnlich identifizierte auch Frankreich das Fehlen eines Verbots mit der Existenz eines staatlichen (Handlungs-)Rechts[386] und meinte „qu'en l'absence de règles prohibitant expressément le recours à la menace ou à l'emploi d'armes nucléaires en toute circonstance, ce recours doit être considéré comme *licite*".[387] Wo ein völkerrechtliches Verbot fehle, so stimmten schließlich auch Großbritannien und die USA ein, sei jedes staatliche Verhalten erlaubt.[388] Und selbst die Nichtatommächte und erklärten Atomwaffengegner stützten ihre Opposition argumentativ lediglich sehr vereinzelt auf eine kategorische Infragestellung der Lotus-Doktrin.[389] Deutlich

---

[385] IGH, *Nuclear Weapons*, Written Comments Russian Federation, 19. Juni 1995, S. 5 (eigene Hervorhebung); ebenso die mündliche Stellungnahme Russlands in IGH, *Nuclear Weapons*, Public Sitting held on 10 November 1995, Verbatim Record, CR 95/29, S. 40: „The Russian Federation submits that by virtue of the principle of sovereignty it is assumed that a State may accomplish any acts which are not prohibited by international law and are not in contradiction with its generally recognized rules and principles."

[386] IGH, *Nuclear Weapons*, Written Statement French Republic, 20. Juni 1995, S. 22.

[387] IGH, *Nuclear Weapons*, Public Sitting held on 1 November 1995, Verbatim Record, CR 95/23, S. 63 (eigene Hervorhebung).

[388] IGH, *Nuclear Weapons*, Written Comments UK, 16. Juni 1995, S. 21: „[I]n the absence of a prohibitive rule opposable to a particular State, the conduct of the State in question must be permissible"; sowie S. 22: „lawful". Ähnlich, wenngleich weniger deutlich IGH, *Nuclear Weapons*, Written Statement USA, 20. Juni 1995, S. 8.

[389] So soweit ersichtlich allein die Prozessvertreter *Roger Clark* (für Samoa – Public Sitting held on 13 November 1995, Verbatim Record, CR 95/31, S. 48 ff.) und *James Crawford* (für Samoa, Marshall Islands und Solomon Islands – Public Sitting held on 14 November 1995, Verbatim Record, CR 95/32, S. 65 ff.). Anders hingegen die mündliche Stellungnahme der Philippinen (Public Sitting held on 9 November 1995, Verbatim Record, CR 95/28, S. 54 ff.), die das Lotus-Prinzip nicht grundsätzlich bestreitet, sondern lediglich für den Bereich internationaler Gewaltanwendung von einer allgemeinen positiv-rechtlichen Beschränkung, namentlich dem Gewaltverbot, überlagert und folglich die Be-

häufiger indes blieb das Lotus-Argument unwidersprochen, oder die in der Lotus-Entscheidung angelegte Freiheitsvermutung wurde durch den Versuch, deren Unanwendbarkeit im konkreten Fall im Wege eines *distinguishing* zu belegen, ernst genommen und in ihrer Verbindlichkeit damit mittelbar bestätigt. Und so bestritt selbst Serbien im IGH-Verfahren zur Frage der Völkerrechtsmäßigkeit der Erklärung der kosovarischen Unabhängigkeit nicht die grundsätzliche Geltung des Lotus-Prinzips, sondern beschränkte sich darauf, dessen Anwendbarkeit zu verneinen. Unter anderem Deutschland hingegen forderte den Gerichtshof unter ausdrücklicher Inbezugnahme der Lotus-Entscheidung dazu auf, auch diese Frage nach dem Grundsatz zu entscheiden, dass „anything not prohibited by international law is deemed to be permitted".[390] Und auch Dänemark äußerte sich in einer Deutlichkeit, die keine Zweifel zulässt:

> „Basically, an act is permitted under international law unless it can be shown that it is prohibited in either treaty law or customary international law."[391]

---

weislast umgekehrt sieht. Wieder anders nimmt die mündliche Stellungnahme Malaysias (Public Sitting held on 7 November 1995, Verbatim Record, CR 95/27, S. 45 ff.) zum Lotus-Prinzip überhaupt keine Stellung, obwohl es das entscheidende Argument der Gegenposition darstellte.

390 IGH, *Accordance with International Law of the Unilateral Declaration of Independence in Respect of Kosovo*, Written Statement Germany, 15. April 2009, S. 8. Da die Stellungnahme allerdings unmittelbar zuvor darauf hinweist, dass „international law is silent on Kosovo's Declaration of Indpendence", ließe sich die Erlaubnis, die Deutschland in Abwesenheit völkerrechtlicher Verbote annimmt, tatsächlich auch als „schwache Erlaubnis" (dazu *J. Kammerhofer*, BYIL 80 [2009], S. 333 [357] unter Verweis auf *H. Kelsen*, Allgemeine Theorie der Normen, 1979, S. 78) lesen, die sich allein daraus ergibt, dass sich das Völkerrecht im Hinblick auf Unabhängigkeitserklärungen neutral verhält. Offen auch die mündliche Stellungnahme Deutschlands (IGH, *Accordance with International Law of the Unilateral Declaration of Independence in Respect of Kosovo*, Public Sitting held on 2 December 2009, Verbatim Record, CR 2009/26, S. 25 [29]), die überhaupt nicht mehr auf eine Erlaubnis abstellt, sondern stattdessen lediglich ausführt: „Since the Declaration of Independence is not forbidden by international law, it is in accordance with international law."

391 IGH, *Accordance with International Law of the Unilateral Declaration of Independence in Respect of Kosovo*, Written Statement Denmark, 17. April 2009, S. 3; ebenso auch die mündliche Stellungnahme Dänemarks in IGH, *Accordance with International Law of the Unilateral Declaration of Independence*

Kroatien berief sich ebenfalls auf eine „presumption of permissibility",[392] auf deren Basis auch Belgien bereits im Arrest Warrant-Fall vor dem IGH argumentierte, weil es keine Völkerrechtsregel gebe, die es einem Staat verbiete, ein Strafverfahren gegen jemanden zu führen, der sich nicht im Staatsgebiet des Forumstaates befinde, sei es Belgien erlaubt gewesen, die Ermittlungen einzuleiten und den streitbefangenen Haftbefehl zu erlassen.[393] Es sei selbstverständlich, so stellte schon im Jahre 1963 auch das Bezirksgericht Tokyo in ganz allgemeiner Form fest, dass völkerrechtlich legal sei, was das Völkerrecht nicht verbiete.[394] Und auch der britische Supreme Court folgt dieser Linie, wenn er die Lotus-Entscheidung zitiert und die „restriction[s] imposed by international law", die das Völkerrecht in der Interpretation des StIGH dem Kläger nachzuweisen aufgab, ausdrücklich mit den „limits of a *right* of a state to act"[395] gleichsetzt und damit überall dort, wo kein Verbot besteht, ein Recht zu handeln annimmt.

Diese residuale Handlungsfreiheit hat auch der IGH selbst mehrfach bestätigt.[396] Ihren zweifellos deutlichsten Niederschlag hat sie dabei in

---

in Respect of Kosovo, Public Sitting held on 7 December 2009, Verbatim Record, CR 2009/29, S. 69.

[392] IGH, *Accordance with International Law of the Unilateral Declaration of Independence in Respect of Kosovo*, Mündliche Stellungnahme Kroatien, 7. Dezember 2009, CR 2009/29, S. 52.

[393] IGH, *Arrest Warrant*, Counter-Memorial Belgium, 28. September 2001, S. 95 (Rdn. 3.3.31).

[394] Tokyo District Court, Urt. v. 7. Dezember 1963, Japanese Annual of International Law 8 (1964), S. 212 (235).

[395] UK Supreme Court, *R (on the application of Smith) v. Secretary of State for Defence*, Urt. v. 30. Juni 2010, 2010 UKSC 29 SC, ILDC 1572 (UK 2010), Rdn. 246 per Lord *Collins* (eigene Hervorhebung).

[396] Die in diesem Zusammenhang oftmals angeführte Passage der Nicaragua-Entscheidung (IGH, *Nicaragua*, Merits, ICJ Rep 1986, S. 14 [135]) ist in diesem Punkt indes nicht ganz eindeutig. Wenn der IGH dort das Argument der USA, Nicaragua sei in völkerrechtswidriger Weise militarisiert, mit dem schlichten Hinweis darauf verwirft, dass keine Regeln ersichtlich seien, die den Grad der Aufrüstung eines Staates beschränkten, so lässt dies die Frage zunächst offen, ob die Abweisung dieses Einwands auf einer residualen Erlaubnisnorm beruht oder darauf, dass das Völkerrecht sich zur Bewaffnung eines Staates schlicht neutral verhält, weil es diese weder verbietend noch erlaubend regelt. Gleiches gilt auch für die weiteren Beispiele, die *M. Koskenniemi*, From Apology to Utopia, 2006, S. 256 anführt.

einer Formulierung des Nuklearwaffen-Gutachtens gefunden. „Nor, however," so führt der Gerichtshof dort aus,

> „is there any principle or rule of international law which would make the legality of the threat or use of nuclear weapons or of any other weapons dependent on a specific authorization. State practice shows that the illegality of the use of certain weapons as such does not result from an absence of authorization but, on the contrary, is formulated in terms of prohibition."[397]

Der bruchlose Übergang von der Definition der Legalitätsbedingungen eines Verhaltens im ersten Teil dieser Passage zur Konkretisierung der Illegalitätsbedingungen im zweiten Teil zeigt, dass der Gerichtshof die Möglichkeit eines rechtlich neutralen Modus nicht in Betracht zieht, sondern einem zweiwertigen Logiksystem verhaftet bleibt, das es ihm erlaubt, die Prädikate „nicht-verboten" und „legal" gleichbedeutend zu verwenden. Entsprechend erstaunt es nicht, dass der Gerichtshof auch in seinem Kosovo-Gutachten die Frage nach der Übereinstimmung der Unabhängigkeitserklärung mit den Grundsätzen des Völkerrechts[398] mit der Frage nach einem entgegenstehenden Verbot gleichsetzt;[399] und doch ist es bemerkenswert, hätte doch gerade in einem Gutachtenverfahren die Möglichkeit bestanden, auch eine mögliche Neutralität des Völkerrechts festzustellen.[400] Verständlicherweise trägt sich der Gerichtshof mit dieser „Übersetzung" der Fragestellung denn auch die Kritik *Bruno Simmas* ein, dessen dem Gutachten angehängte Erklärung die Mehrheitsmeinung des Gerichts ausdrücklich – wenngleich kritisch – auf die Grundsätze der Lotus-Entscheidung zurückführt[401] und zu-

---

[397] IGH, *Nuclear Weapons*, Avisory Opinion, ICJ Rep 1996, S. 226 (247).

[398] Die Frage lautete: „Is the unilateral declaration of independence [...] *in accordance with* international law?" (eigene Hervorhebung), siehe GV Res. v. 8. Oktober 2008, UN Doc. A/RES/63/3.

[399] IGH, *Accordance with International Law of the Unilateral Declaration of Independence in Respect of Kosovo*, Advisory Opinion, ICJ Rep 2010, S. 403 (425 f.).

[400] Vgl. *J. Kammerhofer*, BYIL 80 (2009), S. 333 (335 f.).

[401] IGH, *Accordance with International Law of the Unilateral Declaration of Independence in Respect of Kosovo*, Advisory Opinion, Decl. of Judge Simma, ICJ Rep 2010, S. 478 (478 f.); demgegenüber halten es *T. Christakis*, LJIL 24 (2011), S. 73 (78 ff.) und *P. Pazartzis*, in: C. Tams/M. Fitzmaurice (Hrsg.), Legacies of the Permanent Court of International Justice, 2013, S. 319 (333 f.) für unzutreffend, die Entscheidung des IGH auf das Lotus-Diktum zurückzuführen.

treffend diagnostiziert, der Gerichtshof folge einem Ansatz, der „in a formalistic fashion, equate[s] the absence of a prohibition with the existence of a permissive rule".[402]

Das Lotus-Diktum, so lässt sich im Lichte all dieser Stellungnahmen und Entscheidungen schließen, ist folglich nicht nur ein allgemein anerkanntes und verbreitet rezipiertes Prinzip;[403] es besitzt überdies auch einen eigenständigen normativen Gehalt, denn wie die zitierten Aussagen zeigen, liegt Richter *Shahabuddeen* richtig, wenn er meint, es sei „the received view of the ‚*Lotus*' decision", dass Staaten ein *Recht* haben zu handeln, wo eine entsprechende Verbotsnorm nicht besteht.[404] Die allgemeine Anerkennung, die der damit ausgesprochenen allgemeinen staatlichen Handlungsfreiheit somit zukommt, dürfte diese mittlerweile auch (als allgemeinen Rechtsgrundsatz[405]) im positiven Völkerrecht verankern – und das erstens unabhängig davon, ob die der staatlichen und gerichtlichen Praxis zugrundeliegende Interpretation der Lotus-Entscheidung tatsächlich die besseren Gründe auf ihrer Seite hat oder es nicht doch plausibler erscheint, anzunehmen, jenseits der vom StIGH vergeblich gesuchten Verbotsnormen sei nichts zu finden außer rechtlicher *terra nullius*. Die Geltung dieser allgemeinen Handlungsfreiheit als Bestandteil des positiven Völkerrechts ist zweitens auch unabhängig davon, ob die Staaten und Gerichte, die in Abwesenheit völkerrechtlicher Verbote eine generelle Handlungserlaubnis annehmen, diese auf die oben skizzierten rechtstheoretischen (und damit zugleich: überpositiven) Erwägungen stützen oder die allgemeine Handlungsfreiheit bereits im positiven Recht verankert sehen. Denn für die Frage, ob sie dieses Prinzip als rechtlich verbindliches anerkennen, spielen die sie dazu motivierenden Gründe keine Rolle. Sofern sich Staatenpraxis

---

402 IGH, *Accordance with International Law of the Unilateral Declaration of Independence in Respect of Kosovo*, Advisory Opinion, Decl. of Judge Simma, ICJ Rep 2010, S. 478 (479); skeptisch hinsichtlich dieser Kritik Simmas *J. A. Frowein*, in: FS Simma, 2011, S. 923 (924 f., 930); zustimmend hingegen *A. Peters*, LJIL 24 (2011), S. 95 (98 f.).

403 Treffend auch Schlussanträge des Generalanwalts *Darmon* v. 25. Mai 1988, zu C-89/85, *Ahlström Osakeyhtiö u.a. v. Kommission*, Rs. C-89 u.a./85, Slg. 1994, I-5214 (5219): „principle […], which has admittedly been criticized by academic writers but has not so far been contradicted by international case-law".

404 IGH, *Nuclear Weapons*, Advisory Opinion, Diss. Op. Shahabuddeen, ICJ Rep 1996, S. 375 (390).

405 Im oben skizzierten Sinne, siehe S. 249 ff.

und die Rechtsprechung internationaler Gerichte aber darum bemühen, eine Begründung für dessen Rechtsgeltung anzugeben, die sich nicht in dem schlichten Verweis auf das Lotus-Urteil erschöpft, verstehen sie es, das zeigt ein zweiter Blick auf die zitierten Stellungnahmen und Urteilspassagen, als Ausfluss oder Bestandteil des Souveränitätsprinzips. Das oben bereits zitierte russische Bekenntnis zur allgemeinen staatlichen Handlungsfreiheit etwa ruht in diesem Sinne ausdrücklich auf der Annahme, Handlungsautonomie stehe einem jeden Staat gerade „in virtue of the principle of sovereignty" zu.[406] Und auch Frankreich argumentiert:

> „Le droit des Etats de déterminer l'organisation de leur défense et de choisir librement, sauf règle prohibitive spéciale, les moyens de défense qui leur conviennent découle de la souveraineté [...] des Etats."[407]

Etwas subtiler scheint auch Großbritannien das Recht eines Staates, sich jenseits seiner völkerrechtlichen Bindungen nach Belieben zu verhalten, im Souveränitätsprinzip abzustützen, wenn es gerade aus der Tatsache, dass das Völkerrecht auf der „freedom of action of *sovereign* States" basiert, folgert, der IGH müsse zur Begründung seiner Entscheidungen verbietende, nicht gestattende Normen nachweisen.[408] Dass auch der IGH selbst einer solchen Verortung nicht abgeneigt ist, die Ausführungen aber jedenfalls ebenfalls im hier vorgeschlagenen Sinne interpretiert, zeigt sich daran, dass er das Argument mit der Bemerkung resümiert, den Nachweis einer Erlaubnisnorm zu fordern, sei den Staaten als „incompatible with the very basis of international law, which rests upon the principles of sovereignty and consent" erschienen.[409] Und auch die residuale Freiheit, die im Nicaragua-Urteil in Er-

---

[406] IGH, *Nuclear Weapons*, Written Comments Russian Federation, 19. Juni 1995, S. 5; ebenfalls sehr deutlich die mündliche Stellungnahme Russlands in IGH, *Nuclear Weapons*, Public Sitting held on 10 November 1995, Verbatim Record, CR 95/29, S. 40 f.

[407] IGH, *Nuclear Weapons*, Written Statement French Republic, 20. Juni 1995, S. 22.

[408] IGH, *Nuclear Weapons*, Public Sitting held on 15 November 1995, Verbatim Record, CR 95/34, S. 32 (eigene Hervorhebung).

[409] IGH, *Nuclear Weapons*, Avisory Opinion, ICJ Rep 1996, S. 226 (238); ebenso auch die Diss. Op. Shahabuddeen, ICJ Rep 1996, S. 375 (391 f.): „*sovereign* right to do whatever is not prohibited under international law" (eigene Hervorhebung); siehe auch ebd., S. 392 in Fn. 6: „an exercise of its sovereign powers". Nicht zur Stützung dieser Verortung der staatlichen Handlungsfrei

mangelung entsprechender Verbotsnormen zur Abweisung des Einwands der USA führte, Nicaragua sei in völkerrechtswidriger Weise militarisiert, ist – wie der IGH klarstellt – die Freiheit eines „sovereign State".[410] Dass die fragliche Passage mit der Klarstellung fortfährt, die angewandte Freiheitsvermutung sei „valid for all states without exception"[411] stärkt diese Interpretation noch. Denn sie lässt die vorangegangene Bezugnahme auf *souveräne* Staaten nicht mehr als Einschränkung, sondern als Konkretisierung derjenigen staatlichen Eigenschaft erscheinen, auf der die normative Folgerung beruht.[412]

Vor diesem Hintergrund ließe sich gegen die Verankerung der allgemeinen staatlichen Handlungsfreiheit im Souveränitätsprinzip allenfalls noch einwenden, dass keinesfalls alle der oben zitierten Bekenntnisse zu einer allgemeinen staatlichen Handlungsfreiheit vergleichbare Bezüge zum Souveränitätsprinzip erkennen lassen. Die Verankerung der allgemeinen Handlungsfreiheit im Souveränitätsprinzip stellt indes auch das nicht grundsätzlich in Frage. Denn wo das Lotus-Prinzip nicht ausdrücklich im Souveränitätsprinzip verankert wird, stützen sich die Entscheidungen und staatlichen Erklärungen stattdessen allein und unmittelbar auf die Autorität der Lotus-Entscheidung selbst. Interpretiert man diese aber wie hier als Bekenntnis zu einem positiv-rechtlichen Freiheitsrecht, so lässt die Entscheidung ihrerseits an der normativen Grundlage der von ihr postulierten Handlungsfreiheit keinen Zweifel. Wo völkerrechtliche Verbotsnormen nicht bestünden, so nimmt der

---

heit im Souveränitätsprinzip anführen lässt sich indes das Kosovo-Gutachten des IGH, wendet der Gerichtshof die Freiheitsvermutung hier doch gerade zugunsten eines nicht-souveränen Akteurs an (deshalb kritisch etwa *A. Peters*, LJIL 24 [2011], S. 95 [100]; *T. Christakis*, LJIL 24 [2011], S. 73 [79]). Anders als in der Literatur bisweilen vertreten, folgt daraus indes nicht, dass sich das Gutachten des IGH nicht auf das Lotus-Prinzip zurückführen lässt. Vielmehr scheint der IGH die rechtliche Gewährleistung der Handlungsfreiheit dort als rechtstheoretisch notwendige Folge des Fehlens eines Verbotes zu deuten und anders als in den oben angeführten Entscheidungen nicht auf das Souveränitätsprinzip als positive Völkerrechtsnorm zurückzuführen. Nur so ist zu erklären, dass die Freiheitsgarantie auch auf nicht-souveräne Völkerrechtssubjekte Anwendung findet. Ob man darin eine Anwendung des Lotus-Prinzips erblickt, hängt von der jeweiligen Deutung der Entscheidung des StIGH ab (zu den Deutungsmöglichkeiten bereits soeben im Text).

410 IGH, *Nicaragua*, Merits, ICJ Rep 1986, S. 14 (135).

411 Ebd.

412 Vgl. *J. Crawford*, in: ders./M. Koskenniemi (Hrsg.), The Cambridge Companion to International Law, 2012, S. 117 (117 f.).

StIGH dort an, bestehe „in virtue of the discretion which international law leaves to every *sovereign* State“[413] Handlungsfreiheit. An anderer Stelle stellt er fest, das Recht eines Staates, seine Jurisdiktion auszuüben, gründe als Teil des Handlungsspielraums, den das Völkerrecht den Staaten einräume „in its sovereignty“.[414] Ja, angesichts der vielfach synonymen Verwendung der Worte „sovereignty“ und „independence“ lässt sich für diese Interpretation auch der argumentative Ausgangspunkt des Lotus-Prinzips selbst anführen, stützt der StIGH dort doch sowohl das Konsensprinzip als auch die Freiheitsvermutung auf die Unabhängigkeit und damit die Souveränität der Staaten.[415] An Plausibilität gewinnt dies insbesondere vor dem Hintergrund, dass die wohl berühmteste Gleichsetzung von Souveränität und Unabhängigkeit – „Sovereignty in the relations between States signifies independence“[416] – vom Schiedsrichter und früheren Präsidenten des StIGH *Max Huber* stammt, dessen Stimme nur ein Jahr zuvor auch im Lotus-Urteil den Ausschlag gab.[417] Der StIGH, so legen diese Überlegungen nahe, findet die normative Grundlage staatlicher Handlungsfreiheit gerade im völkerrechtlichen Prinzip staatlicher Souveränität.[418] Mittelbar, möglicherweise zudem oft unbewusst, stützen sich folglich auch diejenigen Staaten, die den Grundsatz staatlicher Handlungsautonomie schlicht der Rechtsprechung des StIGH entnehmen, auf das Souveränitätsprinzip als dessen Grundlage. Denn die Bindungswirkung des Lotus-Urteils selbst beschränkt sich auf die Parteien und den entschiedenen Sachverhalt, und einen Grundsatz der *stare decisis* kennt das Völkerrecht nicht.[419] Das in

---

[413] StIGH, *Lotus*, Ser. A, No. 10, S. 31 – eigene Hervorhebung.

[414] Ebd., S. 19.

[415] Ebd., S. 18.

[416] *Island of Palmas Case (or Miangas)*, RIAA II, S. 829 (838).

[417] Dass die Lotus-Entscheidung deutlich die Handschrift *Max Hubers* erkennen lässt, stellt auch *O. Spiermann*, EJIL 18 (2007), S. 115 (129 ff.) heraus. Inhaltliche Parallelen zwischen den Schiedssprüchen *Hubers* und der Lotus-Entscheidung sehen auch *A. Hertogen*, EJIL 26 (2015), S. 901 (911 f.) und *D.-E. Khan*, EJIL 18 (2007), S. 145 (157 in Fn. 62).

[418] Ebenso auch *V. Röben*, GoJIL 2 (2010), S. 1063 (1076 f.); *J. v. Bernstorff*, The Public International Law Theory of Hans Kelsen, 2010, S. 205 in Fn. 61; ähnlich *H. Handeyside*, Mich. J. Int'l L. 29 (2007-2008), S. 71 (78).

[419] *J. Crawford*, Brownlie's Principles of Public International Law, 8. Aufl. 2012, S. 71; *M. Geistlinger*, in: GS Mayer-Maly, 2011, S. 159 (165); *M. Shahabuddeen*, Precedent in the World Court, 1996, S. 97.

staatlichen Stellungnahmen zuverlässig auftretende Lotus-Zitat lässt sich daher nur als Verweis auf die überzeugungskräftige Begründung einer Autorität von besonderer völkerrechtlicher Kompetenz deuten, mit dem sich die Staaten zugleich die argumentative Herleitung des StIGH zu Eigen machen.[420] Wäre dies anders, so erwiese sich der Rekurs auf das Lotus-Urteil angesichts deren fehlender rechtlicher Bindung als ausgesprochen schwaches Argument, ja als Nicht-Argument. Denn die Kraft eines *argumentum ab auctoritate* beruht jedenfalls dort, wo die bemühte Autorität keine rechtliche, sondern eine fachliche ist, allein auf der Kraft der von ihr vorgetragenen Argumente.

Eine letzte Stütze findet die These, die allgemeine staatliche Handlungsfreiheit werde in der internationalen Praxis gerade als Bestandteil oder Ausfluss des Souveränitätsprinzips verstanden, schließlich in einem Blick auf spezielle Formen staatlichen Außenhandelns. Denn die Praxis von Staaten und Gerichten zeigt, dass diese unterschiedlichste Formen staatlichen (Außen-)Handelns auf das Souveränitätsprinzip zurückführen – Formen, die so disparat sind, dass deren gemeinsamer Nenner kaum in etwas anderem gesehen werden kann als in der Garantie einer allgemeinen staatlichen Verhaltensautonomie. Das Recht eines Staates, Krieg zu führen etwa, bezeichnete *Aristide Briand* als französischer Außenminister noch im Jahre 1928 als „prérogative de souveraineté", deren Ende er erst mit der Unterzeichnung des Briand-Kellogg-Paktes gekommen sah.[421] Und auch manche nationale Gerichte äußern sich entsprechend.[422] Der UN-Sicherheitsrat hingegen stellte in den 1970er Jahren fest, ein jeder Staat habe, „in the exercise of its sovereignty", das Recht, andere Staaten oder Staatengruppen um Unterstützung zu bitten.[423] Und der IGH verankert das Recht, engere politische Beziehun-

---

[420] Dafür sprechen auch Art. 38 Abs. 4 StIGH-Statut und dessen gleichlautende Nachfolgevorschrift Art. 38 Abs. 1 lit. d IGH-Statut, die beide gerichtliche Entscheidungen als Hilfsquellen zur Feststellung des Völkerrechts erheben und sie dabei zugleich in eine Reihe mit den völkerrechtlichen Lehrmeinungen stellen, deren Autorität schon ausweislich des Wortlauts der Vorschriften auf der Qualifikation ihrer Autoren („most highly qualified publicists") beruht.

[421] Zitiert nach International Military Tribunal Nuremberg, Trial of the Major War Criminals, Bd. XVII, 1948, S. 462 in Fn. 3.

[422] Mixed Court of Appeal in Egypt, *Rothschild & Sons v. Egyptian Government*, Urt. v. 29. März 1926, Annual Digest of Public International Law Cases (1925-26), Case No. 14, S. 20 (21).

[423] SR Res. 387 v. 31. März 1976, UN Doc. S/RES/387 (1976); ebenso Art. 23 *Inter-American Democratic Charter* v. 11. September 2001, ILM 40 (2001),

gen mit einem Nachbarstaat zu etablieren, im Souveränitätsprinzip,[424] während der australische Bundesgerichtshof sogar das Recht eines Staates, seine Gerichtsbarkeit auf Fälle zu erstrecken, die keinen spezifischen Inlandsbezug aufweisen (sog. *universal jurisdiction*), als „a component of sovereignty"[425] bezeichnet und sich damit, angesichts des Sondervotums der Richter *Rosalyn Higgins*, *Pieter Kooijmans* und *Thomas Buergenthal* zur Yerodia-Entscheidung des IGH, in guter Gesellschaft weiß.[426]

Das Völkerrecht kennt folglich nicht nur einen Grundsatz staatlicher Handlungsfreiheit, sondern, so legen diese Überlegungen nahe, findet dessen normative Grundlage (zumindest auch)[427] gemeinhin im Souveränitätsprinzip. Das Souveränitätsprinzip selbst erscheint somit als residuale Freiheitsgarantie, deren Schutzbereich sich im Grundsatz auch keinesfalls auf den Bereich staatlichen Außenhandelns beschränkt und dennoch genau dort besondere Bedeutsamkeit entfaltet. Denn während die allgemeine Freiheitsgarantie hinsichtlich selbstverfügendem und selbstgestaltendem Handeln durch die oben bereits skizzierten Gewährleistungen überlagert wird, bleibt für dasjenige Verhalten eines Staates, dessen Gegenstand nicht Staatsgebiet, -volk oder Staatsgewalt selbst sind, allein der Schutz durch die Souveränität als Handlungsautonomie.

S. 1289; vgl. auch das Vorbringen des Indonesischen Vertreters in ILC, Summary Record of the 3105th meeting, UN Doc. A/CN.4/SR.3105, S. 4.

[424] IGH, *Legal Consequences for States of the Continued Presence of South Africa in Namibia*, Advisory Opinion, ICJ Rep 1971, S. 16 (65) – zwar bezieht sich diese Passage ihrer Formulierung nach nicht auf einen Staat, sondern auf die „peoples of South West Africa", doch spricht es diese erst in einem zukünftigen Zeitpunkt an, in dem sie von äußerer politischer Kontrolle unabhängig und in der Lage sind, ihre eigenen Angelegenheiten selbst zu regeln – ein Status, der demjenigen souveräner Staatlichkeit jedenfalls sehr nahe kommt.

[425] Federal Court of Australia, *Nulyarimma v. Thompson*, Urt. v. 1. September 1999, 1999 FCA 1192, ILM 39 (2000), S. 20 (32).

[426] IGH, *Arrest Warrant*, Joint Sep. Op. Higgins, Kooijmans, Buergenthal, ICJ Rep 2002, S. 63 (77 ff.), die zwar nicht ausdrücklich auf die Souveränität abstellen, sich aber auf den Lotus-Grundsatz stützen und eine entgegenstehende völkerrechtliche Verbotsnorm nicht erkennen können.

[427] Es erscheint durchaus denkbar, dass das Prinzip staatlicher Handlungsfreiheit mittlerweile (wie oben bereits angedeutet) auch als allgemeiner Rechtsgrundsatz anerkannt ist und als solcher folglich eigenständige, das heißt von keiner anderen Rechtsnorm abgeleitete Rechtsgeltung besitzt.

d) Ergebnis

Das Souveränitätsprinzip, so lässt sich im Lichte dieser Synthese der staatlichen und gerichtlichen Anerkennungspraxis festhalten, verleiht der staatlichen Selbstbestimmung einen umfassenden völkerrechtlichen Schutz. Es gewährleistet staatliche Autonomie, indem es einem jeden Staat das exklusive Recht zuordnet, über seine Substanz nach Belieben zu verfügen, seinen Herrschaftsraum nach eigenem Willen rechtlich auszugestalten und sich in seinem (Außen-)Handeln beliebig zu entfalten. Damit jedoch lässt sich das Souveränitätsprinzip norminhaltlich durch eine eben der Eigenschaften charakterisieren, die Rechtsprinzipien allgemein auszeichnet: Es erklärt ein Ideal für rechtsverbindlich, dessen Erfüllung graduell abstufbar ist. Denn Selbstbestimmung folgt keinem binären Schema; sie lässt ein Mehr oder Weniger zu und ihre Verwirklichung kennt graduelle Unterschiede.[428]

3. Struktur des Souveränitätsprinzips

Normstrukturell hat das Souveränitätsprinzip bereits aufgrund der Charakteristika seines Norminhalts die Vermutung der Abwägungsfähigkeit auf seiner Seite.[429] Berechtigt erscheint damit zugleich die Ausgangshypothese, es erfülle auch hinsichtlich seines deontischen Modus' die Anforderungen an ein Rechtsprinzip im *Alexy*'schen Sinne. Diese Vermutung durch einen erneuten Blick auf die staatliche und gerichtliche Anerkennungspraxis zu einer Gewissheit werden zu lassen, ist Ziel des folgenden Abschnitts. Er soll zeigen, dass das Souveränitätsprinzip die Verwirklichung staatlicher Selbstbestimmung nur idealiter, d.h. „nur unter der Bedingung, daß man von allem absieht oder abstrahiert, was [ihr] entgegenstehen könnte“[430] gebietet: Es weicht zurück, wo es auf rechtliche oder faktische Hindernisse trifft (dazu lit. a), setzt sich überall dort durch, wo solche Hindernisse nicht bestehen (dazu lit. b), und tritt eben deshalb im Falle einer Kollision mit gleichstrukturierten Normen in eine Abwägung ein (dazu lit. c).

[428] Vgl. *J. Raz*, The Morality of Freedom, 1986, S. 156: „Autonomy is a matter of degree.“

[429] Vgl. oben S. 227 f.

[430] *R. Alexy*, in: L. Clérico/J.-R. Sieckmann (Hrsg.), Grundrechte, Prinzipien und Argumentation, 2009, S. 21 (23).

a) „Elle doit fléchir devant toutes les obligations internationales…“

Dass das Souveränitätsprinzip vor allen anderen rechtlichen Bindungen zurückweicht, zeigt bereits die Art und Weise, wie es im Lotus-Urteil des StIGH eingeführt wird. Die souveräne Handlungsautonomie, so der StIGH dort, werde gerade durch die völkerrechtlichen Verpflichtungen eines Staates beschränkt.[431] Wenn und soweit speziellere Regeln bestehen, drängen diese den normativen Anspruch des Souveränitätsprinzips zurück und überlagern dieses. Sie wirken als Schranken der Souveränität, die zwar nicht dem auf optimale Idealverwirklichung angelegten normativen Wollen des Souveränitätsprinzips, aber seinem rechtlichen Können klare Grenzen setzen. Und so konzipiert der StIGH auch in seiner Wimbledon-Entscheidung die vertraglichen Pflichten eines Staates als „restrictions or limitations upon the exercise of sovereignty“[432] und stellt in seiner Entscheidung in Nationality Decrees Issued in Tunis and Morocco ganz allgemein fest, der Wirkungsbereich des Souveränitätsprinzips sei „essentially a relative question [that] depends upon the development of international relations“[433]. Beides macht deutlich, dass das Souveränitätsprinzip nur in Abwesenheit völkerrechtlicher Schranken zum Tragen kommt; es vermag nur (noch) dort normativ wirksam zu werden, wo es nicht bereits durch entgegenstehende Völkerrechtsregeln überlagert wird. In der Staatenpraxis findet das allgemeine Anerkennung.[434] Und so resümiert der Lac

---

[431] StIGH, *Lotus*, Ser. A, No. 10, S. 18 f.

[432] StIGH, *Wimbledon*, Ser. A, No. 1, S. 24; siehe aus der nationalen Rechtsprechung ebenso Ontario Superior Court of Justice, *Council of Canadians and others v. R*, Urt. v. 8. Juli 2005, 2005 CanLII 28426, ILDC 751 (CA 2005), Rdn. 33.

[433] StIGH, *Nationality Decrees*, Advisory Opinion, Ser. B, No. 4, S. 24; dazu auch IGH, *Nuclear Weapons*, Advisory Opinion, Diss. Op. Weeramantry, ICJ Rep 1996, S. 429 (495), der die Ausführungen des StIGH als Hinweis darauf versteht, „that the sovereignty of states would be proportionately diminished and restricted as international law developed“.

[434] Das zeigt etwa die Argumentation der oben (S. 332 ff. mit Nachweisen) bereits zitierten Stellungnahmen im Rahmen des IGH-Gutachtenverfahrens zur Frage der Rechtmäßigkeit des Einsatzes von Nuklearwaffen: Selbst die Staaten, die sich zur Stützung ihrer These auf ihre im Souveränitätsprinzip verbürgte Freiheit beriefen, sahen es als erforderlich an, zusätzlich nachzuweisen, dass ein völkerrechtliches Verbot nicht entgegensteht, vgl. etwa Mündliche Stellungnahme Russlands in IGH, *Nuclear Weapons*, Public Sitting held on 10 November 1995, Verbatim Record, CR 95/29, S. 41 ff. Vgl. aber noch die kontroversen

Lanoux-Schiedsspruch den völkerrechtlichen Status quo zutreffend, wenn er ihn – wenngleich begrenzt auf die territoriale Souveränität – auf die gelungene Formel bringt:

> „La souveraineté territoriale joue à la manière d'une présomtpion. Elle doit fléchir devant toutes les obligations internationales quelle qu'en soit la source [...]."[435]

b) „...mais elle ne fléchit que devant elles"

Gleichsam natürlich ergibt sich aus diesem Verhältnis von Souveränitätsprinzip und den völkerrechtlichen Verpflichtungen eines Staates, dass dort, wo völkerrechtliche Schranken nicht bestehen, das Souveränitätsprinzip volle Wirksamkeit entfaltet. Versteht man das Souveränitätsprinzip mit dem Lac Lanoux-Schiedsspruch als Rechtsvermutung,[436] so folgt dies bereits daraus, dass immer dann, wenn der Nachweis völkerrechtlicher Verpflichtungen erfolglos bleibt, auch die Suche nach Gründen, die diese Vermutung widerlegen könnten, zum Scheitern verurteilt ist. Entsprechend folgt auf die zitierte Feststellung, das Souveränitätsprinzip weiche vor völkerrechtlichen Verpflichtungen aller Art zurück, auch im Lac Lanoux-Schiedsspruch selbst die unmissverständliche Klarstellung: „mais elle ne fléchit que devant elles".[437] Und auch dem StIGH entgeht es nicht, anlässlich seiner Beschreibung des Völkerrechts als Schranke der staatlichen Handlungsfreiheit, zugleich darauf hinzuweisen, dass jedenfalls jenseits der Grenzen, die das Völkerrecht einem Staat setzt, allein das im Souveränitätsprinzip wurzelnde Freiheitsrecht eines Staates die rechtliche Bewertung bestimmt. „Within these limits,", so ist in diesem Sinne bereits im Lotus-Urteil zu

---

Diskussionen im Vorfeld des Beschlusses der *Friendly Relations Declaration*, die Einigkeit hinsichtlich des Vorschlags Großbritanniens, die Erklärung um eine Klausel zu ergänzen, die ausdrücklich die „supremacy of international law" gegenüber der Souveränität erklärt, nicht erreichen konnte, siehe dazu *Report of the Special Committee on Principles of International Law concerning Friendly Relations and Co-operation among States* v. 16. November 1964, UN Doc. A/5746, United Nations Juridical Yearbook 1964, S. 65 (160 f., 164).

[435] *Affaire de Lac Lanoux*, RIAA XII, S. 281 (301); zustimmend zitiert in *Arbitration Regarding the Iron Rhine Railway*, RIAA XXVII, S. 35 (65) sowie in IGH, *Pulp Mills*, Memorial Argentina, 15. Januar 2007, S. 82 (Rdn. 3.174).

[436] Vgl. dazu auch *A. Bleckmann*, in: FS Scupin, 1983, S. 407.

[437] *Affaire de Lac Lanoux*, RIAA XII, S. 281 (301).

lesen, „its title to exercise jurisdiction rests in its sovereignty".[438] Wo völkerrechtliche Handlungsschranken fehlen, dort, so macht dies deutlich, greift das Souveränitätsprinzip. Doch mehr noch: nicht nur *wenn* völkerrechtlich verbindliche Beschränkungen der staatlichen Handlungsfreiheit nicht bestehen, sondern auch *insoweit* solche Freiheitsbeschränkungen fehlen, setzt sich das Souveränitätsprinzip durch. Dementsprechend stützt sich der StIGH in seinem Gutachten zu den Free Zones of Upper Savoy ausdrücklich auf das Prinzip, „that the sovereignty of France is to be respected *in so far as* it is not limited by her international obligations",[439] und schließt daraus wenige Passagen später, dass „in case of doubt a limitation of sovereignty must be construed restrictively".[440] Das Souveränitätsprinzip wird so nicht nur zu einem Residualprinzip, das die vom Gesamtbestand völkerrechtlicher Handlungsregeln hinterlassenen Zwischenräume auffüllt, es dringt auch in die Spielräume ein, die sich gewissermaßen innerhalb einer Regel ergeben, wenn und weil bei deren Auslegung Zweifel bleiben.[441] Wo immer sich die das Souveränitätsprinzip beschränkenden völkerrechtlichen Regeln somit auch als lückenhaft erweisen mögen, überall dort, so ist aus diesen Grundsätzen abzulesen, greift das Souveränitätsprinzip ein, füllt das rechtliche Vakuum und bestimmt die rechtliche Beurteilung; jedenfalls im Verhältnis zu völkerrechtlichen Regeln strebt es, so lässt sich demnach schließen, nach optimaler Verwirklichung.

c) Abwägen

Konkurriert das Souveränitätsprinzip indes mit Normen, die selbst flexible Konturen aufweisen, weil sie im Grundsatz ebenso wie das Souveränitätsprinzip vor entgegenstehenden Rechtsbindungen zurückweichen, lässt sich ein eindeutiges Vorrangverhältnis nicht mehr ausmachen. Dass das Souveränitätsprinzip indes auch in diesen Konstellationen auf Optimierung drängt und den Spielraum des rechtlich Möglichen voll ausschöpft, zeigt sich in der völkerrechtlichen Praxis, die den

---

[438] StIGH, *Lotus*, Ser. A, No. 10, S. 19; vgl. auch *Arbitration Regarding the Iron Rhine Railway*, RIAA XXVII, S. 35 (66).

[439] StIGH, *Free Zones of Upper Savoy and the District of Gex*, Ser. A/B, No. 46, S. 166 (eigene Hervorhebung).

[440] Ebd., S. 167.

[441] Zum Zusammenhang von Souveränitätsprinzip und *in dubio mitius*-Regel ausführlich noch unten S. 558 ff.

damit verbundenen Abgrenzungsschwierigkeiten vor allem dann begegnet, wenn keine der streitenden Parteien eine spezielle völkerrechtliche Regel auf ihrer Seite weiß, sondern stattdessen auf beiden Seiten allein das Souveränitätsprinzip in Stellung gebracht wird. Bereits in den Verhandlungen im Vorfeld der *Friendly Relations Declaration* machten die Vertreter einiger Staaten dementsprechend geltend, in solchen Situationen stoße das Recht eines Staates, seine Souveränitätsrechte auszuüben, jedenfalls – und zugleich: nur – dort an seine Grenzen, wo die souveränen Rechte anderer Staaten entgegenstünden.[442] Und auch Art. 3 der Montevideo-Konvention über die Rechte und Pflichten der Staaten pflichtet dem ausdrücklich bei, wenn er zunächst die völkerrechtliche Garantie einiger der oben mit dem Souveränitätsprinzip verbundenen Rechte (Integrität, Unabhängigkeit, Freiheit der politischen Organisation etc.) bekräftigt, um im unmittelbaren Anschluss daran festzustellen:

> „The exercise of these rights has no other limitation than the exercise of the rights of other states according to international law."

Die im Souveränitätsprinzip wurzelnden Rechte reichen, so sind diese Einlassungen zunächst zu lesen, nur so weit, wie die souveränen Rechte anderer Staaten dies erlauben. Was so bei einem ersten Zugang wie eine beinahe trivial anmutende Schrankenbestimmung erscheint, erlaubt bei einem zweiten Blick weit weniger triviale Rückschlüsse auf die Normstruktur des Souveränitätsprinzips. Denn in dem Versuch, die Grenzen des normativen Raums abzustecken, den das Souveränitätsprinzip für sich beanspruchen kann, bemühen letztlich beide Formulierungen ein allein für Rechtsprinzipien charakteristisches Modell der wechselbezüglichen Beschränkung. Ja, nur im Verhältnis zweier kollidierender Prinzipien gilt, so stellt auch *Alexy* klar, „daß jeweils das eine die rechtliche Möglichkeit der Erfüllung des anderen begrenzt".[443] Dass Souveränitätskollisionen nach den obenstehenden Zitaten eben diesem Schema folgen, wird deutlich, wenn man berücksichtigt, dass auch für die als Beschränkungen konzipierten Souveränitätsrechte der anderen Staaten gilt, was die obigen Formulierungen allein für das beschränkte Souveränitätsrecht des einen Staates betonen: Auch sie finden ihre Schranken in der Souveränität der jeweils anderen Staaten. Die Souveränitätsposi-

---

[442] *B. Graf zu Dohna*, Die Grundprinzipien des Völkerrechts über die freundschaftlichen Beziehungen und die Zusammenarbeit zwischen den Staaten, 1973, S. 161 mit Nachweisen.

[443] *R. Alexy*, Theorie der Grundrechte, 1986, S. 81.

tionen treten so in ein potentiell infinites Wechselspiel, in dem die Erfüllungsmöglichkeiten des Souveränitätsanspruchs eines jeden Staates durch die Souveränitätsrechte der jeweils anderen Staaten beschränkt werden und diese dabei doch ihrerseits zugleich beschränken. Je schon, so lässt sich daher sagen, ist das Souveränitätsprinzip gleichermaßen Schranke und Beschränktes.[444] Das aber offenbart seine wahre Struktur: es drängt nach größtmöglicher Erfüllung, verlangt sie jedoch „nur unter der Bedingung, daß man von allem absieht oder abstrahiert, was [ihr] entgegenstehen könnte".[445] Als Rechtsprinzip im *Alexy*'schen Sinne erscheint das Souveränitätsprinzip damit erstens aufgrund seiner speziellen und doch allgemein anerkannten Schrankenstruktur.

Jedenfalls mittelbar deuten zweitens bereits die Formulierungen der zitierten Aussagen selbst diesen Charakter als Rechtsprinzip an. Denn wenn insbesondere Art. 3 der Montevideo-Konvention durch die Negativformulierung („*no* other limitation") die unbegrenzte Souveränitätsausübung zur Regel erklärt, so wird deutlich: jenseits spezieller völkerrechtlicher Handlungsge- oder -verbote kennt das Souveränitätsprinzip Begrenzungen nur, wenn und soweit die Souveränität anderer Staaten entgegensteht. Im normativen Raum, den diese nicht einnimmt, bleibt es, so lässt sich daraus folgern, unbeschränkt, strebt nach maximaler Erfüllung und entfaltet sich, soweit es kann.

Angesichts dieser Normstruktur erweist sich das Souveränitätsprinzip im Falle einer Kollision mit gleich strukturierten Normen als abwägungsfähig und -bedürftig. Die vorangegangenen Überlegungen finden vor diesem Hintergrund schließlich drittens auch in der Erkenntnis eine Bestätigung, dass Souveränitätskollisionen überall dort, wo die konkurrierenden Ansprüche nicht bereits durch spezielle Völkerrechtsregeln einem Ausgleich zugeführt wurden, im Wege der Abwägung gelöst werden. Anhand von zwei Regelungsbereichen lässt sich dies exemplarisch illustrieren: der Nutzung internationaler Wasserläufe und der Abgrenzung staatlicher Jurisdiktionsbereiche. Beide Konstellationen kennzeichnet zunächst die Kollision konkurrierender Souveränitätsrechte, und in beiden Fällen sieht die internationale Praxis die Lösung

---

[444] Vgl. auch *A. Hertogen*, EJIL 26 (2015), S. 901 (913): „sovereignty is the source of limitations [...] as well as the source of freedom"; in der Sache ebenso, aber unter Berufung auf den kantischen Rechtsbegriff *K. A. Schachtschneider*, Souveränität, 2015, S. 350.

[445] *R. Alexy*, in: L. Clérico/J.-R. Sieckmann (Hrsg.), Grundrechte, Prinzipien und Argumentation, 2009, S. 21 (23).

in einer Abwägung, die zwischen den Souveränitätsrechten eine einzelfallbezogene Vorrangrelation herstellt.

So erklärte etwa Ungarn auf eine Anfrage des UN-Generalsekretärs hinsichtlich der Regeln für internationale Wasserläufe, das Prinzip der billigen und vernünftigen Nutzung (*reasonable and equitable use*) enthalte einerseits zwar die Klarstellung, dass „the right of the watercourse State to utilization [is] an attribute of sovereignty".[446] Doch „the imminent limit of this right" sei „the equal and correlative right of other watercourse States to the utilization and benefits of the watercourse".[447] Unausgesprochen ruht diese Bemerkung auf der zutreffenden Einsicht, dass die unbeschränkte Ausübung des souveränen Rechts eines Staates, einen Wasserlauf, der dessen Gebiet durchquert, nach Belieben zu nutzen, erhebliche Beeinträchtigungen der ebenfalls im Souveränitätsprinzip wurzelnden Nutzungsrechte anderer Staaten zur Folge haben kann, wenn der fragliche Wasserlauf auch deren Hoheitsgebiet passiert. In Abwesenheit konkreter völkerrechtlicher Verhaltensgebote stellt sich die Nutzung grenzüberschreitender Wasserläufe somit als Souveränitätsproblem dar, für das sich die oben bereits skizzierte Struktur wiederholt: Das Souveränitätsrecht eines jeden Staates findet in der Souveränität der jeweils anderen Staaten seine Grenze, es ist Schranke und Beschränktes zugleich. Die definitive Abgrenzung der sich so wechselseitig beschränkenden Souveränitätspositionen leistet erst deren Abwägung.[448] In diesem Sinne argumentierte etwa Libyen, die Lösung bestehe darin, „a kind of equilibrium" herzustellen, das jeden der betroffenen Staaten davon abhalte „from taking arbitrary action affecting the course and waters of the river in a way detrimental to the rights of the others".[449] Und auch die Völkerrechtskommission führt im Kommentar zu den einschlägigen Entwurfsartikeln aus, das Nutzungsrecht, einen Wasserlauf, der das Gebiet eines Staates durchquert, zu nutzen, sei „an attribute of sovereignty", doch der Umfang dieses Rechts hänge

---

446 The Law of the Non-Navigational Uses of International Watercourses, Comments and observations received from Governments, YBILC 1993, Bd. II/1, S. 155 (157).

447 Ebd.

448 Kritisch dazu indes Ungarn, ebd., S. 158, das die Lösung dieses Abgrenzungsproblems allein im Abschluss völkerrechtlicher Abkommen zu sehen scheint.

449 The Law of the Non-Navigational Uses of International Watercourses, Replies of Governments to the Commission's questionnaire, YBILC 1978, Bd. II/1, S. 254 (255).

von den Umständen eines jeden Einzelfalles, ja insbesondere von „a *weighing* of all relevant factors" ab.[450] Die Kollision konkurrierender Souveränitätsrechte aufzulösen, wird demnach erst durch deren vergleichende Gewichtung möglich. In Abhängigkeit von den Umständen des Einzelfalls etabliert sie eine Vorrangrelation der widerstreitenden Souveränitätsrechte und bestätigt damit zugleich den Charakter des Souveränitätsprinzips als abwägungsfähiges Rechtsprinzip.

Nach gleichem Muster verfährt die internationale Praxis auch dort, wo die Abgrenzung staatlicher Zuständigkeitssphären in Frage steht, weil die zu regelnden Sachverhalte grenzüberschreitende Bezüge aufweisen und folglich Verbindungen zu mehr als einer Staatsgewalt aufweisen.[451] In unerreichter Deutlichkeit illustriert dies bereits der im Jahre 1909 ergangene Casablanca-Schiedsspruch. Auf die Frage, wie die konkurrierenden Hoheitsgewalten der streitenden Staaten abzugrenzen seien, führt er zunächst aus

> „que le conflit de jurisdictions [...] ne saurait être décidé par une règle absolue qui accorderait d'une manière générale la préférence, soit à l'une soit à l'autre des deux jurisdictions concurrentes"[452],

um zur Lösung schließlich vorzuschlagen,

> „[q]ue, dans chaque cas particulier, il faut tenir compte des circonstances de fait qui sont de nature à déterminer la préférence".[453]

Keine allgemeine Regel könne die Abgrenzung folglich leisten, sondern nur unter Berücksichtigung der konkreten Umstände des Einzelfalles ließe sich die Jurisdiktionsgewalt einem der Staaten definitiv zuweisen. Als sich die OECD in den 1980er Jahren mit der Frage wettbewerbsbeschränkender und den internationalen Handel beeinträchtigender Ge-

---

[450] ILC, Draft Articles on the Law of the Use of Non-Navigational International Watercourses, YBILC 1994, Bd. II/2, S 89 (98) (eigene Hervorhebung).

[451] Vgl. dazu aus dem – überwiegend wirtschaftsrechtlichen – Schrifttum *P. Hector*, Das völkerrechtliche Abwägungsgebot, 1992, S. 36 ff.; *K. M. Meessen*, Völkerrechtliche Grundsätze des internationalen Kartellrechts, 1975, S. 198 ff., insbes. 208 ff.; *W. Meng*, ZaöRV 41 (1981), S. 469; *H.-J. Ziegenhain*, Extraterritoriale Rechtsanwendung und die Bedeutung des Genuine-Link-Erfordernisses, 1992, S. 123 ff.; kritisch zur Abwägungslösung hingegen *J. Richter*, Die extraterritoriale Anwendung der *antifraud*-Vorschriften im US-amerikanischen Kapitalmarktrecht, 2012, S. 164 ff.

[452] *Affaire de Casablanca* (Allemagne v. France), Schiedsspruch v. 22. Mai 1909, RIAA XI, S. 119 (128).

[453] Ebd.

schäftspraktiken beschäftigte, äußerten sich die Mitgliedstaaten ähnlich. Die unilaterale Anwendung nationaler Rechtsvorschriften auf solche Praktiken, so stellten sie dabei übereinstimmend fest, werfe dann, wenn geschäftliche Handlungen in anderen Staaten betroffen seien, die schwierige Frage nach der Abgrenzung der staatlichen Souveränitätssphären auf.[454] Und auch die Folgerung, die sich an diese Problemdiagnose kollidierender Souveränitätsrechte anschließt, lässt die bereits bekannte Struktur erkennen. In Fällen extraterritorialer Anwendung des eigenen Rechts seien die Staaten daher gehalten, „self-restraint“[455] zu üben und „[to] take fully into account the sovereignty [...] of other Member countries“.[456] Das souveräne Jurisdiktionsrecht des einen Staates sieht folglich auch hier seine Grenzen in dem entsprechenden Recht der anderen Staaten, ohne das letzteres dabei bereits in seinen Konturen feststünde. In der Rechtsanwendungspraxis wird diese Pflicht, die Souveränität anderer Staaten zu berücksichtigen, beinahe durchweg im Wege der Abwägung operationalisiert. In diesem Sinne resümiert etwa das *Restatement (Third) of the Law* die US-amerikanische Praxis in der Feststellung, die Kollision zweier Regelungsansprüche sei unter Berücksichtigung der Umstände des Einzelfalls zu entscheiden. Im Lichte bestimmter Faktoren, die es ermöglichen, den Grad der Nähe des Sachverhalts zu dem den Regelungsanspruch erhebenden Staat zu evaluieren, müsse jeder der um die Regelungshoheit konkurrierenden Staaten sein eigenes Interesse an der Ausübung der Jurisdiktion mit demjenigen des anderen Staates vergleichen und gegebenenfalls von einer Ausübung seiner Regelungsgewalt absehen.[457] Erst eine Gewichtung der im Souveränitätsprinzip wurzelnden Regelungsansprüche der konkurrierenden Staaten erlaubt es folglich, die Regelungskompetenz völkerrechtlich definitiv zuzuweisen. In durchaus vergleichbarer Weise haben auch die deutschen Gerichte in Anlehnung an Überlegungen von *Karl Matthias*

---

[454] OECD, *Council Recommendation Concerning Restrictive Business Practices Affecting International Trade* v. 5. Juni 1986, OECD Doc. C(86) 44 (Final), ILM 25 (1986), S. 1629 (1629).

[455] Ebd., S. 1630.

[456] OECD, *General Considerations and Practical Approaches Concerning Conflicting Requirements Imposed on Multinational Enterprises*, Mai 1984, http://www.oecd.org/daf/inv/investment-policy/ConsolidatedDeclaration Texts.pdf (geprüft am 3. August 2016).

[457] *American Law Institute*, Restatement (Third) of the Foreign Relations Law of the United States, Bd. I, 1987, § 403.

Meessen[458] im Einzelfall unter Berücksichtigung unterschiedlicher Faktoren das Schwergewicht des zu regelnden Sachverhalts zu erheben gesucht und eine Regelungsbefugnis nur dann angenommen, wenn dieses auf deutscher Seite lag. Anderenfalls stehe, so meint etwa das Kammergericht Berlin, das völkerrechtliche Interventionsverbot entgegen,[459] und die Jurisdiktionsausübung erschiene als Anmaßung einer Regelungskompetenz, die folglich ohne Rechtsgrund in die Souveränitätssphäre eines anderen Staates eingreift. Die Reihe dieser Beispiele ließe sich erweitern,[460] doch schon dieser Ausschnitt illustriert: Auch für Fragen extraterritorialer Rechtsanwendung erfolgt der Ausgleich kollidierender Souveränitätsrechte im Wege einer Abwägung, die anhand der Faktoren des Einzelfalls bestimmt, welchen Staates Regelungsbefugnis ein bestimmter Sachverhalt unterfällt.

d) Ergebnis

Das Souveränitätsprinzip erweist sich somit als abwägungsfähige und im Kollisionsfall auch -bedürftige Norm, die in struktureller Hinsicht alle prinzipientypischen Charakteristika aufweist: Sie beansprucht volle Verwirklichung, doch nur *prima facie*, also unter dem Vorbehalt entgegenstehender rechtlicher Beschränkungen. Vor völkerrechtlichen Handlungsge- oder -verboten weicht sie zurück, soweit diese es erfordern, und drängt dabei doch auf Verwirklichung, soweit sie es erlauben. Im Kollisionsfall mit Normen, die ihrerseits unter dem Vorbehalt des rechtlich Möglichen stehen, fungiert das Souveränitätsprinzip als Schranke und Beschränktes zugleich und erst die Abwägung der widerstreitenden Prinzipien ermöglicht es, aus deren wechselbezüglichem Beschränkungsverhältnis auf ein definitives völkerrechtliches Sollen zu schließen.

---

[458] *K. M. Meessen*, Völkerrechtliche Grundsätze des internationalen Kartellrechts, 1975.

[459] KG Berlin, RIW 1981, S. 406 (407).

[460] Siehe die Nachweise in Fn. 451, insbesondere jedoch *P. Hector*, Das völkerrechtliche Abwägungsgebot, 1992, S. 36 ff.

4. Ergebnis: Eine (partiell) differenzaufhebende Souveränitätskonzeption

Derart als Rechtsprinzip umrissen, zieht das Souveränitätsprinzip nicht nur die Konsequenzen aus der skizzierten staatlichen und gerichtlichen Anerkennungspraxis. Vielmehr gelingt ihm, was seiner Konzeption als Rechtsprinzip zusätzlich Plausibilität verleiht: Es vermag, wenngleich nicht alle, so doch einige der oben erläuterten Gegensätze in sich aufzunehmen, sie gewissermaßen aufzuheben und so zu versöhnen. Denn als Rechtsprinzip ist es zugleich absolut und relativ, wandelbar und dabei doch beständig, allgemeine Freiheitsgarantie und Bündel spezieller Befugnisnormen und nähert schließlich auch den Gegensatz zwischen rechtlich konstituierter und dem Recht vorgegebener Freiheit an.[461]

Dass und wie ihm dies gelingt, macht folgende Überlegung deutlich: Als Rechtsprinzip fordert das Souveränitätsprinzip volle Verwirklichung eines graduell abstufbaren Ideals unter dem Vorbehalt entgegenstehender rechtlicher Beschränkungen. Intern zerfällt es bei der Anwendung auf den Einzelfall so in ein *prima facie*-Gebot, das stets volle Idealverwirklichung fordert, und ein definitives, regelförmiges und in ersterem gründendes Gebot, das sich erst unter Berücksichtigung entgegenstehender Rechtsprinzipien ergibt und entsprechend beschränkt ist. Doch diese beiden normativen Schichten des Souveränitätsprinzips können durchaus unterschiedliche Eigenschaften besitzen. Im Lichte eben dieser – man mag sagen: schizophrenen – Struktur rechtlicher Prinzipien erscheinen nun aber auch die obigen Gegensatzpaare verständlich. Denn wer den Blick auf das vom Souveränitätsprinzip *idealiter* Gebotene beschränkt, für den liegt es nahe, das Souveränitätsprinzip als eine inhaltlich umfassende und damit absolute Freiheit zu verstehen, die, weil sie als *prima facie*-Gebot (aber auch nur als solches) gerade auch angesichts entgegenstehender Rechtspositionen fortbesteht, durch die Rechte anderer Staaten nicht beschränkt wird. Dass Gleiches für das vom Souveränitätsprinzip definitiv Gebotene nicht gilt, weil dieses durch die übrigen Normen des Völkerrechts tatsächlich beschränkt wird, lässt hingegen das häufig anzutreffende Bekenntnis zu einer relativen Souveränitätskonzeption verständlich erscheinen. Und auch die These, das Souveränitätsprinzip sei dynamisch und sein Inhalt einem stetigen Wandel unterworfen, trifft für den Bereich, den das Souveränitätsprinzip als definitiv gesollt vorgibt, zweifellos zu. Wo der Gesamtbestand völkerrechtlicher Normen als Schranke der Souveränität kon-

[461] Siehe zu diesen Gegensätzen bereits ausführlich oben S. 287 ff.

zipiert wird, gewinnt deren Inhalt Dynamik, sobald sich jener wandelt. Doch gleichermaßen behalten die Vertreter eines unwandelbaren Souveränitätsbegriffs Recht, können sie sich doch darauf berufen, dass die Substanz dessen, was das Souveränitätsprinzip *idealiter* gebietet, bei alledem tatsächlich Bestand hat. Die mit dem Prinzipiencharakter verbundene interne Ausdifferenzierung des Souveränitätsprinzip einerseits in einen feststehenden Gehalt, dessen Verwirklichung lediglich *idealiter* geboten ist, und andererseits in einen Bestand sich wandelnder definitiver Gebote ermöglicht es folglich, auf den ersten Blick unvereinbare Gegensatzpositionen in die hier vorgestellte Souveränitätskonzeption zu integrieren.

Und so erklärt sie auch, weshalb hinsichtlich der inhaltlichen Konkretisierung des Souveränitätsprinzips Ansichten, die das Souveränitätsprinzip als grundrechtsgleiche allgemeine Freiheitsgarantien begreifen, solchen Stimmen gegenüberstehen, die im Souveränitätsprinzip nur ein Bündel spezieller Handlungsbefugnisse sehen. Während erstere zu erkennen scheinen, dass das Souveränitätsprinzip den Staaten ein *prima facie* unbeschränktes und damit auch inhaltlich umfassendes Selbstbestimmungsrecht verleiht, das in struktureller Hinsicht grundrechtlichen Garantien tatsächlich in wesentlichen Aspekten ähnelt, scheinen sich letztere auf das zu konzentrieren, was nach Berücksichtigung all dessen, was der Verwirklichung des Souveränitätsprinzips entgegensteht, noch bleibt: das rechtlich Mögliche, das definitive Sollen. In dem Dilemma, dass die Staatensouveränität als Rechtsprinzip je schon „mehr will als es kann",[462] stützen sich erstere auf das normative Wollen des Souveränitätsprinzip, letztere auf dessen Können. Vor diesem Hintergrund passt es ins Bild, dass vor allem diejenigen Stimmen im Schrifttum, die das Souveränitätsprinzip in speziellen und beschränkten Einzelbefugnissen aufgehen lassen wollen, häufig betonen, der Kanon dieser Befugnisse habe sich im Laufe der Zeit gewandelt. Denn nur das definitiv Gesollte, nicht jedoch der *prima facie*-Gehalt des Souveränitätsprinzips verändert sich.

Schließlich vermittelt die Prinzipienkonzeption der Staatensouveränität auch zwischen den beiden Polen, deren einer die Souveränität als rechtlich konstituierte Freiheit versteht, während deren anderer sie als eine dem Recht vorgegebene Freiheit begreift. So ermöglicht die Prinzipienkonzeption einerseits ersterem den ihn stützenden Hinweis, als Prinzip

---

[462] Dazu bereits oben S. 164 ff.; vgl auch *S. Douma*, Optimization of Tax Sovereignty and Free Movement, 2011, S. 80: „[S]overeignty can never be absolute. It represents an aspiration rather than a concrete stipulation".

des positiven Rechts etabliere das Souveränitätsprinzip gerade einen rechtlich konstituierten Freiheitsraum, der *legal approach* behalte folglich Recht. Doch kann der *pure fact approach* dem andererseits ebenso zutreffend entgegnen, dieser Freiheitsraum stelle für alle Normen außer dem Souveränitätsprinzip selbst zugleich etwas Vorgegebenes dar, schließlich mache die im Souveränitätsprinzip enthaltene allgemeine Freiheitgarantie gerade nicht die Begründung staatlicher Handlungsbefugnisse, sondern deren Beschränkung rechtfertigungsbedürftig; das Bestehen einer Norm, nicht deren Nichtbestehen bedürfe der Begründung. Auch als Prinzip des positiven Rechts, so lässt sich diese Entgegnung fortspinnen, bleibe das Souveränitätsprinzip folglich ein „normative fact with which the law must accomodate itself".[463] Scheinbar paradox stellt sich die staatliche Freiheit im Lichte dieser Überlegungen zugleich – im Sinne des *legal approach* – als rechtlich konstituiert und dabei doch – im Sinne des *pure fact approach* – als rechtlich beschränkt dar. Dass beides widerspruchsfrei zusammen bestehen kann, hat seinen Grund erneut in der Prinzipienstruktur der Staatensouveränität. Denn als Rechtsprinzip etabliert diese gerade keinen inhaltlich definitiv feststehenden Freiheitsraum, sondern einen solchen, der vor entgegenstehenden rechtlichen Beschränkungen zurückweicht. Nur aufgrund der in jedem Rechtsprinzip je schon angelegten internen Differenzierung zwischen *idealiter* und definitiv Gesolltem kann das Souveränitätsprinzip staatlichen Freiraum so zugleich rechtlich gewährleisten und dabei doch der Beschränkung durch das Recht anheimstellen.

III. Konklusion: Koexistenzvölkerrecht als Souveränitätsvölkerrecht

Vor dem Hintergrund dieser Analyse des Souveränitätsprinzips wird schließlich deutlich, dass die eingangs zitierte These *Albert Bleckmanns*, „die gesamte Völkerrechtsordnung [sei] nur Ausdruck des einheitlichen Prinzips der äußeren Souveränität",[464] zutrifft. Das als staatliches Selbstbestimmungsrecht konzipierte Souveränitätsprinzip liegt den Regeln des Koexistenzvölkerrechts als normativer Grund zugrunde. Erst aus dem Wechselspiel sich gegenseitig beschränkender Souveränitätsansprüche werden diese Regeln des klassischen Völkerrechts verständlich.

---

[463] *M. Koskenniemi*, From Apology to Utopia, 2006, S. 231.

[464] *A. Bleckmann*, AVR 23 (1985), S. 450 (464); ähnlich *ders.*, GYIL 28 (1985), S. 144 (151 f.) sowie IGH, *Nicaragua*, Merits, ICJ Rep 1986, S. 14 (133).

Sie lassen sich als Ergebnisse einer Prinzipienabwägung rekonstruieren, deren Gegenstände die kollidierenden Souveränitätspositionen konkurrierender Staaten bilden. Fünf Beispiele sollen das im Folgenden exemplarisch illustrieren.

1. Beispiel 1: Das Konsensprinzip

Versteht man den Souveränitätsgrundsatz als Rechtsprinzip, das völkerrechtlichen Regeln normativ zugrunde liegt, so lässt sich erstens die oft als Konsensprinzip bezeichnete Norm, dass „in international law there are no rules, other than such rules as may be accepted by the State concerned",[465] als eine Regel rekonstruieren, die dem souveränen Recht eines Staates Ausdruck verleiht, über die eigenen Rechtsverhältnisse – und damit auch über die rechtlichen Beschränkungen bei der Ausübung seiner Hoheitsgewalt – selbst zu entscheiden. Dass dieser zunächst einseitig anmutenden Regel tatsächlich eine Abwägung kollidierender Souveränitätsansprüche zugrunde liegt, wird erst deutlich, wenn man sich vor Augen führt, dass sie das ebenfalls im Souveränitätsprinzip wurzelnde Recht der jeweils anderen Staaten, ihre Rechtsverhältnisse selbst zu bestimmen, zurückdrängt. Es beschneidet sie der zumindest *prima facie* ebenfalls im Recht rechtlicher Selbstbestimmung enthaltenen Option, sich selbst Rechte zuzuweisen und für andere Staaten folglich Pflichten zu begründen. Die abwehrrechtliche Dimension der im Souveränitätsprinzip enthaltenen rechtlichen Autonomie des Staates gewichtet das Völkerrecht demnach höher als dessen positivrechtlichen Aspekte. Entsprechend kategorisch fällt die im Konsenserfordernis verkörperte regelhafte Entscheidung dieser Kollisionslage aus: Pflichten entstehen für einen Staat nur dann, wenn er selbst zugestimmt hat. Dass dem Schutz vor der Zuweisung unkonsentierter Rechtspflichten dennoch im Grundsatz ein Recht all derjenigen Staaten gegenübersteht, die in ihrer Möglichkeit, ihre eigenen Rechtsverhältnisse mit Auswirkungen auf andere Staaten zu gestalten, beschränkt werden, zeigt ein Blick auf die Regeln, die die Möglichkeit betreffen, Drittstaaten Rechte zuzuweisen. Anders als im Falle von Rechtspflichten fordert das Völkerrecht in diesen Konstellationen keinen positiven Zustimmungsakt mehr, sondern begnügt sich mit dem Ausbleiben eines Widerspruchs, um das fragliche Recht zum Entstehen zu bringen.[466] Wenn dem Recht eines

[465] IGH, *Nicaragua*, Merits, ICJ Rep 1986, S. 14 (135).

[466] Siehe Art. 35 WVK.

Staates, vor fremden Rechts- oder Pflichtenzuweisungen immun zu sein, kein positives Recht der jeweils anderen Staaten gegenüberstünde, wäre diese Differenz nicht zu erklären. Enthält das Souveränitätsprinzip aber ein umfassendes Recht zur auch rechtlichen Selbstbestimmung, so lässt sich der Unterschied dadurch erklären, dass die Souveränität eines Staates durch die Zuweisung eines Rechts in aller Regel in geringerem Maße betroffen ist als durch die Begründung rechtlicher Pflichten. Die Souveränität des das Recht zuweisenden Staates überwiegt deshalb bereits dann, wenn der berechtigte Staat nicht widerspricht.

2. *Beispiel 2: Die Regeln über die Staatenimmunität*

Auch die Regeln über die Staatenimmunität knüpfen an Situationen an, in denen sich zwei Souveränitätsansprüche zunächst unvereinbar gegenüberzustehen scheinen.[467] Während der Gaststaat das souveräne Recht besitzt, über seine rechtlichen Pflichten selbst zu entscheiden und daher keiner fremden Rechtsordnung unterworfen zu sein, vermag sich der Forumstaat auf sein ebenfalls im Souveränitätsprinzip verankertes Recht berufen, seinen physischen Herrschaftsbereich rechtlich nach Belieben auszugestalten und daher seine Rechtsordnung auf alle in ihm befindlichen Rechtssubjekte zu erstrecken. Die Entscheidung darüber, wessen Souveränität bei dieser Kollision den Vorzug genießt, hängt auch hier von den Umständen des Einzelfalls ab: Die Souveränität des Forumstaates überwiegt, wenn geschäftliches Handeln des Gaststaates in Frage steht, doch weicht sie zurück, wenn hoheitliche Akte des letzteren streitbefangen sind. Die in den völkerrechtlichen Immunitätsgrundsätzen seit langem etablierte Unterscheidung zwischen *acta iure imperii* und *acta iure gestionis*[468] lässt so eine Abwägungsstruktur erkennen, die auf der Überzeugung beruht, dass die Souveränität des Gaststaates stets dann besonders betroffen ist, wenn er sich gerade für hoheitliche Akte nach den Maßstäben einer fremden Rechtsordnung verantworten muss, diejenige des Forumstaates indes insbesondere dann schwer beeinträchtigt wäre, wenn er den fremden Staat nicht einmal dann an seiner Rechtsordnung messen dürfte, wenn dieser im Rechtsverkehr wie ein Privater auftritt.

---

[467] Vgl. IGH, *Certain Activities carried out by Nicaragua in the Border Area*, Urt. v. 16. Dezember 2015, Sep. Op. Donoghue, Rdn. 6

[468] Ausführlich auch zur Entstehung dieser Unterscheidung *A. Verdross/B. Simma*, Universelles Völkerrecht, 3. Aufl. 1984, § 1168 ff.

3. Beispiel 3: Gewalt- und Interventionsverbot

Der im Gewaltverbot verkörperte Schutz eines Staates vor militärischer Zwangseinwirkung auf seine territoriale Unversehrtheit oder politische Unabhängigkeit lässt sich im Lichte der hier vorgeschlagenen Prinzipienkonzeption der Staatensouveränität als Versuch deuten, die souveräne Handlungsautonomie eines Staates mit dem ebenfalls im Souveränitätsprinzip verankerten Recht eines jeden anderen Staates in Einklang zu bringen, über die politische Organisation und die Herrschaft seines Gebietes selbst zu bestimmen. Jedenfalls dann, so fasst das Gewaltverbot das Ergebnis dieser Abwägung zusammen, wenn das fragliche Außenhandeln des einen Staates militärische Gewalt beinhaltet, ist des anderen Staates Recht zur Selbstgestaltung im Handeln nach innen derart stark betroffen, dass diese überwiegt und die Handlungsautonomie des ersteren zu weichen hat. In ähnlicher Weise lässt sich auch das zwischenstaatliche Interventionsverbot als das Ergebnis einer Abwägung rekonstruieren, die den Konflikt zwischen dem Recht zur Selbstentfaltung im Außenhandeln und dem Recht zur Selbstgestaltung im Handeln nach innen für all die Fälle zu Gunsten des letzteren auflöst, in denen der intervenierende Staat Zwang ausübt, der die inneren Angelegenheiten betrifft. Und auch der Grundsatz der Gebietsausschließlichkeit, der es einem Staat grundsätzlich untersagt, auf dem Territorium eines anderen Staates hoheitlich tätig zu werden, entsteht aus der Auflösung eben dieses Konflikts: Souveränität als Handlungsautonomie einerseits, Souveränität als Akzidenzautonomie andererseits.

4. Beispiel 4: Verbot grenzüberschreitender Umweltbeeinträchtigungen

Die erstmals im Trail Smelter-Schiedsspruch formulierte Norm hingegen,

> „that under the principles of international law [...] no State has the right to use or permit the use of its territory in such a manner as to cause injury by fumes in or to the territory of another or the properties or persons therein, when the case is of serious consequence and the injury is established by clear and convincing evidence"[469]

vermittelt zwischen den souveränen Selbstgestaltungsansprüchen zweier Staaten: Das Recht eines Staates, über die Nutzung seines Gebietes frei zu bestimmen, findet in dem entsprechenden Recht eines jeden an-

---

469 *Trail Smelter Arbitration*, RIAA III, S. 1905 (1965).

deren Staates seine natürliche Grenze.[470] Die Formulierung, mit der der Schiedsspruch diese Kollision auflöst, zeigt den Abwägungscharakter deutlich.[471] Denn durch die ausdrückliche Begrenzung auf erhebliche Schädigungen, die zudem schlüssig als Folge der fraglichen Nutzung des Gebiets des Nachbarstaates ausgewiesen werden können, umreißt die Entscheidung die spezifischen Bedingungen, unter denen die Souveränität des betroffenen Staates diejenige des emittierenden Staates überwiegt, und macht damit zugleich die entscheidenden Abwägungsfaktoren deutlich: Je schwerer die zu erwartenden Schäden und je sicherer die Ursächlichkeit, desto stärker die Beeinträchtigung der Souveränität des betroffenen Staates.

5. Beispiel 5: *Jurisdiktionsgrundsätze und das genuine link-Erfordernis*

Auf ganz ähnliche Weise lassen sich auch die oft als Kern des klassischen Völkerrechts verstandenen Jurisdiktionsgrundsätze rekonstruieren. Auch sie betreffen die Kollision konkurrierender Selbstgestaltungsrechte, denn ein jeder der um die Regelungsgewalt konkurrierenden Staaten sieht durch den zu regelnden Sachverhalt seinen personalen oder physischen Herrschaftsraum – und damit: sich selbst – betroffen und beansprucht deshalb das Privileg der Alleinentscheidung.[472] Die Jurisdiktionsprinzipien selbst halten für dieses Problem zwar keine Lösung mit Regelcharakter bereit, doch weisen sie durch die Differenzierung von subjektivem und objektivem Territorialitätsprinzip, aktivem

---

[470] Vgl. *J. Bäumler*, Das Schädigungsverbot im Völkerrecht, 2017, S. 2 f., 57 f.; *G. Handl*, AJIL 69 (1975), S. 51 (52), der diese Souveränitätskollision an den von den Parteien im Verfahren über französische Nukleratetsts im Südpazifik vorgetragenen Argumenten illustriert; *T. Stephens*, International Courts and Environmental Protection, 2009, S. 133, 140.

[471] Vgl. *M. Kloepfer*, DVBl 1984, S. 245 (254), der zur Lösung solcher Fälle unter anderem in Anlehnung an die Trail Smelter-Entscheidung einen „schonenden Souveränitätsausgleich" vorschlägt, bei dem „kollidierende Souveränitätsansprüche gewissermaßen im Sinne einer völkerrechtlichen Optimierung behutsam balancierend so ausgeglichen [werden], daß sie – unter wechselseitiger Beachtung des widerstreitenden Interesses – jeweils weitmöglichst verwirklicht werden." In diese Richtung auch IGH, *Certain Activities carried out by Nicaragua in the Border Area*, Urt. v. 16. Dezember 2015, Sep. Op. Donoghue, Rdn. 6 sowie *J. Bäumler*, Das Schädigungsverbot im Völkerrecht, 2017, S. 58 f.

[472] Vgl. *C. Staker*, in: M. D. Evans (Hrsg.), International Law, 4. Aufl. 2014, S. 309 (310).

Personalitätsprinzip, passivem Personalitätsprinzip und Schutzprinzip Gesichtspunkte aus, die dabei helfen, den Grad der Nähebeziehung zwischen zu regelndem Sachverhalt und regelungswilligem Staat zu erheben,[473] und die es so erst ermöglichen, die konkurrierenden Souveränitätsansprüche zu gewichten. Denn wenn etwa gemeinhin ein Vorrang des Territorialitätsprinzips gegenüber dem Personalitätsgrundsatz angenommen wird,[474] so ist dies als Metaregel zu verstehen, die an die Differenzierung unterschiedlicher Arten der Verbindung von Sachverhalt und regelndem Staat anknüpft, um der territorialen Verknüpfung sodann ein größeres Gewicht beizumessen als der personalen. Der oben bereits zitierte § 403 des *Restatement (Third) of the Law* erscheint vor diesem Hintergrund als der Versuch, diese differenzierte und einzelfallabhängige Abgrenzungstechnik staatlicher Regelungsansprüche einer regelhaften Formulierung zuzuführen, die der ihr zugrundeliegenden Abwägungsstruktur angemessen Ausdruck verleiht. Auch er findet seinen normativen Grund folglich im Prinzip staatlicher Souveränität und dessen immanenten Grenzen. Indem er dabei eine hinreichend nahe Verbindung zwischen regelndem Staat und zu regelndem Sachverhalt zur Voraussetzung macht, bedient er sich einer Abgrenzungsmethode, die oftmals als *genuine link*-Erfordernis umschrieben wird[475] und in eben dieser Bezeichnung in anderem Zusammenhang sogar noch vertrauter erscheint. So befand der IGH in seiner Nottebohm-Entscheidung, die Einbürgerung einer Person werde völkerrechtlich nur dann wirksam, wenn zwischen der fraglichen Person und dem sie einbürgernden Staat ein *genuine link* bestehe. Anderenfalls sei insbesondere die Ausübung diplomatischen Schutzes für die Person ausgeschlossen, denn, so lässt sich diese Regel vor dem Hintergrund der vorstehenden Überlegungen rekonstruieren, fehlt ein hinreichend gewichtiger Bezug zwischen einbürgerndem Staat und eingebürgerter Person, so ist das im Souveränitätsprinzip wurzelnde Selbstbestimmungsrecht des ersteren allenfalls geringfügig betroffen. Die Autonomie des beklagten Staates, Personen, die der eigenen Hoheitsgewalt unterstehen, nach Belieben zu behandeln, kann sie daher nicht überwiegen.

---

[473] Zu diesen etwa *J. Crawford*, Brownlie's Principles of Public International Law, 8. Aufl. 2012, S. 457 ff.; *C. Staker*, in: M. D. Evans (Hrsg.), International Law, 4. Aufl. 2014, S. 309 (315 ff.).

[474] So etwa *A. v. Arnauld*, Völkerrecht, 3. Aufl. 2016, Rdn. 342; *W. Meng*, ZaöRV 44 (1984), S. 675 (766).

[475] *H.-J. Ziegenhain*, Extraterritoriale Rechtsanwendung und die Bedeutung des Genuine-Link-Erfordernisses, 1992, S. 46 ff.

C. Prinzipienpluralismus im modernen Völkerrecht: Humanitäts-, Rechtsschutz-, und Umweltprinzip

Im gegenwärtigen Völkerrecht steht das Souveränitätsprinzip nun nicht mehr alleine. Ein völkerrechtliches Demokratieprinzip, internationale Menschenrechtsprinzipien, ein Prinzip globaler Solidarität und Elemente eines internationalen „rule of law"-Grundsatzes, so verkünden insbesondere Vertreter einer Konstitutionalisierung des Völkerrechts vermehrt, bildeten heute die Prinzipiengrundlage des Völkerrechts. Dieses Credo kritisch zu prüfen ist Ziel des folgenden Abschnitts. Ohne den Versuch zu unternehmen, den Prinzipienbestand des modernen Völkerrechts erschöpfend zu analysieren, soll er anhand dreier – auch im Hinblick auf die im folgenden Kapitel ausgewählten Fallstudien – ausgewählter Beispiele illustrieren, dass die These der Konstitutionalisten zutrifft. Zumindest ein Humanitätsprinzip (dazu I.), mit Ansätzen eines Rechtsschutzprinzips auch erste Elemente einer internationalen „rule of law" (dazu II.) und ein Umweltprinzip (dazu III.) treten im modernen Völkerrecht neben das bisher vorherrschende Souveränitätsprinzip.

I. Humanitätsprinzip

Die Berufung auf die Humanität hat in der Rechtswissenschaft, zumal in der deutschen, nicht immer gutes Ansehen genossen. „Wer Menschheit sagt", meinte *Carl Schmitt*, „will betrügen."[476] Nicht Inklusion, sondern Exklusion sei das wahre Motiv der Menschheitsreferenz, denn wem es gelinge, den Feind „hors l'humanité" zu stellen, könne ihm eben dadurch zugleich den Anspruch auf menschliche Behandlung absprechen. Im Völkerrecht hat sich diese Befürchtung bislang nicht bestätigt, und so erfreut sich die Berufung auf die Humanität im internationalen Bereich schon seit vielen Jahren großer Beliebtheit – so großer, dass mittlerweile gute Argumente dafür sprechen, dem Bestand der völkerrechtlichen Grundprinzipien auch ein Humanitätsprinzip zuzuschlagen (dazu 1.). Inhaltlich steigen die Würde sowie die körperliche und psychische Integrität des Menschen damit zu völkerrechtlich verbindlichen Grundwerten auf (dazu 2.), ohne jedoch einen absoluten Verhaltensmaßstab zu statuieren. Vielmehr kennt der Menschlichkeitsstandard unterschiedliche Erfüllungsgrade; er ist abwägungsfähig und

---

[476] *C. Schmitt*, Der Begriff des Politischen, 1932, S. 55.

reklamiert nur innerhalb des rechtlich und tatsächlich Möglichen optimale Verwirklichung (dazu 3.).

1. Normcharakter: Das Humanitätsprinzip als allgemeiner Rechtsgrundsatz

In der internationalen Rechtsprechung ist der Grundsatz der Humanität bereits seit langem fest verankert (dazu lit. a), und auch die Staaten greifen ihn in unilateralen Stellungnahmen, gerichtlichen Plädoyers, internationalen Resolutionen und sogar in völkerrechtlichen Verträgen vielfach auf (dazu lit. b). Denn insbesondere dort, wo spezifische Völkerrechtsregeln fehlen, erlaubt oftmals erst er es, ein Rechtswidrigkeitsurteil über staatliches Verhalten auszusprechen, das im Lichte der Entwicklung der völkerrechtlichen Wertgrundlagen für rechtmäßig zu erklären inakzeptabel erschiene. Über den Ort seines Ursprungs, das humanitäre Völkerrecht, reicht der Grundsatz dabei längst hinaus, und so lässt er sich mittlerweile als allgemeiner Rechtsgrundsatz verstehen, an dem sich staatliches Verhalten in allen Bereichen des Völkerrechts messen lassen muss.

a) Das Humanitätsprinzip im Lichte der Rechtsprechung des IGH

Schon bemerkenswert früh haben internationale Gerichte Erwägungen der Menschlichkeit für ihre Rechtsprechung fruchtbar gemacht. Ein unter dem Dach des Ständigen Schiedshof etabliertes Tribunal erklärte bereits 1928 im Naulilaa-Schiedsspruch, das Recht, auf Völkerrechtsverletzungen mit Repressalien zu reagieren, finde seine Grenze unter anderem in den „expériences de l'humanité".[477] Und auch der Internationale Militärgerichtshof in Nürnberg berief sich unter anderem auf die in der *Martens*'schen Klausel angelegten „laws of humanity", um zu begründen, dass die Strafverfahren gegen NS-Kriegsverbrecher den Grundsatz *nulla poena sine lege* nicht verletzten.[478] Der IGH betrat so kein gänz-

---

[477] *Responsabilité de l'Allemagne à raison des Dommages Causés Dans Les Colonies Portugaises de Sud de L'Afrique*, RIAA 2 (1928), S. 1011 (1026).

[478] So etwa US Military Tribunal Nuremberg, *Josef Altstötter et al.*, Urt. v. 4. Dezember 1947, in: Trials of War Criminals Before the Nuremberg Military Tribunals under Control Council Law No. 10. Bd. III, S. 954 (978 f.); siehe dazu auch *T. Meron*, AJIL 94 (2000), S. 78 (80) sowie *M. R. von Sternberg*, Brook. J. Int'l L. 22 (1996-1997), S. 111 (146) mit Verweis auf entsprechende Ausführungen des US-Chefanklägers in Nürnberg *Robert H. Jackson*.

lich unbestelltes Terrain, als er sich in seiner ersten Entscheidung, dem Korfu-Kanal-Fall, einer ähnlichen Argumentationsfigur bediente. Albanien, so der Gerichtshof dort, sei völkerrechtlich verpflichtet gewesen, den die Straße von Korfu in friedlicher Absicht passierenden britischen Kriegsschiffen die Gefahr anzuzeigen, die von den in der Meerenge ausgelegten Seeminen ausging. Doch diese Pflicht, so der IGH, beruhe nicht auf der VIII. Haager Konvention,[479] die ja nur in Kriegszeiten Anwendung finde, sondern

> „on certain general and well-recognized principles, namely : elementary considerations of humanity, even more exacting in peace than in war ; the principle of the freedom of maritime communication ; and every State's obligation not to allow knowingly its territory to be used for acts contrary to the rights of other States.“ [480]

In der Sache, so ist im Schrifttum heute teilweise zu lesen, habe der IGH damit die *Martens*'sche Klausel aufgegriffen und ihr auch jenseits des humanitären Völkerrechts zur Anwendung verholfen.[481] Die qualifizierende Bemerkung, die bemühten Erwägungen der Menschlichkeit seien „even more exacting in peace than in war“ legt diese Interpretation tatsächlich nahe. Sie scheint einerseits davon auszugehen, dass die Verbindlichkeit der Humanitätserwägungen im Kriegsfall außer Zweifel steht, und deutet andererseits zugleich einen Erst-Recht-Schluss an, mit dem der Gerichtshof die Übertragung auf Friedenszeiten zu rechtfertigen scheint. Angesichts des fehlenden Verweises auf die *Martens*'sche Klausel und des Ausbleibens eines jeden Versuchs, die Rechtsgeltung der zitierten Prinzipien detailliert nachzuweisen, konnte sich die zeitgenössische Rezeption jedoch des Eindrucks nicht erwehren, der Gerichtshof kreiere Rechtsprinzipien *ex nihilo*.[482] Und so fällt deren Zuordnung zu einer der gängigen Völkerrechtsquellen auch heute noch

---

[479] *Abkommen über die Legung von unterseeischen selbsttätigen Kontaktminen* v. 18. Oktober 1907, RGBl. 1910, S. 231 (375).

[480] IGH, *Corfu Channel*, Merits, ICJ Rep 1949, S. 4 (22).

[481] *T. Rensmann*, ZaöRV 68 (2008), S. 111 (113); *M. R. von Sternberg*, Brook. J. Int'l L. 22 (1996-1997), S. 111 (142); *M. Zagor*, in: K. Bannelier/T. Christakis/S. Heathcote (Hrsg.), The ICJ and the Evolution of International Law. The enduring impact of the Corfu Channel case, 2012, S. 264 (264).

[482] So etwa *Q. Wright*, AJIL 43 (1949), S. 491 (494); siehe auch *F. O. Raimondo*, LJIL 20 (2007), S. 593 (597) für weitere Nachweise.

schwer und bisweilen auch höchst unterschiedlich aus.[483] Während manche Autoren das vom IGH bemühte Humanitätsprinzip im Völkergewohnheitsrecht verankert sehen[484] oder es als Indiz dafür deuten, dass die moralische Richtigkeit einer Regel zur Begründung ihres Rechtscharakters auch dann hinreicht, wenn sich die fragliche Regel keiner Rechtsquelle zuordnen lässt,[485] betrachten es andere als allgemeinen Rechtsgrundsatz im Sinne des Art. 38 Abs. 1 lit. c IGH-Statut.[486] Nicht selten wird es gar dem Bereich des völkerrechtlichen *soft law* zugerechnet und seine Rechtsqualität gänzlich in Zweifel gezogen.[487] *Kjetil Larsen* etwa erklärt, die „considerations of humanity [...] can, at best, be perceived as a moral obligation".[488] *Yoram Dinstein* meint, sie seien lediglich meta-juridischer Natur und folglich „not as le-

---

[483] Siehe *E. Carpanelli*, in: L. Pineschi (Hrsg.), General Principles of Law – The Role of the Judiciary, 2015, S. 125 (134 ff.) und *M. Zagor*, in: K. Bannelier/T. Christakis/S. Heathcote (Hrsg.), The ICJ and the Evolution of International Law. The enduring impact of the Corfu Channel case, 2012, S. 264 (266 f.) je m.w.N.

[484] *G. S. Corn*, Humanity, Principle of, in: MPEPIL (online edition), Stand: Juli 2013, Rdn. 1; *T. Meron*, Human Rights and Humanitarian Norms as Customary International Law, 1989, S. 108 f. mit und in Fn. 77.

[485] In diese Richtung tendiert etwa *D. Lefkowitz*, in: S. Besson/J. Tasioulas (Hrsg.), The Philosophy of International Law, 2010, S. 187 (189 f.); in dieselbe Richtung auch *J. Klabbers*, Int'l Legal Theory 8 (2002), S. 29 (32 f.); vgl. ferner *dens.*, in: J. Kammerhofer/J. d'Aspremont (Hrsg.), International Legal Positivism in a Post-Modern World, 2014, S. 264 (275), der die Humanitätserwägungen der Moral zuordnet.

[486] *H. Thirlway*, The Sources of International Law, 2014, S. 98, 102; so auch IGH, *Nuclear Weapons*, Written Comments Nauru, 15. Juni 1995, S. 13 und JStGH, *Prosecutor v. Kupreškić et al.*, Case No IT-95-16-T, Trial Chamber, Urt. v. 14. Januar 2000, Rdn. 524.

[487] *Y. Dinstein*, in: K. M. Larsen/C. G. Cooper/G. Nystuen (Hrsg.), Searching for a ‚Principle of Humanity' in International Humanitarian Law, 2013, S. 72 (72 f.); *F. Francioni*, in: FS Jennings, 1996, S. 167 (169); *K. M. Larsen*, in: ders./C. G. Cooper/G. Nystuen (Hrsg.), Searching for a ‚Principle of Humanity' in International Humanitarian Law, 2013, S. 124 (143); zweifelnd offenbar auch *K. Månsson*, in: K. M. Larsen/C. G. Cooper/G. Nystuen (Hrsg.), Searching for a ‚Principle of Humanity' in International Humanitarian Law, 2013, S. 149 (173), die meint, das „legal standing of the principle of humanity" sei „diffuse".

[488] *K. M. Larsen*, in: ders./C. G. Cooper/G. Nystuen (Hrsg.), Searching for a ‚Principle of Humanity' in International Humanitarian Law, 2013, S. 124 (143).

gal norms but as extra-legal considerations" zu verstehen.[489] Und selbst in der Rechtsprechung des IGH scheint sich diese Skepsis widerzuspiegeln. So sah sich der IGH in den beiden verbundenen Südwestafrika-Verfahren mit der Frage konfrontiert, ob – wie er es selbst formulierte – „humanitarian considerations are sufficient in themselves to generate legal rights and obligations".[490] Seine Antwort war deutlich:

> „The Court does not think so. It is a court of law, and can take account of moral principles only in so far as these are given a sufficient expression in legal form. [...] Humanitarian considerations may constitute the inspirational basis for rules of law, just as, for instance, the preambular parts of the United Nations Charter constitute the moral and political basis for the specific legal provisions thereafter set out. Such considerations do not, however, in themselves amount to rules of law."[491]

Die Berufung auf die „elementary considerations of humanity" in der Rechtsprechung des IGH bereits deshalb allgemein als systemfremde, rechtlich belanglose Rhetorik abzutun, würde der Argumentationsfigur indes nicht gerecht, und das aus gleich mehreren Gründen.[492]

Erstens lassen sich die zitierten Ausführungen des Gerichtshofs in dessen Südwestafrika-Entscheidung mit der Folgerechtsprechung des Gerichtshofs kaum vereinbaren. Als sich dieser im Nuklearwaffenverfahren mit dem Argument einiger Staaten konfrontiert sah, der Einsatz nuklearer Waffen sei bereits „by their nature illegal under customary international law, by virtue of the fundamental principle of humanity",[493] stellte er, anders als noch in seiner Südwestafrika-Entscheidung, keinesfalls in Frage, dass sich auf Grundlage dieses Humanitätsprinzips überhaupt zu einer *rechtlichen* Entscheidung kommen lasse. Vielmehr verhalf er dessen Rechtscharakter zu einer zumindest impliziten Bestätigung, indem er feststellte, der Einsatz atomarer Waffen sei an den im bewaffneten Konflikt anwendbaren *Rechts*regeln und -prinzipien zu messen, in deren Zentrum er ausdrücklich auch „the overriding

---

[489] *Y. Dinstein*, in: K. M. Larsen/C. G. Cooper/G. Nystuen (Hrsg.), Searching for a ‚Principle of Humanity' in International Humanitarian Law, 2013, S. 72 (73).

[490] IGH, *South West Africa Cases*, Second Phase, ICJ Rep 1966, S. 6 (34).

[491] Ebd.

[492] Mit anderer Begründung ebenso *B. Schlütter*, Developments in Customary International Law, 2010, S. 149 f.

[493] IGH, *Nuclear Weapons*, Avisory Opinion, ICJ Rep 1996, S. 226 (262).

consideration of humanity" verortete.[494] Noch entschieden deutlicher kommt die rechtliche Funktion dieser Menschlichkeitserwägungen in der Nicaragua-Entscheidung des Gerichtshofs zum Tragen. Als die Haager Richter dort unter anderem erneut über eine unterlassene Warnung vor unterseeischen Minen zu befinden hatten, stützten sie ihr Rechtswidrigkeitsurteil unter ausdrücklicher Inbezugnahme der Korfu-Kanal-Entscheidung auf den Bruch elementarer Erwägungen der Menschlichkeit.[495] Als „fundamental general principles of humanitarian law"[496] lägen diese, so begründeten die Richter deren Rechtsgeltung, den besonderen Einzelbestimmungen der auch in der Korfu-Kanal-Entscheidung beiläufig erwähnten VIII. Haager Konvention zugrunde. Ja, in Teilen seien deren Bestimmungen „no more than the expression of such principles"[497]. Und auch die Regeln des gemeinsamen Art. 3 der Genfer Konventionen spiegelten, so erklärt der Gerichtshof unter Berufung auf die in den Kündigungsvorschriften der Konventionen ebenfalls übereinstimmend enthaltene *Martens*'sche Klausel, lediglich „elementary considerations of humanity" wider; die Verpflichtung, jene einzuhalten, „does [therefore] not derive only from the Conventions themselves, but from the general principles of humanitarian law, to which the Conventions merely give specific expression".[498] Aus der rechtlichen Bedeutung des Humanitätsprinzips machen diese Passagen – ungeachtet der teilweise etwas verwirrenden Gleichsetzung von „elementary considerations of humanity" und „(fundamental) general principles of humanitarian law" – kein Geheimnis. Denn sie sind es, deren „Bruch" das Rechtswidrigkeitsurteil der Entscheidung (jedenfalls in Teilen) begründet; sie sind es, die die konventionelle Setzung einiger Bestimmungen der VIII. Haager Konvention als bloße Abschrift ohnehin geltender Rechtsgebote erscheinen lassen; und schließlich sind ebenfalls sie es, denen die Regeln des Art. 3 der Genfer Konventionen ihre nichtvertragliche Verbindlichkeit verdanken. Im Lichte des Nuklearwaffengutachtens und der Nicaragua-Entscheidung erscheinen die vom IGH bemühten elementaren Erwägungen der Menschlichkeit daher unzweifelhaft als *Rechts*prinzip.

---

[494] Ebd.

[495] IGH, *Nicaragua*, Merits, ICJ Rep 1986, S. 14 (112).

[496] Ebd., S. 113.

[497] Ebd.

[498] Ebd., S. 114.

Durchsucht man die drei einschlägigen Entscheidungen – Korfu-Kanal, Nicaragua und Nuklearwaffen – auf eine Begründung dafür, weshalb die zitierten Humanitätserwägungen Verbindlichkeit beanspruchen können, so zeigt sich zweitens auch hier, dass der Gerichtshof selbst jedenfalls von deren Rechtscharakter ausging. Die entscheidende Passage der Korfu-Kanal-Entscheidung etwa kommt mit dem Hinweis, die „elementary considerations of humanity" seien „general and well-recognized principles" der Formulierung des Art. 38 Abs. 1 lit. c IGH-Statut so nahe, dass es geradezu zwingend erscheint, anzunehmen, der Gerichtshof selbst habe das Humanitätsprinzip für einen allgemeinen Rechtsgrundsatz gehalten.[499] Jedenfalls nach dem hier zugrunde gelegten Verständnis allgemeiner Rechtsgrundsätze[500] kann sich diese Interpretation auch auf die Nicaragua-Entscheidung stützen. Denn der Gerichtshof gewinnt das Humanitätsprinzip dort im Wege abstrahierender Induktion aus den Bestimmungen der VIII. Haager Konvention und beruft sich zu dessen Begründung folglich auf die implizite Anerkennung des Prinzips in bestehenden völkervertraglichen Regeln. Mit den oben angestellten Überlegungen[501] lässt sich der Humanitätsgrundsatz folglich auch in der Nicaragua-Entscheidung als *in foro internationalis* gewonnener allgemeiner Rechtsgrundsatz verstehen. Die Verbindlichkeit eines moralischen Grundsatzes – und gerade als solchen stuft die Südwestafrika-Entscheidung die Humanitätserwägungen ja ein – mit dessen allgemeiner Anerkennung, gar einer solchen in vertrags*recht*lichen Regeln, zu begründen und ihn folglich als gesetzte Norm zu verstehen, wäre hingegen schon aus philosophischer Perspektive ungewöhnlich.[502] Und auch die ebenfalls in der Nicaragua-Entscheidung anzutreffende Identifikation der „elementary considerations of humanity" mit den in der *Martens*'schen Klausel in Bezug genommenen „laws of humanity" belegt den Rechtscharakter des vom IGH bemühten Humanitätsprinzips. Denn keinesfalls war es die Intention der *Martens*'schen Klausel, lediglich auf moralische Gesetze zu verweisen. Die Formulierung „principles of the law of nations, as they result from [...] the laws of humanity" zeigt das deutlich. Auch die Argumentationsfiguren, deren sich der Gerichtshof zur Begründung der Verbindlichkeit der elementaren Erwägungen der Menschlichkeit bedient, lassen daher

---

[499] Kritisch dazu *H. Waldock*, RdC 106 (1962), S. 1 (62).

[500] Siehe oben S. 249 ff., insbes. 262 ff.

[501] Ebd.

[502] Vgl. *H. L. A. Hart*, The Concept of Law, 2. Aufl. 1994, S. 175 f.

kaum einen anderen Schluss zu: Im Verständnis des IGH ist das Humanitätsprinzip ein Rechtsprinzip.

Drittens steht dieser These bei genauerer Überlegung auch die Südwestafrika-Entscheidung nicht entgegen. Denn dass diese die Humanitätserwägungen zu moralischen Grundsätzen ohne rechtliche Bedeutung degradiert, dürfte auf den zweiten Blick damit zu erklären sein, dass die „humanitarian considerations", mit denen sich der IGH dort beschäftigt, mit den „elementary considerations of humanity" aus den anderen Entscheidungen nicht identisch sind. Dafür spricht nicht nur die – zugegebenermaßen nur geringe – Abweichung in der Formulierung, sondern vor allem die Feststellung, dass der IGH in seiner Südwestafrika-Entscheidung die Berufung auf die diskutierten „humanitarian considerations" weder in Anführungszeichen setzt noch zu deren Lokalisierung die Korfu-Kanal-Entscheidung zitiert. Sowohl in der Nicaragua-Entscheidung als auch im Nuklearwaffengutachten hingegen kommt (beinahe)[503] keine Inbezugnahme der Humanitätserwägungen ohne den Verweis auf die Korfu-Kanal-Entscheidung aus. Zudem wäre, hätte der Gerichtshof in der Nicaragua-Entscheidung und im Nuklearwaffengutachten tatsächlich dieselben Menschlichkeitsgrundsätze herangezogen, denen er in seiner Südwestafrika-Entscheidung zuvor noch jede rechts- und rechtspflichtenbegründende Funktion abgesprochen hatte, auch andersherum zu erwarten gewesen, dass er sich mit dieser auseinandersetzt und ausdrücklich von dieser abgrenzt. Beides jedoch ist nicht der Fall. Weder die Entscheidung selbst, noch die teilweise auch im Hinblick auf die Bedeutung des Humanitätsprinzips sehr ausführlichen Sondervoten[504] gehen auf die Entscheidung im Südwestafrika-Fall ein. Die zitierte Passage der Südwestafrika-Entscheidung scheint daher weniger die rechtliche Bedeutung des allgemeinen Humanitätsprinzips in Frage zu stellen, sondern sich vielmehr auf diejenigen „humanitarian considerations" zu beziehen, die die Klägerstaaten mit dem streitbefangenen Konzept des in Art. 22 der Völkerbundsatzung angelegten „sacred trust of civilization" verbunden sahen, Erwägungen also, die jenseits des Mandatssystems des Völkerbunds keine Bedeutung entfalten. Auch die Absage an den Rechtscharakter der Erwägungen ist folglich auf dieses spezielle Konzept beschränkt. Die abweichende Mei-

[503] Die soweit ersichtlich einzige Ausnahme bildet der Verweis auf die „overriding considerations of humanity" bei IGH, *Nuclear Weapons*, Avisory Opinion, ICJ Rep 1996, S. 226 (262).

[504] Siehe insbes. die Diss. Op. von Richter Shahabuddeen, ICJ Rep 1996, S. 375 (405 ff.)

nung des Richters *Padrilla Nervo* zeigt das deutlich. Denn sie bezieht die Absage, die die Mehrheitsmeinung dem Rechtscharakter der „humanitarian considerations" erteilt, eindeutig auf die Figur des „sacred trust of civilization" und setzt dem die Klarstellung entgegen: „The sacred trust is not only a moral idea, it has also a legal character and significance; it is in fact a legal principle."[505] Den Rechtscharakter des Humanitätsprinzips stellt die Südwestafrika-Entscheidung daher nicht in Frage.

Er findet sich schließlich fünftens auch in der Rezeption durch andere Gerichte und einigen Sondervoten deutlich bestätigt. So erklärte etwa Richter *Fouad Ammoun* in einem Sondervotum zum Namibia-Gutachten des IGH, die „most essential principles of humanity" seien „principles protected by the sanction of international law".[506] Ähnlich schlug auch Richter *Abdul Koroma* in seiner abweichenden Meinung im Nuklearwaffenverfahren das „principle of humanity" dem „*law*, which has been formulated and codified to restrict the use of various weapons and methods of warfare"[507] zu und rechnete es damit ausdrücklich zu den „rules of international *law* applicable in armed conflict".[508] Deutlicher noch wurde sein Richterkollege *Mohamed Shahabuddeen*. Gestützt auf Feststellungen des Gerichtshofs zum gewohnheitsrechtlichen Status der *Martens*'schen Klausel, führte er aus, weshalb seiner Ansicht nach „considerations of humanity could themselves exert legal force"[509] und hielt selbst nach Abwägung aller Einwände an seiner Überzeugung fest, dass „considerations of humanity give rise in themselves to obligations of a legal character".[510] Bereits der Internationale Militärgerichtshof in Nürnberg hatte zuvor ähnlich argumentiert und sich unter anderem auf die „laws of humanity" gestützt, um zu begründen, dass die

[505] IGH, *South West Africa Cases*, Second Phase, Diss. Op. Padrilla Nervo, ICJ Rep 1966, S. 443 (451).

[506] IGH, *Legal Consequences for States of the Continued Presence of South Africa in Namibia*, Advisory Opinion, Sep. Op. Ammoun, ICJ Rep 1971, S. 67 (81).

[507] IGH, *Nuclear Weapons*, Advisory Opinion, Diss. Op. Koroma, ICJ Rep 1996, S. 556 (558) (eigene Hervorhebung).

[508] Ebd. (eigene Hervorhebung).

[509] IGH, *Nuclear Weapons*, Advisory Opinion, Diss. Op. Shahabuddeen, ICJ Rep 1996, S. 375 (408).

[510] Ebd., S. 407 unter Verweis auf *G. Fitzmaurice*, The Law and Procedure of the International Court of Justice, Bd. I, 1986, S. 17 Fn. 4.

Strafverfahren gegen NS-Kriegsverbrecher den Grundsatz *nulla poena sine lege* nicht verletzen.[511] Die Klausel, so führte der Militärgerichtshof an anderer Stelle zur Begründung aus, erhebe die in ihr enthaltenen „laws of humanity“ zum „legal yardstick to be applied if and when the specific provisions of the Convention (...) do not cover specific cases“.[512] Hinsichtlich dieser Funktion des Humanitätsprinzips zeigt sich der JStGH etwas zurückhaltender. Die *Martens*'sche Klausel, so der Strafgerichtshof in seiner Kupreškić-Entscheidung, „may not be taken to mean that the ‚principles of humanity‘ [...] have been elevated to the rank of independent sources of international law“.[513] An deren Rechtscharakter jedoch, lässt ihn dies nicht zweifeln; vielmehr seien die „elementary considerations of humanity“, die der IGH zu Recht betont habe, „illustrative of a general principle of international law“.[514] Daneben hat mittlerweile auch der ISGH das Humanitätsprinzip für seine Rechtsprechung entdeckt und ihm dabei ebenfalls eine genuin rechtliche Gestalt verliehen. Denn ausgehend von der Überzeugung, dass „[c]onsiderations of humanity must apply in the law of the sea as they do in other areas of international law“ begründet er die Rechtspflicht, bei der Arrestierung eines Schiffes den Einsatz von Gewalt weitmöglichst zu umgehen und ihn gegebenenfalls auf das unvermeidliche Maß zu reduzieren, unmittelbar auf Erwägungen der Menschlichkeit zurück.[515]

---

[511] So etwa US Military Tribunal Nuremberg, *Josef Altstötter et al.*, Urt. v. 4. Dezember 1947, in: Trials of War Criminals Before the Nuremberg Military Tribunals under Control Council Law No. 10. Bd. III, S. 954 (978 f.); siehe dazu auch *T. Meron*, AJIL 94 (2000), S. 78 (80) sowie *M. R. von Sternberg*, Brook. J. Int'l L. 22 (1996-1997), S. 111 (146) mit Verweis auf entsprechende Ausführungen des US-Chefanklägers in Nürnberg *Robert H. Jackson*.

[512] US Military Tribunal Nuremberg, *Krupp et al.*, Urt. v. 31. Juli 1948, in: Trials of War Criminals Before the Nuremberg Military Tribunals under Control Council Law No. 10. Bd. IX, S. 1326 (1340).

[513] JStGH, *Prosecutor v. Kupreškić et al.*, Case No IT-95-16-T, Trial Chamber, Urt. v. 14. Januar 2000, Rdn. 525.

[514] Ebd., Rdn. 524.

[515] ISGH, *The M/V ‚SAIGA‘ (No. 2)*, Merits, Urt. v. 1. Juli 1999, Rdn. 155; aufgegriffen in *Guyana-Suriname Arbitration*, RIAA XXX, S. 1 (112 f.); vgl. auch ISGH, *The ‚Juno Trader‘ Case*, Urt. v. 18. Dezember 2004, Rdn. 77. Zu einer abweichenden Lesart der Entscheidung *J. Rauber*, ZaöRV 75 (2015), S. 259 (295 f.).

All diese Beispiele belegen: Das Humanitätsprinzip findet von Seiten internationaler Gerichte nicht nur vielfach Anerkennung, auch seine Kategorisierung als Prinzip des Rechts wird durchweg geteilt. Die eingangs zitierte Passage der Südwestafrika-Entscheidung ist damit letztlich ein Unikat geblieben. Und jedenfalls mit Blick auf die Rechtsprechung erweist sich die Skepsis, mit der Teile des Schrifttums der These vom Rechtscharakter des Humanitätsprinzips noch immer gegenüberstehen, als unbegründet: Die internationale Judikatur hat den Grundsatz der Menschlichkeit für sich längst als Rechtsprinzip anerkannt.

b) Das Humanitätsprinzip im Lichte staatlicher Anerkennungspraxis

Bei alledem bleibt die Rechtsprechung für den Nachweis eines solchen Humanitätsprinzips lediglich Hilfsquelle. Sie mag es zu erkennen helfen, anerkennen jedoch müssen es andere. Und so hängt die Geltung des Humanitätsprinzips als allgemeiner Rechtsgrundsatz letztlich vor allem von einer entsprechenden Rechtsüberzeugung der Staaten selbst ab. Doch das optimistische Bild, das die Rechtsprechung zeichnet, spiegelt sich auch in der Anerkennungspraxis der Staaten wider: Nicht nur in unilateralen Stellungnahmen, gerichtlichen Plädoyers und Resolutionen internationaler Organisationen (dazu lit. aa) bekennen sich die Staaten zum Grundsatz der Humanität, auch in völkerrechtlich verbindlichen Verträgen (dazu lit. bb) und teilweise gar in Vorschriften des nationalen Rechts (dazu lit. cc) finden sich Anknüpfungspunkte für den Nachweis eines Humanitätsprinzips, das sich als allgemeiner Rechtsgrundsatz im Sinne des Art. 38 Abs. 1 lit. c IGH-Statut verstehen lässt.

aa) *Soft Law*: Präambeln, Resolutionen, Stellungnahmen

Sowohl thematisch als auch zeitlich sind die Anknüpfungspunkte, die sich im Bereich des weichen Rechts für ein internationales Humanitätsprinzip finden, weit gestreut. Bereits Ende des 19. Jahrhunderts erinnerte etwa das Institut de Droit International auf seinen Sitzungen in Lausanne und Hamburg daran, die Ausweisung von Ausländern müsse stets „in accordance with the requirements of humanity“ erfolgen; die Pflicht eines jeden Staates, die Ordnung im Inneren aufrechtzuerhalten, sei folglich mit derjenigen, die „laws of humanity“ zu respektieren, in einen Ausgleich zu bringen.[516] Als die UN-Völkerrechtskommission sich fünfzig Jahre später – unmittelbar nach Ergehen der Entscheidung des IGH im Korfu-Kanal-Fall[517] – mit der Ausarbeitung einer Erklärung über die Rechte und Pflichten der Staaten beschäftigte, war es der chinesische Vertreter *Shushi Hsu*, der anregte, den Entwurf um einen zusätzlichen Artikel zu ergänzen, um klarzustellen, dass die Staaten bei militärischen Einsätzen auch durch das „principle of humanity" verpflichtet seien.[518] Und als sich schließlich wiederum ein knappes halbes Jahrhundert später der Rechtsausschuss der UN-Generalversammlung mit den Vorarbeiten zum Rom-Statut des IStGH befasste, forderte der Vertreter Bahrains unter ausdrücklicher Inbezugnahme der Rechtsprechung des IGH, die in Art. 28 des Statuts enthaltene Aufzählung der vom IStGH anzuwendenden Rechtsquellen solle um die in der Korfu-Kanal-Entscheidung herangezogenen „considerations of humanity" ergänzt werden.

Die staatlichen Bekenntnisse zum Humanitätsprinzip sind, das lassen diese Beispiele deutlich werden, oft disparate Einzelfälle, die vollständig abzubilden kaum möglich sein dürfte. Insbesondere an drei Referenzbereichen jedoch lässt sich die Anerkennungspraxis gut skizzieren: dem Völkerrecht der Zivilluftfahrt, dem humanitären Völkerrecht und dem Bereich internationaler Katastrophenhilfe.

(1) Humanitätserwägungen im „weichen" Völkerrecht der internationalen Zivilluftfahrt

Als am 27. Juli 1955 ein israelisches Passagierflugzeug unbeabsichtigt in den bulgarischen Luftraum eindrang und vom bulgarischen Militär daraufhin ohne Vorwarnung abgeschossen wurde, berief sich Großbritannien vor dem IGH auf die in der Korfu-Kanal-Entscheidung bemühten elementaren Erwägungen der Menschlichkeit. Durch diese, so Großbri-

---

[516] Siehe zur Lausanne-Session: Annuaire de l'Institut de droit international, Bd. X (1888-1889), S. 236; zur Hamburg-Session: Annuaire de l'Institut de droit international, Bd. XI (1889-1892), S. 276.

[517] Die Entscheidung des IGH erging am 9. April 1949, die Session der Völkerrechtskommission fand vom 12. April bis zum 9. Juni 1949 statt, siehe http://legal.un.org/ilc/sessions/1/ (geprüft am 3. August 2016).

[518] *Report of the ILC Covering its First Session*, YBILC 1949, Bd. I, S. 277 (289). In der Sache wurde das auch von keinem der anderen Staaten bestritten, aus systematischen Gründen wurde ein entsprechender Artikel letztlich aber doch nicht aufgenommen.

tannien, werde deutlich, „that international law condems actions by States which in time of peace unnecessarily or recklessly involve risk to the lives of the nationals of other States or destruction of their property".[519] Noch deutlicher wurde Israel selbst. Der Abschuss der israelischen Passagiermaschine stelle, so trug es vor, einen klaren Bruch des Völkerrechts dar[520] und ergänzte unter Berufung auf die Korfu-Kanal-Entscheidung:

> „The basis of this contention is the rule that when measures of force are employed to protect territorial sovereignty, whether on land, on sea or in the air, their employment is subject to the duty to take into consideration the elementary obligations of humanity [...]."[521]

Die Reaktionen, die der Abschuss eines koreanischen Linienflugzeugs durch das russische Militär im September 1983 hervorrief, lesen sich ähnlich. Ein derartiger Einsatz von Gewalt gegen die internationale Zivilluftfahrt sei, so formulierte ein damals unter anderem von Australien, Kanada, Kolumbien, Thailand, Frankreich, Deutschland und den USA in den Sicherheitsrat eingebrachter Resolutionsentwurf, unvereinbar mit den „norms governing international behaviour and elementary considerations of humanity".[522] In der Abstimmung fand die Resolution neun Befürworter, darunter neben einigen der Initiatoren der Resolution auch Zaire, Malta, die Niederlande, Jordanien und Toga. Sie scheiterte letztlich jedoch erwartungsgemäß am Veto der Sowjetunion.[523] Ob man der Resolution indes tatsächlich die Überzeugung entnehmen kann, dass die zitierten Menschlichkeitserwägungen Rechtscharakter genießen, scheint angesichts der sprachlichen Gegenüberstellung, die die Resolution zwischen Normen einerseits, Menschlichkeitserwägungen andererseits vornimmt, zunächst zweifelhaft. Ein Blick in die Protokolle der vorangegangenen Diskussionen jedoch mildert diesen Zweifel zumindest ab. Denn hinsichtlich der zitierten Humanitätserwägungen betonte der Vertreter der Vereinigten Staaten dort: „If

---

[519] IGH, *Aerial Incident of 27 July 1955* (UK v. Bulgaria), Memorial UK, 28. August 1958, ICJ Pleadings, S. 331 (358).

[520] IGH, *Aerial Incident of 27 July 1955* (Israel v. Bulgaria), Memorial Israel, 2. Juni 1958, ICJ Pleadings, S. 45 (84).

[521] Ebd.; interessant auch der dortige Hinweis darauf, dass in der Korfu-Kanal-Entscheidung „[t]he Court was merely applying an already existing principle of international law to the particular circumstances of that case".

[522] Resolutionsentwurf v. 8. September 1983, UN Doc. S/15966.

[523] SC, Verbatim Record of the 2476th Meeting, UN Doc. S/PV.2476, S. 12.

there were no other relevant rules, these well-recognized principles of humanity would rule out shooting down a passenger plane [...]."[524]

Ein Brief, den der ständige Vertreter von Honduras im Mai 1984 an den Generalsekretär der Vereinten Nationen richtete, zeichnet ein ähnliches Bild.[525] Das Militär Nicaraguas, so beklagt Honduras dort, habe einen honduranischen Hubschrauber, der mit 4 Zivilisten und 4 Soldaten besetzt gewesen sei, im Luftraum Nicaraguas ohne vorherige Warnung abgeschossen. Für diese unrechtmäßige Handlung, ja für dieses Verbrechen sei Nicaragua völkerrechtlich verantwortlich, denn, so die einzige Begründung, die der Brief für dieses Rechtswidrigkeitsurteil liefert, Nicaragua habe damit elementare Erwägungen der Menschlichkeit unbeachtet gelassen.

Nur vier Jahre später war es der Iran, der sich in einer vergleichbaren Situation ebenfalls auf das Humanitätsprinzip berief. Ein im persischen Golf stationiertes US-Kriegsschiff hatte ein sich näherndes iranisches Linienflugzeug irrigerweise für einen feindlichen Kampfjet gehalten und es abgeschossen. Die 290 Insassen starben. Der Iran rief den Internationalen Gerichtshof an und sah im Verhalten der Vereinigten Staaten unter anderem „a flagrant violation of [...] elementary considerations of humanity",[526] denn aus diesen Menschlichkeitserwägungen folge die Pflicht, „that a state, over and above its obligation not to use force against civil aircraft, is also under a duty not to act in such a manner as to place civil aviation unnecessarily or unreasonably in danger".[527] Die Bedeutung dieses Prinzips, so argumentierte der Iran unter Berufung auf die Korfu-Kanal-Entscheidung, sei „even more exacting in time of peace – when there is little likelihood that any resort to the use of force is either necessary or legitimate".[528]

Vor dem Hintergrund dieser Geschehnisse beschloss die Internationale Zivilluftfahrtsorganisation, die Chicagoer Konvention um einen klarstellenden Art. 3 *bis* zu ergänzen, der unter anderem Gewalt gegen zivile Luftfahrzeuge verbietet und Regelungen für Fälle eines unautorisier-

---

[524] SC, Verbatim Record of the 2470th Meeting, UN Doc. S/PV.2470, S. 5.

[525] Letter dated 10 May 1984 from the Permanent Representative of Honduras to the United Nations addressed to the Secretary-General, UN Doc. A/39/253.

[526] IGH, *Case Concerning the Aerial Incident of 3 July 1988* (Iran v. USA), Memorial Iran, 24. Juli 1990, S. 3.

[527] Ebd., S. 190.

[528] Ebd.

ten Eindringens in fremden Luftraum trifft. Das entsprechende Protokoll,[529] dessen Präambel sich ebenfalls dazu bekennt, „that in keeping with elementary considerations of humanity the safety and the lives of persons on board civil aircraft must be assured", haben mittlerweile 152 Staaten ratifiziert.[530] Als kubanische Streitkräfte im Februar 1996 zwei zivile amerikanische Leichtflugzeuge gewaltsam zum Absturz brachten, wurde das Vorgehen denn auch zunächst vom Rat der Internationalen Zivilluftfahrtorganisation[531] und kurz darauf auch vom UN-Sicherheitsrat[532] als „incompatible with [...] the rules of customary international law as codified in Article 3 *bis* of the Convention on International Civil Aviation" verurteilt. Daneben erklärten beide Resolutionen das Vorgehen für mit „elementary considerations of humanity" unvereinbar. Nicht alle der beteiligten Staaten allerdings verstanden diese Referenz als Verweis auf ein Rechtsprinzip. Polen etwa bezweifelte, dass es nötig sei, völkerrechtliche Regeln zu zitieren, um zu belegen, dass zivile Flugzeuge nicht abgeschossen werden dürfen. Der Verweis auf die – demnach offenbar nicht als Rechtsprinzip verstandenen – Humanitätserwägungen sei dafür völlig ausreichend.[533] Russland hingegen stellte das Humanitätsprinzip ausdrücklich in eine Reihe mit dem Souveränitätsgrundsatz[534] und legte damit die Rechtsqualität des ersteren zumindest nahe. Und die amerikanische Außenministerin *Albright* sprach gar ausdrücklich von einer Verletzung der „elementary considerations of humanity" und nannte sie in einem Atemzug mit einer Reihe anderer Rechtsprinzipien.[535] Schließlich verurteilte die Internationale Zivilluftfahrtorganisation auch die Terrorangriffe des 11. September als „contrary to elementary considerations of humanity", ergänzte indes auch dies um die zusätzliche Feststellung, dass die Angriffe (auch) „vi-

---

[529] *Protocol relating to the amendment to the Convention on International Civil Aviation* v. 10. Mai 1984, ILM 23 (1984), S. 705.

[530] Siehe http://www.icao.int/secretariat/legal/List%20of%20Parties/3bis_EN.pdf (geprüft am 3. August 2016).

[531] ICAO, Consideration of the Report on the 24 February 1996 Shootdown of Civil Aircraft off Cuba, ICAO Res., 27. Juni 1996, ICAO Doc. PIO 6/96.

[532] SR Res. 1067 v. 26. Juli 1996, UN Doc. S/RES/1067 (1996).

[533] SC, Verbatim Record of the 3683th Meeting, UN Doc. S/PV.3683, S. 19.

[534] Ebd., S. 23.

[535] Ebd., S. 3.

olations of international law" darstellten.[536] Der Rechtscharakter der Menschlichkeitserwägungen ist durch diese getrennte Nennung der Menschlichkeitserwägungen und des Völkerrechts freilich nicht notwendigerweise in Frage gestellt, die Bedeutung, die ihrer Nennung für den Nachweis eines entsprechenden allgemeinen Rechtsgrundsatzes zukommt, nimmt dadurch dennoch tendenziell ab.

Versucht man sich auf Grundlage dieser Indizien an einer zwischenzeitlichen Bestandsaufnahme für den Bereich des Luftfahrtvölkerrechts, so zeigt sich eine leichte Diskrepanz zwischen unilateralen und gemeinschaftlichen Stellungnahmen: Multilaterale Deklarationen, die sich auf Humanitätserwägungen berufen, sind meist vorsichtig formuliert. Über die Anerkennung eines entsprechenden *Rechts*grundsatzes geben sie nur in sehr begrenztem Umfang Aufschluss. Werden die „elementary considerations of humanity" hingegen von Einzelstaaten herangezogen, lassen die verwendeten Formulierungen an der Überzeugung von deren Rechtscharakter kaum einen Zweifel. Geographisch haben diese eindeutigen unilateralen Bekenntnisse zu einem humanitären Rechtsprinzip mittlerweile eine beachtliche Verbreitung erreicht, die mit der Unterstützung durch die USA, Honduras, Israel, Großbritannien und den Iran beinahe alle Kontinente erfasst.

(2) Humanitätserwägungen im „weichen" humanitären Völkerrecht

Im Bereich des humanitären Rechts findet sich mit der *Martens*'schen Klausel der zugleich älteste und prominenteste völkerrechtliche Ausdruck des Humanitätsprinzips. Trotz der Anerkennung, die die Klausel heute genießt, ist sie formal gesehen – jedenfalls in ihrer ursprünglichen Form – zunächst dem Bereich des *soft law* zuzurechnen.[537] Denn lediglich in ihrer Präambel weist die Haager Landkriegsordnung aus dem Jahre 1899 darauf hin, dass die Bevölkerungen und Kriegführenden auch in den Fällen, für die die Konvention selbst keine Regeln vorsieht, dem Schutz und der Herrschaft der „principes du droit des gens, tels qu'ils résultent des usages établis entre nations civilisées, des lois de

---

[536] ICAO, Declaration on Misuse of Civil Aircraft as Weapons of Destruction and other Terrorist Acts involving Civil Aviation, 5. Oktober 2001, ILM 41 (2002), S. 501 (501).

[537] Offenbar anderer Ansicht ist *F. Münch*, ZaöRV 36 (1976), S. 347 (348), der den entsprechenden Absätzen der Präambel „rechtliche Bedeutung" zuspricht. Zu harten völkerrechtlichen Normen, in denen sich die Klausel wiederfindet, siehe noch unten S. 384.

l'humanité et des exigence de la conscience publique" unterstehen.[538] Wortgleich findet sich diese Formulierung auch in der leicht geänderten Fassung aus dem Jahr 1907 wieder.[539] In neuerer Zeit hat die Klausel in leicht veränderter Form etwa in den Präambelbestimmungen der Konvention über konventionelle Waffen und denjenigen des Streumunitionsübereinkommens Ausdruck gefunden. Auch in Fällen, die die Konventionen nicht abdeckten, so die dortige Formulierung, bleibe der Schutz durch die „principles of international law derived from established custom, from the *principles* of humanity and from the dictates of public conscience" erhalten.[540] Inhaltlich dürfte diese sprachliche Umstellung von „laws" zu „principles of humanity" jedoch bedeutungslos sein.[541] Und so formuliert auch das Zweite Zusatzprotokoll zu den Genfer Konventionen in seiner Einführung, dass „in cases not covered by the law in force, the human person remains under the protection of the *principles* of humanity".[542] Insbesondere die Formulierung des zweiten Zusatzprotokolls gibt über die Anerkennung eines *rechtlichen* Humanitätsprinzips indes keinen Aufschluss, ja, sie lässt gar das Gegenteil vermuten. Denn indem sie den Prinzipien der Menschlichkeit gerade den Raum zuspricht, der vom geltenden Recht nicht abgedeckt wird, grenzt sie beide deutlich voneinander ab. Die Humanitätsprinzipien, so muss man daraus folgern, gehören dem geltenden Recht nicht an. Genau betrachtet, ist diese Kontrastierung von Prinzipien des Völker-

---

[538] *Abkommen, betreffend die Gesetze und Gebräuche des Landkriegs* v. 29. Juli 1899, RGBl. 1901, S. 423 (425 f. – Präambel, 9. Absatz). Neben dem oben zitierten französischen Originaltext findet sich dort auch die deutsche Übersetzung.

[539] *Abkommen, betreffend die Gesetze und Gebräuche des Landkriegs* v. 18. Oktober 1907, RGBl. 1910, S. 107 (109 – Präambel, 8. Absatz).

[540] *Convention on Prohibitions or Restrictions on the Use of Certain Conventional Weapons which may be Deemed to be Excessively Injurious or to have Indiscriminate Effects* v. 10. Oktober 1980, UNTS Bd. 1342, S. 137, BGBl. 1992 II, S. 959, Präambel, 5. Absatz (eigene Hervorhebung); *Convention on Cluster Munitions* v. 30. Mai 2008, UNTS Bd. 2688, S. 39, BGBl. 2009 II, S. 502, Präambel, 11. Absatz (eigene Hervorhebung).

[541] Ebenso *T. Meron*, AJIL 94 (2000), S. 78 (79); siehe auch *J. Gardam*, LJIL 14 (2001), S. 349 (358).

[542] *Protocol Additional to the Geneva Conventions of 12 August 1949, and relating to the Protection of Victims of Non-International Armed Conflicts (Protocol II)* v. 8. Juni 1977, UNTS Bd. 1125, S. 609, BGBl. 1990 II, S. 1637, Präambel, 4. Absatz (eigene Hervorhebung).

rechts einerseits und Menschlichkeitserwägungen andererseits auch den übrigen Formulierungen inhärent. Sie verstehen das Humanitätsprinzip als Quelle, aus der sich der Bestand völkerrechtlicher Normen speist. Denn die Prinzipien des Völkerrechts seien, so formuliert die Klausel, abgeleitet („derived") aus den Prinzipien der Menschlichkeit, diese selbst stehen damit aber zunächst außerhalb des Rechts. Allein die Ableitungen, nicht aber die Menschlichkeitserwägungen selbst, so ließe sich daher einwenden, erkennt die Klausel als rechtsverbindlich an. Doch scheint es müßig, allein aufgrund dieser Differenzierung anzunehmen, dass das Humanitätsprinzip in der *Martens*'schen Klausel nicht als Recht anerkannt worden sei. Denn abgesehen von der vermutlich zu verneinenden Frage, ob den verhandelnden Diplomaten die skizzierte Nuancierung bewusst war, so lässt sich die Differenzierung zwischen Humanitätsprinzip und dessen Ableitungen auch als Hinweis darauf lesen, dass die Humanitätserwägungen der Konkretisierung und gegebenenfalls der Abwägung mit Gegengründen[543] bedürfen, bevor aus ihnen ein definitives Sollen[544] und damit eine rechtsverbindliche Regel erwächst. Der Differenzierung läge dann ein verengtes Verständnis von Recht zugrunde, das lediglich definitive Sollensanordnungen, nicht aber deren *prima facie*-Gründe als Recht anerkennt. Auch ein solcher Rechtsbegriff änderte jedoch an der Feststellung nichts, dass auch die *Martens*'sche Klausel das Humanitätsprinzip als Grund rechtlicher Regeln anerkennt und ihm damit die gleiche Funktion zuweist, wie sie auch den hier gesuchten Rechtsprinzipien zukommt.[545] Jedenfalls funktional betrachtet, lässt sich den zitierten Präambelformulierungen daher die Anerkennung des Humanitätsprinzips als Rechtsprinzip und damit als Recht im hier verwendeten Wortsinn entnehmen. Die beiden Haager Abkommen wurden allerdings bis heute nur von 50 bzw. 36 Staaten ratifiziert und auch die Konventionen über Streumunition und konventionelle Waffen sind mit 84 bzw. 117 Vertragsparteien von einer universellen Mitgliedschaft noch deutlich entfernt.

Dessen ungeachtet haben sich etwa im Nuklearwaffenverfahren vor dem IGH zahlreiche Staaten auf das Humanitätsprinzip berufen, um die Rechtmäßigkeit des Einsatzes atomarer Waffen in Frage zu stellen. Die Salomon-Inseln etwa argumentierten, dass „the rules of law of

---

[543] Dazu noch unten S. 394 ff.

[544] Zur Abrenzung von definitivem und *prima facie*-Sollen bereits oben S. 175 ff.

[545] Zu Prinzipien als Regelgründen ausführlich oben S. 194 ff.

armed conflict and law governing friendly relations prohibit the use of nuclear weapons in any circumstances“, denn er verletze „the obligation to respect the principles of proportionality and humanity“.[546] Und auch Nauru bemerkte in seinem Schriftsatz:

> „General principles of law recognised by civilised nations would [...] seem to embody the principles of humanity and the public conscience. Inhumane weapons [...] are therefore prohibited.“[547]

Der Iran[548] und Neuseeland[549] stützten sich während der Anhörungen vor dem IGH auf ein ähnliches Argument, und auch Australien führte aus, Atomwaffen seien bereits „by their nature illegal under customary international law, by virtue of fundamental general principles of humanity“.[550]

Im Rahmen der Arbeitsgruppe der Regierungsexperten der Vertragsparteien der Streumunitionskonvention bekannte sich schließlich auch Frankreich indirekt dazu, einen jeden Waffeneinsatz im bewaffneten Konflikt am „principle of humanity“ messen zu müssen.[551] Und auf Anfrage der im Kontext des Protokolls über explosive Kampfmittelrückstände[552] eingerichteten Arbeitsgruppe gaben 42% der auskunftsbereiten Vertragsparteien an, das Humanitätsprinzip zähle zu den im bewaffneten Konflikt anwendbaren Rechtsprinzipien des humanitären

---

[546] IGH, *Nuclear Weapons*, Written Statement Solomon Islands, 20. Juni 1995, S. 26 f.

[547] IGH, *Nuclear Weapons*, Written Comments Nauru, 15. Juni 1995, S. 13.

[548] IGH, *Nuclear Weapons*, Public Sitting held on 6 November 1995, Verbatim Record, CR 95/26, S. 32 unter Berufung auf die *Martens*'sche Klausel.

[549] IGH, *Nuclear Weapons*, Public Sitting held on 9 November 1995, Verbatim Record, CR 95/28, S. 25.

[550] IGH, *Nuclear Weapons*, Public Sitting held on 30 October 1995, Verbatim Record, CR 95/22, S. 36 und 37 ff.

[551] Group of Governmental Experts of the High Contracting Parties to the Convention on Prohibitions or Restrictions on the Use of Certain Conventional Weapons, *Proposals Related to Technical Aspects of Cluster Weapons*, 7. April 2008, CCW/GGE/2008-II/WP.3, Rdn. 9.

[552] *Protocol on Explosive Remnants of War to the Convention on Prohibitions or Restrictions on the Use of Certain Conventional Weapons which may be deemed to be Excessively Injurious or to have Indiscriminate Effects (Protocol V)* v. 28. November 2003, UNTS Bd. 2399, S. 100.

Völkerrechts.[553] Sogar 97% der teilnehmenden Staaten stuften den mit dem Humanitätsgrundsatz eng verwandten Grundsatz der Verhältnismäßigkeit und immerhin noch 76% das aus ihm abgeleitete Verbot der Zufügung unnötigen Leidens als einschlägige Rechtsprinzipien ein.[554]

Um die Anerkennung des Humanitätsprinzips als allgemeinen Rechtsgrundsatz zu begründen, dürften indes auch diese zahlreichen Bekenntnisse aus dem Bereich des *soft law* noch nicht genügen. Noch zu gering ist die Anzahl der vertretenen Staaten. Erst im Lichte einer Betrachtung des harten Völkerrechts mag sich das anders darstellen.

(3) Humanitätserwägungen im weichen Recht der internationalen Katastrophenhilfe

Für den Bereich der internationalen Katastrophenhilfe verabschiedete die UN-Generalversammlung bereits 1991 eine Resolution, deren Annex unter anderem einige Leitprinzipien für humanitäre Hilfsaktionen festlegte. „Humanitarian assistance" , so sah die Resolution vor, „must be provided in accordance with the principles of humanity, neutrality and impartiality".[555] Formal betrachtet war der Text zwar weder ein rechtlich verbindliches Dokument, noch beabsichtigte die Generalversammlung, mit ihm den Grundstein für einen völkerrechtlichen Vertrag zu legen. Und dennoch dürfte er für die Rechtsüberzeugung der beteiligten Staaten ein keinesfalls unbedeutendes Indiz darstellen. Denn insbesondere im ersten, mit dem Titel „Leitprinzipien" überschriebenen Teil zeichnet sich der Resolutionsannex durch einen sprachlichen Duktus aus, der demjenigen völkerrechtlicher Verträge stark ähnelt. Er ist artikelförmig gegliedert, normative und imperative Formulierungen überwiegen. Die Pflicht zur Achtung des Humanitätsprinzips kleidet

---

[553] Group of Governmental Experts of the High Contracting Parties to the Convention on Prohibitions or Restrictions on the Use of Certain Conventional Weapons, *Report on States Parties' Responses to the Questionnaire on International Humanitarian Law & Explosive Remnants of War*, 27. März 2006, CCW/GGE/XIII/WG.1/WP.12/Add.1, Rdn. 2. Die Fragestellung war tatsächlich sogar noch enger. Die Vertragsparteien wurden gebeten, „to identify existing principles of IHL applicable to the use of force during an armed conflict which they consider to be relevant to the use of munitions, including submunitions, that may become ERW [i.e. explosive remnants of war]".

[554] Ebd.; siehe zu diesem Ableitungszusammenhang auch *N. Tsagourias*, in: ders. (Hrsg.) Transnational Constitutionalism, 2007, S. 71 (78).

[555] GV Res. v. 19. Dezember 1991, UN Doc. A/RES/46/182, Annex, Rdn. 2.

der Text dabei sogar in eine „Muss"-Bestimmung, während etwa die Pflicht, die Zustimmung des betroffenen Staates einzuholen, lediglich durch ein „should" eingeleitet wird. Und auch die Systematik des Annextextes betont die besondere Bedeutung und Verpflichtungswirkung des Humanitätsprinzips, steht es doch nicht nur in unmittelbarer Nähe der fraglos rechtlichen Pflicht, die Souveränität des betroffenen Staates zu respektieren, nein, es geht ihr sogar voran. Angesichts dieser sprachlichen wie systematischen Indizien musste ein Staat, der dieser Resolution seine Zustimmung gab, davon ausgehen, dass das Humanitätsprinzip auch in seiner verpflichtenden Wirkung nicht hinter derjenigen des Souveränitätsprinzips zurückbleibt.

Und so findet sich die Verpflichtung humanitärer Hilfsmissionen auf das Humanitätsprinzip nicht nur in der bereits im Folgejahr von UN-Generalsekretär *Boutros Boutros-Ghali* verkündeten *Agenda for Peace* wieder.[556] Vielmehr hat sie sich auch in der Arbeit der UN-Völkerrechtskommission zum Thema „Schutz von Personen im Falle von Katastrophen" niedergeschlagen.[557] Der zuständige Sonderberichterstatter *Valencia-Ospina* etwa erklärte: „Humanity as a legal principle is not limited to the obligation of humane treatment in armed conflict, but rather guides the international legal system both in war and peace."[558] Denn die Anerkennung der Menschlichkeit als Prinzip des Völkerrechts werde in zahlreichen Abkommen, Resolutionen und Gerichtsentscheidungen deutlich.[559] Art. 6 der von *Valencia-Ospina* vorgeschlagenen Entwurfsartikel zum Schutz von Personen in Katastrophenfällen weist denn auch erhebliche Ähnlichkeit zu dem oben zitierten Leitprinzip auf. Er sieht vor, dass „[r]esponse to disasters shall take place in accordance with the principles of Humanity, Neutrality and Impartiality".[560] In den folgenden Generalversammlungs- und Ausschussdebatten wurde dieser Teil des Entwurfs von zahlreichen Staaten

---

[556] Report of the Secretary General v. 17. Juni 1992, UN Doc. A/47/277, Rdn. 30.

[557] Der genaue Titel des von der Völkerrechtskommission seit dem Jahr 2007 untersuchten Themas lautet „The protection of persons in the event of disasters"; zu den bisherigen Arbeiten siehe http://legal.un.org/ilc/guide/6_3.shtml (geprüft am 3. August 2016).

[558] *E. Valencia-Ospina*, Third report on the protection of persons in the event of disasters by the Special Rapporteur, UN Doc. A/CN.4/629, Rdn. 41.

[559] Ebd., Rdn. 49.

[560] Ebd., Rdn. 50.

ausdrücklich begrüßt, darunter die Staaten der EU, Kroatien, Island, Montenegro, Mazedonien, Albanien, Bosnien und Herzegowina, Moldawien,[561] Chile,[562] die USA,[563] Pakistan,[564] Indonesien,[565] die Schweiz,[566] China[567] und Niger.[568] Der niederländische Vertreter betonte, das Humanitätsprinzip sei ein „important and distinct guiding principle";[569] Monaco nannte es „the veritable cornerstone of such protection under international law"[570]; Estland und Kuba erklärten ausdrücklich, das Humanitätsprinzip sei „well established in international law",[571] und auch die Vertreterin Russlands brachte die rechtliche Anerkennung des Humanitätsprinzips zum Ausdruck, indem sie erklärte „her delegation agreed on the need for compliance with the principles of humanity, neutrality and impartiality, as indicated in draft article 6".[572] Freilich formulierten nicht alle der den Entwurfsartikel unter-

[561] Siehe die Stellungnahme des Vertreters der EU, der auch im Namen der übrigen oben genannten Staaten sprach, in UN GAOR, Sixth Committee, 66th Session, 21st meeting, UN Doc. A/C.6/66/SR.21, S. 11. Gesondert drückten ihre Zustimmung noch die folgenden EU Staaten aus: Spanien (UN GAOR, Sixth Committee, 65th Session, 24th meeting, A/CN.4/65/SR.24, S. 14), Ungarn (UN GAOR, Sixth Committee, 65th Session, 21st meeting, UN Doc. A/C.6/65/SR.21, S. 6), Portugal (UN GAOR, Sixth Committee, 65th Session, 23rd meeting, UN Doc. A/C.6/65/SR.23, S. 3) und Tschechien (Ebd., S. 5).

[562] UN GAOR, Sixth Committee, 66th Session, 24th meeting, UN Doc. A/C.6/66/SR.24, S. 3.

[563] UN GAOR, Sixth Committee, 66th Session, 21st meeting, UN Doc. A/C.6/66/SR.21, S. 14.

[564] UN GAOR, Sixth Committee, 66th Session, 24th meeting, UN Doc. A/C.6/66/SR.24, S. 10.

[565] UN GAOR, Sixth Committee, 65th Session, 24th meeting, UN Doc. A/C.6/65/SR.24, S. 12.

[566] UN GAOR, Sixth Committee, 65th Session, 22nd meeting, UN Doc. A/C.6/65/SR.22, S. 7.

[567] Ebd., S. 10.

[568] UN GAOR, Sixth Committee, 66th Session, 23rd meeting, UN Doc. A/C.6/66/SR.23, S. 12.

[569] UN GAOR, Sixth Committee, 65th Session, 23rd meeting, UN Doc. A/C.6/65/SR.23, S. 7.

[570] Ebd., S. 13.

[571] Ebd., S. 11 (Estland), S. 15 (Cuba).

[572] Ebd., S. 9.

stützenden Staaten ihre Anerkennung des Humanitätsprinzips mit gleicher Deutlichkeit. Insbesondere der rechtliche Status des Humanitätsprinzips wurde von vielen Staaten nicht explizit hervorgehoben. Im Lichte des konkreten Kontexts dürften sich indes auch diesbezüglich weniger explizite Stellungnahmen als Indizien einer entsprechenden Rechtsüberzeugung deuten lassen. Denn aus dem vorgelegten Entwurf des Sonderberichterstatters ging unzweifelhaft hervor, dass das Humanitätsprinzip nach dessen Überzeugung bereits Rechtscharakter genießt und der fragliche Art. 6 des Entwurfs folglich eine bloße Kodifikation des geltenden Rechts darstellte.[573] Wer den Artikel begrüßte, schloss sich folglich auch dem zugrundeliegenden Urteil an. Doch selbst für die Staaten, die die Einschätzung des Berichterstatters nicht teilten, war aus dem Kontext ersichtlich, dass ihre Zustimmung zu den Entwurfsartikeln auch rechtlich bedeutsam sein würde. Die Tatsache, dass das Thema gerade durch die Völkerrechtskommission behandelt wurde, legte dies nahe; und mit den fraglichen Entwurfsartikeln stand es zudem in einer Form zur Diskussion, die offensichtlich eine spätere Kodifikation vorbereiten sollte.[574] Wer nicht bereit gewesen wäre, einem der Artikel auch in einem späteren Übereinkommen seine Zustimmung zu geben, hätte daher bereits hier widersprochen. Das aber tat fast keiner der Staatenvertreter. Lediglich Griechenland sprach sich dafür aus, das Humanitätsprinzip in einen deklaratorischen Teil des Entwurfs, namentlich die Präambel, zu verlagern, denn seiner Ansicht nach war das „principle of humanity [...] scarcely measurable in legal terms".[575]

bb) *Hard Law*: Das Humanitätsprinzip in völkerrechtlichen Verträgen

Jenseits dieser rechtlich unverbindlichen Bekenntnisse in Resolutionen, unilateralen Stellungnahmen und Präambeln völkerrechtlicher Verträge findet das Humanitätsprinzip in zahlreichen verbindlichen Völker-

---

[573] Besonders deutlich *E. Valencia-Ospina*, Third report on the protection of persons in the event of disasters by the Special Rapporteur, UN Doc. A/CN.4/629, Rdn. 47: „Humanity is an established principle of international law".

[574] Einzelne Staaten forderten sogar ausdrücklich, schnellstmöglich zur Kodifikation zu schreiten, denn dafür sei es „high time", siehe etwa die Stellungnahme Ghanas in UN GAOR, Sixth Committee, 65th Session, 24th meeting, UN Doc. A/C.6/65/SR.24, S. 13.

[575] UN GAOR, Sixth Committee, 65th Session, 22nd meeting, UN Doc. A/C.6/65/SR.22, S. 8.

rechtsnormen Ausdruck. Insbesondere das Genfer Recht ist deutlich von ihm geprägt.[576] So verpflichten alle vier Genfer Konventionen bereits in ihrem gemeinsamen Art. 3 die Vertragsparteien, Personen, die an den Feindseligkeiten nicht direkt beteiligt sind, „unter allen Umständen mit Menschlichkeit" zu behandeln. Auch in den beiden Zusatzprotokollen finden sich entsprechende Bestimmungen,[577] und die Kündigungsvorschriften der vier Konventionen sehen – die *Martens*'sche Klausel aufgreifend – übereinstimmend vor, eine Kündigung lasse jedenfalls diejenigen Verpflichtungen unberührt, die sich „gemäß den Grundsätzen des Völkerrechts aus den unter zivilisierten Völkern feststehenden Gebräuchen, den Gesetzen der Menschlichkeit und aus den Forderungen des öffentlichen Gewissens ergeben".[578] Art. 1 Abs. 2 des Ersten Zusatzprotokolls zu den Genfer Abkommen regelt entsprechendes. Zivilpersonen und Kombattanten, so bestimmt er, bleiben auch dort, wo die Regeln des Protokolls oder anderer Abkommen nicht eingreifen, „unter dem Schutz und der Herrschaft der Grundsätze des Völkerrechts, wie sie sich aus feststehenden Gebräuchen, aus den Grundsätzen der Menschlichkeit und aus den Forderungen des öffentlichen Gewissens ergeben". Verwundete und Kranke sind darüber hinaus schon nach den speziellen Regeln der Konventionen und der zugehörigen Protokolle stets mit Menschlichkeit zu behandeln, und das in internationalen bewaffneten Konflikten ebenso wie in nicht-internationalen.[579] Und auch Kriegsgefangene gebietet die dritte Genfer Konvention menschlich zu behandeln.[580] Sie sollen in humaner Weise weggeschafft[581] und überführt[582] werden, dürfen keinen unmenschlichen Disziplinarstrafen ausgesetzt sein,[583] und auch ihre Haftbedingungen sollen in jedem Fall „den Erfordernissen [...] der Menschlichkeit

---

[576] *G. S. Corn*, Humanity, Principle of, in: MPEPIL (online edition), Stand: Juli 2013, Rdn. 6.

[577] Siehe Art. 75 GK ZP I, Art. 4 GK ZP II.

[578] Art. 63 GK I; Art. 62 GK II; Art. 142 GK III; Art. 158 GK IV.

[579] Siehe für internationale bewaffnete Konflikte Art. 12 GK I; Art. 12 GK II; Art. 10 Abs. 2 GK ZP I; für nicht-internationale bewaffnete Konflikte Art. 7 Abs. 2 GK ZP II.

[580] Art. 13 GK III.

[581] Art. 20 GK III.

[582] Art. 46 GK III; Art. 127 GK IV.

[583] Art. 89 GK III.

entsprechen".[584] Für sonstige Personen, die sich während eines internationalen bewaffneten Konflikts in der Gewalt einer Konfliktpartei befinden, deren Staatsangehörigkeit sie nicht besitzen, sieht die Genfer Konvention IV ähnliches vor. Auch sie „sollen jederzeit mit Menschlichkeit behandelt" werden,[585] für Ordnungsverstöße keinesfalls unmenschlich bestraft werden,[586] und überhaupt muss die „Disziplinarordnung in den Internierungsorten [...] mit den Grundsätzen der Menschlichkeit vereinbar sein".[587] Von diesem Menschlichkeitsgebot macht die Genfer Konvention IV selbst dann keine Ausnahme, wenn sich eine von der Konvention geschützte Person in Untersuchungshaft befindet oder eine Freiheitsstrafe verbüßt.[588] Ja nicht einmal dann, wenn sie die Sicherheit des Staates gefährdet, darf vom Menschlichkeitsstandard abgewichen werden: Spione oder Saboteure müssen, so Art. 5 des Abkommens, „dennoch mit Menschlichkeit behandelt werden". Wenngleich derart detaillierte Vorschriften für den nichtinternationalen Konflikt fehlen, so bleiben internierte oder inhaftierte Personen dank des zweiten Zusatzprotokolls doch auch hier unter dem Schutz des Gebots humaner Behandlung.[589]

Im Haager Recht ist der Einfluss der Menschlichkeitserwägungen weniger ausgeprägt. Ausdrücklich verweist – neben der rechtlich unverbindlichen Präambel – einzig Art. 5 der Haager Landkriegsordnung auf den Standard der Menschlichkeit. Kriegsgefangene, so heißt es dort recht knapp, „sollen mit Menschlichkeit behandelt werden". Weitere Humanitätsgarantien enthält das Abkommen nicht und auch sonst sind vertragliche Vorschriften, die sich zum Standard der Menschlichkeit bekennen, selten. Eine Ausnahme jedoch bildet die Kampala-Konvention zum Schutz intern vertriebener Personen.[590] Jeder Mitgliedstaat „shall", so formuliert das Abkommen in Art. 3, „[r]espect and ensure respect for the principles of humanity and human dignity of internally displaced persons". Und auch Art. 5 Abs. 8 gibt den Vertragsparteien auf,

[584] Art. 108 GK III.

[585] Art. 27 GK IV.

[586] Art. 119 GK IV.

[587] Art. 100 GK IV.

[588] Art. 37 GK IV.

[589] Art. 5 Abs. 3 GK ZP II.

[590] *African Union Convention for the Protection and Assistance of Internally Displaced Persons in Africa* v. 15. November 2012, ILM 52 (2013), S. 400.

„[to] uphold and ensure respect for the humanitarian principles", zu denen er auch das Humanitätsprinzip selbst zählt. Ein ausdrückliches Gebot menschlicher Behandlung enthält überdies auch Art. 10 Abs. 1 des Internationalen Pakts über bürgerliche und politische Rechte. „All persons deprived of their liberty", so formuliert dieser, „shall be treated with humanity", und Art. 37 lit. c der Kinderrechtskonvention wiederholt diese Pflicht zu humaner Behandlung für Kinder, denen die Freiheit entzogen wurde. Negativ formuliert findet sich das Bekenntnis zum Humanitätsprinzip zudem in zahlreichen weiteren Menschenrechtsverträgen, schützen doch sowohl Art. 3 EMRK als auch Art. 16 der UN-Folterkonvention, Art. 7 IPbpR, Art. 5 Abs. 2 AMRK, Art. 13 lit. a der Arabischen Charta der Menschenrechte und Art. 5 der Banjul-Charta der Menschenrechte und Rechte der Völker ausdrücklich vor unmenschlicher Behandlung und erheben damit den Grundsatz humaner Behandlung zum verbindlichen Standard.[591]

Die Anzahl der völkerrechtlichen Verträge, denen sich die Anerkennung des Humanitätsprinzips entnehmen lässt, mag damit nicht besonders groß sein. Der Kreis der Staaten, der sich durch sie zum Rechtsgrundsatz der Menschlichkeit bekannt hat, schließt die Staaten der Welt jedoch beinahe ausnahmslos ein. Die Kinderrechtskonvention erreicht mit 196 Mitgliedstaaten[592] universelle Mitgliedschaft und die Genfer Konventionen stehen ihr mit derzeit 195 Vertragsparteien[593] um nur wenig nach. Die Zusatzprotokolle zu den Genfer Abkommen wurden bislang von 173 (ZP I) bzw. 167 (ZP II) Staaten ratifiziert, wozu jeweils auch China und Russland gehören. Und auch die Vereinigten Staaten, der Iran und Pakistan haben die Abkommen zumindest unterzeichnet. Der UN-Zivilpakt zählt immerhin 168 Vertragsparteien und kann damit neben Indien, Japan und Brasilien auch vier der fünf ständigen Mitglieder des Sicherheitsrates zu seinen Mitgliedern zählen.[594] Lediglich China ist bislang nicht Vertragspartei, hat hingegen sowohl die Kinder-

---

[591] Siehe auch *A. Peters*, in: A. Cassese (Hrsg.), Realizing Utopia, 2012, S. 118 (120): „a principle of humanity underlies the entire international system of *human rights protection*" (Hervorhebung im Original).

[592] Siehe https://treaties.un.org/Pages/ViewDetails.aspx?src=TREATY&mtdsg_no=IV-11&chapter=4&clang=_en (geprüft am 3. August 2016).

[593] Siehe https://ihl-databases.icrc.org/applic/ihl/ihl.nsf/States.xsp?xp_viewStates=XPages_NORMStatesParties&xp_treatySelected=375 (geprüft am 3. August 2016).

[594] Siehe https://treaties.un.org/Pages/ViewDetails.aspx?src=TREATY&mtdsg_no=IV-4&chapter=4&clang=_en (geprüft am 3. August 2016).

rechtskonvention als auch die UN-Folterkonvention ratifiziert. Damit dürfte bereits ein Anerkennungsstand erreicht sein, der den Standard, der für aus dem innerstaatlichen Recht gewonnene allgemeine Rechtsgrundsätze klassischerweise Anwendung findet, deutlich übertrifft. Während dieser sich mit der Anerkennung durch repräsentative Staaten eines Rechtskreises als „proxy for state consent" zufriedengibt,[595] rückt das Ideal universeller Anerkennung hier tatsächlich in greifbare Nähe. Da die zitierten Vorschriften zudem einerseits dem humanitären Völkerrecht entstammen, andererseits im Bereich völkerrechtlicher Menschenrechte wurzeln, decken sie auch den gesamten Anwendungsbereich des Völkerrechts ab. Für die Anerkennung des Humanitätsprinzips als allgemeiner Rechtsgrundsatz bildet dies eine tragfähige Basis.

cc) Nationale Normen: Das Humanitätsprinzip im innerstaatlichen Recht

Vor dem Hintergrund der verbreiteten internationalen Anerkennung vermag dem Blick in das innerstaatliche Recht allenfalls noch bestätigende Bedeutung zukommen. Doch ausdrückliche Inbezugnahmen des Humanitätsprinzips oder des Gebots menschlicher Behandlung finden sich auch hier. Zwar sind sie seltener und thematisch disparater als im internationalen Bereich, doch der Menschlichkeitsstandard ist auch im nationalen Recht vieler Staaten verankert. So finden sich – zumindest teilweise in Umsetzung der menschenrechtlichen Pflichten, niemanden unmenschlicher Behandlung auszusetzen und Personen, denen die Freiheit entzogen wurde, human zu behandeln – in den Verfassungen von insgesamt 118 Staaten ausdrückliche Referenzen auf einen Standard menschlicher oder das Verbot unmenschlicher Behandlung.[596] Darüber hinaus erklärt etwa Art. 18 der Verfassung Aserbaidschans religiöse Propaganda, die den Prinzipien der Menschlichkeit widerspricht, für verboten, und Art. 43 der bolivianischen Verfassung bestimmt, die Regelung von Zell- und Organspenden solle auf Grundlage der Prinzipien

---

[595] So kritisch *J. Ellis*, EJIL 22 (2011), S. 949 (955 ff., Zitat auf 958).

[596] Der These zugrunde liegt eine Durchsuchung der Verfassungsdatenbank *Constitute* mit dem Stichwort „humanity" und „inhuman" sowie eine Durchsicht der unter dem Stichwort „Prohibition of cruel or degrading treatment" gelisteten Verfassungen. Insbesondere in der letztgenannten Kategorie finden sich noch zahlreiche weitere Staaten, die in entsprechenden Vorschriften das Wort „human" bzw. „inhuman" oder „humanity" jedoch nicht verwenden, siehe https://www.constituteproject.org/ (geprüft am 3. August 2016).

der Menschlichkeit erfolgen. Das belgische Gesetz über die Bestrafung schwerwiegender Verletzungen des humanitären Rechts nimmt sogar einen Teil der *Martens*'schen Klausel auf, wenn es bestimmte Handlungen als unvereinbar mit den Grundsätzen des Völkerrechts bezeichnet, wie sie sich unter anderem aus den Prinzipien der Menschlichkeit ergeben.[597] In der chinesischen Sonderverwaltungszone Macao verpflichtet hingegen das Einwanderungsrecht dazu, Menschlichkeitserwägungen anzustellen,[598] und in Malaysia und Australien stützen sich die Gerichte auf die „dictates of humanity", um Existenz und Ausmaß der Pflicht eines Eigentümers zu begründen, drohende Gefahren (etwa freiliegende Stromkabel) gegenüber Personen anzuzeigen, die sein Land möglicherweise unbefugt betreten könnten.[599] In Deutschland schließlich verwehrt § 1 Abs. 4 Ausgleichsleistungsgesetz Unternehmen, die in der Vergangenheit enteignet wurden, den Kompensationsanspruch, sofern deren eigenes Handeln – etwa durch den Einsatz von Zwangsarbeitern unter menschenunwürdigen Bedingungen[600] – die Grundsätze der Menschlichkeit missachtete.

c) Ergebnis

Das Humanitätsprinzip, das zeigen die obigen Überlegungen, ist heute als allgemeiner Rechtsgrundsatz Teil des positiven Völkerrechts. Die Rechtsprechung hat es längst als Rechtsprinzip für sich entdeckt, und insbesondere im Völkerrecht des bewaffneten Konflikts sowie den völkerrechtlichen Menschenrechtsverträgen findet es mittlerweile (quasi-)universelle Anerkennung. Dass es darüber hinaus auch in Erklärungen, Resolutionen, Vertragspräambeln und unilateralen Stellungnahmen häufig bemüht wird und auch im nationalen Recht einiger Staaten Erwähnung findet, dürfte die Rechtsgeltung des Prinzips zwar (noch) nicht selbstständig tragen können. Als ergänzendes Argument mag die

---

[597] *Act Concerning the Punishment of Grave Breaches of International Humanitarian Law* v. 16. Juni 1993, ILM 38 (1998), S. 918.

[598] Siehe Court of Appeal (Macao), *A v. Secretary for Security*, Urt. v. 14. März 2002, TSI-A-209/2001, ILDC 628 (MO 2002).

[599] Siehe etwa Privy Council (Australia), *Southern Portland Cement Ltd. v. Cooper*, Urt. v. 19. November 1973, [1974] AC 623; Federal Court Penang (Malaysia), *Lembaga Letrik Negara, Malaysia v. Ramakrishnan*, Urt. v. 13. April 1982, Malayan Law Journal 2 (1982), S. 128.

[600] Siehe dazu etwa BVerwGE 128, S. 155 (161 ff.).

Anerkennung in diesem Rahmen die bereits gefundene Schlussfolgerung dennoch stützen.

2. *Norminhalt: Die Schutztrias des Humanitätsprinzips*

Das Humanitätsprinzip genießt damit als Rechtsprinzip zwar allgemeine Anerkennung, sein Inhalt jedoch bleibt zunächst unbestimmt. Analysiert man die staatlichen Berufungen auf die elementaren Erwägungen der Menschlichkeit genauer, so ist der Kanon möglicher Gehalte groß (dazu lit. a). Zum konsentierten Kern des Humanitätsprinzip zählen jedoch lediglich drei Schutzgüter: der Schutz des Lebens, der Schutz der Gesundheit und vor psychischem Leiden, sowie der Schutz der Menschenwürde (dazu lit. b).

a) Randpositionen

Bereits im Jahr 1900 stellte der US Supreme Court fest, es sei eine „established rule of international law, founded on considerations of humanity", dass unbewaffnete Fischereischiffe, die auf friedliche Weise der Fischerei nachgingen, samt Ausrüstung und Mannschaft nicht als Kriegsprise genommen werden dürften.[601] Erwägungen der Menschlichkeit, so lässt sich dies lesen, schützten Eigentum und Freiheit friedlicher Zivilisten. Und auch einige der Staaten, die sich an der oben bereits zitierten Erhebung der Arbeitsgruppe des Protokolls über explosive Kampfmittelrückstände beteiligten, gaben in ganz ähnlicher Weise an, das Humanitätsprinzip schütze nicht nur vor unnötigen körperlichen und seelischen Leiden sondern auch vor Zerstörungen, die militärisch nicht erforderlich seien.[602] Wiederum anders äußerte der ehemalige Richter des IGH *Ammoun* in einem Sondervotum die Ansicht, zu den „most essential principles of humanity" zählten Gleichheit, Freiheit

---

[601] US Supreme Court, *The Paquete Habana*, Urt. v. 8. Januar 1900, 175 U.S. 677 (708).

[602] Group of Governmental Experts of the High Contracting Parties to the Convention on Prohibitions or Restrictions on the Use of Certain Conventional Weapons, *Report on States Parties' Responses to the Questionnaire on International Humanitarian Law & Explosive Remnants of War*, 27. März 2006, CCW/GGE/XIII/WG.1/WP.12/Add.1, Rdn. 15.

und die Würde des Menschen.[603] Und vereinzelt findet sich gar die Forderung den Gehalt des Humanitätsprinzips unter Zuhilfenahme der Allgemeinen Erklärung der Menschenrechte zu bestimmen und die entsprechenden Menschenrechtsgarantien so unmittelbar in die Rechtsgarantie des Humanitätsprinzips hineinzulesen.[604] In den Extrempositionen oszilliert das Humanitätsprinzip so zwischen Eigentumsschutz, allgemeiner Freiheitsgarantie und Abbreviatur eines umfassenden Menschenrechtskatalogs. Allgemeine Zustimmung findet indes keine dieser Positionen.

b) Konsentierte Kernbestandteile

Ein Blick auf die Details und den Kontext derjenigen völkerrechtlichen Normen, in denen sich die Anerkennung des Humanitätsprinzips maßgeblich manifestiert, belegt, dass das Humanitätsprinzip mit dem Ideal der Menschlichkeit vor allem drei Rechtsgüter schützt: das menschliche Leben, die körperliche und psychische Integrität beziehungsweise die Freiheit von Leiden sowie die menschliche Würde.

Die Genfer Konventionen zeugen an zahlreichen Stellen von eben diesem Humanitätsverständnis. Ihr gemeinsamer Art. 3 etwa konkretisiert die Pflicht, nicht an Feindseligkeiten beteiligte Personen mit Menschlichkeit zu behandeln, unter anderem mit dem Verbot von Angriffen auf Leib und Leben, von grausamer Behandlung und Folterungen sowie dem Verbot von Beeinträchtigungen der persönlichen Würde.[605] Und auch der jeweilige Art. 12 der Genfer Konventionen I und II verfährt ähnlich. Während dessen Abs. 2 Satz 1 das Gebot ausspricht, verwundete oder kranke bzw. schiffbrüchige Kombattanten mit Menschlichkeit zu behandeln, führt Satz 2 näher aus: „Streng verboten ist jeder Angriff

---

[603] IGH, *Legal Consequences for States of the Continued Presence of South Africa in Namibia*, Advisory Opinion, Sep. Op. Ammoun, ICJ Rep 1971, S. 67 (81).

[604] So Court of Appeal (Macao), *A v. Secretary for Security*, Urt. v. 14. März 2002, TSI-A-209/2001, ILDC 628 (MO 2002), Rdn. 1.2; ebenso auch BVerwGE 128, S. 155 (162); IGH, *Nuclear Weapons*, Advisory Opinion, Diss. Op. Weeramantry, ICJ Rep 1996, S. 429 (490 f.).

[605] Art. 3 Abs. 1 Nr. 1 S. 2 GK I/II/III/IV: „*Zu diesem Zwecke* sind und bleiben [...] verboten" (eigene Hervorhebung); siehe auch Art. 75 Abs. 2 GK ZP I und Art. 4 GK ZP II, wo eine entsprechende einleitende Formulierung, die den Zusammenhang zwischen der allgemeinen Pflicht zu menschlicher Behandlung und deren Konkretisierungen herstellen würde, allerdings fehlt.

auf Leib und Leben dieser Personen und besonders, sie umzubringen oder auszurotten, sie zu foltern, an ihnen biologische Versuche vorzunehmen, sie vorsätzlich ohne ärztliche Hilfe oder Pflege zu lassen oder sie eigens dazu geschaffenen Ansteckungs- oder Infektionsgefahren auszusetzen." Während mit dem Verbot, die betroffenen Personen umzubringen und sie ohne ärztliche Hilfe zu lassen, die Schutzgüter Leben und Gesundheit eindeutig angesprochen sind, lässt das Verbot von Folterungen und biologischen Versuchen deutlich werden, dass sie auch gegen jede Verobjektivierung und damit gerade in ihrer Würde geschützt werden. Entsprechend bestimmt auch Art. 13 Abs. 1 Satz 3 GK III, an Kriegsgefangenen, die dessen Abs. 1 Satz 1 grundsätzlich menschlich zu behandeln gebietet, dürften „keine Körperverstümmelungen oder medizinische oder wissenschaftliche Versuche irgendwelcher Art vorgenommen werden". Satz 2 verbietet darüber hinaus auch eine jede „unerlaubte Handlung oder Unterlassung seitens des Gewahrsamsstaates, die den Tod oder eine schwere Gefährdung der Gesundheit eines in ihrem Gewahrsam befindlichen Kriegsgefangenen zur Folge hat". Ihr Wegschaffen oder ihre Überführung, die nach den Vorschriften der Konvention ebenfalls stets mit Menschlichkeit zu erfolgen haben, kann diesem Standard zudem nur dann genügen, wenn die Kriegsgefangenen „mit Trinkwasser und Verpflegung in genügender Menge und mit der notwendigen Bekleidung und ärztlichen Pflege versehen"[606] sind und die Bedingungen der Überführung „ihrer Gesundheit keinesfalls abträglich"[607] sind. Systematisch folgen all diese Detailbestimmungen unmittelbar auf die Statuierung der ihnen offenbar zugrundeliegenden Pflicht menschlicher Behandlung; jene gestalten diese erst aus und verleihen ihr damit Gestalt. Die vierte Genfer Konvention verfährt in Art. 127 nicht nur nach derselben Systematik, auch nimmt sie hinsichtlich der Überführung von Kriegsgefangenen die inhaltlichen Aussagen ihres „kleinen Bruders" auf. Und so verwundert es nicht, dass Art. 130 GK III und Art. 147 GK IV die jeweils als schwerwiegende Verletzung der Konvention qualifizierte „unmenschliche Behandlung" übereinstimmend mit dem Hinweis konkretisieren, diese schließe neben biologischen Experimenten auch die „vorsätzliche Verursachung grosser Leiden oder schwere Beeinträchtigung der körperlichen Integrität oder der Gesundheit" ein. Auch in den Genfer Konventionen III und IV zerfällt der Menschlichkeitsstandard somit im Wesentlichen in die Gebote Lebensschutz, Gesundheitsschutz und Würdeschutz.

---

[606] Art. 20 GK III.

[607] Art. 46 GK III.

Die vorherrschende Interpretation der menschenrechtlichen Humanitätsstandards, etwa in Art. 7 IPbpR und Art. 3 EMRK, deckt sich mit diesem Verständnis des Humanitätsprinzips. „The aim of the provisions of article 7 of the International Covenant on Civil and Political Rights“, so gibt etwa der Menschenrechtsausschuss in diesem Sinne zu verstehen, „is to protect both the dignity and the physical and mental integrity of the individual.“[608] Und auch das Jugoslawien-Tribunal teilt diese Interpretation. Eine unmenschliche Behandlung, so definierten die dortigen Richter bereits wiederholt, sei „an intentional act or omission, [...] which causes serious mental or physical suffering or injury or constitutes a serious attack on human dignity".[609] In der Rechtsprechung des EGMR und des IAGMR klingt das ähnlich. Bereits 1978 qualifizierte ersterer bestimmte Verhörtechniken der britischen Polizei als unmenschliche Behandlung, weil die fraglichen Methoden kombiniert, geplant und für eine lange Dauer angewandt wurden und eben dadurch „if not actual bodily injury, at least intense physical and mental suffering“ verursachten und zu „acute psychiatric disturbances“ führten.[610] Und auch der IAGMR nimmt offenbar an, das Verbot unmenschlicher Behandlung schütze die „physical and psychological integrity of persons“,[611] ja, sieht in einer unmenschlichen Behandlung nicht mehr als einen speziellen Fall der Verletzung des Rechts auf physische und psychologische Integrität.[612] Den Schutz der körperlichen wie psychischen Gesundheit sowie die Freiheit von Leiden stellen beide damit als Kern der Menschlichkeit heraus; da sie den Würdeschutz in-

---

[608] MRA, General Comment No. 20 v. 30. September 1992, UN Doc. HRI/GEN/1/Rev.9 (Vol. I).

[609] JStGH, *Prosecutor v. Delalic et al. (Čelebići Case)*, Case No. IT-96-21-T, Trial Chamber, Urt. v. 16. November 1998, Rdn. 543; *Prosecutor v. Blaškić*, Case No. IT-45-14-T, Trial Chamber, Urt. v. 3. März 2000, Rdn. 154 f.; *Prosecutor v. Kordić and Čerkez*, Case No. IT-95-14/2-T, Trial Chamber, Urt. v. 26. Februar 2001, Rdn. 256; *Prosecutor v. Naletilić and Martinović*, Case No. IT-98-34-T, Trial Chamber, Urt. v. 31. März 2003, Rdn. 246.

[610] EGMR, *Ireland v. United Kingdom*, Appl. No. 5310/71, Urt. v. 18. Januar 1978, Rdn. 167; als Definitionselement im Rahmen des Art. 3 EMRK hat der Gerichtshof diese Passage vielfach wiederholt, siehe unter anderem EGMR, *Soering v. United Kingdom*, Appl. No. 14038/88, Urt. v. 7. Juli 1989, Rdn. 100; *Kudla v. Poland*, Appl. No. 30210/96, Urt. v. 26. Oktober 2000, Rdn. 92; *Kalashnikov v. Russia*, Appl. No. 47095/99, Urt. v. 15. Juli 2002, Rdn. 95.

[611] IAGMR, *Caesar v. Trinidad and Tobago*, Ser. C, No. 123, Rdn. 68 f.

[612] IAGMR, *Loayza Tamayo v. Peru*, Merits, Ser. C, No. 33, Rdn. 57.

des schwerpunktmäßig dem Verbot erniedrigender Behandlung zurechnen, findet er keine gesonderte Erwähnung.

Und auch jenseits der Auslegung menschenrechtlicher Bestimmungen findet diese Interpretation des Humanitätsprinzips verbreitet Rückendeckung. So entschied etwa das BVerwG im Zusammenhang mit § 1 Abs. 4 Ausgleichsleistungsgesetz, der dort verwendete Begriff der Grundsätze der Menschlichkeit sei unter Rückgriff auf die EMRK und internationale Menschenrechtsstandards auszulegen. Er umschreibe „einen unveräußerlichen Kern individueller Menschenrechte", zu dem „vor allem, aber nicht nur, das Recht jedes Menschen auf Leben und körperliche Unversehrtheit und auf eine menschenwürdige Behandlung" gehöre.[613] Den Schutz vor körperlichen und seelischen Leiden sahen auch die Staaten, die sich im Rahmen der oben bereits zitierten Erhebung der Arbeitsgruppe des Protokolls über explosive Kampfmittelrückstände für die Verbindlichkeit des Humanitätsprinzips aussprachen, als dessen wesentlichen Gehalt an.[614] Mexiko äußerte im Rahmen der UN-Diskussionen über ein internationales Katastrophenschutzrecht die Ansicht, die Menschenwürde sei Kern des Humanitätsprinzips;[615] und wenn schließlich der ISGH dessen Gehalt mit der Forderung wiedergibt, der Einsatz von Gewalt müsse bei der Arrestierung eines fremden Schiffes so weit wie möglich vermieden werden, um Sicherheit und Leben der betroffenen Besatzung so wenig wie möglich zu gefährden, so liegt auch dem eine ähnliche Deutung zugrunde. Dass in einigen dieser Stellungnahmen oft nicht alle drei Elemente – Leben, Leib und Würde – zum Tragen kommen, dürfte oftmals am konkreten Kontext oder dem konkret zu entscheidenden Fall liegen. Die Interpretation des Humanitätsprinzips als rechtliches Instrument zum Schutz vor Lebens- und Gesundheitsgefahren, körperlichem wie psychischem Leiden und Beeinträchtigungen der menschlichen Würde aber stellt das

---

613 BVerwGE 128, S. 155 (162).

614 Group of Governmental Experts of the High Contracting Parties to the Convention on Prohibitions or Restrictions on the Use of Certain Conventional Weapons, *Report on States Parties' Responses to the Questionnaire on International Humanitarian Law & Explosive Remnants of War*, 27. März 2006, CCW/GGE/XIII/WG.1/WP.12/Add.1, Rdn. 15, 22.

615 UN GAOR, Sixth Committee, 65th Session, 25th meeting, UN Doc. A/C.6/65/SR.25, S. 2; auch Frankreich betrachtete die Menschenwürde als Element des Humanitätsprinzips und befürchtete deshalb Abgrenzungsschwierigkeiten zwischen Art. 6 und Art. 7 der Entwurfsartikel, siehe UN GAOR, Sixth Committee, 65th Session, 23rd meeting, UN Doc. A/C.6/65/SR.23, S. 13.

nicht in Frage. Vielmehr findet sie sich auch im Verständnis des Internationalen Roten Kreuzes und prominenten Stellungnahmen im Schrifttum bestätigt.[616]

3. Normstruktur: Das Humanitätsprinzip als Rechtsprinzip

In der Anwendung durch internationale Gerichte und in der Argumentationspraxis der Staaten wird das so umrissene Humanitätsprinzip durchweg als Rechtsprinzip operationalisiert, das angesichts konkurrierender Rechtsprinzipien der Abwägung ebenso fähig wie bedürftig ist. Die vielfach geteilte Annahme, die Regeln des humanitären Völkerrechts beruhten auf einer Abwägung von Humanitätsprinzip einerseits und militärischer Handlungsfreiheit andererseits und stellten durch die Staaten ausdrücklich festgelegte Gewichtungsergebnisse dar,[617] steht paradigmatisch für diese Interpretation des Menschlichkeitsgrundsatzes. Nicht nur erkennt sie an, dass das Humanitätsprinzip vollständige Erfüllung nur *prima facie* – also unter Absehung von allem, was dem in tatsächlicher wie normativer Hinsicht entgegenstehen könnte – fordert; auch versteht sie es als normativen Grund der Regeln des humanitären Völkerrechts, eine Eigenschaft, die den Prinzipiencharakter einer Norm typischerweise begleitet.[618] Der für den Bereich des humanitären Völkerrechts allgemein anerkannte[619] Grundsatz der Verhältnismäßigkeit

---

[616] Siehe ICRC, Proclamation of the Fundamental Principles of the Red Cross, abgedruckt in: *J. Pictet*, The Fundamental Principles of the Red Cross: Commentary, 1979, S. 4 sowie ferner die Erläuterungen von *J. Pictet*, ebd., S. 14 ff., ebenso *R. Coupland*, IRRC 83 (2001), S. 969 (973) und *D. Thürer*, IRRC 89 (2007), S. 47 (56).

[617] Siehe dazu ausführlich *M. N. Schmitt*, Va. J. Int'l L. 50 (2010), S. 795; die Annahme findet sich ferner bei *K. M. Larsen*, in: K. M. Larsen/C. G. Cooper/G. Nystuen (Hrsg.), Searching for a ‚Principle of Humanity' in International Humanitarian Law, 2013, S. 124 (124).

[618] Zu Prinzipien als Regelgründen bereits oben S. 194 ff., sowie *R. Alexy*, Theorie der Grundrechte, 1986, S. 90 ff.

[619] *J.-M. Henckaerts/L. Doswald-Beck*, Customary International Humanitarian Law, Volume I: Rules, 2005, S. 46 ff.; siehe auch Group of Governmental Experts of the High Contracting Parties to the Convention on Prohibitions or Restrictions on the Use of Certain Conventional Weapons, *Report on States Parties' Responses to the Questionnaire on International Humanitarian Law & Explosive Remnants of War*, 27. März 2006, CCW/GGE/XIII/WG.1/

illustriert zudem, dass das Humanitätsprinzip seinen Prinzipiencharakter auch im Rahmen der Rechtsanwendung bewahrt. Denn zwar gebietet der letztlich ebenfalls in Menschlichkeitserwägungen gründende Unterscheidungsgrundsatz, Angriffe stets auf militärische Objekte und Kombattanten zu beschränken, Zivilisten und zivile Objekte hingegen zu verschonen. Doch bleiben zivile Kollateralschäden rechtmäßig, sofern die zu erwartenden Verluste ziviler Menschenleben und Verwundungen der Zivilbevölkerung nach einer *ex ante* Einschätzung nicht außer Verhältnis zu dem erwarteten konkreten und unmittelbaren militärischen Vorteil stehen. Das Spannungsverhältnis von Humanitätsprinzip und militärischem Vorteil wird somit auch hier im Wege der Abwägung aufgelöst, der Prinzipiencharakter des ersteren eben dadurch bestätigt. Entsprechend formuliert denn auch der JStGH, der Verhältnismäßigkeitsgrundsatz sei „inherent to both the principles of humanity and military necessity upon which the law of conduct of hostilities is based".[620] Den Verhältnismäßigkeitsgrundsatz versteht der Gerichtshof damit als notwendiges Korrelat des Humanitätsprinzips. Strukturell gibt er dieses eben dadurch als Rechtsprinzip zu erkennen, denn gerade „[d]er Prinzipiencharakter impliziert den Verhältnismäßigkeitsgrundsatz, und dieser impliziert jenen".[621] Zumindest im humanitären Völkerrecht verkörpert das Humanitätsprinzip folglich kein feststehendes, unhintergehbares Rechtsgebot, sondern etabliert ein *prima facie*-Sollen, das Gegengründen Raum lässt. Wie für Prinzipien charakteristisch, verlangt es im Rahmen der durch diese Gegengründe abgesteckten Möglichkeiten allerdings optimale Verwirklichung.[622] Der JStGH jedenfalls lässt daran keinen Zweifel, wenn er im Hinblick auf die Bedeutung, die den von ihm in der *Martens*'schen Klausel verorteten „principles of humanity" für die Auslegung im humanitären Völkerrecht zukommt, ausführt:

> „[T]his Clause [i.e. the Martens Clause] enjoins, as a minimum, reference to those principles and dictates any time a rule of international humanitarian law is not sufficiently rigorous or precise: in

---

WP.12/Add.1, Rdn. 2, wo 97% der teilnehmenden Staaten sich zum Grundsatz der Verhältnismäßigkeit bekannten.

620 JStGH, *Prosecutor v. Galić*, Case No. IT-98-29, Trial Chamber, Urt. v. 5. Dezember 2003, Fn. 104 bei Rdn. 58.

621 *R. Alexy*, Theorie der Grundrechte, 1994, S. 100.

622 So offenbar auch *R. Coupland*, IRRC 83 (2001), S. 969 (984): „Humanity accordingly limits, *to the geatest extent possible*, the effects of armed conflict on people's security and health" (eigene Hervorhebung).

> those instances the scope and purport of the rule must be defined with reference to those principles and dictates. In the case under discussion, this would entail that the prescriptions of Articles 57 and 58 (and of the corresponding customary rules) must be interpreted so as to construe *as narrowly as possible* the discretionary power to attack belligerents and, by the same token, so as to expand the protection accorded to civilians."[623]

Dieses Verständnis des Humanitätsprinzips als abwägungsfähiges Rechtsprinzip, das im Rahmen des tatsächlich und rechtlich Möglichen nach größtmöglicher Verwirklichung verlangt, spiegelt sich auch in der Argumentationspraxis jenseits des humanitären Völkerrechts wider. So argumentierte etwa Israel nach dem Abschuss eines israelischen Passagierflugzeugs, ein jeder Staat, der militärische Gewalt zum Schutz seiner territorialen Integrität einsetze, unterliege zugleich der Pflicht, „to take into consideration the elementary obligations of humanity and not to use a degree of force in excess of what is commensurate with the reality and the gravity of the threat (if any)".[624] Und auch der Iran folgerte aus dem Humanitätsprinzip das Gebot, „not to act in such a manner as to place civil aviation unnecessarily or unreasonably in danger".[625] In der Gestalt, die diese Stellungnahmen dem Humanitätsprinzip verleihen, erscheint der Grundsatz der Menschlichkeit keinesfalls als striktes Verbot der Gewaltanwendung gegen Passagierflugzeuge. Vielmehr zeigt die vorsichtige Formulierung „take into consideration", dass das Humanitätsprinzip Gegengründe zulässt. Und auch der Verweis auf die abwägungstypischen Kategorien der Angemessenheit („not [...] in excess of what is commensurate") beziehungsweise der Erforderlichkeit und Vernünftigkeit („not [...] unnecessarily or unreasonably") bestätigt dies. Er macht das im konkreten Fall rechtlich definitiv Gebotene von der Herstellung eines verhältnismäßigen Ausgleichs zwischen Humanitätsprinzip und seinen Gegengründen abhängig und belegt eben dadurch den Prinzipiencharakter des Humanitätsgrundsatzes. In der Sache liest sich auch die Rechtsprechung des ISGH entsprechend. Das Humanitätsprinzip, so entschied dieser, erfordere, „that the use of force must be avoided as far as possible and, where force is unavoidable, it must not

---

[623] JStGH, *Prosecutor v. Kupreškić et al.*, Case No. IT-95-16-T, Trial Chamber, Urt. v. 14. Januar 2000, Rdn. 525 (eigene Hervorhebung).

[624] IGH, *Aerial Incident of 27 July 1955* (Israel v. Bulgaria), Memorial Israel, 2. Juni 1958, ICJ Pleadings, S. 45 (84).

[625] IGH, *Case Concerning the Aerial Incident of 3 July 1988* (Iran v. USA), Memorial Iran, 24. Juli 1990, S. 190.

go beyond what is reasonable and necessary in the circumstances".[626] Neben dem Verweis auf Erforderlichkeit und Angemessenheit betont der Gerichtshof hier ausdrücklich die abwägungstypische Kontextabhängigkeit („in the circumstances") und hebt durch die Formulierung „as far as possible" auch den dem Prinzipiencharakter inhärenten Optimierungsgedanken ausdrücklich hervor.

Die Rechtsanwendungspraxis interpretiert das Humanitätsprinzip demnach als Rechtsprinzip im *Alexy*'schen Sinne. Bei unbefangener Betrachtung verwundert das zunächst nicht. Denn erstens nimmt sich der Humanitätsgrundsatz mit den Rechtsgütern Leben, Gesundheit und Freiheit von Leiden Idealen an, deren Schutz graduelle Abstufungen zulässt und deren potentielle Reichweite so groß ist, das Überschneidungen mit anderen Gütern nicht ausbleiben. Vor diesem Hintergrund mag schon eine Ausgangsvermutung für die Abwägungsfähigkeit des Humanitätsprinzips sprechen.[627] Dass dabei zweitens auch die inhaltlich entsprechenden Menschenrechtsgarantien – die Garantien von Leib und Leben im UN-Zivilpakt einerseits, in regionalen Menschenrechtsabkommen andererseits – verhältnismäßige Beschränkungen kennen und Kollisionen mit anderen Rechten im Wege der Abwägung lösen,[628] verleiht dem Prinzipiencharakter des Humanitätsprinzips ebenfalls eine zumindest intuitive Plausibilität. Bei genauerer Betrachtung jedoch fällt auf, dass insbesondere das menschenrechtlich verschiedenenorts verankerte Verbot unmenschlicher Behandlung keine Ausnahmen kennt, Derogationen nicht einmal im Notstandsfall zulässt und der Abwägung nicht zugänglich ist.[629] Und auch die Genfer Konventionen formulieren an unterschiedlichen Stellen kategorische und kontextunabhängige („jederzeit", „unter allen Umständen") Gebote menschlicher Behandlung, die jenseits präzise kodifizierter Ausnahmen keine Gegengründe

---

[626] ISGH, *The M/V ‚SAIGA' (No. 2)*, Merits, Urt. v. 1. Juli 1999, Rdn. 155.

[627] Siehe bereits oben S. 227 f.

[628] Vgl. *J. Christofferson*, Fair Balance: Proportionality, Subsidiarity and Primarity in the European Convention on Human Rights, 2009, S. 41 ff.; *W. Kälin*/*J. Künzli*, Universeller Menschenrechtsschutz, 3. Aufl. 2013, S. 107 f., 311 ff.

[629] Für Art. 7 IPbpR: MRA, General Comment No. 20 v. 30. September 1992, UN Doc. HRI/GEN/1/Rev.9 (Vol. I), Rdn. 3; für Art. 3 EMRK: EGMR, *Ireland v. United Kingdom*, Appl. No. 5310/71, Urt. v. 18. Januar 1978, Rdn. 163; *Soering v. United Kingdom*, Appl. No. 14038/88, Urt. v. 7. Juli 1989, Rdn. 88; *Aksoy v. Turkey*, Appl. No. 21987/93, Urt. v. 18. Dezember 1996, Rdn. 62.

zulassen und sich einer Abwägung nicht öffnen.[630] Im Lichte dieser Feststellungen gerät die These vom Prinzipiencharakter des Menschlichkeitsgrundsatzes unter Druck, und es drängt sich die Frage auf, wie sich Abwägungsfähigkeit des Humanitätsprinzips einerseits und absoluter Charakter der zitierten Menschlichkeitsgarantien andererseits vereinbaren lassen.[631] Doch die vermeintliche Widersprüchlichkeit, auf die sich dieser Einwand beruft, beruht auf einer unzutreffenden Gleichsetzung von Humanitätsprinzip einerseits und den ihm Ausdruck verleihenden Regeln andererseits. Unterscheidet man beide, löst sich auch die kritisierte Spannung auf: Während das Humanitätsprinzip sich bereits aufgrund seiner Allgemeinheit einer Abwägung nicht versperrt, konkretisieren Normen wie etwa Art. 7 IPbpR oder die Garantien der Genfer Konventionen das Humanitätsprinzip für bestimmte Bedingungen und verleihen ihm unter eben diesen Bedingungen kategorischen Vorrang vor allen konkurrierenden Prinzipien. Die situationsbezogene regelförmige Präferenzrelation, die herzustellen anderenfalls der Abwägung durch Gerichte überlassen bliebe (und überall dort, wo entsprechende Regeln nicht bestehen, auch weiterhin bleibt), haben so bereits die Staaten selbst hervorgebracht; ihr konkretisierender Konsens ersetzt die richterliche Abwägung. Doch dieser Konsens und die durch ihn gesetzten Regeln determinieren die Auflösung der Prinzipienkollision lediglich für den Fall, den ihre Tatbestandsvoraussetzungen umschreiben. Dass in diesem Sinne etwa Art. 3 EMRK dem Humanitätsprinzip Vorrang vor allen entgegenstehenden Erwägungen verleiht, lässt den Schluss auf eine grundsätzliche Abwägungsfeindlichkeit des Humanitätsprinzips daher schon deshalb nicht zu, weil Art. 3 EMRK diesen Vorrang nur für diejenigen Fälle fordert, in denen besonders schwere Eingriffe in die von ihm geschützten Güter drohen. Denn nur solche überschreiten die Schwelle, die eine Behandlung als unmenschlich qua-

[630] Siehe etwa Art. 3 GK I/II/III/IV („unter allen Umständen"), Art. 13 GK III („jederzeit"), Art. 20 GK III („immer"), Art. 108 GK III („auf alle Fälle"), Art. 27 GK IV („jederzeit"), Art. 10 Abs. 2 GK ZP I („unter allen Umständen"), Art. 7 Abs. 2 GK ZP II („unter allen Umständen").

[631] Vgl. auch *G. S. Corn*, Humanity, Principle of, in: MPEPIL (online edition), Stand: Juli 2013, Rdn. 2 f., der einerseits meint, das Humanitätsprinzip bilde eine „counter-balance" zum Prinzip militärischer Erforderlichkeit und damit ein Abwägungsverhältnis impliziert, andererseits aber festhält, dass die „constraints on the exercise of power imposed by the operation of the principle of humanity are absolute and that violation of these absolute constraints can never, as a matter of law, be considered necessary".

lifiziert.[632] Rekonstruiert man diese Interpretation im Lichte der Prinzipienkollision, die Art. 3 EMRK zugrunde liegt, so ist es die außergewöhnliche Eingriffsintensität, die den kategorischen Vorrang des Humanitätsprinzips in diesen Fällen rechtfertigt, nicht die Normstruktur des zugrundeliegenden Humanitätsprinzips. In ähnlicher Weise lassen sich auch der vom Menschenrechtsausschuss für derogationsfest erklärte[633] Art. 10 IPbpR sowie die in den Genfer Konventionen enthaltenen Verpflichtungen, Kriegsgefangene, Verletzte und Verwundete jederzeit menschlich zu behandeln, rekonstruieren. Auch ihr Anwendungsbereich ist auf bestimmte Situationen beschränkt und auch bei ihnen sind es gerade die Spezifika dieser Situationen, die den regelmäßigen Vorrang des Humanitätsprinzips rechtfertigen: Die besondere Verletzlichkeit der geschützten Personen verleiht Eingriffen in deren Leben und Gesundheit außergewöhnliches Gewicht, so dass in der Abwägung das Humanitätsprinzip stets obsiegt.[634] Die zitierten absoluten Garantien sind daher als vom Humanitätsprinzip selbst verschiedene Normen zu verstehen. Sie verleihen diesem Ausdruck und dienen daher als Indizien für dessen Anerkennung. Ihr Charakter als Rechts*regeln* jedoch steht dem Prinzipiencharakter des Humanitätsprinzips selbst nicht entgegen.

4. Ergebnis

Zum Prinzipienbestand des gegenwärtigen Völkerrechts zählt, das lässt sich nach den obigen Überlegungen somit festhalten, auch das Humanitätsprinzip. Es erhebt Leben, körperliche und psychische Integrität sowie die menschliche Würde zu rechtsverbindlichen Grundwerten des Völkerrechts. Als Rechtsprinzip gebietet es deren optimale Wahrung und verlangt im Rahmen des tatsächlich und rechtlich Möglichen deren größtmögliche Verwirklichung.

---

[632] Siehe etwa EGMR, *Ireland v. United Kingdom*, Appl. No. 5310/71, Urt. v. 18. Januar 1978, Rdn. 162; *Soering v. United Kingdom*, Appl. No. 14038/88, Urt. v. 7. Juli 1989, Rdn. 100; *Kudla v. Poland*, Appl. No. 30210/96, Urt. v. 26. Oktober 2000, Rdn. 91.

[633] MRA, General Comment No. 29 v. 31. August 2001, UN Doc. CCPR/C/21/Rev.1/Add.11, Rdn. 13 lit. a.

[634] Vgl. MRA, General Comment No. 21 v. 13. März 1993, UN Doc. HRI/GEN/1/Rev.9 (Vol. I), Rdn. 3: „a positive obligation towards persons who are particularly vulnerable because of their status as persons deprived of liberty".

II. Rechtsschutzprinzip

1. Zum Begriff der rule of law

Die Suche nach rechtsstaatlichen Elementen im Recht jenseits des Nationalstaats, ja gar nach einem einheitlichen völkerrechtlichen *rule of law*-Grundsatz stellt die Völkerrechtswissenschaft bislang vor erhebliche Schwierigkeiten; Schwierigkeiten, die nicht zuletzt konzeptioneller Natur sind, denn wie *André Nollkaemper* treffend feststellt: „[T]he exact contents of the rule of law at national law and at international law remains elusive".[635] Das Konzept selbst, so mag man sagen, ist so facettenreich, dass es schwer fällt, es zu fassen; es schillert bis zur Unkenntlichkeit und das aus nachvollziehbaren Gründen: Als zunächst von jeder positiven Rechtsordnung losgelöstes, theoretisches Konzept entzieht sich die *rule of law* der Möglichkeit abschließender und wissenschaftlich exakter Definition.[636] Der Versuch, sie auf den Begriff zu bringen, transzendiert in methodischer Hinsicht deskriptive Analyse und konventionelle Festsetzung gleichermaßen und bleibt so stets auf eine wertende Begriffsbestimmung verwiesen, die historisch geprägte Vorstellungen rekonstruiert und in angemessene und zeitgemäße normative Prinzipien übersetzt.[637] Die Ergebnisse dieser Übersetzungsleistungen variieren indes deutlich,[638] und das Spektrum der Prinzipien, die zuweilen als Elemente der *rule of law* verstanden werden, ist breit gefächert – so breit, dass etwa *Matthias Kumm* im völkerrechtlichen Kontext konstatiert, der Begriff werde „widely used to encompass all kinds

---

[635] *A. Nollkaemper*, HJRL 1 (2009), S. 74 (75); siehe dazu auch *H. P. Aust*, Complicity and the Law of State Responsibility, 2013, S. 53 m.w.N.; vielerorts findet sich gar der Vorwurf, die *rule of law* bzw. das Rechtsstaatsprinzip entbehre jeden Inhalts, besonders deutlich etwa *J. Shklar*, in: A. C. Hutchinson/P. Monahan (Hrsg.), The Rule of Law: Ideal or Ideology, 1987, S. 1 (1).

[636] Vgl. *E.-W. Böckenförde*, in: FS Arndt, 1969, S. 53 (53 f.).

[637] Siehe *N. D. MacCormick*, JZ 39 (1984), S. 65 (66), der die Begriffe *rule of law* und Rechtsstaat daher als „essentially contested concepts" im Sinne von *W. B. Gallie* versteht. Vgl. dazu auch *R. H. Fallon*, Colum. L. Rev. 97 (1997), S. 1 (7) sowie *J. Waldron*, Law and Philosophy 21 (2002), S. 137.

[638] *A. Bedner*, HJRL 2 (2010), S. 48 (48); *T. Fitschen*, MPYUNL 12 (2008), S. 347 (354); *S. Chesterman*, AJCL 56 (2008), S. 331 (340); *B. Zangl*, European Review 13 (2005), Supp. No. 1, S. 73 (76).

of desirable features of the international legal order".[639] Längst hat die wissenschaftliche Diskussion, um der daraus folgenden Bedeutungsvielfalt Herr zu werden, begonnen, „dünne" von „dicken" Konzeptionen der *rule of law* zu unterscheiden, zwischen formalen (*formal*) und materiellen (*substantive*) Definitionsansätzen zu differenzieren und instrumentelle von intrinsischen Verständnissen der *rule of law* abzugrenzen.[640] Das ambitionierte Ziel, eine Begriffsdefinition zu erarbeiten, die all diesen Facetten gerecht wird und folglich auf allgemeine Zustimmung hoffen darf, hat sie hingegen überwiegend als aussichtslos verworfen.[641]

Begrifflich bleibt die *rule of law* damit unscharf, und der Versuch, sie auch im Völkerrecht nachzuweisen, steht vor der Schwierigkeit, hinreichende Belege für die rechtliche Anerkennung eines Prinzips zu erbringen, dessen Gehalt sich nicht mit Gewissheit beschreiben lässt. Beinahe unvermeidlich beschränkt sich die Suche nach einem internationalen *rule of law*-Grundsatz daher zunächst auf Prinzipien, die sich über alle begrifflichen Kontroversen hinweg als konsentierte Kernelemente der *rule of law* identifizieren lassen,[642] dabei den vollen Gehalt des Prinzips

---

639 *M. Kumm*, Va. J. Int'l L. 44 (2003), S. 19 (22); ähnlich *G. F. Schuppert*, in: M. Kötter/G. F. Schuppert (Hrsg.), Normative Pluralität ordnen, 2009, S. 209 (218): „eine Liste [...], auf der sich – wie bei einem Wunschzettel – alles findet, was einem wert und teuer ist".

640 Vgl. *H. P. Aust*, Complicity and the Law of State Responsibility, 2013, S. 78 f.; *A. Bedner*, HJRL 2 (2010), S. 48 (54); *A. Santos*, in: D. Trubek/A. Santos (Hrsg.), The New Land and Economic Development, 2006, S. 253 (258 ff.); *B. Z. Tamanaha*, On the Rule of Law, 2004, S. 91 ff., 102 ff. Alternativ schlagen einige Autoren vor, die *rule of law* von ihren Zielen her zu definieren, siehe dazu *R. Kleinfeld*, in: T. Carothers (Hrsg.), Promoting the Rule of Law Abroad: In Search of Knowledge, 2006, S. 31; *M. Krygier*, in: M. Rosenfeld/A. Sajó (Hrsg.), The Oxford Handbook of Comparative Constitutional Law, 2012, S. 233 (240 ff.); in diese Richtung auch *A. Bedner*, HJRL 2 (2010), S. 48 (50 f. mit und in Fn. 7). Ausführlich zu diesen Kategorisierungen *J. Neumann*, Die Förderung der Rule of Law in der Entwicklungszusammenarbeit, 2013, S. 205 ff. und *G. F. Schuppert*, in: M. Kötter/G. F. Schuppert (Hrsg.), Normative Pluralität ordnen, 2009, S. 209 (218 ff.).

641 So etwa ausdrücklich *A. Bedner*, HJRL 2 (2010), S. 48 (53); ähnlich auch *B. Z. Tamanaha*, On the Rule of Law, 2004, S. 114.

642 Für eine synthetische Konzeption der *rule of law*, die an die Rechtstraditionen im anglo-amerikanischen und kontinentaleuropäischen Raum anknüpft und dabei über formale Prinzipien sogar noch hinausgeht, siehe hingegen *D. Zolo*, in: P. Costa/D. Zolo (Hrsg.), The Rule of Law, 2007, S. 3.

jedoch (möglicherweise) nicht ausschöpfen. Dieser „common ground" der unterschiedlichen Definitionen aber sei, so wird im Schrifttum teils zu bedenken gegeben, „rather thin";[643] ja über formale Elemente der *rule of law* gehe deren gemeinsamer Nenner nicht hinaus.[644] Auf die Wertentscheidungen, die materielle *rule of law*-Konzeptionen mit Forderungen nach Menschenrechtsschutz, Demokratie oder sozialer Gerechtigkeit an den Inhalt einer Rechtsordnung herantragen, erstreckt sich der konsentierte Definitionskern der *rule of law* daher nicht. Die formalen Kriterien Zugänglichkeit, Allgemeingültigkeit und Bestimmtheit des Rechts werden ihm hingegen allgemein zugerechnet, und auch die Rechtsbindung der öffentlichen Gewalt und die Existenz unabhängiger Gerichte, die die allgemeine Bindung an das Recht durch dessen einheitliche Anwendung im Einzelfall aktualisieren und durchsetzen, scheinen als Definitionsmerkmale der *rule of law* jedem Zweifel enthoben zu sein.[645] Dass sich diese Kriterien gegenüber den inhaltlichen Entscheidungen einer Rechtsordnung neutral verhalten, macht sie keinesfalls bedeutungslos;[646] vielmehr wird im theoretischen Schrifttum gerade dies als entscheidender Vorteil eines formalen *rule of law*-Verständnisses hervorgehoben, gewinnen die Konturen der *rule of law* durch die damit einhergehende inhaltliche Beschränkung doch deutlich an Schärfe.[647] In praktischer Hinsicht stellen zudem jenseits nationaler

---

[643] *A. Bedner*, HJRL 2 (2010), S. 48 (53).

[644] *S. Chesterman*, AJCL 56 (2008), S. 331 (342); ähnlich auch *G. F. Schuppert*, in: M. Kötter/G. F. Schuppert (Hrsg.), Normative Pluralität ordnen, 2009, S. 209 (225 f.); ausdrücklich für eine materielle Konzeption der internationalen *rule of law* hingegen *H. Owada*, Wash. U. Global Stud. L. Rev. 8 (2009), S. 187 (193).

[645] So unter anderem *S. Chesterman*, AJCL 56 (2008), S. 331 (342); *T. Kleinlein*, Konstitutionalisierung im Völkerrecht, 2012, S. 547; *N. D. MacCormick*, JZ 39 (1984), S. 65 (68 f.); *D. Merten*, ZÖR 58 (2003), S. 1 (17); vgl. auch *D. Kinley*, UCLA J. Int'l L. & For. Aff. 7 (2002), S. 239 (247); *D. Zolo*, in: P. Costa/D. Zolo (Hrsg.), The Rule of Law, 2007, S. 3 (22 ff.); ferner: *M. P. Moyo*, Minn. J. Int'l L. 23 (2014), S. 79 (81 f.), die das formale Begriffsverständnis *Diceys* für einen gemeinsamen Nenner hält.

[646] Vgl. allgemein dazu *L. Fuller*, The Morality of Law, 2. Aufl. 1969, S. 153 ff.

[647] So vor allem *J. Raz*, The Authority of Law, 1979, S. 211; ebenso *D. Merten*, ZÖR 58 (2003), S. 1 (4 f.); *C. Sampford*, in: S. Zifcak (Hrsg.), Globalisation and the Rule of Law, 2005, S. 9 (19 f.). Weitere Vorteile einer dünnen *rule of law*-Konzeption nennt *G. F. Schuppert*, in: M. Kötter/G. F. Schuppert (Hrsg.), Normative Pluralität ordnen, 2009, S. 209 (225 ff.).

Rechtsordnungen selbst die so noch verbleibenden Prinzipien keine Selbstverständlichkeit dar. Für die Frage nach einer internationalen *rule of law* bilden sie deshalb trotz ihrer limitierten Reichweite einen tauglichen Ausgangspunkt.

Vor dem Hintergrund dieser Überlegungen zielen auch die folgenden Ausführungen nicht auf den Nachweis eines umfassenden *rule of law*-Prinzips. Stattdessen konzentrieren sie sich auf lediglich einen seiner Kernbestandteile, wenn sie sich auf die Frage Antwort zu geben bemühen: Enthält der Bestand völkerrechtlicher Grundprinzipien im modernen Völkerrecht ein Prinzip effektiven gerichtlichen Rechtsschutzes?

Einige Ausführungen zum Gehalt des Rechtsschutzprinzips sollen dazu zunächst den Gegenstand der Suche näher konturieren und ihn im Lichte der soeben entwickelten definitorischen Kriterien und der Funktion der *rule of law* als einen Kernbestandteil der *rule of law* ausweisen (dazu 2.). Vor dem Hintergrund der dabei entwickelten Funktion der *rule of law* zeigt sich zugleich, dass seiner Loslösung aus dem Kontext des Einzelstaats und seiner Übertragung in die Völkerrechtsordnung prinzipielle und theoretische Erwägungen nicht entgegenstehen (dazu 3.). Vielmehr fasst es gerade in dieser zunehmend Fuß: In internationalen Foren, Resolutionen und Erklärungen bekennen sich Staaten und internationale Organisationen vielfach zu ihm, und auch in den nationalen Verfassungsordnungen ist das Prinzip fest verankert (dazu 4.).

2. *Das Rechtsschutzprinzip als definitorischer und funktioneller Kernbestandteil der rule of law*

a) Gehalt des Rechtsschutzprinzips

Vorliegend ist Rechtsschutz zunächst wörtlich zu verstehen. Der Staat gewährleistet Rechtsschutz, indem er das Recht schützt, es also dadurch bewahrt, dass er es „denen gegenüber durchsetzt, die das Recht nicht von selbst, also aus Moralität (aus Pflicht), wahren und die Rechte anderer (des Staates oder von Privaten) mißachten (verletzen).“[648] Die Formen, Institutionen und Verfahren, denen er sich zur Erfüllung dieses Rechtsbewahrungsauftrags bedient, sind vielfältig.[649] Zumindest in institutioneller Hinsicht jedoch kommt den Gerichten dabei besondere

---

648 *K. A. Schachtschneider*, Prinzipien des Rechtsstaates, 2006, S. 122.

649 *E. Schmidt-Aßmann*, Verwaltungsrechtliche Dogmatik, 2013, S. 93.

Bedeutung zu.[650] „Damit der Rechtstaat zur Wahrheit werde", so ist in diesem Sinne etwa bereits bei *Otto Bähr* zu lesen, „genügt es nicht, daß das öffentliche Recht durch Gesetze bestimmt sei, sondern es muß auch eine Rechtsprechung geben, welche das Recht für den concreten Fall feststellt, und damit für dessen Wiederherstellung, wo es verletzt ist, eine unzweifelhafte Grundlage schafft."[651] Zunächst und zumeist begegnet Rechtsschutz daher als Rechtsschutz durch Gerichte.[652] Das Vorhandensein gerichtlicher Streitbeilegungs- und Rechtsdurchsetzungsmechanismen stellt daher die erste Kernforderung des Rechtsschutzprinzips dar, doch schöpft die bloße Existenz gerichtlicher Rechtschutzmechanismen dessen Potential nicht aus. Vielmehr lässt sich zweitens nur dann sinnvoll von einem Prinzip gerichtlicher Rechtswahrung sprechen, wenn sich dieses (im Grundsatz) auf privates und hoheitliches Handeln gleichermaßen bezieht und die gerichtlichen Mechanismen das Recht in Subordinationsbeziehungen folglich ebenso durchzusetzen vermögen wie im koordinativen Verhältnis Gleichgestellter. Um zur Bewahrung des Rechts effektiv beitragen zu können, müssen diese Justizinstitutionen schließlich drittens bestimmte institutionelle Bedingungen erfüllen.[653] Zu Recht wird so etwa in der deutschen Verfassungsrechtswissenschaft betont, rechtsstaatlicher Rechtsschutz verlange Gerichte, die allgemein zugänglich und deren Mechanismen wirksam seien.[654] Insbesondere müssten Gerichtsverfahren daher stets mit einer rechtlich verbindlichen und rechtskräftigen Entscheidung en-

---

[650] *K. Stern*, Das Staatsrecht der Bundesrepublik Deutschland, Bd. I, 2. Aufl. 1984, S. 838 f.

[651] *O. Bähr*, Der Rechtsstaat, 1864, S. 192; in der Sache ebenso *K. A. Schachtschneider*, Prinzipien des Rechtsstaates, 2006, S. 122; differenzierend hingegen *H.-J. Papier*, in: J. Isensee/P. Kirchhof (Hrsg.), HStR, Bd. VIII, 3. Aufl. 2010, § 176 Rdn. 8.

[652] Teilweise wird daher in der deutschen Diskussion auch schlicht von Gerichtsschutz gesprochen.

[653] *K. Stern*, Das Staatsrecht der Bundesrepublik Deutschland, Bd. I, 2. Aufl. 1984, S. 843 ff.

[654] *H.-J. Papier*, in: J. Isensee/P. Kirchhof (Hrsg.), HStR, Bd. VIII, 3. Aufl. 2010, § 176 Rdn. 12 ff. Die Relevanz dieser Aspekte beschränkt sich indes keinesfalls auf den deutschen Raum, sondern findet etwa im englischsprachigen Raum in den Stichworten „access to justice" und „effective remedies" ein prominentes Pendant.

den.[655] Vor dem Hintergrund dieser drei Kriterien figuriert das Rechtsschutzprinzip als Gebot gerichtlicher Rechtsdurchsetzung. Es fordert die Wahrung des subjektiven wie objektiven Rechts durch allgemein zugängliche und verbindlich entscheidende gerichtliche Streitbeilegungsmechanismen und beansprucht dabei in Subordinations- und Koordinationsbeziehungen gleichermaßen Verbindlichkeit.

b) Das Rechtsschutzprinzip als Kernbestandteil der *rule of law*

Sowohl in begrifflicher als auch in funktioneller Hinsicht stellt das so konturierte Rechtsschutzprinzip einen Kernbestandteil der *rule of law* dar. So lässt es sich erstens leicht dem oben skizzierten Definitionskern der *rule of law* zuschlagen, verweist doch auch dieser ausdrücklich auf die Funktion der Gerichte, rechtliche Bindungen im Einzelfall zu aktualisieren und dem Recht so zur Durchsetzung zu verhelfen. Und auch der Gegenprobe eines kursorischen *literature review* hält diese These stand: Ob *Albert Dicey*, *Lord Bingham*, *Lon Fuller*, *Joseph Raz*, *F.A. Hayek* oder *Philip Selznick*, sie alle nennen die Rechtsdurchsetzung durch Gerichte als entscheidenden Bestandteil der *rule of law*.[656] So sehr sich der sichere begriffliche Kernbestand der *rule of law* daher auch auf formale Elemente beschränken und so dünn der definitorische „common ground“ auch sein mag, das Rechtsschutzprinzip ist ihm zuzurechnen.

Daneben erscheint das Rechtsschutzprinzip für die *rule of law* zweitens auch in funktioneller Hinsicht elementar. Anders als hinsichtlich der Definition der *rule of law* besteht in Bezug auf deren Ziel und Funktion weitgehend Einigkeit.[657] Die *rule of law* schützt die Menschenwürde, indem sie die Rechtsunterworfenen als sich selbst bestimmende Subjekte wahrnimmt und ihnen zur Ausübung ihrer Selbstbestimmung eine

---

[655] *B. Grzeszick*, in: T. Maunz/G. Dürig, Grundgesetz-Kommentar, 48. Erg.-Lfg. 2006, Art. 20 (Allgemeine Rechtsstaatlichkeit) Rdn. 133; *H.-J. Papier*, in: J. Isensee/P. Kirchhof (Hrsg.), HStR, Bd. VIII, 3. Aufl. 2010, § 176 Rdn. 19.

[656] Siehe *A. V. Dicey*, Introduction to the Study of the Law of the Constitution, 8. Aufl. 1915, S. 179 ff., insbes. 189; *T. H. Bingham*, CLJ 66 (2007), S. 67 (77); *L. Fuller*, The Morality of Law, 2. Aufl. 1969, S. 81; *F. A. Hayek*, Die Verfassung der Freiheit, 4. Aufl. 2005, S. 302 f.; *J. Raz*, The Authority of Law, 1979, S. 216 f.; ein guter Überblick bei *B. Z. Tamanaha*, On the Rule of Law, 2004.

[657] *A. Bedner*, HJRL 2 (2010), S. 48 (53); *D. Merten*, ZÖR 58 (2003), S. 1 (6): „nahezu einhellig“.

Umgebung garantiert, in der sich verlässliche Verhaltenserwartungen bilden können und in der insbesondere Situationen und Ausmaß der Gewärtigung staatlicher wie privater Gewalt vorhersehbar werden.[658] Wie insbesondere das Argument *Lon Fullers* illustriert, gilt das selbst für bloß formale Konzeptionen der *rule of law*.[659] Denn vom Ausmaß des Freiheitsraums, den eine Rechtsordnung dem Einzelnen gewährt, sind die Vorhersehbarkeit staatlichen Zwangs und die Ermöglichung verlässlicher Verhaltenserwartungen unabhängig. „[T]he ultimate justification of the rule of law", so fasst *Charles Sampford* diesen gemeinsamen Tenor zusammen, „[is to make it] possible for individuals to make and carry out life plans."[660] Zu diesem Zweck bewahrt die *rule of law* erstens vor Willkür und Machtmissbrauch durch den Staat selbst und schützt dabei zweitens zugleich vor willkürlichen Übergriffen auf persönliche Rechtsgüter von Seiten Privater.[661] Sie erfüllt so eine doppelte Funktion, „i.e., protecting citizens against the state and protecting one citizen from the other".[662]

Eine Rechtsordnung, die diese Funktionen erfüllen will, bedarf indes Institutionen, die das Recht im Streitfall verbindlich feststellen, Machtmissbrauch und Willkür von rechtlich legitimiertem Zwang unterscheiden und so die Grundlage für eine Rechtsordnung schaffen, in der es die verlässliche Durchsetzung des gesetzten Rechts ermöglicht, das eigene Leben im Rahmen der rechtlichen Spielräume zu planen und diese

---

[658] Vgl. dazu *D. Luban*, HJRL 2 (2010), S. 29; *M. Krygier*, in: M. Rosenfeld/A. Sajó (Hrsg.), The Oxford Handbook of Comparative Constitutional Law, 2012, S. 233 (241 f.); *N. D. MacCormick*, JZ 39 (1984), S. 65 (68); *J. Raz*, The Authority of Law, 1979, S. 221 f.; *J. Waldron*, CLJ 71 (2012), S. 200; siehe auch *D. Merten*, ZÖR 58 (2003), S. 1 (6): „effektiver Schutz der Menschenwürde" und *L. Fuller*, The Morality of Law, 2. Aufl. 1969, insbes. S. 162, der allerdings nicht ausdrücklich von der *rule of law*, sondern stattdessen von den Prinzipien der *inner morality of law* spricht.

[659] Skeptisch hingegen *T.-C. Yang*, Der Staat 54 (2015), S. 375 (385 f.).

[660] *C. Sampford*, in: S. Zifcak (Hrsg.), Globalisation and the Rule of Law, 2005, S. 9 (23).

[661] *T. R. S. Allan*, in: D. Dyzenhaus/M. Thorburn (Hrsg.), Philosophical Foundations of Constitutional Law, 2016, S. 201 (205); *A. Bedner*, HJRL 2 (2010), S. 48 (50 f.); in der Sache ebenso *S. Zifcak*, in: ders. (Hrsg.), Globalisation and the Rule of Law, 2005, S. 32 (38 f.), der darauf hinweist, dass die *rule of law* sowohl „judicial review" (also Schutz im Subordinationsverhältnis) als auch „inter-party dispute settlement" (im Koordinationsverhältnis) erfordert.

[662] *A. Bedner*, HJRL 2 (2010), S. 48 (52).

Pläne auch durchzuführen. Rechtsschutz durch allgemein zugängliche und rechtsverbindlich entscheidende Gerichte stellt deshalb auch aus funktioneller Perspektive einen unverzichtbaren Bestandteil der *rule of law* dar.[663]

3. Übertragbarkeit von rule of law und Rechtsschutzprinzip in die Völkerrechtsordnung

Als solcher Kernbestandteil der *rule of law* sieht sich indes auch das Rechtsschutzprinzip dem grundsätzlichen Einwand gegenüber, der Anwendungsbereich rechtsstaatlicher Grundsätze sei schon aus strukturellen Gründen auf staatliche Rechtsordnungen beschränkt, eine Transplantation in die Völkerrechtsordnung folglich ausgeschlossen.[664] Die Grundsätze der *rule of law*, so tragen die Verfechter dieses Einwands konkret vor, seien im öffentlich-rechtlichen Verhältnis von Bürger und Staat entwickelt worden. Sie setzten folglich Subordinationsverhältnisse und damit die Existenz von Organen voraus, die mit der Ausübung von Hoheitsgewalt betraut seien. Die Völkerrechtsordnung jedoch lasse eben dies vermissen, sei sie doch eine Ordnung zwischen souveränen Gleichen.

Überzeugen vermag dieser Einwand jedoch nicht. Er ruht auf zwei Prämissen, die sich bei sorgfältiger Analyse als unzutreffend erweisen. Erstens trifft es nicht zu, dass der Völkerrechtsordnung Subordinati-

---

[663] Vgl. auch *M. Sellers*, in: ders./T. Tomaszewski (Hrsg.), The Rule of Law in Comparative Perspective, 2010, S. 1 (5): „The first necessary and inescapable desideratum of the rule of law is an independent judiciary."

[664] Vgl. *B. Z. Tamanaha*, On the Rule of Law, 2004, S. 129 ff.; ebenfalls in diese Richtung argumentiert *A. Nollkaemper*, National Courts and the International Rule of Law, 2011, S. 5. Kritisch auch *R. Higgins*, in: dies., Themes and Theories, Bd. II, 2009, S. 1330 (1334): „the domestic rule of law model does not easily transpose to international relations"; *M. P. Moyo*, Minn. J. Int'l L. 23 (2014), S. 79 (85 ff.); *A. Rodiles*, GoJIL 5 (2013), S. 333 (342); *D. Zolo*, in: P. Costa/D. Zolo (Hrsg.), The Rule of Law, 2007, S. 3 (40 ff.). Eine Auflistung weiterer möglicher Einwände bei *C. Sampford*, in: S. Zifcak (Hrsg.), Globalisation and the Rule of Law, 2005, S. 9 (21 ff.); vgl. zu ähnlichen Strukturargumenten auch *J. Herbst*, Rechtskontrolle des UN-Sicherheitsrates, 1999, S. 389 ff. und – den Einwand struktureller Unübertragbarkeit für die Vereinten Nationen ablehnend – *A. Stein*, Der Sicherheitsrat der Vereinten Nationen und die Rule of Law, 1999, S. 38 ff.

onsverhältnisse gänzlich unbekannt sind.[665] Vielmehr begegnen diese anders als im Kontext nationaler Rechtsordnungen in der Völkerrechtsordnung gar in gleich dreifacher Weise. Beschließt etwa der Sicherheitsrat – um nur das prominenteste Beispiel zu nennen – mit rechtsverbindlicher Wirkung für die Mitgliedstaaten, so begründet bereits die diesem Beschluss zugrundeliegende Befugnis ein Subordinationsverhältnis zwischen den Vereinten Nationen und den verpflichteten Staaten, das sich von dem klassisch öffentlich-rechtlichen Verhältnis zwischen einem durch Verwaltungsakt handelnden Staat und dem durch diesen verpflichteten Bürger strukturell allenfalls unmerklich unterscheidet.[666] Das Beispiel der (teils ebenfalls durch den Sicherheitsrat etablierten) internationalen Strafgerichtsbarkeit etwa zeigt, dass internationale Organisationen zudem auch für Einzelpersonen unmittelbar Rechte und Pflichten begründen können und so nicht nur funktional die nationale Strafgerichtsbarkeit ergänzen, sondern auch strukturell in einem vergleichbaren Überordnungsverhältnis handeln.[667] Drittens darf schließlich nicht in Vergessenheit geraten, dass auch das innerstaatlich bereits bestehende Subordinationsverhältnis zwischen hoheitlich handelndem Staat einerseits und dem der Staatsgewalt unterstellten Bürger andererseits mittlerweile zu großen Teilen in den Anwendungsbereich des Völkerrechts fällt. Das Verhältnis eines Staates zu seinen Bürgern ist für das Völkerrecht längst keine *terra incognita* mehr. Insbesondere die Entwicklung des völkerrechtlichen Menschenrechtsschutzes belegt das. Konturiert aber das Völkerrecht die Anforderungen, die das Recht an das Handeln eines Staates gegenüber seinen Bürgern stellt, so bestehen auch hier keine prinzipiellen Unterschiede zu den die Hoheitsgewalt limitierenden Erfordernissen des nationalen Rechts: Jedenfalls das rechtsstaatliche Bedürfnis nach Rechtsschutz, das heißt nach einer gerichtlichen Durchsetzung des Rechts im Streitfall, besteht hinsichtlich

---

[665] Vgl. dazu bereits oben S. 53 ff.; sowie ferner nur *C. Feinäugle*, Hoheitsgewalt im Völkerrecht, 2011.

[666] Das naheliegende Gegenargument, dem Staat, der sich einer unliebsamen Resolutionsverpflichtung gegenübersehe, stehe es – anders als dem durch Verwaltungsakt verpflichteten Bürger – frei, seine Mitgliedschaft in den Vereinten Nationen zu beenden, trägt nicht. Es vernachlässigt, dass sich auch der fragliche Bürger durch Emigration der Hoheitsgewalt des ehemaligen Heimatstaates (weitgehend) entziehen kann. Beides begegnet jedoch in der Regel außergewöhnlich hohen faktischen bzw. politischen Hürden.

[667] Allgemein zur Ausübung öffentlicher Gewalt durch internationale Gerichte *A. v. Bogdandy/I. Venzke*, In wessen Namen?, 2014, insbes. S. 150 ff.

der rechtlichen Schranken der Staatsgewalt unabhängig davon, ob diese dem staatlichen oder überstaatlichen Recht entstammen.[668] Mit der Konzeption des Völkerrechts als subordinationsfreie Rechtsordnung zeichnet der geschilderte Einwand folglich ein stark verzerrtes Bild und versäumt es, die Subordinationsverhältnisse abzubilden, die (zumindest auch) in den Anwendungsbereich des Völkerrechts fallen: die Verhältnisse erstens zwischen internationalen Organisationen und Staaten, zweitens im Verhältnis von internationalen Organisationen und Einzelpersonen sowie schließlich drittens zwischen einem Staat und den seiner Hoheitsgewalt unterstellten Bürgern. Die in diesen Verhältnissen ausgeübte Hoheitsgewalt mag sich hinsichtlich ihres Umfangs von der durch und in Einzelstaaten ausgeübten Hoheitsgewalt unterscheiden. Die beiden Konstellationen jedoch als grundverschieden oder gar als inkommensurabel zu verstehen, würde ihnen nicht gerecht. Ihre Unterschiede sind allen voran quantitativer Natur. Schon deshalb besteht kein Anlass, den normativen Prinzipien der *rule of law* aus strukturellen Gründen den Zutritt zur Völkerrechtsordnung zu verwehren. Jedenfalls sofern und soweit die Völkerrechtsordnung sich auf Subordinationsverhältnisse erstreckt, haben sie vielmehr auch dort ihre Berechtigung.[669]

Selbst wenn man solche Subordinationsbeziehungen im Völkerrecht für die seltene Ausnahme hielte, stünde dies der Übertragung der *rule of law* in den internationalen Bereich nicht notwendig entgegen. Denn ein Blick auf die zweite Prämisse des skizzierten Einwands belegt, dass die Grundsätze der Herrschaft des Rechts auch jenseits solcher Subordinationsverhältnisse bedeutsam sind.[670] Anders als das Argument zugrunde

---

[668] Vgl. die entsprechende Schlussfolgerung von *H. Owada*, Wash. U. Global Stud. L. Rev. 8 (2009), S. 187 (195): „At the present stage of development of the international system, the rule of law in relation to inter-state relations alone is no longer adequate to characterize the international rule of law. The crucial importance of the rule of law as applied to individuals has to be appreciated in the new context of the international community".

[669] Vgl. auch *A. Stein*, Der Sicherheitsrat der Vereinten Nationen und die Rule of Law, 1999, S. 57.

[670] Vgl. dazu auch das Argument von *J. Waldron*, Harv. J. L. & Pub. Pol'y 30 (2006), S. 15 (23), der die Völkerrechtsordnung zwar als grundsätzlich horizontale Rechtsordnung konzipiert, aber dennoch die Analogie zum innerstaatlichen Verhältnis zwischen Individuen ablehnt. Zur Begründung führt er aus: „States may be subjects of international law, but they are also much more like legislators than most legal subjects, and they both have and should embody special duties of respect for legality commensurate with that status."

legt, beschränkt sich die *rule of law* keinesfalls auf das hierarchische Verhältnis von Trägern der Hoheitsgewalt einerseits und den dieser Hoheitsgewalt Unterworfenen andererseits. Vielmehr zeigen die obigen Überlegungen zur Funktion der *rule of law*, dass diese auch in den Beziehungen *inter privates* Bedeutung entfaltet: Der Möglichkeit, sein Leben einem eigenen Entwurf gemäß auszugestalten, drohen nicht nur von hoheitlicher Seite Gefahren; auch die Ungewissheit über (Handeln-)Dürfen und (Dulden-)Müssen im Privatverhältnis und ungehinderte, nicht sanktionierte und nicht der unparteilichen Klärung zugängliche private Gewalt beeinträchtigen die Möglichkeitsbedingungen autonomer Lebensgestaltung. Die *rule of law* entfaltet daher auch und gerade unter Gleichen ihre Bedeutung. Ihre Limitierung auf staatliche Ordnungen verliert vor diesem Hintergrund ihren Halt. Entsprechend resümiert auch *Charles Sampford*:

> „[I]t would seem that most of the arguments in favor of the domestic rule of law run to international law. It is capable of achieving most of the virtues of a thin version of the rule of law within a domestic polity – predictability, stability and effectiveness. If the major players play by the rules, others know how they must behave.“[671]

4. Verankerung des Rechtsschutzprinzips im positiven Völkerrecht

Es kann vor dem Hintergrund dieser Überlegungen nur wenig erstaunen, dass die Prinzipien der *rule of law* denn auch in internationalen Foren häufig bemüht werden. Analysiert man die staatlichen Bekenntnisse zur *rule of law* etwas genauer, liegt es in der Tat nicht mehr fern, zumindest die Herausbildung eines internationalen Rechtsschutzprinzips zu konstatieren. Zum Bestand völkerrechtlicher Grundprinzipien, so lautet die daher im Folgenden zu belegende These, zählt mittlerweile auch ein Teilprinzip der *rule of law*, das es *prima facie* gebietet, in all den Fällen gerichtlichen Rechtsschutz zu gewähren, die in den Anwendungsbereich des Völkerrechts fallen. Auf internationaler Ebene wird dieser Grundsatz in rechtlich nicht unmittelbar verbindlichen staatlichen Stellungnahmen häufig anerkannt. Und auch im Bereich des „harten“ Völkerrechts finden sich zahlreiche Normen, die entweder die Grundsätze der *rule of law* unmittelbar für verbindlich erklären oder

[671] *C. Sampford*, in: S. Zifcak (Hrsg.), Globalisation and the Rule of Law, 2005, S. 9 (21); im Ergebnis ebenso *A. Marschik*, in: J. Genser/B. Stagno Ugarte (Hrsg.), The United Nations Security Council in the Age of Human Rights, 2014, S. 247 (249 f.).

ihrerseits auf dem Grundsatz effektiven Rechtschutzes beruhen und eben dadurch einem Kern der entstehenden internationalen *rule of law* Ausdruck verleihen (dazu lit. a). Zudem enthalten schließlich auch die nationalen Rechtsordnungen der überwiegenden Mehrheit der Staaten Regelungen, die die Annahme, das Rechtsschutzprinzip werde als Teil der *rule of law* auch *in foro domestico* anerkannt, nahelegen (dazu lit. b).

a) Die Anerkennung des Rechtsschutzprinzips *in foro internationalis*

Der Nachweis für die Anerkennung eines Rechtsschutzprinzips *in foro internationalis* kann zwei unterschiedlichen Wegen folgen. Er kann sich erstens darum bemühen aufzuzeigen, dass die Staaten sich auf internationaler Ebene allgemein zum Ideal der *rule of law* bekennen und den Grundsatz effektiven gerichtlichen Rechtsschutzes dabei zugleich als Kernbestandteil des ersteren ansehen (dazu lit. aa). Verzichtet er auf diese Verknüpfung mit der *rule of law*, so kann er sich zweitens an Deklarationen, unilateralen Stellungnahmen und bestehenden Völkerrechtsnormen festhalten, die – wie insbesondere die Begründung gerichtlicher Streitbeilegungszuständigkeiten – der Anerkennung eines Rechtsschutzprinzips unmittelbar Ausdruck verleihen (dazu lit. bb). Beides soll im Folgenden versucht werden.

aa) Der indirekte Nachweis: Mittelbare Anerkennung eines internationalen Rechtsschutzprinzips

(1) Internationale Bekenntnisse zur *rule of law*

In den internationalen Beziehungen mangelt es an staatlichen Bekenntnissen zu den Prinzipien der *rule of law* nicht. Vor allem in unilateralen Stellungnahmen[672] oder durch Deklarationen und Resolutionen internationaler Organisationen erklären die Staaten häufig ihre Verbunden-

---

[672] Siehe etwa SC, Verbatim Record of the 4833rd meeting, UN Doc. S/PV.4833, S. 5 (Russland), S. 21 (USA); SC, Verbatim Record of the 5474th meeting, UN Doc. S/PV.5474, S. 9 (Großbritannien) und ebd., S. 14 (Peru); SC, Verbatim Record of the 6347th meeting, UN Doc. S/PV.6347, S. 13 (Nigeria), S. 22 (Russland). Bulgarien forderte sogar, der Sicherheitsrat solle eine Verletzung der *rule of law* als Bedrohung des Friedens und der internationalen Sicherheit im Sinne des Art. 39 UN-Charta behandeln, siehe SC, Verbatim Record of the 4833rd meeting, UN Doc. S/PV.4833, S. 12; knapp zu weiteren entsprechenden Stellungnahmen *A. Marschik*, in: FS Hafner, 2008, S. 61 (63 f.).

heit mit rechtsstaatlichen Idealen. Seinen bislang konzentriertesten und zugleich prominentesten Niederschlag hat die Anerkennung der *rule of law* durch die Staatengemeinschaft dabei in einigen Resolutionen[673] und präsidentiellen Erklärungen[674] des UN-Sicherheitsrats, vor allem aber in der Arbeit der UN-Generalversammlung gefunden, in deren Rahmen sich die Mitgliedstaaten der Vereinten Nationen bereits seit 2006 mit dem Thema „The rule of law at the national and international levels" beschäftigen.[675] Die *rule of law*, so erklären die seitdem jährlich beschlossenen und stets durch Konsens aller Staaten angenommenen Resolutionen der Generalversammlung zu diesem Thema übereinstimmend, zähle zu den „universal and indivisible core values and principles of the United Nations"; ihre Achtung „should guide the activities of the United Nations and its Member States".[676] Und bereits in der *World*

---

[673] Zu den Sicherheitsratsresolutionen, die eine normative Präferenz des Sicherheitsrates für eine staatliche Ordnung auf Grundlage der *rule of law* zum Ausdruck bringen, zählen unter anderem: SR Res. 1040 v. 29. Januar 1996, UN Doc. S/RES/1040 (1996), Rdn. 2; SR Res. 1327 v. 13. November 2000, UN Doc. S/RES/1327 (2000), Annex, S. 4, 5; SR Res. 1493 v. 28. Juli 2003, UN Doc. S/RES/1493 (2003), Rdn. 11; SR Res. 1536 v. 26. März 2004, UN Doc. S/RES/1536 (2004), Rdn. 10; SR Res. 1542 v. 30. April 2004, UN Doc. S/RES/1542 (2004), Präambel; SR Res. 1580 v. 22. Dezember 2004, UN Doc. S/RES/1580 (2004), Präambel; SR Res. 1756 v. 15. Mai 2007, UN Doc. S/RES/1756 (2007), Präambel. In jüngerer Zeit hat der Sicherheitsrat das Fehlen der *rule of law* sogar zum Anlass genommen, eine Friedensbedrohung im Sinne des Art. 39 UN-Charta anzunehmen. So erklärte der Sicherheitsrat etwa in den Präambeln der SR Res. 2127 v. 5. Dezember 2013, UN Doc. S/RES/2127 (2013) und SR Res. 2134 v. 28. Januar 2014, UN Doc. S/RES/2134 (2014), die Situation in der Zentralafrikanischen Republik zu einer Friedensbedrohung und charakterisierte diese zur Begründung unter anderem „by a total breakdown in law and order, the absence of the rule of law"; siehe dazu auch *A. Peters*, Novel practice of the Security Council: Wildlife poaching and trafficking as a threat to peace, EJIL: Talk!, 12. Februar 2014.

[674] Besonders deutlich etwa Statement of the President of the Security Council v. 19. Januar 2012, UN Doc. S/PRST/2012/1, S. 1; siehe aber auch Statement of the President of the Security Council v. 22. Juni 2006, UN Doc. S/PRST/2006/28, S. 1; Statement of the President of the Security Council v. 29. Juni 2010, UN Doc. S/PRST/2010/11, S. 1.

[675] Einen hilfreichen Überblick über die Debatten bieten *S. Barriga/A. Alday*, MPYUNL 12 (2008), S. 381.

[676] GV Res. v. 14. Dezember 2015, UN Doc. A/RES/70/118; v. 17. November 2014, UN Doc. A/RES/69/123; v. 18. Dezember 2013, UN Doc. A/RES/68/116; v. 14. Dezember 2012, UN Doc. A/RES/67/97; v. 9. Dezember

Summit Outcome-Resolution der Generalversammlung aus dem Jahr 2005 erklärten die Mitgliedstaaten *unisono*, die *rule of law* auf nationaler und internationaler Ebene sei essentiell für wirtschaftliches Wachstum, nachhaltige Entwicklung und die Bekämpfung von Armut und Hunger,[677] und bekannten: „We recommit ourselves to actively protecting and promoting [...] the rule of law [...].“[678] Entsprechend formulierte die Staatengemeinschaft auch in der *United Nations Millennium Declaration*, sie sei entschlossen, die Achtung der *rule of law* sowohl in den internationalen als auch in den nationalen Beziehungen zu stärken,[679] ja, so gelobten die Staaten: „We will spare no effort to [...] strengthen the rule of law“.[680]

Aus der Perspektive der völkerrechtlichen Rechtsquellenlehre kommt all diesen Resolutionen nur Bedeutung zu, wenn und soweit sie eine entsprechende Rechtsüberzeugung der Staaten zu erkennen geben und so zur Entstehung allgemeiner Rechtsgrundsätze beitragen.[681] Ob sich die zitierten Bekenntnisse indes tatsächlich als Ausdruck einer *opinio iuris* verstehen lassen, erscheint in vielen Fällen zumindest zweifelhaft. Denn etwa die in der *Millennium Declaration* enthaltene Erklärung, zukünftig keine Mühen zu scheuen, um rechtsstaatliche Strukturen zu fördern, lässt vielmehr auf ein selbstgesetztes Handlungsziel als auf eine bereits bestehende rechtliche Handlungspflicht schließen; weder ist sie imperativisch formuliert, noch lässt ihr Kontext – eine Resolution, deren eigener Anspruch es lediglich ist „key objectives“ zu identifizieren[682] – Rückschlüsse auf die Anerkennung einer entsprechenden Rechtspflicht zu. Die Resolution im Nachgang des Weltgipfels hingegen spricht in der oben zitierten Formulierung ausdrücklich von einem „commitment“. Während sich dies in der englischen Ausführung auch

---

2011, UN Doc. A/RES/66/102; v. 6. Dezember 2010, UN Doc. A/RES/65/32; v. 16. Dezember 2009, UN Doc. A/RES/64/116; v. 11. Dezember 2008, UN Doc. A/RES/63/128; v. 6. Dezember 2007, UN Doc. A/RES/62/70; v. 4. Dezember 2006, UN Doc. A/RES/61/39; siehe außerdem GV Res. v. 24. September 2012, UN Doc. A/RES/67/1.

677 GV Res. v. 24. Oktober 2005, UN Doc. A/RES/60/1, Rdn. 11.

678 Ebd., Rdn. 119; ähnlich auch ebd., Rdn. 21: „We further reaffirm our commitment to [...] the rule of law [...].“

679 GV Res. v. 18. September 2000, UN Doc. A/RES/55/2, Rdn. 9.

680 Ebd., Rdn. 24.

681 Siehe dazu bereits oben S. 265 ff.

682 GV Res. v. 18. September 2000, UN Doc. A/RES/55/2, Rdn. 7.

als bloßes politisches Bekenntnis zu den Prinzipien der *rule of law* verstehen ließe, zeigt ein Blick auf die französische und spanische Sprachfassung der Resolution, dass die Deutung als ernsthafte Selbstverpflichtung der Staaten deutlich näher liegt. Denn weder das im französischen Text verwendete „engagement" noch das in der spanischen Version gebrauchte „compromiso" lassen sich als Indikatoren eines bloßen unverbindlichen Bekenntnisses interpretieren. Eben das legt auch der Kontext nahe, bezeichnet die Resolution doch bereits einleitend sowohl die – zweifellos rechtsverbindlichen – Grundsätze der UN-Charta selbst als auch die Regeln des Völkerrechts ebenfalls als „commitments".[683] Dass die Generalversammlung die *rule of law* zudem in schon ständiger Erklärungspraxis als Kernprinzip der Vereinten Nationen einstuft, muss zwar semantisch nicht notwendig rechtliche Bedeutung haben. Angesichts der Tatsache, dass auch Art. 2 der UN-Charta ausdrücklich und in rechtsverbindlicher Weise von Prinzipien der Organisation spricht, liegt es aber nicht fern, auch die *rule of law* in die Nähe der in der Charta ausdrücklich normierten Rechtsprinzipien zu rücken; schließlich hätten es die Staaten auch bei der Erklärung zu einem „core value" belassen und damit jedem möglichen Rückschluss auf eine rechtliche Bedeutung der *rule of law* zuvorkommen können. Eine neuere Erklärung der Generalversammlung nennt das „commitment" zu den Prinzipien der Charta denn auch in einem Atemzug mit demjenigen zum Grundsatz der *rule of law*.[684] Die beständige Wiederholung des Bekenntnisses zur *rule of law* als Grundprinzip der Vereinten Nationen hat dabei eine zusätzliche vertrauensbegründende Wirkung. Unter dem Gesichtspunkt von Treu und Glauben legt es gerade dies nahe, in den fraglichen UN-Resolutionen mehr zu sehen als ein bloßes politisches Lippenbekenntnis. Diese Deutung lässt sich schließlich auch nicht durch den Hinweis abschwächen, dass die Mitgliedstaaten der Vereinten Nationen bei der Annahme der geschilderten Resolutionen keinesfalls notwendig durch vertretungsberechtigte Organe vertreten waren und eben deshalb bei der Beurteilung deren rechtlicher Relevanz Zurückhaltung geboten sei. Denn gerade im Rahmen des Weltgipfels im Jahre 2005 war die große Mehrheit der Staaten tatsächlich durch ihre Regierungschefs, Staatsoberhäupter oder Außenminister vertreten.[685] Der bereits nach ihrem

---

683 GV Res. v. 24. Oktober 2005, UN Doc. A/RES/60/1, Rdn. 2.

684 GV Res. v. 24. September 2012, UN Doc. A/RES/67/1, Rdn. 1.

685 Das zeigt ein Blick auf die Liste der Wortbeiträge, abrufbar unter http://www.un.org/webcast/summit2005/statements14.html, http://www.un.or

Wortlaut bedeutenden Resolution verleiht eben dies zusätzliches Gewicht.

Für die Staaten des amerikanischen Kontinents tritt neben diese universellen Erklärungen im Rahmen der UN-Generalversammlung vor allem die von der Generalversammlung der Organisation Amerikanischer Staaten am 11. September 2001 in einer Sondersitzung angenommene Interamerikanische Demokratiecharta.[686] Diese spricht den „peoples of the Americas" in Art. 1 ein Recht auf Demokratie zu, verpflichtet die amerikanischen Regierungen, diese zu fördern und zu schützen, und erklärt in Art. 3 und 4 ausdrücklich auch die Pflicht zur Achtung der *rule of law* zu einem wesentlichen Bestandteil der statuierten Demokratieverpflichtung. Zwar stellt die Demokratiecharta keinen völkerrechtlichen Vertrag dar und ist insofern jedenfalls bislang dem *soft law* zuzuordnen,[687] ihr sprachlicher Duktus jedoch ist ein typisch rechtlicher: Die Charta ist in Artikel gegliedert, spricht ausdrücklich von Rechten und Pflichten und enthält überdies Vorschriften, die den statuierten Demokratieanspruch durch die Einbeziehung der Organe der OAS institutionell absichern sollen. Von den 35 amerikanischen Staaten, einschließlich der Vereinigten Staaten und Kanada, wurde sie einstimmig angenommen. Für die Frage nach der Anerkennung der *rule of law* als allgemeiner Rechtsgrundsatz im Sinne des Art. 38 Abs. 1 lit. c IGH-Statut verleiht der Charta beides besondere Bedeutung. Der Form nach weniger rechtsförmig, ihrer inhaltlichen Aussage nach indes vergleichbar, haben auch die acht in der Südasiatischen Vereinigung für Regionale Zusammenarbeit zusammengeschlossenen Staaten[688] in einer gemeinsam beschlossenen Demokratiecharta ihr „shared commitment to the rule of law" erklärt.[689] Und auch die insgesamt 16 im Pazifischen Inselforum um Australien und Neuseeland versammelten Staaten haben sich im Oktober 2002 in ihrer Erklärung von Biketawa zur Aufrechterhal-

g/webcast/summit2005/state-ments15.html, http://www.un.org/webcast/summit2005/statements.html (alle geprüft am 3. August 2016).

[686] *Inter-American Democratic Charter* v. 11. September 2001, ILM 40 (2001), S. 1289.

[687] Vgl. *R. M. Perina*, in: The Brookings Institution (Hrsg.), The Road to Hemispheric Cooperation, 2012, S. 77 (85).

[688] Es handelt sich um Afghanistan, Bhutan, Bangladesh, Indien, die Malediven, Nepal, Pakistan und Sri Lanka.

[689] SAARC, *Charter of Democracy* v. 8. Februar 2011, http://saarc-sec.org/SAARC-Charter-of-Democracy/88/ (geprüft am 3. August 2016).

tung demokratischer Prozesse und Institutionen, einschließlich der *rule of law*, als eines ihrer Leitprinzipien bekannt.[690] Lediglich mittelbar und in einer allenfalls schwach normativen Formulierung bekundet schließlich auch die 2012 von den Staaten der Arabischen Liga verabschiedete Bagdad-Erklärung, die Mitgliedstaaten unterstützten „the efforts taken by the Libyan government for the realization of the rule of law".

Diese jedenfalls nicht unmittelbar rechtsverbindlichen staatlichen Beschwörungen der *rule of law* dürften – wie insbesondere die beiden zuletzt genannten – teils allenfalls schwache Indikatoren einer allgemeinen Rechtsüberzeugung darstellen. Dennoch finden sie zumindest teilweise auch in harten völkerrechtlichen Normen eine Entsprechung. So erklärt Art. 3 der Afrikanischen Konvention zur Verhinderung und Bekämpfung der Korruption[691] die *rule of law* bereits in seinem ersten Absatz zu einem der für alle Mitgliedstaaten rechtsverbindlichen Grundprinzipien und erfährt damit großen Zuspruch: Von den 54 Staaten der Afrikanischen Union haben die Konvention bisher lediglich Cap Verde, Zentralafrika und Ägypten weder unterschrieben noch ratifiziert.[692] Zumindest die beiden letztgenannten sind jedoch – wie im Übrigen auch viele der anderen 15 Staaten, die den Vertrag zwar unterschrieben haben, deren Ratifikation aber noch aussteht – Mitglieder anderer Vertragswerke, die ihre Parteien auf den Grundsatz der Herrschaft des Rechts verpflichten. Für die Staaten Zentralafrikas zählt Art. 3 des Vertrags über die Errichtung der wirtschaftlichen Gemeinschaft zentralafrikanischer Staaten[693] die *rule of law* zu den „principles of international law governing relations between States"; der Vertrag über die Errichtung eines Gemeinsamen Marktes für Ost- und Südafrika sowie das Demokratieprotokoll der ECOWAS bekennen sich ebenfalls in rechtlich verbindlicher Weise zu der Verpflichtung auf rechtsstaatliche

[690] *Biketawa Declaration* v. 28. Oktober 2002, http://www.forumsec.org/resources/uploads/attachments/documents/Biketawa%20Declaration,%2028%20October%2020002.pdf (geprüft am 3. August 2016).

[691] *African Union Convention on Preventing and Combating Corruption* v. 11. Juli 2003, ILM 43 (2004), S. 5.

[692] Siehe http://www.au.int/en/treaties/african-union-convention-preventing-and-combating-corruption (geprüft am 3. August 2016).

[693] *Treaty Establishing the Economic Community of Central African States* v. 18. Oktober 1983, ILM 23 (1984), S. 945.

Grundsätze,[694] und die zwölf afrikanischen Mitgliedstaaten des Pakts über Sicherheit, Stabilität und Entwicklung in der Region der Großen Seen[695] haben sich in einem eigenständigen Protokoll über Demokratie und gute Regierungsführung[696] zur Förderung der *rule of law* verpflichtet. Auf dem europäischen Kontinent ist es hingegen Art. 2 EUV, der die Rechtsstaatlichkeit zu einem rechtsverbindlichen Grundwert der Europäischen Union erklärt, und Art. 21 EUV, der die Union gerade auch in ihren internationalen Beziehungen an die Grundsätze der Herrschaft des Rechts bindet. Die Satzung des Europarates ergänzt dieses Bekenntnis um die Pflicht der Mitgliedstaaten, aufrichtig und tatkräftig an der Verwirklichung der als gemeinsames Erbe der Mitgliedstaaten verstandenen Grundsätze mitzuarbeiten, und zählt dazu ausweislich ihrer Präambel auch die *rule of law*. Durch den Einschluss des Europarats-Vollmitglieds Russland, aber auch durch die Integration zahlreicher – ebenfalls auf die Grundsätze des Europarats verpflichteter[697] – nichteuropäischer Beobachterstaaten (Kanada, USA, Japan, Israel, Mexiko) reicht das internationale Bekenntnis zu rechtsstaatlichen Prinzipien damit bereits merklich über die geographischen Grenzen Europas hinaus. Jenseits dessen jedoch sind vor allem im asiatischen Raum rechtsverbindliche Bekenntnisse zur *rule of law* deutlich schwieriger zu finden als in Afrika oder Europa. Doch vereinzelt gibt es sie auch dort. Die Anti-Terrorismus Konvention der Shanghaier Organisation für Zusammenarbeit etwa erklärt zumindest in ihrer – freilich nicht rechtsverbindlichen – Präambel, alle Maßnahmen der Terrorismusbe-

---

694 Siehe Art. 6 *Treaty Establishing the Common Market for Eastern and Southern African States* v. 5. November 1993, ILM 33 (1994), S. 1067; Abschn. VII *ECOWAS Protocol A/SP1/12/01 on Democracy and Good Governance v.* 21. Dezember 2001, http://documentation.ecowas.int/legal-documents/protocols/ (geprüft am 3. August 2016).

695 ICGLR, *Pact on Security, Stability and Development in the Great Lakes Region* v. 15. Dezember 2006, ILM 46 (2007), S. 175.

696 ICGLR, *Protocol on Democracy and Good Governance* v. 1. Dezember 2006, http://www.icglr.org/images/LastPDF/Protocol_on_democracy_and_Good_Governance.pdf (geprüft am 3. August 2016).

697 Zu den Kriterien für den Beobachterstatus siehe die Entscheidung des Europarats *Criteria for the Granting of Observer Status with the Council of Europe*, Decision v. 1. Juli 1999, Appendix 5, Dok-Nr. CM/Del/Dec (1999)676/2.4-APP5, https://search.coe.int/cm/Pages/result_details.aspx?ObjectId=09000016804b64 25 (geprüft am 3. August 2016).

kämpfung müssten die Grundsätze der *rule of law* achten.[698] Und die Charta des Verbands Südostasiatischer Nationen[699] setzt sich in Art. 1 die Stärkung der *rule of law* zum Ziel und zählt in Art. 2 die „adherence to the rule of law" zu den für alle Mitgliedstaaten verbindlich zu beachtenden Prinzipien. Schließlich zeigt sich zumindest Russland in der Charta für Amerikanisch-Russische Partnerschaft und Freundschaft entschlossen, „to observe strictly democratic principles and practices, including the rule of law".[700] Trotz all dieser Ansätze bleiben viele und wichtige asiatische Staaten dabei zunächst außen vor. Zumindest in einem beschränkten Bereich haben sich indes auch diese in der mittlerweile beinahe universell ratifizierten Anti-Korruptionskonvention der Vereinten Nationen dazu verpflichtet,[701] zur Bekämpfung von Korruption Maßnahmen zu ergreifen, die rechtsstaatliche Grundsätze widerspiegeln, und sich damit ebenfalls zur *rule of law* bekannt.[702]

(2) Rechtsschutz als Element des *rule of law*-Verständnisses der Staaten

Vielfach wird bezweifelt, dass diese weit verbreitete Anerkennung der *rule of law* tatsächlich mehr ist als ein dilatorischer Formelkompromiss, dessen Inhalt bis auf weiteres unscharf bleibt. Der Vertreter der Schweiz etwa bemerkte in diesem Sinne im Rechtsausschuss der UN-Generalversammlung, ein klar abgrenzbares und allgemein akzeptiertes Konzept der *rule of law* für die internationalen Beziehungen existiere bislang nicht.[703] Und das Schrifttum gibt zu bedenken, insbesondere ein

---

698 *The Convention on Counter-Terrorism of the Shanghai Cooperation Organization* v. 16. Juni 2009, in: Human Rights in China, Counter Terrorism and Human Rights: The Impact of the Shanghai Cooperation Organization, 2011, S. 196.

699 *Charter of the Association of Southeast Asian Nations* v. 20. November 2007, UNTS Bd. 2624, S. 223.

700 *A Charter for American-Russian Partnership and Friendship* v. 17. Juni 1992, ILM 31 (1992), S. 782.

701 Eine Ausnahme stellt noch immer Japan dar, das die Konvention zwar unterzeichnet, bislang aber nicht ratifiziert hat; siehe https://www.unodc.org/unodc/en/treaties/CAC/signatories.html (geprüft am 3. August 2016).

702 Siehe Art. 5 Abs. 1 der UN-Konvention gegen Korruption.

703 UN GAOR, Sixth Committee, 61st Session, 7th meeting, UN Doc. A_C.6_61_SR.7, S. 3.

Prinzip effektiven Rechtsschutzes sei „difficult to agree upon".[704] Bei genauer Betrachtung sprechen indes gute Argumente dafür, dass die allgemeine Berufung auf die Herrschaft des Rechts auch jenseits einzelstaatlicher Rechtsordnungen ein eben solches Rechtsschutzprinzip einschließt. Nicht allein die soeben formulierte Erkenntnis, dass dieses schon begrifflich und funktional zu den unverzichtbaren Kernelementen der *rule of law* zählt, macht das plausibel; auch die von den Staaten selbst offerierten Definitionen und Umschreibungen der *rule of law* deuten in diese Richtung.

So erlauben erstens einige der soeben angeführten völkerrechtlichen Verträge und Erklärungen Rückschlüsse darauf, dass die Vertragsparteien effektiven Rechtsschutz als Element der *rule of law* anerkennen. Die Charta für Amerikanisch-Russische Partnerschaft und Freundschaft etwa erklärt das Vorhaben, eine unabhängige Gerichtsbarkeit zu entwickeln und die Achtung der Rechte des Einzelnen durch Institutionen abzusichern, ausdrücklich zu einem Teil der *rule of law*-Förderung. Art. 33 des ECOWAS-Demokratieprotokolls rechnet „a good judicial system" zu den Elementen der Herrschaft des Rechts, und auch die oben bereits erwähnte Biketawa-Erklärung des Pazifischen Inselforums sowie die Demokratiecharta der Südasiatischen Vereinigung für Regionale Zusammenarbeit nennen eine unabhängige Gerichtsbarkeit im Zusammenhang mit der *rule of law*.

Auf einer entsprechenden Konzeption der *rule of law* basieren zweitens auch viele Entwicklungsprogramme der Weltbank. So zählt nicht nur die *Legal Vice Presidency* der Weltbank selbst den allgemeinen Zugang zu Gerichten, die Unabhängigkeit und Effektivität der Rechtsprechung und die Möglichkeiten einer gerichtlichen Überprüfung hoheitlichen Handelns zu den entscheidenden Elementen des *rule of law*-Verständnisses, das den Rechtsstaatsförderprogrammen der Weltbank zugrunde liegt.[705] Auch die wissenschaftlichen Untersuchungen der Weltbank-Entwicklungspolitik bestätigen das Rechtsschutzprinzip als Kernbestandteil der *rule of law*-Konzeption der Weltbankgruppe.[706]

---

704 *S. Barriga/A. Alday*, MPYUNL 12 (2008), S. 381 (402 f.).

705 *Legal Vice Presidency (The World Bank)*, Legal and Judicial Reform: Strategic Directions, 2003, S. 1-7.

706 Vgl. etwa die Auflistung der *rule of law*-Bestandteile bei *J. Neumann*, Die Förderung der Rule of Law in der Entwicklungszusammenarbeit, 2013, S. 524. Siehe ferner *A. Santos*, in: D. Trubek/A. Santos (Hrsg.), The New Land and Economic Development, 2006, S. 253 (insbes. 269 ff.), der aufzeigt, dass die *rule*

Für die internationale Anerkennung des Rechtsschutzprinzips als Bestandteil der *rule of law* gewinnt das aus zwei Gründen Bedeutung: Erstens, weil das Exekutivdirektorium der Weltbank, dem die Bewilligung der entsprechenden Projekte obliegt, den Großteil seiner Entscheidungen im Einvernehmen trifft; zweitens, weil der Mitgliederkreis der Weltbank mittlerweile beinahe alle Staaten der Welt einschließt.[707] Ihnen allen lässt sich die *rule of law*-Definition folglich zurechnen.

Einen untrennbaren Zusammenhang zwischen *rule of law* und der Gewährung effektiven Rechtsschutzes stellt drittens auch die Resolutions- und Erklärungspraxis des Sicherheitsrates[708] her. Während sich einige der einschlägigen Resolutionen zwar darauf beschränken, die Stärkung der *rule of law* und die Bildung einer effektiven, transparenten Justiz schlicht im selben Atemzug zu nennen, und so ein entsprechendes Abhängigkeitsverhältnis lediglich andeuten,[709] so weisen andere Resolutionen gerichtlichen Rechtsschutz doch ausdrücklich als Bestandteil der *rule of law* aus.[710] Besonders deutlich wurde das in einer Resolution aus dem Jahre 2003. „[T]he strengthening of national judicial systems", so

---

of law-Konzeption der Weltbank über ein rein institutionelles Verständnis hinausreicht.

[707] Allerdings sind lediglich acht dieser Staaten ständig durch einen eigenen Vertreter im Exekutivdirektorium vertreten, doch zählen mit Japan, China, den Vereinigten Staaten und Russland einige der größten und bedeutendsten Staaten dazu. Die übrigen Staaten sind in Ländergruppen zusammengefasst, die jeweils einen Exekutivdirektor als ihren gemeinsamen Vertreter wählen.

[708] Überblicksartig zur Berufung des Sicherheitsrates auf die Rule of Law *J. M. Farral*, United Nations Sanctions and the Rule of Law, 2007, S. 32 ff.; *A. Marschik*, in: J. Genser/B. Stagno Ugarte (Hrsg.), The United Nations Security Council in the Age of Human Rights, 2014, S. 247 (255 ff.); *A. Rodiles*, GoJIL 5 (2013), S. 333 (349 ff.).

[709] SR Res. 1493 v. 28. Juli 2003, UN Doc. S/RES/1493 (2003), Rdn. 11: „establishment of a State based on the rule of law and of an independent judiciary"; SR Res. 1528 v. 27. Februar 2004, UN Doc. S/RES/1528 (2004), Rdn. 6 lit. q: „re-establishing the authority of the judiciary and the rule of law"; SR Res. 1542 v. 30. April 2004, UN Doc. S/RES/1542 (2004), Präambel: „establishment of a State based on the rule of law and an independent judiciary"; SR Res. 1609 v. 24. Juni 2005, UN Doc. S/RES/1609 (2005), Rdn. 2 lit. x: „in reestablishing the authority of the judiciary and the rule of law".

[710] SR Res. 1589 v. 24. März 2005, UN Doc. S/RES/1589 (2005), Rdn. 9: „the establishment of a fair and transparent justice system [...] in order to strengthen the rule of law"; SR Res. 1590 v. 24. März 2005, UN Doc. S/RES/1590 (2005), Rdn. 4 lit. a Nr. viii: „the rule of law, including an independent judiciary".

bemerkte der Sicherheitsrat dort, „is crucially important to the rule of law in general".[711] Und in den einschlägigen Debatten des Sicherheitsrates äußerten sich denn auch viele Staaten entsprechend. So erklärte etwa Großbritannien, „[j]udicial settlement remains a vital part of the mechanism [...] for advancing the rule of law at the international level".[712] Portugal sekundierte und wies darauf hin, dass die Rolle internationaler Tribunale für die Gewährleistung und Förderung der *rule of law* gar nicht ausreichend betont werden könne.[713] Einige Staaten riefen denn auch nachdrücklich dazu auf, die (obligatorische) Gerichtsbarkeit des IGH anzuerkennen,[714] und selbst die USA erkannten die Bedeutung gerichtlicher Streitbeilegung für die Verwirklichung rechtsstaatlicher Gehalte im internationalen Bereich an, denn „the international rule of law does not depend on multilateral discussions alone".[715]

Die reichhaltigste Quelle für eine Konkretisierung des staatlichen Verständnisses der *rule of law* bieten schließlich, viertens, die Resolutionen der Generalversammlung und die Debatten ihres Rechtsausschusses. Die Anerkennung des Rechtsschutzprinzips als Element der *rule of law* findet auch hier eine Bestätigung. Bereits im Jahr 2004 legte der Generalsekretär der Vereinten Nationen eine Definition der *rule of law* vor, die den Rechtsschutz durch Gerichte ausdrücklich mit einschließt. Die *rule of law*, so der Generalsekretär, beschreibe ein Prinzip der Regierungsführung, „in which all persons, institutions and entities, public and private, including the State itself, are accountable to laws that are [...] equally enforced and independently adjudicated".[716] Als er diese Definition 2012 erneut aufgriff, leitete er sie gar mit den Worten ein „The United Nations defines the rule of law as ...",[717] und wenige Monate später erklärte auch die Generalversammlung ein unabhängiges, ef-

---

711 SR Res. 1503 v. 28. August 2003, UN Doc. S/RES/1503 (2003), Präambel.

712 SC, Verbatim Record of the 6347th meeting, UN Doc. S/PV.6347, S. 18.

713 SC, Verbatim Record of the 6705th meeting, UN Doc. S/PV.6705, S. 6.

714 SC, Verbatim Record of the 6347th meeting, UN Doc. S/PV.6347, S. 23 (Japan), 28 (Gabon), UN Doc. S/PV.6347 (Resumption 1), S. 19 (Deutschland); zum Rom-Statut entsprechend SC, Verbatim Record of the 6705th meeting, UN Doc. S/PV.6705, S. 11 (Großbritannien).

715 SC, Verbatim Record of the 6347th meeting, UN Doc. S/PV.6347, S. 25.

716 Report of the Secretary General v. 23. August 2004, UN Doc. S/2004/616, Rdn. 6.

717 Report of the Secretary General v. 16. März 2012, UN Doc. A/66/749, Rdn. 2.

fektives und für jedermann zugängliches Justizsystem zu einer der Voraussetzungen der *rule of law*.[718] Zahlreiche Staaten äußerten sich ähnlich. So erklärte etwa der Vertreter Mexikos im Rechtsausschuss der Generalversammlung, die *rule of law* erfordere „an independent judicial authority to rule upon the law in a given situation",[719] und stellte unter Bezugnahme auf die internationale Ebene fest, die Herrschaft des Rechts „could not be conceived without effective jurisdictional mechanisms".[720] Kenia, Sambia und die Slowakei teilten diese Auffassung,[721] und auch Malaysia sah die Verwirklichung der *rule of law* zwingend an das Bestehen eines Systems „of accountability for transgressions of international law and order"[722] gebunden. Norwegen mahnte, als Teil der *rule of law* seien die gleichmäßige Durchsetzung des Rechts und eine unabhängige Gerichtsbarkeit „values and interests [which] were also relevant at the international level".[723] Und selbst der Vertreter Chinas bekannte – wenngleich ohne sich ausdrücklich auf die Bedeutung von Gerichten zu beziehen – für die *rule of law* sei es entscheidend „not only to formulate provisions of international law, but also to implement them".[724] Auch Bangladesh und Kuba ließen sich entsprechend ein.[725] Und in späteren Sitzungen erklärten Indien und die Staaten der Karibischen Gemeinschaft gar, eine unabhängige Justiz sei das Rückgrat der

---

[718] GV Res. v. 24. September 2012, UN Doc. A/RES/67/1, Rdn. 12-14.

[719] UN GAOR, Sixth Committee, 61st Session, 7th meeting, UN Doc. A/C.6/61/SR.7, S. 4.

[720] UN GAOR, Sixth Committee, 64th Session, 9th meeting, UN Doc. A/C.6/64/SR.9, S. 2.

[721] UN GAOR, Sixth Committee, 67th Session, 4th meeting, UN Doc. A/C.6/67/SR.4, S. 12 (Kenia); UN GAOR, Sixth Committee, 65th Session, 8th meeting, UN Doc. A/C.6/65/SR.8, S. 9 (Sambia); UN GAOR, 67th Session, 4th plenary meeting, UN Doc. A/67/PV.4, S. 5 (Slowakei); in dieselbe Richtung auch die Stellungnahme der Demokratischen Republik Kongo in UN GAOR, Sixth Committee, 67th Session, 4th meeting, UN Doc. A/C.6/67/SR.4, S. 14.

[722] UN GAOR, Sixth Committee, 61st Session, 7th meeting, UN Doc. A/C.6/61/SR.7, S. 8.

[723] UN GAOR, Sixth Committee, 63rd Session, 7th meeting, UN Doc. A/C.6/63/SR.7, S. 6.

[724] UN GAOR, Sixth Committee, 61st Session, 7th meeting, UN Doc. A/C.6/61/SR.7, S. 9.

[725] UN GAOR, Sixth Committee, 63rd Session, 6th meeting, UN Doc. A/C.6/63/SR.6, S. 6 (Bangladesh), S. 8 (Kuba).

rule of law.[726] Für eine Ausklammerung effektiven gerichtlichen Rechtsschutzes aus der *rule of law*-Definition hingegen setzte sich kein Staat ein.

Doch betrachtet man die staatlichen Stellungnahmen im Detail, so zeigt sich, dass Häufig- und Deutlichkeit, mit der die Zugehörigkeit des Rechtsschutzprinzips zur *rule of law* betont wird, je nach Art der besprochenen Rechtsbeziehung variieren. Besonders häufig, ja beinahe ausnahmslos[727] wird der gerichtliche Rechtsschutz im Bereich des Völkerstrafrechts als Element der *rule of law* verstanden. Blieben völkerrechtliche Verbrechen in den damit angesprochenen Beziehungen zweier Einzelpersonen ungestraft, so mahnte etwa der Außenminister Costa Ricas an, sei dies eine „mockery of the rule of law".[728] Die „Kultur der Straflosigkeit" zu beenden und den Strafanspruch des Völkerrechts konsequent gerichtlich durchzusetzen, seien – und das sahen zahlreiche Staaten so – wesentliche Voraussetzungen einer internationalen *rule of law*,[729] die allgemeine Unterzeichnung des Rom-Statuts daher zwin-

---

[726] UN GAOR, Sixth Committee, 69th Session, 4th meeting, UN Doc. A/C.6/69/SR.4, S. 16 (Karibische Gemeinschaft); UN GAOR, Sixth Committee, 70th Session, 7th meeting, UN Doc. A/C.6/70/SR.7 (Indien); ähnlich deutlich auch UN GAOR, Sixth Committee, 69th Session, 5th meeting, UN Doc. A/C.6/69/SR.5, S. 3 (Gemeinschaft lateinamerikanischer und karibischer Staaten), S. 4 (Nordische Staaten); in der Sache ebenso UN GAOR, Sixth Committee, 69th Session, 5th meeting, UN Doc. A/C.6/69/SR.5, S. 3 (EU), S. 10 (Kongo); UN GAOR, Sixth Committee, 70th Session, 5th meeting, UN Doc. A/C.6/70/SR.5, S. 13 (Bangladesch); UN GAOR, Sixth Committee, 70th Session, 7th meeting, UN Doc. A/C.6/70/SR.7, S. 3 (Marokko), S. 13 (Armenien); UN GAOR, Sixth Committee, 70th Session, 8th meeting, UN Doc. A/C.6/70/SR.8, S. 8 (Mexiko); UN GAOR, Sixth Committee, 70th Session, 29th meeting, UN Doc. A/C.6/70/SR.29, S. 3 (Kanada).

[727] Vgl. UN GAOR, Sixth Committee, 66th Session, 5th meeting, UN Doc. A/C.6/66/SR.5, S. 6 (Norwegen): „near-universal agreement".

[728] UN GAOR, 67th Session, 4th plenary meeting, UN Doc. A/67/PV.4, S. 10 (Costa Rica).

[729] Siehe etwa die Stellungnahmen in UN GAOR, Sixth Committee, 61st Session, 6th meeting, UN Doc. A/C.6/61/SR.6, S. 16 (Pakistan); UN GAOR, Sixth Committee, 63rd Session, 7th meeting, UN Doc. A/C.6/63/SR.7, S. 5 (Congo); UN GAOR, Sixth Committee, 63rd Session, 8th meeting, UN Doc. A/C.6/63/SR.8, S. 3 (Azerbaidjan); UN GAOR, Sixth Committee, 67th Session, 4th meeting, UN Doc. A/C.6/67/SR.4, S. 15 (Costa Rica); UN GAOR, Sixth Committee, 67th Session, 5th meeting, UN Doc. A/C.6/67/SR.5, S. 10 (Serbien); UN GAOR, Sixth Committee, 67th Session, 6th meeting, UN Doc.

gend erforderlich.[730] Und selbst Staatenvertreter, die sich nicht in dieser Deutlichkeit äußerten, betonten die entscheidende Rolle des IStGH und der *ad hoc*-Straftribunale für die *rule of law*[731] und anerkannten damit die Bedeutung gerichtlichen Rechtsschutzes für die Herrschaft des Rechts.

In ganz ähnlicher Weise beschränkten sich auch in Bezug auf die gerichtliche Rechtsdurchsetzung im zwischenstaatlichen Verhältnis viele Staaten auf die Feststellung, der IGH sei von entscheidender Bedeutung und leiste einen wichtigen Beitrag zur *rule of law*.[732] Die einschlägigen

---

A/C.6/67/SR.6, S. 2 (Argentinien); UN GAOR, Sixth Committee, 64th Session, 9th meeting, UN Doc. A/C.6/64/SR.9, S. 7 (Azerbaidjan); UN GAOR, Sixth Committee, 65th Session, 10th meeting, UN Doc. A/C.6/65/SR.10, S. 5 (Trinidad und Tobago); UN GAOR, 67th Session, 5th plenary meeting, UN Doc. A/67/PV.5, S. 2 (Dänemark), S. 8 (Niederlande); Report of the Secretary General v. 8. August 2011, UN Doc. A/66/133, Annex, S. 29 (Österreich); UN GAOR, 67th Session, 3rd plenary meeting, UN Doc. A/67/PV.3, S. 37 (Lesotho); vgl. auch UN GAOR, Sixth Committee, 61st Session, 7th meeting, UN Doc. A/C.6/61/SR.7, S. 9 (China) sowie UN GAOR, 67th Session, 3rd plenary meeting, UN Doc. A/67/PV.3, S. 5 f. (UN-Sicherheitsrat).

[730] UN GAOR, Sixth Committee, 61st Session, 7th meeting, UN Doc. A/C.6/61/SR.7, S. 10 (Sierra Leone).

[731] So insbesondere Finnland (Report of the Secretary General v. 8. August 2011, UN Doc. A/66/133, Annex, S. 41); ebenso Tanzania (UN GAOR, Sixth Committee, 66th Session, 5th meeting, UN Doc. A/C.6/66/SR.5, S. 7), Japan (ebd., S. 9 sowie UN GAOR, Sixth Committee, 67th Session, 5th meeting, UN Doc. A/C.6/67/SR.5, S. 6), Mexiko (UN GAOR, Sixth Committee, 66th Session, 6th meeting, UN Doc. A/C.6/66/SR.6, S. 4), Luxemburg (UN GAOR, 67th Session, 4th plenary meeting, UN Doc. A/67/PV.4, S. 7); Australien (Report of the Secretary General v. 8. August 2011, UN Doc. A/66/133, Annex, S. 24).

[732] UN GAOR, Sixth Committee, 61st Session, 7th meeting, UN Doc. A/C.6/61/SR.7, S. 2 (Liechtenstein), S. 4 (Schweiz), S. 6 (Guyana), S. 11 (Trinidad und Tobago), S. 15 (Algerien); UN GAOR, Sixth Committee, 64th Session, 8th meeting, UN Doc. A/C.6/64/SR.8, S. 7 (Brasilien); UN GAOR, Sixth Committee, 61st Session, 20th meeting, UN Doc. A/C.6/61/SR.20, S. 3 (Indonesien); UN GAOR, Sixth Committee, 63rd Session, 6th meeting, UN Doc. A/C.6/63/SR.6, S. 6 (Bangladesh); UN GAOR, Sixth Committee, 63rd Session, 7th meeting, UN Doc. A/C.6/63/SR.7, S. 7 (Japan); UN GAOR, Sixth Committee, 66th Session, 5th meeting, UN Doc. A/C.6/66/SR.5, S. 9 (Japan); UN GAOR, Sixth Committee, 64th Session, 8th meeting, UN Doc. A/C.6/64/SR.8, S. 12 (Sambia); UN GAOR, Sixth Committee, 67th Session, 6th meeting, UN Doc. A/C.6/67/SR.6, S. 7 (Nigeria), S. 11 (Israel), S. 12 (Ost Timor); UN

Generalversammlungsresolutionen rufen denn auch alle Staaten dazu auf „to consider accepting the jurisdiction of the International Court of Justice",[733] um das bereits in der UN-Millennium Deklaration erklärte Ziel zu erreichen, nämlich „to strengthen the International Court of Justice in order to ensure justice and the rule of law in international affairs".[734] Der ausgesprochen vorsichtige Ton dieser Resolutionen („consider accepting") dürfte jedoch kaum die Überzeugungen aller Staaten zutreffend wiedergeben.[735] Denn einige Staaten forderten engagiert und mit Nachdruck dazu auf, die Gerichtsbarkeit des IGH anzuerkennen, sich zur Streitbeilegung häufiger des IGH zu bedienen und dessen Jurisdiktion auszuweiten.[736] Andere erklärten die effektive ge-

---

GAOR, Sixth Committee, 65th Session, 8th meeting, UN Doc. A/C.6/65/SR.8, S. 11 (Mexiko); UN GAOR, 67th Session, 5th plenary meeting, UN Doc. A/67/PV.5, S. 6 (Kamerun).

733 GV Res. v. 14. Dezember 2015, UN Doc. A/RES/70/118; v. 17. November 2014, UN Doc. A/RES/69/123; v. 18. Dezember 2013, UN Doc. A/RES/68/116; v. 14. Dezember 2012, UN Doc. A/RES/67/97; v. 9. Dezember 2011, UN Doc. A/RES/66/102; v. 6. Dezember 2010, UN Doc. A/RES/65/32; v. 16. Dezember 2009, UN Doc. A/RES/64/116; v. 11. Dezember 2008, UN Doc. A/RES/63/128; v. 6. Dezember 2007, UN Doc. A/RES/62/70; v. 4. Dezember 2006, UN Doc. A/RES/61/39.

734 GV Res. v. 18. September 2000, UN Doc. A/RES/55/2, Rdn. 30.

735 Vgl. auch *S. Barriga/G. Kerschischnig*, HJRL 2 (2010), S. 253 (257), die darauf hinweisen, dass die Fortschritte in der Generalversammlung bei der Definition der *rule of law* nicht allein am Text der jährlichen Resolution zu diesem Thema gemessen werden dürfen.

736 Deutlich etwa SC, Verbatim Record of the 5474th meeting, UN Doc. S/PV.5474, S. 9 (Großbritannien: „we urge other States"); UN GAOR, Sixth Committee, 67th Session, 6th meeting, UN Doc. A/C.6/67/SR.6, S. 3 (Nicaragua: „called on all States"); UN GAOR, 67th Session, 5th plenary meeting, UN Doc. A/67/PV.5, S. 2 (Japan: „I call upon all States"); UN GAOR, Sixth Committee, 70th Session, 6th meeting, UN Doc. A/C.6/70/SR.6, S. 9 (Nicaragua: „urged all States"); UN GAOR, Sixth Committee, 70th Session, 7th meeting, UN Doc. A/C.6/70/SR.7, S. 7 (Polen: „urging all States"); ähnlich, wenngleich nicht ebenso nachdrücklich, auch UN GAOR, Sixth Committee, 61st Session, 7th meeting, UN Doc. A/C.6/61/SR.7, S. 5 (Mexiko); UN GAOR, Sixth Committee, 64th Session, 8th meeting, UN Doc. A/C.6/64/SR.8, S. 3 (Tunesien), S. 4 (Non-Aligned Movement), S. 6 (Liechtenstein), S. 11 (Südafrika); UN GAOR, Sixth Committee, 64th Session, 9th meeting, UN Doc. A/C.6/64/SR.9, S. 2 (Senegal, Mexiko); UN GAOR, Sixth Committee, 67th Session, 4th meeting, UN Doc. A/C.6/67/SR.4, S. 5 (Non-Aligned Movement); UN GAOR, Sixth Committee, 67th Session, 6th meeting, UN Doc.

richtliche Rechtsdurchsetzung auch im zwischenstaatlichen Verhältnis explizit zu einem Erfordernis der *rule of law*. Es sei, so bemerkte etwa der slowakische Vertreter in der Generalversammlung, „an eminent part of the principle of the rule of law [...] to ensure the existence of adequate adjudicative mechanisms whereby States can make their claims in case of disagreement".[737] Auch auf internationaler Ebene, so ergänzte Richter *Tomka* im Namen des IGH, erfordere die *rule of law* eine effektive und obligatorische Gerichtsbarkeit.[738] Und der Vertreter Pakistans sah sich gar veranlasst festzustellen, das Streitbeilegungsverfahren des IGH sei vom Standpunkt der *rule of law* aus „flawed by being derived from a voluntary mechanism".[739]

Allgemein als Element der *rule of law* anerkannt wurde das Rechtsschutzprinzip in der Beziehung zwischen einem Staat und den seiner Hoheitsgewalt unterstellten Einzelpersonen. Die Herrschaft des Rechts, so formuliert etwa die im Rahmen des *High-level Meeting on the Rule of Law* angenommene Abschlusserklärung der Generalversammlung, erfordere, dass „all persons, institutions and entities, public and private, *including the State itself*, are accountable to just, fair and equitable laws and are entitled without any discrimination to equal protection of the law."[740] Den damit bereits angesprochenen Schutz des Rechts sollten auch in der Vorstellung der Staaten vor allem die Gerichte gewährleisten. Die Vertreterin Äthiopiens dürfte daher viel Zustimmung erfahren haben, als sie im Rechtsausschuss der Generalversammlung „an independent judiciary to protect citizens against the arbitrary use of power

---

A/C.6/67/SR.6, S. 14 f. (Algerien); UN GAOR, 67th Session, 5th plenary meeting, UN Doc. A/67/PV.5, S. 8 (Niederlande), S. 12 (Ukraine); UN GAOR, 67th Session, 4th plenary meeting, UN Doc. A/67/PV.4, S. 12 (Rumänien); UN GAOR, 67th Session, 3rd plenary meeting, UN Doc. A/67/PV.3, S. 17 (Bulgarien), S. 37 (Lesotho).

737 UN GAOR, 67th Session, 4th plenary meeting, UN Doc. A/67/PV.4, S. 5 (Slowakei); ebenso auch Malaysia (UN GAOR, Sixth Committee, 61st Session, 7th meeting, UN Doc. A/C.6/61/SR.7, S. 8).

738 UN GAOR, 67th Session, 3rd plenary meeting, UN Doc. A/67/PV.3, S. 4; in dieselbe Richtung auch der Vertreter Mexikos im Sicherheitsrat SC, Verbatim Record of the 4833rd meeting, UN Doc. S/PV.4833, S. 10: „need to facilitate States' access to international justice mechanisms".

739 UN GAOR, Sixth Committee, 61st Session, 20th meeting, UN Doc. A/C.6/61/SR.20, S. 5.

740 GV Res. v. 30. November 2012, UN Doc. A/RES/67/1, Rdn. 2 (eigene Hervorhebung).

by the State, individuals or any other entity" zu den wesentlichen Elementen der Rechtsstaatlichkeit zählte.[741] In den übrigen staatlichen Stellungnahmen wird der Zugang zu Gerichten, auch und gerade um die Rechtsbindung des Staates durchzusetzen, denn auch beinahe durchweg ebenfalls als Element der *rule of law* herausgestellt.[742] Eine rechtsstaatliche Ordnung müsse, so betonte etwa Österreich, insbesondere für Opfer von Menschenrechtsverletzungen jederzeit effektiven Rechtsschutz sicherstellen,[743] und in ganz ähnlicher Weise verwies Guatemala darauf, dass auch das Fakultativprotokoll zum Internationalen Pakt über wirtschaftliche, soziale und kulturelle Rechte für die *rule of law* eine wichtige Rolle spiele, denn „it enable[s] persons whose rights had been violated to seek justice at the international level if there were no domestic remedies available".[744]

In lediglich sehr begrenztem Umfang hingegen lassen die Stellungnahmen im Rahmen der *rule of law*-Diskussionen der Generalversammlung darauf schließen, dass auch im Verhältnis Internationaler Organisationen zu Einzelpersonen Rechtsschutz ein entscheidendes Element der *rule of law* ist. Soweit ersichtlich, forderte einzig Norwegen ausdrücklich, der Sicherheitsrat müsse ein „right to review smart sanc-

[741] UN GAOR, Sixth Committee, 66th Session, 6th meeting, UN Doc. A/C.6/66/SR.6, S. 4.

[742] So betonen das Stichwort „access to justice" unter anderem: Kanada, Australien und Neuseeland (UN GAOR, Sixth Committee, 67th Session, 4th meeting, UN Doc. A/C.6/67/SR.4, S. 4), die Europäische Union (ebd., S. 6), die USA (ebd., S. 15), Kuwait (UN GAOR, Sixth Committee, 67th Session, 5th meeting, UN Doc. A/C.6/67/SR.5, S. 3), Kasachstan (ebd., S. 4), Mexico (ebd., S. 4), die Ukraine (ebd., S. 13), Dänemark (Report of the Secretary General v. 8. August 2011, UN Doc. A/66/133, Annex, S. 39), Katar (UN GAOR, Sixth Committee, 67th Session, 6th meeting, UN Doc. A/C.6/67/SR.6, S. 9), Afghanistan (UN GAOR, Sixth Committee, 64th Session, 10th meeting, UN Doc. A/C.6/64/SR.10, S. 4); sowie GV Res. v. 30. November 2012, UN Doc. A/RES/67/1, Rdn. 11, 14; Report of the Secretary General v. 29. Juli 2013, UN Doc. A/68/213, S. 13; siehe auch die Stellungnahme Benins im Sicherheitsrat SC, Verbatim Record of the 5052nd meeting, UN Doc. S/PV.5052, S. 18.

[743] Report of the Secretary General v. 8. August 2011, UN Doc. A/66/133, Annex, S. 33; ähnlich auch Chile für die Community of Latin American and Caribbean States (UN GAOR, Sixth Committee, 67th Session, 5th meeting, UN Doc. A/C.6/67/SR.5, S. 2).

[744] UN GAOR, Sixth Committee, 64th Session, 10th meeting, UN Doc. A/C.6/64/SR.10, S. 2.

tions" einräumen.[745] Und im Verhältnis zu den Beschäftigten der Vereinten Nationen mahnte lediglich der Iran die Errichtung eines „effective, fair and efficient system of internal justice" an.[746] Dass die *rule of law* auf internationaler Ebene auch gerichtlichen Rechtsschutz im Verhältnis zwischen einer internationalen Organisation und deren Mitgliedstaaten einschließen könnte, fand ebenfalls lediglich marginale Beachtung.

bb) Der direkte Nachweis: Unmittelbare Anerkennung eines internationalen Rechtsschutzprinzips

Das Bekenntnis zu einem Konzept der *rule of law*, das ein Prinzip effektiven gerichtlichen Rechtsschutzes einschließt, ist indes nicht der einzige Indikator für die internationale Anerkennung des Rechtsschutzprinzips. Auch Deklarationen und Normen, die dem Grundsatz gerichtlicher Rechtsdurchsetzung ohne einen solchen Umweg über das Bekenntnis zu einer zunächst undefinierten *rule of law* Ausdruck verleihen, lassen auf dessen Anerkennung schließen. Im gegenwärtigen Völkerrecht sind hierfür vor allem zwei Normkomplexe von Bedeutung: Vertragsbestimmungen, in denen die Staaten die Beilegung künftiger Streitigkeiten einer gerichtlichen Instanz überantworten, einerseits (dazu [1]); die internationale Anerkennung eines völkerrechtlichen Individualrechts auf gerichtlichen Rechtsschutz andererseits (dazu [2]).

(1) Gerichtliche Streitbeilegung im Völkerrecht

Gerichtliche Streitbeilegung ist im Völkerrecht noch immer die nur unter Berufung auf einen entsprechenden staatlichen Konsens zu rechtfertigende Ausnahme. Zwar sind gemäß Art. 93 Abs. 1 UN-Charta alle

---

[745] UN GAOR, Sixth Committee, 63rd Session, 7th meeting, UN Doc. A/C.6/63/SR.7, S. 7.

[746] UN GAOR, Sixth Committee, 64th Session, 9th meeting, UN Doc. A/C.6/64/SR.9, S. 12; ähnlich auch UN GAOR, Sixth Committee, 63rd Session, 7th meeting, UN Doc. A/C.6/63/SR.7, S. 9 (Iran); UN GAOR, Sixth Committee, 67th Session, 4th meeting, UN Doc. A/C.6/67/SR.4, S. 6 (Iran im Namen des Non-Aligned Movement); UN GAOR, Sixth Committee, 64th Session, 9th meeting, UN Doc. A/C.6/64/SR.9, S. 3 (Chile); UN GAOR, Sixth Committee, 69th Session, 4th meeting, UN Doc. A/C.6/69/SR.4, S. 14 (Iran); UN GAOR, Sixth Committee, 70th Session, 7th meeting, UN Doc. A/C.6/70/SR.7, S. 5 (Algerien).

Mitgliedstaaten der Vereinten Nationen zugleich Vertragsparteien des IGH-Statuts, doch dessen Entscheidungszuständigkeit bedarf dessen ungeachtet eines zusätzlichen Zustimmungsakts. Und so haben trotz der universellen Reichweite des IGH-Statuts[747] bislang gerade einmal 71 Staaten gemäß Art. 36 Abs. 2 IGH-Statut die obligatorische Gerichtsbarkeit des Gerichtshofs anerkannt.[748] Daneben haben mit dem Pakt von Bogotá[749] einige südamerikanische Staaten die obligatorische Gerichtsbarkeit des IGH immerhin für ihre internen Streitigkeiten akzeptiert. Von einer allgemeinen Ratifikation ist der Pakt indes noch weit entfernt.[750] Vergleichbares gilt für das im Rahmen des Europarats verabschiedete Europäische Streitbeilegungsübereinkommen.[751] Es sieht ebenfalls eine thematisch nicht begrenzte obligatorische Gerichtsbarkeit des IGH für Streitigkeiten zwischen den Mitgliedstaaten vor, doch haben das Übereinkommen bislang lediglich 14 Staaten ratifiziert. Die Zahl der Staaten, die die obligatorische Gerichtsbarkeit des IGH anerkannt haben, nimmt so zwar stetig zu, doch viele bedeutende Staaten, wie insbesondere die USA, Russland und China, meiden den Gerichtshof noch immer. Rückschlüsse auf einen allgemeinen Rechtsgrundsatz gerichtlichen Rechtsschutzes erlaubt diese eher zurückhaltende Positionierung der Staaten zum IGH daher – jedenfalls für sich betrachtet – in allenfalls sehr beschränktem Maße.

Innerhalb stärker integrierter regionaler Gemeinschaften sind obligatorische Zuständigkeiten der entsprechenden Gerichte hingegen weitaus häufiger anzutreffen.[752] Und auch in einigen sektoralen Völkerrechtsre-

---

[747] Diese geht wesentlich auf Art. 93 Abs. 1 UN-Charta zurück, der alle Mitglieder der Vereinten Nationen zugleich zu Vertragsparteien des IGH-Statuts macht.

[748] Auflistung unter http://www.icj-cij.org/jurisdiction/index.php?p1=5&p2=1&p3=3 (geprüft am 3. August 2016).

[749] *American Treaty on Pacific Settlement* v. 30. April 1948, UNTS Bd. 30, S. 55.

[750] Siehe http://www.oas.org/juridico/english/sigs/a-42.html (geprüft am 3. August 2016).

[751] *European Convention for the Peaceful Settlement of Disputes* v. 29. April 1957, UNTS Bd. 320, S. 243, BGBl. 1961 II, S. 82, zum Ratifikationsstand http://conventions.coe.int/Treaty/Commun/ChercheSig.asp?NT=023&CM=1&DF=&CL=ENG (geprüft am 3. August 2016).

[752] Eine knappe Übersicht bietet *T. Lock*, Das Verhältnis zwischen dem EuGH und internationalen Gerichten, 2010, S. 12 f. Die Zuständigkeit der entsprechenden Regionalgerichtshöfe ist indes in der Regel thematisch auf die Aus-

gimen, insbesondere dem Welthandelsrecht und dem Seevölkerrecht, findet die gerichtliche Rechtsdurchsetzung deutlich größere Anerkennung. Sowohl die Rechtsgrundlagen der Welthandelsorganisation als auch das UN-Seerechtsübereinkommen sehen für Streitfälle (quasi-)gerichtliche Streitbeilegungsmechanismen vor, deren Jurisdiktion alle Mitgliedstaaten bereits kraft ihrer Mitgliedschaft in der WTO beziehungsweise kraft ihrer Ratifikation des Seerechtsübereinkommens unterstehen. Insofern überlässt etwa Art. 287 SRÜ den Staaten lediglich die Auswahlentscheidung darüber, ob im Streitfall die Zuständigkeit des IGH, des ISGH oder eines Schiedsgerichts begründet ist. Die Frage aber, ob sie sich im Ernstfall überhaupt vor einem internationalen Gericht verantworten müssen, ist nicht länger in ihr Ermessen gestellt. Für die Welthandelsorganisation gilt nichts anderes. Zwar besitzen die Berichte der in welthandelsrechtlichen Streitfällen stets zuständigen Panels und des WTO-Appellate Bodys nur Empfehlungscharakter und entfalten nur im Falle einer Annahme durch das mit Vertretern aller Mitgliedstaaten besetzte Streitbeilegungsgremium der Organisation Rechtsverbindlichkeit. Da Art. 17 Abs. 14 des WTO-Streitbeilegungsübereinkommens[753] jedoch eben diese Annahme fingiert, sofern das Streitbeilegungsgremium sie nicht binnen 30 Tagen im Konsens verweigert, kann der im Verfahren unterlegene Staat die Verbindlichkeit der Entscheidung – anders als noch im entsprechenden Vorgängerverfahren des Allgemeinen Zoll- und Handelsabkommens – nicht unilateral blockieren. Jedenfalls faktisch unterliegen damit derzeit 159 Staaten – darunter selbst politisch wie wirtschaftlich einflussreiche Staaten wie die USA, China, Japan und Russland – zumindest in handelsrechtlichen Streitigkeiten einer rechtsverbindlich entscheidenden Streitbeilegungsinstanz. Die Mitgliedschaft im UN-Seerechtsübereinkommen geht mit derzeit 164 Staaten darüber sogar noch hinaus.

In vielen anderen Bereichen des Völkerrechts treten an die Stelle dieser durch regimeeigene Institutionen vorangetriebenen Vergerichtlichung völkervertragliche Schiedsklauseln, die den Mitgliedstaaten die Möglichkeit eröffnen, eventuelle Streitfälle zur Klärung unmittelbar dem IGH zu unterbreiten. Insbesondere in den Bereichen des Umwelt- und Luftverkehrsrechts, des Flüchtlingsrechts und dem völkerrechtlichen

---

legung der zugrundeliegenden Verträge beschränkt und erstreckt sich folglich nicht auf alle völkerrechtlichen Streitigkeiten zwischen den Mitgliedstaaten.

[753] *Understanding on Rules and Procedures Governing the Settlement of Disputes* v. 15. April 1994, UNTS Bd. 1869, S. 401 (Annex 2 zum *Marrakesh Agreement establishing the World Trade Organization*).

Menschenrechtsschutz sowie dem Recht der diplomatischen und konsularischen Beziehungen wird von der Verwendung solcher Schiedsklauseln regelmäßig Gebrauch gemacht.[754] Nicht selten jedoch erklären die Staaten Vorbehalte zu den entsprechenden Klauseln oder ratifizieren allein den Vertrag selbst, nicht jedoch das Zusatzprotokoll, das die Gerichtsbarkeit des IGH begründet. Selbst wenn man bereit ist, die sachbereichsbezogene Unterwerfung unter die Gerichtsbarkeit eines internationalen Gerichts als zulässigen Indikator der Anerkennung eines *allgemeinen* Rechtsgrundsatzes effektiven Rechtsschutzes anzusehen, und auch die methodischen Einwände gegen eine solche Normextension nicht teilt, wird man am Vorliegen ihrer Voraussetzungen daher dennoch aus einem anderen Grund zweifeln müssen: Die Zahl der Staaten, die großflächige Bereiche ihrer internationalen Beziehungen der Jurisdiktion eines internationalen Gerichts unterstellt haben, ist jedenfalls derzeit noch gering. Und auch die weitreichende Akzeptanz gerichtlicher Streitbeilegung im Kontext von Welthandels- und Seevölkerrecht deckt für sich betrachtet noch einen inhaltlich zu eng umschriebenen Sektor des zwischenstaatlichen Verkehrs ab, um für eine Verallgemeinerung eine hinreichende Grundlage zu bilden.

Das alles gilt indes nur für die zwischenstaatlichen Beziehungen. In demjenigen Bereich des Völkerrechts, der die Beziehungen zwischen einem Staat und den seiner Hoheitsgewalt unterliegenden natürlichen oder juristischen Personen regelt, ist die Justizialisierung – jedenfalls relativ zur inhaltlichen Reichweite des entsprechenden Normenbestands betrachtet – bereits weiter vorangeschritten. So sind vor allem die regionalen Menschenrechtskonventionen durchweg mit gerichtlichen oder zumindest gerichtsähnlichen Durchsetzungsmechanismen ausgestattet, die es den betroffenen Individuen ermöglichen, mögliche Rechtsverletzungen untersuchen und gegebenenfalls feststellen zu lassen. Die Europäische Menschenrechtskonvention ist untrennbar mit der obligatorischen Gerichtsbarkeit des EGMR und dem entsprechenden Individualbeschwerdeverfahren verbunden. Und auch die Amerikanische Menschenrechtskonvention sieht in Art. 44 AMRK die Möglichkeit der individuellen Anrufung der Inter-Amerikanischen Kommission für Menschenrechte vor. Demgegenüber hängt die Zuständigkeit des Afrikanischen Gerichtshofs für Menschenrechte und Rechte der Völker nicht nur von der Ratifikation des Zusatzprotokolls, sondern zudem von der ausdrücklichen Erklärung eines Staates ab, die Zuständigkeit des Ge-

---

[754] Vgl. die Übersicht unter http://www.icj-cij.org/jurisdiction/index.php?p1=5&p2=1&p3=4 (geprüft am 3. August 2016).

richtshofs auch für Individualbeschwerden begründen zu wollen.[755] Eine solche haben bisher jedoch nur sieben Staaten abgegeben.[756]

Auf universeller Ebene werden diese regionalen Mechanismen insbesondere durch die Zuständigkeit unterschiedlicher Vertragsorgane ergänzt, darunter unter anderem der UN-Menschenrechtsausschuss, der Ausschuss für die Beseitigung der Diskriminierung der Frau, der UN-Ausschuss gegen Folter, der UN-Ausschuss für die Beseitigung der Rassendiskriminierung und der UN-Ausschuss zum Schutz der Rechte von Menschen mit Behinderungen.[757] Die Zahl der Staaten, die ihr Verhalten auf Initiative betroffener Einzelpersonen von diesen Ausschüssen überprüfen lassen, ist teilweise zwar beträchtlich, von einer allgemeinen Anerkennung – auch im qualifizierten Sinne des Art. 38 Abs. 1 lit. c IGH-Statut – sind die entsprechenden Individualbeschwerdeverfahren aber noch immer deutlich entfernt.[758] Da sie zudem, wie im Übrigen auch die Verfahren vor der Inter-Amerikanischen Menschenrechtskommission, in rechtlich unverbindliche Feststellungen münden und den Ausschüssen die Kompetenz fehlt, ein rechtsverbindliches Urteil auszusprechen, erlauben sie auch nur in bedingtem Maße Rückschlüsse auf ein internationales Rechtsschutzprinzip. Denn Rechtsschutz im eigentlichen Sinne[759] vermögen diese Verfahren nicht zu leisten. Dass natürlichen und juristischen Personen neben diesen menschenrechtlichen Instrumenten auch die im Rahmen des Internationalen

---

[755] Art. 34 Abs. 6 des *Protocol to the African Charter on Human and Peoples' Rights on the Establishment of the African Court of Human and Peoples' Rights* v. 9. Juni 1998, OAU Doc. OAU/LEG/EXP/AFCHPR/PROT (III).

[756] Siehe http://en.african-court.org/index.php/about-us/court-in-brief (geprüft am 3. August 2016).

[757] Eine Übersicht bietet http://www.ohchr.org/EN/HRBodies/TBPetitions/Pages/HRTBPetitions.aspx (geprüft am 3. August 2016).

[758] Für den Menschenrechtsausschuss: 115 Staaten bei 168 Vertragsparteien der entsprechenden Konvention; für den Ausschuss für die Beseitigung der Diskriminierung der Frau: 107 Staaten bei 189 Parteien der entsprechenden Konvention; für den UN-Ausschuss gegen Folter: 81 Staaten bei 159 Vertragsparteien der Antifolterkonvention; für den UN-Ausschuss für die Beseitigung der Rassendiskriminierung: 55 Staaten bei 177 Vertragsparteien der Antirassismuskonvention; für den UN-Ausschuss zum Schutz der Rechte von Menschen mit Behinderungen: 88 Staaten bei 166 Vertragsparteien; Quelle: http://indicators.ohchr.org/ (geprüft am 3. August 2016).

[759] Siehe zur Voraussetzung rechtsverbindlicher Entscheidung bereits oben S. 404 f.

Zentrums zur Beilegung von Investitionsstreitigkeiten etablierte Schiedsgerichtsbarkeit eine Möglichkeit eröffnet, ihre Rechte unmittelbar gegen einen der mittlerweile 153 Staaten zu verteidigen, die das entsprechende Übereinkommen bereits unterzeichnet haben,[760] ändert an diesem eher ernüchternden Blick wenig. Denn ausweislich des Art. 25 Abs. 1 des Übereinkommens[761] hängt auch diese Rechtsschutzmöglichkeit von der Zustimmung des Staates ab, dessen Verhalten streitbefangen ist.

Im Verhältnis des Einzelnen zu internationalen Organisationen sucht man indes selbst nach derartigen Rechtsschutzmechanismen weitestgehend vergeblich. Jenseits der besonders integrierten Gemeinschaften, wie der EU oder der ECOWAS, fehlen direkte Klagemöglichkeiten ganz. Da der großen Mehrzahl internationaler Organisationen ohnehin die Rechtsmacht fehlt, unmittelbar regelnd auf Einzelpersonen zuzugreifen, ist dies nicht erstaunlich; dort, wo sie dies – wie insbesondere der Sicherheitsrat der Vereinten Nationen – doch tun, wirft das Fehlen gerichtlicher Kontrollmechanismen schwierige Probleme auf. Auf völkerrechtlicher Ebene haben daher vor allem der EuGH[762] und der EGMR[763] die Bereitschaft erkennen lassen, Maßnahmen des Sicherheitsrates jedenfalls dann einer indirekten Kontrolle zu unterziehen, wenn diese keinen Spielraum für eine individualrechtskonforme Umsetzung belassen. Auch der JStGH hat auf ein entsprechendes Vorbringen eines Angeklagten bereits die Sicherheitsratsresolution, die seiner Errichtung zugrunde lag, implizit auf ihre Rechtmäßigkeit hin überprüft.[764] All das bleibt aber bislang nicht mehr als eine vorsichtige Ten-

---

[760] Siehe https://treaties.un.org/pages/showDetails.aspx?objid=080000028012a925 (geprüft am 3. August 2016).

[761] *Convention on the Settlement of Investment Disputes between States and Nationals of Other States* v. 18. März 1965, UNTS Bd. 575, S. 159, BGBl. 1969 II, S. 369.

[762] Siehe nur EuGH, Urt. v. 3. September 2008, Rs. C-402/05 P, C-415/05 P – *Kadi und Al Barakaat*.

[763] Vgl. aus jüngerer Zeit etwa EGMR, *Al-Dulimi and Montana Management Inc. v. Switzerland*, Appl. No. 5809/08, Urt. v. 26. November 2013, Rdn. 111 ff.; etwas zurückhaltender EGMR (GK), *Al-Dulimi and Montana Management Inc. v. Switzerland*, Appl. No. 5809/08, Urt. v. 21. Juni 2016, Rdn. 95, 140, 148.

[764] JStGH, *Prosecutor v. Tadić*, Case No. IT-94-1-AR72, Appeals Chamber, Decision on the Defence Motion for Interlocutory Appeal on Jurisdiction v. 2. Oktober 1995, Rdn. 26 ff.

denz. Eine allgemeine Anerkennung gerichtlichen Rechtsschutzes im Verhältnis zwischen internationalen Organisationen und Einzelpersonen lässt sich daraus allein nicht ableiten.

Gleiches gilt auch für das Verhältnis internationaler Organisationen zu ihren Mitgliedstaaten. Nur wenige internationale Organisationen sehen die Möglichkeit vor, dass Staaten gegen Rechtsakte oder sonstige Beschlüsse der Organisation selbst gerichtlich vorgehen können. Neben dem Gerichtshof der Europäischen Union[765] eröffnen vor allem der Gerichtshof der Westafrikanischen Wirtschaftsgemeinschaft[766] und derjenige der Karibischen Gemeinschaft[767] den Rechtsweg gegen Akte der Gemeinschaft selbst. Insbesondere die Vereinten Nationen kennen ein entsprechendes Verfahren nicht, kommt Parteifähigkeit vor dem IGH doch allein Staaten zu.[768] Und auch von der Möglichkeit, das Handeln des Sicherheitsrates in einem zwischenstaatlichen Rechtsstreit implizit zu überprüfen, hat der IGH bislang nur sehr zurückhaltend Gebrauch gemacht.[769] Dass die Mitgliedstaaten zudem nur in Einzelfällen das Handeln von Organen der Vereinten Nationen zum Gegenstand einer Gutachtenanfrage an den IGH gemacht haben,[770] lässt ebenfalls an der allgemeinen Anerkennung gerichtlichen Schutzes in diesem Verhältnis zweifeln.

Etwas besser bestellt ist es schließlich um die Akzeptanz gerichtlichen Rechtsschutzes in dem Bereich des Völkerrechts, der die Beziehungen zwischen Einzelpersonen regelt: dem Völkerstrafrecht. Das Rom-Statut des IStGH haben mittlerweile 123 Staaten ratifiziert, und auch im Rahmen der Afrikanischen Union sind Bemühungen im Gange, die Gerichtsbarkeit des Afrikanischen Gerichtshofs für Menschenrechte und

---

[765] Siehe Art. 263, 265 AEUV.

[766] So insbes. Art. 9 Ziff. 3 des Protokolls über den Gerichtshof der Westafrikanischen Wirtschaftsgemeinschaft.

[767] Siehe Art. XII des Übereinkommens über die Errichtung des Gerichtshofs der Karibischen Gemeinschaft.

[768] Art. 34 IGH-Statut.

[769] Paradigmatisch für diese Zurückhaltung sind die *Lockerbie*-Entscheidungen des IGH: *Lockerbie* (Libya v. UK), Provisional Measures, ICJ Rep 1992, S. 3; *Lockerbie* (Libya v. USA), Provisional Measures, ICJ Rep 1992, S. 114.

[770] IGH, *Certain Expenses*, Advisory Opinion, ICJ Rep 1962, S. 151; implizit auch IGH, *Legal Consequences for States of the Continued Presence of South Africa in Namibia*, Advisory Opinion, ICJ Rep 1971, S. 16.

Rechte der Völker auf völkerstrafrechtliche Verbrechen zu erweitern.[771] Mit China, Russland und den USA sind einige der bedeutendsten Staaten dem Rom-Statut indes noch immer nicht beigetreten.[772] Im Sicherheitsrat haben jedoch auch sie nicht nur der Errichtung der internationalen Straftribunale für das ehemalige Jugoslawien und Ruanda zugestimmt, auch die Überweisungen der Situationen im sudanesischen Darfur[773] und in Libyen[774] an den Internationalen Strafgerichtshof wurden durch sie autorisiert. Die Berufung auf die Tatsache, dass sie selbst die Gerichtsbarkeit des IStGH nicht anerkannt haben, verliert angesichts dessen deutlich an Überzeugungskraft.

(2) Völkerrechtliche Garantien des Zugangs zu Gerichten

Neben der Einrichtung internationaler Gerichtszuständigkeiten lassen sich zweitens auch völkerrechtliche Normen, die den Zugang zu Gerichten als Individualrecht garantieren, als Anhaltspunkte für die internationale Anerkennung gerichtlichen Rechtsschutzes werten. Rechtlich unverbindliche Bekenntnisse zu einer solchen Garantie enthält neben Art. 8 der von der UN-Generalversammlung angenommenen Allgemeinen Erklärung der Menschenrechte[775] unter anderem Art. 19 lit. b der von den Mitgliedstaaten der damaligen Organisation der Islamischen Konferenz[776] verabschiedeten Kairoer Erklärung der Menschenrechte im Islam.[777] Auch die Amerikanische Erklärung der Rechte und Pflichten des Menschen enthielt in Art. XVIII eine zunächst unverbindliche Garantie gerichtlichen Schutzes. 1967 jedoch wurde die Erklärung für rechtsverbindlich erklärt[778] und 1969 mit Art. 25 AMRK um eine weitere inhaltlich entsprechende Rechtsgarantie ergänzt. Letztere wurde bis heute von 25 Mitgliedstaaten der Organisation Amerikanischer

---

771 Ausführlich *A. Abass*, NILR 2013, S. 27.

772 Zu den Wandlungen der Position der USA zum Internationalen Strafgerichtshof siehe *L. N. Sadat*, Wis. Int'l L. J. 21 (2004), S. 557.

773 SR Res. 1593 v. 31. März 2005, UN Doc. S/RES/1593 (2005).

774 SR Res. 1970 v. 26. Februar 2011, UN Doc. S/RES/1970 (2011).

775 GV Res. v. 10. Dezember 1948, UN Doc. A/RES/3/217 A.

776 Heute: Organisation für Islamische Zusammenarbeit.

777 *Cairo Declaration on Human Rights in Islam* v. 5. August 1990, UN Doc. A/Conf.157/PC/62/Add.18 (1993).

778 *A. v. Arnauld*, Völkerrecht, 3. Aufl. 2016, Rdn. 759.

Staaten ratifiziert, wobei Trinidad und Tobago sowie Venezuela ihre Bindung an die Konvention nachträglich wieder aufgekündigt haben.[779] Die Ratifikation durch die Vereinigten Staaten steht, obwohl sie die Konvention bereits 1977 unterzeichnet haben, noch immer aus. Durch Art. 6 Abs. 1 EMRK erkennen neben den europäischen Staaten insbesondere auch Russland, Georgien, Aserbaidschan und Armenien das Recht auf einen Rechtsweg an, und Art. 47 EU-GRCh bindet auch die Europäische Union entsprechend. Abgesehen von Marokko und dem Südsudan haben sich mit Art. 7 der afrikanischen Banjul-Charta auch die Staaten des afrikanischen Kontinents geschlossen zu einem Recht auf gerichtlichen Rechtsschutz bekannt.[780] Von den 22 Mitgliedstaaten der Arabischen Liga erkennen durch die Ratifikation der Arabischen Menschenrechtscharta, die in Art. 12 ebenfalls das Recht auf Zugang zu Gerichten enthält, immerhin 13 dieses Recht an.[781] Auf universeller Eben ist vor allem der Internationale Pakt über bürgerliche und politische Rechte zu nennen. Dieser garantiert nicht nur in Art. 2 Abs. 3 das Recht auf gerichtliche Durchsetzung der im Pakt selbst garantierten Rechte, sondern gewährt durch Art. 14 Abs. 1 S. 1 in der Auslegung des Menschenrechtsausschusses auch ein allgemeines Recht „to access to court for the determination of rights and obligations in a suit at law“, das auch durch „the failure of a State party to establish a competent court to determine rights and obligations“ verletzt werden könne.[782] Die 167 Staaten, die den Zivilpakt mittlerweile ratifiziert haben, haben folglich auch ein Recht auf Rechtsschutz anerkannt. Selbst die Vereinigten Staaten, Marokko, Russland und Weißrussland zählen dazu. Die Volksrepublik China hat den Pakt zumindest unterzeichnet, und mit Katar, Saudi Arabien, den Vereinigten Arabischen Emiraten und den Komoren gehören schließlich vier Staaten zu den Nichtunterzeichnern, die bereits über die Arabische Menschenrechtscharta beziehungsweise die Afrikanische Charta der Menschenrechte und Rechte der Völker an das Recht auf Zugang zu Gerichten gebunden sind. Im Lichte dieser

---

[779] Siehe http://www.oas.org/dil/treaties_B-32_American_Convention_on_Human_Rights_sign.htm (geprüft am 3. August 2016).

[780] Zum Ratifikationsstand siehe http://www.achpr.org/instruments/achpr/ratification/ (geprüft am 3. August 2016).

[781] Die Zahl der Unterzeichnerstaaten beträgt derzeit 17, siehe http://www.icnl.org/research/monitor/las.html (geprüft am 3. August 2016).

[782] Siehe MRA, *Mahuika et al v. New Zealand*, Communication 547/1993, Auffassung v. 27. Oktober 2000, UN Doc. CCPR/C/70/D/547/1993 (2000), Rdn. 9.11.

Zahlen kann das Recht auf Zugang zu Gerichten tatsächlich als quasi-universell bezeichnet werden; die Überzeugung, dass die Möglichkeit gerichtlicher Rechtsdurchsetzung rechtlich geboten ist, findet damit ebenso allgemeine Anerkennung.

b) Die Anerkennung des Rechtsschutzprinzips *in foro domestico*

In foro domestico findet diese quasi-universelle Anerkennung des völkerrechtlichen Rechts auf Zugang zu Gerichten eine Entsprechung. Nach Untersuchungen von *David Law* und *Mila Versteeg* stellen 86% aller Verfassungen der Welt[783] die Möglichkeit gerichtlicher Durchsetzung des Rechts im Verhältnis zwischen Bürgern durch die Gewährung eines „right to access to courts" sicher.[784] 82% aller Verfassungen enthalten zudem ein „right to judicial review", das es ermöglicht, auch Hoheitsakte einer gerichtlichen Überprüfung zu unterziehen.[785] Berücksichtigt man, dass die Möglichkeit der Überprüfung der (Verfassungs-)Rechtmäßigkeit hoheitlichen Handelns auch in den USA, Australien, Dänemark, Finnland, Island, Israel, Norwegen, Singapur, Schweden und Tonga zum festen Bestandteil des Verfassungsrechts gehört, ohne dass die entsprechenden Verfassungen jedoch entsprechende Vorschriften enthielten, so steigt die genannte Zahl gar auf 87% aller Staaten.[786] Andere verfassungsvergleichende Untersuchungen bestätigen diese beeindruckend hohen Zahlen.[787] So weist die vom *Comparative Constitutions Project*[788] betriebene Datenbank der Verfassungen

[783] Untersucht wurden die Verfassungen von 188 Staaten im Jahre 2006.

[784] *D. S. Law/M. Versteeg*, NYU L. Rev. 87 (2012), S. 762 (774).

[785] *D. S. Law/M. Versteeg*, Cal. L. Rev. 99 (2011), S. 1163 (1199).

[786] Ebd.

[787] Siehe außer den im Text genannten Untersuchungen auch Konrad Adenauer Foundation (Hrsg.), Rule of Law. The KAF Democracy Report 2006, 2006. Die Studie untersucht fünfzehn Staaten von insgeamt 3 Kontinenten (Afrika, Asien, [Süd-]Amerika) und weist unter anderem nach, dass in allen dieser Staaten – trotz teils erheblicher Probleme bei der Umsetzung – gerichtlicher Rechtsschutz sowohl im Privatverhältnis als auch gegenüber der öffentlichen Gewalt jedenfalls im Grundsatz gewährleistet wird. Vgl. ferner *World Justice Project*, Rule of Law Index 2015 (insbes. die Faktoren 1.2. und 7.1.), erhältlich unter http://worldjusticeproject.org/rule-of-law-index (geprüft am 3. August 2016).

[788] Siehe http://comparativeconstitutionsproject.org/ (geprüft am 3. August 2016).

der Welt in der Kategorie *Judicial Review/Review of constitutionality of legislation* 156 Verfassungen aus, die entsprechende Verfassungsbestimmungen enthalten.[789] Interessanterweise befinden sich darunter auch zahlreiche Staaten, die den Internationalen Pakt über bürgerliche und politische Rechte nicht unterzeichnet und das Rechtsschutzprinzip folglich nicht bereits auf internationaler Ebene anerkannt haben: Antigua und Barbuda nennt die Datenbank ebenso wie Bhutan, Brunei, China, Kiribati und die Komoren. Und auch die Marshall Islands, Mikronesien, Nauru, der Oman, Singapur, die Solomon Islands, Saint Kitts and Nevis, Saint Lucia, Tonga und die Vereinigten Arabischen Emirate besitzen offenbar entsprechende Verfassungsbestimmungen. Zu ähnlichen Ergebnissen kommt auch *Arne Mavčič*. Er hat 180 Verfassungsordnungen analysiert und festgestellt, dass lediglich vier der untersuchten Rechtsordnungen – und damit weniger als 3% der in die Betrachtung einbezogenen Staaten – keinerlei innerstaatlichen Mechanismen zur Überprüfung der Verfassungsmäßigkeit hoheitlicher Maßnahmen enthalten. Zu diesen zählen unter anderem Großbritannien und die Niederlande, deren staatliches Handeln zumindest der Gerichtsbarkeit des EGMR untersteht. Und auch Libyen und Lesotho, die anderen beiden der genannten vier, haben bereits das Protokoll über die Errichtung des Afrikanischen Gerichtshofs für Menschenrechte und Rechte der Völker ratifiziert und ihr hoheitliches Handeln damit dessen gerichtlicher Kontrolle unterstellt.[790] Nicht in allen Staaten, auch das lässt die Untersuchung von *Mavčič* erkennen, sind es jedoch Gerichte, die mit der Aufgabe der Rechtskontrolle betraut sind. Stattdessen treten teilweise parlamentarische Ausschüsse oder ein Nationalrat an deren Stelle.[791] Sofern sich die Entscheidungen dieser Gremien aber allein am Maßstab des Rechts orientieren, lassen auch sie sich als Indiz der Anerkennung gerichtlichen Rechtsschutzes heranziehen. Vor diesem Hintergrund kann *Alec Stone Sweet* zu Recht feststellen: „Today, nearly every country has a written constitution that provides for rights and rights review."[792] Nicht nur im Horizontalverhältnis zwischen Privaten, auch

---

[789] Siehe https://www.constituteproject.org/#/ (geprüft am 3. August 2016).

[790] Siehe http://www.au.int/en/treaties (geprüft am 3. August 2016).

[791] Übersicht bei http://www.concourts.net/tab/tab1.php?lng=en&stat=0&prt=0&srt=8 (geprüft am 3. August 2016).

[792] *A. Stone Sweet*, in: D. Caramani (Hrsg.), Comparative Politics, 3. Aufl. 2014, S. 150 (162); ähnlich bereits *E. de Wet*, The Chapter VII Powers of the United Nations Security Council, 2004, S. 127: „Most countries"; *M. Tushnet*, in: P. Cane/M. Tushnet (Hrsg.), The Oxford Handbook of Legal Studies, 2003,

und vor allem gegenüber dem hoheitlich handelnden Staat findet gerichtlicher Rechtsschutz somit im Grundsatz allgemeine Anerkennung. Bei der konkreten Ausgestaltung bestehen indes teils deutliche Unterschiede. So geben die unterschiedlichen Rechtsordnungen etwa keine einheitlichen Antworten auf die Fragen, zu welchem Zeitpunkt eine verfassungsrechtliche Kontrolle stattfinden kann, wer berechtigt ist, eine solche Kontrolle zu initiieren und welche Wirkungen die ergehenden Entscheidungen entfalten. Schließlich wird auch der Prüfungsumfang der Gerichte, insbesondere in politischen Fragen, differenziert beurteilt.[793] Angesichts dieser Umsetzungsunterschiede mag man bei der Anwendung des Rechtsgrundsatzes auf internationaler Ebene Zurückhaltung anmahnen. Doch die prinzipielle Anerkennung des Grundsatzes stellen sie nicht in Frage, bleibt doch allen Rechtsordnungen der Gedanke gemein, dass auch das Handeln des Staates den Anforderungen des Rechts genügen muss und es Institutionen bedarf, die diese Rechtsbindung im Streitfall aktualisieren.

Doch eben diese Institutionen, so ließe sich einwenden, verweigern völkerrechtlichen Normen und Judikaten immer wieder unter Berufung auf deren fehlenden unmittelbare Anwendbarkeit die Berücksichtigung.[794] Dieser vor allem in der Praxis staatlicher Gerichte bisweilen zu beobachtende Widerstand gegen die unmittelbare Anwendbarkeit völkerrechtlicher Normen könnte die These in Frage stellen, dass sich ein Rechtsschutzprinzip, das gerade völkerrechtliche Rechtspositionen betrifft, tatsächlich auf die Anerkennung *in foro domestico* berufen kann.

Der Einwand verschweigt dabei jedoch, dass sich in einer beträchtlichen Anzahl von Staaten durchaus Beispiele für eine unmittelbare Völkerrechtsanwendung durch innerstaatliche Gerichte finden.[795] Ja, ver-

---

S. 164 (165: „That courts should limit legislative power in the service of individual rights is uncontroversial."; 169: „well established").

[793] Ausführlich zu diesen Unterschieden *E. de Wet*, The Chapter VII Powers of the United Nations Security Council, 2004, S. 123 ff.; instruktiv zu den unterschiedlichen Modellen auch *J. Kokott/M. Kaspar*, in: M. Rosenfeld/A. Sajó (Hrsg.), The Oxford Handbook of Comparative Constitutional Law, 2012, S. 795 (805 ff.).

[794] Prominent insofern vor allem die Entscheidung des US Supreme Court in *Medellin v. Texas*, Urt. v. 25. März 2008, 552 US 491 (504 ff.).

[795] Siehe *A. Nollkaemper*, EJIL 25 (2014), S. 105 (107 f., 113 f.), der jenseits von Europa rund 30 Staaten ausmacht, darunter neben den USA und einigen Staaten Lateinamerikas (Brasilien, Argentinien, Chile, Kolumbien, Dominikanische Republik, Paraguay, Peru, Suriname) auch Japan, Nepal, Benin, Cap Verde,

einzelt ist im Schrifttum gar zu lesen, die unmittelbare Anwendbarkeit sei der Normalfall,[796] sodass mittlerweile wie im Unionsrecht[797] auch im Völkerrecht eine Vermutung für die unmittelbare Anwendbarkeit spreche.[798] Hätte man, so mag man angesichts dessen fragen, nicht auch auf die die unmittelbare Anwendbarkeit befürwortende Praxis abstellen und in ihr einen zusätzlichen Indikator für die Anerkennung des Rechtsschutzprinzips sehen können? Indem der Einwand stattdessen die Negativbeispiele in den Fokus rückt, legt er die Annahme zugrunde, eine jede Nichtanwendung völkerrechtlicher Normen durch innerstaatliche Gerichte stelle die Anerkennung des Rechtsschutzprinzips in Frage. Doch trifft dies aus mehreren Gründen nicht zu.

Erstens übersieht diese Annahme, dass ein jeder Rechtsschutzanspruch in seiner Reichweite auf unmittelbar anwendbare Normen begrenzt ist. Denn Rechtsschutz durch Gerichte ist nur für Normen möglich, die der gerichtlichen Anwendung zugänglich sind. Die auf die fehlende unmittelbare Anwendbarkeit einer Norm gestützte Weigerung eines Gerichts, eben diese Norm anzuwenden, stellt die Anerkennung des Rechtsschutzprinzips deshalb nicht notwendigerweise in Frage; vielmehr liegt eine Norm, die nicht unmittelbar anwendbar ist und somit weiterer Umsetzungsakte bedarf, für die Gerichte schon von vornherein außer Reichweite. Es ist bemerkenswert, dass sich staatliches Recht und Völkerrecht insofern jedenfalls im Grundsatz nicht unterscheiden.[799] Denn

---

Elfenbeinküste, Ägypten, Äthiopien, Kenia, Senegal, Russland und Israel; siehe ferner die Staatenberichte in D. Shelton (Hrsg.), International Law and Domestic Legal Systems, 2011; zu sonstigen Staaten, in denen die unmittelbare Anwendbarkeit völkerrechtlicher Normen im Grundsatz anerkannt ist, siehe unter anderem *R. F. Oppong*, Fordham Int'l L. J. 30 (2006), S. 296 (afrikanische Staaten); *V. Morina/F. Korenica/D. Doli*, ICON 9 (2011), S. 274 (Kosovo); *M. J. Bossuyt*, RBDI 1980, S. 317 (320 ff. - Belgien).

796 *A. Peters*, Jenseits der Menschenrechte, 2014, S. 463 ff.

797 Dazu *C. Wohlfahrt*, Die Vermutung unmittelbarer Wirkung des Unionsrechts, 2015.

798 *A. Bleckmann*, Völkerrecht, 2001, Rdn. 432; *A. Peters*, Jenseits der Menschenrechte, 2014, S. 464; kritischer aber *A. Nollkaemper*, EJIL 25 (2014), S. 105 (122 f.), der feststellt, die Mehrheit der Staaten lehne die unmittelbare Anwendbarkeit völkerrechtlicher Normen noch immer ab; gegen eine Vermutung unmittelbarer Anwendbarkeit auch *G. Buchs*, Die unmittelbare Anwendbarkeit völkerrechtlicher Vertragsbestimmungen, 1993, S. 42.

799 *A. Bleckmann*, Begriff und Kriterien der innerstaatlichen Anwendbarkeit völkerrechtlicher Verträge, 1970, S. 55, 116, 123; *G. Buchs*, Die unmittelbare

da die Frage der unmittelbaren Anwendbarkeit einer Norm allein von deren konkreter (inhaltlicher) Beschaffenheit abhängt,[800] stellt sie sich als Aspekt ihrer Justiziabilität unabhängig davon, welcher Rechtsordnung die fragliche Norm zugehört.[801] Zugegebenermaßen bleibt das aus völkerrechtlicher Perspektive dennoch unbefriedigend, weil für die staatlichen Gerichte die nationalen Rechtsordnungen und nicht das Völkerrecht die Kriterien festlegen, von deren Vorliegen die unmittelbare Anwendbarkeit einer Norm abhängt.[802] Da diese Kriterien oft erheb-

---

Anwendbarkeit völkerrechtlicher Vertragsbestimmungen, 1993, S. 30; *T. Buergenthal*, RdC 235 (1992-IV), S. 303 (318, 369); *A. Peters*, Jenseits der Menschenrechte, 2014, S. 459. Dem entspicht es, wenn etwa das BVerfG die Kriterien für die unmittelbare Anwendbarkeit von Völkerrecht und staatlichem Recht zum Gleichlauf bringt und formuliert, völkervertragliche Bestimmungen seien dann unmittelbar anwendbar, wenn sie „alle Eigenschaften besitzen, welche ein Gesetz nach innerstaatlichem Recht haben muss, um berechtigen oder verpflichten zu können“ (BVerfGE 29, 348 (360)). Dass die Begriffe „unmittelbar anwendbar“ und „gesetzesgleich“ oftmals synonym verwendet werden (siehe etwa *A. Peters*, Jenseits der Menschenrechte, 2014, S. 458 mit Nachweisen aus der Rechtsprechung), obwohl sich die Frage der unmittelbaren Anwendbarkeit demnach auch für staatliche Gesetzesnormen stellt, ist der Tatsache geschuldet, dass für Gesetzesnormen eine Vermutung unmittelbarer Anwendbarkeit besteht, die auf der Annahme beruht, dass der Gesetzgeber deren spätere Anwendung durch Gerichte beabsichtigte (dazu *A. Bleckmann*, Begriff und Kriterien der innerstaatlichen Anwendbarkeit völkerrechtlicher Verträge, 1970, S. 116; *G. Buchs*, Die unmittelbare Anwendbarkeit völkerrechtlicher Vertragsbestimmungen, 1993, S. 42).

800 *G. Buchs*, Die unmittelbare Anwendbarkeit völkerrechtlicher Vertragsbestimmungen, 1993, S. 34, 40, 46; *A. Nollkaemper*, EJIL 25 (2014), S. 105 (119); *A. Peters*, Jenseits der Menschenrechte, 2014, S. 458.

801 *A. Peters*, Jenseits der Menschenrechte, 2014, S. 459.

802 Ebenso etwa *T. Buergenthal*, RdC 235 (1992-IV), S. 303 (317). Hier ist im Einzelnen vieles umstritten, siehe zum Meinungsstand *A. Bleckmann*, Begriff und Kriterien der innerstaatlichen Anwendbarkeit völkerrechtlicher Verträge, 1970, S. 123 ff.; *G. Buchs*, Die unmittelbare Anwendbarkeit völkerrechtlicher Vertragsbestimmungen, 1993, S. 41 ff.; *H. Keller*, Rezeption des Völkerrechts, 2003, S. 13 f. mit Fn. 40. Die hier vertretene Auffassung wird durch die zutreffende Einsicht, dass die Frage der unmittelbaren Anwendbarkeit eine Frage der Auslegung nach Regeln des Völkerrechts ist (das betonen etwa *A. Peters*, Jenseits der Menschenrechte, 2014, S. 443 f. und *A. Nollkaemper*, National Courts and the International Rule of Law, 2011, S. 127) nicht in Frage gestellt, weil insofern zwischen den für die unmittelbare Anwendbarkeit erheblichen Kriterien (z.B. die Bestimmtheit der Norm, die Frage, ob sie subjektive Rechte verleiht, oder das Vorliegen eines entsprechenden Parteiwillens etc.) und der Methode

liche Konkretisierungsspielräume eröffnen,[803] haben es letztlich die staatlichen Gerichte selbst in der Hand, einer bestimmten Norm die unmittelbare Anwendbarkeit zu versagen und sie so ihrem eigenen Zugriff zu entziehen. Nicht die bloße Verweigerung unmittelbarer Anwendbarkeit selbst, sondern allenfalls eine im Vergleich von staatlichem Recht und Völkerrecht zu Lasten völkerrechtlicher Normen diskriminierende Handhabung der für die unmittelbare Anwendbarkeit maßgeblichen Standards kann deshalb für die (Nicht-)Anerkennung des Rechtsschutzprinzips aufschlussreich sein. Dem skizzierten Einwand bieten daher allenfalls solche Fälle eine Grundlage, in denen die Kriterien unmittelbarer Anwendbarkeit von staatlichen Gerichten übermäßig streng gehandhabt und somit bewusst dazu verwendet werden, sich vom Völkerrecht abzugrenzen und damit den gerichtlichen Rechtsschutz auf im staatlichen Recht begründete Rechtspositionen zu verkürzen.[804]

Der unmittelbare Schluss von der Verweigerung unmittelbarer Anwendbarkeit auf die fehlende Anerkennung des Rechtsschutzsprinzips wäre zweitens aber selbst in diesen Fällen übereilt, weil er vernachlässigt, dass das Rechtsschutzprinzip lediglich eine abwägungsfähige Position etabliert.[805] Schon völkerrechtlich ist es deshalb nur *prima facie*, nicht aber definitiv geboten, in jedem Fall, der in den Anwendungsbereich einer völkerrechtlichen Norm fällt, die unmittelbare Berufung auf diese vor innerstaatlichen Gerichten zu ermöglichen. Im Einzelfall kann sich schließlich durchaus erweisen, dass einem gegenläufigen Prinzip das größere relative Gewicht zukommt. Die gerichtliche Praxis und die entsprechenden Kriterien[806] für die unmittelbare Anwendbarkeit von Völkerrechtsnormen lassen sich vor diesem Hintergrund als Versuch

---

zur Feststellung, ob diese Kritrien vorliegen, zu differenzieren ist. Die völkerrechtliche Auslegung betrifft allein letztere.

[803] *A. v. Bogdandy*, ICON 6 (2008), S. 397 (403); *H. Keller*, Rezeption des Völkerrechts, 2003, S. 14 f; *A. Nollkaemper*, EJIL 25 (2014), S. 105 (124).

[804] Zu dieser Abgrenzungfunktion der Doktrin unmittelbarer Anwendbarkeit *G. Buchs*, Die unmittelbare Anwendbarkeit völkerrechtlicher Vertragsbestimmungen, 1993, S. 38; *A. Nollkaemper*, EJIL 25 (2014), S. 105 (115 ff.).

[805] Dazu ausführlicher noch sogleich S. 448 ff.

[806] Überblick bei *A. Bleckmann*, Begriff und Kriterien der innerstaatlichen Anwendbarkeit völkerrechtlicher Verträge, 1970, S. 138 ff. (Kapitel 4-7); *G. Buchs*, Die unmittelbare Anwendbarkeit völkerrechtlicher Vertragsbestimmungen, 1993, S. 46 ff.; knapp auch *A. Peters*, Jenseits der Menschenrechte, 2014, S. 449 ff.

rekonstruieren, Rechtsschutz- und Souveränitätsprinzip in Ausgleich zu bringen:[807] Während das Rechtsschutzprinzip *prima facie* auf die gerichtliche Anwendung einer Norm drängt, überlässt es das Souveränitätsprinzip grundsätzlich den Staaten selbst, auf welchem Wege sie ihren völkerrechtlichen Pflichten nachkommen;[808] es garantiert ihnen damit die Freiheit, die Wahrnehmung staatlicher Aufgaben im Innern autonom zu organisieren.[809] Insbesondere das staatliche Recht souveräner Selbstgestaltung ist dabei durch die unmittelbare Anwendbarkeit völkerrechtlicher Normen in seinem Kernbereich betroffen. Denn indem das Verdikt unmittelbarer Anwendbarkeit dem Gesetzgeber den garantierten Erstzugriff[810] auf verbleibende Umsetzungsspielräume entzieht und diese stattdessen der richterlichen Konkretisierung überantwortet,[811] verschieben sich im Verhältnis von Judikative und Legislative die Gewichte zugunsten ersterer.[812] Zudem kann die unmittelbare Anwendbarkeit die Anwendung von Normen zur Folge haben, die hinter den innerstaatlichen Legitimationsanforderungen zurückbleiben.[813]

---

807 In der Sache ähnlich *A. Nollkaemper* (EJIL 25 [2014], S. 105), der in der Doktrin unmittelbarer Awnendbarkeit sowohl die „internationalist ambition to render international law effective at the national level“ (ebd., S. 118) als auch die „autonomy of national legal orders, and the freedom of each state to determine how it arranges its relationship with international law“ (ebd., S. 122) verwirklicht sieht; vgl. ferner *A. v. Bogdandy*, ICON 6 (2008), S. 397 (403).

808 *G. Buchs*, Die unmittelbare Anwendbarkeit völkerrechtlicher Vertragsbestimmungen, 1993, S. 31; *T. Buergenthal*, RdC 235 (1992-IV), S. 303 (320); *A. Nollkaemper*, EJIL 25 (2014), S. 105 (122).

809 Siehe zum Gehalt des Souveränitätsprinzips oben S. 313 ff.

810 Eine spätere, möglicherweise auch abweichende Umsetzung und Konkretisierung der fraglichen Völkerrechtsnormen durch den Gesetzgeber schließt das freilich nicht aus.

811 *A. Nollkaemper*, EJIL 25 (2014), S. 105 (108 f., 113, 114, 117).

812 *G. Buchs*, Die unmittelbare Anwendbarkeit völkerrechtlicher Vertragsbestimmungen, 1993, S. 34. Diesen Überlegungen entspricht die Feststellung, dass staatliche Gerichte die unmittelbare Anwendbarkeit teilweise ausdrücklich mit der Begründung ablehnen, nicht in den Bereich der Gesetzgebung übergreifen zu wollen; siehe *E. A. Alkema*, in: D. Shelton (Hrsg.), International Law and Domestic Legal Systems, 2011, S. 407 (417 f.).

813 Vgl. *A. Nollkaemper*, EJIL 25 (2014), S. 105 (116 f., 120 f.); *A. Peters*, Jenseits der Menschenrechte, 2014, S. 462 f.; allgemein zu dieser konstitutionellen Dimension der Frage unmittelbarer Anwendbarkeit *A. v. Bogdandy*, ICON 6 (2008), S. 397 (403 f. und öfter).

Das lässt es in vielen Fällen gerade auch völkerrechtlich nachvollziehbar erscheinen, wenn staatliche Gerichte die unmittelbare Anwendbarkeit völkerrechtlicher Normen ablehnen. In Fällen hingegen, in denen die staatliche Souveränität nicht in vergleichbar intensiver Weise betroffen ist – namentlich, weil nicht die Völkerrechtsanwendung zu Lasten des Staates, sondern zwischen Privaten in Frage steht –, stellt sich dies anders dar und so stößt hier auch die unmittelbare Anwendbarkeit allgemein auf deutlich geringeren Widerstand. Beispiele für eine unmittelbare Anwendbarkeit zwischen Privaten finden sich sogar in Staaten, die dem Institut der unmittelbaren Anwendbarkeit ansonsten ablehnend gegenüberstehen.[814] Rekonstruiert man die Doktrin der unmittelbaren Anwendbarkeit aber in diesem Abwägungsmodell, so lässt sich schon die Tatsache, dass viele Staaten überhaupt Kriterien definieren, bei deren Vorliegen völkerrechtliche Normen unmittelbar anwendbar und damit auch verbindlich anzuwenden sind, für eine grundsätzliche Anerkennung des Rechtsschutzprinzips anführen. Denn Staaten, die gerichtlichen Schutz für völkerrechtliche Rechtspositionen kategorisch ablehnen und den Anspruch staatlicher Souveränität verabsolutieren, bedürfen solcher Kriterien nicht.[815] Die Strenge der Kriterien gibt insofern lediglich die relativen Gewichte von Rechtsschutzprinzip einerseits und Souveränitätsprinzip andererseits zu erkennen.

Drittens überzeugt der Einwand, die Verweigerung unmittelbarer Anwendbarkeit stelle die (ergänzende) Herleitung des Rechtsschutzprinzips aus den innerstaatlichen Rechtsordnungen in Frage, auch deshalb nicht, weil er übersieht, dass die Eröffnung eines Rechtswegs zum Zwecke der gerichtlichen Durchsetzung völkerrechtlich begründeter Rechtspositionen unterschiedlich ausgestaltet sein kann. Die Anerkennung der unmittelbaren Anwendbarkeit einer völkerrechtlichen Norm ist nicht der einzige Weg, um die entsprechende Rechtsposition am innerstaatlichen Gerichtsschutz teilhaben zu lassen. So führt in Staaten, die völkerrechtlichen Normen regelmäßig die unmittelbare Anwendbarkeit versagen, oftmals die Auslegung des nationalen Rechts im Lichte des entsprechenden Völkerrechts dazu, dass im Ergebnis auch der

---

814 *A. Nollkaemper*, EJIL 25 (2014), S. 105 (109).

815 In solchen Rechtsordnungen gälte die Regel, dass eine völkerrechtliche Norm, deren Inhalt nicht ins nationale Recht inkorporiert wurde, niemals unmittelbare Anwendung findet und auch im Falle der Inkorporation lediglich das national-rechtliche Abbild der Völkerrechtsnorm angewendet wird, vgl. *G. Buchs*, Die unmittelbare Anwendbarkeit völkerrechtlicher Vertragsbestimmungen, 1993, S. 31 f. mit Verweis auf die Regelung in der ehemaligen DDR.

völkerrechtlichen Norm entsprochen wird.[816] Und selbst in Rechtsordnungen, in denen eine solche Konformauslegung ausscheidet und eine ausdrückliche Transformation völkerrechtlicher Normen erforderlich ist, wird letztlich Rechtsschutz für völkerrechtlich begründete Rechtspositionen gewährt, sofern sich Betroffene vor den innerstaatlichen Gerichten auf das national-rechtliche Abbild der nunmehr transformierten Völkerrechtsnorm berufen können.[817] Vor diesem Hintergrund geht das Rechtsschutzprinzip inhaltlich zwar klar über das klassische Völkerrecht hinaus, präsentiert sich dabei allerdings ebenso wie die Normen des klassischen Völkerrechts als eine reine Erfolgsverpflichtung: Zwar fordert es *prima facie*, die Erfüllung völkerrechtlicher Verpflichtungen gerade durch die Eröffnung eines Rechtswegs abzusichern, und weicht damit von der traditionellen Position ab, dass das Völkerrecht den Staaten die Modalitäten ihrer Pflichterfüllung freistellt. Doch auf welchem Wege die Staaten dafür sorgen, dass die inhaltlich durch die völkerrechtliche Norm verbürgte Position gerichtlich abgesichert wird, stellt es den Staaten anheim.

c) Zusammenfassung

Das Bild, das diese Überlegungen zeichnen, ist zunächst unübersichtlich. Denn die Rechtsverhältnisse, in denen das Bedürfnis nach gerichtlichem Rechtsschutz besteht, sind vielfältig und die entsprechende Rechtsüberzeugung der Staaten oft unterschiedlich stark ausgeprägt. Ohne Differenzierungen gelingt der Versuch, die verschiedenen Stränge aus direkter und indirekter, internationaler und innerstaatlicher Anerkennung zusammenzuführen, daher nicht. Für diese Differenzierung ist – anders als möglicherweise auf den ersten Blick zu vermuten – nicht in erster Linie die Struktur der betroffenen Rechtsverhältnisse (koordinativ oder subordinativ) entscheidend. Stattdessen verläuft die Sollbruchstelle entlang der Unterscheidung der Rechtsschutz suchenden Subjekte: Während das Gebot, zur Durchsetzung *individueller* Rechte gerichtlichen Rechtsschutz zu gewähren, in vielfacher Weise anerkannt wird, ist gerichtlicher Rechtsschutz in Bezug auf *staatliche* Rechtspositionen in der Anerkennungspraxis nicht in gleicher Weise abgesichert. Denn

---

816 *A. Nollkaemper*, EJIL 25 (2014), S. 105 (110 f.) nennt Ghana, Israel, Lesotho, Südafrika und China als Beispiele.

817 *A. Tzanakopoulos*, Loy. L. A. Int'l & Comp. L. Rev. 34 (2011), S. 133 (147); siehe auch *A. Nollkaemper*, National Courts and the International Rule of Law, 2011, S. 118.

wie die obige Analyse zeigt, kann sich das Prinzip gerichtlichen Schutzes privater Rechte nicht nur auf die Anerkennung in den Diskussionen des Rechtsausschusses der Generalversammlung stützen. Auch in der Entwicklungspolitik der Weltbank ist es fest verankert, und Art. 14 IPbpR sowie zahlreiche regionale Garantien verleihen ihm auf völkervertraglicher Ebene rechtsverbindlichen Ausdruck. Die Beteiligungsdefizite (Der IPbpR erreicht universelle Mitgliedschaft bisher nicht) und Interpretationsunsicherheiten (Lässt die Anerkennung in der Generalversammlung wirklich bereits auf einen Rechtsgrundsatz schließen?), die sich diesen Indikatoren noch entgegenhalten lassen, werden durch die allgemeine Anerkennung im nationalen Recht kompensiert. Sowohl für die horizontalen Rechtsbeziehungen zwischen Bürgern als auch im vertikalen Verhältnis zum Staat und dessen Organen ist das Prinzip gerichtlichen Rechtsschutzes hier beinahe universell anerkannt. Schwächen, die ein isolierter Blick auf das nationale Recht hingegen zurücklassen mag, vermag gerade der Verweis auf die verbreitete Anerkennung auf internationaler Ebene auszugleichen. *Foro domestico* und *foro internationalis* ergänzen sich so, und jedenfalls in ihrem kumulativen Zusammenwirken erlauben sie den Schluss, dass das Rechtsschutzprinzip in Bezug auf individuelle Rechte mittlerweile Teil des positiven Völkerrechts ist. Es stellt einen allgemeinen Rechtsgrundsatz dar, der die Möglichkeit gerichtlicher Feststellung für all die Fälle zum völkerrechtlichen Gebot erhebt, in denen die Rechte Privater (gleich, ob dem nationalen oder internationalen Recht entstammend) gegenüber Mitbürgern oder Hoheitsgewalt in Frage stehen.

Die Frage, ob sich gleiches auch für die Staaten und deren Rechte sagen lässt, erscheint auch im Lichte der obigen Überlegungen noch ungleich schwerer zu beantworten. Denn insbesondere die Anerkennung auf internationaler Ebene weist hinsichtlich des Rechtsschutzes für Staaten noch Schwächen auf. Zwar betonen die staatlichen Stellungnahmen in den Generalversammlungsdebatten durchweg die bedeutende Rolle internationaler Gerichte für die *rule of law*. Dass sich in Bezug auf letztere indes tatsächlich bereits eine Rechtsüberzeugung herausgebildet hat, ist angesichts der weichen und interpretationsoffenen Formulierungen der einschlägigen Resolutionen zweifelhaft, auch wenn deren jährliche Wiederholung Anlass gibt, die Resolutionen ernst zu nehmen. Die obligatorische Gerichtsbarkeit des IGH wird bislang noch von zu wenigen Staaten anerkannt, und Schiedsklauseln in völkerrechtlichen Verträgen sowie die obligatorischen Zuständigkeiten der Gerichte bestimmter Völkerrechtsregime wie dem See- oder Welthandelsrecht decken derzeit noch einen zu kleinen Bereich der internationalen Beziehungen ab, um aus ihnen allein einen allgemeinen Rechtsgrundsatz abzuleiten, der das Völkerrecht auch jenseits dieser Bereiche bestimmte. Allerdings sollte die in ihrer personellen Bindungswirkung beinahe universelle völkerrechtliche Verpflichtung, Zugang zu Gerichten zu gewährleisten, auch insofern Berücksichtigung finden und auch die Anerkennung gerichtlichen Rechtsschutzes durch das nationale Recht der überwältigenden Mehrzahl der Staaten kann durchaus zur Kompensation der Anerkennungsdefizite auf internationaler Ebene beitragen.

Das freilich fordert einen naheliegenden Einwand heraus: Begründen die damit in Bezug genommenen nationalen Bestimmungen und völkerrechtlichen Individualrechtsgarantien nicht Gewährleistungen, die sich stets ausschließlich auf den Rechtsschutz von Privatpersonen beziehen? Eine Rechtsschutzgarantie, auf die sich auch Staaten berufen können, enthalten sie jedenfalls nicht. Wie also lässt sich ein Rechtsschutzprinzip für Staaten gerade auf deren Grundlage begründen? Und tatsächlich trifft die Feststellung, auf der dieser Einwand beruht, zu: Mit der Begründung eines allgemeinen völkerrechtlichen Rechtsschutzprinzips unter Berufung auf die zitierten Individualrechtsgarantien wird ein Rechtsinstitut, das in einer bestimmten Rechtsbeziehung anerkannt ist, auf Rechtsverhältnisse übertragen, die ursprünglich nicht unmittelbar von ihm erfasst werden. Für den Nachweis eines Rechtsschutzprinzips für Staaten nimmt das den fraglichen innerstaatlichen und menschenrechtlichen Bestimmungen jedoch nicht die Bedeutung. Denn gerade in der klassischen Lesart des Art. 38 Abs. 1 lit. c IGH-Statut ist diese Übertragung ein typisches Strukturmerkmal der allgemeinen Rechtsgrundsätze. Grundsätze des innerstaatlichen Privatrechts werden aufgrund ihrer allgemeinen Anerkennung in die Sphäre des internationalen Rechts hochgezont und wechseln dabei ihre Subjekte: Sie finden nicht länger zwischen Einzelpersonen, sondern zwischen Staaten Anwendung, wenn und weil die beiden Beziehungen strukturell hinreichende Ähnlichkeiten aufweisen.

Die allgemeine Anerkennung des Rechtsschutzprinzips im nationalen Recht und in völkerrechtlichen Menschenrechtsverträgen erlauben es somit ungeachtet des monierten Subjektwechsels, das Prinzip effektiven Gerichtsschutzes auch auf die strukturell entsprechenden Rechtsbeziehungen der Staaten zu übertragen. Das Völkerrecht, so lässt sich demnach festhalten, gebietet es, auch Staaten im Streitfall die Möglichkeit gerichtlicher Rechtsklärung zu eröffnen. Der erheblichen Zurückhaltung, die dieser Grundsatz auf internationaler Ebene noch erfährt, lässt sich, das werden die folgenden Überlegungen zeigen, auf andere Weise Rechnung tragen.

5. Normstruktur: Das Rechtsschutzprinzip als Rechtsprinzip

Bei alledem bedarf es kaum besonderer Hervorhebung, dass das Rechtsschutzprinzip keinesfalls einen absoluten Rechtsstandard etabliert, der jedes Fehlen gerichtlicher Rechtsschutzmechanismen mit dem Verdikt der Illegalität versieht. Vielmehr sollte es als abwägungsfähiges Rechtsprinzip verstanden werden, das lediglich als rechtlicher Grund für die Gewährung gerichtlichen Rechtsschutzes fungiert, dessen Nicht-Gewährung rechtfertigungsbedürftig erscheinen lässt und erst im Falle des Fehlens überwiegender Gegengründe zu einem definitiven Gebot erstarkt. Dafür sprechen mindestens vier Gründe.

Erstens besteht angesichts des Norminhalts des Rechtsschutzprinzips bereits eine Vermutung für dessen Abwägungsfähigkeit.[818] Denn das Gebot, gerichtlichen Rechtsschutz zu gewähren, ist ein graduell abstufbares Ideal. Seine Erfüllung ist eine Frage des Mehr oder Weniger und keinesfalls auf ein binäres Schema verwiesen. Zugangshürden, Entscheidungsdauer, Ausschlussfristen und Initiativbefugnisse sind nur einige der Aspekte, mit denen sich der Grad der Annäherung an das Ideal effektiven gerichtlichen Rechtsschutzes messen lassen dürfte. Norminhaltlich weist das Rechtsschutzprinzip daher prinzipientypische Charakteristika auf. Bereits das spricht dafür, dass auch seine Verwirklichung nur *prima facie* geboten ist.[819]

Dafür spricht zweitens sogar, dass das Völkerrecht den Konflikt zwischen den menschenrechtlichen Rechtsschutzgarantien, auf die sich die Begründung des Rechtsschutzprinzips ja in Teilen stützt, und entgegenstehenden Rechten im Wege verhältnismäßigen Ausgleichs löst. Und auch im Notstandsfall zeigt sich deren Abwägungsfähigkeit, ist die Frage, ob eine Derogation der Rechtsschutzgarantie zulässig ist, doch anhand der Kriterien der „reasonableness and proportionality between the limitation of access to justice and the general interest in the protection of public security“ zu entscheiden.[820]

Das absolute Verständnis des Rechtsschutzprinzips ist drittens auch deshalb unplausibel, weil es übersieht, dass Kollisionen mit anderen

---

[818] Siehe zu dieser Vermutung bereits oben S. 227 f.

[819] Zu den Kriterien des Prinzipiencharakters bereits oben S. 227 f. sowie ausführlich S. 163 ff.

[820] *F. Francioni*, in: ders. (Hrsg.), Access to Justice as a Human Right, 2007, S. 1 (45); ebenso, wenngleich nicht auf die menschenrechtlichen Rechtsschutzgarantien beschränkt *T. M. Franck*, AJIL 102 (2008), S. 715 (756 f.); *W. Kälin/J. Künzli*, Universeller Menschenrechtsschutz, 3. Aufl. 2013, S. 162.

Grundprinzipien, insbesondere dem Grundsatz staatlicher Souveränität, aufgrund des weiten Schutzbereichs beider nicht auszuschließen sind. Die Forderung jedoch, diese Kollisionen durch die Verabsolutierung des Rechtsschutzprinzips stets zu dessen Gunsten aufzulösen, findet in der skizzierten Anerkennungspraxis der Staaten bislang keinen Rückhalt. Vielmehr droht die Qualifizierung des Rechtsschutzprinzips als absolute Garantie die in manchen Konstellationen zu beobachtende staatliche Zurückhaltung bei der Anerkennung des Prinzips *in foro internationalis* zu vernachlässigen und die *opinio iuris* der Staaten (und deren Gefolgsbereitschaft) im Lichte der allgemeinen innerstaatlichen Anerkennung zu überschätzen.

Und schließlich wäre ihr damit viertens zugleich jede Differenzierungsmöglichkeit genommen. Denn nur die Deutung des Rechtsschutzprinzips als abwägungsfähiges Rechtsprinzip erlaubt es, dessen für verschiedene Rechtsverhältnisse unterschiedlich stark ausgeprägte Anerkennung auf die Existenz von Gegengründen zurückzuführen, die sich je nach betroffenem Rechtsverhältnis unterscheiden. Im Lichte dieser Interpretation lässt sich auch der scheinbar widersprüchlichen Erklärungspraxis in der Generalversammlung ein Sinn abgewinnen. Denn sich einerseits auf die *rule of law* zu verpflichten und dem IGH dabei besondere Bedeutung zuzusprechen, verträgt sich mit der andererseits (zu) vorsichtigen Aufforderung an die Staaten „to consider accepting the jurisdiction of the International Court of Justice“ nur dann, wenn die Verpflichtung auf die Herrschaft des Rechts *prima facie*-Charakter besitzt und folglich gegebenenfalls vor stärkeren Gegengründen, nämlich dem Souveränitätsprinzip, zurückweicht. Das Rechtsschutzprinzip, so scheint es, wird demnach gerade als *prima facie*-Garantie anerkannt, die indes derzeit noch allzu oft von gegenläufigen Prinzipien überlagert wird. Da das Ergebnis einer jeden Abwägung neben dem abstrakten Gewicht der kollidierenden Prinzipien jedoch auch von der Intensität deren konkreter Betroffenheit abhängt, muss das aber keinesfalls bedeuten, dass das Rechtsschutzprinzip in jedem Fall unterliegt. Denn in Fällen, in denen das Rechtsschutzprinzip durch eine Nichtgewährung gerichtlicher Hilfe besonders stark betroffen wäre – man denke etwa an anderenfalls irreversible Konsequenzen, wie die Vollstreckung einer Todesstrafe –, das Souveränitätsprinzip durch die Durchführung des Gerichtsverfahrens aber nur minimalen Schaden nähme – wie etwa in Fällen, in denen die Unterwerfung unter die Gerichtsbarkeit zwar erklärt wurde, aber unter einem Formfehler leidet – kann die Abwägung durchaus zu Gunsten des Rechtsschutzprinzips ausfallen.

6. *Ergebnis*

Zum Prinzipienbestand des Völkerrechts, so lässt sich nach alledem festhalten, gehört gegenwärtig auch das Rechtsschutzprinzip. An zahlreichen Stellen im internationalen Bereich finden sich Indizien seiner Anerkennung, seine Geltung als allgemeiner Rechtsgrundsatz verdankt es aber vor allem seiner Verankerung im innerstaatlichen Recht. Das von ihm verkörperte Gebot, gerichtlichen Rechtsschutz zu gewähren, erstreckt sich auf koordinative ebenso wie auf subordinative Rechtsverhältnisse; Staaten und Individuen erfasst es gleichermaßen. Als Rechtsprinzip fordert der Grundsatz gerichtlichen Rechtsschutzes volle Verwirklichung indes nur im Rahmen des tatsächlich und rechtlich Möglichen; im Fall eines Konflikts mit gegenläufigen Prinzipien, insbesondere dem Souveränitätsprinzip, bedarf es der Abwägung.

III. Umweltprinzip

Schon seit langem wird neben der *rule of law* und dem internationalen Menschenrechtsschutz auch der Schutz der globalen Umwelt zu den Grundwerten des Völkerrechts gezählt.[821] Mittlerweile jedoch, so die These der folgenden Überlegungen, wird ihm diese Kategorisierung nicht mehr gerecht. Zwar bezeichnet der Schutz der Umwelt noch immer ein Gut,[822] um dessen Schutz sich die Regeln des Völkerrechts bemühen, doch hat er mittlerweile rechtlichen Selbststand erlangt. Denn mit dem, was hier als völkerrechtliches Umweltprinzip[823] bezeichnet werden soll, wird der Umweltschutz zu einem Grundprinzip des Völkerrechts und damit selbst Teil des positiven Rechts.

Um diese These zu untermauern, soll das Umweltprinzip, um dessen Nachweis sich die folgenden Überlegungen bemühen, zunächst inhaltlich genauer gefasst werden, konkret: als Grundsatz ökologischer Nachhaltigkeit (dazu 1.). Der Nachweisgegenstand erhält damit Kontu-

---

[821] Siehe *D.-E. Khan/A. Paulus*, in: I. Erberich u.a. (Hrsg.), Frieden und Recht, 1998, S. 217 (253); *A. Paulus*, Die internationale Gemeinschaft im Völkerrecht, 2001, S. 267 f.; *M. Payandeh*, Internationales Gemeinschaftsrecht, 2010, S. 115 ff.

[822] Zum Begriff des Guten als Grundkategorie von Werten bereits oben S. 191 f.

[823] Zu terminologischen Überlegungen vgl. *W. Kahl*, Umweltprinzip und Gemeinschaftsrecht, 1993, S. 81 f.

ren, die scharf genug sind, um völkerrechtliche Verträge, unverbindliche internationale Erklärungen und Resolutionen sowie das nationale Verfassungsrecht der Staaten der Welt auf die Anerkennung des Umweltprinzips zu befragen. Dabei zeigt sich nicht nur, dass das Umweltprinzip sich auf eine universelle *opinio iuris* stützen kann und demnach als allgemeiner Rechtsgrundsatz dem positiven Völkerrecht angehört (dazu 2.), auch sein Prinzipiencharakter wird dabei deutlich: In der Rechtsüberzeugung der Staaten ist das Umweltprinzip abwägungsfähig und im Konfliktfall auch -bedürftig. Vor allem die Diskussion um den Grundsatz nachhaltiger Entwicklung lässt daran keinen Zweifel (dazu 3.).

1. Definition: Umweltprinzip als Grundsatz ökologischer Nachhaltigkeit

Im hier zugrunde gelegten Verständnis verleiht das Umweltprinzip dem Umweltschutzanliegen des Völkerrechts auf einer abstrakten und allgemeinen Ebene des positiven Rechts Ausdruck. Seinen normativen Inhalt kennzeichnen somit zwei Begriffe, die weiterer Konkretisierung bedürfen: Das Umweltprinzip gebietet Verhaltensweisen, deren Gegenstand erstens die Umwelt ist (dazu lit. a) und die sich zweitens als Schutzmaßnahmen beschreiben lassen (dazu lit. b). Methodisch hat die inhaltliche Konkretisierung dieser Begriffe eine eigentümliche Zwischenstellung. Als Umschreibung einer Norm, deren Anerkennung erst nachgewiesen werden soll, beansprucht sie zwar gerade nicht, den Inhalt einer bereits geltenden Rechtsnorm zu erheben. Doch muss sie, will sie mit der vorläufigen Formulierung des Gegenstands der nachzuweisenden Anerkennung nicht bereits unerreichbare Ziele definieren, die völkerrechtlichen Ansatzpunkte für dessen Definition zumindest als Orientierungshilfen berücksichtigen.

a) Die Umwelt als Gegenstand des Umweltprinzips

Eine allgemeinverbindliche und in allen Details feststehende Definition des völkerrechtlichen Umweltbegriffs hat sich bisher nicht herausgebildet.[824] Die einschlägigen Stellungnahmen des IGH sind wenig ergie-

---

[824] *P. Sands/J. Peel*, Principles of International Environmental Law, 3. Aufl. 2012, S. 14.

big,[825] und der spezifische Zuschnitt auf einzelne Umweltmedien, der die meisten völkervertraglichen Regelwerke kennzeichnet, lässt eine vertragliche Definition des Umweltbegriffs in den meisten Abkommen verzichtbar erscheinen. Mit etwas Abstand betrachtet eint die Mehrzahl umweltvölkerrechtlicher Verträge und Deklarationen indes die Fokussierung auf einen Umweltbegriff, der vor allem die natürlichen Lebensgrundlagen in den Blick nimmt, die menschengemachte Umwelt, wie etwa das kulturelle Erbe, soziale oder wirtschaftliche Bedingungen, hingegen weitgehend ausblendet.[826] Die Umwelt werde, so argumentierten im Nuklearwaffenverfahren vor dem IGH denn auch die Salomon-Inseln, „often defined as including human health, as well as flora, fauna, soil, air, water, climate, landscape and historical monuments or physical structures and the interrelationship among these“[827]. Die auf der Weltumweltkonferenz 1972 im Konsens aller Staaten verabschiedete Stockholm-Erklärung[828] deutet ebenfalls in diese Richtung: Sie unterscheidet zunächst ausdrücklich zwischen natürlicher und menschengemachter Umwelt,[829] um sich in ihrem Prinzipienteil dann jedoch ganz auf erstere zu konzentrieren und diese schließlich mit den „natural resources of the earth, including the air, water, flora and fauna“ zu identifizieren.[830] Und auch im Iron Rhine-Verfahren zwischen Belgien und den Niederlanden erklärte das angerufene Schiedsgericht, im Bereich des Umweltvölkerrechts möge es zwar zuweilen schwierig sein, zwischen harten völkerrechtlichen Regeln und bloßen *soft law*-Grundsätzen zu unterscheiden, doch „the Tribunal notes that in all of

[825] Vgl. nur den Konkretisierungsversuch in IGH, *Nuclear Weapons*, Advisory Opinion, ICJ Rep 1996, S. 226 (241): „The environment is not an abstraction, but represents the living space, the quality of life and the health of human beings, including generations unborn.“

[826] Zu diesen Kategorien des Umweltbegriffs etwa *M.-L. Larsson*, The Law of Environmental Damage, 1999, S. 123; vgl. auch *A. Basak*, Environmental Studies, 2009, S. 4 f., die zusätzlich die Kategorie „social environment“ anführt.

[827] IGH, *Nuclear Weapons*, Advisory Opinion, Written Statement Solomon Islands, 20. Juni 1995, S. 80 unter Verweis auf das Übereinkommen über grenzüberschreitende Auswirkungen von Industrieunfällen als auch auf das Übereinkommen über die Umweltverträglichkeitsprüfung im grenzüberschreitenden Rahmen.

[828] *Declaration of the UN Conference on the Human Environment* v. 16. Juni 1972, UN Doc. A/CONF.48/14/Rev.1 (1973).

[829] Ebd., Rdn. 1.

[830] Ebd., Prinzip 2.

these categories ‚environment' is broadly referred to as including air, water, land, flora and fauna, natural ecosystems and sites, human health and safety, and climate".[831] Auch im Folgenden soll daher ein Verständnis der Umwelt zugrunde gelegt werden, das sich auf die natürliche Umwelt beschränkt. Zumindest Flora und Fauna, Land, Luft, Wasser und natürliche Ressourcen schließt das Umweltprinzip folglich in seinen Schutzbereich ein.

b) Schutz als Auftrag des Umweltprinzips

Wenn das Umweltprinzip gebietet, diese Umweltgüter zu *schützen*, so beschreibt das seinem gewöhnlichen Wortsinn nach ein Verhalten, das Beeinträchtigungen des zu protegierenden Guts, die diesem von Naturereignissen oder Handlungen Dritter drohen, abwendet. Über die bloße Pflicht, das Schutzgut nicht durch das eigene Verhalten zu schädigen, geht das Gebot, zu schützen, daher hinaus.[832] Regelmäßig, ja geradezu erst recht, dürfte es indes auch eben diese Pflicht einschließen. Und so lässt sich die Aufgabe des Umweltschutzes auch als Auftrag zur Erhaltung der Umwelt verstehen: als Gebot, sie einerseits nicht durch eigenes Verhalten zu schädigen, sie andererseits vor Schädigungen, die vom Verhalten Dritter oder sonstigen Ereignissen drohen, zu bewahren und eben dadurch ihren langfristigen Bestand zu sichern. Das Umweltprinzip verkörpert damit ein Gebot ökologischer Nachhaltigkeit.[833]

---

[831] *Arbitration Regarding the Iron Rhine Railway*, RIAA XXVII, S. 35 (66).

[832] Ebenso im nationalen Kontext *K. F. Gärditz*, in: R. Landmann/G. Rohmer, Umweltrecht, Stand: 1. August 2013 (70. Erg.-Lfg.), Art. 20a GG, Rdn. 52.

[833] Stattdessen – aber mit gleicher Bedeutung – von einem Gebot ökologischer Integrität sprechen hingegen *R. E. Kim/K. Bosselmann*, RECIEL 24 (2015), S. 194 (203 f.), die dieses Gebot zugleich zur „Grundnorm" des Völkerrechts erklären (ebd., S. 205). Vgl. zum Zusammenhang von Erhaltung und Nachhaltigkeit *B. Klauer*, ZAU 12 (1999), S. 86 (86 f.): „Gemeinsamkeit aller Nachhaltigkeitsdefinitionen ist der Erhalt eines Systems bzw. bestimmter Charakteristika eines Systems, sei es die Produktionskapazität des sozialen Systems oder des lebenserhaltenden ökologischen Systems. Es soll also immer etwas bewahrt werden zum Wohl der künftigen Generationen."

2. *Anerkennung: Das Umweltprinzip als allgemeiner Rechtsgrundsatz*

Im Völkerrecht genießt das so verstandene Umweltprinzip den Status eines allgemeinen Rechtsgrundsatzes, denn, so soll der folgende Abschnitt zeigen, das in ihm verkörperte Gebot, die natürliche Umwelt zu bewahren, wird von den Staaten mittlerweile universell anerkannt.[834] In den nationalen Verfassungsordnungen ist der Umweltschutz als Staatszielbestimmung, ja, teilweise gar als Gegenstand von Individualrechtsgarantien verankert (dazu lit. b), und auch auf internationaler Ebene finden sich zahlreiche Anhaltspunkte dafür, dass das Umweltprinzip von einer Rechtsüberzeugung der Staaten getragen wird (dazu lit. a).

a) Anerkennung des Umweltprinzips *in foro internationalis*

Das Anliegen, die natürliche Umwelt zu bewahren, ist das tragende Motiv des gesamten Umweltvölkerrechts.[835] Entsprechend groß ist der Kreis derjenigen völkerrechtlichen Verträge und Erklärungen, die den Schutz der Umwelt zu ihrem Ziel erklären oder sich in Präambelbestimmungen zu ihm bekennen. Selbst Verträge, deren operative Regelungen nicht zu konkreten Präventionsmaßnahmen verpflichten, machen sich die ökologische Teleologie zuweilen ausdrücklich zu eigen.[836] Doch so verbreitet derartige abstrakte Bekenntnisse zum Vertragsziel Umweltschutz auch sein mögen, auf die Frage, ob die Staaten eine rechtliche Pflicht zur Erhaltung der Umwelt anerkennen, geben sie in allenfalls sehr beschränktem Maße Antwort. Zu wenig normativ ist ihr Gehalt, zu schwach ihr Anspruch, auf das Verhalten der Staaten Einfluss zu nehmen. Und so bleibt ihre Bedeutung für den Nachweis einer von den Staaten geteilten Überzeugung, rechtlich zum Schutz der Umwelt verpflichtet zu sein, hinter derjenigen von Normen, die ausdrücklich als Ge- oder Verbote formuliert sind, jedenfalls deutlich zurück. Doch dem Völkerrecht sind auch solche imperativ formulierten Um-

---

[834] Zur Anerkennung als rechtskonstitutives Kriterium bereits oben S. 249 ff.

[835] Vgl. *A. Kiss/D. Shelton*, International Environmental Law, 3. Aufl. 2004, S. 261: „all international environmental instruments have this aim"; in dieselbe Richtung *A. Boyle/D. Freestone*, in: dies. (Hrsg.), International Law and Sustainable Development, 1999, S. 1 (13).

[836] Siehe etwa Art. 2 Abs. 1 *Agreement establishing the South Pacific Regional Environment Programme* v. 16. Juni 1993, UNTS Bd. 1982, S. 3; Art. 1 *Articles of Association of the South Asia Co-operative Environment Programme* v. 25. Februar 1981, UNTS Bd. 2253, S. 137.

weltschutznormen keinesfalls unbekannt. Vielmehr geben zahlreiche *soft law*-Dokumente und völkerrechtliche Verträge den Staaten auf, die Umwelt inner- (dazu lit. bb) und außerhalb der eigenen Grenzen (dazu lit. aa) vor Schädigungen zu bewahren. Für den Nachweis, dass diese Pflicht von den Staaten heute allgemein als rechtsverbindliche Vorgabe anerkannt wird, sind daher sie der verlässlichere Ansatzpunkt.

aa) Die Pflicht zum Schutz der extra-territorialen Umwelt

Für das Gebiet jenseits der nationalen Grenzen fällt der Nachweis dieser universellen Anerkennung nicht schwer, begegnen Normen, die Beeinträchtigungen der extra-territorialen Umwelt verbieten, doch geradezu allerorten. So formuliert etwa die Abschlusserklärung der Weltumweltkonferenz von Stockholm, alle Staaten treffe „in accordance with [...] the principles of international law, [...] the responsibility to ensure that activities within their jurisdiction or control do not cause damage to the environment of other States or of areas beyond the limits of national jurisdiction".[837] In beinahe identischem Wortlaut erinnert auch die KSZE-Schlussakte daran, dass „ein jeder Teilnehmerstaat in Übereinstimmung mit den Grundsätzen des Völkerrechts dafür Sorge tragen sollte, daß Tätigkeiten innerhalb seines Gebietes keine Umweltverschlechterung in einem anderen Staat oder in Gebieten außerhalb der nationalen Hoheitsgewalt verursachen".[838] Nur wenige Jahre nach Verabschiedung der Schlussakte von Helsinki fand schließlich die von der UN-Generalversammlung beschlossene Weltnaturcharta, die ebenfalls eine inhaltsgleiche Formulierung enthielt, die einhellige Zustimmung der damaligen UN-Mitgliedstaaten.[839] Und auch die Rio-Erklärung übernahm die obige Passage der Deklaration von Stockholm mit identischem Wortlaut in ihr Prinzip 2.

Die Liste der *soft law*-Dokumente, die vergleichbare Bestimmungen enthalten, ließe sich leicht fortsetzen.[840] Doch längst hat die Verpflich-

---

837 *Declaration of the UN Conference on the Human Environment* v. 16. Juni 1972, UN Doc. A/CONF.48/14/Rev.1 (1973), Prinzip 21.

838 KSZE, Schlussakte v. 1. August 1975, S. 37, http://www.osce.org/helsinki-final-act (geprüft am 3. August 2016).

839 GV Res. v. 28. Oktober 1982, UN Doc. A/RES/37/7, Annex, Rdn. 21 lit. d).

840 Siehe ferner etwa Art. 13 der *Draft International Covenant on Environment and Development*, in: IUCN Environmental Law Programme, Draft In-

tung zu grenzüberschreitendem Umweltschutz auch in die Vorschriften völkerrechtlicher Verträge Eingang gefunden. Die Espoo-Konvention etwa verpflichtet ihre Mitgliedstaaten dazu, effektive Maßnahmen zu ergreifen, um schädliche grenzüberschreitende Umwelteinwirkungen zu verhindern und zu reduzieren;[841] das Londoner Übereinkommen über die Verhütung der Meeresverschmutzung durch das Einbringen von Abfällen und anderen Stoffen[842] und die UN-Klimarahmenkonvention[843] greifen in ihren Präambeln die zitierte Formulierung der Stockholm-Erkärung auf; und das ASEAN *Haze Pollution Agreement*[844] und die UN-Biodiversitätskonvention[845] erklären sogar in ihren operativen Bestimmungen, die Vertragsparteien seien nach den Grundsätzen des Völkerrechts verpflichtet, sicherzustellen, dass Aktivitäten, die ihrer Jurisdiktion oder Kontrolle unterliegen, der Umwelt anderer Staaten oder Gebieten jenseits staatlicher Hoheitsgewalt keine Schäden zufügen.[846] Für einen Teil der damit bereits angesprochenen Staatengemeinschaftsräume hält zudem auch Art. 2 des Umweltschutzprotokolls zum Antarktisvertrag[847] die Pflicht der Vertragsstaaten fest, einen umfassenden Schutz der antarktischen Umwelt zu gewährleisten.

---

ternational Covenant on Environment and Development, 4. Auflage 2010, http://www.iucn.org/content/draft-international-covenant-environment-and-development (geprüft am 3. August 2016); Art. 3 Abs. 1 der UNEP, *Draft Principles on the Conduct in the Field of the Environment for the Guidance of States in the Conservation and Harmonious Utilization of Natural Resources Shared by Two or More States* v. 19. Mai 1978, UN Doc. A/33/25, S. 154 f.

[841] Art. 2 Abs. 1 *Convention on Environmental Impact Assessment in a Transboundary Context* v. 25. Febraur 1991, UNTS Bd. 1989, S. 309, BGBl. 2002 II, S. 1406.

[842] *Convention on the Prevention of Marine Pollution by Dumping of Wastes and Other Matter* v. 29. Dezember 1972, UNTS Bd. 1046, S. 138, BGBl. 1977 II, S. 180.

[843] *United Nations Framework Convention on Climate Change* v. 9. Mai 1992, UNTS Bd. 1771, S. 107, BGBl. 1993 II, S. 1783.

[844] *Asean Agreement on Transboundary Haze Pollution* v. 10. Juni 2002, http://haze.asean.org/?page_id=185 (geprüft am 3. August 2016).

[845] *Convention on Biological Diversity* v. 5. Juni 1992, UNTS Bd. 1760, S. 79, BGBl. 1997 II, S. 1741.

[846] Art. 3 Abs. 1 *Asean Haze Pollution Agreement*; Art. 3 *Convention on Biological Diversity* v. 5. Juni 1992, UNTS Bd. 1760, S. 79, BGBl. 1997 II, S. 1741.

[847] *Protocol on Environmental Protection to the Antarctic Treaty* v. 4. Oktober 1991, ILM 30 (1991), S. 1455, BGBl. 1994 II, S. 2478, 1997 II, S. 708.

Und auch das Internationale Übereinkommen über die Hohe See[848] verpflichtet die Staaten in Art. 24 und 25 dazu, Maßnahmen zu ergreifen, um die Verschmutzung der See jenseits des Küstenmeeres der Staaten zu verhindern.

Die in all diesen Bestimmungen enthaltene Umweltschutzpflicht wird, das lässt sich bereits aufgrund dieses kurzen Überblicks festhalten, mittlerweile von allen Staaten der Welt als Rechtspflicht anerkannt. Nicht nur die Weltnaturcharta wurde von der UN-Generalversammlung im Konsens angenommen, auch die Biodiviersitätskonvention, die der besagten Pflicht sogar in ihrem rechtsverbindlichen Teil Ausdruck verleiht, haben bis heute 194 Staaten ratifiziert. Die UN-Klimarahmenkonvention erwähnt das Umweltschutzgebot zwar lediglich in ihrer Präambel, führt es aber dort ausdrücklich auf die „principles of international law" zurück, so dass sich auch ihr eine entsprechende Rechtsüberzeugung entnehmen lässt. Mit 196 Vertragsparteien beansprucht auch sie universelle Mitgliedschaft. Und so ist dem Internationalen Gerichtshof zuzustimmen, wenn dieser feststellt:

> „The existence of the general obligation of States to ensure that activities within their jurisdiction and control respect the environment of other States or of areas beyond national control is now part of the corpus of international law relating to the environment."[849]

In inhaltlicher Hinsicht spiegeln die zitierten Vorschriften zudem auch die Doppelstruktur des oben skizzierten Umweltprinzips wider: Mit der Inbezugnahme aller Aktivitäten, die der Jurisdiktion oder Kontrolle des jeweiligen Staates unterstehen, verpflichten sie die Staaten nicht nur dazu, selbst schädigende Handlungen zu unterlassen, sie gebieten es auch, Schädigungen durch Dritte abzuwehren und zu verhindern, sofern diese der jeweiligen staatlichen Hoheitsgewalt unterstehen. Dass die genannten Umweltschutzpflichten zudem ausdrücklich auch Schädigungen der Umwelt in Gebieten jenseits staatlicher Hoheitsgewalt untersagen, zeigt, dass sie sich, anders als das auf die Trail Smelter-Entscheidung[850] zurückgehende Verbot grenzüberschreitender Umwelteinwirkungen, normativ nicht auf die Staatensouveränität zurück-

---

848 *Convention on the High Seas* v. 29. April 1958, UNTS Bd. 450, S. 11, BGBl. 1972 II, S. 1089.

849 So erstmals IGH, *Nuclear Weapons*, Advisory Opinion, ICJ Rep 1996, S. 226 (241 f.); wieder aufgegriffen in IGH, *Gabčíkovo-Nagymaros Project*, ICJ Rep 1997, S. 7 (41).

850 *Trail Smelter Arbitration*, RIAA III, S. 1905.

führen lassen.[851] Vielmehr sprechen sie der Umwelt einen Eigenwert zu, der sie auch dort schützenswert erscheinen lässt, wo sie nicht bereits als staatliche Substanz den Schutz des Souveränitätsprinzips[852] genießt.

bb) Die Pflicht zum Schutz der intra-territorialen Umwelt

Der über das Souveränitätsprinzip hinausreichende, ja sich gar gegen dieses in Stellung bringende Eigenwert der Umwelt zeigt sich besonders deutlich auch dort, wo das Völkerrecht die Staaten zum Schutz der innerhalb ihrer Staatsgrenzen belegenen Umweltgüter verpflichtet und ihr souveränes Selbstgestaltungsrecht entsprechend beschränkt.[853] Der allgemeine Anspruch des Umweltprinzips bliebe denn auch unerfüllt, könnte die Umweltschutzpflicht, die es verkörpert, nicht auch für die intra-territoriale Umwelt auf die allgemeine Anerkennung der Staaten zählen. Doch eben das kann sie: Sofern sich eine solche Pflicht zum Schutz der intra-territorialen Umwelt nicht bereits als Nebenprodukt aus der Anerkennung eines völkerrechtlich verankerten Rechts auf eine gesunde Umwelt ergibt (dazu (1)), so lässt sie sich doch zumindest in einer Zusammenschau völkerrechtlicher Regelungen und Deklarationen begründen, die die Erhaltung der Umwelt in den Blick nehmen, ohne sich dabei auf extraterritoriale Gebiete zu beschränken (dazu (2)).

(1) Das Recht auf eine gesunde Umwelt als Anerkennungsindikator

Der Mensch habe, so formuliert etwa die Abschlusserklärung der Stockholmer Weltumweltkonferenz im erstgenannten Sinne, „a fundamental right to freedom, equality and adequate conditions of life, in an environment of a quality that permits a life of dignity and well-being".[854] Und auch der von der Weltkommission für Umwelt und

---

[851] Zu dem entsprechenden Paradigmenwechsel im Umweltvölkerrecht *E. Riedel*, in: FS Roellecke, 1997, S. 245.

[852] Zur entsprechenden Ausprägung des Souveränitätsprinzips oben S. 322 f. sowie 358 ff.

[853] Kritisch dazu nun *J. Bäumler*, Das Schädigungsverbot im Völkerrecht, 2017, S. 110 ff.

[854] *Declaration of the UN Conference on the Human Environment* v. 16. Juni 1972, UN Doc. A/CONF.48/14/Rev.1 (1973), Prinzip 1; vergleichsweise zurückhaltend hingegen Prinzip 1 der *Rio Declaration on Environment and Development* v. 14. Juni 1992, UN Doc. A/CONF.151/26 (Vol. I).

Entwicklung erstellte Brundtland-Bericht[855] spricht allen Menschen ein „fundamental right to an environment adequate for their health and well-being" zu.[856] Die UN-Generalversammlung begrüßte den Bericht ausdrücklich[857] und erkannte schon wenige Jahre später selbst ein entsprechendes Recht an.[858] Als Sonderberichterstatterin *Fatma Ksentini* schließlich im Jahr 1994 der UN-Menschenrechtskommission[859] ihre abschließende Studie zum Thema Menschenrechte und Umwelt[860] vorstellte, enthielten die angehängten Entwurfsprinzipien sogar nicht nur ein allgemeines Recht auf eine sichere und gesunde Umwelt,[861] sondern sprachen darüber hinaus jedermann ein eigenständiges Recht auf Schutz und Erhaltung von Luft, Boden, Wasser, Flora und Fauna zu.[862] Verbindliche Individualrechtsgarantien, die diesen unverbindlichen Bekenntnissen im harten Völkerrecht Ausdruck verleihen, sind bisher jedoch nicht sehr verbreitet. Art. 24 der Afrikanischen Charta der Menschenrechte und Rechte der Völker dürfte die wohl prominenteste Ausnahme sein. „All peoples", so heißt es dort, „shall have the right to a general satisfactory environment favorable to their development". Daneben bekennt sich auch die neu gefasste Afrikanische Konvention zur Erhaltung der Natur und natürlichen Ressourcen[863] in Art. III Nr. 1 zu einem „right of all peoples to a satisfactory environment". Die Amerikanische Menschenrechtskonvention verbürgt mit Art. 11 ihres

---

855 *Report of the World Commission on Environment and Development: Our Common Future* v. 4. August 1987, UN Doc. 42/427.

856 Ebd., Annex 1: Summary of Proposed Legal Principles for Environmental Protection and Sustainable Development Adopted by the WCED Experts Group on Environmental Law, Prinzip 1.

857 GV Res. v. 11. Dezember 1987, UN Doc. A/RES/42/187, Rdn. 1.

858 GV Res. v. 14. Dezember 1990, UN Doc. A/RES/45/94, Rdn. 1.

859 Heute: Menschenrechtsrat.

860 *F. Z. Ksentini*, Human Rights and the Environment, Final report by the Special Rapporteur, UN Doc. E/CN.4/Sub.2/1994/9.

861 Ebd., Annex I: Draft Principles on Human Rights and the Environment, Art. 2, siehe auch Art. 4.

862 Ebd. Art. 6.

863 *African Convention on the Conservation of Nature and Natural Resources (Revised Version)* v. 11. Juli 2003, http://www.au.int/en/treaties/african-convention-conservation-nature-and-natural-resources-revised-version (geprüft am 3. August 2016).

Zusatzprotokolls von San Salvador[864] zwar ebenfalls ein – allerdings individuelles – Recht auf eine gesunde Umwelt. Doch haben bislang lediglich 16 Staaten das Protokoll ratifiziert.[865] Überlegungen, auch die Europäische Menschenrechtskonvention um ein entsprechendes Protokoll zu ergänzen,[866] sind bisher nicht praktisch geworden, auch wenn die Staatenvertreter in der parlamentarischen Versammlung des Europarates das Recht auf eine gesunde Umwelt bereits mehrfach bestätigt und den Mitgliedstaaten gar dessen Verankerung im nationalen Verfassungsrecht empfohlen haben.[867] In beschränktem Rahmen entnimmt der EGMR aber auch den bestehenden Konventionsgarantien ein Recht auf eine gesunde Umwelt, wenn er etwa in Zusammenhang mit Art. 8 EMRK festhält: „[S]evere environmental pollution may affect individuals' well-being [...] in such a way as to affect their private and family life adversely“.[868] Ausdrückliche Erwähnung jedoch findet das Individualrecht auf eine gesunde Umwelt lediglich noch in der Aarhus-

[864] *Additional Protocol to the American Convention on Human Rights in the Area of Economic, Social and Cultural Rights* v. 17. November 1988, ILM 28 (1989), S. 156.

[865] Siehe http://www.oas.org/juridico/english/sigs/a-52.html (geprüft am 3. August 2016).

[866] Siehe Council of Europe, Parliamentary Assembly, Recommendation 1431 (1999) v. 4. November 1999; Council of Europe, Parliamentary Assembly, Recommendation 1614 (2003) v. 27. Juni 2003.

[867] Ebd., siehe ferner den Vorschlag der Parlamentarischen Versammlung für eine European charter and a European convention on the environment and sustainable development, der ebenfalls die Kodifizierung eines „fundamental right to an environment and living conditions conducive to his good health, well-being and full development of the human personality“ vorsah (Council of Europe, Parliamentary Assembly, Recommendation 1130 (1990) v. 28. September 1990).

[868] EGMR, *López Ostra v. Spain*, Appl. No. 16798/90, Urt. v. 9. Dezember 1994, Rdn. 51; ausführlich zu dieser Rechtsprechung des EGMR unter anderem *R. Desgagné*, AJIL 89 (1995), S. 263; *L. Loucaides*, BYIL 75 (2004), S. 249; *T. Stephens*, International Courts and Environmental Protection, 2009, S. 311 ff. (zur Rechtsprechung von EGMR, IAGMR und UN-Menschenrechtsausschuss); siehe auch *S. Kravchenko*, Fa. A & M U. L. Rev. 7 (2011-2012), S. 163 (170 ff.); zu Versuchen, aus den Internationalen Menschenrechtspakten ein Individualrecht auf Umweltschutz herzuleiten, siehe *S. Atapattu*, Tul. Envtl. L. J. 16 (2002-2003), S. 65 (98 ff.); *U. Beyerlin*, ZaöRV 65 (2005), S. 525 (532 ff.); *J. Lücke*, AVR 16 (1973-1975), S. 387 (390 ff.).

Konvention.[869] Zwar garantiert diese selbst lediglich Zugang zu Informationen, Entscheidungsverfahren und Rechtsschutz in Umweltangelegenheiten. Doch wie ihr Art. 1 klarstellt, tut sie dies „[i]n order to contribute to the protection of the right of every person of present and future generations to live in an environment adequate to his or her health and well-being“ – ein Recht, für dessen Geltung die Konvention aber offenbar nicht selbst verantwortlich zeichnet, sondern dessen Existenz sie voraussetzt. Mit derzeit lediglich 47 Vertragsparteien[870] bleibt die Reichweite dieses Bekenntnisses indes beschränkt. Das harte Völkerrecht allein dürfte daher nicht genügen, um die erforderliche Anerkennung zu belegen, und die zitierten unverbindlichen Erklärungen haben bisher noch keinen hinreichenden Verdichtungsgrad erreicht, um die Leerstellen, die die Anerkennung im harten Recht hinterlässt, ausfüllen zu können. Zur Begründung einer korrespondierenden allgemeinen Pflicht zum Schutz der innerstaatlichen Umwelt vermögen die zitierten Vorschriften und Erklärungen daher allenfalls beizutragen; für sich betrachtet genügen sie jedoch nicht, um nachzuweisen, dass sich das im Umweltprinzip verkörperte Gebot ökologischer Nachhaltigkeit auch auf den innerstaatlichen Raum erstreckt.

(2) Umweltvölkerrechtliche Umweltschutzpflichten als Anerkennungsindikator

Einzig die Tatsache, dass das Völkerrecht die lückenhaft ausgeprägte Anerkennung eines Individualrechts auf Ökologie durch zahlreiche Verträge und Erklärungen komplementiert, die es den Staaten zur Pflicht machen, auch die innerstaatliche Umwelt zu erhalten, gibt vor diesem Hintergrund Grund zur Hoffnung, dass der Nachweis der Anerkennung des Umweltprinzips auch in Bezug auf die innerstaatliche Umwelt gelingt.

---

[869] *Convention on Access to Information, Public Participation in Decision-Making and Access to Justice in Environmental Matters* v. 25. Juni 1998, UNTS Bd. 2161, S. 447, BGBl. 2006 II, S. 1251.

[870] Siehe https://treaties.un.org/Pages/ShowMTDSGDetails.aspx?src=UNTSONLINE&tabid=2&mtdsg_no=XXVII-13&chapter=27&lang=en#Participants (geprüft am 3. August 2016).

(a) Völkervertragliche Umweltschutzpflichten in Bezug auf die Umwelt insgesamt

Ohne sich auf die Umwelt jenseits der eigenen Staatsgrenzen zu beschränken, verpflichtet so etwa Art. II der Afrikanischen Konvention zur Erhaltung der Natur und natürlichen Ressourcen aus dem Jahr 1968[871] ihre Vertragsstaaten dazu, „to adopt the measures necessary to ensure conservation, utilization and development of soil, water, flora and faunal resources". Das gleichnamige Nachfolgeübereinkommen aus dem Jahr 2003 erklärt die Verbesserung des Umweltschutzes und die Erhaltung der natürlichen Ressourcen ebenfalls zu seinen Zielen,[872] erlegt den Mitgliedstaaten auf, alle notwendigen Maßnahmen zu deren Erreichung zu ergreifen[873] und stellt bei alledem ausdrücklich klar, dass die Konvention gerade auch auf Gebiete innerhalb der eigenen Grenzen Anwendung findet.[874] Ebenso verfährt auch der Gründungsvertrag der Entwicklungsgemeinschaft des südlichen Afrika,[875] und auch der Vertrag über die Ostafrikanische Gemeinschaft[876] bestimmt, die Gemeinschaft „shall ensure [...] the taking of measures that would effectively protect the natural environment of the Partner States".[877] Einige afrikanische Staaten haben schließlich – wie im Übrigen insgesamt 77 afrikanische, karibische und pazifische Entwicklungsländer (sog. AKP-Staaten) – im vierten Abkommen von Lomé den Schutz und die Verbesserung der Umwelt als eines der Ziele anerkannt, auf die hinzuarbeiten

---

[871] *African Convention on the Conservation of Nature and Natural Resources* v. 15. September 1968, UNTS Bd. 1001, S. 3. Dass die Konvention gerade die staatsinterne Umwelt im Blick hat, zeigt die Präambel, die klarstellt, die Staaten seien „responsible for protecting and conserving *their* environment and natural resources" (eigene Hervorhebung).

[872] Art. II *African Convention on the Conservation of Nature and Natural Resources (Revised Version)* v. 11. Juli 2003, http://www.au.int/en/treaties/african-convention-conservation-nature-and-natural-resources-revised-version (geprüft am 3. August 2016).

[873] Ebd., Art. IV.

[874] Ebd., Art. I.

[875] *Declaration And Treaty of the Southern African Development Community* v. 17. August 1992, ILM 32 (1993), S. 116, hier: Art. 5 Abs. 1, Art. 6 Abs. 1.

[876] *Treaty Establishing the East African Community* v. 30. November 1999, UNTS Bd. 2144, S. 255.

[877] Ebd., Art. 5 Abs. 3.

sie das Abkommen verpflichtet.[878] Und auch das Nachfolgeabkommen von Cotonou[879] zwischen den Staaten der Europäischen Gemeinschaft (heute: Europäische Union) und der auf 79 Staaten angewachsenen Gruppe der AKP-Staaten erhebt den Grundsatz nachhaltiger Umweltpflege zu einem festen Bestandteil der partnerschaftlichen Zusammenarbeit (Art. 1) und gibt den Mitgliedstaaten zumindest auf, alle Maßnahmen zu unterlassen, die die Erreichung dieses Ziels gefährden könnten (Art. 3).[880]

Auf dem amerikanischen Kontinent verpflichtet Art. 3 des Nordamerikanischen Abkommens über die Umweltzusammenarbeit[881] zumindest die USA, Mexiko und Kanada dazu, sicherzustellen, „that its laws and regulations provide for high levels of environmental protection", und bezieht sich damit unausgesprochen gerade (auch) auf die innerstaatliche Umwelt. Ergänzt wird dieser Schutz durch das Zusatzprotokoll von San Salvador zur Amerikanischen Menschenrechtskonvention.[882] In Art. 11 Abs. 2 bestimmt dieses: „The States Parties shall promote the protection, preservation, and improvement of the environment." Und auch in einem weiteren Abkommen über die Umweltzusammenarbeit verständigten sich die USA, Costa Rica und einige zentralamerikanische Staaten darauf, „to cooperate to protect, improve and conserve the environment, including natural resources".[883] Die Mitgliedstaaten des Verbands südostasiatischer Staaten haben sich in einem Übereinkommen über die Erhaltung der Natur und natürlicher Ressourcen ebenfalls

---

[878] Art. 33 *Fourth ACP-EC Convention of Lomé* v. 15. Dezember 1989, UNTS Bd. 1924, S. 3.

[879] *Partnership Agreement between the Members of the African, Caribbean and Pacific Group of States of the One Part, and the European Community and its Member States, of the Other Part* v. 20. Juni 2000, OJ L 317, S. 3.

[880] Vgl. auch Art. 32 Abs. 1 und Art. 49 Abs. 1 des Abkommens.

[881] Art. 3 *North American Agreement On Environmental Cooperation* v. 14. September 1993, ILM 32 (1993), S. 1480.

[882] *Additional Protocol to the American Convention on Human Rights in the Area of Economic, Social and Cultural Rights* v. 17. November 1988, ILM 28 (1989), S. 156.

[883] Art. II *Agreement Among the Governments of Costa Rica, the Dominican Republic, El Salvador, Guatemala, Honduras, Nicaragua, and the United States of America on Environmental Cooperation* v. 18. Februar 2005, http://www.state.gov/e/oes/eqt/trade/caftacooperation/142688.htm (geprüft am 3. August 2016).

dazu verpflichtet, „[to] undertake, wherever possible, to prevent, reduce and control degradation of the natural environment".[884] Und schließlich müssen, so gebietet es Art. 11 AEUV, auch im Rahmen der politischen Zusammenarbeit der Staaten der Europäischen Union die „Erfordernisse des Umweltschutzes [...] einbezogen werden", ja Art. 37 der EU-Grundrechtecharta verlangt gar, es müsse ein „hohes Umweltschutzniveau und die Verbesserung der Umweltqualität" sichergestellt werden.[885]

Die bisher zitierten, allgemein gehaltenen Pflichten zum Schutz der (auch) innerstaatlichen Umwelt lassen indes noch immer einige Staaten außen vor. Während sich zwar die afrikanischen und europäischen Staaten einmütig zu ihnen bekennen und sie auch im zentral- und nordamerikanischen sowie im südostasiatischen Raum großen Zuspruch erfahren, sind insbesondere einige Staaten Südamerikas und Zentralasiens, allen voran China und Russland, noch keine entsprechenden Verpflichtungen eingegangen. Diese Leerstelle lässt sich jedoch füllen, wenn man einerseits auch rechtlich unverbindliche Erklärungen in den Blick nimmt (dazu lit. [d]) und andererseits erkennt, dass das vielerorts ausgesprochene Bekenntnis zum Grundsatz nachhaltiger Entwicklung ebenfalls eine allgemeine Umweltschutzverpflichtung impliziert (dazu lit. [c]). Zudem lassen sich schließlich auch solche völkerrechtlichen Verträge in die Betrachtung mit einbeziehen, die den Umweltschutzauftrag auf bestimmte Umweltmedien oder bestimmte Verschmutzungsquellen beschränken (dazu sogleich lit. [b]).

(b) Völkervertragliche Umweltschutzpflichten in Bezug auf einzelne Umweltsektoren und -medien

Eine in diesem letztgenannten Sinne beschränkte Umweltschutzpflicht statuiert etwa Art. 192 SRÜ. Er verpflichtet alle der derzeit 166 Mitgliedstaaten der Seerechtskonvention dazu, die Meeresumwelt zu schützen und zu erhalten.[886] So deutlich sich aus der systematischen

---

[884] Art. 11 *ASEAN Agreement on the Conservation of Nature and Natural Resources* v. 9. Juli 1985, Environmental Policy and Law 15 (1985), S. 64.

[885] Siehe auch Art. 3 Abs. 3 EUV.

[886] Siehe auch Art. 194 Abs. 1 SRÜ sowie Art. 1 Abs. 1 *Convention for the Prevention of Marine Pollution from Land-Based Sources* v. 4. Juni 1974, UNTS Bd. 1546, S. 119, BGBl. 1981 II, S. 870; Art. 1 *Convention for the Prevention of Marine Pollution by Dumping from Ships and Aircraft* v. 15. Februar 1972, UNTS Bd. 932, S. 3, BGBl. 1977 II, S. 169; Art. I, II *Convention on the Preven-*

Stellung dieser Vorschrift auch ergibt, dass dies auch die Umwelt innerhalb des maritimen Aquitoriums[887] einschließt, so wenig lässt der Wortlaut Zweifel daran aufkommen, dass Art. 192 SRÜ eine Pflicht zum Schutz der Umwelt diesseits des Meeres nicht enthält. Ganz ähnlich bekennt sich auch die Präambel des mittlerweile von 152 Staaten[888] ratifizierten MARPOL Umweltübereinkommens zur Notwendigkeit „to preserve the human environment in general and the marine environment in particular“,[889] und auch das von einigen südamerikanischen Staaten ins Leben gerufene Abkommen zum Schutz der Meeresumwelt und Küstengebiete des Südostpazifiks[890] enthält Umweltschutzpflichten, die sich auf die maritime Umwelt beziehen und dabei das zum Staatsgebiet gehörende Küstenmeer einschließen. In zahlreichen Schwesterkonventionen – etwa zum Schutz der Umwelt im Südpazifik,[891] im Mittelmeer,[892] im Nord-Ost-Atlantik[893] und der Karibik,[894]

---

tion of Marine Pollution by Dumping of Wastes and Other Matter v. 29. Dezember 1972, UNTS Bd. 1046, S. 138, BGBL. 1977 II, S. 180; Art. 1 *International Convention for the Prevention of Pollution From Ships* v. 2. November 1973, UNTS Bd. 1340, S. 184, BGBl. 1982 II, S. 4.

887 Zum Begriff *W. Vitzthum*, in: ders. (Hrsg.), Handbuch des Seerechts, 2006, S. 63.

888 Siehe http://www.imo.org/About/Conventions/StatusOfConventions/Pages/Default.aspx (geprüft am 3. August 2016).

889 Präambel der *International Convention for the Prevention of Pollution From Ships* v. 2. November 1973, UNTS Bd. 1340, S. 184, BGBl. 1982 II, S. 4.

890 Art. 3 Abs. 1 *Convention For The Protection Of The Marine Environment And Coastal Area Of The South-East Pacific* v. 12. September 1989, http://sedac.ciesin.org/entri/texts/marine.environment.coastal.south.east.pacific.1981.html (geprüft am 3. August 2016).

891 Art. 5 Abs. 1 (noch detailliert in Bezug auf bestimmte Verschmutzungsquellen in Art. 6 ff.) *Convention for the Protection of the Natural Resources and Environment of the South Pacific Region* v. 24 November 1986, ILM 26 (1987), S. 38.

892 Art. 4 Abs. 1 *Convention for the Protection of the Marine Environment and the Coastal Region of the Mediterranean* v. 10. Juni 1995, http://www.unepmap.org/index.php?module=content2&catid=001001004 (geprüft am 3. August 2016) sowie bereits Art. 4 Abs. 1, Art. 5 ff. der früheren *Convention for the Protection Of The Mediterranean Sea Against Pollution* v. 16. Februar 1976, UNTS Bd. 1102, S. 27.

zum Schutz der Umwelt der Meeres- und Küstengebiete Ostafrikas,[895] des Roten Meeres und des Golf von Aden,[896] der Ostsee[897] und des Schwarzen Meeres[898] sowie des Persischen Golfs und des Golfs von Oman[899] – findet dieses Modell eine Entsprechung. Jedenfalls in Bezug auf die maritimen Teile des Staatsgebietes ist die Pflicht, die innerstaatliche Umwelt zu erhalten, daher heute allgemein anerkannt.

Wasserläufe und Seen, die sich auf das Hoheitsgebiet mehrerer Staaten erstrecken, sind ebenfalls vielfach Gegenstand völkervertraglicher Umweltschutzpflichten.[900] Einige Konventionen gebieten zudem den

---

[893] Art. 2 Abs. 1 lit. a *Convention for the Protection of the Marine Environment of the North-East Atlantic* v. 22. September 1992, UNTS Bd. 2354, S. 67, BGBl. 1994 II, S. 1360.

[894] Art. 4 Abs. 1 (detailliert in Bezug auf einzelne Verschmutzungsarten auch noch Art. 5 ff.) *Convention for the Protection and Development of the Marine Environment of the Wider Caribbean Region* v. 24. März 1983, UNTS Bd. 1506, S. 157.

[895] Art. 4 Abs. 1 (detailliert in Bezug auf einzelne Verschmutzungsarten auch noch Art. 5 ff.) *Convention for the Protection, Management and Development of the Marine and Coastal Environment of the Eastern African Region* v. 21. Juni 1985, http://www.unep.org/NairobiConvention/docs/English_Nairobi_Convention_Text.pdf (geprüft am 3. August 2016).

[896] Art. III Abs. 1 *Regional Convention for the Conservation of the Red Sea and Gulf of Aden Environment* v. 14. Februar 1982, http://www.persga.org/inner.php?id=62 (geprüft am 3. August 2016).

[897] Art. 3 Abs. 1 *Convention On The Protection Of The Marine Environment Of The Baltic Sea Area* v. 22. März 1974, UNTS Bd. 1507, S. 168, BGBl. 1994 II, S. 1397.

[898] Art. VI, V Abs. 2 (einzelne Verschmutzungsquellen in Art. VII ff.) *Convention On The Protection Of The Black Sea Against Pollution* v. 21. April 1992, UNTS Bd. 1764, S. 3; Art. 4 Abs. 1 *Protocol on the Protection of the Marine Environment of the Black Sea from Land-Based Sources* v. 21. April 1992, UNTS Bd. 1764, S. 18.

[899] Art. III lit. a (in Bezug auf spezifische Verschmutzungsquellen auch Art. IV ff.) *Kuwait Regional Convention for Co-Operation on the Protection of the Marine Environment from Pollution* v. 24. April 1978, UNTS Bd. 1140, S. 133.

[900] Art. 20 *Convention On The Law Of The Non-Navigational Uses Of International Watercourses* v. 21. Mai 1997, ILM 36 (1997), S. 700, BGBl. 2006 II, S. 742; Art. 1 Abs. 2 des *Übereinkommens über den Schutz des Bodensees gegen Verunreinigungen* v. 27. Oktober 1960, BW GBl. 1961, S. 1; Art. 2 lit. d *Convention on the Protection and Use of Transboundary Watercourses and Interna-*

Schutz und die Erhaltung der Umwelt in speziell ausgewiesenen Schutzzonen,[901] und in der UN-Milleniumserklärung beschlossen die Staaten einstimmig, Maßnahmen zur Erhaltung und nachhaltigen Entwicklung der Wälder zu ergreifen.[902] Mit den Artenschutzregelungen der Berner Konvention haben sich schließlich zumindest 51 Staaten, vor allem solche des Europarats,[903] verpflichtet, Maßnahmen zur Erhaltung der Lebensräume wildlebender Pflanzen und Tiere zu ergreifen.[904] All diese Erklärungen und Abkommen etablieren Verpflichtungen, die gerade die innerstaatliche Umwelt im Blick haben. Ganz in diesem Sinne formuliert denn auch die Präambel der universell ratifizierten Biodiversitätskonvention, alle Staaten seien „responsible for conserving *their* biological diversity".[905] Und auch die Vertragsstaaten des Übereinkommens über die grenzüberschreitenden Auswirkungen von Industrieunfällen haben mit dem Versprechen, Maßnahmen zu ergreifen, um Mensch und Umwelt vor eben solchen Unfällen zu schützen, eine Verpflichtung übernommen, die sich – anders als der Titel der Konvention vermuten lässt – gerade nicht auf die natürlichen Lebensgrundlagen jenseits der eigenen Grenzen beschränkt.[906] Ebenso bezieht auch Art. 2 des Übereinkommens über weiträumige grenzüberschreitende Luftver-

---

tional Lakes v. 17. März 1992, UNTS Bd. 1936, S. 269, BGBl. 1994 II, S. 2334; Art. 4 *Framework Convention for the Protection of the Marine Environment of the Caspian Sea* v. 4. November 2003, ILM 44 (2003), S. 1. Dem Aspekt, dass eine Verunreinigung eines solchen geteilten Gewässers stets die Gefahr birgt, auch die Umwelt eines anderen Anrainerstaates zu beeinträchtigen, kommt in diesen Abkommen indes stets ebenfalls entscheidende Bedeutung zu.

[901] Art. 3 Abs. 1 lit. a *Protocol Concerning Specially Protected Areas and Biological Diversity in the Mediterranean* v. 10. Juni 1995, UNTS Bd. 2102, S. 203; Art. 3 *1990 Protocol concerning Specially Protected Areas and Wildlife in the Wider Caribbean Region* v. 18. Januar 1990, UNTS Bd. 2180, S. 103.

[902] GV Res. v. 18. September 2000, UN Doc. A/RES/55/2, Rdn. 23.

[903] Siehe http://conventions.coe.int/Treaty/Commun/ChercheSig.asp?NT=104&CM=8&DF=&CL=ENG (geprüft am 3. August 2016).

[904] Art. 4 Abs. 1 *Convention on the Conservation of European Wildlife and Natural Habitats* v. 19. September 1979, UNTS Bd. 1284, S. 209, BGBl. 1984 II, S. 620.

[905] Präambel, *Convention on Biological Diversity* v. 5. Juni 1992, UNTS Bd. 1760, S. 79, BGBl. 1997 II, S. 1741 (eigene Hervorhebung).

[906] Art. 3 Abs. 1 *Convention on the Transboundary Effects of Industrial Accidents* v. 17. März 1992, UNTS Bd. 2105, S. 457, BGBl. 1998 II, S. 1527.

schmutzung[907] die innerstaatliche Umwelt mit ein, wenn er – ungeachtet des Vertragstitels („grenzüberschreitende") – in denkbar allgemeiner Weise erklärt, die Vertragsparteien seien „determined to protect man and his environment against air pollution" und seien daher verpflichtet, sich um eine schrittweise Reduzierung und Vermeidung von Luftverschmutzungen zu bemühen. Das mittlerweile von 197 Staaten ratifizierte Wiener Übereinkommen zum Schutz der Ozonschicht[908] schließlich gibt den Staaten in rechtsverbindlicher Weise auf, Maßnahmen zu ergreifen, um Umwelt und menschliche Gesundheit zu schützen, namentlich vor den „adverse effects resulting or likely to result from human activities which modify or are likely to modify the ozone layer".[909] Wie bereits die beiden zuvor genannten Konventionen, so nimmt auch das Wiener Übereinkommen damit den Schutz der gesamten Umwelt in den Blick. Sein Schutz ist nur insofern beschränkt, als er sich auf lediglich eine Schädigungsquelle (konkret: Handlungen, die die Ozonschicht verändern) beschränkt.

(c) Umweltschutzpflicht als Implikation des Nachhaltigkeitsgrundsatzes

Zu den Verträgen, die auch eine solche Beschränkung nicht enthalten, zählt der Gründungsvertrag der Welthandelsorganisation.[910] In dessen Präambel erkennen die derzeit 159 Mitgliedstaaten, darunter auch China und Russland, den Grundsatz nachhaltiger Entwicklung ohne Vorbehalt an und erklären die Pflicht, „to protect and preserve the environment" ausdrücklich zu einem seiner Bestandteile.[911] Entsprechend stellte denn auch das WTO Panel in der Tuna/Dolphin II-Entscheidung fest, „the objective of sustainable development, which includes the pro-

---

[907] *Convention on Long-range Transboundary Air Pollution* v. 13. November 1979, UNTS Bd. 1302, S. 217, BGBl. 1982 II, S. 374.

[908] *Vienna Convention for the Protection of the Ozone Layer* v. 22. März 1985, UNTS Bd. 1513, S. 293, BGBl. 1988 II, S. 901.

[909] Ebd., Art. 2 Abs. 1.

[910] *Marrakesh Agreement establishing the World Trade Organisation* v. 15. April 1994, UNTS Bd. 1867, S. 3.

[911] Ebd., Präambel, Erster Erwägungsgrund (eigene Hervorhebung). Siehe auch IGH, *Gabčíkovo-Nagymaros Project*, ICJ Rep 1997, S. 7 (78): „This need to reconcile development with protection of the environment is aptly expressed in the concept of sustainable development."

tection and preservation of the environment" werde von den Vertragsparteien „widely recognized".[912] Und auch der Schiedsspruch im Iron Rhine-Fall formuliert, wo auch immer Entwicklungsmaßnahmen die Gefahr erheblicher Umweltbeeinträchtigungen befürchten ließen, bestehe „a duty to prevent or at least to mitigate such harm".[913] Diese Pflicht, so fährt er fort, „has now become a principle of general international law".[914] Die Milleniumsdeklaration der UN-Generalversammlung scheint dieser Folgerung Recht zu geben, bekannte sich die Staatengemeinschaft in ihr doch geschlossen zu den Grundsätzen nachhaltiger Entwicklung,[915] die sie bereits zuvor in der Rio-Erklärung anerkannt und ausdrücklich mit dem Umweltschutzgebot verknüpft hatte.[916] In jüngerer Zeit hat sich dieses Verständnis unter anderem in der

---

912 WTO, *United States – Restrictions on Imports of Tuna*, Panel Report v. 20. Mai 1994, DS29/R, Rdn. 5.42.

913 *Arbitration Regarding the Iron Rhine Railway*, RIAA XXVII, S. 35 (66).

914 Ebd. Es ist bemerkenswert, dass das Schiedsgericht bei der Anwendung dieser Grundsätze auf den konkreten Fall ausdrücklich auf die Feststellung des IGH rekurriert, dass „[t]he existence of the general obligation of States to ensure that activities within their jurisdiction and control respect the environment of other States or of areas beyond national control is now part of the corpus of international law" (IGH, *Nuclear Weapons*, Advisory Opinion, ICJ Rep 1996, S. 226 [241 f.]). Das Schiedsgericht bemüht daraufhin eine Analogie, um diese Umweltpflicht auch auf Fälle zu erstrecken, in denen ein Staat mit Zustimmung eines anderen Staates im Gebiet des letzteren tätig wird (siehe *Arbitration Regarding the Iron Rhine Railway*, RIAA XXVII, S. 35 [116]), denn im konkreten Fall war ein Recht Belgiens auf Transit durch das Gebiet der Niederlande streitbefangen. Trotz dieser Analogie bleibt zwar grundsätzlich ein zwischenstaatliches Element erhalten. Doch angesichts der Tatsache, dass nach den zwischen den Parteien in Kraft befindlichen Verträgen die Niederlande für den Bau der fraglichen Transitstrecke zuständig waren, waren es im konkreten Fall gerade die Niederlande – und damit der Staat, dessen Umwelt betroffen war – der zur Durchführung von Umweltschutzvorkehrungen verpflichtet war. Im Ergebnis erkannte das Schiedsgericht deshalb tatsächlich eine Pflicht der Niederlande an, für den Schutz ihrer eigenen Umwelt vor Schäden durch den Transit zu sorgen (ebd.).

915 GV Res. v. 18. September 2000, UN Doc. A/RES/55/2, Rdn. 21: „We reaffirm our support for the principles of sustainable development".

916 *Rio Declaration on Environment and Development* v. 14. Juni 1992, UN Doc. A/CONF.151/26 (Vol. I), Prinzip 4.

ASEAN-Charta[917] niedergeschlagen. Sie führt aus, es sei einer ihrer Zwecke, „to promote sustainable development so as to ensure the protection of the region's environment" (Art. 1 Abs. 9). Vor dem Hintergrund dieser allgemein anerkannten Verwandtschaft von nachhaltiger Entwicklung und Umweltschutz lässt sich auch Art. 3 Abs. 4 der UN-Klimarahmenkonvention als allgemeine Umweltschutzpflicht verstehen, wenn er seinen Vertragsparteien zugleich das Recht zuspricht und die Pflicht auferlegt („should"), eine nachhaltige Entwicklung zu befördern.[918]

(d) Umweltschutzpflichten im *soft law*

Schließlich bekennen sich auch die Präambeln zahlreicher weiterer Verträge und einige multilaterale Deklarationen und Resolutionen zu einer allgemeinen Umweltschutzpflicht, die weder in Bezug auf das Gebiet oder die geschützten Umweltmedien noch hinsichtlich der zu bekämpfenden Schädigungsquellen beschränkt ist. So erklären etwa die 26 Mitgliedstaaten des Regionalen Umweltprogramms des Südpazifik[919] und die Vertragsparteien der Nairobi-Konvention[920] in den einleitenden Passagen der beiden Abkommen, sie seien sich ihrer „responsibility to preserve their natural heritage for the benefit and enjoyment of present and future generations" bewusst. „States shall", so stellt auch der von der Weltkommission für Umwelt und Entwicklung erstellte Brundtland-Bericht[921] fest, „conserve and use the environment and natural re-

---

[917] *Charter of the Association of Southeast Asian Nations* v. 20. November 2007, UNTS Bd. 2624, S. 223.

[918] Ausführlich zu den zahlreichen weiteren vertraglichen Bekenntnissen zur nachhaltigen Entwicklung unter anderem *N. Schrijver*, RdC 329 (2007), S. 217 (288 ff.); siehe zum Verhältnis von Umweltschutzpflicht und dem Grundsatz nachhaltiger Entwicklung auch noch unten S. 476 ff.

[919] Präambel, *Agreement establishing the South Pacific Regional Environment Programme* v. 16. Juni 1993, UNTS Bd. 1982, S. 3; zu den Mitgliedstaaten zählen neben den Südpazifikanrainern unter anderem auch Frankreich und Großbritannien.

[920] *Convention for the Protection, Management and Development of the Marine and Coastal Environment of the Eastern African Region* v. 21. Juni 1985, http://www.unep.org/NairobiConvention/docs/English_Nairobi_Convention_Text.pdf (geprüft am 3. August 2016).

[921] *Report of the World Commission on Environment and Development: Our Common Future* v. 4. August 1987, UN Doc. 42/427.

sources for the benefit of present and future generations".[922] Die von der UN-Generalversammlung verabschiedete Weltnaturcharta sieht das ähnlich, wenn sie den Staaten aufträgt, die Natur zu respektieren und deren wesentlichen Abläufe nicht zu stören.[923] Und auch die Abschlusserklärung der Stockholmer Umweltkonferenz[924] bekennt sich in ihrem Prinzip 1 zu einer „solemn responsibility to protect and improve the environment for present and future generations". Es gelte, so scheint das WTO Panel der Shrimp/Turtle-Entscheidung all diese Indikatoren zusammenzuführen, „the principle that States have common [...] responsibilities to conserve and protect the environment".[925] Prinzip 2 der Stockholm-Erklärung leitet aus eben dieser Verantwortung die Pflicht ab, die natürlichen Ressourcen der Erde zugunsten der gegenwärtigen und zukünftigen Generationen zu bewahren. Während sie selbst dabei noch die Menschheit als Subjekt dieser Verpflichtung versteht,[926] nimmt die zwanzig Jahre später verabschiedete Rio-Erklärung über Umwelt und Entwicklung ausdrücklich die Staaten in die Pflicht. Alle Staaten, so erklärt sie, seien verpflichtet, „[to] cooperate in a spirit of global partnership to conserve, protect and restore the health and integrity of the Earth's ecosystem",[927] und ergänzt dies unter anderem um die staatliche Pflicht, wirksame Gesetzgebungsmaßnahmen zum Schutz der Umwelt zu treffen.[928] Ganz in diesem Sinne erkennt schließ-

---

922 Ebd., Annex 1: Summary of Proposed Legal Principles for Environmental Protection and Sustainable Development Adopted by the WCED Experts Group on Environmental Law, Prinzip 2.

923 GV Res. v. 28. Oktober 1982, UN Doc. A/RES/37/7, Annex, Rdn. 1.

924 *Declaration of the UN Conference on the Human Environment* v. 16. Juni 1972, UN Doc. A/CONF.48/14/Rev.1 (1973).

925 WTO, *United States – Import Prohibition of Certain Shrimp and Shrimp Products*, Recourse to Article 21.5 by Malaysia, Panel Report v. 15. Juni 2001, WT/DS58/RW, Rdn. 7.2.

926 Siehe Prinzip 1, Stockholm-Erklärung: „*Man* [...] bears the solemn responsibility [...]" (eigene Hervorhebung); in der Sache ebenso auch die Präambel der Aarhus-Konvention (*Convention on Access to Information, Public Participation in Decision-Making and Access to Justice in Environmental Matters* v. 25. Juni 1998, UNTS Bd. 2161, S. 447, BGBl. 2006 II, S. 1251).

927 *Rio Declaration on Environment and Development* v. 14. Juni 1992, UN Doc. A/CONF.151/26 (Vol. I), Prinzip 7.

928 Ebd., Prinzip 11.

lich auch die UN-Klimarahmenkonvention[929] in ihrer Präambel an, „that States should enact effective environmental legislation“.[930]

Freilich ließe sich einwenden, dass all diese Präambelpassagen, Resolutionen und Erklärungen formal betrachtet rechtlich unverbindlich sind. Ihre Bedeutung für den Nachweis einer entsprechenden Rechtsüberzeugung und ihre Beweiskraft dafür, dass die Staaten die entsprechenden Pflichten gerade als Rechtspflichten anerkennen, ist jedoch kaum zu unterschätzen. Für die Erklärungen von Stockholm und Rio gilt das in besonderem Maße. Denn nicht nur bedienen sie sich durchweg stark normativer Formulierungen, sprechen etwa ausdrücklich von Rechten und verwenden das verbindliche „must“ oder „shall“ an Stelle des unverbindlicheren „should“.[931] Auch wurden die in ihnen enthaltenen Prinzipien von den Staaten bereits von Beginn an sehr ernst genommen. Die Tatsache, dass etwa die USA bei der Verabschiedung der Rio-Erklärung einen Vorbehalt erklärte, obwohl ohne weiteres erkennbar war, dass völkervertragliche Verpflichtungen durch sie nicht entstehen würden, zeigt das überdeutlich.[932]

(e) Zwischenfazit

Im Grundsatz, so lässt sich im Lichte dieses Überblicks festhalten, wird die Pflicht zur Erhaltung der natürlichen Umwelt auch in Bezug auf die innerhalb der staatlichen Grenzen belegenen Umweltgüter allgemein anerkannt. Sie ist dem universellen Bekenntnis zum Grundsatz nachhaltiger Entwicklung in der Rio-Erklärung, im WTO-Vertrag und in der Klimarahmenkonvention inhärent, wird in zahlreichen sektoralen Abkommen, insbesondere in Bezug auf die Meeresumwelt, konkretisiert, hat sich zudem in regionalen (Umwelt-)Abkommen in Afrika, Europa, Amerika und Südostasien niedergeschlagen und findet schließlich auch in der universell akzeptierten Pflicht zu einer effektiven Umweltgesetzgebung eine Stütze.

---

[929] *United Nations Framework Convention on Climate Change* v. 9. Mai 1992, UNTS Bd. 1771, S. 107, BGBl. 1993 II, S. 1783.

[930] Ebd., Präambel, Zehnter Erwägungsgrund.

[931] *V. Barral*, EJIL 23 (2012), S. 377 (383); *A. Boyle/D. Freestone*, in: dies. (Hrsg.), International Law and Sustainable Development, 1999, S. 1 (3).

[932] *A. Boyle/D. Freestone*, in: dies. (Hrsg.), International Law and Sustainable Development, 1999, S. 1 (4 in Fn. 13).

b) Anerkennung des Umweltprinzips *in foro domestico*

Wirft man abschließend einen vergleichenden Blick auf die Verfassungsordnungen der Staaten der Welt, so findet man die soeben formulierte These, die Pflicht zur Erhaltung der natürlichen Umwelt könne auch in Bezug auf die innerhalb der staatlichen Grenzen belegenen Umweltgüter als allgemein anerkannt gelten, bestätigt. Mittlerweile erkennen mehr als 140 Staaten in ihren Verfassungen einen Umweltschutzauftrag an, sei es als Menschen- oder Bürgerrecht auf eine gesunde Umwelt, als Aufgabe des Staates oder als Pflicht aller Bewohner des Staatsgebiets.[933] So formuliert Art. 7 der Verfassung des Kosovo etwa ganz im Sinne eines Staatsstrukturprinzips, die Verfassungsordnung der kosovarischen Republik sei „based on the principles of freedom, peace, democracy, equality, respect for human rights and freedoms and the rule of law, [...] the protection of the environment, [...] and market economy." Und auch Art. 48a der indischen Verfassung erklärt einerseits, der Staat sei verpflichtet „[to] endeavour to protect and improve the environment and to safeguard the forests and wild life of the country." Doch ergänzt sie dies um die „duty of every citizen of India [...] to protect and improve the natural environment". Die Verfassung Gambias beschränkt sich gar auf diesen letztgenannten Aspekt, wenn sie in Art. 220 vorsieht, „every citizen shall [...] protect and conserve the environment of The Gambia". Entsprechend verfährt auch die Verfassung von Haiti. Die Verfassung von Bhutan hingegen kennt zwar ebenfalls eine solche Bürgerpflicht zum Umweltschutz, verpflichtet die königliche Regierung indes zugleich „[to] protect, conserve and improve the pristine environment and safeguard the biodiversity of the country" und „[to] ensure a safe and healthy environment". Auch Art. 53 der

---

933 Einen guten Überblick bietet die Verfassungsdatenbank *Constitute*, die unter https://www.constituteproject.org/ (geprüft am 3. August 2016) einsehbar ist und der auch alle der im Text zitierten Vorschriften entnommen sind. Siehe außerdem für beispielhafte Aufzählungen *N. Schrijver*, RdC 329 (2007), S. 217 (323 ff.) – vor allem in Bezug auf den Grundsatz nachhaltiger Entwicklung; *F. Z. Ksentini*, Human Rights and the Environment, Final report by the Special Rapporteur, UN Doc. E/CN.4/Sub.2/1994/9, S. 81 ff.; *C. Bruch/W. Coker/C. VanArsdale*, Colum. J. Envtl. L. 26 (2001), S. 131 (143 ff., mit Tabelle auf S. 205) – zur Anerkennung eines Rechts auf eine gesunde Umwelt in den Staaten Afrikas; *J. R. May*, Pace Envtl. L. Rev. 23 (2005-2006), S. 113 (138 ff.) – in Bezug auf Verfassungsbestimmungen, die ein Recht auf eine gesunde Umwelt garantieren; *J. P. Eurick*, Int'l Legal Persp. 11 (1999-2001), S. 185 (189 ff.), der auch auf die Sondersituation der USA (Anerkennung eines Rechts auf eine gesunde Umwelt durch einige Bundesstaaten, aber nicht auf Bundesebene) aufmerksam macht.

Verfassung Litauens statuiert dieses Doppel aus Staats- und Bürgerpflicht zum Umweltschutz, und die portugiesische Verfassung garantiert Umweltschutz unter anderem durch die Gewährung von Individualrechten. „Everyone“, so erklärt ihr Art. 66, „shall possess the right to a healthy and ecologically balanced human living environment“. Und auch Art. 35 der Verfassung Rumäniens erklärt: „The State recognizes the right of every person to a healthy, well-preserved and balanced environment“.

Interessanterweise beschränkt sich der Kreis der Staaten, deren Verfassungen entsprechende Vorschriften enthalten, dabei keinesfalls auf diejenigen Staaten, die bereits auf internationaler Ebene in vielfacher Weise ihr Bekenntnis zum Schutz der Umwelt zum Ausdruck gebracht haben. So wird der Grundsatz ökologischer Nachhaltigkeit in der ein oder anderen Form gerade auch in den Verfassungen Südamerikas und Zentralasiens häufig anerkannt, eben den Staaten, die sich – wie oben gesehen – jedenfalls bisher nicht in regionalen Abkommen allgemein zum Schutz der Umwelt verpflichtet haben. Art. 41 der Verfassung Argentiniens etwa führt „the right to a healthful, balanced environment fit for human development“ ebenso auf wie die Pflicht des Staates, für die Erhaltung der Naturgüter und der biologischen Vielfalt zu sorgen. Die Verfassung Perus verpflichtet den Staat immerhin zur Förderung der nachhaltigen Nutzung natürlicher Ressourcen (Art. 67) sowie zur Erhaltung bestimmter Naturschutzgebiete und der biologischen Vielfalt (Art. 68). Uruguay erklärt den Schutz der Umwelt per Verfassungsrecht zum Allgemeininteresse und gibt allen Personen auf, Handlungen zu unterlassen, die zu Verwüstungen, Zerstörungen oder Verschmutzungen der Umwelt führen können (Art. 47), und in der Verfassung Brasiliens ist sowohl ein Individualrecht auf eine ökologisch ausgewogene Umwelt als auch eine entsprechende staatliche Umweltschutzpflicht verankert (Art. 225). Gleiches gilt auch für die Verfassungen Paraguays (Art. 7) und Chiles (Art. 19). Und auch im asiatischen Raum sind entsprechende Vorschriften leicht zu finden. So ist etwa die Mongolei verfassungsrechtlich verpflichtet „[t]o undertake measures on the protection of the environment“ (Art. 38) und Art. 16 der Verfassung verleiht allen mongolischen Bürgern das Recht auf eine gesunde Umwelt. Die Verfassung Kasachstans hingegen erhebt in Art. 31 den Umweltschutz zum Staatsziel und macht es mit Art. 38 allen Bürgern zur Pflicht, die Umwelt zu bewahren. Art. 50 der iranischen Verfassung erklärt die Erhaltung der Umwelt zu einer „public duty“, und die Verfassung Kirgisiens statuiert nicht nur ein Individualrecht auf eine gesunde Umwelt (Art. 48 Abs. 1) , sondern verpflichtet sowohl Bürger (Art. 48 Abs. 3) als auch den Staat (Art. 12 Abs. 5) zu deren Schutz. Art. 58 der russischen Verfassung schließlich sieht eine Pflicht jedermanns vor, „to preserve nature and the environment and to treat natural resources with care". Und auch die Verfassung Chinas bekennt sich unmissverständlich zur Pflicht, die Umwelt zu schützen, wenn sie bestimmt: „The state protects and improves the living environment and the ecological environment, and prevents and controls pollution and other public hazards."

Im Lichte dieses Überblicks mag es zwar zu weit gehen, wenn *Lynn Berat* feststellt, dass „a persuasive argument can be made that the right [to a healthy environment] must swiftly be recognized as jus cogens".[934] Doch bleiben auch Zweifel an der von *James McClymonds* formulierten Gegenposition nicht aus, der in Bezug auf die Anerkennung eines solchen Rechts meint, „the number of nation-states that have done so is insufficient to establish a general principle of law".[935] Jedenfalls, wenn man nicht auf ein *Recht* auf Umweltschutz abstellt, sondern allein die korrespondierende *Pflicht* zur Erhaltung der natürlichen Lebensgrundlagen in den Blick nimmt und folglich auch verfassungsrechtliche Vorschriften in die Betrachtung miteinbezieht, die lediglich eine solche Umweltschutzpflicht statuieren, dürfte das Ergebnis positiver ausfallen. Zwar mag man angesichts der noch unerreichten Universalität der Verbreitung solcher Vorschriften geneigt sein, die Anerkennung des Umweltprinzips im innerstaatlichen Verfassungsrecht für dessen Begründung bisher nicht genügen zu lassen. Doch um die Anerkennung des Umweltprinzips auf internationaler Ebene abzusichern, deren Schwachstellen zu kompensieren und letzte Zweifel daran auszuräumen, dass sich der Grundsatz ökologischer Nachhaltigkeit auf eine allgemeine Rechtsüberzeugung stützen kann, ist die Verankerung des Grundsatzes in 140 Staaten der Welt ausreichend.

---

934 *L. Berat*, B. U. Int'l L. J. 11 (1993), S. 327 (339).

935 *J. T. McClymonds*, N. Y. L. Sch. L. Rev. 37 (1992), S. 583 (599 f.); siehe auch *J. R. May*, Pace Envtl. L. Rev. 23 (2005-2006), S. 113 (124): „[T]he majority of national constitutions do not reflect environmental rights"; ebenso für den Grundsatz nachhaltiger Entwicklung *D. B. Magraw/L. D. Hawke*, in: D. Bodansky/J. Brunnée/E. Hey (Hrsg.), The Oxford Handbook of International Environmental Law, 2012, S. 613 (626).

c) Ergebnis

Das Umweltprinzip, so lässt sich demnach festhalten, ist als allgemeiner Rechtsgrundsatz Teil des geltenden Völkerrechts. Es verdankt seine Geltung der kumulativen Anerkennung auf internationaler Ebene und im Verfassungsrecht der Staaten und verpflichtet diese, Schädigungen der Umwelt zu unterlassen und drohende Umweltschäden jedenfalls dann zu verhindern, wenn diese durch Handlungen Dritter zu entstehen drohen, die ihrer Hoheitsgewalt oder Kontrolle unterliegen. Gegenständlich erstreckt sich diese Pflicht nicht lediglich auf den Schutz der Umwelt außerhalb der eigenen Staatsgrenzen, sondern verpflichtet die Staaten auch dazu, Umweltgüter innerhalb des eigenen Territoriums zu erhalten.

3. Normstruktur: Das Umweltprinzip als Rechtsprinzip

Strukturell besitzt das damit etablierte Gebot ökologischer Nachhaltigkeit Prinzipiencharakter. Lediglich *prima facie* verpflichtet es die Staaten dazu, Beeinträchtigungen der Umwelt zu unterlassen und – sofern ihrer Hoheitsgewalt unterliegend – abzuwenden. Keinesfalls jedoch spricht es damit bereits über eine jede solche Beeinträchtigung ein definitives Unrechtmäßigkeitsurteil aus; vielmehr fordert es Verwirklichung lediglich in den Grenzen des rechtlich und tatsächlich Möglichen und ist im Konfliktfall daher mit entgegenstehenden Prinzipien abzuwägen. Der völkerrechtliche Grundsatz nachhaltiger Entwicklung zeigt das deutlich (dazu lit. a), und auch das Vorsorgeprinzip bestätigt dieses Verständnis (dazu lit. b). Dass das seit dem Trail Smelter-Schiedsspruch gewohnheitsrechtlich verankerte Verschmutzungsverbot einer Abwägung hingegen nicht zugänglich ist, steht dem Prinzipiencharakter des Umweltprinzips schließlich ebenfalls nicht entgegen (dazu lit. c).

a) Der Prinzipiencharakter des Umweltprinzips im Lichte des Grundsatzes nachhaltiger Entwicklung

aa) Der Grundsatz nachhaltiger Entwicklung im Überblick

„In order to achieve sustainable development", so umschreibt Prinzip 4 der Rio-Erklärung[936] den Grundsatz nachhaltiger Entwicklung, „envi-

---

[936] *Rio Declaration on Environment and Development* v. 14. Juni 1992, UN Doc. A/CONF.151/26 (Vol. I).

ronmental protection shall constitute an integral part of the development process and cannot be considered in isolation from it". Umweltschutz und Entwicklung setzt das völkerrechtliche Nachhaltigkeitsprinzip damit in ein Verhältnis, das im Lichte der zitierten Definition nicht nur unauflösbar erscheint, sondern zudem – das zeigen die Vorläufer der Rio-Erklärung deutlich – eine doppelte Stoßrichtung hat. Die Abschlusserklärung des Stockholmer Weltumweltgipfels etwa legt ihren Schwerpunkt eindeutig auf Entwicklungserwägungen und erklärt, „the environmental policies of all States should enhance and not adversely affect the present or future development potential of developing countries".[937] Die von der UN-Generalversammlung verabschiedete *International Development Strategy for the Third United Nations Development Decade* hingegen argumentiert aus eher umweltpolitischer Perspektive, es sei für Entwicklungsmaßnahmen „essential to avoid environmental degradation" und folglich erforderlich, „to ensure an economic development process which is environmentally sustainable over the long run and which protects the ecological balance".[938] Das Verhältnis, das der Grundsatz nachhaltiger Entwicklung damit zwischen Umweltschutz und Entwicklung etabliert, stellt sich somit als Wechselbeziehung dar, die nicht nur Umweltschutzerwägungen zu einem integralen Bestandteil von Entwicklungsmaßnahmen erhebt, sondern zudem verlangt, Entwicklungserwägungen ihrerseits bei der Durchführung von Umweltschutzprojekten zu berücksichtigen.[939] Das Nachhaltigkeitsprinzip selbst erscheint so als „Querschnittsprinzip", das Umweltschutz- und Entwicklungsbelange unter sich vereint und fordert, beide in einen angemessenen Ausgleich zu bringen.[940]

---

[937] Prinzip 11, *Declaration of the UN Conference on the Human Environment* v. 16. Juni 1972, UN Doc. A/CONF.48/14/Rev.1 (1973).

[938] GV Res. v. 5. Dezember 1980, UN Doc. A/RES/35/56, Annex, Rdn. 41.

[939] Treffend beschreibt daher *U. Beyerlin*, Sustainable Development, in: MPEPIL (online edition), Stand: Oktober 2013, Rdn. 11 „the qualification of enviromental protection as an integral part of any developmental measure, and *vice versa*" (eigene Hervorhebung) als einen Kernbestandteil des Nachhaltigkeitsprinzips; ähnlich auch *V. Barral*, EJIL 23 (2012), S. 377 (380); kritisch aber *A. Epiney/M. Scheyli*, Strukturprinzipien des Umweltvölkerrechts, 1998, S. 57 ff., die sich für eine „Beschränkung des Konzepts der Nachhaltigen Entwicklung auf umweltpolitische Gesichtspunkte" aussprechen (ebd., S. 61).

[940] Begriff nach *K. F. Gärditz*, in: W. Kahl (Hrsg.), Nachhaltigkeit als Verbundbegriff, 2008, S. 137 (140).

bb) Das Umweltprinzip als integraler Bestandteil des Grundsatzes nachhaltiger Entwicklung

Nicht nur im Lichte der obigen Überlegungen zur Existenz eines völkerrechtlichen Umweltprinzips wird indes klar, dass die Belange, zwischen denen sich der Nachhaltigkeitsgrundsatz zu vermitteln bemüht, mehr sind als bloße politische Erwägungen. Sie sind echte Rechte und Pflichten. So ist doch insbesondere die besprochene Pflicht zum Schutz der Umwelt nicht lediglich ein politisches Anliegen; sie ist als allgemeiner Rechtsgrundsatz Teil des positiven Rechts und damit eine völkerrechtlich verbindliche Vorgabe.[941] Sofern sie das nicht bereits vor dem Aufkommen des Grundsatzes nachhaltiger Entwicklung war, so hat sie als integraler Bestandteil des Nachhaltigkeitsprinzips selbst doch spätestens seit dessen – freilich bestrittenem[942] – Erstarken zu einem *Rechts*grundsatz an dessen Rechtscharakter Teil.[943] Der normative Kontext, in den die Rio-Erklärung den Grundsatz nachhaltiger Entwicklung einbettet, stützt ebenfalls die These, das Nachhaltigkeitsprinzip suche mit der Versöhnung von Umwelt und Entwicklung den Ausgleich zweier *Rechts*positionen. Denn das den Nachhaltigkeitsgrundsatz einführende Prinzip 4 steht systematisch in unmittelbarer Fortsetzung dreier Grundsätze, die das Recht auf eine gesunde Umwelt anerkennen (Prinzip 1), das Verbot grenzüberschreitender Umweltbeeinträchtigungen statuieren (Prinzip 2) und das Recht auf Entwicklung anerkennen (Prinzip 3) – Prinzipien, die eben diejenigen Belange, die der Grundsatz nachhaltiger Entwicklung in sich aufnimmt, in rechtsförmiger Weise umschreiben. Entsprechend formuliert auch Richter *Christopher Weeramantry* in seinem Sondervotum zur Gabčíkovo Nagyma-

---

[941] Dazu gerade eben S. 454 ff.

[942] Einen Überblick über die zum Rechtscharakter des Grundsatzes nachhaltiger Entwicklung vertretenen Positionen bieten etwa *V. Barral*, EJIL 23 (2012), S. 377 (378); *U. Beyerlin*, in: R. Wolfrum (Hrsg.), Enforcing Environmental Standards, 1996, S. 95 (107 f.); *C. Voigt*, Sustainable Development as a Principle of International Law, 2009, S. 161 f.

[943] Vgl. *V. Lowe*, in: A. Boyle/D. Freestone (Hrsg.), International Law and Sustainable Development, 1999, S. 19 (26), der den normativen Gehalt des Grundsatzes nachhaltiger Entwicklung gerade hierin zu sehen scheint: „[T]he idea that development and environmental protection must be reconciled is clearly central to the concept. It may seem, by the use of the word ‚must', to have normative status. But the must here can stipulate no more than that there exists (allegedly) two legal principles, the right or liberty of development and the duty or ‚no-right' of environmental protection".

ros-Entscheidung des IGH, der Grundsatz nachhaltiger Entwicklung verkörpere den Gegensatz zwischen dem „*right* to development and the *right* to environmental protection".[944] Und auch Ungarn argumentierte im Vorfeld der Entscheidung ganz in diesem Sinne, indem es vortrug, die „combination of the *right* of each State to exploit its natural resources with its *duty* to protect the environment of other States" sei dem Begriff nachhaltiger Entwicklung inhärent.[945] Im Schrifttum fällt die Suche nach entsprechenden Stellungnahmen zwar schwerer,[946] doch Art. 3 Abs. 4 der Klimarahmenkonvention erkennt diese Struktur des Grundsatzes nachhaltiger Entwicklung ebenfalls an. Alle Vertragsparteien, so sieht die Bestimmung vor, „have a right to, and should, promote sustainable development". Mit diesem Begriffsdoppel aus „right to" und „should" macht sie die Förderung nachhaltiger Entwicklung zugleich zu einem Recht und einer Pflicht – eine Dopplung, die verwundert, mutet sie angesichts der Tatsache, dass sich der Gegenstand der postulierten Pflicht mit demjenigen des verliehenen Rechts deckt, doch etwas seltsam an. Denn wäre der Gegenstand von Recht und Pflicht tatsächlich identisch, so wäre die ausdrückliche Nennung des ersteren aus rechtstheoretischen Gründen überflüssig, schließt doch die Pflicht, etwas zu tun, die Berechtigung, diese Handlung vorzunehmen, in jeder widerspruchsfreien Rechtsordnung mit ein. Bezieht man die Begriffe Recht und Pflicht indes auf die unterschiedlichen Aspekte des Grundsatzes nachhaltiger Entwicklung, so lässt sich auch dieser Bestimmung ein Sinn abgewinnen. Sie verleiht dann einerseits das Recht auf nachhaltige *Entwicklung* und etabliert andererseits zugleich die Pflicht zu *nachhaltiger* Entwicklung. So wird schließlich klar, dass auch sie die im Nachhaltigkeitsprinzip zusammengeführten Umwelt- und Entwicklungserwägungen als Rechtspositionen begreift: als Recht auf Entwicklung und Pflicht zum Umweltschutz. Unabhängig davon, ob der Entwicklungsaspekt des Grundsatzes nachhaltiger Entwicklung dabei tatsächlich auf ein eigenständiges Recht auf Entwicklung zurückgeht oder doch lediglich das letztlich im Souveränitätsprinzip enthaltene (und

[944] IGH, *Gabčíkovo-Nagymaros Project*, Sep. Op. Weeramantry, ICJ Rep 1997, S. 88 (89) (eigene Hervorhebung).

[945] IGH, *Gabčíkovo-Nagymaros Project*, Counter-Memorial Hungary, 5. Dezember 1994, Bd. I, S. 267.

[946] Siehe aber erneut *V. Lowe*, in: A. Boyle/D. Freestone (Hrsg.), International Law and Sustainable Development, 1999, S. 19 (26) sowie *T. Stephens*, International Courts and Environmental Protection, 2009, S. 184 und *D. Tladi*, Sustainable Development in International Law, 2007, S. 108.

damit ebenfalls Prinzipiencharakter besitzende[947]) Recht auf Nutzung der natürlichen Ressourcen verkörpert,[948] der Umweltschutzaspekt jedenfalls deckt sich mit dem oben nachgewiesenen Umweltprinzip. Der Grundsatz nachhaltiger Entwicklung greift dieses auf, bestätigt es und verlangt, es erstens auch bei Entwicklungsmaßnahmen zu berücksichtigen, solche jedoch zweitens durch seine Verwirklichung nicht über Gebühr zu beeinträchtigen, kurzum: Umweltprinzip und Entwicklungsprinzip in einen Ausgleich zu bringen.

cc) Das „principle of integration" als Abwägungsgebot

Angesichts der Tatsache, dass sowohl die Pflicht zum Schutz der Umwelt als auch das souveräne Recht zur Nutzung der natürlichen Ressourcen bereits unabhängig vom Grundsatz nachhaltiger Entwicklung bestehen,[949] dürfte eben diese, im Schrifttum oft als „principle of integration" bezeichnete, Pflicht, Umweltprinzip und Entwicklungsprinzip in einen Ausgleich zu bringen, den eigentlichen Mehrwert des Nachhaltigkeitsprinzips darstellen.[950] Eben sie ist es auch, die das Um-

---

[947] Zum Prinzipiencharakter des Souveränitätsprinzips bereits oben S. 343 ff.

[948] In diese Richtung *V. Lowe*, in: A. Boyle/D. Freestone (Hrsg.), International Law and Sustainable Development, 1999, S. 19 (23 in Fn. 3).

[949] Das zeigt gut die Argumentationsstruktur von IGH, *Gabčíkovo-Nagymaros Project*, Sep. Op. Weeramantry, ICJ Rep 1997, S. 88 (91 ff.), der Entwicklung, Umweltschutz und nachhaltige Entwicklung getrennt voneinander als Rechtsprinzipien nachweist.

[950] Ebenso *D. B. Magraw/L. D. Hawke*, in: D. Bodansky/J. Brunnée/E. Hey (Hrsg.), The Oxford Handbook of International Environmental Law, 2012, S. 613 (628); *D. McGoldrick*, ICLQ 45 (1996), S. 796 (818); *N. Schrijver*, RdC 329 (2007), S. 217 (362); *D. Tladi*, Sustainable Development and International Law, 2007, S. 75, 83; *C. Voigt*, Sustainable Development as a Principle of International Law, 2009, S. 36, 38; siehe aber auch *V. Barral*, EJIL 23 (2012), S. 377 (381). Ob dieser Mehrwert groß ist, ist angesichts der Feststellung, dass der Grundsatz nachhaltiger Entwicklung Kriterien für den Ausgleich der widerstreitenden Erwägungen nicht bereithält, alles andere als eindeutig. In diesem Sinne kritisch auch: *R. M. Bratspies*, in: R. A. Miller/R. M. Bratspies (Hrsg.), Progress in International Law, 2008, S. 813 (824 in Fn. 60); *dies.*, Yale J. Int'l L. 32 (2007), S. 369 (370 f.); *K. F. Gärditz*, in: W. Kahl (Hrsg.), Nachhaltigkeit als Verbundbegriff, 2008, S. 137 (170); *M. Kotzur*, JöR N.F. 57 (2009), S. 503 (524); *P. Sands*, MPYUNL 3 (1999), S. 389 (396); in dieselbe Richtung auch *U. Beyerlin*, in: R. Wolfrum (Hrsg.), Enforcing Environmental Standards, 1996, S. 95 (104, 121) und *N. Schrijver*, RdC 329 (2007), S. 217 (378): „The question of in-

weltprinzip in normstruktureller Hinsicht als Rechtsprinzip entlarvt. Denn blickt man auf die nähere Umschreibung, die diese Ausgleichspflicht in der Anwendung des Grundsatzes nachhaltiger Entwicklung erfährt, so wird deutlich: Der wechselbezügliche Ausgleich von Umweltschutz und Entwicklung – und damit im Lichte der vorstehenden Überlegungen: von Umweltprinzip einerseits und Recht auf Entwicklung andererseits – geschieht im Wege der Abwägung. Die Europäische Landschaftskonvention[951] etwa deutet das an, wenn sie in ihrer Präambel die Notwendigkeit betont, „to achieve sustainable development based on a *balanced and harmonious relationship* between social needs, economic activity and the environment".[952] Und auch der neu gefasste Gründungsvertrag der Karibischen Gemeinschaft[953] formuliert, im Sinne des Grundsatzes nachhaltiger Entwicklung gelte es, das Erfordernis „to maintain a *balance* between a healthy ecology and economic development" anzuerkennen.[954] Ähnlich äußerten sich sowohl Ungarn als auch die Slowakei in ihren Schriftsätzen zum Gabčíkovo Nagymaros-Verfahren vor dem IGH. Ungarn etwa erklärte, der Grundsatz nachhaltiger Entwicklung sei „a *harmonious combination* of the right of each State to exploit its natural resources with its duty to protect the environment of other States".[955] Die Slowakei hatte dem nichts hinzuzufügen und gestand, sie sei „in full agreement with this statement".[956] Im Pulp Mills-Verfahren, dem zweiten Fall vor dem IGH, in dem sich die Parteien auf das Nachhaltigkeitsprinzip beriefen, war es Argentinien, das in seinem Schriftsatz ausführte, der Grundsatz nachhaltiger Entwicklung verlange, „that the two objectives of environmental protection and economic development must be implemented in a balanced

tegration is possibly the greatest challenge in the entire project of international law on sustainable development."; für den Versuch einer (algorithmischen) Lösung dieses Problems vgl. *J. B. Ruhl*, Stan. Envtl. L. J. 18 (1999), S. 31.

951 *European Landscape Convention* v. 20. Oktober 2000, ETS No. 176.

952 Ebd., Präambel, Zweiter Erwägungsgrund (eigene Hervorhebung).

953 *Revised Treaty of Chaguaramas establishing the Caribbean Community including the CARICOM Single Market and Economy* v. 5. Juli 2001, UNTS Bd. 2259, S. 293.

954 Ebd., Art. 55 Abs. 1 (eigene Hervorhebung).

955 IGH, *Gabčíkovo Nagymaros Project*, Counter-Memorial Hungary, 5. Dezember 1994, Bd. I, S. 267 (eigene Hervorhebung).

956 IGH, *Gabčíkovo Nagymaros Project*, Reply Slowakei, 20. Juni 1995, S. 78.

way, with neither having supremacy over the other".[957] Uruguay sah das nicht anders und formulierte:

> „[A]s the Court well knows in any event, achieving sustainable development means finding the appropriate balance between economic development, on the one hand, and protection of the environment, on the other."[958]

Und auch der Gerichtshof selbst charakterisierte – in einer Passage, die es lohnt, in Gänze zu zitieren – den Grundsatz nachhaltiger Entwicklung als das Erfordernis, Entwicklung und Umweltschutz miteinander in Einklang zu bringen. „Throughout the ages", so erklärten die Haager Richter dort,

> „mankind has, for economic and other reasons, constantly interfered with nature. In the past, this was often done without consideration of the effects upon the environment. Owing to new scientific insights and to a growing awareness of the risks for mankind – for present and future generations – of pursuit of such interventions at an unconsidered and unabated pace, new norms and standards have been developed, set forth in a great number of instruments during the last two decades. Such new norms have to be taken into consideration, and such standards given proper weight, not only when States contemplate new activities, but also when continuing activities begun in the past. This need to reconcile development with protection of the environment is aptly expressed in the concept of sustainable development."[959]

Egal ob in diesen Stellungnahmen und Verträgen von einer „proper balance" oder einem „balanced and harmonious relationship" die Rede ist, ob der Gerichtshof verlangt, Umweltschutz und Entwicklung „in Einklang zu bringen", oder die Staaten sich bemühen, zwischen beiden eine „harmoniuos combination" herzustellen, der Sprachgebrauch bleibt in all diesen Fällen einer der Abwägung. Die regeltypische Konfliktlösungsstrategie statischer Vor- und Nachrangbeziehungen hingegen findet keine Erwähnung, ja wird, wie in der obigen Aussage Argentiniens,

---

[957] IGH, *Pulp Mills*, Memorial Argentina, 15. Januar 2007, S. 114; siehe auch ebd., Reply Argentina, 29. Januar 2008, S. 383 und 385.

[958] IGH, *Pulp Mills*, Rejoinder Uruguay, 29. Juli 2008, S. 108; siehe auch ebd., Counter-Memorial Uruguay, 20. Juli 2007, S. 6 und 17.

[959] IGH, *Gabčíkovo-Nagymaros Project*, ICJ Rep 1997, S. 7 (78).

gar ausdrücklich verworfen.[960] Und wie *Vaughan Lowe* zu Recht betont, lassen auch einige der übrigen Formulierungen, mit denen der Gerichtshof in der zitierten Passage auf den Grundsatz nachhaltiger Entwicklung hinleitet, keinen Zweifel daran, dass hier Normen in Frage stehen, die sich von gewöhnlichen Regeln deutlich unterscheiden.[961] Denn, so *Lowe*, der Gerichtshof verwende ein „phrasing that suggests that the norms do not bind as rules of law bind".[962] Tatsächlich beschränkt sich der Gerichtshof hinsichtlich der neu entstandenen „norms and standards" darauf festzustellen, diese müssten berücksichtigt und zutreffend gewichtet werden – Formulierungen, die darauf hindeuten, dass diese in ihrer Anwendung nicht einem regeltypischen Alles-oder-Nichts-Schema folgen, sondern eine Dimension des Gewichts besitzen, wie sie gerade für Rechtsprinzipien typisch ist. Der Grundsatz nachhaltiger Entwicklung, so haben einige Autoren daraus denn auch gefolgert, sei als Rechtsprinzip im Sinne *Ronald Dworkins* oder *Robert Alexys* zu begreifen.[963] Doch dass der Gerichtshof mit den zitierten „norms and standards", deren Berücksichtigung und Gewichtung er verlangt, tatsächlich den Grundsatz nachhaltiger Entwicklung im Blick hat, ist alles andere als eindeutig. Denn angesichts des in der zitierten Passage bereits

---

[960] Aus dem Schrifttum ebenso *U. Beyerlin*, in: R. Wolfrum (Hrsg.), Enforcing Environmental Standards, 1996, S. 95 (104): „Whether environmental protection is predominant over development, or vice versa, cannot be answered in absolute terms."; *W. Kahl*, in: ders. (Hrsg.), Nachhaltigkeit als Verbundbegriff, 2008, S. 1 (9): „grundsätzlich keine Rangfolge"; ähnlich auch *M. Schröder*, AVR 34 (1996), S. 251 (257, 261), der das Konzept nachhaltiger Entwicklung gerade nicht als „striktes, in jedem Falle zu beachtendes Vermeidungsverbot zum Schutz der Umwelt" versteht.

[961] *V. Lowe*, in: A. Boyle/D. Freestone (Hrsg.), International Law and Sustainable Development, 1999, S. 19 (21): „another species of normativity".

[962] Ebd., S. 20.

[963] *D. Tladi*, Sustainable Development and International Law, 2007, S. 101 ff., der sich zur Erklärung dieser Passage des Urteils ausdrücklich auf die Regel/Prinzipien-Unterscheidung von *Ronald Dworkin* beruft. Ebenfalls Prinzipiencharakter im Sinne *Dworkins* oder *Alexys* attestieren dem Nachhaltigkeitsgrundsatz *U. Beyerlin*, Sustainable Development, in: MPEPIL (online edition), Stand: Oktober 2013, Rdn. 17; *K. F. Gärditz*, in: W. Kahl (Hrsg.), Nachhaltigkeit als Verbundbegriff, 2008, S. 137 (167); *C. Voigt*, Sustainable Development as a Principle of International Law, 2009, S. 165; implizit auch *E. B. Lydgate*, World Trade Review 11 (2012), S. 621 (625); über das Völkerrecht hinaus auch *W. Kahl*, in: ders. (Hrsg.), Nachhaltigkeit als Verbundbegriff, 2008, S. 1 (11): „Optimierungsgebot".

einleitend skizzierten Spannungsverhältnisses zwischen ökonomischer Entwicklung und Umweltschutz bleibt schon im Dunkeln, was einer regeltypischen, strikten Geltung des Grundsatzes nachhaltiger Entwicklung, der ja schließlich beide Elmente in sich aufnimmt, noch entgegenstehen könnte. Was also könnte seine bloße Berücksichtigung gebieten und seine Gewichtung erforderlich machen, wenn sich die relevanten Belange für ihn doch als Interna darstellen? Und auch sprachlich spricht einiges dafür, die prinzipientypische Berücksichtigungs- und Gewichtungspflicht hier nicht auf den Nachhaltigkeitsgrundsatz selbst, sondern vielmehr auf die in ihm zusammengeführten Prinzipien zu beziehen. So knüpft der Gerichtshof die Berücksichtigungs- und Gewichtungspflicht erstens ausdrücklich an „norms and standards" im Plural. Der Grundsatz nachhaltiger Entwicklung im Folgesatz erscheint indes im Singular und wird zudem als „concept" und gerade nicht als Norm oder Standard bezeichnet. Noch entscheidender dürfte jedoch zweitens sein, dass die einleitende Formulierung des letzten Satzes („This need to reconcile development with the protection of the environment") mit dem Demonstrativpronomen „this" eindeutig auf die im vorangegangenen Satz ausgesprochene Verpflichtung Bezug nimmt, die neu entstandenen Normen und Standards zu berücksichtigen und angemessen zu gewichten. Damit aber verwendet die Schlusspassage nicht nur die Begriffe Berücksichtigungs- und Gewichtungspflicht gleichbedeutend mit der Formulierung „need to reconcile", sondern sie identifiziert zudem die Normen und Standards, die der vorletzte Satz zu berücksichtigen und gewichten gebietet, mit den Entwicklungs- und Umweltschutzbelangen, die der letzte Satz in Einklang zu bringen verlangt. Diese sind es folglich, deren Normcharakteristika sich in regeltypischen Kategorien nicht erfassen lassen. Als abwägungsfähiges Prinzip konzipiert der Gerichtshof deshalb keinesfalls den Grundsatz nachhaltiger Entwicklung selbst, sondern dessen Bestandteile: das Recht auf Entwicklung sowie die Pflicht zum Schutz der Umwelt. Vor diesem Hintergrund passt es gut ins Bild, dass die Weltnaturschutzunion[964] Art. 8 ihres Entwurfs für ein Internationales Abkommen über Umwelt und Entwicklung ausdrücklich mit dem Wort „Proportionality" überschreibt. Denn obwohl der Entwurf unternimmt, gerade zur Umsetzung des Grundsatzes nachhaltiger Entwicklung beizutragen, versteht er offenbar nicht diesen selbst, sondern vor allem das in ihm enthaltene Umweltprinzip als Ge-

---

[964] Bei der Weltnaturschutzunion handelt es sich um eine internationale Nichtregierungsorganisation, der aber auch zahlreiche Regierungsvertreter angehören, siehe http://www.iucn.org/about/ (geprüft am 3. August 2016).

genstand dieses Verhältnismäßigkeitsgrundsatz. Ganz im Sinne eines *Alexy*'schen Optimierungsgebots formuliert er denn auch: „Among reasonable alternatives for action preference shall be given to the alternative least harmful to the environment". Das Umweltprinzip, nicht der Grundsatz nachhaltiger Entwicklung, besitzt folglich Prinzipiencharakter.

b) Der Prinzipiencharakter des Umweltprinzips im Lichte des Vorsorgeprinzips

Dass das Umweltprinzip normstrukturell Prinzipiencharakter besitzt und im Falle einer Kollision mit entgegenstehenden Prinzipien folglich einer Abwägung bedarf, in der unter Berücksichtigung der jeweiligen abstrakten Gewichte der Prinzipien und deren Betroffenheit im konkreten Fall eine bedingte Vorrangrelation gebildet wird, illustriert auch der Vorsorgegrundsatz. Prinzip 15 der Rio-Erklärung[965] formuliert diesen wie folgt:

> „In order to protect the environment the precautionary approach shall be widely applied by States according to their capabilities. Where there are threats of serious or irreversible damage, lack of full scientific certainty shall not be used as a reason for postponing cost-effective measures to prevent environmental degradation."

Das Vorsorgeprinzip etabliert damit nicht lediglich ein eigenständiges umweltvölkerrechtliches Gebot. Vielmehr fungiert es gerade auch innerhalb des Nachhaltigkeitsgrundsatzes als Kriterium des Ausgleichs von Umwelt und Entwicklung. In diesem Sinne erklärt etwa Grundsatz 7 der Bergen-Deklaration: „In order to achieve sustainable development, policies must be based on the precautionary principle."[966] Nach-

---

[965] *Rio Declaration on Environment and Development* v. 14. Juni 1992, UN Doc. A/CONF.151/26 (Vol. I).

[966] *Bergen Ministerial Declaration on Sustainable Development in the ECE Region* v. 16. Mai 1990, UN Doc. A/CONF.151/PC/10, Annex I. Der Zusammenhang von Vorsorgegrundsatz und nachhaltiger Entwicklung wird auch in der Literatur häufig betont, siehe etwa *A. Epiney/M. Scheyli*, Strukturprinzipien des Umweltvölkerrechts, 1998, S. 89 ff., die den Vorsorgegrundsatz als Element zur Umsetzung des Konzepts nachhaltiger Entwicklung anführen; ferner *M. Kotzur*, JöR N.F. 57 (2009), S. 503 (519); *R. Ramlogan*, Sustainable development: Towards a Judicial Interpretation, 2011, S. 64 und *N. Schrijver*, RdC 329 (2007), S. 217 (319), der den Vorsorgegrundsatz als ein „key principle" des Nachhaltigkeitsprinzips bezeichnet; siehe auch *D. B. Magraw/L. D. Hawke*, in:

haltig ist, so ist die Bergen-Deklaration hier offenbar zu verstehen, was den Vorsorgegrundsatz beachtet. Der Vorsorgegrundsatz macht dabei eben das, was anderenfalls dem Rechtsanwender überlassen bliebe: Er stellt eine bedingte Vorrangrelation zwischen Umwelt und Entwicklung her,[967] indem er unter der Bedingung drohender schwerwiegender oder irreversibler Schäden selbst dann dem Umweltprinzip den Vorrang gewährt, wenn die Gefahr selbst oder der Kausalzusammenhang zwischen dem staatlichen Verhalten und der Gefahr mit Unsicherheiten belastet ist. Unausgesprochen bestätigt er damit, dass das Vorrangverhältnis von Umweltprinzip und Entwicklungsrecht unter anderem von der Intensität der Betroffenheit der konkurrierenden Güter abhängt („serious or irreversible damage"). Er illustriert so, dass beide, anders als für Regeln typisch, gerade nicht in einem statischen Vor- und Nachrangverhältnis stehen, sondern in einer dynamischen Wechselbeziehung, in der sich die Frage des Vorrangs erst unter Berücksichtigung der Umstände des konkret zu entscheidenden Falles beantworten lässt. Methodisch jedoch ist es eben das, was Rechtsprinzipien kennzeichnet.[968] Zumindest implizit weist so folglich auch der Vorsorgegrundsatz das Umweltprinzip als abwägungsfähiges Rechtsprinzip aus.

c) Der Prinzipiencharakter des Umweltprinzips im Lichte der Trail Smelter-Entscheidung

Zumindest auf den ersten Blick jedoch scheint die These vom Prinzipiencharakter vor dem Hintergrund der bekannten Trail Smelter-Entscheidung an Plausibilität zu verlieren. Denn das auch im Umweltprinzip enthaltene Gebot, Beeinträchtigungen von auf dem Gebiet eines anderen Staates belegenen Umweltgütern zu unterlassen, ist – so ließe sich einwenden – seit der Trail Smelter-Entscheidung zweifellos als eine völkergewohnheitsrechtliche Regel etabliert, die strikt gilt und Abwä-

---

D. Bodansky/J. Brunnée/E. Hey (Hrsg.), The Oxford Handbook of International Environmental Law, 2012, S. 613 (632).

[967] Treffend charakterisieren den Vorsorgegrundsatz als Regel daher *U. Beyerlin*, in: D. Bodansky/J. Brunnée/E. Hey (Hrsg.), The Oxford Handbook of International Environmental Law, 2012, S. 425 (440 f.); *ders./T. Marauhn*, International Environmental Law, 2011, S. 55; *D. Maurmann*, Rechtsgrundsätze im Völkerrecht am Beispiel des Vorsorgeprinzips, 2008, S. 236; anderer Ansicht ist hingegen *A. Proelß*, JZ 66 (2011), S. 495 (500). Überblick dazu bei *C. Erben*, Das Vorsorgegebot im Völkerrecht, 2005, S. 44 ff.

[968] Ausführlich dazu oben S. 160 f.

gungen gerade nicht zulässt.[969] Eben deshalb aber könne auch das Umweltprinzip nicht – jedenfalls nicht sofern es den Schutz der Umwelt anderer Staaten betrifft – als Rechtsprinzip verstanden werden; vielmehr müsse es den Regelcharakter des Trail Smelter-Diktums teilen.[970] Anders lasse sich das nur dann beurteilen, wenn man eine langjährige völkerrechtliche Praxis unzulässigerweise ausblende.

Bei Lichte besehen greift dieser hypothetische Einwand indes zu kurz, und er gibt Anlass zu einer klärenden Differenzierung, die deutlich werden lässt, dass der Verweis auf die regelförmige Trail Smelter-Doktrin mit der Behauptung, das Umweltprinzip sei abwägungsfähig, nicht im Widerspruch steht. Denn wie oben bereits dargestellt,[971] beruht das im Trail Smelter-Verfahren ausgesprochene Verbot grenzüberschreitender Umweltbeeinträchtigungen normativ nicht auf dem Schutz der Umwelt als solcher, sondern auf dem Schutz der Souveränität des von der Verschmutzung betroffenen Staates. Nicht der originären Schutzwürdigkeit der betroffenen Umweltgüter selbst, sondern vorrangig der Integrität des betroffenen Staates gilt der Schutz der Trail Smelter-Konstellation.[972] Anders als das Umweltprinzip, das dem Eigenwert der Umwelt auch und gerade dann Rechnung trägt, wenn sich diese keinem Staat zuordnen lässt, attestiert die im Nachgang der Trail Smelter-Entscheidung entstandene Regel der Umwelt folglich allenfalls derivativen Wert. Vom hier besprochenen Umweltprinzip ist sie daher unabhängig; sie steht gewissermaßen neben diesem und sichert die innerstaatliche Umwelt eines fremden Staates zusätzlich ab. Insofern im Gebiet eines anderen Staates belegene Umweltgüter in Frage stehen, trifft das Umweltprinzip folglich keine abschließende Aussage. Doch gerade aufgrund dieser Parallelität von Umweltprinzip und Trail Smelter-

---

[969] Das im Trail Smelter-Schiedsspruch bemühte Verbot grenzüberschreitender Umweltbeeinträchtigungen klassifiziert zutreffend als Regel etwa *U. Beyerlin*, in: D. Bodansky/J. Brunnée/E. Hey (Hrsg.), The Oxford Handbook of International Environmental Law, 2012, S. 425 (439).

[970] Im Ergebnis ist damit die Frage nach dem Verhältnis von Trail Smelter-Grundsatz einerseits und dem unter anderem vom IGH im Nuklearwaffengutachten angesprochenen Präventionsgrundsatz andererseits angesprochen, siehe dazu etwa *A. Proelß*, in: W. Vitzthum/A. Proelß (Hrsg.), Völkerrecht, 7. Aufl. 2016, 5. Abschn. Rdn. 108.

[971] Siehe oben S. 358 ff.

[972] Vgl. *M. Fitzmaurice*, in: C. Tams/J. Sloan (Hrsg.), The Development of International Law by the International Court of Justice, 2013, S. 353 (356): „an inter-state understanding [of international environmental law]".

Doktrin wird der Prinzipiencharakter des ersten durch den Regelcharakter der zweiten nicht in Frage gestellt.

Ein Widerspruch zwischen Umweltprinzip und dem regelhaften Verbot grenzüberschreitender Beeinträchtigungen der Umwelt anderer Staaten bestünde zweitens aber selbst dann nicht, wenn beide eine gemeinsame *ratio* teilten. Denn während das Umweltprinzip auch niederschwellige Umweltbeeinträchtigungen erfasst, beansprucht bereits der Trail Smelter-Schiedsspruch selbst lediglich dann ein striktes Verbot, „when the case is of serious consequence and the injury is established by clear and convincing evidence".[973] Und so stellt etwa *Günther Handl* auch für das im Nachgang des Schiedsspruchs etablierte völkergewohnheitsrechtliche Verbot grenzüberschreitender Umweltbeeinträchtigungen fest, es sei „generally agreed that states are enjoined only from causing transboundary harm that is ‚serious', ‚significant', ‚substantial', ‚appreciable', or similarly qualified".[974] In der Abwägung, die die Anwendung des Umweltprinzips erfordert, ließe sich diese zusätzliche Tatbestandsbedingung aber ohne weiteres einfangen, sind Wahrscheinlichkeit und Intensität der drohenden Umweltbeeinträchtigung doch auch hier zentrale, die einzelfallbezogene Konkretisierung des Umweltprinzips leitende Kriterien. Selbst wenn der Trail Smelter-Grundsatz im Umweltprinzip wurzeln würde, bestünde zwischen beiden folglich kein Widerspruch, der dazu zwänge, die Prinzipienthese aufzugeben. Mit dem im Umweltprinzip enthaltenen *prima facie*-Verbot einer jeden Umweltverschmutzung steht das durch die Trail Smelter-Doktrin verkörperte definitive Verbot erheblicher Umweltbeeinträchtigungen schon deshalb nicht in Konflikt.

---

973 *Trail Smelter Arbitration*, RIAA III, S. 1905 (1965).

974 *G. Handl*, in: D. Bodansky/J. Brunnée/E. Hey (Hrsg.), The Oxford Handbook of International Environmental Law, 2012, S. 531 (535); ebenso etwa *T. Stephens*, International Courts and Environmental Protection, 2009, S. 134 und *U. Beyerlin*/*T. Marauhn*, International Environmental Law, 2011, S. 41. Dass *Beyerlin* und *Marauhn* unmittelbar zuvor noch „some uncertainties such as whether it proscribes only significant or also less serious transboundary environmental harm" feststellen, erstaunt hingegen und dürfte allenfalls dadurch zu erklären sein, dass sie dort nicht zwischen Umweltgütern, die sich auf dem Territorium eines anderen Staates, und solchen, die sich in Gebieten jenseits staatlicher Hoheitsgewalt befinden, differenzieren.

d) Ergebnis

Das Umweltprinzip, so lässt sich demnach festhalten, besitzt in normstruktureller Hinsicht Prinzipiencharakter. Die Konkretisierungen des Grundsatzes nachhaltiger Entwicklung in Verträgen sowie staatlicher und gerichtlicher Praxis weisen das Umweltprinzip als abwägungsfähigen Grundsatz aus und zeigen, dass das in ihm verkörperte Umweltschutzgebot lediglich *prima facie* Erfüllung verlangt. Das mit dem Nachhaltigkeitsgrundsatz eng verbundene Vorsorgeprinzip bestätigt diesen Befund, und auch mit der Feststellung, dass das im Trail Smelter-Schiedsspruch etablierte Verbot grenzüberschreitender Umweltbeeinträchtigungen Regelcharakter besitzt, steht er nicht in Widerspruch.

D. Ergebnis

Wenngleich die vorstehenden Überlegungen nicht den Anspruch erheben, den Prinzipienbestand des gegenwärtigen Völkerrechts vollständig darzustellen, so zeigen sie doch zweierlei. Erstens illustrieren sie, dass auch das Völkerrecht Normen enthält, die sich in normstruktureller Hinsicht als Rechtsprinzipien im Sinne *Robert Alexys* verstehen lassen. Schon das klassische Koexistenzvölkerrecht ist keinesfalls auf Normen mit Regelcharakter beschränkt, sondern bedient sich zur Abgrenzung staatlicher Kompetenzsphären, um die es ja vorrangig bemüht ist, vielerorts der Abwägung von Prinzipien. In diesem Sinne ist auch das Souveränitätsprinzip als Prinzip im rechtstheoretischen Sinne zu verstehen. Es verleiht den Staaten eine rechtlich geschützte, *prima facie* unbeschränkte Autonomie, die im Kollisionsfall mit anderen Prinzipien, insbesondere dem Autonomieanspruch anderer Staaten, auf einen einzelfallbezogen abwägenden Souveränitätsausgleich angewiesen ist und die als normativer Grund zahlreichen koexistenzvölkerrechtlichen Regeln zugrunde liegt.

Das den Prinzipienbestand des Völkerrechts vormals konkurrenzlos dominierende Souveränitätsprinzip steht heute indes nicht mehr allein. Und so belegen die obigen Betrachtungen zweitens zugleich, dass sich der Bestand völkerrechtlicher Prinzipien gewandelt hat. Humanitäts-, Rechtsschutz- und Umweltprinzip treten im gegenwärtigen Völkerrecht neben den Schutz staatlicher Souveränität und beanspruchen ebenso wie dieses größtmögliche Verwirklichung. Ebenso wie das Souveränitätsprinzip selbst sind dabei auch sie als rechtliche Prinzipien zu verstehen. Sie verdanken ihre Rechtsgeltung der allgemeinen Anerkennung durch die Staaten und lassen sich im Kanon völkerrechtlicher Rechtsquellen folglich als allgemeine Rechtsgrundsätze im Sinne des Art. 38 Abs. 1 lit. c IGH-Statut einordnen.

Für die im Laufe der Arbeit zu überprüfende These, dass die Einzelphänomene des völkerrechtlichen Strukturwandels sich als Konsequenz einer veränderten Prinzipienstruktur begreifen und erklären lassen, sind damit zwei wichtige Vorbedingungen geklärt: Das Völkerrecht ist keine reine Regelordnung, und der Bestand völkerrechtlicher Prinzipien hat sich gewandelt. Vor diesem Hintergrund sucht das folgende Kapitel nach Einfallstoren in der völkerrechtlichen Methodenlehre, die es dem Rechtsanwender erlauben, dem veränderten Prinzipienbestand des Völkerrechts bei Auslegung und Fortbildung bestehender völkerrechtlicher Regeln Ausdruck zu verleihen.

Kapitel 4

Methodische Grundlagen: Der Einfluss völkerrechtlicher Prinzipien auf Auslegung und Fortbildung des Völkerrechts

Die vorangegangenen Überlegungen haben gezeigt, dass sich die Prinzipiengrundlage des Völkerrechts ausdehnt. Neben das im klassischen Völkerrecht einzig bestimmende Prinzip staatlicher Souveränität treten materielle Wertordnungsprinzipien, die menschheitlichen Anliegen Ausdruck verleihen und so den völkerrechtlichen Fokus auf den Staat vorsichtig lösen.[1] Die internationale Rechtsordnung konfrontiert das mit bisher unbekannten normativen Spannungslagen. Das wird vor allem im Rückblick auf die im zweiten Kapitel erarbeiteten rechtstheoretischen Überlegungen zum Verhältnis von Rechtsregeln und Rechtsprinzipien deutlich. Rechtsregeln lassen sich mit der oben dargelegten Inversionsthese als Ergebnisse von Abwägungen verstehen. Notwendiger Bestandteil dieser Abwägungen sind diejenigen Rechtsprinzipien, an die die regelsetzende Instanz im Rahmen des Rechtsetzungsverfahrens gebunden ist. Sie fungieren als normative Gründe für oder auch gegen bestimmte Rechtsregeln und liegen diesen als normative Tiefenstruktur des Rechtssystems zugrunde. Das Aufkommen neuer Rechtsprinzipien führt in diesem Erklärungsmodell zu einer Anreicherung der normativen Grundlage all derjenigen völkerrechtlichen Regeln, die in den Anwendungsbereich der neu entstehenden Rechtsprinzipien fallen. Es lässt den Fundus zu berücksichtigender normativer Regelgründe wachsen. Normative Spannungen entstehen dabei immer dann, wenn die bestehenden Rechtsregeln sich angesichts ihrer derart gewandelten Prinzipiengrundlage nicht mehr als Ergebnisse einer Abwägung rekonstruieren lassen, die alle für die regelsetzende Instanz verbindlichen – und damit gerade auch die neu entstandenen – Rechtsprinzipien berücksichtigt. In diesem Fall ist das hinzugetretene Rechtsprinzip nicht nur ein rechtlich geltender Grund gegen die bestehende Regel; es besitzt

---

[1] Vgl. *T. Kleinlein*, Konstitutionalisierung im Völkerrecht, 2012, S. 7: „Autonomisierung des Völkerrechts".

J. Rauber, *Strukturwandel als Prinzipienwandel*, Beiträge zum ausländischen öffentlichen Recht und Völkerrecht, https://doi.org/10.1007/978-3-662-55471-5_5

als solcher auch eine argumentative Kraft, die es nach innerrechtlichen, nämlich rechtsprinzipiellen, Maßstäben ausschließt, die fragliche Regel zu rechtfertigen. Und doch sind sowohl die Rechtsregel als auch der ihr entgegenstehende rechtliche Grund Teil der Rechtsordnung. *Prima facie* treten Rechtsregel und Rechtsprinzip so in ein normatives Spannungsverhältnis,[2] das, insbesondere aus Gründen der Rechtsklarheit, einer Auflösung bedarf.

Für das Verständnis des völkerrechtlichen Strukturwandels ist die mit dem Aufkommen völkerrechtlicher Wertordnungsprinzipien verbundene Anreicherung des normativen Fundaments der Völkerrechtsordnung in mehrfacher Hinsicht von Bedeutung. Denn die hinzutretenden Rechtsprinzipien erfüllen hier eine doppelte Funktion: eine analytisch-erklärende einerseits, eine normativ-dogmatische andererseits. In analytischer Hinsicht bieten sie ein einheitsbildendes Erklärungsmuster für den zu beobachtenden Strukturwandel des Völkerrechts, indem sie die unterschiedlichen Strukturwandelphänomene auf eine gemeinsame rechtliche Grundlage stellen. Aus normativer Perspektive bereiten sie so zugleich eine mögliche Begründung für nach klassischer Dogmatik nur schwer zu erfassende Strukturwandelphänomene; auch für eine progressive, über die im Zuge der Evolution des Völkerrechts bereits beobachtbaren Einzelregelveränderungen hinausreichende Weiterentwicklung des Völkerrechts im Sinne des konstatierten Strukturwandels bieten sie eine mögliche Grundlage. All das lässt sich indes von methodischen Grundfragen nicht trennen: Nur wenn das Völkerrecht methodische Instrumente bereitstellt, mittels derer neu entstandene Rechtsprinzipien auf bestehende Rechtsregeln einwirken können, lassen sich jene zur Erklärung oder Begründung normativer Entwicklungen auf Regelebene heranziehen. Stehen Rechtsprinzipien und Rechtsregeln unverbunden nebeneinander, so lassen sich unter Berufung auf jene weder bereits beobachtete Regelmodifikationen erklären noch zukünftige Regelveränderungen normativ begründen.

Vor diesem Hintergrund bemüht sich das folgende vierte Kapitel darum, die Rolle neu entstehender Rechtsprinzipien in der Methodik des Völkerrechts zu vermessen. Es sucht im Rahmen völkerrechtlicher Rechtsgewinnungsformen nach Einfallstoren für den Einfluss neu ent-

---

[2] Diese Feststellung lässt die unten erörterten Möglichkeiten, dieses Spannungsverhältnis methodisch aufzulösen, vorerst außer Betracht. Die Spannungslage besteht hier daher lediglich *prima facie*. Sollte sie sich nicht im Wege der Auslegung oder Rechtsfortbildung auflösen lassen, verfestigt sie sich jedoch zu einem echten Normkonflikt.

stehender Prinzipien auf bestehende Völkerrechtsregeln und versucht so Möglichkeiten und Grenzen einer prinzipienbedingten Dynamik der völkerrechtlichen Regelebene zu beleuchten.[3] Die dabei angestellten Überlegungen weisen damit erstens methodische Muster aus, die sich zur Erklärung der im Rahmen des völkerrechtlichen Strukturwandels bereits beobachteten Regelmodifikationen heranziehen lassen. Zweitens illustrieren sie normativ betrachtet Argumentationstopoi, die es erlauben, dem völkerrechtlichen Strukturwandel über die bereits beobachteten Phänomene hinaus Ausdruck zu verleihen. Das aber eröffnet drittens einen Weg, souveränitätsdominierte Völkerrechtsregeln älterer Provenienz mit jüngeren Völkerrechtsprinzipien zu harmonisieren. Auch der Problematik der eingangs identifizierten normativen Spannungslagen wird damit hinreichend Rechnung getragen.

Die Erklärung, die die vorliegende Arbeit für den untersuchten Wandel des Völkerrechts hin zu einer konstitutionellen oder kommunitären Ordnung anbietet, versucht dabei auf Rechtsgewinnungsformen aufzubauen, die das Völkerrecht bereits vor Beginn dieser Evolution kannte. Das erscheint schon deshalb geboten, weil nur so der Wandel des Völkerrechts in seiner Gänze in den Blick genommen werden kann: Methodengrundsätze sind Bestandteil des positiven Rechts. Insofern mit dem hier untersuchten Strukturwandel ein Wandel völkerrechtlicher Methodik einhergeht, ist daher auch dieser ein zu erklärendes Strukturwandelphänomen und kann nicht seinerseits als Instrument zu dessen Erklärung herangezogen werden. Für die sich anschließenden Betrachtungen folgt daraus, dass zu Begründung und Illustration der hier zu erläuternden Rechtsgewinnungsmethoden allein Normen, Entscheidungen und wissenschaftliche Stellungnahmen heranzuziehen sind, die nicht selbst – jedenfalls in den konkret bemühten Aspekten – Ausdruck eines konstitutionellen oder kommunitären Völkerrechts sind. Oft werden deshalb im Folgenden Entscheidungen des StIGH als Metho-

---

[3] Mit dem Begriff Rechtsgewinnung soll vorliegend – in Abgrenzung zum Begriff der Rechtsfindung – deutlich gemacht werden, dass die folgenden Überlegungen nicht einem rein kognitivistischen Verständnis richterlicher Praxis anhängen. Vielmehr gehen sie davon aus, dass Gerichte im Rahmen ihrer Tätigkeit stets eine normkonkretisierende Funktion wahrnehmen und damit einen rechtskreativen Eigenbeitrag von teilweise erheblichem Umfang leisten. Darauf weisen im völkerrechtlichen Kontext ebenso zutreffend wie nachdrücklich hin: *A. v. Bogdandy/I. Venzke*, German L. J. 12 (2011), S. 979 (984 ff.); *A. v. Bogdandy/M. Jacob*, in: FS Simma, 2011, S. 809 (814 ff.); ebenso *S. Besson*, in: M. Rosenfeld/A. Sajó (Hrsg.), The Oxford Handbook of Comparative Constitutional Law, 2012, S. 413 (420 ff.).

denexempel dienen. Die methodischen Grundsätze, die so illustriert werden, binden indes nicht lediglich internationale Rechtsprechungsorgane; auch nationale Gerichte sind, sofern sie Völkerrecht anwenden, an sie gebunden und für das völkerrechtswissenschaftliche Schrifttum sind sie, jedenfalls sofern dieses Aussagen über den Stand des Völkerrechts *de lege lata* trifft, gleichermaßen verbindlich. Auch dessen Beitrag zur Neuinterpretation bestehender Völkerrechtsregeln im Zuge des völkerrechtlichen Strukturwandels lässt sich folglich mit ihnen erklären.

Die einzelnen Rechtsgewinnungsmethoden sind dabei vielgestaltig. Die folgende Darstellung unterscheidet deshalb zwischen Rechtsgewinnung *secundum legem* (dazu A.), *praeter legem* (dazu B.) und *contra legem* (dazu C.). Sie folgt damit einem im Schrifttum gebräuchlichen Drei-Ebenen-Modell.[4] Da selbst innerhalb dieses Modells die Grenze zwischen den drei Stufen beweglich, ja, deren Abgrenzung, glaubt man der Kritik, gar „diffus“[5] und „nahezu beliebig“[6] erscheint, bedarf das näherer Konkretisierung: Als Rechtsgewinnung *secundum legem* wird hier diejenige Rechtsgewinnung bezeichnet, die das rechtlich Gesollte im Wege der Auslegung völkerrechtlicher Regeln bestimmt. Sie zeichnet sich dadurch aus, dass sie an eine bestehende Regel anknüpft und deren Bedeutung zu ermitteln versucht. *Praeter legem* erfolgt die Rechtsgewinnung indes dort, wo völkerrechtliche Regeln eine Lücke aufweisen. Sie bildet eine neue Regel, wo eine solche zuvor fehlte. Die neu gebildete Regel tritt dabei neben die bestehenden Rechtsregeln, lässt diese indes unberührt.[7] Praeterlegale Rechtsgewinnung stellt sich folglich als (lediglich) ergänzende Rechtsfortbildung dar. Sofern im Wege der Rechtsgewinnung allerdings eine neue Regel gebildet wird, die nicht lediglich neben die bereits bestehenden Regeln tritt, sondern eine solche

---

4 Siehe zu diesem *R. Barth*, Richterliche Rechtsfortbildung im Steuerrecht, 1996, S. 44 ff.; *C. Bumke*, in: ders. (Hrsg.), Richterrecht zwischen Gesetzesrecht und Rechtsgestaltung, 2012, S. 33 (35 ff.); *J. Neuner*, in: K. Riesenhuber (Hrsg.), Europäische Methodenlehre, 3. Aufl. 2015, S. 246 (255 ff.); *J. Ukrow*, Richterliche Rechtsfortbildung durch den EuGH, 1995, S. 70; einen guten Eindruck von den mannigfaltigen Versuchen, Rechtsgewinnungsformen abzugrenzen, liefert *C. Fischer*, Topoi verdeckter Rechtsfortbildungen im Zivilrecht, 2007, S. 38 ff.

5 *B. v. Hoffmann*, in: K.-H. Böckstiegel (Hrsg.), Rechtsfortbildung durch Internationale Schiedsgerichtsbarkeit, 1989, S. 127 (128).

6 *M. Gropp*, Die Rechtsfortbildung contra legem, 1976, S. 13; ähnlich *J. Esser*, Vorverständnis und Methodenwahl in der Rechtsfindung, 1970, S. 177, der meint, bei der Abgrenzung bewege man sich „notwendig in Zirkelschlüssen“.

7 Näher dazu noch unten S. 571 ff., insbes. S. 574 f.

modifiziert, soll hier von Rechtsgewinnung *contra legem* gesprochen werden. Contralegale Rechtsfortbildung bewegt sich nicht mehr im zuvor regelfreien Raum, sondern setzt sich über bestehende Regeln hinweg. Sie ist nicht lediglich ergänzende, sondern korrigierende Rechtsfortbildung.

Die damit getroffene Einteilung trägt zugleich den Differenzen in den Begründungsanforderungen Rechnung, die an die unterschiedlichen Rechtsgewinnungsformen zu stellen sind:[8] Während die Rechtsgewinnung *secundum legem* schon deshalb keinen besonderen Rechtfertigungsanforderungen unterliegt, weil sie sich innerhalb der Vorgaben des Normsetzers hält und diesen folgt, bewegt sich die Ausfüllung völkerrechtlicher Regellücken in einem Bereich, in dem solche überhaupt nicht existieren. Rechtsgewinnung und Regelsetzung fallen hier zusammen; eben das ist es, was in diesen Fällen rechtfertigungsbedürftig erscheint. Sofern der Rechtsanwender schließlich – wie im Falle der Rechtsgewinnung *contra legem* – gar trotz einer bestehenden Entscheidung der normsetzenden Instanz deren Rolle usurpiert und dabei zu Ergebnissen gelangt, die mit den bestehenden Normen in Widerspruch stehen, drängt die Frage nach der Legitimation einer solchen Rechtsgewinnung deshalb besonders, weil sie sich von bestehenden Anordnungen des Normsetzers lossagt. Diese Differenzen in den Begründungsanforderungen bleiben nicht folgenlos. Sie spiegeln sich in den Zulässigkeitsbedingungen der jeweiligen Rechtsgewinnungsform wider. Ist die Zulässigkeitshürde aber einmal überwunden, stehen alle drei der benannten Rechtsgewinnungsformen auch rechtsprinzipiengestützten Argumenten offen gegenüber. Das gilt es im Folgenden aufzuzeigen.

A. Prinzipienbasierte Rechtsgewinnung *secundum legem*: Möglichkeiten harmonisierender Auslegung

I. Auslegung im Völkerrecht: Begriffsbestimmung und Überblick

Als Auslegung bezeichnet die Rechtswissenschaft ein hermeneutisches Verfahren, das zum Ziel hat, eine Rechtsquelle verständlich zu machen,

---

8 Vgl. etwa *M. Breuer*, ZöR 68 (2013), S. 729 (732); allgemein zu Begründungsanforderungen an Rechtsfindung und Rechtsfortbildung *H.-J. Koch/H. Rüßmann*, Juristische Begründungslehre, 1982, S. 257 ff. und öfter.

indem es ihren Informationsgehalt erschließt.[9] In unterschiedlichen Formulierungen findet diese Definition auch im Bereich des Völkerrechts grundsätzlich Anerkennung.[10] Doch lässt sie viele Fragen offen. Sind etwa alle Rechtsquellen auslegungsfähig?[11] Welche Kriterien bestimmen den Verstehensprozess? Und wie verhalten sie sich zueinander?[12] Die Wiener Konvention über das Recht der Verträge gibt in ihren Artikeln 31 bis 33 zumindest für einen Teilbereich des Völkerrechts eine mittlerweile auch gewohnheitsrechtlich verbindliche[13] Antwort auf einige dieser Fragen. Nach der allgemeinen Auslegungsregel des Art. 31 Abs. 1 WVK ist ein völkerrechtlicher Vertrag, der in Schriftform zwischen zwei oder mehr Staaten (vgl. Art. 2 Abs. 1 WVK) geschlossen wurde, „nach Treu und Glauben in Übereinstimmung mit der gewöhnlichen, seinen Bestimmungen in ihrem Zusammenhang zukommenden Bedeutung und im Lichte seines Zieles und Zweckes auszulegen". Im Mittelpunkt der Auslegung steht folglich weder (wie nach dem subjektiven Ansatz) die gemeinsame Absicht der Vertragsparteien noch (wie nach dem teleologischen Ansatz) Sinn und Zweck des Vertrages.[14]

---

9 *K. F. Röhl/H. C. Röhl*, Allgemeine Rechtslehre, 3. Aufl. 2008, S. 611; *R. Schick*, in: S. Griller/H. P. Rill (Hrsg.), Rechtstheorie: Rechtsbegriff – Dynamik – Auslegung, 2011, S. 209 (210).

10 Siehe *R. Bernhardt*, Die Auslegung völkerrechtlicher Verträge, 1963, S. 1; *O. Dörr*, in: ders./K. Schmalenbach (Hrsg.), Vienna Convention on the Law of Treaties, 2012, Art. 31 Rdn. 2; *H. F. Köck*, ZöR 53 (1998), S. 217 (220); *A. Orakhelashvili*, The Interpretation of Acts and Rules in Public International Law, 2008, S. 285.

11 Streitig insbesondere in Bezug auf das Völkergewohnheitsrecht, siehe dazu noch unten S. 564 ff.

12 Zu diesbezüglich unterschiedlichen Verständnissen des Auslegungsbegriffs *M. Bos*, NILR 27 (1980), S. 3 (6 ff.).

13 *R. Bernhardt*, GYIL 42 (1999), S. 11 (13); *G. Dahm/J. Delbrück/R. Wolfrum*, Völkerrecht, Bd. I/3, 2. Aufl. 2002, S. 640; *O. Dörr*, in: ders./K. Schmalenbach (Hrsg.), Vienna Convention on the Law of Treaties, 2012, Art. 31 Rdn. 6; *M. Herdegen*, Interpretation in International Law, in: MPEPIL (online edition), Stand: März 2013, Rdn. 7 sowie *M. N. Shaw*, International Law, 7. Aufl. 2014, S. 676 mit umfangreichen Nachweisen aus der Rechtsprechung in Fn. 144.

14 Zu diesen Ansätzen *K. Böth*, Evolutive Auslegung völkerrechtlicher Verträge, 2013, S. 100 ff.; *V. Crnic-Grotic*, AsianYIL 7 (1997), S. 141 (155); *N. Matz*, Wege zur Koordinierung völkerrechtlicher Verträge, 2005, S. 280 f., *M. N. Shaw*, International Law, 7. Aufl. 2014, S. 675 f.

Vielmehr legt die Wiener Vertragsrechtskonvention einen objektiven Auslegungsansatz zugrunde; der Vertragstext bildet Ausgangspunkt und Hauptreferenz des Verstehensprozesses.[15] Das darf freilich nicht darüber hinwegtäuschen, dass daneben auch das Telos des Vertrages, der vertragliche und nach Art. 31 Abs. 2 WVK auch außervertragliche Kontext der auszulegenden Bestimmung sowie nach Abs. 3 spätere Auslegungsvereinbarungen der Vertragsparteien, deren spätere Übung und das zwischen ihnen geltende Völkerrecht obligatorisch zu berücksichtigende Auslegungselemente darstellen. Nur bei Unklarheiten hingegen dürfen gemäß Art. 32 WVK ergänzende Auslegungsmittel, insbesondere die *travaux préparatoires*, zur Bestimmung des vertraglichen Gehalts herangezogen werden.

Im Rahmen dieses klassischen Kanons völkervertraglicher Auslegungsmittel bergen vor allem die Berücksichtigung des zwischen den Vertragsparteien anwendbaren Völkerrechts (dazu II.) sowie die vertragliche Teleologie (dazu III.) mögliche Schleusen, die den neu entstandenen Rechtsprinzipien einen Einfluss auf die Regelebene eröffnen. Dass dieser Einfluss Kontext und Teleologie indes deutlich übersteigt, zeigt ein Blick auf die Grundsätze systemkonformer Auslegung des nationalen Rechts und die ungeschriebene völkerrechtliche Auslegungsmaxime *in dubio mitius*. Beide bieten für eine prinzipienkonforme Auslegung völkerrechtlicher Regeln tragfähige Anknüpfungspunkte (dazu IV.). Die schwierige Frage, ob auslegungsbasierte Harmonisierungsansätze auch in Bezug auf Völkergewohnheitsrecht Erfolg versprechen, soll im Anschluss daran getrennt thematisiert werden (dazu V.).

---

[15] *R. Bernhardt*, ZaöRV 27 (1967), S. 491 (496) (in Bezug auf die Entwurfsartikel der ILC); *J. Crawford*, Brownlie's Principles of Public International Law, 7. Aufl. 2008, S. 379; *O. Dörr*, in: ders./K. Schmalenbach (Hrsg.), Vienna Convention on the Law of Treaties, 2012, Art. 31 Rdn. 3; *N. Matz*, Wege zur Koordinierung völkerrechtlicher Verträge, 2005, S. 281 f.; *W. Vitzthum*, in: ders./A. Proelß (Hrsg.), Völkerrecht, 7. Aufl. 2016, 1. Abschn. Rdn. 123; deutlich auch IGH, *Territorial Dispute*, ICJ Rep 1994, S. 6 (22): „Interpretation must be based above all upon the text of the treaty." Siehe auch *R. Bernhardt*, GYIL 42 (1999), S. 11 (14): „the original intentions of the authors of a treaty are taken into account only in a subsidiary way in the relevant articles of the Vienna Convention". Kritisch hingegen *M. E. Villiger*, in: E. Cannizzaro (Hrsg.), The Law of Treaties Beyond the Vienna Convention, 2011, S. 105 (114 ff.).

II. Rechtsprinzipien und systematische Auslegung im Völkerrecht

1. Einführung

Als Teil der in der Wiener Vertragsrechtskonvention niedergelegten einheitlichen[16] allgemeinen Auslegungsregel ist zur Bestimmung des normativen Gehalts einer Vertragsbestimmung unter anderem „jeder in den Beziehungen zwischen den Vertragsparteien anwendbare einschlägige Völkerrechtssatz" zu konsultieren. Art. 31 Abs. 3 lit. c WVK gibt dem Rechtsanwender damit auf, eine jede völkervertragliche Norm im Lichte ihrer normativen Umgebung auszulegen; ein Grundsatz, der im Anschluss an Überlegungen der Arbeitsgruppe der Völkerrechtskommission zur Fragmentierung des Völkerrechts vielfach als Prinzip systemischer Integration bezeichnet wird.[17] Die in dieser Bezeichnung, aber auch bereits in der Bestimmung selbst anklingende Inbezugnahme des Völkerrechts als Rechts*system* mag auf den ersten Blick erstaunen, suggeriert sie doch einen Grad an Einheitlichkeit und Kohärenz, der auf der internationalen Ebene angesichts der dezentralen Struktur der Völkerrechtsordnung verbreiteter Skepsis begegnen dürfte.[18] Gerade diese Struktur aber macht die Harmonisierung vertraglicher Bestimmungen mit den Anforderungen ihres rechtlichen Umfelds zu einem notwendigen Korrektiv, um normative Inkohärenzen zu vermeiden.[19] Vor diesem

---

[16] Zur Einheitlichkeit *J. Crawford*, Brownlie's Principles of Public International Law, 7. Aufl. 2008, S. 381; *O. Dörr*, in: ders./K. Schmalenbach (Hrsg.), Vienna Convention on the Law of Treaties, 2012, Art. 31 Rdn. 5.

[17] *Fragmentation of International Law: Difficulties Arising from the Diversification and Expansion of International Law*, Report of the Study Group of the ILC, UN Doc. A/CN.4/L.682, Rdn. 413; diese Terminologie greifen etwa auf *U. Linderfalk*, NILR 45 (2008), S. 343; *C. McLachlan*, ICLQ 54 (2005), S. 279; *B. McGrady*, JWT 42 (2008), S. 589; *C. Thiele*, AVR 46 (2008), S. 1 (24). Kritisch zu dieser Bezeichnung jedoch *A. Orakhelashvili*, The Interpretation of Acts and Rules in Public International Law, 2008, S. 367; ähnlich in Bezug auf die mit dem Begriff verknüpften Konsequenzen *V. P. Tzevelekos*, Mich. J. Int'l L. 31 (2010), S. 621 (631 ff.).

[18] Für einen „Grundsatz der Einheit der Rechtsordnung" im Völkerrecht *A. Bleckmann*, AVR 31 (1993), S. 353 (356); siehe zur Systematizität der Völkerrechtsordnung ferner *J. Combacau*, Archives de Philosophie du Droit 31 (1986), S. 85; *J. Crawford*, RdC 365 (2013), S. 9 (137 ff.); *P.-M. Dupuy*, RdC 297 (2002), S. 9 sowie grundlegend *V. Bruns*, ZaöRV 1 (1929), S. 1.

[19] *C. Thiele*, AVR 46 (2008), S. 1 (28): „eine Notwendigkeit in einer dezentralisierten Rechtsordnung wie dem modernen Völkerrecht"; ähnlich *Frag-*

Hintergrund erhebt Art. 31 Abs. 3 lit. c WVK den Systemgedanken zu einer leitenden Auslegungsmaxime;[20] er zeugt von einem völkerrechtlichen Selbstverständnis, das nach Einheit und Kohärenz der internationalen Rechtsordnung strebt.[21]

Es verwundert daher wenig, dass die Bestimmung – nachdem sie sowohl in der wissenschaftlichen Diskussion wie auch in der Anwendung durch die Gerichte lange Zeit ein Schattendasein fristete[22] – ausgerechnet durch die Arbeiten der Völkerrechtskommission zur normativen Fragmentierung im Völkerrecht wieder in den Fokus der Forschung gerückt ist. In seiner normativen Spielart[23] sucht der völkerrechtliche Fragmentierungsdiskurs nach Antworten auf die Problematik normativer Spannungslagen zwischen den Bestimmungen unterschiedlicher völkerrechtlicher Subsysteme.[24] Der Grundsatz systemischer Integration stellt dabei einen vielversprechenden Ansatzpunkt dar,[25] bietet er

---

mentation of International Law: Difficulties Arising from the Diversification and Expansion of International Law, Report of the Study Group of the ILC, UN Doc. A/CN.4/L.682, Rdn. 480; siehe für das ungeschriebene Völkerrecht auch *K. F. Gärditz*, AVR 45 (2007), S. 1 (1, 27).

[20] Vgl. *A. v. Bogdandy/I. Venzke*, ZaöRV 70 (2010), S. 1 (44 f.); ähnlich *O. Dörr*, in: ders./K. Schmalenbach (Hrsg.), Vienna Convention on the Law of Treaties, 2012, Art. 31 Rdn. 91.

[21] Vgl. *D. French*, ICLQ 55 (2006), S. 281 (282); *Fragmentation of International Law: Difficulties Arising from the Diversification and Expansion of International Law*, Report of the Study Group of the ILC, UN Doc. A/CN.4/L.682, Rdn. 413 ff., insbes. 420: „The systemic nature of international law has received clearest formal expression in that article.“; *C. McLachlan*, ICLQ 54 (2005), S. 279 (281); *P. Sands*, in: A. Boyle/D. Freestone (Hrsg.), International Law and Sustainable Development, 1999, S. 39 (49).

[22] *C. McLachlan*, ICLQ 54 (2005), S. 279 (279 f.); *C. Thiele*, AVR 46 (2008), S. 1 (24); ebenso *P. Sands*, in: A. Boyle/D. Freestone (Hrsg.), International Law and Sustainable Development, 1999, S. 39 (49 f.).

[23] Demgegenüber steht die institutionelle Fragmentierung, dazu etwa das Symposium in NYU J. Int'l L. & Pol. 31 (1999), S. 679.

[24] Vgl. zur Fragmentierungsdiskussion im Völkerrecht insgesamt *M. Koskenniemi/P. Leino*, LJIL 15 (2002), S. 553, *P.-M. Dupuy*, EJLS 1 (2007), Issue 1 und die Beiträge von *B. Simma*, *G. Hafner*, *J. Pauwelyn* und *P. S. Rao* in Mich. J. Int'l L. 25 (2003-2004), S. 845, 849, 903, 929.

[25] Ähnlich *N. Matz*, Wege zur Koordinierung völkerrechtlicher Verträge, 2005, S. 299, die in Art. 31 Abs. 3 lit. c WVK „besonderes Potenzial, zur Lösung von Vertragskonflikten beizutragen“ sieht. Freilich übersieht sie, dass die

doch „the enticing prospect of averting conflict of norms by enabling harmonization of rules rather than the application of one norm to the exclusion of another".[26]

Nach diesen Vorüberlegungen scheint sich für die Auflösung normativer Spannungslagen zwischen neu entstandenen Rechtsprinzipien und fortbestehenden Regeln des Völkerrechts ein Rückgriff auf Art. 31 Abs. 3 lit. c WVK aus zwei Gründen anzubieten. Erstens, weil Art. 31 Abs. 3 lit. c WVK mit dem Verweis auf Normen außerhalb der auszulegenden Norm selbst potentiell auch die Berücksichtigung der fraglichen Rechtsprinzipien erlaubt; und zweitens, weil auch das Entstehen neuer Rechtsprinzipien eine normative Fragmentierung der Völkerrechtsordnung zur Folge hat, eine Fragmentierung in entstehungszeitlicher Dimension. Denn wie bereits gesehen, entstehen normative Spannungslagen auch dann, wenn neue Rechtsprinzipien auf fortbestehende Regeln des Völkerrechts treffen. Warum also zur Lösung der Probleme dieser – man mag sagen: intertemporalen – Form der Fragmentierung nicht die Erkenntnisse des allgemeineren Fragmentierungsdiskurses bemühen? In Antwort auf diese Frage sollen im Folgenden einige Einwände gegen die Fruchtbarmachung des Art. 31 Abs. 3 lit. c WVK entkräftet werden (dazu 2. bis 4.), bevor abschließend genauer untersucht werden kann, welcher Einfluss den neu entstandenen Rechtsprinzipien bei der Auslegung bestehender Völkerrechtsregeln zukommt (dazu 5.).

2. *Der Normkategorieneinwand*

Nach der deutschen Übersetzung der Wiener Vertragsrechtskonvention ist im Rahmen der systematischen Auslegung „jeder [...] Völkerrechtssatz" heranzuziehen, sofern er einschlägig und zwischen den Vertragsparteien anwendbar ist. Zumindest in zweien der nach Art. 85 WVK authentischen Vertragssprachen jedoch liest sich die Bestimmung deutlich restriktiver. Sowohl der englische als auch der französische Wortlaut sprechen lediglich von den zwischen den Vertragsparteien anwendbaren und einschlägigen völkerrechtlichen Regeln (engl.: any relevant rules of international law/frz.: toute règle pertinente de droit international). In Übereinstimmung damit betont auch *Martti Koskenniemi* im Abschlussbericht der ILC-Arbeitsgruppe zur Fragmentierung des

---

Bestimmung gerade dazu dient, solche Konflikte zu vermeiden; Art. 31 Abs. 3 lit. c WVK löst lediglich *prima facie*-Konflikte, d.h. normative Spannungslagen.

[26] *C. McLachlan*, ICLQ 54 (2005), S. 279 (286).

Völkerrechts „that the reference for interpretation purposes must be to rules of law and not to broader principles or considerations which may not be firmly established as rules".[27] Rechts*prinzipien*, so folglich der mögliche Einwand, können im Rahmen systemischer Integration keine Beachtung finden.[28] Die hier in Frage stehenden Wertordnungsprinzipien trifft das doppelt, sind sie doch sowohl in rechtsquellentheoretischer Hinsicht als „general principles of international law" als auch im rechtstheoretischen Sinne als Rechtsprinzipien zu qualifizieren.[29] Doch stützen nicht alle authentischen Sprachfassungen diese restriktive Interpretation des Art. 31 Abs. 3 lit. c WVK. Der spanische Text etwa steht der deutschen Übersetzung deutlich näher, wenn er, anstatt sich auf die Regeln des Völkerrechts zu beschränken (span.: todas las reglas pertinente de derecho internacional), auf „toda forma pertinente de derecho internacional" Bezug nimmt. Und bei einem zweiten Blick legt selbst die englische Sprachfassung mit dem einleitenden Wörtchen „any" (frz.: toute) eine möglichst weite Auslegung nahe.[30] Auch im Kontext der lit. a und b des zweiten und des dritten Absatzes scheint die weitere Auslegung plausibel. Diese enthalten nicht nur keine entsprechende Differenzierung,[31] sondern sind erkennbar darauf gerichtet den Konsens der Parteien und dessen Fortentwicklung möglichst zutreffend zu erfassen.[32] Wie die Parteien ihre vertraglichen Verpflichtungen verstehen, spiegelt sich aber in allen Formen völkerrechtlicher Verpflichtungen wider und ist daher unabhängig von rechtsquellentheoretischer oder

---

[27] *Fragmentation of International Law: Difficulties Arising from the Diversification and Expansion of International Law*, Report of the Study Group of the ILC, UN Doc. A/CN.4/L.682, Rdn. 426 lit. a.

[28] Dieser Einwand klingt auch an in *Award in the Arbitration Regarding the Iron Rhine Railway*, RIAA XXVII, S. 35 (66). Zu der in der Literatur diesbezüglich ebenfalls diskutierten Frage, ob völkervertragliche Bestimmungen im Rahmen des Art. 31 Abs. 3 lit. c WVK berücksichtigungsfähig sind, *R. K. Gardiner*, Treaty Interpretation, 2008, S. 261 f. und *U. Linderfalk*, On the Interpretation of Treaties, 2007, S. 177 f.

[29] Dazu bereits oben S. 227 ff., 362 ff., 410 ff., 454 ff.

[30] *O. Dörr*, in: ders./K. Schmalenbach (Hrsg.), Vienna Convention on the Law of Treaties, 2012, Art. 31 Rdn. 92.

[31] In Bezug auf die Übereinkünfte des Art. 31 Abs. 3 lit. a WVK wäre eine solche durchaus denkbar gewesen.

[32] *O. Dörr*, in: ders./K. Schmalenbach (Hrsg.), Vienna Convention on the Law of Treaties, 2012, Art. 31 Rdn. 4; *W. Vitzthum*, in: ders./A. Proelß (Hrsg.), Völkerrecht, 7. Aufl. 2016, 1. Abschn. Rdn. 123.

rechtstheoretischer Einordnung. Ein ergänzender Blick auf Vorarbeiten und Entstehungsgeschichte des Art. 31 Abs. 3 lit. c WVK bestätigt diese Deutung.[33] Zwar blieb der namentlich von *Alfred Verdross*, *Grigory Tunkin* und *Milan Bartoš* in der Völkerrechtskommission vorgebrachte Vorschlag erfolglos, die Entwurfsformulierung „any rules of international law“ durch die Formulierung „(general) principles of international law“ zu ersetzen und so der bereits im Rahmen des *Institut de Droit International* ausgearbeiteten Vorgängerfassung anzugleichen.[34] Doch beruhte die Ablehnung dieses Vorschlags auf der Erwägung, die Umstellung auf das Wort „principles“ schränke den Kreis der heranzuziehenden Normen zu sehr ein, während der Begriff „rules“ eben auch die „principles“ miteinschließe.[35] Ein Ausschluss von Normen mit Prinzipiencharakter – sei es im rechtsquellentheoretischen oder rechtstheoretischen Sinne – lässt sich daher auch mit der Normgenese nicht stützen.[36] Entsprechend hat sich zumindest in rechtsquellentheoretischer Sicht auch im Schrifttum die Überzeugung durchgesetzt, Art. 31 Abs. 3 lit. c WVK verweise auf alle Rechtsquellen des Völkerrechts, einschließlich allgemeiner Rechtsgrundsätze.[37] Der mit dieser Aussage meist ver-

---

[33] Ausführlich dazu *P. Merkouris*, ICLR 9 (2007), S. 1.

[34] Siehe die entsprechenden Stellungnahmen in ILC, Summary Record of the 765th Meeting, YBILC 1964, Bd. I, S. 275 (278 f.).

[35] Siehe die Diskussionsbeiträge von *Waldock* und *Yasseen* in ILC, Summary Record of the 770th Meeting, YBILC 1964, Bd. I, S. 315 (316) sowie *P. Merkouris*, ICLR 9 (2007), S. 1 (21).

[36] *P. Merkouris*, ICLR 9 (2007), S. 1 (19) stellt in Bezug auf das 765ste Treffen der ILC fest: „the inclusion of the principles of international law, no matter how worded, gained general acceptance. No dissenting voice was raised.“ (Nachweise ausgelassen).

[37] *K. Böth*, Evolutive Auslegung völkerrechtlicher Verträge, 2013, S. 91 f.; *O. Dörr*, in: ders./K. Schmalenbach (Hrsg.), Vienna Convention on the Law of Treaties, 2012, Art. 31 Rdn. 92, 96; *Fragmentation of International Law: Difficulties Arising from the Diversification and Expansion of International Law*, Report of the Study Group of the ILC, UN Doc. A/CN.4/L.682, Rdn. 426 lit. b (die zuvor zitierte Passage aus *Koskenniemis* Bericht erweist sich vor diesem Hintergrund als bedauerlich missverständlich formuliert); *U. Linderfalk*, NILR 45 (2008), S. 343 (344); *C. McLachlan*, ICLQ 54 (2005), S. 279 (313); *P. Merkouris*, Article 31(3)(c) VCLT and the Principle of Systemic Integration, 2015, S. 19; *N. Matz*, Wege zur Koordinierung völkerrechtlicher Verträge, 2005, S. 300 f., die sich zur Begründung allerdings allein auf den nichtauthentischen deutschen Wortlaut stützt; *A. Orakhelashvili*, The Interpretation of Acts and Rules in Public International Law, 2008, S. 366; *I. Van Damme*,

knüpfte Verweis auf Art. 38 Abs. 1 IGH-Statut lässt die rechtstheoretische Dimension des Problems – die Frage nämlich, ob auch Rechtsprinzipien im rechtstheoretischen Sinne von der Vorschrift erfasst werden – zwar unbeantwortet. Im Lichte der obigen Argumente ist aber auch sie positiv zu beantworten.[38] Der Prinzipiencharakter der vorliegend zu integrierenden Wertordnungsnormen steht ihrer Berücksichtigung im Rahmen systemkonformer Auslegung daher nicht entgegen.

3. Der Intertemporalitätseinwand

In den Diskussionen, die der Entwurfsfassung zur Wiener Vertragsrechtskonvention in der Völkerrechtskommission vorangingen, spielte neben der Frage, ob Art. 31 Abs. 3 lit. c WVK auf die „rules“ oder „principles“ des Völkerrechts Bezug nehmen sollte, ein weiterer Punkt eine wichtige Rolle. Denn wie auch immer man sich in der Frage entschied, so blieb doch die Ungewissheit, ob mit der gewählten Bezeichnung die Normen des Völkerrechts gemeint waren, die zum Zeitpunkt des Vertragsschlusses in Kraft waren, oder ob stattdessen diejenigen Bestimmungen relevant sein sollten, deren Geltung die später erfolgende Interpretationsentscheidung begleitete.[39] Art. 31 Abs. 3 lit. c WVK, so lässt sich anknüpfend an eben diese Debatte daher möglicherweise einwenden, erfasst nur diejenigen Völkerrechtsnormen, die bereits zum Zeitpunkt des Vertragsabschlusses in Kraft waren; später entstehende Normen sind für ihn ohne Bedeutung. Einem auf Art. 31 Abs. 3 lit. c WVK gestützten Ansatz der Harmonisierung fortbestehender Völkerrechtsregeln mit neu hinzugetretenen völkerrechtlichen Wertordnungsprinzipien wäre damit der Weg verstellt.

Der Wortlaut der Vorschrift nimmt auf das intertemporale Element nicht ausdrücklich Bezug, erscheint aber offen genug gefasst (engl.: any

---

Treaty Interpretation by the WTO Appellate Body, 2009, S. 366; *M. E. Villiger*, Commentary on the 1969 Vienna Convention on the Law of Treaties, 2009, Art. 31 Rdn. 25; *ders.*, in: E. Cannizzaro (Hrsg.), The Law of Treaties Beyond the Vienna Convention, 2011, S. 105 (111 f.).

[38] Ebenso – wenn vermutlich auch ohne entsprechendes Problembewusstsein – *C. McLachlan*, ICLQ 54 (2005), S. 279 (313): „‚rules of international law‘ comports a reference to the international legal system as a whole”.

[39] Zu den entsprechenden Diskussionen *P. Merkouris*, ICLR 9 (2007), S. 1 (4 ff.); zur Frage selbst *U. Linderfalk*, ICLR 10 (2008), S. 109 und *P.-M. Dupuy*, in: E. Cannizzaro (Hrsg.), The Law of Treaties Beyond the Vienna Convention, 2011, S. 123.

rules/frz.: toute règle/span.: toda forma), um weder eine Auslegung *ex tunc* noch eine solche *ex nunc* auszuschließen.[40] Dass im spanischen Text anstatt des englischen „relevant" das Wort „pertinente" steht, lässt sich aus grammatikalischen Gründen sogar dafür anführen, auf die Vorschriften abzustellen, die zum Zeitpunkt der Auslegung gelten. Denn als Partizip Präsens des Verbs „pertenecer" nimmt es auf den Zeitpunkt Bezug, den die einleitende Formulierung des Abs. 3 anspricht. Das aber ist auch in der französischen und englischen Sprachfassung derjenige der Auslegung. Im Kontext der lit. a und b des dritten Absatzes scheint das plausibel,[41] stellen diese doch gerade ausdrücklich auf Ausdrucksformen eines aktuellen Konsenses ab,[42] wenn sie spätere Übereinkünfte oder die spätere Übung der Parteien berücksichtigt wissen wollen. Die Relevanz des umgebenden Völkerrechts für die Auslegung einer völkervertraglichen Norm findet sich damit in einem Absatz wieder, dessen übrigen Unterabsätze bereits *per se* dynamische Auslegungsregeln normieren.[43] Die Orientierung an den zum Zeitpunkt des Vertragsabschlusses geltenden Völkerrechtsnormen hingegen zielte auf eine Konservierung des historischen Parteiwillens. Das wirkte nicht nur im Kontext des Art. 31 Abs. 3 WVK deplatziert, sondern träte auch in Widerspruch zu dem von der Vertragsrechtskonvention gewählten objektiven

---

[40] *C. Thiele*, AVR 46 (2008), S. 1 (27); *V. P. Tzevelekos*, Mich. J. Int'l L. 31 (2010), S. 621 (634); vgl. zu dieser „intertemporal openness" allgemein *C. Djeffal*, Static and Evolutive Treaty Interpretation, 2016, S. 182: „the VCLT has no clear preference regarding the intertemporal question".

[41] *K. Böth*, Evolutive Auslegung völkerrechtlicher Verträge, 2013, S. 97; *G. Gaja*, RdC 364 (2012), S. 9 (68); *R. K. Gardiner*, Treaty Interpretation, 2008, S. 251; *P. Merkouris*, NYIL 45 (2014), S. 121 (145); *C. Thiele*, AVR 46 (2008), S. 1 (27). An der Stellung der lit. a und lit. b einerseits, des lit. c andererseits im selben Absatz des Art. 27 der Entwurfsartikel der ILC wurde Kritik geübt – etwa bei *R. Bernhardt*, ZaöRV 27 (1967), S. 491 (500) – und dennoch hat auch die Wiener Vertragsrechtskonvention sie beibehalten. Das Argument scheint daher umso stärker. Siehe aber auch *D. W. Greig*, Intertemporality and the Law of Treaties, 2001, S. 46.

[42] *O. Dörr*, in: ders./K. Schmalenbach (Hrsg.), Vienna Convention on the Law of Treaties, 2012, Art. 31 Rdn. 4; *W. Vitzthum*, in: ders./A. Proelß (Hrsg.), Völkerrecht, 7. Aufl. 2016, 1. Abschn. Rdn. 123.

[43] Vgl. *C. Djeffal*, Static and Evolutive Treaty Interpretation, 2016, S. 181; *O. Dörr*, in: ders./K. Schmalenbach (Hrsg.), Vienna Convention on the Law of Treaties, 2012, Art. 31 Rdn. 28; *M. E. Villiger*, in: E. Cannizzaro (Hrsg.), The Law of Treaties Beyond the Vienna Convention, 2011, S. 105 (111); vgl. auch *R. Bernhardt*, GYIL 42 (1999), S. 11 (16).

Auslegungsansatz.[44] Das legt es nahe, auch die Inbezugnahme des außerhalb des Vertrages selbst gelegenen Völkerrechts als dynamische Interpretationsmaxime zu verstehen. Die Normen, auf die Art. 31 Abs. 3 lit. c WVK verweist, sind demnach die zum Zeitpunkt der Auslegung geltenden.

Die Entstehungsgeschichte der Bestimmung steht diesem Befund jedenfalls nicht entgegen. So sah die der Völkerrechtskommission von Special Rapporteur *Humphrey Waldock* unterbreitete Vorschlagsfassung des jetzigen Art. 31 Abs. 3 lit. c WVK vor, Vertragsbestimmungen „in the context of the rules of international law in force at the time of the conclusion of the treaty" zu interpretieren.[45] Die Mehrheit der Kommissionsmitglieder versagte diesem Vorschlag jedoch die Zustimmung. Sie war der Meinung, das Intertemporalitätsproblem sei zu komplex, um es in die Entwurfsartikel aufzunehmen;[46] der strikte Bezug auf das Völkerrecht zum Zeitpunkt des Vertragsschlusses gebe das geltende Recht in dieser Hinsicht nicht vollständig und daher missverständlich wieder.[47] Auch ein entsprechender Vorschlag der tschechischen Delegation im Rahmen der späteren Wiener Vertragsrechtskonferenz konnte sich nicht durchsetzen.[48]

Dennoch scheint dieser statische Ansatz in Literatur und Rechtsprechung zumindest als Grundsatz Bestand zu haben.[49] Das zum Zeitpunkt der Interpretation geltende Recht hingegen soll nur dann auslegungserheblich sein, wenn der ursprüngliche Wille der Vertragsparteien

---

[44] *N. Matz*, Wege zur Koordinierung völkerrechtlicher Verträge, 2005, S. 300.

[45] Siehe den Entwurf des Art. 70 Abs. 1 lit. b WVK in *H. Waldock*, Third Report on the Law of Treaties by the Special Rapporteur, YBILC 1964, Bd. II, S. 5 (52); dazu auch *C. McLachlan*, ICLQ 54 (2005), S. 279 (292); *N. Matz*, Wege zur Koordinierung völkerrechtlicher Verträge, 2005, S. 299; *C. Thiele*, AVR 46 (2008), S. 1 (27); *V. P. Tzevelekos*, Mich. J. Int'l L. 31 (2010), S. 621 (633 f.).

[46] *P. Merkouris*, ICLR 9 (2007), S. 1 (24 f.) mit zahlreichen Nachweisen.

[47] Vgl. *Draft Articles on the Law of Treaties with Commentaries*, YBILC 1966, Bd. II, S. 187 (222).

[48] *P. Merkouris*, ICLR 9 (2007), S. 1 (28).

[49] *O. Dörr*, in: ders./K. Schmalenbach (Hrsg.), Vienna Convention on the Law of Treaties, 2012, Art. 31 Rdn. 104 und 24 mit Nachweisen aus der Rechtsprechung; vgl. auch *P.-M. Dupuy*, in: E. Cannizzaro (Hrsg.), The Law of Treaties Beyond the Vienna Convention, 2011, S. 123 (131); siehe außerdem *M. Bos*, NILR 27 (1980), S. 135 (152).

einer evolutionsoffenen Interpretation nicht entgegenstehe. Der Wille der Parteien allein entscheide demnach darüber, ob spätere rechtliche Entwicklungen für die Auslegung des Vertrages herangezogen werden dürften.[50] In diesem Sinne fordert etwa *Jiménez de Aréchaga*:

> „The intention of the parties should be controlling, and there seemed to be two possibilities so far as that intention was concerned: either they had meant to incorporate in the treaty some legal concept that would remain unchanged, or, if they had no such intention, the legal concepts might be subject to change and would then have to be interpreted not only in the context of the instrument, but also within the framework of the entire legal order to which they belong."[51]

Auch die internationale Judikatur folgt diesem subjektiven Ausgangspunkt weitgehend und erkennt die „primary necessity of interpreting an instrument in accordance with the intentions of the parties at the time of its conclusion" grundsätzlich an.[52] Jedenfalls faktisch weicht die Rechtsprechung die Bedeutung des ursprünglichen Parteiwillens jedoch dadurch erheblich auf, dass sie das Vorliegen eines auf evolutionsoffene Interpretation gerichteten Willens der Vertragsparteien unter bestimmten Umständen vermutet.[53] Eine entsprechende Vermutung soll erstens dann gerechtfertigt sein, wenn der Vertrag für längere Zeit in Kraft bleiben sollte und die Parteien mit einem Wandel des rechtlichen Um-

---

[50] Nachdrücklich *E. Bjorge*, in: A. Bianchi/D. Peat/M. Windsor (Hrsg.), Interpretation in International Law, 2015, S. 189 (201 ff.); ferner *O. Dörr*, in: ders./K. Schmalenbach (Hrsg.), Vienna Convention on the Law of Treaties, 2012, Art. 31 Rdn. 104; *C. Thiele*, AVR 46 (2008), S. 1 (28); zur Rechtsprechung auch *D. French*, ICLQ 55 (2006), S. 281 (295 ff.).

[51] Siehe dessen Stellungnahme in ILC, Summary Record of the 728th meeting, YBILC 1964, Bd. I, S. 33 (34).

[52] IGH, *Legal Consequences for States of the Continued Presence of South Africa in Namibia*, Advisory Opinion, ICJ Rep 1971, S. 16 (31); ebenfalls in diese Richtung IGH, *Gabčíkovo-Nagymaros Project*, ICJ Rep 1997, S. 7 (67 f.): „By inserting these evolving provisions in the treaty the parties recognized the potential necessity to adapt the Project. Consequently, the Treaty is not static, and is open to adapt to emerging norms of international law." Ein Überblick mit derselben Schlussfolgerung bei *D. French*, ICLQ 55 (2006), S. 281 (295 ff.).

[53] Die Literatur folgt dieser Vermutungslösung teilweise, so etwa *O. Dörr*, in: ders./K. Schmalenbach (Hrsg.), Vienna Convention on the Law of Treaties, 2012, Art. 31 Rdn. 26, 101.

felds oder der Bedeutung bestimmter Begriffe rechnen mussten.[54] Zweitens soll sie dann greifen, wenn die Vertragsparteien sich im Vertragstext unbestimmter Rechtsbegriffe („generic terms") bedient haben, die „not static, but [...] by definition evolutionary" seien.[55] In beiden Fällen gelte: „[T]he parties must be presumed, as a general rule, to have intended those terms to have an evolving meaning."[56] Ein im Prozess geäußerter entgegenstehender Wille einer der Parteien ist dann unbeachtlich.[57] Formal aber bleibt meist der ursprüngliche Parteiwille der argumentative Ausgangspunkt.[58]

Zu dem textorientierten objektiven Auslegungsansatz der Wiener Vertragsrechtskonvention insgesamt will das nicht recht passen.[59] Und so scheint unausgesprochener Hintergrund dieser am Staatenwillen orientierten Lesart der herrschenden Meinung eine Auslegung des Art. 31 Abs. 3 lit. c WVK im Lichte des Prinzips der Staatensouveränität, genauer: des souveränitätsbasierten Konsensprinzips zu sein, nach dem allein ein staatlicher Zustimmungsakt rechtliche Verbindlichkeiten zu be-

---

54 IGH, *Dispute Regarding Navigational and Related Rights*, ICJ Rep 2009, S. 213 (243); IGH, *Gabčíkovo-Nagymaros Project*, ICJ Rep 1997, S. 7 (78): „these articles impose a continuing – and thus necessarily evolving – obligation on the parties".

55 IGH, *Dispute Regarding Navigational and Related Rights*, ICJ Rep 2009, S. 213 (243); *Aegean Sea Continental Shelf*, ICJ Rep 1978, S. 3 (32); *Legal Consequences for States of the Continued Presence of South Africa in Namibia*, Advisory Opinion, ICJ Rep 1971, S. 16 (31); ähnlich auch WTO, *United States – Import Prohibition of Certain Shrimp and Shrimp Products*, Appellate Body Report v. 12. Oktober 1998, WT/DS58/AB/R, Rdn. 130; zu Schwierigkeiten bei der Bestimmung, ob ein "generic term" vorliegt *P. Merkouris*, NYIL 45 (2014), S. 121 (141 ff.).

56 IGH, *Dispute Regarding Navigational and Related Rights*, ICJ Rep 2009, S. 213 (243); sehr ähnlich IGH, *Legal Consequences for States of the Continued Presence of South Africa in Namibia*, Advisory Opinion, ICJ Rep 1971, S. 16 (31).

57 Dagegen wendet sich IGH, *Gabčíkovo-Nagymaros Project*, Sep. Op. Bedjaoui, ICJ Rep 1997, S. 120 (123).

58 Vgl. *D. French*, ICLQ 55 (2006), S. 281 (296, 298 und öfter).

59 *C. McLachlan*, ICLQ 54 (2005), S. 279 (317); vgl. zum Auslegungsansatz der Art. 31 ff. WVK bereits oben S. 496 f.

gründen vermag.[60] Bildet der kundgetane staatliche Wille, durch eine Vertragsnorm gebunden zu sein, den Grund völkerrechtlicher Normativität, mag es – so das entsprechende Argument – zum Schutze staatlicher Handlungsfreiheit naheliegen, den Umfang der Bindung auf eben das zum Zeitpunkt der Entstehung der Bindung auch Gewollte zu beschränken. Das Konsensprinzip erfährt dabei indes eine einseitige Betrachtung. Denn aus ihm folgt gleichermaßen, dass eingegangene Verpflichtungen im Konsens modifiziert werden können. Stets geht nach den Grundsätzen des Völkervertragsrechts der spätere Konsens dem früheren vor.[61] Bewegt jener sich dabei im Rahmen des durch eine Auslegung Erreichbaren, so gilt das selbst ohne formelle Vertragsrevision. Eben davon zeugen die Art. 31 Abs. 3 lit. a und b WVK.[62] Der Rückgriff auf das Konsensprinzip kann folglich nur dann begründen, dass der ursprüngliche Parteiwillen für die Frage, ob eine Auslegung *ex tunc* oder *ex nunc* die richtige Lösung ist, das entscheidende Kriterium bildet, wenn sich die späteren Verbindlichkeiten der Vertragsparteien nicht als Ausdruck des aktuellen Konsenses der Vertragsparteien verstehen lassen. Aus zwei Gründen erscheint aber eben das plausibel. Erstens beabsichtigen die Vertragsparteien mit dem Eingehen neuer Verbindlichkeiten in aller Regel nicht, sich mit bestehenden Verpflichtungen in Widerspruch zu setzen.[63] Und zweitens führt das noch immer vorherrschende Konsensprinzip[64] dazu, dass auch die späteren Verbindlichkeiten auf der Zustimmung der Staaten beruhen. Ohne weiteres lassen sich

---

[60] Das wird etwa bei *M. Bos*, NILR 27 (1980), S. 135 (152) deutlich, wenn er bezüglich des Grundsatzes der *ex tunc*-Auslegung feststellt: „The character of the judge as a ‚servant' of the ‚sovereign' is underlined in this rule."

[61] Siehe auch Art. 30 Abs. 3 und Abs. 4 lit. a WVK.

[62] Erneut *O. Dörr*, in: ders./K. Schmalenbach (Hrsg.), Vienna Convention on the Law of Treaties, 2012, Art. 31 Rdn. 4; vgl. ferner *N. Matz-Lück*, FYIL 17 (2006), S. 39 (49).

[63] IGH, *Right of Passage*, Preliminary Objections, ICJ Rep 1957, S. 125 (142); *W. Karl*, Treaties, Conflicts between, in: EPIL, Bd. IV, 2000, S. 935 (938); *Fragmentation of International Law: Difficulties Arising from the Diversification and Expansion of International Law*, Report of the Study Group of the ILC, UN Doc. A/CN.4/L.682, Rdn. 465; *C. McLachlan*, ICLQ 54 (2005), S. 279 (311); *M. E. Villiger*, in: E. Cannizzaro (Hrsg.), The Law of Treaties Beyond the Vienna Convention, 2011, S. 105 (112); vgl. auch *P. Sands*, in: A. Boyle/D. Freestone (Hrsg.), International Law and Sustainable Development, 1999, S. 39 (59).

[64] Zu diesbezüglichen Aufweichungstendenzen vgl. S. 71 ff.

daher die späteren Verbindlichkeiten der Vertragsparteien auch als Ausdruck eines authentischen Verständnisses ihrer bestehenden vertraglichen Verpflichtungen verstehen.

Vor diesem Hintergrund erhellt, dass der subjektive Ausgangspunkt der herrschenden Lehre sich nicht unter Berufung auf den Einfluss des völkerrechtlichen Konsensprinzips begründen lässt;[65] im Gegenteil wird stattdessen deutlich, dass dieses ebenfalls ein dynamisches Verständnis des Art. 31 Abs. 3 lit. c WVK stützt.[66] So bestätigt sich entgegen dem vorherrschenden differenzierenden Ansatz die oben bereits formulierte Hypothese: Die Normen, auf die Art. 31 Abs. 3 lit. c WVK verweist, sind die zum Zeitpunkt der Auslegung geltenden.[67] In einer beachtlichen Anzahl von Stellungnahmen internationaler Gerichte wird das auch unabhängig von der oben geschilderten Vermutungslösung anerkannt.[68] So heißt es etwa im vielzitierten Namibia-Gutachten des IGH ergänzend zu der Feststellung, die auszulegenden Begriffe seien definitionsgemäß entwicklungsoffen, schlicht: „Moreover, an international instrument has to be interpreted and applied within the framework of the entire legal system prevailing at the time of the interpretation."[69] Im

---

[65] Aus anderen Gründen kritisch zum Mehrheits-Standpunkt *U. Linderfalk*, ICLR 10 (2008), S. 109.

[66] Ob das auch für den zweiten Anwendungsfall des Intertemporalitätsproblems, nämlich die Frage eines Bedeutungswandels von im Vertragstext verwendeten Begriffen (unabhängig von umgebendem Völkerrecht) gilt, kann hier offenbeiben. Diesbezügliche Zweifel könnten sich aber daraus ergeben, dass ein verändertes Wortverständnis nicht im Konsens der Vertragsstaaten wurzeln muss und sich daher nicht auf den Grundsatz stützen kann, dass ein späterer Konsens einem früheren vorgeht.

[67] So außer den oben bereits genannten Autoren etwa *G. Gaja*, RdC 364 (2012), S. 9 (68); *M. E. Villiger*, in: E. Cannizzaro (Hrsg.), The Law of Treaties Beyond the Vienna Convention, 2011, S. 105 (112).

[68] Siehe etwa die Nachweise zur Rechtsprechung von EGMR und IAGMR bei *P. Merkouris*, NYIL 45 (2014), S. 121 (146).

[69] IGH, *Legal Consequences for States of the Continued Presence of South Africa in Namibia*, Advisory Opinion, ICJ Rep 1971, S. 16 (31); im Ergebnis ebenso *Dispute Concerning Access to Information Under Article 9 of the Ospar Convention*, Final Award, RIAA XXIII, S. 59 (91): „a tribunal must certainly engage in *actualisation* or contemporization when construing an international instrument that was concluded in an earlier period"; *Arbitration Regarding the Iron Rhine Railway*, RIAA XXVII, S. 35 (66 f.); ähnlich auch der EGMR, der in ständiger Rechtsprechung davon ausgeht, die EMRK sei ein „living instrument which must be interpreted in the light of present-day conditions", siehe

Lichte all dieser Überlegungen steht der Berücksichtigung neu entstandener Rechtsprinzipien bei der Auslegung fortbestehender völkervertragsrechtlicher Regeln folglich auch der Entstehungszeitpunkt der ersteren nicht entgegen.

4. Der Jurisdiktionseinwand

Eine in anderer Hinsicht restriktive Lesart des Art. 31 Abs. 3 lit. c WVK hat Richter *Thomas Buergenthal* in seiner Separate Opinion zum Oil Platforms-Fall[70] vorgetragen. Ausdrücklich hatte der IGH sich hier auf Art. 31 Abs. 3 lit. c WVK berufen, um die Frage zu klären, ob mögliche Verletzungen eines Freundschaftsvertrages zwischen Iran und den Vereinigten Staaten[71] als „measures [...] necessary to protect essential security interests" nach Art. XX Abs. 1 lit. d eben dieses Vertrages gerechtfertigt werden können. Die Maßnahme, deren Rechtmäßigkeit dabei konkret in Frage stand, war die Zerstörung iranischer Offshore-Ölplattformen im Persischen Golf durch einen Angriff der US Marine. Nach Ansicht des Gerichtshofs musste die Vertragsbestimmung zur Beantwortung der Frage, ob dieser Angriff als notwendige Maßnahme zum Schutz grundlegender Sicherheitsinteressen zu rechtfertigen war, zunächst im Lichte der allgemeinen Regeln über den Gewalteinsatz im Völkerrecht ausgelegt werden.[72] Damit aber, so *Buergenthal*, habe der Gerichtshof seine Jurisdiktion überschritten. Zur Auslegung dürften nur solche Normen herangezogen werden, die ebenfalls ausdrücklich der Gerichtsbarkeit des IGH unterstellt wurden, denn

> „the principles of customary international law and whatever other treaties the parties to a dispute before the Court may have concluded do not by virtue of Article 31, paragraph 3 *(c)*, become subject to

---

EGMR, *Loizidou v. Turkey*, Appl. No. 15318/89, Preliminary Objections, Urt. v. 23. März 1995, Rdn. 71. Siehe auch IGH, *Gabčíkovo-Nagymaros Project*, ICJ Rep 1997, S. 7, wo der IGH ebenfalls ausführt, dass „newly developed norms of environmental law are relevant for the implementation of the Treaty" (ebd., S. 67) und erklärt, dass „new norms have to be taken into consideration and [...] new standards given proper weight" (ebd., S. 78), dabei jedoch nicht ausdrücklich auf Art. 31 Abs. 3 lit. c WVK Bezug nimmt.

[70] IGH, *Oil Platforms*, ICJ Rep 2003, S. 161.

[71] *Treaty of Amity, Economic Relations and Consular Rights* v. 20. Dezember 1958, UNTS Bd. 380, S. 181.

[72] IGH, *Oil Platforms*, ICJ Rep 2003, S. 161 (182).

> the Court's jurisdiction. This is so whether or not they might be relevant in the abstract to the interpretation of a treaty with regard to which the court has jurisdiction. [...] [To hold otherwise] would conflict with the consensual basis of the Court's jurisdiction [...].“[73]

Für die Berücksichtigung neu entstandener Wertordnungsprinzipien, so lässt sich der mögliche Einwand danach formulieren, bleibt nach Art. 31 Abs. 3 lit. c WVK daher kein Raum; sie wäre mit dem Konsensprinzip unvereinbar. Anderes kann nur dann gelten, wenn die Streitparteien eine nicht auf die Bestimmungen eines bestimmten Vertragswerks beschränkte Jurisdiktionszuweisung an den IGH unterzeichnet haben.[74]

In der internationalen Praxis aber sind derart umfassende Anerkenntnisse der IGH-Gerichtsbarkeit sehr selten geblieben.[75] Nicht nur für die Berücksichtigung neu entstandener Wertordnungsprinzipien dürfte die von *Buergenthal* vorgeschlagene Interpretation der Vorschrift ihre Bedeutung daher weitestgehend nehmen.[76] Bereits dieser Befund lässt den Einwand *Buergenthals* unplausibel erscheinen. Gegen ihn lassen sich zudem Wortlaut und Zweck anführen, in und zu dem Unterwerfungserklärungen in bi- oder multilateralen Abkommen zumeist abgefasst werden. Die entsprechenden Vertragsklauseln unterbreiten in der Regel alle Streitigkeiten der Klärung durch den Gerichtshof, die die Auslegung oder Anwendung des Vertrages betreffen.[77] Einen Streit

---

[73] IGH, *Oil Platforms*, Sep. Op. Buergenthal, ICJ Rep 2003, S. 270 (279).

[74] Ein Beispiel für eine solche enthält etwa der sogenannte Pakt von Bogota (*American Treaty on Pacific Settlement* v. 30. April 1948, UNTS Bd. 30, S. 55), dessen Parteien sich nach Art. XXXI lit. a) der Gerichtsbarkeit des IGH „in all disputes of a judicial nature that arise among them concerning: [...] any question of interntional law“ unterworfen haben.

[75] *J. G. Merrills*, International Dispute Settlement, 5. Aufl. 2011, S. 117.

[76] Vgl. *Fragmentation of International Law: Difficulties Arising from the Diversification and Expansion of International Law*, Report of the Study Group of the ILC, UN Doc. A/CN.4/L.682, Rdn. 455; *C. Thiele*, AVR 46 (2008), S. 1 (25 f.); in diese Richtung auch *D. French*, ICLQ 55 (2006), S. 281 (289) und *C. McLachlan*, ICLQ 54 (2005), S. 279 (309).

[77] So etwa Art. IX der Genozid-Konvention (*Convention on the Prevention and Punishment of the Crime of Genocide* v. 9. Dezember 1948, UNTS Bd. 78, S. 277, BGBl. 1954 II, S. 730); Art. I des Fakultativen Zusatzprotokolls zur Wiener Konsularrechtskonvention (*Optional Protocol to the Vienna Convention on Consular Relations concerning the Compulsory Settlement of Disputes* v.

über die Auslegung eines Vertrages gerichtlich zu klären, kann nun nichts anderes bedeuten, als durch Richterspruch die für die Parteien verbindliche Bedeutung der streitbefangenen Normen festzustellen. In *Buergenthals* restriktiver Interpretation aber wäre genau dies nicht möglich. Denn anders als die Parteien selbst, die bei der Auslegung nach Art. 31 Abs. 3 lit. c WVK unbestritten den gesamten Korpus des einschlägigen und zwischen ihnen anwendbaren Völkerrechts zu berücksichtigen haben, bliebe der Gerichtshof auf die Berücksichtigung derjenigen Normen beschränkt, die die Parteien der Jurisdiktion des Gerichtshofs ausdrücklich unterstellt haben. Wie der Oil Platforms-Fall beweist, kann das zu durchaus unterschiedlichen Ergebnissen führen. Nimmt man die Unterwerfungserklärungen ernst, so müssen folglich auch im Fall einer lediglich auf einen Vertrag beschränkten Unterwerfungserklärung die Normen des zwischen den Parteien anwendbaren und einschlägigen Völkerrechts umfassend zur Auslegung herangezogen werden.[78] Möglicherweise lässt sich letztlich selbst *Buergenthals* These nur bei Zugrundelegung dieser Position erklären. Denn reduziert sie nicht den Anwendungsbereich des Art. 31 Abs. 3 lit. c WVK unter Berufung auf das souveränitäsbasierte Konsensprinzip und damit unter Hinzunahme einer Norm, für deren Durchsetzung sich im vorliegenden Fall weder der Iran und noch die Vereinigten Staaten ausdrücklich der IGH-Gerichtsbarkeit unterworfen hatten?

Die Überlegungen *Buergenthals* können daher ebenso wenig überzeugen wie der auf sie gestützte Einwand. Neu entstandene Wertordnungsprinzipien können auch dann zur Auslegung bestehenden Völkervertragsrechts herangezogen werden, wenn dem damit befassten Gericht in Bezug auf sie nicht ausdrücklich die Gerichtsbarkeit eingeräumt wurde.

5. Wege und Grenzen systematischer Auslegung

Das Ergebnis der vorstehenden Überlegungen lässt sich leicht resümieren: Auch neu entstandene Wertordnungsprinzipien sind – ihres Prinzipiencharakters und ihrem Entstehungszeitpunkt zum Trotz – bei der

---

24. April 1963, UNTS Bd. 596, S. 487, BGBl. 1969 II, S. 1585, 1688) sowie Art. XXI Abs. 2 des erwähnten Freundschaftsvertrages zwischen Iran und den USA.

[78] Ebenso *A. Orakhelashvili*, The Interpretation of Acts and Rules in Public International Law, 2008, S. 381; siehe auch *R. Howse*, IILJ Working Paper 2007/1, S. 37 f.

Bestimmung des Inhalts völkervertraglicher Normen im Wege systematischer Auslegung gemäß Art. 31 Abs. 3 lit. c WVK zu „berücksichtigen" (engl.: shall be taken into account/frz.: sera tenu compte). Inhalt (dazu a.) und Grenzen (dazu b.) dieser Berücksichtigungspflicht umschreiben damit zugleich Wege und Umfang der interpretatorischen Einwirkung neuer völkerrechtlicher Prinzipien auf fortbestehende Völkerrechtsregeln. Sie geben Aufschluss darüber, welches Harmonisierungspotential Art. 31 Abs. 3 lit. c WVK tatsächlich birgt.

a) Inhalt der Berücksichtigungspflicht nach Art. 31 Abs. 3 lit. c WVK

Unbefriedigend, jedenfalls zunächst, stimmt der Blick in die Vertragsrechtskonvention, sucht man eine Antwort auf die Frage, auf welche Weise andere Völkerrechtssätze bei der Auslegung vertraglicher Normen konkret zu berücksichtigen sind. Zwar verpflichtet Art. 31 Abs. 3 lit. c WVK als geltendes Recht, doch „the manner in which it might be utilized is somewhat unclear".[79] Begrifflich hinreichend klar scheint allein, dass von einer Berücksichtigung dann nicht mehr die Rede sein kann, wenn eine juristische Entscheidung die einschlägigen und zwischen den Parteien anwendbaren Völkerrechtssätze bei der Suche nach der Bedeutung einer völkervertraglichen Bestimmung gänzlich ignoriert.[80] Das ist sicherlich dann der Fall, wenn der Rechtsanwender – etwa der mit der Auslegungsentscheidung betraute Richter – am Auffinden der entsprechenden Vorschriften scheitert; aber auch dann, wenn ihm deren Erhebung zwar gelingt, er sie jedoch fälschlicherweise für nicht einschlägig oder nicht anwendbar hält oder gar trotz zutreffender Einschätzung nicht in die Entscheidungsfindung einbezieht. Positiv gewendet lässt sich die Minimalforderung, auf die der Wortlaut des Art. 31 Abs. 3 lit. c WVK schließen lässt, damit wie folgt formulieren: Die einschlägigen und zwischen den Parteien anwendbaren Völkerrechts-

---

[79] *B. McGrady*, JWT 42 (2008), S. 589 (607); ähnliche Kritik bei IGH, *Gabčíkovo-Nagymaros Project*, Sep. Op. Weeramantry, ICJ Rep 1997, S. 88 (114).

[80] *Fragmentation of International Law: Difficulties Arising from the Diversification and Expansion of International Law*, Report of the Study Group of the ILC, UN Doc. A/CN.4/L.682, Rdn. 419; *B. McGrady*, JWT 42 (2008), S. 589 (606); dass insofern kein Ermessen besteht, sondern Art. 31 Abs. 3 lit. c WVK eine Berücksichtigungs*pflicht* statuiert, betont auch *P. Sands*, in: A. Boyle/D. Freestone (Hrsg.), International Law and Sustainable Development, 1999, S. 39 (49).

normen müssen aufgefunden und in den Prozess der rechtlichen Argumentation integriert werden.[81] Dass, wie *Philippe Sands* hervorhebt,[82] die Formulierung „shall be taken into account" dabei auf einen stärkeren Einfluss als das ebenfalls gebräuchliche „shall be taken into consideration" hindeutet, trifft zwar zu, entbehrt aber einer inhaltlichen Konkretisierung; zugleich ist es indes schwächer als das alternative „shall be applied". Die zu berücksichtigenden Vorschriften dürfen folglich nicht anstelle der auszulegenden angewandt werden.[83] Vielmehr, und das lässt sich aus der Stellung des Wortes im Kontext der allgemeinen Auslegungsregel des Art. 31 WVK erschließen, umschreibt der Begriff „berücksichtigen" einen Vorgang, der es erlaubt, die Bedeutung der auszulegenden Vertragsnorm zu erheben.[84] In den rechtlichen Argumentationsvorgang werden die Völkerrechtsnormen im normativen Umfeld der auszulegenden Vertragsbestimmung daher im Wege der Berücksichtigung als Argumente eingeführt, die für oder auch gegen eine bestimmte Auslegungshypothese sprechen. In der Entscheidungsfindung müssen sie dann gegen andere Argumente, wie etwa die sich aus dem binnenvertraglichen Zusammenhang oder Ziel und Zweck des Vertrages ergebenden, abgewogen werden. Die damit bestehende Abwägungskonstellation ist indes keine Besonderheit des Art. 31 Abs. 3 lit. c WVK, sondern einem jeden Auslegungsvorgang immanent, der mehr als ein Auslegungskriterium für entscheidungserheblich erklärt.[85] Die eigentliche Schwierigkeit besteht folglich darin, das Gewicht zu bestimmen, das Art. 31 Abs. 3 lit. c WVK der Harmonisierung mit anderen Völkerrechtsnormen zuschreibt.[86] Ein abstraktes Gewicht jeden-

---

[81] *B. McGrady*, JWT 42 (2008), S. 589 (606); ähnlich *Fragmentation of International Law: Difficulties Arising from the Diversification and Expansion of International Law*, Report of the Study Group of the ILC, UN Doc. A/CN.4/L.682, Rdn. 419.

[82] *P. Sands*, in: A. Boyle/D. Freestone (Hrsg.), International Law and Sustainable Development, 1999, S. 39 (58).

[83] *B. McGrady*, JWT 42 (2008), S. 589 (607); *P. Sands*, in: A. Boyle/D. Freestone (Hrsg.), International Law and Sustainable Development, 1999, S. 39 (57).

[84] Im Ergebnis ebenso *B. McGrady*, JWT 42 (2008), S. 589 (607).

[85] Vgl. *C.-W. Canaris*, in: FS Kramer, 2004, S. 141 (143 f.); *U. Schroth*, in: A. Kaufmann/W. Hassemer/U. Neumann (Hrsg.), Einführung in die Rechtsphilosophie und Rechtstheorie der Gegenwart, 8. Aufl. 2011, S. 270 (287); aus dem völkerrechtlichen Schrifttum etwa *J. Arato*, in: A. Bianchi/D. Peat/M. Windsor (Hrsg.), Interpretation in International Law, 2015, S. 205 (225, 228).

[86] Prägnant *C. McLachlan*, ICLQ 54 (2005), S. 279 (310).

falls, das es geböte, diesem Element stets eine die Entscheidung determinierende Bedeutung zuzumessen, schließt die Formulierung „berücksichtigen" aus. Denn es entspricht deren gewöhnlicher Wortbedeutung, dass in der Auslegungsentscheidung zu berücksichtigende Elemente letztlich durch andere Gründe überboten werden können. *Alexander Orakhelashvili* will aus ihr gar schließen, dass die zu berücksichtigenden Normen des allgemeinen Völkerrechts *per se* von geringem argumentativen Gewicht sind, denn „general rules do not guide interpretation; they merely ‚shall be taken into account'".[87] Im Wortlaut des Art. 31 WVK findet diese Differenzierung zwischen die Interpretation leitenden und lediglich zu berücksichtigenden Auslegungselementen indes keine Stütze. Ebenfalls nur scheinbar aufschlussreich erweist sich der deutsche Vertragstext auch insofern, als er vorschreibt, die Berücksichtigung der in lit. c angesprochenen normativen Umgebung müsse „außer dem Zusammenhang [...] in gleicher Weise" erfolgen. Denn die Versuchung, hieraus zu schließen, das argumentative Gewicht des umgebenden Völkerrechts entspreche im Prozess der rechtlichen Argumentation demjenigen des bereits in Art. 31 Abs. 1 WVK angesprochenen Kontexts, entpuppt sich im Lichte der authentischen Sprachfassungen als trügerisch. Sowohl das englische „together with the context" als auch das französische „en même temps que du contexte" sowie das spanische „juntamente con el contexto" lassen ein entsprechendes Argument nicht zu. Sie legen es stattdessen nahe, die Gemeinsamkeit des in Abs. 1 angesprochenen Zusammenhangs und der in Abs. 3 lit. c erwähnten normativen Umgebung darin zu erblicken, dass beide Elemente Hilfsmittel zur Bestimmung der begrifflichen Bedeutung der Vertragsbestimmungen beziehungsweise der im Vertrag verwendeten Begriffe darstellen. Das stützt allein den Primat des Textes, lässt eine Gewichtung der zu dessen Bedeutungsklärung heranzuziehenden Elemente aber nicht erkennen. Abstrakt, so bestätigt der Bericht der Völkerrechtskommission, lässt sich der Einfluss der zu berücksichtigenden Völkerrechtssätze daher nicht bestimmen.[88] Für die Frage, welche Bedeutung ihnen im Rahmen der Auslegung zukommt, fehlt es der Wiener Vertragsrechtskonvention an Relevanzregeln.

---

[87] *A. Orakhelashvili*, The Interpretation of Acts and Rules in Public International Law, 2008, S. 366.

[88] *Fragmentation of International Law: Difficulties Arising from the Diversification and Expansion of International Law*, Report of the Study Group of the ILC, UN Doc. A/CN.4/L.682, Rdn. 474.

Das schafft Spielräume für den Rechtsanwender. Diesen Spielräumen wird im Schrifttum teilweise mit zur Zurückhaltung mahnender Skepsis begegnet. Dem Aspekt systemischer Harmonisierung dürfe kein übermäßiges Gewicht eingeräumt werden, denn immer dann, wenn die im Wege systematischer Auslegung zu berücksichtigenden Normen älter sind als die in ihrem Lichte auszulegenden Bestimmungen, berge die systematische Auslegung einer Rechtsnorm eine konservative Tendenz. Die Funktion vertraglicher Einigung, das geltende Völkerrecht in den Beziehungen zwischen den Vertragsparteien über den Status quo ante hinaus fortzuentwickeln, drohe eine exzessive Berücksichtigung vertragsexternen Völkerrechts im Rahmen des Art. 31 Abs. 3 lit. c WVK daher zu behindern; systemische Integration erfolge auf Kosten rechtlicher Dynamik und zu Lasten des Völkervertragsrechts.[89] Der Einwand vermag in dieser Generalität allerdings nicht zu begründen, warum systematischen Erwägungen ganz generell ein geringes Gewicht beizumessen sein soll, besteht die von ihm heraufbeschworene Gefahr doch nur dann, wenn die zu berücksichtigenden Vorschriften entstehungszeitlich älter sind als die auszulegenden Bestimmungen. Gerade für die hier diskutierten Rechtsprinzipien ist genau das nicht der Fall. Und so versucht ein anderer Teil der Forschungsliteratur die Gewichtungsspielräume, die die Vertragsrechtskonvention schafft, mit systemfreundlichen Vermutungsregeln auszufüllen. Der richtige Ansatz sei es, so meint etwa *Sands*, eine Vermutung anzuwenden, nach der die Regeln eines jeden völkerrechtlichen Normensystems (etwa den WTO-Bestimmungen) so ausgelegt werden müssten, dass sie mit dem allgemeinen Völkerrecht vereinbar seien, es sei denn, eine solche Interpretation würde Ziel und Zweck des entsprechenden Vertragssystems aushöhlen.[90] Die Argumentationslast trage dabei stets die Partei, die sich gegen die Konformauslegung wende.[91] Zumindest tendenziell steht auch die Rechtsprechung internationaler Gerichte diesen systemfreundlichen Gewichtungsregeln nahe. So ist etwa das WTO Panel, das den Fall EC – Ap-

---

[89] Ebd., Rdn. 473; *C. McLachlan*, ICLQ 54 (2005), S. 279 (313); ähnliche Bedenken scheinen den Ausführungen von *A. Orakhelashvili*, The Interpretation of Acts and Rules in Public International Law, 2008, S. 373 zugrunde zu liegen.

[90] *P. Sands*, in: A. Boyle/D. Freestone (Hrsg.), International Law and Sustainable Development, 1999, S. 39 (59).

[91] Ebd.; *C. J. Borgen*, in: D. B. Hollis (Hrsg.), The Oxford Guide to Treaties, 2012, S. 448 (460).

proval and Marketing of Biotech Products zu entscheiden hatte, einem vergleichbaren Vorschlag gefolgt. Wörtlich erklärte es:

> „It is true that the obligation is to ‚take account' of such rules, and thus no particular outcome is prescribed. However, Article 31(1) makes clear that a treaty is to be interpreted ‚in good faith'. Thus, where consideration of all other interpretative elements set out in Article 31 results in more than one permissible interpretation, a treaty interpreter following the instructions of Article 31(3)(c) in good faith would in our view need to settle for that interpretation which is more in accord with other applicable rules of international law."[92]

Ähnlich großes Gewicht weist auch der EGMR der systematischen Auslegung gem. § 31 Abs. 3 lit. c WVK zu, wenn er etwa in seiner Al Adsani-Entscheidung formuliert, die Konvention müsse „*so far as possible* be interpreted in harmony with other rules of international law of which it forms part".[93] Und auch das anderenorts formulierte und ebenfalls als Interpretation des Art. 31 Abs. 3 lit. c WVK präsentierte Gebot, „to determine State responsibility *in conformity with* the governing principles of international law",[94] lässt erkennen, dass der EGMR die von Art. 31 Abs. 3 lit. c WVK statuierte Berücksichtigungspflicht als Pflicht zur Herstellung größtmöglicher Konformität mit dem allgemeinen Völkerrecht versteht und vertragsexternen Normen bei der Auslegung völkervertraglicher Bestimmungen damit besonderes Gewicht verleiht. Dieser Feststellung entspricht es, dass die Zahl der Entscheidungen, in denen internationale Gerichte dem umliegenden Völkerrecht Auslegungsargumente entnommen und ihr Ergebnis auch an eben diesen Argumenten ausgerichtet haben, verhältnismäßig groß ist.[95]

---

92 Panel Report, *European Communities – Measures Affecting the Approval and Marketing of Biotech Products*, Urt. v. 29. September 2006, WT/DS291-293/R, Rdn. 7.69; ähnlich ist wohl auch die Forderung von *R. Bernhardt*, ZaöRV 27 (1967), S. 491 (500) zu verstehen, das umgebende Völkerrecht bei der Auslegung „as far as possible" zu berücksichtigen.

93 EGMR, *Al-Adsani v. United Kingdom*, Appl. No. 35763/97, Urt. v. 21. November 2001, Rdn. 55 (eigene Hervorhebung); ebenso EGMR, *Banković et al. v. Belgium et al.*, Appl. No. 52207/99, Urt. v. 12. Dezember 2001, Rdn. 57.

94 EGMR, *Banković et al. v. Belgium et al.*, Appl. No. 52207/99, Urt. v. 12. Dezember 2001, Rdn. 57.

95 So haben sich die auf Grundlage von Art. 31 Abs. 3 lit. c WVK gewonnenen Argumente etwa durchgesetzt in IGH, *Legal Consequences for States of the Continued Presence of South Africa in Namibia*, Advisory Opinion, ICJ Rep 1971, S. 16 (31), wenngleich ohne ausdrücklichen Verweis auf Art. 31 Abs. 3

Entscheidungen hingegen, die sich aus anderen – etwa teleologischen – Erwägungen über solche Argumente hinwegsetzen, sind schwer zu finden.

Doch Versuche, systematischen Erwägungen im Auslegungsprozess einen besonderen Stellenwert einzuräumen, haben nicht nur angesichts dieser klaren Tendenz in der Rechtsprechung gute Argumente auf ihrer Seite. Mehr noch als für die eine Norm umgebenden Völkerrechts*regeln* gilt das für diejenigen Völkerrechts*prinzipien*, die das normative Fundament der auszulegenden Vorschriften bilden. Denn dafür, deren Wertigkeit im Verhältnis zu anderen Auslegungsargumenten hoch anzusetzen, spricht nicht nur die oben bereits angesprochene Vermutung, dass Staaten überall dort, wo sie nicht erkennbar von dem umgebenden Völkerrecht abweichen (wollen), einen Widerspruch mit den übrigen normativen Vorgaben des Rechtssystems nicht beabsichtigen.[96] Sie stützt ferner die rechtstheoretische Erkenntnis, dass die Normativität der Regeln dort geschwächt wird, wo eine Spannung zwischen völkerrechtlicher Prinzipienschicht und völkerrechtlicher Regelebene unaufgelöst bleibt. Denn als normative Regelgründe stellen die Wertordnungsprinzipien innerrechtliche Gründe dar, die für oder gegen ein bestimmtes Regelverständnis sprechen. Sie beschränken das völkerrechtliche Dürfen der Staaten, mangels Nichtigkeitsfolge bei Zuwiderhandlung freilich nicht das völkerrechtliche Können. Ihnen Ausdruck zu verleihen, ist völkerrechtliche Pflicht nicht nur der Staaten selbst, sondern auch der von ihnen zur Entscheidung juristischer Streitfälle eingesetzten Gerichte. Das rechtfertigt es auch, sie (gerade) dort im Wege der Auslegung

---

lit. c WVK; IGH, *Oil Platforms*, ICJ Rep 2003, S. 161 (182); IAGMR, *"Street Children" (Villagrán Morales et al.) v. Guatemala*, Ser. C, No. 63, Rdn. 194 ff.; *Dispute Concerning Access to Information Under Article 9 of the Ospar Convention*, Final Award, RIAA XXIII, S. 59; *Arbitration Regarding the Iron Rhine Railway*, RIAA XXVII, S. 35 (66 f.); WTO, *EC and Certain Member States – Measures Affecting Trade in Large Civil Aircraft*, Appellate Body Report v. 18. Mai 2011, WT/DS316/AB/R, Rdn. 672 ff.; siehe aus den zahlreichen Beispielen aus der EGMR-Rechtsprechung nur EGMR, *Al-Adsani v. United Kingdom*, Appl. No. 35763/97, Urt. v. 21. November 2001, Rdn. 55 (eigene Hervorhebung); EGMR, *Banković et al. v. Belgium et al.*, Appl. No. 52207/99, Urt. v. 12. Dezember 2001, Rdn. 57.

[96] *P. Sands*, in: A. Boyle/D. Freestone (Hrsg.), International Law and Sustainable Development, 1999, S. 39 (59); zu dieser Vermutung *J. Finke*, in: C. Tams/A. Tzanakopoulos/A. Zimmermann (Hrsg.), Research Handbook on the Law of Treaties, 2014, S. 415 (421); *J. Pauwelyn*, Conflict of Norms in Public International Law, 2003, S. 240 ff.

zur Anwendung zu bringen, wo sie nicht bereits im Rahmen der Regelbildung in die Abwägung einbezogen wurden.

Doch bleibt auch die Aussage, dass systematischen Erwägungen im Lichte dieser Erwägungen ein hohes argumentatives Gewicht beizumessen ist, notwendigerweise vage. Denn jenseits der schlichten Vorrang/Nachrang-Dichotomie, mangelt es an einem Maßstab für die Wertigkeit eines Arguments. Es liegt daher näher, den möglichen Einfluss von Wertordnungsprinzipien auf die Regelauslegung von seinen definitiven Grenzen her zu umschreiben.

b) Grenzen der Berücksichtigungspflicht nach Art. 31 Abs. 3 lit. c WVK

Im Schrifttum werden vor allem drei Fälle ausgemacht, in denen die systematische Auslegung, wie sie Art. 31 Abs. 3 lit. c WVK vorsieht, an ihre Grenzen stößt. Für sie soll erstens dann kein Raum bleiben, wenn die auszulegende Bestimmung die im Rahmen der Auslegung zu berücksichtigenden Normen derogiert, zweitens, wenn beide Bestimmungen konfligieren und drittens, wenn die Wortlautgrenze dem Einfluss externer Normen entgegensteht.

aa) Vertragliche Derogationsklauseln als Grenzen systematischer Auslegung

Gemäß Art. 31 Abs. 3 lit. c WVK sind nur solche Völkerrechtssätze, die einerseits zwischen den Parteien anwendbar, andererseits aber zugleich „einschlägig“ (engl.: relevant) sind, bei der Auslegung einer vertraglichen Bestimmung zu berücksichtigen. Solche Relevanz für die Auslegung einer vertragsrechtlichen Vorschrift soll eine Norm indes dann nicht besitzen, wenn sie von niedrigerem Rang ist als die auszulegende Vorschrift. Sehe ein Vertrag also etwa vor, dass seine Bestimmungen vom umliegenden Völkerrecht unberührt bleiben, dürfe dieses auch bei der Auslegung der Vertragsbestimmungen nicht herangezogen werden.[97] Den Vertragsparteien stehe es insoweit frei, den Einfluss externen

---

[97] *O. Dörr*, in: ders./K. Schmalenbach (Hrsg.), Vienna Convention on the Law of Treaties, 2012, Art. 31 Rdn. 99; ebenso WTO, *Chile – Price Band System and Safeguarding Measures Relating to Certain Agricultural Products*, Panel Report v. 3. Mai 2002, WT/DS207/R, Rdn. 7.85; ebenso wohl *P. Merkouris*, Article 31(3)(c) VCLT and the Principle of Systemic Integration, 2015, S. 230.

Völkerrechts auf die Auslegung einer zwischen ihnen geltenden Vertragsbestimmung auszuschließen.[98] Dass dies im Ausgangspunkt zutrifft und die Parteien dem Grundsatz nach auch über die Auslegung der zwischen ihnen anwendbaren Völkerrechtssätze verfügen können, beweist ein kurzer Blick auf Art. 31 Abs. 2 lit. a und Abs. 3 lit. a WVK. Zweifeln ließe sich indes daran, ob diese Freiheit der Parteien auch dann angemessen erscheint, wenn die völkerrechtlichen Verpflichtungen, deren auslegungsinterne Berücksichtigung in Frage steht, keine bilaterale Erfüllungsstruktur besitzen – wie das auch für die vorliegend interessierenden Wertordnungsprinzipien der Fall ist. Denn begründet die Erfüllungsstruktur solcher Normen nicht die Gefahr, dass Vereinbarungen, die deren Berücksichtigung bei der Auslegung ausschließen und zudem nur von einem Teil der durch sie Verpflichteten getroffen werden, Auswirkungen auf die Rechte und Pflichten auch derjenigen Staaten haben, die nicht Parteien der fraglichen Vereinbarung sind? In Übertragung des in Art. 41 Abs. 1 lit. b Nr. i WVK enthaltenen Rechtsgedankens könnte für solche Fälle daher gelten, dass einer Auslegungsvereinbarung von allen Parteien, die die zu berücksichtigende Bestimmung berechtigt oder verpflichtet, zugestimmt werden muss. Nur dann könnte sie Einfluss auf die Auslegung haben. Doch wären diese Zweifel nur dann berechtigt, wenn die Pflicht, eine Norm bei der Auslegung einer anderen Norm zu berücksichtigen, rechtliche Folge der ersten Norm wäre. Nach der Konzeption der Wiener Vertragsrechtskonvention sind es indes gerade nicht die externen Völkerrechtsnormen selbst, die ihre Berücksichtigung im Wege der Auslegung verlangen. Vielmehr verpflichtet allein Art. 31 Abs. 3 lit. c WVK dazu, den Blick bei der Auslegung auf das völkerrechtliche System zu weiten. Die Norm, von der durch entsprechende Derogationsklauseln abgewichen würde, ist daher ebenfalls allein Art. 31 Abs. 3 lit. c WVK. Deren Erfüllungsstruktur aber bereitet keine Schwierigkeiten. Rechte und Pflichten aus den nicht-bilateral strukturierten Wertordnungsprinzipien sind nicht gefährdet. Insofern macht auch die besondere Struktur der hier im Fokus stehenden Wertordnungsprinzipien es nicht von vornherein unzulässig, deren Berücksichtigung durch vertragliche Vereinbarung auszuschließen. Sofern ein Vertrag vorsieht, dass er vom umliegenden Völkerrecht unberührt bleibt, kommt daher auch eine Auslegung seiner Bestimmungen in dessen Lichte nicht in Betracht.

---

[98] *A. Orakhelashvili*, The Interpretation of Acts and Rules in Public International Law, 2008, S. 366; vgl. auch *B. McGrady*, JWT 42 (2008), S. 589 (608).

In der Praxis dürfte der Einfluss der hier skizzierten Grenze systematischer Auslegung dennoch sehr gering sein. Denn erstens vermögen nur solche Derogationsklauseln die Berücksichtigung des umliegenden Völkerrechts im Wege der Auslegung auszuschließen, die dies auch sprachlich zum Ausdruck bringen. Vertragsnormen, die – wie dies meist geschieht (man denke etwa an Art. 103 UN-Charta) – lediglich für den Fall eines Normenkonflikts den Vorrang des Vertrages, der sie enthält, anordnen, hindern eine systematische Auslegung nicht. Denn ob ein Normenkonflikt vorliegt und damit die Anwendung der Kollisionsnorm eröffnet ist, lässt sich letztlich allein im Wege der Auslegung bestimmen.[99] Im Rahmen dieser Auslegung aber verpflichtet Art. 31 Abs. 3 lit. c WVK auch zur Berücksichtigung desjenigen Völkerrechts, das – so eine harmonisierende Auslegung scheitert – wegen des Anwendungsvorrangs des derogierenden Vertrags nicht relevant würde. Eine Grenze setzen der systematischen Auslegung im Sinne des Art. 31 Abs. 3 lit. c WVK folglich nur solche Derogationsklauseln, die ausreichend offen formuliert sind. Nur sie erlauben es, den entsprechenden Vertrag auch im Rahmen der Auslegung losgelöst vom völkerrechtlichen Gesamtsystem zu betrachten. Zweitens kommt der hier skizzierten Grenze systematischer Auslegung auch deshalb keine große praktische Bedeutung zu, weil selbst Vertragsklauseln, die in diesem Sinne offen genug formuliert sind, einer Integration völkerrechtlicher Wertordnungsprinzipien in den Prozess völkervertraglicher Auslegung nur dann entgegenstehen, wenn sie sich nicht lediglich auf konkurrierende Vertragsnormen, sondern auch auf ungeschriebenes Völkerrecht beziehen. Auch das ist in der Vertragspraxis selten.

bb) Konflikte auszulegender und zu berücksichtigender Norm als Grenzen systematischer Auslegung

Wenn auszulegende und zu berücksichtigende Bestimmung in Konflikt zueinander treten, so wird im Schrifttum vorgebracht, stoße die systematische Auslegung, wie Art. 31 Abs. 3 lit. c WVK sie vorsieht, ebenfalls an ihre Grenzen.[100] Art. 31 Abs. 3 lit. c WVK sei nur anwendbar,

---

[99] *Fragmentation of International Law: Difficulties Arising from the Diversification and Expansion of International Law*, Report of the Study Group of the ILC, UN Doc. A/CN.4/L.682, Rdn. 412.

[100] *B. McGrady*, JWT 42 (2008), S. 589 (607); *A. Orakhelashvili*, The Interpretation of Acts and Rules in Public International Law, 2008, S. 374, 375 f.; in diese Richtung auch *N. Matz-Lück*, FYIL 17 (2006), S. 39 (47 f.).

wenn die auszulegende und die zu berücksichtigende Vorschrift „are capable of being read together“[101]. Die dabei getroffene Unterscheidung zwischen zwei Normen, die konfligieren, und solchen, die sich im Wege der Auslegung beeinflussen können, lässt sich in der Tat auch der Systematik der Wiener Vertragsrechtskonvention entnehmen: Art. 30 WVK behandelt die Fälle völkervertragsrechtlicher Normkonflikte, Art. 31 Abs. 3 lit. c WVK die Fälle systematischer Auslegung. Und doch ist ein Normkonflikt eher Folge als Grund scheiternder systematischer Auslegung. Nur dann, wenn es nicht gelingt, zwei Normen im Wege systematischer Auslegung zu harmonisieren, besteht ein Normkonflikt, nicht anders herum.[102] Der Grund, der bedingt, dass die systematische Auslegung eine Harmonisierung nicht zu vollbringen vermag, ist damit zugleich Grund des Normkonflikts. Das Bestehen eines Normkonfliktes zwischen auszulegender und zu berücksichtigender Norm als Grenze systematischer Auslegung heranzuziehen, überzeugt in dieser Form daher nicht.

In der Sache trifft das Argument indes einen richtigen Kern. Denn die Frage, ob ein Konflikt vorliegt, der den Rückgriff auf systematische Erwägungen mittels Art. 31 Abs. 3 lit. c WVK sperrt, scheint für die Vertreter dieser These ein Blick auf den Wortlaut der zu harmonisierenden Bestimmungen zu beantworten.[103] Das dabei vorgeschlagene Auslegungsverfahren ist demnach als zweischrittig zu verstehen: Während in einem ersten Schritt unter Bezug auf die möglichen Textbedeutungen die äußersten Auslegungsgrenzen ermittelt werden,[104] wird erst in einem zweiten Schritt der konkrete Inhalt der auszulegenden Norm bestimmt. Stellt sich bereits im ersten Schritt heraus, dass die zu berücksichtigende Norm mit keiner möglichen Textbedeutung der auszulegenden Bestimmung vereinbar ist, kann die systematische Auslegung zur Bestimmung des Norminhalts im zweiten Schritt in der Tat nichts mehr beitragen. Damit aber spricht die These eine eigenständige Grenze

---

[101] *B. McGrady*, JWT 42 (2008), S. 589 (607).

[102] Vgl. *Fragmentation of International Law: Difficulties Arising from the Diversification and Expansion of International Law*, Report of the Study Group of the ILC, UN Doc. A/CN.4/L.682, Rdn. 412; insofern zumindest missverständlich *M. Breuer*, ZöR 68 (2013), S. 729 (760 f.).

[103] *A. Orakhelashvili*, The Interpretation of Acts and Rules in Public International Law, 2008, S. 375; ausdrücklich anders aber *N. Matz-Lück*, FYIL 17 (2006), S. 39 (48), die auf Ziel und Zweck abstellt.

[104] So *N. Matz-Lück*, FYIL 17 (2006), S. 39 (48), wenn auch wiederum in Bezug auf Sinn und Zweck der Normen.

der systematischen Auslegung an: den möglichen Wortsinn der auszulegenden Vorschrift.

cc) Möglicher Wortsinn als Grenze systematischer Auslegung

Es kann als Gemeingut juristischer Methodenlehren gelten, dass der Wortlaut die Grenze der Auslegung markiert:[105] Rechtsgewinnungsverfahren, deren Ergebnisse sich mit dem noch möglichen Wortsinn einer Bestimmung (und sei es auch an den äußersten Rändern des Begriffshofes der verwendeten Termini) vereinbaren lassen, werden als Auslegung beschrieben; Rechtsfortbildung hingegen geschieht dort, wo der Rechtsanwender die Bedeutungsgrenzen der verwendeten Worte hinter sich lässt. Zunächst ist diese Grenzziehung rein terminologischer Natur. In rechtspraktischer Hinsicht jedoch verbindet sich mit ihr eine gesteigerte Argumentationslast für denjenigen Rechtsanwender, der sich für eine den Wortlaut übersteigende Anwendung bestimmter Normen ausspricht.[106] Zur Begrenzung der Interpretationsmacht des Rechtsanwenders und damit zum Schutze der Normsetzungsmacht des Gesetzgebers (im Völkerrecht: der Staaten) kommt dem Wortsinn – zumindest in seiner negativen Dimension, nicht mehr gedeckte Bedeutungen auszuscheiden – ein nur schwer zu überwindendes argumentatives Gewicht zu. Das auf staatliche Freiheit bedachte und in seiner klassischen Form am Ideal staatlicher Souveränität orientierte Völkerrecht hat an solchen Grenzen ein kaum zu überschätzendes Interesse. Es verwundert daher nicht, dass die Wortlautgrenze auch in der völkerrechtlichen Literatur

---

[105] *N. Horn*, Einführung in die Rechtswissenschaft und Rechtsphilosophie, 5. Aufl. 2011, Rdn. 178; *M. Klatt*, Theorie der Wortlautgrenze, 2004, S. 20; *K. Larenz*, Methodenlehre der Rechtswissenschaft, 6. Aufl. 1991, S. 322, 366; *J. Neuner*, Die Rechtsfindung contra legem, 1992, S. 90 ff.; *K. Walter*, Rechtsfortbildung durch den EuGH, 2009, S. 21; *R. Wank*, Die Auslegung von Gesetzen, 6. Aufl. 2015, S. 44; ausführlich auch zu abweichenden Definitionen des Begriffs Rechtsfortbildung *N. Grosche*, Rechtsfortbildung im Unionsrecht, 2011, S. 88 ff. Kritik an der Idee einer Wortlautgrenze üben etwa *R. Christensen*, Gesetzesbindung, 2008, S. 88 ff.; *O. Depenheuer*, Der Wortlaut als Grenze, 1988, S. 41; *M. Jestaedt*, in: C. Bumke (Hrsg.), Richterrecht zwischen Gesetzesrecht und Rechtsgestaltung, 2012, S. 49 (59); *P. Schiffauer*, Wortbedeutung und Rechtserkenntnis, 1979, S. 76 und öfter.

[106] *M. Klatt*, Theorie der Wortlautgrenze, 2004, S. 20.

überwiegend anerkannt wird.[107] Wo aber die Methode der Auslegung überhaupt an ihre Grenze gerät, führt auch die systematische Auslegung nicht weiter. Völkerrechtliche Prinzipien können im Wege systematischer Auslegung deshalb nur dann Einfluss auf die völkerrechtliche Regelebene gewinnen, wenn die auszulegenden Regeln semantisch mehrdeutig sind; ihre Rolle im Rahmen der Auslegung besteht darin, Argumente zu liefern, die es erlauben, die Bedeutung uneindeutiger Begriff zu klären.[108] Eben dies bringt auch Art. 31 WVK zum Ausdruck, wenn dieser in Abs. 3 vorsieht, die einschlägigen und anwendbaren Völkerrechtssätze seien gemeinsam mit dem Zusammenhang zu berücksichtigen. Denn ausweislich des Art. 31 Abs. 1 WVK dient der Zusammenhang eben dazu, die Entscheidung für eine mögliche Begriffsbedeutung begründen zu helfen. Er soll herangezogen werden, um die im Kontext des Vertrages passendste der möglichen Bedeutungen eines im Vertrag verwendeten Begriffes zu erheben.

Für den möglichen Einfluss völkerrechtlicher Prinzipien auf bestehende Regeln hat die Grenze des möglichen Wortsinns dabei eine zweifache Begrenzungsfunktion. Erstens ist sie mitbestimmend für die Frage, ob völkerrechtliche Prinzipien im Wege der Auslegung bestehender Regeln überhaupt Berücksichtigung finden können. Wie bereits gesehen, bleibt für eine solche Berücksichtigung zum einen dann kein Raum, wenn eine Regel semantisch eindeutig ist. Zum anderen scheitert sie aber auch dann, wenn den im Text der Regel verwendeten Begriffen zwar verschiedene Bedeutungen zukommen können, aber keine der möglichen Wortbedeutungen einen Inhalt hat, der dem in dem völkerrechtlichen Prinzip verkörperten Auslegungsargument Ausdruck verleiht. Das Völkerrechtsprinzip verhält sich dann neutral in Bezug auf die Entscheidung für eine der möglichen Wortbedeutungen. Sollte keiner dieser Fälle vorliegen, ist der Weg frei für eine prinzipienkonforme Regelauslegung. In einer zweiten Dimension wirkt die Grenze des möglichen Wortsinns aber auch dann noch limitierend, beschränkt sie doch das

---

[107] Deutlich *R. Bernhardt*, Die Auslegung völkerrechtlicher Verträge, 1963, S. 186; *N. Matz-Lück*, FYIL 17 (2006), S. 39 (49); vgl. ferner *M. Breuer*, ZöR 68 (2013), S. 729 (731); *G. I. Hernández*, in: J. Kammerhofer/J. d'Aspremont (Hrsg.), International Legal Positivism in a Post-Modern World, 2014, S. 317 (321 f.); *N. Matz*, Wege zur Koordinierung völkerrechtlicher Verträge, 2005, S. 301 f.; *H. F. Köck*, ZöR 53 (1998), S. 217 (226); kritisch allerdings *K. Böth*, Evolutive Auslegung völkerrechtlicher Verträge, 2013, S. 125 ff.

[108] *A. Orakhelashvili*, The Interpretation of Acts and Rules in Public International Law, 2008, S. 379.

Ausmaß, in dem systematische Erwägungen die Interpretation einer Völkerrechtsregel beeinflussen können. Denn im Wege der Auslegung kann einer Norm nur eine Bedeutung zugewiesen werden, die sich noch im Rahmen der Wortlautgrenze bewegt. Selbst dann wenn ein Auslegungsergebnis, das darüber hinausginge, das umliegende Völkerrecht besser berücksichtigte, ist es im Wege der Auslegung nicht zu erreichen. Der mögliche Sinn der Begriffe, mit denen ein Vertrag eine völkerrechtliche Regel umschreibt, hat demnach eine doppelte Begrenzungsfunktion: Einerseits entscheidet er darüber, ob systematische Erwägungen überhaupt berücksichtigt werden können, andererseits begrenzt er das Ausmaß von deren Einfluss.

c) Zwischenergebnis

Anders als vielerorts bemängelt, lässt die systematische Auslegung, wie sie Art. 31 Abs. 3 lit. c WVK verbindlich vorschreibt, den Rechtsanwender im Lichte der vorstehenden Überlegungen nicht mehr oder weniger hilflos zurück als es die übrigen Auslegungselemente tun. Diejenigen Völkerrechtssätze, die zwischen den Vertragsparteien anwendbar und einschlägig sind, dienen im Rahmen systematischer Auslegung als Argumente, die helfen, die Entscheidung für eine Normhypothese zu begründen. Als solche Argumente sind sie mit konkurrierenden Argumenten in einen Abwägungsprozess einzustellen. Welches Gewicht den auf vertragsexternen Völkerrechtssätzen aufbauenden Argumenten dabei zukommt, lässt sich nicht abstrakt bestimmen. Im Lichte der rechtstheoretischen Vorüberlegungen des zweiten Kapitels sprechen aber gute Argumente dafür, den hier in Frage stehenden Wertordnungsprinzipien ein hohes argumentatives Gewicht zuzusprechen, ja möglicherweise gar im Sinne der diskutierten Vermutungslösungen *in dubio pro* System zu entscheiden.[109] Die einzige Grenze auslegungsbasierter systematischer Integration stellt wie bei jedem Auslegungsvorgang der mögliche Wortsinn der auszulegenden Begriffe und Bestimmungen dar. Semantische Ambiguität lässt sich sprachlich indes nur schwer vermeiden, für den Einfluss völkerrechtlicher Prinzipien auf die Regelauslegung wird daher vielfach Raum bleiben. Derogationsklauseln, die darauf zielen, die völkervertragliche Auslegung gegen den Einfluss von Rechtsprinzipien zu immunisieren, dürften hingegen praktisch kaum Relevanz entfalten. So bleibt die systematische Auslegung nach Art. 31 Abs. 3 lit. c WVK auch zur Harmonisierung von Prinzipien- und Regelebene im Völkerrecht

[109] Dazu noch unten S. 537 ff.

und zur Erfassung rechtsprinzipieller Dynamik ein vielversprechender Kandidat.[110]

Die Frage nach weiteren Auslegungskanones, die der Berücksichtigung neu entstandener Wertordnungsprinzipien offen gegenüber stehen, dient vor diesem Hintergrund der Vollständigkeit und ist dabei für die Rechtsanwendung dennoch nicht ohne Belang. Denn kommt den fraglichen Prinzipien auf dem Wege unterschiedlicher, in den Auslegungsprozess einzubeziehender Methoden Bedeutung zu, verstärkt sich deren argumentatives Gewicht gegenüber entgegenstehenden Auslegungsargumenten. Ihr Einfluss auf die Bestimmung der gesuchten Textbedeutung nimmt dadurch zu.

III. Rechtsprinzipien und teleologische Auslegung im Völkerrecht

Neben gewöhnlicher Wortbedeutung und Kontext sind, so sieht es Art. 31 Abs. 1 WVK vor, bei der Auslegung völkerrechtlicher Verträge auch teleologische Erwägungen anzustellen. Eine Antwort auf die Frage, ob – und falls ja inwiefern – diese Teleologie für den Einfluss prinzipienbasierter Auslegungsargumente einen tauglichen Anknüpfungspunkt bietet, setzt zwei klärende Unterscheidungen voraus. Die erste betrifft die Frage nach den Trägern der relevanten Zwecke (dazu 1.), die zweite diejenige nach den Referenzpunkten zu deren Bestimmung (dazu 2.).

1. Vertrag und Norm: Zu den Trägern der relevanten Zwecke

Nach der Konzeption der Vertragsrechtskonvention ist Träger der zu berücksichtigenden Ziel- und Zweckvorgaben zunächst der Vertrag, dem die auszulegende Bestimmung entstammt, selbst; die einzelnen Bestimmungen eines Vertrages sind im Lichte des Zwecks eben dieses Vertrages auszulegen. Bereits wiederholt hat sich die internationale Rechtsprechung auf diese Auslegungsregel berufen, um unter Berufung auf andere Auslegungskriterien bereits gefundene Auslegungsergebnisse zu stützen[111] oder um entgegenstehende Auslegungsargumente zu ver-

---

[110] Ähnlich *N. Matz-Lück*, FYIL 17 (2006), S. 39 (53): „Overall, interpretation seems the most viable solution as a tool for harmonization“.

[111] So etwa in IGH, *Constitution of the Maritime Safety Committee of the Inter-Governmental Maritime Consultative Organization*, Advisory Opinion,

werfen[112].[113] Und auch in der Literatur ist die Bedeutung des Vertragszwecks für die Auslegung seiner Bestimmungen allgemein anerkannt.[114] Der Fundus teleologischer Auslegungsargumente erschöpft sich hierin indes nicht. Denn jenseits der Berücksichtigung von Sinn und Zweck des Vertrages in seiner Gesamtheit wird zuweilen auch der Zweck der jeweils auszulegenden Einzelvorschrift selbst herangezogen, um deren Bedeutung zu erhellen. Auch wenn das das methodische Dilemma provoziert, den Zweck einer Vorschrift feststellen zu müssen, deren normativen Gehalt man unter Rückgriff auf jenen erst zu ermitteln hofft,[115] hat sich auch diese Methode mittlerweile im völkerrechtlichen Auslegungskanon etabliert. So stützte sich etwa der IGH in seinem LaGrand-Urteil ausdrücklich auf den Zweck des Art. 41 IGH-Statut, um zu begründen, dass auch die vom Gerichtshof nach dieser Vorschrift bezeichneten vorsorglichen Maßnahmen für die betreffenden Staaten verbindlich sind.[116] Und auch der EGMR und der Appellate Body der Welthandelsorganisation haben zur Auslegung einzelner vertraglicher Bestimmungen wiederholt auf die Teleologie der jeweiligen Einzelnor-

---

ICJ Rep 1960, S. 150 (170): „The interpretation the Court gives to Article 28 *(a)* is consistent with the general purpose of the Convention."

112 In diese Richtung IGH, *South West Africa Cases*, Preliminary Objections, ICJ Rep 1962, S. 319 (336): „This contention is claimed to be based upon the natural and ordinary meaning of the words employed in the provision. But this rule of interpretation is not an absolute one. Where such a method of interpretation results in a meaning incompatible with the spirit, purpose and context of the clause or instrument in which the words are contained, no reliance can be validly placed on it."

113 Ein Überblick bei *A. Orakhelashvili*, The Interpretation of Acts and Rules in Public International Law, 2008, S. 345 ff.

114 So bereits vor Inkrafttreten der Wiener Vertragsrechtskonvention *R. Bernhardt*, Die Auslegung völkerrechtlicher Verträge, 1963, S. 88 ff. mit weiteren Nachweisen in Fn. 444. Dazu aus dem heutigen Schrifttum ausführlich *O. Dörr*, in: ders./K. Schmalenbach (Hrsg.), Vienna Convention on the Law of Treaties, 2012, Art. 31 Rdn. 53 ff.; *A. Orakhelashvili*, The Interpretation of Acts and Rules in Public International Law, 2008, S. 343 ff.

115 Dazu *D. S. Jonas/T. N. Saunders*, Vand. J. Transnat'l L. 43 (2010), S. 565 (581); *H. F. Köck*, ZöR 53 (1998), S. 217 (225); aus dem Methodenschrifttum ferner *D. Looschelders/W. Roth*, Juristische Methodik im Prozess der Rechtsanwendung, 1996, S. 40; *C. Walz*, ZJS 3 (2010), S. 482 (488).

116 IGH, *LaGrand Case*, ICJ Rep 2001, S. 466 (503): „The contention that provisional measures indicated under Article 41 might not be binding would be contrary to the object and purpose of that Article."

men rekurriert.[117] Dass Völkerrechtswissenschaft und die Praxis internationaler Gerichte damit über den Rahmen der Vertragsrechtskonvention hinausgehen – sieht diese doch allein die Auslegung im Lichte des Vertragszwecks vor – steht der gewohnheitsrechtlichen Anerkennung dieser Doppelteleologie nicht entgegen. Denn den Anspruch, die Auslegungsmethoden abschließend zu normieren, erhebt die Vertragsrechtskonvention nicht.[118]

Teleologischen Argumenten bietet sich im Rahmen der Vertragsauslegung damit ein doppelter Ansatzpunkt:[119] der Zweck des Vertrages einerseits, der Zweck der Einzelnorm andererseits. Jedenfalls potentiell bietet die teleologische Auslegung völkerrechtlicher Verträge so auch für Auslegungsargumente, die neu entstandenen Rechtsprinzipien zum Durchbruch zu verhelfen versuchen, zwei Einfallstore. Doch noch fehlt das entscheidende Bindeglied: der Zusammenhang von Zweck und Prinzip.[120] Wie also lassen sich Prinzipienargumente mit den Zwecken von Vertrag oder Einzelnorm zusammenbringen, wie die neu entstandenen Wertordnungsprinzipien als Zielvorgaben einzelner völkervertraglicher Regeln oder gar ganzer Verträge verstehen? Das wirft die Frage auf, wie die Zwecke von Vertrag und Einzelnorm zu bestimmen sind.

---

[117] Siehe etwa EGMR, *Sakik v. Turkey*, Appl. No. 23878/94, Urt. v. 26. November 1997, Rdn. 39; WTO, *United States – Standards for Reformulated and Conventional Gasoline*, Appellate Body Report v. 29. April 1996, WT/DS2/AB/R, S. 22.

[118] *O. Dörr*, in: ders./K. Schmalenbach (Hrsg.), Vienna Convention on the Law of Treaties, 2012, Art. 31 Rdn. 33; *R. K. Gardiner*, Treaty Interpretation, 2008, S. 51.

[119] *R. Bernhardt*, Die Auslegung völkerrechtlicher Verträge, 1963, S. 88; *H. F. Köck*, ZöR 53 (1998), S. 217 (225); *A. Orakhelashvili*, The Interpretation of Acts and Rules in Public International Law, 2008, S. 343 ff., 353 ff.; siehe auch *O. Dörr*, in: ders./K. Schmalenbach (Hrsg.), Vienna Convention on the Law of Treaties, 2012, Art. 31 Rdn. 54; *J. Klabbers*, Treaties, Object and Purpose, in: MPEPIL (online edition), Stand: Dezember 2006, Rdn. 20.

[120] Vgl. dazu aus der Perspektive des EU-Rechts *J. Bengoetxea*, in: S. Besson/P. Pichonnaz (Hrsg.), Les principes en droit européen – Principles in European Law, 2011, S. 65.

2. *Subjektive und Objektive Teleologie: Zur Bestimmung der relevanten Zwecke*

Mit der Frage, welche Kriterien zur Bestimmung des Zweck einer Norm oder auch eines Vertrages heranzuziehen sind, geht eine zweite Unterscheidung einher: die insbesondere im deutschen Methodenschrifttum üblich gewordene Unterscheidung von subjektiv-teleologischer und objektiv-teleologischer Auslegung. Während die subjektive Variante das maßgebliche Kriterium zur Bestimmung des Normzwecks in den historisch tatsächlich zugrunde gelegten Intentionen des Normsetzers erblickt[121] und insofern der historischen Auslegung nahesteht,[122] öffnet die objektive Spielart der teleologischen Auslegung den Auslegungsvorgang für Folgen- und Gerechtigkeitserwägungen ebenso wie für Argumente der Angemessenheit, Vernünftigkeit oder der Natur der Sache.[123] Sie wird so zur „Einbruchstelle rationaler Argumente jeglicher Art“[124]. Gemeinsam ist subjektiv- wie objektiv-teleologischer Methode indes, dass beide zur Bestimmung des zu berücksichtigenden Zwecks auf textexterne Faktoren zurückgreifen. Weder dem herangezogenen historischen Willen des Gesetzgebers noch den angestellten Folgen- oder Angemessenheitserwägungen muss sich dabei zwingend ein Anknüpfungspunkt im Gesetzestext bieten.

---

[121] *G. Hager*, Rechtsmethoden in Europa, 2009, S. 32; *P. Melin*, Gesetzesauslegung in den USA und in Deutschland, 2005, S. 267; *H.-M. Pawlowski*, Methodenlehre für Juristen, 3. Aufl. 1999, S. 4, 176 f.; *R. Wank*, Die Auslegung von Gesetzen, 6. Aufl. 2015, S. 71.

[122] *P. Melin*, Gesetzesauslegung in den USA und in Deutschland, 2005, S. 267; deutlich auch *K. F. Röhl/H. C. Röhl*, Allgemeine Rechtslehre, 3. Aufl. 2008, S. 620, nach denen der Normzweck in der Regel „erst durch historische Auslegung ermittelt werden“ muss.

[123] Vgl. *M. R. Deckert*, JA 1994, S. 412 (416); *P. Melin*, Gesetzesauslegung in den USA und in Deutschland, 2005, S. 268; *S. Vogenauer*, Die Auslegung von Gesetzen in England und auf dem Kontinent, Bd. I, 2001, S. 45; *C. Walz*, ZJS 3 (2010), S. 482 (488).

[124] *S. Vogenauer*, Die Auslegung von Gesetzen in England und auf dem Kontinent, Bd. I, 2001, S. 45.

a) Die objektiv-teleologische Methode als Schleuse für Prinzipienargumente

Für den vorliegenden Versuch, neu entstehenden Rechtsprinzipien im Wege der Auslegung Einfluss auf bestehende Regeln älterer Provenienz zu verschaffen, verspricht die subjektiv-teleologische Methode keinen Erfolg. Denn entsprach die Intention des Gesetzgebers der Wertung der neu entstandenen Rechtsprinzipien, bedarf es des Prinzips zur Stützung eines entsprechenden teleologischen Auslegungsarguments nicht; weicht die historische Intention des Gesetzgebers aber von der Wertung des Prinzips ab, so ändert sich daran auch durch das spätere Entstehen des Rechtsprinzips nichts.

Demgegenüber hat *Karl Larenz* ein Konzept objektiv-teleologische Auslegung vorgetragen, das es in besonderem Maße nahelegt, auch für den Einfluss von Rechtsprinzipien auf bestehende Regeln die objektiv-teleologische Methode zu bemühen. Aufgabe der objektiv-teleologischen Auslegung sei es zunächst, so *Larenz*, den objektiven Normzweck, die *ratio legis*, unter Rückgriff auf diejenigen „rechtsethischen Prinzipien, die hinter einer Regelung stehen, in denen der Sinnbezug einer solchen auf die Rechtsidee faßbar, aussprechbar wird“[125], zu bestimmen. Denn eine angemessene Lösung im Einzelfall setze stets die Annahme voraus, der Normsetzer habe durch die Regelung auch diese *„objektive[n]* Zwecke des Rechts“ zu verwirklichen gesucht.[126] Mit dieser Identifikation der hinter einer Regelung stehenden (rechtsethischen) Prinzipien und den Zwecken einer Norm scheint die objektiv-teleologische Auslegung ein vielversprechendes Einfallstor für eine prinzipienkonforme teleologische Auslegung darzustellen. Vor diesem Hintergrund verwundert es wenig, dass auch aus den Reihen der Prinzipientheorie ähnliche Überlegungen zum Einfluss von Prinzipien auf die Interpretation von Rechtsregeln vorgetragen werden. *Hege Stück* etwa hat – ausgehend von einer der hier vorgeschlagenen Inversionsthese ähnlichen Rekonstruktion von Regeln als Ergebnisse von Prinzipienabwägungen – die Frage aufgeworfen, ob nicht die objektiv-teleologische Norminterpretation letztlich ganz in der Abwägung der

---

[125] *K. Larenz*, Methodenlehre der Rechtswissenschaft, 6. Aufl. 1991, S. 333; kritisch zu dieser objektiv-teleologischen Auslegungsvariante *B. Rüthers/C. Fischer/A. Birk*, Rechtstheorie, 9. Aufl. 2016, Rdn. 806 ff. und zuvor bereits *B. Rüthers*, JZ 61 (2006), S. 53 (54, 57 und öfter); *ders.*, ZRP 2008, S. 48; *ders./C. Höpfner*, AcP 209 (2009), S. 1 (7 f., 16 und öfter).

[126] *K. Larenz*, Methodenlehre der Rechtswissenschaft, 6. Aufl. 1991, S. 333.

hinter der entsprechenden Regel stehenden Prinzipien aufgehen könne.[127] Gleich aus mehreren Gründen liegt das nicht fern. Erstens stellen Rechtsprinzipien – wie bereits im zweiten Teil der Arbeit gesehen – normative Gründe für Regeln dar. Sie stehen insofern hinter diesen, ja liegen diesen normativ zugrunde. Sie formulieren für den Normsetzer verbindliche Vorgaben und stellen insofern notwendig zu berücksichtigende Argumente dar. Als solche notwendigen Gründe für eine Norm und deren Erlass stellen sie – aristotelisch gesprochen – notwendige *Zweck*ursachen der entsprechenden Regelungen dar. Lässt man sich einmal auf den Versuch der objektiv-teleologischen Methode ein, den Zweck einer Norm unabhängig von den Intentionen der sie setzenden Instanz zu bestimmen, entbehrt es daher nicht der Plausibilität, eben diese Prinzipien als *telos* oder *ratio* der fraglichen Regelungen zu verstehen.[128] Anders als *Larenz* muss die Prinzipientheorie zur Begründung einer solchen Auslegung zweitens auch nicht auf eine metaphysische Rechtsidee oder den Gedanken der Gerechtigkeit rekurrieren. Denn die fraglichen Prinzipien sind – wie die hier in Frage stehenden Wertordnungsprinzipien – Rechtssätze mit unmittelbarer rechtlicher Geltung. Eben das enthebt sie drittens von dem Vorwurf, der Rekurs auf (rechtsethische) Prinzipien liefere das Recht einem naturrechtlichen Relativismus aus, sind jene doch anhand der Kriterien der Rechtsquellenlehre nachgewiesene Teile des positiven Völkerrechts. Viertens lässt sich schließlich auch das oft bemühte Argument, objektiv-teleologische Auslegung beschränke sich darauf, den subjektiven Zweck des Rechtsetzers durch denjenigen des Rechtsanwenders zu ersetzen,[129] gegen eine solche Methode objektiver Teleologie nicht in Stellung bringen. Denn ob ein Rechtsprinzip einer bestimmten Regel zugrunde liegt oder

---

[127] *H. Stück*, ARSP 84 (1998), S. 405 (419); siehe auch *J.-R. Sieckmann*, Regelmodelle und Prinzipienmodelle des Rechtssystems, 1990, S. 141; *M. Pavčnik*, ARSP 101 (2015), S. 52 (52 f.): „systematic-teleological aspect of interpretation". Einen ähnlichen, ebenfalls prinzipientheoretisch inspirierten Ansatz scheint auch *T. Kleinlein*, Konstitutionalisierung im Völkerrecht, 2012, S. 672 im Auge zu haben, doch stellt er den Bezug zur teleologischen Auslegung nicht ausdrücklich her.

[128] Dafür spricht vor allem die Funktion von Prinzipien als Regelgründe, siehe S. 197 ff.

[129] *C. Hillgruber*, JZ 63 (2008), S. 745 (755); *D. Looschelders/W. Roth*, Juristische Methodik im Prozess der Rechtsanwendung, 1996, S. 195; *B. Rüthers*, ZRP 2008, S. 48 (50); *C. Walz*, ZJS 3 (2010), S. 482 (488); ähnlich auch *W. Hassemer*, ZRP 2007, S. 213 (216); *B. Rüthers/C. Fischer/A. Birk*, Rechtstheorie, 9. Aufl. 2016, Rdn. 718 f.

nicht, darüber gibt ihr Anwendungsbereich Aufschluss. Fällt eine Regel in den Anwendungsbereich eines Prinzips, so beansprucht dieses, ein normativer Grund für (oder möglicherweise auch gegen) jene zu sein. Diese Begründungsrelation ist es, die es nach hiesiger Lesart der objektiv-teleologischen Methode berechtigt erscheinen lässt, das Prinzip als objektiven Zweck der Regel heranzuziehen. Der im Rahmen der Auslegung berücksichtigte objektive Zweck ist damit keine bloß willkürliche Setzung des Rechtsanwenders mehr, sondern eine normative Vorgabe der Rechtsordnung. Kommt es – und das ist die Prämisse der objektiv-teleologischen Methode – nicht auf den subjektiven Willen des Rechtsetzers an, besteht zudem auch kein Grund, lediglich die Prinzipien zu berücksichtigen, die bereits im Zeitpunkt der Entstehung der auszulegenden Regel Geltung beanspruchten. Auch später entstandene Rechtsprinzipien lassen sich als objektive Zwecke berücksichtigen, sofern diese für (oder gegen) die fragliche Regel sprechen. Der etwa von *Hans-Martin Pawlowski* mit der objektiv-teleologischen Auslegungsmethode verbundenen Forderung, alle Gesetze so auszulegen, als ob der heutige Gesetzgeber sie erlassen habe,[130] kommt diese Lesart entgegen. Denn der heutige Gesetzgeber wäre auch an die neu entstandenen Prinzipien als notwendige Gründe gebunden. Und auch für Auslegungsargumente, die den neu entstandenen Wertordnungsprinzipien Ausdruck verleihen, lässt sich die objektiv-teleologische Auslegungsmethode in dieser Lesart öffnen.

Erinnert man die zweifache Zweckorientierung völkerrechtlicher Auslegung – Vertragszweck einerseits, Einzelnormzweck andererseits – verspricht das freilich lediglich für letztere Erfolg. Denn ein Vertrag lässt sich in seiner Gesamtheit nicht als Ergebnis einer Abwägung ihm zugrundeliegender Rechtsprinzipien rekonstruieren. Lediglich für die einzelnen, in ihm enthaltenen Normen ist dies plausibel.

b) Subjektiv-teleologische und objektiv-teleologische Auslegung im Völkerrecht

Letztlich jedoch bleiben Auslegungsfragen solche des positiven Rechts. Rechtstheoretische Erwägungen allein vermögen die Frage nicht zu beantworten, welche Ziele und Methoden die Auslegung von Rechtsakten in einer bestimmten Rechtsordnung verfolgt. Und so ist die Frage, ob die skizzierte Unterscheidung zwischen subjektiv- und objektiv-

[130] *H.-M. Pawlowski*, Methodenlehre für Juristen, 3. Aufl. 1999, S. 4, 6, 177.

teleologischer Auslegung und der für das vorliegende Unterfangen, zumindest abstrakt betrachtet, vielversprechende Rekurs auf die den Regeln zugrundeliegenden Prinzipien im Rahmen teleologischer Auslegung auch im Völkerrecht ihren Platz haben, auf Grundlage des positiven Völkerrechts zu beantworten.[131]

Schon der Blick auf die obige Charakterisierung der subjektiv-teleologischen Auslegung zeigt indes, dass die Übertragung deren Konzeptes auf das Völkerrecht aus mindestens zwei Gründen nicht ohne weiteres überzeugt. Erstens stellt die zum nationalen Recht entwickelte subjektiv-teleologische Auslegungstheorie zur Bestimmung des im Rahmen der Auslegung zu berücksichtigenden Zwecks auf den historischen Willen des Gesetzgebers ab, den sie letztlich allein den Gesetzgebungsmaterialien entnehmen kann. Das Völkervertragsrecht lässt die Berücksichtigung solcher historischer Elemente indes lediglich subsidiär zu.[132] Insbesondere den *travaux préparatoires* räumt die Wiener Vertragsrechtskonvention nur nachrangige Bedeutung ein. Bestimmte man den Sinn und Zweck des Vertrages mit der skizzierten subjektiv-teleologischen Methode unter Rückgriff auf die historischen Intentionen der Normsetzer, so unterliefe man diese Wertung der Art. 31 f. WVK. Freilich lässt sich dieses Argument lediglich für die Bestimmung des Vertragszwecks unmittelbar auf die Wiener Vertragsrechtskonvention stützen, bleibt der Zweck der auszulegenden Norm selbst in ihr als Auslegungskriterium doch unerwähnt. Angesichts der Tatsache, dass Normzweck und Vertragszweck sich oftmals decken oder zumindest in engem Zusammenhang stehen dürften,[133] entgeht aber auch ein subjektiver Ansatz zur Bestimmung des Zwecks einzelner Bestimmungen diesen Bedenken nicht vollständig. Zweitens würfe die subjektive Methode im völkerrechtlichen Kontext die Frage auf, wessen Intentionen maßgeblich sein sollen. Staaten selbst lassen sich Absichten nur über die Äußerungen ihrer Akteure zuschreiben. Doch die Vertragsschlusspraxis zeigt, dass insbesondere bei multilateralen Verträgen eine einheitliche Intention aller Staatenvertreter wohl nicht vorliegen, jedenfalls aber ausgesprochen schwer zu erheben sein dürfte.[134] Auch deshalb über-

---

[131] Ablehnend *U. Linderfalk*, On the Interpretation of Treaties, 2007, S. 205.

[132] *O. Dörr*, in: ders./K. Schmalenbach (Hrsg.), Vienna Convention on the Law of Treaties, 2012, Art. 31 Rdn. 59; siehe ferner *R. K. Gardiner*, Treaty Interpretation, 2008, S. 194.

[133] Vgl. *H. F. Köck*, ZöR 53 (1998), S. 217 (225).

[134] *V. Crnic-Grotic*, AsianYIL 7 (1997), S. 141 (159); *D. S. Jonas/T. N. Saunders*, Vand. J. Transnat'l L. 43 (2010), S. 565 (581); *I. Sinclair*, The Vienna Con-

zeugt ein subjektiv-teleologischer Ansatz zur Bestimmung der völkervertragsrechtlich relevanten Zwecke nicht.

Keinesfalls notwendig folgt daraus jedoch, dass die oben skizzierte objektiv-teleologische Methode dem Völkerrecht entspricht. Vielmehr steht das völkerrechtliche Schrifttum dem Rekurs auf vertragsexterne Faktoren – wie die hier fraglichen Rechtsprinzipien – zur Bestimmung völkerrechtlicher Vertrags- und Normzwecke grundsätzlich skeptisch gegenüber.[135] In Übereinstimmung mit dem „textual approach" der Wiener Vertragsrechtkonvention stellt es stattdessen den Vertragstext auch bei der Bestimmung der Vertrags- oder Normzwecke in den Mittelpunkt.[136] Subjektive oder objektive Zwecke sind nur insofern im Rahmen der teleologischen Auslegung berücksichtigungsfähig, als sie im Vertragstext Niederschlag oder Andeutung gefunden haben.[137] Neben den Präambeln der jeweiligen Verträge bilden so die vertraglich normierten Zielbestimmungen (man denke etwa an Art. 1 UN-Charta), Titel und Typ des Vertrages oder schlicht die Gesamtschau der in den Vertragstext aufgenommenen Bestimmungen die maßgeblichen Deter-

---

vention on the Law of Treaties, 2. Aufl. 1984, S. 130. Nicht überzeugen kann indes das ebenfalls von *Jonas* und *Saunders* vorgetragene Argument, die subjektiv-teleologische Methode sei mit dem *textual approach* der Vertragsrechtskonvention unvereinbar, nimmt dieses Argument das Ergebnis doch bereits vorweg.

135 Siehe *R. Bernhardt*, Die Auslegung völkerrechtlicher Verträge, 1963, S. 89 nachdem ein solcher Rekurs nur „[i]n wenigen besonders gelagerten Ausnahmefällen" in Betracht komme; ebenso *O. Dörr*, in: ders./K. Schmalenbach (Hrsg.), Vienna Convention on the Law of Treaties, 2012, Art. 31 Rdn. 59; einer objektiv-teleologischen Auslegung im Völkerrecht stehen hingegen wohl aufgeschlossen gegenüber *A. Bleckmann*, AVR 31 (1993), S. 353 (366); *H.-W. Jung*, Rechtserkenntnis und Rechtsfortbildung im Völkergewohnheitsrecht, 2012, S. 193.

136 *R. Bernhardt*, Die Auslegung völkerrechtlicher Verträge, 1963, S. 89; *V. Crnic-Grotic*, AsianYIL 7 (1997), S. 141 (168, 174) mit weiteren Nachweisen auf S. 159 f.; *O. Dörr*, in: ders./K. Schmalenbach (Hrsg.), Vienna Convention on the Law of Treaties, 2012, Art. 31 Rdn. 59; *A. Orakhelashvili*, The Interpretation of Acts and Rules in Public International Law, 2008, S. 343; *G. Schwarzenberger*, International Law, Bd. I, 3. Aufl. 1957, S. 526 f. mit Nachweisen aus der Rechtsprechung.

137 Deutlich in diesem Sinne *A. Stein*, Der Sicherheitsrat der Vereinten Nationen und die Rule of Law, 1999, S. 83.

minanten der völkerrechtlich relevanten Zwecke.[138] Aus rechtsvergleichender Perspektive ist das möglicherweise darauf zurückzuführen, dass in Systemen des Common Law objektiv-teleologische Methoden kaum Anklang finden.[139] Es verwundert daher nicht, dass auch die Rechtsprechung weit überwiegend der an Text und Kontext orientierten Methode zur Bestimmung der auslegungsrelevanten Zwecke folgt.[140] Systematische und teleologische Erwägungen gehen bei der Auslegung völkervertraglicher Normen so eine unauflösliche Symbiose ein.[141] Teleologische Argumente, die sich, wie die oben angeführten Prinzipienargumente, auf Vertragsexterna stützen, klingen nur sehr selten an.[142] Nur scheinbar bricht die Rechtsprechung des EGMR aus diesem Rahmen aus. Anlass zu einem solchen Missverständnis mögen Formulierungen geben, wie sie der Gerichtshof etwa in seinem Urteil in

---

[138] *R. Bernhardt*, Die Auslegung völkerrechtlicher Verträge, 1963, S. 89; *O. Dörr*, in: ders./K. Schmalenbach (Hrsg.), Vienna Convention on the Law of Treaties, 2012, Art. 31 Rdn. 56; *R. K. Gardiner*, Treaty Interpretation, 2008, S. 192; *S. Sur*, L'Interprétation en Droit International Public, 1974, S. 229.

[139] Vgl. *U. P. Gruber*, Methoden des internationalen Einheitsrechts, 2004, S. 186.

[140] Siehe etwa StIGH, *Rights of Minorities in Upper Silesia (Minority Schools)*, Ser. A, No. 15, S. 27; IGH, *Asylum Case*, ICJ Rep 1950, S. 266 (282); *Maritime Delimitation in the Area between Greenland and Jan Mayen*, ICJ Rep 1993, S. 38 (50 f.); *Territorial Dispute*, ICJ Rep 1994, S. 6 (25 f.); in der Sache auch EGMR, *Soering v. United Kingdom*, Appl. No. 14038/88, Urt. v. 7. Juli 1989, Rdn. 88. Dieselbe Einschätzung der Rechtsprechung äußert auch *A. Orakhelashvili*, The Interpretation of Acts and Rules in Public International Law, 2008, S. 348: „the Court's approach arguably accords with the textual approach".

[141] *O. Dörr*, in: ders./K. Schmalenbach (Hrsg.), Vienna Convention on the Law of Treaties, 2012, Art. 31 Rdn. 58; ebenso für das nationale Recht *S. Vogenauer*, Die Auslegung von Gesetzen in England und auf dem Kontinent, Bd. I, 2001, S. 50: „Systematische und teleologische Methode gehen deshalb oft unmerklich ineinander über."

[142] Anklänge finden sich allenfalls bei IGH, *Constitution of the Maritime Safety Committee of the Inter-Governmental Maritime Consultative Organization*, Advisory Opinion, ICJ Rep 1960, S. 150 (160 f.), wo der Gerichtshof ausdrücklich auf das „underlying principle of Article 28 *(a)*" abstellt, damit aber letztlich nur den Normzweck zu umschreiben scheint. – Da hier allein die Auslegung diskutiert werden soll, bleiben dabei zunächst all diejenigen Fälle außer Betracht, in denen sich Gerichte zwar auf teleologische Argumente stützen, den Wortlaut der Vorschriften indes in rechtsfortbildender Weise überdehnen.

der Rechtssache Demir verwendet. „The Court recently confirmed [...]“, so heißt es dort unter Verweis auf seine Saadi-Entscheidung, „that when it considers the object and purpose of the Convention provisions, it also takes into account the international law background to the legal question before it.“[143] Ohne Zweifel bringt der Gerichtshof mit dieser Formulierung das inhaltlich verwandte, aber außerhalb der Konvention stehende Völkerrecht – und damit vertragsexterne Faktoren – unmittelbar mit dem Telos der Vorschriften in Verbindung. Der Blick auf die Saadi-Entscheidung, der der Gerichtshof seine Aussage zu entnehmen vorgibt, zeigt indes, dass auch Straßburg das nicht allein als teleologische Auslegung verkauft. Denn dort führt der Gerichtshof Sinn und Zweck der Konvention und deren normative Umgebung als zwei voneinander getrennte Aspekte an. Letzteren stützt der Gerichtshof dabei sogar auf Art. 31 Abs. 3 lit. c WVK.[144] Der Grund dafür, dass in der Rechtsprechung des EGMR systematische und teleologische Argumente derart eng zusammenrücken, liegt anderswo. Der Gerichtshof beruft sich auf die systematische Auslegung stets zur Stützung der *human rights teleology* der Konvention. Systematische Argumente komplementieren so teleologische Erwägungen.[145] Dogmatisch sind sie aber auch in der Rechtsprechung des Gerichtshofs voneinander zu unterscheiden. Mit der Bestimmung des Telos unter Rückgriff auf das umliegende Völkerrecht klingt in der Demir-Entscheidung des EGMR folglich eine Gleichsetzung an, die als solche bislang keinesfalls allgemeine Anerkennung genießt.

Auch im Rahmen der teleologischen Auslegung ist der im Text zum Ausdruck kommende Zweck folglich noch immer die entscheidende Maßgabe. Für die *unmittelbare* Berücksichtigung der hier interessierenden Wertordnungsprinzipien bleibt im Rahmen teleologischer Argumente somit kein Raum. Lediglich *mittelbar*, also auf einem dogmatischen Umweg, vermögen sie auch teleologisch relevant zu werden. Denn sind die Zwecke von Vertrag oder dessen Bestimmungen vorrangig dem Vertragstext selbst zu entnehmen, so bedarf dieser zuvor eigenständiger Auslegung. Wo Präambeln oder vertragliche Zielbestimmungen dabei auslegungsbedürftige und entwicklungsoffene Begriffe ver-

---

[143] EGMR (GK), *Demir and Baykara v. Turkey*, Appl. No. 34503/97, Urt. v. 12. November 2008, Rdn. 76.

[144] EGMR (GK), *Saadi v. United Kingdom*, Appl. No. 13229/03, Urt. v. 29. Januar 2008, Rdn. 62 f.

[145] Siehe dazu ausführlich *V. P. Tzevelekos*, Mich. J. Int'l L. 31 (2010), S. 621 (647 ff.).

wenden, sind diese im Rahmen systematischer Auslegung ebenfalls im Lichte neu entstandener Rechtsprinzipien auszulegen.[146] Mittelbar haben diese somit doch Einfluss auf die vertraglich normierten Zielbestimmungen. Für die teleologische Auslegung einer einzelnen Vertragsnorm werden sie auf diesem Wege dann doch relevant.

3. Ergebnis

Das Völkervertragsrecht folgt auch im Rahmen der teleologischen Auslegung dem *textual approach*. Der Berücksichtigung neu entstandener Wertordnungsprinzipien als objektive Zwecke der Regeln, deren normativen Grund sie zu bilden beanspruchen, ist daher jeder unmittelbare Weg versperrt. Nur bei Zugrundelegung eines objektiv-teleologischen Auslegungsansatzes verspräche sie Erfolg. Das argumentative Gewicht, das diesen Prinzipien im Wege teleologischer Auslegung zu erlangen vermögen, bleibt damit gering; ihr Einfluss bleibt auf solche Fälle beschränkt, in denen der Vertragstext erstens über Vertrags- oder Normzweck Aufschluss gibt und dabei zweitens zugleich in auslegungsbedürftigen und entwicklungsoffenen Termini gefasst ist.

IV. Rechtsprinzipien und systemkonforme Auslegung im Völkerrecht

Mit Kontext und Telos standen bisher Auslegungsmittel im Vordergrund, die man im Kontext des inner- und überstaatlichen Rechts gleichermaßen als klassisch bezeichnen mag. Das am nationalen Recht geschulte Methodenschrifttum beschränkt sich im Rahmen der anwendungsbezogenen Normkonkretisierung indes nicht auf diese, sondern ergänzt den klassischen Auslegungskanon (Wortsinn, Systematik, Telos und Historie) um unterschiedliche Regeln der Konformauslegung (insbesondere die verfassungs-, europa- und völkerrechtskonforme Auslegung), deren Funktion nicht in erster Linie darin besteht, positiv zur Feststellung des Bedeutungsgehalts einer Norm beizutragen. Stattdessen dienen diese Regeln dazu, gewissermaßen negativ all diejenigen möglichen Auslegungen auszuschließen, die mit höherrangigem oder

[146] Dazu bereits oben S. 498 ff.

umzusetzendem Recht unvereinbar sind.[147] Sie fungieren so als Konfliktvermeidungsregeln, gewährleisten sie doch, dass die ausgelegte Norm system-, nämlich verfassungs-, europa- und völkerrechtskonform konkretisiert und angewendet wird. Im Streit um die einer Norm zu verleihende Wirkung kommt eben diesen Konformitätskriterien eine Vorrangstellung zu,[148] die sie der Abwägung der üblichen Auslegungsargumente entzieht und sie zu einem unüberwindbaren Kontrollmaßstab erhebt, an dem sich die nach den üblichen Auslegungskriterien gewonnenen Auslegungshypothesen messen lassen müssen.[149] So plausibel die Auslegung einer Norm auch sein mag, ist sie mit höherrangigem Recht unvereinbar, so versperren die Grundsätze der Konformauslegung die Option, der Anwendung der Norm eben diese Auslegung zugrunde zu legen.

Dass Überlegungen zu einer so verstandenen systemkonformen Auslegung im Völkerrecht bislang nicht Fuß fassen konnten, dürfte der weit verbreiteten Überzeugung geschuldet sein, dass Normenhierarchien im zwischenstaatlichen Recht weitgehend fehlen und sich Ansätze eines rechtlichen Stufenbaus, in dem höherrangigen Normen die Kraft zukommt, widerstreitende Normen niedrigeren Ranges zu vernichten, allenfalls im überschaubaren Bestand zwingender Völkerrechtsnormen finden lassen. Die skizzierte Entstehung völkerrechtlicher Wertordnungsprinzipien gibt indes Anlass dazu, die Frage nach einem Grundsatz system-, nämlich prinzipienkonformer Auslegung auch im Völkerrecht erneut zu stellen und damit zugleich die oben bereits anklingende Vermutung zu stützen, dass völkerrechtliche Prinzipien Normkonkretisierungsargumente von besonderem Gewicht, möglicherweise gar besonderer Art sind. Denn bei genauer Betrachtung zeigt sich erstens, dass sich die in der am nationalen Recht geschulten Methodendiskussion entwickelten Grundsätze systemkonformer Auslegung bruchlos auch ins Völkerrecht einfügen (dazu 1.). Mit dem Grundsatz *in dubio*

---

[147] Ausführlich *C. Höpfner*, Die systemkonforme Auslegung, 2008. Zu den Unterschieden zu den klassischen Auslegungskriterien, insbesondere zur systematischen Auslegung, siehe ebd., S. 160 ff., S. 178 ff.

[148] *C.-W. Canaris*, in: FS Kramer, 2004, S. 141 (143 ff.) für die verfassungskonforme Auslegung; *ders.*, in: FS Bydlinski, 2002, S. 47 (68 ff.) für die richtlinienkonforme Auslegung; *L. Michael*, Der Staat 54 (2015), S. 349 (358 ff.); allgemein *C. Höpfner*, Die systemkonforme Auslegung, 2008, S. 151, 161 f.

[149] *D. Looschelders/W. Roth*, Juristische Methodik im Prozeß der Rechtsanwendung, 1996, S. 177 sprechen von einem *„absoluten Kohärenzkriterium"*, das eine „absolute Grenze der [...] Auslegung" darstelle.

mitius bietet zweitens auch die etablierte völkerrechtliche Methodenlehre selbst einen Anknüpfungspunkt für Überlegungen zu einer prinzipienkonformen Auslegung des Völkerrechts (dazu 2.). Diese duale Begründung weist zugleich die doppelte Funktion prinzipienkonformer Auslegung aus: Sie ist normerhaltende und wertverwirklichende Auslegung zugleich.[150]

1. Systemkonforme Auslegung als normerhaltende Auslegung: Die Anknüpfung an die Grundsätze nationaler Methodik

Nicht nur die Begründung, die es im nationalen Kontext rechtfertigt, systemkonform auszulegen, findet im völkerrechtlichen Rahmen eine Entsprechung; auch die strukturellen Voraussetzungen, an die der Grundsatz systemkonformer Auslegung im nationalen Recht anknüpft, liegen im Völkerrecht vor. Möglich, ja mehr noch: geboten, erscheint daher dessen Übertragung.

a) Systemkonforme Auslegung des nationalen Rechts

aa) Voraussetzungen

Ob verfassungs-, europarechts- oder völkerrechtskonforme Auslegung, in all ihren Erscheinungsformen hat die systemkonforme Auslegung einen gemeinsamen Kern: Sie scheidet Auslegungshypothesen aus, die anhand der klassischen Auslegungskriterien begründbar erscheinen, sich jedoch als mit höherrangigem oder umzusetzendem Recht unvereinbar erweisen. Bereits diese Beschreibung zeigt, dass die systemkonforme Auslegung einer Norm auf das Vorliegen zweier Voraussetzungen angewiesen ist. Erstens wird sie erst durch Mehrdeutigkeiten der auszulegenden Vorschrift möglich. Lässt sich der Inhalt einer Norm anhand der klassischen Auslegungskriterien zweifelsfrei bestimmen, so bleibt auch für eine systemkonforme Auslegung kein Raum. Denn ist der eindeutige Inhalt systemkonform, bedarf es einer systemkonformen Auslegung nicht, ist er es nicht, fehlt es an alternativen Auslegungshypothesen, deren Auswahl die systemkonforme Auslegung gebieten könnte. Determiniert die Auslegung erster Stufe die Antwort auf die

---

[150] Für die verfassungskonforme Auslegung des nationalen Rechts weist auf diese Doppelfunktion zutreffend hin *D. Göldner*, Verfassungsprinzip und Privatrechtsnorm in der verfassungskonformen Auslegung und Rechtsfortbildung, 1969, S. 46.

Norminhaltsfrage jedoch nicht vollständig, vermag die systemkonforme Auslegung eine demnach grundsätzlich in Betracht kommende Auslegungshypothese zweitens nur deshalb auszuscheiden, weil diese mit höherrangigem oder umzusetzendem Recht konfligiert. Ein Konflikt zwischen Auslegungshypothese und einer höherrangigen oder umzusetzenden Norm stellt damit die zweite Voraussetzung systemkonformer Auslegung dar. Höherrangigkeit indes kann vieles bedeuten.[151] Und so erschließen sich Bedeutung und Gehalt der Voraussetzung höheren Ranges erst vor dem Hintergrund der Begründungen, mit denen das Gebot systemkonformer Auslegung zu stützen versucht wird.

bb) Begründung

In Rechtsprechung und Schrifttum finden sich zur Begründung der system-, insbesondere der verfassungskonformen Auslegung unterschiedliche Ansätze, von denen drei besonders großen Zuspruch erfahren haben.[152]

Es spreche, so formuliert das BVverfG anlässlich einer Auseinandersetzung mit dem Grundsatz verfassungskonformer Auslegung die erste dieser Begründungsvarianten, „nicht nur eine Vermutung dafür, daß ein Gesetz mit dem Grundgesetz vereinbar ist, sondern das in dieser Vermutung zum Ausdruck kommende Prinzip verlang[e] auch im Zweifel eine verfassungskonforme Auslegung des Gesetzes“[153]. Worin diese Vermutung gründet lässt das BVerfG jedoch im Dunkeln und so hat sie im Schrifttum zu Recht vor allem deshalb Kritik erfahren, weil sie einer tragfähigen tatsächlichen Grundlage entbehrt.[154] Allenfalls als Vermu-

---

[151] Vgl. zu unterschiedlichen Hierarchiekonzeptionen bereits oben S. 39 ff.

[152] Überblicksartig zu diesen *C.-W. Canaris*, in: FS Kramer, 2004, S. 141 (147 ff.); knapp auch *A. Voßkuhle*, AöR 125 (2000), S. 177 (182 f.); ausführlich und nach den unterschiedlichen Arten systemkonformer Auslegung differenzierend hingegen *C. Höpfner*, Die systemkonforme Auslegung, 2008, S. 184 ff., 222 ff., 236 ff., 253 ff., 322 ff., 355 f., 361 ff., der insbesondere auch die hier nicht weiter interessierenden Begründungen für die Auslegung in Konformität mit umzusetzendem Recht erörtert.

[153] BVerfGE 2, 266 (282).

[154] Kritisch etwa *C.-W. Canaris*, in: FS Kramer, 2004, S. 141 (147); *D. Göldner*, Verfassungsprinzip und Privatrechtsnorm in der verfassungskonformen Auslegung und Rechtsfortbildung, 1969, S. 45; *C. Höpfner*, Die systemkonforme Auslegung, 2008, S. 185 f.; *A. Voßkuhle*, AöR 125 (2000), S. 177 (182 f.).

tung, der Gesetzgeber beabsichtige, sich rechtmäßig zu verhalten und intendiere daher auch, die Vorgaben des Verfassungsrechts zu achten, mag sie berechtigt sein.[155] Die Höherrangigkeit einer Norm, die im Wege systemkonformer Auslegung absolute Auslegungsschranken definiert, beruhte in dieser Lesart darauf, dass die Norm an die rechtsetzende Instanz Verhaltensanforderungen stellt, indem sie Rechtmäßigkeitsvoraussetzungen für das von ihr zu setzende Recht definiert. Verbindlichkeit im Akt der Normsetzung wäre dann das entscheidende Kriterium ihrer Höherrangigkeit. Der methodische Sonderstatus, den die verfassungskonforme Auslegung genießt, lässt sich indes mit einer solchen Vermutung nicht begründen.[156] Denn als auf den Willen des Gesetzgebers bezogene Vermutung, käme ihr lediglich im Rahmen der klassischen Auslegungskriterien, namentlich der historischen Auslegung, Bedeutung zu. Sie bliebe ein Auslegungsargument unter vielen und dabei übertrumpfbar wie jedes andere.

Die zweite Begründungsvariante geht denn auch einen anderen Weg. Der Entscheidung, eine Norm dann als höherrangig anzusehen, wenn diese Rechtmäßigkeitsanforderungen an eine andere Norm formuliert, hält sie jedoch die Treue. Ein Verstoß gegen solche Rechtmäßigkeitsanforderungen führe, so trägt sie vor, zur Entstehung eines normativen Widerspruchs zwischen der gesetzten Norm und der Norm, deren Anforderungen diese genügen muss. Das jedoch könne das Recht nicht zulassen, stelle es damit doch die eigene Konsistenz in Frage. Vielmehr gebiete es bereits die – als normatives Ideal verstandene – Einheit der Rechtsordnung, Widersprüche im Recht so weit wie möglich zu beseitigen. Eben deshalb sei eine jede Norm so weit wie möglich in Übereinstimmung mit denjenigen Normen auszulegen, die über deren Rechtmäßigkeit entscheiden. Selbst wenn man indes von der schwierigen Frage absieht, worin ein solches Postulat der Einheit der Rechtsordnung ihre Grundlage findet,[157] und auch die Schwierigkeit ausblendet, für dieses trotz der dezentralen und fragmentierten Struktur der Völkerrechtsordnung ein völkerrechtliches Pendant zu finden, so bestehen dennoch Zweifel daran, dass die Einheit der Rechtsordnung tatsächlich zur Konformauslegung zwingt, wo anderenfalls doch Konfliktregeln

---

[155] Vgl. *C. Höpfner*, Die systemkonforme Auslegung, 2008, S. 186.

[156] Ebd.

[157] Kritisch etwa *D. Felix*, Einheit der Rechtsordnung, 1998, S. 164 ff.; *B. Grzeszick*, in: FS Isensee, 2007, S. 93 (102 ff.); historischer Überblick zur Verwendung der Argumentationsfigur bei *M. Baldus*, Die Einheit der Rechtsordnung, 1995.

einen jeden Widerspruch durch die Nichtigkeit, jedenfalls aber durch die Unanwendbarkeit einer der konfligierenden Normen einer Lösung zuführen.[158]

Angesichts dieser Zweifel wird die Konformauslegung von ihren Befürwortern heute überwiegend auf den Grundsatz der *favor legis* gestützt und die Ausscheidung systemwidriger Auslegungshypothesen folglich mit dem Interesse an der Normerhaltung gerechtfertigt.[159] In letzter Instanz ist es so der Respekt vor dem Normsetzer, der es gebietet, bei der Auslegung einer Norm, dessen Gestaltungsinteresse so weit wie möglich auch umzusetzen. Denn die Rücksicht auf dessen Interesse daran, dass die Rechtsanwendung gerade den von ihm getroffenen Normsetzungsentscheidungen zur Wirksamkeit verhilft, lässt die Verwerfung, ja sogar die bloße Nichtanwendung einer Norm nur dann tolerabel erscheinen, wenn für die Umsetzung der Entscheidung des Normsetzers kein Raum mehr bleibt. Nur eine Normauslegung, die auf Konformität mit höherem Recht bedacht ist und eben dadurch das Verdikt der Nichtigkeit oder Unanwendbarkeit vermeidet, nimmt die auszulegenden Normen folglich als autoritative, auch für die entscheidenden Gerichte verbindliche[160] Gestaltungsentscheidungen ernst. Da sich eben diese Gestaltungsentscheidung selbst dann nicht durchsetzt, wenn sie sich einer anderen Norm mit (partiellem) Anwendungsvorrang gegenübersieht, darf sich auch die Konformauslegung hier nicht auf solche Normen beschränken, die im Konfliktfall die Nichtigkeit der konfligierenden Norm zur Folge hat. Vielmehr ist im Lichte dieser Begründung eine jede Norm als höherrangig zu verstehen, die im Konfliktfall die Nichtigkeit oder die bloße Unanwendbarkeit entgegenstehender Normen zur Folge hat.[161]

---

[158] In diese Richtung auch *A. Voßkuhle*, AöR 125 (2000), S. 177 (183).

[159] So etwa *C.-W. Canaris*, in: FS Kramer, 2004, S. 141 (148 ff.); *J. Lüdemann*, JuS 2004, S. 27 (29); mit Einschränkungen auch *A. Voßkuhle*, AöR 125 (2000), S. 177 (183 f.); siehe auch *C. Höpfner*, Die systemkonforme Auslegung, 2008, S. 191 ff. mit weiteren Nachweisen.

[160] Dass der Grundsatz der Konformauslegung daher auch die Kompetenzabgrenzung zwischen Gesetzgeber und Rechtsprechung gewährleistet, betont besonders *C.-W. Canaris*, in: FS Kramer, 2004, S. 141 (149 ff.).

[161] Deutlich *D. Looschelders/W. Roth*, Juristische Methodik im Prozess der Rechtsanwendung, 1996, S. 177.

cc) Zusammenfassung

Normativ betrachtet ruht der Grundsatz system-, insbesondere verfassungs- und europarechtskonformer Auslegung somit auf dem Respekt vor den Entscheidungen des Gesetzgebers und dessen Interesse an der Normerhaltung. Er ist von dem Bemühen getragen, die Wirksamkeit gesetzgeberischer Entscheidungen so weit wie möglich zu gewährleisten.[162] Eben deshalb kommt eine Konformauslegung erstens nur dann in Betracht, wenn die gesetzgeberische Entscheidung anderenfalls mit geltungs- oder anwendungsvorrangigen Normen in Konflikt geriete, und ihr daher die Nichtig- oder Unanwendbarkeit und damit die Wirkungslosigkeit drohte. Für sie bleibt zweitens aber auch nur dann Raum, wenn die auszulegende Norm mehrdeutig ist und mindestens eine Auslegung zulässt, die den Anforderungen des höherrangigen Rechts genügt.

b) Systemkonforme Auslegung des Völkerrechts: Ein Übertragungsversuch

aa) Vorliegen der Voraussetzungen

Es ist die erste dieser Bedingungen, die für eine völkerrechtsprinzipienkonforme Auslegung die entscheidende Hürde darstellt. Denn während die Interpretationsoffenheit rechtlicher Regeln unbestrittenermaßen auch im Völkerrecht ein ebenso vertrautes wie beklagtes Phänomen bezeichnet, lässt die verbreitete Skepsis gegenüber der Existenz völkerrechtlicher Normenhierarchien daran zweifeln, dass die skizzierten Wertordnungsprinzipien tatsächlich eine normhierarchisch herausgehobene Stellung einnehmen, die es überhaupt erst erlaubte, völkerrechtliche Regeln prinzipienkonform auszulegen. Die folgenden Überlegungen versuchen deshalb zu zeigen, dass auch die hier in Frage stehenden Rechtsprinzipien aufgrund ihres Norminhalts in gleich doppelter, wenngleich je beschränkter Weise einen normativ höherrangigen Status

---

[162] Daraus erhellt zugleich, dass die Grundsätze systemkonformer Auslegung – anders als deren Bezeichnung suggeriert – nicht darauf angewiesen sind, dass das Recht einer mehr oder weniger anspruchsvollen Konzeption von Systematizität genügt (vgl. zu Systemkonzeptionen im Rechtsdenken *P. Hilbert*, Systemdenken in Verwaltungsrecht und Verwaltungsrechtswissenschaft, 2015, S. 3 ff., 48 ff., 63 ff.), sondern lediglich auf Konfliktlösungsregeln angewiesen ist, die in bestimmten Fällen (mindestens) die Unanwendbarkeit einer der konfligierenden Normen vorsehen.

genießen:[163] Sie sind erstens erschwert änderbar und definieren eben deshalb Bedingungen für die Rechtmäßigkeit völkerrechtlicher Regeln (dazu [1]). Daneben stehen sie zweitens der Anwendung von mit ihnen unvereinbaren Regeln entgegen und genießen folglich Anwendungsvorrang (dazu [2]).

(1) Höherrangigkeit I: Rechtmäßigkeitskriterien der Regelsetzung

Dass es tatsächlich berechtigt erscheint, die skizzierten Wertordnungsprinzipien als in einem bestimmten Sinne höherrangiges Recht zu verstehen, zeigt sich, wenn man deren Bedeutung für spätere Rechtsetzungsvorgänge betrachtet. Denn aufgrund ihres Norminhalts zeichnen sich die skizzierten Rechtsprinzipien durch eine erschwerte Änderbarkeit aus.[164] Der Grund hierfür ist darin zu sehen, dass die in ihnen verkörperten Verpflichtungen anders als in klassischen völkerrechtlichen Austauschverträgen nicht auf ein reziprokes *do ut des* individueller Vorteile und Leistungen gerichtet sind. Vielmehr liegt ihr Fokus auf der Verwirklichung kollektiver Güter, die sich auf die Individualinteressen der Einzelstaaten nicht angemessen zurückführen lassen.[165] Ihre Erfüllungsstruktur lässt sich im klassischen Schema bilateraler Staat-zu-Staat-Beziehungen daher nur unzureichend erfassen und so stehen sie in struktureller Hinsicht Verpflichtungen näher, die im Schrifttum meist als integrale oder unteilbare Verpflichtungen bezeichnet werden.[166] Denn egal ob die Garantie menschenrechtlicher Mindeststandards oder

---

[163] Die folgenden Überlegungen gehen zurück auf *J. Rauber*, ZaöRV 75 (2015), S. 259 (273 ff.).

[164] Vgl. dazu auch *U. Linderfalk*, Nordic J. Int'l L. 80 (2011), S. 1.

[165] Vgl. S. 26 ff.

[166] Ebenso *J. Schröter*, Strukturprinzipien des Umweltvölkerrechts und ihr Beitrag zur Eindämmung des Klimawandels, 2015, S. 191 f.; allgemein zur Unterscheidung von integralen, interdependenten und bilateralen Verpflichtungen siehe *K. Odendahl*, in: O. Dörr/K. Schmalenbach (Hrsg.), Vienna Convention on the Law of Treaties, 2012, Art. 41 Rdn. 18; *A. Orakhelashvili*, in: O. Corten/P. Klein (Hrsg.), The Vienna Contenion on the Law of Treaties. A Commentary, 2011, Art. 30 Rdn. 34 ff.; *J. Pauwelyn*, AJIL 95 (2001), S. 535 (549); *ders.*, Conflict of Norms in Public International Law, 2003, S. 52 ff.; *K. Sachariew*, NILR 35 (1988), S. 273 (276 ff.); ähnlich auch *L.-A. Sicilianos*, EJIL 13 (2002), S. 1127 (1132 ff.). Soweit ersichtlich geht die Unterscheidung zurück auf die Ausführungen in *G. Fitzmaurice*, Third Report on the Law of Treaties by the Special Rapporteur, YBILC 1958, Bd. II, S. 20 (27 f., 44 f.).

die Gewährleistung demokratischer Strukturen in Frage steht, das Verhalten, das die fraglichen Rechtsprinzipien von einem Staat verlangen, ist im Verhältnis zu allen jeweils übrigen Staaten nicht lediglich *gleichartig*, es ist vielmehr *identisch*. Dass dies so ist, liegt vor allem darin begründet, dass auch der Gegenstand, zu dem sich ein Staat gemäß den fraglichen Prinzipien auf die in ihnen bestimmte Weise verhalten muss, nicht lediglich generisch umschrieben ist, sondern für einen jeden Staat im Verhältnis zu allen jeweils anderen Staaten ein und derselbe ist. Die Menschheit, die globale Umwelt und die jeweils eigene innere politische Ordnung, die die Staaten gemäß den völkerrechtlichen Verfassungsprinzipien human zu behandeln, ökologisch zu bewahren und mit effektiven Rechtsschutzinstitutionen auszustatten verpflichtet sind, stellen trotz ihrer teils erheblichen begrifflichen Weite für jeden verpflichteten Staat konkret-singuläre Gegenstände dar. Nicht nur die Art, auch der Bezugspunkt des den jeweils anderen Staaten geschuldeten Verhaltens ist damit im Verhältnis zu ihnen allen identisch. Eine Ausdifferenzierung der multilateralen Verpflichtungsstruktur in unterschiedliche bilaterale Staat-zu-Staat-Beziehungen wird damit nicht nur überflüssig, sondern geradezu unmöglich. Denn wie auch immer ein Staat auf die Pflichten reagiert, die ihm die fraglichen Prinzipien auferlegen, stets und unweigerlich verhält er sich zu allen übrigen Staaten gleichzeitig und in identischer Weise.[167] Bereits aufgrund ihres Gegenstands machen es die besagten Prinzipien folglich unmöglich, die aus ihnen resultierenden Pflichten im exklusiv-bilateralen Verhältnis lediglich zweier Staaten zu erfüllen oder zu verletzen. Und so wird denn auch verständlich, weshalb sie nicht nur im bilateralen Verhältnis indisponibel, sondern selbst im multilateralen, aber nicht universellen Zusammenwirken der Berechtigten nicht zu ändern sind: Sie widmen sich dem Schutz von Rechtsgütern, deren Unteilbarkeit zur Folge hat, dass jeder Versuch, das Niveau des gebotenen Schutzes im bilateralen Verhältnis abzusenken, zugleich alle anderen Parteien, die an dem bilateralen Abkommen nicht beteiligt sind, ohne ihre Zustimmung in Rechten beschneidet. Schon der *pacta tertiis*-Grundsatz erlaubt Modifikationen des prinzipienhaft definitiv Gebotenen daher nur im Zusammenwirken aller Staaten. Allenfalls im Plenum vermag die internationale Staatengemeinschaft folglich von dem auf der Prinzipienschicht des Völkerrechts

---

[167] Das heben als Merkmal integraler Verpflichtungen hervor *J. Crawford*, Third report on State responsibility by the Special Rapporteur, YBILC 2000, S. 3 (31); *J. Pauwelyn*, Conflict of Norms in Public International Law, 2003, S. 64 f.; *K. Sachariew*, NILR 35 (1988), S. 273 (277, 281).

etablierten Mindeststandard abzuweichen. Denn zwangsläufig würden die anderen Staaten durch eine *inter se*-Modifikation in – wie es Art. 41 Abs. 1 lit. b Nr. i WVK für völkerrechtliche Verträge ausdrücklich normiert – „dem Genuss ihrer Rechte [...] beeinträchtigt". Für das Gros aller Rechtsetzungsvorgänge im Völkerrecht aber bedeutet das, dass sie sich an den von den völkerrechtlichen Wertordnungsprinzipien aufgestellten Standards messen lassen müssen. Nur ein Rechtsakt der ihnen genügt, ist rechtmäßig. Schon dies weist sie jenen gegenüber als höherrangig aus.

(2) Höherrangigkeit II: Anwendungsvorrang im Konfliktfall

Die Höherrangigkeit, die mit der Tatsache einhergeht, dass die Rechtsprinzipien die Rechtmäßigkeitsbedingungen für die Setzung anderer Völkerrechtsregeln definieren, ist indes eine beschränkte. Zwar plädierten noch *Hersch Lauterpacht* und in eingeschränkter Form auch *Gerald Fitzmaurice* als Berichterstatter der Völkerrechtskommission im Rahmen der Vorarbeiten zur Kodifikation des Völkervertragsrechts dafür, vertragliche Abweichungen von integralen Verpflichtungen mit deren Nichtigkeit zu sanktionieren und ihnen wenn und weil sie die Rechte der anderen Vertragsparteien beeinträchtigten, die Rechtsgeltung zu versagen.[168] Doch ihr Nachfolger *Humphrey Waldock* setzte sich schließlich mit der Überzeugung durch, integralen Verpflichtungen keinen Geltungsvorrang einzuräumen und die fraglichen Fälle allein unter dem Gesichtspunkt eines eventuellen Anwendungsvorrangs zu behandeln. Und so ist heute Art. 30 WVK Ausgangspunkt der noch immer streitig geführten Diskussion darüber, ob *inter se*-Abkommen, die von einer in einem multilateralen Vertrag enthaltenen integralen Vertragsverpflichtung abweichen, trotz ihrer unbestrittenen Rechtswidrigkeit vorrangig anzuwenden sind oder ob nicht doch das vorangegangene multilaterale Abkommen Anwendungsvorrang genießt.[169] Erstaunli-

---

[168] Detailliert dargestellt bei *W. Karl*, Treaties, Conflicts between, in: EPIL, Bd. IV, 2000, S. 935 (937 f.); *J. B. Mus*, NILR 45 (1998), S. 208 (222 ff.) und *A. Orakhelashvili*, in: O. Corten/P. Klein (Hrsg.), The Vienna Contenion on the Law of Treaties. A Commentary, 2011, Art. 30 Rdn. 8 ff.

[169] Für den Vorrang des *inter se*-Abkommens sprechen sich aus: *W. Karl*, Treaties, Conflicts between, in: EPIL, Bd. IV, 2000, S. 935 (939); *K. Odendahl*, in: O. Dörr/K. Schmalenbach (Hrsg.), Vienna Convention on the Law of Treaties, 2012, Art. 30 Rdn. 26, 30; wohl auch *J. B. Mus*, NILR 45 (1998), S. 208 (226). Einen Vorrang des früheren multilateralen Abkommens nehmen hinge-

cherweise scheint Art. 30 Abs. 4 lit. a WVK dabei zunächst tatsächlich dem rechtswidrigen *inter se*-Abkommen den Vorrang einzuräumen, wenn er für Fälle aufeinanderfolgender Verträge mit abnehmender Parteienzahl undifferenziert auf Abs. 3 verweist und so im Falle eines Konflikts zwischen den anzuwendenden Bestimmungen stets denjenigen des späteren Vertrages den Vorzug gibt. Art. 41 WVK, so ist im Schrifttum denn auch zu lesen, regele allein das rechtliche Dürfen, über den Vorrang im Konfliktfall aber entscheide Art. 30 WVK, und zwar zu Gunsten des rechtswidrigen *inter se*-Abkommens.[170] Träfe dies jedoch tatsächlich zu, würde der *pacta tertiis*-Grundsatz erheblich aufgeweicht. Denn gerade die Vorrangregel des Art. 30 WVK ermöglichte es den Parteien des *inter se*-Abkommens, effektiv auf die Rechte der Vertragsparteien des ursprünglichen multilateralen Abkommens einzuwirken, obwohl das *inter se*-Abkommen für diese eine *res inter alios acta* darstellt.[171] Und auch mit den Regeln über die Staatenverantwortlichkeit

---

gen an: *N. Q. Dinh/P. Daillier/M. Forteau/A. Pellet*, Droit international public, 8. Aufl. 2009, S. 299; *A. Orakhelashvili*, in: O. Corten/P. Klein (Hrsg.), The Vienna Convention on the Law of Treaties. A Commentary, 2011, Art. 30 Rdn. 88, 93; *J. Pauwelyn*, Conflict of Norms in Public International Law, 2003, S. 313; *ders.*, AJIL 95 (2001), S. 535 (549 f.); *M. Zuleeg*, GYIL 20 (1977), S. 246 (269 f., 275); in diese Richtung auch *J. Arato*, in: A. Bianchi/D. Peat/M. Windsor (Hrsg.), Interpretation in International Law, 2015, S. 205 (222 f. und öfter) sowie *N. Matz-Lück*, Treaties, Conflicts between, in: MPEPIL (online edition), Stand: Dezember 2010, Rdn. 25, die die *lex posterior*-Regel nur dann zur Anwendung bringen will, wenn der Abschluss des späteren Vertrags, „is allowed by the earlier one“. Nach Art. 41 WVK wäre aber eben dies im Falle integraler Verpflichtungen nicht der Fall.

[170] So *W. Karl*, Treaties, Conflicts between, in: EPIL, Bd. IV, 2000, S. 935 (939); *K. Odendahl*, in: O. Dörr/K. Schmalenbach (Hrsg.), Vienna Convention on the Law of Treaties, 2012, Art. 30 Rdn. 26.

[171] Vgl. *N. Matz-Lück*, Treaties, Conflicts between, in: MPEPIL (online edition), Stand: Dezember 2010, Rdn. 25. Frankreich wies auf dieses Problem bereits in den Verhandlungen der Völkerrechtskommission wiederholt hin und schlug zur Lösung vor, für solche Verträge – Frankreich sprach von sog. „restricted multilateral treaties“ und meinte damit solche auf die das „principle of separability did not apply“ (siehe UN Conference on the Law of Treaties, First Session, Official Records, UN Doc. A/CONF.39/11, S. 447) – bestimmte Sonderregeln einzuführen (UN Conference on the Law of Treaties, Official Records, Documents of the Conference, UN Doc. A/CONF.39/11/Add.2, S. 137, 148, 156, 157, 179), insbesondere in den hier fraglichen Fällen dem früheren Vertrag den Vorrang einzuräumen (ebd., S. 148). Seine Lösungsvorschläge stießen teilweise auf Zustimmung (UN Conference on the Law of Trea-

ist eine solche Interpretation nicht zu vereinbaren. Denn etablierte das Völkervertragsrecht in diesen Fällen tatsächlich den Vorrang der *inter se*-Vereinbarung, so sähe sich ein im Streitfall entscheidendes Gericht durch die Regeln des Völkervertragsrechts verpflichtet, ein Abkommen durchzusetzen, zu dessen Aufhebung dessen Parteien aufgrund der Art. 30, 35 ARS verpflichtet wären. Doch wer zur Aufhebung eines Vertrages verpflichtet ist, kann nicht zugleich zu dessen Durchsetzung berechtigt sein.[172] Diese Brüche mit dem *pacta tertiis*-Grundsatz und dem Recht der Staatenverantwortlichkeit zu vermeiden ermöglicht Art. 30 Abs. 5 WVK, der ausdrücklich erklärt, die Vorrangregel des Abs. 4 gelte „without prejudice to" Art. 41 WVK sowie unbeschadet aller Fragen der Staatenverantwortlichkeit. Soll aber Abs. 4 die Regeln der Staatenverantwortlichkeit tatsächlich unberührt lassen, lässt sich die eingangs skizzierte Auslegung nicht halten. Denn wie gesehen stellt diese die Entscheidung der Regeln über die Staatenverantwortlichkeit in Frage; sie verhilft einer Norm zur Durchsetzung, die die Parteien aus der Welt zu schaffen verpflichtet sind. Die „unbeschadet"-Regelung des Abs. 5 ist daher so zu interpretieren, dass sie die Fälle illegaler *inter se*-Abkommen vom Anwendungsbereich des Abs. 4 ausnimmt.[173] Nur so

---

ties, First Session, Official Records, UN Doc. A/CONF.39/11, S. 119, 134, 348, 350), andere Staaten hingegen konnten dem Einwand Frankreichs offenbar nicht folgen und betonten – ohne das Auslegungsproblem zu erkennen – für die Rechte der anderen Staaten bestehe keine Gefahr (so etwa ebd., S. 165 [Großbritannien], 165 f. [USA], 347 f. [Kanada]). Da eine Einigung nicht erzielt werden konnte, zog Frankreich schließlich, um die Arbeiten der Kommission nicht zu verzögern, alle entsprechenden Änderungsanträge zurück. Angesichts der Tatsache, dass die Staaten in den Verträgen entsprechende Schutzmechanismen vorsehen könnten, sei es, so Frankreich, verzichtbar für diese Fälle bereits in der Vertragsrechtskonvention Vorsorge zu treffen (UN Conference on the Law of Treaties, Second Session, Official Records, UN Doc. A/CONF.39/11/Add.1, S. 33, 213).

[172] *J. Pauwelyn*, Conflict of Norms in Public International Law, 2003, S. 313; in eine ähnliche Richtung offenbar *N. Q. Dinh/P. Daillier/M. Forteau/A. Pellet*, Droit international public, 8. Aufl. 2009, S. 299, die ebenfalls aus der Rechtswidrigkeit des *inter se*-Abkommens auf dessen Nachrangigkeit schließen.

[173] Vgl. bereits die Stellungnahme des Vertreter Uruguays im Rahmen der Vorarbeiten, der auf die enge Verbindung zwischen den heutigen Art. 30 und Art. 41 hinweist und für den Fall einer Löschung des Art. 41 vorschlug, die dort niedergelegten Bedingungen unmittelbar in Art. 30 aufzunehmen, siehe UN Conference on the Law of Treaties, First Session, Official Records, UN Doc. A/CONF.39/11, S. 206; ähnlich scheint auch der Vertreter Dänemarks die Re-

lässt sich dem *pacta tertiis*-Grundsatz genügen und zugleich die Wertungen der Staatenverantwortlichkeitsartikel bewahren. Ein Blick in die Verhandlungen der Völkerrechtskommission vermag diese Interpretation zusätzlich zu stützen. Denn an keiner Stelle wird dort ausdrücklich klargestellt, dass auch für integrale Verpflichtungen ein eventuelles *inter se*-Abkommen Vorrang genießen soll. Vielmehr ist die Mehrheit der Staaten davon ausgegangen, dass die Regeln des beratenen Entwurfs auch im Falle eines *inter se*-Abkommens die Rechte der Drittstaaten ausreichend und umfassend schützen.[174] Bereits sie scheinen daher die hier favorisierte Auslegung zugrunde gelegt zu haben und im französischen Schrifttum sieht man sie gar „nettement affirmé en jurisprudence".[175]

Die Regeln des Völkervertragsrechts, so lässt sich demnach festhalten, verleihen integralen Verpflichtungen im Konfliktfall (Anwendungs-)Vorrang – und das selbst dann, wenn die konfligierende Regelung einem späteren Vertrag entstammt.[176] Der demnach naheliegenden These, dass auch die hier relevanten Prinzipien aufgrund ihres Norminhalts Anwendungsvorrang vor entgegenstehenden Regeln genießen, begegnet vor diesem Hintergrund noch zwei Einwänden. So ließe sich ihr erstens entgegenhalten, dass die fraglichen Wertordnungsprinzipien ihre rechtliche Grundlage meist gerade nicht im hier erörterten Völkervertragsrecht finden und Art. 30 WVK daher auf sie keine Anwendung findet. An den relevanten Wertungen indes ändert das nichts, beansprucht doch insbesondere der dem Vorrang integraler Verpflichtungen zugrundeliegende *pacta tertiis*-Grundsatz auch für die übrigen Völkerrechtsquellen gewohnheitsrechtliche Geltung. Dass sich deren rechtsquellentheoretische Zuordnung zu den allgemeinen Rechtsgrundsätzen im Sinne des Art. 38 Abs. 1 lit. c IGH-Statut auf die Anwendung der Kollisionsgrundsätze auswirkt, ist daher wenig plausibel.

---

gelungen des heutigen Art. 41 nicht lediglich als Rechtmäßigkeitsanforderungen sondern zugleich als Kollisionsregel gedeutet zu haben, siehe ebd., S. 207.

[174] Siehe unter anderem ebd., S. 165 (Großbritannien), 165 f. (USA), 207 (Dänemark), 347 f. (Kanada).

[175] *Dinh/Daillier/Forteau/A. Pellet*, Droit international public, 8. Aufl. 2009, S. 299; aus der Rechtsprechung IAGMR, *Sawhoyamaxa Indigenous Community v. Paraguay*, Ser. C, No. 146, Rdn. 140.

[176] Wenn das fragliche Prinzip die entstehungszeitlich jüngere Regel darstellt, findet der *lex posterior*-Grundsatz Anwendung, dazu *J. Rauber*, ZaöRV 75 (2015), S. 259 (274 f.).

Doch selbst wenn die in Art. 30 WVK normierten Grundsätze insofern auch jenseits des Völkervertragsrechts einschlägig sein sollten, ließe sich zweitens einwenden, dass die besprochenen Grundsätze auf das Verhältnis von Rechtsregeln und Rechtsprinzipien keine Anwendung finden können. Denn als Kollisionsregeln, so ließe sich argumentieren, setzten sie einen Normkonflikt voraus; doch ein Normkonflikt im engen Sinne – also eine Situation in der sich ein Staat gleichzeitig zwei Verpflichtungen gegenübersieht, denen er nicht gleichzeitig nachkommen kann[177] – könne zwischen Regeln und Prinzipien niemals bestehen, so dass die Grundsätze des Art. 30 WVK auf das Verhältnis von Regeln und Prinzipien nicht übertragbar seien.[178] In Teilen trifft das tatsächlich zu, denn versteht man Prinzipien als Normen, deren Gebote sich von vornherein auf die Forderung beschränken, etwas relativ auf die rechtlichen Möglichkeiten in einem möglichst hohen Maße zu verwirklichen, so ist ein solcher Regel-Prinzipien-Konflikt schon deshalb ausgeschlossen, weil rechtliche Regeln zu den Elementen gehören, die die rechtlichen Verwirklichungsmöglichkeiten eines Rechtsprinzips beschränken und das *prima facie*-Gebot eines Rechtsprinzips folglich nur insoweit zu einem definitiven Sollen erstarken lassen, als es dem normativen Anspruch der Regeln nicht im Wege steht. Den definitiven Gehalt von Prinzipien macht das nicht nur dynamisch, sondern vor allem vom jeweiligen Bestand rechtlicher Regeln abhängig. Schon die Definition von Prinzipien als Optimierungsgebote macht deshalb kontradiktorische Widersprüche zwischen einem Regel- und einem (definitiven) Prinzipiengebot unmöglich. Und dennoch überzeugt der Einwand nicht, erscheint es doch gerade vor diesem Hintergrund unplausibel, anzunehmen, die Anwendung der gewöhnlichen Kollisionsregeln der *lex superior*, *lex posterior* und *lex specialis* seien auf solche kontradiktorischen Widersprüche beschränkt. Vielmehr belegt bereits der im nationalen Verfassungsrecht übliche uneingeschränkte Vorrang der Verfassung, dass die Anwendung der *lex superior*-Regel auch Regel-Prinzipien-Konflikte erfasst. Schließlich enthält das Verfassungsrecht mit den Grundrechten zahlreiche Normen mit Prinzipiencharakter, die

---

177 Dieser enge Begriff des Normkonflikts etwa bei *C. W. Jenks*, BYIL 30 (1953), S. 401 (426); *W. Karl*, Treaties, Conflicts between, in: R. Bernhardt (Hrsg.), Encyclopedia of Public International Law, Bd. IV, 2000, S. 935 (936); vgl. zu möglichen Konfliktdefinitionen auch *J. Finke*, in: C. Tams/A. Tzanakopoulos/A. Zimmermann (Hrsg.), Research Handbook on the Law of Treaties, 2014, S. 415 (416 f.).

178 Siehe etwa *C. Höpfner*, Die systemkonforme Auslegung, 2008, S. 98.

auch gegenüber regelförmigen Bestimmungen des einfachen Rechts Vorrang beanspruchen. Und so dürfte, wie im Schrifttum zunehmend gesehen wird, auch den völkerrechtlichen Kollisionsgrundsätzen kein derart enger Begriff des Normkonflikts zugrunde liegen.[179] Vielmehr wird man mit *Joost Pauwelyn* einen Normkonflikt bereits dann annehmen können, wenn sich die Kreation oder die Erfüllung der einen Norm als Verletzung der anderen Norm darstellt.[180] Mit diesem Kriterium der Unvereinbarkeit aber lässt sich der oben festgestellte Vorrang der *obligatio integralis* auch auf das Verhältnis von Regeln und Prinzipien anwenden: Ein Prinzip, das eine integrale Verpflichtung statuiert, geht einer Regel immer dann vor, wenn diese mit dem Gebot, das sich aus einer *isolierten* Betrachtung der einschlägigen Rechtsprinzipien ergibt, nicht in Einklang zu bringen ist.

Den fraglichen Wertordnungsprinzipien lässt sich damit aufgrund ihres Norminhalts folglich auch insofern ein höherer Rang attestieren. Als Normen, die integrale Verpflichtungen statuieren, genießen sie Anwendungsvorrang gegenüber Regeln, die eine bilaterale Erfüllungsstruktur aufweisen.

(3) Zusammenfassung

Auch im Völkerrecht, so lässt sich das Ergebnis der vorstehenden Überlegungen resümieren, bestehen die Voraussetzungen, die eine Konformauslegung im nationalen Recht erst erforderlich und möglich machen: Seine Normen sind einerseits oft mehrdeutig genug, um die Anforderungen höherrangigen Rechts im Wege der Auslegung berücksichtigen zu können, und dabei andererseits in einem ausreichenden Sinne höherrangig, um im Falle normativer Konflikte das Bedürfnis harmonisierender Auslegung zu provozieren. Denn mit dem Aufkommen werthaltiger Grundprinzipien entstehen völkerrechtliche Normen, die aufgrund ihrer inhaltlichen Charakteristika erschwert änderbar sind und gegenüber Regeln, die mit ihnen unvereinbar sind, unabhängig von entstehungszeitlichen Faktoren Anwendungsvorrang genießen.

---

[179] *E. Vranes*, EJIL 17 (2006), S. 395; *J. Pauwelyn*, Conflict of Norms in Public International Law, 2003, S. 166 ff.

[180] Vgl. *J. Pauwelyn*, Conflict of Norms in Public International Law, 2003, S. 175 f., der sich dabei allerdings allein auf Art. 30 WVK bezieht.

bb) Übertragbarkeit der Begründung

Um einen Grundsatz system-, konkret: prinzipienkonformer Auslegung auch im Völkerrecht zu begründen, genügt es indes nicht, nachzuweisen, dass dessen Möglichkeitsbedingungen auch im Völkerrecht gegeben und dessen Funktionen auch im Völkerrecht von Nöten sind. Ins Völkerrecht übertragen lässt er sich vielmehr nur dann, wenn auch die Überlegungen, die den methodischen Grundsatz begründen und so zugleich im geltenden Recht verankern, auch im Völkerrecht eine Entsprechung finden. Nur dann also, wenn auch das Völkerrecht die *favor legis* kennt und es folglich auch das Völkerrecht gebietet, bei der Rechtsanwendung das Interesse der normsetzenden Staaten an Erhalt und Wirksamkeit ihrer Gestaltungsentscheidung zu berücksichtigen, lässt sich auch ein Grundsatz prinzipienkonformer Auslegung rechtfertigen. Dass jedoch auch die Anwender des Völkerrechts den Gestaltungsentscheidungen der Staaten einen entsprechenden Respekt schulden, folgt im Lichte der obigen Überlegungen[181] unmittelbar aus dem Grundsatz der Staatensouveränität.[182] Denn dieser gewährt den Staaten ein *prima facie* unbeschränktes Recht zur Selbstgestaltung, das auch das Recht, die eigenen Rechtsverhältnisse zu definieren, umfasst.[183] Eine entsprechende (Selbst-)Gestaltungsentscheidung dort nicht zu beachten, wo dies methodisch möglich wäre, bedeutete die Souveränität der Staaten zu beschneiden, ohne einen rechtfertigenden Grund hierfür anführen zu können. Denn mag das Souveränitätsprinzip das Recht eines Staates zur umfassenden Selbstgestaltung als Recht*prinzip* auch nur gewährleisten, sofern man von allem absieht, was dem entgegenstehen könnte, so garantiert es die staatliche Autonomie dort, wo solche Verwirklichungshindernisse nicht bestehen, doch zugleich ohne Einschränkung.[184] Sofern die völkerrechtlichen Auslegungsregeln die Auslegungsentscheidung nicht vollständig determinieren, fordert das Souveränitätsprinzip folglich, der in der auszulegenden Norm verkörperten Gestaltungsentscheidung möglichst zur Wirksamkeit zu verhelfen. Dies

---

[181] Siehe S. 319 ff., insbes. S. 324 ff.

[182] Vgl. auch – wenngleich ohne Verweis auf das obige Souveränitätsargument – *A. Paulus/J. Leiß*, in: B. Simma u.a. (Hrsg.), The Charter of the United Nations. A Commentary, 3. Aufl. 2012, Art. 103 Rdn. 77: „It is in the general interest that established norms stay in force to the greatest extent possible."

[183] Siehe S. 324 ff.

[184] Auch dazu bereits oben Siehe S. 345 f.

nicht zu tun, bedeutete den Normsetzungsakt ohne Not zu sabotieren und die mit ihm einhergehende staatliche Gestaltungsentscheidung ohne Rechtfertigung zu unterlaufen. Erweist sich eine völkerrechtliche Regel in mindestens einer ihrer möglichen Auslegungen als mit höherrangigen Prinzipien unvereinbar, so ist die ungebundene Entscheidung für eine beliebige Auslegungshypothese daher die rechtfertigungsbedürftige Ausnahme, die Konformauslegung hingegen die im Lichte des Souveränitätsprinzips beinahe selbstverständliche Regel. In ihm findet der Grundsatz der Normerhaltung folglich seine völkerrechtliche Entsprechung – eine Entsprechung, die es geboten erscheinen lässt, auch im Völkerrecht system-, nämlich prinzipienkonform auszulegen. Ein Staat, der eine Norm eines völkerrechtlichen Vertrags, dem er angehört, so auslegt, dass diese mit höherrangigem Recht in Konflikt gerät, kann sich deshalb nicht auf deren Unanwendbarkeit (oder im Falle zwingenden Völkerrechts: Nichtigkeit) berufen, wenn jene auch eine Auslegung erlaubt, die den Anforderungen des höherrangigen Rechts genügt. Und auch ein internationales (Schieds-)Gericht darf eben deshalb nicht von der Möglichkeit prinzipienkonformer Auslegung absehen und eine Regel stattdessen für unanwendbar erklären, ohne hierzu von den Streitparteien ermächtigt worden zu sein, griffe es anderenfalls doch in deren souveränes Selbstgestaltungsrecht ein, ohne diesen Eingriff auf rechtfertigende rechtliche Gründe stützen zu können.

c) Ergebnis

Die Voraussetzungen, an die die Grundsätze systemkonformer Auslegung anknüpfen, liegen auch im Völkerrecht vor und mit dem im Souveränitätsprinzip wurzelnden Gebot der Normerhaltung ist auch deren normative Grundlage im Völkerrecht verankert. Die völkerrechtliche Methodenlehre ist daher um einen Grundsatz system-, nämlich prinzipienkonformer Auslegung, zu erweitern. Als kategorischer Negativtest zweiter Stufe beschränkt dieser die Entscheidung zwischen den zunächst auf erster Stufe anhand der üblichen Auslegungsmethoden begründbar erscheinenden Auslegungshypothesen: All diejenigen möglichen Normbedeutungen, die sich als mit den völkerrechtlichen Grundprinzipien unvereinbar erweisen, scheidet er aus, um einen Konflikt mit höherrangigem Recht zu umgehen und der auszulegenden Norm so zur Wirksamkeit zu verhelfen. Die Vereinbarkeit mit den Grundprinzipien des Völkerrechts wird so zu einer absoluten Auslegungsschranke, jene selbst werden zu Normkonkretisierungsargumenten mit besonderem Status: Sie versperren dem Rechtsanwender die Möglichkeit, sich für eine Regelauslegung zu entscheiden, die mit ihnen in Konflikt gerät. Allerdings ist die begrenzende Funktion, die eben diesem Erfordernis eines Konflikts zukommt, ernst zu nehmen. Sie führt nämlich dazu, dass die Konformauslegung eine Auslegungshypothese nur dann auszuscheiden vermag, wenn aufgrund der Abwägung der ihr zugrundeliegenen Prinzipien feststeht, dass sie einen nicht mehr vertretbaren Prinzipienausgleich schafft und sich so als unverhältnismäßig erweist. Meist aber wird die Abwägung schon deshalb Spielräume belassen, weil die empirischen wie normativen Prämissen dieser Abwägungsentscheidung mit epistemischen Unsicherheiten behaftet sind. Nur jenseits dieser Spielräume entfaltet die Konformauslegung ihre Korrekturfunktion.[185]

2. *Systemkonforme Auslegung als wertrealisierende Auslegung: Die Anknüpfung an den völkerrechtlichen Grundsatz in dubio mitius*

Das Gebot, völkerrechtliche Regeln in Übereinstimmung mit den Grundprinzipien des Völkerrechts auszulegen, findet überdies auch in der Methodenlehre des Völkerrechts selbst einen Anknüpfungspunkt. Denn über den konsentierten und in Art. 31 ff. WVK normierten Kernbestand völkervertraglicher Auslegungsmethoden hinaus werden im Schrifttum zusätzliche ungeschriebene Grundsätze diskutiert, die der Auslegung ergänzende Leitlinien bieten sollen.[186] Zwar findet sich, soweit ersichtlich, die Regel, eine jede Norm im Lichte der Grundprinzipien der Völkerrechtsordnung auszulegen, darunter nicht, doch gibt deren prominenteste – die *in dubio mitius*-Regel – Anlass, nach einem solchen Grundsatz grundprinzipienoptimierender Auslegung zu fragen. Ein Blick auf Inhalt (dazu lit. a) und Rezeption (dazu lit. b), insbesondere aber auf die Begründung (dazu lit. c) dieses Grundsatzes soll zeigen, warum das so ist und die These, dass die neu entstandenen Wertordnungsprinzipien die Konkretisierung völkerrechtlicher Regeln auch als Maßstäbe der Konformauslegung leiten, zusätzlich stützen.

---

[185] Der Grundsatz der Konformauslegung hat daher auch nicht notwendigerweise eine Nivellierung der Unterschiede zwischen verschiedenen völkerrechtlichen Regimen zur Folge; diese Kritik etwa bei *Krieger*, VVdStRL 75 (2015), S. 488 (491).

[186] *M. Herdegen*, Interpretation in International Law, in: MPEPIL (online edition), Stand: März 2013, Rdn. 27 ff.; *H. F. Köck*, ZöR 53 (1998), S. 217 (231 ff.); *W. Vitzthum*, in: ders./A. Proelß (Hrsg.), Völkerrecht, 7. Aufl. 2016, 1. Abschn. Rdn. 124.

a) Der Gehalt des *in dubio mitius*-Grundsatzes

Der *in dubio mitius*-Grundsatz umschreibt „die Maxime, daß Vertragsbestimmungen, die Beschränkungen der staatlichen Entscheidungs- und Gestaltungsfreiheit enthalten, im Zweifel einschränkend auszulegen sind".[187] Immer dann, wenn die Anwendung der gewöhnlichen Auslegungsmethoden die Mehrdeutigkeit der auszulegenden Bestimmung nicht gänzlich auszuräumen vermag, ist demnach diejenige Auslegung zu wählen, die die staatliche Freiheit am geringsten einschränkt.[188] Oft wird der Grundsatz daher auch als souveränitätsfreundliche Auslegung begriffen.[189]

b) Die Rezeption des *in dubio mitius*-Grundsatzes in Schrifttum und Rechtsprechung

In der Rechtsprechung des StIGH findet sich der Rekurs auf diesen Grundsatz souveränitätsfreundlicher Auslegung noch regelmäßig. So liest man etwa in seiner Entscheidung über den zwischen der Türkei und dem Irak geschlossenen Vertrag von Lausanne:

> „[I]f the wording of a treaty provision is not clear, in choosing between several admissible interpretations, the one which involves the minimum of obligations for the Parties should be adopted. This principle may be admitted to be sound."[190]

Und auch in späteren Urteilen bekennt sich der Gerichtshof deutlich dazu, dass „in case of doubt, a limitation of sovereignty must be construed restrictively".[191] Auch wenn der Gerichtshof dies häufig um den

---

187 *R. Bernhardt*, Die Auslegung völkerrechtlicher Verträge, 1963, S. 143.

188 Diese Umschreibung etwa bei *O. Dörr*, in: ders./K. Schmalenbach (Hrsg.), Vienna Convention on the Law of Treaties, 2012, Art. 31 Rdn. 34; *M. Herdegen*, Interpretation in International Law, in: MPEPIL (online edition), Stand: März 2013, Rdn. 28.

189 *R. Bernhardt*, GYIL 42 (1999), S. 11 (14): „the principle that treaties should be interpreted in favor of State sovereignty"; *E. Bjorge*, in: M. Andenas/E. Bjorge (Hrsg.), A Farewell to Fragmentation, 2015, S. 498 (520); *O. Dörr*, in: ders./K. Schmalenbach (Hrsg.), Vienna Convention on the Law of Treaties, 2012, Art. 31 Rdn. 34.

190 StIGH, *Interpretation of Article 3, Paragraph 2, of the Treaty of Lausanne*, Advisory Opinion, Ser. B, No. 12, S. 25.

191 StIGH, *Free Zones of Upper Savoy and the District of Gex*, Second Phase, Order, Ser. A, No. 24, S. 12; *Free Zones of Upper Savoy and the District of Gex*,

Hinweis ergänzt, der Grundsatz souveränitätsfreundlicher Auslegung könne lediglich dann herangezogen werden, wenn nach Anwendung der übrigen Auslegungsmethoden noch Auslegungszweifel verblieben,[192] so erkennt er die *in dubio mitius*-Regel doch grundsätzlich an. Entscheidungsrelevant war die Regel jedoch – soweit ersichtlich – für keine der Entscheidungen des StIGH.[193] Allenfalls in dieser abgemilderten Form – grundsätzliche Anerkennung bei gleichzeitiger Betonung der Grenzen und Bedeutungslosigkeit im Einzelfall – lebt der Grundsatz auch nach Ende des ersten ständigen Haager Gerichtshofs in der Rechtsprechung fort. Vor allem internationale Schiedssprüche berufen sich gelegentlich auf ihn.[194] In der Rechtsprechung des IGH hat der Grundsatz indes bislang an keiner Stelle ausdrücklich Erwähnung gefunden. Lediglich sehr vereinzelt klingt er in Umschreibungen an,[195] an anderen Stellen begegnet er gar offener Skepsis.[196] Der EGMR hat sich

Ser. A/B, No. 46, S. 167; in der Sache ebenso StIGH, *Wimbledon*, Ser. A, No. 1, S. 24. Ein hilfreicher Überblick mit weiteren Nachweisen bei *R. Bernhardt*, Die Auslegung völkerrechtlicher Verträge, 1963, S. 146 ff.

192 Mit diesem Schwerpunkt wird die Regel etwa erwähnt in StIGH, *Competence of the ILO*, Advisory Opinion, Ser. B, No. 2, S. 23; StIGH, *Wimbledon*, Ser. A, No. 1, S. 24 f.; StIGH, *Territorial Jurisdiction of the International Commission of the River Oder*, Ser. A, No. 23, S. 26; StIGH, *Polish Postal Service in Danzig*, Advisory Opinion, Ser. B, No. 11, S. 39; siehe auch *H. Lauterpacht*, BYIL 26 (1949), S. 48 (61) und *S. Sur*, L'Interprétation en Droit International Public, S. 121 f.

193 *H. Lauterpacht*, BYIL 26 (1949), S. 48 (61 f.).

194 Überblick und Nachweise bei *C. J. Larouer*, Cornell Law School Inter-University Graduate Student Conference Papers, Paper 22, S. 20 f.

195 So in IGH, *Interpretation of Peace Treaties*, Advisory Opinion, ICJ Rep 1950, S. 65 (227); *Continental Shelf* (Libya v. Malta), Application to Intervene, ICJ Rep 1984, S. 3 (23). Die dabei oftmals angeführte Passage aus dem Urteil des IGH im *Nuclear Tests Case* (IGH, *Nuclear Tests Case* [Australia v. France], ICJ Rep 1974, S. 253 [267]) betraf indes eine einseitige Erklärung und keinen Vertrag. Ihr Aussagewert für den entsprechenden Grundsatz der Vertragsinterpretation hängt dabei entscheidend davon ab, ob man den Grundsatz auf Grundlage der *contra proferentem*-Maxime erklärt oder andere Begründungsmodelle heranzieht; dazu sogleich im Text.

196 IGH, *Dispute Regarding Navigational and Related Rights*, ICJ Rep 2009, S. 213 (237): „While it is certainly true that limitations of the sovereignty of a State over its territory are not to be presumed, this does not mean that treaty provisions establishing such limitations [...] should for this reason be interpreted *a priori* in a restrictive way."

einer restriktiven, souveränitätsschonenden Auslegung von Anfang an versperrt.[197] Dessen ungeachtet hat sich der Appellate Body der Welthandelsorganisation zum Erstaunen vieler[198] ausdrücklich zum *in dubio mitius*-Grundsatz als einem „interpretative principle [...] widely recognized in international law“[199] bekannt; doch steht er damit weitgehend allein. Lediglich im Rahmen der WTO-Rechtsprechung hat die Entscheidung den Grundsatz teilweise wiederbelebt.[200] Insgesamt befindet sich der *in dubio mitius*-Grundsatz dennoch auf dem Niedergang.

Ein Blick ins völkerrechtliche Schrifttum bestätigt diese These. Während die akademischen Stellungnahmen aus der ersten Hälfte des zwanzigsten Jahrhunderts sich beinahe durchweg für eine Auslegung *in dubio mitius* aussprechen,[201] ja ihr sogar „große Bedeutung“ attestieren,[202] reicht der Kanon aktueller Positionen von vorsichtiger Skepsis über entschiedene Ablehnung[203] bis hin zum Postulat einer Auslegungsregel,

---

[197] Siehe *C. J. Larouer*, Cornell Law School Inter-University Graduate Student Conference Papers, Paper 22, S. 16 ff.; *C. C. Morrisson*, ICLQ 19 (1970), S. 361 (362 und öfter). Eben diese Missachtung der *in dubio mitius*-Regel durch den Gerichtshof kritisiert auch Richter *Fitzmaurice* in Rdn. 39 seiner Separate Opinion zur Entscheidung des EGMR in *Golder v. United Kingdom*, Appl. No. 4451/70, Urt. v. 21. Februar 1975.

[198] Siehe etwa *M. Lennard*, JIEL 5 (2002), S. 17 (63).

[199] WTO, *EC Measures Concerning Meat and Meat Products (Hormones)*, Appellate Body Report v. 16. Januar 1998, WT/DS26/AB/R, WT/DS48/AB/R, Rdn. 165 in Fn. 154.

[200] *C. J. Larouer*, Cornell Law School Inter-University Graduate Student Conference Papers, Paper 22, S. 23 ff. mit Nachweisen aus der Rechtsprechung.

[201] *P. Guggenheim*, Lehrbuch des Völkerrechts, Bd. I, 1948, S. 128; *W. E. Hall*, A Treatise on International Law, 7. Aufl. 1917, § 111, S. 348 f.; *L. Oppenheim*, International Law, Bd. I, 5. Aufl. 1937, S. 753; *R. Redslob*, Traité de Droit des Gens, 1950, S. 95 f.; *C. Rousseau*, Principes Généraux du Droit International Public, Bd. I, 1944, S. 688 ff., insbes. S. 690 f.; *G. Schwarzenberger*, International Law, Bd. I, 3. Aufl. 1957, S. 509 f.; schon damals kritisch *H. Lauterpacht*, BYIL 26 (1949), S. 48.

[202] *P. Guggenheim*, Lehrbuch des Völkerrechts, Bd. I, 1948, S. 128.

[203] *R. Bernhardt*, GYIL 42 (1999), S. 11 (14); *ders.*, in: FS Zemanek, 1994, S 11 (13 f.); *E. Bjorge*, in: M. Andenas/E. Bjorge (Hrsg.), A Farewell to Fragmentation, 2015, S. 498 (521); *J. Crawford*, Brownlie's Principles of Public International Law, 8. Aufl. 2012, S. 451; *O. Dörr*, in: ders./K. Schmalenbach (Hrsg.), Vienna Convention on the Law of Treaties, 2012, Art. 31 Rdn. 34; *U. Fastenrath*, Lücken im Völkerrecht, 1991, S. 240; *J. Kokott*, Sovereign Equality

die den *in dubio mitius*-Grundsatz in ihr Gegenteil verkehrt[204]. Weder im Schrifttum[205] noch in der Rechtsprechung[206] kann er derzeit folglich noch als allgemein anerkannte Auslegungsregel gelten.

c) Die Begründung des *in dubio mitius*-Grundsatzes

Seine Untersuchung macht das jedenfalls dann keinesfalls bedeutungslos, wenn man das apodiktische Gebot souveränitätsfreundlicher Auslegung völkerrechtlicher Verträge lediglich als eine dem klassischen Koexistenzvölkerrecht entsprechende Ausprägung einer anderen Auslegungsmaxime versteht. Der Grundsatz *in dubio mitius*, so schreibt *Rudolf Bernhardt* in diesem Sinne bereits im Jahre 1962, sei „im Grunde eine Bezugnahme auf die Struktur der Völkerrechtsgemeinschaft".[207] Für diese sei derzeit (noch) „die Souveränität der Staaten kennzeichnend",[208] was auch das Gebot souveränitätsfreundlicher Auslegung erkläre. Dieses ist, so muss man *Bernhardt* wohl verstehen, nichts weiter als eine durch den Entwicklungsstand des Völkerrechts bedingte Ausprägung einer Auslegungsregel, nach der im Zweifel diejenige Auslegungshypothese den Vorzug verdient, die den Grundprinzipien und -strukturen der Völkerrechtsordnung am besten entspricht. Wie *Luigi Crema* jüngst gezeigt hat, lässt sich ein solcher Auslegungsansatz bis auf die Völkerrechtslehren rationalistischer Naturrechtler wie etwa *Hugo Grotius*, *Samuel von Pufendorf* und *Emmerich de Vattel* zurück-

---

of States, in: MPEPIL (online edition), Stand: April 2011, Rdn. 26; *A. Orakhelashvili*, The Interpretation of Acts and Rules in Public International Law, 2008, S. 414 f.; *S. Vöneky*, Analogy in International Law, in: MPEPIL (online edition), Stand: Februar 2008, Rdn. 16.

204 *L. Crema*, EJIL 21 (2010), S. 681 (694): „[I]n case of doubt the meaning which impairs state sovereignty the most is to be preferred."

205 *E. Bjorge*, in: M. Andenas/E. Bjorge (Hrsg.), A Farewell to Fragmentation, 2015, S. 498 (520); *C. Tomuschat*, RdC 281 (1999), S. 9 (171); auch *C. Fernandez de Casadevante Romani*, Sovereignty and Interpretation of International Norms, 2007, S. 134 ff. zählt den Grundsatz offenbar nicht zu den „general canons employed".

206 *M. Herdegen*, Interpretation in International Law, in: MPEPIL (online edition), Stand: März 2013, Rdn. 29.

207 *R. Bernhardt*,, Die Auslegung völkerrechtlicher Verträge, 1963, S. 145.

208 Ebd., S. 187.

führen.[209] Schon diese kannten eine Auslegungsregel, wonach in Bezug auf die Werte und Zwecke des Völkerrechts – damals noch allgemeine Nützlichkeit, Gleichheit, die Stabilität der Gesellschaft, etc. – galt: *odia restringi et favoris convenit ampliari.* Den Grundwerten abträgliche Vorschriften waren demnach eng, ihnen förderliche Bestimmungen weit auszulegen. Mit dem Aufkommen des voluntaristischen Positivismus wurden der Staat und dessen Souveränität zum einzigen Grundwert der Völkerrechtsordnung, die allgemein gefasste Regel, den Grundwerten der Völkerrechtsordnung im Wege der Auslegung Rechnung zu tragen, fand daher in der Maxime *in dubio mitius* ihren zeitgemäßen Ausdruck. Doch:

> „The rule did not change its deep structure (it remained the expression of the value oriented rule) but rather the actual content, and it became a rough, quick manner of favouring the now unique value, that is the state.“[210]

In dieser Lesart vollzieht die Auslegungsregel, deren Ausdruck einst die *in dubio mitius*-Vermutung war, die Dynamik der Völkerrechtsordnung notwendig mit. Auch dem oben geschilderten Aufkommen neuer Wertordnungsprinzipien, die den Primat des Souveränitätsprinzips in Frage stellen, lässt sich auf diesem Wege Ausdruck verleihen. Prinzipiengestützten Auslegungsargumenten böte der Grundsatz grundprinzipienkonformer Auslegung so ein weiteres Einfallstor.

Freilich ist diese auf das Souveränitätsprinzip gestützte Lesart nicht unbestritten. *Lord McNair* hat ihr gar Absurdität vorgeworfen, denn „if a so-called rule of interpretation is applied to restrict the obligation of one party, a sovereign State, it reduces the reciprocal benefit or ‚consideration‘ due to the other party, also a sovereign State, which seems [...] to be absurd“.[211] Die souveränitätsfreundliche Auslegung, so der Einwand, verleihe dem Souveränitätsprinzip folglich nur einseitig Ausdruck.[212] Die Souveränitätseinbußen, die *McNair* der anderen Vertragspartei attestiert, bestünden indes nur dann, wenn die restriktive Auslegung dazu führte, dass der Vertragspartei Vorteile genommen werden, die ihr der Vertrag zuvor gewährte. *McNairs* Prämisse muss dem Vertrag folglich bereits einen definitiven Inhalt zuweisen, von dem die rest-

---

[209] *L. Crema*, EJIL 21 (2010), S. 681 (682 ff.).

[210] Ebd., S. 684.

[211] *A. D. McNair*, The Law of Treaties, 1961, S. 765.

[212] So auch *J. Stone*, Sydney L. Rev. 1 (1953-55), S. 344 (354).

riktive Auslegung nachträglich etwas abzieht. In den Fällen, in denen die restriktive Auslegung zur Anwendung kommt – Fälle nämlich, in denen die übrigen Auslegungsmethoden die Bedeutung einer Norm nicht abschließend zu klären vermögen – fehlt für eine solche definitive Auslegung indes die Grundlage, kann hier doch gerade nicht geklärt werden, welche von mehreren Interpretationen die korrekte ist. Bei der Auswahl zwischen diesen Auslegungshypothesen streitet die als ein staatliches Recht auf negative Freiheit verstandene Souveränität nun aber in der Tat für eine restriktive Auslegung.

Auch wenn die Kritik *McNairs* an der sich auf die Grundprinzipien, namentlich das Souveränitätsprinzip, stützende Begründung der *in dubio mitius*-Maxime insoweit fehl geht, treten doch drei weitere Begründungsversuche neben den geschilderten Ansatz. Der erste stützt die *in dubio mitius*-Regel ausgehend von einem klar subjektiven Auslegungsansatz auf die Hypothese, ein Mehr an Verpflichtungen, als sich dem Vertrag unzweifelhaft entnehmen lasse, hätten die Staaten im Zweifel nicht gewollt, schließlich beschränke eine Verpflichtung deren Freiheit.[213] Ein zweiter Begründungsversuch beruft sich auf die Maxime *exceptionae sunt strictae interpretationis*. Seien Ausnahmebestimmungen generell eng auszulegen, so gelte dies auch für völkervertragliche Verpflichtungen, denn diese stellten sich als Ausnahmen von dem Grundsatz staatlich-souveräner Freiheit dar.[214] Die dritte Begründungsalternative findet ihren Ansatzpunkt in der aus dem römischen Recht stammenden Auslegungsmaxime *verba ambigua accipiuntur contra proferentem*.[215] Zweifel bei der Auslegung, die auf Uneindeutigkeiten des Vertragswortlauts zurückgehen, sind danach stets zu Lasten der Vertragspartei aufzulösen, die den Vertrag formuliert hat. Denn wer die Verantwortung für die Formulierung des Vertrags übernehme, so die dahinter stehende Erwägung, der habe zugleich dafür Rechnung zu tragen, dass dessen Text den übereinstimmenden Willen der Vertrags-

---

213 Dieses Argument etwa bei *R. Bernhardt*, Die Auslegung völkerrechtlicher Verträge, 1963, S. 145 (der diese Begründung lediglich hilfsweise anführt) und *C. C. Morrisson*, ICLQ 19 (1970), S. 361 (362); angedeutet auch bei *H. Lauterpacht*, BYIL 26 (1949), S. 48 (59).

214 *G. Schwarzenberger*, International Law, Bd. I, 3. Aufl. 1957, S. 509; in diese Richtung auch *M. Bos*, NILR 27 (1980), S. 135 (166 f.) allerdings mit der Einschränkung, dass nicht jede vertragliche Verpflichtung eine Souveränitätsbeschränkung darstelle; vgl. außerdem *R. Bernhardt*, Die Auslegung völkerrechtlicher Verträge, 1963, S. 145 und *H. Lauterpacht*, BYIL 26 (1949), S. 48 (60 f.).

215 Vgl. *H. Lauterpacht*, BYIL 26 (1949), S. 48 (56 ff., 59).

parteien richtig wiedergibt. Da die Formulierung des Vertrages im römischen Recht dem Gläubiger oblag, führten Auslegungszweifel stets zu einer engen Auslegung der vom Schuldner übernommenen Verpflichtungen. Der *contra proferentem*-Grundsatz wird so zum allgemeinen Gebot restriktiver Auslegung vertraglich begründeter Pflichten, auch im Völkerrecht.

Auch diese Alternativkonzeptionen nehmen der ersten Erklärung indes ihre Plausibilität nicht. Denn erstens dürfte der Versuch, das Gebot restriktiver Auslegung auf den *contra proferentem*-Grundsatz zu stützen, für den Fall völkervertraglicher Verpflichtungen schon deshalb in die Irre gehen, weil dessen zentrale Prämisse, es sei stets der Gläubiger, der den Vertrag formuliere, nicht zutrifft. Gerade für sog. *law-making treaties*, in denen sich alle Vertragsparteien denselben Verpflichtungen unterwerfen, also beide Parteien zugleich Schuldner der Hauptleistung und Gläubiger der identischen Leistung des jeweils anderen Vertragspartners sind, stößt dieser Begründungsversuch an seine Grenzen.[216] Und auch gegenüber den anderen beiden Alternativansätzen hat die Deutung des *in dubio mitius*-Grundsatzes als kontingente Ausprägung eines Gebots grundprinzipienkonformer Auslegung den entscheidenden Vorteil, dass sie die Entwicklung des *in dubio mitius*-Grundsatzes in Rechtsprechung und Literatur plausibel zu machen vermag.[217] Denn wie bereits gezeigt, erfährt die Bedeutung staatlicher Souveränität durch das Aufkommen neuer Rechtsprinzipien eine deutliche Relativierung. Verliert die staatliche Souveränität aber als Grundwert der Völkerrechtsgemeinschaft an Gewicht, so muss sich auch eine Auslegungsmethode, die den Grundwerten der Völkerrechtsordnung eine Stimme zu geben versucht, vom Grundsatz restriktiver, souveränitätsfreundlicher Auslegung lösen. Genau davon zeugen Rechtsprechung und Literatur. Insbesondere im Rahmen regionaler Menschenrechtsschutzinstrumente tritt an die Stelle der *in dubio mitius*-Vermutung die Regel einer Auslegung *pro homine*, die im Zweifel dem Grundwert des Menschenrechtsschutzes den Vorzug gibt.[218] Für diese Entwicklung liefert allein die Deutung des *in dubio mitius*-Grundsatzes als wertbasierte Auslegungsmaxime eine plausible Erklärung.

---

[216] Vgl. *M. Bos*, NILR 27 (1980), S. 135 (163).

[217] In diese Richtung bereits *R. Bernhardt*, Die Auslegung völkerrechtlicher Verträge, 1963, S. 145.

[218] Siehe dazu *L. Crema*, EJIL 21 (2010), S. 681 (688 ff.).

d) Prinzipienkonforme oder prinzipienoptimierende Auslegung?

Der Auslegungsgrundsatz, auf dem die *in dubio mitius*-Maxime ruht, lässt sich in verallgemeinerter Form demnach wie folgt formulieren: Verbleiben nach Berücksichtigung der klassischen Auslegungsmethoden noch Auslegungszweifel, ist diejenige Auslegung zu wählen, die den jeweiligen Grundprinzipien der Völkerrechtsordnung am besten gerecht wird. Dass mit diesem Auslegungsgrundsatz tatsächlich zugleich das Gebot begründet ist, völkerrechtliche Regeln im oben beschriebenen Sinne prinzipienkonform auszulegen, wird indes erst auf den zweiten Blick klar. Denn jedenfalls zunächst scheint er einer prinzipien*optimierenden* Auslegung näher zu stehen, die der – für die Konformauslegung charakteristische – Test bloßer Vereinbarkeit mit den Grundprinzipien des Völkerrechts nicht zufriedenstellt. Und so beschränkt er sich denn auch gerade nicht darauf, Auslegungshypothesen, die mit völkerrechtlichen Grundprinzipien unvereinbar sind, auszuscheiden, sondern fordert, in Situationen der Ungewissheit diejenige Auslegung zu wählen, die die Grundprinzipien optimal („am besten") verwirklicht. Bei näherer Betrachtung jedoch fallen die beiden zunächst verschieden erscheinenden Maßstäbe – optimale Prinzipienverwirklichung einerseits, (bloße) Vereinbarkeit mit diesen andererseits – zusammen. So liegt es doch gerade im Wesen von Prinzipien eine jede Einschränkung rechtfertigungsbedürftig zu machen, jenseits solcher zu rechtfertigenden Einschränkungen indes volle Verwirklichung zu beanspruchen. Eine Lösung, die unter Berücksichtigung aller faktischen oder rechtlichen Hindernisse die Möglichkeiten zur Verwirklichung eines Prinzips nicht ausschöpft, bleibt hinter dem zurück, was das Prinzip fordert. Eben das jedoch zeigt, dass Prinzipienkonformität der Normkonkretisierung nicht nur eine notwendige Konsequenz prinzipienoptimierender Auslegung darstellt, sondern dass vielmehr diese eine notwendige Bedingung jener darstellt. Nur diejenige Auslegung, die die Prinzipien so weit wie möglich verwirklicht, ist mit ihnen vereinbar. Die Maßstäbe prinzipienkonformer und prinzipienoptimierender Auslegung konvergieren folglich, und es wäre ein Irrtum, anzunehmen, letztere forderte mehr als erstere. Beide verbieten es, eine Norm auf eine Weise zu konkretisieren, die mit den Erfordernissen völkerrechtlicher Grundprinzipien unvereinbar ist, weil sie, was letztlich dasselbe ist, diese Prinzipien nicht optimal verwirklicht.

Doch folgt auch aus dieser Konvergenz nicht, dass eine eigene und echte Normkonkretisierungsentscheidung des auslegenden Normanwenders verzichtbar und die Gewichtung der klassischen Auslegungsargumente (Wortlaut, Kontext, Telos) überflüssig würde. Denn jedenfalls dann, wenn die auszulegende Regel in den Anwendungsbereich mehrerer Prinzipien fällt, erfordert die Konformauslegung eine Abwägungsentscheidung, um den Zustand optimaler Prinzipienverwirklichung zu erheben und so prinzipienkonforme Auslegungshypothesen von solchen Auslegungsvarianten zu scheiden, die dem prinzipienhaft Gebotenen nicht mehr genügen. Die empirischen und normativen Prämissen dieser Abwägung werden indes vielfach, ja sogar meist mit epistemischen Unsicherheiten behaftet sein, die ein definitives Urteil über die Prinzipienkonformität erschweren. Und selbst falls solche Erkenntnisunsicherheiten ausbleiben, mag die Abwägung in manchen Fällen mehrere Optionen als normativ gleichwertig ausweisen und die Auslegung folglich nicht vollständig determinieren. Das zeigt, dass auch das Gebot prinzipienkonformer Auslegung Spielräume[219] offen lässt, innerhalb derer sich die auslegende Normkonkretisierung bewegen kann. Denn in Bereichen epistemischer Unsicherheit oder Fällen der Gleichwertigkeit mehrerer Optionen kommt die Verwerfung einer Auslegungshypothese nicht in Betracht.

e) Ergebnis

Dem Grundsatz *in dubio mitius*, so lässt sich im Lichte der obigen Überlegungen festhalten, fehlt der normative Selbststand. Er ist eine lediglich kontingente Ausprägung des tieferliegenden Gebots, im Falle von Auslegungszweifeln stets diejenige Auslegung zu wählen, die den Grundprinzipien des Völkerrechts bestmöglich Rechnung trägt. Neu entstandenen Wertordnungsprinzipien öffnet sich damit ein wichtiges Einfallstor in die auslegende Normkonkretisierung. Inhaltlich zwar deckt sich das Gebot, Prinzipien im Wege der Auslegung optimal zu verwirklichen, mit dem bereits oben skizzierten Grundsatz prinzipienkonformer Auslegung des Völkerrechts, doch verleiht es eben diesem eine alternative und ergänzende Begründung.

---

[219] Umfassend zu Gründen und Formen dieser Spielräume im Prinzipienmodell *M. Klatt/J. Schmidt*, Spielräume im Öffentlichen Recht, 2010.

V. Jenseits des Völkervertragsrechts: Rechtsprinzipien und Auslegung des Völkergewohnheitsrechts

Die Auslegung völkerrechtlicher Verträge erlaubt es nach den vorstehenden Überlegungen auf unterschiedlichen Wegen, die vertraglichen Regeln mit völkerrechtlichen Rechtsprinzipien zu harmonisieren. Erscheinen auslegungsbasierte Harmonisierungsversuche vor diesem Hintergrund auch für die Auflösung von normativen Spannungen zwischen völkerrechtlicher Prinzipienschicht und völkergewohnheitsrechtlichen Regeln vielversprechend, so stoßen sie im Bereich des Völkergewohnheitsrecht doch auf eine ganz grundsätzliche Schwierigkeit, denn: Lassen sich völkergewohnheitsrechtliche Regeln überhaupt auslegen?

Wer Auslegung als hermeneutischen Prozess der textbezogenen Bedeutungsermittlung versteht, mag hinsichtlich der Auslegungsfähigkeit (völker-)gewohnheitsrechtlicher Rechtssätze bereits deshalb Zweifel hegen, weil gewohnheitsrechtliche Normen nicht gleichermaßen sprachlich verkörpert sind wie gesetzliche oder vertragliche Rechtssätze. Zwar bleibt auch das Völkergewohnheitsrecht stets sprachgebunden: Sein Inhalt wird mündlich oder schriftlich dargestellt, in Lehrbüchern, Vorlesungen, Erklärungen von Staatenvertretern und gerichtlichen Entscheidungen. Doch – und darin unterscheidet es sich etwa von völkervertraglichen Normen – handelt es sich dabei „um wechselnde Formulierungen ohne einheitlich autoritative Festlegung".[220] Im Völkergewohnheitsrecht fehlt der Auslegung somit ein verbindlicher sprachlicher Bezugspunkt. Für Sätze des Gewohnheitsrechts, so folgert *Felix Somló* daraus, vermenge sich deshalb „die Deutungsfrage mit der Frage nach [ihrem] Vorhandensein";[221] die Frage „wie ist es zu verstehen?" gehe für das Gewohnheitsrecht in der Frage „wie lautet es?" auf.[222] Auch im Völkerrecht findet diese skeptische These Anhänger. In besonders klarer Weise hat sich etwa *Maarten Bos* für sie stark gemacht.[223] Während die Existenz einer völkervertraglichen Norm nach

---

[220] *F. Müller/R. Christensen*, Juristische Methodik, Bd. I, 11. Aufl. 2013, S. 210.

[221] *F. Somló*, Juristische Grundlehre, 2. Aufl. 1927, S. 373.

[222] Ebd.; zustimmend *K. Larenz*, Methodenlehre der Rechtswissenschaft, 6. Aufl. 1991, S. 356.

[223] *M. Bos*, NILR 27 (1980), S. 3 (9 f.); ebenfalls ablehnend *B. Schlütter*, Developments in Customary International Law, 2010, S. 89; siehe auch die ausführlichen Nachweise bei *P. Merkouris*, Article 31(3)(c) VCLT and the Principle of Systemic Integration, 2015, S. 240 ff.

Bos von einer Reihe rein faktischer Kriterien – wie etwa dem Vorliegen eines beiderseits unterschriebenen Vertragstexts, der Ratifikation des Vertrages und dessen Inkrafttreten – abhänge, sei ihr Inhalt auch dann, wenn deren Bestehen sicher festgestellt sei, noch immer unerschlossen. Dieser müsse vielmehr in einem zweiten getrennten Schritt nach den einschlägigen Auslegungsregeln bestimmt werden. Im Völkergewohnheitsrecht hingegen genüge es, die faktischen Anhaltspunkte, d.h. das von einer *opinio iuris* getragene Staatenverhalten, an der Definition von Gewohnheitsrecht zu messen. Eines zweiten Schrittes zur Bestimmung des Inhalts bedürfe es dann nicht mehr: „with regard to custom, *content merges with existence*."[224] Genau betrachtet bedeutet das indes nicht, dass Völkergewohnheitsrecht ohne Interpretationsleistung des Rechtsanwenders auskäme. Denn anders als im Vertragsrecht wird zwar nicht die Norm selbst ausgelegt, doch bedürfen sowohl die zur Begründung des gewohnheitsrechtlichen Satzes herangezogenen Einzelsachverhalte als auch die Äußerungen der entsprechenden Rechtsüberzeugungen einer Deutung, um sie zu einem Rechtssatz generalisieren zu können; deren inhaltliche Aussage für das Recht erschließt sich erst in einem Akt des deutenden Verstehens.[225] Entscheidend ist dabei, dass ein Satz des Gewohnheitsrechts nur entsteht, wenn und weil sich der im Wege dieser Deutung erschlossene rechtliche Sinn des analysierten Sozialverhaltens deckt. Während somit im Vertragsrecht die Bestimmung des Inhalts einer Norm der Feststellung, dass diese Norm existiert, nachfolgt, muss im Völkergewohnheitsrecht jene dieser vorangehen, denn nur gleichartiges Staatenverhalten, das zugleich von einer entsprechenden Rechtsüberzeugung gedeckt ist, vermag Gewohnheitsrecht zu begründen. Sowohl der Inhalt des Staatenverhaltens als auch derjenige der die Rechtsüberzeugung offenbarenden Äußerung muss bestimmt sein, bevor die Existenz der gewohnheitsrechtlichen Norm nachgewiesen werden kann. Lässt sich das Bestehen der gewohnheitsrechtlichen Norm

[224] Ebd., S. 10; siehe auch *J. d'Aspremont*, in: A. Bianchi/D. Peat/M. Windsor (Hrsg.), Interpretation in International Law, 2015, S. 111 (118); *R. Kolb*, in: M. Andenas/E. Bjorge (Hrsg.), A Farewell to Fragmentation, 2015, S. 473 (483); sowie *P. Staubach*, in: H. P. Aust/G. Nolte (Hrsg.), The Interpretation of International Law by Domestic Courts, 2016, S. 113, der „ascertainment and interpretation" stets gemeinsam nennt (so etwa ebd., S. 114, 115, 125, 127 und öfter) und in der Sache als einheitlichen Prozess zu verstehen scheint.

[225] In diese Richtung auch *K. Larenz*, Methodenlehre der Rechtswissenschaft, 6. Aufl. 1991, S. 356 f.; vgl. auch *P. Staubach*, in: H. P. Aust/G. Nolte (Hrsg.), The Interpretation of International Law by Domestic Courts, 2016, S. 113 (120): „interpretation of facts".

nachweisen, so stellt sich die Frage nach deren Inhalt folglich nicht mehr; sie ist bereits beantwortet.[226]

Und doch finden sich im Schrifttum Stimmen, die diese These der Auslegungsfeindlichkeit des Völkergewohnheitsrechts nicht überzeugt.[227] Sie übersehe, so argumentiert etwa *Albert Bleckmann*, dass das staatliche Verhalten, das zur Entstehung von Völkergewohnheitsrecht führe, in der Praxis nicht nur erstens von der Rechtsansicht begleitet werde, das konkrete staatliche Verhalten sei völkerrechtsgemäß oder völkerrechtswidrig, sondern zweitens meist zugleich mit der Behauptung eines entsprechenden abstrakten Rechtssatzes einhergehe. Diese beiden Elemente stünden zudem nicht beziehungslos nebeneinander. Vielmehr verbinde sie drittens die Aussage, dass der konkrete Sachverhalt deshalb sein Rechtmäßig- bzw. Rechtswidrigkeitsurteil verdiene, weil er unter den abstrakten Rechtssatz zu subsumieren sei. Die von der *opinio iuris* getragene, völkergewohnheitsrechtsbildende Praxis erstrecke sich so auf „drei übereinanderliegende Ebenen“:[228] den abstrakten Rechtssatz, den konkreten Sachverhalt und die Aussage, dass sich dieser unter jenen subsumieren lässt. Jedenfalls die so in völkergewohnheitsrechtlicher Verbindlichkeit erstarkenden abstrakten Rechtssätze seien genauso „wie andere abstrakte Rechtssätze der Auslegung zugänglich“.[229] Nach *Bleckmann* ergibt sich das einerseits „aus der Tatsache, daß der abstrakte Völkergewohnheitsrechtssatz jedenfalls dann einer Auslegung zu-

---

226 Siehe *J. d'Aspremont*, in: A. Bianchi/D. Peat/M. Windsor (Hrsg.), Interpretation in International Law, 2015, S. 111 (118): „the ascertainment of customary law and the determination of its content are simultaneous operations“; vgl. auch *R. Kolb*, NILR 50 (2003), S. 119 (131): „the process of establishment of custom [...] is a process [...] of legal hermeneutics“.

227 Siehe insbesondere *A. Bleckmann*, ZaöRV 36 (1976), S. 374; *ders.*, ZaöRV 37 (1977), S. 504; *ders.*, Grundprobleme und Methoden des Völkerrechts, 1982, S. 132 ff.; außerdem sprechen sich für die Auslegungsfähigkeit völkergewohnheitsrechtlicher Sätze aus *U. Fastenrath*, Lücken im Völkerrecht, 1991, S. 206 f.; *K. F. Gärditz*, AVR 45 (2007), S. 1 (22); *H.-W. Jung*, Rechtserkenntnis und Rechtsfortbildung im Völkergewohnheitsrecht, 2012, S. 64 ff.; *P. Merkouris*, Article 31(3)(c) VCLT and the Principle of Systemic Integration, 2015, S. 245 f.; *A. Orakhelashvili*, The Interpretation of Acts and Rules in Public International Law, 2008, S. 496 ff.; *S. Sur*, L'Interprétation en Droit International Public, 1974, S. 75 f., 158.

228 *A. Bleckmann*, ZaöRV 37 (1977), S. 504 (521).

229 *A. Bleckmann*, Grundprobleme und Methoden des Völkerrechts, 1982, S. 133.

gänglich wird, wenn er in einem Vertrag kodifiziert wird".[230] Andererseits sei die Auslegungsfähigkeit völkergewohnheitsrechtlicher Sätze auch deshalb evident, weil ein völkerrechtlicher Vertrag auch dann auslegungsfähig bleiben müsse, wenn seine Bestimmungen zu Gewohnheitsrecht erstarkten.[231]

Methodisch folge die Auslegung des völkergewohnheitsrechtlich anerkannten abstrakten Rechtssatzes im Wesentlichen den Regeln völkerrechtlicher Vertragsauslegung, lediglich geringe Modifikationen seien erforderlich.[232] So komme insbesondere grammatikalischer und systematischer Auslegung eine geringere Bedeutung zu als im Vertragsrecht.[233] Denn erstens mangele es der sprachlichen Fassung völkergewohnheitsrechtlicher Normen angesichts der Vielzahl unterschiedlicher Formulierungen, in denen der Rechtssatz in der Staatenpraxis umschrieben werde, notwendig an der sprachlichen Präzision völkerrechtlicher Verträge.[234] Und doch könne die Unterschiedlichkeit der sprachlichen Umschreibungen in den einzelstaatlichen Stellungnahmen den Inhalt der völkergewohnheitsrechtlichen Norm aufhellen.[235] Zweitens entstünden völkergewohnheitsrechtliche Normen „punktuell" und ohne „logische Verbindung"; ein einheitliches System bildeten sie folglich nicht.[236] Und doch könnten gewisse allgemeine Rechtssätze, wie etwa diejenigen über die Souveränität oder die Gleichheit der Staaten, zur Auslegung des Völkergewohnheitsrechts herangezogen werden;[237] das Völkergewohnheitsrecht sei insofern „auf dem Hintergrund des gesamten Völkerrechts auszulegen".[238] Im Vordergrund stehe aber dennoch

---

230 *A. Bleckmann*, ZaöRV 36 (1976), S. 374 (384 f.).

231 Ebd.

232 *A. Bleckmann*, ZaöRV 37 (1977), S. 504 (526); ähnlich *H.-W. Jung*, Rechtserkenntnis und Rechtsfortbildung im Völkergewohnheitsrecht, 2012, S. 71.

233 *A. Bleckmann*, Grundprobleme und Methoden des Völkerrechts, 1982, S. 134; siehe auch *ders.*, ZaöRV 37 (1977), S. 504 (526 ff.).

234 *A. Bleckmann*, ZaöRV 37 (1977), S. 504 (527).

235 Ebd., S. 526; zustimmend *A. Orakhelashvili*, The Interpretation of Acts and Rules in Public International Law, 2008, S. 498.

236 *A. Bleckmann*, ZaöRV 37 (1977), S. 504 (527).

237 Ebd.

238 *A. Bleckmann*, Grundprobleme und Methoden des Völkerrechts, 1982, S. 135.

anderes: Einerseits die Erhellung des abstrakten Rechtssatzes im Lichte der in der Praxis konkret unter ihn subsumierten Einzelfälle (zeigten doch gerade diese Subsumtionsentscheidungen – vergleichbar etwa einer späteren Vertragspraxis im Rahmen der Vertragsauslegung – eine ihrerseits gewohnheitsrechtlich relevante Konkretisierung des abstrakten völkergewohnheitsrechtlichen Rechtssatzes), andererseits die teleologische Auslegung.[239]

Träfen diese Überlegungen *Bleckmanns* zu, erschlösse sich völkerrechtlichen Rechtsprinzipien auch im Rahmen der Auslegung völkergewohnheitsrechtlicher Normen ein Einflussbereich, der es erlaubte, Prinzipienschicht und Regelschicht des Völkerrechts auf dem Wege der Auslegung zu harmonisieren. Wie im Völkervertragsrecht spielte hierbei die systematische Auslegung eine besondere Rolle. Doch auch *Bleckmann* kommt nicht über das methodische Grundproblem hinweg, das zu lösen er sich vornimmt. Sein Hinweis darauf, dass auch sehr abstrakte Rechtsätze, wie etwa das Gewaltverbot, ihre normative Grundlage im Völkergewohnheitsrecht finden können, trifft zwar zu, vermag die Auslegungsfähigkeit dieser Rechtssätze alleine jedoch nicht zu begründen. Denn das von *Somló* aufgezeigte Verschmelzen von Deutungs- und Existenzfrage besteht unabhängig von der Abstraktheit des Rechtssatzes. Und so erkennt selbst *Bleckmann* im Zusammenhang mit den von ihm besprochenen abstrakten Völkergewohnheitsrechtssätzen an, dass dann, wenn diese in unterschiedlichen sprachlichen Formulierungen zum Ausdruck kommen, „grundsätzlich nur der allen Dokumenten gemeinsame Begriffsinhalt bzw. der Begriffsinhalt, der durch eine für die Bildung von Völkergewohnheitsrecht hinreichende Zahl von Dokumenten gedeckt ist" in Völkergewohnheitsrecht erwächst.[240] Daraus aber folgt, dass die Abstraktheit völkergewohnheitsrechtlich geltender Normen notwendig eine bereits (zuvor) inhaltlich bestimmte

---

[239] *A. Bleckmann*, ZaöRV 37 (1977), S. 504 (522 f.); in der Sache ebenso *ders.*, Grundprobleme und Methoden des Völkerrechts, 1982, S. 135. Siehe auch IGH, *Frontier Dispute* (Burkina-Faso v. Mali), ICJ Rep 1986, S. 554 (565 f.), wo der Gerichtshof offenbar zu Auslegungszwecken Sinn und Zweck des zuvor als Völkergewohnheitsrecht identifizierten *uti possidetis*-Prinzips erörtert. Ähnlich schreibt auch *K. Larenz*, Methodenlehre der Rechtswissenschaft, 6. Aufl. 1991, S. 357 objektiv-teleologischen Elementen – „rechtsethische Prinzipien, objektive Rechtszwecke" – bei der Auslegung gewohnheitsrechtlicher Normen eine besondere Bedeutung zu. Dass eine solche objektiv-teleologische Auslegung im Völkerrecht indes keine Stütze findet, wurde bereits oben gezeigt, siehe S. 534 f.

[240] *A. Bleckmann*, ZaöRV 37 (1977), S. 504 (524 f.).

Abstraktheit bezeichnet. Auch in diesen Fällen geht die Konkretisierung des Inhalts der Verbindlichkeit als Satz des Völkergewohnheitsrechts demnach voran. Dass *Bleckmann* sich dennoch nicht der damit schon beinahe ausgesprochenen These der Auslegungsfeindlichkeit ergibt, hängt mit einem Detail seiner Argumentation zusammen, das man als „Identitätsvermutung" bezeichnen kann. Enthalten die Formulierungen der begleitend zur Staatenpraxis behaupteten abstrakten Rechtssätze ihrerseits abstrakte oder generische Begriffe, so spreche nach *Bleckmann* „eine gewisse Vermutung dafür, daß die in jeweils anderen Worten gefaßte Rechtssatzbehauptung der Praxis einen *einheitlichen* Rechtssatz meint".[241] Er verdeutlicht dies am Beispiel der Begriffe „Eigentum", „wohlerworbene Rechte", „vested rights" und „droits acquis".[242] Methodisch führt diese Vermutung tatsächlich dazu, dass das Bestehen eines völkergewohnheitsrechtlichen Rechtssatzes festgestellt werden kann, ohne dass zuvor die Frage des konkreten Inhalts dieses Satzes geklärt wurde – denn für die Frage der Existenz des gewohnheitsrechtlichen Satzes wird ein übereinstimmender Inhalt der Rechtssatzbehauptungen und damit die Einheitlichkeit von Praxis und Rechtsüberzeugung vermutet. Damit aber entsteht ein völkergewohnheitsrechtlicher Satz, der eine inhaltliche Unbestimmtheit enthält. Eben diese kann und muss dann durch Auslegung beseitigt werden. Allerdings dürfte die Berechtigung einer solchen Identitätsvermutung schwer zu begründen sein, denn was hier vermutet wird, ist schlicht eine konstitutive Entstehensbedingung völkergewohnheitsrechtlicher Normen: die inhaltliche Übereinstimmung, das heißt die Gleichartigkeit der gewohnheitsrechtsbildenden Praxis bzw. der Rechtsüberzeugung. *Bleckmann* erkauft sich die Auslegungsfähigkeit völkergewohnheitsrechtlicher Sätze folglich mit der Absenkung der Entstehensvoraussetzungen völkergewohnheitsrechtlicher Normen. Auslegung wird für ihn nur deshalb auch im Gewohnheitsrecht möglich und notwendig, weil er die inhaltliche Übereinstimmung der die Staatenpraxis begleitenden Rechtssatzbehauptungen vermutet. Das überzeugt nicht, weicht es doch die Konzeption des Völkergewohnheitsrechts deutlich auf.

Völkergewohnheitsrechtliche Rechtssätze sind folglich nicht auslegungsfähig. Ihre inhaltliche Bestimmtheit geht ihrer Geltung als Rechtssatz voran, da nur gleichartige – und damit notwendig bereits inhaltlich bestimmte – Staatenpraxis und ebensolche Rechtsüberzeugungen sich

---

241 *A. Bleckmann*, Grundprobleme und Methoden des Völkerrechts, 1982, S. 134; siehe auch *ders.*, ZaöRV 37 (1977), S. 504 (526).

242 *A. Bleckmann*, ZaöRV 37 (1977), S. 504 (526).

zu gewohnheitsrechtlichen Normen generalisieren lassen. Deutbar ist somit nicht der bestehende Völkergewohnheitsrechtssatz selbst, sondern allein die diesen konstituierende Praxis und die erklärten Rechtsüberzeugungen der Staaten. Dabei aber bleibt für den Einfluss völkerrechtlicher Prinzipien kein Raum.

VI. Ergebnis

Die Frage, ob die völkerrechtliche Auslegung ein methodisches Einfallstor für den Einfluss neu entstandener Völkerrechtsprinzipien bildet, erlaubt demnach keine einheitliche Antwort. So ist sie für das Völkergewohnheitsrecht zu verneinen. Da völkergewohnheitsrechtliche Regeln der Auslegung nicht zugänglich sind, versprechen in diesem Bereich auch auslegungsbasierte Harmonisierungsversuche keinen Erfolg. Demgegenüber öffnen sich die Regeln völkerrechtlicher Vertragsauslegung gleich an mehreren Stellen für eine harmonisierende Interpretation, die die normativen Spannungslagen zwischen fortbestehenden souveränitätszentrierten Völkerrechtsregeln älterer Provenienz und neu entstehenden Wertordnungsprinzipien aufzulösen oder zumindest abzumildern vermag. Allen voran die systematische Auslegung völkerrechtlicher Vertragsnormen im Lichte des diese umgebenden Völkerrechts (Art. 31 Abs. 3 lit. c WVK) verspricht dabei Erfolg. Teleologische Erwägungen können sich indes allenfalls insofern auf Prinzipienerwägungen stützen als vertraglich formulierte Ziel- und Zweckbestimmungen interpretations- und evolutionsoffene Begriffe enthalten, deren systematische Auslegung auch einer veränderten Prinzipienstruktur des Völkerrechts Rechnung tragen kann. Der Grundsatz prinzipienkonformer Auslegung schließlich erhebt die Vereinbarkeit mit den Grundprinzipien des Völkerrechts zur Minimalbedingung völkerrechtlicher Auslegung und zeichnet die völkerrechtlichen Prinzipien damit als Normkonkretisierungsargumente mit besonderem Status aus: Sie versperren dem Rechtsanwender die Möglichkeit, sich für eine Regelauslegung zu entscheiden, die mit ihnen in Konflikt gerät und garantiert so Prinzipienkonformität als Mindeststandard völkerrechtlicher Normkonkretisierung.

B. Prinzipienbasierte Rechtsgewinnung *praeter legem*: Die Ausfüllung völkerrechtlicher Regellücken

Neben der Berücksichtigung im Rahmen harmonisierender Auslegung vermögen Rechtsprinzipien die völkerrechtliche Rechtsgewinnung auch dann zu beeinflussen, wenn diese *praeter legem* erfolgt, sich also die Ausfüllung von Lücken und so die Ergänzung des völkerrechtlichen Regelbestandes zum Ziel setzt. In einem eng verstandenen Wortsinn *praeter legem* erfolgt die Rechtsgewinnung indes nur in sogenannten „offenen" Regellücken (dazu I.). Dort aber spielen Prinzipien auch im Völkerrecht eine tragende Rolle (dazu II.).

I. Eingrenzung: Lückenbegriff und Rechtsgewinnung *praeter legem*

Rechtsgewinnung *praeter legem* wird im deutschsprachigen Methodenschrifttum meist als Lückenausfüllung umschrieben.[243] Und so bleibt der Begriff der Lücke – trotz zunehmender Kritik[244] – für ihre Abgrenzung zentral. Eine Lücke, so die gängige Definition, sei eine „planwidrige Unvollständigkeit".[245] Der Lückenbegriff erweist sich damit als „zweistelliger Relationsbegriff":[246] Er bezieht sich einerseits auf einen

---

243 *R. Barth*, Richterliche Rechtsfortbildung im Steuerrecht, 1996, S. 44; *C. Fischer*, Topoi verdeckter Rechtsfortbildungen im Zivilrecht, 2007, S. 87; *C. W. Hergenröder*, Zivilprozessuale Grundlagen richterlicher Rechtsfortbildung, 1995, S. 139 in Fn. 68; *P. Melin*, Gesetzesauslegung in den USA und in Deutschland, 2005, S. 286; *R. A. Rhinow*, Rechtsetzung und Methodik, 1979, S. 33.

244 Deutlich *H.-J. Koch/H. Rüßmann*, Juristische Begründungslehre, 1982, S. 254: „Untauglichkeit des Lückenbegriffs"; kritisch auch *U. Heyder*, Gültigkeit und Nutzen der besonderen juristischen Schlussformen in der Rechtsfortbildung, 2010, S. 24 ff.; *C. Fischer*, Topoi verdeckter Rechtsfortbildungen im Zivilrecht, 2007, S. 87 f.; *N. Grosche*, Rechtsfortbildung im Unionsrecht, 2011, S. 108 f., 113.

245 So insbesondere *C.-W. Canaris*, Die Feststellung von Lücken im Gesetz, 2. Aufl. 1983, S. 16; ebenso u.a. *H.-F. Brandenburg*, Die teleologische Reduktion, 1983, S. 29; *C. Herresthal*, Rechtsfortbildung im europarechtlichen Bezugsrahmen, 2006, S. 217; *K. Walter*, Rechtsfortbildung durch den EuGH, 2009, S. 26; siehe auch *R. Barth*, Richterliche Rechtsfortbildung im Steuerrecht, 1996, S. 64; *C. Fischer*, Topoi verdeckter Rechtsfortbildungen im Zivilrecht, 2007, S. 87; *B. Rüthers/C. Fischer/A. Birk*, Rechtstheorie, 9. Aufl. 2016, Rdn. 832.

246 *H.-J. Koch/H. Rüßmann*, Juristische Begründungslehre, 1982, S. 254.

Gegenstand, der die Lücke enthält, andererseits auf einen Vergleichsmaßstab, der die planwidrige Unvollständigkeit des Gegenstands erst zu offenbaren vermag. Im Kontext des innerstaatlichen Rechts ist Gegenstand der Lückenhaftigkeit meist ein Gesetz. Enthält dieses eine Regel nicht, die sich vom ursprünglichen Plan des Gesetzes selbst oder der Rechtsordnung als Ganzer aus betrachtet als erforderlich erweist, so ist es planwidrig unvollständig. Maßstab der Lückenhaftigkeit ist somit entweder die dem Gesetz eigene Teleologie (sog. teleologische Lücken) oder anderenfalls die der Rechtsordnung angehörenden allgemeinen Rechtsprinzipien und übergesetzlichen Werte (sog. Prinzip- und Wertlücken).[247]

Beide Arten dieser Lücken können, so nimmt jedenfalls die klassische Lehre an, offen oder verdeckt auftreten.[248] So soll es sich um eine offene Lücke handeln, „wenn das Gesetz für eine bestimmte Fallgruppe keine Regel enthält, die auf sie anwendbar wäre, obgleich es nach seiner eigenen Teleologie [oder den der Rechtsordnung angehörenden allgemeinen Rechtsprinzipien] eine solche Regel enthalten sollte".[249] Eine verdeckte Lücke hingegen ist dann anzunehmen, wenn das Gesetz für den regelungsbedürftigen Fall zwar eine Regelung enthält, „diese aber ihrem Sinn und Zweck nach hier nicht paßt, weil sie die für die Wertung gerade dieser Fälle relevante Besonderheit derselben außer Acht lässt".[250] Verdeckt lückenhaft ist ein Gesetz demnach, wenn und weil es eine teleologisch oder rechtsprinzipiell gebotene Einschränkung einer bestehenden Regel vermissen lässt.

---

[247] Ausführlich dazu *C.-W. Canaris*, Die Feststellung von Lücken im Gesetz, 2. Aufl. 1983, S. 31 ff. und öfter, zusammenfassend auf S. 201. Neben den hier genannten kennt *Canaris* (ebd., S. 59 ff.) allerdings noch die sog. „Anordnungs- oder Rechtsverweigerungslücken", die dann vorliegen sollen, wenn eine Norm zu ihrer Anwendung der Ergänzung bedarf. Diese Kategorisierung von Lücken nach dem Maßstab der Lückenfeststellung übernimmt etwa *R. Barth*, Richterliche Rechtsfortbildung im Steuerrecht, 1996, S. 74 ff.

[248] Diese Unterscheidung etwa bei *R. Barth*, Richterliche Rechtsfortbildung im Steuerrecht, 1996, S. 68 f.; *F. Bydlinski*, Juristische Methodenlehre und Rechtsbegriff, 2. Aufl. 1991, S. 480; *C.-W. Canaris*, Die Feststellung von Lücken im Gesetz, 2. Aufl. 1983, S. 136 f.; *K. Hemke*, Methodik der Analogiebildung im öffentlichen Recht, 2006, S. 45; *K. Larenz*, Methodenlehre der Rechtswissenschaft, 6. Aufl. 1991, S. 377; *K. Walter*, Rechtsfortbildung durch den EuGH, 2009, S. 34 f.

[249] *K. Larenz*, Methodenlehre der Rechtswissenschaft, 6. Aufl. 1991, S. 377.

[250] Ebd.

Den vier Feldern der damit skizzierten Lückenmatrix (verdeckte teleologische Lücken [1], offene teleologische Lücken [2], verdeckte Prinziplücken [3], offene Prinziplücken [4]) entsprechen dabei zugleich vier Rechtsgewinnungsformen, die sich nach normativem Maßstab der Lückenfüllung und Verhältnis zu den bestehenden Regeln unterscheiden: Während teleologische Lücken unter Rückgriff auf eben die gesetzliche Teleologie auszufüllen sind, die zur Identifikation der Lücke bemüht wurde, bilden im Falle von Prinziplücken die Prinzipien, in deren Lichte das Gesetz erst als lückenhaft erscheint, den normativen Maßstab der Lückenfüllung.[251] Die entsprechend geleitete Rechtsgewinnung muss im Falle offener Lücken dabei keine für den zu entscheidenden Fall vorhandene Regel überwinden, während die Ausfüllung verdeckter Lücken zumindest eine Hinwegsetzung über das vom Normgeber Gesagte voraussetzt.

Im Lichte dieser Überlegungen wird zweierlei deutlich. Erstens erhellen sie, dass für eine prinzipiengestützte Rechtsgewinnung *praeter legem* Prinziplücken besonderes Potential bergen. Denn die Tiefenschicht rechtlicher Prinzipien bildet hier nicht nur den Maßstab der Unvollständigkeit des Regelbestandes, sondern sie stellt zugleich die unmittelbar leitenden normativen Vorgaben zu deren Ausfüllung bereit. Bei der Ausfüllung teleologischer Lücken hingegen kann Prinzipien allenfalls mittelbar Bedeutung zukommen; nämlich dann, wenn sich diese als Träger der (objektiv bestimmten) gesetzlichen Teleologie ausweisen lassen. Gesetze im eigentlichen Sinne jedoch kennt das Völkerrecht nicht. Ein dem durch die Zugehörigkeit zu einem nationalen Gesetz vergleichbarer teleologischer Konnex einzelner Normen entsteht im Völkerrecht lediglich im Völkervertragsrecht: Nur die Zugehörigkeit zu einem gemeinsamen Vertragswerk unterstellt die in diesem enthaltenen völkerrechtlichen Einzelnormen einer einheitlichen Teleologie, nämlich derjenigen des jeweiligen Vertrages. Teleologische Lücken treten im Völkerrecht folglich allenfalls als *teleologische Vertragslücken* auf. Da der völkervertragliche Telos allerdings unter Rückbezug auf den Vertragstext und nicht im Rekurs auf vertragsexterne Rechtsprinzipien zu bestimmen ist,[252] öffnet sich völkerrechtlichen Prinzipien in Vertragslü-

---

[251] Zutreffend hat *Canaris* daher herausgearbeitet, dass Lückenfeststellung und Lückenausfüllung zwei nicht voneinander zu trennende bzw. eng verwandte Vorgänge sind, vgl. *C.-W. Canaris*, Die Feststellung von Lücken im Gesetz, 2. Aufl. 1983, S. 148 ff., 160 ff., 201 f.; ebenso *F. Bydlinski*, Juristische Methodenlehre und Rechtsbegriff, 2. Aufl. 1991, S. 474.

[252] Siehe hierzu erneut oben S. 534 ff.

cken lediglich dann die Tür zum Rechtsgewinnungsprozess, wenn die Zielbestimmungen eines Vertrages hinreichend offen formuliert sind, um bei deren systematischer Auslegung den völkerrechtlichen Rechtsprinzipien Ausdruck zu verleihen, die streitige Vertragsbestimmung selbst hingegen den völkerrechtlichen Prinzipien aufgrund ihrer engen Formulierung einen unmittelbaren Einfluss auf die Auslegung der Bestimmung selbst versagt. Diese Fälle sind selten und für die folgende Untersuchung daher vernachlässigbar.[253]

Zweitens zeigen die obigen Ausführungen, dass die demnach hier im Fokus stehende prinzipiengestützte Ausfüllung völkerrechtlicher Prinziplücken im Falle offener und verdeckter Lücken unterschiedlichen Begründungsanforderungen unterliegt.[254] Grund hierfür ist die Tatsache, dass die Rechtsgewinnung in letzteren stets in Abweichung von den Anordnungen bestehender Regeln geschieht. Während die prinzipiengestützte Rechtsgewinnung in offenen Regellücken das Recht lediglich um eine Regel in einem Bereich ergänzt, der bislang allein von Rechtsprinzipien erfasst wird, sich gegenüber bestehenden Rechtsregeln aber neutral verhält, führt die prinzipiengestützte Rechtsgewinnung im Falle verdeckter Lücken zur Einfügung einer Ausnahmebestimmung, die eine bereits bestehende Regel beschränkt und damit modifiziert. Rechtsgewinnung in verdeckten Regellücken bedeutet damit eine Korrektur bestehender Regeln; sie geschieht *contra*, nicht *praeter legem*.[255] Entsprechend sind an ihre Begründung höhere Anforderungen zu stellen. Das ist gerade dann von besonderer Bedeutung, wenn die korrigie-

---

[253] Damit kann auch die Frage offen bleiben, ob die Rechtsfortbildung in solchen Fällen tatsächlich auf die üblichen, auf den Vertragszweck gestützten Rechtsfortbildungsmethoden (Analogie, teleologische Reduktion und Extension) zurückgreifen kann oder ob Rechtsfortbildung im hier vorgestellten Prinzipienmodell allein im unmittelbaren Rekurs auf die Rechtsprinzipien erfolgen darf. Vgl. zu der in der Sache identischen Diskussion darüber, ob das Souveränitätsprinzip Analogien im Völkerrecht ausschließt *A. Bleckmann*, AVR 17 (1977), S. 161 (169 ff.).

[254] Zu diesen unterschiedlichen Begründungsanforderungen an die verschiedenen Rechtsfortbildungsformen siehe *H.-J. Koch/H. Rüßmann*, Juristische Begründungslehre, 1982, S. 257 ff.

[255] Ebenso *C. Fischer*, Topoi verdeckter Rechtsfortbildungen im Zivilrecht, 2007, S. 51, der (daher) die teleologische Reduktion der Rechtsgewinnung *contra legem* zuordnet; siehe auch *D. Looschelders/W. Roth*, Juristische Methodik im Prozess der Rechtsanwendung, 1996, S. 261: „Gesetzeskorrektur" und *K. Walter*, Rechtsfortbildung durch den EuGH, 2009, S. 154: „hart am Rande der Rechtsfortbildung contra legem".

rende Rechtsgewinnung sich nicht zu Gunsten der vertraglichen oder gesetzlichen Teleologie – und damit gesetzes- bzw. vertragsimmanent[256] – über den fehlgeratenen Wortlaut hinwegsetzt, sondern wie im Falle völkerrechtlicher Prinziplücken die Regelkorrekturen unter Rückgriff auf vertragsexterne Normen rechtfertigt.[257] Rechtsfindung *praeter legem* im eigentlichen Sinne[258] geschieht demnach lediglich in offenen Regellücken:[259] Nur in diesen Fällen steht die prinzipiengestützte Rechtsgewinnung neben den bestehenden Regeln „ohne Übereinstimmung, aber auch ohne Widerspruch" zu diesen;[260] und nur dort führt die prinzipiengestützte Rechtsgewinnung zu einer Ergänzung des Regelbestandes, die nicht zugleich mit einer Regelkorrektur einhergeht.[261] Genau deshalb aber sind die Anforderungen an ihre Begründung gering.

Für die folgende Betrachtung prinzipiengestützter praeterlegaler Rechtsgewinnung ergibt sich hieraus eine zweifache Eingrenzung. Sie kann sich erstens auf die Ausfüllung völkerrechtlicher Prinziplücken konzentrieren und dabei zweitens die Rechtsgewinnung in verdeckten Lücken außer Betracht lassen.

---

[256] *K. Larenz*, Methodenlehre der Rechtswissenschaft, 6. Aufl. 1991, S. 370 nennt dies „*gesetzesimmanente* Rechtsfortbildung".

[257] Vgl. *B. Rüthers/C. Fischer/A. Birk*, Rechtstheorie, 9. Aufl. 2016, Rdn. 903a.

[258] Zur hier verwendeten Definition bereits oben S. 494 f.

[259] Vor diesem Hintergrund werden Zweifel an der Kategorie verdeckter Lücken, wie sie *H.-F. Brandenburg*, Die teleologische Reduktion, 1983, S. 30, 64 ff. vorträgt, verständlich. Vgl. im völkerrechtlichen Kontext etwa *M. Bos*, A Methodology of International Law, 1984, S. 301 und *L. Siorat*, Le problème des lacunes en droit international, 1958, S. 23, die ebenfalls nur offene Lücken als Lücken anerkennen.

[260] Umschreibung bei *R. Barth*, Richterliche Rechtsfortbildung im Steuerrecht, 1996, S. 45; ähnlich *K. Walter*, Rechtsfortbildung durch den EuGH, 2009, S. 41.

[261] Anders als in der Literatur zum Teil vertreten (siehe die Nachweise in Fn. 243), wird der Begriff der Lückenausfüllung hier nicht deckungsgleich mit dem Begriff der Rechtsgewinnung *praeter legem* verwendet.

II. Prinzipienbasierte Rechtsgewinnung in offenen Lücken des völkerrechtlichen Regelbestands

Kennt aber das geltende Völkerrecht tatsächlich eine solche prinzipiengestützte Rechtsgewinnung in offenen Prinziplücken? In der Absicht, hierauf eine positive Antwort zu geben, zeigt der folgende Abschnitt zunächst, dass das Völkerrecht tatsächlich derartige Lücken enthält (dazu 1.), und stellt sodann dar, dass und warum diese gerade unter Rückgriff auf Rechtsprinzipien – und damit im Wege der Abwägung – auszufüllen sind (dazu 2.). Da die Offenheit dieser Abwägungsmethodik vom Rechtsanwender auch angesichts der Abstraktionshöhe rechtlicher Prinzipien eine erhebliche Konkretisierungsleistung fordert und sich deren Ergebnis selten exakt und deren Grenzen oftmals nur in vagen Konturen abzeichnen dürften, wirft die Legitimation dieser Rechtsgewinnung *praeter legem* gerade im Lichte des völkerrechtlichen Konsensprinzips schwierige Zweifelsfragen auf. Auf diese geht der Abschnitt abschließend ein (dazu 3.).

1. Offene Prinziplücken im Völkerrecht?

Die Existenz von Lücken im Völkerrecht zählt zu den völkerrechtstheoretischen Ewigkeitsthemen.[262] Bereits 1870 beklagte *Friedrich Adolf Trendelenburg* „Lücken im Völkerrecht“[263], in den fünfziger und sechziger Jahren des 20. Jahrhunderts debattierten *Hersch Lauterpacht* und *Julius Stone* über die Möglichkeit eines völkerrechtlichen *non liquet*,[264] und bis heute hält die Beschäftigung mit Unvollständigkeiten des Völkerrechts – zuletzt belebt durch das Nuklearwaffengutachten des IGH[265] – an.[266] Noch immer variieren dabei die Positionen: Lücken im

---

262 Siehe aus der umfangreichen Literatur etwa *U. Fastenrath*, Lücken im Völkerrecht, 1991; *L. Siorat*, Le problème des lacunes en droit international, 1958; *E. Zitelmann*, Die Unvollkommenheit des Völkerrechts, 1919.

263 *F. A. Trendelenburg*, Lücken im Völkerrecht, 1870.

264 *H. Lauterpacht*, in: F. M. van Asbeck (Hrsg.), Symbolae Verzijl, 1958, S. 196; *J. Stone*, BYIL 35 (1959), S. 124; *ders.*, in: C. Perelman (Hrsg.), Le problème des lacunes en droit, 1968, S. 305; zuvor bereits ausführlich *H. Lauterpacht*, The Function of Law in the International Community, 1933, S. 51 ff.; zusammenfassend zur *Lauterpacht-Stone*-Debatte *J. Kammerhofer*, BYIL 80 (2009), S. 333 (334 ff.) und *R. A. Billib*, Die Allgemeinen Rechtsgrundsätze gemäß Art. 38 I c des Statuts des Internationalen Gerichtshofs, 1972, S. 78 ff.

265 IGH, *Nuclear Weapons*, Advisory Opinion, ICJ Rep 1996, S. 226.

Völkerrecht, so das Credo am einen Ende des Meinungsspektrums, seien schlicht nicht zu leugnen,[267] ja, „in a sense, they are the rule rather than the exception".[268] Doch konsensfähig ist diese These nicht. Lücken im Völkerrecht, so wird ihr einerseits mit *Hans Kelsen* entgegengehalten, seien bereits theoretisch undenkbar.[269] Ihre Existenz erfordere nicht nur die paradoxe Feststellung, dass das Völkerrecht rechtsfreie Räume enthalte.[270] Auch fehle innerhalb des Rechts ein Maßstab, mittels dessen das Nichtvorhandensein von Normen als Lücke identifiziert werden könnte, denn ohne naturrechtlichen Überbau sei das mit der Lückenfeststellung einhergehende normative Urteil nicht zu begründen.[271] Verstehe man das Völkerrecht als Rechtsordnung, so wendet anderseits *Viktor Bruns* ein, könne es völkerrechtsfreie Räume zudem deshalb nicht geben, weil das Bestehen einer Ordnung voraussetze, dass das Recht für jeden Einzelfall feststehe. Im äußersten Fall müsse der Richter seine Entscheidung daher auf von ihm selbst vorgenommene Konkretisierungen allgemeiner Rechtsgrundsätze und die Struktur der Völkerrechtsordnung stützen.[272] All das gibt zu Zweifeln Anlass: Kann es völkerrechtliche Lücken, wie sie hier Ansatzpunkt prinzipiengestützter Rechtsgewinnung *praeter legem* sein sollen, überhaupt geben?

---

[266] Siehe etwa *M. J. Aznar-Gomez*, ICLQ 48 (1999), S. 3; *D. Bodansky*, in: L. Boisson de Chazournes/P. Sands (Hrsg.), International Law, the International Court of Justice and Nuclear Weapons, 1999, S. 153 (162 ff.); *M. Bos*, A Methodology of International Law, 1984, S. 298 ff.; *J. Kammerhofer*, BYIL 80 (2009), S. 333; *P. Weil*, Colum. J. Transnat'l L. 36 (1998), S. 109.

[267] So erkennen Lücken im Völkerrecht etwa an *M. Bos*, A Methodology of International Law, 1984, S. 298 ff.; *U. Fastenrath*, Lücken im Völkerrecht, 1991, S. 268; *L. Siorat*, Le problème des lacunes en droit international, 1958, *passim*.

[268] *H. Lauterpacht*, in: F. M. van Asbeck (Hrsg.), Symbolae Verzijl, 1958, S. 196 (204).

[269] *H. Kelsen*, Reine Rechtslehre, 1. Aufl. 1934, S. 100 ff.

[270] So *J. Kammerhofer*, BYIL 80 (2009), S. 333 (354 ff., 359).

[271] *J. Kammerhofer*, BYIL 80 (2009), S. 333 (339 f.).

[272] *V. Bruns*, ZaöRV 1 (1929), S. 1 (25 ff.) und zu dessen Position *H. Mosler*, ZaöRV 36 (1976), S. 6 (40 f.). Auch *Bruns* setzt dabei die Unzulässigkeit eines *non liquet* voraus. Seiner Lösung stehen daher die Ausführungen *Lauterpachts* sehr nahe, auch wenn dieser Lücken im Völkerrecht dessen ungeachtet anerkennen will, siehe *H. Lauterpacht*, in: F. M. van Asbeck (Hrsg.), Symbolae Verzijl, 1958, S. 196 (200, 204).

Der Existenz der hier zu untersuchenden völkerrechtlichen Prinziplücken jedoch steht keine dieser beiden Kritiklinien entgegen. Denn anders als die rechtstheoretische Analyse annimmt, ist Maßstab der Lückenhaftigkeit im Fall völkerrechtlicher Prinziplücken erstens keine natur- oder anderweitig außerrechtliche Wertung des Rechtsanwenders, sondern das Urteil rechtlicher Prinzipien. Diese sind – ungeachtet ihrer besonderen Normstruktur – Bestandteil des positiven Rechts. Die Grundlage der notwendig normativen Lückenfeststellung ist somit das geltende Recht selbst. Dem steht zweitens auch nicht der Einwand entgegen, das Recht könne, wolle sich der Baron nicht am eigenen Schopfe aus dem Sumpf ziehen, nicht selbst Maßstab der Lücken im Recht sein. Denn völkerrechtliche Prinziplücken sind keine Lücken des Völkerrechts als Ganzem. Vielmehr erweist sich aus der Perspektive geltender Rechtsprinzipien lediglich der Bestand völkerrechtlicher Regeln als unvollständig, erst jene sind es, in deren Lichte das Nichtvorhandensein einer bestimmten Regel als deren „Fehlen", ja, als „Fehler" erscheint. Erst die Dualität von Rechtsprinzipien und Rechtsregeln und der damit verbundene Schichtenbau der Rechtsordnung[273] lässt es somit zu, von Lücken *im* Recht – nämlich *innerhalb* des Rechts und in der Schicht völkerrechtlicher Regeln – zu sprechen, ohne dabei mit dem monierten Paradoxon in Konflikt zu geraten oder außerrechtliche Maßstäbe zur Identifikation rechtlicher Unvollständigkeiten heranziehen zu müssen. Der von *Bruns* bemühten Idee des Völkerrechts als Rechtsordnung steht die Annahme solcher Lücken keinesfalls entgegen, eher im Gegenteil. Denn die Annahme von Lücken im völkerrechtlichen Regelbestand verhält sich angesichts der Existenz von Rechtsprinzipien neutral gegenüber der Forderung, ein jeder Einzelfall müsse rechtlich entscheidbar sein.

Völkerrechtliche Prinziplücken kann es folglich geben. Sie entstehen immer dann, wenn der Gesamtbestand völkerrechtlicher Regeln keine Regel enthält, die auf den zu entscheidenden Fall Anwendung finden kann; und das, obwohl geltende völkerrechtliche Prinzipien eine solche Regel fordern (man mag daher exakter auch von *völkerrechtsprinzipiellen Regelgesamtbestandslücken* sprechen). Die Forderung nach einer den Fall entscheidenden Regel erhebt ein Rechtsprinzip dabei für jeden Fall, der in dessen Anwendungsbereich fällt. Denn als geltende Rechtsnorm beansprucht das Rechtsprinzip für alle Fälle in seinem Anwendungsbereich auch tatsächlich Anwendung zu finden. Wie im zweiten Kapitel bereits gesehen, beinhaltet aber eben diese Anwendung eines

---

[273] Siehe dazu S. 205 ff.

Rechtsprinzips auf einen konkreten Fall stets die Formulierung einer rechtlichen Regel.[274] Am Maßstab völkerrechtlicher Prinzipien gemessen besteht eine planwidrige Unvollständigkeit deshalb für jeden Fall, den völkerrechtliche Prinzipien mit Mitteln des Rechts zu entscheiden beanspruchen, völkerrechtliche Regeln indes nicht abdecken.

2. Prinzipienbasierte Lückenfüllung: Ergänzende Rechtsfortbildung im Völkerrecht

Mit der Feststellung, dass der Regelbestand des Völkerrechts im Lichte des Regelungsanspruchs der zugrundeliegenden Rechtsprinzipien unvollständig erscheint, ist freilich noch nicht über die Frage entschieden, *wem* es zusteht, diese zu füllen, und *wie* diese Lückenausfüllung zu erfolgen hat. Die Antwort, die das geltende Völkerrecht auf diese Fragen bereithält, ist, das zeigen die folgenden Überlegungen, der an die Anwender des Völkerrechts gerichtete Auftrag einer ergänzenden Rechtsfortbildung. Den untersuchten Rechtsprinzipien lässt sich in diesem Prozess nicht nur aufgrund ihrer rechtlichen Typusmerkmale eine tragende Rolle zuweisen (dazu lit. a), ihre Bedeutung für diese Fälle zeigt sich auch in der Rechtsanwendungspraxis, wie ein kurzer Blick in die Rechtsprechung des StIGH beweist (dazu lit. b). Die in Regellücken somit erforderliche prinzipienbasierte Regelbildung erfolgt – gerade im prinzipienpluralistischen gegenwärtigen Völkerrecht – methodisch im Wege der Abwägung (dazu lit. c).

a) Prinzipien und Lückenfüllung

Die beschriebenen völkerrechtlichen Prinzipien sind geltende Rechtsnormen, besitzen den Charakter allgemeiner Rechtsgrundsätze im Sinne des Art. 38 Abs. 1 lit. c IGH-Statut und sind in rechtstheoretischer Hinsicht als Prinzipiennormen zu qualifizieren. Schon jeweils für sich betrachtet sprechen diese Eigenschaften dafür, ihnen im Rahmen der Ausfüllung völkerrechtlicher Regellücken eine entscheidende Rolle zuzubilligen.

Denn erstens überlassen Rechtsprinzipien als geltende Rechtsnormen ihre Anwendung nicht dem Ermessen des Rechtsanwenders; vielmehr richten sie an diesen verbindlich zu beachtende Vorgaben. Sofern nicht

---

[274] Dazu, dass die Anwendung von Rechtsprinzipien stets über die Bildung von Rechtsregeln führt, bereits S. 197 f.

durch andere Normen verdrängt oder abbedungen, sind die von Rechtsprinzipien statuierten Wertungen daher für die Entscheidung eines jeden Falles, der in ihren Anwendungsbereich fällt, notwendig zu berücksichtigen. Das gilt auch und gerade in Bereichen, die völkerrechtliche Regeln nicht abdecken. Denn klafft in der Schicht völkerrechtlicher Regeln eine offene Lücke, liegt die Schicht völkerrechtlicher Prinzipien frei. Dem Rückgriff auf die normativen Wertungen der Prinzipienschicht stehen speziellere Normen nicht länger entgegen. Sie können, ja aufgrund ihrer Eigenschaft als verbindliche Rechtssätze müssen sie dann unmittelbare Anwendung finden.

Zweitens zeigt ein Blick in Schrifttum und Entstehungsgeschichte des Art. 38 Abs. 1 lit. c IGH-Statut, dass die damit bereits vorgezeichnete Funktion völkerrechtlicher Rechtsprinzipien, das rechtliche Urteil in Fällen zu leiten, die von völkerrechtlichen Regeln nicht erfasst werden, auch deren genuiner Funktion als allgemeine Rechtsgrundsätze im Sinne des Art. 38 Abs. 1 lit. c IGH-Statut entspricht. Schon im Rahmen der Vorarbeiten zu Art. 38 des Statuts des StIGH wurde die Aufnahme allgemeiner Rechtsgrundsätze in den Kanon der vom Gerichtshof anzuwendenden Rechtsquellen ausdrücklich mit der Erwägung begründet, ein *non liquet* müsse verhindert werden. Wo die Regeln des Vertrags- und Gewohnheitsrechts keine Lösung erlaubten, sollten daher die allgemeinen Rechtsgrundsätze Anwendung finden.[275] In der Nachfolgervorschrift, dem heutigen Art. 38 Abs. 1 lit. c IGH-Statut findet sich die Vorschrift textlich unverändert und ohne ersichtliche Abweichung von der ursprünglichen Motivation wieder. Und so ist auch im heutigen Schrifttum anerkannt, dass die Hauptfunktion allgemeiner Rechtsgrundsätze darin besteht, den regelfreien Raum nicht zum rechtlichen Vakuum erklären zu müssen.[276] Die Ausfüllung völkerrechtlicher

---

[275] Siehe dazu *M. Bogdan*, Nordic J. Int'l L. 46 (1977), S. 37 (37); *G. Herczegh*, General Principles of Law and the International Legal Order, 1969, S. 12 ff.; *H. Mosler*, General Principles of Law, in: EPIL, Bd. II, 1995, S. 511 (516); *W. Weiss*, AVR 39 (2001), S. 394 (412); vgl. auch *R. A. Billib*, Die Allgemeinen Rechtsgrundsätze gemäß Art. 38 I c des Statuts des Internationalen Gerichtshofs, 1972, S. 25.

[276] *C. Bassiouni*, Mich. J. Int'l L. 11 (1989-1990), S. 768 (778 f., 792); *R. Bernhardt*, ZaöRV 36 (1976), S. 50 (74); *G. Gaja*, General Principles, in: MPEPIL (online edition), Stand: Mai 2013, Rdn. 21; *M. N. Shaw*, International Law, 7. Aufl. 2014, S. 70; *T. Stein/C. v. Buttlar/M. Kotzur*, Völkerrecht, 14. Aufl. 2017, Rdn. 166; *H. Thirlway*, BYIL 61 (1990), S. 1 (112); *W. Vitzthum*, in: ders./A. Proelß (Hrsg.), Völkerrecht, 7. Aufl. 2016, 1. Abschn. Rdn. 142; *W. Weiss*, AVR 39 (2001), S. 394 (411 f.); siehe auch *R. Bernhardt*, in: FS Zemanek,

Regellücken stellt sich folglich noch immer als die Kernkompetenz der „general principles“ dar.

Für Prinzipien im rechtstheoretischen Sinne gilt schließlich drittens Vergleichbares. So konstatiert etwa *Ronald Dworkin*, „daß richterliche Entscheidungen [...] in schwierigen Fällen [...] charakteristischerweise aufgrund von Prinzipien [...] hervorgebracht werden und werden sollten.“ [277] Schwierige Fälle sind im Verständnis *Dworkins* aber eben solche, in denen „keine feststehende Regel eine Entscheidung in die eine oder andere Richtung diktiert“.[278] Regellücken, so lässt sich die rechtstheoretische These folglich formulieren, werden klassischerweise unter Berufung auf Normen mit Prinzipiencharakter ausgefüllt.

Eine ergänzende Fortbildung des völkerrechtlichen Regelbestands auf Grundlage der hier diskutierten Struktur- und Wertordnungsprinzipien erscheint im Lichte dieser Überlegungen in gleich dreifacher Hinsicht plausibel: Sie trägt erstens deren normativem Anspruch als geltende Rechtsnormen Rechnung, entspricht zweitens deren Charakter als allgemeine Rechtsgrundsätze und deckt sich schließlich drittens mit rechtstheoretisch begründeten Erkenntnissen zur Funktion von Rechtsprinzipien.

b) Die lückenfüllende Funktion von Prinzipien in der Rechtsprechung des StIGH

Ein knapper Blick auf die Rechtsprechung des StIGH soll diesen Befund bestätigen. Die Urteile des Gerichtshofs in den Rechtssachen S.S. Lotus (dazu lit. a) und Mavrommatis Palestine Concessions (dazu lit. b) illustrieren *pars pro toto*, dass dort, wo das klassische Völkerrecht konkret-handlungsleitende Regeln schuldig bleibt, eine Regelbildung unter Rückgriff auf das das klassische Völkerrecht prägende Strukturprinzip – konkret: das Souveränitätsprinzip – erfolgt. Dieses wird zur Ausfüllung völkerrechtlicher Regellücken herangezogen. Auch in der Rechts-

---

1994, S. 11 (24) und *H. Lauterpacht*, The Development of International Law by the International Court, 1958, S. 165; eine ähnliche Funktion weist innerstaatlich auch die französische Dogmatik den *principes généraux du droit* zu, siehe dazu *K. Walter*, Rechtsfortbildung durch den EuGH, 2009, S. 156 f.

[277] *R. Dworkin*, Bürgerrechte ernstgenommen, 1984, S. 149, siehe zum vollständigen Argument ebd., S. 144 ff.; ebenso *N. D. MacCormick*, Legal Reasoning and Legal Theory, 1994, S. 163 f.

[278] *R. Dworkin*, Bürgerrechte ernstgenommen, 1984, S. 148.

anwendungspraxis erfüllt es so eben die Auffangfunktion, die ihm aufgrund der obigen Überlegungen eignet.

aa) Lückenfüllung im Fall der S.S. Lotus

Zu den meist zitierten Entscheidungen des StIGH zählt ohne Zweifel dessen Urteil in der Rechtssache S.S. Lotus. Nachdem das gleichnamige französische Postschiff auf hoher See mit dem türkischen Kohlenschiff Boz-Kourt zusammengestoßen, letzteres gesunken und dabei mehrere türkische Seeleute ertrunken waren, hatte der StIGH darüber zu entscheiden, ob die Türkei „acted in conflict with the principles of international law"[279], als sie bei der Ankunft der S.S. Lotus in Konstantinopel gegen den französischen Wachoffizier und den Kapitän der S.S. Lotus ein Strafverfahren einleitete. Nach den Vorschriften des Lausanner Vertrags, den Frankreich und die Türkei 1923 zur Abgrenzung ihrer Jurisdiktionsbereiche geschlossen hatten, war diese Frage „in accordance with the principles of international law" zu entscheiden.[280] Entgegen des Vorbringens Frankreichs bedeutete das nach Ansicht des Gerichtshofs jedoch nicht, dass sich die Türkei für ihr Vorgehen auf eine positive Jurisdiktionszuweisung – also eine ausdrücklich ermächtigende Norm – berufen musste, sondern dass deren Handeln rechtmäßig war, sofern dem keine völkerrechtliche Verbotsnorm entgegenstand. Denn, so das berühmte Diktum des Gerichts, „[r]estrictions upon the independence of States cannot [...] be presumed".[281] Da eine Verbotsnorm aber nicht bestand, konnte der Gerichtshof in dem Strafverfahren gegen den französischen Wachoffizier und den Kapitän der S.S. Lotus keine Völkerrechtsverletzung erkennen.

In das obige Modell fügt sich diese Entscheidung nahtlos ein. In Ermangelung völkerrechtlicher Regeln, das heißt konkret-definitiver Sollensanordnungen, die den Fall entscheiden könnten, greift das Gericht *residualiter* auf ein Prinzip des positiven Völkerrechts zurück:[282] das

---

[279] StIGH, *Lotus*, Ser. A, No. 10, S. 5.

[280] Ebd., S. 16 f.

[281] Ebd., S. 18.

[282] Zum Teil wird das Prinzip, das diese Regellücke füllt, in der Literatur als „residual negative principle" bezeichnet, das indes keinesfalls eine Norm des positiven Völkerrechts sein muss. Vgl. dazu *D. Bodansky*, in: L. Boisson de Chazournes/P. Sands (Hrsg.), International Law, the International Court of

Souveränitätsprinzip.[283] Jedenfalls *prima facie*, also innerhalb des rechtlich und tatsächlich Möglichen, verleiht dieses den Staaten eine umfassende Handlungsfreiheit.[284] Sie stellte so auch einen rechtlichen *pro tanto*-Grund dafür dar, das Vorgehen der Türkei für rechtmäßig zu erachten. Ein definitives Rechtmäßigkeitsurteil erlaubt das Souveränitätsprinzip freilich erst dann, wenn ihm keine einschränkenden Normen entgegenstehen. Mit der Frage nach einer völkerrechtlichen Verbotsnorm, hat auch der Gerichtshof nach eben solchen gesucht.[285] Da die Suche erfolglos verlief, erstarkte das *prima facie*-Rechtmäßigkeitsurteil des Souveränitätsprinzips zu einem definitiven: Die Türkei handelte rechtmäßig.

bb) Lückenfüllung im Fall Mavrommatis Palestine Concessions

Mag auch die Lotus-Entscheidung das prominenteste Beispiel einer auf das Souveränitätsprinzip gestützten Lückenfüllung sein, so hat sie doch bereits in der vorangegangenen Rechtsprechung des StIGH Vorläufer. Das im Mavrommatis Palestine Concessions-Fall ergangene Urteil zur Zuständigkeit des Gerichtshofs ist einer von diesen.[286] Mavrommatis, ein griechischer Unternehmer, hatte kurz vor Beginn des Ersten Weltkriegs einen Konzessionsvertrag mit den Behörden des Osmanischen Reichs über diverse Baumaßnahmen in Palästina abgeschlossen. Großbritannien jedoch, unter dessen Verwaltung das palästinensische Gebiet nach Kriegsende durch das Mandat des Völkerbundes gestellt wurde, weigerte sich, den Vertrag mit Mavrommatis aufrechtzuerhalten. Griechenland sah darin eine Verletzung des Mandatsvertrags in Verbindung

---

Justice and Nuclear Weapons, 1999, S. 153 (162 ff.); *J. Kammerhofer*, BYIL 80 (2009), S. 333 (337 ff.).

283 Ebenso *V. Röben*, GoJIL 2 (2010), S. 1063 (1076 f.); *J. v. Bernstorff*, The Public International Law Theory of Hans Kelsen, 2010, S. 205 in Fn. 61; ähnlich *H. Handeyside*, Mich. J. Int'l L. 29 (2007-2008), S. 71 (78).

284 Dazu bereits oben S. 327 ff.

285 Freilich hat der Gerichtshof es unzulässigerweise Unterlassen, auch nach Rechtsprinzipien zu suchen, die die Souveränität der Türkei hätten beschränken können. Hätte er dies getan, wäre er auf die Souveränität Frankreichs gestoßen, mit der er den rechtlichen *pro tanto*-Grund der Türkei hätte abwägen müssen.

286 StIGH, *Mavrommatis Palestine Concessions*, Ser. A, No. 2.

mit dem Zwölften Zusatzprotokoll zum Vertrag von Lausanne[287] und rief den StIGH mit der Bitte an, festzustellen, dass die britische Weigerung mit Völkerrecht unvereinbar und Mavrommatis für den entstandenen Schaden zu entschädigen sei. Auf den Einwand Großbritanniens hin, Art. 26 des Mandatsvertrags, auf den sich Griechenland zur Begründung der Zuständigkeit des Gerichtshofs stützte, erfasse den vorliegenden Fall nicht, sah sich der Gerichtshof nicht nur mit der inhaltlichen Frage konfrontiert, ob sich der Streit tatsächlich, wie Art. 26 des Mandatsvertrages es forderte, auf die Auslegung oder Anwendung von Vorschriften des Mandatsvertrags bezog, sondern zunächst der vorgelagerten Frage gegenüber, in welchem Umfang er das Vorliegen dieser Zuständigkeitsbedingungen im Falle eines Unzuständigkeitseinwandes *in limine litis* überhaupt prüfen dürfe oder müsse. Die Antwort des Gerichtshofs beginnt mit der Feststellung einer Regellücke:

> „Neither the Statute nor the Rules of Court contain any rule regarding the procedure to be followed in the event of an objection being taken *in limine litis* to the Court's jurisdiction."[288]

Eben deshalb aber sei der Gerichtshof frei

> „to adopt the principle which it considers best calculated to ensure the administration of justice, most suited to procedure before an international tribunal and *most in conformity with the fundamental principles of international law.*"[289]

Das völkerrechtliche Grundprinzip, mit dem der Gerichtshof die von den völkerrechtlichen Regeln unentschieden gelassene Rechtsfrage letztlich beantwortet, ist eine Ableitung des Souveränitätsprinzips,

---

[287] Der Mandatsvertrag für Palästina sah in Art. 11 Abs. 1 folgende Regelung vor: „The Administration of Palestine shall take all necessary measures to safeguard the interests of the community in connection with the development of the country, and, *subject to any international obligations accepted by the Mandatory*, shall have full power to provide for public ownership or control of any of the natural resources of the country or of the public works, services and utilities established or to be established therein." (eigene Hervorhebung). Zu den nach dieser Vorschrift zu berücksichtigenden internationalen Verpflichtungen des Mandatsträgers sollte nach Ansicht Griechenlands auch Art. 1 des Zwölften Zusatzprotokolls zum Vertrag von Lausanne gehören, wonach „[c]oncessionary contracts […] between the Ottoman Government or any local authority, on the one hand, and nationals (including Companies) of the Contracting Parties, other than Turkey, on the other hand, are maintained".

[288] StIGH, *Mavrommatis Palestine Concessions*, Ser. A, No. 2, S. 16.

[289] Ebd. (eigene Hervorhebung).

konkret: das Konsensprinzip.[290] Die Zuständigkeit des Gerichts, so führt der Gerichthof dementsprechend aus, sei ausnahmslos durch den Konsens der Parteien begründet und deshalb zugleich durch diesen beschränkt. Eben deshalb könne sich der Gerichtshof nicht mit einer nur vorläufigen Feststellung hinsichtlich der Frage begnügen, ob der Fall die Auslegung oder Anwendung der Bestimmungen des Mandatsvertrages betreffe und die Zuständigkeit des Gerichtshofs somit begründet sei. Vielmehr sei hierüber bereits vorab umfänglich und abschließend zu entscheiden, denn „the Mandatory has only accepted the Court's jurisdiction for such disputes".[291]

Obwohl der Gerichtshof den Rückgriff auf die Grundprinzipien des Völkerrechts lediglich als eine von drei Möglichkeiten nennt, um die konstatierte Regellücke auszufüllen, bleiben die anderen beiden Varianten in der Entscheidung des Gerichtshofs letztlich bedeutungslos. Stattdessen greift er auf ein Derivat des Souveränitätsprinzips zurück, um gestützt auf dieses die allgemeine Regel zu entwickeln, dass Einwände in *limine litis* vor dem Eintritt in die eigentliche Prüfung abschließend zu prüfen sind. Auch hier bricht folglich die Prinzipienschicht durch, wo sich die Regelschicht als lückenhaft erweist.

c) Prinzipienkonkurrenz in den Regellücken des modernen Völkerrechts

Regellücken bilden so kein schlichtes rechtliches Vakuum, sondern einen Bereich des praktischen Diskurses, in dem rechtliche Argumente allein auf Prinzipien gestützt werden können. Oftmals, zumal im prinzipienpluralistischen modernen Völkerrecht, werden sich dabei mehrere Prinzipien gegenüberstehen oder dasselbe Prinzip wird auf Seiten unterschiedlicher Rechtsträger ins Gewicht fallen. Führt die Subsumtion des zu entscheidenden Falles unter die verfügbaren und anwendbaren Prinzipien dabei zu divergierenden Ergebnissen – *prima facie* Erlaubnis versus *prima facie* Verbot des fraglichen Verhaltens[292] – ist ein Aus-

---

[290] Zum Verhältnis von Konsens- und Souveränitätsprinzip bereits oben Kapitel 3, B. III. 1.

[291] StIGH, *Mavrommatis Palestine Concessions*, Ser. A, No. 2, S. 16.

[292] Da das ideale Sollen von Prinzipien lediglich *prima facie* gilt, kann auch die Subsumtion unter diese lediglich zu einer Kollision von *prima facie*-Geboten führen. Ein Normkonflikt im Sinne eines logischen Widerspruchs kann zwischen zwei Prinzipien schon deshalb nicht bestehen. Vgl. zum Ganzen bereits oben S. 175ff., vgl. ferner S. 550 f.

gleich dieser Prinzipienkollision erforderlich. Methodisch erfolgt dieser Ausgleich zwischen den widerstreitenden Prinzipien im Wege der Abwägung: Unter Berücksichtigung von relativer Bedeutung der kollidierenden Prinzipien sowie der Umstände des Einzelfalls obliegt es dem Rechtsanwender, eine bedingte Vorrangrelation zwischen den Prinzipien herzustellen.[293] Deren Ergebnis lässt sich als Regel formulieren, deren Tatbestand die Umstände des Einzelfalls und deren Rechtsfolge die Folge des im konkreten Fall vorrangigen Prinzips bilden.[294]

3. Prinzipienkonkretisierung, Abwägung und Konsens: Zur Legitimation ergänzender Völkerrechtsfortbildung

Methodisch enthält die dem Rechtsanwender damit aufgegebene Abwägung viele weiche Faktoren, die eine eindeutige Ergebnisprognose erschweren, wenn nicht gar ausschließen. Insbesondere die Beurteilung des relativen Gewichts der konkurrierenden Prinzipien und die Bewertung der Intensität deren Betroffenheit im Einzelfall entziehen sich dem objektiv-wissenschaftlichen Standard einer einzig richtigen Antwort.[295] Die Abwägungsmethodik zeichnet so allen voran den Duktus der vorzunehmenden Begründung vor; sie zeigt, was es zu begründen gilt, um zu einem bestimmten Ergebnis zu gelangen. Nur selten indes determiniert sie dieses Ergebnis auch inhaltlich. Der Rechtsanwendung, die sie folglich als vorrangig strukturell gebundene Begründungsaufgabe versteht, verleiht sie somit ein ihr ansonsten nicht in diesem Maße bekanntes rechtskreatives Moment.[296] Ein vergleichender Blick auf die Kritik,

---

[293] Zur Charakterisierung der Abwägung *R. Alexy*, Theorie der Grundrechte, 1986, S. 81; *H.-J. Koch*, in: W. Erbguth u.a. (Hrsg.), Abwägung im Recht, 1996, S. 9 (10 ff., 19); *J.-R. Sieckmann*, in: L. Clérico/J.-R. Sieckmann (Hrsg.), Grundrechte, Prinzipien und Argumentation, 2009, S. 39 (46); *ders.*, Recht als normatives System, 2009, S. 65. Ausführliche Analysen bei *L. Clérico*, Die Struktur der Verhältnismäßigkeit, 2001, S. 140 ff.; *B. Schlink*, Abwägung im Verfassungsrecht, 1976.

[294] Siehe bereits oben S. 197 f.

[295] *K. F. Röhl/H. C. Röhl*, Allgemeine Rechtslehre, 3. Aufl. 2008, S. 654: „Jede Abwägung läuft auf ein Werturteil hinaus."; aus völkerrechtlicher Perspektive ebenso *E. Vranes*, AVR 47 (2009), S. 1 (25), der erklärt, „ein Rest subjektiven Wertens [sei] in diesem Zusammenhang unumgänglich".

[296] Ganz generell wird die Abwägung daher der Rechtsfortbildung zugeordnet von *K. Larenz*, Methodenlehre der Rechtswissenschaft, 6. Aufl. 1991, S. 413; *M. Jestaedt*, in: C. Bumke (Hrsg.), Richterrecht zwischen Gesetzesrecht

die ihr dies im Kontext des nationalen Rechts eingebracht hat, zeigt, dass die Legitimation dieser Rechtskonkretisierung auch im Völkerrecht Schwierigkeiten bereitet (dazu lit. a). Durchschlagende Zweifel an der Zulässigkeit abwägender Rechtsgewinnung *praeter legem* begründen sie indes nicht (dazu lit. b).

a) Legitimationszweifel

Den Bestand bestehender Regeln ergänzende, abwägende Rechtsfortbildungen begegnen im national-rechtlichen Kontext insbesondere dort, wo die objektiven Wertungen der Grundrechte unmittelbar regelbegründend in offene Lücken des Zivilrechts einbrechen. Schweigt der zivilrechtliche Normbestand dort, wo grundrechtliche Schutzpflichten eine Regel fordern oder die Gerichte zur Entscheidung auf eine einfachgesetzliche Regel angewiesen wären, entschließt sich die Rechtsprechung gelegentlich, das pflichtwidrige Zurückbleiben des Gesetzgebers hinter den grundrechtlichen Erfordernissen durch die Schöpfung einer neuen Regel selbst zu kompensieren. Obwohl das BVerfG dies ausdrücklich billigt und sogar eine Pflicht der Gerichte annimmt, verfassungsrechtlich geschützten Gütern in derartigen Situationen auf schöpferischem Wege zum Durchbruch zu verhelfen,[297] begegnen Teile des Schrifttums dieser judikativen Aushilfsfunktion durchaus kritisch – einerseits mit Überlegungen, die eher individualrechtliche Elemente in den Vordergrund rücken (dazu lit. aa), andererseits mit Erwägungen, deren Fokus eher auf Aspekten kollektiver Autonomie liegt (dazu lit. bb). Völkerrechtlich gehen beide Argumente im Konsensprinzip auf (dazu lit. cc).

aa) Individuelle Autonomie als Rechtsfortbildungsschranke: Der Vorbehalt des Gesetzes

Selbst dann, so bringt die erste dieser Kritiklinien vor, wenn die richterliche Rechtsfortbildung sich zu ihrer Legitimation auf die grundrechtliche Notwendigkeit einer Norm berufen könne, scheitere sie doch noch immer daran, dass auch und gerade in Privatrechtsstreitigkeiten der Par-

---

und Rechtsgestaltung, 2012, S.49 (56), nach dem dies „nahezu einhelliger Ansicht" entspricht.

[297] BVerfGE 84, 212 (226 f.); 88, 103 (115); siehe dazu auch *T. Dieterich*, RdA 46 (1993), S. 67.

tei, der die geschöpfte Norm günstig ist, eine Partei gegenübersteht, deren Freiheit die geschöpfte Norm verkürzt. Für eben diese Freiheitsverkürzung aber bedürfe es einer gesetzlichen Grundlage, die zwischen Schutz und Eingriff vermittle. Im Falle abwägend-regelbildender Ausfüllung offener Gesetzeslücken verfüge der Richter über eine solche rechtfertigende Gesetzesgrundlage indes nicht. Jeglichen richterlichen Bemühungen, grundrechtlichen Schutzpflichten durch eine Fortbildung des Rechts zu genügen, stehe daher der Grundsatz des Vorbehalts des Gesetzes entgegen.[298]

bb) Kollektive Autonomie als Rechtsfortbildungsschranke: Der Grundsatz der Gewaltenteilung

Daran schließt die zweite Linie der Kritik unmittelbar an. Erst die Erforderlichkeit einer gesetzlichen Grundlage stelle sicher, so bringt sie aus eher demokratietheoretischer Perspektive vor, dass die allen voran politische Entscheidung über die konkrete Art und Weise der Erfüllung grundrechtlicher Schutzpflichten, oder allgemeiner: der Grundrechtskonkretisierung, vom demokratisch dazu einzig legitimierten Gesetzgeber getroffen werde und der Spielraum, den die verfassungsrechtlichen Vorgaben bei der Vermittlung von Schutz und Eingriff beließen, nicht von den Gerichten ausgefüllt werde. Der Grundsatz der Gewaltenteilung und die demokratisch-legitimatorische Bedeutung differenzierter staatsorganisatorischer Funktionszuweisungen, die ihm zugrunde liege,[299] stehe richterlichem Entscheiden *praeter legem* daher in aller Regel entgegen.[300] Allenfalls dann, wenn sich der politische Entscheidungsspielraum des Gesetzgebers auf Null reduziere, weil den verfas-

---

[298] So insbesondere *C. Hillgruber*, JZ 51 (1996), S. 118 (123 f.); siehe auch *G. Hermes*, VVDStRL 61 (2002), S. 119 (136 ff.); *J. Schwabe*, DVBl 1973, S. 788 (789); *D. Ulber*, EuGRZ 39 (2012), S. 365 (376); ähnlich weist auch *C. Starck*, in: FS Isensee, 2007, S. 215 (219) darauf hin, dass grundrechtliche Schutzansprüche „stets Gesetzgebung voraussetzen". Vgl. ferner *A. Tschentscher*, Demokratische Legitimation der dritten Gewalt, 2006, S. 195: „Die Problematik des Richterrechts ist darum weniger eine der Gesetzesbindung als vielmehr eine des Gesetzesvorbehalts." Kritisch hingegen *T. Möllers*, in: FS Roth, 2011, S. 473 (494 f.).

[299] Zu den Verflechtungen von Gewaltenteilung und Demokratieprinzip siehe etwa *B. Grzeszick*, Die Teilung der staatlichen Gewalt, 2013, S. 25 ff.

[300] *C. Hillgruber*, JZ 51 (1996), S. 118 (122); zustimmend *B. Pieroth/T. Aubel*, JZ 58 (2003), S. 504 (509).

sungsrechtlichen Vorgaben nur auf eine einzige Weise entsprochen werden könne, könne sich dies ausnahmsweise einmal anders darstellen. Denn der richterliche Eingriff in die Rechte des Gesetzgebers beschränke sich dann auf einen bloßen Zuständigkeitsverstoß, der auf den Inhalt der – ohnehin bereits verfassungsrechtlich determinierten – Entscheidung selbst keinen Einfluss habe.[301]

cc) Das Konsensprinzip als völkerrechtliche Rechtsfortbildungsschranke

Mit etwas Abstand betrachtet verdeutlichen diese Einwände Legitimationsprobleme, denen sich ergänzende Fortbildungen des Rechts auch jenseits des deutschen Verfassungsrechts, ja ganz allgemein stellen müssen: Die praeterlegale Rechtsgewinnung droht erstens Freiheitspositionen der durch sie Betroffenen zu beschneiden, ohne sich auf die rechtfertigende Wirkung einer demokratisch legitimierten Rechtsgrundlage berufen zu können, und sie gefährdet damit zweitens die ebenfalls legitimatorisch entscheidende Prärogative der Rechtsetzungsorgane bei Konkretisierung der Freiheitsverteilung innerhalb der durch das Recht gewährten Spielräume. Im Völkerrecht bietet das Konsensprinzip beiden dieser Aspekte einen normativen Anknüpfungspunkt. Als Garantie ausschließlich konsentierter Rechtsbindungen stellt es einerseits sicher, dass freiheitsbeschränkende Rechtspflichten der Staaten sich auf die legitimierende Zustimmung letzterer berufen können, und bürgt damit zugleich für die staatliche Prärogative bei der politischen Auswahl rechtlich gleichwertiger Konkretisierungen indisponibler, aber kollidierender Rechtsprinzipien. Die Frage nach der Legitimation abwägender und damit einseitig rechtsetzender Rechtsanwendung stellt sich aus völkerrechtlicher Perspektive daher allen voran im Lichte des Konsensprinzips. Die Bildung völkerrechtlicher Regeln, so lautet der dementsprechend mögliche Einwand, sei dem staatlichen Konsens vorbehalten; regelbildende Abwägungen durch einzelne Staaten oder gar durch nichtstaatliche Einheiten, wie internationale Gerichte, daher schlechterdings illegitim. Jedenfalls ohne die (mehr oder weniger stark ausgeprägte) Rückbindung an die Tatbestandsvoraussetzungen der völkerrechtlichen Rechtsquellenlehre, insbesondere aber an eine übereinstimmende

[301] Auch hierzu *C. Hillgruber*, JZ 51 (1996), S. 118 (122).

Staatenpraxis überschreite die prinzipiengeleitete Rechtsfortbildung folglich ihre durch das Konsensprinzip vorgezeichneten Grenzen.[302]

b) Legitimationsverteidigung

Der rechtliche Konflikt, den dieser Einwand zwischen völkerrechtlichem Konsensprinzip und prinzipienabwägender Regelbildung befürchtet, entpuppt sich bei genauerer Betrachtung jedoch als weniger gravierend. Weder der unilateral abwägenden Rechtsanwendung durch Einzelstaaten (dazu lit. aa) noch der abwägenden Regelbildung durch nationale (dazu lit. bb) oder internationale Gerichte (dazu lit. cc) nimmt er die Berechtigung. Die aus der staatlichen Diskussion bekannte und schon dort gleichermaßen schwache wie zentrale Verteidigung schöpferischer Lückenfüllung allerdings lässt sich auf keine dieser drei völkerrechtlichen Konstellationen übertragen. Der Gesetzesvorbehalt, so formuliert etwa das deutsche BVerfG das besagte Argument, finde im Privatrecht, wo sich gleichgeordnete Grundrechtsträger gegenüberstehen, keine Anwendung und könne den Richter folglich auch nicht an einer schöpferischen Rechtsgewinnung hindern.[303] Nun stehen sich die Staaten im Völkerrecht zwar wie die Bürger im Privatrecht als gleichgeordnete, nämlich gleiche und souveräne Rechtssubjekte gegenüber, an-

---

[302] Ausführlich dazu *H.-W. Jung*, Rechtserkenntnis und Rechtsfortbildung im Völkergewohnheitsrecht, 2012, S. 170 ff., insbes. 171, 194 ff., 200 f.; besonders deutlich ebd., S. 110: „Das prinzipiengeleitete Völkerrecht benötigt ausnahmslos die Konkretisierung durch Konsens. Eine prinzipiengeleitete Ableitung methodischer Rechtsfolgen, die sich nicht vom Konsens der Staaten tragen lässt, ist nur ein rein rechtswissenschaftlicher Wunsch, der keine Geltung beansprucht." Aus der Staatenpraxis ähnlich die Argumentation Großbritanniens im Rahmen des Nuklearwaffenverfahrens, siehe IGH, *Nuclear Weapons*, Public Sitting held on 15 November 1995, Verbatim Record, CR 95/34, S. 45 f.: „A new rule of customary law cannot, contrary to what has been claimed, be derived simply from general humanitarian principles. Nor can ‚general principles of humanity' be turned into rules of law [...]. There must be a coherent body of State practice. That practice must be of sufficient generality to show widespread support among States. The practice must embody a positive belief that it is required by law." Deutlich auch House of Lords, *Jones v. Ministry of the Interior of the Kingdom of Saudi Arabia and another*, Urteil v. 14. Juni 2006, [2007] 1 A.C. 270 (298) (per *Lord Hoffmann*).

[303] So etwa BVerfGE 84, 212 (226 f.); 88, 103 (115), in der Sache bereits ebenso BVerfGE 3, 225 (237 ff.); aus der Literatur zustimmend *R. Herzog*, in: FS Simon, 1987, S. 103 (107 ff.); *A. Söllner*, ZG 10 (1995), S. 1 (2 f., 8).

ders als die Grundrechte und der mit ihnen verbundene Gesetzesvorbehalt jedoch entfaltet das Konsensprinzip auch und gerade in Horizontalverhältnissen seine unmittelbare Wirkung. Es sichert die staatliche Freiheit von fremder Rechtsmacht „zur Seite" ebenso wie „nach oben".[304] Die völkerrechtliche Verteidigung praeterlegaler Rechtsgewinnung muss sich mithin in allen drei Fällen auf andere Argumente stützen.

aa) Abwägende Völkerrechtsregelbildung durch die Staaten selbst

Sofern es die Einzelstaaten selbst sind, die bei der Anwendung prinzipienhafter Normen offene Lücken des völkerrechtlichen Regelbestands durch regelbildende Abwägungen füllen, verliert der kritische Hinweis auf die konsensuale Rechtsetzungsstruktur des Völkerrechts aber bereits deshalb an Schärfe, weil sich die regelerzeugende Abwägung dann lediglich als notwendiger gedanklicher Zwischenschritt zwischen prinzipienhaftem *prima facie*-Sollen und konkret-definitivem rechtlichen Urteil präsentiert,[305] die dabei gebildete Regel aber keine eigenständige, unmittelbare Rechtsverbindlichkeit erlangt. Sie wird von den Staaten gebildet, um deren Handeln im konkreten Fall rechtliche Orientierung zu geben, bindet aber rechtlich betrachtet weder den abwägenden Staat selbst noch andere Rechtssubjekte für die Zukunft. Um eine Rechtsfortbildung im eigentlichen Sinne handelt es sich in diesen Fällen daher nicht. Doch selbst wenn dies anders wäre, ließe sich die abwägende Regelbildung nur schwerlich als völkerrechtlich illegitim qualifizieren, ist sie doch notwendige Folge der Verbindlichkeit rechtlicher Prinzipien. Denn als geltende Rechtsnormen sind die hier interessierenden Rechtsprinzipien verbindlich zu berücksichtigende Verhaltens- und Entscheidungsmaßstäbe. Aufgrund ihrer strukturellen Eigenheiten jedoch kann eben diese demnach erforderliche Berücksichtigung nur im Wege der Abwägung erfolgen. Den rechtsgebundenen Staaten die abwägende Anwendung der Rechtsprinzipien im Lichte des Konsensprinzips als zu unbestimmt zu versagen, hieße daher nichts Geringeres als die Rechtsverbindlichkeit der Prinzipiennormen selbst zu bestreiten. Die Staaten ließe das zudem in einem rechtlichen Vakuum zurück, in dem für eine begründete Handlungsentscheidung rechtliche Maßstäbe überhaupt

[304] Zum Konsensprinzip und dessen Konnex zum Souveränitätsprinzip siehe bereits oben S. 356 f.

[305] Dazu bereits S. 197 f.

nicht mehr zur Verfügung stünden. In Abwesenheit regelhafter Normen wäre den Staaten so jedes Verhalten freigestellt[306] und das, obwohl konsentierte Rechtsprinzipien auch diesen Raum abdeckten. Eher als deren abwägende Anwendung erscheint daher deren Außerachtlassung legitimationsbedürftig.

bb) Abwägende Völkerrechtsregelbildung durch nationale Gerichte

Eben dieses Argument kann auch für den Fall einer ergänzenden Fortbildung des völkerrechtlichen Regelbestands durch nationale Gerichte Geltung beanspruchen. Sofern es diesen (nach nationalem Recht) überantwortet ist, in bestimmten Fällen anhand der Maßstäbe des Völkerrechts zu entscheiden, und dies auch Normen mit Prinzipiencharakter (im rechtstheoretischen Sinne) erfasst, sind auch die nationalen Gerichte gehalten, Völkerrechtsprinzipien zur Anwendung zu bringen und folglich regelbildend tätig zu werden. Mag diese Verpflichtung auch (mittelbar) im nationalen Prozessrecht wurzeln, so erscheint sie doch auch aus völkerrechtlicher Perspektive unbedenklich. Zwar ergibt sich eine entsprechende völkerrechtliche Befugnis nationaler Gerichte zur rechtsfortbildenden Regelbildung nicht bereits aus der Anerkennung der Rechtsprechung als subsidiäre Rechtsquelle in Art. 38 Abs. 1 lit. d IGH-Statut,[307] doch im Lichte der allgemeinen Anerkennung der Tatsache, dass Entscheidungen nationaler Gerichte als Staatenpraxis oder Ausdruck einer *opinio iuris* zur Genese gewohnheitsrechtlicher Normen beitragen können,[308] erweist sich auch die abwägende Regelbil-

---

306 Dabei ist wichtig zu sehen, dass es sich bei dieser Freistellung nicht um eine Freistellung durch positive Regelung handelt, sondern das staatliche Verhalten deshalb freigestellt ist, weil es sich der rechtlichen Regelung gänzlich entzieht.

307 Vgl. zur Möglichkeit eines entsprechenden Arguments *K. Doehring*, in: FS Juristische Fakultät Heidelberg, 1986, S. 541 (541 f., 545 ff.), der zutreffend darauf hinweist, dass die Formulierung, die Rechtsprechung bilde ein „subsidiary means for the determination of rules of law", es aufgrund der Doppeldeutigkeit des Wortes „determination" zumindest nicht ausschließt, die Rechtsprechung nicht lediglich als „Hilfsmittel zur Feststellung von Rechtsnormen" zu begreifen, sondern ihr eine eigene, wenn auch subsidiäre Rechtsetzungsfunktion zuzuweisen.

308 *A. Bleckmann*, Grundprobleme und Methoden des Völkerrechts, 1982, S. 111; *M. Bos*, A Methodology of International Law, 1984, S. 235; *J. Crawford*, Brownlie's Principles of Public International Law, 8. Aufl. 2012, S. 24; *M. N.*

dung durch nationale Gerichte als vom staatlichen Konsens gedeckt. Denn wie sollten nationale Gerichtsurteile zur Bildung des Völkergewohnheitsrechts beitragen, wenn sie sich auf eine Anwendung des geltenden *Regel*bestands beschränkten? *Klaus-Ferdinand Gärditz* spricht daher gar von einem „Auftrag zur dynamischen und evolutiven Rechtsfortbildung durch Richterrecht"[309]. Das Konfliktpotential mit den Grundsätzen eines konsensual begründeten Völkerrechts ist zudem auch hier gering: Denn erstens steht einer rechtlichen Bindung eines Staates durch die Entscheidung eines nationalen Gerichts eines anderen Staates in den meisten Fällen bereits der Grundsatz der Staatenimmunität entgegen. Selbst dann, wenn dies ausnahmsweise einmal nicht so sein sollte, sind die unkonsentierten Rechtswirkungen für den fremden Staat minimal. Denn auch dann, wenn nationale Gerichte in ihren Entscheidungen durch die Abwägung völkerrechtlicher Prinzipien den Bestand völkerrechtlicher Regeln erweitern, so werden die so gewonnenen Rechtsregeln aufgrund der notwendig auf den nationalen Rechtsraum beschränkten Rechtskraftwirkung der Entscheidung lediglich innerstaatlich verbindlich. Bindungswirkung entfalten sie zudem in aller Regel nur zwischen den Parteien und bezogen auf den konkret entschiedenen Sachverhalt.[310] Eine auch völkerrechtlich verbindliche Regel kann dabei nur dann entstehen, wenn nicht nur die Gerichte eines einzigen Staates eine entsprechende Regel gewinnen, sondern sich eine solche Rechtsprechung als allgemeine, von einer entsprechenden Rechtsüberzeugung getragene Staatenpraxis darstellt. Sind so aber die Entstehungsvoraussetzungen einer völkergewohnheitsrechtlichen Regel gewahrt, erscheint die Regelbildung auch im Lichte des Konsensprinzips unbedenklich. Allenfalls aus der Perspektive des nationalen (Verfassungs-)Rechts stellt sich dann die Frage der Legitimation einer solchen ergänzenden Rechtsfortbildung.[311]

Shaw, International Law, 7. Aufl. 2014, S. 58; mit Einschränkungen auch *T. Schweisfurth*, Völkerrecht, S. 65, 2. Kap. Rdn. 53.

[309] *K. F. Gärditz*, AVR 45 (2007), S. 1 (14).

[310] So erstreckt sich etwa auch die Rechtskraft der Entscheidungen deutscher Verwaltungsgerichte gem. § 121 VwGO lediglich auf die Parteien und deren Rechtsnachfolger, anders aber die nach § 31 BVerfGG alle Gerichte und Behörden bindenden und zum Teil gar in Gesetzeskraft erwachsenden Entscheidungen des BVerfG.

[311] Siehe dazu *K. F. Gärditz*, Der Staat 47 (2008), S. 381.

cc) Abwägende Völkerrechtsregelbildung durch internationale Gerichte

Sofern schließlich internationale Gerichte im Wege der Abwägung völkerrechtlicher Prinzipien Rechtsregeln gewinnen, um unter Rückgriff auf diese den ihnen unterbreiteten Streitfall zu entscheiden, erwächst – anders als im Falle nationaler Judikate – die auf die Regeln gestützte Entscheidung selbst auch völkerrechtlich in Rechtskraft. Zumindest mittelbar hat die gerichtliche Regelbildung mithin Auswirkungen auf die rechtlichen Bindungen der Staaten; Auswirkungen, deren Legitimation sich am Konsensprinzip messen lassen muss. Im Lichte eines formalen, d.h. als Schutz vor unkonsentierten Rechtsbindungen verstandenen Konsensprinzips bleibt die Begründungslast für derartige Regelbildungen allerdings gering. Denn Art. 59 IGH-Statut beschränkt die Rechtskraft der Urteile des IGH in personeller Hinsicht auf die Parteien und in sachlicher Hinsicht auf die entschiedene Streitigkeit.[312] Trifft der Gerichtshof im Rahmen eines Gutachtenverfahrens allgemeine Feststellungen über den rechtlichen Status quo, bleiben diese in rechtlicher Hinsicht gar gänzlich unverbindlich.[313] Und auch eine Selbstbindung des Gerichtshofs im Sinne einer *stare decisis*-Regel kennt das internationale Gerichtsverfahrensrecht nicht.[314] Eine ergänzende Rechtsfortbildung im engen, rechtlichen Sinne[315] gelingt internationalen Gerichten demnach nur insofern, als sie gegenüber den Parteien rechtsverbindliche Entscheidungen treffen, die ihrerseits auf erst im Wege der Prinzipienabwägung erzeugten Regeln beruhen. *De facto* indes kommt den Urteilen internationaler Gerichte, insbesondere denjenigen des IGH, für die Bewertung künftiger Fälle eine derartig außergewöhnliche argumentative Autorität[316] zu, „that they do in fact govern the further

---

312 Dazu *H. Thirlway*, in: M. D. Evans (Hrsg.), International Law, 4. Aufl. 2014, S. 589 (608 ff.). Eine inhaltsgleiche Regel enthält Art. 33 Abs. 2 der Anlage VI zum SRÜ für den ISGH.

313 *H. Thirlway*, in: M. D. Evans (Hrsg.), International Law, 4. Aufl. 2014, S. 589 (610 f.).

314 *J. Crawford*, Brownlie's Principles of Public International Law, 8. Aufl. 2012, S. 71; *M. Geistlinger*, in: GS Mayer-Maly, 2011, S. 159 (165); *M. Shahabuddeen*, Precedent in the World Court, 1996, S. 97.

315 Zu begrifflichen Abgrenzungen *A. v. Bogdandy/I. Venzke*, German L. J. 12 (2011), S. 979 (988 f.), die stattdessen von „judicial lawmaking" sprechen.

316 Darauf, dass es gerade auf die argumentative Überzeugungskraft ankommt, verweist auch *E. Picker*, in: C. Bumke (Hrsg.), Richterrecht zwischen Gesetzesrecht und Rechtsgestaltung, 2012, S. 85 (118), der klarstellt, eine Regel

behavior of those they address, irrespective of their binding or non-binding effect or their legal impact on international law".[317] Selbst ohne jenseits der Parteien Rechtsverbindlichkeit zu erlangen, gestalten die von internationalen Gerichten im Wege der Prinzipienabwägung gewonnen Rechtsaussagen daher die Sphäre staatlicher Freiheit. Auch durch die abwägungsgeleitete Konkretisierung völkerrechtlicher Prinzipien zu völkerrechtlichen Regeln üben sie folglich eine Form der „public authority" aus, die in der Tat der Rechtfertigung bedarf.[318] Doch mindestens fünf Gründe lassen sich zu ihrer Verteidigung anführen.

Erstens bleibt die richterliche Prinzipienkonkretisierung stets vorläufig. Sie steht unter dem Vorbehalt einer abweichenden Bestimmung des Prinzipienverhältnisses durch die Staaten selbst und ist damit in ihrer Wirkung für zukünftige Fälle jedenfalls im Grundsatz reversibel.[319] Wird das Prinzipienverhältnis im staatlichen Konsens – etwa in einer vertraglichen Regelung oder durch eine ständige, von einer Rechtsüberzeugung begleitete Praxis – abweichend von der gerichtlichen Entscheidung konkretisiert, so verliert diese ihre Bedeutung.[320]

---

entstehe aufgrund einer richterlichen Entscheidung immer nur dann, wenn diese so überzeugend sei, dass sie *„in das allgemeine Rechtsdenken Eingang"* finde.

[317] *K. Oellers-Frahm*, German L. J. 12 (2011), S. 1033 (1055); siehe auch *M. Shahabuddeen*, Precedent in the World Court, 1996, S. 63; *A. v. Bogdandy/I. Venzke*, German L. J. 12 (2011), S. 979 (987); *dies.*, in: M. Rosenfeld/A. Sajó (Hrsg.), The Oxford Handbook of Comparative Constitutional Law, 2012, S. 503 (507 ff.); ausführlich *A. Boyle/C. Chinkin*, The Making of International Law, 2007, S. 293 ff.; *M. Jacob*, German L. J. 12 (2011), S. 1005 (1016 ff.); *A. v. Bogdandy/I. Venzke*, In wessen Namen?, 2014, S. 136 ff., insbes. S. 143 f.; zu Modus und Erfolgsbedingungen dieser präzedentiellen Wirkung *N. Petersen*, German L. J. 12 (2011), S. 1295 (1297 ff.).

[318] Ausführlich dazu die Beiträge in A. v. Bogdandy/I. Venzke (Hrsg.), International Judicial Lawmaking, 2012.

[319] Zu einem vergleichbaren Argument aus der nationalrechtlichen Diskussion siehe etwa *T. Möllers*, in: FS Roth, 2011, S. 473 (495); dass eine solche Korrektur durch den Rechtsetzer – nicht nur, aber vor allem auf völkerrechtlicher Ebene – in der politischen Praxis schwer umzusetzen ist, ist der Kritik (siehe etwa *M. Breuer*, ZöR 68 [2013], S. 729 [754]; *A. Peters*, in: FS Walther-Schücking-Institut, 2014, S. 127 [135]; *A. Voßkuhle*, AöR 125 [2000], S. 177 [187]) allerdings zuzugeben.

[320] Siehe *S. Talmon*, EJIL 26 (2015), S. 417 (441): „the deductive method finds its limits in the actual will of states, as expressed by their constant and uniform practice."

Zweitens ist es kein auf Rechtsprinzipien beschränktes Phänomen, dass Gerichte auf dem Weg zur Entscheidung eines Einzelfalles eine solche Konkretisierungsleistung erbringen müssen. Nicht nur die abwägende Anwendung von Rechtsprinzipien, auch die Auslegung von Rechtsregeln verlangt, insbesondere dann, wenn diese unbestimmte Rechtsbegriffe enthalten, dem Rechtsanwender einen gewissen schöpferischen Eigenbeitrag ab.[321] Auch hier ist oft erst am zu entscheidenden Fall selbst zu begründen, was die Regel konkret gebietet, verbietet oder erlaubt, und auch hier belassen die völkerrechtlichen Auslegungsregeln dem Rechtsinterpreten einen teils erheblichen Spielraum. Qualitativ jedenfalls unterscheiden sich Regelanwendung und Prinzipienanwendung diesbezüglich nicht. Angesichts dieser strukturellen Ähnlichkeit zwischen Rechtsregel- und Rechtsprinzipienanwendung liegt es nahe, die Befugnis internationaler Gerichte zur prinzipiengestützten Fortbildung des völkerrechtlichen Regelbestandes auf ein Argument zu stützen, das für unbestimmte Regeln vertrauter klingt: Denn geht nicht auch mit der konsentierten Vagheit völkerrechtlicher Prinzipien, jedenfalls aber mit dem Auftrag, diese zur Entscheidung konkreter Streitfälle heranzuziehen, die Delegation der Konkretisierungsbefugnis an den Rechtsanwender einher?[322] Art. 38 Abs. 1 IGH-Statut jedenfalls legt einen solchen Schluss nahe, wenn er dem IGH aufgibt, zur Entscheidung der

---

[321] Vgl. *H. Kelsen*, Reine Rechtslehre, 1. Aufl. 1934, S. 91.

[322] Vgl. *C. Bumke*, in: ders. (Hrsg.), Richterrecht zwischen Gesetzesrecht und Rechtsgestaltung, 2012, S. 33 (36); *M. Jestaedt*, in: C. Bumke (Hrsg.), Richterrecht zwischen Gesetzesrecht und Rechtsgestaltung, 2012, S. 49 (64 f.); *H.-W. Jung*, Rechtserkenntnis und Rechtsfortbildung im Völkergewohnheitsrecht, 2012, S. 138; *M. Reinhardt*, Konsistente Jurisdiktion, 1997, S. 347 ff.; *A. Voßkuhle/G. Sydow*, JZ 57 (2002), S. 673 (678 f.). Siehe aus dem völkerrechtlichen Kontext vor allem *E. Vranes*, AVR 47 (2009), S. 1 (24); angedeutet auch bei *A. Paulus*, in: S. Besson/J. Tasioulas (Hrsg.), The Philosophy of International Law, 2010, S. 207 (221 f.); siehe ferner *N. Jain*, Harv. J. Int'l L. 57 (2016), S. 111 (148). In eine ähnliche Richtung deuten die Ausführungen in IGH, *Nuclear Weapons*, Advisory Opinion, Diss. Op. Shahabuddeen, ICJ Rep 1996, S. 375 (405 ff., insbes. 409) zur Frage, ob der Gerichtshof aus der *Martens*'schen Klausel konkrete Verbotsregeln ableiten kann: „It is not, I think, a question of the Court essaying to transform public opinion into law: that would lead to ‚government by judges', which [...] ‚no State would easily accept' [...]. Existing international law, in the form of the Martens Clause, has already established the necesary legal norm. The Court does not have to find whether there is an *opinio juris*. Its task is that of evaluating a standard embodied in an existing principle by way of making a finding as to what it is that the ‚principles of humanity and ... the dictates of public conscience' require [...] in a given situation."

ihm unterbreiteten Streitigkeiten unter anderem die anerkannten allgemeinen Rechtsgrundsätze anzuwenden.[323] Eine Differenzierung zwischen abwägungsbedürftigen und regelförmigen Rechtsgrundsätzen sucht man dort vergeblich. Da die Anwendung von Prinzipiennormen im rechtstheoretischen Sinne aber stets über die Bildung rechtlicher Regeln führt,[324] kommt man folglich nicht umhin, Art. 38 Abs. 1 IGH-Statut nicht nur als Befugnis, sondern gar als Pflicht zur prinzipiengestützten Regelbildung zu verstehen. Denn wie soll der Gerichtshof Rechtsprinzipien (im rechtstheoretischen Sinne) anwenden, ohne dabei regelbildend aktiv zu werden, wenn der Weg vom *prima facie*-Sollen rechtlicher Prinzipien zum abschließenden rechtlichen Urteil notwendig über die Bildung rechtlicher Regeln führt? Jedenfalls sofern einschlägige Rechtsregeln nicht zur Verfügung stehen, rechtliche Prinzipien den Fall aber zu entscheiden beanspruchen, ist der IGH somit rechtlich gehalten, im Wege der Prinzipienabwägung und damit unter Fortbildung des völkerrechtlichen Regelbestandes zu entscheiden. Dies nicht zu tun, wäre mit dem Anwendungsauftrag des Art. 38 Abs. 1 lit. c IGH-Statut nur schwer zu vereinbaren. Rechtlich ist dem Gerichtshof bei dieser abwägenden Regelbildung jedenfalls so lange kein Vorwurf zu machen, wie sich seine Entscheidungen innerhalb des Rahmens schlüssig begründbarer Antworten halten – und das auch nicht aus der Perspektive des Konsensprinzips, ist es doch gerade der staatliche Konsens, der Art. 38 Abs. 1 IGH-Statut zugrunde liegt und den Gerichtshof zur Prinzipienanwendung verpflichtet.[325]

Daneben sollte drittens Berücksichtigung finden, dass die im nationalen Kontext propagierte Alternative zu einer richterlichen Prinzipienkonkretisierung im Völkerrecht aus strukturellen Gründen nicht zur Verfügung steht. Das verfassungsrechtliche Schrifttum verweist insofern darauf, dass das BVerfG die gesetzgebenden Körperschaften zu einer gesetzlichen Konkretisierung der verfassungsrechtlichen Positionen verpflichten könne und ein Bedürfnis für eine schöpferische, prinzipienbasierte Regelbildung durch die Judikative folglich nicht bestehe.[326] Die

---

[323] Ebenso für den IStGH Art. 21 Abs. 1 lit. b) & c) IStGH-Statut.

[324] Dazu S. 197 f.

[325] Vgl. *V. Vadi*, Analogies in International Investment Law and Arbitration, 2016, S. 39. Das lässt freilich die Frage offen, ob die Legitimation internationaler Gerichte durch das Konsensprinzip allein gewährleistet werden kann, zu dieser Diskussion vor allem *A. v. Bogdandy/I. Venzke*, ZaöRV 70 (2010), S. 1; *dies.*, German L. J. 12 (2011), S. 1341; *dies.*, EJIL 23 (2012), S. 7.

[326] So etwa *C. Hillgruber*, JZ 51 (1996), S. 118 (122).

realistische Möglichkeit einer solchen gerichtlichen Verpflichtung zum Normerlass jedoch ruht auf zwei Voraussetzungen. Beide kann die Völkerrechtsordnung nicht garantieren. So setzt sie zum einen ein Gericht voraus, dessen Zuständigkeit im Falle eines Konkretisierungsbedarfs regelmäßig eröffnet ist. In staatlichen Rechtsordnungen gewährleistet dies oftmals die obligatorische Gerichtsbarkeit eines Verfassungsgerichts. Die Zuständigkeit internationaler Gerichte hingegen beruht auf dem Konsens der Verfahrensparteien, der in der Praxis keine vergleichbar zuverlässige Gewähr dafür bietet, dass in jedem erforderlichen Fall eine gerichtliche Entscheidung erreicht werden kann. Zum anderen wird eine gerichtliche Entscheidung, die eine Verpflichtung zum Normerlass ausspricht, regelmäßig nur dann ergehen, wenn das zu dieser Entscheidung führende Verfahren von einer Partei initiiert werden kann, die mit dem zu verpflichtenden Normsetzer nicht identisch ist. Während im nationalen Recht insbesondere die grundrechtsberechtigten Bürger diese Rolle einnehmen, beschränkt das völkerrechtliche Prozessrecht den Kreis der parteifähigen und antragsbefugten Rechtssubjekte indes auf eben die Staaten, die als völkerrechtliche Rechtsetzungsorgane zugleich einziger möglicher Verpflichteter einer Normerlasspflicht sein können. Wo der völkerrechtliche Regelbestand Lücken aufweist, verspricht das Hoffen auf einen gerichtlichen Normerlassappell daher wenig Erfolg. Und selbst dann, wenn internationale Gerichte tatsächlich einmal Gelegenheit bekämen, einen solchen Konkretisierungsappell auszusprechen, stellte dessen Umsetzung die Staaten vor erhebliche Schwierigkeiten. Denn die Zurückverweisung der Konkretisierungsaufgabe an die Parteien selbst mag zwar der gerichtlichen Normbildung vorbeugen und so die Rückbindung an den staatlichen Konsens sicherstellen, sie führt jedoch dazu, dass der Streit zwischen den Parteien zunächst unentschieden bleibt. Dass sich die im Streit befindlichen Staaten tatsächlich auf einen angemessenen Prinzipienausgleich einigen können, ist dabei keinesfalls ausgemacht. Im Gabčíkovo Nagymaros-Verfahren etwa verwies der IGH die Frage nach dem zutreffenden Ausgleich von Umweltschutz- und Entwicklungsaspekten an die Parteien zurück. Er gab ihnen auf, angesichts des veränderten Bestands umweltvölkerrechtlicher Verpflichtungen einen „fresh look" auf das vertraglich vereinbarte Staudammbauprojekt zu werfen und dessen Ausführung so zu konkretisieren, dass neben dem souveränen Recht, die wirtschaftliche Entwicklung zu gestalten, auch neu entstandene Umweltschutzverpflichtungen berücksichtigt und damit beide in ein angemessenes Verhältnis gebracht würden.[327] Der Konflikt ist noch immer ungeklärt. Und so kann die gut gemeinte Weigerung eines Gerichts, konfligierende Prinzipien selbst einem verbindlichen Ausgleich zuzuführen, die Streitschlichtungsfunktion internationaler Rechtsprechung gefährden.[328]

Zur Rechtfertigung und Legitimation von abwägungsbasierten Regelbildungen durch internationale Gerichte kann schließlich viertens beitragen, dass die gerichtliche Entscheidungsfindung in einen Kontext eingebettet ist, der in vielfacher Hinsicht Begründungslasten etabliert und damit die verbleibenden Spielräume von Anfang an verengt. Vorangegangene Urteile etwa, die das zur Entscheidung berufene Gericht in vergleichbaren Fällen getroffen hat, wecken die begründete Erwartung, dass das Gericht die dort angestellten Erwägungen auch in zukünftigen Fällen für maßgeblich halten wird.[329] Denn ungeachtet der Tatsache, dass internationale Gerichte an Präjudizien nicht rechtlich gebunden sind, werden auch sie an den von ihnen selbst aufgestellten Geltungsansprüchen gemessen. Mit den Begründungen ihrer Entscheidungen binden sie sich somit gewissermaßen selbst,[330] auch deshalb, weil eine unbegründete Abweichung von früheren Judikaten stets die Gefahr birgt, das Vertrauen der Mitgliedstaaten aufs Spiel zu setzen.[331] Je mehr sich daher in der Rechtsprechung Maßstäbe für den Ausgleich zweier Prinzipien etablieren, desto kleiner werden die gerichtlich auszufüllenden Spielräume und desto geringer werden die Unsicherheiten, die für die Staaten mit einer gerichtlichen Abwägungsentscheidung einhergehen.

---

[327] IGH, *Gabčíkovo-Nagymaros Project*, ICJ Rep 1997, S. 7 (78); dazu bereits ausführlicher *J. Rauber*, ZaöRV 75 (2015), S. 259 (286 ff.).

[328] In diesem Sinne kritisch zur Gabčíkovo Nagymaros-Entscheidung auch *A. Paulus*, in: S. Besson/J. Tasioulas (Hrsg.), The Philosophy of International Law, 2010, S. 207 (222).

[329] *A. v. Bogdandy/M. Jacob*, in: FS Simma, 2011, S. 809 (823).

[330] Vgl. ausführlich zur konstruktivistischen Begründung einer solchen Selbstbindung (wenngleich ohne dabei die Gerichte in den Fokus zu rücken) *T. Kleinlein*, Konstitutionalisierung im Völkerrecht, 2012, S. 636 ff.

[331] Die ablehende Reaktion der Staaten auf die zweite der beiden widersprüchlichen Südwestafrika-Entscheidungen (IGH, *South West Africa Cases*, Preliminary Objections, ICJ Rep 1962, S. 319; *South West Africa Cases*, Second Phase, ICJ Rep 1966, S. 6) dürfte jedenfalls auch darauf zurückzuführen sein, so auch *A. v. Bogdandy/I. Venzke*, In wessen Namen?, 2014, S. 79.

Zugegebenermaßen führt diese Selbstbindung der Gerichte indes nicht unmittelbar dazu, dass die abwägende Prinzipienkonkretisierung an den Willen der Staaten rückgebunden wird. Allerdings bleibt auch im Rahmen der gerichtlichen Maßstabsbildung zu berücksichtigen, dass die insofern ausnahmsweise den Gerichten überwiesene Aufgabe der Regelbildung in erster Linie den Staaten obliegt. Insofern sind auch für die Beurteilung von abstraktem Gewicht und konkretem Verhältnis der auszugleichenden Prinzipien primär die staatlichen Bewertungen maßgeblich.[332] Rechtspolitisch ist das auch deshalb geboten, weil eine Entscheidung, der die Staaten nicht zu folgen bereit sind, im durchsetzungsschwachen Völkerrecht zur Ineffektivität verdammt und darüber hinaus geeignet ist, die Bereitschaft der Staaten schwinden zu lassen, sich gerichtlichen Streitbeilegungsverfahren zu unterwerfen.[333] Anhaltspunkte, die über Gewichtungspräferenzen in Bezug auf die streitentscheidenden Prinzipien Aufschluss geben, erhöhen daher bereits im Stadium der Maßstabsbildung die Begründungslasten einer abweichenden Priorisierung. Unterzeichnete, aber noch nicht ratifizierte Verträge, einseitige Stellungnahmen der Staaten und Erklärungen oder Resolutionen internationaler Organisationen, an denen die Staaten mitgewirkt haben, müssen daher im Rahmen der gerichtlichen Prinzipienkonkretisierung berücksichtigt werden.[334] Und auch analogieähnliche Überlegungen verlieren vor diesem Hintergrund ihren völkerrechtlichen Schrecken. Denn sind die einschlägigen Prinzipien bereits in einem anderen, aber vergleichbaren Fall von den Staaten einem Ausgleich zugeführt worden – etwa bei der Einigung auf eine bestimmte völkervertragliche Bestimmung –, so kann gerade dies ein Indiz dafür sein, wel-

---

[332] Vgl. *T. Kleinlein*, Konstitutionalisierung im Völkerrecht 2012, S. 350: „Schließlich bedarf auch die besondere Wertigkeit einer Norm der Akzeptanz."

[333] Vgl. *R. Bernhardt*, in: FS Juristische Fakultät Heidelberg, 1986, S. 527 (540); *B. Grzeszick*, AVR 43 (2005), S. 312 (339 f.); *N. Tsagourias*, in: ders. (Hrsg.), Transnational Constitutionalism, 2007, S. 71 (101).

[334] Interessanterweise scheint der EGMR in gewissem Maße dieser Methode zu folgen, wenn er zur Konkretisierung der Konventionsgarantien auf einen im Entstehen befindlichen Konsens der Mitgliedstaaten abstellt; vgl. dazu *A. Nußberger*, RW 3 (2012), S. 197 sowie *L. Wildhaber/A. Hjartarson/S. Donelly*, HRLJ 33 (2013), S. 248 (256): „[Consensus] is a factor or element […] in proportionality balancing […] of indicative, persuasive, in some cases probably decisive value."

che Bedeutung die Staaten den zugrundeliegenden Prinzipien zumessen.[335]

Bei alledem darf schließlich fünftens nicht in Vergessenheit geraten, dass insbesondere insoweit als den gerichtlichen Regelbildungen eine über den Einzelfall hinausgehende Bedeutung zukommt, der staatliche Konsens nicht den einzigen möglichen Legitimationsmodus bereithält.[336] Für ein Völkerrecht, das seine normative Grundlage nicht mehr allein im Souveränitätsprinzip findet, gilt das umso mehr. In diesem Zusammenhang findet sich vor allem im diskurstheoretisch informierten Schrifttum die Überlegung, dass internationale Gerichte in eine fortdauernde öffentliche Auseinandersetzung darüber eingebunden sind, wie kollidierende Prinzipien und Rechtsgüter abstrakt zu gewichten und zueinander in Verhältnis zu setzen sind.[337] Ihre Entscheidungen werden in der Öffentlichkeit bewertet, die Angemessenheit früherer Rechtsfortbildungen bestritten oder die geschöpften Regeln in Urteilen anderer Gerichte aufgegriffen; die Staaten begrüßen die Urteile, distanzieren sich von ihnen, verweigern ihnen die Umsetzung oder ergreifen Sanktionen, um ihnen Wirkung zu verleihen; und auch Nichtregierungsorganisationen oder Verbände äußern durch Stellungnahmen oder *amicus curiae*-Briefe ihre Rechtsansichten oder partizipieren gar am

---

[335] Auf diese Weise verfährt etwa der JStGH bei der auf eine Abwägung von Souveränitäts- und Humanitätsprinzip gestützten Gewinnung völkerrechtlicher Regeln für den nicht-internationalen bewaffneten Konflikt, siehe JStGH, *Prosecutor v. Tadić*, Case No. IT-94-1-AR72, Appeals Chamber, Decision on the Defence Motion for Interlocutory Appeal on Jurisdiction v. 2. Oktober 1995, Rdn. 119: „What is inhumane, and consequently proscribed, in international wars, cannot but be inhumane and inadmissible in civil strife." Dazu noch unten S. 795 ff.

[336] Grundsätzlich kritisch zur Legitimation durch Konsens *J. Raz*, The Morality of Law, 1984, S. 88 ff., insbes. S. 90; zu weiteren Legitimationsoptionen in Bezug auf internationale Gerichte siehe *A. v. Bogdandy/I. Venzke*, EJIL 23 (2012), S. 7 (24 ff.).

[337] Vgl. etwa *M. Kuhli/K. Günther*, German L. J. 12 (2011), S. 1261 (1277), die die Gerichte als Teilnehmer an einem öffentlichen Diskurs über die zutreffende Konkretisierung allgemeiner Rechtsgrundsätze verstehen und erklären, ein gerichtlich gefundenes Ergebnis „has to be contested publicly in an ongoing discourse of justification. Whereas judges are authorized to decide and settle the discourse of legal norm application in concrete cases, its lawmaking remains subject to the acceptance of later participants in the normative discourse [...]. In this later practice, the validity that a court claims for a norm, which it has created and justified to resolve a singular case, remais defeasible."

Verfahren. Sofern Gerichte diese Diskursangebote annehmen und sich in responsiver Weise mit Gründen an dieser öffentlichen Debatte beteiligen, hat dies das Potential, eine genuin demokratische Legitimation der Gerichte zu befördern, die sich jenseits der Fokussierung auf den staatlichen Konsens bewegt.[338]

c) Ergebnis

Die verbreitete Besorgnis, dass der „unbefangene Rückgriff auf die allgemeinen Rechtsgrundsätze [...] die Funktion der völkerrechtlichen Rechtsquellenlehre" in existenzieller Weise gefährde und „eine methodische Konstruktion [bilde], die das zeitgenössische Völkerrecht mit dem Konsensgrundsatz und gemeinsamer Willensbildung nicht tolerieren" könne,[339] dürfte angesichts der obigen Überlegungen unberechtigt sein. Sie übersieht, dass die gerichtliche Auslegung unbestimmter Regeln oftmals kein geringeres schöpferisches Element aufweist als die Abwägung von Prinzipien, dass die Alternative auf die schlichte Nichtanwendung von Rechtsnormen hinausläuft, deren Anwendung Art. 38 Abs. 1 lit. c IGH-Statut gebietet, und dass auch bei der Gewichtung von Prinzipien die entsprechenden Auffassungen der Staaten zu berücksichtigen sind. Dass die gerichtlichen Regelbildungen zudem reversibel sind und die Legitimation gerichtlicher Rechtsfortbildungen gerade im modernen Völkerrecht nicht mehr allein auf dem Konsens der Staaten beruht, mildert die Bedenken zusätzlich ab.

C. Prinzipienbasierte Rechtsgewinnung *contra legem*: Möglichkeiten regelübersteigender Rechtsfortbildung

Anders als die Rechtsgewinnung *praeter legem* ergänzt die Rechtsgewinnung *contra legem* den Bestand völkerrechtlicher Regeln nicht lediglich in einem zuvor von Regeln unbesetzten Bereich. Stattdessen bildet sie das Recht korrigierend fort, indem sie sich über bestehende Regeln hinwegsetzt. Ihren methodischen Ansatzpunkt findet sie folglich nicht in offenen, sondern in verdeckten Regellücken, also dort, wo völkerrechtliche Regeln zwar bestehen, doch mit Regelungsteleologie oder

---

[338] *A. v. Bogdandy*, in FS Riedel, 2013, S. 413 (425).

[339] *H.-W. Jung*, Rechtserkenntnis und Rechtsfortbildung im Völkergewohnheitsrecht, 2012, S. 82.

prägenden Prinzipien der Völkerrechtsordnung in Konflikt geraten. Im nationalen Recht jedenfalls findet diese Methode in unterschiedlichen Formen Anerkennung (dazu I.). Und auch für das Völkerrecht lässt sich eine rechtsprinzipiengestützte Rechtsfortbildung *contra legem* auf Grundlage des vorgestellten Prinzipienmodells rechtstheoretisch gut begründen (dazu II.). Die Wertungen des positiven Völkerrechts stehen ihr zudem auch in rechtsdogmatischer Hinsicht nicht entgegen (dazu III.). Die methodischen Konturen eines solchen Rechtsgewinnungsverfahrens bleiben dabei jedoch vage (dazu IV.).

I. Rechtsgewinnung *contra legem* im nationalen Kontext

Die Rechtsgewinnung *contra legem* ermöglicht es dem Rechtsanwender, sich zu Gunsten von Regelungsteleologie oder allgemeinen Rechtsprinzipien gesetzeskorrigierend über die semantischen Grenzen bestehender Normen hinwegzusetzen. Im Lichte von Gewaltenteilungsgrundsatz und Demokratieprinzip wirft das – jedenfalls im demokratischen Verfassungsstaat – schwierige Fragen auf.[340] Schon deshalb erstaunt es nicht, dass die Rechtsgewinnung *contra legem* im nationalen Recht vielfach als *ultima ratio* verstanden wird;[341] ja oftmals wird ihre Berechtigung gar gänzlich bestritten.[342] Eine gesetzesübersteigende Rechtsfort-

---

[340] Dazu unter anderem *C. Hillgruber*, JZ 51 (1996), S. 118; *J. Ipsen*, Richterrecht und Verfassung, 1975, S. 196 ff., 204 ff.; *M. Reinhardt*, Konsistente Jurisdiktion, 1997, S. 84 ff., 339 ff.; *A. Tschentscher*, Demokratische Legitimation der dritten Gewalt, 2006, insbesondere S. 183 ff., 194 ff.; *F. Wittreck*, Die Verwaltung der Dritten Gewalt, 2006, S. 135 ff. Vor diesem Hintergrund spricht *B. Grzeszick*, in: T. Maunz/G. Dürig, Grundgesetz-Kommentar, Stand: 65. Erg.-Lfg., April 2012, Art. 20 (Demokratie) Rdn. 237 treffend von einer „legitimatorisch zentrale[n] Gesetzestreue des Richters". Weniger kritisch hingegen *D. Looschelders/W. Roth*, Juristische Methodik im Prozess der Rechtsanwendung, 1996, S. 244 ff.

[341] *K. Larenz*, Methodenlehre der Rechtswissenschaft, 6. Aufl. 1991, S. 367; siehe auch *C. Herresthal*, Rechtsfortbildung im europarechtlichen Bezugsrahmen, 2006, S. 220: „Sonderfall" und *J. Neuner*, Die Rechtsfindung contra legem, 1992, S. 185. *A. Bruns*, JZ 69 (2014), S. 162 (169 f.) hält sie allein in zweiseitigen Rechtsverhältnissen für zulässig.

[342] *F. Bydlinski*, Juristische Methodenlehre und Rechtsbegriff, 2. Aufl. 1991, S. 500; *H. Prütting*, in: K.-H. Böckstiegel (Hrsg.), Rechtsfortbildung durch Internationale Schiedsgerichtsbarkeit, 1989, S. 130 (131); *C.-W. Canaris*, Die Fest-

bildung[343] komme, so argumentiert etwa *Karl Larenz* für die deutsche Rechtsordnung, allenfalls dann in Betracht, wenn sich im Wege von Auslegung oder gesetzesimmanenter Rechtsfortbildung das Ergebnis nicht erreichen lasse.[344] Ihre Berechtigung könne sie einzig in den Bedürfnissen des Rechtsverkehrs, der Natur der Sache oder rechtsethischen Prinzipien finden.[345] Dabei verstehe es sich von selbst, „dass auch eine solche Rechtsfortbildung im Einklang mit den allgemeinen Rechtsprinzipien der Rechtsordnung und der verfassungsmäßigen ‚Wertordnung' bleiben muss, ja erst durch diese Übereinstimmung gerechtfertigt werden kann."[346] Es handele sich daher „um eine Rechtsfortbildung zwar ‚extra legem', außerhalb der gesetzlichen Regelung, aber ‚intra ius', innerhalb des Rahmens der Gesamtrechtsordnung und der ihr zugrundeliegenden Rechtsprinzipien."[347] In der Soraya-Entscheidung des BVerfG klingt das so:

> „Richterliche Tätigkeit besteht nicht nur im Erkennen und Aussprechen von Entscheidungen des Gesetzgebers. Die Aufgabe der Rechtsprechung kann es insbesondere erfordern, Wertvorstellungen, die der verfassungsmäßigen Rechtsordnung immanent, aber in den Texten der geschriebenen Gesetze nicht oder nur unvollkommen zum Ausdruck gelangt sind, in einem Akt des bewertenden Erkennens, dem auch willenhafte Elemente nicht fehlen, ans Licht zu bringen und in Entscheidungen zu realisieren."[348]

Und auch jenseits deutscher Dogmatik ist eine derart auf Rechtsprinzipien und die verfassungsmäßige Werteordnung gestützte gesetzeüber-

---

stellung von Lücken im Gesetz, 2. Aufl. 1983, S. 18 hält sie für „grundsätzlich" unzulässig; ebenso *K. Walter*, Rechtsfortbildung durch den EuGH, 2009, S. 219.

[343] Nach *Larenz* bezeichnet eine gesetzesübersteigende Rechtsfortbildung eine Rechtsfortbildung, die sich nicht unter Berufung auf die „Teleologie des Gesetzes selbst", sondern zu Gunsten der „leitenden Prinzipien der Gesamtrechtsordnung" über den Wortsinn des Gesetzes hinwegsetzt, siehe *K. Larenz*, Methodenlehre der Rechtswissenschaft, 6. Aufl. 1991, S. 366, 413 f. Nach diesem Maßstab stellt auch die hier als prinzipiengestützte Rechtsgewinnung *contra legem* bezeichnete Form der Rechtsfortbildung eine gesetzesübersteigende Rechtsfortbildung dar.

[344] *K. Larenz*, Methodenlehre der Rechtswissenschaft, 6. Aufl. 1991, S. 426.

[345] Ebd., S. 414.

[346] Ebd.

[347] Ebd., S. 413 f.

[348] BVerfGE 34, 269 (287).

steigende Rechtsfortbildung nicht unbekannt.[349] In Frankreich etwa bekennen sich die Gerichte zwar nicht ausdrücklich zu *contra legem*-Entscheidungen, doch als Auslegungen kaschiert sind sie auch dort gebräuchlich.[350] Argumentativ kommt gerade den *principes généraux du droit* – allgemeinen im Wege der Induktion gewonnenen und der gesamten Rechtsordnung zugrundeliegenden Rechtsgrundsätzen – dabei eine kaum zu überschätzende Bedeutung zu.[351] Da die Instanzgerichte nicht befugt sind, Gesetzesnormen auf ihre Verfassungsmäßigkeit zu prüfen, und für sie auch keine Vorlagemöglichkeit an den *Conseil Constitutionnel* besteht, bleibt eine *contra legem*-Entscheidung unter Berufung auf eben solche übergesetzlichen Prinzipien oft die einzige Möglichkeit, Wertungswidersprüche im einfachen Recht zu korrigieren.[352]

In den Rechtssystemen des Common Law erfüllt das Institut des sog. *overruling* diese Funktion. Als Akt eines solchen *overruling* wird eine gerichtliche Entscheidung bezeichnet, die sich über die Bindung an ein bestehendes Präjudiz hinwegsetzt und dieses so – auch oder nur (sog. *prospective overruling*) – für die Zukunft durch ein neues ersetzt.[353] Ebenso wie die für das deutsche und französische Recht beschriebene korrigierende Rechtsfortbildung setzt sich auch ein gerichtliches *overruling* über bestehende Rechtsbindungen hinweg; und wie jene bedarf auch dieses qualifizierter Gründe. Nur dann, wenn durch einen Wandel der tatsächlichen oder rechtlichen Umstände die Beibehaltung des ursprünglichen Präjudizes im Kontext der Rechtsordnung als inkonsistent oder inakzeptabel erschiene, ist eine richterliche Korrektur bestehender Präzedenzentscheidungen zulässig.[354] Zu den tatsächlichen

---

[349] Überblick zu Kontinentaleuropa bei *A. Metzger*, Extra legem, intra ius, 2009, S. 185 ff.

[350] *T. Henninger*, Europäisches Privatrecht und Methode, 2009, S. 138; vgl. auch *N. Grosche*, Rechtsfortbildung im Unionsrecht, 2011, S. 42.

[351] *T. Henninger*, Europäisches Privatrecht und Methode, 2009, S. 133.

[352] *A. Metzger*, Extra legem, intra ius, 2009, S. 189.

[353] Ausführlich zur entsprechenden Rechtsprechungspraxis im angloamerikanischen und britischen Rechtskreis *V. Klappstein*, Die Rechtsprechungsänderung mit Wirkung für die Zukunft, 2009, S. 87 ff.; siehe ferner *H. Dedek*, RabelsZ 79 (2015), S. 272 (308 ff.).

[354] *N. Grosche*, Rechtsfortbildung im Unionsrecht, 2011, S. 37; *R. S. Summers/S. Eng*, in: N. D. MacCormick/R. S. Summers (Hrsg.), Interpreting Precedents, 1997. S. 519 (526); vgl. ferner *M. A. Eisenberg*, The Nature of the Common Law, 1991, S. 104 f.

und rechtlichen Umständen, die den Weg zum *overruling* eröffnen, zählt aber auch die rechtliche Wertordnung; auch ein Wandel rechtlicher Werte kann den justiziell eingeläuteten Abschied von überkommenen Präjudizien demnach erforderlich machen, jedenfalls aber rechtfertigen.[355]

Dass demnach sowohl das deutsche und französische Recht als auch die Rechtssysteme des Common Law Rechtsfortbildungsformen anerkennen, die ihre Rechtfertigung in der Angleichung von Regeln an die Grundprinzipien der Rechtsordnung finden, gibt Anlass, auch im Völkerrecht nach ähnlichen Instrumenten zu fragen.

II. Rechtstheoretische Begründung einer prinzipiengestützten Rechtsfortbildung *contra legem*

Rechtstheoretisch lässt sich eine Rechtsfortbildung, die sich, gestützt auf die Wertungen rechtlicher Prinzipien, über die Grenzen des möglichen Wortsinns bestehender Regeln hinwegsetzt, auf Grundlage des oben dargestellten prinzipientheoretischen Schichtenbau-Modells der Völkerrechtsordnung gut rekonstruieren (dazu 1.). Ein Blick auf die Autorität rechtlicher Regeln aus der Perspektive der Rechtstheorie von *Joseph Raz* zeigt, warum darüber hinaus auch aus normativer Perspektive gute Gründe für ihre Anerkennung streiten (dazu 2.).

1. Rekonstruktion der Rechtsfortbildung contra legem aus der Perspektive der Prinzipientheorie

Rechtsprinzipien bilden, das haben die Überlegungen im zweiten Kapitel gezeigt, notwendige normative Regelgründe. Sie stellen rechtlich geltende und damit verbindlich zu berücksichtigende Argumente dar, die für oder gegen bestimmte Regeln sprechen und die deren Verbindlichkeit so berechtigt oder unberechtigt erscheinen lassen. Als solche Gründe bestehen sie auch dann fort, wenn eine Regel sie in eine verbindliche Präferenzrelation bringt. Dass im Regelfall dennoch allein die Regel zur Anwendung gelangt, lässt sich prinzipientheoretisch mit zwei

---

[355] *R. S. Summers*, in: N. D. MacCormick/R. S. Summers (Hrsg.), Interpreting Precedents, 1997, S. 355 (396 f.); vgl. auch *T. Lundmark*, Juristische Technik und Methodik des Common Law, 1998, S. 179 f. sowie die von *H. Dedek*, RabelsZ 79 (2015), S. 272 (302 ff.) dargestellte Entscheidung.

unterschiedlichen Argumenten erklären. Das erste beruft sich darauf, dass Rechtsprinzipien stets lediglich *prima facie*-Gründe darstellen und folglich unter dem Vorbehalt des rechtlich (und tatsächlich) Möglichen stehen. Da entgegenstehende Regeln aber den Raum rechtlicher Möglichkeiten begrenzen, gehen sie, so das mögliche Argument, den Rechtsprinzipien, deren Anwendungsbereich im konkreten Fall eröffnet ist, stets vor. Dieses Argument setzt indes voraus, dass Regeln – um es in den Worten *Dworkins* zu beschreiben – in einer „all-or-nothing fashion“ gelten, also ihrerseits in keinem denkbaren Fall von Prinzipien beschränkt werden können.[356] Insofern die Prinzipientheorie das mit *Alexy* für unzutreffend hält und auch Regeln einen, wenngleich von Prinzipien verschiedenen, *prima facie*-Charakter zuschreibt,[357] greift sie zur Begründung der Verbindlichkeit der in der Regel festgesetzten Präferenzrelation auf das Konzept formeller Prinzipien zurück.[358] Formelle Prinzipien etablieren inhaltsunabhängige Gründe,[359] die im Falle einer (hypothetischen) erneuten Abwägung der anwendbaren materiellen Prinzipien auf Seiten der für die bestehende Regel sprechenden Rechtsprinzipien in Anschlag zu bringen sind.[360] Sie statuieren so „eine prima

---

356 Diese Geltungsweise von Prinzipien setzt voraus, dass sich eine Regel (zumindest theoretisch) inklusive aller ihrer Ausnahmen abschließend formulieren lässt. Das sieht auch *R. Dworkin*, Bürgerrechte ernstgenommen, 1984, S. 58 f.

357 *R. Alexy*, Theorie der Grundrechte, 1986, S. 87 ff.; *ders*., ARSP Beiheft 25 (1985), S. 13 (19 ff.); ebenso, aber mit geringen Einschränkungen hinsichtlich des *prima facie*-Charakters von Regeln auch *M. Borowski*, Grundrechte als Prinzipien, 2. Aufl. 2007, S. 76 ff., 93 ff.

358 Siehe *R. Alexy*, ICON 12 (2014), S. 511 (517 f.); *M. Borowski*, ARSP Beiheft 119 (2010), S. 19 (26 ff.); *J.-R. Sieckmann*, Regelmodelle und Prinzipienmodelle des Rechtssystems, 1990, S. 153 ff.

359 *M. Borowski*, Die Glaubens- und Gewissensfreiheit des Grundgesetzes, 2006, S. 214; *M. Klatt/J. Schmidt*, Spielräume im Öffentlichen Recht, 2010, S. 57.

360 *M. Borowski*, ARSP Beiheft 119 (2010), S. 19 (34 f.). Wie genau formelle Prinzipien im Rahmen der Abwägung zu berücksichtigen sind, ist Gegenstand einer lebhaften Kontroverse. Siehe dazu etwa *R. Alexy*, ICON 12 (2014), S. 511 (516 ff.); *M. Borowski*, in: L. Clérico/J.-R. Sieckmann, Grundrechte, Prinzipien und Argumentation, 2009, S. 99 (113 ff.); *ders*., in: M. Klatt (Hrsg.), Prinzipientheorie und Theorie der Abwägung, 2013, S. 151 (158 ff.); ausführlich zu den unterschiedlichen Konzeptionen formeller Prinzipien auch *J. A. Portocarrero Quispe*, in: M. Klatt (Hrsg.), Prinzipientheorie und Theorie der Abwägung, 2013, S. 200 (200 ff.).

facie-Bindung an das Ergebnis früherer [Abwägungs-]Prozeduren“[361] der normsetzenden Instanz und sichern damit die Entscheidung der Legislative ab. Dahinter steht die Erwägung, dass diese in normativen und epistemischen Spielräumen die Kompetenz zur verbindlichen Letztentscheidung besitzt.

Im Lichte dieses prinzipientheoretischen Erklärungsmodells lässt sich eine auf materielle Rechtsprinzipien gestützte, gesetzesübersteigende Rechtsfortbildung nur dann rechtfertigen, wenn die materiellen Rechtsprinzipien, die für die rechtsfortbildende Entscheidung streiten, ein Gewicht besitzen, das die Summe der Gewichte formeller und entgegenstehender materieller Rechtsprinzipien übersteigt. Die für die Zulässigkeit einer Rechtsgewinnung *contra legem* entscheidende Frage allerdings, welches Gewicht formellen Prinzipien in der Abwägung zukommt, liegt außerhalb des Erkenntnishorizonts der Prinzipientheorie. Als rein strukturierende Rechtstheorie vermag sie lediglich aufzuzeigen, welche Begründungsanforderungen an eine gesetzesübersteigende Rechtsfortbildung zu stellen sind. Und doch liefert sie ein erstes Indiz. Denn einerseits setzt eine sinnvolle Unterscheidung zwischen Rechtsregeln und Rechtsprinzipien voraus, dass die mit dieser Unterscheidung beschriebene Rechtsordnung formellen Prinzipien ein Mindestgewicht zuschreibt, das es ausschließt, sich über eine Regelfestsetzung der normsetzenden Instanz hinwegzusetzen, wenn diese ein auch bei Berücksichtigung aller relevanten notwendigen Regelgründe, d.h. Rechtsprinzipien, vertretbares Ergebnis gefunden hat.[362] Andererseits zeigt diese Rekonstruktion zugleich, dass eine Rechtsordnung, die rechtsfortbildende Methoden anerkennt – und wie noch zu zeigen sein wird, zählt hierzu auch das Völkerrecht –, formellen Prinzipien kein infinites Gewicht zuweist, sondern es zumindest in Extremfällen für möglich hält, dass eine erneute Abwägung – etwa aufgrund veränderter rechtlicher Umstände oder aufgrund eines Abwägungsfehlers des Normsetzers – zu einer Revision der regelhaft formulierten Vorrangrelation der

[361] *M. Borowski*, Grundrechte als Prinzipien, 2. Aufl. 2007, S. 127; *ders.*, Die Glaubens- und Gewissensfreiheit des Grundgesetzes, 2006, S. 214; in der Sache ebenso *ders.*, in: L. Clérico/J.-R. Sieckmann, Grundrechte, Prinzipien und Argumentation, 2009, S. 99 (113); *J.-R. Sieckmann*, Regelmodelle und Prinzipienmodelle des Rechtssystems, 1990, S. 147, 152.

[362] Nach *J.-R. Sieckmann*, Regelmodelle und Prinzipienmodelle des Rechtssystems, 1990, S. 148 wäre ein normatives System, das formellen Prinzipien kein Gewicht zugesteht, sogar lediglich eine moralische und keine rechtliche Ordnung.

anwendbaren Rechtsprinzipien führt. Wann aber, so mag man sich fragen, wenn nicht im Falle neu hinzutretender Rechtsprinzipien, sollte ein solcher Extremfall vorliegen?

Im unionsrechtlichen Kontext hat *Nils Grosche* jüngst versucht, die so bereits suggerierte Zulässigkeit prinzipiengestützter Rechtsfortbildung *contra legem* prinzipientheoretisch auch zu begründen. Auf das Konzept formeller Prinzipien verzichtet er dabei allerdings. Stattdessen will *Grosche* ausgehend von Überlegungen *Karsten Schneiders*[363] „die Unterscheidung von Regeln und Prinzipien in sehr einfacher, anderer (nicht analytischer Weise) in Bezug auf Rechtsordnungen fruchtbar"[364] machen, indem er Regeln oder Prinzipien nicht mit den geschriebenen Normen identifiziert, sondern jene lediglich zu deren Erklärung heranzieht. Die geschriebenen Normen selbst versteht er dabei als bloßen Versuch, die normative Ordnung darzustellen.[365] In *Grosches* eigenen Worten:

> „Geschriebene Normen [...] sollen nicht als Regeln oder Prinzipien identifiziert werden, sie sollen durch diese erklärt werden. Geschriebene Normen werden hiernach als die Rechtsordnung darstellende Bestandteile durch Regeln und Prinzipien erklärt. Der gewählte Zugang unterscheidet also die Darstellung von dem Dargestellten und rekonstruiert das Dargestellte mittels der Erklärung durch Regeln und Prinzipien. Die normative Ordnung kann hierbei von ihrer Darstellung unterschieden werden, dass [sic] heißt von der sprachlichen Beschreibung bestimmter Elemente."[366]

Konsequenz dieses Verständnisses geschriebener Regeln als bloße Darstellungen der wahren Normen ist es, dass stets dann, wenn bestimmte Prinzipien durch den Normtext einer Regel nicht in Bezug genommen werden, sie bei der Entscheidung der Präferenzrelation also – etwa mangels Kenntnis des Prinzips – außer Acht geblieben sind, die Darstellung der Norm fehlerhaft ist. Da die Regel die tatsächlichen rechtlichen Gebote in diesen Fällen nur unzutreffend abbildet, könne sie, so *Grosche*, „nur eingeschränkt als Hilfsmittel zur Erklärung der normativen Entscheidung über den Sachverhalt dienen".[367] Setze sich der Rich-

---

363 *K. Schneider*, Normativität und Risikoentscheidung, 2008, S. 356 ff.

364 *N. Grosche*, Rechtsfortbildung im Unionsrecht, 2011, S. 127 (Klammersetzung so im Original).

365 Ebd.

366 Ebd.

367 Ebd., S. 130.

ter in diesen Fällen im Wege richterlicher Rechtsfortbildung über die regelhaft formulierten – aber fehlerhaften – Präferenzrelationen hinweg, so könne er sich dabei auf seine Aufgabe berufen, den wahren Inhalt der normativen Ordnung in seinen Entscheidungen zutreffend abzubilden;[368] und das ungeachtet eventueller Fehldarstellungen durch den Gesetzgeber. Richterliche Aussagen besitzen in diesem Modell bloß konstativen Charakter;[369] ihre Aufgabe ist es, die wahre normative Ordnung richtig wiederzugeben. Das Konzept gesetzesübersteigender Rechtsfortbildung verliert dadurch an Brisanz, beschreibt es doch lediglich eine richterliche Korrektur einer vom Gesetzgeber fehlerhaft vorgenommenen Darstellung des Inhalts der normativen Ordnung,[370] der jedoch keine eigenständige normative Bedeutung zuzukommen scheint. Die Befugnis des Richters zu einer solchen Korrektur ist dabei funktionell bedingt. Sie folgt aus seiner Aufgabe, den Inhalt der normativen Ordnung in seinen Entscheidungen zutreffend abzubilden;[371] ja, „von generellen Rechtfertigungen einer Methode der Rechtsfortbildung [ist sie gar ganz] unabhängig".[372]

Träfen diese Überlegungen zu, so stünde auch für eine auf neu entstandene Wertordnungsprinzipien gestützte Rechtsfortbildung der Weg offen. Doch *Grosche* bezahlt einen hohen Preis für seine These, der Richter dürfe sich – platonisch gesprochen – jederzeit losreißen von den Ketten, die ihn in der Höhle fest- und seinen Blick in der Schattenwelt geschriebener Regeln gefangen hielten. Denn sie setzt eine Rechtsordnung voraus, deren Normativitätsträger allein die ihr angehörenden Rechtsprinzipien sind;[373] den geschriebenen Regeln selbst kommt keine rechtliche Bedeutung zu. Sie sind nur insofern verbindlich, als sie die Vorrangrelationen der hinter ihnen stehenden Prinzipien zutreffend wiedergeben, selbst dann aber beruht die rechtliche Bindung des Richters letztlich nicht auf der Darstellung dieser Präferenzrelation in der geschriebenen Regel, sondern auf der Regel an sich. Inhaltsunabhängige

---

[368] *N. Grosche*, Rechtsfortbildung im Unionsrecht, 2011, S. 135.

[369] So ausdrücklich ebd., S. 133 f., siehe auch ebd., S. 137.

[370] Vgl. ebd., S. 134.

[371] Ebd., S. 135.

[372] Ebd., S. 137.

[373] Vgl. zu den unterschiedlichen Möglichkeiten der Allokation rechtlicher Normativität im Regel-/Prinzipienmodell *F. Reimer*, Verfassungsprinzipien, 2001, S. 303 ff. und *J.-R. Sieckmann*, Regelmodelle und Prinzipienmodelle des Rechtssystems, 1990, S. 250 f.

Autorität besitzen geschriebene Normen in *Grosches* Prinzipienmodell folglich nicht. Eben deshalb kann er auf formelle Prinzipien ganz verzichten. In den meisten in Geltung befindlichen Rechtsordnungen, inklusive des Völkerrechts,[374] dürfte diese Prämisse indes keine Unterstützung finden. Und so entledigt sich *Grosches* Erklärungsmodell der mit der Methode richterlicher Rechtsfortbildung klassischerweise einhergehenden Rechtfertigungslast durch die Annahme eines Prinzipienmodells, das nur wenigen positiven Rechtsordnungen entsprechen dürfte. Als rechtstheoretisches Argument, das rechtsordnungsübergreifend zu begründen vermag, dass und weshalb im Falle veränderter Prinzipienlagen das Recht gesetzesübersteigend fortgebildet werden darf, taugt die von *Grosche* vorgetragene Reinterpretation der Prinzipientheorie daher nicht.

2. Rekonstruktion der Rechtsfortbildung contra legem aus der Perspektive von Joseph Raz' Überlegungen zur Autorität des Rechts

Rechtstheoretisch aussichtsreicher erscheint der Versuch, die Zulässigkeit gesetzesübersteigender Rechtsfortbildungen nicht dadurch plausibel zu machen, dass man die eigenständige Autorität geschriebener Regeln überhaupt als Fehlannahme entlarvt, sondern die Berechtigung einer solchen Methode durch den Beweis zu belegen, dass die Autorität rechtlicher Regeln Grenzen kennt, die im Falle des Hinzutretens neuer Rechtsprinzipien erreicht sind. Ausgangspunkt für ein solches Argument bilden hier die rechtstheoretischen Überlegungen zur Autorität des Rechts von *Joseph Raz*. Zugegeben: *Raz'* Autoritätstheorie behandelt lediglich das Verhältnis von Recht und nichtrechtlichen, insbesondere moralischen, Gründen und Kriterien. Die intrarechtlichen Relationen von Rechtsprinzipien und Rechtsregeln bleiben in seiner Theorie unbeleuchtet, die entsprechenden normkategorialen Differenzen gar gänzlich unerschlossen.[375] Für die Autoritätsthese hat das Konsequenzen: Anders als in *Raz'* Theorie muss sich die Autorität rechtlicher Regeln im hier skizzierten Schichtenbau-Modell der Rechtsordnung nicht lediglich gegen möglicherweise entgegenstehende außerrechtliche Gründe verteidigen, auch gegen innerrechtliche, prinzipienförmige Gründe hat sie sich gegebenenfalls zu bewähren. Doch was *Raz* für das

---

[374] Dazu noch unten S. 621 ff.

[375] Siehe *J. Raz*, Praktische Gründe und Normen, 2006, S. 65; anders aber *ders.*, Yale L. J. 81 (1972), S. 823.

Verhältnis Recht-Nichtrecht vorträgt, lässt sich auch für das Verhältnis von Regeln und Prinzipien fruchtbar machen. Das legen erstens schon die Parallelen zwischen *Raz'* Theorie und dem hier skizzierten Prinzipienmodell nahe (dazu sogleich) und erscheint zweitens auch deshalb plausibel, weil die von *Raz* ins Auge gefasste Durchbrechung rechtlicher Regeln durch außerrechtliche Gründe regelmäßig höheren Begründungslasten unterliegen dürfte als die hier interessierende Abweichung von rechtlichen Regeln zugunsten rechtsprinzipieller und damit verbindlicher Anforderungen. Wo *Raz* die Grenzen der Autorität des Rechts gegenüber außerrechtlichen Gründen überschritten sieht, muss dies folglich *a maiore ad minus* auch für die Autorität rechtlicher Regeln gegenüber Rechtsprinzipien gelten. Dabei lässt sich mit dem Rekurs auf die Ideen *Raz'* zudem drittens dem Vorwurf entgehen, das Argument durch günstige Grundannahmen der in Bezug genommenen rechtstheoretischen Grundposition unredlich zu vereinfachen. Denn *Raz'* Autoritätskonzept ist nicht nur ein starkes, sondern auch „the richest and most fertile account we have"[376]. Viertens schließlich liegt der Rückgriff auf *Raz* auch deshalb nahe, weil die Frage nach Wesen, Begründung und Grenzen der Autorität rechtlicher Regeln im Zentrum vieler seiner rechtstheoretischen Arbeiten steht.[377]

a) Regeln als exklusionäre Handlungsgründe

In der Theorie *Raz'* kommt rechtlichen Regeln eine vermittelnde,[378] ja, eine dienende Funktion[379] zu: Rechtliche Regeln vermitteln zwischen den Rechtssubjekten und den diese bindenden Handlungsgründen; sie bringen die ohne sie bestehenden Gründe für und gegen eine bestimmte Handlung in einen angemessenen Ausgleich und erleichtern es den regelunterworfenen Rechtssubjekten so, das zu tun, was sie auch ohne Bestehen der Regeln zu tun Grund gehabt hätten.[380] Um dieser Funk-

---

[376] *J. Waldron*, in: L. Meyer u.a. (Hrsg.), Rights, Culture, and the Law, 2003, S. 45 (69).

[377] Siehe nur *J. Raz*, The Authority of Law, 1979; *ders.*, The Monist 68 (1985), S. 295; *ders.*, Philosophy & Public Affairs 14 (1985), S. 3; *ders.*, The Morality of Freedom, 1986, S. 23 ff., 38 ff.

[378] *J. Raz*, The Morality of Freedom, 1986, S. 58.

[379] Ebd., S. 55 f., 59, 63 spricht selbst von einer „service conception of authority".

[380] Ebd., S. 56: „It is to help them act on reasons which bind them."

tion gerecht zu werden, dürfen sich die Regeln nur auf bestimmte Gründe stützen: *„all authoritative directives should be based on reasons which already independently apply to the subjects of the directives and are relevant to their action in the circumstances covered by the directive.*"[381]

Bereits hier zeigt sich eine zentrale Verwandtschaft des von *Raz* skizzierten Verhältnisses zwischen Regeln und außerrechtlichen Handlungsgründen einerseits und den Regel-Prinzipien-Beziehungen im prinzipientheoretisch fundierten Schichtenbau-Modell der Rechtsordnung andererseits. Denn erstens nehmen rechtliche Regeln auch in diesem eine epistemische Vermittlerposition ein. Sie bringen Rechtsprinzipien als *prima facie*-Gründe für rechtliche Urteile in eine Präferenzrelation, die den Rechtsunterworfenen die Last nimmt, die für sie auch unabhängig von der zu schaffenden Regel verbindlichen Prinzipien selbst erheben und in ein angemessenes Verhältnis setzen zu müssen. Dabei stützen sich die rechtlichen Regeln im Ansatz *Raz'* zweitens ebenso auf die ersetzten außerrechtlichen Handlungsgründe, wie sie im hier skizzierten Schichtenbau-Modell in den Rechtsprinzipien ihre normativen Gründe finden.

Wenn sich die Regelsetzung aber, so *Raz*, allein auf Gründe stützen dürfe, die für die Regelunterworfenen ohnehin Verbindlichkeit beanspruchten, komme ihr auch das Recht zu, die ursprünglichen Handlungsgründe durch die von ihr gesetzte Regel zu ersetzen.[382] Rechtliche Regeln bilden demnach exklusionäre Handlungsgründe: Sie schließen den Rekurs auf die unabhängig von ihnen bestehenden praktischen Gründe aus, treten an deren Stelle und sind fortan die einzigen verfügbaren Handlungsgründe[383] (sog. „Pre-Emptive Thesis")[384] – und das selbst dann, wenn der Ausgleich, dem die Regel die unterliegenden Gründe zuführt, fehlerbehaftet ist, bei der Regelbildung also etwa das Gewicht einzelner Gründe verkannt wurde.[385] Für konkrete Handlungsentscheidungen hat dies zur Folge, dass sich der Regelfestsetzung die ihr zugrundeliegenden Gründe selbst dann nicht mehr entgegensetzen lassen, wenn diese bei korrekter Abwägung ein von der festgesetz-

---

[381] Ebd., S. 47 sog. „dependence thesis" (Hervorhebung im Original).

[382] Ebd., S. 59.

[383] Ebd., S. 42.

[384] Ebd., S. 46, 57 ff.

[385] Ebd., S. 60 f.; *ders.*, Philosophy & Public Affairs 14 (1985), S. 3 (15); siehe auch *ders.*, Praktische Gründe und Normen, 2006, S. 99.

ten Regel abweichendes Ergebnis stützen würden.[386] Die Tatsache, dass über sie bereits entschieden wurde, schließt sie in der Folge aus dem praktischen Diskurs aus. Das verdeutlicht: Die Autorität der festgesetzten Regel ist völlig inhaltsunabhängig; mag sie ihrer Abwägungsgrundlage auch unzureichend Ausdruck verleihen, sie bleibt doch verbindlich.[387]

Übertragen auf das Verhältnis von Regeln und Prinzipien verleihen diese Überlegungen rechtlichen Regeln eine Ausschlusswirkung, mit der sie jedenfalls potentiell über den Ansatz *Alexys* noch hinausgehen. Interessanterweise – und hier zeigt sich eine weitere Parallele der beiden Theorien – erklärt zwar auch *Alexys* Prinzipientheorie die Verbindlichkeit rechtlicher Regeln, die die Prinzipiengrundlage unzutreffend abbilden, mit einem inhaltsunabhängigen Grund, namentlich formellen Prinzipien.[388] Während diese bei *Alexy* jedoch als zusätzliche Gründe in die Abwägung eingestellt werden und so lediglich – je nach dem Gewicht, das eine Rechtsordnung den formellen Prinzipien zuweist – den Abwägungsvorteil der für die Regel sprechenden Gründe erweitern,[389] stellt in der Konzeption *Raz*' die in der Regel enthaltene autoritative Weisung den einzigen verfügbaren Handlungsgrund dar. Anders als bei *Alexy* modifiziert die Existenz einer rechtlichen Regel so nicht lediglich das Gleichgewicht der bestehenden Handlungsgründe, sie nimmt ihm für die zu treffende Handlungsentscheidung vielmehr jegliche Bedeutung.[390] Das hat Folgen für den Fall eines missglückten Prinzipienausgleichs: Während es auf Grundlage von *Alexys* Erklärungsmodell theoretisch möglich erscheint, bei Abwägungsfehlern größerer – oder je nach dem Gewicht formeller Prinzipien auch kleinerer – Art die festge-

---

[386] Siehe *J. Raz*, Praktische Gründe und Normen, 2006, S. 40: „Man soll nicht nach Maßgabe der Abwägung aller Gründe handeln, wenn die Gründe, die dabei den Ausschlag geben, von einem nicht-ausgeschalteten ausschließenden Grund ausgeschlossen sind."

[387] Vgl. *J. Raz*, The Morality of Freedom, 1986, S. 35: „Authoritative utterances can be called ‚content-independent' reasons."

[388] Siehe dazu bereits oben S. 606 f.

[389] *R. Alexy*, Theorie der Grundrechte, 1986, S. 89; vgl. ausführlich *M. Borowski*, ARSP Beiheft 119 (2010), S. 19 (26 ff.); *J. R. Sieckmann*, Regelmodelle und Prinzipienmodelle des Rechtssystems, 1990, S. 147 ff.

[390] Vgl. *J. Raz*, The Authority of Law, 1979, S. 22 f.

setzte Regel in Frage zu stellen,[391] konzipiert die normative Theorie von *Raz* Regeln in einer beinahe unangreifbaren Weise.[392]

Warum aber sollten Regeln selbst dann den Rekurs auf die zugrundeliegenden Handlungsgründe erster Stufe ausschließen, wenn es jenen nicht gelingt, diese einem angemessenen Ausgleich zuzuführen? Die Begründung hierfür liefert erst *Raz*' „Normal Justification Thesis". Nach dieser haben Regeln, wie überhaupt alle Weisungen für eine Person dann Autorität, wenn

> „the alleged subject is likely better to comply with reasons which apply to him (other than the alleged authoritative directives) if he accepts the directives of the alleged authority as authoritatively binding and tries to follow them rather than by trying to follow the reasons which apply to him directly."[393]

Wenn und weil, so muss man *Raz* somit verstehen, regelkonformes Verhalten in einer Gesamtbetrachtung den jeweils bestehenden Gründen besser entspricht als eine eigenständige Bewertung durch die handelnden Rechtssubjekte in jedem Einzelfall, sind die regelhaft festgesetzten Präferenzrelationen auch dann verbindlich, wenn sie die anwendbaren Gründe in einem konkreten Fall – quasi ausnahmsweise – einmal nicht angemessen abbilden. Wäre dies anders, bedürfte jede Regel zunächst der Überprüfung, um festzustellen, ob sie die verfügbaren Gründe in ein angemessenes Verhältnis setzt. Da sich diese Kontrollbewertung aber nur an der Einschätzung des regelunterworfenen Rechtsanwenders selbst orientieren könnte, sich folglich eine jede Regel

---

[391] Ob dies tatsächlich möglich ist, entscheidet indes nicht *Alexys* Modell, sondern allein die positive Rechtsordnung. Denn als strukturierende Rechtstheorie kann sie über das konkrete Gewicht der formellen Prinzipien keine Aussage treffen. Siehe dazu noch den Text in Fn. 392.

[392] *P.-H. Wang*, ARSP Beiheft 119 (2010), S. 37 (39) folgert daraus, der exklusionäre Charakter von Regeln sei bei *Raz* deshalb stärker als bei *Alexy*. Das übersieht indes, dass *Alexys* Theorie lediglich die Struktur der Verbindlichkeit rechtlicher Regeln formalisiert und keinesfalls den Anspruch erhebt, über die Stärke des exklusionären Charakters rechtlicher Regeln konkrete Auskunft zu geben. Die Stärke der Ausschlusswirkung rechtlicher Regeln bleibt bei *Alexy* eine Frage, die lediglich die positive Rechtsordnung beantworten kann. Zuzugeben ist *Wang* jedoch, dass *Alexys* Modell es zulässt, auch Rechtssysteme zu erklären, die Regeln einen schwächeren exklusionären Charakter zuweisen, als *Raz* das tut.

[393] *J. Raz*, The Morality of Freedom, 1986, S. 53 (Hervorhebung weggelassen).

zunächst am Maßstab einer erneuten Abwägung der unabhängig von der Regel bestehenden Handlungsgründe durch die regelunterworfenen Rechtssubjekte selbst bewähren müsste, wäre jeder aus der größeren Bewertungsverlässlichkeit der regelsetzenden Instanz folgende Vorteil verloren.[394] Denn die verlässlichere Bewertung des Regelsetzers würde nur dann für verbindlich befunden, wenn sie der weniger verlässlichen Bewertung des Regelanwenders entspräche. Ihre vermittelnde und dienende Funktion könnten Regeln dann nicht mehr entfalten.[395] Auf das Verhältnis von Regeln und Prinzipien im Schichtenbau-Modell der Rechtsordnung lässt sich dieses Argument ohne Brüche übertragen.

b) Autoritätsgrenzen

Der exklusionäre Charakter rechtlicher Regeln erhöht auch die Hürden, die einer gesetzesübersteigenden Rechtsfortbildung im Weg stehen, deutlich, besteht ihr Wesen, wie einleitend gesehen, doch gerade darin, unter Berufung auf tieferliegende Prinzipienerwägungen eine Entscheidung zu treffen, die sich über bestehende Regeln offen hinwegsetzt. Damit aber stützt sie sich zugleich auf Gründe, die sich in *Raz'* Theorie jedenfalls dem Grundsatz nach aufgrund des exklusionären Charakters rechtlicher Regeln nicht mehr gegen diese in Stellung bringen lassen. Und doch bleibt im Konzept *Raz'* für eine auf neu entstandene Rechtsprinzipien gestützte regelübersteigende Rechtsfortbildung Raum. Die folgenden Überlegungen entwickeln hierfür unterschiedliche Begründungsversuche.

aa) Die Übertragbarkeit der „Normal Justification Thesis"

Die Autorität rechtlicher Regel setzt nach *Raz'* „normal justification thesis" voraus, dass regelkonformes Verhalten in einer Gesamtbetrachtung den jeweils bestehenden Handlungsgründen besser entspricht als eine eigenständige Bewertung durch die handelnden Rechtssubjekte in jedem Einzelfall. Auch und insbesondere die Autorität von Regeln, die fehlerhafte Präferenzrelationen festsetzen, lässt sich so nur auf Grundlage der Prämisse rechtfertigen, dass die regelsetzende Instanz *en gros*

---

[394] Ebd., S. 61.

[395] Siehe zu diesem Zusammenhang von „normal justification thesis" und der „service conception of authority" auch *J. Raz*, The Morality of Freedom, 1986, S. 55 f.

besser einzuschätzen vermag, welche Handlung die ohne die Regel bestehenden Handlungsgründe gebieten. Die Abwägung der Gründe, die für und gegen eine Regel sprechen, liege, so die Annahme, beim Normgeber und nicht beim Normanwender in den kompetenteren Händen.

Doch, so mag man fragen, trägt diese Begründung auch im völkerrechtlichen Kontext?[396] Oder legt sie nicht vielmehr nahe, völkerrechtlichen Regeln nicht denselben exklusionären Charakter zuzuweisen und so auch völkerrechtlichen Rechtsfortbildungen den Weg frei zu machen? In der Tat bleiben Zweifel an der Übertragbarkeit der „normal justification thesis" nicht aus. Denn selbst wenn man sich des Versuches enthält, die Prämisse höherer Verlässlichkeit der Einschätzungen des Normgebers empirisch zu widerlegen, so setzt sie doch in jedem Fall voraus, dass Rechtsetzer und Rechtsanwender voneinander zu unterscheiden sind. Warum sonst sollten die Einschätzungen des einen verlässlicher sein als diejenigen des anderen? Die völkerrechtlichen Strukturen der Rechtsetzung indes prägt gerade deren Identität:[397] Staaten sind (nur) an diejenigen Normen gebunden, die sie sich selbst gegeben haben; sie wenden diejenigen Normen an, deren Autoren sie selbst sind. Ganz grundsätzlich mögen daher Zweifel daran aufkommen, ob völkerrechtlichen Normen eine den nationalen Normen vergleichbare Autorität zukommt, greift doch das *Raz*'sche Argument hier nicht. Insofern die *Raz*'sche Exklusionsthese damit für den völkerrechtlichen Bereich an Kraft verliert, steht sie auch Rechtsfortbildungen nicht mehr entgegen.

bb) Die *clear mistakes*-Doktrin

Jedenfalls dann, so könnte ein zweites Argument für die Zulässigkeit prinzipiengestützter regelübersteigender Rechtsfortbildungen ansetzen, wenn das durch die Regel festgesetzte Vorrangverhältnis der Gründe offensichtlich fehlerhaft ist, müsse man nicht an dem starken exklusionären Charakter rechtlicher Regeln festhalten. Ein solcher Vorbehalt für

---

[396] Eine Übertragung der Überlegungen *Raz'* ins Völkerrecht findet sich etwa bei *S. Besson*, Sydney L. Rev. 31 (2009), S. 343 (351 ff.), die die Autoritätstheorie *Raz'* jedoch in Anlehnung an *J. Waldron*, in: L. Meyer u.a. (Hrsg.), Rights, Culture, and the Law, 2003, S. 45 zu einem „coordination-based approach" weiterentwickelt; ausführlich dazu *S. Besson*, The Morality of Conflict, 2005, S. 457 ff.

[397] Vgl. *S. Besson*, Sydney L. Rev. 31 (2009), S. 343 (359); *W. Vitzthum*, in: ders./A. Proelß (Hrsg.), Völkerrecht, 7. Aufl. 2016, 1. Abschn. Rdn. 56.

evidente Abwägungsfehler ermöglichte es einerseits, die Konformität von Handeln und Gründen in besserem Maße zu gewährleisten, und das, ohne dabei mit der dienenden und vermittelnden Funktion rechtlicher Regeln in Konflikt zu geraten. Denn offensichtliche Abwägungsfehler seien, so räumt auch *Raz* ein, gerade solche, deren Feststellung es nicht erfordere, die in einer Regel festgesetzte Präferenzrelation anhand der ihr zugrundeliegenden Gründe erneut zu überprüfen.[398] Sie seien so eindeutig, dass die Abwägung nicht erneut durchlaufen werden müsse. Auch die oben aufgezeigte Gefahr, die Vorteile strikter Regelbefolgung aufs Spiel zu setzen, bestünde in einem solchen Falle daher nicht; keinesfalls müsste sich eine jede Regel zunächst am Maßstab einer erneuten Gewichtung der anwendbaren Gründe durch den Regelunterworfenen bewähren, sind klare Fehler doch gerade ohne eine Neubetrachtung der Gewichtung der Regelgründe zu erkennen.

Wenn aber bestimmte Regelgründe, wie die hier interessierenden Rechtsprinzipien, aufgrund ihres nachträglichen Entstehens in die Regelbildung nicht einbezogen werden konnten, ja, wie viel klarer mag dann der Fehler der entsprechenden Regel noch zu Tage liegen? Ganz auf dieser Linie liegt es, wenn *Wang* festhält:

> „[I]f the authority ignored a relevant reason when he decided a case or enacted a rule, he has made a clear mistake; the outcome of balance might remain the same even if he had considered the ignored reason in advance."[399]

Doch dieser Schluss ist vorschnell. Denn warum sollte ein Fehler, der das Ergebnis der Abwägung nicht beeinflusst, die Autorität des Abwägungsergebnisses in Frage stellen? Das Ergebnis hätte doch auch bei einer fehlerfreien Abwägung Bestand gehabt; auch unter Berücksichtigung der übersehenen Gründe hätte sich die Autorität der Regel folglich bewähren können. Und so sprechen gute Gründe dafür, dass selbst ein klarer Fehler die Autorität der Regel nur dann in Frage zu stellen vermag, wenn er sich auch offensichtlich auf das Ergebnis ausgewirkt hat. Auch das Beispiel, mit dem *Raz* das Vorliegen eines klaren Fehlers illustriert – bei einer Addition bilden alle Summanden ganze Zahlen und nur ein einziger einen Dezimalbruch, die Summe jedoch ist eine gerade Zahl[400] – legt diese These nahe. Im Lichte dieser Anforderungen stellt das bloße spätere Hinzutreten zu berücksichtigender Handlungs-

---

[398] *J. Raz*, The Morality of Freedom, 1986, S. 62.

[399] *P.-H. Wang*, ARSP Beiheft 119 (2010), S. 37 (43).

[400] *J. Raz*, The Morality of Freedom, 1986, S. 62.

gründe (hier also: Rechtsprinzipien) jedenfalls nicht stets und *per se* einen klaren Fehler dar. Denn ob die nachträgliche Emergenz zu berücksichtigender Prinzipien eine bestehende Regel tatsächlich zu einem fehlerhaften Abwägungsergebnis werden lässt, lässt sich nur dann feststellen, wenn die durch die Regel festgesetzte Präferenzrelation anhand einer erneuten Bewertung aller verfügbaren Gründe überprüft wird.

cc) Die *jurisdictional mistakes*-Doktrin

Während sich *Raz* gegenüber einer Ausnahme für offensichtliche Fehler skeptisch zeigt,[401] erkennt er ausdrücklich an, dass der exklusionäre Charakter rechtlicher Regeln nicht die Berufung auf jegliche Fehler ausschließt:

> „The pre-emption thesis claims that the factors about which the authority was wrong, *and which are not jurisdictional factors*, are preempted by the directive."[402]

Irrt die regelsetzende Instanz über ihre Zuständigkeit, so lässt sich dies einer Regel folglich trotz ihres exklusionären Charakters entgegenhalten. Auch innerhalb der Theorie *Raz*' ließe sich eine regelübersteigende Rechtsfortbildung daher drittens dann begründen, wenn das nachträgliche Hinzutreten neuer Rechtsprinzipien, die der Regel in ihrer bestehenden Form entgegenstehen, zu einem Entfallen der Zuständigkeit der regelsetzenden Instanz führte. Anlass zu einer solchen Annahme könnte die Tatsache geben, dass Rechtsprinzipien anders als sonstige außerrechtliche Gründe für und gegen eine Regel das rechtliche Dürfen der regelsetzenden Instanz beschränken.[403] Akzeptiert und überträgt man so etwa die im nationalen Recht teilweise anzutreffende Interpretation der Grundrechte als negative Kompetenznormen,[404] ließe sich möglicherweise auch die aus neu hinzutretenden Rechtsprinzipien resultie-

---

[401] Ebd.

[402] Ebd.

[403] Siehe dazu oben S. 204.

[404] So etwa *K. Hesse*, Grundzüge des Verfassungsrechts der Bundesrepublik Deutschland, 20. Aufl. 1995, Rdn. 291; allgemein für die Menschenrechte ebenso *T. Schilling*, in: FS Ress, 2005, S. 235 (238); kritisch hingegen *K. F. Gärditz*, in: J. Isensee/P. Kirchhof (Hrsg.), HStR, Bd. IX, 3. Aufl. 2011, § 189 Rdn. 23 ff.; *M. Nettesheim*, in: A. v. Bogdandy/J. Bast (Hrsg.), Europäisches Verfassungsrecht, 2. Aufl. 2009, S. 389 (391 mit und in Fn. 9).

rende Beschränkung der rechtlichen Kapazitäten des Rechtsetzers als Zuständigkeitsschranken verstehen.

dd) Nicht-exkludierte Gründe

Vor allem aber betont *Raz* selbst, die autoritative Setzung einer Regel sei kein „absolute reason which has to be obeyed come what may. It can be challenged and justifiably refused in certain circumstances."[405] Veränderte Umstände könnten die regelsetzende Entscheidung durchaus in Frage stellen, sei doch der entscheidende Punkt der „pre-emptive thesis" lediglich, „that reasons that could have been relied upon to justify action before [a] decision cannot be relied upon once the decision is given".[406] Die Existenz rechtlicher Regeln schließt demnach nur diejenigen Gründe aus der Entscheidungsfindung aus, die bereits im Zeitpunkt der Regelentstehung für oder gegen die Regel sprechen konnten. Später hinzutretende Argumente erfasst deren exklusionärer Charakter nicht.[407] Die Wertordnungsprinzipien, die hier als Basis regelübersteigender Rechtsfortbildungen in Frage stehen, bestanden zum Zeitpunkt der Normgebung jedoch gerade noch nicht. Auf sie hätte sich die Regel nicht stützen können. Der exklusionäre Charakter der Regeln steht einer entscheidungsbegründenden Berufung auf sie folglich auch nicht entgegen. Selbst in *Raz*' strengem Konzept lassen sie sich daher als Gründe gegen bestehende Regeln vorbringen. Sofern damit der Rückgriff auf die hinter den Regeln stehenden Prinzipien erneut eröffnet ist, lässt selbst der strenge Positivismus, den *Raz* verteidigt, eine regelübersteigende Rechtsfortbildung zu. Ihre einzige Voraussetzung ist, dass das Gewicht der neu hinzugetretenen Rechtsprinzipien genügt, um das Ergebnis der Abwägung der Regelgründe umzukehren.

3. Ergebnis

Bereits auf Basis rein rechtstheoretischer, von den Spezifika völkerrechtlicher Methodik losgelöster Überlegungen sprechen demnach gute Argumente für die Zulässigkeit einer auf Rechtsprinzipien gestützten

---

[405] *J. Raz*, The Morality of Freedom, 1986, S. 42.

[406] Ebd.

[407] So wohl auch *P.-H. Wang*, ARSP Beiheft 119 (2010), S. 37 (43); dazu, dass dies in den völkerrechtlichen Grenzen des *res judicata*-Grundsatzes eine Entsprechung findet noch unten S. 643 f.

Fortbildung entstehungszeitlich älterer völkerrechtlicher Regeln. Die Prinzipientheorie vermag dies aufgrund ihres Charakters als strukturierende Rechtstheorie zwar nicht selbständig zu begründen. Sie zeigt jedoch Begründungsstrukturen auf und legt es so bereits nahe, dass eine Rechtsordnung, die Rechtsfortbildung grundsätzlich anerkennt, hierbei auch nachträglich entstehenden Prinzipien Relevanz einräumen wird. Die Übertragung der normativ-rechtstheoretischen Überlegungen von *Joseph Raz* hingegen hat gezeigt, dass selbst ein harter Positivismus, der die Autorität gesatzter Regeln grundsätzlich unabhängig von ihrem Inhalt für verbindlich hält, einer prinzipiengestützten Rechtsfortbildung dann nicht entgegensteht, wenn die fraglichen Prinzipien aufgrund ihres späteren Entstehungszeitpunktes bei der Regelbildung nicht berücksichtigt werden konnten.

III. Rechtsgewinnung *contra legem* im positiven Völkerrecht

Wie aber entscheidet das positive Völkerrecht? Lässt es dieses zumindest in Ausnahmefällen zu, unter Berufung auf neu entstandene Rechtsprinzipien von den Anordnungen bestehender Regeln abzuweichen, diese also einer prinzipiengestützten Korrektur zu unterziehen? Oder allgemeiner formuliert und auf das Prinzipienmodell zurückkommend: Ist das Gewicht formeller Prinzipien im Völkerrecht grundsätzlich überwindbar oder setzt die Völkerrechtsordnung dieses, geleitet vom Interesse an Rechtssicherheit, so hoch an, dass der Wortlaut sich als unbezwingbare Grenze präsentiert? Das völkerrechtliche Schrifttum hält auf diese Fragen bislang keine Antwort bereit (dazu 1.). Eine erneute Durchsicht der Rechtsprechung des StIGH indes lässt mit aller Vorsicht schließen: Auch in Abweichung von bestehenden Vorschriften wird im Völkerrecht zuweilen Recht gewonnen (dazu 2.).

1. Rechtsgewinnung contra legem im völkerrechtlichen Schrifttum

Rechtsfortbildung, so der beinahe einhellige Tenor im völkerrechtlichen Schrifttum, findet auch im Völkerrecht statt.[408] Lediglich sehr verein-

---

[408] Siehe etwa *S. Bedi*, The Development of Human Rights Law by the Judges of the International Court of Justice, 2007, S. 13 ff.; *R. Bernhardt*, in: FS Juristische Fakultät Heidelberg, 1986, S. 527 (531 und öfter); *A. Boyle/C. Chinkin*, The Making of International Law, 2007, S. 263 ff., zusammenfassend auf S. 310 f.; *T. Ginsburg*, Va. J. Int'l L. 45 (2005), S. 631; *H.-W. Jung*, Rechtserkennt-

zelt jedoch bezieht sich diese Feststellung ausdrücklich auf normkorrigierende Fortbildungen des Völkerrechts.[409] Meist fehlt eine Systematisierung der mit der These in Bezug genommenen Fälle; eine Übertragung der aus dem nationalen und mittlerweile auch europäischen Recht vertrauten Rechtsgewinnungskategorien sucht man beinahe durchweg vergeblich. Mitunter gilt gleiches selbst für die Definition von Rechtsfortbildung.[410] Es verwundert daher nicht, dass Zulässigkeit, Voraussetzungen und Grenzen einer regelübersteigenden Rechtsfortbildung im Völkerrecht im Schrifttum bislang kaum explizit erörtert werden. *Rudolf Bernhardt* gehört zu den wenigen, auf die all das nicht zutrifft. „Entscheidungen *contra legem*", so stellt *Bernhardt* mit aller Deutlichkeit auch für das Völkerrecht fest, „sind unzulässig."[411] Angesichts der engen Definition, die er diesem apodiktisch formulierten Verbot contralegaler Rechtsgewinnungen zugrunde legt, verliert seine These jedoch an Schärfe. Denn die Grenze, so *Bernhardt*, verlaufe dort, wo sich der Richter „über das geltende Recht" hinwegsetze; dort, wo der Richter den Wortlaut einer Vertragsbestimmung missachte, weil „er eine abweichende Regel für *angemessener* hält".[412] Eine solche Hinwegsetzung über geltendes Recht zu Gunsten einer lediglich subjektiv für angemessener erachteten Lösung aber wird man in Fällen, in denen das Recht auf Prinzipien- und Regelebene unterschiedliches gebietet, nicht annehmen können, liefert hier doch nicht das subjektive Empfinden des Richters, sondern das Recht selbst den Grund der Regelkorrektur. In solchen Fällen, so lässt sich mutmaßen, dürfte auch *Bernhardts* Argu-

---

nis und Rechtsfortbildung im Völkergewohnheitsrecht, 2012; *H. Lauterpacht*, The Development of International Law by the International Court, 1958; *E. McWhinney*, Syracuse J. Int'l L. & Com. 3 (1975), S. 9; *R. H. Steinberg*, AJIL 98 (2004), S. 247; *C. Tams/A. Tzanakopoulos*, LJIL 23 (2010), S. 781 (782 ff.); *A. v. Bogdandy/I. Venzke*, In wessen Namen?, 2014, S. 136 ff., insbes. S. 142 ff.; insbesondere zum Völkerstrafrecht *A. M. Danner*, Vand. L. Rev. 59 (2006), S. 1; *M. Swart*, ZaöRV 70 (2010), S. 459. *M. Shahabuddeen*, Precedent in the World Court, 1996, S. 91 konstatiert gar ein „general agreement that the Court has power, and indeed a responsibility, to develop the law".

[409] Siehe aber *I. Tammelo*, Treaty Interpretation and Practical Reason, 1967, S. 10, 74 f. sowie *E. Bjorge*, in: A. Bianchi/D. Peat/M. Windsor (Hrsg.), Interpretation in International Law, 2015, S. 189 (195).

[410] Anders aber *M. Breuer*, ZöR 68 (2013), S. 729 (730 ff.); *N. Petersen*, German L. J. 12 (2011), S. 1295 (1295 ff.).

[411] *R. Bernhardt*, in: FS Zemanek, 1994, S. 11 (13).

[412] Ebd. (eigene Hervorhebung).

mentation einer contralegalen Rechtsgewinnung nicht entgegenstehen, denn wenn der Richter „keine klare Rechtslage" antreffe, so *Bernhardt*, müsse er unausweichlich rechtsschöpferisch tätig werden.

2. *Rechtsgewinnung contra legem in der Rechtsprechung des StIGH*

Der Zurückhaltung im völkerrechtlichen Schrifttum entspricht es, wenn der IGH bereits in einer seiner ersten Entscheidungen feststellt: „It is the duty of the Court to interpret the Treaties, not to revise them."[413] Vor dem Hintergrund dieser richterlichen Selbstbeschränkung scheint die Suche nach regelkorrigierenden Rechtsfortbildungsformen in den Entscheidungen des Weltgerichtshofs von vornherein aussichtslos. Wie *Ilmar Tammelo* indes zutreffend bemerkt, sind auch solche Erklärungen des Gerichtshofs „no warrant that [...] contra legem interpretations do not take place in fact".[414] Und so finden sich bei Lichte besehen bereits in der frühen Rechtsprechung vereinzelt Entscheidungen und Argumente, die sich über den Wortlaut bestehender Völkerrechtsregeln korrigierend hinwegsetzen.[415] Am deutlichsten zeigt das das Gutachten des StIGH zur Grenzbestimmung zwischen der Türkei und dem Irak nach dem Vertrag von Lausanne[416] (dazu lit. a), aber auch im gemeinsamen Sondervotum der Richter *Anzilotti* und *Huber* zur Entscheidung des Gerichtshofs in der Rechtssache Wimbledon[417] klingen ähnliche Argumente an (dazu lit. b). Rhetorisch suchen indes beide Beispiele den innovativen Gehalt ihrer Entscheidung als bloße Auslegung zu kaschieren.

---

[413] IGH, *Interpretation of Peace Treaties*, Second Phase, Advisory Opinion, ICJ Rep 1950, S. 221 (229); wiederholt in IGH, *Rights of Nationals of the USA in Morocco*, ICJ Rep 1952, S. 176 (196); in der Sache ebenso IGH, *Nuclear Weapons*, Advisory Opinion, ICJ Rep 1996, S. 226 (237). Vgl. für einen Überblick über die diesbezüglichen Stellungnahmen von StIGH und IGH *M. Shahabuddeen*, Precedent in the World Court, 1996, S. 83 ff.

[414] *I. Tammelo*, Treaty Interpretation and Practical Reason, 1967, S. 10.

[415] *E. Bjorge*, in: A. Bianchi/D. Peat/M. Windsor (Hrsg.), Interpretation in International Law, 2015, S. 189 (195).

[416] StIGH, *Interpretation of Article 3, Paragraph 2, of the Treaty of Lausanne*, Advisory Opinion, Ser. B, No. 12.

[417] StIGH, *Wimbledon*, Ser. A, No. 1.

a) Rechtsgewinnung *contra legem* in der Entscheidung zum Vertrag von Lausanne

Nach dem Ersten Weltkrieg und dem sich anschließenden türkischen Befreiungskrieg sollte der Friedensvertrag von Lausanne unter anderem die Grenzen des Staatsgebiets der neu gegründeten Türkischen Republik festlegen. Einen Teil der südlichen Grenze, derjenigen zum heutigen Irak, jedoch ließ der Vertrag offen. Vielmehr sah Art. 3 Abs. 1 des Vertrages vor, dass die Türkei und Großbritannien die türkisch-irakische Grenze binnen neun Monaten in freundschaftlicher Übereinkunft selbst bestimmen sollten. Da eine Einigung jedoch trotz intensiver Verhandlungen nicht zustande kam, rief der Verhandlungsführer der britischen Seite, wie es Art. 3 Abs. 2 des Friedensvertrags für diesen Fall vorsah, den Völkerbundsrat zur Klärung des Streits an. Im Völkerbundsrat entstand jedoch Uneinigkeit darüber, ob die Entscheidung, die der Völkerbundsrat zur Beilegung des Grenzkonflikts treffen sollte, einstimmig, insbesondere also unter Beteiligung der betroffenen Mächte, getroffen werden müsse oder ob eine mehrheitliche Entscheidung genüge. Während sich der Vertrag von Lausanne zu dieser Frage ausschwieg, bestimmte die Grundregel des Art. 5 Abs. 1 der Satzung des Völkerbunds, dass

> „[e]xcept where otherwise expressly provided in this Covenant or by the terms of the present Treaty, decisions at any meeting of the Assembly or of the Council shall require the agreement of all the Members of the League represented at the meeting."

Der StIGH, dem der Völkerbundsrat die Klärung dieser Frage übertrug, entschied dessen ungeachtet, dass die Zustimmung der betroffenen Parteien nicht erforderlich sei. Im Lichte der einleitenden Formulierungen des Gerichtshofs erstaunt dieses Ergebnis. Denn die „rule of unanimity" sei, so führt der Gerichtshof zu Beginn seiner Antwort aus, angesichts von Zusammensetzung und Zuständigkeit des Völkerbundsrats „naturally and even necessarily indicated".[418] Nur wenn die Entscheidungen sich auf die einmütige Unterstützung der Ratsmächte stützen könnten, sei ihnen die notwendige Autorität sicher. Außerdem sei es „hardly conceivable that resolutions on questions affecting the peace of the world could be adopted against the will of those amongst the Members of the Council who, although in a minority, would, by reason of their political position, have to bear the larger share of the responsibili-

[418] StIGH, *Interpretation of Article 3, Paragraph 2, of the Treaty of Lausanne*, Advisory Opinion, Ser. B, No. 12, S. 29.

ties and consequences ensuing therefrom.“[419] Eine Abweichung vom Einstimmigkeitserfordernis komme, so folgert der Gerichtshof unter Berufung auf den gleichlautenden Art. 5 Abs. 1 der Völkerbundsatzung, nur dort in Betracht, wo eine solche ausdrücklich vorgesehen sei. Da Art. 3 Abs. 2 des Vertrags von Lausanne dies nicht tue, sei das Ergebnis eindeutig: „the rule of unanimity applies in regard to the question before the Council.“[420]

Der zweite Teil der Antwort des Gerichtshofs macht jedoch deutlich, dass die Einstimmigkeit, die der Gerichtshof dabei vor Augen hat, ihren Namen nicht verdient. Denn die Einstimmigkeitsregel gelte, so der Gerichtshof, lediglich „subject to the limitation that the votes cast by the representatives of the interested Parties do not affect the required unanimity“.[421] Die Vertreter der von der Entscheidung betroffenen Staaten dürften an der Entscheidung zwar Teil nehmen, doch für die Frage, ob die Entscheidung einstimmig ergangen sei, seien deren Stimmen unerheblich.[422] Bezogen auf die streitbefangene Entscheidung war der Gerichtshof folglich bereit, auch dann noch Einstimmigkeit anzunehmen, wenn sich von elf im Völkerbundsrat vertretenen Staaten zwei gegen die Entscheidung ausgesprochen hatten – solange es nur die richtigen beiden sind. Die Grenzen des möglichen Wortsinns des Wortes „einstimmig“ übersteigt das eindeutig; in einem solchen Falle gar noch von dem von Art. 5 Abs. 1 der Völkerbundsatzung geforderten „agreement of all the Members of the League represented at the meeting“ zu sprechen, verbietet sich. Die vom Gerichtshof skizzierte „qualifizierte Einstimmigkeit“ bleibt so der Versuch, die klare Abweichung von den Vorgaben der Völkerbundsatzung mit einer Begründung zu kaschieren, die die Auslegungsgrenzen scheinbar wahrt. Lediglich beiläufig bekennt sich der Gerichtshof daher auch zu der „derogation from the essential principles of unanimity“,[423] die seine Entscheidung darstellt.

---

[419] Ebd.

[420] Ebd., S. 30, deutlich auch auf S. 31.

[421] Ebd., S. 31 f.

[422] Ebd., S. 32.

[423] Ebd.

b) Rechtsgewinnung *contra legem* im Sondervotum zur Wimbledon-Entscheidung

Die Bereitschaft, sich im Rahmen der Rechtsgewinnung über den möglichen Wortsinn bestehender Normen hinwegzusetzen, findet sich in der Entscheidung zur türkisch-irakischen Grenze indes nicht zum ersten Mal. Bereits in der Wimbledon-Entscheidung[424] liest man – wenn auch lediglich im Sondervotum der Richter *Huber* und *Anzilotti*[425] – ähnliche Erwägungen. Streitbefangen war die Weigerung des Deutschen Reiches, dem von einer französischen Gesellschaft gecharterten englischen Frachtschiff S.S. Wimbledon die Durchfahrt durch den Nord-Ostsee-Kanal zu gewähren. Dieses hatte Kriegsmaterial geladen, dessen Zielort der polnische Marinehafen Danzig war, Kriegsmaterial also, das die polnische Regierung in ihrem Krieg gegen die Sowjetunion unterstützen sollte. Das Deutsche Reich jedoch hatte sich in dem Konflikt neutral erklärt und befürchtete, durch die Erteilung einer Durchfahrtserlaubnis seine Neutralitätspflichten zu verletzen. Frankreich und Großbritannien hingegen, unterstützt von Japan und Italien, waren der Ansicht, die Haltung des Deutschen Reiches verletze Art. 380 des Versailler Friedensvertrages, in dem festgelegt war, dass der Nord-Ostsee-Kanal und seine Zugänge „shall be maintained free and open to the vessels of commerce and of war of all nations at peace with Germany on terms of entire equality." Da auf diplomatischem Wege keine Lösung des Streits herbeigeführt werden konnte, hatte sich schließlich der StIGH mit ihm zu befassen. Während die Richtermehrheit zugunsten der Kläger befand und, da sich weder Großbritannien noch Frankreich mit dem Deutschen Reich im Kriegszustand befanden, die Weigerung des Deutschen Reichs als Völkerrechtsverstoß klassifizierte, schlugen sich die Richter *Huber* und *Anzilotti* in einem gemeinsamen Sondervotum auf die Seite des Deutschen Reiches. Auch Art. 380 des Vertrags von Versaille, so die beiden Richter, schließe das Recht des Deutschen Reiches nicht aus „to take the measures necessary to protect her interests as a […] neutral power";[426] vielmehr sei es „entitled to do so even if no express reservations are made in the convention".[427] Aller Bemü-

[424] StIGH, *Wimbledon*, Ser. A, No. 1.

[425] Ebd., S. 35.

[426] Ebd., S. 40.

[427] Ebd., S. 36.

hungen, dieses Ergebnis im Wege der Auslegung zu begründen,[428] zum Trotz geht dies über das von Art. 380 des Versailler Friedensvertrags mit der Formulierung „all nations at peace with Germany“ Gesagte hinaus. Zwar mag der Friedensbegriff auch im Völkerrecht mehrdeutig sein, oszilliert er doch zwischen negativen Friedenskonzeptionen, die Frieden schlicht als die Abwesenheit kriegerischer Auseinandersetzung verstehen, und positiven Friedensbegriffen, die darüber hinaus die Achtung bestimmter materieller Werte, insbesondere der Menschenrechte oder gar demokratischer Standards fordern.[429] Doch zumindest dann, wenn der Begriff Frieden nicht als Zustandsbeschreibung, sondern wie in Art. 380 Versailler Vertrag als Relationsbegriff („at peace *with*“) verwendet wird, lässt er für ein positives Begriffsverständnis keinen Raum. Die Einhaltung materieller Wertstandards begründet kein Verhältnis zwischen zwei Staaten, als Beschreibung einer zwischenstaatlichen Beziehung entspricht allein ein negativer Friedensbegriff dem Wortsinn. Dann aber ist auch die Beziehung zwischen einem neutralen Staat und einer an der Auseinandersetzung beteiligten Nation eine friedliche, befinden sich diese doch gerade nicht in gewalttätigen Auseinandersetzungen miteinander.[430] Die Interpretation des Sondervotums dehnt die Grenzen des Wortlauts damit stark. Ja, sie geht über sie hinaus, indem sie vom Wortlaut des Art. 380 Versailler Vertrag eindeutig erfasste Fälle aus dem Anwendungsbereich der Vorschrift ausnimmt. Jedenfalls indirekt scheinen das auch *Huber* und *Anzilotti* einzugestehen, wenn sie, um die Absurdität der streng am Wortlaut orientierten Auslegung durch den Gerichtshof aufzuzeigen, schreiben:

> „Again, if Article 380 should be taken in its strictly literal sense, it would follow that Germany [even] as a belligerent, would have to

---

[428] *Huber* und *Anzilotti* implizieren an verschiedenen Stellen, ihr Ergebnis sei lediglich auf eine „interpretation“, also auf eine bloße Auslegung, des Art. 380 Versailler Vertrag gestützt. Ein Hinausgehen über die Vorschrift liege nicht vor, vgl. etwa die Passagen auf S. 37, wo sie andeuten, „these stipulations [Anm.: diejenigen des Art. 380 Versailler Vertrag] do not conflict with such an interpretation“ und auf S. 38.

[429] Siehe *H.-J. Heintze*, in: H. J. Gießmann/B. Rinke (Hrsg.), Handbuch Frieden, 2011, S. 599 (599); *A. Randelzhofer*, in: J. Delbrück (Hrsg.), Völkerrecht und Kriegsverhütung, 1979, S. 13; *M. Schaefer*, Die Funktionsfähigkeit des Sicherheitsmechanismus der Vereinten Nationen, 1981, S. 15 ff.

[430] Das ist im völkerrechtlichen Schrifttum anerkannt, siehe *M. Bothe*, in: W. Vitzthum/A. Proelß (Hrsg.), Völkerrecht, 7. Aufl. 2016, 8. Abschn. Rdn. 104; *T. Schweisfurth*, Völkerrecht, 14. Kap. Rdn. 1, S. 491.

allow the canal to be free and open to the vessels of neutral nations, since such vessels would belong to nations at peace with Germany. But an obligation of this kind is hardly conceivable [...].“[431]

Lässt der Wortlaut aber in dem damit angeführten hypothetischen Falle einer deutschen Kriegsbeteiligung keinen Raum für eine Durchfahrtsverweigerung gegenüber neutralen Nationen, so kann für den tatsächlich zu entscheidenden, gerade umgekehrt liegenden Fall, dass das neutrale Deutsche Reich einer Nation, die eine der Kriegsparteien unterstützt, die Durchfahrt verweigert, nichts anderes gelten. In beiden Fällen stehen sich eine neutrale und eine am Krieg beteiligte Nation gegenüber. Welche von beiden welche Rolle einnimmt, kann für die Frage, ob sie sich *miteinander* „at peace“ befinden, wie es Art. 380 des Versailler Vertrags vorsieht, nicht entscheidend sein.

3. Rechtsgewinnung contra legem im Lichte allgemein-völkerrechtlicher Grundsätze

Auch in der internationalen Rechtsprechung, das zeigen die vorstehenden Überlegungen, findet contralegale Rechtsgewinnung zuweilen statt. Hieraus zu schließen, dass die regelderogierende Rechtsfortbildung eine im Völkerrecht allgemein anerkannte Methode darstellt, wäre indes übereilt. Insbesondere der Begründungsduktus der skizzierten Entscheidungen lässt eine solche Folgerung zweifelhaft erscheinen, denn keines der beiden analysierten Voten bekennt sich offen zum regelübersteigenden Charakter seiner Argumentation. Und so stellen die skizzierten Entscheidungen allenfalls ein sehr schwaches Indiz für die völkerrechtliche Zulässigkeit prinzipiengestützter *contra legem*-Judikate dar. Die Suche nach einer abschließenden Antwort auf die Fragen, ob, wann und warum völkerrechtliche Regelderogationen völkerrechtlich zulässig sein können, lenken sie folglich weg von konkreten Einzelfallanalysen und hin zu den Grundsätzen und Wertungen des allgemeinen Völkerrechts. So erhellt schließlich erst ein erneuter Blick auf das völkerrechtliche Konsensprinzip, warum sich die Wertungen völkerrechtlicher Prinzipien nur in begrenzten Ausnahmefällen gegenüber denjenigen bestehender Völkerrechtsregeln durchzusetzen vermögen (dazu lit. a), warum die richterliche Befugnis, sich unter Berufung auf völkerrechtliche Prinzipien über die Anordnungen bestehender Völkerrechts-

---

[431] StIGH, *Wimbledon*, Ser. A, No. 1, S. 39.

regeln hinwegzusetzen, in eben diesen seltenen Ausnahmefällen jedoch keinen durchgreifenden Bedenken mehr begegnet (dazu lit. b).

a) Das Konsensprinzip als Schranke prinzipiengestützter Regelderogationen

Versucht man sich der Zulässigkeit völkerrechtlicher *contra legem*-Entscheidungen hinsichtlich ihres Ob, Wann und Warum zu nähern, so lässt sich im Lichte der oben skizzierten Begründungsrelationen von Rechtsregeln und -prinzipien zumindest eine notwendige, wenngleich ebenso evidente Voraussetzung prinzipiengestützter Regelderogationen leicht formulieren: Nur dann, wenn eine schlüssig argumentierende Abwägung aller einschlägigen Völkerrechtsprinzipien eine Präferenzrelation zum Ergebnis haben kann, die von derjenigen abweicht, die die auf den Fall anwendbare Völkerrechtsregel festsetzt, kommt eine korrigierende Fortbildung der Regel in Betracht. Lässt sich im Rahmen der Prinzipienabwägung ein von der einschlägigen Regel abweichendes Ergebnis hingegen nicht begründen, scheidet eine Entscheidung, die die Regelgrenzen übersteigt, von vornherein aus. Denn besteht in keiner der vertretbaren Abwägungsentscheidungen ein Unterschied zwischen rechtsprinzipiell Gebotenem und rechtsregelhaft Gesolltem bieten Rechtsprinzipien auch keinen Grund für eine Abweichung von bestehenden Regeln. Verstünde man die demnach erforderliche Divergenzmöglichkeit indes zugleich als hinreichende Bedingung contralegaler Rechtsgewinnung, käme rechtlichen Regeln keine eigenständige Autorität zu.[432] Rechtsregeln verkämen zu bloßen Regelbeispielen, die ihre Normativität gänzlich aus den ihnen zugrundeliegenden materiellen Rechtsprinzipien schöpften[433] und deren Bindungswirkung stets unter dem Vorbehalt stünde, dass sich nicht unter Abwägung völkerrechtlicher Prinzipien ein von ihnen abweichendes Ergebnis begründen lässt. Bei einem Blick auf die Wertungen und Praxis des geltenden Völkerrechts zeigt sich jedoch vielerorts, dass ein solches Modell das Völker-

---

[432] In diese Richtung aber offenbar die „fundamentale Einsicht" von *E. Picker*, in: C. Bumke (Hrsg.), Richterrecht zwischen Gesetzesrecht und Rechtsgestaltung, 2012, S. 85 (110): *„Höher als der Geltungsgrund einzelner Normen ist der des Systems."* Denn letzteres identifiziert er mit den „Wertungen und Maximen" des (Privat-)Rechts in seiner Gesamtheit.

[433] Dazu erneut *F. Reimer*, Verfassungsprinzipien, 2001, S. 304 f. und *J.-R. Sieckmann*, Regelmodelle und Prinzipienmodelle des Rechtssystems, 1990, S. 250 f.

recht nicht angemessen beschreibt. Weder das wiederholt vorgetragene Diktum des IGH, Interpretation, nicht aber die Revision bestehender Regeln, sei Aufgabe der Judikative,[434] noch die allgemeine Anerkennung der Wortlautgrenze bei der völkerrechtlichen Regelauslegung[435] ließe sich anderenfalls erklären. Auch bliebe unverständlich, warum regelkorrigierende Rechtsfortbildungen in der völkerrechtlichen Rechtsprechung bislang ausgesprochen seltene Ausnahmen geblieben sind und warum die in der einleitenden Formulierung des Art. 38 Abs. 1 IGH-Statut normierte Rechtsbindung des Gerichtshofs („dessen Aufgabe es ist, die ihm unterbreiteten Streitigkeiten *nach dem Völkerrecht* zu entscheiden" – eigene Hervorhebung) an keiner Stelle zwischen Rechtsregeln und Rechtsprinzipien differenziert, sondern unausgesprochen beide gleichermaßen in Bezug nimmt und den Rückschluss auf eine unterschiedliche Normativität der beiden Normkategorien folglich nicht erlaubt. Ihren eigentlichen Grund findet die an all diesen Stellen Ausdruck findende Eigenautorität völkerrechtlicher Regeln prinzipientheoretisch gesprochen in formellen Prinzipien.[436] Dogmatisch gesprochen ruht sie allen voran auf dem völkerrechtlichen Konsensprinzip.[437] Die in diesem verkörperte, umfassende Garantie ausschließlich konsentierter Rechtsbindungen sichert die völkerrechtliche Rechtsetzungsprärogative der Staaten und weist ihnen damit auch die Erstzuständigkeit für die Konkretisierung interpretationsoffener Rechtsnormen zu. Egal ob generalklauselartige Rechtsregeln oder konkretisierungsbedürftige Rechtsprinzipien, stets genießen die Staaten das Vorrecht konsensualer Normausdeutung.[438] Dürfte sich ein Richter bereits dann über eine im staatlichen Konsens in Geltung gesetzte Völkerrechtsregel hinwegsetzen, wenn sich gestützt auf Rechtsprinzipien eine von dieser abweichende Regel nur vertretbar begründen ließe, würde das Konsensprinzip angesichts der weitgehenden Ergebnisoffenheit völkerrechtlicher Prinzipienabwägungen daher erheblich ausgehölt. Die Konkretisierungsentscheidung der Staaten würde durch diejenige des Richters schlicht ersetzt, von der staatlichen Prärogative bliebe nichts zurück.

---

[434] Siehe die Nachweise in Fn. 413.

[435] Siehe die Nachweise in Fn. 107.

[436] Dazu bereits oben S. 606 f.

[437] Daneben tritt möglicherweise das Rechtssicherheitsprinzip, dazu sogleich im Text.

[438] Im Völkervertragsrecht hat dies etwa insbesondere in Art. 31 Abs. 3 lit. a) WVK Ausdruck gefunden; dazu auch bereits oben S. 595, 600 f.

Dass die Abwägung auf Prinzipienebene in *einer* ihrer möglichen Varianten zu einer schlüssig zu begründenden Präferenzrelation führt, die von derjenigen abweicht, die die Staaten in der entsprechenden Regel konsensual festgesetzt haben, kann daher nicht mehr sein als eine notwendige Voraussetzung prinzipiengestützter *contra legem*-Rechtsgewinnung.

Bei genauerem Hinsehen lassen sich die Schranken, die das völkerrechtliche Konsensprinzip regelderogierenden Völkerrechtsfortbildungen zieht, noch konkretisieren: Denn lässt eine jede Prinzipienabwägung Raum für unterschiedliche, aber gleichermaßen schlüssig zu begründende Alternativresultate und weist das Konsensprinzip die Befugnis zur Konkretisierung interpretationsoffener Normen primär den Staaten selbst zu, so beschränkt dies die Möglichkeit richterlicher Korrekturen staatlich konsentierter Völkerrechtsregeln von vornherein auf diejenigen Fälle, in denen die Abwägung der einschlägigen Rechtsprinzipien in *keiner* der möglichen Alternativen zu dem von der fraglichen Regel angeordneten Rechtsbefehl führen kann. Nur dann, wenn sich die fragliche Regel unter keinen Umständen als Ergebnis einer schlüssig argumentierenden Abwägung der einschlägigen Rechtsprinzipien darstellen lässt, divergieren die rechtlichen Wertungen auf Prinzipien- und Regelschicht derart, dass eine korrigierende Fortbildung der Regel überhaupt in Betracht kommt.[439] In allen anderen Fällen erscheint die bestehende Regel auch im Lichte veränderter Prinzipiennormen weiterhin vertretbar und es besteht weder die Notwendigkeit noch das Recht, die im staatlichen Konsens regelhaft festgesetzte Präferenzrelation unter Berufung auf eine veränderte Prinzipiengrundlage zu revidieren. Das Konsensprinzip etabliert hier eine kategorische Rechtsfortbildungsschranke. Die Möglichkeit contralegaler Rechtsfortbildung dürfte bereits diese Eingrenzung auf seltene Ausnahmefälle beschränken.[440]

b) Sonstige Schranken contralegaler Rechtsgewinnung

Das Konsensprinzip lässt demnach eine prinzipiengestützte regelübersteigende Rechtsfortbildung allenfalls dann zu, wenn sich die normati-

---

[439] Ähnlich auch *D. Göldner*, Verfassungsprinzip und Privatrechtsnorm in der verfassungskonformen Auslegung und Rechtsfortbildung, 1969, S. 208 im grundgesetzlichen Kontext der verfassungskonformen Rechtsfortbildung.

[440] Insofern gilt hier das oben zur prinzipienkonformen Auslegung Gesagte entsprechend, siehe S. 554, 563.

ven Wertungen auf Prinzipien- und Regelebene als definitiv unvereinbar erweisen. Vor diesem Hintergrund präsentiert sich die auf Prinzipien gestützte contralegale Rechtsfortbildung als der Versuch, eine prinzipienkonforme Entscheidung auch dort sicherzustellen, wo ein allein an völkerrechtlichen Regeln orientiertes Urteil mit den Grundprinzipien des Völkerrechts notwendig in Konflikt geriete. Mit dieser Charakterisierung findet die hier in Frage stehende Rechtsfortbildungsform im nationalen Recht dort ihre Entsprechung, wo einfachgesetzliche Regeln, von deren Verfassungswidrigkeit das zur Entscheidung berufene Gericht überzeugt ist, verfassungskonform und meist gestützt auf Grundrechte *contra legem* fortgebildet werden.[441] Zumindest strukturell wirft sie somit auch vergleichbare Legitimationsprobleme auf. Ein Blick auf die Diskussion contralegaler Rechtsfortbildungen im nationalen Recht hilft daher auszumachen, was einer Befugnis zur prinzipienkonformen regelübersteigenden Rechtsfortbildung auch dann noch entgegenstehen kann, wenn sich Prinzipien- und Regelschicht als definitiv unvereinbar erweisen (dazu lit. aa). Viele der dort relevanten Argumente finden im Völkerrecht indes keine Entsprechung (dazu lit. bb).

aa) Verfassungskonforme Rechtsfortbildung *contra legem* als innerstaatlicher Parallelfall

Setzt sich ein nationales Gericht in der Überzeugung, anderenfalls eine verfassungswidrige Gesetzesnorm zur Anwendung bringen zu müssen, gestützt auf grund- oder sonstige verfassungsrechtliche Erwägungen über die anerkannten Grenzen der fraglichen Regel hinweg, so ist dies der prinzipiengestützten Fortbildung völkerrechtlicher Regeln in vielerlei Hinsicht ähnlich. Denn nicht nur wird die Hinwegsetzung über die bestehende Regel in beiden Fällen von der Motivation getragen, ein Entscheiden im Einklang mit den tragenden Prinzipien der Rechtsordnung auch dann zu gewährleisten, wenn die einschlägigen Regeln anderes gebieten. Auch teilen die der Regelderogation zugrundeliegenden Normen wesentliche Eigenschaften. So sind die der Rechtsfortbildung im völkerrechtlichen Fall zugrundeliegenden Rechtsprinzipien ebenso wie auch die verfassungsrechtlichen Bestimmungen, deren Verwirklichung im nationalen Kontext im Fokus steht, Normen des positiven

---

[441] Vgl. allgemein zu den Möglichkeiten eines solchen Grundrechtsdurchbruchs *H. Dreier*, Die Verwaltung 36 (2003), S. 105 (insbes. 120 ff.) und ausführlich *D. Göldner*, Verfassungsprinzip und Privatrechtsnorm in der verfassungskonformen Auslegung und Rechtsfortbildung, 1969.

Rechts und keine überpositiven Grundsätze natur- oder vernunftrechtlicher Herkunft. Und ebenso wie – ja, sogar mehr noch[442] als – jene, beschränken auch die verfassungsrechtlichen Normen das gesetzgeberische Dürfen. Denn während die völkerrechtlichen Prinzipien aufgrund der Struktur der von ihnen geschützten Güter nur erschwert, nämlich *inter omnes partes*, änderbar sind und sich für bilaterale Rechtsetzungsvorhaben daher als rechtlich verbindliche Vorgaben erweisen,[443] binden zwar auch die Grundrechte den einfachen Gesetzgeber, doch mit der Besonderheit, dass ein Zuwiderhandeln anders als im Völkerrecht mit der Nichtigkeit der gesetzten Norm sanktioniert wird. Damit stellen schließlich auch die Grundrechte, deren Schutzbereich eine Regel berührt, notwendige normative Gründe eben dieser Regel dar – ebenso wie die besprochenen völkerrechtlichen Prinzipien. Setzt sich ein Rechtsanwender über einen ausdrücklichen Gesetzesbefehl hinweg, um ein grundrechtskonformes Ergebnis zu erzielen, so entspricht diese Konstellation daher in den wesentlichen Aspekten derjenigen der auf völkerrechtliche Prinzipien gestützten contralegalen Rechtsfortbildung. Auch in Bezug auf Legitimation und Grenzen einer solchen Rechtsfortbildung mag die verfassungsrechtliche Diskussion daher als Indikator dienen.

bb) Die verfassungsrechtliche Kritik als Indikator rechtlicher Schranken

Anders als in den Fällen ergänzender Rechtsfortbildung zur Füllung offener Regelbestandslücken provoziert eine contralegale Fortbildung bestehender Rechtsregeln gleich auf zwei Stufen Kritik. Denn legitimationsbedürftig erscheint hier nicht allein und nicht zuvörderst die abwägend regelbildende Konkretisierung unbestimmter Rechtsprinzipien zur Füllung der Lücke, sondern bereits das Auffinden (oder: die Kreation?) der die Rechtsfortbildung erst ermöglichenden Lücke verlangt nach einer Rechtfertigung. Das wird ersichtlich, wenn man sich erneut vor Augen führt, dass contralegale Rechtsfortbildung eine verdeckte Lücke voraussetzt, eine Situation also, in der zwar eine Regel existiert, die den fraglichen Fall abdeckt, doch eben diese Regel mit den Wertungen der einschlägigen Rechtsprinzipien (im nationalen Fall: den ein-

---

[442] Das hängt damit zusammen, dass einfaches Gesetzesrecht, das mit verfassungsrechtlichen Vorgaben unvereinbar ist, nichtig ist, während das Völkerrecht nur im Falle eines Verstoßes gegen zwingendes Völkerrecht die Nichtigkeitsfolge vorsieht.

[443] Dazu bereits oben S. 544 ff.

schlägigen Verfassungsgrundsätzen) unvereinbar ist. Rechtfortbildung *contra legem* diagnostiziert demnach eine Lücke im Regelbestand, wo unvoreingenommen betrachtet keine ist. „Erst die Normverwerfung", so kann *Christian Hillgruber* daher feststellen, „eröffnet in dieser Konstellation den Weg zu einer gesetzesübersteigenden Rechtsfortbildung."[444] Eben dieses Erfordernis der Normverwerfung bildet das legitimatorisch problematische Spezifikum contralegaler Rechtsfortbildungen.[445] Während die Schwierigkeiten der Lücken*füllung* den oben im Rahmen praeterlegaler Rechtsfortbildung bereits diskutierten entsprechen, ist es demnach allen voran die Lücken*findung*, die der Rechtfertigung bedarf.

Trotz dieser erhöhten Legitimationserfordernisse hat sich unter Berufung auf den in Art. 20 Abs. 3 GG angelegten Dualismus von Gesetz und Recht insbesondere *Günther Hirsch* für eine richterliche Befugnis stark gemacht, in bestimmten Fällen auch gegen einen ausdrücklichen Gesetzesbefehl zu judizieren.[446] Nicht nur dort, wo Gesetz und Recht in Widerspruch träten, müsse der Richter sich vom Gesetz lösen und seine Entscheidung stattdessen am „(überpositiven) Recht" ausrichten,[447] auch höherrangiges positives Recht, insbesondere „ein gewandeltes Grundrechtsverständnis [könne] eine Auslegung gegen den

---

[444] *C. Hillgruber*, JZ 51 (1996), S. 118 (119).

[445] Vgl. *C.-W. Canaris*, in: FS Bydlinski, 2002, S. 47 (94).

[446] *Hirsch* verband diese These mit dem Bild des Richters als Pianisten (nicht als Diener), der in künstlerischer Freiheit die Komposition des Gesetzgebers, die ihm Spielräume lasse, interpretiere. Der Diskussion um die Grenzen des Richterrechts unter dem Grundgesetz hat dieser Vergleich zu einer neuen, weit über die Fachgrenzen hinausreichenden Aufmerksamkeit verholfen, siehe einerseits etwa *G. Hirsch*, ZRP 2006, S. 161; *ders.*, JZ 62 (2007), S. 853; *ders.*, ZRP 2012, S. 205; *M. Kriele*, ZRP 2008, S. 51; *J. Wenzel*, NJW 2008, S. 345; andererseits insbesondere *C. Möllers*, FAZ v. 26. 10. 2006, Nr. 249, S. 37; *B. Rüthers*, ZRP 2008, S. 48 (49 f.); *ders.*, NJW 2011, S. 1856; vgl. auch *W. Hassemer*, ZRP 2007, S. 213 und *V. Rieble*, NJW 2011, S. 819 sowie die zahlreichen Leserbriefe in Reaktion auf den Beitrag von *Möllers*, siehe *W. Jeep*, FAZ v. 10.11.2006, Nr. 262, S. 21; *F. Kiechle*, FAZ v. 29.11.2006, Nr. 278, S. 8; *B. Kloke*, FAZ v. 10.11.2006, Nr. 262, S. 21; *A. Papsthart*, FAZ v. 29.11.2006, Nr. 278, S. 8.

[447] *G. Hirsch*, ZRP 2006, S. 161; *ders.*, JZ 62 (2007), S. 853 (855 f.); *ders.*, ZRP 2012, S. 205 (207 f.); zurückhaltender indes *ders.*, Rechtsanwendung, Rechtsfindung, Rechtsschöpfung, 2003, S. 15 ff.

Wortlaut nicht nur rechtfertigen, sondern [sogar] gebieten."[448] Im verfassungsrechtlichen Schrifttum hat diese These teils harsche Kritik erfahren.[449] Der angedeuteten zweischrittigen Struktur contralegaler Rechtsfortbildung entsprechend bezieht sich auch diese Kritik sowohl auf die Ausfüllung als auch auf das Auffinden der Lücke. Sofern sie erstere betrifft, wurde sie oben bereits behandelt,[450] sofern sie zweitere betrifft, stützt sie sich vor allem auf drei Argumente.

Erstens, so tragen die Kritiker vor, seien gesetzesderogierende Rechtsfortbildungen mit dem Prinzip der Rechtssicherheit unvereinbar. Dieses bürge als Ausprägung des Rechtsstaatsprinzips[451] für die Verlässlichkeit des Rechts und bemühe sich, den Rechtsunterworfenen Orientierungssicherheit zu garantieren. Einem jeden Rechtsadressaten müssten daher seine Rechte und Pflichten erkennbar sein, und er müsse sich hinreichend auf deren Bestand verlassen können.[452] Die Möglichkeit contralegaler Rechtsfortbildungen stelle aber genau dies in Frage. Denn weiche der Richter von öffentlich bekannt gemachten, geschriebenen Gesetzen ab, so lasse dies das Recht unberechenbar werden und messe das Verhalten der Bürger an einem Maßstab, den diese dem Gesetz nicht hätten entnehmen können.[453]

---

448 *G. Hirsch*, ZRP 2012, S. 205 (207); befürwortend auch *D. Göldner*, Verfassungsprinzip und Privatrechtsnorm in der verfassungskonformen Auslegung und Rechtsfortbildung, 1969, S. 83 und öfter sowie *T. Möllers*, in: FS Roth, 2011, S. 473 (493); sehr kritisch hingegen *A. Voßkuhle*, AöR 125 (2000), S. 177 (197 f.).

449 *C. Möllers*, FAZ v. 26. 10. 2006, Nr. 249, S. 37; *B. Rüthers*, ZRP 2008, S. 48 (49 f.); *ders.*, NJW 2011, S. 1856.

450 Siehe oben S. 586 ff.

451 Siehe zu dieser Verortung etwa BVerfGE 20, 323 (331) sowie aus der Literatur nur *A. v. Arnauld*, Rechtssicherheit, 2006, S. 664 ff.

452 Zum Gehalt des Rechtssicherheitsprinzips *B. Grzeszick*, in: T. Maunz/G. Dürig, Grundgesetz-Kommentar, Stand: 67. Erg.-Lfg., November 2012, Art. 20 (Allgemeine Rechtsstaatlichkeit) Rdn. 50 ff.; *K. Sobota*, Das Prinzip Rechtsstaat, 1997, S. 154 ff.

453 *A. v. Arnauld*, Rechtssicherheit, 2006, S. 416, 421; in der Sache ebenso *J. Ipsen*, Richterrecht und Verfassung, 1975, S. 228; *D. Göldner*, Verfassungsprinzip und Privatrechtsnorm in der verfassungskonformen Auslegung und Rechtsfortbildung, 1969, S. 73; differenzierend und kritisch *M. Gropp*, Die Rechtsfortbildung contra legem, 1976, S. 209 ff. Vgl. auch *M. Benecke*, Gesetzesumgehung im Zivilrecht, 2004, S. 191, die die Kritik an gesetzesübersteigenden

Das zweite Argument kontert die Verteidigung von Rechtsfortbildungen gegen das Gesetz mit dem Verweis auf die ebenfalls im Rechtsstaatsprinzip angelegte Gesetzesbindung der Gerichte.[454] „Die Bindung an materielles Verfassungsrecht", so spitzt etwa *Christoph Möllers* diesen Einwand für den Fall verfassungskonformer Rechtsfortbildungen zu, „enthebt nicht von der Bindung an das Gesetz."[455] Vielmehr sei der Richter, wie überhaupt jeder staatliche Rechtsanwender, an das Gesetz gebunden. Setze er sich schöpferisch über dieses hinweg, sei das mit eben dieser Gesetzesbindung nicht mehr in Einklang zu bringen. Für sich genommen überzeugt dieses Argument indes aus mindestens zwei Erwägungen nicht. Denn erstens vernachlässigt es, dass der staatliche Rechtsanwender, und damit auch der Richter, auch an die Normen gebunden ist, die in den fraglichen Konstellationen für eine die gesetzlichen Grenzen transzendierende Rechtsfortbildung streiten, erhebt doch Art. 1 Abs. 3 GG gerade die Grundrechte zu die öffentliche Gewalt unmittelbar bindendem Recht. Insofern steht der rechtsstaatlichen Gesetzesbindung die rechtsstaatliche Grundrechtsbindung gegenüber. Was auf den ersten Blick als „Bindungspatt" erscheinen mag, entpuppt sich bei genauerem Hinsehen indes – und hieraus ergibt sich der zweite Einwand gegen das Argument – aus normhierarchischen Gründen als Überlegenheit der Grundrechtsbindung.[456] Denn einfaches Gesetzesrecht, das mit verfassungsrechtlichen Anforderungen unvereinbar ist, ist nichtig. Auf nichtige Normen aber erstreckt sich auch die rechtsstaatliche Gesetzesbindung nicht.

Dass eine verfassungskonforme Fortbildung dennoch an verfassungsrechtliche Grenzen stößt und der Verweis auf die Gesetzesbindung

---

Rechtsfortbildungen im Ergebnis aber für nicht durchschlagend hält, und *R. Wank*, Grenzen richterlicher Rechtsfortbildung, 1978, S. 197 ff.

[454] So ganz allgemein *R. Barth*, Richterliche Rechtsfortbildung im Steuerrecht, 1996, 1996, S. 298 ff.; *M. Gropp*, Die Rechtsfortbildung contra legem, 1976, S. 189; *C.-F. Menger*, Verwaltungsarchiv 65 (1974), S. 195 (199 f.); *K. Walter*, Rechtsfortbildung durch den EuGH, 2009, S. 218 f.; ähnlich sieht auch *A. v. Arnauld*, Rechtssicherheit, 2006, S. 421 in gesetzesderogierenden Entscheidungen „Gefährdungen der Gesetzesbindung".

[455] *C. Möllers*, JZ 64 (2009), S. 668 (672).

[456] Dass die unmittelbare Bindung an Verfassungsprinzipien damit potentiell auch zu kompetenzrechtlichen Verschiebungen führen kann, sieht bereits *Carl Schmitt*, der dies im Kontext der Weimarer Reichsverfassung analysiert, siehe *C. Schmitt*, in: Anschütz/Thoma (Hrsg.), Handbuch des deutschen Staatsrechts, Bd. II, 1932, S. 572 (598 ff.).

letztlich doch trägt, erschließt sich erst im Zusammenhang mit dem dritten Argument, das gegen die *Hirsch*'sche Forderung einer grundrechtskonformen Rechtsfortbildung *contra legem* vorgetragen wird. Der Konflikt zwischen Gesetz und Recht, den *Hirsch* auch dann ausmacht, wenn nicht überpositives, sondern höherrangiges positives (Verfassungs-)Recht eine Revision geltender gesetzlicher Regeln erforderlich erscheinen lässt, führe, so bringt dieses Argument vor, das Grundgesetz in Art. 100 Abs. 1 einer abschließenden und unzweifelhaften Regelung zu.[457] Der Richter, der die Notwendigkeit sehe, von gesetzlichem Recht abzuweichen, um grundgesetzlichen Geboten nachkommen zu können, dürfe demnach eben nicht selbst Abhilfe schaffen, sondern müsse die (Teil-)Verwerfungsentscheidung, die einer jeden Rechtsfortbildung *contra legem* zwingend vorangehe, dem BVerfG überlassen. Das in Art. 100 Abs. 1 GG zum Ausdruck kommende verfassungsgerichtliche Verwerfungsmonopol stelle eine jede gesetzesübersteigende Rechtsfortbildung damit vor unüberwindbare Hindernisse.[458] Aus der Perspektive der Gewaltenteilung betrachtet werfen contralegale Rechtsfortbildungen daher auch deshalb Probleme auf, weil ein Gericht, das dessen ungeachtet *contra legem* entscheidet, sich Kompetenzen anmaßt, die das Grundgesetz allein dem BVerfG zugesteht.[459] Erst im Lichte dieses ergänzenden Verweises auf Art. 100 Abs. 1 GG überzeugt auch das obige Argument, die rechtsstaatliche Gesetzesbindung stehe contralegalen Rechtsfortbildungen entgegen, folgt doch erst aus dem bundesverfassungsgerichtlichen Verwerfungsmonopol für nachkonstitutionelle, formelle Gesetze, dass bis zu einer Entscheidung des BVerfG alle

---

[457] *B. Rüthers*, ZRP 2008, S. 48 (49 f.).

[458] Dieses Argument unter anderem bei *P. Badura*, in: Rechtsfortbildung durch die sozialgerichtliche Rechtsprechung, 1973, S. 40 (54); *C. Hillgruber*, JZ 51 (1996), S. 118 (119, 120 und öfter); *J. Ipsen*, Richterrecht und Verfassung, 1975, S. 194; *C. Möllers*, JZ 64 (2009), S. 668 (671 f.); *B. Rüthers*, ZRP 2008, S. 48 (49 f.); *K. Walter*, Rechtsfortbildung durch den EuGH, 2009, S. 221 f.; in diese Richtung auch *G. Hermes*, VVDStRL 61 (2002), S. 119 (142 f.) sowie *F. Ossenbühl*, Richterrecht im demokratischen Rechtsstaat, 1988, S. 15, 18 und wohl auch *H. Dreier*, Die Verwaltung 36 (2003), S. 105 (120 ff.). Für nicht überzeugend halten dieses Argument hingegen *D. Göldner*, Verfassungsprinzip und Privatrechtsnorm in der verfassungskonformen Auslegung und Rechtsfortbildung, 1969, S. 72 f. und *D. Looschelders/W. Roth*, Juristische Methodik im Prozess der Rechtsanwendung, 1996, S. 246 ff.

[459] *J. Ipsen*, Richterrecht und Verfassung, 1975, S. 194.

sonstigen Gerichte auch an Gesetze von zweifelhafter Verfassungsmäßigkeit gebunden sind.

cc) Die völkerrechtliche Replik als Indikator eines Sonderfalls

Im Völkerrecht finden indes nicht alle diese Argumente eine Entsprechung. Zwar sind auch im Völkerrecht Richter wie Staaten an die geltenden Rechtsregeln gebunden. Anders als das deutsche Verfassungsrecht kennt die Völkerrechtsordnung jedoch weder ein Verfassungsgericht mit Normverwerfungsmonopol noch eine entsprechende Vorlagepflicht. Der kritische Verweis auf den Grundsatz der Gesetzesbindung muss auf völkerrechtlicher Ebene daher auf seine im nationalen Kontext zentrale Ergänzung durch eine rechtsfortbildungsfeindliche Kompetenzverteilung zwischen Verfassungsgericht und Fachgerichten verzichten. Dass daraus dennoch nicht eine grundsätzliche Vermutung zugunsten der Zulässigkeit prinzipiengestützter, gesetzesderogierender Rechtsfortbildungen resultiert, hängt mit einer zweiten Differenz zwischen der völkerrechtlichen Konstellation und ihrer nationalen Vergleichssituation zusammen: Während einfachgesetzliche Regeln, die sich als mit Grundrechten unvereinbar erweisen, verfassungswidrig und damit *ex tunc* nichtig sind,[460] besitzen die fraglichen völkerrechtlichen Prinzipien gegenüber älteren völkerrechtlichen Regeln keine entsprechend erhöhte Normativität. Zwar wären jene aufgrund ihrer norminhaltlichen Struktur im Rahmen einer Neukreation entsprechender Regeln verbindlich, doch sanktioniert die Völkerrechtsordnung eine Unvereinbarkeit von Rechtsprinzipien einer- und Rechtsregeln andererseits nicht mit der Nichtigkeit letzterer. Und so bleibt es im völkerrechtlichen Fall zunächst tatsächlich bei einem „Bindungspatt": Der Rechtscharakter der streitbefangenen Regeln und Prinzipien macht beide zu zunächst gleichermaßen verbindlich zu berücksichtigenden, sich dabei jedoch zugleich ausschließenden Verhaltens- und Entscheidungsmaßstäben. Regel- und Prinzipienbindung treten folglich in einen Widerspruch.

Vor dem Hintergrund dieser Feststellungen wird deutlich, dass das Gesetzesbindungsargument ohne den unterstützenden Verweis auf das Verwerfungsmonopol eines Verfassungsgerichts alleine nicht ausreicht, um auf die Frage nach der Zulässigkeit prinzipiengestützter *contra legem*-Entscheidungen eine negative Antwort zu geben. Im Gegenteil le-

[460] Siehe dazu für die deutsche Verfassungsordnung etwa *K. Schlaich/S. Korioth*, Das Bundesverfassungsgericht, 10. Aufl. 2015, Rdn. 379 ff.

gen es die oben bereits angestellten Überlegungen sogar nahe, das „Bindungspatt“ zwischen Regel- und Prinzipienebene tatsächlich zugunsten letzterer aufzulösen und der prinzipiengestützten Regelfortbildung *contra legem* damit jedenfalls in all den Fällen den Weg frei zu machen, in denen die fragliche Regel – wie nach den obigen Ausführungen zum Konsensprinzip vorausgesetzt – mit den einschlägigen Rechtsprinzipien unvereinbar ist. Denn abgesehen von der rechtsphilosophischen Einsicht, dass jedenfalls im Falle eines nachträglichen Entstehens völkerrechtlicher Prinzipien gute Argumente dafür sprechen, den ihnen entgegenstehenden Regeln kein Maß an Autorität beizumessen, das den Rückgriff auf Rechtsprinzipien sperrt,[461] lässt sich auch dem positiven Völkerrecht eine entsprechende Tendenzaussage entnehmen. So genießen die fraglichen Prinzipien nicht nur aufgrund ihrer späteren Entstehung gegenüber älteren Rechtsregeln als *lex posterior* den Vorrang;[462] vielmehr haben die obigen Überlegungen gezeigt, dass völkerrechtliche Prinzipien wie das Humanitäts- oder Umweltprinzip vor allem aufgrund ihres Norminhalts eine Vorrangstellung zukommt, die sich als *obliagtio integralis derogat obligationi bilaterali* beschreiben lässt und die daher von entstehungszeitlichen Faktoren unabhängig ist.[463] Nicht in erster Linie deshalb, weil die beschriebenen völkerrechtlichen Prinzipien den kollidierenden Rechtsregeln entstehungszeitlich nachfolgen, sondern vor allem deshalb, weil sie integrale Verpflichtungen enthalten, sich also auf den Schutz unteilbarer Rechtsgüter beziehen, müssen Regeln, die mit ihnen unvereinbar sind, unangewendet bleiben. Anderenfalls gerieten, wie oben bereits dargestellt, nicht nur die *pacta tertiis*-Regel, sondern auch die Wertungen der Regeln über die Staatenverantwortlichkeit in Gefahr.[464]

Dass es das positive Völkerrecht demnach zumindest dann, wenn sich eine Regel nicht mehr als verhältnismäßiger Ausgleich der ihr zugrundeliegenden Rechtsprinzipien rekonstruieren lässt, durchaus ermög-

---

[461] Dazu bereits oben S. 611 ff., insbes. 620 f.

[462] Wie ebenfalls oben (siehe S. 550 f.) bereits erörtert, lässt sich dem auch nicht entgegenhalten, dass Konfliktlösungsregeln wie der Vorrang der *lex posterior* auf das Verhältnis von Regeln und Prinzipien nicht anwendbar sei, weil deren Anwednung einen Normenkonflikt voraussetze, wie er zwischen Regeln und Prinzipien nie bestehen könne (in diese Richtung etwa *C. Höpfner*, Die systemkonforme Auslegung, 2008, S. 98).

[463] Dazu oben S. 546 ff. sowie bereits *J. Rauber*, ZaöRV 75 (2015), S. 259 (275 ff.).

[464] Ebd.

licht, sich über die völkerrechtliche Regelbindung hinwegzusetzen, lässt sich schließlich auch am Institut des völkerrechtlichen Notstands ablesen. Nach den in Art. 25 ARS niedergelegten Grundsätzen der Notstandsrechtfertigung handelt ein Staat auch dann rechtmäßig, wenn er zwar von einer völkerrechtlichen Verpflichtung abweicht, anderenfalls jedoch eine schwere, gegenwärtige und nicht in anderer Weise abwendbare Gefahr für ein wesentliches Interesse des Staates oder der internationalen Gemeinschaft bestünde und durch die Abweichung von der Verpflichtung kein wesentliches Interesse des aus der Regel berechtigten Staates oder der internationalen Gemeinschaft als Ganzes ernsthaft beeinträchtigt wird. Ähnlich wie bei der Prinzipienabwägung werden auch im Rahmen des Art. 25 Abs. 1 ARS die konfligierenden Interessen – das im Falle der Normbefolgung gefährdete Interesse einerseits, das durch die Normabweichung beeinträchtigte Interesse andererseits – gewichtet[465] und das sowohl hinsichtlich ihrer abstrakten Wertigkeit („essential interest“) als auch hinsichtlich ihrer konkreten Betroffenheit („grave and imminent peril“, „seriously impair“). Und ebenfalls ähnlich wie bereits nach den oben dargestellten Grundsätzen, lässt sich die Normabweichung auch nach den Notstandsgrundsätzen nur dann rechtfertigen, wenn das im Fall der Normbefolgung betroffene Interesse alle übrigen Interessen bei einer „vernünftigen Beurteilung“ überwiegt.[466] Indem es die Grundsätze des völkerrechtlichen Notstands erlauben, im Notstandsfall auch über normabweichendes Verhalten ein Rechtmäßigkeitsurteil auszusprechen, ermöglichen sie es im Ergebnis, in begrenztem Umfang Ausnahmeklauseln in Regeln einzufügen, wenn diese die durch sie betroffenen Interessen in einer bestimmten Situationen keinem angemessenen Ausgleich zuführen. Und so stellt sich die Anerkennung einer völkerrechtlichen Notstandssituation – etwa durch ein internationales Gericht – letztlich als eine abwägungsbasierte *contra legem*-Fortbildung derjenigen Regel dar, deren Verletzung der handelnde Staat unter Berufung auf Art. 25 ARS zu rechtfertigen sucht: Die Tatsache, dass eine Regel für bestimmte Situationen nicht alle wesentlichen Interessen einem verhältnismäßigen Ausgleich zuführt, führt dazu, dass ihr – falls sich der handelnde Staat darauf beruft – in eben diesen

[465] *J. Crawford*, State Responsibility: The General Part, 2013, S. 313.

[466] *J. Crawford*, State Responsibility: The General Part, 2013, S. 312; instruktiv auch *J. Christofferson*, Fair Balance: A Study of Proportionality, Subsidiarity and Primarity in the European Convention on Human Rights, 2009, S. 36: „The necessity principle could be re-written into a proportionality principle.“

Situationen das letzte Wort über die Rechtmäßigkeit eines Verhaltens abgesprochen wird. Doch was schon für einen fehlerhaften Ausgleich bloßer Interessen gilt, kann sich für einen unverhältnismäßigen Ausgleich derjenigen rechtlich verbindlichen Prinzipien, die einer Regel zugrunde liegen, kaum anders darstellen.[467] Die These, prinzipiengestützte Regelfortbildungen *contra legem* seien auch völkerrechtlich stets dann zulässig, wenn sich die fragliche Regel nicht mehr als verhältnismäßiger Auslgeich der ihr zugrundeliegenden Völkerrechtsprinzipien rekonstruieren lässt, findet so auch über die Grundsätze des völkerrechtlichen Notstands eine wertungsmäßige Stütze im positiven Recht.

Im Lichte dieser Überlegungen ruhen die Hoffnungen der Gegner regelderogierender Rechtsfortbildungen auf dem ihnen einzig verbleibenden Argument: dem Hinweis auf das Prinzip der Rechtssicherheit. Im völkerrechtlichen Kontext erweist sich indes auch dieses Argument als brüchig. Ein universelles völkervertragliches Bekenntnis zum Grundsatz der Rechtssicherheit ist nicht zu finden, die Suche im allgemeinen Völkergewohnheitsrecht hat im Schrifttum bislang ebenfalls keine Früchte getragen und auch der Herleitung der Rechtssicherheit als allgemeiner Rechtsgrundsatz im Sinne des Art. 38 Abs. 1 lit. c IGH-Statut wird im Schrifttum keine Aussicht auf Erfolg beschieden.[468] Soweit ersichtlich hat sich denn auch der IGH bislang nur in einer einzigen Entscheidung ausdrücklich auf ein „principle of legal security" berufen, aus diesem indes auch dort keine normativen Konsequenzen gezogen, die sich nicht bereits auf völkervertrags- oder -gewohnheitsrechtlicher Grundlage begründen ließen.[469] Doch selbst wenn dieses negative Er-

---

[467] In eine ähnliche Richtung auch *P. N. Okowa*, in: FS Brownlie, 1999, S. 389 (390): „Given the objective character of international law, the content of the substantive rule and the values it seeks to protect will surely be relevant factors in deciding whether, on the facts of any particular case, a state was entitled to rely on one or more of the circumstances precluding wrongfulness."

[468] *A. v. Arnauld*, Rechtssicherheit, 2006, S. 119 f., 137 ff.; ähnlich stellt auch *J. P. Müller*, Vertrauensschutz im Völkerrecht, 1971, S. 255 fest, der mit dem Grundsatz der Rechtssicherheit eng verwandte Vertrauensschutz, sei im Völkerrecht bisher kein „axiomatische[r] Grundsatz mit Deduktionsmöglichkeiten für einzelne Rechtsfälle"; vgl. auch *F. Scholz*, AVR 2 (1950), S. 28.

[469] IGH, *Armed Activities (New Application: 2002)*, Jurisdiction and Admissibility, ICJ Rep 2006, S. 6 (23); in eine ähnliche Richtung aber bereits zuvor IGH, *Continental Shelf* (Libya v. Malta), ICJ Rep 1985, S. 13 (39): „[T]he justice of which equity is an emanation, is not abstract justice but justice according to the rule of law; which is to say that its application should display consistency and a degree of predictability".

gebnis einer erneuten Analyse nicht standhalten oder der Grundsatz der Rechtssicherheit als Ausfluss des Gerechtigkeitsprinzips[470] oder als inhärentes Postulat jeder Rechtsordnung[471] auch im Völkerrecht Geltung beanspruchen können sollte, dürfte der Grundsatz der Rechtssicherheit keinesfalls ein kategorisches Verbot contralegaler Völkerrechtsfortbildungen begründen. Vielmehr legt bereits der Blick auf die Struktur der Rechtssicherheitsgarantie im nationalen Recht es nahe, Rechtssicherheit als abwägungsfähiges Prinzip zu verstehen.[472] Das erkennt selbst das rechtsfortbildungskritische Methodenschrifttum an. So heißt es etwa bei *Rüthers* und *Fischer* schlicht:

> „Richterliche Abänderungen der Gesetzes- oder Rechtslage unterliegen einem Abwägungsgebot. Vor jeder richterlichen Normzweckkorrektur ist eine Abwägung der Rechtsänderungsinteressen gegen die Interessen der Rechtssicherheit erforderlich."[473]

Einen Beleg dafür, dass diese Abwägung im Völkerrecht gerade dann durchaus zu Lasten der Rechtssicherheitsinteressen ausgehen kann, wenn – wie im Fall neu entstehender Prinzipien – nachträglich Entscheidungsgründe ersichtlich werden, die im Entscheidungszeitpunkt zwar relevant, aber noch unbekannt waren, bietet der Umgang internationaler Gerichte mit dem Grundsatz *res judicata*. Im Interesse von Rechtssicherheit und Rechtsfrieden stellt dieser sicher, dass die Entscheidungen internationaler Gerichte in Rechtskraft erwachsen und der Streit zwischen den Parteien somit einer abschließenden Lösung zugeführt wird. Doch erkennt die internationale Rechtsprechung Ausnahmen von diesem „well-established and generally recognized principle of law"[474] dann an, wenn nach Abschluss des Verfahrens neue Tatsachen von entscheidender Bedeutung bekannt werden. In diesem Sinne ist etwa in einschlägigen Schiedssprüchen zu lesen, „lack of knowledge on the part of the judge and of one of the parties of a material and decisive fact" sei ein Grund, die Rechtskraft der Entscheidung zu durchbrechen

---

470 *A. Bleckmann*, in: FS Schlochauer, 1981, S. 193 (213).

471 So *G. Dahm/J. Delbrück/R. Wolfrum*, Völkerrecht, Bd. I/3, 2. Aufl. 2002, S. 717.

472 Siehe *A. v. Arnauld*, Rechtssicherheit, 2006, S. 675.

473 *B. Rüthers/C. Fischer/A. Birk*, Rechtstheorie, 9. Aufl. 2016, Rdn. 961; ebenfalls für eine abwägende, einzelfallbezogene Begründung von Rechtsfortbildungen *L. Michael*, Der Staat 54 (2015), S. 349 (365 ff., 369 ff.); *ders./M. Payandeh*, NJW 2015, S. 2393 (2399).

474 IGH, *Effect of Awards*, Advisory Opinion, ICJ Rep 1954, S. 47 (53).

und das Verfahren wieder aufzunehmen.[475] Und auch der IGH befand, das UN-Verwaltungstribunal dürfe, obwohl Art. 10 Abs. 2 des Statuts die Entscheidungen des Tribunals ausdrücklich als „final and without appeal" qualifiziert, eben diese Entscheidungen unter bestimmten Umständen revidieren, nämlich dann „when new facts of decisive importance have been discovered".[476] Beinahe analog zu den oben skizzierten Ausnahmen von der *Raz*'schen „pre-emptive thesis"[477] lässt demnach auch die internationale Rechtsprechung das Interesse an Rechtssicherheit dann hinter dem Interesse an einer materiell richtigen Entscheidung zurückstehen, wenn für die Entscheidung relevante Gründe zum Entscheidungszeitpunkt noch nicht bekannt waren und das Gericht sich auf diese folglich nicht hätte stützen können. Schon angesichts des geringen Adressatenkreises gerichtlicher Entscheidungen mag deren Rechtskraft unter Rechtssicherheitsgesichtspunkten zwar nicht pauschal mit der Autorität völkervertraglicher oder -gewohnheitsrechtlicher Regeln gleichzusetzen sein. Doch bestätigt die Parallele zur *res judicata*-Rechtsprechung, dass – sollte das gegenwärtige Völkerrecht einen allgemeinen Grundsatz der Rechtssicherheit enthalten – dieser die Rechtsfortbildung jedenfalls nicht vor unüberwindliche Hindernisse stellt.

Das gilt auch noch aus anderem Grund. Denn angesichts der obigen Feststellung, dass das Völkerrecht eine Vorrangregel zugunsten integraler Verpflichtungen enthält, dürften richterliche Rechtsfortbildungen, die sich auf eben diese Regel stützen, die durch das Prinzip der Rechtssicherheit geschützte Orientierungssicherheit der Rechtsunterworfenen in lediglich geringer und mit zunehmender Häufigkeit stetig abnehmender Intensität betreffen. Und so wird denn auch der Berufung auf den Grundsatz des völkerrechtlichen Notstands soweit ersichtlich nicht entgegengehalten, er führe zu Rechtsunsicherheiten, die seiner Anwendung entgegenstünden – und das obwohl auch dessen Anwendnung auf einer Abwägung aufbaut, die sich über bestehende Regeln hinwegsetzt und der auf Rechtsprinzipien gestützten, regelübersteigenden Rechtsfortbildung demnach strukturell mehr als nur ähnelt.

---

[475] *Baron de Neuflize v. Disconto Gesellschaft*, Recueil des Tribunaux arbitraux mixtes 7 (1928), S. 629; *Trail Smelter Arbitration*, RIAA III, S. 1905 (1957).

[476] IGH, *Effect of Awards*, Advisory Opinion, ICJ Rep 1954, S. 47 (55).

[477] Vgl. *J. Raz*, The Morality of Freedom, 1986, S. 42: „reasons that could have been relied upon to justify action before [a] decision cannot be relied upon once the decision is given" und oben S. 620 f.

c) Ergebnis

Ein kategorisches Verbot prinzipiengestützter *contra legem*-Entscheidungen kennt das Völkerrecht folglich nicht. Die normativen Anknüpfungspunkte, an denen die verfassungsrechtliche Kritik verfassungskonformer Rechtsfortbildungen *contra legem* ihren Ausgang nimmt, finden im Völkerrecht kein Pendant. Und so ist es allen voran das völkerrechtliche Konsensprinzip, das der Möglichkeit, sich zugunsten völkerrechtlicher Prinzipien über bestehende Völkerrechtsregeln hinwegzusetzen, Grenzen setzt und das die Zulässigkeit entsprechender Regelderogationen auf seltene Ausnahmefälle beschränkt: Nur dann, wenn sich eine Regel nicht mehr als verhältnismäßiger Ausgleich der ihr zugrundeliegenden Rechtsprinzipien rekonstruieren lässt, ist es völkerrechtlich zulässig, unter Berufung auf eine unmittelbare Abwägung eben dieser Prinzipien von den Anordnungen der fraglichen Regel abzuweichen und insbesondere Ausnahmen in sie einzufügen.

4. Methodik völkerrechtlicher Rechtsgewinnung contra legem

Operabel wird die Erkenntnis, dass sich das Völkerrecht prinzipiengestützten Regelderogationen nicht kategorisch sperrt, erst mit der Antwort auf eine abschließende Frage: Mit welchen methodischen Argumentationsfiguren lassen sich korrigierende Regelfortbildungen begründen, und welche Rolle spielen Rechtsprinzipien bei diesen? „Die Rechtsfindung contra legem", so lautet die Antwort *Katja Hemkes* auf die erste dieser Fragen, „bezeichnet keine bestimmte Methode, sondern ist in Gestalt aller Rechtsfindungsformen denkbar."[478] Zu diesen zählt neben Analogieschluss und teleologischer Extension die teleologische Reduktion ebenso wie das *argumentum e contrario*.[479] Der Rechtsanwender kann, so muss es demnach bei vorläufiger Betrachtung erscheinen, methodisch aus dem Vollen schöpfen. Sucht die regelkorrigierende Rechtsfortbildung jedoch – wie vorliegend – in Rechtsprinzipien Orientierung und stützt sich zur Begründung der vorgenommenen Regelkorrekturen nicht auf die Bedürfnisse des Rechtsverkehrs oder die „Na-

---

[478] *K. Hemke*, Methodik der Analogiebildung im öffentlichen Recht, 2006, S. 132.

[479] Vgl. die Übersicht bei *K. Walter*, Rechtsfortbildung durch den EuGH, 2009, S. 146 ff.; ebenso *R. Barth*, Richterliche Rechtsfortbildung im Steuerrecht, 1996, S. 78 ff.

tur der Sache",[480] so rücken vor allem zwei Begründungsfiguren in den Fokus: Rechtsprinzipien, so führt *Karl Larenz* in diesem Sinne aus, dienen im Rahmen der Rechtsgewinnung jenseits des Plans des Gesetzes insbesondere als „Grundlage für eine ‚Gesamtanalogie' und mitunter auch für eine teleologische Reduktion".[481]

Wie die folgenden Überlegungen belegen, erlauben es tatsächlich beide dieser Schlussformen, den Wertungen völkerrechtlicher Rechtsprinzipien im Rechtsgewinnungsprozess Ausdruck zu verleihen. Als Grundlage contralegaler Rechtsgewinnung im hier zugrunde gelegten Sinne[482] taugt indes allein die teleologische, genauer: die prinzipiengestützte Reduktion (zu beidem lit. a). Methodisch ist es auch eben diese, auf die die bereits geschilderten *contra legem*-Entscheidungen zur Überwindung der Wortlautgrenze zurückgreifen (dazu lit. b).

a) Rechtsanalogie und teleologische Reduktion als Schlussformen prinzipiengestützter Rechtsgewinnung *contra legem*?

Sollen Rechtsanalogie und teleologische Reduktion als Schlussformen prinzipiengestützer Rechtsgewinnung *contra legem* beleuchtet werden, setzt das zunächst einige begriffliche Klärungen voraus. Schon diese zeigen: Strukturell sind beide Methoden eng verwandt.

Nach gängiger Definition argumentiert mit einer Rechtsanalogie – manche Autoren sprechen stattdessen auch von Gesamtanalogie[483] –, wer einer Mehrzahl von Regeln, die vergleichbare oder gar identische Rechtsfolgen normieren, ein gemeinsames Rechtsprinzip entnimmt und einen ungeregelten Fall in Übereinstimmung mit eben diesem Rechts-

---

480 Zu dieser Trias *K. Larenz*, Methodenlehre der Rechtswissenschaft, 6. Aufl. 1991, S. 414 ff.; ihm folgend *R. Barth*, Richterliche Rechtsfortbildung im Steuerrecht, 1996, S. 99, der diese Dreiteilung als herrschende Meinung bezeichnet; siehe auch *H.-J. Koch/H. Rüßmann*, Juristische Begründungslehre, 1982, S. 261 f.

481 *K. Larenz*, Methodenlehre der Rechtswissenschaft, 6. Aufl. 1991, S. 421.

482 Zum Begriff bereits oben S. 494 f. sowie 574 f.

483 Den Begriff „Rechtsanalogie" verwenden etwa *J. Esser*, Vorverständnis und Methodenwahl in der Rechtsfindung, 1970, S. 179 und öfter; *K. F. Röhl/H. C. Röhl*, Allgemeine Rechtslehre, 3. Aufl. 2008, S. 634 und für das Völkerrecht *A. Bleckmann*, AVR 31 (1993), S. 553; „Gesamtanalogie" hingegen bevorzugt *K. Larenz*, Methodenlehre der Rechtswissenschaft, 6. Aufl. 1991, S. 383 f.

prinzip behandelt.[484] Die Rechtsanalogie stellt sich demnach als eine „induktiv-deduktive Schlussform“[485] dar, die sich von der geläufigeren Gesetzesanalogie nur dadurch unterscheidet, dass letztere den auf den ungeregelten Fall übertragenen Rechtsgedanken – beziehungsweise genauer: die auf diesen übertragene Rechtsfolge – lediglich einer einzelnen Bestimmung entnimmt.[486]

Die teleologische Reduktion hingegen beschreibt in ihrer klassischen Form eine durch den Zweck einer Norm bedingte Wortlautrestriktion.[487] Sie führt dazu, dass die Anwendung einer Regel beschränkt wird, wenn und weil deren Telos es gebietet, die von ihr angeordnete Rechtsfolge nicht auf alle vom Wortlaut erfassten Fälle anzuwenden. Da die Völkerrechtsordnung eine Identifikation von Normtelos und Rechtsprinzipien indes nur in sehr engen Grenzen zulässt,[488] hat eine so verstandene teleologische Reduktion nur sehr geringes Potential, neu entstehenden Wertordnungsprinzipien im Rahmen der Rechtsgewinnung *contra legem* eine Stimme zu verleihen. Doch bei Lichte besehen bedarf es dieses Umweges über den Normtelos auch nicht, denn von einer teleologischen Reduktion wird zweitens auch dann gesprochen, wenn die Exklusion bestimmter Fälle aus dem Anwendungsbereich der Regel nicht zu Gunsten des Normtelos erfolgt, sondern ein der Rechtsordnung immanentes Prinzip diese erfordert.[489] Auf den Normzweck lässt

---

[484] Statt vieler *F. Bydlinski*, Juristische Methodenlehre und Rechtsbegriff, 2. Aufl. 1991, S. 478; *U. Heyder*, Gültigkeit und Nutzen der besonderen juristischen Schlussformen in der Rechtsfortbildung, 2010, S. 50; *K. F. Röhl/H. C. Röhl*, Allgemeine Rechtslehre, 3. Aufl. 2008, S. 634; aus dem völkerrechtlichen Schrifttum *V. Vadi*, Analogies in International Investment Law and Arbitration, 2016, S. 39.

[485] *K. Walter*, Rechtsfortbildung durch den EuGH, 2009, S. 150.

[486] *J. Esser*, Vorverständnis und Methodenwahl in der Rechtsfindung, 1970, S. 182; allgemein zu dieser Unterscheidung *U. Heyder*, Gültigkeit und Nutzen der besonderen juristischen Schlussformen in der Rechtsfortbildung, 2010, S. 50; *K. Walter*, Rechtsfortbildung durch den EuGH, 2009, S. 148 f.; *K. F. Röhl/H. C. Röhl*, Allgemeine Rechtslehre, 3. Aufl. 2008, S. 634.

[487] Ausführlich *H.-F. Brandenburg*, Die teleologische Reduktion, 1983, S. 7 ff., 35 ff.; außerdem *K. Larenz*, Methodenlehre der Rechtswissenschaft, 6. Aufl. 1991, S. 391 ff.

[488] Dazu ausführlich oben S. 526 ff.

[489] So insbesondere *K. Larenz*, Methodenlehre der Rechtswissenschaft, 6. Aufl. 1991, S. 395 ff.; kritisch zu dieser zweiten Form der teleologischen Re-

sich diese Schlussform nicht mehr gründen. Richtiger wäre es daher, in diesen Fällen statt von einer *teleologischen Reduktion* von einer *prinzipiengestützten Reduktion* zu sprechen.

Die Ähnlichkeiten dieser Schlussform einerseits und der eingangs geschilderten Rechtsanalogie andererseits sind dabei verblüffend, wird bei Lichte besehen doch in beiden Argumentationsfiguren das Ergebnis der Rechtsgewinnung schlicht in einer Ableitung aus Prinzipien gefunden.[490] Ebenso wie im Falle der Rechtsanalogie erst der Blick auf die Wertungen des Rechtsprinzips die Erforderlichkeit der zu ergänzenden Regelung offenbart, wird auch im Falle prinzipiengestützter Reduktionen die Notwendigkeit einer Regelrestriktion erst im Lichte derjenigen Rechtsprinzipien ersichtlich, zu deren Gunsten die Restriktion vorgenommen wird. Und ebenso wie im Falle der Rechtsanalogie das Rechtsprinzip die Behandlung des ungeregelten Sachverhalts bestimmt, ist für die Entscheidung über einen Fall, dessen Lösung gemäß geltender Regeln im Lichte eines der Rechtsordnung immanenten Rechtsprinzips defizitär erschiene, letztlich eben dieses Prinzip ausschlaggebend; es ist dieses Prinzip, das den Inhalt der Regelreduktion vorgibt. Strukturell beschreiben Rechtsanalogie und prinzipiengestützte Reduktion so zwei identische Rechtsgewinnungsvorgänge: In einem ersten Schritt beurteilen beide Verfahren den Ist-Zustand rechtlicher Regelung im Hinblick auf die Frage, ob er geltenden Rechtsprinzipien angemessen Ausdruck verleiht. Tut er dies nicht, nehmen beide Rechtsgewinnungsformen in einem zweiten Schritt die im Lichte rechtsprinzipieller Wertungen erforderlichen Korrekturen vor.[491] Jedenfalls dann, wenn die entscheidenden Prinzipien dabei zugleich im rechtstheoretischen Sinne Prinzipiencharakter besitzen, schrumpfen beide Argumentationsfiguren methodisch im Wesentlichen auf eine Prinzipienabwägung zusammen, ist doch der Abgleich des auf Regelebene Gebotenen mit dem

---

duktion *C. Fischer*, Topoi verdeckter Rechtsfortbildungen im Zivilrecht, 2007, S. 50 f.

[490] Treffend stellt auch *J. Esser*, Vorverständnis und Methodenwahl in der Rechtsfindung, 1970, S. 182 für die Rechtsanalogie fest: „Hier ist wiederum der Unterschied zu den Ableitungsmethoden aus „allgemeinen Prinzipien“ schwer zu fassen [...]“.

[491] Zu diesem Verfahren für die teleologische Reduktion *H.-F. Brandenburg*, Die teleologische Reduktion, 1983, S. 65. In dieselbe Richtung für die Analogie *U. Heyder*, Gültigkeit und Nutzen der besonderen juristischen Schlussformen in der Rechtsfortbildung, 2010, S. 100 und aus dem völkerrechtlichen Schrifttum *M. Bos*, A Methodology of International Law, 1984, S. 144.

von der Prinzipienebene Geforderten ohne erneute Abwägung aller für den zu entscheidenden Fall relevanten Rechtsprinzipien nicht zu machen. Ist dieser Abgleich aber erst einmal vorgenommen, erschöpft sich die Methode in einer Umsetzung des rechtsprinzipiell Gesollten – entweder weil die bestehenden Regeln dies ohnehin bereits gebieten oder weil sich die Prinzipiennormativität gegen diejenige bestehender Regeln durchsetzt. Die Schlussformen contralegaler Rechtsgewinnung stützen sich so maßgeblich auf Prinzipienanwendungen.

Angesichts dieser strukturellen Ähnlichkeit zwischen Rechtsanalogie und prinzipiengestützter Reduktion, lässt sich eine Unterscheidung zwischen beiden nur dann aufrechterhalten, wenn man, wie es auch die herrschende Lehre unausgesprochen zu tun scheint, auf Rechtsanalogien lediglich in offenen Rechtslücken zurückgreift, prinzipiengestützte Reduktionen indes an das Vorliegen verdeckter Lücken bindet. Andernfalls verbliebe der prinzipiengestützten Reduktion kein eigener Anwendungsbereich; sie ginge vollständig in der Rechtsanalogie auf. Da sich die Rechtsgewinnung in verdeckten Regellücken jedoch über eine bestehende Regelanordnung hinwegsetzen muss und folglich erhöhten Legitimationsanforderungen unterliegt, scheint eine solche Differenzierung auch in begründungstheoretischer Hinsicht sinnvoll. Sie offenbart zugleich, dass nur die prinzipiengestützte Reduktion zum Instrumentarium contralegaler, regelkorrigierender Rechtsgewinnung gehört. Denn knüpft die Rechtsanalogie an das Bestehen offener Lücken an, so gerät sie mit bestehenden Regeln nicht in Konflikt, sondern bewegt sich im regelfreien Raum. Auch wenn der Einfluss völkerrechtlicher Rechtsprinzipien auf die Rechtsgewinnung in beiden juristischen Schlussformen folglich größer kaum sein könnte, kommt daher lediglich die prinzipiengestützte Reduktion als Grundlage contralegaler Rechtsgewinnung in Betracht. Zur regelkorrigierenden Auflösung der normativen Spannungslagen zwischen neu entstandenen Rechtsprinzipien und entstehungszeitlich älteren völkerrechtlichen Regeln bietet sie einen vielversprechenden Ansatzpunkt.

b) Methodische Rekonstruktion der Fallbeispiele

Wirft man vor dem Hintergrund dieser Überlegungen einen zweiten Blick auf die oben bereits geschilderten *contra legem*-Entscheidungen, so zeigt sich, dass sich auch diese methodisch der teleologischen, ja teilweise gar der prinzipiengestützen Reduktion bedienen, um ihre von den bestehenden Regeln abweichenden Rechtsgewinnungsergebnisse zu legitimieren.

Die Argumentation, mit der die Richter *Huber* und *Anzilotti* das Ergebnis ihres Sondervotums zur Wimbledon-Entscheidung begründen, kombiniert etwa gleich beide Varianten der teleologischen Reduktion. So stützen die beiden Richter die Einschränkung des Anwendungsbereichs des Art. 380 Versailler Vertrag einerseits auf die Annahme, eine Einschränkung der Neutralitätsverpflichtungen sei von den Vertragsparteien – insbesondere wohl dem Deutschen Reich – bei Abschluss des Vertrages nicht intendiert gewesen. Angesichts der überragenden Bedeutung der Interessen, die für das Deutsche Reich auf dem Spiel standen, könne von einer entsprechenden Zwecksetzung nicht ausgegangen werden.[492] Der (subjektiv bestimmte) Zweck der Norm fordere, so muss man dieses Argument verstehen, folglich ein einschränkendes Verständnis der Bestimmung, denn:

> „[W]ords have no value except in so far as they express an idea; but it must not be presumed that the intention was to express an idea [...] which, in the circumstances, must be regarded to go beyond the intentions of the parties. The purely grammatical interpretation of every contract, and more especially of international treaties, must stop at this point.“[493]

Andererseits liest sich die Einschränkung des Art. 380 Versailler Vertrag zugleich als Folge der souveränitätsgestützten Handlungsfreiheit der Staaten. Denn das subjektiv-teleologische Argument von *Huber* und *Anzilotti* beruht seinerseits auf einer Vermutungsregel, die unmittelbar an das Lotus-Diktum[494] anknüpft, sich bei genauer Betrachtung als Sonderform der *in dubio mitius*-Regel darstellt und sich daher ebenso wie diese allenfalls als Ausfluss staatlicher Souveränität erklären lässt.[495] Zwar könne ein Staat, so räumen die beiden Richter ein, durchaus „enter into engagements affecting its freedom of action as regards wars between third States“.[496] Doch, so fahren sie fort, „engagements of this kind, having regard to the gravity of the consequences which may ensue, can never be assumed; they must always result from provisions ex-

---

[492] StIGH, *Wimbledon*, Ser. A, No. 1, S. 38, weitere Erwägungen zur Intention der Parteien auf S. 40.

[493] Ebd., S. 36.

[494] StIGH, *Lotus*, Ser. A, No. 10, S. 18: „Restrictions upon the independence of States cannot [...] be presumed."

[495] Zum Zusammenhang von Souveränitätsprinzip und *in dubio mitius*-Grundsatz siehe S. 558 ff.

[496] StIGH, *Wimbledon*, Ser. A, No. 1, S. 37.

pressely contemplating the situation arising out of war."[497] Wo eine solche ausdrückliche Bestimmung fehlt, so muss man daraus wohl *e contrario* folgern, muss bei der Anwendung vertraglicher Vorschriften die staatliche Handlungsfreiheit in Bezug auf Kriege dritter Staaten gewahrt werden. *Huber* und *Anzilotti* selbst bezeichnen diese Grundsätze als „general principles";[498] und eben auf sie stützen sie ihre Lesart des Art. 380 Versailler Vertrag. Begründet auf die Handlungsfreiheit der Staaten – und damit letztlich souveränitätsbasiert – postulieren *Huber* und *Anzilotti* somit folglich nicht nur die über den Wortlaut hinausreichende prinzipiengestützte Einschränkung von Art. 380 Versailler Vertrag, sondern sogar die gleiche Behandlung aller Verpflichtungen, die diesen Sachbereich betreffen. Sie führen die Einschränkung damit auf die im Souveränitätsprinzip wurzelnde Handlungsfreiheit der Staaten zurück. Letztlich ist es so ein der Völkerrechtsordnung immanentes Prinzip, das die Restriktion der Pflicht, freie Durchfahrt durch den Kieler Kanal zu gewähren, erfordert. Eben weil die im Souveränitätsprinzip wurzelnde Handlungsfreiheit der Staaten, würde man sich der wortlautgetreuen Lesart der Mehrheit im Gerichtshof anschließen, auf das Intensivste beeinträchtigt wäre, müsse, so die Richter, eine Einschränkung des Art. 380 Versailler Vertrag vorgenommen werden. Interessanterweise spielt in den Augen von *Huber* und *Anzilotti* somit auch die Intensität der Betroffenheit staatlich-souveräner Handlungsfreiheit („having regard to the gravity of the consequences which may ensue"[499]) eine entscheidende Rolle. Ohne es explizit zu machen, greifen sie so auf prinzipientypische Argumentationsformen zurück.

Auch die Abweichung von der Einstimmigkeitsregel in der Entscheidung des StIGH zur Bestimmung der türkisch-irakischen Grenze lässt sich auf ähnliche Methoden zurückführen; teleologische und prinzipiengestützte Reduktion gehen auch hier Hand in Hand. Denn neben der an eine teleologische Reduktion im klassischen Sinne erinnernden, doch lediglich bestätigend angeführten Erwägung, es entspreche schon aus praktischen Gründen nicht dem Zweck des Art. 3 Abs. 2 Lausanner Vertrag, im Falle einer Überweisung der Grenzentscheidung an den Völkerbundsrat, den betroffenen Parteien ein Vetorecht einzuräu-

[497] Ebd.

[498] Ebd.

[499] Ebd.

men,[500] führt der Gerichtshof die Abweichung vom Einstimmigkeitsprinzip auf rechtsprinzipielle Erwägungen zurück. Art. 15 Abs. 6 und 7 der Völkerbundsatzung,[501] nach denen als Ausnahmen vom Einstimmigkeitsprinzip in bestimmten Fällen der Konsens der nicht streitbeteiligten Ratsmitglieder zur Beschlussfassung ausreichte, zeigten, so der Gerichtshof, ein „principle [which] seems to meet the requirements of a case such as that now before the Council, just as well as the circumstances contemplated in that article",[502] nämlich den Grundsatz „that no one can be judge in his own suit".[503] Mit diesem Prinzip aber hätte die Anwendung des Einstimmigkeitserfordernisses, das Art. 5 der Völkerbundsatzung für die Beschlüsse des Völkerbundrats festlegte, nicht in Einklang gestanden. Eben deshalb befand der Gerichtshof in Abweichung vom Wortlaut des Art. 5 Völkerbundsatzung, die Satzung fordere lediglich die Einstimmigkeit der von der vorzunehmenden Grenzziehung nicht unmittelbar betroffenen Staaten – eine Einschränkung, die vorrangig das Prinzip *nemo iudex in re sua* erforderte und sich methodisch folglich als prinzipiengestützte Reduktion darstellt.[504] Anders als im Sondervotum zur Wimbledon-Entscheidung führt die prinzipiengestützte Reduktion, die der Gerichtshof hier vornimmt, allerdings nicht zu einer vollständigen Unanwendbarkeit des Art. 5 Völkerbundsatzung, sondern zu dessen prinzipienkonformer Modifikation. Eine vollständige Unanwendbarkeit hätte das *nemo iudex*-Prinzip auch gar nicht gefordert. Diesem war vielmehr bereits dann genügt, wenn bei der

---

500 StIGH, *Interpretation of Article 3, Paragraph 2, of the Treaty of Lausanne*, Advisory Opinion, Ser. B, No. 12, S. 32.

501 Art. 15 Abs. 6 Völkerbundsatzung lautete: „If a report by the Council is unanimously agreed to by the members thereof other than the Representatives of one or more of the parties to the dispute, the Members of the League agree that they will not go to war with any party to the dispute which complies with the recommendations of the report."

Art. 15 Abs. 7 Völkerbundsatzung war wie folgt abgefasst: „If the Council fails to reach a report which is unanimously agreed to by the members thereof, other than the Representatives of one or more of the parties to the dispute, the Members of the League reserve to themselves the right to take such action as they shall consider necessary for the maintenance of right and justice."

502 StIGH, *Interpretation of Article 3, Paragraph 2, of the Treaty of Lausanne*, Advisory Opinion, Ser. B, No. 12, S. 32.

503 Ebd.

504 Vgl. auch *H. Lauterpacht*, The Development of International Law by the International Court, 1958, S. 160 f.

Erhebung der Einstimmigkeit lediglich die von der Entscheidung betroffenen Staaten unberücksichtigt blieben.

c) Konklusion

Regelkorrigierende Rechtsgewinnungen *contra legem*, die den Wertungen völkerrechtlicher Rechtsprinzipien Ausdruck verleihen, lassen sich demnach argumentativ allen voran auf dem Wege prinzipiengestützter Reduktion bestehender Regeln erreichen. Methodisch erfolgt dies in zwei Schritten: In einem ersten Schritt wird zunächst festgestellt, ob die Anwendung der textlich unveränderten Norm zu einem Ergebnis führt, das den zu berücksichtigenden Rechtsprinzipien angemessen Rechnung trägt. Ist dies nicht der Fall, wird die Regel in einem zweiten Schritt an die Erfordernisse der Rechtsprinzipien angepasst. Während der erste Schritt lediglich das Erfordernis der Abweichung von der bestehenden Regel erhellt und so die verdeckte Lücke aufdeckt, bildet erst der zweite Schritt die eigentliche Reduktion: Die bestehende Regel wird durch eine neue Regel ersetzt, die einerseits dem Ergebnis der Prinzipienabwägung angemessen Ausdruck verleiht, dabei andererseits aber zugleich die bestehende Regel weitestmöglich erhält. Das ergibt sich nicht nur aus theoretisch-methodischen Überlegungen, sondern lässt sich zumindest in Ansätzen auch in der Rechtsanwendungspraxis nachweisen.

D. Ergebnis

„Allgemeine Rechtsgrundsätze und Prinzipien", so formuliert *Carsten Herrestahl* mit Blick auf die nationale Methodenlehre, „[haben] ihren Kernanwendungsbereich bei der gesetzesübersteigenden Rechtsfortbildung".[505] Und doch belegen die vorstehenden Überlegungen, dass sich ihre Funktion in der völkerrechtlichen Methodik keinesfalls auf dieses Feld beschränkt. Nicht nur beeinflussen völkerrechtliche Rechtsprinzipien die – vor allem systematische – Auslegung völkervertraglicher Regeln; erst jene erlauben es auch, selbst in Bereichen völkerrechtlicher

[505] *C. Herresthal*, Rechtsfortbildung im europarechtlichen Bezugsrahmen, 2006, S. 24 mit der zutreffenden Einschränkung, das gelte „in einer regelintensiven Rechtsordnung"; ähnlich *C.-W. Canaris*, Die Feststellung von Lücken im Gesetz, 2. Aufl. 1983, S. 93: „eine entscheidende Rolle bei der Fortbildung des Rechts".

Regellücken zu begründeten rechtlichen Urteilen zu gelangen. Schließlich erlangen Rechtsprinzipien aber selbst im Rahmen völkerrechtlicher Rechtsgewinnung *contra legem* Bedeutung, wenn sie es dem Rechtsanwender – wenngleich nur unter hohen Begründungsanforderungen – ermöglichen, sich selbst über die Grenzen des möglichen Wortsinns bestehender Regeln hinwegzusetzen. In den Prozess der Rechtsgewinnung bieten die Grundsätze völkerrechtlicher Methodik damit gleich mehrere Einfallstore, für die Harmonisierung bestehender Völkerrechtsregeln älterer Provenienz mit neu entstandenen Rechtsprinzipien bergen sie so in mehrfacher Hinsicht Potential – ein Befund, den die Fallstudien des folgenden Kapitels illustrieren sollen.

Kapitel 5

Anwendung: Fallstudien zur Erprobung der Strukturwandel als Prinzipienwandel-These

Die völkerrechtliche Methodenlehre, das haben die Überlegungen des vorangegangenen Kapitels ergeben, bietet an vielerlei Stellen Raum, dem gewandelten Prinzipienbestand des Völkerrechts auch bei der Auslegung und Anwendung bestehender Völkerrechtsregeln Ausdruck zu verleihen. Die Suche nach Einfallstoren für den Einfluss neu entstandener Rechtsprinzipien auf entstehungszeitlich ältere völkerrechtliche Regeln blieb dabei bislang jedoch sehr abstrakt, und so steht eine Antwort auf die Frage, ob und inwiefern sich die konkreten, im ersten Kapitel behandelten Einzelphänomene des völkerrechtlichen Strukturwandels unter Verweis auf den Einfluss neu entstandener Völkerrechtsprinzipien rechtfertigen, erklären oder rekonstruieren lassen, noch immer aus. Das nachfolgende Kapitel unternimmt es, diese Antwort nachzuholen. Im Lichte des in den Kapiteln 2 bis 4 entworfenen Prinzipienmodells nimmt es einige der bereits in Kapitel 1 besprochenen Regelveränderungen erneut in den Blick und zeigt auf, was die skizzierten völkerrechtlichen Wertordnungsprinzipien zu deren Rechtfertigung beizutragen vermögen. Die „Strukturwandel als Prinzipienwandel"-These unterzieht es damit einem Praxistest, der exemplarisch illustriert, inwiefern das Aufkommen der fraglichen Völkerrechtsprinzipien Materialisierung, Hierarchisierung, Privatisierung und Objektivierung des Völkerrechts bedingt und befördert.

Die Beispiele, an die die nachfolgenden Überlegungen anknüpfen, sind dabei überwiegend der Rechtsprechung internationaler Gerichte entnommen. Die Orientierung an völkerrechtlichen Prinzipien hat sich in ihnen indes in sehr unterschiedlichem Maße niedergeschlagen. So handelt es sich einerseits um Entscheidungen, die sich, wenngleich meist ohne sich ausdrücklich dazu zu bekennen, Argumentationsformen bedienen, die den Einfluss völkerrechtlicher Wertordnungsprinzipien erkennen lassen. Daneben sollen andererseits solche Entscheidungen in den Blick genommen werden, die zwar keinen vergleichbaren Prinzipienbezug aufweisen, deren Begründungen durch den Verweis auf völ-

J. Rauber, *Strukturwandel als Prinzipienwandel,* Beiträge zum ausländischen öffentlichen Recht und Völkerrecht, https://doi.org/10.1007/978-3-662-55471-5_6

kerrechtliche Prinzipien indes deutlich an Überzeugungskraft gewonnen hätten, ja teilweise erst in deren Lichte überhaupt plausibel erscheinen. Während es in den erstgenannten Fällen lediglich gilt, den Einfluss völkerrechtlicher Prinzipien sichtbar zu machen und die Entscheidungsbegründung in den Bahnen der skizzierten Prinzipien-Methodik zu rekonstruieren, soll das Prinzipienmodell in den zweitgenannten Fällen dadurch plausibilisiert werden, dass die von den Gerichten tatsächlich vorgetragenen Begründungen zunächst kritisch analysiert werden, um im Anschluss daran zu zeigen, dass die von ihnen gefundenen Ergebnisse oftmals erst im Lichte völkerrechtlicher Prinzipien überzeugen. Die Fallstudien belegen indes zugleich, dass das keinesfalls immer der Fall ist; die Grenzen prinzipiengestützter Rechtsfortbildungen und der „Strukturwandel als Prinzipienwandel"-These lassen sie damit ebenfalls deutlich werden.

Strukturell folgt das Kapitel den bereits im ersten Kapitel ausgemachten Entwicklungstendenzen. Es beginnt mit der Betrachtung einiger Beispiele aus dem Bereich von Materialisierung (dazu A.) und Hierarchisierung (dazu B.) des Völkerrechts, bevor es im Anschluss versucht, auch Fälle der Privatisierung (dazu C.) und Objektivierung (dazu D.) des Völkerrechts auf die Entstehung der skizzierten völkerrechtlichen Prinzipien zurückzuführen. Das Kapitel schließt mit einer Zusammenfassung der Ergebnisse (dazu E.).

A. Materialisierung

Während sich die Regeln des klassischen Koexistenzvölkerrechts vor allem um den Schutz staatlicher Souveränität bemühten, hat sich der Bestand völkerrechtlicher Schutzgüter im gegenwärtigen Völkerrecht deutlich erweitert.[1] Mit dem völkerrechtlichen Interesse an Humanität, Umweltschutz und *rule of law* bricht die Monopolstellung des Souveränitätsprinzips zunehmend auf und es erhalten Werte Einzug ins Völkerrecht, die nicht nur neben, sondern vielfach auch in Konkurrenz zum Grundsatz staatlicher Souveränität treten. Zumindest teilweise bemühen sich internationale und nationale Gerichte, den derart gewandelten Wertgrundlagen der Völkerrechtsordnung auch bei der Anwendung bestehender Regeln Ausdruck zu verleihen und diese so einer Neuinterpretation zuzuführen, die es erlaubt, sie nicht allein als Souve-

---

[1] Siehe oben S. 26 ff.

ränitätsprotektoren zu verstehen, sondern als Normen zu begreifen, die (auch) dem Schutz gemeinschaftlicher Werte dienen. Derartige Neuinterpretationen, so versucht der folgende Abschnitt zu zeigen, gewinnen gerade im Lichte der skizzierten völkerrechtlichen Wertordnungsprinzipien an Plausibilität. Sie lassen sich als prinzipienbasierte Auslegungen bestehender Regeln (dazu I.), prinzipienbasierte Ergänzungen des völkerrechtlichen Regelbestands (dazu II.) oder prinzipiengestützte Rechtsfortbildungen *contra legem* (dazu III.) verstehen und oftmals allenfalls als solche rechtfertigen.

I. Materialisierung *secundum legem*

Entscheidungen, in denen völkerrechtliche Wertordnungsprinzipien ausdrücklich zur Auslegung völkerrechtlicher Regeln herangezogen werden, um diese durch eine entsprechende Neuinterpretation in den Dienst des Schutzes internationaler Gemeinschaftsinteressen stellen zu können, sind nicht allzu häufig. Im Umweltvölkerrecht finden sie sich zwar vereinzelt, doch bleibt der Verweis auf neu entstandene Rechtsprinzipien auch dort meist lediglich ein ergänzendes Argument (dazu 1., 2. und 3.). Dort, wo der Rekurs auf völkerrechtliche Prinzipien indes gänzlich unterbleibt, hätten gerade sie entscheidende Argumente liefern können (dazu 4.).

1. Die Ökologisierung der Notstandsrechtfertigung: Die Gabčíkovo-Nagymaros-Entscheidung des IGH

Eine vorsichtige Materialisierungstendenz zeigt beispielsweise die Gabčíkovo-Nagymaros-Entscheidung[2] des IGH. Das namensgebende Gabčíkovo-Nagymaros-Projekt war ein Bauvorhaben, auf dessen gemeinsame Durchführung sich Ungarn und die ehemalige Tschechoslowakei im Jahr 1977 einigten und in dessen Zentrum die Errichtung zweier Staudämme und eines Wasserkraftwerks an der Donau stand. Im Grenzgebiet zwischen beiden Staaten sollten dadurch die Schiffbarkeit der Donau verbessert und die Strömung des Flusses zur Energieerzeugung genutzt werden. 1989 stellte Ungarn jedoch aufgrund ökologischer Bedenken die Arbeiten an dem bereits recht weit vorangeschrittenen Projekt ein. Die Durchführung des Projektes, so argumentierte

---

[2] IGH, *Gabčíkovo-Nagymaros Project*, ICJ Rep 1997, S. 7.

Ungarn, werde auf ungarischer Seite nicht nur den Spiegel des Grundwassers absinken lassen, sondern langfristig auch dessen Qualität erheblich verschlechtern. Im Oberflächenwasser der Donau werde die Nährstoffmenge übermäßig zunehmen, einige Seitenarme der Donau würden vom Flussbett abgeschnitten, so dass auch die dortige Flora und Fauna nicht überleben könne, die Wasserversorgung der Stadt Budapest werde gefährdet und schließlich bedrohten auch die durch die Stauung bedingten Differenzen im Wasserstand das Leben im Fluss. Angesichts dessen handele es sich um einen „ökologischen Notstand", der den ungarischen Konstruktionsstopp rechtfertige.[3] Dieser Notstand, so ergänzte Ungarn, schütze nicht nur ungarische Umweltgüter, vielmehr gehe „[t]he extent of environmental necessity [...] further and also concerns the protection of the Danube as a natural resource, commonly shared by Hungary and other riparian states".[4] Eben damit aber machte Ungarn Umweltschutzaspekte geltend, die über das Interesse an der territorialen Integrität Ungarns selbst hinausgehen. Der Rechtfertigungsgrund des völkerrechtlichen Notstands erhält in dieser Argumentation eine gemeinschaftliche Dimension, die die Schutzgüter des Notstands entsouveränisiert: Nicht mehr (einzig) das normativ im Grundsatz staatlicher Souveränität verankerte Integritätsinteresse Ungarns, sondern der Schutz der Flussumwelt als gemeinschaftlicher Belang aller Anrainerstaaten bildet das Schutzgut der Notstandsrechtfertigung.

Ob Ungarn mit diesem Notstandsargument durchdringe, sei, so erklärte der IGH, im Lichte des Art. 33 der (damaligen) ILC Draft Articles on the International Responsibility of States zu beantworten. In den Augen der Haager Richter verkörperte dieser nicht nur Völkergewohnheitsrecht,[5] vielmehr wurde er auch von den Streitparteien als verbindlich anerkannt.[6] Diese Anerkennung durch die Streitparteien ermöglichte es dem Gerichtshof, die Vorschrift – anders als für Gewohnheitsrecht typisch – als eine auch in ihrem Wortlaut verbindliche Norm zu behandeln und sie, ähnlich einem völkerrechtlichen Vertrag, im Wege der (Wortlaut-)Auslegung zu konkretisieren.[7] Doch gerade vor dem

---

[3] Ebd., S. 35 f.

[4] IGH, *Gabčíkovo-Nagymaros Project*, Memorial Hungary, 2. Mai 1994, Bd. I, S. 289 Rdn. 10.25.

[5] IGH, *Gabčíkovo-Nagymaros Project*, ICJ Rep 1997, S. 7 (41).

[6] Ebd., S. 38.

[7] Siehe insbesondere die Wortlautargumente, die der IGH zu den Begriffen „peril" und „imminence" anstellt (ebd., S. 42). Diese Handhabung durch den

Hintergrund des Wortlauts des Art. 33 musste das Argument Ungarns, der ökologische Notstand betreffe auch das gemeinschaftliche Umweltschutzinteresse der Anrainerstaaten, erstaunen. Denn auf Notstand, so sah Art. 33 vor, könne sich ein Staat zur Rechtfertigung eines völkerrechtswidrigen Verhaltens nur dann berufen, wenn „the act was the only means of safeguarding an essential interest of the State against a grave and imminent peril". Mit der Formulierung „interest of the State" lässt die Vorschrift nicht nur keinen Zweifel daran, dass nur die Bedrohung eines (einzel-)staatlichen Interesses die Notstandsrechtfertigung auszulösen vermag, auch gibt sie mit dem bestimmten Artikel „the" zugleich zu erkennen, dass nur den Interessen eben desjenigen Staates Bedeutung zukommt, der die Notstandssituation geltend macht. Für die Berücksichtigung von Gemeinschaftsinteressen lässt die Formulierung folglich keinen Raum. Und doch greift auch der IGH das Argument Ungarns zumindest ergänzend auf. Er habe, so formuliert der Gerichtshof einleitend, „no difficulty in acknowledging that the concerns expressed by Hungary for its natural environment in the region affected by the Gabčíkovo-Nagymaros Project related to an ‚essential interest' of that State, within the meaning given to that expression in Article 33 of the Draft of the International Law Commission".[8] Die Möglichkeit eines „ökologischen Notstands" erkannte der IGH damit grundsätzlich an. Zur Begründung stützte er sich zunächst auf die Erläuterungen, die die ILC selbst den Entwurfsartikeln beigefügt hatte. Diese wiesen, nebst zahlreichen anderen Beispielen, auch die Erhaltung der staatlichen Umwelt als „essential interest of the state" aus und sahen eine entsprechende Qualifikation auch in der jüngeren Staatenpraxis verankert. Doch obwohl dieser Verweis auf die Staatenpraxis als Begründung völlig ausreichend gewesen wäre, beließ es der Gerichthof nicht dabei. Stattdessen hebt er ergänzend und in deutlicher Anlehnung an das Argument Ungarns die große Bedeutung hervor, „that it [i.e. the Court] attaches to respect for the environment, not only for States but also for the whole of mankind"[9], um unmittelbar anschließend mit einer Passage des Nuklearwaffengutachtens daran zu erinnern, dass

> „the environment is not an abstraction but represents the living space, the quality of life and the very health of human beings, in-

---

IGH rechtfertigt es auch, die Entscheidung trotz der obigen Bedenken gegen eine Auslegung von Gewohnheitsrecht (siehe S. 564 ff.) als Fall der prinzipiengestützten Auslegung zu diskutieren.

[8] IGH, *Gabčíkovo-Nagymaros Project*, ICJ Rep 1997, S. 7 (41).

[9] Ebd.

> cluding generations unborn. The existence of the general obligation of States to ensure that activities within their jurisdiction and control respect the environment of other States or of areas beyond national control is now part of the corpus of international law relating to the environment".[10]

Stärker und deutlicher noch als das Argument Ungarns löst der Gerichtshof den Umweltschutz mit diesen Verweisen auf die gesamte Menschheit und deren Lebensqualität und Gesundheit vom Schutz staatlicher Souveränität ab. Lediglich ergänzend verankert er ihn in staatlichen Integritätsinteressen, erstreckt ihn darüber hinaus aber gerade auch auf Räume, die sich jenseits einer jeden staatlichen Hoheitssphäre befinden. Den Schutz der Umwelt konzipiert der IGH so eindeutig (auch) als internationales Gemeinschaftsinteresse. Indem er sich zur Begründung seiner einleitend formulierten These, auch die (staatliche) Ökologie sei ein Interesse, das Art. 33 zu berücksichtigen erlaube, auf die Pflicht beruft, die gesamte Umwelt außerhalb des eigenen Staatsgebiets zu schützen, bemüht er in der Sache zudem einen Aspekt des oben skizzierten Umweltprinzips.[11] Dass die Interpretation des Umweltschutzes als Gemeinschaftsinteresse und die Berufung auf das in seinem Kern ebenfalls keinesfalls staatszentrierte Umweltprinzip mit der Beschränkung des Art. 33 auf „an essential interest of the State" zumindest auf den ersten Blick in gewisser Spannung steht, lässt der Gerichtshof dabei unerwähnt. Im konkreten Fall allerdings bedurfte diese Wertungsdifferenz schon deshalb keiner Entscheidung, weil Ungarn vorrangig Beeinträchtigungen von Umweltgütern geltend machte, die ungarischer Gebietshoheit unterstanden und die insofern dem Schutz durch Souveränitäts- und Umweltprinzip gleichermaßen unterstehen. Denn das vom Gerichtshof angeführte Umweltprinzip bezieht sich nicht lediglich auf Umweltgüter jenseits staatlicher Kontrolle, sondern verpflichtet gerade auch zum Schutz der natürlichen Umwelt innerhalb staatlicher Territorien.[12] Eben deshalb bildete das Umweltprinzip einen gewichtigen normativen Grund dafür, auch die staatliche Umwelt als „essential interest of the state" im Sinne des Art. 33 der ILC-Entwurfsartikel zu qualifizieren. Denn wenngleich es den Schutz natürlicher Umweltgüter als Gemeinschaftsinteresse versteht und gebie-

---

[10] Ebd.

[11] Siehe oben S. 450 ff.

[12] Ausführlich bereits oben S. 458 ff., 473 ff. Wie dort erläutert, erfasst dies sowohl das eigene Territorium als auch dasjenige anderer Staaten.

tet, so wird seinem normativen Auftrag auch dann zur Wirksamkeit verholfen, wenn das Schutzgut von Vorschriften, die sich der Erhaltung staatlicher Interessen annehmen, in seinem Lichte weit ausgelegt werden. Auch auf dem Umweg einer weiten Interpretation staatlicher Interessen lässt sich, so zeigt die Argumentation des IGH, gemeinschaftlichen Interessen zur Durchsetzung verhelfen. Das Umweltprinzip sicherte so als ein im Sinne des Art. 31 Abs. 3 lit. c WVK in den Beziehungen zwischen den Parteien anwendbarer Völkerrechtssatz das Ergebnis ab, das sich bereits aufgrund der von der ILC erhobenen Staatenpraxis ergab: Auch die Umwelt stellt ein „essential interest of the State" dar, dessen Schutz unter Umständen einen Völkerrechtsbruch zu rechtfertigen vermag. Am Ergebnis änderte die Berufung auf das Umweltprinzip in der Gabčíkovo-Nagymaros-Entscheidung freilich nichts. Materialisierungstendenzen lässt sie dennoch erkennen. Denn mit dem Verweis auf eine Umweltschutzpflicht, die ihren normativen Grund nicht mehr in der Staatensouveränität findet, ändert sich auch die Begründung dafür, die Umwelt als staatliches Interesse im Sinne der Notstandsvorschrift zu schützen. Als ein solches staatliches Interesse verdient sie paradoxerweise (auch) eben deshalb Schutz, weil ihre Erhaltung ein internationales Gemeinschaftsinteresse darstellt. Dass dies letztlich die Beschränkung auf staatliche Interessen insgesamt in Frage stellt, hat auch die Völkerrechtskommission erkannt und die Beschränkung auf „an essential interest of the state" denn auch im Juli 1999 aufgegeben und lediglich die Formulierung „an essential interest" in die endgültige Fassung der Notstandsregelung übernommen.[13]

2. Die Ökologisierung der „optimum and rational utilization": Die Pulp Mills-Entscheidung des IGH

Ähnliche Tendenzen einer auslegungsbedingten Materialisierung lässt auch die Entscheidung des IGH im Pulp Mills-Verfahren[14] zwischen Argentinien und Uruguay erkennen. Das Verfahren betraf zwei Zellstofffabriken auf uruguayischer Seite des Grenzflusses zu Argentinien. Während sich eine der beiden Fabriken zum Zeitpunkt des Verfahrens noch in Planung befand, war die andere trotz wiederholter Proteste Argentiniens von Uruguay bereits genehmigt und errichtet worden. Ar-

---

[13] ILC, Summary Record of the 2605th meeting, YBILC 1999, Bd. I, S. 274 (276, 283).

[14] IGH, *Pulp Mills*, ICJ Rep 2010, S. 14.

gentinien sah durch deren Betrieb die Umwelt des Flusses in Gefahr und monierte, Uruguay habe, indem es den Bau der Fabrik genehmigt habe, seine Verpflichtungen aus dem Fluss-Statut[15] verletzt, in dem sich die beiden Parteien auf Regeln für die gemeinsame Nutzung des Flusses geeinigt hatten. Insbesondere mit Art. 1 des Statuts[16] seien Genehmigung und Betrieb der Fabrik nicht vereinbar, verpflichte dieser Uruguay doch dazu, zu einer „optimum and rational utilization" des Flusses beizutragen. Uruguay hingegen sah dies anders und berief sich auf Art. 27 des Statuts,[17] der den Parteien das Recht zuspreche, das Wasser des Flusses in Gebieten, die ihrer Territorialhoheit unterliegen, unter anderem für industrielle Zwecke zu nutzen.

Über den Umfang eben dieses Nutzungsrechts, so stellte der Gerichtshof einleitend fest, seien die Parteien uneinig.[18] Ob Genehmigung und Betrieb der Zellstofffabriken von diesem umfasst seien oder ob Uruguay damit gegen Pflichten aus dem Statut verstoßen habe, könne indes – anders als Argentinien vorgetragen habe – nicht unmittelbar an Art. 1 des Statuts gemessen werden, sondern sei allein unter Rückgriff auf die im Fluss-Statut enthaltenen materiellen Verpflichtungen, insbesondere Art. 27, 36 und 41, zu beantworten. Art. 1 hingegen, dessen Verletzung Argentinien geltend machte, definiere lediglich den Vertragszweck und statuiere selbst keine Rechte oder Pflichten der Parteien.[19] Das in ihm niedergelegte Ziel einer „optimum and rational utilization" des Flusses müsse daher durch die Einhaltung der im Fluss-Statut enthaltenen Umweltschutz- und Kooperationsverpflichtungen verwirklicht wer-

---

[15] *Statute of the River Uruguay* v. 26. Februar 1975, UNTS Bd. 1295, I-21425.

[16] Art. 1 des Statuts lautet: „The Parties agree on this Statute, in implementation of the provisions of article 7 of the Treaty concerning the Boundary Constituted by the River Uruguay, of 7 April 1961, in order to establish the joint machinery necessary for the optimum and rational utilization of the River Uruguay, in strict observance of the rights and obligations arising from treaties and other international agreements in force for each of the Parties."

[17] Art. 27 des Statuts lautet: „The right of each Party to use the waters of the river, within its jurisdiction, for domestic, sanitary, industrial and agricultural purposes shall be exercised without prejudice to the application of the procedure laid down in articles 7 to 12 when the use is liable to affect the régime of the river or the quality of its waters."

[18] IGH, *Pulp Mills*, ICJ Rep 2010, S. 14 (73).

[19] Ebd., S. 73 f.

den.[20] Als Vertragszielbestimmung beeinflusse Art. 1 aber die (teleologische) Auslegung der im Fluss-Statut vorgesehenen Rechte und Pflichten der Parteien.[21] Das argentinische Argument, das Verhalten Uruguays verletze bereits deshalb geltendes Völkerrecht, weil es mit Art. 1 des Fluss-Statuts unvereinbar sei, weist der Gerichtshof damit zunächst klar zurück. Doch ebnet er mit den vorbereitenden Überlegungen zur Bedeutung des Vertragszwecks für die Auslegung zugleich den Weg für eine Lesart des Art. 27, die es erlaubt, den ökologischen Bedenken Argentiniens im Rahmen der inhaltlichen Konkretisierung des dort statuierten Nutzungsrechts der Parteien Rechnung zu tragen. Denn „the attainment of optimum and rational utilization“, so führt der Gerichtshof in der Folge aus, „requires a balance between the Parties' rights and needs to use the river for economic and commercial activities on the one hand, and the obligation to protect it from any damage to the environment that may be caused by such activities, on the other.“[22] Für den Umfang des Nutzungsrechts aus Art. 27 bleibt das nicht ohne Folgen, denn auch für eine Nutzung des Flusses gelte, dass

> „such utilization could not be considered to be equitable and reasonable if the interests of the other riparian State in the shared resource and the environmental protection of the latter were not taken into account.“[23]

Wenngleich der Gerichtshof die Konsequenzen dieses Arguments nicht explizit ausspricht, so geben die zitierten Passagen doch eindeutig zu erkennen, dass der IGH entschlossen ist, auch den Umfang des Nutzungsrechts im Lichte des Vertragszwecks, konkret: der „optimum and rational utilization“, zu bestimmen und gegebenenfalls zu beschränken. Der Vertragszweck verwandelt das von Art. 27 zunächst nicht weiter qualifizierte Recht, das Wasser des Flusses zu nutzen, in ein Recht auf „optimum and rational utilization“ – einem Nutzungsrecht also, das gegebenenfalls vor konkurrierenden Interessen weichen muss. Denn wie weit das Nutzungsrecht im konkreten Fall reicht, hängt in der Interpretation des IGH von einer Abwägung ab, die neben wirtschaftlichen Nutzungsinteressen der Anrainerstaaten auch Umwelterwägungen nicht außen vor lassen darf. Mittels einer teleologischen Interpretation des in Art. 27 des Statuts enthaltenen Nutzungsrechts gelingt es dem

---

20 Ebd., S. 73.

21 Ebd.

22 Ebd., S. 74.

23 Ebd., S. 75.

Gerichtshof so, den ökologischen Bedenken Argentiniens über den Umweg des „optimum and rational utilization"-Standards Rechnung zu tragen, obwohl Art. 1 des Statuts in der Auslegung des IGH gerade keine eigenständigen Handlungsverpflichtungen enthält.

Dass sich diese Auslegung des Art. 27 tatsächlich als Materialisierungstendenz verstehen lässt, zeigt erst ein Blick auf die Begründung, die der Gerichtshof für die Umweltpflichtigkeit des Nutzungsrechts gibt. Denn vor dem Hintergrund der Überlegung, dass sich die Pflicht, Flussnutzungen zu vermeiden, die sich als für die Umwelt eines anderen Anrainerstaats schädlich erweisen, auch aus dem Souveränitätsprinzip des betroffenen Staates ableiten ließe, hätte gerade auch eine souveränitätsorientierte Interpretation des „optimum and rational utilization"-Standards zu ähnlichen Ergebnissen führen können. Der Gerichtshof indes führt seine These, die optimale und vernünftige Nutzung des Flusses erfordere unter anderem die Berücksichtigung von Umweltschutzaspekten, auf zwei unterschiedliche Argumente zurück, die letztlich beide auf den Grundsatz nachhaltiger Entwicklung verweisen. So stützt er seine Interpretation des Vertragszwecks erstens darauf, dass das Erfordernis des Ausgleichs von Entwicklungs- und Umweltschutzaspekten in einigen der Vorschriften des Statuts zum Ausdruck komme[24] und – so muss man den IGH wohl verstehen – folglich auch das Ziel des Vertrages im Gesamten kennzeichne. Die Bedeutung des „optimum and rational utilization"-Standards scheint er so induktiv aus den ihn ausgestaltenden Vorschriften zu gewinnen. Dazu passt es, wenn der Gerichtshof im Hinblick auf Art. 27 ausführt, dessen Formulierung

> „reflects not only the need to reconcile the varied interests of riparian States in a transboundary context and in particular in the use of a shared natural resource, but also the need to strike a balance between the use of the waters and the protection of the river consistent with the objective of sustainable development".[25]

Während der Nachhaltigkeitsgrundsatz in diesem ersten Begründungsansatz lediglich deshalb zur Konkretisierung des Vertragszwecks taugt, weil er sich in konkreten Vorschriften des Vertrages widerspiegelt, verzichtet das zweite Argument, das der Gerichtshof zur Auslegung des „optimum and rational utilization"-Standards anführt, auf eben diesen Umweg. Unter Berufung auf eine frühere Entscheidung[26] und unmit-

---

24 Ebd., S. 74.

25 Ebd.

26 IGH, *Pulp Mills*, Provisional Measures, ICJ Rep 2006, S. 113.

telbarer auf den Grundsatz nachhaltiger Entwicklung Bezug nehmend, stellt der Gerichtshof an anderer Stelle des Urteils denn auch lakonisch fest, die „optimum and rational utilization of the River Uruguay", die sich das Statut zum Zweck setze, „should allow for sustainable development which takes account of ‚the need to safeguard the continued conservation of the river environment and the rights of economic development of the riparian States'".[27]

In der Sache führt der Gerichtshof seine Interpretation des Vertragszwecks so in beiden Begründungsalternativen auf den Grundsatz nachhaltiger Entwicklung zurück, der seinerseits als systematisches Auslegungsargument die Integration ökologischer Erwägungen in den „optimum and rational utilization"-Standard rechtfertigt.

Dass damit zumindest in der Begründung eine merkliche Materialisierung des Vertragszwecks einhergeht, zeigt die soeben bereits zitierte Passage.[28] Sie stellt dem Grundsatz nachhaltiger Entwicklung und dem Schutz des Flusses die „varied interests of riparian States *in a transboundary context* and in particular in the use of a shared natural resource"[29] gegenüber und verlangt, nicht nur die staatlichen Interessen einem Ausgleich zuzuführen, sondern auch Entwicklungs- und Umweltschutzbelange in ein angemessenes Verhältnis zu setzen. Mit eben dieser Gegenüberstellung jedoch macht der Gerichtshof deutlich, dass sich die bemühten Umweltschutzaspekte gerade nicht auf die erstgenannten einzelstaatlichen Interessen der Anrainerstaaten reduzieren lassen. Anders als noch die koexistenzvölkerrechtlichen Regeln des grenzüberschreitenden Umweltschutzes beruht die im Grundsatz nachhaltiger Entwicklung angelegte Umweltschutzpflicht folglich auch nicht auf den Integritätsschutzaspekten des Souveränitätsgrundsatzes. Vielmehr folgt sie offenbar auch in der Lesart des IGH aus einem Prinzip, das den Schutz von Umweltgütern unabhängig von einzelstaatlichen Schutzinteressen und der Zugehörigkeit zu einer fremden staatlichen Hoheitssphäre gebietet. Die oben[30] vertretene These, dass gerade das im

---

[27] IGH, *Pulp Mills*, ICJ Rep 2010, S. 14 (48).

[28] Siehe ebd., S. 75: „[S]uch utilization could not be considered to be equitable and reasonable if the interests of the other riparian State in the shared resource and the environmental protection of the latter were not taken into account."

[29] Ebd. (eigene Hervorhebung).

[30] Siehe S. 478 ff.

dritten Kapitel skizzierte Umweltprinzip[31] die im Grundsatz nachhaltiger Entwicklung enthaltenen Umweltbelange verkörpert, findet sich hier bestätigt. Für die obige Argumentation bedeutet das: Beruft sich der Gerichtshof auf den Grundsatz nachhaltiger Entwicklung, um an die Pflicht zur Berücksichtigung ökologischer Aspekte zu erinnern, so verweist er damit letztlich auf das völkerrechtliche Umweltprinzip. Und so ist es auch das Umweltprinzip, das die Begründung dafür erbringt, die „optimum and rational utilization", die Art. 1 des Statuts zum Vertragszweck erhebt, als eine Nutzung zu verstehen, die auch dem Schutz der Umwelt hinreichendes Gewicht zumisst.

Die vom IGH vorgeschlagene Interpretation von Art. 27 des Fluss-Statuts erscheint so schließlich als eine prinzipiengestützt-teleologische Auslegung.[32] Während es formal betrachtet zwar der in Art. 1 normierte Vertragszweck ist, der die Umweltpflichtigkeit des in Art. 27 statuierten Nutzungsrechts plausibel erscheinen lässt, so spricht dieser doch erst im Lichte einer (systematischen) Auslegung vor dem Hintergrund des völkerrechtlichen Prinzipienbestands, hier: des Umweltprinzips, für die Integration ökologischer Aspekte. Mit dem Verweis auf den Grundsatz nachhaltiger Entwicklung ist diese Begründung auch in der Argumentation des Gerichtshofs angelegt.

3. Die Ökologisierung des Transitrechts: Der Iron Rhine-Schiedsspruch

Ähnlich wie der IGH im Pulp Mills-Verfahren bemühten auch die Richter im Iron Rhine-Schiedsverfahren[33] zwischen Belgien und den Niederlanden den Grundsatz nachhaltiger Entwicklung, um Umweltbelange im Wege der Vertragsauslegung berücksichtigen und ihnen so zur Durchsetzung verhelfen zu können. Anders als im Fluss-Statut des Rio Uruguay hatten ökologische Aspekte im Londoner Abkommen von 1839, über dessen Auslegung Belgien und die Niederlande im Iron Rhine-Verfahren stritten, indes keinen Niederschlag gefunden. Und so liefert die Entscheidung des Schiedsgerichts ein anschauliches Beispiel dafür, dass und wie Gerichte sich unter Berufung auf Prinzipien des gegenwärtigen Völkerrechts um eine auslegungsbasierte Materialisierung

---

[31] Ausführlich S. 450 ff.

[32] Ausführlich zu dieser Möglichkeit, Prinzipien im Wege der teleologischen Auslegung zu berücksichtigen S. 526 ff.

[33] *Arbitration Regarding the Iron Rhine Railway*, RIAA XXVII, S. 35.

entstehungszeitlich älterer vertraglicher Regeln bemühen, um diese so mit den aktuellen Wertungen des Völkerrechts zu harmonisieren.

a) Sachverhalt und Entscheidung des Schiedsgerichts

Anlass des Streits war das Verlangen Belgiens, eine für lange Zeit ungenutzte Bahnstrecke auf niederländischem Territorium zu reaktivieren, zu modernisieren und an den Stand der technischen Möglichkeiten anzupassen. Denn nachdem mit dem Londoner Teilungsvertrag die Abspaltung Belgiens vom Königreich Niederlande rechtlich besiegelt wurde, führte der direkte Weg vom Hafen in Antwerpen ins deutsche Ruhrgebiet durch die niederländischen Provinzen Nordbrabant und Limburg. Insbesondere Art. XII des Vertrags von London räumte Belgien daher ein Transitrecht für die wirtschaftlichen Kontakte ins Ruhrgebiet ein und sah vor, dass

> „[i]n the case that in Belgium a new road would have been built or a new canal dug, which would lead to the Maas facing the Dutch canton of Sittard, then Belgium would be at liberty to ask Holland, which in that hypothesis would not refuse it, that the said road, or the said canal be extended in accordance with the same plan, entirely at the cost and expense of Belgium, through the canton of Sittard, up to the borders of Germany.“ [34]

Wie von den Parteien nachträglich vereinbart, sollte Art. XII neben Straßen und Kanälen auch Bahnstrecken erfassen. Und so wurde bereits im Jahr 1879 eine Bahnverbindung fertiggestellt, die – dem Art. XII des Teilungsvertrages entsprechend – von Antwerpen durch die Niederlande ins Ruhrgebiet führte. 1991 jedoch stellte Belgien die Nutzung der Strecke ein. Erst sieben Jahre später bekundete Belgien ernsthaftes Interesse daran, die Nutzung wieder aufzunehmen, und forderte von den Niederlanden die Anpassung und Modernisierung der Strecke. Dass der Vertrag ein Recht Belgiens verbürgte, eine entsprechende Modernisie-

---

[34] Art. XII fährt wie folgt fort: „This road or canal, which could be used only for commercial communication, would be constructed, at the choice of Holland, either by engineers and workers whom Belgium would obtain authorization to employ for this purpose in the canton of Sittard, or by engineers and workers whom Holland would supply, and who would execute the agreed works at the expense of Belgium, all without any burden to Holland, and without prejudice to the exclusive rights of sovereignty over the territory which would be crossed by the road or canal in question.“ Übersetzung entnommen aus *Arbitration Regarding the Iron Rhine Railway*, RIAA XXVII, S. 35 (58).

rung der Bahnstrecke auch im Gebiet der Niederlande zu verlangen, stellten die Niederlande nicht in Zweifel. Die Niederlande hatten in der Zwischenzeit allerdings Umweltbestimmungen erlassen, denen ihrer Auffassung nach auch der geforderte Ausbau der Strecke genügen und für deren Umsetzung allein Belgien die Kosten tragen müsse. Sie argumentierten, das Ausbauprojekt sei als „new road" im Sinne des Art. XII zu qualifizieren, so dass dieser auch hinsichtlich der Kostenpflicht Belgiens Anwendung finden könne.[35]

Im Ergebnis zumindest fand dieses Argument die Zustimmung der zur Entscheidung berufenen Richter. Zwar stelle die Modernisierung der bestehenden Strecke keine „new road" im Sinne des Art. XII des Teilungsvertrages dar,[36] doch legten eine evolutive Interpretation des Vertrages[37] sowie Erwägungen der Teleologie[38] und der größtmöglichen Wirksamkeit des Vertrages[39] den Schluss nahe, dass Art. XII auch auf die von Belgien geforderte Anpassung und Modernisierung anwendbar bleibe. Weil vorliegend jedoch nicht – wie es der Wortlaut der Vorschrift eigentlich vorsehe – die Konstruktion einer neuen Route in Frage stehe, sei es, so ergänzten die Richter, hinsichtlich der Kostenverteilung allerdings erforderlich, die „provisions of international law as they apply today" in Art. XII hineinzulesen.[40] Paragraph 59 des Schiedsspruchs, auf den die Richter in diesem Zusammenhang ausdrücklich verwiesen, erinnert indes einzig an den Grundsatz nachhaltiger Entwicklung und nähert ihn inhaltlich der oben als Umweltprinzip bezeichneten Pflicht an, die Umwelt (auch im Rahmen wirtschaftlicher Entwicklungsvorhaben) vor Schädigungen zu bewahren. Die Vorschriften, die es bei der Auslegung des Art. XII zu berücksichtigen gelte, umschreibt das Tribunal dort wie folgt:

> „Today, both international and EC law require the integration of appropriate environmental measures in the design and implementation of economic development activities. [...] Environmental law and the law on development stand not as alternatives but as mutually reinforcing, integral concepts, which require that where development

---

35 Siehe etwa ebd., S. 68.

36 Ebd, S. 74 f., 116.

37 Ebd., S. 73 f.

38 Ebd., S. 74.

39 Ebd., S. 74 f.

40 Ebd., S. 75.

> may cause significant harm to the environment there is a duty to prevent, or at least mitigate, such harm […]. This duty, in the opinion of the Tribunal, has now become a principle of general international law. […] The Tribunal would recall the observation of the International Court of Justice in the Gabčíkovo-Nagymaros case that ‚[t]his need to reconcile economic development with protection of the environment is aptly expressed in the concept of sustainable development'."[41]

Die Kostenverteilung, die die Richter vor diesem Hintergrund als „flowing from Art. XII of the 1839 Treaty of Separation, taking into account the applicable provisions of international law"[42] erachteten, ist eine differenzierte. Belgien habe, so argumentierte das Gericht, jedenfalls im Grundsatz die gesamten Kosten zu tragen, die für die Modernisierung der Bahnstrecke anfielen, und auch die Mehrausgaben, die durch Umweltschutzvorkehrungen erforderlich würden, fielen allein Belgien zur Last. Die Niederlande hingegen seien (wie sie selbst auch anerkannten) lediglich verpflichtet, den Zustand der Strecke, wie er im Jahr 1991 – als die Nutzung eingestellt wurde – bestanden habe, auf eigene Kosten wiederherzustellen.[43] An den übrigen Ausgaben müssten sie sich lediglich dann und nur insoweit beteiligen, als diese auch unabhängig vom Modernisierungsverlangen Belgiens unumgänglich gewesen wären.[44]

b) Kritik

Die Argumentation, mit der die Richter zu diesen Schlüssen gelangten, weist mit der von ihnen selbst angekündigten Auslegung des Art. XII im Lichte des Nachhaltigkeitsgrundsatzes nur wenige Ähnlichkeiten auf. In der Entscheidungsbegründung tritt an die Stelle einer methodengetreuen Anwendung der vertraglichen Vorschriften vielmehr eine offene Interessenabwägung, die sich zwar bemüht, den von den Parteien in Art. XII gefundenen Interessenausgleich zu berücksichtigen und im Lichte des Grundsatzes nachhaltiger Entwicklung anzupassen, von

---

[41] Ebd., S. 66 f.

[42] Ebd., S. 120.

[43] Ebd., S. 72.

[44] Das blendet die Sondersituation hinsichtlich der Kosten des Meinweg-Tunnels aus; zu Recht sehr kritisch zu dieser Passage der Entscheidung *C. Djeffal*, ZaöRV 71 (2011), S. 569 (578 f.).

der aber letztlich unklar bleibt, inwiefern sie sich noch als Konkretisierung der von den Parteien konsentierten Vertragsvorschriften verstehen lässt. Ganz in diesem Sinne ergänzt das Gericht schon die Ankündigung, zur Bestimmung der Kostenverteilung die Vorschriften des gegenwärtigen Völkerrechts in Art. XII hineinzulesen, im unmittelbaren Anschluss mit dem Hinweis, die Kosten seien mit Rücksicht auf „the concept of reasonableness in the light of all the circumstances and [with regard] to the fairness and balance embodied in Article XII" zu verteilen.[45] Ähnlich erklärt es an späterer Stelle, die finanziellen Verpflichtungen der Parteien müssten sorgsam abgewogen werden, und ergänzt: „Such balancing requires a variety of factors to be taken into account".[46] Von Art. XII jedoch hat es sich dort lange entfernt.

Selbst wenn man dem Gericht insoweit folgt, bleibt letztlich im Dunkeln, inwiefern der Grundsatz nachhaltiger Entwicklung im Rahmen der von den Richtern angestellten Abwägung für oder gegen eine bestimmte Verteilung der Modernisierungskosten zu streiten vermag. Denn erblickt man mit den Ausführungen des Gerichts den Kern des Nachhaltigkeitsgrundsatzes in der Pflicht, schädigende Einwirkungen auf die Umwelt bei der Durchführung wirtschaftlicher Entwicklungsprojekte nach Möglichkeit zu vermeiden oder abzumildern,[47] so wird deutlich, dass aus der Perspektive des Nachhaltigkeitsgrundsatzes in erster Linie von Bedeutung ist, ob überhaupt Maßnahmen zum Schutz vor Umweltbeeinträchtigungen getroffen werden, nicht jedoch, wer in finanzieller Hinsicht für diese aufkommt. Der vom Gericht auf das Umweltprinzip reduzierte Nachhaltigkeitsgrundsatz lieferte folglich auch im Rahmen der Auslegung des Teilungsvertrags allen voran ein Argument dafür, das Transitrecht Belgiens zu Gunsten des Umweltschutzes zu beschränken. Die Entscheidung des Gerichts, das Umweltprinzip erst – oder besser: vorrangig – auf Kostenebene zu berücksichtigen, überzeugt daher nicht.

Bei genauer Lektüre lassen die Richter denn auch gleich an mehreren Stellen erkennen, dass sie Nachhaltigkeitsgrundsatz und Umweltprinzip auch jenseits der Kostenverteilung Bedeutung zumessen. Unter ausdrücklichem Verweis auf die Entscheidungspassage, die die Bedeutung des Nachhaltigkeitsgrundsatzes für die Auslegung des Teilungs-

---

45 *Arbitration Regarding the Iron Rhine Railway*, RIAA XXVII, S. 35 (75); ähnlich auch ebd., S. 124.

46 Ebd., S. 115.

47 Ebd., S. 66.

vertrages hervorhebt, führt das Gericht in diesem Sinne etwa aus: „[A] major adaptation and modernisation of an existing railway must today include necessary environmental protection measures as an integral component of such a project."[48] Der Nachhaltigkeitsgrundsatz beeinflusst so nicht allein die Kostenverteilung, sondern hat auch für die konkrete Ausgestaltung der geplanten Modernisierung Konsequenzen. Die Pflicht, bei der Durchführung der Modernisierungsmaßnahmen Vorkehrungen zum Schutz der Umwelt zu treffen, weist das Gericht jedoch offenbar allein den Niederlanden zu, wenn es wiederum im Hinblick auf die Grundsätze des Umweltvölkerrechts feststellt: „The exercise of Belgium's right of transit [...] thus may well necessitate measures *by the Netherlands* to protect the environment."[49] Insbesondere vor dem Hintergrund der unmittelbar vorangehenden Passagen, in denen die Richter das Verbot von Beeinträchtigungen der extra-territorialen Umwelt zitieren,[50] muss diese einseitige Zuweisung an die Niederlande erstaunen, war es vorliegend doch gerade Belgien, dessen Verhalten auf die Umwelt jenseits der eigenen Staatsgrenzen einwirkte. Die Annahme, entsprechende Umweltschutzmaßnahmen fielen in den Verantwortungsbereich der Niederlande, erzeugt so eine argumentative Schieflage, die in der Lösung des Gerichts erst auf Kostenebene wieder aufgefangen wird, versteht das Gericht dort doch zumindest die belgische Pflicht, für deren Kosten aufzukommen als „integral to the exercise of its [i.e. Belgium's] right to transit".[51] Die Ausübung des Transitrechts durch Belgien scheint nach Ansicht des Gerichts folglich eine Umweltschutzpflicht der Niederlande auszulösen, für deren Erfüllung aber dann doch Belgien die Kosten zu tragen hat. Interessanterweise liegt in der Begründung des Gerichts – zumindest in der Sache – beidem das skizzierte Umweltprinzip zugrunde. Denn das Gericht führt dieses nicht nur an, um einerseits die Pflicht der Niederlande zu begründen, die Modernisierung der Bahnstrecke mit Umweltschutzvorkehrungen zu verbinden, sondern bemüht es, wie oben gesehen, andererseits zugleich, um die Kosten hierfür Belgien zuzuweisen.

---

[48] Ebd., S. 115.

[49] Ebd., S. 116 (eigene Hervorhebung).

[50] Ebd.

[51] Ebd., S. 117.

c) Rekonstruktion im Prinzipienmodell

Wenngleich der Versuch des Gerichts, den Schutz der Umwelt im Wege einer prinzipienbasierten Auslegung in den Teilungsvertrag zu integrieren, folglich nicht vorbehaltlos überzeugt, stellt dies das Potential, das das Umweltprinzip für die Materialisierung von Vertragsnormen besitzt, die sich vorrangig um einen Souveränitätsausgleich bemühen, nicht grundsätzlich in Frage. Ja, erkennt man, dass das Umweltprinzip allen voran die Bewahrung der natürlichen Umwelt gebietet und für die Frage der Kostentragungspflichten bestenfalls beiläufige Implikationen enthält, so lässt sich auch die Iron Rhine-Entscheidung auf Grundlage einer Auslegung des Teilungsvertrags gem. Art. 31 Abs. 3 lit. c WVK im Lichte des Umweltprinzips erklären. Ansätze hierfür enthält bereits die Entscheidung selbst. Denn auch die Richter führten die Pflicht, die Maßnahmen zur Modernisierung der Bahnstrecke um Umweltschutzvorkehrungen zu ergänzen, auf umweltvölkerrechtliche Grundsätze zurück, die dem oben skizzierten Umweltprinzip entsprechen. Implizit erkannten sie damit bereits an, dass das Umweltprinzip gerade auch diejenigen vertraglichen Rechte und Pflichten beeinflusst, die unmittelbar die Konstruktion der Strecke und nicht lediglich deren finanziellen Folgen betreffen. Nicht die in Art. XII geregelte Kostentragungspflicht, sondern vor allem das dort statuierte Recht Belgiens, die Verlängerung und Modernisierung der Bahnstrecke auf niederländischem Territorium zu verlangen und auf dieser zu wirtschaftlichen Zwecken die Niederlande zu durchfahren, galt es daher im Lichte des Umweltprinzips auszulegen. Das seinem Wortlaut nach nicht weiter qualifizierte Wegerecht Belgiens hätte sich so leicht auf einen Anspruch auf umweltverträglichen Transit beschränken lassen; und auch das Recht, von den Niederlanden die Modernisierung der niederländischen Strecke zu verlangen, ließe sich im Lichte des Umweltprinzips auf das Recht reduzieren, einen Streckenausbau zu verlangen, der seinerseits die Umwelt nicht unverhältnismäßig beeinträchtigt und für dessen spätere Nutzung Entsprechendes gilt.[52] Die Interpretation des Art. XII im Lichte des Umweltprinzips bot so durchaus die Möglichkeit, den Umweltbelangen der Niederlande hinreichend Rechnung zu tragen. Die Kostenfrage, im Üb-

---

[52] Dem ließe sich allenfalls entgegenhalten, dass Art. XII vorsieht, die Strecke müsse „according to the same plan" verlängert werden, was eine entsprechende Auslegung jedenfalls dann ausschließe, wenn der Plan entsprechende Umweltschutzvorkehrungen nicht vorsehe. Das übersieht indes, dass der Planbegriff hier, wie auch das Gericht erkennt, eng auszulegen ist; siehe *Arbitration Regarding the Iron Rhine Railway*, RIAA XXVII, S. 35 (69 f.).

rigen, wäre mit einer solchen restriktiven Interpretation des belgischen Transitrechts ganz im Sinne der tatsächlichen Entscheidung ausgefallen. Denn Art. XII sähe für die umweltverträgliche Streckenmodernisierung, auf die Belgiens Anspruch dann beschränkt wäre, noch immer vor, dass diese „entirely at the cost and expense of Belgium" erfolgen müsse. Die Kosten für Modernisierung und Umweltschutz wären entsprechend von Belgien zu tragen gewesen. Die Wiederherstellung des Zustands, den die Strecke im Jahr 1991 besaß, hätten indes die Niederlande zu übernehmen gehabt und als (versäumte) Instandhaltungsarbeiten, für die der Vertrag ihnen die Kostentragungspflicht zuwies, auch finanziell aufkommen müssen.

4. Die GATT/WTO-Rechtsprechung zum Schutz extraterritorialer Umweltgüter

Im Welthandelsrecht lässt insbesondere der Umgang mit den Ausnahmeklauseln des Art. XX GATT eindeutige Materialisierungstendenzen erkennen. Besonders deutlich zeigt sich dies an der Diskussion darüber, ob die Ausnahmen nach Art. XX lit. b und Art. XX lit. g des GATT eine „territorial or jurisdictional limitation"[53] enthalten oder Handelsbeschränkungen zum Schutz von Leben und Gesundheit von Personen, Tieren und Pflanzen sowie zur Erhaltung erschöpflicher natürlicher Ressourcen auch dann in Betracht kommen, wenn sie dem Schutz von Umweltgütern jenseits der eigenen Staatsgrenzen oder Hoheitsgewalt dienen.[54] Während Rechtsprechung und Schrifttum in dieser Frage zunächst übereinstimmend eine restriktive Lesart der Ausnahmeklauseln bevorzugten, weicht diese anfängliche Zurückhaltung nunmehr bereits seit einiger Zeit einem gegenteiligen Trend: Die Fürsprecher einer Auslegung, die es Staaten gestattet, Handelsbeschränkungen auch zum Schutz von Rechtsgütern zu ergreifen, die sich nicht als genuin staatliche verstehen lassen, jedenfalls aber nicht dem protegierenden Staat allein zuzuordnen sind, gewinnen an Boden (dazu lit. a). Die Ausnahmevorschriften des GATT werden so zu Instrumenten des Gemeinschafts-

---

[53] GATT, *United Staates – Restrictions on Imports of Tuna*, Panel Report v. 16. Juni 1994, DS29/R, Rdn. 3.16.

[54] Siehe dazu unter anderem *L. Bartels*, JWT 36 (2002), S. 353; *H. F. Chang*, S. Cal. L. Rev. 74 (2000-2001), S. 31 (34 ff.); *I. Cheyne*, Ga. J. Int'l & Comp. L. 24 (1994-1995), S. 433 (452 ff.); *T. J. Schoenbaum*, AJIL 91 (1997), S. 268 (279 f.); *H. E. Zeitler*, Einseitige Handelsbeschränkungen zum Schutz extraterritorialer Rechtsgüter, 2000.

güterschutzes und illustrieren eben damit, dass sich die Materialisierung der Völkerrechtsordnung in einem Bedeutungswandel bestehender völkerrechtlicher Regeln fortsetzt. Die meisten Gründe, die insbesondere die Rechtsprechung für diese weite, kommunitäre Interpretation des Art. XX GATT vorträgt, sind indes keinesfalls zwingend (dazu lit. b). Vielmehr gewinnt die Ausdehnung des Anwendungsbereichs der GATT-Ausnahmen erst im Lichte von Umwelt- und Souveränitätsprinzip an Überzeugungskraft (dazu lit. c).

a) Die Entwicklung von Rechtsprechung und Schrifttum

aa) Die US-Tuna/Dolphin I-Entscheidung

Paradigmatisch für die anfänglich restriktive Lesart der Streitbeilegungsorgane des GATT bzw. der WTO steht die Panel-Entscheidung im Fall US-Tuna/Dolphin I. Anlass der Entscheidung waren Zweifel Mexikos daran, dass das Importverbot für Thunfisch, das die Vereinigten Staaten unter anderem gegen Mexiko und einige lateinamerikanische Staaten verhängt hatten, mit den Grundsätzen des GATT vereinbar sei. Die USA indes bemühten sich, die Handelsbeschränkung unter Verweis auf die Ausnahmen nach Art. XX lit. b und Art. XX lit. g GATT zu rechtfertigen. Der Thunfischfang, so argumentierten die USA, werde in den von dem Embargo betroffenen Staaten vielfach mit sogenannten Taschennetzen betrieben, die auch den Delphinen, in deren unmittelbarer Nähe sich die Thunfischschwärme typischerwiese aufhielten, keine Überlebenschance ließen. Mexiko hielt dem entgegen, auf den Schutz der Delphine könnten sich die USA schon deshalb nicht berufen, weil sich die gefährdeten Delphine (auch) auf hoher See und in den Gewässern anderer Staaten aufhielten, die angeführten GATT-Ausnahmen aber nur den Schutz von Gütern erlaubten, die sich innerhalb des Staatsgebiets des schützenden Staates befänden.[55]

Das Panel folgte diesem Einwand und verwarf die von den USA vorgeschlagene weite Lesart von Art. XX lit. b und Art. XX lit. g GATT. Im offenen Wortlaut der Vorschriften fand es für diese Entscheidung zwar keinerlei Anhaltspunkte,[56] doch die Entstehungsgeschichte der Ausnahmebestimmungen streite für eine Beschränkung auf den Schutz von

---

[55] GATT, *United Staates – Restrictions on Imports of Tuna*, Panel Report v. 3. September 1991, DS21/R, Rdn. 3.31, 3.35, 3.48.

[56] Ebd., Rdn. 5.25.

Gütern, die der Hoheitsgewalt des schützenden Staates unterliegen.[57] Auch drohe bei einer weiten Auslegung der Ausnahmen die inakzeptable Folge, dass das GATT-System nur noch einer beschränkten Anzahl von Staaten mit identischen umweltpolitischen Vorgaben Rechtssicherheit in Handelsfragen böte. Denn stehe es einer Vertragspartei frei, ihre umweltpolitischen Vorstellungen auch für Güter jenseits des eigenen Gebiets mit Handelsbeschränkungen abzusichern, so büße eine jede Vertragspartei, die nicht bereit sei, sich an eben diesen Maßgaben zu orientieren, letztlich ihr Recht auf freien Handel ein.[58] Für Art. XX lit. g GATT verwies das Panel schließlich darauf, dass die Norm vorsehe, die Handelsbeschränkung müsse „in conjunction with restrictions on domestic production or consumption" stehen, was aber nur dann der Fall sei, wenn „it was primarily aimed at rendering effective these restrictions". Da aber ein Staat den Verbrauch und die Produktion eines erschöpflichen Naturguts nur dann effektiv kontrollieren könne, wenn dieses der eigenen Hoheitsgewalt unterliege, müsse auch Art. XX lit. g GATT auf Güter innerhalb der eigenen Jurisdiktion beschränkt sein.[59]

Sowohl für Art. XX lit. b als auch für Art. XX lit. g GATT sprach sich das Panel folglich für eine restriktive Lesart aus. Welcher Art die dabei angenommene Beschränkung ist, erschließt sich indes erst im Kontext. Denn die Wortwahl der Entscheidung vermittelt den irreführenden Eindruck, das Panel diskutiere die Frage, ob Art. XX lit. b und g GATT Importbeschränkungen zum Schutz von Rechtsgütern gestatteten, auf die sich die Regelungsgewalt („jurisdiction") des Zielstaates nicht erstreckt. So spricht das Panel durchweg von „jurisdiction", auf das Wort „territory" hingegen verzichtet es in den entscheidenden Passagen ganz. Das Argument Mexikos, das zu diesen Ausführen Anlass gab, beschränkte sich jedoch auf den Einwand, die angeführten Ausnahmebestimmungen ließen den Schutz extra*territorialer* Güter nicht zu.[60] Dass das Panel hiervon in der Sache abweichen wollte, ist nicht anzunehmen. Und dass bereits die Formulierung, mit der es den mexikanischen Ein-

---

[57] Ebd., Rdn. 5.26.

[58] Ebd., Rdn. 5.27, 5.32.

[59] Ebd., Rdn. 5.31.

[60] Die oftmals nicht ausreichend reflektierte Unterscheidung zwischen Reichweite der Jurisdiktion und Umfang des Territoriums führt teilweise bis in die jüngere Zeit hinein zu Verwirrungen in der Debatte, kritisch und klarstellend dazu *H. E. Zeitler*, Einseitige Handelsbeschränkungen zum Schutz extraterritorialer Rechtsgüter, 2000. S. 180 ff.

wand einleitend aufgreift, ebenfalls von Schutzgütern „outside the jurisdiction" spricht,[61] legt nahe, dass die Richter mit dem Verweis auf die Jurisdiktion allein die „territorial jurisdiction" angesprochen wissen wollten. Auch die von der Panel-Entscheidung ausgemachte Beschränkung der Art. XX lit. b und lit. g GATT dürfte daher als „territorial limitation" zu verstehen sein.[62] Den Schutz von Umweltgütern jenseits der eigenen Staatsgrenzen sah die US-Tuna/Dolphin I-Entscheidung folglich nicht von den Umweltschutzausnahmen des Art. XX GATT erfasst.

bb) Die US-Tuna/Dolphin II-Entscheidung

Schon die Nachfolgeentscheidung gab diese territoriale Beschränkung auf, sah den Kreis in Betracht kommender Belegenheitsorte der zu schützenden Güter indes durch die Reichweite der Jurisdiktion des schützenden Staates limitiert. Wie bereits in US-Tuna/Dolphin I so hatte das Panel auch in US-Tuna/Dolphin II darüber zu entscheiden, ob das amerikanische Importverbot für Thunfisch, der unter Verwendung von Methoden gefangen worden war, deren Einsatz mit der beiläufigen Tötung einer beträchtlichen Zahl von Meeressäugetieren einhergeht, mit den Vorschriften des GATT vereinbar war. Das erneut vorgetragene Umweltschutzargument der USA konterten die EWG und die Niederlande, die das Verfahren initiiert hatten, mit der schlichten Feststellng, Art. XX lit. b und lit. g GATT „could not be invoked [...] to conserve natural resources or to protect the life or health of living things located outside the jurisdiction of the party taking the measure".[63] Anders als Mexiko im ersten Verfahren drangen die Kläger mit diesem Argument in US-Tuna/Dolphin II indes nicht durch. Der Text der Vorschriften, so

[61] GATT, *United Staates – Restrictions on Imports of Tuna*, Panel Report v. 3. September 1991, DS21/R, Rdn. 5.24: „Mexico considered that Article XX(b) was not applicable to a measure imposed to protect the life or health of animals *outside the jurisdiction* of the contracting party taking it." (eigene Hervorhebung).

[62] Ebenso *L. Bartels*, JWT 36 (2002), S. 353 (387); *H. E. Zeitler*, Einseitige Handelsbeschränkungen zum Schutz extraterritorialer Rechtsgüter, 2000, S. 180.

[63] GATT, *United Staates – Restrictions on Imports of Tuna*, Panel Report v. 16. Juni 1994, DS29/R, Rdn. 3.15; dass sich die Delphine tatsächlich auch außerhalb amerikanischen Hoheitsgebiets aufhielten, stand außer Zweifel und wurde auch von den USA anerkannt; siehe ebd., Rdn. 3.16 ff.

entschied das Panel, enthalte keinerlei Beschränkungen hinsichtlich des Ortes der geschützten Güter und schon frühere Panel-Entscheidungen hätten etwa wandernde Fischarten unter die Umweltschutzausnahmen des Art. XX subsumiert, obwohl sich jene sowohl inner- als auch außerhalb der territorialen Jurisdiktion des schützenden Staates bewegten.[64] Ein Blick etwa auf Art. XX lit. e GATT zeige zudem, dass das GATT es jedenfalls nicht kategorisch ausschließe, Handelsbeschränkungen zum Schutz von Rechtsgütern jenseits der eigenen Territorialhoheit zu ergreifen.[65] Auch das allgemeine Völkerrecht enthalte ein solches Verbot nicht, wie die Grundsätze der Personal- und Flaggenhoheit zeigten.[66] Vielmehr erlaubten es diese einem Staat jedenfalls dann, das Verhalten von Personen in Bezug auf die Fische der hohen See zu regeln, wenn erstere die Staatsangehörigkeit des entsprechenden Staates besäßen oder sich auf einem unter dessen Flagge fahrenden Schiff befänden.[67] Der Entstehungsgeschichte schließlich lasse sich für keine der beiden Positionen ein schlüssiges Argument entnehmen und ohnehin messe die Wiener Vertragsrechtkonvention den *travaux* nur eine geringe Bedeutung für die Auslegung zu.[68] Und so stellte das Panel abschließend fest, „that the policy to conserve dolphins in the eastern tropical Pacific Ocean, which the United States pursued within its jurisdiction over its nationals and vessels, fell within the range of policies covered by Article XX (g)“.[69]

Mit eben diesem Verweis auf Personal- und Flaggenhoheit differenzierte das Panel in US-Tuna/Dolphin II klar zwischen Territorium und Jurisdiktion. Die beiden im ersten Verfahren noch ineinander verschwimmenden Fragen nach einer „territorial limitation“ einerseits, einer „jurisdictional limitation“ andererseits lässt dies als voneinander unabhängige erkennbar werden. Und so beantwortet das Panel denn auch beide unterschiedlich: Wie die Beschränkung auf diejenigen Politiken, die die USA „within its jurisdiction over its nationals and vessels“[70] verfolgte, nahelegt, sahen die Richter den Schutz extra*jurisdikti-*

[64] Ebd., Rdn. 5.15.

[65] Ebd., Rdn. 5.16.

[66] Ebd., Rdn. 5.17.

[67] Ebd.

[68] Ebd., Rdn. 5.20.

[69] Ebd.

[70] Ebd.

onaler Rechtsgüter von den Umweltausnahmen des Art. XX nicht erfasst. Gegen den Schutz extra*territorialer* Güter hingegen sah das Panel offenbar zumindest dann keine durchgreifenden Bedenken, wenn sich die Regelungsgewalt des die Maßnahmen ergreifenden Staates aus anderen Gründen auch auf diese Rechtsgüter erstreckt.[71] Auch die zu schützenden Delphine wurden so erfasst, obwohl selbst die USA einräumten, diese seien „common resources within the [territorial] jurisdiction of no one contracting party".[72]

cc) Die Appellate Body-Entscheidungen in den Fällen US-Shrimp/Turtle und EC-Seal Products

Die Folgejudikatur der WTO-Rechtsprechungsorgane hat diese Linie zumindest im Hinblick auf den Schutz extraterritorialer Rechtsgüter fortgesetzt. Die Frage nach einer „jurisdictional limitation" indes hat sie für nach wie vor offen erklärt. Die Entscheidungen des WTO-Appellate Body in den beiden Fällen US-Shrimp/Turtle[73] und EC-Seal Products[74] illustrieren das gut.

Die US-Shrimp/Turtle-Entscheidung betraf ein US-amerikanisches Importverbot für Garnelen. Meeresschildkröten, die bei der Garnelenfischerei häufig als Beifang ins Netz gingen und verendeten, sollten dadurch geschützt werden, dass nur noch Garnelen in die Vereinigten Staaten importiert werden durften, die unter Verwendung eines sogenannten „turtle excluder device" gefischt worden waren, einer Vorrichtung also, die verhindert, dass Schildkröten in das Netz geraten. Indien,

---

[71] Ähnliche Interpretationen der Entscheidung etwa bei *I. Cheyne*, Ga. J. Int'l & Comp. L. 24 (1994-1995), S. 433 (453); *T. J. Schoenbaum*, AJIL 91 (1997), S. 268 (280). Bei Lichte besehen hält die Entscheidung die „jurisdictional limitation" indes nicht durch. Denn vor dem Hintergrund der von ihr offenbar für maßgeblich gehaltenen Personal- und Flaggenhoheit hätte eine solche Beschränkung eine Differenzierung erfordert, die zwischen zwei Sorten von Thunfisch unterscheidet: solchem, der von amerikanischen Staatsangehörigen oder Schiffen gefangen wurde, und solchem, auf den beides nicht zutrifft.

[72] GATT, *United States – Restrictions on Imports of Tuna*, Panel Report v. 3. September 1991, DS21/R, Rdn. 3.32.

[73] WTO, *United States – Import Prohibition of Certain Shrimp and Shrimp Products*, Appellate Body Report v. 12. Oktober 1998, WT/DS58/AB/R.

[74] WTO, *European Communities – Measures Prohibiting the Importation and Marketing of Seal Products*, Appellate Body Report v. 22. Mai 2014, WT/DS400/AB/R, WT/DS401/AB/R.

Malaysia, Thailand und Pakistan hielten das für mit dem GATT unvereinbar. Die USA hingegen argumentierten, das Embargo sei zum Zwecke des Tierschutzes erforderlich und folglich als Ausnahme nach Art. XX lit. b und lit. g GATT vom Vertrag gedeckt. Die Klägerstaaten sahen das anders und trugen vor, „Article XX(b) could not be invoked to justify measures applying to animals outside the jurisdiction of the country enacting the measure".[75] Im Lichte des Souveränitsprinzips müsse jedenfalls eine Vermutung dafür sprechen, dass Art. XX lit. b GATT Maßnahmen nicht erfasse, die das Leben oder die Gesundheit von Menschen, Tieren oder Pflanzen „within the jurisdiction of another Member" betreffe.[76] Obwohl die Klägerstaaten so dem Wortlaut nach durchweg auf die Hoheitsgewalt der Staaten („jurisdiction") verwiesen, machten sie in der Sache eine territoriale Beschränkung geltend. Denn während Personal- oder Flaggenhoheit an keiner Stelle Erwähnung fanden, stellten sie ausdrücklich klar, es gehe ihnen um eine „jurisdiction (broadly defined), including [...] their territorial waters or exclusive economic zones".[77] Der Schutz von Umweltgütern auf hoher See und (insbesondere) auf dem Gebiet anderer Staaten also war es, den sie von den Ausnahmebestimmungen des Art. XX lit. b und lit. g GATT nicht erfasst wissen wollten.

Das erstinstanzlich entscheidende Panel sah bereits die Voraussetzungen des Chapeaus des Art. XX GATT nicht erfüllt und bezog zur Extraterritorialitätsfrage deshalb nicht mehr Stellung. Der Appellate Body hingegen erklärte:

> „[S]ea turtles are highly migratory animals, passing in and out of waters subject to the rights of jurisdiction of various coastal states and the high seas. [...] The sea turtle species here at stake [...] are all known to occur in waters over which the United States exercises jurisdiction. Of course, it is not claimed that *all* populations of these species migrate to, or traverse, at one time or another, waters subject to United States jurisdiction. Neither the appellant nor any of the appellees claims any rights of exclusive ownership over the sea turtles, at least not while they are swimming freely in their natural habitat – the oceans. We do not pass upon the question of whether there is an implied jurisdictional limitation in Article XX(g), and if so, the

---

[75] WTO, *United States – Import Prohibition of Certain Shrimp and Shrimp Products*, Panel Report v. 15. Mai 1998, WT/DS58/AB/R, Rdn. 3.176.

[76] Ebd., Rdn. 3.157.

[77] Ebd., Rdn. 3.163.

> nature or extent of that limitation. We note only that in the specific circumstances of the case before us, there is a sufficient nexus between the migratory and endangered marine populations involved and the United States for purposes of Article XX(g).“[78]

Das Panel erkannte damit ausdrücklich an, dass sich die Schildkröten, deren Schutz sich das Importverbot annahm, zumindest zeitweise außerhalb amerikanischer Gewässer aufhielten und manche von ihnen überhaupt nie mit amerikanischen Hoheitsgewässern in Berührung kamen. Dass der Schutz eines zumindest teilweise extraterritorialen Rechtsguts in Frage stand, war daher offenbar. Anders als durch den eben hieran anknüpfenden Einwand der Klägerstaaten beabsichtigt, setzten sich die Richter mit der Frage nach einer territorialen Beschränkung des Art. XX lit. g GATT indes nicht weiter auseinander. Vielmehr erschien ihnen vor dem Hintergrund des ausgemachten „sufficient nexus“ offenbar auch der Einwand der Kläger obsolet, Art. XX lit. g GATT erfasse nur Schutzgüter innerhalb des Gebiets des schützenden Staates. Der mit diesem „sufficient nexus“ erbrachte Nachweis, dass die Schildkröten der Hoheitsgewalt der Vereinigten Staaten unterlagen,[79] genügte nach Ansicht des Panels, um auch auf das Extraterritorialitätsproblem eine hinreichende Antwort zu geben. Implizit bestätigten die Richter damit die Linie der US-Tuna/Dolphin II-Entscheidung: Die Umweltschutzausnahmen des Art. XX verstanden sie als jurisdiktional, nicht aber als territorial beschränkt. Auch den Schutz von Gemeinschaftsgütern, über die – wie für die streitbefangenen Schildkröten – kein Staat „exclusive ownership“ beanspruche, sah das Panel folglich von Art. XX lit. b und lit. g GATT erfasst.

In der EC-Seals Products-Entscheidung hat der Appellate Body diese Rechtsprechung fortgesetzt und auf Art. XX lit. a GATT übertragen. Streitbefangen war ein Importverbot der Europäischen Union, das die

---

[78] WTO, *United States – Import Prohibition of Certain Shrimp and Shrimp Products*, Appellate Body Report v. 12. Oktober 1998, WT/DS58/AB/R, Rdn. 133.

[79] *E. Vranes*, Trade and the Environment, 2009, S. 161 weist zutreffend darauf hin, dass damit offen bleibt, ob das Panel vom Vorliegen territorialer oder extraterritorialer Jurisdiktion ausging. Ob Handelsbeschränkungen extraterritorialen Charakter besitzen oder grundsätzlich bereits deshalb der territorialen Hoheitsgewalt eines Staates unterfallen, weil ihnen letztlich an der Grenze und damit innerhalb des Territoriums Wirkung verliehen wird, ist im Schrifttum stark umstritten; siehe ausführlich zu den unterschiedlichen Positionen *E. Vranes*, Trade and the Environment, 2009, S. 159 ff.

Einfuhr von Robbenprodukten untersagte, weil die Methoden der Robbenjagd als brutal und unnötig qualvoll wahrgenommen wurden. Kanada und Norwegen gingen gegen diese Handelsbeschränkung vor, die EU jedoch berief sich darauf, das Einfuhrverbot diene dem Schutz der öffentlichen Sittlichkeit und sei daher als Ausnahme nach Art. XX lit. a GATT gerechtfertigt. Der Appellate Body erkannte das im Grundsatz an und akzeptierte das Wohlergehen der Tiere („animal welfare") als Bestandteil der öffentlichen Sittlichkeit. Die Tatsache, dass sich die Maßnahme der EU ausdrücklich auf die Robbenjagd inner- und außerhalb der Union bezog, nahm der Appelate Body zum Anlass, unter Bezugnahme auf die im US-Shrimp/Turtle-Entscheidung offen gelassene Frage nach einer „jurisdictional limitation" den Einwand anzudeuten, auch Art. XX lit. a GATT enthalte eine entsprechende Beschränkung. Doch da sich die Parteien darüber einig waren, dass vorliegend ein „sufficient nexus between the public moral concerns and activities addressed by the measure, on the one hand, and the European Union, on the other hand"[80] bestehe, ließen die Richter die Frage schließlich auch für Art. XX lit. a GATT unentschieden.[81] Dass auch hier der „sufficient nexus" genügte, um das Problem zu lösen, zeigt, dass allenfalls das Fehlen einer entsprechenden Regelungsgewalt, nicht aber die Extraterritorialität des Schutzguts, den Anwendungsbereich des Art. XX lit. a GATT zu beschränken vermag.[82]

dd) Ansichten im Schrifttum

Die restriktive Auslegung, mit der das GATT-Panel noch in der US-Tuna/Dolphin I-Entscheidung die Anwendung der Umweltschutzausnahmen des Art. XX GATT auf Umweltgüter außerhalb des Staatsgebiets des protegierenden Staates ablehnte, findet in der gegenwärtigen

---

80 WTO, *European Communities – Measures Prohibiting the Importation and Marketing of Seal Products*, Appellate Body Report v. 22. Mai 2014, WT/DS400/AB/R, WT/DS401/AB/R, Rdn. 5.173 in Fn. 1191.

81 Ebd., Rdn. 5.173.

82 Freilich ließe sich darüber streiten, ob im Falle der öffentlichen Sittlichkeit tatsächlich ein extraterritoriales Schutzgut besteht, führt die Schlachtung doch gerade innerhalb der Union zu einer Verletzung des moralischen Empfindens. Für die Ansicht, auch in Bezug auf Art. XX lit. a GATT stelle sich in solchen Fällen das Extraterritorialitätsproblem, spricht indes, dass das Schutzgut „animal welfare" eindeutig an die Tiere selbst anknüpft, die aber gerade außerhalb der Union geschlachtet wurden.

Rechtsprechung der WTO-Rechtsprechungsorgane keinen Rückhalt mehr. Obwohl die bisher ergangenen Entscheidungen über das Bestehen einer „implied jurisdictional limitation" nicht abschließend entschieden haben, lassen sie doch keinen Zweifel daran, dass eine territoriale Beschränkung nicht besteht. Dieser Wandel im Verständnis der Ausnahmen des Art. XX GATT lässt sich auch im Schrifttum nachverfolgen. So stellt etwa noch *Helge Zeitler* in einer im Jahr 2000 erschienen Arbeit fest, hinsichtlich der geographischen Reichweite von Art. XX GATT überwiege in der Literatur die Zustimung für die restriktive Lesart.[83] *Nele Matz-Lück* und *Rüdiger Wolfrum* hingegen bemerken in ihrer 2011 erschienen Kommentierung zu Art. XX lit. g GATT, die Annahme einer territorialen Beschränkung der fraglichen GATT-Ausnahmevorschriften sei heute nicht mehr haltbar.[84]

b) Die Begründung der weiten Auslegung der Umweltschutzausnahmen in der Rechtsprechung

Die meisten Gründe, die insbesondere die Rechtsprechung für die nunmehr favorisierte weite Auslegung der Umweltschutzausnahmen des Art. XX GATT vorträgt, sind keinesfalls zwingend. Auf den ersten Blick zumindest steht die Begründung des Auslegungswandels damit auf tönernen Füßen.

Der Wortlaut der Art. XX lit. b und lit. g GATT jedenfalls erweist sich als unergiebig.[85] Die Frage, ob der Belegenheitsort eines Schutzguts für dessen Subsumtion unter eine der fraglichen Ausnahmen von Bedeutung sei, werde, so stellte dementsprechend auch das Panel in der US-Tuna/Dolphin I-Entscheidung fest, „not clearly answered by the text".[86] Und selbst die Nachfolgeentscheidung gestand ein, die Reichweite der in Art. XX lit. b und lit. g GATT genannten Politikbereiche werde „not specified in the text of the Article, in particular with respect

---

[83] *H. E. Zeitler*, Einseitige Handelsbeschränkungen zum Schutz extraterritorialer Rechtsgüter, 2000, S. 123.

[84] *N. Matz-Lück/R. Wolfrum*, in: R. Wolfrum/P.-T. Stoll/H. Hestermeyer (Hrsg.), WTO – Trade in Goods, 2011, Art. XX(g) Rdn. 22.

[85] *L. Bartels*, JWT 36 (2002), S. 353 (358).

[86] GATT, *United Staates – Restrictions on Imports of Tuna*, Panel Report v. 3. September 1991, DS21/R, Rdn. 5.25.

to the location of the living things to be protected".[87] Dass der Wortlaut der Ausnahmevorschriften, wie das Panel in US-Tuna/Dolphin II stets betonte, auch keine entsprechende Beschränkung enthält, dürfte dabei lediglich die Möglichkeit einer weiten Auslegung eröffnen, stellt für sich betrachtet aber noch kein positives Argument dar, das für eine solche weite Interpretation spräche.

In der Entstehungsgeschichte der GATT-Vorschriften sucht man nach einem solchen Argument ebenfalls vergeblich. Vielmehr zeigt die Diskussion in Schrifttum und Rechtsprechung, dass die *travaux préparatoires* auf beiden Seiten des Meinungsspektrums angeführt werden, ein schlüssiges Argument für eine der beiden Seiten aber nicht enthalten.[88] Dass den Vorarbeiten nach den gewohnheitsrechtlichen Auslegungsregeln, die gemäß Art. 3.2 DSU auch im Kontext der WTO Anwendung finden, zudem lediglich subsidiäre Bedeutung zukommt, schwächt diese Argumente zusätzlich.

Und auch der Versuch, den übrigen Ausnahmetatbeständen des Art. XX GATT auf dem Wege systematischer Auslegung Hinweise für die Beantwortung der Extraterritorialitätsfrage in Art. XX lit. b und lit. g GATT zu entnehmen, verspricht keinen Erfolg. Die Systematik ist mehrdeutig und lässt sich für beide Seiten in Stellung bringen.[89] Das Verfahren vor dem GATT-Panel im US-Shrimp/Turtle-Fall illustriert das gut. Die USA brachten dort vor, auch Art. XX lit. e GATT sei auf den Schutz extraterritorialer Rechtsgüter angelegt, was eine entsprechend weite Auslegung auch für die Umweltschutzausnahmen des Art. XX GATT plausibel mache.[90] Die Klägerstaaten hingegen entgegneten:

> „The fact that these provisions were targeted at policies or practices outside the jurisdiction of the country imposing the measure said nothing about the intended reach of Article XX(g) or (b). In fact, the

---

[87] GATT, *United Staates – Restrictions on Imports of Tuna*, Panel Report v. 16. Juni 1994, DS29/R, Rdn. 5.31; in der Sache ebenso ebd., Rdn. 5.15.

[88] Ebenso *L. Bartels*, JWT 36 (2002), S. 353 (359); *H. E. Zeitler*, Einseitige Handelsbeschränkungen zum Schutz extraterritorialer Rechtsgüter, 2000, S. 127 f.

[89] *L. Bartels*, JWT 36 (2002), S. 353 (358 f.); *H. E. Zeitler*, Einseitige Handelsbeschränkungen zum Schutz extraterritorialer Rechtsgüter, 2000, S. 128 f.

[90] WTO, *United States – Import Prohibition of Certain Shrimp and Shrimp Products*, Panel Report v. 15. Mai 1998, WT/DS58/AB/R, Rdn. 3.161.

> presence of these very specific measures pointed to the opposite conclusion.“ [91]

Und so oszilliert die systematische Auslegung zwischen einer analogieähnlichen Übertragung der Extraterritorialitätsdimension anderer Ausnahmetatbestände und dem – einem *argumentum e contrario* ähnelnden – Vorbringen, Art. XX lit. b und lit. g GATT müssten gerade im Lichte dieser Extraterritorialitätsdimension anderer Ausnahmetatbestände restriktiv gelesen werden.[92] Die Kontextanalyse beschränkt sich so auf das bescheidene Ergebnis, dass die Regelungen des GATT keine kategorische Extraterritorialitätsfeindlichkeit erkennen lassen.[93] Mehr scheint die Tuna/Dolphin II-Entscheidung auch dem ergänzenden Verweis darauf nicht zu entnehmen, dass

> „under general international law, states are not in principle barred from regulating the conduct of their nationals with respect to persons, animals, plants and natural resources outside of their territory. Nor are states barred, in principle, from regulating the conduct of vessels having their nationality, or any persons on these vessels, with respect to persons, animals, plants and natural resources outside their territory.“ [94]

Mit den Jurisdiktionsgrundsätzen des allgemeinen Völkerrechts, so ist diese negative Formulierung („not barred from“) offenbar zu verstehen, ist die Einbeziehung extraterritorialer Schutzgüter nicht unvereinbar. Doch die Feststellung, dass eine weite Auslegung der Art. XX lit. b und lit. g GATT mit den Grundannahmen des GATT und des allgemeinen Völkerrechts nicht unvereinbar ist, macht eine solche Auslegung allenfalls möglich, keinesfalls nötig. Positive Gründe für eine solche weite Interpretation liefert die systematische Betrachtung demnach nicht.

Das teleologische Argument schließlich, mit dem sich das US-Tuna/Dolphin I-Panel für eine restriktive Auslegung stark machte, wurde in den Folgeentscheidungen eher stiefmütterlich behandelt. So versuchte die US-Tuna/Dolphin II-Entscheidung den Einwand, die Möglichkeit auch zum Schutz von Rechtsgütern außerhalb des eigenen

---

[91] Ebd., Rdn. 3.165.

[92] *L. Bartels*, JWT 36 (2002), S. 353 (358 f.); allgemein zur Unergiebigkeit dieser Schlussformen *H. Kelsen*, Reine Rechtslehre, 2. Aufl. 1960, S. 150 ff.

[93] GATT, *United States – Restrictions on Imports of Tuna*, Panel Report v. 16. Juni 1994, DS29/R, Rdn. 5.16.

[94] Ebd., Rdn. 5.17.

Territoriums Handelsbeschränkungen vorzusehen, gefährde die Rechtssicherheit des GATT-Handelssystems, mit dem systematischen Hinweis zu entkräften, dieses Problem stelle sich auch für andere der GATT-Ausnahmen.[95] Einen überzeugenden Grund dafür, dieser Gefahr bei Auslegung der Art. XX lit. b und lit. g GATT vorzubeugen, stellt das nicht dar.

c) Rekonstruktion im Prinzipienmodell

Dennoch überzeugt die mittlerweile gefestigte Ansicht, dass Art. XX lit. b und lit. g GATT auch Schutzgüter erfassen, die jenseits der Grenzen des schützenden Staates belegen sind. Unter Rückgriff auf das oben skizzierte Umweltprinzip lässt sie sich überzeugend begründen. Denn *prima facie* verpflichtet das Umweltprinzip einen jeden Staat, die globale natürliche Umwelt dadurch zu erhalten, dass er sie erstens nicht durch eigenes Verhalten schädigt und zweitens vor Beeinträchtigungen bewahrt, die von Verhaltensweisen Dritter ausgehen, die seiner Hoheitsgewalt oder Kontrolle unterstehen. Wie oben bereits dargestellt, erstreckt sich diese Schutzverpflichtung auch auf die Umwelt anderer Staaten und die in nicht-staatlichen Gebieten belegenen Umweltgüter; ja gerade für diese Bereiche findet sie besonders nachhaltige Anerkennung.[96] Die Umwelterklärung von Stockholm umschreibt dieses Element des Umweltprinzips treffend, wenn es in Prinzip 21 formuliert:

> „States have, in accordance with the Charter of the United Nations and the principles of international law, [...] the responsibility to ensure that activities within their jurisdiction or control do not cause damage to the environment of other States or of areas beyond the limits of national jurisdiction."

Die Tierwelt bezieht das Umweltprinzip dabei in ihren Schutz mit ein.[97] Auch in den US-Tuna/Dolphin-Konstellationen,[98] der US-

---

95 So wohl ebd., Rdn. 5.16.

96 Siehe oben S. 454 ff.

97 Siehe oben S. 452 f.

98 Ob das Umweltprinzip tatsächlich bereits in allen diesen Fällen anwendbar gewesen wäre, hängt von der nur schwer zu beantwortenden Frage ab, wann man das Entstehen des Umweltprinzips datiert. Jedenfalls für die in ihm enthaltene Schutzpflicht in Bezug auf die extraterritoriale Umwelt könnte das im Juli 1996 ergangene Nuklearwaffengutachten des IGH das entscheidende Datum markieren. Denn spätestens mit dem dort enthaltenen Hinweis, die

Shrimp/Turtle-Entscheidung und dem EC-Seal Products-Fall waren die beklagten Staaten daher in den Grenzen ihrer Jurisdiktion *prima facie* dazu verpflichtet, auch den Schutz der außerhalb ihres Gebietes befindlichen Schildkröten und Delphine sicherzustellen. Aber auch über diese Fälle hinaus stellt das Umweltprinzip mit dieser Pflicht einen „in den Beziehungen zwischen den Vertragsparteien anwendbaren einschlägigen Völkerrechtssatz“ (Art. 31 Abs. 3 lit. c WVK) dar, der über die gemäß Art. 3.2 DSU anwendbaren völkergewohnheitsrechtlichen Auslegungsregeln bei der Konkretisierung von Art. XX lit. b und lit. g GATT zu berücksichtigen ist und der ein starkes Argument dafür liefert, auch extraterritoriale Umweltgüter von diesen Ausnahmetatbeständen erfasst zu sehen. Die gegenwärtige Rechtsprechung der WTO-Organe entspricht dem Umweltprinzip denn auch erstaunlich gut. Denn ebenso wie das Umweltprinzip die Pflicht, extraterritoriale Umweltgüter vor Schädigungen zu schützen, nur innerhalb der Hoheitsgewalt des betreffenden Staates anerkennt („activities within their jurisdiction or control“), so beschränken, wie oben dargestellt, auch die Rechtsprechungsorgane der WTO die Extraterritorialität der Art. XX lit. b und lit. g GATT auf Fälle, die einerseits der Personal- oder Flaggenhoheit des regelnden Staates unterstehen oder andererseits einen „sufficient nexus“ zu diesem aufweisen und damit die Ausübung extraterritorialer Jurisdiktion rechtfertigen. Für Sachverhalte, die – aufgrund welcher Anknüpfungspunkte auch immer – der Hoheitsgewalt eines Staates unterstehen, erkennen demnach weder das Umweltprinzip noch die WTO-Rechtsprechung eine territoriale Beschränkung an. Die weite Interpretation der geographischen Reichweite der Art. XX lit. b und lit. g GATT lässt sich im Lichte des Umweltprinzips daher gut begründen.

Tatsächlich deuteten die USA bereits im zweiten US-Tuna/Dolphin-Verfahren ein ähnliches Argument an, als sie zu ihrer Verteidigung vortrugen, die erlassenen Handelsbeschränkungen seien „consistent with Principle 21 [of the Stockholm Declaration]“ und „were taken to ensure that activities with its jurisdictional control [...] did not cause damage to the environment of other states or areas beyond the limits of national jurisdiction“.[99] Und auch im Schrifttum klingt das Argument vereinzelt

---

Umweltschutzpflicht in Bezug auf die extraterritoriale Umwelt sei „now part of the corpus of international law relating to the environment“, dürfte sich deren Anerkennung hinreichend verfestigt haben.

[99] GATT, *United States – Restrictions on Imports of Tuna*, Panel Report v. 16. Juni 1994, DS29/R, Rdn. 3.18.

an.[100] Die Rechtsprechung hat es bisher jedoch nicht aufgegriffen[101] – auch wenn die von ihr propagierte Ausweitung der Art. XX lit. b und lit. g GATT gerade vor dem Hintergrund der im Umweltprinzip verankerten Umweltschutzpflicht an Überzeugungskraft gewinnt.[102]

---

[100] Besonders deutlich *T. J. Schoenbaum*, AJIL 91 (1997), S. 268 (280): „It is well established as a matter of international law that states have an obligation to prevent damage to both the environment of other states and areas beyond the limits of national jurisdiction. Thus, it should be beyond doubt that paragraphs (b) and (g) of Article XX permit national measures designed to protect extraterritorial resources." Ebenso *E.-U. Petersmann*, in: N. M. Blokker/A. S. Muller (Hrsg.), Towards More Effective Supervision by International Organizations, Vol. I, 1994, S. 165 (179).

[101] In den Schlussbemerkungen der US-Tuna/Dolphin II-Entscheidung allerdings weist das Panel immerhin auf den Grundsatz nachhaltiger Entwicklung hin (GATT, *United States – Restrictions on Imports of Tuna*, Panel Report v. 16. Juni 1994, DS29/R, Rdn. 5.42), um „the validity of the environmental objectives of the United States to protect and conserve dolphins" zu betonen. Und auch in der US-Shrimp/Turtle-Entscheidung verweist der Appellate Body auf den Grundsatz nachhaltiger Entwicklung, um zu begründen, dass auch Schildkröten als „exhaustible natural resources" qualifiziert werden können (WTO, *United States – Import Prohibition of Certain Shrimp and Shrimp Products*, Appellate Body Report v. 12. Oktober 1998, WT/DS58/AB/R, Rdn.129 ff.). Für die Extraterritorialitätsfrage indes greift er bisher nicht auf den Nachhaltigkeitsgrundsatz (und das in ihm angelegte Umweltprinzip) zurück.

[102] Zugegebenermaßen spricht auch das Souveränitätsprinzip für dieses Ergebnis. Denn im hier vorgeschlagenen Verständnis (siehe oben S. 313 ff., 343 ff.) umschreibt dieses eine rechtlich gewährte und *prima facie* unbegrenzte staatliche Autonomie, in der auch die Regelungsbefugnisse eines Staates wurzeln. Innerhalb seiner Jurisdiktion (deren Grenzen sich letztlich aus eine Abwägung mit den Souveränitätsrechten anderer Staaten ergeben – so bereits oben S. 359 f.; siehe ferner *E. Vranes*, Trade and the Environment, 2009, S. 120 ff., 133 ff., 155 ff.; *L. Bartels*, JWT 36 (2002), S. 353 [374]) steht dem Staat damit die Kompetenz umfassender Selbstbestimmung zu, was freilich auch das Ergreifen von Umweltschutzmaßnahmen erfasst. Alternativ zur hier vorgeschlagenen, auf das Umweltprinzip abstellenden Lösung, lässt sich die Anerkennung einer jurisdiktionalen, aber keiner territorialen Beschränkung der Art. XX lit. b und lit. g GATT daher auch auf das im Souveränitätsprinzip wurzelnde Recht eines Staates zurückführen, innerhalb seiner (auch extraterritorialen) Hoheitsgewalt Umweltschutzmaßnahmen selbst dann zu treffen, wenn diese die Umwelt außerhalb seines Staatsgebiets betreffen. Das steht der hier vorgeschlagenen Rekonstruktion allerdings nicht entgegen, vielmehr lässt sich das auf das Umweltprinzip gestützte Argument durch die hier angedeutete souveränitätsbasierte Argumentation zusätzlich absichern und ergänzen. Der Verweis auf das Um-

II. Materialisierung *praeter legem*

Regelveränderungen, für deren Erklärung sich anders als in den soeben besprochenen Fällen nicht an eine auslegungsfähige Völkerrechtsregel anknüpfen lässt, sind oftmals ebenfalls erst vor dem Hintergrund der Entstehung neuer Völkerrechtsprinzipien zu verstehen und dogmatisch begreiflich zu machen. Nicht als systematische oder (mittelbar) teleologische Auslegungsargumente[103] machen völkerrechtliche Prinzipien in diesen Fällen ihren Einfluss geltend, vielmehr dringen sie in die Lücken des völkerrechtlichen Regelbestands ein und ermöglichen es der Rechtsanwendung, auch und gerade jenseits bestehender Regeln Entscheidungen zu treffen, die die aktuellen Wertungen des Völkerrechts widerspiegeln und dessen Materialisierung damit *praeter legem* fortsetzen. Die Entscheidung des ISGH in der Rechtssache M/V „Saiga“ (No. 2) zeigt, dass die Rechtsprechung internationaler Gerichte sich diese Form prinzipiengestützter Ergänzung des völkerrechtlichen Regelbestands zumindest in Ansätzen bereits zu Eigen macht, um der hier als Materialisierung beschriebenen Wertorientierung des Völkerrechts Ausdruck zu verleihen und dessen wertungsmäßige Konsistenz zu erhalten (dazu 1.).[104] Die Entwicklung, die das Institut diplomatischen Schutzes in der Rechtsprechung des IGH genommen hat, illustriert schließlich zweitens, dass selbst Materialisierungstendenzen, die von den Gerichten bisher nicht ausdrücklich auf den Einfluss neu entstandener Wertordnungsprinzipien zurückgeführt werden, sich erst auf deren Grundlage dogmatisch begreiflich machen lassen (dazu 2.).

---

weltprinzip dürfte dabei dennoch das stärkere Argument darstellen: Erstens konzentriert sich das Umweltprinzip auf ökologische Aspekte und dürfte deshalb für Fälle, in denen eben solche in Frage stehen, im Vergleich zu der im Souveränitätsprinzip verkörperten allgemeinen Freiheitsgarantie die speziellere Garantie und eben deshalb das konkret-gewichtigere Prinzip darstellen. Zweitens enthält das Souveränitätsprinzip lediglich ein Recht, solche Umweltschutzmaßnahmen zu ergreifen. Es kann daher eine entsprechende Auslegung der Art. XX lit. b und lit. g GATT nur dann begründen, wenn der betreffende Staat (was freilich meist der Fall sein dürfte) von diesem Recht auch erkennbar Gebrauch machen möchte. Das Umweltprinzip hingegen verpflichtet die Staaten zur Erhaltung der Umwelt und ist insofern von den WTO-Rechtsprechungsorganen unabhängig vom Willen der Staaten zu berücksichtigen.

[103] Zum mittelbaren Einfluss über die teleologische Auslegung oben S. 536 f.

[104] Die Überlegungen zu diesem Beispiel sind im Wesentlichen den Ausführungen in *J. Rauber*, ZaöRV 75 (2015), S. 259 (292 ff.) entnommen.

1. Die Humanisierung seerechtlicher Eingriffsbefugnisse in der M/V „Saiga" (No. 2)-Entscheidung des ISGH

Die Entscheidung des ISGH im Fall M/V „Saiga" (No. 2) belegt beispielhaft, dass die Rechtsprechung internationaler Gerichte zumindest in Ansätzen bereits die Tendenz zeigt, völkerrechtliche Grundprinzipien als (ergänzende) Argumente heranzuziehen, um die Materialisierung des Völkerrechts in Bereiche hinein zu verlängern, in denen der völkerrechtliche Regelbestand Lücken enthält.

Die M/V „Saiga" – ein Öltanker, der in Saint Vincent und die Grenadinen registriert war und auf See andere Schiffe mit Treibstoff versorgte – wurde vor der Küste von Guinea, etwas außerhalb der ausschließlichen Wirtschaftszone, von einem guineischen Patrouillenboot angegriffen. Überzeugt davon, die M/V „Saiga" habe ohne Genehmigung Treibstoff in das guineische Zollgebiet eingeführt, ihn dort verkauft und damit guineische Zollgesetze verletzt, brachten die guineischen Beamten das Schiff unter Einsatz massiver Waffengewalt unter ihre Kontrolle, beschlagnahmten es, konfiszierten die Ladung und stellten den Kapitän wegen Verstößen gegen die guineischen Einfuhrgesetze vor Gericht. Saint Vincent und die Grenadinen riefen daraufhin den ISGH an, um feststellen zu lassen, dass Guinea unter anderem durch sein brutales Vorgehen gegen die Besatzung der Saiga das Seerechtsübereinkommen verletzt habe. Dieses jedoch, so musste der ISGH feststellen, „does not contain express provisions on the use of force in the arrest of ships"[105] – weder in Art. 111 SRÜ, auf den sich Guinea zur Rechtfertigung der Festnahme berief, noch in anderen Bestimmungen des Übereinkommens. Angesichts dieser Leerstelle griff der Gerichtshof, wie es Art. 293 SRÜ verlangte, auf das Völkerrecht außerhalb des Serrechtsübereinkommens zurück. Dieses, so stellte er fest, „requires that the use of force must be avoided as far as possible and, where force is unavoidable, it must not go beyond what is reasonable and necessary in the circumstances".[106] Eine Rechts*regel* fand der Gerichtshof damit auch jenseits des Seerechtsübereinkommens nicht. Denn wie die Relativierung auf das Erforderliche und Vernünftige zeigt, etablierte nach Ansicht des Gerichtshofs auch das allgemeine Völkerrecht lediglich ein *prima facie*-Verbot, das die Vermeidung von Gewalt nur in einem relativ auf die tatsächlichen und rechtlichen Möglichkeiten möglichst hohen Maße erforderte. Normstrukturell jedoch weist das vom Gerichtshof ausgemachte

---

[105] ISGH, *The M/V ‚SAIGA' (No. 2)*, Merits, Urt. v. 1. Juli 1999, Rdn. 155.

[106] Ebd.

Gewaltverbot damit Prinzipiencharakter auf.[107] Inhaltlich scheint es zudem keinesfalls auf den Bereich des Seevölkerrechts beschränkt zu sein, sondern vielmehr dem Normbestand des allgemeinen Völkerrechts anzugehören. So begründet der Gerichtshof die Rechtsverbindlichkeit des Prinzips im unmittelbaren Anschluss an die zitierte Umschreibung mit dem Hinweis: „Considerations of humanity must apply in the law of the sea, as they do in other areas of international law".[108] Dass er in der Folge auch einige seevölkerrechtliche Belege dafür anführt, die dieses Gewaltverbot bestätigen,[109] ändert vor diesem Hintergrund indes nichts daran, dass er das angeführte Gewaltverbot selbst in Erwägungen der Menschlichkeit verortet, die über alle Bereiche des Völkerrechts hinweg Geltung beanspruchen können und über das Seevölkerrecht folglich hinausreichen. In der Sache entsprechen diese im allgemeinen Völkerrecht wurzelnden Menschlichkeitserwägungen dem oben nachgewiesenen Humanitätsprinzip. Dieses Humanitätsprinzip ist es folglich, mit dem der Gerichtshof die vom Seerechtsübereinkommen zunächst hinterlassene Regellücke schließt und mit dessen Hilfe er den Fall in einer Weise zu entscheiden vermag, die nicht nur der hier als Materialisierung bezeichneten Hinwendung des Völkerrechts zu Gemeinschaftsinteressen Ausdruck verleiht, sondern die zudem Wertungswidersprüche mit anderen Gebieten des Völkerrechts vermeidet.

2. Die Humanisierung des Instituts diplomatischen Schutzes in den Entscheidungen LaGrand und Diallo des IGH

Ein zweites Beispiel für eine Materialisierungsentwicklung, die erst vor dem Hintergrund des gewandelten Bestands völkerrechtlicher Grundprinzipien verständlich wird, bildet die Humanisierung des Instituts diplomatischen Schutzes. In der Rechtsprechung des StIGH noch fest in den Strukturen des klassischen Koexistenzvölkerrechts verwurzelt, hat sich der diplomatische Schutz in der neueren IGH-Rechtsprechung zu einem veritablen Instrument des Menschenrechtsschutzes entwickelt (dazu lit. a). Im Kleinen vollzieht er damit eine Entwicklung nach, in deren Verlauf sich die ursprüngliche Fokussierung des Völkerrechts auf den Schutz staatlicher Interessen löst und die den ursprünglich mit dem Souveränitätsprinzip abschließend umrissenen Kreis völkerrechtlicher

[107] Siehe dazu bereits oben S. 396 f.

[108] ISGH, *The M/V ‚SAIGA' (No. 2)*, Merits, Urt. v. 1. Juli 1999, Rdn. 155.

[109] Ebd., Rdn. 156.

Schutzgüter um Gemeinschaftswerte wie Umwelt- und Menschenrechtsschutz erweitert. Die Evolution der Grundsätze diplomatischen Schutzes ist so zugleich Indiz und Bestandteil der Materialisierung des Völkerrechts. Eine überzeugende dogmatische Begründung für die Veränderungen, die das Institut durchlaufen hat, bleibt die Rechtsprechung bislang jedoch schuldig (dazu lit. b). Vor dem Hintergrund der oben skizzierten Prinzipien lässt sich indes auch eine solche Begründung erbringen (dazu lit. c).

a) Die Grundsätze diplomatischen Schutzes in der Rechtsprechung von StIGH und IGH

Nach den Grundsätzen diplomatischen Schutzes besitzt ein Staat das Recht, dann, wenn einer seiner Angehörigen durch das völkerrechtswidrige Verhalten eines anderen Staates Schaden nimmt, mit Protest, Retorsion, Repressalie oder der Erhebung einer Klage zu reagieren, um so auf die Beseitigung des Schadens hinzuwirken.[110] *Emer de Vattel*, der als geistiger Vater dieses Instituts gelten kann, begründete dieses diplomatische Schutzrecht damit, dass, wer den Bürger eines Staates schädige, indirekt auch dessen Heimatstaat verletze.[111] Dieser Zusammenhang zwischen der Schädigung des Fremden und der Verletzung dessen Heimatstaates stelle, so ist im Schrifttum häufig zu lesen, eine bloße Fiktion dar – eine Fiktion jedoch, ohne die sich das staatliche Recht, diplomatischen Schutz zu gewähren, nicht begründen lasse.[112] Ungeachtet der Frage, ob es zutrifft, dass die Rechtsverletzung des Heimatstaates hierbei lediglich fingiert wird und in Wirklichkeit allein der geschädigte Fremde eine Verletzung zu beklagen hat,[113] beruht die These, erst die (fingierte) Verletzung staatlicher Rechte begründe das diploma-

---

[110] *K. Doehring*, Völkerrecht, 2. Aufl. 2004, S. 383 (Rdn. 868); *B. Schöbener*, in: ders. (Hrsg.), Völkerrecht, 2014, S. 61 (62).

[111] *E. de Vattel*, Le Droit des Gens ou Principes de la Loi Naturelle, 1758, Buch II, § 71.

[112] Ausführlich *A. Vermeer-Künzli*, The Protecton of Individuals by means of Diplomatic Protection, 2007, S. 31 ff.; ebenso *S. tho Pesch*, in: N. Weiß/J.-M. Thouvenin (Hrsg.), The Influence of Human Rights on International Law, 2015, S. 55 (59).

[113] Kritisch zu dieser Fiktion etwa *M. Ruffert*, in: J. Isensee/P. Kirchhof (Hrsg.), HStR, Bd. X, 3. Aufl. 2012, § 206 Rdn. 8; *O. Spiermann*, ZöR 58 (2003), S. 197 (211 f.); vgl. zu den unterschiedlichen Konstruktionsmöglichkeiten auch *S. N. Guha Roy*, AJIL 55 (1961), S. 863 (877 f.).

tische Schutzrecht, auf der Annahme, dass die Befugnis, eine Rechtsverletzung (gerichtlich) geltend zu machen, nur dem Inhaber des als verletzt gerügten Rechts selbst zustehen kann. Im Ausgangspunkt entspricht dies zwar den in Art. 42 ARS niedergelegten Grundsätzen, die ebenfalls zunächst lediglich dem verletzten Staat die Befugnis zusprechen, Völkerrechtsverletzungen durch einen anderen Staat geltend zu machen. Die Entwicklung, die das Institut diplomatischen Schutzes in der Rechtsprechung von StIGH und IGH genommen hat, stellt indes die Notwendigkeit eines solchen Konnex' von Befugnis zur Geltendmachung eines Rechts einerseits und Inhaberschaft des geltend gemachten Rechts andererseits in Frage. Denn während die frühe Rechtsprechung noch durchweg betont, die Gewährung diplomatischen Schutzes diene der Durchsetzung staatlicher Rechte (dazu lit. aa), erkennt die neuere Rechtsprechung an, dass diplomatische Schutzrechte eines Staates auch dann bestehen können, wenn nicht staatlichen, sondern individuellen Rechten Effektivität verliehen werden soll. Geltendmachung und Rechtsinhaberschaft fallen hier eindeutig auseinander (dazu lit. bb).

aa) Die Position der frühen Rechtsprechung

In der Rechtsprechung von StIGH und IGH begegnet das Institut diplomatischen Schutzes bis Ende der 1950er Jahre ausschließlich als Instrument zum Schutz staatlicher Rechte; in der Schädigung des Staatsangehörigen selbst sieht sie eher den Anlass als den Grund der Befugnis, diplomatischen Schutz zu gewähren. Erstmals ausdrücklich bekannt hat sich der StIGH zu diesem Verständnis diplomatischen Schutzes in seiner Mavrommatis Palestine Concessions-Entscheidung.[114] Im Mittelpunkt des der Entscheidung zugrundeliegenden Streits stand ein Konzessionsvertrag, den das Osmanische Reich vor Beginn des Ersten Weltkriegs mit einem griechischen Unternehmer abgeschlossen hatte. Nach Ende des Krieges wurde Palästina unter die Verwaltung des Völkerbunds gestellt und Großbritannien, das das Gebiet als Mandatsmacht verwaltete, weigerte sich, den Konzessionsvertrag aufrechtzuerhalten. Als Griechenland daraufhin vor dem StIGH Klage erhob, hatte sich dieser unter anderem mit dem Einwand auseinanderzusetzen, es handele sich nicht um einen zwischenstaatlichen Streit; vielmehr stünden die Rechte in Frage, die dem Unternehmer *Mavrommatis* gegenüber Großbritannien zukämen, sodass es bereits an der Zuständigkeit

---

[114] StIGH, *Mavrommatis Palestine Concessions*, Ser. A, No. 2.

des Gerichtshofs fehle.[115] Der StIGH indes sah dies anders, führte das von Griechenland geltend gemachte Schutzanliegen eindeutig auf Rechte Griechenlands selbst zurück und entgegnete:

> „It is an elementary principle of international law that a State is entitled to protect its subjects, when injured by acts contrary to international law committed by another State, from whom they have been unable to obtain satisfaction through the ordinary channels. By taking up the case of one of its subjects and by resorting to diplomatic action or international judicial proceedings on his behalf, a State is in reality asserting its own rights – its right to ensure, in the person of its subjects, respect for the rules of international law."[116]

Im Serbian Loans-Fall hat der Gerichtshof diese Formulierung ausdrücklich aufgegriffen und auf den auch dort vorgetragenen Einwand, es handle sich angesichts der im Zentrum des Falles stehenden privaten Vermögensinteressen nicht um eine Streitigkeit zwischen zwei Staaten, mit einer retrospektiven Klarstellung reagiert: „[I]n all cases with which the Court has so far had to deal and in which private interests have been involved, the State's claim has been based upon an alleged breach of an international agreement".[117]

Der IGH hat sich dieser Interpretation des Konzepts diplomatischen Schutzes zunächst vorbehaltlos angeschlossen und ebenso wie sein Vorgänger stets die zwischenstaatliche Dimension der diplomatischen Schutzgewährung betont. Die traditionellen Regeln diplomatischen Schutzes, so hob er bereits in seinem Reparations-Gutachten hervor, beruhten darauf, dass „the defendant State has broken an obligation towards the national State in respect of its nationals"[118]. Eine Verletzung der Rechte des Heimatstaates und nicht des geschädigten Individuums rückt er damit ins Zentrum diplomatischen Schutzes. Deutlicher noch kommt das in einer anderen Passage der Entscheidung zum Ausdruck. „In claiming reparation based on the injury suffered by its

---

115 In diese Richtung ebd., S. 12 .

116 Ebd., S. 12; in der Sache ebenso bereits ebd., S. 11 f.: „[Greece] is asserting its own rights by claiming from His Britannic Majesty's Government an indemnity on the ground that M. Mavrommatis, one of its subjects, has been treated by the Palestine or British authorities in a manner incompatible with certain international obligations which they were bound to observe."

117 StIGH, *Serbian Loans/Brazilian Loans*, Ser. A, No. 20/21, S. 17 f.

118 IGH, *Reparations for Injuries Suffered in the Service of the United Nations*, Advisory Opinion, ICJ Rep 1949, S. 174 (181).

agent," so führt der IGH dort aus, „the Organization does not represent the agent, but is asserting its own right, the right to secure respect for undertakings entered into towards the Organization." Wenngleich der Gerichtshof hier nicht das Recht eines Staates, sondern das Recht einer internationalen Organisation im Blick hat, Verletzungen, die einer ihrer Handlungsträger im Dienst durch eine völkerrechtswidrige Handlung eines Staates erleidet, im Wege funktionalen Schutzes geltend zu machen,[119] so dürften die zitierten Ausführungen auch auf das Institut diplomatischen Schutzes übertragbar sein. Denn der Gerichtshof lehnt sich zur Ausgestaltung der entsprechenden Regeln funktionalen Schutzes stark an diejenigen des diplomatischen Schutzes an und sieht hauptsächlich in deren Begründung Differenzen. Und so spricht die sechs Jahre später ergangene Nottebohm-Entscheidung denn auch ausdrücklich aus, was sich dem Reparations-Gutachten vor allem für die Grundsätze funktionalen Schutzes entnehmen ließ:

> „Diplomatic protection and protection by means of international judicial proceedings constitute measures for the defence of the rights of the State."[120]

Das im Wege diplomatischen Schutzes geschützte Recht, so ist dementsprechend auch im Schrifttum häufig zu lesen, ist – zumindest nach klassischer Lehre – das Recht eines Staates und kein Individualrecht des geschädigten Individuums.[121]

bb) Die Position der gegenwärtigen Rechtsprechung

In der jüngeren Rechtsprechung des IGH löst sich diese Beschränkung auf die Durchsetzung staatlicher Rechte zunehmend auf. Mehr und mehr wächst das Institut diplomatischer Schutzgewährung zu einem

---

[119] Die Differenzen, die der Unterscheidung von diplomatischem und funktionalem Schutz zugrundeliegen, arbeitet auch der IGH (ebd., S. 182 ff.) heraus; aus dem Schrifttum zu dieser Unterscheidung *C. F. Amerasinghe*, Diplomatic Protection, 2008, S. 47 ff.; *J. Dugard*, Diplomatic Protection, in: MPEPIL (online edition), Stand: Mai 2009, Rdn. 74 ff.

[120] IGH, *Nottebohm Case*, Second Phase, ICJ Rep 1955, S. 4 (24).

[121] So etwa *C. F. Amerasinghe*, Diplomatic Protection, 2008, S. 32 und öfter; *K. Doehring*, Völkerrecht, 2. Aufl. 2004, S. 383 f. (Rdn. 870); *J. Dugard*, Diplomatic Protection, in: MPEPIL (online edition), Stand: Mai 2009, Rdn. 7; *C. Hillgruber*, JZ 57 (2002), S. 94 (96); *V. Pergantis*, ZaöRV 66 (2006), S. 351 (371 f.).

genuinen Instrument des Individualrechtsschutzes heran, für das die Anknüpfung an die (fingierte) Verletzung staatlicher Rechte verzichtbar erscheint.[122] Schon in der aus dem Jahr 1959 stammenden Interhandel-Entscheidung des IGH deutet sich diese Entwicklung vorsichtig an. Beinahe beiläufig umschreibt der Gerichtshof die Berufung auf die Grundsätze diplomatischen Schutzes dort als „cases in which a State has adopted the cause of its nationals whose rights are claimed to have been disregarded in another State in violation of international law".[123] Anders als noch wenige Jahre zuvor stellt er damit ausdrücklich auf die Verletzung individueller Rechte ab und hat dabei – wie die Ergänzung „in violation of international law" zeigt – nicht lediglich solche nach dem nationalen Recht des Verletzerstaates im Blick. Dass dies indes noch keine endgültige Abkehr von der klassischen Lehre bedeutete, illustriert die Barcelona Traction-Entscheidung. In dieser greift das Gericht zunächst die oben bereits zitierte Passage des Reparations-Gutachtens auf,[124] um anschließend unmissverständlich festzustellen, im Rahmen diplomatischen Schutzes sei es „its own right that the State is asserting".[125]

Spätestens mit dem Urteil des Gerichtshofs im Fall der Brüder LaGrand dürfte jedoch feststehen, dass die Rechtsprechung des IGH das Konzept diplomatischen Schutzes nicht mehr allein in den Dienst staatlicher Rechte stellt, sondern auch die Geltendmachung völkerrechtlicher Individualrechte im Wege des diplomatischen Schutzes ermöglicht.[126] Die Brüder LaGrand waren nach einem Banküberfall in den USA festgenommen und zum Tode verurteilt worden, doch hatten es die amerikanischen Strafverfolgungsbehörden versäumt, sie über ihr Recht auf konsularischen Beistand nach Art. 36 WÜK aufzuklären. Nachdem eine einstweilige Anordnung des IGH unbeachtet blieb, forderte Deutsch-

---

[122] Das übersieht *K. Parlett*, in: C. Tams/J. Sloan (Hrsg.), The Development of International Law by the International Court of Justice, 2013, S. 87 (94), die feststellt: „notwithstanding the increasing role of the individual in international relations, the ICJ has broadly affirmed the ‚PCIJ *acquis*'".

[123] IGH, *Interhandel Case*, Preliminary Objections, ICJ Rep 1959, S. 6 (27).

[124] IGH, *Barcelona Traction*, Second Phase, ICJ Rep 1970, S. 3 (33 f.).

[125] Ebd., S. 45. Das Wort „assert" anstelle von „exercise" zeigt, dass hiermit nicht das Recht zur Gewährung diplomatischen Schutzes gemeint ist, sondern tatsächlich das im Wege diplomatischen Schutzes geltend gemachte Recht.

[126] Vgl. *N. Kato*, in: T. Komori/K. Wellens (Hrsg.), Public Interest Rules of International Law, 2009, S. 189 (196).

land im Hauptsacheverfahren Wiedergutmachung und stützte sich dabei unter anderem auf das Argument, dass „the breach of Article 36 by the United States did not only infringe upon the rights of Germany as a State party to the [Vienna] Convention but also entailed a violation of the individual rights of the LaGrand brothers".[127] Für die Geltendmachung dieser Verletzung der Individualrechte der Brüder LaGrand jedoch berief sich Deutschland ausdrücklich auf die Grundsätze diplomatischen Schutzes.[128] Obwohl diese Form der Berufung auf das Institut diplomatischen Schutzes eine erhebliche Abweichung von der bisherigen Rechtsprechung des Gerichtshofs bedeutete,[129] folgte der IGH dem Argument Deutschlands kommentarlos; die Frage, ob die Grundsätze diplomatischen Schutzes auch die Befugnis eines Staates begründen, individuelle Rechte seiner Staatsangehörigen geltend zu machen, thematisierte er nicht.[130] Stattdessen stellte er schlicht fest:

> „Based on the text of these provisions, the Court concludes that Article 36, paragraph 1, creates individual rights, which, by virtue of Article 1 of the Optional Protocol, may be invoked in this Court by the national State of the detained person."[131]

In der nur zwei Jahre später, im Jahr 2003, ergangenen Avena-Entscheidung bestätigte der Gerichtshof diese neue Linie. Zugrunde lag dem Verfahren ein Fall, der demjenigen der LaGrand-Brüder in allen wesentlichen Punkten glich. Und so berief sich auch Mexiko, dessen Staatsangehörige dieses Mal von der versäumten Aufklärung betroffen waren, im Wege diplomatischen Schutzes auf die Verletzung von Individualrechten. Der Gerichtshof hielt dies für schlüssig, verwies auf die

---

127 IGH, *LaGrand Case*, ICJ Rep 2001, S. 466 (481).

128 IGH, *LaGrand Case*, Memorial Germany, 16. September 1999, Rdn. 4.90.

129 *V. Pergantis*, ZaöRV 66 (2006), S. 351 (373): „In our view, the Court, by underlining the pertinence of the rights of individuals, sharply departs from the Mavrommatis dictum."; siehe auch *E. Milano*, NYIL 35 (2004), S. 85 (127), der das als „[t]he main innovative element" der Entscheidung bezeichnet. Siehe aber auch *A. Vermeer-Künzli*, The Protecton of Individuals by means of Diplomatic Protection, 2007, S. 136, die meint: „Once Article 36(1)(*b*) had been so qualified [i.e. as an individual right], however, the exercise of diplomatic protection by Germany in order to claim responsibility for a violation of this right vis-à-vis its nationals in itself was not controversial."

130 Kritisch dazu *Z. Deen-Racsmány*, LJIL 15 (2002), S. 87 (95); *R. Jennings*, LPICT 1 (2002), S. 13 (47 f.).

131 IGH, *LaGrand Case*, ICJ Rep 2001, S. 466 (494).

obige Passage der LaGrand-Entscheidung und erkannte die Befugnis Mexikos, sich im Wege diplomatischen Schutzes auch auf die Individualrechte seiner Bürger zu berufen, zumindest als subsidiäre Option ausdrücklich an:

> „The Court would first observe that the individual rights of Mexican nationals under paragraph I *(b)* of Article 36 of the Vienna Convention are rights which are to be asserted, at any rate in the first place, within the domestic legal system of the United States. Only when that process is completed and local remedies are exhausted would Mexico be entitled to espouse the individual claims of its nationals through the procedure of diplomatic protection.“[132]

Eine echte Auseinandersetzung mit der zugrundeliegenden Frage fehlt indes auch in Avena. Erst als der Gerichtshof schließlich 2007 über die vorgängigen Einwände im Diallo-Verfahren entschied, ließ er implizit erkennen, dass die Absicherung individueller Rechte durch das Institut diplomatischen Schutzes mit dem klassischen Verständnis dieses Konzepts bricht. Und so stellte er dort ausdrücklich die Frage nach der „admissibility of Guinea's Application in so far as it concerns protection of Mr. Diallo's rights as an individual“,[133] doch hielt er an der mit der LaGrand-Entscheidung begonnen Entwicklung fest, denn

> „[o]wing to the substantive development of international law over recent decades in respect of the rights it accords to individuals, the scope *ratione materiae* of diplomatic protection, originally limited to alleged violations of the minimum standard of treatment of aliens, has subsequently widened to include, *inter alia*, internationally guaranteed human rights.“[134]

b) Das veränderte Konzept diplomatischen Schutzes und seine (fehlende) Begründung in der Rechtsprechung

Vor dem Hintergrund dieser Rechtsprechungsentwicklung sieht sich nicht nur der materielle Einzugsbereich des Konzepts diplomatischen Schutzes erheblich erweitert, auch die Natur des diplomatischen

---

[132] IGH, *Avena*, ICJ Rep 2004, S. 12 (35 f.).

[133] IGH, *Diallo*, Preliminary Objections, ICJ Rep 2007, S. 582 (597).

[134] Ebd., S. 599.

Schutzrechts selbst lässt diese Entwicklung verändert zurück.[135] Und das auf gleich mehreren Ebenen: So hatte, erstens, die Ausübung diplomatischen Schutzes ursprünglich zum Ziel, das eigene Recht des schützenden Staates darauf durchzusetzen, dass andere Staaten bei der Behandlung seiner Staatsangehörigen einen internationalen Mindeststandard beachteten. Ein Staat, der von seiner Befugnis Gebrauch machte, dieses Recht unter Berufung auf die Grundsätze diplomatischen Schutzes gerichtlich geltend zu machen, verteidigte prozessual betrachtet ein eigenes Recht im eigenen Namen. Mit der Ausdehnung des diplomatischen Schutzrechts auf völkerrechtliche Individualrechte ändert sich genau dies. Der Staat schützt nicht mehr (allein) die eigenen Rechte, sondern Rechtspositionen, die seinen Bürgern als Individuen selbst zukommen und die sie nicht mehr lediglich reflexartig begünstigen. Die im Institut diplomatischen Schutzes wurzelnde Befugnis eines Staates, sich auch für die Durchsetzung dieser Rechte einzusetzen, stellt sich deshalb nicht länger als Recht dar, ein eigenes Recht im eigenen Namen geltend zu machen; vielmehr fungiert das diplomatische Schutzrecht nunmehr als gewohnheitsrechtliche Prozessführungsbefugnis, die es dem Staat ermöglicht – einem Prozessstandschafter gleich –, ein fremdes Recht im eigenen Namen gerichtlich einzuklagen.[136] Damit aber ändert sich zweitens nicht zuletzt die Funktion des Nationalitätserfordernisses.[137] Während dieses ursprünglich allein für die Frage bedeutsam war, welchen Staates' materielles Recht durch die Schädigung des Fremden verletzt wurde, und sich dessen Befugnis, das Recht geltend zu machen, als Konsequenz aus der Inhaberschaft des materiellen Rechts selbst ergab, kommt der Staatsangehörigkeit im Falle einer Verletzung völkerrechtlicher Individualrechte allenfalls noch auf prozessualer Ebene Bedeutung zu. Sie dient als Anknüpfungskriterium, das darüber entscheidet, welchem Staat die Völkerrechtsordnung das Recht zuweist, die fraglichen Individualrechte im eigenen Namen geltend zu

---

[135] Vgl. *R. Pisillo Mazzeschi*, in: M. T. Kamminga/M. Scheinin (Hrsg.), The Impact of Human Rights Law on General International Law, 2009, S. 211 (219 ff.).

[136] Siehe auch *N. Kato*, in: T. Komori/K. Wellens (Hrsg.), Public Interest Rules of International Law, 2009, S. 189 (192) m.w.N.

[137] Aufgrund des *erga omnes*-Charakters völkerrechtlicher Menschenrechte für gänzlich überflüssig hält das Nationalitätserfordernis hingegen *J. Kokott*, in: G. Ress/T. Stein (Hrsg.), Der diplomatische Schutz im Völker- und Europarecht, 1996, S. 45 (61 und öfters).

machen.[138] Dass der prozessierende Staat dabei (zumindest auch) ein fremdes Recht geltend macht, zeitigt schließlich drittens auch auf Rechtsfolgenseite Wirkungen. Der IGH deutet diese zumindest an, wenn er in der Kompensationsentscheidung im Diallo-Verfahren abschließend daran erinnert, „that the sum awarded to Guinea in the exercise of diplomatic protection of Mr. Diallo is intended to provide reparation for the latter's injury".[139] All diese Entwicklungen zeigen: Den Strukturen des rein zwischenstaatlichen, souveränitätsgeprägten Koexistenzvölkerrechts ist das Institut diplomatischen Schutzes mittlerweile entwachsen. Nur als Instrument des Menschen-, oder allgemeiner: Individualrechtsschutzes lässt es sich heute zutreffend begreifen.[140]

Die Rechtsprechung, von der diese Veränderungen ja im Wesentlichen ausgingen, hat sich indes nie darum bemüht, diese Veränderungen explizit als solche offenzulegen und deren Konsequenzen herauszuarbeiten. Auch eine Erklärung für die plötzliche Dynamik der Grundsätze diplomatischen Schutzes sucht man in den Stellungnahmen des IGH weitestgehend vergeblich.[141] So verschweigt die LaGrand-Entscheidung gar gänzlich – möglicherweise getäuscht durch die insofern irreführenden Erläuterungen im Schriftsatz Deutschlands[142] –, dass sie nicht nur

---

[138] In diese Richtung auch *A. Vermeer-Künzli*, The Protecton of Individuals by means of Diplomatic Protection, 2007, S. 16.

[139] IGH, *Diallo*, Compensation, ICJ Rep 2012, S. 324 (344). Aus dem Schrifttum ebenso *K. Doehring*, in: G. Ress/T. Stein (Hrsg.), Der diplomatische Schutz im Völker- und Europarecht, 1996, S. 13 (19); *J. Kokott*, in: G. Ress/T. Stein (Hrsg.), Der diplomatische Schutz im Völker- und Europarecht, 1996, S. 45 (56); *K. Oellers-Frahm*, in: T. Marauhn (Hrsg.), Die Rechtsstellung des Menschen im Völkerrecht, 2003, S. 21 (27).

[140] Ebenso *J. Dugard*, Diplomatic Protection, in: MPEPIL (online edition), Stand: Mai 2009, Rdn. 82 sowie ausführlich auch *A. Vermeer-Künzli*, The Protecton of Individuals by means of Diplomatic Protection, 2007, insbes. deren Untertitel „Diplomatic Protection as a Human Rights Instrument". Ähnlich auch *M. F. Tinta*, EJIL 12 (2001), S. 363 (366) sowie *B. Simma*, in: C. Tams/J. Sloan (Hrsg.), The Development of International Law by the International Court of Justice, 2013, S. 301 (311 f.), der darin „an important contribution to reconciling these two areas of the law [i.e. diplomatic protection and human rights law]" sieht.

[141] In diesem Sinne deutlich etwa *V. Pergantis*, ZaöRV 66 (2006), S. 351 (373).

[142] IGH, *LaGrand Case*, Memorial Germany, 16. September 1999, Rdn. 4.90, wo aus der oben zitierten Formulierung des Reparations-Gutachtens fälschli-

mit der These, die Konsularrechtskonvention enthalte individuelle Rechte, sondern auch mit deren Einbeziehung in den Anwendungsbereich diplomatischen Schutzes dogmatisches Neuland betritt. Ja, sie stellt nicht einmal ausdrücklich klar, dass das Institut diplomatischen Schutzes einem Staat auch die Befugnis verleiht, die Individualrechte seiner Angehörigen vor einem zuständigen internationalen Gericht einzuklagen. Die Avena-Entscheidung geht über eine unreflektierte Rezeption der Ausführungen in LaGrand nicht hinaus und auch die soeben zitierte knappe Passage[143] in der ersten Diallo-Entscheidung lässt viele Fragen offen. Mit dem Verweis auf „the substantive development of international law over recent decades in respect of the rights it accords to individuals" bemüht sie sich zwar um eine Erklärung. Doch bleibt unklar, auf welchem Wege die angesprochenen Entwicklungen im Bereich völkerrechtlicher Individualrechte nach Ansicht der Richter auf das Konzept diplomatischen Schutzes Einfluss nehmen konnten. Der Hinweis, der materielle Anwendungsbereich diplomatischen Schutzes habe sich vor dem Hintergrund dieser Entwicklung ausgedehnt, scheint eine entsprechende Staatenpraxis anzusprechen, für die die Entscheidung indes jeden Nachweis schuldig bleibt. Und so besitzen die Ausführungen des Gerichtshofs eher behauptenden als erkärenden Charakter.[144] Der etwas pauschale Verweis auf die Entwicklung des völkerrechtlichen Individualrechtsschutzes jedenfalls bleibt zu abstrakt, als dass er die tiefgreifenden strukturellen und funktionalen Veränderungen, die sich mit der Einbeziehung individueller Rechte in das Konzept diplomatischen Schutzes ergeben, dogmatisch erklären könnte. Und so bildet der IGH das Institut diplomatischen Schutzes letztlich im Sinne der Materialisierung des Völkerrechts fort, ohne dies methodisch angemessen zu begründen.

---

cherweise gefolgert wird, es sei Voraussetzung der Ausübung diplomatischen Schutzes, dass ein völkerrechtliches Individualrecht verletzt wurde.

[143] IGH, *Diallo*, Preliminary Objections, ICJ Rep 2007, S. 582 (599): „Owing to the substantive development of international law over recent decades in respect of the rights it accords to individuals, the scope *ratione materiae* of diplomatic protection, originally limited to alleged violations of the minimum standard of treatment of aliens, has subsequently widened to include, *inter alia*, internationally guaranteed human rights."

[144] Siehe auch *S. Talmon*, EJIL 26 (2015), S. 417 (434 ff.), der meint, die bloße Behauptung sei die vom Gerichtshof bevorzugte Technik des Gewohnheitsrechtsnachweises; zurückhaltender, aber in dieselbe Richtung *S. J. Choi/M. Gulati*, in: C. A. Bradley (Hrsg.), Custom's Future, 2016, S.117 (125 ff.).

c) Rekonstruktion im Prinzipienmodell

Im Lichte des veränderten völkerrechtlichen Prinzipienbestands lässt sich die Begründungslücke, die die Erweiterung des Konzepts diplomatischen Schutzes in der Rechtsprechung des IGH hinterlässt, allerdings schließen. Insbesondere das oben skizzierte Rechtsschutzprinzip[145] liefert ein entscheidendes rechtliches Argument dafür, die im Konzept diplomatischen Schutzes angelegte Befugnis eines Staates zur gerichtlichen Geltendmachung von Rechten, die seine Angehörigen schützen, auch auf Rechte zu übertragen, die den Staatsangehörigen selbst als Individualrechte zustehen. Wie gezeigt, stellt das Rechtsschutzprinzip einen allgemeinen und abwägungsfähigen Rechtsgrundsatz dar, der es *prima facie* gebietet, vor allem in all denjenigen Fällen gerichtlichen Rechtsschutz zu ermöglichen, in denen die Rechte Privater im Verhältnis zu einer – staatlichen oder überstaatlichen – Hoheitsgewalt in Frage stehen.[146] Völkerrechtliche Individualrechte sind aber eben dies: Rechtsgarantien, die der Einzelne einem Staat, dessen Hoheitsgewalt er untersteht, schützend entgegenhalten kann. Das Rechtsschutzprinzip verlangt daher auch in Bezug auf die bestehenden völkerrechtlichen Individualrechte, dass die Möglichkeit deren gerichtlicher Durchsetzung in einem relativ auf die rechtlichen und tatsächlichen Möglichkeiten größtmöglichen Maße realisiert wird. Sofern und soweit stärkere Gegengründe nicht bestehen, ist vor dem Hintergrund des Rechtschutzprinzips eine Verbesserung gerichtlichen Rechtsschutzes – wie sie die Erstreckung diplomatischen Schutzes auf völkerrechtliche Individualrechte zweifellos darstellt – folglich nicht nur wünschenswert, sondern rechtlich geboten.

Während die Ausweitung des Konzepts diplomatischen Schutzes diesem Gebot in der Sache durchaus Ausdruck verleiht, ist erst auf den zweiten Blick erkennbar, auf welchem methodischen Wege sich das Rechtsschutzprinzip in die gerichtliche Argumentation der fraglichen IGH-Entscheidungen hätte integrieren lassen. Zwar mag zunächst die Antwort naheliegen, die bestehenden Regeln seien schlicht im Lichte des Rechtsschutzprinzips extensiv auszulegen, doch verspricht eben dies bei genauer Betrachtung keinen Erfolg. Denn die Grundsätze diplomatischen Schutzes gehören dem Völkergewohnheitsrecht an und sind einer Auslegung eben deshalb nicht zugänglich.[147] Wie für alle ge-

---

145 Ausführlich S. 400 ff.

146 Siehe oben S. 445 ff.

147 Siehe oben S. 564 ff., auch zu den folgenden Überlegungen.

wohnheitsrechtlichen Normen geht vielmehr auch für sie die Inhaltsfrage der Existenzfrage vor, sodass allein die konkreten, je einzelnen staatlichen Verhaltensweisen und Äußerungen einer *opinio iuris* der verstehenden Deutung zugänglich sind. Die aus diesen einmal entstandene gewohnheitsrechtliche Norm aber steht in ihrem Inhalt fest und lässt sich allenfalls durch einen Blick auf die für sie konstitutive Staatenpraxis konkretisieren. Die Herausbildung abstrakter Völkerrechtsprinzipien lässt ihren Inhalt jedoch unberührt. Der Versuch, unter Rückgriff auf das Rechtsschutzprinzip die Befugnis eines Staates zu begründen, völkerrechtliche Individualrechte seiner Bürger im eigenen Namen geltend zu machen, kann methodisch betrachtet folglich nicht unmittelbar an die bestehenden Grundsätze diplomatischen Schutzes anknüpfen. Zur Geltendmachung von Individualrechten treffen diese schlicht keine Aussage und für eine entsprechende prinzipienbasierte Konkretisierung lassen sie keinen Raum.

Eben das jedoch verdeutlicht, dass sich die in der Rechtsprechung vorgenommene Ausweitung des Anwendungsbereichs diplomatischer Schutzrechte in einem Bereich bewegt, in dem der völkerrechtliche Regelbestand Lücken verzeichnet. Die staatliche Geltendmachung individueller Rechte wird von den Regeln des Völkerrechts schlicht nicht erfasst.[148] Weder unterfällt sie dem Anwendungsbereich der Grundsätze diplomatischen Schutzes, noch gehen die weitestgehend im Gewohnheitsrecht verankerten ILC-Artikel über die Staatenverantwortlichkeit auf die Geltendmachung von Individualrechten ein. Und schließlich enthält auch das Statut des IGH keine Vorschriften, die über die Zulässigkeit einer solchen prozessstandschaftlichen Geltendmachung individueller Rechte Aufschluss geben könnten; insbesondere steht der Erweiterung des diplomatischen Schutzes auf individuelle Rechte – anders als im Schrifttum zum Teil angenommen[149] – auch Art. 34 IGH-Statut nicht entgegen, bleibt doch auch im Falle einer prozessstandschaftlichen Geltendmachung individueller Rechte allein der diese Rechte geltend machende Staat Prozesspartei.

Im Lichte dieser Diagnose hätte auch der IGH in den besprochenen Entscheidungen unmittelbar auf die völkerrechtliche Prinzipienschicht zurückgreifen können und müssen. Denn angesichts des Fehlens völ-

---

[148] Angesichts der zitierten Rechtsprechung des IGH erscheint es indes durchaus möglich, dass sich mittlerweile eine gewohnheitsrechtliche Praxis in diesem Sinne etabliert hat.

[149] So offenbar *C. Hillgruber*, JZ 57 (2002), S. 94 (97) und *R. Jennings*, LPICT 1 (2002), S. 13 (47 f.).

kerrechtlicher Regeln war die Frage, ob die Klägerstaaten auch die Verletzung der individuellen Rechte ihrer Staatsangehörigen rügen konnten, im Wege eines verhältnismäßigen Ausgleichs der einschlägigen Völkerrechtsprinzipien zu bestimmen – eines Ausgleichs, der neben dem völkerrechtlichen Rechtsschutzprinzip freilich auch die letztlich im Souveränitätsprinzip wurzelnde negative Freiheit des jeweils beklagten Staates berücksichtigen musste, der Autorität einer gerichtlichen Streitschlichtungsinstanz nur unterworfen zu sein, wenn und soweit dies von der eigenen Zustimmung gedeckt ist.[150] Der IGH konnte dabei grundsätzlich das Rechtsschutzprinzip auf seiner Seite wissen. Denn gerade vor dem Hintergrund der *prima facie*-Pflicht zur Gewährung größtmöglichen gerichtlichen Rechtsschutzes verfolgte die Ausweitung des diplomatischen Schutzes auf Individualrechte ein legitimes Ziel, zu dessen Förderung sie auch beizutragen geeignet war. Und auch Alternativentscheidungen, mit denen der Gerichtshof den gerichtlichen Rechtsschutz im Hinblick auf völkerrechtliche Individualrechte in gleichem Maße gefördert hätte, die in die staatliche Souveränität der beklagten Staaten jedoch weniger intensiv eingegriffen hätten, sind nicht ersichtlich.[151] Und so hängt die Antwort auf die Frage, ob sich die Erweiterung des Konzepts diplomatischen Schutzes durch den IGH unter Berufung auf das Rechtsschutzprinzip begründen ließ, letztlich wesentlich davon ab, ob diese Erweiterung die konkurrierenden Prinzipien auch unter Berücksichtigung ihres jeweiligen Gewichts einem angemessenen Ausgleich zuführt (Verhältnismäßigkeit im engeren Sinne). Zwar genießt zweiteres die eindeutigere Anerkennung der Staaten, und auch die Tatsache, dass die Staaten im Grundsatz daran festhalten, einer gerichtlichen Entscheidungsinstanz nur dann unterstellt zu sein, wenn sie dem zugestimmt haben, zeigt, dass die Staaten dem Souveränitätsprinzip ein

---

[150] Dass eben dies nicht der Fall sei, machten etwa die USA im *LaGrand*-Verfahren geltend, wenn sie sich darauf beriefen, die kompromissarische Klausel des Zusatzprotokolls zum Wiener Konsularrechtsübereinkommen erstrecke sich nicht auf den im Wege diplomatischen Schutzes geltend gemachten Anspruch Deutschlands; siehe IGH, *LaGrand Case*, Counter-Memorial USA, 27. März 2000, Rdn. 75.

[151] Denken ließe sich allenfalls daran, Individuen ein eigenes Klagerecht einzuräumen. Abgesehen davon, dass sich der Gerichtshof damit hätte über Art. 34 IGH-Statut hinwegsetzen müssen, war dies in den vorliegenden Fällen bereits deshalb keine erwägenswerte Option, weil eben keine der betroffenen Einzelpersonen, sondern deren Heimatstaaten die Klagen erhoben hatten und so letztlich nur über die Frage zu entscheiden war, ob diese auch die Individualrechte ihrer Bürger geltend machen können.

größeres abstraktes Gewicht zumessen. Doch zum einen erreicht auch das Souveränitätsprinzip trotz seiner universellen Anerkennung nicht den Charakter einer zwingenden Norm, zum anderen hat, wie gesehen, auch das Rechtsschutzprinzip einen Grad der Anerkennung erreicht, der ausreicht, um es als allgemeinen Rechtsgrundsatz zu qualifizieren. Souveränitäts- und Rechtsschutzprinzip mögen so zwar abstrakt betrachtet nicht gleichwertig nebeneinander stehen, ein Überwiegen des Rechtsschutzprinzips im konkreten Fall ist damit dennoch nicht ausgeschlossen. Allerdings kann die Erweiterung des diplomatischen Schutzes auf Individualrechte vor dem Hintergrund dieser Überlegungen nur dann als angemessener Ausgleich der kollidierenden Prinzipien qualifiziert werden, wenn die Wichtigkeit der Erfüllung des Rechtsschutzprinzips den mit ihr verbundenen Eingriff in die Souveränität der beklagten Staaten auch angesichts der Intensität dieses Eingriffs eindeutig aufwiegt.[152] Die Wichtigkeit der Erfüllung des Rechtsschutzprinzips hängt dabei davon ab, mit welcher Intensität eine anderslautende Entscheidung – eine solche also, die dem klagenden Staat die Befugnis versagte, auch die Individualrechte seiner Bürger gerichtlich geltend zu machen – in das Rechtsschutzprinzip eingriffe.[153]

Von besonderem Gewicht, so mag man auf den ersten Blick einwenden, könne dieser Eingriff bereits deshalb nicht sein, weil ein großer Teil der völkerrechtlich garantierten Individualrechte menschenrechtlichen Charakter besitzt, für deren gerichtliche Durchsetzung auf internationaler Ebene gesonderte Beschwerdeverfahren bestehen, die den Individuen selbst die Erlangung gerichtlichen Rechtsschutzes ermöglichten. Solange zweitens kein individuelles Recht auf die Ausübung diplomatischen Schutzes bestehe, bleibe der Beitrag, den dessen Ausweitung auf Individualrechte für die vom Rechtsschutzprinzip gebotene Verbesserung des Rechtsschutzes zu leisten vermag, marginal.[154] Schließlich

---

[152] Vgl. das Abwägungsgesetz bei *R. Alexy*, Theorie der Grundrechte, 1986, S. 146: „Je höher der Grad der Nichterfüllung oder Beeinträchtigung des einen Prinzips ist, desto größer muß die Wichtigkeit der Erfüllung des anderen sein." In *R. Alexy*, in: GS Sonnenschein, 2003, S. 771 (779) stellt *Alexy* klar, dass diese Formulierung auf Fälle zugeschnitten ist, in denen die Prinzipien gleiches abstraktes Gewicht besitzen.

[153] Vgl. unabhängig vom hier zu entscheidenden Fall *R. Alexy*, in: GS Sonnenschein, 2003, S. 771 (780).

[154] Siehe dazu *J. Dugard*, Diplomatic Protection, in: MPEPIL (online edition), Stand: Mai 2009, Rdn. 83; in diese Richtung auch *B. Grzeszick*, AVR 43 (2005), S. 312 (329).

werde die Intensität des Eingriffs drittens auch dadurch gemindert, dass zur Durchsetzung der fraglichen Individualrechte jedenfalls auf nationaler Ebene auch dann noch gerichtlicher Rechtsschutz zu erlangen sei, wenn die Möglichkeit einer prozessstandschaftlichen Geltendmachung durch den Heimatstaat entfalle.

Wenngleich diese Einwände zweifellos auf Aspekte hinweisen, die es in der Abwägung von Rechtsschutz- und Souveränitätsprinzip zu berücksichtigen gilt, so können sie dennoch nicht überzeugend begründen, dass die Wichtigkeit der Erfüllung des Rechtsschutzprinzips in den hier behandelten Fällen als gering einzustufen ist. So vernachlässigt der Verweis auf die auf internationaler Ebene bestehenden Menschenrechtsbeschwerdeverfahren, dass nur die wenigsten dieser Verfahren mit einer rechtsverbindlichen Entscheidung enden und sich ein gerichtlicher Individualrechtsschutz, der diesen Namen verdient, daher auf internationaler Ebene im Wesentlichen auf einige regionale Systeme, wie insbesondere den EGMR, beschränkt. In zahlreichen Fällen jedoch fehlen auf internationaler Ebene gerichtliche Mechanismen des Individualrechtsschutzes.[155] So stand etwa auch im Fall LaGrand keine überstaatliche Instanz zur Verfügung, vor der die letztlich vor dem IGH gerügten Individualrechtsverletzungen hätten gerügt werden können, hatte die USA doch weder die durch die Amerikanische Menschenrechtskonvention etablierte Gerichtsbarkeit anerkannt, noch durch die Ratifikation des IPbpR-Fakultativprotokolls die Zuständigkeit des Menschenrechtsausschusses begründet.[156]

Die Rechtschutzsysteme der Nationalstaaten können dieses Defizit oftmals nicht zuverlässig auffangen. So verbreitet entsprechende Beschwerdeverfahren im nationalen Recht auch sein mögen, in zahlreichen Staaten leiden sie unter Ineffektivität, Korruption, langen Verfahrensdauern, hohen Zugangshürden, zu großen Fallzahlen oder mangelnder Bereitschaft der politischen Organe, die Entscheidungen der Gerichte umzusetzen.[157] Im Fall LaGrand etwa waren es die nationalen

---

155 Ausführlich zu diesem Argument *C. F. Amerasinghe*, Diplomatic Protection, 2008, S. 74 ff.; siehe auch *J. Dugard*, AusYIL 24 (2005), S. 75 (77 f.); *S. tho Pesch*, in: N. Weiß/J.-M. Thouvenin (Hrsg.), The Influence of Human Rights on International Law, 2015, S. 55 (58).

156 Im Diallo-Fall hingegen hätte der Weg vor die Afrikanische Kommission für Menschenrechte und den UN-Menschenrechtsausschuss grundsätzlich offen gestanden.

157 Vgl. ausführlich Konrad Adenauer Foundation (Hrsg.), Rule of Law. The KAF Democracy Report 2006, 2006 sowie (für den zivilrechtlichen Rechts-

Verfahrensregeln, konkret: die sog. *procedural default doctrine*, die einen effektiven Rechtsschutz durch die nationalen Gerichte der USA verhinderten. Sie schlossen es aus, vor den Bundesgerichten Verteidigungsmittel vorzubringen, die nicht bereits vor den gliedstaatlichen Instanzgerichten vorgebracht worden waren – und das, obwohl die Brüder LaGrand erst nach Ausschöpfung des Rechtswegs vor den Gerichten in Arizona von ihrem Recht auf konsularischen Beistand und der entsprechenden Aufklärungspflichtverletzung erfuhren. Zudem gewährleistet der Rechtsschutz durch internationale Gerichte schließlich eine Unparteilichkeit, die angesichts der Tatsache, dass die fraglichen Individualrechte gerade gegen den Staat schützen sollen, dessen Gerichte im nationalen Verfahren über sie zu entscheiden haben, in nationalen Verfahren zumindest nicht immer garantiert sein dürfte. In diesem Sinne folgert auch *Annemarieke Vermeer-Künzli*, dass „diplomatic protection continues to be indispensable“.[158] Dass der Beitrag, den die Ausweitung des diplomatischen Schutzrechts zur Kompensation dieser Defizite zu leisten vermag, dadurch geschmälert wird, dass es im Ermessen des Heimatstaates steht, von diesem Recht Gebrauch zu machen, trifft zwar zu; doch mag unter anderem im Lichte des Rechtsschutzprinzips fraglich erscheinen, ob – insbesondere in Fällen schwerwiegender Rechtsverletzungen – nicht tatsächlich eine Pflicht zur Gewährung diplomatischen Schutzes besteht.[159] Jedenfalls dort, wo ein Staat im Wege diplomatischen Schutzes ein Verfahren anstrengt, wird dies im Schrifttum allgemein als ausgesprochen effektives Mittel beurteilt, das auch im Vergleich zu Individualbeschwerdeverfahren den Vorteil aufweise, dass der beklagte Staat sich einem Gegner auf Augenhöhe stellen müsse. *Chittharanjan Amerasinghe* hält es daher für durchaus wahrscheinlich, dass „States in general may treat a claim of diplomatic protection from

---

schutz) *World Justice Project*, Rule of Law Index 2015, S. 46, 57 ff. (dort insbes. die Faktoren 7.1.-7.6.), erhältlich unter http://worldjusticeproject.org/rule-of-law-index (geprüft am 3. August 2016).

[158] *A. Vermeer-Künzli*, The Protecton of Individuals by means of Diplomatic Protection, 2007, S. 64 und öfter; ebenso *S. tho Pesch*, in: N. Weiß/J.-M. Thouvenin (Hrsg.), The Influence of Human Rights on International Law, 2015, S. 55 (66).

[159] In diese Richtung auch Art. 19 lit. a und b der ILC Draft Articles on Diplomatic Protection; ausführlich zu dieser Frage *C. F. Amerasinghe*, Diplomatic Protection, 2008, S. 79 ff.; *N. Karazivan*, CanadianYBIL 44 (2006), S. 299; *A. Vermeer-Künzli*, The Protecton of Individuals by means of Diplomatic Protection, 2007, S. 175 ff.

another State more seriously than an individual's complaint against its conduct to a human rights monitoring body".[160] Im Lichte dieser Überlegungen erschiene eine Entscheidung, die es den Nationalstaaten versagte, die Individualrechte ihrer Bürger im Wege diplomatischen Schutzes gerichtlich geltend zu machen, als ein Eingriff in das Rechtsschutzprinzip von erheblichem Gewicht. Vor dem Hintergrund, dass die fehlende Möglichkeit der Brüder LaGrand, ihre Rechte auf konsularischen Beistand vor den nationalen Gerichten geltend zu machen, vorliegend zu irreversiblen Eingriffen in ihr Lebensrecht zu führen drohte (und letztlich führte), verstärkt sich dieser Eindruck noch. Denn auch angesichts dieser extremen Folgen des nationalen Rechtsschutzdefizits stellte sich der Eingriff in das Rechtsschutzprinzip als gravierend dar.

Demgegenüber dürfte aber insbesondere entscheidend sein, dass das Souveränitätsprinzip der beklagten Staaten, konkret: der USA, durch die Ausweitung der diplomatischen Schutzbefugnis auf die Individualrechte von Angehörigen des schutzbefugten Staates allenfalls in geringem Maße betroffen ist. Denn erstens ist es nicht diese Ausweitung selbst, die die Zuständigkeit des Gerichtshofs in den fraglichen Fällen begründet. Vielmehr liegt dieser noch immer die Zustimmung des beklagten Staates zugrunde. Im Fall LaGrand etwa war es die kompromissarische Klausel des Zusatzprotokolls der Wiener Konsularrechtskonvention und nicht das weite Verständnis diplomatischen Schutzes, auf das der Gerichtshof seine Zuständigkeit stützte. Auch führt die Erstreckung der staatlichen Prozessführungsbefugnis auf individuelle Rechte seiner Angehörigen nicht dazu, dass sich der beklagte Staat einer weiteren Prozesspartei gegenüber sieht, macht der klagende Staat doch lediglich fremde Rechte im eigenen Namen geltend und bleibt daher, wie es bereits die Mavrommatis-Entscheidung formuliert, der „sole claimant".[161] Allenfalls der Umfang der geltend gemachten Rechte verändert sich und lediglich insofern mag die Souveränität des beklagten Staates betroffen sein: Die Autorität des entscheidenden Gerichts nimmt durch die Erweiterung der diplomatischen Schutzrechte einen Umfang an, der vom Konsens des beklagten Staates nicht gedeckt sein mag; dass er der Gerichtsbarkeit auch für die Durchsetzung individuel-

---

[160] *C. F. Amerasinghe*, Diplomatic Protection, 2008, S. 77; ebenso *J. Dugard*, Diplomatic Protection, in: MPEPIL (online edition), Stand: Mai 2009, Rdn. 10, 82; zustimmend *N. Kato*, in: T. Komori/K. Wellens (Hrsg.), Public Interest Rules of International Law, 2009, S. 189 (194).

[161] StIGH, *Mavrommatis Palestine Concessions*, Ser. A, No. 2, S. 12; siehe auch *M. N. Shaw*, International Law, 7. Aufl. 2014, S. 589.

ler Rechte unterliegen würde, hatte er nicht vorgesehen. Die Souveränitätsbeeinträchtigung, die mit dieser unkonsentierten Erweiterung des Klageumfangs einhergehen mag, entpuppt sich bei genauer Betrachtung indes als marginal. Denn ein völkerrechtlicher Vertrag, der individuelle Rechte kreiert, beschränkt sich darauf nicht; stets verleiht er auch den jeweils anderen Staaten, die als Vertragsparteien an den Vertrag gebunden sind, ein Recht auf die vertragsgemäße Behandlung von Einzelpersonen durch die jeweils anderen Vertragsstaaten. Er schafft damit zwei inhaltlich identische Rechte: eines, das dem jeweiligen Individuum selbst zusteht, und eines, das einem jeden der anderen Vertragsstaaten zukommt. Letzteres aber war von der Zustimmung zur Gerichtszuständigkeit ohne Zweifel erfasst. Inhaltlich wirft die Erweiterung des diplomatischen Schutzrechts daher keine neuen Fragen auf. Geringer könnte der Eingriff in die Souveränität des beklagten Staates daher kaum sein.

Angesichts dessen überwog in den entschiedenen Fällen die Wichtigkeit der Erfüllung des Rechtsschutzprinzips die Intensität des Eingriffs in das Souveränitätsprinzip deutlich. Das Rechtsschutzprinzip gebot es daher, den klagenden Staaten auch die Befugnis zuzusprechen, die Individualrechte ihrer Angehörigen im Verfahren vor dem IGH geltend zu machen. Was in den Entscheidungen des IGH selbst wie eine unbegründete Rechtsfortbildung erscheint, lässt sich im Lichte des Rechtsschutzprinzips daher rechtlich schlüssig begründen.

III. Materialisierung *contra legem*: Die Humanisierung der *male captus, bene detentus*-Doktrin

Um den im Laufe der Materialisierung des Völkerrechts aufkommenden Gemeinschaftsinteressen Ausdruck zu verleihen, ist die Rechtsanwendung zuweilen auch bereit, bestehende Regeln einzuschränken und Ausnahmen in völkerrechtliche Regeln einzufügen, die solche Ausnahmen zuvor nicht enthielten. Sofern die Rechtsprechung die Materialisierung des Völkerrechts auf diese Weise in die Anwendung von Einzelregeln hineintransportiert, geht sie über die bloße Auffüllung von Lücken im völkerrechtlichen Regelbestand hinaus und bildet diesen nicht nur *praeter*, sondern *contra legem* fort. Den im dritten Kapitel nachgewiesenen Rechtsprinzipien kommt auch für die Begründung solcher regelübersteigenden Materialisierungstendenzen entscheidende Bedeutung zu. An der Rechtsprechung des JStGH zum Grundsatz *male captus, bene detentus* („rechtswidrig gefangen, rechtmäßig in Haft“) lässt sich dies gut illustrieren. Denn anders als von der Rechtsprechung nationaler Gerichte lange Zeit einhellig vertreten, erkennt das Jugoslawien-Tribunal ausdrücklich an, dass Menschenrechtsverletzungen im Vorverfahrensstadium in bestimmten Fällen eine Jurisdiktionsausnahme begründen können, die das Gericht von Rechts wegen an der Ausübung seiner Zuständigkeit hindert (dazu 1.). Doch die dogmatische Verankerung in der *abuse of process*-Doktrin, die die Verfahrenskammer zur Begründung bemüht, überzeugt nicht (dazu 2.), vielmehr beruht die menschenrechtliche Jurisdiktionsausnahme im Wesentlichen auf einer Prinzipienabwägung (dazu 3.).

1. Der male captus, bene detentus-Grundsatz in der Rechtsprechung

a) Die Rechtsprechung nationaler Gerichte

Die Maxime *male captus, bene detentus* bringt den Grundsatz zum Ausdruck, dass ein Strafgericht seine Gerichtsbarkeit über einen Angeklagten unabhängig von der Frage ausüben darf, wie die Behörden des Gerichtsstaates des Angeklagten habhaft geworden sind.[162] Die Rechtsprechung der nationalen Gerichte ist diesem Grundsatz bis in die 1970er Jahr hinein beinahe ausnahmslos gefolgt,[163] und so steht es der Durchführung eines gerichtlichen Strafverfahrens nach überkommener Auffassung keinesfalls entgegen, dass der Angeklagte von Polizei- oder Geheimdienstkräften im Ausland gekidnappt und gegen seinen Willen in den Gerichtsstaat verbracht wurde, um ihm dort für Straftaten, deren Begehung er verdächtigt wird, den Prozess zu machen. Insbesondere von dem in diesen Fällen meist vorgetragenen Einwand, die grenzüberschreitende Entführung des Beschuldigten missachte die Gebietshoheit des fremden Staates, sei als Einmischung in dessen innere Angelegenheiten völkerrechtlich unzulässig und stelle folglich eine Verletzung des Souveränitätsprinzips dar, zeigen die nationalen Gerichte sich unbeeindruckt. Das Souveränitätsprinzip sei, so ist häufig zu lesen, eine Rechtsposition, die allein dem verletzten Staat zustehe und folglich

---

162 JStGH, *Prosecutor v. Nikolić*, Case No. IT-94-2-PT, Trial Chamber II, Decision on Defence Motion Challenging the Exercise of Jurisdiction by the Tribunal v. 9. Oktober 2002, Rdn. 70.

163 Siehe die ausführlichen Überblicke zur Rechtsprechungspraxis bei *A. Mohit*, AsianYBIL 11 (2003-2004), S. 123 (126 ff.); *A. Sridhar*, Stan. J. Int'l L. 42 (2006), S. 343 (344 ff.); *S. Wilske*, Die völkerrechtswidrige Entführung und ihre Rechtsfolgen, 2000, S. 252 ff.

auch allein dieser geltend zu machen berechtigt sei. Eine individualschützende Dimension, die es auch dem Beschuldigten erlaube, sich auf diese Völkerrechtsverletzung zu berufen, besitze das Souveränitätsprinzip hingegen nicht.[164] Für das Strafverfahren sei die vorangegangene Völkerrechtsverletzung deshalb unbeachtlich. Seit den späten 1970er Jahren jedoch beginnt die Rechtsprechung von dieser kategorischen Ausblendung der Vorverfahrensgeschehnisse abzurücken.[165] Unter Berufung auf die Grundsätze der Verfahrensfairness und der *rule of law*, zum Schutz von Reputation und Integrität der Gerichtsbarkeit sowie um Anreize für Völkerrechtsverletzungen zu vermeiden, haben mittlerweile einige Gerichte die Völkerrechtswidrigkeit der Festnahme des Beschuldigten als Verfahrenshindernis behandelt oder zumindest die Bereitschaft erkennen lassen, in Extremfällen entsprechend zu verfahren.[166] Eine gewohnheitsrechtliche Regel des *male captus, male detentus* dürfte sich indes noch nicht gebildet haben.[167]

b) Die Rechtsprechung internationaler Gerichte, insbesondere die Position des JStGH

Der Rechtsprechung internationaler Gerichte bot sich bislang vor allem in drei Fällen die Gelegenheit, sich mit dem Grundsatz *male captus, bene detentus* zu befassen.[168] Sie alle waren vor dem Jugoslawien-Tribunal

---

[164] Besonders deutlich in diesem Sinne District Court of Jerusalem, *Israel v. Eichmann*, Urt. v. 11. Dezember 1961, ILR 36 (1961), S. 5 (62); siehe auch *K. Selleck*, B.C. Int'l & Comp. L. Rev. 8 (1985), S. 237 (247 f.).

[165] Siehe *A. Mohit*, AsianYIL 11 (2003-2004), S. 123 (126 ff.) und *A. Sridhar*, Stan. J. Int'l L. 42 (2006), S. 343 (346 ff.) jeweils mit zahlreichen Nachweisen aus der Rechtsprechung.

[166] Überblick und Nachweise bei *J. Sloan*, YIHL 6 (2003), S. 319 (334 f.) sowie bei JStGH, *Prosecutor v. Nikolić*, Case No. IT-94-2-PT, Trial Chamber II, Decision on Defence Motion Challenging the Exercise of Jurisdiction by the Tribunal v. 9. Oktober 2002, Rdn. 79 ff.

[167] Ebenso *A. v. Arnauld*, Völkerrecht, 3. Aufl. 2016, Rdn. 366; im Ergebnis auch *J. Cazala*, Journal du Droit International 134 (2007), S. 837; zumindest für Fälle, in denen der betroffene Staat protestiert hat oder die Entführung mit schweren Menschenrechtsverletzungen einherging, anderer Ansicht ist *S. Wilske*, Die völkerrechtswidrige Entführung und ihre Rechtsfolgen, 2000, S. 338 ff.; kritisch dazu *D. Pulkowski*, EJIL 12 (2001), S. 1035 (1035 f.).

[168] Überblick zur Rechtsprechung internationaler Gerichte bei *A. Oehmichen*, in: H.-H. Kühne/R. Esser/M. Gerding (Hrsg.), Völkerstrafrecht,

anhängig, doch nur in einer Entscheidung setzte sich der Gerichtshof ausführlich mit dem Grundsatz auseinander.[169] So hatte JStGH in Dokmanović[170] zwar über den Einwand zu entscheiden, es stehe der Ausübung seiner Gerichtsbarkeit entgegen, dass der Beschuldigte durch eine List der Anklagebehörde ins Land gelockt worden war, nur um dort festgenommen und an den JStGH überstellt zu werden. Doch sahen die Richter hierin bereits keinen Fall des *male captus*, denn da der Beschuldigte die Grenze aus freien Stücken überquert habe, liege weder eine Entführung noch ein Völkerrechtsbruch vor. Die Festnahme sei daher rechtmäßig gewesen. In Todorović[171] hingegen berief sich der Angeklagte darauf, er sei in der Bundesrepublik Jugoslawien gekidnappt und unrechtmäßig nach Bosnien-Herzegowina überführt worden, wo ihn dann Beamte des JStGH an den Gerichtshof überstellten. Doch da sich Anklagebehörde und Angeklagter im Prozess auf eine Verfahrensabsprache verständigten, musste der Gerichtshof auch in diesem Fall nicht zu dem Einwand Stellung beziehen, die rechtswidrige Entführung des Angeklagten müsse ein Verfahrenshindernis zur Folge haben.

Eine ausführliche Auseinandersetzung mit den verfahrensrechtlichen Folgen völkerrechtswidriger Festnahmen findet sich so erst in den Nikolić-Entscheidungen[172] des Gerichtshofs. Der Beschuldigte Dragan

---

2007, S. 217 (237 ff. – zur Rechtsprechung des EGMR; 240 ff.); zur Rechtsprechung des EGMR auch *J. A. Frowein*, in: R. Lawson/M. de Blois (Hrsg.), The Dynamics of the Protection of Human Rights in Europe, Bd. III, 1994, S. 175.

[169] Ausführlich zu den diesbezüglichen Ausführungen der anderen beiden Entscheidungen *S. Lamb*, in: FS McDonald, 2001, S. 27; siehe auch *A. Sridhar*, Stan. J. Int'l L. 42 (2006), S. 343 (350 ff.).

[170] JStGH, *Prosecutor v. Mrkšić et al.*, Case No. IT-95-13a-PT, Trial Chamber II, Decision on the Motion for Release by the Accused Slavko Dokmanovic v. 22. Oktober 1997.

[171] JStGH, *Prosecutor v. Simić et al.*, Case No. IT-95-9, Trial Chamber, Decision on Motion für Judicial Assistance to be Provided by SFOR and Others v. 18. Oktober 2000. Obwohl der Fall als *Prosecutor v. Simić et al.* geführt wird, war *Todorović* der einzige Angeklagte, für den sich die *male captus, bene detentus*-Frage stellte.

[172] JStGH, *Prosecutor v. Nikolić*, Case No. IT-94-2-PT, Trial Chamber II, Decision on Defence Motion Challenging the Exercise of Jurisdiction by the Tribunal v. 9. Oktober 2002; JStGH, *Prosecutor v. Nikolić*, Case No. IT-94-2-AR73, Appeals Chamber, Decision on Interlocutory Appeal Concerning Legality of Arrest v. 5. Juni 2003.

Nikolić war, darüber waren sich Anklage und Verteidigung einig, in der Bundesrepublik Jugoslawien von Unbekannten, die weder zu SFOR (der NATO-Schutztruppe für Bosnien-Herzegowina) noch zur Anklagebehörde des JStGH in Verbindung standen, gewaltsam gefangen genommen und nach Bosnien-Herzegowina verbracht worden. Dort wurde er den SFOR-Truppen übergeben und schließlich an den Gerichtshof überstellt. Die Verteidigung sah darin einen dreifachen Völkerrechtsverstoß. Nicht nur habe die Entführung Nikolićs die Staatensouveränität Jugoslawiens missachtet, sie habe auch grundlegende und unveräußerliche Menschenrechte des Beschuldigten verletzt und sei schließlich – ebenso wie ein sich an die Entführung anschließendes Gerichtsverfahren – mit den Grundsätzen des *due process* und der *rule of law* unvereinbar.[173] Diese Rechtswidrigkeit der Festnahme Nikolićs infiziere auch das Verfahren, weshalb der JStGH von der Ausübung seiner Gerichtsbarkeit absehen müsse. Doch weder vor der Verfahrens- (dazu lit. aa) noch vor der Berufungskammer (dazu lit. bb) drang die Verteidigung mit diesem Argument durch. Dennoch lassen die Entscheidungen des JStGH – wenngleich mit teils sehr unterschiedlichen Begründungen – eine grundsätzliche Bereitschaft erkennen, die strikte *male captus, bene detentus*-Doktrin im Lichte menschenrechtlicher Erwägungen (vorsichtig) aufzuweichen. Methodisch gelingt diese Aufweichung erst im Rückgriff auf völkerrechtliche Prinzipien.

aa) Die Entscheidung der JStGH-Verfahrenskammer in Nikolić

Nach Ansicht der Verfahrenskammer betrat der JStGH im Hinblick auf die Frage, ob die Entführung Nikolićs ein Verfahrenshindernis zur Folge habe, „unchartered waters",[174] in denen allerdings auch die Rechtsprechung der nationalen Gerichte nur in begrenztem Umfang Orientierung bot. Denn die nationale Rechtsprechung befinde sich hinsichtlich des *male captus, bene detentus*-Grundsatzes in Entwicklung und beziehe sich zudem ausschließlich auf grenzüberschreitende Entführungen im horizontalen Verhältnis souveräner Einzelstaaten. Schon strukturell bedürfe es daher einer „Übersetzungsleistung",[175] denn „the

[173] JStGH, *Prosecutor v. Nikolić*, Case No. IT-94-2-PT, Trial Chamber II, Decision on Defence Motion Challenging the Exercise of Jurisdiction by the Tribunal v. 9. Oktober 2002, Rdn. 71, 96.

[174] Ebd., Rdn. 75.

[175] Ebd., Rdn. 76: „the national case law must be ‚translated' in order to apply to the particular context in which this Tribunal operates".

relationship between the Tribunal and national jurisdictions is not horizontal, but vertical".[176] Die Analyse nationaler Gerichtsurteile, mit der die Verfahrenskammer an diese mahnenden Hinweise anschließt, erfüllt denn auch weniger den Zweck, eine völkergewohnheitsrechtliche Norm nachzuweisen, in deren direkter Anwendung sich auch die Rechtsfolgen der völkerrechtswidrigen Entführung Nikolićs bestimmen ließen. Vielmehr zieht die Verfahrenskammer sie heran, um die „core elements" zu identifizieren, denen die nationale Rechtsprechung bei der Beurteilung vergleichbarer Fälle entscheidende Bedeutung zumisst.[177] Neben der Nationalität des Angeklagten und der Art und Schwere des ihm vorgeworfenen Verbrechens zählt die Verfahrenskammer dazu unter anderem die Frage, ob ein Auslieferungsvertrag bestand, den die Entführung zu umgehen vesuchte; ob Beamte des Gerichtsstaats in die Entführung involviert gewesen seien; ob der Staat, in dem sich der Entführte ursprünglich befand, protestiert habe, und schließlich, ob der Entführte zwischen Gefangennahme und Überstellung an das Gericht misshandelt worden sei.[178]

Vor dem Hintergrund dieser Faktoren konnte die Verfahrenskammer eine Verletzung der Staatensouveränität Jugoslawiens nicht erkennen. Denn erstens sei Nikolić von Unbekannten gekidnappt worden, ohne dass die Anklagebehörde oder SFOR-Kräfte daran in irgendeiner Weise beteiligt gewesen seien,[179] und zweitens sei mit der Entführung auch keine Umgehung eines Auslieferungsvertrags verbunden gewesen.[180] Vor allem jedoch sei das Tribunal nach Kapitel VII UN-Charta errichtet worden und stehe zu den Nationalstaaten folglich, drittens, in einem Subordinationsverhältnis. In diesem vertikalen Rechtsverhältnis jedoch könne Souveränitätserwägungen bereits „by definition" nicht dieselbe Bedeutung zukommen, die ihr die Entscheidungen nationaler Gerichte üblicherweise zuwiesen. Ob vor dem Hintergrund dieses letzten Arguments überhaupt Fälle denkbar sind, in denen nach Ansicht der Richter auch eine bloße Souveränitätsverletzung genügt, um die Ausübung der Gerichtsbarkeit auszuschließen, erscheint durchaus zweifelhaft.

Menschenrechtlichen Erwägungen hingegen, das stellte die Verfahrenskammer ausdrücklich klar, kann in Einzelfällen durchaus ein Gewicht

---

[176] Ebd.

[177] Ebd., Rdn. 77.

[178] Ebd., Rdn. 95.

[179] Ebd., Rdn. 101.

[180] Ebd., Rdn. 103.

zukommen, das genügt, um von der *male captus*, *bene detentus*-Doktrin abzuweichen und ein Verfahreshindernis zu etablieren, das das Gericht zur Freilassung des Angeklagten zwingt. So führt die Verfahrenskammer unter Bezugnahme auf die Barayagwiza-Entscheidung des Ruanda-Tribunals[181] aus, es könne sich als verfahrensmissbräuchlich (*abuse of process*) darstellen, wenn das Gerichtsverfahren durchgeführt werde, obwohl feststehe, dass die Rechte des Angeklagten im Vorfeld des Verfahrens in ungeheuerlicher Weise verletzt worden seien.[182] Es sei daher erforderlich „[to] undertake a balancing exercise in order to assess all the factors of relevance in the case at hand and in order to conclude whether, in light of all these factors, the Chamber can exercise jurisdiction over the Accused".[183] Im Lichte der analysierten Staatenpraxis zähle zu den dabei relevanten Faktoren etwa die Frage, auf welche Weise der Beschuldigte festgenommen worden sei, wie er behandelt wurde und wer für seine Festnahme und eventuelle Misshandlungen verantwortlich zeichne.[184] Wie die Richter indes unzweifelhaft klarstellen, kann aus der Abwägung dieser Faktoren im Einzelfall durchaus ein Verfahrenshindernis erwachsen:

> „[T]he Chamber holds that, in a situation where an accused is very seriously mistreated, maybe even subjected to inhuman, cruel or degrading treatment, or torture, before being handed over to the Tribunal, this may constitute a legal impediment to the exercise of jurisdiction over such an accused. This would certainly be the case where persons acting for SFOR or the Prosecution were involved in such serious mistreatment. But even without such involvement this Chamber finds it extremely difficult to justify the exercise of jurisdiction over a person if that person was brought into the jurisdiction of the Tribunal after having been seriously mistreated."[185]

Ob das Gericht auf die Ausübung seiner Zuständigkeit verzichten müsse, könne jedoch nicht *in abstracto* entschieden werden, sondern hänge von den Umständen des zu entscheidenden Einzelfalles, insbesondere

---

[181] RStGH, *Barayagwiza v. Prosecutor*, Case No. ICTR-97-19-AR72, Appeals Chamber, Entsch. v. 3. November 1999.

[182] JStGH, *Prosecutor v. Nikolić*, Case No. IT-94-2-PT, Trial Chamber II, Decision on Defence Motion Challenging the Exercise of Jurisdiction by the Tribunal v. 9. Oktober 2002, Rdn. 111: „have been egregiously violated".

[183] Ebd., Rdn. 112.

[184] Ebd., Rdn. 106.

[185] Ebd., Rdn. 114.

dem Ausmaß der gegen den Angeklagten angewandten Gewalt ab.[186] Im konkreten Fall verwarf die Kammer den entsprechenden Einwand der Verteidigung, und das ohne genauer auf das Ausmaß der Misshandlungen einzugehen, dem der Angeklagte Nikolić im Vorfeld des Verfahrens ausgesetzt worden war.

bb) Die Entscheidung der JStGH-Berufungskammer in Nikolić

Auch vor der Berufungskammer drang die Verteidigung nicht mit dem Einwand durch, dass der Gerichtshof angesichts der völkerrechtswidrigen Entführung Nikolićs von der Ausübung seiner Gerichtsbarkeit absehen müsse. Anders als die Vorinstanz, die ausdrücklich feststellte, eine Verletzung der Staatensouveränität liege nicht vor,[187] ging die Berufungskammer indes stillschweigend davon aus, die Entführung sei mit der Souveränität Jugoslawiens nicht vereinbar.[188] Wie sich eine solche Verletzung auf die Ausübung der Gerichtsbarkeit des JStGH auswirke, sei in der Rechtsprechung des Tribunals bisher nicht entschieden und auch in Statut und Verfahrensregeln des Tribunals finde sich keine entsprechende Regelung.[189] Angesichts dessen griff auch die Berufungskammer auf die Entscheidungspraxis nationaler Gerichte zurück und entnahm dieser zwei Prinzipien: Erstens stelle die besondere Schwere von Straftaten wie Völkermord, Verbrechen gegen die Menschlichkeit und Kriegsverbrechen in den Entscheidungen nationaler Gerichte einen guten Grund dafür dar, nicht von der Ausübung der Gerichtsbarkeit abzusehen. Gleiches gelte zweitens für den Fall, dass der Staat, dessen Souveränität durch die Entführung verletzt werde, davon absehe, gegen die Durchführung des Verfahrens zu protestieren.[190] Ob ein Verfahrenshindernis vorliege, müsse letztlich jedoch in einer Abwägung entschieden werden. Denn, so führt die Berufungskammer, aus:

---

[186] Ebd.

[187] Ebd., Rdn. 105.

[188] So beginnt der entscheidende Abschnitt bereits mit der Feststellung, die Frage, wie sich ein „breach of a State's sovereignty“ auf die Ausübung der Gerichtsbarkeit auswirke, sei eine Frage, die das Tribunal noch nicht zu entscheiden gehabt habe (JStGH, *Prosecutor v. Nikolić*, Case No. IT-94-2-AR73, Appeals Chamber, Decision on Interlocutory Appeal Concerning Legality of Arrest v. 5. Juni 2003, Rdn. 20).

[189] Ebd., Rdn. 20.

[190] Ebd., Rdn. 24.

> „There is a legitimate expectation that those accused of these crimes [i.e. genocide, crimes against humanity or war crimes] will be brought to justice swiftly. [...] This legitimate expectation needs to be weighed against the principle of State sovereignty and the fundamental human rights of the accused.“[191]

Angesichts der aus der nationalen Rechtsprechung gewonnenen Grundsätze, unterliegt nach Ansicht der Berufungskammer die Staatensouveränität in dieser Abwägung deutlich:

> „In the opinion of the Appeals Chamber the damage caused to international justice by not apprehending fugitives accused of serious violations of international humanitarian law is comparatively higher than the injury, if any, caused to the sovereignty of a State by a limited intrusion into its territory, particulary when the intrusion occurs in the default of the State's cooperation. Therefore, the Appeals Chamber does not consider that in cases of universally condemned offences, jurisdiction should be set aside on the ground that there was a violation of the sovereignty of a State, when the violation is brought about by the apprehension of fugitives from international justice [...]. This is all the more so in cases such as this one, in which the State whose sovereignty has allegedly been breached has not lodged any complaint and thus has acquiesced in the International Tribunal's exercise of jurisdiction.“[192]

Für Verletzungen grundlegender Menschenrechte erkannte die Berufungskammer ein solches generelles Überwiegen des Strafverfolgungsinteresses indes nicht an. Vielmehr bestätigte sie die menschenrechtliche Jurisdiktionsausnahme,[193] mit der schon die Verfahrenskammer das grundsätzliche Spannungsverhältnis von Strafverfolgungsauftrag und Menschenrechtsverletzungen im Vorfeld des gerichtlichen Verfahrens einer Lösung zuzuführen versuchte, und ergänzte:

> „Although the assessment of the seriousness of the human rights violations depends on the circumstances of each case and cannot be made *in abstracto*, certain human rights violations are of such a serious nature that they require that the exercise of jurisdiction be declined. It would be inappropriate for a court of law to try the victims of these abuses. Apart from such exceptional cases, however, the remedy of setting aside jurisdiction will, in the Appeals Cham-

---

[191] Ebd., Rdn. 25 f.

[192] Ebd., Rdn. 26.

[193] Ebd., Rdn. 28 f.

ber's view, usually be disproportionate. The correct balance must therefore be maintained between the fundamental rights of the accused and the essential interests of the international community in the prosecution of persons charged with serious violations of international humanitarian law.“ [194]

2. *Analyse der Position des JStGH*

Von der strikten *male captus, bene detentus*-Doktrin, wie sie der langjährigen Rechtsprechung nationaler Gerichte zugrunde lag, rücken im Nikolić-Verfahren vor dem JStGH folglich sowohl Verfahrens- als auch Berufungskammer ab.[195] Doch so willkommen diese Abweichung auch sein mag,[196] methodisch sprechen gute Argumente dafür, sie als regelübersteigende Rechtsfortbildung *contra legem* zu qualifizieren (dazu lit. a), die in den Argumenten der Kammerentscheidungen nicht überzeugend begründet wird (dazu lit. b).

a) Die menschenrechtliche Jurisdiktionausnahme als *contra legem*-Rechtsfortbildung

Menschenrechtsverletzungen im Vorfeld des gerichtlichen Verfahrens können, so erkennen letztlich beide Entscheidungen an, zumindest in Einzelfällen die Pflicht eines Gerichts begründen, von der Ausübung seiner Gerichtsbarkeit abzusehen. Selbst die Verfahrenskammer, die anfangs lediglich von einer „inherent power“, also einer bloßen Befugnis spricht, von ihrer Gerichtsbarkeit gegebenenfalls keinen Gebrauch zu machen,[197] sieht in schweren Misshandlungen des Angeklagten schließlich doch ein „legal impediment to the exercise of jurisdiction“.[198] Auch sie erkennt damit eine rechtliche Verpflichtung an, das Verfahren in sol-

---

[194] Ebd., Rdn. 30.

[195] Ebenso *F. de Sanctis*, Neth. Q. Hum. Rts. 22 (2004), S. 529 (547); *J. Sloan*, YIHL 6 (2003), S. 319 (325 f.).

[196] Befürwortend etwa *A. Carcano*, ItalianYIL 13 (2003), S. 77 (88); *F. de Sanctis*, Neth. Q. Hum. Rts. 22 (2004), S. 529 (547).

[197] JStGH, *Prosecutor v. Nikolić*, Case No. IT-94-2-PT, Trial Chamber II, Decision on Defence Motion Challenging the Exercise of Jurisdiction by the Tribunal v. 9. Oktober 2002, Rdn. 74.

[198] Ebd., Rdn. 114.

chen Fällen nicht fortzusetzen. Die Berufungskammer wird sogar noch deutlicher, wenn sie feststellt, dass „certain human rights violations are of such a serious nature that they *require* that the exercise of jurisdiction be declined“.[199]

Mit dem Bekenntnis zu einem solchen Rechtsgebot, in bestimmten Fällen aus humanitären Gründen auf die Ausübung der Gerichtsbarkeit zu verzichten, schränkt der JStGH (die Ausübung) seine(r) eigene(n) personenbezogene(n) Zuständigkeit ein.[200] Denn Art. 1 des JStGH-Statuts weist dem Jugoslawien-Tribunal die zunächst nicht weiter eingeschränkte Kompetenz zu, „to prosecute persons responsible for serious violations of international humanitarian law committed in the territory of the former Yugoslavia since 1991 in accordance with the provisions of the present Statute“. Und auch Art. 6 des Statuts erklärt – ohne dabei eine Einschränkung erkennen zu lassen –, die personenbezogene Zuständigkeit des Tribunals solle sich „over natural persons pursuant to the provisions of the present Statute“ erstrecken. Zwar verweisen sowohl Art. 1 als auch Art. 6 auf die übrigen Vorschriften des Statuts, doch findet sich unter diesen mit dem Verbot der Doppelbestrafung (Art. 10) lediglich eine einzige Bestimmung, die die Ausübung der Gerichtsbarkeit hinsichtlich der Frage des „Ob“ beschränkt. Ein Verfahrenshindernis, das an Souveränitäts- oder Menschenrechtsverletzungen anknüpft, sucht man indes vergebens. Anders als die Berufungskammer anzunehmen scheint,[201] folgt aus diesem Fehlen einer entsprechenden Verfahrensvorschrift indes nicht, dass sich die von den Richtern gefundene menschenrechtliche Jurisdiktionsausnahme in einem Bereich bewegt, in dem der völkerrechtliche Regelbestand offene Lücken aufweist. Vielmehr lebt dort, wo eine Ausnahme nicht besteht, die Regelbestimmung auf. Gemessen an den Vorschriften des JStGH-Statuts aber bedeutete dies, dass mangels einer entsprechenden Ausnahmevorschrift das Recht des Tribunals, von seiner Gerichtsbarkeit Gebrauch zu machen, auch in Fällen bestand, in denen der Angeklagte unter Verletzungen von Souveränitäts- und Menschenrechten an das Gericht gelangt war. Mit dem menschenrechtlich bedingten Jurisdiktionsausübungsverbot ergänzten die Richter das Prozessrecht des JStGH

---

[199] JStGH, *Prosecutor v. Nikolić*, Case No. IT-94-2-AR73, Appeals Chamber, Decision on Interlocutory Appeal Concerning Legality of Arrest v. 5. Juni 2003, Rdn. 30.

[200] Vgl. ebd., Rdn. 19.

[201] Ebd., Rdn. 20; ebenso diagnostiziert eine Lücke *J. Sloan*, YIHL 6 (2003), S. 319 (328).

folglich um ein ungeschriebenes Verfahrenshindernis, das die im JStGH-Statut niedergelegten Jurisdiktionsbefugnisse des Tribunals beschränkt und damit methodisch über eine bloße Ergänzung des völkerrechtlichen Regelbestands hinausgeht. Und so lässt selbst die Formulierung, mit der die Berufungskammer das Problem an manchen Stellen umschreibt – sie erklärt zuweilen, es gehe um die Frage, ob es erforderlich sei „to set aside jurisdiction" –, den derogierenden Charakter der neu gefundenen Ausnahmebestimmung erkennen. Den Bereich lediglich ergänzender Lückenfüllung aber überschreitet das Jugoslawien-Tribunal damit in Richtung einer regelübersteigenden Rechtsfortbildung *contra legem*.

b) Die Begründung der menschenrechtlichen Jurisdiktionsausnahme durch die Kammern des JStGH

Zumindest die Verfahrenskammer jedoch dürfte diese Charakterisierung als Rechtsfortbildung *contra legem* nicht teilen. Vielmehr bemüht sie sich, die menschenrechtliche Jurisdiktionsausnahme auf geltendes Völkergewohnheitsrecht zu stützen, indem sie sie als bloßen Anwendungsfall der *abuse of process*-Doktrin präsentiert.[202] Die Barayagwiza-Entscheidung des Ruanda-Tribunals, auf die sich die Verfahrenskammer hierzu maßgeblich stützt, umschreibt diese Doktrin wie folgt:

> „[T]he abuse of process doctrine may be invoked as a matter of discretion. It is a process by which Judges may decline to exercise the court's jurisdiction in cases where to exercise that jurisdiction in light of serious and egregious violations of the accused's rights would prove detrimental to the court's integrity."[203]

Der Versuch der Verfahrenskammer, die menschenrechtliche Jurisdiktionsausnahme auf diese Grundsätze zurückzuführen, verliert indes aus gleich mehreren Gründen an Überzeugungskraft. So versäumt es die Verfahrenskammer erstens, die völkergewohnheitsrechtliche Geltung dieser Lehre vom Verfahrensmissbrauch überzeugend nachzuweisen. Vielmehr erschöpft sich der Geltungsnachweis der Verfahrenskammer in einem bloßen Fußnotenverweis auf die zitierte Barayagwiza-Entscheidung des RStGH. Diese führt jedoch ihrerseits lediglich fünf

---

[202] Vgl. *A. Oehmichen*, in: H.-H. Kühne/R. Esser/M. Gerding (Hrsg.), Völkerstrafrecht, 2007, S. 217 (242).

[203] RStGH, *Baraygwiza v. Prosecutor*, Case No. ICTR-97-19-AR72, Appeals Chamber, Entsch. v. 3. November 1999, Rdn. 74.

Entscheidungen nationaler Gerichte an, die wiederum aus lediglich vier unterschiedlichen Staaten (Großbritannien, Jamaika, Neuseeland, USA) stammen und zudem allesamt dem Common Law-Rechtskreis angehören. Den Anforderungen, die das Völkerrecht an den Nachweis gewohnheitsrechtlicher Normen stellt, genügt das nicht. Zweitens fällt auf, dass die *abuse of process*-Doktrin einem Gericht lediglich die Möglichkeit eröffnet, in besonderen Fällen von der Ausübung seiner Gerichtsbarkeit abzusehen. Die von der Verfahrenskammer begründete menschenrechtliche Jurisdiktionsausnahme geht darüber indes eindeutig hinaus, etabliert sie doch nicht lediglich ein Recht, sondern eine Pflicht des Gerichts, in bestimmten Situationen auf die Ausübung der Gerichtsbarkeit zu verzichten. Jedenfalls in den vom RStGH zitierten Entscheidungen findet eine solche Pflicht keine Stütze. Drittens schließlich zeigt die obige Definition, dass der normative Grund, auf dem die Einstellung des Verfahrens in der Lehre vom Verfahrensmissbrauch beruht, primär die Integrität des gerichtlichen Verfahrens ist. Rechtsverletzungen, die der Angeklagte erlitten hat, kommt lediglich mittelbar und nur insofern Bedeutung zu, als sie die Integrität des Verfahrens gefährden. Die Nikolić-Entscheidung der Verfahrenskammer folgt indes einer anderen Logik. Lediglich ein einziges Mal – und dies zudem in den ausschließlich resümierenden Schlussbemerkungen – verweist sie auf die Integrität des Verfahrens.[204] In den begründenden Passagen der Entscheidung jedoch rekurriert die Verfahrenskammer ausschließlich auf den Schutz der Angeklagtenrechte.[205] Und so erwecken die Ausführungen der Verfahrenskammer den Eindruck, einem humanitären Anliegen Ausdruck verleihen zu wollen, für das die Anknüpfung an die *abuse of process*-Doktrin die nächstliegende, wenngleich nicht völlig passende[206] Option bot.

Die Entscheidung der Berufungskammer löst sich denn auch stärker als die Ausführungen der Vorinstanz vom Gedanken des Verfahrensmissbrauchs. Nur noch beiläufig zitiert sie die entsprechende Passage der

---

[204] JStGH, *Prosecutor v. Nikolić*, Case No. IT-94-2-PT, Trial Chamber II, Decision on Defence Motion Challenging the Exercise of Jurisdiction by the Tribunal v. 9. Oktober 2002, Conclusion (nach Rdn. 115).

[205] Siehe insbes. ebd., Rdn. 110 f.

[206] Noch grundsätzlicher setzt die Kritik von *A. Sridhar*, Stan. J. Int'l L. 42 (2006), S. 343 (357 ff.) an, der meint „[t]he abuse of process reasoning [...] translates poorly to the Tribunal's situation".

Barayagwiza-Entscheidung des Ruanda-Tribunals.[207] Stattdessen gibt sie offen zu erkennen, vorrangig vom Anliegen des Menschenrechtsschutzes motiviert zu sein, wenn sie etwa formuliert, der zu entscheidende Fall stelle vor die Frage, ob „the violation of human rights of an accused requires the setting aside of jurisdiction".[208] Eindeutig nicht die Integrität des Gerichtsverfahrens, sondern die Achtung vor den Menschenrechten des Angeklagten ist es demnach, die nach Ansicht der Berufungskammer eine Aufweichung des *male captus, bene detentus*-Grundsatzes rechtfertigt. Und so taucht die Integrität des Gerichtsverfahrens auch in der Abwägung, mittels derer die Berufungskammer letztlich über die Einstellung des Verfahrens entscheidet, nicht auf. Einzig gegen das Prinzip der Staatensouveränität und die grundlegenden Menschenrechte des Angeklagten wägt die Berufungskammer das Interesse der internationalen Gemeinschaft an der Verfolgung schwerwiegender Völkerrechtsverbrechen ab.[209] In der ohnehin nur spärlich zitierten Staatenpraxis, auf die sich die Berufungskammer hierzu stützt, spiegelt sich allerdings auch diese Abwägungslösung nicht wider.[210] Und so wird schließlich deutlich, dass die menschenrechtliche Jurisdiktionsausnahme tatsächlich eine Rechtsfortbildung darstellt, die in den Regeln des geltenden Völkergewohnheitsrechts keinen Rückhalt findet. Die dogmatische Begründung der Ausnahme allerdings gerät damit ebenfalls ins Wanken.

3. *Rekonstruktion im Prinzipienmodell*

Im Lichte einer prinzipienbasierten Methodenlehre lässt sich die Abwägungslösung, mit der die Berufungskammer die menschenrechtliche Jurisdiktionsausnahme begründet, indes nicht nur plausibel rekonstruieren; sie verdeutlicht auch, dass sich die Ausnahmeklausel dogmatisch

---

207 JStGH, *Prosecutor v. Nikolić*, Case No. IT-94-2-AR73, Appeals Chamber, Decision on Interlocutory Appeal Concerning Legality of Arrest v. 5. Juni 2003, Rdn. 29.

208 Ebd., Rdn. 28.

209 Ebd., Rdn. 26.

210 Sehr kritisch daher *J. Sloan*, YIHL 6 (2003), S. 319 (332): „The Appeals Chamber then offered a balancing test [...]. This test is entirely unattributed. Nothing in the cases referred to offers a similar test" (Fußnoten ausgelassen); ähnlich ebd., S. 329, 333; ebenso *ders.*, LPICT 4 (2005), S. 491 (496): „it appears to be of the appeals chamber's own devising".

vertretbar begründen lässt, selbst wenn sie sich in den Regeln des Völkergewohnheitsrechts (noch) nicht wiederfindet.

a) Erklärung als prinzipiengestützte Reduktion

Bei genauer Betrachtung paraphrasiert jeder der drei Aspekte, die die Berufungskammer als Gegenstände in die von ihr vorgenommene Abwägung einstellt, eines der völkerrechtlichen Prinzipien, um deren Nachweis sich das dritte Kapitel der vorliegenden Arbeit bemüht hat. So entspricht, erstens, die vom JStGH auf Seiten der *male captus, bene detentus*-Doktrin angeführte „legitimate expectation that those accused of these crimes [i.e. Universally Condemned Offences] will be brought to justice swiftly" in der Sache dem oben skizzierten Rechtsschutzprinzip.[211] Ebenso wie die Strafverfolgungserwartung der internationalen Gemeinschaft in den Augen der Berufungskammer einen normativen Grund dafür bietet, die Gerichtsbarkeit gerade in Fällen schwerer Völkerrechtsverbrechen auch auszuüben, verpflichtet auch das Rechtsschutzprinzip *prima facie* dazu, in diesen Fällen gerichtlichen Rechtsschutz zu gewähren, indem das Strafverfahren fortgeführt wird. Die im Schrifttum zum Teil vorgetragene Kritik,[212] die Entscheidung lasse Ursprung und normative Qualität dieser von der Berufungskammer angeführten Erwartung im Dunkeln, und auf das zitierte *case law* jedenfalls lasse sie sich nicht stützen, geht damit ebenfalls ins Leere. Denn auf das Rechtsschutzprinzip zurückgeführt bedarf diese Bestrafungserwartung der Verankerung in den Entscheidungen nationaler Gerichte nicht; vielmehr bringt sie die im allgemeinen Völkerrecht wurzelnde *prima facie*-Pflicht zum Ausdruck, durch die strafgerichtliche Verfolgung völkerrechtlicher Verbrechen gerichtlichen Rechtsschutz zu garantieren. Auch ihr normativer Status ist damit eindeutig.

Zu Gunsten einer möglichen Verfahrenseinstellung stellt die Nikolić-Entscheidung demgegenüber, zweitens, zunächst das Souveränitätsprinzip in die Abwägung ein. Den Ausführungen der Berufungskammer liegt dabei eine Souveränitätskonzeption zugrunde, die der oben skizzierten in allen wesentlichen Punkten entspricht: Sie versteht das Souveränitätsprinzip nicht nur als einen normativen Grundsatz,[213] sondern schreibt ihm auch die Eigenschaft zu, abwägungsfähig zu sein. Die

[211] Dazu ausführlich oben S. 400 ff.

[212] Vgl. *J. Sloan*, YIHL 6 (2003), S. 319 (329 f.).

[213] Vgl. dazu oben S. 294 ff.

obige These, als Rechtsnorm besitze die staatliche Souveränität Prinzipiencharakter, findet sich in der Argumentation der Kammer folglich bestätigt.[214] Sie illustriert dabei zugleich, dass prinzipiengestützte Rechtsfortbildungen keinesfalls darauf beschränkt sind, neu entstandenen Prinzipien zur Wirksamkeit zu verhelfen. Denn wie die Überlegungen der Richter zeigen, lässt sich jedenfalls im Grundsatz auch ein misslungener Ausgleich staatlicher Souveränitätsrechte gegen bestehende Regeln in Stellung bringen.

Die „fundamental human rights of the accused",[215] die die Berufungskammerentscheidung schließlich, drittens, gegen die Strafverfolgungserwartung der internationalen Gemeinschaft in Position bringt, sind als Abwägungsgegenstand nur schwer zu fassen. Denn anders als die Entscheidung der Verfahrenskammer, die neben Art. 21 des JStGH-Statuts ausdrücklich auch Art. 14 IPbpR und Art. 5 und 6 der EMRK zitiert,[216] verzichtet die Berufungsentscheidung darauf, konkrete Menschenrechtsgarantien in Bezug zu nehmen. Und so bleibt ihr Verweis auf die Menschenrechte des Angeklagten durchweg vage und selbst dort noch ungreifbar abstrakt, wo sie feststellt, dass „certain human rights violations are of such a serious nature that they require that the exercise of jurisdiction be declined".[217] Lediglich eine von der Berufungskammer zustimmend wiedergegebene Passage der Verfahrenskammerentscheidung erlaubt Rückschlüsse darauf, welche Art von Menschenrechtsverletzungen der JStGH im Blick hat. „[I]n circumstances", so heißt es dort, „where an accused is seriously mistreated, maybe even subject to inhuman, cruel or degrading treatment, or torture, before being handed over to the Tribunal, this may constitute an impendiment to the exercise of

---

[214] Dazu oben S. 343 ff.

[215] JStGH, *Prosecutor v. Nikolić*, Case No. IT-94-2-AR73, Appeals Chamber, Decision on Interlocutory Appeal Concerning Legality of Arrest v. 5. Juni 2003, Rdn. 26, ähnlich ebd., Rdn. 30.

[216] JStGH, *Prosecutor v. Nikolić*, Case No. IT-94-2-PT, Trial Chamber II, Decision on Defence Motion Challenging the Exercise of Jurisdiction by the Tribunal v. 9. Oktober 2002, Rdn. 110.

[217] Sehr kritisch dazu *J. Sloan*, YIHL 6 (2003), S. 319 (333 f.), der darauf hinweist, die Veteidigung habe sogar einen Antrag auf Klärung der fraglichen Passage durch den Gerichtshof gestellt, den dieser aber mit dem Argument abgewiesen habe, er sehe keinen Bedarf für eine Klärung; vgl. auch *A. Carcano*, ItalianYIL 13 (2003), S. 77 (87).

jurisdiction over such an accused".[218] Im Zentrum des humanitären Anliegens des JStGH steht demnach offenbar der Schutz vor schweren Misshandlungen, d.h. vor der Zufügung von ernsthaften physischen und psychischen Leiden, die in Extremfällen die Qualität von Folter oder unmenschlicher Behandlung annehmen können.[219] Damit jedoch rekurrieren die beiden Kammerentscheidungen auf Rechtsgüter, deren Schutz im allgemeinen Völkerrecht durch das oben skizzierte Humanitätsprinzip garantiert ist. Denn ebenso wie die Menschenrechtsgarantien, die der JStGH hier offenbar im Blick hat, etabliert das Humanitätsprinzip eine *prima facie*-Pflicht, neben Leben und Würde vor allem die körperliche und psychische Integrität der seiner Hoheitsgewalt unterstehenden Personen zu schützen.[220] Der von der Berufungskammer als „fundamental human rights of the accused" umschriebene Abwägungsgegenstand ist daher ohne weiteres auf das völkerrechtliche Humanitätsprinzip zurückführen. Und so lässt sich die Abwägung, mit der die Berufungskammer über die Ausübung ihrer Gerichtsbarkeit entscheidet, letztlich als der Versuch rekonstruieren, Rechtsschutz-, Souveränitäts- und Humanitätsprinzip im konkreten Fall in einen angemessenen Ausgleich zu bringen. Methodisch stellt sich die Anerkennung der von den Kammerentscheidungen vertetenen menschenrechtlichen Jurisdiktionsausnahme vor diesem Hintergrund als eine prinzipiengestützte Reduktion[221] der im JStGH-Statut normierten Jurisdiktionsbefugnisse dar. Ihre Erforderlichkeit ergibt sich dabei daraus, dass die Jurisdiktionsregeln des JStGH-Statuts dem verhältnismäßigen Ausgleich der einschlägigen Völkerrechtsprinzipien in Fällen schwerwiegender Misshandlungen des Angeklagten nicht gerecht werden und im Lichte des Humanitätsprinzips folglich einer Einschränkung bedürfen. Dass der Verzicht auf die Ausübung der Gerichtsbarkeit in diesen Situationen letztlich der Wahrung der Verhältnismäßigkeit dient, stellt sogar die

---

[218] JStGH, *Prosecutor v. Nikolić*, Case No. IT-94-2-AR73, Appeals Chamber, Decision on Interlocutory Appeal Concerning Legality of Arrest v. 5. Juni 2003, Rdn. 28; ursprünglich in JStGH, *Prosecutor v. Nikolić*, Case No. IT-94-2-PT, Trial Chamber II, Decision on Defence Motion Challenging the Exercise of Jurisdiction by the Tribunal v. 9. Oktober 2002, Rdn. 114.

[219] Ähnlich, aber ohne Begründung auf körperliche Leiden beschränkend *F. de Sanctis*, Neth. Q. Hum. Rts. 22 (2004), S. 529 (547): „both the Trial and the Appeals Chamber circumscribed the ‚human rights exception' substantially to cases of serious offences to the physical integrity of the accused".

[220] Ausführlich oben S. 389 ff.

[221] Vgl. dazu oben S. 646 f.

Berufungskammer selbst implizit fest. So erklärt sie, dass „[a]part from such exceptional cases, however, the remedy of setting aside jurisdiction will, in the Appeals Chamber's view, usually be disproportionate".[222] Plausibler als die Annahme, dass die menschenrechtliche Jurisdiktionsausnahme ihre normative Grundlage in den Regeln des Völkergewohnheitsrechts findet, dürfte daher die These sein, dass es sich bei der vom JStGH angenommenen Ausnahme um eine Rechtsfortbildung handelt, die aus der Abwägung völkerrechtlicher Grundprinzipien folgt.

b) Einwände

Zwei Einwände jedoch lassen sich hiergegen vortragen. So bilden die angeführten Völkerrechtsprinzipien erstens nur dann normative Gründe für eine Beschränkung der Befugnis des Gerichtshofs, seine Zuständigkeit in ihrem vollen Umfang auszuüben, wenn sich die Rechtsverbindlichkeit der angeführten Prinzipien in personeller Hinsicht auch auf das Jugoslawien-Tribunal erstreckt. Denn nur wenn auch das Tribunal selbst bei seiner Entscheidung zur Berückichtigung dieser Prinzipien verpflichtet war, kann sich aus ihnen das Gebot ergeben, das gerichtliche Verfahren in Sondersituationen einzustellen. Zweifel an einer solchen Rechtsbindung des Jugoslawien-Tribunals könnten vor allem deshalb entstehen, weil das Tribunal – wie insbesondere die Verfahrenskammer auch in der Nikolić-Entscheidung hervorhebt – nach Kapitel VII der UN-Charta als Nebenorgan des Sicherheitsrates geschaffen wurde, die Bindung des Sicherheitsrates an das allgemeine Völkerrecht aber nicht zuletzt deshalb häufig in Frage gestellt wird, weil Art. 103 der UN-Charta den Charta-Verpflichtungen (einschließlich derjenigen aus Sicherheitsratsresolutionen) im Fall eines Normkonflikts mit anderen völkerrechtlichen Verbindlichkeiten den Vorrang zusichert.[223] Im Grundsatz jedoch, so hat selbst der IGH festgestellt, sind auch interna-

---

[222] JStGH, *Prosecutor v. Nikolić*, Case No. IT-94-2-AR73, Appeals Chamber, Decision on Interlocutory Appeal Concerning Legality of Arrest v. 5. Juni 2003, Rdn. 30.

[223] Vgl. zur Rechtsbindung des Sicherheitsrates nur *T. D. Gill*, NYIL 26 (1995), S. 33 (61 ff.); *A. Peters*, in: B. Simma u.a. (Hrsg.), The Charter of the United Nations: A Commentary, 3. Aufl. 2012, Art. 24 Rdn. 57, Art. 25 Rdn. 59 ff.; *B. Martenczuk*, Rechtsbindung und Rechtskontrolle des Weltsicherheitsrats, 1996.

tionale Organisationen an das allgemeine Völkerrecht gebunden,[224] und es ist kein Grund ersichtlich, warum gerade für deren Nebenorgane etwas anderes gelten sollte. Jedenfalls sofern der Sicherheitsrat das Jugoslawien-Tribunal von dieser Verpflichtung auf das allgemeine Völkerrecht nicht entbunden hat, stellen die völkerrechtlichen Grundprinzipien daher auch für die Entscheidungen des JStGH eine rechtsverbindliche Maßgabe dar.[225] Weder der Gründungsresolution noch dem Statut des JStGH lässt sich eine solche Freizeichnung jedoch entnehmen. Auch der JStGH musste Rechtsschutz-, Souveränitäts- und Humanitätsprinzip folglich berücksichtigen und konnte sich zur Begründung der menschenrechtlichen Jurisdiktionsausnahme auf sie berufen.

Inwiefern das Humanitätsprinzip aber in der Sache überhaupt für den Verzicht auf die Ausübung der Gerichtsbarkeit spricht, ließe sich mit einem zweiten Einwand deshalb in Zweifel ziehen, weil durch das Gerichtsverfahren selbst eine durch das Humanitätsprinzip verbotene Misshandlung nicht geschieht. Vielmehr ist diese bereits abgeschlossen und auch durch die Einstellung des Verfahrens nicht mehr rückgängig zu machen. Bei Lichte besehen nimmt dies dem Humanitätsprinzip indes auch für die vorliegenden Fälle nicht die Bedeutung. Denn erstens scheinen bereits die Wertungen der ILC-Artikel über die Staatenverantwortlichkeit nahezulegen, dass ein Gericht, das seine Gerichtsbarkeit über einen Angeklagten ausübt, der unter schwerwiegenden Misshandlungen an das Gericht gelangt ist, für diese mitverantwortlich zeichnet und sich folglich am selben rechtlichen Maßstab messen lassen muss wie dies für die Misshandlungen selbst der Fall wäre. So sieht Art. 11 ARS vor, dass einem Staat ein Verhalten auch dann zurechenbar ist, wenn er dieses lediglich als sein eigenes anerkennt und annimmt. Zumindest nach Ansicht der Völkerrechtskommission aber erfüllt die Durchführung eines anschließenden Gerichtsverfahrens eben diese Voraussetzungen,[226] und auch im Schrifttum finden sich prominente

---

[224] IGH, *Interpretation of the Agreement of 25 March 1951 between the WHO and Egypt*, Advisory Opinion, ICJ Rep 1980, S. 73 (89 f.).

[225] Im Ergebnis ebenso *G. Sluiter*, New Eng. L. Rev. 37 (2002-2003), S. 935.

[226] *Draft Articles on Responsibility of States for Internationally Wrongful Acts, with commentaries*, YBILC 2001, Bd. II/2, S. 30 (53). Tatsächlich verweist die ILC dort auf das wohl prominenteste *male captus*-Beispiel: den *Eichmann*-Fall. „As regards State practice“, so führt die Völkerrechtskommission aus, „the capture and subsequent trial of Adolf Eichmann may provide an example of the subsequent adoption of private conduct by a State“. *Eichmann* war von einer Gruppe Israelis in Argentinien gefangen genommen und nach Israel entführt

Stimmen, die für diese Auslegung eintreten.[227] Teilt man diesen zugegebenermaßen sehr strengen Maßstab, so muss sich auch die Entscheidung eines Gerichts über die Fortsetzung oder Einstellung des Verfahrens unmittelbar am Humanitätsprinzip messen lassen.

Daneben dürfte zweitens entscheidend sein, dass es das Humanitätsprinzip gebietet, Verletzungen von Leben, Würde, körperlicher und psychischer Integrität in größmöglichem Maße zu vermeiden, und sich damit gerade nicht auf das Verbot eigenhändiger Eingriffe in diese Rechtsgüter beschränkt. Vielmehr belegen schon einige der bereits oben angeführten Beispiele, dass teilweise bereits bloße Gefährdungslagen dem Humanitätsprinzip unterfallen können. So folgerte etwa der Iran im Zusammenhang mit dem Abschuss eines Passagierflugzeugs aus dem Humanitätsprinzip das Gebot, „not to act in such a manner as to place civil aviation unnecessarily or unreasonably in danger".[228] Und auch die Ausprägungen, die das Prinzip im humanitären Völkerrecht erfahren hat, illustrieren, dass es zuweilen auch Verhaltensweisen erfordern kann, die die geschützten Rechtsgüter vor Gefährdungen bewahren, die nicht von den Verpflichteten selbst drohen.[229] Die klassischen *male captus*-Fälle sind diesen Konstellationen nicht unähnlich. Denn stehen Misshandlungen bei Festnahme und Überführung des Angeklagten einem Gerichtsverfahren nicht entgegen, so kann bereits dies die Gefahr begründen, dass sich Private eines Beschuldigten notfalls auch unter Einsatz erheblicher Gewalt bemächtigen, um ihn anschließend an das Gericht zu übergeben. Selbst ohne die (zu) scharfe Zurechnungslehre des Art. 11 ARS fällt die Entscheidung eines Gerichts darüber, ob ein Verfahren aufgrund vorangegangener Misshandlungen des Angeklagten einzustellen ist, in den Anwendungsbereich des Humanitätsprinzips.

---

worden, um ihn dort unter anderem für Verbrechen gegen die Menschlichkeit vor Gericht zu stellen. Ob israelische Beamte an der Entführung beteiligt waren, blieb bis zuletzt unklar, sodass eine Zurechnung über Art. 4 oder 8 ARS ausschied.

[227] *F. A. Mann*, in: Y. Dinstein (Hrsg.), International Law at a Time of Perplexity, 1989, S. 407 (408); kritisch aber *J. Cazala*, Journal du Droit International 134 (2007), S. 837 (846).

[228] IGH, *Case Concerning the Aerial Incident of 3 July 1988* (Iran v. USA), Memorial Iran, 24. Juli 1990, S. 190.

[229] Siehe etwa Art. 20 GK III; Art. 46 GK III; Art. 127 GK IV; Art. 108 GK III, die neben Eingriffsverboten ausdrücklich auch Gebote enthalten, die etwa Gesundheitsgefahren vorbeugen sollen, die von Nahrungsmangel oder unzulänglicher medizinischer Versorgung herrühren können.

Im Ergebnis kann daher keiner der beiden Einwände überzeugen.

IV. Ergebnis

Im Lichte der vorstehenden Überlegungen tragen Veränderungen im völkerrechtlichen Prinzipienbestand auf unterschiedliche Weise zur Erklärung und Rechtfertigung völkerrechtlicher Materialisierungstendenzen bei. Die untersuchten Fallbeispiele und Einzelentwicklungen belegen, dass neu entstandene Grundprinzipien in der Rechtsprechung zuweilen nicht nur tatsächlich als (ergänzende) Auslegungsargumente herangezogen werden, um bestehende Regeln im Wege einer interpretativen „Umwertung“ in den Dienst neuartiger Schutzgüter zu stellen; vielmehr zeigen sie, dass die fraglichen Prinzipien selbst dort zentrale Argumente für die Fortbildung oder Umdeutung des bestehenden Regelbestands darstellen, wo die entscheidenden Gerichte sie nicht ausdrücklich in Bezug nehmen. Zumindest exemplarisch bestätigen die hier unternommenen Fallstudien dabei die im vierten Kapitel bereits theoretisch erarbeitete These, dass völkerrechtliche Prinzipien keinesfalls nur auf dem Weg der Regelauslegung auf den überkommenen Regelbestand Einfluss nehmen. Auch der Rechtsfortbildung *praeter* und in Einzelfällen gar *contra legem* dienen sie als Argument. Die Veränderungen des völkerrechtlichen Regelbestands, die oben als Indiz und Bestandteil der Materialisierung des Völkerrechts ausgewiesen wurden, dürften sich vor dem Hintergrund dieser Überlegungen zumindest in entscheidenden Teilen unter Rückgriff auf eine veränderte völkerrechtliche Prinzipiengrundlage rechtfertigen lassen.

B. Hierarchisierung: Der normhierarchische Sonderstatus des *ius cogens*

Dass der Wandel des völkerrechtlichen Prinzipienbestands auch dazu beiträgt, die Hierarchisierung des Völkerrechts normativ erklären zu können, lässt sich besonders gut anhand der herausgehobenen Stellung illustrieren, die zwingenden Normen im Stufenbau der Völkerrechtsordnung zukommt. Denn die Normen des *ius cogens*, so soll der folgende Abschnitt zeigen, verdanken ihren hierarchischen Sonderstatus nicht (ausschließlich) dem souveränen Willen der Staaten, sondern den materiellen Grundprinzipien, denen sie Ausdruck verleihen. In einem zentralen Aspekt lässt sich damit auch die Hierarchisierung des Völkerrechts normativ auf den Einfluss neuer völkerrechtlicher Grundprinzipien zurückführen. Dem oben skizzierten Humanitätsprinzip kommt dabei besondere Bedeutung zu.

I. Hierarchisierung als rechtfertigungsbedürftige Entsouveränisierung

Es ist das markanteste Charakteristikum zwingender Völkerrechtsnormen, dass sie Abweichungen durch nicht-zwingende Normen nicht zulassen und entgegenstehenden Rechtsakten – seien es vertragliche Bestimmungen, gewohnheitsrechtliche Normen, einseitig übernommene Verpflichtungen oder andere unilaterale Akte, wie etwa Vorbehaltserklärungen – die Geltung nehmen.[230] In diesem Sinne sehen etwa Art. 53 S. 1 und Art. 64 WVK ausdrücklich vor, dass ein Vertrag, der zu einer Norm des zwingenden Völkerrechts in Widerspruch steht, nichtig ist. Wie gesehen, begründet eben diese Nichtigkeitsfolge eine hierarchische Vorrangstellung des *ius cogens*: Normen des zwingenden Völkerechts genießen nicht nur in der Anwendung Vorrang vor konfligierenden Normen ohne zwingenden Charakter (Vorrang nach dem Derogationszusammenhang), aufgrund der Nichtigkeitsfolge im Konfliktfall wirken sie zugleich als negative Geltungsbedingungen des einfachen Völkerrechts und stehen ihnen folglich auch in diesem Sinne normhierarchisch vor (Vorrang nach dem Bedingungszusammenhang).[231] Als solche negativen Geltungsbedingungen beschränken *ius cogens*-Normen die souveräne Rechtsetzungskompetenz der Staaten;[232] die Möglichkeit, im Kon-

---

[230] Siehe etwa *G. A. Christenson*, Va. J. Int'l L. 28 (1987-1988), S. 585 (594); *D. Dubois*, Nordic J. Int'l L. 78 (2009), S. 133 (135, 138); *C. Focarelli*, Nordic J. Int'l L. 77 (2008), S. 429 (451); *A. Pellet*, AusYIL 12 (1988-1989), S. 22 (38); *C. Tomuschat*, in: E. Cannizzaro (Hrsg.), The Present and Future of Jus Cogens, 2015, S. 7 (30); *K. Wolfke*, PolishYIL 6 (1974), S. 145 (150); ausführlich, aber kritisch dazu *U. Linderfalk*, ICLR 14 (2012), S. 3.

[231] Siehe S. 46 f.

[232] *M. Byers*, Nordic J. Int'l L. 66 (1997), S. 211 (212); *T. Meron*, AJIL 80 (1986), S. 1 (14); *H. Mosler*, The International Society as a Legal Community, 1980, S. 19; *A. Orakhelashvili*, Peremptory Norms in International Law, 2006, S. 9; *D. Shelton*, in: M. D. Evans (Hrsg.), International Law, 4. Aufl. 2014, S. 137 (144); *A. Tanzi*, ICLR 12 (2010), S. 145 (156 f.); *C. Tomuschat*, in: E. Cannizzaro (Hrsg.), The Present and Future of Jus Cogens, 2015, S. 7 (20, 26);

sens eine Regelung zu treffen, die zu den Vorgaben des zwingenden Völkerrechts in Widerspruch steht, wird den Staaten durch den normhierarchischen Vorrang des *ius cogens* genommen. Die durch das Aufkommen zwingender Völkerrechtsnormen bedingte Hierarchisierung des Völkerrechts geht so mit einer Entsouveränisierung des Völkerrechts einher: Die im Souveränitätsprinzip verankerte Freiheit der Staaten, ihre Rechtsbeziehungen nach Belieben zu gestalten,[233] findet in den Regeln des *ius cogens* eine inhaltliche Schranke. Und so beraubt der hierarchische Vorrang zwingender Völkerrechtsnormen die Staaten einer Rechtsetzungskompetenz, die ihnen das Souveränitätsprinzip grundsätzlich zuspricht. Privatautonomie und Souveränität der Staaten lässt die Entstehung zwingenden Völkerrechts demnach reduziert zurück.[234]

Dogmatisch bedarf die Vorrangposition des *ius cogens* deshalb einer Rechtfertigung. Dass es sich dabei tatsächlich um ein eigenständiges, allein auf die Höherrangigkeit bezogenes Rechtfertigungsbedürfnis handelt, verdeutlicht der Vergleich mit dispositiven Völkerrechtsnormen. Anders als diese beschränken die Bestimmungen des zwingenden Völkerrechts die Souveränität eines Staates nicht nur dadurch, dass sie ihm Verhaltensge- oder -verbote auferlegen (etwa das Verbot, militärische Gewalt gegen andere Staaten anzuwenden);[235] vielmehr greifen sie zusätzlich dadurch in dessen Souveränität ein, dass sie ihm kraft ihrer übergeordneten Position in der Normenhierarchie die Möglichkeit nehmen, Rechtsakte zu setzen, die mit diesen Ge- oder Verboten unvereinbar sind. Neben die *ius cogens*-Regeln erster Ordnung – etwa das völkerrechtliche Gewalt- oder Folterverbot selbst – treten damit *ius cogens*-Regeln zweiter Ordnung, die die besonderen Konsequenzen des *ius cogens*-Charakters normieren und den Sonderstatus zwingender

---

W. Werner, in: N. Tsagourias (Hrsg.), Transnational Constitutionalism, S. 329 (334).

233 Siehe S. 319 ff.: „Akzidenzautonomie".

234 Sehr deutlich *M. A. Turpel/P. Sands*, Conn. J. Int'l L. 3 (1987-1988), S. 364 (365, 369); ebenso *D. Dubois*, Nordic J. Int'l L. 78 (2009), S. 133 (138); *C. L. Rozakis*, The Concept of Jus Cogens in the Law of Treaties, 1976, S. 15; *A. Tanzi*, ICLR 12 (2010), S. 145 (156 f.); vgl. auch *G. A. Christenson*, Va. J. Int'l L. 28 (1987-1988), S. 585 (594); *I. G. Corey*, Int'l Legal Theory 1 (1995), S. 9 (9 f.).

235 Das knüpft an die obigen Überlegungen zu der im Souveränitätsprinzip verankerten allgemeinen Handlungsfreiheit der Staaten an, siehe dazu oben S. 327 ff.

Normen so erst im eigentlichen Sinne begründen.[236] Insbesondere die Anordnung der Nichtigkeit entgegenstehender Verträge gem. Art. 53 S. 1 WVK zählt hierzu.[237] Während es deshalb für die Rechtfertigung von Souveränitätseingriffen durch Normen des dispositiven Völkerrechts genügt, dass ein Staat die Bindung an die entsprechenden Verhaltensgebote durch seine Zustimmung legitimiert, sind die Anforderungen im Falle zwingender Normen höher. Nicht nur die Bindung an die entsprechenden Verhaltensgebote erster Ordnung, auch die *ius cogens*-Regeln zweiter Ordnung und damit die Eigenschaften, denen die Norm ihren hierarchischen Vorrang verdankt – nämlich Nicht-Derogabilität und Nichtigkeitsfolge –, bedürfen der Rechtfertigung.

Dem klassischen Völkerrecht bereitet diese Rechtfertigung größte Schwierigkeiten, denn bei genauer Betrachtung hängen weder die Nicht-Derogabilität des *ius cogens* noch die Nichtigkeit entgegenstehender Rechtsakte vom Willen der betroffenen Staaten ab. Der dem klassischen Völkerrecht vertraute Verweis auf Souveränitäts- und Konsensprinzip allein trägt als Begründung deshalb nicht (dazu II.). Vor allem im Schrifttum wird deshalb häufig auf nicht-positivistische Begründungsversuche zurückgegriffen, die naturrechtliche Theorien bemühen oder das zwingende Völkerrecht als Teil des internationalen *ordre public* begreifen (dazu III.). Obwohl auch diese Ansätze nicht vorbehaltlos überzeugen, lässt sich doch an sie anknüpfen, um die Eigenheiten zwingender Völkerrechtsnormen schließlich im hier vorgestellten Prinzipienmodell zu rekonstruieren und zu begründen (dazu IV.).

II. Begründungsschwierigkeiten im souveränitätsbasierten, klassischen Völkerrecht

Nach den Maßstäben des auf dem Grundsatz staatlicher Souveränität beruhenden klassischen Völkerrechts lässt es sich nur dann rechtfertigen, einen Staat in seiner Souveränität oder deren Ausübung zu be-

---

236 Diese Unterscheidung zwischen *ius cogens*-Regeln erster und zweiter Ordnung vor allem bei *U. Linderfalk*, ZaöRV 69 (2009), S. 961 (963 und öfter); *ders.*, ZaöRV 71 (2011), S. 359 (360 f.); *ders.*, Nordic J. Int'l L. 82 (2013), S. 369 (373 ff.); ähnlich aber auch *M. Byers*, Nordic J. Int'l L. 66 (1997), S. 211 (226); *O. Spiermann*, Nordic J. Int'l L. 71 (2002), S. 523 (538).

237 Weitere *ius cogens*-Regeln zweiter Ordnung finden sich insbesondere im Recht der Staatenverantwortlichkeit, siehe etwa Art. 26, 40 f. ARS.

schränken,[238] wenn sich die fraglichen Beschränkungen auf den Willen des betroffenen Staates zurückführen lassen. Denn die Freiheitsbeschränkung stellt sich dann als bewusste und gewollte Selbstbeschränkung dar, als Verzicht auf das Recht, sich gegenläufig zu verhalten. In diesem Sinne argumentierte bereits der StIGH, er könne im Abschluss eines Vertrages, durch den sich ein Staat zur Vornahme oder zum Unterlassen bestimmter Handlungen verpflichte, keine Souvernitätsverletzung erkennen. Denn zwar stehe es außer Zweifel, dass „any convention creating an obligation [...] places a restriction upon the exercise of the sovereign rights of the State, in the sense that it requires them to be exercised in a certain way".[239] Doch, so fuhr er fort, „the right of entering into international engagements is an attribute of State sovereignty".[240]

Mit der diesem Ansatz zugrundeliegenden, oft als positivistisch bezeichneten Völkerrechtstheorie lässt sich auch die Hierarchisierung des Völkerrechts, die mit dem Vorrang des *ius cogens* einhergeht, dogmatisch nur dann rechtfertigen, wenn sich die dafür maßgeblichen Eigenschaften zwingender Normen – Nicht-Derogabilität und Nichtigkeit entgegenstehender Rechtsakte – auf einen entsprechenden staatlichen Konsens stützen können.[241] Das jedoch setzt weder die gängige Definition zwingender Völkerrechtsnormen voraus (dazu 1.), noch bemüht sich die Rechtsprechung auch nur im Ansatz darum, den zwingenden Charakter einer Norm auf den staatlichen Konsens zurückzuführen. Am Beispiel des Folterverbots lässt sich das gut zeigen (dazu 2.).

---

[238] Zu dieser Unterscheidung zwischen Beschränkungen der Souveränität selbst und bloßen Beschränkungen ihrer Ausübung bereits oben S. 298 ff.

[239] StIGH, *Wimbledon*, Ser. A, No. 1, S. 25.

[240] Ebd.; noch weitergehend StIGH, *Customs Régime between Germany and Austria*, Advisory Opinion, Ser. A/B, No. 41, S. 37 (45), wo der Gerichtshof feststellt, Österreich habe „in principle sovereign control over her own independence" und sei nur durch den Vertrag von Saint-Germain daran gehindert, seine eigene Unabhängigkeit aufzugeben.

[241] Entschieden in diesem Sinne etwa *G. Dahm/J. Delbrück/R. Wolfrum*, Völkerrecht, Bd. I/3, 2. Aufl. 2002, S. 710; *C. L. Rozakis*, The Concept of Jus Cogens in the Law of Treaties, 1976, S. 76.

1. Konsensprinzip und die Anerkennung durch die „international community of States as a whole"

Dass schon die gängige Definition zwingender Völkerrechtsnormen vom Konsensgrundsatz abweicht, lässt die Wiener Vertragsrechtskonvention erst auf den zweiten Blick erkennen. Denn nach Art. 53 S. 2 WVK ist eine zwingende Norm des allgemeinen Völkerrechts eine Norm, die von der internationalen Staatengemeinschaft in ihrer Gesamtheit als eine Norm angenommen und anerkannt wird, von der nicht abgewichen werden darf und die nur durch eine spätere Norm derselben Rechtsnatur geändert werden kann. Mit diesem Abstellen auf Annahme und Anerkennung der fraglichen Normen durch die Staaten scheint die in Art. 53 S. 2 WVK niedergelegte Definition zunächst durchaus den staatlichen Konsens in den Fokus zu rücken;[242] das gilt umso mehr, als sie sich auch gegenüber den besonderen Rechtfertigungsanforderungen zwingender Völkerrechtsnormen sensibel zeigt, indem sie voraussetzt, dass sich Annahme und Anerkennung nicht nur auf die völkerrechtliche Geltung der fraglichen Norm, sondern gerade auch auf deren Nicht-Derogabilität beziehen (sog. Doppelkonsens).[243] Den obigen Überlegungen zur doppelten Rechtfertigungsbedürftigkeit zwingender Völkerrechtsnormen trägt sie damit jedenfalls im Grundsatz Rechnung.

---

[242] *G. M. Danilenko*, EJIL 2 (1991), S. 42 (53); *W. Heintschel von Heinegg*, in: K. Ipsen (Hrsg.), Völkerrecht, 6. Aufl. 2014, § 16 Rdn. 42; *K. Schmalenbach*, in: O. Dörr/K. Schmalenbach (Hrsg.), Vienna Convention on the Law of Treaties, 2012, Art. 53 Rdn. 18; *D. Shelton*, AJIL 100 (2006), S. 291 (300); *M. A. Turpel/P. Sands*, Conn. J. Int'l L. 3 (1987-1988), S. 364 (367); in diese Richtung auch *K. Wolfke*, PolishYIL 6 (1974), S. 145 (160); siehe auch *D. Dubois*, Nordic J. Int'l L. 78 (2009), S. 133 (135 f.), der der Formulierung des Art. 53 WVK einen Hinweis darauf entnimmt, dass das zwingende Völkerrecht aus gewohnheitsrechtlichen Normen besteht. Dass diese Konsens-Fokussierung nicht notwendigerweise auf eine positivistisch-voluntaristische Begründung schließen lässt, bemerken *E. J. Criddle/E. Fox-Decent*, Yale J. Int'l L. 34 (2009), S. 331 (338); ähnlich auch *M. Petsche*, Penn St. Int'l L. Rev. 29 (2010-2011), S. 233 (268).

[243] *M. Petsche*, Penn St. Int'l L. Rev. 29 (2010-2011), S. 233 (243); *C. L. Rozakis*, The Concept of Jus Cogens in the Law of Treaties, 1976, S. 75 f.; *K. Schmalenbach*, in: O. Dörr/K. Schmalenbach (Hrsg.), Vienna Convention on the Law of Treaties, 2012, Art. 53 Rdn. 37; *M. N. Shaw*, International Law, 7. Aufl. 2014, S. 90; *J. Vidmar*, in: E. de Wet/J. Vidmar (Hrsg.), Hierarchy in International Law, 2012, S. 13 (25); in der Sache auch *G. Dahm/J. Delbrück/R. Wolfrum*, Völkerrecht, Bd. I/3, 2. Aufl. 2002, S. 710; *A. Paulus*, Nordic J. Int'l L. 74 (2005), S. 297 (302).

Dennoch bleibt sie bei genauer Betrachtung hinter den strengen Anforderungen von Souveränitäts- und Konsensgrundsatz zurück. Denn anders als diese es voraussetzen würden, bedarf es im Falle zwingender Völkerrechtsnormen weder für die Geltungs- noch für die Vorrangfrage der Anerkennung durch jeden einzelnen Staat.[244] Stattdessen begnügt sich die gängige Definition mit der Anerkennung durch die „internationale Staatengemeinschaft in ihrer Gesamtheit" – einer kollektiven Zustimmung also, die nach ganz allgemeiner Ansicht lediglich die Anerkennung durch eine sehr große Mehrheit der Staaten erfordert.[245] Und so verhindert der Widerstand einer (kleinen) Minderheit von Staaten nicht, dass eine Norm des allgemeinen Völkerrechts zu zwingendem Recht erstarkt – und das mit Wirkung für alle Staaten, die an die Norm gebunden sind. Vom völkerrechtlichen Konsensgrundsatz weicht die gängige Definition des *ius cogens* daher trotz des Erfordernisses doppelter Anerkennung und Annahme merklich ab.[246] Unter Berufung auf den Willen der Staaten lassen sich die Souveränitätsbeeinträchtigungen, die mit der Höherangigkeit des *ius cogens* einhergehen, deshalb nicht rechtfertigen.

Dem ließe sich allenfalls entgegenhalten, diese Abweichung vom Konsensprinzip sei deshalb unbeachtlich, weil sich die Normen, aus denen sie sich ergebe, auf den Willen der Staaten zurückführen ließen. Mag die Höherrangigkeit der einzelnen zwingenden Normen selbst auch nicht im Konsens der Staaten begründet sein, so gehen die Normen, die für diese hierarchische Überordnung verantwortlich zeichnen, doch zweifellos auf den Willen der Staaten zurück: Sowohl Art. 53 S. 2 WVK, der es erlaubt, den zwingenden Charakter einer Norm auf non-konsensuale Weise zu begründen, als auch Art. 53 S. 1 und Art. 64 WVK, die die besonderen Rechtsfolgen zwingender Normen statuieren, finden ihre

---

[244] *A. Pellet*, AusYIL 12 (1988-1989), S. 22 (38).

[245] *A. Cassese*, International Law, 2. Aufl. 2005, S. 201; *G. Dahm/J. Delbrück/R. Wolfrum*, Völkerrecht, Bd. I/3, 2. Aufl. 2002, S. 710 f.; *A. Paulus*, Die internationale Gemeinschaft im Völkerrecht, 2001, S. 344 f.; *M. Payandeh*, Internationales Gemeinschaftsrecht, 2010, S. 343; *D. Shelton*, AJIL 100 (2006), S. 291 (300); *C. L. Rozakis*, The Concept of Jus Cogens in the Law of Treaties, 1976, S. 77; *T. Stein/C. v. Buttlar/M. Kotzur*, Völkerrecht, 14. Aufl. 2017, Rdn. 148; *C. Tomuschat*, RdC 241 (1993-IV), S. 195 (307); *A. Verdross/B. Simma*, Universelles Völkerrecht, 3. Aufl. 1984, S. 333 f.; im Ergebnis ebenso *B. Simma*, RdC 250 (1994-VI), S. 217 (290 f.).

[246] *R. S. J. Macdonald*, CanadianYIL 25 (1987), S. 115 (130); *D. Shelton*, NYIL 46 (2015), S. 23 (34).

normative Grundlage im staatlichen Konsens. Und so ließe sich die Tatsache, dass nicht die individuelle staatliche Zustimmung, sondern die Annahme durch die internationale Staatengemeinschaft in ihrer Gesamtheit über den hierarchischen Status einer Norm entscheidet, als eine letztlich konsensuale Delegation der entsprechenden Entscheidungsbefugnis verstehen.[247]

Aus zwei Gründen trägt dieser Einwand jedoch nicht. So dürfte er erstens in tatsächlicher Hinsicht den Konsens überschätzen, auf den sich die Regelungen in Art. 53 und 64 WVK stützen können. Denn bislang wurde die WVK nur von 114 Staaten ratifiziert und wichtige Mitglieder der internationalen Staatengemeinschaft, wie etwa die USA und Frankreich, fehlen dabei nach wie vor.[248] Freilich ließe sich ein entsprechender Konsens auch durch den Nachweis belegen, dass die fraglichen Bestimmungen mittlerweile als gewohnheitsrechtliche Normen Teil des universellen Völkerrechts geworden sind. Und im Schrifttum hält man diesen Nachweis tatsächlich vielfach für erbracht.[249] Für die bloße Anerkennung des *ius cogens*-Konzepts selbst sowie der Nichtigkeitsfolge im Falle eines Konflikts mit gegenläufigen Rechtsakten dürfte dies zutreffen. Ob aber auch die von Art. 53 S. 2 WVK definierten Entstehungskriterien derart verfestigt sind, ist sehr zweifelhaft. Denn historisch betrachtet stellte die Formulierung des heutigen Art. 53 S. 2 WVK nicht mehr als einen Kompromissvorschlag dar, mit dem sich die Völkerrechtskommission bemühte, naturrechtlichen und positivistischen Positionen gleichermaßen gerecht zu werden.[250] Keinesfalls kam Art. 53 S. 2 WVK daher rein kodifikatorische Bedeutung zu. Entsprechend

---

[247] Hieran schließt sich die Frage an, ob die internationale Gemeinschaft als rechtsetzender Akteur Rechtssubjektivität besitzt, dazu *A. Paulus*, Die internationale Gemeinschaft im Völkerrecht, 2001, S. 330 ff.; *M. Payandeh*, Internationales Gemeinschaftsrecht, 2010, S. 439 ff.

[248] Siehe https://treaties.un.org/Pages/ViewDetailsIII.aspx?src=TREATY&mtdsg_no=XXIII-1&chapter=23&Temp=mtdsg3&clang=_en (geprüft am 3. August 2016).

[249] *A. Funke*, in: B. Schöbener (Hrsg.), Völkerrecht, 2014, S. 248 (249); *U. Linderfalk*, Nordic J. Int'l L. 82 (2013), S. 369 (373); *K. Schmalenbach*, in: O. Dörr/K. Schmalenbach (Hrsg.), Vienna Convention on the Law of Treaties, 2012, Art. 53 Rdn. 1; wohl auch *A. Cassese*, International Law, 2. Aufl. 2005, S. 204 f.; *C. Tomuschat*, in: E. Cannizzaro (Hrsg.), The Present and Future of Jus Cogens, 2015, S. 7 (29).

[250] *M. Petsche*, Penn St. Int'l L. Rev. 29 (2010-2011), S. 233 (245); *M. J. Ventura*, in: FS Koroma, 2015, S. 289 (319).

betonte die Völkerrechtskommission denn auch, die Formulierung sei „not free from difficulty, since there is no simple criterion by which to indentify such (peremptory) norms“;[251] sie hielt es daher für den „right course [...] to provide only in general terms that a treaty is void if it conflicts with a rule of *jus cogens* and leave the full content of this rule to be worked out in State practice and in the jurisprudence of international tribunals“.[252] Insbesondere die gerichtliche Praxis jedoch hat zur Klärung der demnach noch offenen Fragen bislang nicht entscheidend beigetragen. Sofern sie sich überhaupt auf Art. 53 WVK beruft, zitiert sie zwar zuweilen die dort niedergelegte Definition. Doch bleibt dies in aller Regel ein bloßes Lippenbekenntnis. Für den Nachweis des zwingenden Charakters einer konkreten Norm orientiert sie sich nur in vereinzelten Ausnahmefällen an ihr.[253] Ob sich Art. 53 WVK tatsächlich in all seinen Aspekten im allgemeinen Völkergewohnheitsrecht wiederfindet und so auf einen universellen staatlichen Konsens stützen kann, bleibt demnach zweifelhaft. Das aber übersieht der skizzierte Einwand.

Daneben provoziert er zweitens auch aus theoretischer Perspektive entscheidende Bedenken. Denn selbst dann, wenn sich die entsprechenden Sekundärnormen – das heißt die Entstehungsbedingungen des Art. 53 S. 2 WVK und die Rechtsfolgenanordnung des Art. 53 S. 1 WVK – auf einen universellen Konsens der Staaten stützen ließen, so könnte dieser Konsens alleine Derogationen von den als zwingend qualifizierten Normen nicht ausschließen. Vielmehr bliebe es zwei Staaten, die von einer zwingenden Norm abweichen wollten, unbenommen, zunächst lediglich die Sekundärbestimmungen zu derogieren, die die hierarchische Überordnung der fraglichen Vorschrift begründen. Damit beseitigten sie deren „zwingenden“ Charakter und könnten schließlich auch von der ursprünglich als zwingend deklarierten Norm in beliebiger Weise abweichen. Das stellte sich nur dann anders dar, wenn auch die sekundären Regeln selbst, insbesondere der Vorrang vor und die Nichtigkeit von konfligierenden Rechtsakten, zwingenden Charakter genössen. Im Schrifttum wird der zwingende Charakter daher teilweise auch auf diese erstreckt.[254] Spätestens hier jedoch stößt die konsensuale Be-

---

[251] *Report of the ILC on the work of its 18th session*, YBILC 1966, Bd. II, S. 172 (247 f.).

[252] Ebd., S. 248; darauf weist auch *K. Wolfke*, PolishYIL 6 (1974), S. 145 (150) hin.

[253] Siehe dazu sogleich unten S. 737 ff.

[254] So etwa *D. Dubois*, Nordic J. Int'l L. 78 (2009), S. 133 (165); *G. Gaja*, RdC 364 (2012), S. 9 (46); *A. Orakhelashvili*, Peremptory Norms in Internatio-

gründung des *ius cogens* an ihre Grenzen, denn der zwingende Charakter der Sekundärnormen selbst lässt sich nur auf zwei – argumentativ gleichermaßen unattraktiven – Wegen begründen. Entweder die fraglichen Sekundärnormen begründen ihren eigenen *ius cogens*-Charakter – eine Option, die schon aus logischen Gründen ausgeschlossen scheint – oder sie verdanken diesen einer tertiären Norm, die allerdings ebenfalls derogationsfest sein müsste, so die Frage nach einer Quartärnorm aufwürfe und schließlich einen infiniten Regress provozierte.[255] Die konsensuale Begründung des *ius cogens*-Vorrangs lässt sich deshalb auch nicht mit dem Hinweis darauf verteidigen, dass sich die normhierarchische Vorrangposition zwingender Völkerrechtsnormen letztlich auf Normen zweiter Ordnung gründet, die universelle staatliche Zustimmung genießen. Vielmehr zeigt die Auseinandersetzung mit dem skizzierten Einwand, dass die Höherrangigkeit des *ius cogens* mit den Grundsätzen eines Völkerrechts, das im Willen der Staaten seine einzige normative Grundlage findet, nicht vereinbar ist.[256]

2. *Konsensprinzip und die Nachweispraxis zwingender Normen: Das Folterverbot als Beispiel*

In der Praxis stellte eine ausschließlich konsensuale Definition den Nachweis des zwingenden Charakters einer Norm denn auch vor erhebliche Schwierigkeiten. Denn wie *Criddle* und *Fox-Decent* feststellen:

> „States rarely (if ever) express an affirmative intent to transform ordinary customary norms into peremptory law, and it is unclear what forms of state practice (if any) would support an inference of implied intent.“[257]

---

nal Law, 2006, S. 80; ausdrücklich anderer Ansicht hingegen *U. Linderfalk*, ZaöRV 71 (2011), S. 359 (376); *ders.*, Nordic J. Int'l L. 82 (2013), S. 369 (383).

[255] *U. Linderfalk*, ZaöRV 71 (2011), S. 359 (376); *ders.*, Nordic J. Int'l L. 82 (2013), S. 369 (383 f.).

[256] Im Ergebnis ebenso *E. J. Criddle/E. Fox-Decent*, Yale J. Int'l L. 34 (2009), S. 331 (342); *D. Dubois*, Nordic J. Int'l L. 78 (2009), S. 133 (148 und öfter); kritisch zur Konsenstheorie des *ius cogens* auch *A. Hameed*, BYIL 84 (2014), S. 52 (68 ff.).

[257] *E. J. Criddle/E. Fox-Decent*, Yale J. Int'l L. 34 (2009), S. 331 (340); ebenso *C. Holbrook*, Inter Alia 2010, S. 115 (116); *M. Schweitzer*, AVR 15 (1971), S. 197 (222); *K. Wolfke*, PolishYIL 6 (1974), S. 145 (153, 155); vgl. auch *G. M. Danilenko*, EJIL 2 (1991), S. 42 (57): „the actual practice relating to the creation

Und so erstaunt es nicht, dass der gerichtliche Nachweis zwingender Normen regelmäßig selbst hinter den abgeschwächten Anforderungen zurückbleibt, die Art. 53 S. 2 WVK definiert. Kaum jemals gelingt es den Gerichten, den Beleg dafür zu erbringen, dass der zwingende Charakter einer Norm sich auf die Anerkennung und Annahme der internationalen Staatengemeinschaft in ihrer Gesamtheit stützen kann. Stattdessen beschränkt sich der Nachweis des *ius cogens*-Status einer Norm häufig auf eine schlichte Behauptung, für die die Gerichte eine Begründung meist schuldig bleiben.[258] Wie der folgende Abschnitt am Beispiel des Folterverbots zeigen soll, gilt das selbst für Normen, deren Zugehörigkeit zum Bestand zwingender Völkerrechtsnormen über jeden Zweifel erhaben ist.[259]

a) Die Rechtsprechung internationaler Gerichte und der Menschenrechtsausschüsse

Die Rechtsprechung internationaler Gerichte verzichtet beinahe durchweg darauf, Beispiele aus der staatlichen Praxis anzuführen, die ihre These stützen könnten, das Folterverbot sei zu zwingendem Recht erstarkt. So bekannte sich der IGH zwar ausdrücklich zum *ius cogens*-

---

of new rules of *jus cogens* is very scarce"; *M. Saul*, Asian JIL 5 (2015), S. 26 (31 f.).

[258] *M. Saul*, Asian JIL 5 (2015), S. 26 (43); *D. Shelton*, AJIL 100 (2006), S. 291 (306, 313); *B. Simma*, RdC 250 (1994-VI), S. 217 (292); *X. Yang*, NZYIL 6 (2006), S. 131 (133); siehe auch *G. A. Christenson*, Va. J. Int'l L. 28 (1987-1988), S. 585 (587); *A. D'Amato*, Conn. J. Int'l L. 6 (1990-1991), S. 1 (3); vgl. ferner *A. Orakhelashvili*, Peremptory Norms in International Law, 2006, S. 113.

[259] Im Schrifttum wird das Folterverbot, soweit ersichtlich, einhellig dem *ius cogens* zugerechnet, siehe etwa *C. Bassiouni*, Law & Contemp. Probs. 59 (1996), S. 63 (68); *A. A. Cançado Trindade*, RdC 316 (2005), S. 9 (342); *A. Cassese*, International Law, 2. Aufl. 2005, S. 203; *A. Funke*, in: B. Schöbener (Hrsg.), Völkerrecht, 2014, S. 248 (249); *L. Hannikainen*, Peremptory Norms (Jus Cogens) in International Law, 1988, S. 504 ff.; *S. Kadelbach*, Zwingendes Völkerrecht, 1992, S. 293; *K. Parker/L. B. Neylon*, Hastings Int'l & Comp. L. Rev. 12 (1988-1989), S. 411 (437); *M. N. Shaw*, International Law, 7. Aufl. 2014, S. 89; *T. Stein/C. v. Buttlar/M. Kotzur*, Völkerrecht, 14. Aufl. 2017, Rdn. 1000; *C. Tams*, AVR 40 (2002), S. 331 (338 f.); deutlich auch *W. Vitzthum*, in: ders./A. Proelß (Hrsg.), Völkerrecht, 7. Aufl. 2016, 1. Abschn. Rdn. 126 in Fn. 306, der das Folterverbot als „unstr[ittigen] Kern des *ius cogens*-Prinzips" bezeichnet. Zu Nachweisen aus der Rechtsprechung siehe sogleich im Text.

Charakter des Folterverbots.[260] Doch zur Begründung berief er sich lediglich darauf, dass sich das Folterverbot nicht nur im innerstaatlichen Recht beinahe aller Staaten, sondern auch in zahlreichen völkerrechtlichen Verträgen von universeller Reichweite wiederfinde und Folter, wo sie vorkomme und bekannt werde, in internationalen Foren regelmäßig verurteilt werde.[261] So sehr das auch die Anerkennung des Folterverbots als völkerrechtlich verbindliche Norm belegen mag, den zwingenden Charakter des Verbots beweist es nicht.[262]

Einsilbiger noch zeigen sich der UN-Menschenrechts- und der UN-Antifolterausschuss. Es gebe, so stellt ersterer im Zusammenhang mit der Zulässigkeit von Vorbehalten zum Zivilpakt fest, „some non-derogable rights, which in any event cannot be reserved because of their status as peremptory norms".[263] Dazu gehöre auch das Folterverbot. Eine Begründung hierfür führt er jedoch nicht an.[264] Ganz ähnlich belässt es auch der UN-Antifolterausschuss bei der knappen und unbelegten Behauptung, dass „the absolute and non-derogable character of this prohibition has become accepted as a matter of customary international law".[265] Und auch der IAGMR führt in seiner Urrutia-Entscheidung – der ersten Entscheidung, in der er das Folterverbot als zwingendes Recht qualifizierte – schlicht aus, es habe sich ein „international juridical regime of absolute prohibition of all forms of torture" entwickelt, weshalb das absolute Verbot der Folter nunmehr Bestandteil des internationalen *ius cogens* sei.[266] Als sich im Baldeón García-Verfahren die Frage erneut stellte, zog sich der IAGMR auf eben diese Ausführungen zurück und erklärte:

> „This Court has asserted that torture and cruel, inhuman, or degrading punishment or treatment are strictly forbidden by International

---

[260] IGH, *Questions Relating to the Obligation to Prosecute or Extradite*, ICJ Rep 2012, S. 422 (457).

[261] Ebd.

[262] Kritisch auch *M. Saul*, Asian JIL 5 (2015), S. 26 (32); *H. Thirlway*, The Sources of International Law, 2014, S. 157 f.

[263] MRA, General Comment No. 24 (52) v. 4. November 1994, UN Doc. CCPR/C21/Rev.1/Add.6, Rdn. 10.

[264] Ebd.

[265] UN-Antifolterausschuss, General Comment No. 2 v. 23. November 2007, UN Doc. CAT/C/GC2/CRP.1/Rev. 4, Rdn. 1.

[266] IAGMR, *Maritza Urrutia v. Guatemala*, Ser. C, No. 103, Rdn. 92.

> Human Rights Law. The absolute prohibition against torture, whether physical or psychological, is now part of the international *jus cogens.*“[267]

Neben IGH, IAGMR und den genannten UN-Ausschüssen teilt auch der EGMR die Überzeugung, dass das Folterverbot dem zwingenden Völkerrecht angehört. Und anders als jene bemüht er sich, diese These auch zu begründen. Das Folterverbot, so erklärten die Straßburger Richter daher in ihrer Al-Adsani-Entscheidung, sei nicht nur im System der EMRK als „one of the fundamental values of democratic society“ anerkannt,[268] vielmehr zeige sich auch in anderen Bereichen des Völkerrechts, wie etwa der Allgemeinen Erklärung der Menschenrechte, der Antifolterkonvention und dem IPbpR, die „overriding importance of the prohibition of torture“.[269] Und auch andere internationale und nationale Gerichte, insbesondere das englische House of Lords sowie der JStGH, hätten den *ius cogens*-Charakter des Folterverbots bereits anerkannt.[270]

Die vom EGMR dabei als maßgebliche Stütze angeführte Rechtsprechung des JStGH hatte das Folterverbot zuvor bereits mehrfach den Regeln des zwingenden Völkerrechts zugeordnet. So befand eine Verfahrenskammer des JStGH in Delalić beinahe beiläufig, das gewohnheitsrechtliche Folterverbot sei auch eine Norm des *ius cogens*, und führte zur Begründung aus, bereits der UN Sonderberichterstatter für Folter habe das so gesehen. Zudem sei das Folterverbot in den einschlägigen Menschenrechtsverträgen durchweg „absolute and non-derogable in any circumstances“.[271] In seiner Kunarac-Entscheidung beließ es der Gerichtshof hingegen bei der lakonischen Feststellung, dass „[t]he prohibition can be said to constitute a norm of *jus cogens*“, und belegte dies mit einem Fußnotenverweis auf die eigene Delalić-Entscheidung.[272] Im Ergebnis setzte das Jugoslawien-Tribunal diese Rechtsprechungslinie

---

[267] IAGMR, *Baldeón García v. Peru*, Ser. C, No. 147, Rdn. 117.

[268] EGMR, *Al-Adsani v. United Kingdom*, Appl. No. 35763/97, Urt. v. 21. November 2001, Rdn. 59.

[269] Ebd., Rdn. 60.

[270] Ebd.

[271] JStGH, *Prosecutor v. Delalic et al. (Čelebići Case)*, Case No. IT-96-21-T, Trial Chamber, Urt. v. 16. November 1998, Rdn. 454.

[272] JStGH, *Prosecutor v. Kunarac et al.*, Case No. IT-96-23-T & IT-96-23/1-T, Trial Chamber, Urt. v. 22. Februar 2001, Rdn. 466.

auch in Furundžija fort, die Begründung jedoch wechselte es und führte aus:

> „Because of the importance of the values it protects, this principle [i.e. the principle proscribing torture] has evolved into a peremptory norm, or *jus cogens*, that is, a norm that enjoys higher rank in the international hierarchy than treaty law and even ‚ordinary' customary rules."[273]

Die internationale Rechtsprechung, so zeigt dieser knappe Überblick, legt bislang nicht überzeugend dar, dass der zwingende Charakter des Folterverbots von der Staatengemeinschaft anerkannt wird. Wo sie sich überhaupt um einen Nachweis bemüht, beschränkt sie sich stattdessen darauf, zu zeigen, dass das Folterverbot allgemein als verbindliche Norm des Völkerrechts akzeptiert wird – was den *ius cogens*-Charakter dieser Norm indes nicht belegt –, oder zieht sich auf materielle Kriterien („the importance of the values it protects") zurück und nimmt so bereits im Ansatz von einer konsensualen Begründung Abstand.

b) Die Rechtsprechung nationaler Gerichte

Eine Analyse der nationalen Rechtsprechung zeichnet ein ähnliches Bild. So stellte der US Court of Appeals in Siderman v. Argentina fest, dass „[u]nder international law, any state that engages in official torture violates jus cogens".[274] Denn, so führte er unter Verweis auf zwei US-amerikanische Gerichtsurteile, das Restatement of the Law und weniger als eine Hand voll wissenschaftlicher Artikel ausschließlich amerikanischer Autoren aus, es bestehe ein „extraordinary consensus [...] that the right to be free from official torture is fundamental and universal, a right deserving of the highest status under international law, a norm of jus cogens".[275] Zwar stehe außer Frage, dass Folterungen vorkommen, doch „all states believe it is wrong, all that engage in torture deny it, and no state claims a sovereign right to torture its own citizens".[276] Ob sich dieser Konsens indes über das bloße Verbot hinaus auch auf dessen

273 JStGH, *Prosecutor v. Furundžija*, Case No. IT-95-17/1-T, Trial Chamber, Urt. v. 10. Dezember 1998, Rdn. 153.

274 US Court of Appeals (9th Circuit), *Siderman de Blake v. Republic of Argentina*, Urt. v. 22. Mai 1992, 965 F.2d 699, 722.

275 Ebd.

276 Ebd.

zwingenden Charakter erstreckt, lässt sich dem nicht entnehmen. Im Verfahren Princz v. Germany versuchte Richterin *Wald* denn auch überhaupt nicht, die grundlegende Bedeutung des Folterverbots, die sie für dessen *ius cogens*-Charakter für ausschlaggebend hielt, unter Verweis auf eine entsprechende staatliche Überzeugung zu begründen. Stattdessen stützte sie den zwingenden Charakter des Folterverbots auf die rhetorische Frage: „What could be more fundamental than an individual's right to be free from the infliction of cruel and sadistic terrors designed with the sole purpose of destroying the individual's psyche and person because of the national, ethnic, racial, or religious community to which he belongs?“ [277]

Der kanadische Supreme Court erklärte in Suresh v. Canada, zwingende Völkerrechtsnormen entwickelten sich „by general consensus of the international community“, doch „the international community of States has been *inactive in stating expressly* which norms it recognizes as peremptory in the present-day international law“.[278] Das Folterverbot sei aber dennoch als zwingende Norm ausgewiesen und das aus drei Gründen:[279] Erstens sei das Folterverbot in zahlreichen multilateralen Vertragsinstrumenten normiert,[280] zweitens habe kein Staat jemals Folter legalisiert oder sich offen zu dessen Begehung bekannt[281] und drittens werde der zwingende Charakter des Folterverbots von einer „number of authorities“ in Schrifttum und Rechtsprechung anerkannt.[282] Jedenfalls die ersten beiden Argumente des Supreme Court belegen indes nicht den zwingenden Chrakter des Folterverbots, sondern lediglich dessen „einfache“ rechtliche Verbindlichkeit.

---

[277] US Court of Appeals (DC Circuit), *Princz v. Germany*, Urt. v. 1. Juli 1994, 26 F.3d 1166, 1180 (per *Wald* J., dissenting).

[278] Supreme Court of Canada, *Suresh v. Canada (Minister of Citizenship & Immigration)*, Urt. v. 11. Januar 2002, 2002 SCC 1, Rdn. 61 unter Bezugnahme auf *L. Hannikainen*, Peremptory Norms (Jus Cogens) in International Law, 1988, S. 723 f.

[279] Supreme Court of Canada, *Suresh v. Canada (Minister of Citizenship & Immigration)*, Urt. v. 11. Januar 2002, 2002 SCC 1, Rdn. 62.

[280] Ebd.

[281] Ebd., Rdn. 63.

[282] Ebd., Rdn. 64.

Unter anderem in seiner Pinochet-Entscheidung[283] sprach sich auch das englische House of Lords dafür aus, das Folterverbot dem zwingenden Völkerrecht zuzuschlagen. Die Begründung hierfür ist indes ebenso knapp wie ungewöhnlich. Chile habe, so erklärt etwa Lord *Phillips* den Sonderstatus des Folterverbots, „accepted that torture is prohibited by international law and that the prohibition of torture has the character of jus cogens".[284] Und auch Lord *Browne-Wilkinson* stellt zur Begründung des *ius cogens*-Charakters allein auf die Zustimmung Chiles ab.[285] Die Anerkennung und Annahme durch die internationale Staatengemeinschaft in ihrer Gesamtheit aber belegt das nicht. Dennoch stellte Lord *Hoffmann*, als die Frage in Jones v. Saudi Arabia erneut vom House of Lords zu entscheiden war, schlicht und ohne Begründung fest, es bestehe überhaupt kein Zweifel daran, dass das Folterverbot *ius cogens*-Charakter besitze.[286] Bereits zuvor war der Court of Appeal zum selben Ergebnis gelangt und hatte sich dabei darauf gestützt, dass die UN-Antifolterkonvention von 148 Staaten ratifiziert worden sei und auch das Vereinigte Königreich und Saudi Arabien zu diesen Staaten zählten.[287] Obwohl das den zwingenden Charakter nicht belegt, berief sich der neuseeländische High Court in Fang and ors. ausschließlich auf die Ausführungen der englischen Gerichte in Jones v. Saudi Arabia, um das Folterverbot als zwingendes Völkerrecht zu qualifizieren.[288] Die australischen Gerichte hingegen beließen es in Habib v. Australia

[283] House of Lords, *Regina v. Bow Street Metropolitan Stipendiary Magistrate and Others, Ex Parte Pinochet Ugarte (No. 3)*, Urt. v. 24. März 1999, [2000] 1 A.C. 147.

[284] Ebd., S. 290 (per Lord *Phillips*).

[285] Ebd., S. 198 (per Lord *Browne-Wilkinson*).

[286] House of Lords, *Jones v. Ministry of the Interior of the Kingdom of Saudi Arabia and another*, Urt. v. 14. Juni 2006, [2007] 1 A.C. 270 (292) (per Lord *Hoffmann*).

[287] Court of Appeal (Civil Division), *Jones v. Ministry of the Interior of the Kingdom of Saudi Arabia and another*, Urt. v. 28. Oktober 2004, [2005] 2 W.L.R. 808, 858 (per Lord *Phillips*).

[288] High Court (New Zealand), *Fang and ors. v. Jiang and ors.*, Urt. v. 21. Dezember 2006, [2007] NZAR 420, ILDC 1226 (NZ 2006), Rdn. 22 ff., insbes. 26 ff.

bei der schlichten und unbegründeten Behauptung, dass „the crime of torture [...] has the status of a *jus cogens* violation".[289]

Im Ergebnis gelingt es folglich auch der nationalen Rechtsprechung nicht, den *ius cogens*-Status des Folterverbots in überzeugender Weise auf die Anerkennung und Annahme durch die internationale Staatengemeinschaft in ihrer Gesamtheit zurückzuführen. Die mit dem *ius cogens*-Charakter einhergehende Hierarchisierung der Völkerrechtsordnung kann sie folglich nicht auf das Konsensprinzip zurückführen, auch nicht in der abgeschwächten Form, die Art. 53 S. 2 WVK normiert.

3. Ergebnis

Nach den vorstehenden Überlegungen sieht sich das klassische Völkerrecht durch den hierarchischen Vorrang des *ius cogens* vor erhebliche Begründungsschwierigkeiten gestellt. Denn das Aufkommen zwingender Normen und die mit ihm einhergehende Hierarchisierung der Völkerrechtsordnung zieht Souveränitätsbeeinträchtigungen nach sich, die sich unter Berufung auf den Willen der Staaten alleine nicht rechtfertigen lassen. Wie gesehen, hat dies vor allem drei Gründe. Die konsensuale Begründung des zwingenden Charakters einer Norm begegnet erstens aus rechtstheoretischer Perspektive kaum überwindbaren Bedenken. Im positiven Recht findet sie sich zudem zweitens nicht wieder. Vielmehr schwächt Art. 53 WVK den Konsensgrundsatz dadurch merklich ab, dass er für die Hochzonung einer Norm zu einer zwingenden Völkerrechtsnorm die Anerkennung und Annahme durch die internationale Staatengemeinschaft in ihrer Gesamtheit genügen lässt und gerade nicht die Zustimmung eines jeden Staates verlangt. Sofern sich internationale und nationale Gerichte für den zwingenden Charakter einer Norm aussprechen, wird der von ihnen geführte Nachweis drittens selbst diesem abgeschwächten Konsenserfordernis nicht im Ansatz gerecht. Und so finden sich im gegenwärtigen Völkerrecht Normen, deren Höherrangigkeit die souveräne Rechtsetzungsfreiheit der Staaten beschneidet, ohne dass sich dies auf deren Willen zurückführen ließe. Die von den Gerichten gefundenen Ergebnisse muss das nicht entwerten, sie bedürfen jedoch einer alternativen Rechtfertigung.

---

[289] Federal Court of Australia, *Habib v. Commonwealth*, Urt. v. 25. Februar 2010, [2010] 183 FCR 62, 92 (per *Perram* J.); ähnlich und ebenfalls ohne Begründung ebd., S. 94: „certain violations of international law (including torture) are recognised to involve contraventions of peremptory norms, or *jus cogens*".

III. Alternative Begründungen

Angesichts der Begründungsschwierigkeiten des positivistischen, konsensbasierten Ansatzes[290] hat die *ius cogens*-Diskussion alternative Begründungsmodelle hervorgebracht, die entweder an naturrechtliche Theorien anknüpfen (dazu 1.) oder das zwingende Völkerrecht als internationalen *ordre public* begreifen (dazu 2.).[291]

1. Naturrechtliche Theorien

Naturrechtliche Theorien führen den zwingenden Charakter von *ius cogens*-Bestimmungen auf die unbedingte moralische Autorität dieser Normen zurück.[292] Nicht ein entsprechender Wille der Staaten, sondern eine diesem übergeordnete, philosophisch oder religiös begründete, Normativität zeichnet demnach für die normhierarchisch herausgehobene Stellung zwingender Völkerrechtsnormen verantwortlich. Anders als in dem am staatlichen Konsens orientierten, positivistischen Begründungsmodell ist es in der naturrechtlichen Begründung gerade der Inhalt einer Norm, der deren zwingenden Charakter bedingt: Normen, die mit unumstößlichen moralischen Geboten übereinstimmen, sind aufgrund dieser Übereinstimmung auch rechtlich verbindlich

---

[290] Schon im Rahmen der vorbereitenden UN-Vertragsrechtskonferenz äußerte der Vertreter Deutschlands die Ansicht, die *ius cogens*-Doktrin gebe Anlass, die positivistische Doktrin zu überdenken; siehe UN Conference on the Law of Treaties, Official Records, Second Session, UN Doc. A/CONF.39/SR.19, S. 95. Aus dem Schrifttum ähnlich *G. M. Danilenko*, EJIL 2 (1991), S. 42 (44); *A. Orakhelashvili*, Peremptory Norms in International Law, 2006, S. 37; vgl. auch *I. G. Corey*, Int'l Legal Theory 1 (1995), S. 9 (9); *D. Shelton*, in: M. D. Evans (Hrsg.), International Law, 4. Aufl. 2014, S. 137 (144).

[291] Einen guten Überblick über die Theorien des *ius cogens* bieten *A. Hameed*, BYIL 84 (2014), S. 52 (58 ff.); *R. Kolb*, RBDI 36 (2001), S. 5. Dort und auch im Folgenden nicht behandelt werden die Treuhand-Theorie des *ius cogens* von *E. J. Criddle/E. Fox-Decent*, Yale J. Int'l L. 34 (2009), S. 331 sowie der Versuch, das *ius cogens* auf Grundlage einer inklusiv-positivistischen Theorie zu erklären, wie dies etwa *N. Arajärvi*, ASIL Proc. 106 (2012), S. 370 vorschlägt.

[292] Siehe *E. J. Criddle/E. Fox-Decent*, Yale J. Int'l L. 34 (2009), S. 331 (342); naturrechtliche Deutungen vor allem bei *D. Dubois*, Nordic J. Int'l L. 78 (2009), S. 133; *M. W. Janis*, Conn. J. Int'l L. 3 (1987-1988), S. 359 (362); *K. Parker/L. B. Neylon*, Hastings Int'l & Comp. L. Rev. 12 (1988-1989), S. 411 (419 f.); in eine ähnliche Richtung auch *C. de Visscher*, RGDIP 75 (1971), S. 5 (9): „la norme impérative procède directement d'un jugement de valeur morale ou sociale".

und für ihre Rechtsgeltung auf den Konsens der Staaten nicht angewiesen. In diesem Sinne hat sich in jüngerer Zeit etwa *Dan Dubois* mit einem bemerkenswerten Versuch hervorgetan, die besondere Verbindlichkeit des völkerrechtlichen *ius cogens* auf die naturrechtlichen Theorien von *John Finnis* und *Robert George* zu stützen.[293] Deren Theorien basieren auf der Konzeption unhintergehbarer, selbstevidenter Grundgüter („basic goods"), die einem jeden menschlichen Handeln als letztverbindliche, nicht-instrumentelle Handlungsgründe zugrunde liegen.[294] Die Normen des *ius cogens*, so bemüht sich *Dubois* vor diesem Hintergrund zu zeigen, „are authoritative because their content *either* helps to secure one or a number of the basic goods *or* by fulfilling some requirement of practical reasonableness".[295] Allein ihr Inhalt ist es folglich, dem sie ihre besondere Autorität verdanken.

Betrachtet man den kleinen Kanon weitgehend anerkannter *ius cogens*-Normen – etwa die Verbote von Genozid, Folter, Rassendiskriminierung und Angriffskrieg – so ist die für naturrechtliche Theorien kennzeichnende Fokussierung auf den Norminhalt mehr als nur plausibel; sie alle betreffen Rechtsgüter, deren Schutzwürdigkeit außer Frage steht. Dennoch ist die naturrechtliche Theorie nicht ohne Schwierigkeiten. Denn erstens fehlt es ihr an einem Kriterium, das erklären könnte, warum gerade Genozid- und Folterverbot, nicht aber das Verbot des Schwangerschaftsabbruchs und des Zwergenweitwurfs dem zwingenden Völkerrecht zuzurechnen sind – und das, obwohl mit dem Schutz des Lebens (Genozid und Schwangerschaftsabbruch) und der menschlichen Würde (Folter und Zwergenweitwurf) in beiden Fällen die gleichen Grundgüter betroffen sind.[296] Ganz ähnliche Abgrenzungsprobleme konstatieren auch *Criddle* und *Fox-Decent*, wenn sie zu bedenken geben, es sei „by no means clear how natural law theory would resolve disputes over the scope or content of [jus cogens] norms".[297] Die praktische Anwendung des naturrechtlichen Begründungsmodells stellt das vor erhebliche Schwierigkeiten. Zweitens lässt sich auf Grundlage des naturrechtlichen Modells nicht erklären, dass die Idee zwingender Völkerrechtsnormen in den frühen, naturrechtlich orientierten Völkerrechtslehren zwar bereits angelegt war, sich aber erst in den Jahrzehnten

---

[293] *D. Dubois*, Nordic J. Int'l L. 78 (2009), S. 133.

[294] *J. Finnis*, Natural Law and Natural Rights, 1980, insbes. S. 59 ff.

[295] *D. Dubois*, Nordic J. Int'l L. 78 (2009), S. 133 (160).

[296] Vgl. *A. Hameed*, BYIL 84 (2014), S. 52 (73 ff.).

[297] *E. J. Criddle/E. Fox-Decent*, Yale J. Int'l L. 34 (2009), S. 331 (343).

nach Ende des Zweiten Weltkriegs durchsetzen konnte, nachdem ihr in der Zeit zwischen diesen Epochen kaum Bedeutung zukam. Dieses Verschwinden und Entstehen des Konzepts zwingender Völkerrechtsnormen ist mit der Idee, das *ius cogens* repräsentiere unabdingbare, feststehende und dem Völkerrecht notwendigerweise vorangehende moralische Imperative, nicht vereinbar. Denn wenn die zwingenden Normen ihre Höherrangigkeit einer veränderungsresistenten moralischen Autorität verdanken, so kann auch deren Verbindlichkeit selbst keinen Entwicklungen unterworfen sein.[298]

2. *Ordre public-Theorien*

Theorien, die das zwingende Völkerrecht als Ausdruck eines internationalen *ordre public* begreifen, ruhen argumentativ weniger auf moraltheoretischen Überlegungen als auf einer Analogie zu nationalen Rechtsordnungen: Ebenso wie die Rechtssubjekte in einer staatlichen Rechtsordnung, so teile auch die internationale Gemeinschaft bestimmte moralische Überzeugungen sowie fundamentale Interessen und Werte. Diese bildeten die normative Basis der Völkerrechtsordnung und seien für das rechtliche Zusammenleben der Staaten schlichtweg unverzichtbar. Vor diesem Hintergrund deuten *ordre public*-Theorien das zwingende Völkerrecht als einen Bestand von Normen, die diese Wertgrundlagen der internationalen Gemeinschaft absichern, indem sie das Eindringen systemfremder, das heißt den Grundwerten in extremem Maße zuwiderlaufender, Rechtsakte verhindern.[299] Vor allem *Alexander Orakhelashvili* hat sich für diesen Ansatz stark gemacht.[300] Zwingende Normen, so führt er aus,

> „operate as public order protecting the legal system from incompatible laws, acts and transactions. As with every legal system, international law can be vulnerable to infiltration of the effect of certain norms and transactions which are fundamentally repugnant to it. It

---

[298] *M. Byers*, Nordic J. Int'l L. 66 (1997), S. 211 (224); *M. Saul*, Asian JIL 5 (2015), S. 26 (31).

[299] *E. J. Criddle/E. Fox-Decent*, Yale J. Int'l L. 34 (2009), S. 331 (344); *A. Orakhelashvili*, Peremptory Norms in International Law, 2006, S. 10 f.; *M. Petsche*, Penn St. Int'l L. Rev. 29 (2010-2011), S. 233 (245).

[300] Ausführlich *A. Orakhelashvili*, Peremptory Norms in International Law, 2006, S. 7 ff.

seems that the general concept of public order most suitably reflects the basic characteristics of international *jus cogens.*"[301]

Anders als die naturrechtliche Alternativbegründung fußt die so umrissene *ordre public*-Theorie des *ius cogens* nicht auf absoluten und feststehenden moralischen Wahrheiten, sondern vielmehr auf den jeweiligen Wertgrundlagen einer konkreten Gemeinschaft.[302] Das Konzept des *ordre public*, so erklärte in diesem Sinne bereits der StIGH, ist „a conception the definition of which in any particular country is largely dependent on the opinion prevailing at any given time in such country itself".[303] Die *ordre public*-Theorie gewinnt dadurch gewissermaßen kommunitaristische Züge und entgeht so zugleich einem der beiden oben gegen naturrechtliche Ansätze vorgebrachten Einwände. Denn da die moralischen Überzeugungen einer Gemeinschaft durchaus Veränderungen unterliegen, lässt sich mit der *ordre public*-Theorie auch erklären, warum das Konzept zwingender Völkerrechtsnormen erst im Laufe der jüngeren Völkerrechtsgeschichte (erneut)[304] an Bedeutung gewonnen hat. Erst das Aufkommen von gemeinschaftlichen Werten und

---

[301] *A. Orakhelashvili*, Peremptory Norms in International Law, 2006, S. 10 f.; ebenso auch *J. A. Frowein*, RdC 248 (1994-IV), S. 345 (364); *H. Mosler*, The International Society as a Legal Community, 1980, S. 17 ff., insbes. S. 19; *C. Tomuschat*, in: E. Cannizzaro (Hrsg.), The Present and Future of Jus Cogens, 2015, S. 7 (22, 27). Im Rahmen der Vorarbeiten zur WVK deuteten etwa *H. Lauterpacht* (Report on the Law of Treaties by the Special Rapporteur, YBILC 1953, Bd. II, S. 90 [155]) und *M. K. Yaseen* (ILC, Summary Record of the 683rd meeting, YBILC 1963, Bd. I, S. 60 [63]) das zwingende Völkerrecht als *ordre public*; ebenso IGH, *Application of the Convention of 1902 Governing the Guardianship of Infants*, Sep. Op. Moreno Quintana, ICJ Rep 1958, S. 102 (106 f.).

[302] *A. Orakhelashvili*, Peremptory Norms in International Law, 2006, S. 48: „the morality accepted in the given legal system"; ebenso bereits *A. Verdross*, AJIL 31 (1937), S. 571 (572); *ders.*, AJIL 60 (1966), S. 55 (61).

[303] StIGH, *Serbian Loans/Brazilian Loans*, Ser. A, No. 20/21, S. 46.

[304] Den naturrechtlich geprägten frühen Völkerrechtslehren war das Konzept nicht-derogierbarer Normen durchaus bereits bekannt, darauf weisen hin: *G. M. Danilenko*, EJIL 2 (1991), S. 42 (44): „In contrast to positivists proclaiming complete, or almost complete, freedom of contract, naturalists always taught that states cannot be absolutely free in establishing their contractual relations."; ebenso *A. Orakhelashvili*, Peremptory Norms in International Law, 2006, S. 36 f.; *M. Schweitzer*, AVR 15 (1971), S. 197 (198 f.); *A. Verdross*, AJIL 60 (1966), S. 55 (56); *ders./B. Simma*, Universelles Völkerrecht, 3. Aufl. 1984, S. 328.

das Wiedererstarken der Idee der internationalen Gemeinschaft haben das Konzept des *ordre public* salonfähig gemacht und so auch der Entstehung zwingender Völkerrechtsnormen den Boden bereitet. Und auch die Funktion zwingender Normen beschreibt die *ordre public*-Theorie treffend. Einen handhabbaren normativen Maßstab dafür, welche konkreten Normen dem zwingenden Recht zuzurechnen sind, hält indes auch sie nicht bereit.[305] Der Verweis auf den Zweck, all diejenigen Normen auszuscheiden, die in fundamentalem Widerspruch zu den Wertungen der Völkerrechtsordnung stehen, bleibt ausgesprochen vage.[306] Und auch mit dem Kriterium der Unverzichtbarkeit einer Regel für die internationale Gemeinschaft dürften sich allenfalls Normen wie *pacta sunt servanda* eindeutig dem zwingenden Recht zuordnen lassen.

Indem die skizzierten *ordre public*-Ansätze den Status zwingender Normen auf die grundlegenden Werte einer Gemeinschaft zurückführen, provozieren sie zudem die Frage, welcher normative Status eben diesen Werten selbst zukommt.[307] Oftmals scheinen diese Werte als Abstraktionen aus dem geltenden Recht oder der Struktur der Völkerrechtsordnung gewissermaßen zwischen positivem und überpositivem Recht angesiedelt zu sein. So erklärte etwa *Yaseen* in der Völkerrechtskommission, dass „[t]he concept of an international public order was justified not merely, or even necessarily, by considerations of natural law; it derived from positive law, from the whole body of rules in force".[308] Und auch *Orakhelashvili* definiert den internationalen *ordre public* als einen „body of rules deriving from international law *as such*"[309] und ergänzt, er enthalte neben den zwingenden Völkerrechtsnormen möglicherweise auch Grundprinzipien der Völkerrechtsordnung, wie etwa den Grundsatz souveräner Gleichheit.[310] Konkrete Festlegungen hinsichtlich der normativen Qualität dieser *ordre public*-Grundsätze sucht man jedoch meist vergeblich. *Hersch Lauterpacht*

---

305 *E. J. Criddle/E. Fox-Decent*, Yale J. Int'l L. 34 (2009), S. 331 (345).

306 Vgl. *D. Dubois*, Nordic J. Int'l L. 78 (2009), S. 133 (156): „too unspecific to be of any use"; kritisch auch *T. Kleinlein*, Konstitutionalisierung im Völkerrecht, 2012, S. 348.

307 Vgl. *E. J. Criddle/E. Fox-Decent*, Yale J. Int'l L. 34 (2009), S. 331 (345).

308 ILC, Summary Record of the 683rd meeting, YBILC 1963, Bd. I, S. 60 (63).

309 *A. Orakhelashvili*, Peremptory Norms in International Law, 2006, S. 28 (eigene Hervorhebung).

310 Ebd., S. 29.

hingegen führte den internationalen *ordre public* in seinen Vorarbeiten zur WVK ausdrücklich auf allgemeine Rechtsgrundsätze im Sinne des Art. 38 Abs. 1 lit. c IGH-Statut zurück. Dort erklärte er:

> „[T]he test whether the object of a treaty is illegal and whether the treaty is void for that reason is not inconsistency with customary international law pure and simple, but inconsistency with such overriding principles of international law which may be regarded as constituting principles of international public policy *(ordre international public)*. These principles need not necessarily have crystallized in a clearly accepted rule of law such as prohibition of piracy or of aggressive war. They may be expressive of rules of international morality so cogent that an international tribunal would consider them as forming part of those principles of law generally recognized by civilized nations which the International Court of Justice is bound to apply by virtue of Article 38 (3) of its Statute."[311]

Mit diesem Verweis auf die allgemeinen Rechtsgrundsätze des Völkerrechts deutet die *ordre public*-Theorie in eine Richtung, die auch den Versuch vielversprechend erscheinen lässt, die Höherrangigkeit zwingenden Völkerrechts im hier skizzierten Prinzipienmodell zu rekonstruieren. Wie sich dabei zeigen wird, lassen sich in diesem auch Maßstäbe dafür entwickeln, um zwingendes und nicht-zwingendes Völkerrecht voneinander abzugrenzen.

IV. Rekonstruktion im Prinzipienmodell

Im Prinzipienmodell lässt sich der zwingende Charakter der dem *ius cogens* zugehörigen Normen als Ergebnis einer Abwägung rekonstruieren, in die neben dem Souveränitätsprinzip vor allem das oben skizzierte Humanitätsprinzip einzustellen ist. Die mit der hierarchischen Überordnung des *ius cogens* einhergehenden Souveränitätsbeeinträchtigungen führt das Prinzipienmodell damit nicht unmittelbar auf den Willen der Staaten zurück; vielmehr begründet es die Geltung der für diese Souveränitätsbeeinträchtigungen ursächlichen *ius cogens*-Regel zweiter Ordnung – namentlich die Anordnung der Nichtigkeit entgegenstehenden Rechts – mit dem Verweis auf die materiellen Grundprinzipien des modernen Völkerrechts (insbesondere das Humanitätsprinzip). In die-

---

311 *H. Lauterpacht*, Report on the Law of Treaties by the Special Rapporteur, YBILC 1953, Bd. II, S. 90 (155).

sen findet demnach auch die mit dem *ius cogens* verbundene Hierarchisierung des Völkerrechts ihren rechtfertigenden normativen Grund. Der folgende Abschnitt legt dies zunächst abstrakt dar (dazu 1.), zeigt, inwiefern die prinzipientheoretische Rekonstruktion dabei hilft, handhabbare Kriterien für die Identifikation zwingender Völkerrechtsnormen zu benennen (dazu 2.), illustriert das Begründungsmodell exemplarisch anhand des völkerrechtlichen Folterverbots (dazu 3.) und entkräftet schließlich zwei Einwände, die sich gegen die vorgestellte prinzipienbasierte Begründung vorbringen lassen (dazu 4.).

1. Ius cogens-Charakter als Abwägungsergebnis

Um den *ius cogens*-Charakter als Ergebnis einer Prinzipienabwägung rekonstruieren und begründen zu können, hilft es, zunächst kurz in Erinnerung zu rufen, was genau den Gegenstand der erforderlichen Begründung ausmacht. Wie bereits betont, ist es das Kerncharakteristikum des zwingenden Völkerrechts, dass die in ihm verkörperten Verhaltensgebote durch eine Regel zweiter Ordnung abgesichert werden, die Widersprüche zwischen zwingenden und dispositiven Völkerrechtsnormen zugunsten ersterer auflöst, indem sie letztere mit der Folge der Nichtigkeit sanktioniert.[312] Das *ius cogens* verdankt dieser Regel zweiter Ordnung und der durch sie festgesetzten Nichtigkeitsfolge seine herausgehobene Stellung in der völkerrechtlichen Normenhierarchie. Auch die aus diesem normhierarchischen Sonderstatus resultierenden Souveränitätsbeeinträchtigungen gehen daher letztlich auf sie zurück.[313] Soll das prinzipienbasierte Begründungsmodell die mit dem *ius cogens*-Charakter einer Norm verbundene Hierarchisierung erklären und die aus ihm resultierenden Souveränitätseinbußen rechtfertigen können, so muss es folglich die Geltung eben dieser Regel zweiter Ordnung begründen: Der Regel, nach der Rechtsakte, die mit *ius cogens*-Normen konfligieren, kein Bestandteil des geltenden Rechts sein können.

---

[312] *G. A. Christenson*, Va. J. Int'l L. 28 (1987-1988), S. 585 (594); *D. Dubois*, Nordic J. Int'l L. 78 (2009), S. 133 (135, 138); *C. Focarelli*, Nordic J. Int'l L. 77 (2008), S. 429 (451); *A. Pellet*, AusYIL 12 (1988-1989), S. 22 (38); *K. Wolfke*, PolishYIL 6 (1974), S. 145 (150); zur Unterscheidung zwischen *ius cogens*-Regeln erster und zweiter Ordnung erneut *U. Linderfalk*, ZaöRV 69 (2009), S. 961 (963 und öfter); *ders.*, ZaöRV 71 (2011), S. 359 (360 f.); *ders.*, Nordic J. Int'l L. 82 (2013), S. 369 (373 ff.).

[313] Vgl. soeben unter S. 729 ff.

Wie gesehen, genügt der Verweis auf den Willen der Staaten und das Prinzip staatlicher Souveränität für die damit erforderliche Geltungsbegründung nicht.[314] Doch erweitert man die Perspektive über das Souveränitätsprinzip hinaus, indem man den gesamten völkerrechtlichen Prinzipienbestand in den Blick nimmt, so erscheint auch der Versuch vielversprechender, den *ius cogens*-Charakter einer Norm unter Rückgriff auf den Bestand völkerrechtlicher Grundprinzipien zu begründen. Denn wenngleich die neu hinzugetretenen Völkerrechtsprinzipien (darunter auch die oben analysierten Prinzipien Humanitäts-, Rechtsschutz- und Umweltprinzip) anders als das Souveränitätsprinzip kein umfassendes Freiheitsrecht begründen und folglich auch nicht erst durch einen ergänzenden Willensakt der Staaten konkrete materielle Gehalte ausbilden, so fungieren doch auch sie – wie für Rechtsprinzipien charakteristisch – als Regelgeltungsgründe.[315] Ebenso wie das Souveränitätsprinzip sprechen auch sie für oder gegen ein bestimmtes definitives Sollen und damit für oder gegen die Geltung einer bestimmten rechtlichen Regel.[316] Vom Prinzip staatlicher Souveränität unterscheiden sie sich dabei jedoch insofern, als sie anders als dieses nicht für die Geltung einer jeden Regel sprechen, die vom Willen der Staaten getragen ist; vielmehr geben sie nur Regeln, die den in ihnen verkörperten Rechtsgütern und Werten Ausdruck verleihen, normativen Halt. Während das Souveränitätsprinzip folglich einen gewissermaßen inhaltsunabhängigen Regelgeltungsgrund darstellt, für den allein die Rückführbarkeit auf den staatlichen Willen von Bedeutung ist, ist die Begründungswirkung von Humanitäts-, Rechtsschutz- und Umweltprinzip an konkrete Inhalte gebunden.

In seiner Funktion als Regelgeltungsgrund tritt das Souveränitätsprinzip damit in all den Fällen mit einem der neueren Grundprinzipien des Völkerrechts in Konflikt, in denen der staatliche Wille auf die Geltung einer Regel gerichtet ist, die eben diesen Inhalten abträglich ist. Während das Souveränitätsprinzip auch in diesen Fällen für die Geltung der Regel streitet, beansprucht das durch die fragliche Regel (potentiell) beeinträchtigte Grundprinzip, dieser Regel den Rechtsgeltungsanspruch zu versagen. Als Prinzipienkollision lässt sich dieser Konflikt allein im

---

[314] Siehe soeben S. 731 ff.

[315] Dazu ausführlich oben S. 197 ff.

[316] Zur Unterscheidung von idealem und definitivem Sollen siehe oben S. 176 f.

Wege der Abwägung auflösen.[317] Und so hängt auch die Frage, ob der fraglichen Regel die Geltung versagt bleibt oder nicht, letztlich davon ab, ob das relative Gewicht des Souveränitätsprinzips dasjenige der konkurrierenden materiellen Prinzipien überwiegt. Geltung oder Nichtigkeit eines konkreten Rechtsaktes lassen sich so als Ergebnis einer Abwägung von Souveränitätsprinzip einerseits und den materiellen Grundprinzipien des neueren Völkerrechts andererseits abbilden und begründen. Im Grundsatz vermag das prinzipienbasierte Begründungsmodell damit auch die für den *ius cogens*-Status einer Norm charakteristische Nichtigkeit entgegenstehenden Rechts zu erklären: Recht, das zu zwingenden Völkerrechtsnormen in Widerspruch steht, ist deshalb nichtig, weil es mit Eingriffen in materielle Grundprinzipien der Völkerrechtsordnung einhergeht, die das Souveränitätsprinzip alleine im Rahmen der erforderlichen Abwägung nicht kompensieren kann.

2. *Kriterien für die Identifikation zwingender Völkerrechtsnormen*

Das Prinzipienmodell stellt damit zugleich inhaltliche Kriterien für die Identifikation zwingender Völkerrechtsnormen bereit. Denn nach den vorstehenden Überlegungen ist eine Norm nur dann als zwingende Norm des Völkerrechts zu qualifizieren, wenn ein Rechtsakt, der im Widerspruch zu ihr steht, völkerrechtliche Grundprinzipien in einer Art und Weise beeinträchtigte, dass im Rahmen einer Abwägung zwischen dem für die Geltung des Rechtsakts sprechenden Souveränitätsprinzip und dem durch den Rechtsakt beeinträchtigten materiellen Grundprinzip (etwa dem Humanitätsprinzip) stets letzterem das größere relative Gewicht zukommt. In Bezug auf die Frage nach den Kriterien zur Identifikation zwingender Normen lässt sich daraus zweierlei ersehen: Erstens kommen als Normen des *ius cogens* nur solche Bestimmungen in Betracht, die ihrerseits einem Grundprinzip des Völkerrechts Ausdruck verleihen und die eines der in diesen Grundprinzipien verkörperten Rechtsgüter schützen. Angesichts der klassischen *ius cogens*-Beispiele des Genozid- und Folterverbots, sowie des Verbots von Sklavenhandel und Rassendiskriminierung[318] dürfte das Humanitäts-

---

[317] Zur Abwägung als Methode zur Lösung von Prinzipienkollisionen siehe oben S. 160 f. sowie *R. Alexy*, Theorie der Grundrechte, 1986, S. 78 ff.

[318] Derartige Aufzählungen etwa bei *A. Cassese*, International Law, 2. Aufl. 2005, S. 202 f.; *J. Crawford*, Brownlie's Principles of Public International Law, 8. Aufl. 2012, S. 595; *U. Linderfalk*, ZaöRV 69 (2009), S. 961 (963); *A. Paulus*, Nordic J. Int'l L. 74 (2005), S. 297 (306) m.w.N.; *K. Schmalenbach*, in: O.

prinzip dabei von besonderer Bedeutung sein. Wie nebenbei bestätigt die prinzipienbasierte Begründung damit die nicht nur im Schrifttum häufig anzutreffende Behauptung, es sei letztlich der Inhalt einer Norm und nicht deren formelle Eigenschaften, die für deren zwingenden Charakter entscheidend seien.[319] Zweitens zeigt die obige abwägungsbasierte Rekonstruktion der Nichtigkeitsfolge, dass auch eine Norm, die einem Grundprinzip der Völkerrechtsordnung Ausdruck verleiht, nur dann dem zwingenden Recht zuzuordnen ist, wenn sich eine *jede* rechtsaktförmige Abweichung von ihr im Lichte der einschlägigen Grundprinzipien als unverhältnismäßig darstellen würde. Nur dann also, wenn dem souveränen Selbstgestaltungsrecht eines Staates in allen möglichen Derogationsfällen das nötige Gewicht fehlt, um die mit der Derogation von der fraglichen Regel verbundenen Beeinträchtigungen anderer Grundprinzipien auszugleichen und so zu rechtfertigen, lässt sich die fragliche Norm als zwingendes Völkerrecht klassifizieren. Denn auch nur dann sprechen tatsächlich im Fall einer jeden Regelabweichung die besseren Prinzipiengründe gegen die Geltung und somit für die Nichtigkeit des abweichenden Rechtsaktes. Diesen sehr hohen Anforderungen kann eine Norm aber nur dann genügen, wenn das von ihr verwirklichte Grundprinzip in der Abwägung mit dem Souveränitätsprinzip ein extrem hohes abstraktes Gewicht besitzt oder wenn es durch eine Derogation von der potentiellen *ius cogens*-Regel in so intensiver Weise betroffen ist, dass sein konkretes Gewicht dasjenige des Souveränitätsprinzips stets übersteigt.

Dass das Prinzipienmodell mit diesen Überlegungen auch in der gerichtlichen Praxis Anknüpfungspunkte findet, zeigt die Tatsache, dass in manchen der oben erörterten Entscheidungen tatsächlich ähnliche Argumente anklingen. So beruft sich das Jugoslawien-Tribunal in der Sache auf das abstrakte Gewicht des dem Folterverbot zugrundeliegenden Humanitätsprinzips, wenn es erklärt, das Verbot der Folter gehöre dem zwingenden Recht an, und zur Begründung allein auf „the im-

---

Dörr/K. Schmalenbach (Hrsg.), Vienna Convention on the Law of Treaties, 2012, Art. 53 Rdn. 81.

[319] So etwa *Report of the ILC on the work of its 18th session*, YBILC 1966, Bd. II, S. 172 (248); siehe aus dem Schrifttum *A. Orakhelashvili*, Peremptory Norms in International Law, 2006, S. 43, 108; *K. Parker/L. B. Neylon*, Hastings Int'l & Comp. L. Rev. 12 (1988-1989), S. 411 (428); *B. Simma*, RdC 250 (1994-VI), S. 217 (288); deutlich auch *A. Peters*, in: A. Cassese (Hrsg.), Realizing Utopia, 2012, S. 118 (123): „Their peremptory character flows from the importance of the particular moral values they embody."

portance of the values it protects" verweist.[320] Ein Blick auf einige häufig dem zwingenden Recht zugeordnete Normen legt indes nahe, dass die abstrakte Bedeutung der geschützten Werte dabei tatsächlich weniger häufig den Ausschlag geben dürfte als die Intensität des konkreten Eingriffs: Folter wird schon im Rahmen der menschenrechtlichen Garantien als Extremform grausamer, unmenschlicher oder erniedrigender Behandlung qualifiziert,[321] der Völkermord stellt nicht nur einen extremen Eingriff in das Existenzrecht einer Gruppe, sondern auch eine intensive Beeinträchtigung der Menschenwürde der betroffenen Gruppenmitglieder dar,[322] und durch den Sklavenhandel wird der Mensch in einer Art und Weise zum bloßen Gegenstand wirtschaftlicher Transaktionen degradiert, die ihn in kaum noch steigerbarem Maße entwürdigt. Angesichts der skizzierten hohen Anforderungen wird sich der zwingende Charakter einer Norm ohne das Vorliegen einer solchen extrem hohen Eingriffsintensität daher kaum jemals begründen lassen.

3. Der ius cogens-Charakter des völkerrechtlichen Folterverbots als Beispiel

Am Beispiel des völkerrechtlichen Folterverbots – oder genauer: dem Versuch einer Abweichung von diesem – lassen sich sowohl die damit skizzierte Begründung des *ius cogens*-Charakters als auch die praktische Anwendung der dafür maßgeblichen Kriterien verdeutlichen.

Einigen sich zwei Staaten darauf, ihre eigenen Staasangehörigen oder die des jeweils anderen Staates foltern zu dürfen oder unter bestimmten Umständen gar foltern zu müssen, so spricht das Souveränitätsprinzip zunächst für die Geltung einer solchen Regel. Denn wie oben gesehen, verleiht das Souveränitätsprinzip den Staaten eine *prima facie* umfassende Autonomie und damit auch ein *prima facie*-Recht dazu, ihre rechtlichen Beziehungen selbst und frei zu gestalten. Machen die Staaten von dieser Befugnis Gebrauch, so stützt das Souveränitätsprinzip die Rechtsakte, mit denen sie dies tun, zunächst unabhängig von deren Inhalt. Auch die These, das obige Folterabkommen sei geltendes Recht,

---

[320] JStGH, *Prosecutor v. Furundžija*, Case No. IT-95-17/1-T, Trial Chamber, Urt. v. 10. Dezember 1998, Rdn. 153.

[321] Siehe statt vieler *D. Steiger*, Das völkerrechtliche Folterverbot und der „Krieg gegen den Terror", 2013, S. 336 ff.

[322] *C. Tomuschat*, in: FS Steinberger, 2002, S. 315 (329); *G. Werle*, Völkerstrafrecht, 3. Aufl. 2012, Rdn. 761.

findet damit *prima facie* im Souveränitätsprinzip eine Stütze. Als Regelgeltungsgrund mit *prima facie*-Charakter steht das Souveränitätsprinzip dabei indes insbesondere unter dem Vorbehalt gegenläufiger Prinzipien. Ein solches gegenläufiges Prinzip stellt das Humanitätsprinzip dar. Nach der obigen Analyse enthält dieses die *prima facie*-Pflicht, die Wahrung von Leben und menschlicher Würde sowie die Freiheit von physischem und psychischem Leiden in größtmöglichem Maße zu verwirklichen.[323] Da Folterhandlungen bereits definitionsgemäß die Zufügung körperlicher oder seelischer Leiden beinhalten[324] und zudem auch die Würde des Gefolterten beeinträchtigen,[325] etabliert das Humanitätsprinzip einen rechtlichen Grund gegen die Legalität von Folter. Als Abwägungsposition streitet es somit für die Geltung des Folterverbots und damit zugleich gegen die Geltung von Rechtsakten, die Ausnahmen von diesem Verbot zulassen, es einschränken oder in sonstiger Weise in Widerspruch zu ihm stehen. *Prima facie* jedenfalls steht das Humanitätsprinzip damit auch der Rechtsverbindlichkeit von Normen entgegen, die – wie das oben skizzierte hypothetische Abkommen – Folterhandlungen erlauben oder gar zu solchen verpflichten.

Ob sich in dieser Kollisionslage von Souveränitäts- und Humanitätsprinzip ersteres oder zweiteres durchsetzt, hängt – wie dargestellt – neben dem abstrakten Gewicht der beiden Prinzipien insbesondere von der Intensität deren Betroffenheit ab. Nur dann, wenn vor dem Hintergrund dieser Kriterien das relative Gewicht des Humanitätsprinzips im konkreten Fall überwiegt, bleibt dem fraglichen Folterabkommen die Geltung versagt. Und nur dann, wenn sich ein solches Überwiegen des Humanitätsprinzips auch unabhängig von den Umständen des konkreten Falls, insbesondere also den Details des fraglichen Abkommens, für eine jede denkbare Abweichung vom Folterverbot belegen lässt, ist das Folterverbot als eine Norm des zwingenden Völkerrechts ausgewiesen. Da der zwingende Charakter des Folterverbots gerade voraussetzt, dass ein *jeder* ihm widersprechende Rechtsakt nichtig ist, muss bereits der mit einer jeden Folter notwendigerweise verbundene Eingriff in das

---

[323] Siehe oben S. 389 ff.

[324] So bspw. Art. 1 UN-Antifolterkonvention; Art. 7 Abs. 2 lit. e IStGH-Statut; ausführlich auch zu Folterdefinitionen jenseits dieser Bestimmungen *D. Steiger*, Das völkerrechtliche Folterverbot und der „Krieg gegen den Terror", 2013, S. 247 ff.; *A. K. Weilert*, Grundlagen und Grenzen des Folterverbotes in verschiedenen Rechtskreisen, 2009, S. 8 ff.

[325] Auch dazu ausführlich *D. Steiger*, Das völkerrechtliche Folterverbot und der „Krieg gegen den Terror", 2013, S. 643 ff. mit zahlreichen w. N.

Humanitätsprinzip von einer solchen Intensität sein, dass er im Stande ist, den durch die Nichtigkeit abweichender Rechtsakte verursachten Eingriff in das Souveränitätsprinzip zu kompensieren. Hierfür mag zunächst sprechen, dass die fehlende Möglichkeit, Folterakte zu gestatten oder sich zu solchen zu verpflichten, die im Souveränitätsprinzip verankerte Autonomie eines Staates nur in minimalem Umfang beschneidet. Auch ohne sie bleiben einem Staat zahlreiche Möglichkeiten, seine rechtlichen Beziehungen zu gestalten und sich durch eigene Rechtsetzungstätigkeit selbst zu verwirklichen und zu bestimmen. In aller Regel jedenfalls dürfte die mit dem *ius cogens*-Charakter des Folterverbots verbundene Nichtigkeitsfolge das Souveränitätsprinzip folglich nur in geringem Maße beeinträchtigen. Das Humanitätsprinzip hingegen wird durch eine jede Folterhandlung in erheblichem Maße beeinträchtigt. Dass dies so ist, liegt einerseits darin begründet, dass Folterhandlungen bereits definitionsgemäß mit seelischen und/oder körperlichen Leiden extremen Ausmaßes verbunden sind und insofern notwendigerweise in intensiver Weise in Rechtsgüter eingreifen, die dem Schutz durch das Humanitätsprinzip unterstehen. Hinzu kommt, dass diese Eingriffe im Rahmen der Folter oftmals zu dem Zweck erfolgen, den Gefolterten selbst oder gar einen Dritten zu einem bestimmten Verhalten zu bewegen, etwa eine Aussage zu machen oder ein Geständnis abzulegen. Der Gefolterte wird dabei in einer Weise instrumentalisiert, die dazu führt, dass das Humanitätsprinzip nicht nur unter dem Aspekt „Freiheit von Leiden", sondern auch hinsichtlich des Gesichtspunktes „Würdeschutz" stark beeinträchtigt ist.[326] Nicht zuletzt durch diese doppelte Stoßrichtung einer jeden Folterhandlung gewinnt das Humanitätsprinzip in der Abwägung ein besonders hohes relatives Gewicht. Wenngleich damit manches dafür sprechen mag, das Folterverbot tatsächlich dem Bereich zwingenden Völkerrechts zuzuschlagen, stellt die Begründungsleistung, die das Prinzipienmodell erfordert, den *ius cogens*-Nachweis schon angesichts der unüberschaubaren Vielzahl möglicher Fallgestaltungen vor erhebliche praktische Schwierigkeiten. Diese lassen sich allenfalls dadurch überwinden, dass die *ius cogens*-Hypothese an Extremfällen getestet wird. Stellt sich heraus, dass das relative Gewicht des Humanitätsprinzips dasjenige des Souveränitätsprinzips auch dann überwiegt, wenn dieses in extremst möglichem Maße betroffen ist, so lässt sich die *ius cogens*-These halten. Analog zu den Überlegungen des IGH im Nuklearwaffengutachten ließe sich so etwa fragen, ob das im Souveränitätsprinzip verankerte staatliche Selbstbestimmungsrecht das

---

[326] Vgl. etwa *H. Bielefeldt*, Menschenwürde und Folterverbot, 2007, S. 11 ff.

Humanitätsprinzip auch dann noch überwiegt, wenn die Abweichung vom Folterverbot lediglich zugelassen wird, um den Bestand des Staates zu schützen oder die grundsätzliche Funktionsfähigkeit seiner Institutionen aufrechtzuerhalten.[327]

4. Einwände

Nach der hier vorgestellten prinzipien- und abwägungsbasierten Begründung des *ius cogens*-Status zählt eine völkerrechtliche Norm nur dann zum zwingenden Völkerrecht, wenn sie erstens dem in einem der von völkerrechtlichen Grundprinzipien geschützten Rechtsgüter verwirklicht und zweitens eine rechtsaktförmige Abweichung von ihr notwendigerweise mit einer so intensiven Beeinträchtigung des entsprechenden Grundprinzips einherginge, dass das relative Gewicht, das diesem in der Abwägung zukommt, in keinem Fall von demjenigen des durch die Nichtigkeitsfolge beeinträchtigten Souveränitätsprinzips zu kompensieren ist. Obwohl der diese Begründung tragende Verweis auf die Grundprinzipien des Völkerrechts zu rechtfertigen vermag, weshalb das Völkerrecht im Falle eines Widerspruchs zu Normen des zwingenden Völkerrechts die Nichtigkeit des widersprechenden Rechtsaktes anordnet, so provoziert sie doch mindestens zwei ernstzunehmende Einwände.

So ließe sich erstens monieren, dass sich die prinzipienbasierte Erklärung von den Kriterien, die Art. 53 S. 2 WVK für die Erhebung des zwingenden Charakters einer Norm für erheblich erklärt, weit entfernt habe; schließlich komme der – in der Definition des Art. 53 S. 2 WVK zentralen – Anerkennung durch die internationale Staatengemeinschaft in ihrer Gesamtheit im Prinzipienmodell keine entscheidende Bedeutung zu.[328] Aus zwei Gründen jedoch steht dieser Einwand der hier skizzierten Begründung nicht entgegen. So ist zum einen die Reichweite der WVK und mit ihr auch diejenige der *ius cogens*-Definition des Art. 53 S. 2 WVK begrenzt. Nicht nur bezieht sie sich allein auf völkerrechtliche Verträge, ja sogar nur auf solche in Schriftform, sie ist zudem auch nur für die Vertragsparteien der WVK verbindlich. Art. 53 S. 2 WVK betont diese Beschränkung gar ausdrücklich, wenn er bean-

---

[327] Vgl. IGH, *Nuclear Weapons*, Advisory Opinion, ICJ Rep 1996, S. 226 (263, 266).

[328] Diesen Einwand erhebt *A. Hameed*, BYIL 84 (2014), S. 52 (72 f.) gegen nicht konsensbasierte *ius cogens*-Theorien.

sprucht, lediglich den Begriff zwingender Normen „[i]m Sinne dieses Übereinkommens“ zu definieren. Wie sich aus den Vorarbeiten zur WVK ergibt, stellt die Definition des zwingenden Völkerrechts in der WVK zudem eine bloße Kompromissformulierung dar, die geradezu darauf angelegt war, die Antwort auf die Frage, welche Faktoren eine Norm zu einer zwingenden Norm macht, ungeklärt zu lassen.[329] Aus Art. 53 S. 2 WVK lässt sich daher keinesfalls schließen, dass die Anerkennung durch die internationale Staatengemeinschaft in ihrer Gesamtheit auch für das Konzept des *ius cogens* maßgeblich ist, wie es mittlerweile ohne Zweifel auch jenseits der WVK existiert.[330]

Zum anderen ist das von der WVK zugrunde gelegte Kriterium mit dem hier präsentierten Begründungsmodell keinesfalls inkompatibel. Sollte eine bestimmte Völkerrechtsnorm tatsächlich von der internationalen Staatengemeinschaft in ihrer Gesamtheit als eine Norm des zwingenden Rechts anerkannt werden, so dürfte diese Anerkennung in der Tat ein starkes Indiz für eine entsprechende Einordnung darstellen. Denn im Rahmen der Abwägung, die nach dem hier vorgestellten Modell über den *ius cogens*-Charakter einer Norm entscheidet, sind Wertungen unvermeidlich. Sowohl die Quantifizierung des abstrakten Gewichts eines Prinzips als auch die Beurteilung der konkreten Eingriffsintensität sind Fragen, die nicht wertungsfrei zu entscheiden sind. Die Konkretisierung dieser Wertungen obliegt dabei in erster Linie den Staaten selbst.[331] Die Anerkennung einer Norm als Bestandteil des völkerrechtlichen *ius cogens* durch die internationale Staatengemeinschaft in ihrer Gesamtheit kann und muss daher auch im Rahmen der prinzipienbasierten *ius cogens*-Begründung Berücksichtigung finden. Sie dient als Indikator für die relativen Gewichte der kollidierenden Prinzipien und zeigt an, dass die diesbezüglichen Wertungsentscheidungen so zu

---

329 Siehe *Report of the ILC on the work of its 18th session*, YBILC 1966, Bd. II, S. 172 (248): „right course [...] to provide only in general terms that a treaty is void if it conflicts with a rule of *jus cogens* and leave the full content of this rule to be worked out in State practice and in the jurisprudence of international tribunals“.

330 *D. Dubois*, Nordic J. Int'l L. 78 (2009), S. 133 (144); ebenso *E. de Wet*, EJIL 15 (2004), S. 97 (99); *J. A. Green*, Mich. J. Int'l L. 32 (2010-2011), S. 215 (219 f.).

331 So bereits oben S. 600; vgl. auch *T. Kleinlein*, Konstitutionalisierung im Völkerrecht, 2012, S. 350: „Schließlich bedarf auch die besondere Wertigkeit einer Norm der Akzeptanz.“

treffen sind, dass die Begründung des *ius cogens*-Status gelingt.[332] Daran, dass die Nichtigkeit entgegenstehenden Rechts und damit der *ius cogens*-Charakter der fraglichen Norm auch in diesen Fällen letztlich auf den ihr zugrundeliegenden Grundprinzipien beruht, ändert indes auch die Anerkennung durch die internationale Staatengemeinschaft in ihrer Gesamtheit nichts. Dass Art. 53 S. 2 WVK eben diese Anerkennung durch die internationale Staatengemeinschaft in ihrer Gesamtheit als Identifikationskriterium für zwingende Völkerrechtsnormen verwendet, steht dem hier dargelegten Vorschlag deshalb nicht entgegen.

Der zweite mögliche Einwand setzt denn auch grundlegender an. Er bezweifelt, dass es dem hier präsentierten abwägungsbasierten Modell tatsächlich gelingen kann, den zwingenden Charakter einer Norm zu begründen. Denn die Grundprinzipien, auf die sich diese Alternativbegründung stütze, beruhten – so gibt der Einwand zu bedenken – als allgemeine Rechtsgrundsätze letztlich ebenfalls auf dem Konsens der Staaten. Eben deshalb jedoch sei die prinzipienbasierte Begründung zwingender Normen letztlich denselben Einwänden ausgesetzt wie die klassisch-positivistische, am Willen der Staaten orientierte Begründung des *ius cogens*. Obwohl diesem Einwand zuzugeben ist, dass die Entstehung der fraglichen völkerrechtlichen Grundprinzipien maßgeblich von der

[332] Allerdings dürfte es zu kurz greifen, die Anerkennung des zwingenden Charakters einer Norm vor dem Hintergrund dieser Überlegung als gewöhnliche Übereinkunft über die relativen Gewichte der konkurrierenden Prinzipien zu deuten. Denn wäre das relative Gewicht der Prinzipien das Produkt eines einfachen staatlichen Konsenses, könnten zwei Staaten, die von einer bislang zwingenden Rechtsnorm abweichen wollten, deren *ius cogens*-Status durch eine neue Vereinbarung über das relative Gewicht der Prinzipien beseitigen. Auch die prinzipiengestützte Rekonstruktion setzte sich dann dem oben skizzierten Einwand gegen die Konsenstheorie des *ius cogens* aus. Überzeugender erscheint es daher, die allgemeine Zuordnung einer Norm zum *ius cogens* als Ausdruck einer (moralischen) Überzeugung zu verstehen. Die Anerkennung des *ius cogens*-Status einer Norm bringt demnach die Überzeugung der Staaten zum Ausdruck, dass dem Prinzip, das die fragliche *ius cogens*-Norm inhaltlich stützt, ein außerordentlich großes konkretes Gewicht, möglicherweise auch ein hohes abstraktes Gewicht zukommt. Dem Einwand gegen die Konsenstheorie entgeht diese Deutung deshalb, weil es sich bei Überzeugungen um willensunabhängige Einstellungen handelt. Für die Staaten sind sie deshalb nicht in gleichem Maße verfügbar. – Diese Überlegungen folgen in wesentlichen Punkten *A. Hameed*, BYIL 84 (2014), S. 52, insbes. S. 58 f., 75 ff., 98, der allerdings vor allem deshalb auf Überzeugungen statt auf einen Konsens abstellt, um das Problem zwingender Normen mit trivialem Inhalt zu umgehen (ebd., S. 69, 82).

Anerkennung und damit dem Willen der Staaten abhängt,[333] ist er für die Einwände gegen die Begründung des *ius cogens* im Willen der Staaten nicht in gleichem Maße anfällig. So lässt sich ihm anders als dem oben skizzierten willensbasierten Ansatz nicht entgegenhalten, dass der Nachweis zwingender Normen in der Rechtsprechungspraxis den Anforderungen des Konsensprinzips regelmäßig nicht genügt und auch das von Art. 53 S. 2 WVK für maßgeblich erklärte Kriterium der Anerkennung durch die internationale Staatengemeinschaft in ihrer Gesamtheit hinter diesen zurückbleibt. Denn im Prinzipienmodell stellt sich der zwingende Status einer Norm als Ergebnis einer Prinzipienabwägung dar. Da diese Prinzipien selbst Rechtsnormcharakter besitzen und folglich verbindlich anzuwendendes Recht darstellen, müssen sich zwar sie selbst, nicht aber das im Wege ihrer Abwägung gefundene Ergebnis auf den Konsens der Staaten stützen können. Der *ius cogens*-Status einer konkreten Norm lässt sich im Prinzipienmodell deshalb auch dann begründen, wenn lediglich die ihm zugrundeliegenden Prinzipien, nicht aber der zwingende Charakter der konkreten Regel selbst im Willen der Staaten Rückhalt finden.

Und auch das zweite gegen die willensbasierte Begründung des *ius cogens* vorgebrachte Argument erschüttert die prinzipienbasierte Theorie zwingender Normen nicht. Zur Erinnerung: Der Versuch, den zwingenden Status einer Norm allein auf einen entsprechenden Willen der Staaten zu gründen, scheiterte daran, dass er nicht erklären konnte, warum zwei Staaten, die von einer zwingenden Völkerrechtsnorm abweichen wollen, nicht zunächst diejenigen Normen derogieren können, die Begriff und Rechtsfolgen des *ius cogens* definieren (für das Vertragsrecht etwa Art. 53, 64 WVK), um anschließend ungehindert auch die vormals zwingenden Normen selbst einschränken zu können.[334] Die prinzipienbasierte Begründung jedoch trifft dieser Einwand deshalb nicht, weil die neueren völkerrechtlichen Grundprinzipien, insbesondere Humanitäts- und Umweltprinzip, eine integrale Erfüllungsstruktur[335] aufweisen und bereits deshalb *inter se*-Modifikationen nicht er-

---

[333] Siehe S. 249.

[334] Dazu oben S. 736 f.

[335] Zur Unterscheidung von integralen, interdependenten und bilateralen Verpflichtungen siehe *A. Orakhelashvili*, in: O. Corten/P. Klein (Hrsg.), The Vienna Convention on the Law of Treaties: A Commentary, Bd. I, 2011, Art. 30 Rn. 34-40; *K. Sachariew*, NILR 35 (1988), 273 (276 ff.); *J. Pauwelyn*, Conflict of Norms in Public International Law, 2003, 52 ff. m.w.N. Soweit ersichtlich, geht

lauben. Wie oben gesehen, wären abweichende Vereinbarungen dabei nicht nur rechtswidrig, sondern auch unanwendbar.[336] Allenfalls im Konsens aller Staaten ließen sich die völkerrechtlichen Grundprinzipien daher derogieren.[337] Ein staatlicher Konsens, der hinter diesem Maßstab absoluter Universalität zurückbleibt, vermag die Normen, die den *ius cogens*-Status bestimmter Regeln begründen, daher nicht zu entkräften.[338] Anders als die am Staatenwillen orientierte Begründung kann die prinzipienbasierte Theorie folglich auch erklären, weshalb auch die Regeln, die Begriff und Rechtsfolgen des *ius cogens* normieren, ein „opt out" nicht zulassen. Die prinzipienbasierte Begründung des zwingenden Status bestimmter Völkerrechtsregeln entgeht damit den Einwänden, die die am Staatenwillen orientierte Theorie zu Fall bringen. Die Orientierung am staatlichen Konsens gibt sie dabei dennoch nicht ganz auf, knüpft sie doch an Grundprinzipien an, deren Geltung – jedenfalls zu einem gewissen Grad – im Konsens der Staaten wurzelt und bei deren relativer Gewichtung der staatlichen Anerkennung eine entscheidende Indizwirkung zukommt.

V. Ergebnis

Wie die vorstehenden Überlegungen zu zeigen versucht haben, verdanken die Normen des *ius cogens* ihren hierarchischen Sonderstatus nicht unmittelbar und nicht in erster Linie dem souveränen Willen der Staaten, sondern den materiellen Grundprinzipien, denen sie Ausdruck verleihen. Die für ihre Höherrangigkeit konstitutive Regel zweiter Ordnung, nach der ein Rechtsakt nichtig ist, wenn er zu zwingenden Normen in Widerspruch steht, lässt sich im Prinzipienmodell als Ergebnis einer Abwägung rekonstruieren. Im Rahmen dieser Abwägung fungieren die Grundprinzipien, die im Laufe der Entwicklung des Völkerrechts neben das Souveränitätsprinzip getreten sind (allen voran das Humanitätsprinzip), als rechtsnormativer Grund, der nicht nur die Gel-

---

die Unterscheidung zurück auf *G. Fitzmaurice*, Third Report on the Law of Treaties by the Special Rapporteur, YBILC 1958, Bd. II, 20 (27 f., 44 f.).

[336] Siehe dazu oben S. 546 ff. sowie *J. Rauber*, ZaöRV 75 (2015), S. 259 (275 ff.).

[337] Gleiches gilt selbstverständlich für die Absenkung des abstrakten Gewichts eines Prinzips oder der Neubewertung der Eingriffsintensität.

[338] Dazu bereits oben S. 544 ff., 546 ff.

tung der besagten Nichtigkeitsregel stützt, sondern zugleich die mit deren Geltung einhergehenden Souveränitätseinbußen rechtfertigt. In einem zentralen Aspekt lässt sich damit auch die Hierarchisierung des Völkerrechts und die aus ihr resultierende partielle Entsouveränisierung auf die Entstehung neuer völkerrechtlicher Grundprinzipien zurückführen.

C. Privatisierung: Art. 36 WÜK als Individualrechtsgarantie

Auch die Privatisierung des Völkerrechts lässt sich zumindest in Teilen auf den Einfluss völkerrechtlicher Wertordnungsprinzipien zurückführen. Denn zuweilen entstehen völkerrechtliche Individualrechtsgarantien nicht nur dort, wo Staaten – wie etwa im Bereich des Menschenrechtsschutzes – völkerrechtliche Verträge bewusst mit Vorschriften anreichern, die individuelle Rechte garantieren. Vielmehr zeigt sich die Privatisierung des Völkerrechts auch und gerade in Fällen, in denen Gerichte lediglich Auslegungsspielräume nutzen, um Vorschriften, die ursprünglich allein als Gewährleistungen staatlicher Rechte verstanden wurden und sich auf den bloß reflexartigen Schutz von Einzelpersonen beschränkten, nunmehr zu Normen mit Individualrechtsgehalt aufzuwerten.[339] Das wohl prominenteste Beispiel hierfür bildet die individualrechtsfreundliche Auslegung des Art. 36 Abs. 1 WÜK. Obwohl ursprünglich als zwischenstaatliche Regelung geschaffen, haben der Norm mittlerweile sowohl der IAGMR als auch der IGH Rechte entnommen, die dem Einzelnen unmittelbar zustehen und von ihm vor nationalen Gerichten geltend gemacht werden können (dazu 1.). Die Rechtsprechung liefert für diese Umdeutung der Konsularrechtsgarantien eine Begründung, die methodisch angreifbar ist und in der das wahre Motiv der Neuinterpretation keinen Ausdruck findet (dazu 2.). Vor dem Hintergrund des gewandelten Bestands völkerrechtlicher Prinzipien gewinnt das von der Rechtsprechung gewonnene Ergebnis indes deutlich an Überzeugungskraft (dazu 3.).

---

[339] *O. Dörr*, JZ 60 (2005), S. 905 (907).

I. Art. 36 WÜK und seine Auslegung in der Rechtsprechung

Art. 36 Abs. 1 WÜK regelt den Verkehr mit Angehörigen des Entsendestaates. Die Regelung stammt dabei wie die gesamte Konvention aus dem Jahr 1963 und wurde damit noch drei Jahre vor der Unterzeichnung der ersten universellen Menschenrechtsverträge abgeschlossen.[340] Zwar hatte der StIGH bereits einige Jahre zuvor die Möglichkeit gesehen, auch Individuen in völkerrechtlichen Verträgen Rechte zuzuweisen.[341] Allgemein etabliert jedoch hatte sich die Anerkennung des Einzelnen als Völkerrechtssubjekt zu dieser Zeit noch keinesfalls. Und so erklären es viele Autoren für geradezu offensichtlich, dass auch die Konsularrechtskonvention Rechte und Pflichten allein im zwischenstaatlichen Verhältnis begründete.[342] Ja, selbst *Antonio Cançado Trindade* – einer der vehementesten Vertreter der Humanisierung der Konsularrechtskonvention[343] und der These, dass Art. 36 WÜK (heute) individuelle Rechte enthalte – räumt ein, es könne kaum bezweifelt werden „that, by the time the Vienna Conventions on Diplomatic and Consular Relations were adopted and entered into force, their implementation was envisaged from the outlook of strictly inter-State relations".[344] Und jedenfalls bei einem ersten Zugriff scheint das durchaus naheliegend. Der IAGMR (dazu lit. a) und der IGH (dazu lit. b) jedoch haben dieser zwischenstaatlichen Lesart des Art. 36 Abs. 1 WÜK eine deutliche Absage erteilt und auch den Einzelnen als Rechtssubjekt in die Garantien der Konsularrechtskonvention einbezogen.[345]

---

[340] Das führt als Argument gegen eine individualrechtliche Auslegung an *B. Grzeszick*, AVR 43 (2005), S. 312 (323).

[341] StIGH, *Jurisdiction of the Courts of Danzig*, Advisory Opinion, Ser. B, No. 15, S. 17 f.

[342] *O. Dörr*, JZ 60 (2005), S. 905 (907).

[343] *A. A. Cançado Trindade*, Chinese Journal of International Law 6 (2007), S. 1 m.w.N. in Fn. 1; siehe auch IAGMR, *The Right to Information on Consular Assistance*, Advisory Opinion, Ser. A, No. 16, Conc. Op. Cançado Trindade, Rdn. 35.

[344] *A. A. Cançado Trindade*, Chinese Journal of International Law 6 (2007), S. 1 (3).

[345] Für einen ausführlicheren Überblick über die Rechtsprechung siehe *C. M. Cerna*, in: M. T. Kamminga/M. Scheinin (Hrsg.), The Impact of Human Rights Law on General International Law, 2009, S. 171 (177 ff.).

1. Art. 36 WÜK vor dem IAGMR

Als der IAGMR sich 1999 im Rahmen eines Gutachtenverfahrens unter anderem mit der Frage auseinanderzusetzen hatte, ob Art. 36 WÜK „should be interpreted as containing provisions ‚concerning the protection of human rights in the American States'"[346], ließ er sich von diesen Überlegungen nicht irritieren. Vielmehr befand er, dass Art. 36 WÜK Individualrechte enthalte, sprach diesen zugleich menschenrechtlichen Charakter zu[347] und pries eben diese Auslegung als entscheidenden Fortschritt an, denn „[a]s interpreted by this Court in the present Advisory Opinion, Article 36 is a notable advance over international law's traditional conceptions of this subject".[348] Anhaltspunkte für diese fortschrittliche Interpretation fand er nicht nur im Wortlaut der Vorschrift, sondern vor allem auch in den Vorarbeiten zur Konsularrechtskonvention. So überzeuge im Lichte der Entstehungsgeschichte insbesondere der oftmals gegen eine individualrechtliche Interpretation des Art. 36 WÜK angeführte systematische Verweis auf die Präambel der Konvention nicht. Zwar sehe diese vor, dass „the purpose of [consular] privileges and immunities is not to benefit the individuals but to ensure the efficient performance of functions by consular posts", doch gehe aus den *travaux préparatoires* hervor, dass die Konvention in dieser Passage lediglich diejenigen Individuen im Blick habe, die konsularische Funktionen erfüllten. Über die Staatsangehörigen, zu deren Gunsten diese Funktionen ausgeübt würden und deren individuelle Rechte vorliegend in Frage stünden, treffe sie indes keine Aussage. Und auch ansonsten stütze die Genese der Vorschrift die Annahme, dass Art. 36 WÜK individuelle Rechte enthalte, denn

> „although in principle some States believed that it was inappropriate to include clauses regarding the rights of nationals of the sending

---

346 IAGMR, *The Right to Information on Consular Assistance*, Advisory Opinion, Ser. A, No. 16, Rdn. 33; die Frage war deshalb entscheidend, weil sich die materielle Zuständigkeit des IAGMR im Gutachtenverfahren gemäß Art. 64 Abs. 1 AMRK nur auf „the interpretation of this Convention or of other treaties concerning the protection of human rights in the American States" bezieht.

347 In diesem Punkt zustimmend etwa *M. Mennecke*, GYIL 44 (2001), S. 430 (453); *T. Stephens*, Melbourne J. Int'l L. 3 (2002), S. 143 (152 f.); *M. F. Tinta*, EJIL 12 (2001), S. 363 (365).

348 IAGMR, *The Right to Information on Consular Assistance*, Advisory Opinion, Ser. A, No. 16, Rdn. 82.

> State, in the end the view was that there was no reason why that instrument should not confer individual rights upon individuals".[349]

Im Teheraner Geiselfall vor dem IGH hatten die Vereinigten Staaten Art. 36 WÜK denn auch ausdrücklich mit den Rechten der Staatsangehörigen des Entsendestaates in Verbindung gebracht und zumindest im Hinblick auf Art. 36 Abs. 1 lit. a WÜK lasse sich dies auch teleologisch begründen. Denn im Lichte der konsularischen Funktionen, zu denen Art. 5 lit. a, e, i WÜK unter anderem auch die Leistung von Hilfe und Beistand für die Staatsangehörigen des Entsendestaates zähle, diene auch die Garantie freier konsularischer Kommunikation in Art. 36 Abs. 1 lit. a WÜK einem „dual purpose: that of recognizing a State's right to assist its nationals through the consular officer's actions and, correspondingly, that of recognizing the correlative right of the national of the sending State to contact the consular officer to obtain that assistance".[350]

Die entscheidenden Argumente für die individualrechtliche Auslegung des Art. 36 WÜK entnimmt der IAGMR jedoch dem Wortlaut der Norm. So stellt er mit Blick auf die in Art. 36 Abs. 1 lit. a WÜK angesprochene Freiheit des Verkehrs zwischen Konsularbeamten und Entsendestaatsangehörigen etwa fest, der Text der Vorschrift „makes it clear that both the consular officer and the national of the sending State have that right";[351] für Art. 36 Abs. 1 lit. b WÜK erklärt er gar, der Artikel sei „unequivocal in stating that rights to consular information and notification are ‚accorded' to the interested person"[352] und wenn schließlich Art. 36 Abs. 1 lit. c WÜK vorsehe, dass Konsularbeamte dann nicht tätig werden dürften, wenn der Betroffene dies ausdrücklich ablehne, dann bestätige auch dies „the fact that the rights accorded under Article 36 of the Vienna Convention on Consular Relations are rights of individuals".[353]

Art. 36 WÜK, so nimmt der IAGMR demnach an, enthalte in allen Teilregelungen des Abs. 1 individuelle Rechte und sei insofern „a notab-

---

[349] Ebd., Rdn. 84

[350] Ebd., Rdn. 80.

[351] Ebd., Rdn. 78.

[352] Ebd., Rdn. 82.

[353] Ebd., Rdn. 83.

le exception to what are essentially States' rights and obligations accorded elsewhere in the Vienna Convention on Consular Relations".[354]

2. Art. 36 WÜK vor dem IGH

Ohne ausdrücklich auf das Gutachten des IAGMR Bezug zu nehmen, hat der IGH in seiner LaGrand-Entscheidung die individualrechtliche Auslegung des Art. 36 WÜK bestätigt. Die namensgebenden Brüder LaGrand waren von US-amerikanischen Strafgerichten wegen eines Banküberfalls, bei dem der Direktor der Bank erschossen wurde, zum Tode verurteilt, bei ihrer Festnahme jedoch nicht über ihr Recht auf konsularischen Beistand aufgeklärt worden. Als sie von diesem erfuhren, waren sie vor den nationalen Gerichten mit diesem Vorbringen aber bereits präkludiert. Nachdem der Versuch, die Hinrichtungen auf diplomatischem Wege zu verhindern, gescheitert war und auch eine einstweilige Anordnung des IGH keine Beachtung fand, klagte Deutschland schließlich vor dem IGH. Die Bundesrepublik beantragte dabei die Feststellung, dass die Vereinigten Staaten durch die unterlassene Aufklärung über das Recht auf konsularischen Beistand nicht nur die Rechte Deutschlands missachtet, sondern auch die Individualrechte der Brüder LaGrand aus Art. 36 Abs. 1 lit. a und b WÜK verletzt hätten.[355] „Germany maintains", so resümiert der IGH denn auch das entscheidende Argument Deutschlands, „that the right to be informed of the rights under Article 36, paragraph 1 *(b)* , of the Vienna Convention, is an individual right of every national of a State party to the Convention who enters the territory of another State party."[356] Die Auseinandersetzung, die der Gerichtshof dieser Problemexposition folgen lässt, beschränkt sich auf Wortlautargumente und besticht durch eine Kürze, die angesichts von Tragweite und Bedeutung der Fragestellung nur Erstaunen hervorrufen kann:

> „The Court notes that Article 36, paragraph 1 *(b)* , spells out the obligations the receiving State has towards the detained person and the sending State. It provides that, at the request of the detained person, the receiving State must inform the consular post of the sending State of the individual's detention "without delay". It provides further that any communication by the detained person addressed to

[354] Ebd., Rdn. 82.

[355] IGH, *LaGrand Case*, ICJ Rep 2001, S. 466 (481).

[356] Ebd., S. 492.

the consular post of the sending State must be forwarded to it by authorities of the receiving State "without delay". Significantly, this subparagraph ends with the following language: ‚The said authorities shall inform the person concerned without delay of *his rights* under this subparagraph' (emphasis added). Moreover, under Article 36, paragraph 1 (c), the sending State's right to provide consular assistance to the detained person may not be exercised ‚if he expressly opposes such action'. The clarity of these provisions, viewed in their context, admits of no doubt. It follows, as has been held on a number of occasions, that the Court must apply these as they stand [...]. Based on the text of these provisions, the Court concludes that Article 36, paragraph 1, creates individual rights, which, by virtue of Article 1 of the Optional Protocol, may be invoked in this Court by the national State of the detained person. These rights were violated in the present case."[357]

II. Bewertung im Lichte der Kritik in Sondervoten und Schrifttum

Vor allem die LaGrand-Entscheidung des IGH hat im Schrifttum erhebliche Resonanz ausgelöst und dabei insbesondere hinsichtlich der individualrechtsfreundlichen Auslegung des Art. 36 WÜK neben mancher Zustimmung[358] auch erhebliche Kritik erfahren.[359] Und auch die beiden Sondervoten der Richter *Oda* und *Shi* setzen sich ablehnend mit der Individualrechtsthese des Gerichtshofs auseinander. Ansatzpunkt dieser Kritik ist die vielfach als methodisch mangelhaft empfundene Begründung, auf die der Gerichtshof seine Auslegung stützt. Wie die folgende Auseinandersetzung zeigen soll, ist diese Kritik in vielen Punkten berechtigt, und so steht die individualrechtsfreundliche Auslegung des Art. 36 WÜK bei Lichte besehen auf recht brüchiger Grundlage.

---

[357] Ebd., S. 494.

[358] *K. Oellers-Frahm*, in: T. Marauhn (Hrsg.), Die Rechtsstellung des Menschen im Völkerrecht, 2003, S. 21 (26 f.); *dies.*, EuGRZ 28 (2001), S. 265 (268); *A. Peters*, Jenseits der Menschenrechte, 2014, S. 311 ff.

[359] Kritisch etwa *B. Grzeszick*, AVR 43 (2005), S. 312 (319 ff.); *C. Hillgruber*, JZ 57 (2002), S. 94 (95 ff.); *R. Jennings*, LPICT 1 (2002), S. 13 (45 ff.); siehe auch die Kritik in den Sondervoten: IGH, *LaGrand Case*, Sep. Op. Shi, ICJ Rep 2001, S. 518 (518 ff.) und Diss. Op. Oda, ICJ Rep 2001, S. 525 (536).

1. Auslegung nach dem Wortlaut

So wird im Schrifttum zutreffend eingewandt, dass der Verweis auf den Wortlaut, auf dem die individualrechtsfreundliche Auslegung in der Begründung des IGH allein beruht, gleich aus mehreren Gründen nicht genügt, um die These zu stützen, dass Art. 36 WÜK individuelle Rechte garantiere.[360] Denn erstens beruht diese Beschränkung auf die gewöhnliche Wortbedeutung auf der schon seit langem auch im völkerrechtlichen Methodenschrifttum als zirkelschlüssig entlarvten Interpretationsmaxime *in claris non fit interpretatio*. Da auch die Feststellung einer eindeutigen Wortlautbedeutung eine Interpretationsaussage ist, kann sie, anders als der IGH annimmt, erst am Ende der Auslegung stehen, keinesfalls aber deren Ausgangspunkt bilden.[361] Die Ausblendung von Kontext, Telos und anderen Auslegungskriterien übersieht dabei zweitens auch, dass die in Art. 31 WVK kodifizierten gewohnheitsrechtlichen Auslegungsregeln es nicht erlauben, den Wortlaut einer Vorschrift derart zu verabsolutieren. Zwar bildet er den Ausgangspunkt der Auslegung, seine Bedeutung jedoch ist zwingend unter Berücksichtigung von systematischen und teleologischen Erwägungen zu erschließen. Der IGH jedoch blendet Systematik und Teleologie beinahe völlig aus[362] – eine Strategie, die – wie Richter *Shi* in seinem Sondervotum anmerkt[363] – nicht nur mit der eigenen Position des IGH in der Süd-

---

[360] Vgl. allgemein etwa *H.-J. Cremer*, in: FS Riedel, 2013, S. 33 (33 ff.); für überzeugend halten die Argumentation des IGH indes *J. Fitzpatrick*, Yale J. Int'l L. 27 (2002), S. 427 (427 f.); *K. Oellers-Frahm*, in: T. Marauhn (Hrsg.), Die Rechtsstellung des Menschen im Völkerrecht, 2003, S. 21 (26).

[361] IGH, *LaGrand Case*, Sep. Op. Shi, ICJ Rep 2001, S. 518 (520); *B. Grzeszick*, AVR 43 (2005), S. 312 (320); *C. Hillgruber*, JZ 57 (2002), S. 94 (96).

[362] Kritisch dazu *B. Grzeszick*, AVR 43 (2005), S. 312 (320); *M. J. Kadish*, Mich. J. Int'l L. 18 (1996-1997), S. 565 (593); *M. Mennecke*, GYIL 44 (2001), S. 430 (451); *C. Hillgruber*, JZ 57 (2002), S. 94 (96) spricht gar von „Auslegungsverweigerung“. Über die Wortlautauslegung geht der IGH nur in einer einzigen knappen Bemerkung hinaus: „The clarity of these provisions, *viewed in their context*, admits of no doubt“ (IGH, *LaGrand Case*, ICJ Rep 2001, S. 466 [494] [eigene Hervorhebung]). Der Kontext, auf den der IGH hier verweist ist offenbar die Formulierung in Art. 36 Abs. 1 lit. c WÜK, nach der die Konsularbeamten davon absehen müssen, konsularischen Beistand zu leisten, wenn der Betroffene dem ausdrücklich widerspricht.

[363] IGH, *LaGrand Case*, Sep. Op. Shi, ICJ Rep 2001, S. 518 (519); ebenso *P.-M. Dupuy/C. Hoss*, LaGrand Case (Germany v. USA), in: MPEPIL (online edition), Stand: Dezember 2009, Rdn. 34.

westafrika-Entscheidung[364] unvereinbar ist, sondern auch die Gefahr birgt, Formulierungen, die möglicherweise lediglich das Resultat eines Verhandlungskompromisses in letzter Minute oder gar eines „hasty or careless drafting" darstellen, eine überproportionale Bedeutung für die Auslegung zuzuschreiben. *Bernd Grzeszick* weist schließlich darauf hin, dass der Verweis auf die Formulierung „his rights" in Art. 36 Abs. 1 lit. b WÜK auch in der Sache keinesfalls so eindeutig sei, wie es der Gerichtshof unterstelle. Vielmehr gehe aus der Formulierung selbst nicht hervor, ob es sich bei den besagten Rechten um unmittelbar dem Einzelnen zustehende Individualrechte handele oder um solche, die ihn lediglich mediatisiert begünstigten und eigentlich den Staat berechtigten.[365] Noch schwerer dürfte in dieser Hinsicht allerdings ein Punkt ins Gewicht fallen, der auch im Schrifttum bisher übersehen wird. Denn dass die Formulierung „his rights", auf die sich der IGH für sein Wortlautargument maßgeblich stützt, neben dem Recht auf Unterrichtung des Konsulats (Art. 36 Abs. 1 lit. b S. 1 WÜK) und demjenigen auf die unverzügliche Weiterleitung von Mitteilungen (Art. 36 Abs. 1 lit. b S. 2 WÜK) tatsächlich auch das in der LaGrand-Entscheidung maßgebliche Recht in Bezug nimmt, über eben diese beiden Rechte aufgeklärt zu werden, erscheint bei genauer Betrachtung zweifelhaft. Zwar spricht Art. 36 Abs. 1 lit. b S. 3 ganz allgemein von „his rights under this subparagraph" und könnte sich demnach durchaus auch auf Satz 3 selbst beziehen. Doch liegt eine solche Deutung erstens schon spachlich nicht nahe, muss sie doch unterstellen, dass die Formulierung „his rights" – gewissermaßen vorgreifend selbstreflexiv – auch die Aufklärungspflicht mit einbezieht, die der Satz, in dem sich die Formulierung selbst befindet, erst im Begriff ist auszusprechen. Der Gegenstand der geschuldeten Aufklärung würde damit in Bezug genommen, bevor er vollständig ausgesprochen ist. Entscheidender aber als dieses rein sprachliche Argument dürfte zweitens sein, dass die Annahme, auch die Aufklärungspflicht selbst zähle zu den in Satz 3 angesprochenen Rechten, zu absurd

---

[364] IGH, *South West Africa Cases*, Preliminary Objections, ICJ Rep 1962, S. 319 (336): „This contention is claimed to be based upon the natural and ordinary meaning of the words employed in the provision. But this rule of interpretation is not an absolute one. Where such a method of interpretation results in a meaning incompatible with the spirit, purpose and context of the clause or instrument in which the words are contained, no reliance can be validly placed on it."

[365] *B. Grzeszick*, AVR 43 (2005), S. 312 (320); ebenso *H.-J. Cremer*, in: FS Riedel, 2013, S. 33 (35 f.).

anmutenden Konsequenzen führte. Denn legt man sie zugrunde, so geböte die Aufklärungspflicht nach Art. 36 Abs. 1 lit. b S. 3 WÜK auch die Unterrichtung des Betroffenen über eben diese Pflicht zur Aufklärung über dessen Rechte. Eine Behörde, die den inhaftierten Entsendestaatsangehörigen lediglich über seine Rechte nach Art. 36 Abs. 1 lit. b S. 1 und 2 WÜK aufklärte, das Bestehen des entsprechenden Aufklärungsrechts aber verschwiege, müsste sich folglich noch immer vorhalten lassen, ihre völkerrechtlichen Pflichten nicht (vollständig) erfüllt zu haben; und das, obwohl dem Betroffenen damit bereits alle Informationen zur Verfügung stünden, die ihm nach Sinn und Zweck des Art. 36 Abs. 1 lit. b S. 3 WÜK bereitgestellt werden müssen. Teleologisch betrachtet erzeugt die Prämisse des IGH, die Formulierung „his rights“ spreche auch Satz 3 selbst an, daher keine sinnvollen Ergebnisse. Und auch strukturell hat die ihr inhärente Selbstbezüglichkeit des Art. 36 Abs. 1 lit. b S. 3 WÜK kaum überwindbare Schwierigkeiten zur Folge. So führt sie schließlich drittens bei genauer Betrachtung zu einer unsinnigen, sich unendlich fortsetzenden Aneinanderreihung von jeweils aufeinander bezogenen Aufklärungsrechten: Legte man sie zugrunde, so enthielte Art. 36 Abs. 1 lit. b S. 3 WÜK nicht nur das Recht, über die Rechte nach Art. 36 Abs. 1 lit. b S. 1 und 2 WÜK aufgeklärt zu werden, sondern auch dasjenige, über eben dieses Aufklärungsrecht selbst unterrichtet zu werden. Da sich dieses Recht auf Unterrichtung jedoch wiederum aus Art. 36 Abs. 1 lit. b S. 3 WÜK ergäbe und folglich von der Formulierung „his rights“ erfasst würde, bestünde auch ein Recht darauf, über diese Unterrichtungspflicht informiert zu werden, usw. Mit einer Auslegung, die auch die Aufklärungspflicht nach S. 3 in die Formulierung „his rights“ einbezieht, ließe sich der Inhalt der Pflicht nach S. 3 folglich nie abschließend bestimmen. Und so ist es in hohem Maße unplausibel anzunehmen, dass Art. 36 Abs. 1 lit. b S. 3 WÜK auch die in ihm selbst statuierte Aufklärungspflicht zu einem derjenigen Rechte erhebt, auf die er sich mit der Formulierung „his rights“ bezieht.[366] Selbst wenn man über die berechtigten methodischen Zweifel an der Beschränkung auf den Wortlaut hinwegsieht, leidet das Argument des IGH daher an mangelnder Differenziertheit. Es übersieht, dass die Formulierung, auf die es sich stützt, nicht für alle Teilregelungen des Art. 36 Abs. 1 WÜK, ja noch nicht einmal für alle in dessen Abs. 1 lit. b

---

366 Für die beiden Rechte in Art. 36 Abs. 1 lit. b S. 1 und 2 WÜK, greift dieses Gegenargument allerdings nicht. Das belegt, dass eine differenzierte Betrachtung erforderlich ist.

enthaltenen Normen, ein überzeugendes Argument für eine individualrechtliche Interpretation bietet.

2. *Auslegung nach Systematik und Telos*

Das Wortlautargument des IGH verliert damit seine Überzeugungskraft, und systematische und teleologische Auslegungsgesichtspunkte fördern sogar entscheidende Argumente gegen die vom IGH befürwortete individualrechtsfreundliche Lesart des Art. 36 WÜK zu Tage. Zwar vermag der im Schrifttum zuweilen angeführte systematische Verweis auf die in der Präambel enthaltene Klarstellung, dass „the purpose of [consular] privileges and immunities is not to benefit individuals",[367] deshalb nicht zu überzeugen, weil damit in der Tat lediglich der einzelne Konsularbeamte, nicht aber die Staatsangehörigen des Entsendestaats angesprochen sein dürften.[368] Dennoch bleibt die Konsularrechtskonvention aus systematischer und teleologischer Perspektive „an awkward place to enumerate the rights of an individual national".[369] Denn nicht nur der Titel der Konvention macht deutlich, dass die konsularischen und damit zwischenstaatlichen Beziehungen im Zentrum ihrer Regelungen stehen;[370] auch die Präambel bekennt sich deutlich zu dieser Fokussierung auf die Beziehungen zwischen Staaten, indem sie „the development of friendly relations among nations" zum Zweck der Konvention erhebt.[371] Art. 5 WÜK etwa illustriert diese Grundeinstellung der

---

[367] Auf diese Passage berufen sich etwa *L. Antonacci*, Santa Clara J. Int'l L. 3 (2005), S. 22 (30); *H. S. Schiffman*, Cardozo J. Int'l & Comp. L. 8 (2000), S. 27 (38).

[368] So auch IAGMR, *The Right to Information on Consular Assistance*, Advisory Opinion, Ser. A, No. 16, Rdn. 73 f.; *M. J. Kadish*, Mich. J. Int'l L. 18 (1996-1997), S. 565 (594); ebenfalls kritisch zu dem auf die Präambel gestützten Argument gegen eine individualrechtsfreundliche Interpretation *A. N. Bishop*, Hous. J. Int'l L. 25 (2002-2003), S. 1 (44 f.); *A. J. Fidahusein*, Seton Hall Cir. Rev. 5 (2008-2009), S. 239 (246).

[369] *M. J. Kadish*, Mich. J. Int'l L. 18 (1996-1997), S. 565 (593).

[370] IGH, *LaGrand Case*, Sep. Op. Shi, ICJ Rep 2001, S. 518 (520); *B. Grzeszick*, AVR 43 (2005), S. 312 (321); ohne Verweis auf den Titel der Konvention ebenso *K. Oellers-Frahm*, in: T. Marauhn (Hrsg.), Die Rechtsstellung des Menschen im Völkerrecht, 2003, S. 21 (26).

[371] IGH, *LaGrand Case*, Sep. Op. Shi, ICJ Rep 2001, S. 518 (520); *B. Grzeszick*, AVR 43 (2005), S. 312 (321); anders aber *M. Mennecke*, GYIL 44

Konvention gut, wenn er zwar die „Angehörigen des Entsendestaates" als Einzelpersonen anzusprechen scheint, dabei aber doch stets die staatliche Interessenperspektive wahrt.[372] Und auch Art. 36 WÜK selbst erklärt in seiner Einleitungsformulierung, dass die in der Folge statuierten Freiheiten gewährt würden, „with a view to facilitating the exercise of consular functions", und bleibt der zwischenstaatlichen Perspektive damit treu.[373] Dass sich die Vorschrift bei alledem im Abschnitt über „Facilities, Privileges and Immunities Relating to a Consular Post" wiederfindet und bereits ihre Überschrift („Communication and Contact with Nationals of the Sending State") klar aus der einseitig-staatlichen Perspektive formuliert ist, unterstreicht, dass die Fokussierung auf die Rechtsstellung des Staates auch Art. 36 dominiert.[374] Einen in der Sache ebenfalls systematischen Einwand deutet schließlich *Christian Hillgruber* an, wenn er darauf hinweist, dass die individualrechtsfreundliche Auslegung des Gerichtshofs aufgrund der kompromissarischen Klausel des Zusatzprotokolls zugleich dazu führe, dass die Staaten der Gerichtsbarkeit des IGH in einem Umfang unterliegen, der von ihrer ursprünglichen Zustimmung nicht gedeckt sei.[375] Mit Blick auf Art. 31 Abs. 3 lit. c WVK lässt sich dies als Hinweis darauf reformulieren, dass auch der völkerrechtliche Kontext jenseits der Konsularrechtskonvention mit Souveränitäts- und Konsensprinzip eine argumentative Hürde etabliert, an der sich die Individualrechtsthese des IGH messen lassen muss. Und so findet die individualrechtliche Auslegung des Art. 36 WÜK in systematischer Hinsicht allein in dem auch vom IGH herangezogenen Vorbehalt des Art. 36 Abs. 1 lit. c WÜK eine Stütze, der die Konsularbeamten des Entsendestaats dazu verpflichtet, von konsularischem Beistand abzusehen, wenn der Betroffene diesen ausdrücklich ablehnt. Dieses Vetorecht des Betroffenen zeigt zwar, dass dessen Interessen auch innerhalb der Konsularrechtskonvention Berücksichtigung finden, doch bezieht es sich inhaltlich allein auf ein mögliches Einschreiten der Konsularbeamten zu seinen Gunsten und lässt daher unmittelbare Rückschlüsse auf die Pflichten und Freiheiten

---

(2001), S. 430 (454): „its ordinary meaning, speaking of the ‚rights' of ‚the person concerned', corresponds fully with its telos".

[372] *B. Grzeszick*, AVR 43 (2005), S. 312 (321).

[373] IGH, *LaGrand Case*, Sep. Op. Shi, ICJ Rep 2001, S. 518 (520); *B. Grzeszick*, AVR 43 (2005), S. 312 (321 f.).

[374] *B. Grzeszick*, AVR 43 (2005), S. 312 (321).

[375] In diese Richtung *C. Hillgruber*, JZ 57 (2002), S. 94 (96).

im Vorfeld eines solchen Einschreitens nicht zu; lediglich solche jedoch statuiert Art. 36 Abs. 1 WÜK.[376]

3. Ergänzende Auslegung nach den travaux préparatoires

Der IAGMR und einige Stimmen im Schrifttum sehen denn auch vor allem in den Vorarbeiten zur Wiener Konsularrechtskonvention entscheidende Argumente für eine individualrechtsfreundliche Auslegung.[377] Teilweise jedoch beschränkt sich das entstehungsgeschichtliche Argument auf eine bloße Behauptung[378] und bei genauer Betrachtung überzeugt die etwa von *Mark Kadish* vertretene These, die *travaux préparatoires* ließen die Absicht der Vertragsparteien erkennen, Art. 36 WÜK als Individualrechtsgarantie auszugestalten,[379] denn auch nicht.[380] Zwar trifft es zu, dass manche Staaten, allen voran Griechenland, im Rahmen der Verhandlungen des Vertragstextes auf die Nähe hinwiesen, die Art. 36 WÜK zu menschenrechtlichen Garantien aufweise.[381] Doch Kuwait etwa wandte ausdrücklich ein, „the rights of nationals of the sending State“ seien „irrelevant to the convention under discussion“.[382] Venezuela sah das ebenso und schlug vor, Art. 36 Abs. 1

---

[376] Aus anderen Gründen kritisch zu diesem Argument IGH, *LaGrand Case*, Diss. Op. Oda, ICJ Rep 2001, S. 525 (536).

[377] IAGMR, *The Right to Information on Consular Assistance*, Advisory Opinion, Ser. A, No. 16, Rdn. 84: „[A]lthough in principle some States believed that it was inappropriate to include clauses regarding the rights of nationals of the sending State, in the end the view was that there was no reason why that instrument should not confer individual rights upon individuals.“; *A. J. Fidahusein*, Seton Hall Cir. Rev. 5 (2008-2009), S. 239 (246); *M. J. Kadish*, Mich. J. Int'l L. 18 (1996-1997), S. 565 (596 ff.).

[378] So etwa bei *A. N. Bishop*, Hous. J. Int'l L. 25 (2002-2003), S. 1 (45).

[379] *M. J. Kadish*, Mich. J. Int'l L. 18 (1996-1997), S. 565 (596 ff.).

[380] Ebenfalls anders als *Kadish* deuten die Entstehungsgeschichte IGH, *LaGrand Case*, Sep. Op. Shi, ICJ Rep 2001, S. 518 (521 ff.); *B. Grzeszick*, AVR 43 (2005), S. 312 (323); *C. Hillgruber*, JZ 57 (2002), S. 94 (96); *K. Oellers-Frahm*, EuGRZ 2001, S. 265 (267); *M. Mennecke*, GYIL 44 (2001), S. 430 (452 f.) weist zudem auf das geringe Gewicht hin, das die gewohnheitsrechtlichen Auslegungsbestimmungen entstehungsgeschichtlichen Erwägungen zuweisen.

[381] UN Conference on Consular Relations, Official Records, Vol. I, UN Doc. A/CONF.25/16, S. 39 (Griechenland); ebd., S. 338 (Korea); ebd., S. 339 (Griechenland).

[382] Ebd., S. 332.

lit. a WÜK auf das Recht der Konsularbeamten zu beschränken, mit den Angehörigen in Kontakt zu treten, und eine entsprechende Freiheit der Angehörigen selbst nicht aufzunehmen. Italien, Chile, Nigeria und Ecuador teilten diese systematischen Bedenken ausdrücklich und unterstützten den venezuelanischen Vorstoß.[383] Lediglich die Föderation Malaya[384] und Spanien[385] widersprachen ausdrücklich und betonten, es bestehe kein Grund, das Recht eines Entsendestaatsangehörigen, Kontakt mit dem Konsulat seines Heimatstaates aufzunehmen, aus der Konvention auszuklammern; vielmehr bestehe ein Bedürfnis, dieses als eines der „most sacred rights of foreign residents in a country" auch im Völkerrecht zu verankern.[386] Gemeinsam mit Ecuador, Spanien, Chile und Italien brachte Venezuela daraufhin einen Kompromissvorschlag ein, der in Art. 36 Abs. 1 lit. a WÜK neben dem Kontaktrecht der Konsularbeamten auch eine entsprechende Freiheit der Angehörigen des Sendestaats aufführte, erstere dabei indes voranstellte, um zu verdeutlichen, dass die Rechtsstellung des Konsulats im Vordergrund stehe. Ungeachtet seiner Bereitschaft zu einem textlichen Kompromiss behielt Venezuela seine Position jedoch bei, die Konsularrrechtskonvention sei nicht der Platz für Individualrechte.[387] Und so dürfte die jetzige Formulierung des Art. 36 Abs. 1 lit. a WÜK wohl am ehesten als *agreement to disagree* zu verstehen sein, das die Frage der Gewährung von Individualrechten bewusst offen lässt. Doch selbst wenn man die Tatsache, dass Venezuela die ursprünglich vorgeschlagene Beschränkung auf das Recht der Konsularbeamten letztlich aufgab, als Indiz dafür deutet, dass die Staaten sich mit der Aufnahme von individuellen Rechten in Art. 36 Abs. 1 lit. a WÜK einverstanden erklärten, so lässt sich dies allein für die Auslegung eben dieser (Teil-)Regelung anführen. Auf Art. 36 Abs. 1 lit. b WÜK erlaubt es keine unmittelbaren Rückschlüsse.

Im Rahmen der Diskussionen über Art. 36 Abs. 1 lit. b WÜK waren es insbesondere Korea und Griechenland, die sich deutlich auf menschenrechtliche Erwägungen beriefen. So erklärte Korea, „that the receiving State's obligation under paragraph 1 *(b)* was extremely important, because it related to one of the fundamental and indispensable rights of

---

[383] Ebd., S. 333.

[384] Ebd., S. 333.

[385] Ebd., S. 332.

[386] Ebd., S. 332.

[387] Ebd., S. 333.

the individual".[388] Und auch Griechenland lobte, die Staatenkonferenz folge mit den Kodifikationsbemühungen „the present-day trend of promoting and protecting human rights", und erklärte, es messe Art. 36 daher große Bedeutung zu.[389] Doch anders als im Schrifttum teilweise angenommen, lässt sich hieraus nicht schließen, dass Korea und Griechenland auch die in Art. 36 Abs. 1 lit. b WÜK niedergelegten Rechtspositionen als Individualrechte begriffen.[390] Denn den Vorschlag der USA, die Pflicht des Empfangsstaates, im Falle einer Inhaftierung eines Entsendestaatsangehörigen das zuständige Konsulat zu informieren, vom Wunsch des betroffenen Entsendestaatsangehörigen abhängig zu machen, lehnte Griechenland geradewegs ab – und das, obwohl gerade die Berücksichtigung des Willens des Betroffenen einem individualrechtlichen Verständnis des Art. 36 Abs. 1 lit. b WÜK Rechnung getragen hätte. Er könne den Änderungsvorschlag der USA nicht akzeptieren, so erklärte der griechische Vertreter, denn die in Art. 36 Abs. 1 lit. b WÜK vorgesehenen Garantien würden durch den Vorschlag abgeschwächt. Und auch der Vertreter Koreas reagierte in ähnlich paternalistischer Weise auf den Vorstoß der USA und erklärte im unmittelbaren Anschluss an das obige Bekenntnis zur Bedeutung des Art. 36 WÜK für die Individualrechte der Entsendestaatsangehörigen, er sei gegen jede Beschränkung der Verpflichtung des Empfangsstaates, das Konsulat zu unterrichten.[391] Auch die Abhängigkeit vom Willen des Betroffenen selbst lehnte er folglich grundsätzlich ab. Dass er ihm letztlich dennoch zustimmte, war allein der praktischen Erwägung geschuldet, dass sich manche Staaten – vor allem solche mit hohen Einwanderungsraten oder großem Tourismusaufkommen – durch eine unabgemilderte Informationsverpflichtung überfordert gesehen hätten.[392] Frankreich[393] und einige andere Staaten[394] teilten dieses Argument und auch der Vorschlag der USA selbst war bei genauer Lektüre nicht von der Überzeugung ge-

---

388 Ebd., S. 338.

389 Ebd., S. 339.

390 Das übersehen etwa *A. J. Fidahusein*, Seton Hall Cir. Rev. 5 (2008-2009), S. 239 (246); *M. J. Kadish*, Mich. J. Int'l L. 18 (1996-1997), S. 565 (596 ff.).

391 UN Conference on Consular Relations, Official Records, Vol. I, UN Doc. A/CONF.25/16, S. 338.

392 Ebd.

393 Ebd., S. 337.

394 Siehe u.a. ebd., S. 36 (Neuseeland, Vereinigte Arabische Republik); ebd., S. 36 f. (Föderation Malaya); ebd., S. 37 (Venezuela).

tragen, dass mit der in Art. 36 Abs. 1 lit. b WÜK statuierten Pflicht des Empfangsstaats, das Konsulat des Entsendestaats zu informieren, ein individuelles Recht des betroffenen Entsendestaatsangehörigen korrespondierte. Vielmehr war der Vorschlag, die Information vom Willen des Gaststaatsangehörigen abhängig zu machen, von der Motivation getragen, dem Betroffenen die Möglichkeit zu geben, kleinere Vergehen im Gaststaat vor den Behörden des Heimatstaates geheimzuhalten.[395] Eher als die Qualifikation von Art. 36 Abs. 1 lit. b WÜK als Individualrechtsgarantie lässt sich der von den Vereinigten Staaten vorgeschlagenen Ergänzung daher die Überzeugung entnehmen, dass das Recht des Entsendestaates zum Schutz seiner Angehörigen mit dem Recht des Betroffenen auf informationelle Selbstbestimmung in einen Ausgleich gebracht werden muss. Auch den Vorarbeiten der Wiener Konsularrechtskonvention lassen sich überzeugende Argumente für die individualrechtsfreundliche Auslegung des Art. 36 WÜK, insbesondere aber für dessen Abs. 1 lit. b, folglich nicht entnehmen.

4. Auslegung im Lichte der nachfolgenden Praxis

Meist lediglich ergänzend wird neben Wortlaut und Historie zuweilen auch die spätere Praxis zitiert, um die individualrechtliche Auslegung des Art. 36 WÜK plausibel zu machen. Und zumindest in einigen Staaten erkannte die nachfolgende Praxis tatsächlich bereits vor der LaGrand-Entscheidung des IGH durchaus einen individualrechtlichen Charakter des Art. 36 WÜK an. So argumentierten selbst die Vereinigten Staaten, die sich im LaGrand-Verfahren vehement gegen die Qualifikation von Art. 36 WÜK als Individualrechtsgarantie verwehrten, bereits zwanzig Jahre zuvor in ihrem Schriftsatz zum Teheraner Geiselfall, dass Art. 36 WÜK Rechte begründe, und zwar „not only for the consular officer, but perhaps even more importantly, for the nationals of the sending State".[396] Dass diese Praxis jedoch eine Allgemeinheit erreicht, die genügte, um sie zur Stützung der Individualrechtsthese heranzuziehen, ist nicht ersichtlich.[397]

---

395 Ebd., S. 337.

396 IGH, *United States Diplomatic and Consular Staff in Tehran*, Memorial USA, 12. Januar 1980, S. 174.

397 So nennt etwa *M. J. Kadish*, Mich. J. Int'l L. 18 (1996-1997), S. 565 (601) neben den Vereinigten Staaten lediglich vier weitere Staaten, die mit Mexiko, Kanada, Paraguay und Argentinien zudem allesamt auf dem amerikanischen

5. Ergebnis

Die Kritk, die die von IGH und IAGMR vorgenommene Auslegung im Schrifttum und in einigen Sondervoten erfahren hat, erweist sich demnach als durchaus berechtigt. Denn das Wortlautargument, mit dem IGH und IAGMR die individualrechtliche Auslegung maßgeblich stützen, trägt nicht; für die individualrechtliche Auslegung des in beiden Verfahren maßgeblichen Art. 36 Abs. 1 lit. b S. 3 WÜK gilt das in besonderem Maße. Und auch in Systematik, Teleologie, Vorarbeiten und nachfolgender Praxis findet die Individualrechtsthese keine ausreichende Stütze. Jedenfalls ohne genau zwischen den Einzelregelungen des Art. 36 Abs. 1 WÜK zu differenzieren ist sie daher nicht zu halten. Gerade für den im Zentrum der Diskussion stehenden Art. 36 Abs. 1 lit. b S. 3 WÜK jedoch überzeugt sie selbst bei einer differenzierten Betrachtung nicht.

III. Rekonstruktion im Prinzipienmodell

1. Das Rechtsschutzprinzip als Argument für eine individualrechtsfreundliche Auslegung

Ungeachtet dieser methodischen Kritik an den Ausführungen von IGH und IAGMR liegt der individualrechtsfreundlichen Auslegung des Art. 36 WÜK, für die sich beide aussprechen, doch ein nachvollziehbares Anliegen zugrunde. Denn wenngleich es keine der beiden Entscheidungen explizit ausspricht, dürfte das Bemühen, den Einzelnen durch einen verbesserten Zugang zu gerichtlichem Rechtsschutz in größtmöglichem Maße vor Völkerrechtsverstößen zu bewahren, das tragende Motiv für die individualrechtliche Interpretation des Art. 36 WÜK gewesen sein.[398] Dass die Gewährleistung gerichtlichen Rechtsschutzes jedoch bei genauer Betrachtung nicht nur das die Entscheidungen erklärende Motiv bildete, sondern der individualrechtsfreundlichen Auslegung zugleich als (rechts-)normativer Grund argumentativen Rückhalt

---

Kontinent belegen sind; siehe aber auch *M. Mennecke*, GYIL 44 (2001), S. 430 (454 f.).

[398] *B. Grzeszick*, AVR 43 (2005), S. 312 (326); ähnlich auch *K. Oellers-Frahm*, EuGRZ 28 (2001), S. 265 (268), die darauf hinweist, dass die Möglichkeit gerichtlicher Geltendmachung die konsequente Folge der Qualifikation als Individualrecht ist.

bieten kann,[399] wird deutlich, wenn man den gewandelten Bestand völkerrechtlicher Prinzipien in die Auslegung mit einbezieht. Denn mit dem oben skizzierten Rechtsschutzprinzip enthält das allgemeine Völkerrecht einen Rechtsgrundsatz, der es *prima facie* gebietet, auch für völkerrechtliche Rechtspositionen die Möglichkeit der gerichtlichen Rechtsbewährung zu eröffnen.[400] Über Art. 31 Abs. 3 lit. c WVK und das Gebot der prinzipienkonformen Auslegung[401] wirkt dieser Grundsatz auch auf das Verständnis der Vorschriften des Konsularrechtsübereinkommens ein. Stehen bei deren Interpretation unterschiedliche Auslegungsalternativen zur Auswahl, so verpflichtet er – sofern im konkreten Fall nicht konkurrierenden Prinzipien das größere Gewicht zukommt – von Rechtswegen dazu, diejenige Auslegung zu wählen, die das Gebot gerichtlichen Rechtsschutzes in größtmöglichem Maße verwirklicht.

Vor diesem Hintergrund bildet das Rechtsschutzprinzip jedenfalls dann ein gewichtiges Argument für die individualrechtsfreundliche Interpretation des Art. 36 WÜK, wenn die verfügbaren Rechtsschutzoptionen durch die Deutung als individuelles Recht tatsächlich verbessert werden. Der IGH jedenfalls scheint hiervon überzeugt zu sein. So stützt er seine These, der inhaftierte Entsendestaatsangehörige müsse sich auch im Rahmen des nationalen Strafverfahrens auf die Verletzung seines Rechts aus Art. 36 Abs. 1 lit. b S. 3 WÜK berufen können, maßgeblich auf den Individualrechtscharakter des dort normierten Informationsanspruchs.[402]

2. *Einwände*

Mit unterschiedlichen Argumenten haben jedoch insbesondere *Christian Hillgruber* und *Bernd Grzeszick* diesen Zusammenhang von Individualrechtscharakter und effektivem Rechtsschutz nachdrücklich in Frage gestellt. So wendet etwa *Bernd Grzeszick* ein, auf internationaler Ebene werde der verfahrensrechtliche Schutz des Einzelnen allein durch die Qualifizierung von Art. 36 WÜK als Individualrecht nicht

---

[399] Zur damit verbundenen Unterscheidung zwischen explanatorischen und normativen Gründen siehe bereits oben S. 194 f.

[400] Ausführlich dazu oben S. 400 ff.

[401] Dazu oben S. 537 ff. sowie *J. Rauber*, ZaöRV 75 (2015), S. 259 (279 ff.).

[402] IGH, *LaGrand Case*, ICJ Rep 2001, S. 466 (497); ebenso *K. Oellers-Frahm*, EuGRZ 28 (2001), S. 265 (268).

verbessert.[403] Weder eröffne sie dem Betroffenen den Rechtsweg vor den IGH,[404] noch ermögliche sie den Zugang zu den bestehenden völkerrechtlichen Individualbeschwerdeverfahren.[405] Und auch im nationalen Recht sei durch den Individualrechtscharakter allein nicht viel gewonnen, denn selbst wenn Art. 36 Abs. 1 WÜK Individualrechte enthalte, setze die erfolgreiche Erlangung gerichtlichen Rechtsschutzes vor den innerstaatlichen Gerichten noch immer „voraus, daß diese prinzipiell bereit sind, die völkerrechtliche Regelung zu befolgen".[406] Mangele es den Gerichten hingegen an dieser Bereitschaft, verspreche auch der Zugang zu den nationalen justiziellen Verfahren keine Verbesserung des Rechtsschutzes. Vielmehr sei sogar das Gegenteil zu erwarten. Denn insofern die individualrechtsfreundliche Auslegung völkerrechtlicher Bestimmungen von den Staaten als unzulässiger gerichtlicher Aktivismus empfunden werde, sinke nicht nur die Akzeptanz für das Völkerrecht und die Rechtsprechung des IGH.[407] Es bestehe zudem die Gefahr, dass Staaten nicht mehr bereit seien, sich der Gerichtsbarkeit des IGH zu unterwerfen und bestehende Zuständigkeiten aufkündigen.[408]

Dass diese Gefahr tatsächlich besteht, zeigt sich an der Tatsache, dass die USA im Nachgang des LaGrand-Verfahrens ihre Bindung an das Zusatzprotokoll zur Konsularrechtskonvention beendeten, um der Gerichtsbarkeit des IGH für vergleichbare Fälle nicht mehr zu unterliegen. Allein hieraus zu folgern, dass die individualrechtliche Aufwertung völkerrechtlicher Bestimmungen, dem Ziel effektiven gerichtlichen Rechtsschutzes eher ab- als zuträglich ist, ginge jedoch zu weit. Denn bereits an der These *Grzeszicks*, dass der Rechtsschutz auf internationaler Ebene durch den Individualrechtscharakter nicht profitiere, lassen sich Zweifel anmelden. So trifft es zwar zu, dass der berechtigte Einzelne nach wie vor auf seinen Heimatstaat angewiesen ist, um seine Rechte vor dem IGH geltend zu machen. Beschreitet dieser jedoch den Weg vor den Gerichtshof, so lassen sich an den Individualrechtscharakter einer völkerrechtlichen Norm durchaus auch Konsequenzen knüpfen, die den individuellen Schutz vor Völkerrechtsverletzungen verbessern. Ist

---

403 *B. Grzeszick*, AVR 43 (2005), S. 312 (329).

404 Ebd., S. 329 f.

405 Ebd., S. 330.

406 Ebd., S. 338.

407 Ebd., S. 338 f.

408 Ebd., S. 339.

etwa Wiedergutmachung für erlittene Rechtsverletzungen zu leisten, so folgt aus der Qualifikation der verletzten Rechte als Individualrechte, dass auch die Wiedergutmachung dem verletzten Individuum selbst zustehen muss.[409] In seiner Diallo-Entscheidung deutet der IGH dies bereits an, wenn er abschließend daran erinnert, dass „the sum awarded to Guinea in the exercise of diplomatic protection of Mr. Diallo is intended to provide reparation for the latter's injury".[410] Und auch der im LaGrand-Verfahren mitunter erörterte Einwand, aufgrund der verspäteten Klageerhebung Deutschlands müsse „die Rechtsausübung fast missbräuchlich, das Klagerecht beinahe verwirkt" erscheinen,[411] dürfte vor dem Hintergrund der Überlegung, dass der Staat in solchen Konstellationen (auch) fremde Rechte geltend macht, jedenfalls dann nach anderen Maßstäben zu beurteilen sein, wenn sich nicht auch der berechtigte Einzelne ein Fehlverhalten im Vorfeld der Klageerhebung vorwerfen lassen muss. Anders als die Kritik *Grzeszicks* zugestehen möchte, kann die individualrechtliche Deutung zudem durchaus dazu führen, dass die fraglichen Rechte mittelbar im Rahmen eines völkerrechtlichen Individualbeschwerdeverfahrens geltend gemacht werden können. Denn gerade die Deutung einer völkerrechtlichen Norm als Individualrechtsgarantie macht es plausibel, sie auch bei der systematischen Auslegung (Art. 31 Abs. 3 lit. c WVK) einer menschenrechtlichen Bestimmung heranzuziehen, für deren Durchsetzung ein solches Individualbeschwerdeverfahren zur Verfügung steht.[412] Dass dies, wie *Grzeszick* zu-

---

[409] In diese Richtung auch *K. Doehring*, in: G. Ress/T. Stein (Hrsg.), Der diplomatische Schutz im Völker- und Europarecht, 1996, S. 13 (19); *J. Kokott*, in: G. Ress/T. Stein (Hrsg.), Der diplomatische Schutz im Völker- und Europarecht, 1996, S. 45 (56); *K. Oellers-Frahm*, in: T. Marauhn (Hrsg.), Die Rechtsstellung des Menschen im Völkerrecht, 2003, S. 21 (27); *R. Pisillo Mazzeschi*, in: M. T. Kamminga/M. Scheinin (Hrsg.), The Impact of Human Rights Law on General International Law, 2009, S. 211 (221).

[410] IGH, *Diallo*, Compensation, ICJ Rep 2012, S. 324 (344). Er knüpft damit unausgesprochen an Art. 19 lit. c der ILC Draft Articles on Diplomatic Protection (*Draft Articles on Diplomatic Protection with commentaries*, YBILC 2006, Bd. II/2, S. 26) an.

[411] *C. Hillgruber*, JZ 57 (2002), S. 94 (95); ähnlich sieht auch *M. Mennecke*, GYIL 44 (2001), S. 430 (444) eine „appearance of abusing the Court"; siehe ausführlich auch IGH, *LaGrand Case*, Diss. Op. Buergenthal, ICJ Rep 2001, S. 548.

[412] Ebenso IAGMR, *The Right to Information on Consular Assistance*, Advisory Opinion, Ser. A, No. 16, Rdn. 111 ff.; *A. Peters*, Jenseits der Menschenrechte, 2014, S. 323.

treffend einwendet,[413] nur dann in Frage kommt, wenn der betroffene Staat nicht nur Vertragspartei des entsprechenden Menschenrechtsvertrags, sondern auch der WÜK ist, trifft zu und entspricht Art. 31 Abs. 3 lit. c WVK, der gerade nur die in den Beziehungen zwischen den Vertragsparteien anwendbaren Völkerrechtssätze zu berücksichtigen gebietet. Eine erhebliche Einschränkung jedoch folgt daraus nicht. Der Einwand schließlich, eine solche systematische Auslegung sei nur dann statthaft (aber dann auch überflüssig), wenn sich auch die zur Auslegung herangezogene Norm in einem Vertrag mit Indiviudalbeschwerdeverfahren befinde, ähnelt der Kritik des Richters *Thomas Buergenthal* im Oil Platforms-Verfahren vor dem IGH.[414] Warum er nicht überzeugt, wurde oben schon dargetan:[415] Er liest eine Beschränkung in Art. 31 Abs. 3 lit. c WVK hinein, die dieser nicht enthält. Denn nicht nur stellt dieser erkennbar weit auf „*any* relevant rules of international law“ ab, vor allem knüpft er allein an die Anwendbarkeit dieser Regeln zwischen den Parteien („applicable in the relations between the parties“), nicht an die Anwendbarkeit für ein internationales Gericht an. Der Einwand *Grzeszicks* wird zudem auch der Praxis internationaler Gerichte nicht gerecht. Denn bereits auf einer grundsätzlichen Ebene lassen sowohl das besprochene Gutachten des IAGMR als auch die Rechtsprechung des EGMR erkennen, dass sie für eine Auslegung menschenrechtlicher Garantien im Lichte anderer völkerrechtlicher Individualrechte durchaus offen sind. Zwischen Verträgen mit und solchen ohne Individualbeschwerdeverfahren unterscheiden sie dabei nicht. Konkret folgerte der IAGMR aus der Auslegung des Art. 14 IPbpR denn auch, dass die in ihm enthaltenen Minimalgarantien „can be amplified in the light of other international instruments like the Vienna Convention on Consular Relations, which broadens the scope of the protection afforded to those accused“.[416] Für die Amerikanische Erklärung der Menschenrechte ist die IAKMR diesem Ansatz mittlerweile mehrfach gefolgt und entschied, es verletze die Verfahrensgarantien der Art. 18 und 26 der Erklärung, wenn ein Entsendestaatsangehöriger entgegen Art. 36 Abs. 1 lit. b WÜK nicht über seine Rechte aufgeklärt

---

[413] *B. Grzeszick*, AVR 43 (2005), S. 312 (333).

[414] Siehe IGH, *Oil Platforms*, Diss. Op. Buergenthal, ICJ Rep 2003, S. 270 (278 ff.).

[415] Siehe S. 510 ff.; ablehnend zu diesem Einwand auch *A. Peters*, Jenseits der Menschenrechte, 2014, S. 323.

[416] IAGMR, *The Right to Information on Consular Assistance*, Advisory Opinion, Ser. A, No. 16, Rdn. 124.

werde. Denn dieses Recht bilde ein „fundamental component" eines jeden fairen Verfahrens.[417]

Mögen diese Rechtsschutzgewinne im internationalen Bereich auch gering sein, so unterschätzt der Einwand *Grzeszicks* den Mehrwert, den die Qualifikation einer völkerrechtlichen Norm als Individualrecht für deren innerstaatliche Durchsetzung besitzt, doch erheblich. Denn gerade ein Blick auf die Debatte in den Vereinigten Staaten zeigt, dass die Bestimmungen völkerrechtlicher Verträge vor nationalen Gerichten oftmals nur dann geltend gemacht werden können, wenn sie individuelle Rechte enthalten. Wenngleich die Gerichte die Anwendbarkeit der Bestimmungen eines völkerrechtlichen Vertrages meist unter der Problemstellung verhandeln, ob diese „self-executing" seien, so steht dahinter doch (auch) die Frage nach dem Individualrechtscharakter der fraglichen Vorschrift.[418] „To classify Article 36 [VCCR] as a self-executing provision", so wird im amerikanischen Schrifttum denn auch angemerkt, „it is necessary to determine whether the treaty was meant to create individual rights".[419] Und so stellt die negative Antwort, die die Mehrheit der US-Gerichte lange Zeit auf diese Frage gab[420] (und bisweilen auch heute noch gibt),[421] den Hauptgrund dafür dar, dass eine gerichtliche Bewährung des Rechts auf konsularischen Beistand aus-

---

[417] IAKMR, *Martinez Villareal v. USA*, Case No. 11.753, Report No. 52/02, 10. Oktober 2002, Rdn. 84 und 69 (für Art. 14 IPbpR); *Fierro v. USA*, Case No. 11.331, Report No. 99/03, 29. Dezember 2003, Rdn. 40; *Medellín, Ramírez Cardenas und Leal García v. USA*, Case No. 12.644, Report No. 90/09, 7. August 2009, Rdn. 124 ff. Innerstaatlich hat auch das BVerfG einen ähnlichen Weg eingeschlagen, wenn es die Verletzung des Art. 36 Abs. 1 lit. b WÜK mit dem in Art. 2 Abs. 1 GG verorteten Recht auf ein faires Verfahren und dem Rechtsstaatsprinzip verbindet, siehe BVerfG, NJW 2007, S. 499 (500).

[418] *M. J. Kadish*, Mich. J. Int'l L. 18 (1996-1997), S. 565 (586 ff.); vgl. auch *H. S. Schiffman*, Santa Clara L. Rev. 42 (2001-2002), S. 1099 (1102), der bemerkt, die Frage werde „often posed in terms of whether the VCCR is a ‚self-executing treaty'".

[419] *H. S. Schiffman*, Cardozo J. Int'l & Comp. L. 8 (2000), S. 27 (37).

[420] *M. J. Kadish*, Geo. J. Int'l L. 36 (2004-2005), S. 1 (6, 9 ff.).

[421] Zur Rechtsprechung in den USA im Nachgang der LaGrand-Entscheidung siehe *C. M. Cerna*, in: M. T. Kamminga/M. Scheinin (Hrsg.), The Impact of Human Rights Law on General International Law, 2009, S. 171 (199 ff.); *A. N. Bishop*, Hous. J. Int'l L. 25 (2002-2003), S. 1 (42 ff.); *C. Drinan*, Stan. L. Rev. 54 (2001-2002), S. 1303; *B. Simma/C. Hoppe*, Tul. J. Int'l L. & Comp. L. 14 (2005-2006), S. 7 (26 ff.).

blieb.[422] Die diesbezügliche Klarstellung des IGH, dass Art. 36 WÜK individuelle Rechte garantiert, hilft diese Rechtsschutzlücke zu schließen, denn:

> „the ICJ's determination that Article 36 creates an individually enforceable right settles a long-standing question for American courts. [...] No longer may courts equivocate on this point. Now, when the American government deprives a foreign national of his right to consular assistance, the foreign defendant has standing to raise an Article 36 claim in a criminal trial."[423]

Die Tatsache, dass sich auch der deutsche BGH erst durch die Feststellung des IGH, dass Art. 36 WÜK individuelle Rechte enthält, dazu bewegen ließ, in dessen Verletzung einen Revisionsgrund zu erkennen, zeigt, dass dieser Konnex von materieller Individualberechtigung und prozessualer Befugnis zur Geltendmachung nicht auf die Vereinigten Staaten beschränkt ist. Und auch über Art. 36 WÜK reicht er hinaus. So wurde der in den oben[424] bereits erörterten *male captus*-Fällen häufig vogetragene Einwand, der Angeklagte sei unter Verletzung der Souveränität eines anderen Staates aus diesem entführt und gegen seinen Willen in den Forumstaat verbracht worden, von den Strafgerichten unterschiedlichster Staaten übereinstimmend mit der Begründung verworfen, das Souveränitätsprinzip berechtige allein den Staat. Der Angeklagte selbst könne sich daher auf dessen Verletzung nicht berufen.[425] Innerstaatlich ermöglicht dem betroffenen Einzelnen daher erst die Charak-

---

[422] *M. J. Kadish*, Geo. J. Int'l L. 36 (2004-2005), S. 1 (28): „The unwillingness of the majority of American courts to find personal remedies for an Article 36 violation stems unquestionably from the fact that many courts find that a foreign national lacks *any* enforceable, individual right under the Vienna Convention."

[423] *C. Drinan*, Stan. L. Rev. 54 (2001-2002), S. 1303 (1306).

[424] Siehe S. 709 ff.

[425] So u.a. District Court of Jerusalem, *Israel v. Eichmann*, Urt. v. 11. Dezember 1961, ILR 36 (1961), S. 5 (62); US District Court (Southern District of Florida), *United States v. Noriega*, Urt. v. 8. Juni 1990, 752 F. Supp 1506 (1990), 1533; anders, allerdings mit einer Begründung, die die Verbindlichkeit dieser ständigen Entscheidungspraxis der nationalen Gerichte allein für internationale Gerichte in Frage stellt JStGH, *Prosecutor v. Tadić*, Case No. IT-94-1-AR72, Appeals Chamber, Decision on the Defence Motion for Interlocutory Appeal v. 2. Oktober 1995, Rdn. 55; dem folgend JStGH, *Prosecutor v. Nikolić*, Case No. IT-94-2-PT, Trial Chamber II, Decision on Defence Motion Challenging the Exercise of Jurisdiction by the Tribunal v. 9. Oktober 2002, Rdn. 97.

terisierung als Individualrecht die prozessuale Geltendmachung einer ihn schützenden Norm.

Auch *Grzeszick* stellt das nicht in Frage,[426] befürchtet lediglich mangelnden Befolgungswillen der staatlichen Organe und bewertet den Zugewinn an Rechtsschutz, der durch die Möglichkeit der gerichtlichen Geltendmachung entsteht, deshalb als gering. Die damit vorausgesetzte fehlende Bereitschaft staatlicher Gerichte, mit ihren Entscheidungen auch völkerrechtlichen Verpflichtungen nachzukommen, lässt sich indes keinesfalls allgemein unterstellen. Nicht in allen Fällen, in denen eine Behörde völkerrechtliche Pflichten übersieht, bewusst ignoriert oder auch nur unzutreffend auslegt, werden alle Gerichte des Instanzenzugs diese Auslegung teilen oder das Völkerrecht in gleichem Maße missachten. Und so steigen die Chancen auf einen effektiven Schutz des Einzelnen vor Völkerrechtsverletzungen bereits durch die bloße Möglichkeit, neben der entscheidenden Behörde auch die Gerichte mit der (behaupteten) Rechtsverletzung zu konfrontieren. Dass dies in der Praxis durchaus zu Erfolgen führt, zeigt sich nicht nur in dem bereits erwähnten Kurswechsel der deutschen Rechtsprechung in Reaktion auf die LaGrand-Entscheidung des IGH; auch in Härte-Fällen, in denen es Teilen der Gerichtsbarkeit tatsächlich an Akzeptanz für die völkerrechtlichen Verpflichtungen mangelt, lassen sich die daraus zunächst resultierenden Rechtsschutzdefizite im Rahmen des Instanzenzugs beseitigen. Das gerichtliche Ping-Pong-Spiel zwischen dem sich seinen völkerrechtlichen Bindungen hartnäckig verweigernden OLG Naumburg und dem völkerrechtsfreundlich(er)en Karlsruher BVerfG im Görgülü-Verfahren illustriert das gut.[427] Die Befürchtung, auch die durch den Individualrechtscharakter einer Völkerrechtsnorm erst eröffnete Möglichkeit des Einzelnen, deren Verletzung vor innerstaatlichen Gerichten zu rügen, bleibe aufgrund mangelnder Akzeptanz für das Völkerrecht wirkungslos, dürfte in dieser Allgemeinheit daher unbegründet sein. Vielmehr gibt ein Blick auf die Entwicklung des Europarechts Grund zur Hoffnung. Denn anfangs bewegte sich auch das Europarecht in klassisch völkerrechtlichen Strukturen und konnte vor nationalen Gerichten nur insofern zum Tragen kommen, als das nationale Recht die europarechtlichen Vorgaben in sich aufnahm. Erst 1963 entschied der EuGH, das Europarecht könne „den Einzelnen, ebenso wie es ihnen Pflichten auferlegt, auch Rechte verleihen", die sich zudem „vorzüglich dazu [eigneten], unmittelbare Wirkungen in den Rechtsbeziehungen

[426] *B. Grzeszick*, AVR 43 (2005), S. 312 (337).

[427] Siehe dazu die Verfahrenshistorie in BVerfG, NJW 2005, 2685 (2685 f.).

zwischen den Mitgliedstaaten und den ihrem Recht unterworfenen Einzelnen zu erzeugen".[428] Der LaGrand-Entscheidung nicht unähnlich ermöglichte der Gerichtshof damit die unmittelbare gerichtliche Durchsetzung des Europarechts vor den innerstaatlichen Gerichten. Obwohl die Ableitung individueller Rechte aus den europäischen Verträgen – zudem zu dieser Zeit – nicht weniger revolutionär erscheinen musste als die erst vierzig Jahre später vertretene Individualrechtsthese des IGH, sind die innerstaatlichen Gerichte den Vorgaben des EuGH durchweg gefolgt. Für die Effektivität des Europarechts stellt die nationale Gerichtsbarkeit seitdem anerkanntermaßen den bedeutendsten Bürgen dar.[429] Statt der Befürchtung mangelnder Befolgungsbereitschaft dürfte sich daher auch im Völkerrecht der Ausspruch *Louis Henkins* bewahrheiten, dass „almost all nations observe almost all principles of international law and almost all of their obligations almost all the time".[430] Die grundsätzliche These, dass die individualrechtsfreundliche Auslegung den gerichtlichen Schutz vor Völkerrechtsverstößen verbessert und sich das Rechtsschutzprinzip folglich als Auslegungsargument für sie in Stellung bringen lässt, bleibt von den Einwänden *Grzeszicks* deshalb unberührt.

Anders als *Grzeszick* moniert *Hillgruber* denn auch, die Ansicht, effektiver Rechtsschutz sei auf subjektive Individualrechte angewiesen, sei deshalb irrig, weil sich mit Blick auf den „in Art. 36 Abs. 2 WÜK vertraglich niedergelegten und ausgeprägten Grundsatz des ‚effet utile'" selbst dann „die Notwendigkeit postulieren [lasse], dass der [...] Verfahrensfehler unterbliebener konsularischer Benachrichtigung nach dessen Aufdeckung noch rügefähig sein muss", wenn man in Art. 36 Abs. 1 WÜK lediglich staatliche Rechte verkörpert sehe.[431] Bei genauer Betrachtung stellt dieses Argument überhaupt nicht in Zweifel, dass die individualrechtsfreundliche Auslegung den gerichtlichen Rechtsschutz vor Völkerrechtsverletzungen verbessert. Vielmehr unterbreitet es mit der skizzierten „effet utile"-Auslegung des Art. 36 Abs. 2 WÜK eine unter Rechtsschutzaspekten für gleichwertig, aus methodischer Perspektive aber offenbar für vorzugswürdig gehaltene Alternative. Ange-

---

[428] EuGH, *Van Gend & Loos*, Rs. 26/62, Urt. v. 5. Februar 1962, Slg. 1963, S. 1 (25).

[429] Eindrücklich zur Rolle der nationalen Gerichte bei der Durchsetzung des Europarechts *U. Haltern*, Europarecht, 2. Aufl. 2007, S. 195 ff.

[430] *L. Henkin*, How Nations Behave, 2. Aufl. 1979, S. 47.

[431] *C. Hillgruber*, JZ 57 (2002), S. 94 (97).

sichts der oben bereits angedeuteten Folgen der individualrechtlichen Auslegung für den Rechtsschutz auf internationaler Ebene erscheint es aber zumindest zweifelhaft, ob die staatszentrierte Lösung, die *Hillgruber* vorschlägt, der vom IGH favorisierten Individualrechtslösung unter Rechtsschutzgesichtspunkten tatsächlich gleichwertig ist. So hängt erstens insbesondere die Möglichkeit der (mittelbaren) Durchsetzung einer Norm im Individualbeschwerdeverfahren maßgeblich von deren Individualrechtscharakter ab. Denn bei der Auslegung verfahrensrechtlich abgesicherter Menschenrechte ist zwar ein völkerrechtliches Individualrecht durchaus als systematisches Argument heranzuziehen. Unter Verweis auf eine bloße völkerrechtliche Pflicht hingegen lässt sich der Inhalt des ersteren aber bereits deshalb nicht konkretisieren, weil damit die bloße Pflicht, deren (eigenständigen) Individualrechtscharakter die Auslegung offensichtlich nicht bestätigen konnte, durch die Hintertür doch zu einem Individualrecht umgedeutet würde. Zweitens lassen sich auch die angedeuteten Folgen für Wiedergutmachung und verfahrensrechtliche Verwirkung auf Grundlage bloßer Staatenrechte nicht begründen.

Im Hinblick auf die Verfahren vor nationalen Gerichten schließlich ergibt sich aus dem *effet utile*-Argument Hillgrubers keinesfalls zwingend das Gebot, gerade dem betroffenen Entsendestaatsangehörigen die Möglichkeit zu eröffnen, die Verletzung der Belehrungspflicht zu rügen. Vielmehr genügte es, dem Entsendestaat selbst im nationalen Recht ein entsprechendes Rügerecht einzuräumen, um den Schutz der in Art. 36 Abs. 1 WÜK niedergelegten – und in dieser Auslegung allein staatlichen – Rechte effektiv zu machen. Die Ausübung des Rügerechts wäre dabei allerdings in das freie Ermessen des berechtigten Staates gestellt und bliebe bei genauer Betrachtung auch dann von dessen Willen abhängig, wenn Art. 36 Abs. 2 WÜK tatsächlich dazu verpflichtete, dem Betroffenen selbst die Geltendmachung einer Verletzung der Belehrungspflicht zu ermöglichen. Denn das verletzte materielle Recht bliebe ein staatliches, allein die prozessuale Befugnis, die Verletzung dieses Rechts zu monieren, müsste dem eigentlich Betroffenen zustehen. Dieser beriefe sich folglich auf ein fremdes Recht, über dessen Bestand allein der berechtigte Staat verfügen könnte.[432] Anders als im individualrechtlichen Modell bliebe der Rechtsschutz des Einzelnen in der von *Hillgruber* vorgeschlagenen Alternative daher vom Wohlwollen

---

[432] Vgl. *H.-J. Cremer*, in: FS Riedel, 2013, S. 33 (47); *K. Doehring*, in: G. Ress/T. Stein (Hrsg.), Der diplomatische Schutz im Völker- und Europarecht, 1996, S. 13 (13, 19).

des Heimatstaates abhängig. Und der betroffene Staatsangehörige müsste sich den Verzicht, die Verwirkung und selbst das bloße Ausbleiben eines Protests seines Heimatstaates gegen die Verletzung der Belehrungspflicht entgegenhalten lassen.[433] Die fehlende materielle Berechtigung wirkt sich demnach auch negativ auf den verfügbaren Rechtsschutz aus. Der Einwand, die individualrechtsfreundiche Auslegung trage zur Ermöglichung effektiver gerichtlicher Durchsetzung der in Art. 36 Abs. 1 WÜK enthaltenen Rechtspositionen nichts bei, besticht daher nicht.

IV. Ergebnis

Die insbesondere von IGH und IAGMR favorisierte individualrechtsfreundliche Auslegung des Art. 36 WÜK lässt sich mit Hilfe der üblichen Auslegungsargumente nicht überzeugend begründen. Doch im Ergebnis fördert sie den gerichtlichen Schutz des Einzelnen vor Völkerrechtsverstößen.[434] Im Rechtsschutzprinzip findet die von IGH und IAGMR vertretene Individualrechtsthese daher eine normative Stütze, die nicht nur auf einer außerrechtlichen Ebene für die individualrechtsfreundliche Auslegung spricht, sondern auch und vor allem ein innerrechtliches Argument bietet, das die Privatisierung bzw. Individualisierung der Konsularrechtsgarantien plausibel macht. Denn als allgemeiner Rechtsgrundsatz, der nach Art. 31 Abs. 3 lit. c WVK als systematisches Argument bei der Auslegung der Konsularrechtskonvention zwingend zu berücksichtigen ist, streitet das Rechtsschutzprinzip für eine Auslegung, die die Ermöglichung gerichtlicher Rechtsbewährung in größtmöglichem Maße verwirklicht. Mögen systematische und entstehungsgeschichtliche Argumente die individualrechtsfreundliche Auslegung des Art. 36 Abs. 1 WÜK auch nicht stützen, im Lichte des Rechtsschutzprinzips gewinnt sie deutlich an Überzeugungskraft. Und so lässt sich auch die mit ihr verbundene Privatisierung des Völkerrechts unter Bezugnahme auf den erweiterten Bestand völkerrechtlicher

---

433 So schloss der IAGMR gerade aus dem Individualrechtscharakter des Art. 36 Abs. 1 WÜK, dass das Ausbleiben von Protest seitens des Entsendestaats der gerichtlichen Geltendmachung nicht entgegensteht, siehe IAGMR, *The Right to Information on Consular Assistance*, Advisory Opinion, Ser. A, No. 16, Rdn. 88 ff.

434 *P.-M. Dupuy/C. Hoss*, LaGrand Case (Germany v. USA), in: MPEPIL (online edition), Stand: Dezember 2009, Rdn. 35.

Grundprinzipien, konkret: das Rechtsschutzprinzip, erklären und rechtfertigen.

D. Objektivierung

Dass und wie neu entstehende Völkerrechtsprinzipien auch zur Erklärung von Objektivierungstendenzen im Völkerrecht beizutragen vermögen, lässt sich hinsichtlich der Objektivierung der völkerrechtlichen Rechtsetzung an den Veränderungen zeigen, denen die Anforderungen an den Nachweis völkergewohnheitsrechtlicher Normen in der Rechtsprechung seit einiger Zeit unterliegen (dazu I.). Für die Objektivierung der Rechtsdurchsetzung kann das Erklärungspotential des Prinzipienmodells anhand des gerichtlichen Umgangs mit unzulässigen Vorbehalten und dem Aufkommen der sog. *severability-doctrine* illustriert werden (dazu II.).

I. Objektivierung der Rechtsetzung: Der vereinfachte Nachweis völkergewohnheitsrechtlicher Normen

Wie bereits angesprochen,[435] weicht die Rechtsprechung internationaler Gerichte die Anforderungen an den Nachweis völkergewohnheitsrechtlicher Normen schon seit geraumer Zeit merklich auf. Zwar wird die in Art. 38 Abs. 1 lit. b IGH-Statut enthaltene Umschreibung des Völkergewohnheitsrechts als „evidence of a general practice accepted as law“ im Grundsatz auch von internationalen Gerichten dahingehend verstanden, dass der Nachweis von Völkergewohnheitsrecht neben einer entsprechenden Rechtsüberzeugung auch den Beleg einer allgemeinen, dauerhaften und einheitlichen Staatenpraxis erfordert (dazu 1.). In der Entscheidung konkreter Fälle weicht die Rechtsprechung von diesem Standard jedoch – teils unausgesprochen, teils ganz offen – mit zunehmender Häufigkeit ab und sieht bestimmte Normen bereits dann im Gewohnheitsrecht verankert, wenn sie sich lediglich auf eine entsprechende *opinio iuris* stützen können. Dieser Trend, die Anforderungen an den Nachweis völkergewohnheitsrechtlicher Bestimmungen zu Lasten des Praxiselements abzusenken, lässt sich am Nicaragua-Urteil des IGH und den Entscheidungen des JStGH in den Rechtssachen Tadić,

[435] Siehe S. 94 ff.

Furundžija und Kupreškić gut illustrieren (dazu 2.). *Frederic Kirgis* hat das diesem Trend zugrundeliegende Gewohnheitsrechtsverständnis anschaulich als *sliding scale-approach* beschrieben. Doch seine Analyse bleibt ebenso wie andere eine deskriptive; eine (überzeugende) Rechtfertigung für die Neuinterpretation der Entstehungsvoraussetzungen gewohnheitsrechtlicher Normen vermag sie nicht zu liefern (dazu 3.). Im Prinzipienmodell indes lässt sich der vereinfachte Nachweis gewohnheitsrechtlicher Normen auch normativ plausibel begründen, und das Abweichen vom Erfordernis einer universell verbreiteten Übung von langer Dauer und ausnahmsloser Konsistenz wird dogmatisch fassbar (dazu 4.).

1. Die Konkretisierung der Anforderungen an den Gewohnheitsrechtsnachweis in der Rechtsprechung von IGH und JStGH

Im Grundsatz jedenfalls bekennt sich die Rechtsprechung des IGH durchaus zu dem in Art. 38 Abs. 1 lit. b IGH-Statut normierten, zweigliedrigen Gewohnheitsrechtsverständnis aus Staatenpraxis und *opinio iuris*. So führt der IGH etwa in seiner Entscheidung zum Festlandsockel zwischen Libyen und Malta aus, es sei „of course axiomatic that the material of customary international law is to be looked for primarily in the actual practice and opinio juris of States".[436] Und angesichts der in Art. 38 Abs. 1 lit. b IGH-Statut vorgesehenen Qualifikation des Praxiselements als „general practice", hat auch der Gerichtshof bereits wiederholt klargestellt, dass eine staatliche Übung, die nicht nur eine hinreichende Verbreitung erreicht, sondern daneben auch eine ausreichende Dauer und Konsistenz aufweist, ein für die Entstehung von Gewohnheitsrecht unverzichtbares Element darstellt. Ganz in diesem Sinne erklärte der Gerichtshof im Nordseefestlandsockel-Fall, die staatliche Übung setze selbst dann, wenn die Entstehung von Gewohnheitsrecht auf Grundlage eines multilateralen Vertrags in Frage stehe, eine „very widespread and representative participation" voraus, die auch diejenigen Staaten einschließe, deren Interessen besonders betroffen seien.[437] Im Asylum-Fall hatte er bereits zuvor das Vorliegen einer

---

[436] IGH, *Continental Shelf* (Libya v. Malta), ICJ Rep 1985, S. 13 (29); aufgegriffen in *Nicaragua*, Merits, ICJ Rep 1986, S. 14 (97); *Jurisdictional Immunities of the State*, ICJ Rep 2012, S. 99 (122 f.).

[437] IGH, *North Sea Continental Shelf*, ICJ Rep 1969, S. 3 (42).

„constant and uniform usage" gefordert[438] und im Fischerei-Streit zwischen Großbritannien und Norwegen eine Übung verlangt, die „constant and sufficiently long"[439] sei. Entwickle sich eine gewohnheitsrechtliche Norm auf Grundlage völkervertraglicher Bestimmungen, könne die Dauer der Übung zwar kürzer sein, doch bedürfe es selbst dann noch einer „settled practice".[440] Denn auch in solchen Fällen gelte, dass

> „an indispensable requirement would be that within the period in question, short though it might be, State practice, including that of States whose interests are specially affected, should have been both extensive and virtually uniform in the sense of the provision invoked;– and should moreover have occurred in such a way as to show a general recognition that a rule of law or legal obligation is involved."[441]

An den Nachweis völkergewohnheitsrechtlicher Normen, so scheint es demnach, stellt die Rechtsprechung des IGH strenge Anforderungen. Ohne eine hinreichend lange, ausreichend konsistente, weitverbreitete und von einer entsprechenden Rechtsüberzeugung getragene Praxis entsteht eine gewohnheitsrechtliche Regel nicht.

a) Die Nicaragua-Entscheidung des IGH

Als sich der IGH in seiner Nicaragua-Entscheidung angesichts eines Vorbehalts der Vereinigten Staaten, der die Anwendbarkeit multilateraler Verträge zu einem beträchtlichen Teil ausschloss, mit der Frage auseinandersetzen musste, ob Gewalt- und Interventionsverbot auch im Völkergewohnheitsrecht verankert seien, bekannte er sich – den obigen abstrakten Einlassungen entsprechend – zunächst ebenfalls zur „essential role", die die Staatenpraxis für den Nachweis gewohnheitsrechtlicher Normen einnehme,[442] und erklärte:

> „Where two States agree to incorporate a particular rule in a treaty, their agreement suffices to make that rule a legal one, binding upon them ; but in the field of customary international law, the shared

---

[438] IGH, *Asylum Case*, ICJ Rep 1950, S. 266 (277).

[439] IGH, *Fisheries Case* ICJ Rep 1951, S. 116 (139).

[440] IGH, *North Sea Continental Shelf*, ICJ Rep 1969, S. 3 (44).

[441] Ebd., S. 43.

[442] IGH, *Nicaragua*, Merits, ICJ Rep 1986, S. 14 (98).

> view of the Parties as to the content of what they regard as the rule is not enough. The Court must satisfy itself that the existence of the rule in the *opinio juris* of States is confirmed by practice."[443]

Zwar sei von der Staatenpraxis keinesfalls völlige Einheitlichkeit zu erwarten, doch müssten Abweichungen von der nachzuweisenden Norm gemeinhin als Regelverstöße und nicht als Indiz einer neuen Regel bewertet worden sein.[444] Obwohl der Gerichtshof bereits mit dieser Einschränkung die Anforderungen an den Praxisnachweis deutlich absenkt,[445] werden die Überlegungen, mit denen er in der Folge den gewohnheitsrechtlichen Status von Gewalt- und Interventionsverbot zu begründen sucht, dem selbst definierten Nachweisstandard nicht gerecht. Denn anstatt – wie der Gerichtshof es ausdrücklich betont – auch die Praxis der Staaten zu berücksichtigen, beschränkt sich der IGH beinahe ausschließlich auf den Nachweis einer entsprechenden *opinio iuris*. Deren Ausdruck findet der Gerichtshof vor allem in Resolutionen der UN-Generalversammlung,[446] allen voran der Friendly Relations Declaration.[447] Aber auch die KSZE-Schlussakte von Helsinki[448] und die Montevideo-Konvention über die Rechte und Pflichten von Staaten wertet er als Indizien einer entsprechenden Rechtsüberzeugung. Hinsichtlich des Gewaltverbots führt der Gerichtshof lediglich an einer

---

[443] Ebd.

[444] Ebd.

[445] *H. Charlesworth*, AusYIL 11 (1984-1987), S. 1 (21 f., 28); *J. Klabbers*, Int'l Legal Theory 8 (2002), S. 29 (32); *J. Tasioulas*, Oxford J. Leg. Stud. 16 (1996), S. 85 (96) spricht von einem „drastic down-grading of the importance of general state practice"; *J. Wouters/C. Ryngaert*, in: M. T. Kamminga/M. Scheinin (Hrsg.), The Impact of Human Rights Law on General International Law, 2009, S. 111 (113); sehr kritisch auch *A. D'Amato*, AJIL 81 (1987), S. 101 (102).

[446] Siehe etwa IGH, *Nicaragua*, Merits, ICJ Rep 1986, S. 14 (99 f., 101); ebenso *T. M. Franck*, AJIL 81 (1987), S. 116 (118); anders *H. Charlesworth*, AusYIL 11 (1984-1987), S. 1 (18), die meint, der Gerichtshof werte diese Resolutionen als Staatenpraxis. Dem stehen aber die ausdrücklichen Klarstellungen des Gerichtshofs selbst entgegen.

[447] GV Res. v. 24. Oktober 1970, UN Doc. A/RES/25/2625; kritisch zur Anführung der Friendly Relations Declaration *W. Czaplinski*, ICLQ 38 (1989), S. 151 (160 f.), der einwendet, diese habe allein die Vorschriften der UN-Charta interpretieren sollen, eine eigenständige Anerkennung der in der Resolution niedergelegten Normen lasse sich ihr daher nicht entnehmen.

[448] KSZE, Schlussakte v. 1. August 1975, http://www.osce.org/helsinki-final-act (geprüft am 3. August 2016).

einzigen Stelle eine entsprechende Praxis an, indem er pauschal darauf verweist, dass das Gewaltverbot „is frequently referred to in statements by State representatives as being not only a principle of customary international law but also a fundamental or cardinal principle of such law".[449] Doch weder nennt er konkrete Beispiele, noch macht er deutlich, warum die Stellungnahmen, die er damit anspricht, als Elemente einer staatlichen Übung zu werten sein sollen, Resolutionen der Generalversammlung hingegen zutreffenderweise als Indizien einer *opinio iuris* zu qualifizieren sind. Ähnlich pauschal belässt es der Gerichtshof auch hinsichtlich des Interventionsverbots bei dem thesenartigen Hinweis, dass „[t]he existence in the *opinio juris* of States of the principle of non-intervention is backed by established and substantial practice".[450] Beispiele, die diese These stützen könnten, nennt der Gerichtshof auch hier nicht. Vielmehr verweist er sogar ausdrücklich auf entgegenstehende Vorkommnisse aus den jüngeren Jahren, nur um diese dann mit dem Hinweis abzutun, dass diese jedenfalls nicht von einer entsprechenden Rechtsüberzeugung getragen seien und daher ein „general right of intervention, in support of an opposition within another State" nicht bestehe.[451] Der gewohnheitsrechtliche Charakter des Interventionsverbots selbst bleibt indes auch in Abwesenheit eines solchen Interventionsrechts ungewiss. Und so scheint der Gerichtshof geradezu eine Hilfsbegründung anzudeuten, wenn er im unmittelbaren Anschluss an die obige These ergänzt: „It [i.e. the principle of non-intervention] has moreover been presented as a corollary of the principle of sovereign equality of States".[452]

Dem eigenen Anspruch, für den Nachweis gewohnheitsrechtlicher Normen auch eine bestätigende staatliche Praxis zu fordern, wird der IGH folglich nicht gerecht.[453] Über den Nachweis einer entsprechen-

---

[449] IGH, *Nicaragua*, Merits, ICJ Rep 1986, S. 14 (100).

[450] Ebd., S. 106.

[451] Ebd., S. 109.

[452] Ebd., S. 106.

[453] Ebenfalls kritisch zu dieser Diskrepanz zwischen den eingangs definierten Nachweisanforderungen und der Durchführung dieses Nachweises *G. Gaja*, RdC 364 (2012), S. 9 (37); *M. Hakimi*, in: C. A. Bradley (Hrsg.), Custom's Future, 2016, S. 148 (168); *T. Meron*, Human Rights and Humanitarian Norms as Customary Law, 1989, S. 100; *J. Tasioulas*, Oxford J. Leg. Stud. 16 (1996), S. 85 (97); vgl. auch *S. Talmon*, EJIL 26 (2015), S. 417 (438) sowie allgemein *J. I. Charney*, AJIL 87 (1993), S. 529 (537 f.).

den Rechtsüberzeugung geht die Begründung, die er für die gewohnheitsrechtliche Geltung von Gewalt- und Interventionsverbot vorträgt, nicht hinaus.

b) Die Furundžija-Entscheidung des JStGH: Das Folterverbot als Gewohnheitsrecht

Dass auch der JStGH zuweilen geneigt ist, die Schwelle für die Entstehung völkergewohnheitsrechtlicher Normen dadurch abzusenken, dass er auf den Nachweis einer allgemeinen, dauerhaften und einheitlichen Staatenpraxis verzichtet, belegt unter anderem die Entscheidung der JStGH-Verfahrenskammer in Furundžija.[454] Obwohl bereits feststand, dass das Folterverbot als Teil des einschlägigen Völkervertragsrechts auf den Fall Anwendung finden konnte, warfen die Richter dort die Frage auf, ob sich das Folterverbot auch im Völkergewohnheitsrecht wiederfinde.[455] Die Antwort, die sich die Richter auf diese Frage gaben, war erwartungsgemäß positiv und die Methode, die sie zu diesem Ergebnis führte, derjenigen der Nicaragua-Entscheidung des IGH dabei verblüffend ähnlich. Ebenso wie der IGH stützte sich auch die Verfahrenskammer des JStGH in der Furundžija-Entscheidung ausschließlich auf Indizien einer Rechtsüberzeugung. Allen voran die beinahe universelle Ratifikation der Genfer Konventionen zeige, so argumentiert der JStGH, „that all States accept among other things the prohibition of torture".[456] Schon die Wortwahl des Tribunals („accept") belegt dabei, dass die Ratifikation der Genfer Konvention hier als Beleg einer entsprechenden Rechtsüberzeugung angeführt wird, die Frage nach dem Praxiselement indes offen lässt. So spricht doch auch Art. 38 Abs. 1 lit. b IGH-Statut ausdrücklich von einer „general practice *accepted* as law". Dass aber eben diese Praxis jenseits verbaler Bekenntnisse keinesfalls allgemein oder einheitlich ist, scheint auch die Verfahrenskammer anzuerkennen. Ausdrücklich erwähnt sie Fälle, in denen Staaten wegen (behaupteter) Folterungen zur Rede gestellt wurden, sieht in ihnen jedoch deshalb eher eine Bestätigung als eine Infragestellung des Folterverbots, weil die beschuldigten Staaten zu ihrer Verteidigung stets die

---

[454] JStGH, *Prosecutor v. Furundžija*, Case No. IT-95-17/1-T, Trial Chamber, Urt. v. 10. Dezember 1998.

[455] Ebd., Rdn. 137 ff.

[456] Ebd., Rdn. 138.

Geschehnisse selbst, nicht aber das Verbot anzweifelten.[457] Ohne ausdrücklich auf die Entscheidung des IGH in Nicaragua zu verweisen, bedient sich der JStGH hier deutlich eben der Argumentationsfigur, mit der der IGH dort auf das Problem inkonsistenter Staatenpraxis reagierte.[458] „In any case," so konnte der JStGH daher folgern, „the proposition is warranted that a general prohibition against torture has evolved in customary international law".[459]

c) Die Tadić-Entscheidung des JStGH: Humanitäres Völkerrecht im nicht-internationalen bewaffneten Konflikt

Noch deutlicher als in den Entscheidungen in Nicaragua und Furundžija wird der nachweisfreundliche Umgang mit den Entstehungsvoraussetzungen völkergewohnheitsrechtlicher Normen in der Berufungskammer-Entscheidung des JStGH in Tadić.[460] Denn die Überlegungen, mit denen sich der JStGH dort nachzuweisen bemüht, dass zentrale Regeln des humanitären Völkerrechts auch für den nicht-internationalen bewaffneten Konflikt gewohnheitsrechtliche Geltung beanspruchen können, blenden – ähnlich wie das Nicaragua-Urteil des IGH – die Staatenpraxis im engeren Sinne weitgehend aus. Und so steht nicht das militärische Verhalten der Parteien interner Konflikte, sondern deren Verbalpraxis im Vordergrund der Analyse des JStGH. Ebenso wie der IGH weist damit auch das Jugoslawien-Tribunal den Rechtsüberzeugungen der Staaten die entscheidende Rolle beim Nachweis gewohnheitsrechtlicher Normen zu. Anders als jener gesteht es dies allerdings offen ein. Es sei, so erklärt der JStGH bereits eingangs, „difficult, if not impossible, to pinpoint the actual behaviour of the troops in the field for the purpose of establishing whether they in fact

457 Ebd.

458 Vgl. IGH, *Nicaragua*, Merits, ICJ Rep 1986, S. 14 (98).

459 JStGH, *Prosecutor v. Furundžija*, Case No. IT-95-17/1-T, Trial Chamber, Urt. v. 10. Dezember 1998, Rdn. 137.

460 *J. Wouters/C. Ryngaert*, in: M. T. Kamminga/M. Scheinin (Hrsg.), The Impact of Human Rights Law on General International Law, 2009, S. 111 (116): „The *Tadić* method takes the *Nicaragua* method one step further"; *M. Hakimi*, in: C. A. Bradley (Hrsg.), Custom's Future, 2016, S. 148 (168).

comply with, or disregard, certain standards of behaviour".[461] Denn meist würde unabhängigen Beobachtern kein Zugang zu den Schauplätzen der Feindseligkeiten gewährt, und die Informationen, die die Parteien selbst weitergeben, seien oftmals bewusst falsch und irreführend, um die öffentliche Meinung zu ihren Gunsten zu beeinflussen.[462] „In appraising the formation of customary rules or general principles", so folgert der JStGH daraus, „one should therefore be aware that, on account of the inherent nature of the subject-matter, reliance must primarily be placed on such elements as official pronouncements of States, military manuals and judicial decisions".[463] Ungeachtet der Frage, ob es letztlich überzeugt, auf praktische Schwierigkeiten beim Nachweis gewohnheitsrechtlicher Normen mit einer derartigen Anpassung der dogmatischen Anforderungen zu reagieren, kommt der JStGH zumindest in einigen Punkten selbst diesem modifizierten Nachweisstandard nicht nach. So endet dessen Untersuchung mit der anspruchsvollen These, dass das Völkergewohnheitsrecht auch für den nicht-internationalen bewaffneten Konflikt einen Regelkanon enthalte, der nicht nur den Schutz von Zivilpersonen und zivilen Objekten – insbesondere vor unterschiedslosen Angriffen – umfasse und die Protektion von Personen einschließe, die nicht oder nicht mehr aktiv an den Feindseligkeiten teilnehmen; vielmehr seien nach den im nicht-internationalen bewaffneten Konflikt anwendbaren gewohnheitsrechtlichen Regeln auch bestimmte Methoden der Kriegsführung sowie der Einsatz von Waffen und anderen Kampfmitteln verboten, deren Verwendung im internationalen Konflikt untersagt sei.[464] Während der Schutz von Zivilisten heute tatsächlich zum konsentierten Kernbestand des auch im nicht-internationalen Konflikt anwendbaren Gewohnheitsrechts zählt und die Geltung des gemeinsamen Art. 3 der Genfer Konventionen mittlerweile ebenfalls gewohnheitsrechtlich abgesichert sein dürfte,[465] beruft sich der JStGH für die These, dass Entsprechendes auch für viele Vorschriften des Zweiten Zusatzprotokolls gelte, lediglich

---

[461] JStGH, *Prosecutor v. Tadić*, Case No. IT-94-1-AR72, Appeals Chamber, Decision on the Defence Motion for Interlocutory Appeal on Jurisdiction v. 2. Oktober 1995, Rdn. 99.

[462] Ebd.

[463] Ebd.

[464] Ebd., Rdn. 127; dazu *M. Hakimi*, in: C. A. Bradley (Hrsg.), Custom's Future, 2016, S. 148 (157): „extremeley expansive for the time".

[465] Siehe etwa IGH, *Nicaragua*, Merits, ICJ Rep 1986, S. 14 (113 f.).

auf die „views expressed by a number of States". Mehr als zwei Staaten jedoch führt der Gerichtshof dafür nicht an. Die These, Waffen und Methoden, die im internationalen Konflikt verboten seien, verbanne das Gewohnheitsrecht auch für interne Konflikte, stützt er zunächst auf lediglich eine einzige Erklärung, die von einer Subkommission des UN-Menschenrechtsausschusses ausgearbeitet wurde und für die der JStGH beansprucht, sie sei von einem anderen Unterausschuss sowie der KSZE „indirectly endorsed" worden.[466] Zwar dürfte zumindest letzteres bei genauer Lektüre nicht zu halten sein,[467] doch selbst wenn dies anders wäre, ließe sich dem eine „general practice accepted as law" nur schwerlich entnehmen. Dass der JStGH ergänzend die staatlichen Reaktionen auf den (vermeintlichen) Einsatz von Chemiewaffen seitens des Irak gegen die irakischen Kurden anführt, vermag dieses Nachweisdefizit nicht zu kompensieren.[468] Denn erstens ist die Zahl derjenigen Staaten, die in diesem Zusammenhang auch für interne Konflikte das Verbot des Einsatzes von Giftgas anmahnten, gering. Der Gerichtshof führt lediglich die damaligen zwölf Mitgliedstaaten der EG sowie die USA an. Den Stellungnahmen der arabischen Staaten, die er ergänzend erwähnt, lässt sich eine entsprechende *opinio iuris* hingegen nicht entnehmen, und auch eine kollektive Verurteilung, etwa im Rahmen der Vereinten Nationen, erfolgte nicht.[469] Entscheidender noch dürfte indes

---

[466] JStGH, *Prosecutor v. Tadić*, Case No. IT-94-1-AR72, Appeals Chamber, Decision on the Defence Motion for Interlocutory Appeal on Jurisdiction v. 2. Oktober 1995, Rdn. 119.

[467] In der zitierten Erklärung der KSZE (*Budapest Document 1994*, *Towards a Genuine Partnership in a New Era*, 21. Dezember 1994, S. 35 Rdn. 34, http://www.osce.org/node/39554 [geprüft am 3. August 2016]) heißt es lediglich: „They [i.e. the participating States] emphasize the potential significance of a declaration on minimum humanitarian standards applicable in all situations and declare their willingness to actively participate in its preparation in the framework of the United Nations." Eine befürwortende Aussage zu den konkreten Inhalten der erwähnten Erklärung des UN-Menschenrechtsausschusses lässt sich dem nicht entnehmen.

[468] Siehe JStGH, *Prosecutor v. Tadić*, Case No. IT-94-1-AR72, Appeals Chamber, Decision on the Defence Motion for Interlocutory Appeal on Jurisdiction v. 2. Oktober 1995, Rdn. 120 ff.

[469] Die arabischen Staaten warfen den USA vor, durch die Behauptung, der Irak verwende Giftgas, eine Schmutzkampagne gegen diesen zu führen. Auf die Überzeugung, der Einsatz von Giftgas verletze geltendes Völkerrecht, lässt sich daraus allerdings nicht zwingend schließen, genügte doch auch die Behauptung eines moralisch anstößigen Verhaltens seitens des Irak, um dessen Ansehen zu

zweitens sein, dass der Gerichtshof den Nachweis *pars pro toto* führt. Sein Nachweisziel ist nicht allein das Verbot chemischer Waffen, sondern die allgemeinere Behauptung, dass die – und das heißt: alle – im internationalen Konflikt etablierten Waffenverbote mittlerweile auch in nicht-internationalen bewaffneten Konflikten Geltung beanspruchen können. Auf das Chemiewaffenverbot geht er denn auch ausdücklich nur „[b]y way of illustration" ein.[470] Mit der klassischen Struktur des Nachweises gewohnheitsrechtlicher Normen ist das nicht vereinbar. Denn selbst wenn das Chemiewaffenverbot in Staatenpraxis und *opinio iuris* eine Stütze fände, ließe sich die gewohnheitsrechtliche Geltung anderer Waffenverbote damit nicht begründen.

Für den gewohnheitsrechtlichen Charakter des Verbots bestimmter Methoden der Kriegsführung bleibt der JStGH schließlich ebenfalls einen überzeugenden Beleg schuldig. So stützt er sich zur Begründung des Perfidieverbots auf lediglich ein einziges nigerianisches Gerichtsurteil, dessen eigenständige Beweiskraft vor allem deshalb hinter den Anforderungen zurückbleibt, weil es weder eine hinreichend allgemeine Rechtsüberzeugung noch eine dauerhafte, einheitliche und repräsentative Staatenpraxis belegt.[471]

Und so dürfte angesichts dieser eindeutig defizitären Gewohnheitsrechtsnachweise der eigentliche Beweggrund für die Entscheidung des JStGH in normativen Erwägungen zu suchen sein, die sich in das klassische gewohnheitsrechtliche Schema von Staatenpraxis und *opinio iuris* nicht leicht integrieren lassen: der materiellen Ent-Souveränisierung des Völkerrechts.[472] In diesem Sinne führt der Gerichtshof bereits einleitend aus, die Unterscheidung zwischen internationalen und nicht-internationalen Konflikten sei „clearly sovereigny-oriented and reflected the traditional configuration of the international community, based

---

schmälern. Kritisch zum Nachweis durch den JStGH auch *I. G. Corey*, Mil. L. Rev. 166 (2000), S. 145 (155); *C. Greenwood*, EJIL 7 (1996), S. 265 (278); *ders.*, MPYBUNL 2 (1998), S. 97 (129); *L. G. Maresca*, LJIL 9 (1996), S. 219 (227 f.).

470 JStGH, *Prosecutor v. Tadić*, Case No. IT-94-1-AR72, Appeals Chamber, Decision on the Defence Motion for Interlocutory Appeal on Jurisdiction v. 2. Oktober 1995, Rdn. 120.

471 Auch im Hinblick auf den Inhalt des Urteils, das der JStGH als Beleg anführt, kritisch *C. Greenwood*, EJIL 7 (1996), S. 265 (278); *ders.*, MPYUNL 2 (1998), S. 97 (129); *R. Heinsch*, Die Weiterentwicklung des humanitären Völkerrechts durch die Strafgerichtshöfe für das ehemalige Jugoslawien und Ruanda, 2007, S. 160.

472 Dazu oben S. 110.

on the coexistence of sovereign States more inclined to look after their own interests than community concerns or humanitarian demands".[473] Doch, so fährt er fort, dieser

> „State-sovereignty-oriented approach has been gradually supplanted by a human-being-oriented approach. Gradually the maxim of Roman law *hominum causa omne jus constitutum est* (all law is created for the benefit of human beings) has gained a firm foothold in the international community as well. It follows that in the area of armed conflict the distinction between interstate wars and civil wars is losing its value as far as human beings are concerned. Why protect civilians from belligerent violence, or ban rape, torture or the wanton destruction of hospitals, churches, museums or private property, as well as proscribe weapons causing unnecessary suffering when two sovereign States are engaged in war, and yet refrain from enacting the same bans or providing the same protection when armed violence has erupted ‚only' within the territory of a sovereign State? If international law, while of course duly safeguarding the legitimate interests of States, must gradually turn to the protection of human beings, it is only natural that the aforementioned dichotomy should gradually lose its weight."[474]

Das Ergebnis des Gewohnheitsrechtsnachweises, um den er sich im Anschluss an diese Überlegungen bemüht, reiht er damit in die allgemeine Entwicklung des Völkerrechts ein; ja, sie scheint ihm als vorweggenommene Rechtfertigung zu dienen. Und im Zusammenhang mit der Frage nach der gewohnheitsrechtlichen Geltung völkerrechtlicher Waffenverbote greift er sie erneut auf, wenn er – einem Analogieschluss durchaus ähnlich[475] – erklärt:

> „Indeed, elementary considerations of humanity and common sense make it preposterous that the use by States of weapons prohibited in armed conflicts between themselves be allowed when States try to put down rebellion by their own nationals on their own territory.

---

[473] JStGH, *Prosecutor v. Tadić*, Case No. IT-94-1-AR72, Appeals Chamber, Decision on the Defence Motion for Interlocutory Appeal on Jurisdiction v. 2. Oktober 1995, Rdn. 96.

[474] Ebd., Rdn. 97.

[475] Ausführlich, wenngleich kritisch zu dieser Methode der Rechtsentwicklung durch den JStGH *S. Sivakumaran*, EJIL 22 (2011), S. 219 (220, 228 ff., besonders deutlich auf 230).

What is inhumane, and consequently proscribed, in international wars, cannot but be inhumane and inadmissible in civil strife."[476]

Doch ungeachtet dieser normativen Erwägungen bleibt jedenfalls zunächst festzuhalten: Der Gewohnheitsrechtsnachweis des JStGH genügt den Anforderungen nicht, die Art. 38 Abs. 1 lit. b IGH-Statut mit der Umschreibung des Gewohnheitsrechts als „evidence of a general practice accepted as law" definiert.

d) Die Kupreškić-Entscheidung des JStGH: Das Verbot von Repressalien gegen die Zivilbevölkerung

Als sich der JStGH schließlich in seiner Entscheidung über den Fall Kupreškić[477] mit der gewohnheitsrechtlichen Verankerung des Verbots von Repressalien gegen die Zivilbevölkerung im Kampfgebiet befasste, gestand er offen ein, dass eine entsprechende Staatenpraxis nicht bestehe.[478] Der gewohnheitsrechtlichen Geltung eines solchen Repressalienverbots, so erklärte der JStGH weiter, stehe das jedoch nicht entgegen, müsse man vorliegend doch von den üblichen Anforderungen des Gewohnheitsrechtsnachweises abweichen. Anders als noch in Tadić rechtfertigte er diese Abweichung allerding nicht mit Praktikabilitätserwägungen, sondern gestützt auf normative Überlegungen:

„Admittedly, there does not seem to have emerged recently a body of State practice consistently supporting the proposition that one of the elements of custom, namely *usus* or *diuturnitas* has taken shape. This is however an area where *opinio iuris sive necessitatis* may play a much greater role than *usus*, as a result of the aforementioned Martens Clause. In the light of the way States and courts have implemented it, this Clause clearly shows that principles of international

---

[476] JStGH, *Prosecutor v. Tadić*, Case No. IT-94-1-AR72, Appeals Chamber, Decision on the Defence Motion for Interlocutory Appeal on Jurisdiction v. 2. Oktober 1995, Rdn. 119; ähnlich argumentiert auch *G. de Beco*, Int'l Crim. L. Rev. 8 (2008), S. 319 (329); sympathisierend auch *C. Warbrick/P. Rowe*, ICLQ 45 (1996), S. 691 (698). Kritisch aber *R. Heinsch*, Die Weiterentwicklung des humanitären Völkerrechts durch die Strafgerichtshöfe für das ehemalige Jugoslawien und Ruanda, 2007, S. 157 f., der meint, der JStGH vermische hier *lex lata* und *lex ferenda*.

[477] JStGH, *Prosecutor v. Kupreškić et al.*, Case No. IT-95-16-T, Trial Chamber, Urt. v. 14. Januar 2000.

[478] Ebd., Rdn. 527

> humanitarian law may emerge through a customary process under the pressure of the demands of humanity or the dictates of public conscience, even where State practice is scant or inconsistent. The other element, in the form of *opinio necessitatis*, crystallising as a result of the imperatives of humanity or public conscience, may turn out to be the decisive element heralding the emergence of a general rule or principle of humanitarian law."[479]

Dieser klaren Fokussierung auf die Rechtsüberzeugung der Staaten folgend, zitiert der JStGH die Militärhandbücher der USA und der Niederlande, beruft sich auf eine mit großer Mehrheit angenommene Resolution der UN-Generalversammlung und stützt sich schließlich auf die Ratifikation des Ersten Zusatzprotokolls zu den Genfer Konventionen durch „a high number of States", um das gesuchte Repressalienverbot zu begründen.[480] Doch auch entgegenstehende Indizien führt der Gerichtshof an: Der Irak, Frankreich und Großbritannien haben, so gesteht die Verfahrenskammer ein, ausdrücklich das Recht für sich in Anspruch genommen, Repressalien auch gegen Zivilisten im Kampfgebiet anzuwenden. Und auch einige Handbücher der Streitkräfte erlauben entsprechende Maßnahmen.[481] Angesichts dessen ist selbst die Feststellung, das Verbot von Repressalien gegen die Zivilbevölkerung im Kampfgebiet könne sich auf eine allgemeine Rechtsüberzeugung stützen, nicht über jeden Zweifel erhaben.[482] Doch dessen ungeachtet stellt die Kammer fest: „Due to the pressure exerted by the requirements of humanity and the dictates of public conscience, a customary rule of international law has emerged on the matter under discussion."[483]

---

479 Ebd., Rdn. 527.

480 Ebd., Rdn. 532.

481 Ebd., Rdn. 533. Aktuelle Indizien einer gegenteiligen Rechtsüberzeugung nennt *H. Krieger*, in: FS Klein, 2013, S. 811 (818).

482 Sehr kritisch zu den vom JStGH angeführten Belegen für die Existenz einer entsprechenden Rechtsüberzeugung *C. Greenwood*, in: H. Fischer/C. Kreß/S. R. Lüder (Hrsg.), International and National Prosecution of Crimes Under International Law, 2001, S. 539 (550 ff.).

483 JStGH, *Prosecutor v. Kupreškić et al.*, Case No. IT-95-16-T, Trial Chamber, Urt. v. 14. Januar 2000, Rdn. 531, ähnlich ebd., Rdn. 533: „the demands of humanity and the dictates of public conscience, as manifested in opinio necessitatis, have by now brought about the formation of a customary rule also binding upon those few States that at some stage did not intend to exclude the abstract legal possibility of resorting to the reprisals under discussion".

2. *Die Analyse der Rechtsprechung im Schrifttum*

Ausgehend von der Nicaragua-Entscheidung des IGH wurde das Gewohnheitsrechtsverständnis, das Entscheidungen wie den eben skizzierten zugrunde liegt, im Schrifttum wiederholt als *sliding scale-approach* beschrieben.[484] Für *Frederic Kirgis*, auf den diese These zurückgeht, sind es zunächst die beiden Entstehungsvoraussetzungen Staatenpraxis und *opinio iuris*, die sich auf der namensgebenden Gleitskala bewegen: Je deutlicher das eine der beiden ausgeprägt ist, desto geringer sind die Anforderungen an das jeweils andere. Lässt sich also eine universelle und einheitliche Staatenpraxis von einiger Dauer belegen, so wird der Nachweis einer entsprechenden Rechtsüberzeugung im Extremfall ganz verzichtbar. Und auch im umgekehrten Fall kann eine gewohnheitsrechtliche Norm selbst dann entstehen, wenn es der staatlichen Übung an Allgemeinheit, Konsistenz und Dauerhaftigkeit fehlt, die Regel jedoch von einer starken *opinio iuris* getragen wird. Wie hoch die Nachweisdichte von Staatenpraxis und *opinio iuris* insgesamt sein muss, hängt nach *Kirgis* dabei entscheidend vom Gehalt der Norm ab:

> „Exactly how much state practice will substitute for an affirmative showing of an opinio juris, and how clear a showing will substitute for consistent behaviour, depends on the activity in question and on the reasonableness of the asserted customary rule. [...] The more destabilizing or morally distatesful the activity – for example, the offensive use of force or the deprivation of fundamental human rights – the more readily international decision makers will substite one element for the other, provided that the asserted restrictive rule seems reasonable. The converse, of course, will be true as well. If the activity is not so destructive of widely accepted human values, or if the asserted rule seems unreasonable under the circumstances, the decision maker is likely to be more exacting in finding the necessary elements for the rule."[485]

---

[484] *F. L. Kirgis*, AJIL 81 (1987), S. 146; *A. E. Roberts*, AJIL 95 (2001), S. 757; *J. Tasioulas*, Oxford J. Leg. Stud. 16 (1996), S. 85 (insbes. 109 ff.); kritisch zu diesen Ansätzen: *H. Charlesworth*, AusYIL 11 (1984-1987), S. 1 (29) – im Kontext des Nicaragua-Urteils; *N. Petersen*, AVR 2008, S. 502 (506) – allgemein; eine knappe Zusammenfassung und Einordnung in das Spektrum gewohnheitsrechtlicher Ansätze bei *E. Voyiakis*, Am. J. Juris. 55 (2010), S. 163 (169 ff.).

[485] *F. L. Kirgis*, AJIL 81 (1987), S. 146 (149); ebenso *A. E. Roberts*, AJIL 95 (2001), S. 757 (765, 781 ff. und öfter); *J. Tasioulas*, Oxford J. Leg. Stud. 16 (1996), S. 85 (109 ff.); knapp aber in der Sache ebenso *J. Klabbers*, Int'l Legal Theory 8 (2002), S. 29 (33 f.); in dieselbe Richtung auch *V. Gowlland-Debbas*,

Die obigen Entscheidungen beschreibt dieser Ansatz in der Tat gut. Insbesondere die Verweise auf Erwägungen der Menschlichkeit und auf die Hinwendung des Völkerrechts zu einem „human-being-oriented approach“, mit denen der JStGH den Verzicht auf strenge Nachweisstandards zu begründen sucht, bildet er anschaulich ab. Doch wie auch *Kirgis* selbst feststellt, geht die damit vorgeschlagene Konzeptionalisierung über eine bloße Beschreibung nicht hinaus. Das Modell, so *Kirgis*, „of course, does not provide a quick and easy solution to difficult cases. It simply illustrates what international decision makers such as the international court tend to do when a restrictive customary rule is at issue“.[486]

John Tasioulas und *Anthea Roberts* haben diese Gleitskala-Theorie aufgegriffen und sich bemüht, *Kirgis'* Überlegungen durch die Rückführung auf einen naturrechtlichen Rechtsbegriff auch normativ zu plausibilisieren. „[T]he sliding scale conception of custom“, so erklärt etwa *Tasioulas*,

> „is not an artificial construct manufactured on a particular occasion in order to rationalize an outcome found to be independently desirable. Instead, there is a case for regarding that conception of custom as itself expressive of a more general natural law paradigm of law and adjudication.“[487]

Die Naturrechtstheorie, die er dabei im Blick hat, ist diejenige *Ronald Dworkins*. Nach *Dworkin* lässt sich das Recht nicht als ein System von Regeln begreifen, sondern nur als interpretative Praxis angemessen verstehen.[488] Um festzustellen, was das Recht in einem konkreten Fall verlangt, bedarf es demnach eines Akts konstruktiver Deutung der gesamten bisherigen Rechtspraxis, bei der auch wertend-kreativen Elementen Bedeutung zukommt. „[P]ropositions of law“, so führt *Dworkin* denn auch aus,

---

in: A. S. Muller/D. Raic/J. M. Thuránszky (Hrsg.), The International Court of Justice: Its Future after Fifty Years, 1997, S. 327 (344 ff.).

486 *F. L. Kirgis*, AJIL 81 (1987), S. 146 (150).

487 *J. Tasioulas*, Oxford J. Leg. Stud. 16 (1996), S. 85 (111); siehe auch *ders.*, in: C. A. Bradley (Hrsg.), Custom's Future, 2016, S. 95.

488 Ausführlich vor allem *R. Dworkin*, Law's Empire, 1986, S. 225 ff.; zur Übertragung ins Völkerrecht siehe *ders.*, Philosophy & Public Affairs 41 (2013), S. 2 sowie dazu *G. Palombella*, in: L. Pineschi (Hrsg.), General Principles of Law – The Role of the Judiciary, 2015, S. 3 (9 ff.).

> „are not simply descriptive of legal history in a straightforward way, nor are they simply evaluative in some way divorced from legal history. They are interpretive of legal history, which combines elements of both description and evaluation but is different from both.“[489]

Neben dem Element des „fit“, also der Stimmigkeit, mit der sich eine bestimmte Deutung in die bestehende Rechtspraxis einfügt, wird die Interpretation folglich maßgeblich durch das Kriterium moralischer Rechtfertigung („substance“/„justification“/„value“) bestimmt. Eine Interpretation dessen, was das Recht in einer bestimmten Frage verlangt, muss jedoch nicht zwingend die gesamte bisherige Rechtspraxis kohärent fortsetzen. Denn Defizite in der Dimension des „fit“ können durch den besonderen moralischen Wert – das heißt durch ein Mehr an „substance“ – einer Interpretation aufgewogen werden.[490] Für die interpretative Praxis, als die *Dworkin* das Recht beschreibt, sind moralische Erwägungen folglich ein unverzichtbarer Bestandteil. Die in *Kirgis'* Gleitskala-Ansatz angelegte Differenzierung zwischen Normen mit und ohne starken ethischen Gehalt erscheint vor dem Hintergrund dieser Überlegungen *Dworkins* als unmittelbarer Ausfluss eines nichtpositivistischen Rechtsbegriffs. So argumentiert *Tasioulas*, beim Nachweis einer gewohnheitsrechtlichen Norm müsse der Gerichtshof sich zwar in der Dimension des „fit“ um Interpretationen bemühen, die das von der bisherigen Staatenpraxis und *opinio iuris* begonnene Narrativ kohärent fortschreiben. Doch wo – wie häufig – Praxis und Überzeugung nicht eindeutig seien, träten die Dimensionen „fit“ und „substance“ in eine Abwägung ein und die Wichtigkeit des von der gesuchten Regel geschützten Wertes (*Tasioulas* spricht von „world order values“) müsse gegen den Grad der Nichterfüllung des „fit“-Kriteriums gewichtet werden. Inkonsistenzen in der Staatenpraxis können so durch ein Überwiegen der „world order values“ kompensiert werden. In den Worten von *Tasioulas* selbst:

> „Once we recognize that fit must be balanced against substance, we can identify Kirgis's sliding scale conception of custom as a sketch of that part of a working theory of the interpretation of customary law which elaborates the relationship between fit and substance. The sliding scale conception permits the adoption of an interpretation as best even though it fares poorly on the dimension of fit (eg because,

---

[489] *R. Dworkin*, Tex. L. Rev. 60 (1982), S. 527 (528); ebenso *ders.*, Law's Empire, 1986, S. 225.

[490] *R. Dworkin*, Law's Empire, 1986, S. 239, 255 f.

> despite considerable support in normative words *(opinio juris)*, little state practice supports the putative norm and much practice conflicts with it) provided the putative norm possesses very strong appeal on the substantive dimension (ie it expresses an essential part of the good which the institutional of customary international law is supposed to achieve, such as peaceful co-existence)."[491]

Im Schrifttum hat die Interpretation von *Tasioulas* indes vor allem aus rechtstheoretischer Perspektive starke Kritik erfahren. Die von *Tasioulas* bemühte Rechtstheorie *Dworkins* beruhe auf Voraussetzungen, die allein dem nationalen Recht eigen seien; auf das Völkerrecht lasse sie sich nicht ohne weiteres übertragen.[492] Doch selbst wenn man diese Kritik nicht in allen Aspekten teilt, liegt es nahe – und wenn auch nur um der besseren Anschlussfähigkeit an den Mainstream positivistischer Völkerrechtslehren willen –, den Grund für die Absenkung der gewohnheitsrechtlichen Nachweisanforderungen zunächst innerhalb des Rechts zu suchen und den positivistischen Rechtsbegriff nicht vorschnell aufzugeben.

Einen vorsichtigen Ansatz zu einer solchen intrarechtlichen Lösung hat etwa *Theodor Meron* formuliert.[493] Das normative Element, das *Tasioulas* im Rechtsbegriff verortet, findet *Meron* in der *Martens*'schen Klausel und fordert, dass etwa bei der Frage nach dem gewohnheitsrechtlichen Status von Waffenverboten und anderen grundlegenden Regeln

---

[491] *J. Tasioulas*, Oxford J. Leg. Stud. 16 (1996), S. 85 (113); ohne Bezunahme auf *Dworkin*, aber in der Sache ebenso etwa *S. Schmahl*, in: C. Tomuschat/J.-M. Thouvenin (Hrsg.), The Fundamental Rules of the International Legal Order, 2006, S. 41 (56, 66) und *A. Seibert-Fohr*, in: A. Zimmermann/R. Hofmann (Hrsg.), Unity and Diversity in International Law, 2006, S. 257 (273 ff.) sowie die von *H. Thirlway*, The Sources of International Law, 2014, S. 83 ff. besprochenen Ansätze, die die Anforderungen an den Gewohnheitsrechtsnachweis dann absenken wollen, wenn die fraglichen Normen grundlegenden moralischen Prinzipien Ausdruck verleihen. Vgl. ferner *W. Weiss*, AVR 53 (2015), S. 220 (245 ff.).

[492] *J. A. Beckett*, EJIL 12 (2001), S. 627.

[493] *T. Meron*, AJIL 94 (2000), S. 78 (88); in eine ähnliche Richtung deuten die Überlegungen von *C. Tomuschat*, RdC 241 (1993-IV), S. 195 (299 f.), der die abgeschwächten Anforderungen an den Nachweis des gewohnheitsrechtlichen Charakters von Gewalt- und Interventionsverbot damit begründet, dass diese Verbotsnormen mit dem „constitutional principle" souveräner Gleichheit untrennbar verbunden seien.

des humanitären Völkerrechts „the Martens clause should be taken into consideration".[494] Denn, so fährt er fort,

> „[i]n appropriate circumstances, it [i.e. the Martens clause] provides an additional argument against a finding of *non liquet*. It reinforces a trend, which is already strong in international institutions and tribunals, toward basing the existence of customary law primarily on *opinio juris* [...] rather than actual battlefield practice. [...] Where there already is some legal basis for adopting a more humanitarian position, the Martens clause enables decision makers to take the extra step forward."[495]

Ähnlich führt schließlich auch *Christian Tomuschat* normative Grundsätze innerhalb des Rechts an, um die abgeschwächten Anforderungen an den Nachweis gewohnheitsrechtlicher Bestimmungen zu begründen. Dass sich der IGH in Nicaragua darauf beschränkt habe, den gewohnheitsrechtlichen Charakter von Gewalt- und Interventionsverbot dadurch zu belegen, dass Abweichungen von diesen Verboten als Rechtsverletzungen behandelt wurden, sei, so argumentiert Tomuschat, vor allem deshalb begründet, weil diese Verbotsnormen mit dem „constitutional principle" souveräner Gleichheit untrennbar verbunden seien.[496] Ja, weil sie sich aus diesem ableiten ließen, sei es

> „manifest that no lengthy enquiry into the practice of states is necessary in order to prove that they exist as rules of positive international law which, under the classification system enumerated in Article 38 (1) of the Statute of the ICJ, must be characterized as rules of customary international law".[497]

Deduktionen dieser Art sieht *Tomuschat* dabei keinesfalls auf das Prinzip souveräner Gleichheit beschränkt; auch auf Grundlage anderer „constitutional principles" ließen sich gewohnheitsrechtliche Regeln begründen, ohne dabei eine allgemeine Staatenpraxis nachzuweisen.[498]

---

[494] *T. Meron*, AJIL 94 (2000), S. 78 (88).

[495] Ebd.; zustimmend *E. Crawford*, Austl. Int'l L. J. 15 (2008), S. 29 (36 ff.). Dass dieses Begründungsmuster aber auch nach Ansicht von *Meron* nicht in jedem Fall Erfolg verspricht, zeigt seine Kritik an der *Kupreškić*-Entscheidung des JStGH, siehe *T. Meron*, AJIL 94 (2000), S. 239 (250): „[G]iven the scarcity of practice and diverse views of states and commentators, the invocation of the Martens clause can hardly justify this conclusion."

[496] *C. Tomuschat*, RdC 241 (1993-IV), S. 195 (299 f.).

[497] Ebd., S. 299.

[498] Ebd., S. 300.

Dazu sei einzig der Beleg erforderlich, dass die fragliche Regel „can really be considered to derive directly from the core philosophy of humanity as it is enshrined in the – unwritten – constitution of the international community as well as in the Charter of the United Nations“.[499]

3. Rekonstruktion im Prinzipienmodell

In Anknüpfung an einige der in diesen Ansätzen angeführten Überlegungen ist der modifizierte Umgang der Gerichte mit den Entstehungsvoraussetzungen des Völkergewohnheitsrechts auch im hier skizzierten Prinzipienmodell plausibel zu rekonstruieren. Die mit der Erleichterung des Gewohnheitsrechtsnachweises einhergehende Objektivierung völkerrechtlicher Rechtsetzung lässt sich in ihm auf den Einfluss (neu entstandener) völkerrechtlicher Grundprinzipien zurückführen. Denn als Prinzipien stellen Souveränitäts-, Humanitäts-, Rechtsschutz- und Umweltprinzip eigenständige rechtliche Gründe dar, die für die Geltung von Rechtsregeln sprechen, die ihnen Ausdruck verleihen.[500] Während ein Mangel an Staatenpraxis und/oder *opinio iuris* ein Indiz dafür ist, dass der klassische Geltungsgrund völkerrechtlicher Normen – namentlich: der dem souveränen Selbstbestimmungsrecht Ausdruck verleihende zwischenstaatliche Konsens – für die nachzuweisende Norm zu schwach ausgeprägt ist, um deren Rechtsgeltung alleine zu begründen, vermag das Hinzutreten völkerrechtlicher Prinzipien, die den Geltungsanspruch der Norm stützen, eben dieses Defizit auszugleichen. Als komplementäre Regelgeltungsgründe treten Souveränitäts-,[501] Humanitäts-, Rechtsschutz- und Umweltprinzip daher neben den staatlichen Konsens und können nach Maßgabe ihres relativen Gewichts das Begründungsmanko kompensieren, das durch eine nur schwach ausgeprägte Staatenpraxis entsteht. Anknüpfungspunkte für eine solche prinzipenbasierte Rekonstruktion und Begründung des erleichterten Gewohnheitsrechtsnachweises finden sich sowohl im Schrifttum als auch

---

[499] Ebd., S. 303.

[500] Zu Prinzipien als Gründen bereits oben S. 197 ff.

[501] Das Souveränitätsprinzip spielt dabei eine Doppelrolle: Als (eher formeller) Grundsatz rechtlicher Selbstbestimmung im Außenverhältnis steht es nichtkonsentierten Rechtsbindungen einerseits entgegen, als (eher materielle) Garantie staatlicher Autonomie im Innern spricht es andererseits als eigenständiger Grund zugleich unabhängig vom staatlichen Konsens etwa für die Geltung von Gewalt- und Interventionsverbot, die eben diese interne Autonomie nach außen absichern.

in den besprochenen Entscheidungen von IGH und JStGH (dazu lit. a). Ob die völkerrechtliche Methodenlehre eine solche Begründung jedoch zulässt und auf welchem methodischen Weg sie es den fraglichen Prinzipien in dogmatischer Hinsicht ermöglicht, auf die Entstehungsvoraussetzungen gewohnheitsrechtlicher Normen einzuwirken, bleibt dabei meist unerschlossen (dazu lit. b). Am Beispiel des Einflusses des Humanitätsprinzips auf den Gewohnheitsrechtsnachweis des JStGH in Kupreškić lässt sich dies indes gut illustrieren (dazu lit. c).

a) Anknüpfungspunkte für eine prinzipienbasierte Rekonstruktion in Rechtsprechung und Schrifttum

Liest man die oben dargestellten Entscheidungen von IGH und JStGH im Lichte der im dritten Kapitel herausgearbeiteten Grundprinzipien, so drängt sich die Annahme geradezu auf, dass auch die mit der Erleichterung des Gewohnheitsrechtsnachweises einhergehende Objektivierung völkerrechtlicher Rechtsetzung durch den Einfluss eben dieser Prinzipien zu erklären ist. Denn zur Erklärung und Rechtfertigung der von IGH und JStGH gewonnenen Ergebnisse rekurrieren beide – wenngleich in unterschiedlicher Deutlichkeit – auf allgemeine normative Grundsätze, die den oben beleuchteten Rechtsprinzipien stark ähneln. Den Gewohnheitsrechtsnachweis ergänzen die beiden Gerichte damit um ein Element, das dem klassischen Schema von Staatenpraxis und *opinio iuris* fremd ist. So führt bereits die Nicaragua-Entscheidung des IGH Gewalt- und Interventionsverbot beiläufig auf den Grundsatz der Staatensouveränität zurück[502] und fundiert deren Geltung damit offenbar nicht allein im staatlichen Konsens, sondern in einem materiellen Prinzip, das für die Rechtsverbindlichkeit der beiden Verbotsnormen streitet.[503] In ähnlicher Weise beruft sich die Furundžija-Entscheidung

---

[502] IGH, *Nicaragua*, Merits, ICJ Rep 1986, S. 14 (106).

[503] Deutlich in diese Richtung nunmehr auch IGH, *Certain Activities carried out by Nicaragua in the Border Area*, Urt. v. 16. Dezember 2015, Sep. Op. Donoghue, Rdn. 3 ff., die fordert „that the identification of customary international law must take account of the fundamental parameters of the international legal order" (ebd., Rdn. 3). Selbst wenn keine ausreichende Staatenpraxis vorliege, gelte deshalb nicht automatisch die Lotus-Vermutung, dass kein Gewohnheitsrecht bestehe. Vielmehr müsse „the appraisal of the existence and content of customary international law regarding transboundary environmental harm [...] begin by grappling with the tension between sovereign equality and territorial sovereignty" (ebd., Rdn. 5). Auch ohne ausreichende Staatenpraxis, so ist *Donoghue* demnach wohl zu verstehen, könne sich aufgrund dieser Abwägung

des JStGH zur Begründung der gewohnheitsrechtlichen Geltung des Folterverbots auf eine Passage der Nicaragua-Entscheidung, die die (gewohnheitsrechtliche) Geltung des Art. 3 der Genfer Konventionen für den nicht-internationalen bewaffneten Konflikt auf „elementary considerations of humanity" stützt[504] und die damit in der Sache das oben skizzierte Humanitätsprinzip in Bezug nimmt. In Tadić bemüht die Berufungskammer des JStGH das Humanitätsprinzip hingegen beinahe ausdrücklich, wenn sie, um die Erstreckung bestimmter Regeln des humanitären Völkerrechts auf den nicht-internationalen bewaffneten Konflikt zu rechtfertigen, grundlegende Menschlichkeitserwägungen anführt und dies um den Hinweis ergänzt, dass Handlungen, die im internationalen Konflikt unmenschlich und daher verboten seien, im internen Konflikt nicht erlaubt sein dürften.[505] Und auch in der Kupreškić-Entscheidung ist es das Humanitätsprinzip, auf das sich der JStGH beruft, um den Verzicht auf den Nachweis einer allgemeinen, dauerhaften und konsistenten Staatenpraxis zu rechtfertigen. „[H]umanitarian law", so erklärt er unter Verweis auf die *Martens*'sche Klausel, „may emerge through a customary process under the pressure of the demands of humanity or the dictates of public conscience, even where State practice is scant or inconsistent".[506]

Die Bedeutung völkerrechtlicher Prinzipien für die Anforderungen an den Nachweis völkergewohnheitsrechtlicher Normen klingt damit in

---

der konkurrierenden Souveränitätsansprüche eine völkergewohnheitsrechtliche Regel finden lassen (vgl. ebd., Rdn. 6).

[504] Siehe JStGH, *Prosecutor v. Furundžija*, Case No. IT-95-17/1-T, Trial Chamber, Urt. v. 10. Dezember 1998, Rdn. 138 mit Verweis auf IGH, *Nicaragua*, Merits, ICJ Rep 1986, S. 14 (114) „[These rules] reflect what the Court in 1949 called ‚elementary considerations of humanity' [...]. The Court may therefore find them applicable to the present dispute [...]."

[505] JStGH, *Prosecutor v. Tadić*, Case No. IT-94-1-AR72, Appeals Chamber, Decision on the Defence Motion for Interlocutory Appeal on Jurisdiction v. 2. Oktober 1995, Rdn. 119.

[506] JStGH, *Prosecutor v. Kupreškić et al.*, Case No. IT-95-16-T, Trial Chamber, Urt. v. 14. Januar 2000, Rdn. 527; kritisch zu diesem Argument *I. Bantekas*, Int'l Crim. L. Rev. 6 (2006), S. 121 (127 f.); *C. Greenwood*, in: H. Fischer/C. Kreß/S. R. Lüder (Hrsg.), International and National Prosecution of Crimes Under International Law, 2001, S. 539 (553 f.); *H. Krieger*, in: FS Klein, 2013, S. 811 (817); aus diskurstheoretischer Perspektive instruktiv zur Argumentationsstruktur der Entscheidung auch *M. Kuhli/K. Günther*, German L. J. 12 (2011), S. 1261.

der Rechtsprechung durchaus an – und das oftmals nicht nur zwischen den Zeilen. Die Begründungsversuche, mit denen das Schrifttum diese Rechtsprechungstendenzen dogmatisch zu fassen versucht hat, liegen denn auch – trotz all ihrer Differenzen – vom hier vorgestellten Prinzipienmodell nicht weit entfernt: Sie alle teilen die grundlegende Überzeugung, dass sich die Absenkung der an den Nachweis gewohnheitsrechtlicher Normen zu stellenden Anforderungen unter Rückgriff auf normative Grundsätze rechtfertigen lässt, deren ethischer Gehalt einen eigenständigen Grund für die Geltung all derjenigen Normen darstellt, die zu dessen Verwirklichung beitragen. *Tomuschat* spricht hinsichtlich dieser Grundsätze gar ausdrücklich von Verfassungsprinzipien (auch wenn deren Herkunft im Dunkeln bleibt); *Meron* knüpft an die dem oben dargestellten Humanitätsprinzip inhaltlich eng verwandte *Martens*'sche Klausel an (auch wenn er dabei übersieht, dass der Bestand völkerrechtlicher Grundprinzipien sich nicht in dieser erschöpft); und der an der Rechtstheorie *Dworkins* orientierte Ansatz von *Tasioulas* und *Roberts* knüpft zwar an außerrechtliche Grundsätze der politischen Ethik an, weist mit dem hier vertretenen Prinzipienmodell aber dennoch Berührungspunkte auf. Denn die moralischen Grundsätze, die er als „substance" in die Abwägung einstellt, versteht er als „commonly held subjective values about right and wrong that have been adopted by a representative majority of states in treaties and declarations"[507] – ein Begründungsmodus, mit dem *Roberts* und *Tasioulas* dem hier für den Nachweis allgemeiner Rechtsgrundsätze in den Blick genommenen[508] durchaus nahe kommen (auch wenn sie dabei vorschnell den Bereich des positiven Rechts verlassen).

b) Methodische Erklärung

Ob und auf welchem methodischen Wege die in Souveränitäts-, Humanitäts-, Rechtsschutz- und Umweltprinzip verkörperten Normgeltungsargumente ihren Einfluss geltend zu machen vermögen, bleibt in den bisherigen Analyseversuchen indes unklar und umstritten. Die Rechtsprechung hat sich in dieser Frage ebenfalls noch nicht eindeutig positioniert, und so stehen bislang drei alternative Begründungsoptionen zur Verfügung.

---

[507] *A. E. Roberts*, AJIL 95 (2001), S. 757 (789).

[508] Siehe S. 250 ff.

Am einen Ende des Spektrums möglicher Antworten steht dabei erstens der naturrechtlich inspirierte Ansatz von *Tasioulas* und *Roberts*. Denn da sie den Einfluss normativer Erwägungen durch das Wechselspiel von „fit" und „substance" erklären, das dem von ihnen verwendeten Rechtsbegriff inhärent ist, erübrigt sich die Methodenfrage für sie gänzlich. Das Gewohnheitsrecht öffnet sich für *Tasioulas* und *Roberts* bereits *qua* Recht, also gerade kraft seines Rechtscharakters, für normative Erwägungen; auf ein Einfallstor, das es erlaubt, diesen Erwägungen im Rahmen der juristischen Methodenlehre (also etwa der Auslegung bestehender Normen) Ausdruck zu verleihen, ist ihr Ansatz daher nicht angewiesen. In Übereinstimmung mit der anti-positivistischen Theorie *Dworkins* lösen sie sich damit zugleich von der in Art. 38 Abs. 1 lit. b IGH-Statut verkörperten Sekundärregel, die die Voraussetzungen des Nachweises völkergewohnheitsrechtlicher Normen statuiert.

Bleibt man hingegen einem positivistischen Rechtsbegriff verpflichtet, liegt es zweitens nahe, den Einfluss völkerrechtlicher Prinzipien auf die Entstehungsvoraussetzungen des Völkergewohnheitsrechts dadurch zu erklären, dass jene bei der systematischen Auslegung der Sekundärregel berücksichtigt werden müssen, die eben diese Entstehungsvoraussetzungen normiert. So ließe sich argumentieren, die in Art. 38 Abs. 1 lit. b IGH-Statut enthaltene Formulierung „general practice accepted as law" sei ein unbestimmter Rechtsbegriff, bei dessen Auslegung gem. Art. 31 Abs. 3 lit. c WVK auch völkerrechtliche Prinzipien heranzuziehen seien. Schließlich lasse sich nur so garantieren, dass das entscheidende Gericht mit seiner Entscheidung auch den (Regelgeltungs-)Geboten völkerrechtlicher Grundprinzipien genüge. Die Ausführungen *Merons* etwa lassen sich in diesem Sinne interpretieren, wenn er vorträgt, die *Martens*'sche Klausel stelle ein Argument bereit, das die Anforderungen an den Gewohnheitsrechtsnachweis modifizieren und den Nachweis von Staatenpraxis verzichtbar machen könne.[509] Und auch die oben skizzierte Argumentation des JStGH in Kupreškić lässt sich in diesem Sinne deuten. Bei genauerer Überlegung dürfte der Versuch, völkerrechtlichen Prinzipien über eine Auslegung von Art. 38 Abs. 1 lit. b IGH-Statut die Einwirkung auf die Entstehungsvoraussetzungen gewohnheitsrechtlicher Normen zu ermöglichen, jedoch mindestens zwei Einwänden ausgesetzt sein. Denn erstens enthält Art. 38 Abs. 1 lit. b IGH-Statut zwar ohne Zweifel eine Umschreibung des Völkergewohnheitsrechts. Doch wie oben bereits angedeutet,[510] ist die Norm, der eine

509 *T. Meron*, AJIL 94 (2000), S. 78 (88).

510 Siehe S. 230 f.

jede „general practice accepted as law" ihre Geltung als Völkergewohnheitsrecht verdankt, nicht mit Art. 38 Abs. 1 lit. b IGH-Statut identisch. Vielmehr geht, wie *H.L.A. Hart* herausgearbeitet hat, die Geltung des (Völkergewohnheits-)Rechts auf eine letztlich soziale *rule of recognition* zurück. Ob diese in gleichem Maße der Auslegung unterliegt, ist indes sehr zweifelhaft;[511] die Regeln der WVK jedenfalls finden auf sie keine Anwendung. Und so stellt Art. 38 Abs. 1 lit. b IGH-Statut lediglich für die Rechtsprechung des IGH eine verbindliche Definition der Entstehungsvoraussetzungen völkergewohnheitsrechtlicher Normen dar.[512] Allein für diesen engen Bereich ließe sich der Einfluss, den völkerrechtliche Prinzipien auf die Gewohnheitsrechtsbildung ausüben, daher im Wege der systematischen Auslegung des Art. 38 Abs. 1 lit. b IGH-Statut begründen; das Statut des Jugoslawien-Tribunals hingegen enthält eine entsprechende Vorschrift nicht und ist damit nicht allein: Auch das Dispute Settlement Understanding der WTO-Spruchkörper, das Rom-Statut des IStGH und das Statut des ISGH enthalten keine Definition des Völkergewohnheitsrechts, an die sich für eine auslegungsbasierte Lösung anknüpfen ließe. Selbst für die Rechtsprechung des IGH dürfte die Auslegungslösung jedoch zweitens deshalb keinen Erfolg versprechen, weil die Formulierung „general practice" einen allenfalls geringen Auslegungsspielraum belässt. Der (beinahe) vollständige Verzicht auf den Nachweis einer entsprechenden staatlichen Übung, wie ihn die Rechtsprechung zuweilen praktiziert, lässt sich über eine prinzipienorientierte Auslegung des Art. 38 Abs. 1 lit. b IGH-Statut deshalb dogmatisch nicht einfangen. Diese Entwicklung indes gänzlich unnachvollzogen zu lassen, würde die Völkerrechtslehre in einer zentralen Frage ins Abseits stellen.

Angesichts dessen erscheint es am überzeugendsten, die Tendenz der Rechtsprechung, im Rahmen des Gewohnheitsrechtsnachweises auf den Beleg einer allgemeinen, dauerhaften und konsistenten Staatenpraxis zu verzichten, schließlich drittens in Anlehnung an die oben skizzierten Überlegungen *Christian Tomuschats* zu rekonstruieren. Die gewohnheitsrechtliche Geltung von Gewalt- und Interventionsverbot, so argumentiert *Tomuschat* etwa in Bezug auf die Nicaragua-Entscheidung,

---

[511] Überzeugend kritisch zu einer solchen Auslegung der Erkenntnisregel *J. d'Aspremont*, in: A. Orford/F. Hoffmann (Hrsg.), The Oxford Handbook of the Theory of International Law, 2016, S. 545 (560).

[512] Siehe etwa auch IGH, *Nicaragua*, Merits, ICJ Rep 1986, S. 14 (97 f.): „Bound as it is by Article 38 of its Statute to apply, *inter alia*, international custom as ‚evidence of a general practice accepted as law'".

sei bereits deshalb nicht auf den Nachweis einer allgemeinen Staatenpraxis angewiesen, weil sie sich aus der Rechtsgeltung des Grundsatzes souveräner Gleichheit ableiten lasse. Die fraglichen Regeln deduziert er damit unmittelbar aus völkerrechtlichen Verfassungsprinzipien und etabliert so eine Lösung, die sich bei genauer Betrachtung jenseits des Völkergewohnheitsrechts bewegt. Denn Grund für die – nach *Tomuschat* nichtsdestotrotz gewohnheitsrechtliche – Geltung von Gewalt- und Interventionsverbot ist demnach weniger das klassische Doppel aus Staatenpraxis und *opinio iuris*, als vielmehr allein der Grundsatz souveräner Gleichheit. In der Rechtsprechung ist dieses deduktive Modell nicht präzedenzlos. Die Tadić-Entscheidung etwa lässt an keiner Stelle ausdrücklich erkennen, dass sie aufgrund normativer Erwägungen die Nachweiserfordernisse des Völkergewohnheitsrechts modifiziert und deshalb auf den Nachweis einer allgemeinen und konsistenten Staatenpraxis verzichtet. Vielmehr gleicht ihre Argumentation oftmals einem Analogieschluss, der angesichts der Vergleichbarkeit – konkret: der vergleichbaren Inhumanität – des Einsatzes bestimmter Waffen in internationalen und internen bewaffneten Konflikten auch weitgehend gleiche Regeln für beide fordert. Die (gewohnheitsrechtliche) Geltung der entsprechenden Waffenverbote begründet der JStGH in diesen Passagen gerade nicht unter Verweis auf Staatenpraxis und *opinio iuris*, sondern damit, dass humanitäre Erwägungen in internationalen und internen Konflikten gleiche Verbindlichkeit beanspruchen. Ebenso argumentiert er auch in seiner Kupreškić-Entscheidung. So verweist er im Rahmen seiner Auseinandersetzung mit dem Verbot von gegen die Zivilbevölkerung gerichteten Repressalien auf „fundamental legal standards of overarching value applicable both in international and internal armed conflicts“[513] und ergänzt:

> „Indeed, it would be absurd to hold that while reprisals against civilians entailing a threat to life and physical safety are prohibited in civil wars, they are allowed in international armed conflicts as long as the civilians are in the combat zone.“[514]

Einer unmittelbaren Ableitung aus Rechtsprinzipien stehen die Entscheidungen daher in manchen Teilen näher als einem klassischen Ge-

---

[513] JStGH, *Prosecutor v. Kupreškić et al.*, Case No. IT-95-16-T, Trial Chamber, Urt. v. 14. Januar 2000, Rdn. 534.

[514] Ebd.

wohnheitsrechtsnachweis.[515] Gleiches gilt schließlich auch für den Verweis auf den Grundsatz souveräner Gleichheit in der Nicaragua-Entscheidung,[516] und auch die vom JStGH in Furundžija[517] in Bezug genommene Passage, in der die Haager Richter des IGH die (gewohnheitsrechtliche) Geltung des Art. 3 der Genfer Konventionen für nicht-internationale Konflikte begründen, stützt sich unmittelbar auf elementare Erwägungen der Menschlichkeit, ohne zuvor für eine Modifikation der Entstehungsvoraussetzungen gewohnheitsrechtlicher Normen einzutreten.[518]

Was demnach bei erstem Blick als eine Absenkung der Entstehungsvoraussetzungen gewohnheitsrechtlicher Normen erscheint, lässt sich daher methodisch treffender als unmittelbarer Rückgriff auf die einschlägigen Völkerrechtsprinzipien verstehen. Die von den Gerichten auch ohne allgemeine und konsistente Staatenpraxis als Gewohnheitsrecht ausgewiesenen Normen besitzen bei Lichte besehen daher keinen gewohnheitsrechtlichen Charakter. Ihre Rechtsgeltung stellt das indes nicht in Frage, allein deren Begründung ändert sich. Denn bei genauer Betrachtung bürgen nicht Staatenpraxis und *opinio iuris* für den Rechtscharakter der fraglichen Normen, sondern die materiellen Grundprinzipien, die ihnen als innerrechtliche normative Gründe zugrunde liegen. Doch auch wenn man die Rechtsprechung in diesem Sinne auf eine prinzipienbasierte Begründung zurückführt, werden Staatenpraxis und *opinio iuris* nicht bedeutungslos. Zwar kommt ihnen keine konstitutive Rolle mehr zu, doch dienen sie im Rahmen der Abwägung, die einer jeden prinzipienbasierten Regelbegründung zugrunde liegt, als Indikatoren des relativen Gewichts, das den konkurrierenden Prinzipien zukommt. Dass deduktive Argumente in der Rechtsprechung meist mit dem Versuch kombiniert werden, die nachzuweisenden Normen auch in Staatenpraxis und *opinio iuris* abzustützen, ist deshalb durchaus richtig. Denn wenn eine Norm die klassischen Anforderungen einer „general practice accepted as law" nicht erfüllt, steht zwar der Rückgriff auf die als allgemeine Rechtsgrundsätze ebenfalls dem Völkerrecht zugehörigen Grundprinzipien offen. Ein Prinzip, das – wie etwa das Humani-

---

[515] Zur Ähnlichkeit von Analogie und Ableitung aus Prinzipien siehe bereits oben S. 645 ff.

[516] IGH, *Nicaragua*, Merits, ICJ Rep 1986, S. 14 (106).

[517] JStGH, *Prosecutor v. Furundžija*, Case No. IT-95-17/1-T, Trial Chamber, Urt. v. 10. Dezember 1998, Rdn. 138.

[518] IGH, *Nicaragua*, Merits, ICJ Rep 1986, S. 14 (113 f.).

tätsprinzip – für die Geltung einer bestimmten Regel – wie etwa des Folterverbots – streitet, vermag deren Begründung indes nur dann zu erbringen, wenn es sich gegen widerstreitende Prinzipien durchsetzt. Insbesondere das Souveränitätsprinzip, das als *prima facie*-Recht auf rechtliche Selbstbestimmung dafür streitet, völkerrechtliche Bindungen nur dort anzunehmen, wo diese auf den Konsens der Staaten zurückzuführen sind, ist daher stets gegen diejenigen Prinzipien abzuwägen, die sich auf Seiten der nachzuweisenden Regel in Stellung bringen lassen. Neben dem abstrakten Gewicht der kollidierenden Prinzipien ist für die Bestimmung von deren Vorrangverhältnis einerseits entscheidend, in welchem Maße die nachzuweisende Regel zur Verwirklichung des Prinzips, das für sie streitet, beitrüge. Andererseits ist indes stets zu berücksichtigen, wie stark die Annahme, dass die nachzuweisende Regel Rechtsgeltung besitzt, in das souveräne Recht auf rechtliche Selbstbestimmung eingriffe. Diese Intensität der Betroffenheit des Souveränitätsprinzips ist es, für die Staatenpraxis und *opinio iuris* einen Indikator bilden. Je stärker sie ausgeprägt sind, desto größer die staatliche Zustimmung für die fragliche Regel und desto geringer folglich das Gewicht, mit dem das Souveränitätsprinzip in der Abwägung gegen die Rechtsgeltung der Regel spricht. Je schwächer Staatenpraxis und *opinio iuris* hingegen ausfallen, desto größer ist die Begründungslast für das Prinzip, das für die Geltung der Regel spricht.[519]

In diesem Abwägungsmodell wird verständlich, warum der klassische Völkergewohnheitsrechtsnachweis von der hier untersuchten Entwick-

---

[519] Ein ähnliches Abwägungsmodell, das allerdings auf bloße Interessen und nicht auf Rechtsprinzipien abstellt, deutet *E. Cannizzaro*, Il Principio della Proporzionalità nell'Ordinamento Internazionale, 2000, S. 482 (english summary) an, wenn er hinsichtlich des Entstehungsprozesses gewohnheitsrechtlicher Normen ausführt: „Among the many ways in which proportionality may contribute to this process, particular attention must be paid to the role of proportionality as a factor which can support the legitimacy of sudden changes in the law. In this respect, there are certain cases which give the impression that the evaluation by the international community of the proportionality of a new balance of interests may be a significant factor for the emergence of a new customary rule. This process presupposes the existence in the international legal order of values and interests that must be settled according to the evolving tendencies of the international community. A behaviour which conforms to this inherent rule and which contributes to the emergence of a proportionate balance of interests may be seen as the factor that crystallises the evolution of the international conscience and demonstrates the existence of a new rule of customary character."

lung nicht grundsätzlich in Frage gestellt wird: Auch weiterhin lässt sich bei Vorliegen einer allgemeinen, dauerhaften, konsistenten und von einer entsprechenden *opinio iuris* begleiteten Staatenpraxis eine völkerrechtliche Regel nachweisen – und das selbst dann, wenn diese von materiellen Prinzipien, wie Humanitäts- oder Umweltprinzip, nicht getragen wird. Das Gewicht des Souveränitätsprinzips genügt in diesen Fällen, um die Regel zu begründen. Fällt diese hingegen in den Anwendungsbereich eines solchen materiellen Prinzips, so treten Regelgeltungsgründe hinzu, die von der Formulierung „general practice accepted as law" ausgeblendet werden und die Defizite in Staatenpraxis oder *opinio iuris* aufzuwiegen vermögen. Das „Minus" der konsensualen Geltungsbegründung wird durch ein „Plus" materieller Regelgeltungsgründe aufgefangen. In der Sache treffen *Tasioulas* und *Roberts* deshalb durchaus einen richtigen Kern, wenn sie die Aufweichung der Anforderungen an den Nachweis gewohnheitsrechtlicher Normen mit der Abwägung von „fit" und „substance" begründen. Denn während ihre Dimension des „fit" das Ausmaß beschreibt, in dem sich eine Norm auf den Konsens der Staaten stützen lässt, nehmen sie mit dem Element der „substance" auf normative Grundsätze Bezug, die die nachzuweisende Regel – ähnlich wie die hier besprochenen Rechtsprinzipien – in materieller Hinsicht stützen.

c) Ergebnis

Unter Rückgriff auf die Grundprinzipien des Völkerrechts lässt sich die skizzierte Rechtsprechung daher nicht nur erklären, sondern allen voran dogmatisch begründen. Sie stellt sich als eine deduktiv-abwägende Regelbegründungsmethode dar, die unmittelbar auf die Grundprinzipien des Völkerrechts zurückgreift und über die Rechtverbindlichkeit einer bestimmten Regel entscheidet, indem sie die in den Grundprinzipien verkörperten *prima facie*-Gründe für und gegen die Geltung einer bestimmten Regel entsprechend ihres relativen Gewichts in ein Verhältnis setzt. Wenngleich die Erhebung von Staatenpraxis und *opinio iuris* für die Durchführung dieser Prinzipiengewichtung unverzichtbar ist, weist diese Methode der Regelbegründung mit dem klassischen Nachweis völkergewohnheitsrechtlicher Normen eine allenfalls lose Verbindung auf. In rechtsquellentheoretischer Hinsicht ruht sie stattdessen auf allgemeinen Rechtsgrundsätzen: den einschlägigen völkerrechtlichen Grundprinzipien.[520]

II. Objektivierung der Rechtsdurchsetzung: Der veränderte Umgang mit unzulässigen völkerrechtlichen Vorbehalten

In Teilen lassen sich die im ersten Kapitel konstatierten Tendenzen einer Objektivierung des Völkerrechts[521] auch insofern auf den Einfluss gewandelter Grundprinzipien zurückführen, als sie die völkerrechtliche Rechtsdurchsetzung betreffen. Nicht nur im Rahmen der Rechtsetzung, sondern auch im Rahmen der Rechtsdurchsetzung weicht die einstmals strenge Bindung an Konsensgrundsatz und Souveränitätsprinzip auf. Und nicht nur im Rahmen der Rechtsetzung, sondern auch im Rahmen der Rechtsdurchsetzung ist der Grund hierfür im Aufkommen neuer Grundprinzipien zu sehen. Vor allem das oben skizzierte Rechtsschutzprinzip spielt hierbei eine herausgehobene Rolle.

Dass Staaten sich für ihr Verhalten zunehmend auch dann vor gerichtsförmigen oder quasi-justiziellen Institutionen verantworten müssen, wenn sie dem nicht oder nur in eingeschränkter Form zugestimmt haben, zeigt sich besonders deutlich daran, wie etwa EGMR, IAGMR und der UN-Menschenrechtsausschuss mit Unterwerfungserklärungen umgehen, die von den Staaten, die sich der jeweiligen Gerichtsbarkeit unterstellen, mit einer unzulässigen Bedingung oder einem rechtswidrigen Vorbehalt verbunden wurden. Welche Folgen die Unzulässigkeit solcher Bedingungen und Vorbehalte für diese Bedingungen und Vorbehalte selbst und für die Erklärungen, die mit ihnen verbunden wurden, nach sich ziehen, ist völkervertraglich nicht geregelt.[522] Selbst die Wiener Vertragsrechtskonvention schweigt zu dieser Frage. Und so haben sich in der Vorbehalts-Diskussion im Schrifttum vor allem drei Lö-

---

520 Siehe auch *B. Simma/A. Paulus*, AJIL 93 (1999), S. 302 (313), die hierin einen „modern positivism" erkennen, der völkerrechtliche Normen „on the basis of a combination of developing customary law and existing general principles" begründet; ebenso und ausführlich auch *J. Wouters/C. Ryngaert*, in: M. T. Kamminga/M. Scheinin (Hrsg.), The Impact of Human Rights Law on General International Law, 2009, S. 111; kritisch aber *C. Bradley*, in: ders. (Hrsg.), Custom's Future, 2016, S. 34 (60 f.).

521 Siehe S. 71 ff.

522 *Ziemele/Liede*, EJIL 24 (2013), S. 1135 (1142).

sungsoptionen herauskristallisiert.[523] Sie alle stimmen in der Annahme überein, dass die Unzulässigkeit eines Vorbehalts dessen Nichtigkeit zur Folge hat.[524] Uneins jedoch sind sie in der Frage, was daraus für die mit dem Vorbehalt verbundene Ratifikationserklärung selbst folgt. Während die erste Lösung annimmt, die Unzulässigkeit eines Vorbehalts mache auch die unter Vorbehalt abgegebene Erklärung selbst unwirksam (sog. „backlash doctrine“), will die zweite die Ratifikationserklärung zumindest in Bezug auf all diejenigen Vertragsbestimmungen aufrechterhalten, die von dem Vorbehalt nicht betroffen sind (sog. „surgical doctrine“). Da dies dem Vorbehalt im Ergebnis aber zur Wirksamkeit verhülfe,[525] schlägt die dritte Lösung vor, diesen von der Ratifikationserklärung abzutrennen.[526] Die Nichtigkeitsfolge erstreckt sich nach ihr folglich allein auf den Vorbehalt, die Ratifikationserklärung, auf die er sich bezog, bleibt wirksam – und das auch in Bezug auf diejenigen Vorschriften, die der Vorbehalt erfasste (sog. „severability doctrine“). Nicht nur den völkerrechtlichen Konsensgrundsatz weicht diese Lösung merklich auf, auch in das ihm zugrundeliegende Souveränitätsprinzip greift sie empfindlich ein.[527] Im Umgang mit zuständigkeitsbeschränkenden Bedingungen und Vorbehalten folgt die Spruchpraxis von EGMR, IAGMR und UN-Menschenrechtsausschuss dennoch seit einiger Zeit eben dieser Abtrennbarkeitslösung (dazu 1.). Doch die Argumente, die sie zu deren Begründung anführt, überzeugen nicht (dazu 2.). Und so ist die mit dieser gerichtlichen Praxis verbundene Abweichung von Konsens- und Souveränitätsprinzip erst vor dem Hintergrund eines sich wandelnden Bestands völkerrechtlicher Grundprinzipien zu rechtfertigen. Denn in Form des oben skizzierten Rechtsschutzprinzips bildet das Interesse an effektivem gerichtlichen Rechts-

---

[523] Knapper Überblick bei *R. Moloney*, Melbourne J. Int’l L. 5 (2004), S. 155 (156, 158 ff.).

[524] So auch Richtlinie 4.5.1 des ILC, *Guide to Practice on Reservations to Treaties*, UN Doc. A/66/10/Add.1, S. 26 und ebd., S. 511: „The nullity of an impermissible reservation is [...] solidly established in State practice.“

[525] Dieses Argument etwa bei *W. Schabas*, CanadianYIL 32 (1994), S. 39 (72).

[526] Befürwortend etwa *I. Cameron/F. Horn*, GYIL 33 (1990), S. 69 (116); *B. Simma/G. I. Hernandez*, in: E. Cannizzaro (Hrsg.), The Law of Treaties beyond the Vienna Convention, 2011, S. 60 (81 ff.); kritisch etwa *S. Wei*, AsianYIL 7 (1997), S. 105 (135).

[527] In diesem Sinne kritisch etwa *C. Bradley/J. L. Goldsmith*, U. Pa. L. Rev. 149 (2000-2001), S. 399 (436 f.); *S. Wei*, AsianYIL 7 (1997), S. 105 (135); siehe auch *R. Baratta*, EJIL 11 (2000), S. 413 (420).

schutz nicht nur das verständliche Motiv dieser Rechtsprechungslinie, vielmehr bietet es zugleich einen normativen Grund, der die *severability-doctrine* – jedenfalls unter bestimmten Umständen – auch in dogmatischer Hinsicht als vorzugswürdig ausweist (dazu 3.).

1. Die Anwendung der severability-doctrine in der Rechtsprechungspraxis

a) Die Praxis von EKMR und EGMR

Die Straßburger Konventionsorgane haben sich bereits mehrfach für die Abtrennbarkeitslösung ausgesprochen und einen Staat selbst dann in vollem Umfang der Straßburger Gerichtsbarkeit unterworfen, wenn dieser seine Unterwerfungserklärung mit einer Bedingung verknüpft hat, die der Gerichtshof für unzulässig hielt. Das Urteil über die vorgängingen Einwände in der Rechtssache Loizidou[528] und die Zulässigkeitsentscheidung im Chrysostomos-Verfahren[529] illustrieren dieses Vorgehen gut. Streitbefangen war in beiden Fällen das Verhalten des türkischen Militärs im von der Türkei besetzten Nordteil der Insel Zypern. Die Türkei hielt beide Beschwerden für unzulässig und verwies darauf, dass es die Gerichtsbarkeit von EKMR und EGMR lediglich für Vorfälle anerkannt habe, die sich innerhalb der türkischen Grenzen ereigneten; auf Nordzypern erstrecke sich die Zuständigkeit des Gerichtshofs daher nicht.[530] Diese territoriale Beschränkung sei, so argumentierte die Türkei vor Kommission und Gerichtshof, eine so wesentliche Bedingung für die Anerkennung des Individualbeschwerdeverfahrens, dass die türkische Unterwerfungserklärung vollständig unwirksam werde, sollte die mit ihr verbundene territoriale Beschränkung den Zulässigkeitsanforderungen nicht genügen.[531] Der EGMR teilte diese An-

---

[528] EGMR, *Loizidou v. Turkey*, Appl. No. 15318/89, Preliminary Objections, Urt. v. 23. März 1995.

[529] EKMR, *Chrysostomos, Papachrysostomou and Loizidou v. Turkey*, Appl. No. 15299/89, 15300/89, 15318/89, Entsch. v. 4. März 1991.

[530] Anders als nach heutigem Rechtsstand war die Zuständigkeit von EKMR und EGMR zum Zeitpunkt der beiden Verfahren nach Art. 25 und 46 der EMRK a.F. noch von einer Unterwerfungserklärung abhängig. In ihrer ursprünglichen Fassung folgte die EMRK damit dem Vorbild des IGH-Statuts.

[531] EGMR, *Loizidou v. Turkey*, Appl. No. 15318/89, Preliminary Objections, Urt. v. 23. März 1995, Rdn. 90; EKMR, *Chrysostomos, Papachrysostomou*

sicht nicht. Vielmehr erklärte er, nachdem er zu dem Ergebnis gelangt war, dass die Konvention eine territoriale Beschränkung der Gerichtsbarkeit nicht zulasse, dass „the impugned restrictions can be separated from the remainder of the text [of the Turkish declaration] leaving intact the acceptance of the optional clauses“.[532] Und auch die Kommission verfuhr im Ergebnis entsprechend.[533] Entgegen der ursprünglichen und auch im Verfahren erneut erklärten Intention der Türkei erstreckten Kommission und Gerichtshof ihre Zuständigkeit folglich auf alle Fälle, die der türkischen Hoheitsgewalt im Sinne des Art. 1 EMRK unterfielen. Dazu aber zählten nach Überzeugung beider auch die Ereignisse im Nordteil Zyperns.

b) Die Praxis des IAGMR

In seiner Entscheidung im Verfahren Hilaire v. Trinidad and Tobago[534] schloss sich auch der IAGMR im Ergebnis der Abtrennbarkeitslösung an. Ebenso wie noch nach den Art. 25 und 46 EMRK a.F. setzt die Zuständigkeit von IAKMR und IAGMR nach Art. 45 Abs. 1 und 62 Abs. 1 AMRK eine Unterwerfungserklärung desjenigen Staates voraus, über dessen Verhalten geurteilt werden soll. Trinidad und Tobago hatte eine solche Erklärung abgegeben, sie jedoch mit einer als Vorbehalt bezeichneten Ergänzung verbunden, die folgende Formulierung enthielt:

> „As regards Article 62 of the Convention, the Government of the Republic of Trinidad and Tobago recognizes the compulsory jurisdiction of the Inter-American Court of Human Rights, as stated in the said article, only to such extent that recognition is consistent with the relevant sections of the Constitution of the Republic of Trinidad and Tobago; and provided that Judgment of the Court does not infringe, create or abolish any existing rights or duties of any private citizen.“[535]

---

and Loizidou v. Turkey, Appl. No. 15299/89, 15300/89, 15318/89, Entsch. v. 4. März 1991, Rdn. 43.

[532] EGMR, *Loizidou v. Turkey*, Appl. No. 15318/89, Preliminary Objections, Urt. v. 23. März 1995, Rdn. 97.

[533] EKMR, *Chrysostomos, Papachrysostomou and Loizidou v. Turkey*, Appl. No. 15299/89, 15300/89, 15318/89, Entsch. v. 4. März 1991, Rdn. 48 f.

[534] IAGMR, *Hilaire v. Trinidad and Tobago*, Preliminary Objections, Ser. C, No. 80.

[535] Zitiert in ebd., Rdn. 43.

Da die IAKMR, auf deren Initiative der Rechtsstreit an den IAGMR gelangt war,[536] die Zulässigkeit dieser Beschränkung in Frage stellte, erklärte Trinidad und Tobago, dass

> „[i]f the „reservation" of the State were, for any reason declared invalid, it would not mean that the State declared its unlimited acceptance of the compulsory jurisdiction of the Court. On the contrary, it is clear that the State never intended to accept, in its totality, the jurisdiction of the Court. If the „reservation" is invalid, then the declaration was invalid, and the State never made a declaration".[537]

Doch ebenso wie bereits EKMR und EGMR folgte auch der IAGMR dieser Ansicht nicht. Stattdessen stellte er fest, die von Trinidad und Tobago vorgesehene Beschränkung der Gerichtsbarkeit könne keinen Bestand haben, weil sie mit Ziel und Zweck der Amerikanischen Menschenrechtskonvention unvereinbar sei.[538] Und ohne sich überhaupt auf die – von der Kommission in ihrem Vorbringen ausführlich behandelte – Diskussion über die Folgen der Unzulässigkeit der Beschränkung einzulassen, schloss der Gerichtshof, der von Trinidad und Tobago erhobene Unzuständigkeitseinwand schlage nicht durch.[539] Ohne weitere Begründung folgte der Gerichtshof im Ergebnis damit derjenigen Lösung, für die sich auch die Kommission in ihrem Vorbringen – unter anderem unter Berufung auf die Loizidou-Entscheidung des EGMR – eingesetzt hatte: der Abtrennbarkeit der Beschränkung von der übrigen Erklärung, mit der Trinidad und Tobago die Gerichtsbarkeit des IAGMR anerkannte. Vom erklärten Willen Trinidad und Tobagos wich der Gerichtshof damit bewusst ab.

---

[536] Anders als im System der EMRK findet nach Art. 61 Abs. 1 AMRK eine Individualbeschwerde zum IAGMR nicht statt. Individuen steht aber die Beschwerde zur IAKMR offen, die den Fall dann vor den Gerichtshof bringen kann.

[537] IAGMR, *Hilaire v. Trinidad and Tobago*, Preliminary Objections, Ser. C, No. 80, Rdn. 52; ebenso ebd., Rdn. 74.

[538] Ebd., Rdn. 88, 98.

[539] Ebd., Rdn. 98.

c) Die Praxis des UN-Menschenrechtsausschusses

In seiner Zulässigkeitsentscheidung in Rawle Kennedy v. Trinidad and Tobago[540] setzte auch der UN-Menschenrechtsausschuss die Praxis von EGMR und IAGMR fort. Der Beschwerdeführer Rawle Kennedy war in Trinidad und Tobago wegen Mordes zum Tode verurteilt worden und machte geltend, Trinidad und Tobago habe verschiedene seiner Rechte aus dem IPbpR verletzt. Trinidad und Tobago hingegen stellte bereits die Kompetenz des Menschenrechtsausschusses in Frage, sich mit dem Fall zu befassen. In diesem Zusammenhang berief es sich auf einen Vorbehalt, den es bei der Ratifikation des – die Zuständigkeit des Menschenrechtsausschusses für Individualbeschwerden erst begründenden – Fakultativprotokolls zum Zivilpakt erklärt hatte. Der Menschenrechtsausschuss, so hatte Trinidad und Tobago dort erklärt,

> „shall not be competent to receive and consider communications relating to any prisoner who is under sentence of death in respect of any matter relating to his prosecution, his detention, his trial, his conviction, his sentence or the carrying out of the death sentence on him or any matter connected therewith".[541]

Dieser Vorbehalt, so befand der Menschenrechtsausschuss, sei diskriminierend, weil er einem bestimmten Personenkreis einen verfahrensrechtlichen Schutz verweigere, den er allen anderen Personen zugestehe. Mit Ziel und Zweck sowie den Grundprinzipien des Fakultativprotokolls sei er deshalb unvereinbar.[542] „The consequence", so folgerte der Ausschuss daraus mit erstaunlicher Selbstverständlichkeit, „is that the Committee is not precluded from considering the present communication under the Optional Protocol".[543] Dass die Unzulässigkeit des Vorbehalts jedoch durchaus auch hätte zu anderen Ergebnissen führen können, lässt die Mehrheitsmeinung des Ausschusses unberücksichtigt.[544] Lediglich das abweichende Minderheitsvotum der Mitglieder *Ando*, *Bhagwati*, *Klein* und *Kretzmer* weist darauf hin und führt die

---

[540] MRA, *Rawle Kennedy v. Trinidad and Tobago*, Communication No. 845/1999, Admissibility, Auffassung v. 2. November 1999, UN Doc. CCPR/C/67/D/845/1999.

[541] Ebd., Rdn. 4.1.

[542] Ebd., Rdn. 6.7.

[543] Ebd.

[544] Kritisch dazu etwa *McGrory*, Hum. Rts. Q. 23 (2001), S. 769 (808).

Einsilbigkeit der Mehrheit auf den *General Comment No. 24* zurück.[545] In diesem hatte der Menschenrechtsausschuss in Bezug auf Vorbehalte zum Zivilpakt und den zugehörigen Protokollen bereits festgestellt:

> „The normal cosequence of an unacceptable reservation is not that the Covenant will not be in effect at all for a reserving party. Rather, such a reservation will generally be severable, in the sense that the Covenant will be operative for the reserving party without the benefit of the reservation."[546]

d) Der Praxisleitfaden der UN-Völkerrechtskommission

Im Lichte der skizzierten Praxis von EGMR, IAGMR und UN-Menschenrechtsausschuss spricht sich schließlich auch die UN-Völkerrechtskommission seit einiger Zeit für eine – wenngleich abgeschwächte – Form der Abtrennbarkeitslösung aus.[547] Denn während Sonderberichterstatter *Allain Pellet* anfangs insbesondere der Herangehensweise des Menschenrechtsausschusses sehr kritisch begegnete,[548] weist der von der Völkerrechtskommission herausgegebene Leitfaden

---

545 MRA, *Rawle Kennedy v. Trinidad and Tobago*, Communication No. 845/1999, Admissibility, Auffassung v. 2. November 1999, Indiv. diss. Op. Ando, Bhagwati, Klein, Kretzmer, UN Doc. CCPR/C/67/D/845/1999, Appendix, Rdn. 14.

546 MRA, General Comment No. 24 (52) v. 4. November 1994, UN Doc. CCPR/C21/Rev.1/Add.6. Der General Comment hat zum Teil heftige Kritik von Seiten einiger Staaten (unter anderem den USA, Großbritannien und Frankreich) ausgelöst, siehe dazu *R. Baratta*, EJIL 11 (2000), S. 413 (417) und *L. Sucharipa-Behrmann*, ARIEL 1 (1996), S. 67 (85).

547 Die Ausführungen der Völkerrechtskommission betreffen dabei Vorbehalte zu völkerrechtlichen Verträgen im Allgemeinen. Auf Vorbehalte zu Erklärungen, die die Zuständigkeit gerichtlicher oder gerichtsähnlicher Spruchkörper begründen, sind sie deshalb nicht beschränkt. Sofern es sich bei diesen Erklärungen aber – wie etwa im Falle des Fakultativprotokolls zum Zivilpakt – um Ratifikationserklärungen völkerrechtlicher Verträge handelt, finden die Ausführungen auch auf sie Anwendung. Erklärungen wie diejenigen nach Art. 25 und Art. 46 EMRK a.F. dürften hingegen nicht erfasst sein, auch wenn die Völkerrechtskommission die entsprechende Rechtsprechung bei der Begründung der von ihr aufgestellten Richtlinien berücksichtigt.

548 Siehe *Report of the ILC on the work of its 49th session*, YBILC 1997, Bd. II/2, S. 1 (49).

zum Umgang mit völkerrechtlichen Vorbehalten[549] nunmehr selbst eine Vermutungslösung aus, die die Wirksamkeit der Ratifikationserklärung von der Unzulässigkeit eines Vorbehalts im Zweifel unberührt lässt. Wörtlich heißt es dort zu den Folgen der Unzulässigkeit eines Vorbehalts:

> „Unless the author of the invalid reservation has expressed a contrary intention or such an intention is otherwise established, it is considered a contracting State or a contracting organization without the benefit of the reservation.“[550]

Anders als insbesondere EGMR und IAGMR es zu akzeptieren scheinen, gesteht die Völkerrechtskommission es dem Reservatarstaat allerdings jederzeit („at any time“) zu, eine abweichende Absicht zu äußern und die Vermutung damit zu widerlegen.[551]

e) Zusammenfassung

Die Art und Weise, in der internationale Gerichte und ähnliche Organe mit staatlichen Erklärungen umgehen, die neben dem erkennbaren Willen, sich der Jurisdiktion eines solchen Organs zu unterwerfen, auch einen unzulässigen Vorbehalt oder eine unzulässige Bedingung enthalten, illustriert, dass die Objektivierung des Völkerrechts nicht nur die Rechtsetzung, sondern auch die Rechtsdurchsetzung betrifft. Denn zunehmend öffnet sich die Praxis dieser Spruchkörper der eingangs skizzierten Abtrennbarkeitslösung, und so erhält sie die Wirksamkeit zuständigkeitsbegründender Anerkennungserklärungen oftmals auch dann unbeschränkt aufrecht, wenn diese ursprünglich mit einer – letztlich als unzulässig qualifizierten – Bedingung oder einem ebensolchen Vorbehalt verbunden waren. Vielfach unterwirft sie die Staaten damit auch dort einer gerichtlichen oder gerichtsähnlichen Entscheidungsinstanz, wo sie dem nicht – oder jedenfalls nicht in diesem Umfang – zugestimmt haben. Die Anforderungen von Konsens- und Souveränitätsprinzip werden damit aufgeweicht, und die gerichtliche Rechtsdurchsetzung löst sich zumindest teilweise von ihrer ehemals ausschließlich subjektiven Grundlage: dem Willen der Staaten.

---

[549] ILC, *Guide to Practice on Reservations to Treaties*, UN Doc. A/66/10/Add.1.

[550] Ebd., Richtlinie 4.5.3 Abs. 2.

[551] Ebd., Richtlinie 4.5.3 Abs. 3.

2. *Die Begründung der severability-doctrine in der Rechtsprechungspraxis*

Dogmatische Begründungen für diese Abweichung vom Erfordernis staatlichen Konsenses sucht man in einigen der zitierten Urteile vergeblich. Insbesondere IAGMR und UN-Menschenrechtsausschuss bemühen sich um eine solche Begründung nicht.[552] EGMR und Völkerrechtskommission hingegen erkennen, dass die Abtrennbarkeitslösung einer Rechtfertigung bedarf und das unabhängig davon, ob sie auf Vorbehalte zu völkerrechtlichen Verträgen Anwendung findet oder auf Bedingungen, die an die nicht-vertragliche Anerkennung einer Gerichtsbarkeit geknüpft wurden. Zur Verteidigung ihrer Ansätze berufen sie sich unter anderem auf den besonderen Charakter der EMRK (dazu 1.), den Auslegungsgrundsatz *ut res magis valeat quam pereat* (dazu 2.), die bewusste Risikoübernahme durch den Reservatarstaat (dazu 3.) sowie die Behauptung, die Zuständigkeitsbegründung sei die Hauptintention des Reservatarstaates gewesen (dazu 4.). Doch bei näherer Betrachtung hält keines dieser Argumente, was es verspricht.

a) Das Sonderstatus-Argument

Als der EGMR im Loizidou-Verfahren über die Frage zu entscheiden hatte, wie sich die Unzulässigkeit der territorialen Beschränkung, mit der die Türkei ihre Anerkennung der Konventionsgerichtsbarkeit verbunden hatte,[553] auf die Anerkennungserklärung selbst auswirkt, berief es sich unter anderem auf den Sonderstatus der EMRK. Bei der Beurteilung der Folgen, die die Unzulässigkeit der territorialen Beschränkung nach sich ziehe, müsse der Gerichtshof, so führten die Straßburger Richter aus,

> „bear in mind the special character of the Convention as an instrument of European public order (orde public) for the protection of individual human beings and its mission, as set out in Article 19 [...],

[552] Siehe IAGMR, *Hilaire v. Trinidad and Tobago*, Preliminary Objections, Ser. C, No. 80, Rdn. 98 und MRA, *Rawle Kennedy v. Trinidad and Tobago*, Communication No. 845/1999, Admissibility, Auffassung v. 2. November 1999, UN Doc. CCPR/C/67/D/845/1999, Rdn. 6.7., die die Entscheidung, den unzulässigen Vorbehalt im Ergebnis schlicht abzutrennen, beide unbegründet lassen.

[553] Dazu soeben S. 819 f.

> ‚to ensure the observance of the engagements undertaken by the High Contracting Parties'".[554]

Ganz ähnlich erklärt der Gerichtshof auch an späterer Stelle, es sei ihm aufgegeben „to decide this issue with reference to [...] the special character of the Convention regime".[555] Dieser spezielle Charakter der Konvention, so fährt er fort,

> „militates in favour of the severance of the impugned clauses since it is by this technique that the rights and freedoms set out in the Convention may be ensured in all areas falling within Turkeys ‚jurisdiction' within the meaning of Article 1 [...] of the Convention".[556]

Der EGMR spricht der EMRK demnach einen Sonderstatus zu – einen Sonderstatus, der sich ausweislich der zitierten Ausführungen zum einen darin äußert, dass an der effektiven und möglichst umfassenden Durchsetzung der Konventionsgarantien ein besonderes Interesse besteht. An anderen Stellen hingegen verweist der Gerichtshof auf den speziellen Charakter der Konvention, um den objektiven, nicht-reziproken Charakter der Konventionsverpflichtungen zu betonen.[557] In keiner dieser beiden Varianten jedoch stellt der besondere Charakter der EMRK ein dogmatisch überzeugendes Argument für die vom EGMR präferierte Abtrennbarkeitslösung dar.

So zeigt erstens bereits ein vergleichender Blick auf das Gutachten des IGH zur Genozidkonvention, dass die objektive Struktur der Konventionsverpflichtungen, die der Gerichtshof mit dem Sonderstatus der EMRK verbindet, keinesfalls überzeugende Gründe für die Abtrennbarkeit von Bedignungen und Vorbehalten bereithält. Denn nach Ansicht des IGH transzendieren gerade auch die Verpflichtungen der Völkermordkonvention das reziproke *do ut des* gewöhnlicher völkerrecht-

---

[554] EGMR, *Loizidou v. Turkey*, Appl. No. 15318/89, Preliminary Objections, Urt. v. 23. März 1995, Rdn. 93; an früherer Stelle (ebd., Rdn. 75), spricht der Gerichtshof ausdrücklich von einem „constitutional instrument of European public order"; ebenso auch EKMR, *Chrysostomos, Papachrysostomou and Loizidou v. Turkey*, Appl. No. 15299/89, 15300/89, 15318/89, Entsch. v. 4. März 1991, Rdn. 22.

[555] EGMR, *Loizidou v. Turkey*, Appl. No. 15318/89, Preliminary Objections, Urt. v. 23. März 1995, Rdn. 96.

[556] Ebd.

[557] Dazu *A. Orakhelashvili*, Cambridge Y.B. Eur. Legal Stud. 5 (2002-2003), S. 237.

licher Austauschverträge. In einer solchen Konvention, so erklärten die Haager Richter,

> „the contracting States do not have any interests of their own; they merely have, one and all, a common interest, namely the accomplishment of those high purposes which are the *raison d'être* of the convention. Consequently, in a convention of this type one cannot speak of individual advantages or disadvantages of States, or of the maintenance of a perfect contractual balance between rights and duties.“[558]

Doch obwohl der IGH der Völkermordkonvention damit einen objektiven Charakter zusprach, so war er – anders als der EGMR – doch davon überzeugt, dass ein Staat, der der Konvention unter Erklärung eines unzulässigen Vorbehalts beigetreten sei, nicht Vertragspartei werden könne.[559] Das zeigt, dass die fehlende Reziprozität der Bestimmungen eines Vertrags für sich betrachtet noch nicht dazu zwingt, sich der Abtrennbarkeitslösung des EGMR anzuschließen.

Sofern mit dem Hinweis darauf, dass die Konvention ein Instrument des europäischen *ordre public* darstellt, zweitens besondere Effektivitätserwartungen verbunden werden, so ist der Einfluss, der sich diesen Effektivitätserwartungen im Rahmen der Methodenlehre eröffnet, in mehrfacher Weise beschränkt.[560] So lassen sich erstens selbst dann, wenn man einen speziellen Charakter der Konvention anerkennt, die mit ihm verbundenen Effektivitätserwägungen methodisch allenfalls im Wege der Auslegung berücksichtigen. Denn die These vom speziellen Charakter der Konvention stellt selbst keinen eigenständigen Rechtssatz dar. Aus ihm allein lassen sich Rechtsfolgen deshalb nicht ableiten.[561] Und so kann dem Sonderstatus der Konvention nur dann und insoweit Bedeutung für rechtliche Entscheidungen zukommen, als andere Rechtsnormen – die Auslegungsregeln – ihm eine solche Bedeutung zuweisen.

Eben deshalb jedoch gewinnt der Sonderstatus der Konvention im Rahmen der Auslegung zweitens auch lediglich dann argumentatives

---

558 IGH, *Reservations to the Convention on Genocide*, Advisory Opinion, ICJ Rep 1951, S. 15 (23).

559 Ebd., S. 29.

560 Noch kritischer aber *H. Golsong*, in: R. S. J. Macdonald u.a. (Hrsg.), The European System for the Protection of Human Rights, 1993, S. 147 (158 f.).

561 Kritisch dazu bereits oben S. 148 ff.

Gewicht, wenn er sich – etwa als Bestandteil von Systematik oder Telos – in einen von Art. 31 WVK anerkannten Auslegungskanon einfügt. Denn wie auch der EGMR bereits wiederholt anerkannt hat, beanspruchen die Interpretationsgrundsätze der WVK auch für die Auslegung der EMRK Verbindlichkeit. Vertragsteleologie und Erwägungen des *effet utile* mögen insofern zwar taugliche Anknüpfungspunkte bieten.[562] Doch dass die Konvention den effektiven Menschenrechtsschutz zum Ziel hat, ergibt sich bereits ohne weiteres aus ihrer Präambel und aus Einzelvorschriften wie etwa dem auch vom Gerichtshof angeführten Art. 19 EMRK. Damit bleibt letztlich aber unklar, welchen Mehrwert der Verweis auf den speziellen Charakter der Konvention für die Auslegung besitzt.

Doch selbst wer diese Skepsis nicht teilt und im Sonderstatus der EMRK einen entscheidenden Auslegungstopos erkennt, wird schließlich drittens eingestehen müssen, dass der Einfluss des Sonderstatus-Arguments nur so weit reicht, als es gerade die EMRK ist, deren Auslegung auf die zu beantwortende Rechtsfrage Auskunft zu geben vermag; für die Auslegung anderer Verträge ist der Sonderstatus der EMRK irrelevant.

Vor dem Hintergrund dieser Überlegungen verspricht das Sonderstatus-Argument auf die Frage, wie mit einer Erklärung umzugehen ist, die von dem erklärenden Staat mit einer unzulässigen Bedingung oder einem unzulässigen Vorbehalt verknüpft wurde, keine Antwort. Denn die vom EGMR zu beantwortende Frage, welche Folgen die Unzulässigkeit einer Bedingung oder eines Vorbehalts nach sich zieht, ist in der EMRK nicht geregelt. Weder Art. 25 noch Art. 46 EMRK a.F. lässt sich im Wege der Auslegung eine Antwort auf sie entnehmen. Beide Vorschriften sehen zwar die begrenzte Möglichkeit entsprechender Bedingungen vor, hinsichtlich der Konsequenzen, die ein Überschreiten dieser Grenzen hat, hüllen sie sich jedoch in Schweigen. Und selbst die Wiener Vertragsrechtskonvention hält in diesem Punkt keine Lösung bereit.[563] Die Entscheidung für oder gegen die Abtrennbarkeit einer unzulässigen Bedingung oder eines unzulässigen Vorbehalts bewegt sich deshalb im Raum jenseits völkervertraglicher Regelungen. Und so bleibt dem Rechtsanwender allein der Rückgriff auf Völkergewohnheitsrecht und allgemeine Rechtsgrundsätze. In diesen Bereichen aber

---

[562] In diese Richtung auch *A. Orakhelashvili*, Cambridge Y.B. Eur. Legal Stud. 5 (2002-2003), S. 237 (245 f.).

[563] *B. Simma/G. I. Hernandez*, in: E. Cannizzaro (Hrsg.), The Law of Treaties beyond the Vienna Convention, 2011, S. 60 (68).

bleibt das Argument, dass die Konvention sich aufgrund bestimmter Spezifika aus dem Kreis der übrigen völkerrechtlichen Verträge heraushebt, methodisch kraftlos. Um im Wege der Auslegung zu wirken, fehlt ihm der Anknüpfungspunkt; um die Rechtsgewinnung jenseits der Auslegung zu beeinflussen, fehlt ihm der Rechts(norm)charakter. Methodisch liegt der EGMR deshalb falsch, wenn er meint, der Sonderstatus der Konvention spreche für die Abtrennbarkeit der unzulässigen Bedingung und die vollständige Wirksamkeit der türkischen Anerkennungserklärung. Der Verweis auf den Status der Konvention als „(constitutional) instrument of European public order" ist als Versuch des Gerichtshofs, die Effektivität des Konventionsregimes zu garantieren, nachvollziehbar, doch in die völkerrechtliche Methodenlehre fügt er sich nicht ein.

b) Das Effektivitäts-Argument

Ebenso wie der EGMR in Loizidou sprach sich auch die EKMR im vorangegangenen Chrysostomos-Verfahren dafür aus, dass die Unzulässigkeit der von der Türkei erklärten territorialen Beschränkung für die Wirksamkeit der Erklärung selbst folgenlos bleibe, weil sich die territoriale Beschränkung vom Rest der Erklärung abtrennen lasse. Anders als der EGMR stützte sich die Kommission zur Begründung jedoch nicht auf den Sonderstatus der Konvention, sondern berief sich stattdessen (unter anderem) auf den meist als Grundsatz effektiver Vertragsinterpretation („principle of effective interpretation")[564] bezeichneten Auslegungsgrundsatz *ut res magis valeat quam pereat.*[565] Dieser werde, so erklärte die Kommission, „frequently applied in the interpretation of legal instruments where parts are found to be invalid".[566] Unausgesprochen geht die Kommission damit davon aus, dass der Effektivitätsgrundsatz es auch in Fällen der Nichtigkeit eines Vorbehalts oder einer ähnlichen Bedingung erfordert, die Erklärung im Übrigen aufrechtzuerhalten. Und so scheint sie denn auch die Entscheidung des EGMR im

---

[564] Ausführlich zu diesem Auslegungsgrundsatz *H. Lauterpacht*, BYIL 26 (1949), S. 48 (67 ff.); *A. Orakhelashvili*, The Interpretation of Acts and Rules in Public International Law, 2008, S. 393 ff.

[565] EKMR, *Chrysostomos, Papachrysostomou and Loizidou v. Turkey*, Appl. No. 15299/89, 15300/89, 15318/89, Entsch. v. 4. März 1991, Rdn. 47.

[566] Ebd.

Fall Belilos gerade auf diese Auslegungsmaxime zurückzuführen.[567] Es stehe völlig außer Zweifel, so hatte der Gerichtshof dort erklärt, dass die Schweiz auch trotz der Ungültigkeit eines von ihr erklärten Vorbehalts in vollem Umfang an die Konvention gebunden bleibe.[568]

Traditionell verstanden gebietet die römisch-rechtliche Maxime *ut res magis valeat quam pereat*, auf die sich die Kommission stützt, indes lediglich, einen Vertrag so auszulegen, dass einem jeden Teil des Vertragstextes eine eigenständige Bedeutung zukommt und keine Vorschrift eines individuellen Sinns beraubt wird.[569] Und auch wenn man mit ihr, wie etwa *Rudolf Bernhardt*, den weitergehenden Anspruch verbindet, diejenige Vertragsauslegung zu wählen, „bei der der erkennbare Zweck des Vertrages und seiner Einzelvorschriften am besten erreicht wird",[570] lässt sich ihr kein Argument dafür entnehmen, Ratifikations- oder Anerkennungserklärungen auch dann in vollem Umfang für wirksam zu halten, wenn sie mit einem unzulässigen Vorbehalt oder einer unzulässigen Bedingung verbunden wurden. Denn in beiden Lesarten bleibt der Grundsatz *ut res magis valeat quam pereat* ein Grundsatz der Auslegung. Als solcher aber gibt er lediglich für die Bedeutungsermittlung einer vertraglichen Norm oder einer unilateralen Erklärung Leitlinien an die Hand.[571] Lediglich Inhalts-, nicht aber Geltungsfragen fallen folglich in seinen Anwendungsbereich.[572] Die Antwort auf die Frage nach den rechtlichen Folgen der Unzulässigkeit einer Bedingung kann aber bereits aus Gründen der Logik nicht Inhalt der bedingt abge-

---

567 Ebd.

568 EGMR, *Belilos v. Switzerland*, Appl. No. 10328/83, Urt. v. 29. April 1988, Rdn. 60: „[I]t is beyond doubt that Switzerland is, and regards itself as, bound by the Convention irrespective of the validity of the declaration."

569 *H. Waldock*, Third Report on the Law of Treaties by the Special Rapporteur, YBILC 1964, Bd. II, S. 5 (55); ebenso *H. Krieger*, Das Effektivitätsprinzip im Völkerrecht, 2000, S. 73 f.; *A. Verdross/B. Simma*, Universelles Völkerrecht, 3. Aufl. 1984, S. 494 (§ 780). Insofern ist die *ut res magis*-Maxime Ausfluss der Pflicht zur Auslegung nach Treu und Glauben, siehe *H. Waldock*, Third Report on the Law of Treaties by the Special Rapporteur, YBILC 1964, Bd. II, S. 5 (60).

570 *R. Bernhardt*, Auslegung völkerrechtlicher Verträge, 1962, S. 96.

571 Die vollständige Formulierung des Grundsatzes (*verba ita sunt intelligenda ut res magis valeat quam pereat*) macht eben dies deutlich.

572 Diese Differenzierung deutet zumindest an *H. Golsong*, in: R. S. J. Macdonald u.a. (Hrsg.), The European System for the Protection of Human Rights, 1993, S. 147 (153).

gebenen Erklärung selbst sein: Keine Erklärung vermag die Bedingungen ihrer eigenen Verbindlichkeit zu regeln, keine Norm die Umstände ihres eigenen Geltungverlusts bestimmen.[573] Die Frage, welche Rechtsfolgen die Unzulässigkeit einer Bedingung oder eines Vorbehalts für die mit ihr oder ihm verbundene Erklärung selbst nach sich zieht, geht über die Ermittlung von Inhalt und Bedeutung der fraglichen Erklärung daher hinaus. Und so ist die Antwort auf die Frage, ob die Unzulässigkeit und Nichtigkeit eines Erklärungsanhangs die Verbindlichkeit der Erklärung selbst unberührt lässt, denn auch nur jenseits der Auslegung der streitbefangenen Erklärung selbst zu finden: Nicht die Norm oder Erklärung, deren (Fort-)Bestand in Frage steht, galt es auszulegen, sondern eine sekundäre Regel,[574] die die Bedingungen und Grenzen der Verbindlichkeit der Erklärung bestimmt. Eine solche aber enthalten weder EMRK noch WVK. Auch der Verweis auf den Effektivitätsgrundsatz trägt die These der Kommission, die Türkei habe sich trotz der Unzulässigkeit der von ihr erklärten territorialen Beschränkung vollumfänglich der Konventionsgerichtsbarkeit unterstellt, deshalb nicht.

c) Das Risikoübernahme-Argument

Neben dem speziellen Charakter der Konvention als Instrument des europäischen *ordre public* rechtfertigte der EGMR die Abtrennbarkeit der türkischen territorialen Beschränkung in seiner Loizidou-Entscheidung mit der Erwägung, die Türkei habe diese Folge bewusst in Kauf genommen. „[T]he respondent Government“, so erklärte der Gerichtshof,

---

[573] Das folgt bereits aus der Überlegung, dass eine Norm, die ihre eigene Geltung regelte, auch die Verbindlichkeit der in ihr vorgesehenen Geltungsbedingungen selbst von den in der Norm statuierten Voraussetzungen abhängig machte. Selbst bei Vorliegen dieser Bedigungen müsste die Geltung der Norm daher zunächst vorausgesetzt werden, um sie anschließend anhand der in ihr normierten Bedingungen zu begründen. Dieser *petitio principii* kann der Versuch, die Geltungsbedingungen einer Norm zu begründen, nur dann entgehen, wenn die Norm, deren Geltung begründet werden soll, von der Norm verschieden ist, die die Bedingungen dieser Begründung statuiert.

[574] Zum Konzept sekundärer Regeln siehe *H. L. A. Hart*, The Concept of Law, 2. Aufl. 1994, S. 94 ff. und öfter.

> „must have been aware [...] that the impugned restrictions were of questionable validity under the Convention system and might be deemed impermissibile by the Convention organs.“[575]

Sowohl die „consistent practice“ der Vertragsparteien, die Konventionsgerichtsbarkeit ohne Beschränkungen anzuerkennen, als auch frühere Äußerungen der Kommission sowie die Reaktionen einiger Vertragsparteien hätten, so meinten die Straßburger Richter, der Türkei die zweifelhafte Rechtmäßigkeit der von ihr erklärten Beschränkung vor Augen führen müssen.[576] Dass sie vor diesem Hintergrund die Anerkennung der Konventionsgerichtsbarkeit nach Ablauf der ursprünglichen Befristung verlängerte und dabei die streitbefangene territoriale Beschränkung erneut mit aufnahm, zeigte nach Ansicht des Gerichtshofs

> „a willingness on her [i.e. Turkey's] part to run the risk that the limitation clauses at issue would be declared invalid by the Convention institutions without affecting the validity of the declarations themselves“.[577]

Die Türkei sei der Konventionsgerichtsbarkeit deshalb trotz der ursprünglich erklärten – und nunmehr für unzulässig befundenen – territorialen Beschränkung in vollem Umfang unterstellt.

Im Ergebnis setzt der Gerichtshof mit dieser Argumentation das Wissen um das Risiko, der Gerichtsbarkeit des EGMR vollumfänglich zu unterliegen, an die Stelle deren erklärter Anerkennung. Vor dem Hintergrund von Konsens- und Souveränitätsprinzip lässt sich diese Gleichsetzung indes nur dann verteidigen, wenn sich die Übernahme des fraglichen Risikos als konkludente Zustimmung zur Ausübung der Gerichtsbarkeit deuten lässt. Denn stellte sich die Risikoübernahme als konkludente Zustimmung dar, so gäbe ein Staat, der die Jurisdiktion eines internationalen Gerichts anerkennt und dabei bewusst das Risiko eingeht, im Falle der Unzulässigkeit einer von ihm erklärten Beschränkung oder eines von ihm angebrachten Vorbehalts der Gerichtsbarkeit unbeschränkt zu unterliegen, genau genommen zwei Erklärungen ab: eine ausdrückliche Haupt- und eine konkludente Hilfserklärung. Während die ausdrückliche Haupterklärung darauf gerichtet wäre, der Gerichtsbarkeit nur in den von Vorbehalt oder Beschränkung definierten

---

575 EGMR, *Loizidou v. Turkey*, Appl. No. 15318/89, Preliminary Objections, Urt. v. 23. März 1995, Rdn. 95.

576 Ebd.

577 Ebd.

Grenzen unterstehen zu wollen, gäbe die konkludente Hilfserklärung zu erkennen, dass der Staat die fragliche Gerichtsbarkeit im Falle der Unzulässigkeit von Vorbehalt oder Beschränkung doch vollumfänglich anerkennt. Lediglich in erster Linie erklärte der Staat folglich die beschränkte Anerkennung der Gerichtsbarkeit, hilfsweise jedoch akzeptierte er sie auch ohne die ursprünglich erklärte Beschränkung. Auch das Argument des Gerichtshofs lässt sich auf diese Weise verstehen. Doch es überzeugt aus zwei Gründen nicht.

Erstens sollte nicht vorschnell angenommen werden, dass sich die bloße Risikoübernahme tatsächlich als konkludente Anerkennung der Gerichtsbarkeit werten lässt. Denn schon begrifflich bestehen deutliche Unterschiede zwischen beiden. Während die Risikoübernahme das kognitive Element – das Wissen um die Möglichkeit der vollumfänglichen Bindung – in den Vordergrund rückt, dominiert im Rahmen der Anerkennung das voluntative Element – der Wille und die Absicht, sich dieser Bindung zu unterstellen –, ohne dass das kognitive Element dabei verloren ginge. Insofern stellt die Risikoübernahme im Verhältnis zur Anerkennung ein klares Weniger dar. Zwar mag auch die bewusste Übernahme eines Bindungsrisikos oftmals ein Element des billigenden In-Kauf-nehmens oder zumindest gleichgültigen Hinnehmens enthalten und bringt insofern zweifellos ein Mehr an (Bindungs-)Willen zum Ausdruck, als es etwa das Unterlassen jeglicher Erklärung vermag. Hinter einer ausdrücklich oder auch nur schlüssig erklärten Anerkennung bleibt die bewusste Risikoübernahme dennoch deshalb deutlich zurück, weil auch Gleichgültigkeit und In-Kauf-Nahme ein Willensmoment, das der affirmativen Haltung der Anerkennung graduell vergleichbar wäre, nicht erreichen. Ließe man aber dieses Weniger genügen, so würden auch Konsens- und Souveränitätsprinzip merklich abgeschwächt, und an die Stelle des Rechtsbindungswillens träte im Ergebnis die bloße Vermutung, dass ein Staat, der um die Gefahr einer Rechtsbindung weiß und sie eingeht, eben diese Bindung im Zweifel auch affirmativ anerkennt.[578]

---

[578] Kritisch auch *E. A. Baylis*, Berkeley J. Int'l L. 17 (1999), S. 277 (304 f.): „[W]hy should the presumption be shifted? Implied consent does not play a large role in the international law context; the concern with state sovereignty generally mandates express consent." Siehe ferner *L. Wildhaber*, ICLQ 56 (2007), S. 217 (229), der dem EGMR attestiert, er sei in seiner Loizidou-Entscheidung über die „consent- and sovereignty-oriented rules of general international law" hinausgegangen.

Diese Vermutung dürfte dabei zweitens in aller Regel unberechtigt sein. Denn die Tatsache, dass die Haupterklärung selbst nur unter einer Bedingung erklärt wurde, stellt bereits für sich genommen ein starkes Indiz dafür dar, dass eine vollumfängliche Anerkennung der Gerichtsbarkeit auch im Falle der Unzulässigkeit des Vorbehalts oder der beschränkenden Erklärung nicht positiv gewollt war. Ganz in diesem Sinne erklärt etwa *Elena Baylis*: „If there were ever a reason to presume non-consent, an express reservation shielding a state from certain requirements would seem to be sufficient justification.“[579] Für einseitige Erklärungen, aus denen für den erklärenden Staat lediglich Pflichten folgen, neue Rechte hingegen nicht resultieren, gewinnt diese Überlegung besonderes Gewicht. Denn angesichts eben dieser Einseitigkeit ist nicht ersichtlich, aus welchem Interesse heraus der Staat im Zweifel eine unbeschränkte Bindung tatsächlich gewollt haben sollte. Vielmehr liegt es in diesen Fällen besonders nahe, Beschränkungen, Vorbehalte und Bedingungen, die ein Staat mit seiner Erklärung verbindet, auch im Zweifelsfall ernst zu nehmen. Darüber hinaus spricht schließlich auch die Tatsache, dass ein Staat die Gerichtsbarkeit im Falle der Unzulässigkeit der von ihm erklärten Beschränkung jederzeit erneut und unbeschränkt anerkennen könnte, gegen die Annahme, er habe sich bereits bei Abgabe der beschränkten Erklärung hilfsweise auf die vollumfängliche Bindung festlegen wollen.[580] Den tatsächlichen Willen des Staates bildet die Vermutungslösung, auf die sich das Risikoübernahme-Argument im Ergebnis beläuft, daher in aller Regel nicht zutreffend ab; dieser wird selbst im Fall bewusster Risikoübernahme über Gleichgültigkeit oder ein billigendes In-Kauf-nehmen kaum jemals hinausgehen.

Aus der Perspektive von Konsens- und Souveränitätsprinzip erscheint das Risikoübernahme-Argument des EGMR deshalb rechtfertigungsbedürftig. Der Gerichtshof selbst führt Gründe, die diese Abweichung von Konsens- und Souveränitätsprinzip legitimieren könnten, indes nicht an. Zumindest ein Argument hierfür hätte jedoch auch jenseits des unten skizzierten Prinzipienarguments nahegelegen: die Berufung auf

---

579 *E. A. Baylis*, Berkeley J. Int'l L. 17 (1999), S. 277 (306).

580 Aufgrund der damit angeblich verbundenen „massive political and financial transaction costs“ kritisch zu diesem Argument *R. Moloney*, Melbourne J. Int'l L. 5 (2004), S. 155 (162); ähnlich R. Goodman, AJIL 96 (2002), S. 531 (557).

den in Treu und Glauben wurzelnden Estoppel-Grundsatz.[581] Denn wer das Risiko unbeschränkter Bindung eingehe, dem sei, so ließe sich einwenden, die Möglichkeit versperrt, sich anschließend darauf zu berufen, eine ebensolche Bindung nicht gewollt zu haben, setzte er sich anderenfalls doch zu seinem früheren Verhalten in Widerspruch (sog. *venire contra factum proprium*). Dieses Argument setzte indes nicht nur voraus, dass der den Vorbehalt erklärende Staat durch sein Vorverhalten einen Vertrauenstatbestand geschaffen hat, aufgrund dessen die anderen Vertragsparteien in schutzwürdiger Weise davon ausgehen durften, er werde im Falle der Unzulässigkeit des von ihm erklärten Vorbehalts die Gerichtsbarkeit in vollem Umfang anerkennen; auch wäre nach weit überwiegender Ansicht[582] erforderlich, dass das vertrauensbegründende Verhalten des Reservatarstaates „[has] caused another State or States, detrimentally to change position or suffer prejudice".[583] Doch ob in den vorliegenden Fällen tatsächlich ein anderer Staat durch das enttäuschte Vertrauen auf die Bindung einen Nachteil erlitte, ist schon deshalb nicht einfach zu beantworten, weil die Vorbehalte und Beschränkungen meist Individualbeschwerdeverfahren betrafen und auch dort, wo sich dies anders darstellte, die durchgesetzten Rechte individuelle Rechte waren. Vor allem aber erscheint mehr als zweifelhaft, ob die Übernahme eines Bindungsrisikos allein genügt, um ein schutzwürdiges Vertrauen zu schaffen. Denn lässt die – im Falle der Türkei gar wiederholte – Erklärung, die Gerichtsbarkeit nur beschränkt anzuerkennen, nicht vielmehr im Gegenteil den beharrlichen Willen erkennen, die Rechtswirkungen der Anerkennung zu einem bestimmten Teil auszuschließen? Und mussten die obigen Erwägungen – insbesondere die fehlenden Vorteile aus einer unbeschränkten Bindung und die Möglichkeit, die Gerichtsbarkeit jederzeit in vollem Umfang anzuerkennen – nicht auch den anderen Staaten Anlass sein, nicht darauf zu vertrauen, der Staat werde der Jurisdiktion auch im Falle der Unzulässigkeit der von ihm erklärten Beschränkung unterworfen sein? Angesichts dieser Zweifel und der schwierigen Frage, ob eine Jurisdiktionsbegründung

---

[581] Ausführlich zum Estoppel-Grundsatz *T. Cottier/J. P. Müller*, Estoppel, in: MPEPIL (online edition), Stand: April 2007; *I. C. MacGibbon*, ICLQ 7 (1958), S. 468; *A. Martin*, L'estoppel en droit international public, 1979.

[582] Zu dieser Diskussion *M. Wagner*, Cal. L. Rev. 74 (1986), S. 1777 (1779 f.).

[583] IGH, *Nicaragua*, Jurisdiction and Admissibility, ICJ Rep 1984, S. 382 (415).

durch Estoppel nicht grundsätzlich ausgeschlossen ist,[584] lässt sich das Risikoübernahme-Argument des EGMR daher auch nicht unter Verweis auf den Grundsatz von Treu und Glauben rechtfertigen. Es bleibt damit eine rechtfertigungsbedürftige Abweichung von Konsens- und Souveränitätsprinzip, für die der Gerichtshof eine Begründung schuldig bleibt.

d) Das Hauptintentions-Argument

Insbesondere die EKMR hat sich zur Rechtfertigung der Entscheidung, unzulässige Vorbehalte von der restlichen Erklärung abzutrennen und den Reservatarstaat in vollem Umfang an seiner Ratifikations- oder Anerkennungserklärung festzuhalten, schließlich darauf berufen, damit die Hauptintention des Reservatarstaates bewahren und dessen ursprünglichem Willen Ausdruck verleihen zu können. So bemühte sie sich in der Chrysostomos-Entscheidung, die Frage, ob die Anerkennungserklärung trotz Unwirksamkeit der Beschränkung wirksam bleibe, in Übereinstimmung mit dem ursprünglichen (hypothetischen) Willen der Türkei zu beantworten und führte aus:

> „45. The Commission must interpret Turkey's intention, when she made her declaration [...], as expressed at that time. [...] By making the declaration under Article 25 [...] Turkey then manifested her will to be bound by the Convention system also regards individual applications under Article 25 [...].
>
> 46. Where a State has clearly expressed the intention to be bound under Article 25 [...], but has added restrictions to its declaration which are incompatible with the Convention, the main intention of the State must prevail."[585]

Dass gerade die Absicht, die Zuständigkeit von Kommission und Gerichtshof für Individualbeschwerden zu begründen, die Hauptintention bildete, ließ die Kommission zunächst unausgesprochen. Im anschließenden Loizidou-Verfahren vor dem Gerichtshof allerdings räumte sie die diesbezüglichen Zweifel aus und trug zur Unterstützung der Klägerin vor, dass

---

[584] So *M. Wagner*, Cal. L. Rev. 74 (1986), S. 1777; differenzierend *A. Kulick*, AVR 52 (2014), S. 522 (540 ff.).

[585] EKMR, *Chrysostomos, Papachrysostomou and Loizidou v. Turkey*, Appl. No. 15299/89, 15300/89, 15318/89, Entsch. v. 4. März 1991, Rdn. 45 f.

> „it was Turkey's main intention when she made her Article 25 [...] declaration [...] to accept the right of individual petition. It was this intention that must prevail.“[586]

Dieser vorrangigen Hauptintention entsprechend sei die Türkei der Konventionsgerichtsbarkeit folglich trotz der Unzulässigkeit der von ihr erklärten territorialen Beschränkung unterstellt und zwar für jegliches Handeln, auf das sich ihre Jurisdiktion im Sinne des Art. 1 EMRK erstrecke, auch das im Norden Zyperns.

Aus der zunächst einheitlichen Erklärung, der Konventionsgerichtsbarkeit in bestimmten Grenzen unterliegen zu wollen, präpariert die Kommission somit zwei Intentionen heraus: eine Hauptintention, nämlich diejenige, die Zuständigkeit von Kommission und Gerichtshof für Individualbeschwerden zu begründen, und eine nicht näher bezeichnete Nebenintention, nämlich wohl diejenige, bestimmte territoriale, zeitliche oder thematische Bereiche von der Gerichtsbarkeit auszunehmen. Haupt- und Nebenintention scheinen für die Kommission dabei in einem Widerstreit zu stehen, den sie dadurch auflöst, dass sie der Hauptintention den Vorrang einräumt („must prevail“). Eben dieser Vorrang der Absicht, die Gerichtsbarkeit zu begründen, aber ist es, der es in der Argumentation der Kommission rechtfertigt, auch die Frage, welche Folgen die Unzulässigkeit der erklärten Beschränkung nach sich zieht, so zu entscheiden, dass die Zuständigkeitsbegründung unberührt bleibt.

Die Kommission zeigt sich mit diesem Fokus auf die Hauptintention des betroffenen Staates deutlich darum bemüht, den staatlichen Willen als Grundlage völkerrechtlicher Verpflichtungen ernst zu nehmen. Den Konflikt mit Konsens- und Souveränitätsprinzip vermag sie dennoch nicht zu vermeiden. Denn die von der Kommission angeführte Hauptintention entpuppt sich bei näherer Betrachtung als bloße Vermutung. Ein tatsächlicher Wille des betroffenen Staates, auch im Falle der Unzulässigkeit von Vorbehalt oder Beschränkung an die Erklärung gebunden zu sein, lässt sich der Anerkennungserklärung selbst jedenfalls nur dann entnehmen, wenn der erklärende Staat sie um einen entsprechenden Passus ergänzt hat. Weit überwiegend geschieht dies jedoch nicht und so krankt das Argument der Kommission bereits daran, dass es versucht, der Art. 25- bzw. Art. 46-Erklärung der Türkei eine Aussage über einen Fall zu entnehmen, zu dem diese ersichtlich

---

586 EGMR, *Loizidou v. Turkey*, Appl. No. 15318/89, Preliminary Objections, Urt. v. 23. März 1995, Rdn. 92.

schweigt. Die Suche nach einer Hauptintention scheint daher vorrangig von dem Motiv getragen zu sein, herauszufinden, was der erklärende Staat gewollt hätte, hätte er um die Unzulässigkeit der von ihm erklärten Beschränkung gewusst. Ihre Entscheidung für die Abtrennbarkeit der unzulässigen Beschränkung führt die Kommission damit aber letztlich auf einen lediglich hypothetischen Willen des erklärenden Staates zurück. Diese Hypothese ist nicht nur mit Konsens- und Souveränitätsprinzip nicht vereinbar;[587] ihr fehlt es auch in der Sache an einer belastbaren Grundlage, weil sich der ursprünglichen Erklärung eine Hauptintention mit dem von der Kommission zugrunde gelegten Inhalt schlicht nicht entnehmen lässt. Denn ein Staat, der sich der Jurisdiktion eines internationalen Gerichts innerhalb bestimmter Grenzen unterwirft, erklärt nicht zuerst den (vorrangigen) Willen, die Gerichtsbarkeit in vollem Umfang anzuerkennen, um dann durch eine zweite (Neben-)Erklärung bestimmte Bereiche von eben dieser Gerichtsbarkeit auszunehmen. Eben dies jedoch muss die Kommission unterstellen. Denn erst diese künstliche Aufspaltung der ursprünglichen Erklärung erlaubt den Schluss, die Hauptintention des Staates sei auf die unbeschränkte Anerkennung der Gerichtsbarkeit gerichtet gewesen. Verzichtet man hingegen auf diese Aufspaltung und nimmt die Erklärung als einheitliche ernst, so wird klar, dass der Staat einen Willen umfassender Bindung nie erklärt hat; beschränkt man die (Haupt-)Intention aber entsprechend, so spricht sie gegen und nicht für die Abtrennbarkeit der unzulässigen Beschränkung. Auch das Argument der EKMR überzeugt deshalb nicht.

e) Zusammenfassung

Keines der in der Rechtsprechung bislang vorgetragenen Argumente vermag die Abtrennbarkeitslösung, zu der nicht nur internationale Gerichte im Umgang mit unzulässigen Vorbehalten und Beschränkungen zunehmend tendieren, methodisch überzeugend zu begründen. Sie berufen sich auf die Vertragsauslegung, wo diese keine Lösung verspricht, und stützen sich auf Vermutungen, die inhaltlich nicht überzeugen und wegen der mit ihnen verbundenen Aufweichung von Konsens- und Souveränitätsprinzip dogmatisch rechtfertigungsbedürftig erscheinen.

---

[587] Ebenso *R. Baratta*, EJIL 11 (2000), S. 413 (420).

3. Rekonstruktion im Prinzipienmodell

Im Prinzipienmodell lässt sich der Praxis der Gerichte ein argumentativer Rahmen geben, der deutlich macht, dass die Abtrennbarkeitslösung trotz der mit ihr verbundenen Aufweichung von Konsens- und Souveränitätsprinzip nicht in allen Fällen die Grenzen des rechtlich Zulässigen überschreitet. Denn wenngleich es zu weit ginge, die Abtrennbarkeitslösung bereits als festen Bestandteil des Völkergewohnheitsrechts anzusehen,[588] so steht ihr mit dem oben skizzierten Rechtsschutzprinzip[589] doch mittlerweile ein rechtliches Argument zur Seite, das das Potential besitzt, die mit ihr einhergehenden Abweichungen von Konsens- und Souveränitätsprinzip zu rechtfertigen. Das ermöglicht es im hier skizzierten Prinzipienmodell, auch die Objektivierung der Rechtsdurchsetzung darauf zurückzuführen, dass der Grundsatz staatlicher Souveränität den Bestand völkerrechtlicher Grundprinzipien nicht mehr alleine bestimmt. Um diese prinzipienbasierte Begründung des gerichtlichen Umgangs mit unzulässigen Vorbehalten und Beschränkungen plausibel zu machen, soll diese im Folgenden zunächst in ihrer Grundkonstellation skizziert (dazu lit. a) und im Anschluss daran an entsprechenden Rekonstruktionen der Loizidou-Entscheidung des EGMR (dazu lit. b) und der Kennedy v. Trinidad and Tobago-Entscheidung des UN-Menschenrechtsausschusses (dazu lit. c) illustriert werden.

a) Der Begründungsmodus im Allgemeinen

Soweit ersichtlich, wird kaum jemals bezweifelt, dass die Frage, welche Folgen die Unzulässigkeit eines Vorbehalts für die Erklärung nach sich zieht, mit der er verbunden wurde, im Völkervertragsrecht nicht geregelt ist.[590] Weder sehen die themenspezifischen Konventionen, wie etwa

---

[588] Ähnliche Einschätzungen bei ILC, *Guide to Practice on Reservations to Treaties*, UN Doc. A/66/10/Add.1, S. 525 ff. und S. 541, wo die ILC die von ihr vorgeschlagene Vermutungslösung als „cautious progressive development of international law“ qualifiziert; *E. A. Baylis*, Berkeley J. Int’l L. 17 (1999), S. 277 (329); *R. Moloney*, Melbourne J. Int’l L. 5 (2004), S. 155 (165).

[589] Ausführlich S. 400 ff.

[590] Vgl. *A. Pellet/D. Müller*, in: FS Simma, 2011, S. 521 (544): „One of the most fundamental lacunas“; *A. Seibert-Fohr*, in: I. Ziemele (Hrsg.), Reservations to Human Rights Treaties and the Vienna Convention Regime, 2004, S. 183 (202 f.); *B. Simma/G. I. Hernandez*, in: E. Cannizzaro (Hrsg.), The Law of Treaties

die Menschenrechtsabkommen, das Seerechtsübereinkommen oder umweltvölkerrechtliche Verträge, Regelungen hierzu vor, noch enthält die WVK Vorschriften darüber, wie im Falle der Unzulässigkeit eines Vorbehalts zu verfahren ist. Und auch im Völkergewohnheitsrecht wird sich derzeit angesichts einer tief gespaltenen Staatenpraxis[591] eine eindeutige Regel hierzu nicht ausmachen lassen. Und so hält der Bestand völkerrechtlicher Regeln derzeit nicht nur keine Antwort auf die Frage nach den Konsequenzen der Unzulässigkeit völkervertraglicher Vorbehalte bereit, vielmehr gilt auch für Bestandteile völkerrechtlicher Erklärungen, die – wie etwa die von der Türkei erklärte territoriale Beschränkung der Art. 25- bzw. Art. 46-Erklärung – nicht als Vorbehalte im Sinne des Art. 2 lit. d WVK zu qualifizieren sind, Entsprechendes.

In dem Lückenbereich, den der völkerrechtliche Regelbestand damit hinterlässt, bestimmen allein die einschlägigen Völkerrechtsprinzipien, wo die Grenze zwischen Völkerrechtsmäßigkeit und Völkerrechtswidrigkeit verläuft.[592] Nur eine an den Umständen des konkreten Falls orientierte Abwägung von Souveränitäts- und Rechtsschutzprinzip vermag deshalb darüber zu entscheiden, ob die Abtrennbarkeitslösung, auf die sich die Rechtsprechung im Umgang mit unzulässigen Vorbehalten zunehmend beruft, aus rechtlicher Perspektive haltbar ist. Als Verbürgung des Rechts eines jeden Staates, rechtlichen Bindungen (und damit auch der Jurisdiktion eines Gerichts) nur insoweit zu unterliegen, als er dem zugestimmt hat, streitet das Souveränitätsprinzip dabei eindeutig gegen die Abtrennbarkeitslösung; denn dem im Souveränitätsprinzip wurzelnden Konsensgrundsatz wird allein eine Lösung gerecht, die berücksichtigt, dass sich die Gerichtsbarkeit jedenfalls für all die Fälle, die der unzulässigen Beschränkung oder dem unzulässigen Vorbehalt un-

---

beyond the Vienna Convention, 2011, S. 60 (68); *I. Ziemele/L. Liede*, EJIL 24 (2013), S. 1135 (1142).

[591] *R. Moloney*, Melbourne J. Int'l L. 5 (2004), S. 155 (164): „State practice reveals no clear trend as to what the legal consequences of an incompatible reservation are perceived to be."; ähnlich auch *I. Ziemele/L. Liede*, EJIL 24 (2013), S. 1135 (1142): „The existence of an international or regional custom in this regard is not easily detectable." Optimistischer hingegen *A. Seibert-Fohr*, in: I. Ziemele (Hrsg.), Reservations to Human Rights Treaties and the Vienna Convention Regime, 2004, S. 183 (202 f.). Einen guten Überblick über die Staatenpraxis bietet neben *R. Baratta*, EJIL 11 (2000), S. 413 (416 ff.) insbesondere die Kommentierung des ILC, *Guide to Practice on Reservations to Treaties*, UN Doc. A/66/10/Add.1, S. 525 ff.

[592] Vgl. oben S. 576 ff.

terfallen, nicht auf die staatliche Zustimmung berufen kann – eine Bedingung, die die *severability-doctrine* nicht erfüllt. Aus der Perspektive des Rechtsschutzprinzips hingegen ist gerade sie vorzugswürdig. Denn sie verleiht dem im Rechtsschutzprinzip verkörperten *prima facie*-Gebot Ausdruck, gerichtlichen Rechtsschutz zur Durchsetzung völkerrechtlicher Rechtspositionen zu eröffnen, indem sie dazu führt, dass die Jurisdiktionsbegründung nicht nur trotz der Unzulässigkeit des Vorbehalts wirksam bleibt, sondern sich zudem auch auf die Fälle erstreckt, die ursprünglich durch eben diese Beschränkung von der Gerichtsbarkeit ausgenommen werden sollten. Welchem der beiden konkurrierenden Prinzipien dabei letztlich der Vorrang einzuräumen ist, hängt neben deren abstraktem Gewicht auch davon ab, wie intensiv sie betroffen sind. Das jedoch lässt sich nur anhand der Umstände des konkreten Falls erheben.

b) Rekonstruktion der Loizidou-Entscheidung des EGMR im Prinzipienmodell

Wendet man dieses prinzipienbasierte Begründungsmodell auf die Loizidou-Entscheidung des EGMR an, so wird deutlich, dass sich die vom Gerichtshof angestellten Erwägungen auch im Rahmen der nunmehr maßgeblichen Abwägung von Souveränitäts- und Rechtsschutzprinzip fruchtbar machen lassen (dazu lit. a). Doch obwohl die Argumentation des Gerichtshofs in der prinzipienbasierten Abwägungsmethode durchaus Anknüpfungspunkte findet, dürfte das Ergebnis, zu dem der Gerichtshof damit gelangt, die Bedeutung des Rechtsschutzprinzips überbetonen (dazu lit. b).

aa) Anknüpfungspunkte in der Argumentation des Gerichtshofs

Wie oben dargestellt, überzeugen die Argumente, mit denen sich die Straßburger Richter in ihrer Loizidou-Entscheidung für die Abtrennbarkeit der unzulässigen territorialen Beschränkungen stark machen, in methodischer Hinsicht nicht.[593] Die Erwägungen, die den Argumenten des Gerichtshofs zugrunde liegen, fügen sich in die Abwägung von Souveränitäts- und Rechtsschutzprinzip indes bruchlos ein. So spiegelt die abwägende Gegenüberstellung von souveräner Bindungsfreiheit einerseits und der Pflicht zur Gewährung effektiven gerichtlichen

---

[593] Siehe S. 825 ff.

Rechtsschutzes andererseits erstens das tragende Motiv der Entscheidung des Gerichtshofs wider. Denn nicht nur durch den „special character of the Convention as an instrument of European public order (orde public)“, sondern gerade auch durch die (Rechtsschutz-)Aufgabe, „to ensure the observance of the engagements undertaken by the High Contracting Parties“[594] ließ sich der Gerichtshof zur Abtrennung der unzulässigen territorialen Beschränkung bewegen. Mit der Einbeziehung des Rechtsschutzprinzips macht die Abwägungslösung eben diese Erwägung nun auch jenseits der Vertragsauslegung rechtlich nutzbar, ohne dabei die Grenzen des methodisch Zulässigen zu überschreiten.

Daneben beruht zweitens auch das Risikoübernahme-Argument des Gerichtshofs auf einer durchaus abwägungsrelevanten Erwägung. Denn zwar sind, wie oben ausgeführt, Risikoübernahme und Zustimmung keinesfalls gleichzusetzen. Doch lässt sich unter Umständen auch in der bewussten Übernahme eines Risikos bereits ein billigendes In-Kauf-nehmen oder zumindest ein gleichgültiges Hinnehmen erblicken. Auch die Übernahme eines bloßen Risikos kann somit ein (schwaches) voluntatives Element enthalten, das auch dann im Rahmen der Abwägung zu berücksichtigen ist, wenn es die Erfordernisse des Konsensgrundsatzes noch nicht erfüllt: Da der Staat, der eine Bindung zumindest billigend in Kauf nimmt, schon ein geringes Willensmoment aufweist und sich so bereits ein Stück auf das erforderliche Maß an Zustimmung zubewegt hat, beeinträchtigt die Annahme einer Rechtsbindung in solchen Fällen das Souveränitätsprinzip in geringerem Maße als in Fällen, in denen der Staat das Risiko einer Bindung nicht kannte oder gar überhaupt nicht kennen konnte. Die Risikoübernahme, auf die der Gerichtshof in Loizidou maßgeblich abstellt, vermindert im Rahmen der Abwägung folglich das konkrete Gewicht, mit dem das Souveränitätsprinzip gegen die Abtrennbarkeit der unzulässigen Beschränkung streitet.

Die Abwägung von Souveränitäts- und Rechtsschutzprinzip bildet demnach gerade auch den vom Gerichtshof angestellten Erwägungen ein Forum – ein Forum, in dem sie sich den obigen methodischen Einwänden nicht länger ausgesetzt sehen.

---

[594] EGMR, *Loizidou v. Turkey*, Appl. No. 15318/89, Preliminary Objections, Urt. v. 23. März 1995, Rdn. 93.

bb) Die Abtrennbarkeitslösung im Lichte der Abwägung von Souveränitäts- und Rechtsschutzprinzip

Obwohl die Entscheidung des Gerichtshofs demnach auf Erwägungen beruht, die auch im Rahmen der Abwägung von Souveränitäts- und Rechtsschutzprinzip von Bedeutung sind, spiegelt die Abtrennbarkeitslösung, für die sich der Gerichtshof ausspricht, das relative Gewicht von Souveränitäts- und Rechtsschutzprinzip nur unzureichend wider. Denn die Begründung des Gerichtshofs blendet zahlreiche abwägungsrelevante Faktoren aus.

So wäre auf Seiten des Rechtsschutzprinzips insbesondere zu berücksichtigen gewesen, dass der Beschwerdeführerin Loizidou ein innerstaatlicher Rechtsweg, auf dem sie die behaupteten Konventionsverletzungen hätte geltend machen können, nicht offen stand: Die zypriotischen Gerichte hätten sich mit dem Einwand konfrontiert gesehen, aus Gründen der Staatenimmunität nicht über Handlungen des türkischen Militärs urteilen zu dürfen; die türkischen Gerichte hätten eingewandt, die Türkische Republik Nordzypern sei ein souveräner Staat, dessen Immunität ein Verfahren verbiete; und der Weg vor die Gerichte der Türkischen Republik Nordzypern selbst war griechischen Zyprioten zum Zeitpunkt des Verfahrens nur dann eröffnet, wenn sich – was für die Beschwerdeführerin gerade nicht zutraf – ihr Wohnsitz im Nordteil der Insel befand.[595] Die Beschwerde vor dem EGMR war für sie folglich die einzige Möglichkeit, überhaupt Rechtsschutz zu erlangen. Unter diesen Umständen war die Gewährleistung gerichtlichen Rechtsschutzes ohne Zweifel von besonderer Bedeutung und das Rechtsschutzprinzip folglich in intensiver Weise betroffen.

Dessen ungeachtet stellte die Entscheidung des Gerichtshofs, die türkische Anerkennungserklärung auch ohne die zugehörige territoriale Beschränkung aufrechtzuerhalten, gleich aus mehreren Gründen auch einen Souveränitätseingriff von erheblicher Intensität dar. Erstens war die von der Türkei erklärte territoriale Beschränkung der Gerichtsbarkeit in inhaltlicher Hinsicht unbeschränkt. Nicht nur manche, sondern alle Konventionsgarantien sollten für Ereignisse im Nordteil Zyperns von der Jurisdiktion des EGMR ausgeschlossen sein. Der Umfang, in dem die Entscheidung des Gerichtshof die Jurisdiktion *ratione materiae* gegen den Willen der Türkei ausdehnte, hätte folglich größer nicht sein

---

[595] Vgl. zur Frage des Rechtsschutzes durch Gerichte der Türkischen Republik Nordzypern auch EMGR, *Cyprus v. Turkey*, Appl. No. 25781/94, Urt. v. 10. Mai 2001, Rdn. 82 ff.

können. Dass die vom Gerichtshof zu treffende Sachentscheidung dabei zweitens nach Art. 46 EMRK (zum Verfahrenszeitpunkt noch Art. 53 EMRK) für die Türkei rechtsverbindlich sein würde, erhöhte die Intensität dieses Eingriffs noch.[596] Denn durch die Abtrennung des Vorbehalts sah sich die Türkei gegen ihren Willen einer Instanz ausgesetzt, deren Entscheidungen den Handlungsspielraum der Türkei nicht nur in politischer, sondern sogar in rechtlicher Weise verengten und dabei zudem den Grundstein für eine spätere Entschädigungsentscheidung legten. Drittens stellte sich die Souveränitätsbeeinträchtigung auch deshalb als intensiv dar, weil die Türkei trotz der von einigen Vertragsparteien geäußerten Kritik auch bei der wiederholten Erneuerung ihrer Art. 25- bzw. Art. 46-Erklärungen beharrlich an der umstrittenen Beschränkung festhielt. Unmissverständlich gab sie damit zu erkennen, dass die territoriale Beschränkung für sie einen unverzichtbaren Bestandteil der Anerkennungserklärung darstellte und sie Ereignisse in der Türkischen Republik Nordzypern unter keinen Umständen der Gerichtsbarkeit von EKMR und EGMR unterstellen wollte. Anders als der Gerichtshof annahm, ließ sich diese Intensität des Souveränitätseingriffs im Loizidou-Verfahren schließlich viertens auch nicht unter Verweis darauf abmindern, die Türkei sei das Risiko, der Gerichtsbarkeit in vollem Umfang zu unterliegen, bewusst eingegangen. Denn keines der Ereignisse, die der Gerichtshof in seiner Entscheidung als „Warnschuss" für die Türkei anführt,[597] gab Grund zu der Befürchtung, der Gerichtshof werde die territoriale Beschränkung im Falle der Unzulässigkeit von der übrigen Anerkennungserklärung abtrennen und seine Zuständigkeit so auch auf die Fälle ausdehnen, die durch die Beschränkung von der Gerichtsbarkeit ausgenommen werden sollten: Die Kommissionsstellungnahmen, auf die sich die Richter beriefen, weckten zwar Zweifel an der Zulässigkeit der von der Türkei erklärten Beschränkung, doch dass eine eventuelle Unzulässigkeit zu einer unbeschränkten Bindung führen würde, ließ sich ihnen nicht entnehmen. Auch die übrigen Vertragsparteien äußerten sich in ihren Reaktionen dazu nicht.[598] Schweden, Dänemark, Norwegen, Luxemburg und Belgien beschränkten sich darauf, bloße Zweifel an der Zulässigkeit der territorialen Beschränkung zu äußern,[599] und selbst Griechenland, das die Beschränkung ausdrücklich

---

[596] Vgl. *E. A. Baylis*, Berkeley J. Int'l L. 17 (1999), S. 277 (303).

[597] Siehe zu diesen EGMR, *Loizidou v. Turkey*, Appl. No. 15318/89, Preliminary Objections, Urt. v. 23. März 1995, Rdn. 95.

[598] Siehe ebd., Rdn. 18 ff.

[599] Ebd., Rdn. 19 ff., 24.

für „null and void" erklärte, gab ausweislich der im Urteil zitierten Passagen nicht zu erkennen, dass dies die vollumfängliche Anerkennung der Gerichtsbarkeit zur Folge haben würde.[600] Für die vom Gerichtshof ebenfalls angeführte „consistent practice" der Vertragsparteien, sich der Konventionsgerichtsbarkeit unbeschränkt zu unterwerfen, gilt Entsprechendes. Selbst für die Schlussfolgerung, dass die Vertragsparteien entsprechende Beschränkungen für rechtlich unzulässig halten, stellt sie ein allenfalls schwaches Indiz dar; keinesfalls aber lässt sich ihr die Überzeugung entnehmen, dass die Unzulässigkeit solcher Beschränkungen zu einer unbeschränkten Bindung an die Konventionsgerichtsbarkeit führt. Und so bleibt schließlich einzig der Verweis auf das vorangegangene Urteil des Gerichtshofs in der Rechtssache Belilos.[601] Trotz eines unzulässigen Vorbehalts hielt der Gerichtshof die Schweiz dort in vollem Umfang an der Konvention fest. Doch als „Warnschuss" musste die Türkei dieses Urteil schon deshalb nicht verstehen, weil die Schweiz im Verfahren ausdrücklich erklärt hatte, dass sie auch dann, wenn der Gerichtshof den Vorbehalt für unzulässig erachte, an die Konvention gebunden bleiben wolle[602] und sich das Urteil des EGMR insofern auf die ausdrückliche Zustimmung der Schweiz stützen konnte.[603]

Unter diesen Umständen war folglich nicht nur die Gewährleistung gerichtlichen Rechtsschutzes von besonderer Bedeutung, sondern auch der mit der Entscheidung des Gerichtshofs einhergehende Souveränitätseingriff von enormer Intensität. Ob sich angesichts dessen im Loizidou-Verfahren tatsächlich ein Überwiegen des Rechtsschutzprinzips ausmachen ließ, erscheint zumindest zweifelhaft. Damit aber ist auch die Abtrennbarkeitslösung, für die sich der Gerichtshof aussprach, nicht über jeden Zweifel erhaben.

---

600 Ebd., Rdn. 18.

601 Siehe ebd., Rdn. 94 mit Verweis auf EGMR, *Belilos v. Switzerland*, Appl. No. 10328/83, Urt. v. 29. April 1988, Rdn. 60.

602 Darauf weisen unter anderem hin: *E. A. Baylis*, Berkeley J. Int'l L. 17 (1999), S. 277 (304); *R. W. Edwards*, U. Tol. L. Rev. 31 (1999-2000), S. 195 (205); *W. Schabas*, Brook. J. Int'l L. 21 (1995-1996), S. 277 (319).

603 Der Prozessvertreter der Türkei wies im Verfahren denn auch darauf hin, dass es sich bei dem zu entscheidenden Fall um das genaue Gegenteil des Belilos-Falles handele, siehe *W. Schabas*, Brook. J. Int'l L. 21 (1995-1996), S. 277 (321).

c) Rekonstruktion der Kennedy v. Trinidad and Tobago-Entscheidung des UN-Menschenrechtsausschusses im Prinzipienmodell

Dass die *severability-doctrine* das Verhältnis von Rechtsschutz- und Souveränitätsprinzip aber zuweilen durchaus zutreffend abildet, zeigt die Kennedy-Entscheidung des UN-Menschenrechtsausschusses.[604] Der Beschwerdeführer Kennedy war in Trinidad und Tobago wegen Mordes zum Tode verurteilt worden und machte geltend, unter anderem durch die überlange Verfahrensdauer, die obligatorische Todesstrafe für Mordhandlungen und seine unmenschlichen Haftbedingungen in seinen Rechten aus dem UN-Zivilpakt verletzt worden zu sein. Trinidad und Tobago hatte das Fakultativprotokoll zum Zivilpakt zwar ratifiziert und sich dem Individualbeschwerdeverfahren vor dem Menschenrechtsausschuss damit grundsätzlich unterworfen. Im Kennedy-Verfahren jedoch berief es sich auf einen Vorbehalt, der Individualbeschwerden von zum Tode verurteilten Gefangenen ausschließen sollte, insofern sich diese gegen das vorangegangene Verfahren, die Haft oder gar die Strafe selbst richteten. Der Menschenrechtsausschuss erklärte diesen Vorbehalt für unzulässig und trennte ihn ohne weitere Begründung von der Ratifikationserklärung ab, sodass er der Zuständigkeit des Ausschusses für die Beschwerde Kennedys nicht länger im Wege stand – eine Entscheidung, die sich im Prinzipienmodell nur dann rechtfertigen lässt, wenn die Bedeutung der Gewährung gerichtlichen Rechtsschutzes unter den Umständen des konkreten Falles die Intensität des Eingriffs in die staatliche Souveränität von Trinidad und Tobago überwiegt.

Und ohne Zweifel wäre das Rechtsschutzprinzip durch eine Abweisung der Individualbeschwerde in extremem Maße betroffen gewesen. Denn die Beschwerde Kennedys richtete sich unter anderem gegen die Schuldangemessenheit der verhängten Todesstrafe sowie die Verletzung seines in Art. 6 Abs. 4 IPbpR garantierten Rechts auf ein Gnadengesuch. Sollten sich diese Rügen als begründet erweisen, so geriete auch die Rechtmäßigkeit der ausgesprochenen Todesstrafe ins Wanken. Mit deren Vollzug jedoch stünden die Verletzungen irreversibel fest, und weder für Rechtsbewährung noch für eine Wiedergutmachung bliebe Raum. Effektiver Rechtsschutz würde damit unmöglich gemacht. Beschwerden, die wie diejenige im Kennedy-Verfahren die Verhängung einer Todesstrafe betreffen und sich dabei auf die Verletzung von Rech-

---

[604] MRA, *Rawle Kennedy v. Trinidad and Tobago*, Communication No. 845/1999, Admissibility, Aufassung v. 2. November 1999, UN Doc. CCPR/C/67/D/845/1999.

ten berufen, bei deren Beachtung die Strafe möglicherweise nicht hätte verhängt werden dürfen, können daher ein außergewöhnlich hohes Rechtsschutzinteresse für sich verbuchen. Auch im Kennedy-Fall war die Eröffnung gerichtlichen Rechtsschutzes daher von herausgehobener Bedeutung und das Rechtsschutzprinzip folglich auf das Intensivste betroffen.

Auf Seiten des Souveränitätsprinzips galt es zwar zu berücksichtigen, dass Trinidad und Tobago das Fakultativprotokoll ursprünglich vorbehaltlos ratifiziert hatte und den Vorbehalt erst nachträglich ergänzte. Denn erst als der Jamaikanische *Privy Council* urteilte, Wartezeiten von mehr als fünf Jahren zwischen dem Ausspruch und der Vollstreckung eines Todesurteils seien als unmenschliche und erniedrigende Bestrafung oder Behandlung zu qualifizieren, begann Trinidad, das diese Fünf-Jahres-Frist nicht in allen Fällen einhalten konnte, entsprechende Entscheidungen des Menschenrechtsausschusses zu befürchten. Im Mai 1998 kündigte es daher seine Mitgliedschaft im Ersten Fakultativprotokoll, nur um ihm noch am selben Tag unter Hinzufügung des streitigen Vorbehalts wieder beizutreten.[605] Wie auch das Sondervotum der Ausschussmitglieder *Ando*, *Bhagwati*, *Klein* und *Kretzmer* betont, gab Trinidad und Tobago damit zu erkennen, dass es den Vorbehalt für eine wesentliche Bedingung seiner Ratifikation hielt, ohne die sie auch an letztere nicht gebunden sein wollte.[606] Die gegenteilige Entscheidung des Menschenrechtsausschusses scheint vor diesem Hintergrund zunächst einen starken Souveränitätseingriff zu bedeuten. Doch schon die Tatsache, dass die Entscheidungen des Menschenrechtsausschusses lediglich rechtlich unverbindliche Mitteilungen darstellen,[607] die zudem auch keine Entschädigungspflichten nach sich ziehen, mindert den Souveränitätseingriff deutlich ab. Im Kennedy-Verfahren war daneben vor allem noch eingriffsmindernd zu berücksichtigen, dass der UN-Menschenrechtsausschuss in seinem *General Comment No. 24* bereits zuvor unmissverständlich erklärt hatte, dass die regelhafte Folge eines unzulässigen Vorbehalts die vollumfängliche Bindung des Staates sein würde.[608] Trinidad und Tobago war sich der Gefahr, der Vorbehalt

---

605 Siehe ebd., Rdn. 6.2.

606 MRA, *Rawle Kennedy v. Trinidad and Tobago*, Communication No. 845/1999, Admissibility, Auffassung v. 2. November 1999, Indiv. diss. Op. Ando, Bhagwati, Klein, Kretzmer, UN Doc. CCPR/C/67/D/845/1999, Appendix, Rdn. 17; ebenso *Korkelia*, EJIL 13 (2002), S. 437 (474).

607 Siehe Art. 5 Abs. 4 des Ersten Fakultativprotokolls zum IPbpR.

608 In diese Richtung auch *K. Korkelia*, EJIL 13 (2002), S. 437 (475).

könne letztlich wirkungslos bleiben, deshalb durchaus bewusst. Mag es auch darauf vertraut haben, die Gefahr werde sich nicht realisieren, so nahm es sie doch bereits mit der Erklärung des Vorbehalts zumindest billigend in Kauf. Spätestens aber als es an seiner Ratifikationserklärung auch dann noch festhielt, als unter anderem Italien, Frankreich, Spanien, Irland, Schweden, Deutschland und die Niederlande die Zulässigkeit des Vorbehalts in Frage stellten, ihm widersprachen und dabei zum Teil sogar erklärten, dem Inkrafttreten des Protokolls stehe dies nicht entgegen,[609] kannte und akzeptierte Trinidad und Tobago dieses Risiko. Denn von der jederzeitigen Möglichkeit, seine Mitgliedschaft erneut aufzukündigen, sah Trinidad und Tobago ab. Anders als etwa die Türkei im Fall Loizidou[610] und auch anders als Trinidad und Tobago selbst im späteren IAGMR-Verfahren in der Rechtssache Hilaire[611] berief es sich vor dem Menschenrechtsausschuss denn auch nicht darauf, dass im Falle einer Unzulässigkeit des Vorbehalts auch die Ratifikationserklärung unwirksam sei.

Vor dem Hintergrund dieser Überlegungen überschritt die Abtrennung des Vorbehalts jedenfalls im Kennedy-Verfahren die Grenzen des rechtlich Zulässigen nicht. Vielmehr war das Souveränitätsprinzip angesichts der bewussten Risikoübernahme durch Trinidad und Tobago und der geringen Eingriffsintensität der rechtlich unverbindlichen Mitteilungen des Menschenrechtsausschusses im vorliegenden Fall nicht ausreichend stark betroffen, um die herausragende Bedeutung der Gewährung gerichtlichen Rechtsschutzes aufzuwiegen.

4. Ergebnis

Die Praxis internationaler Gerichte, Staaten ihrer Gerichtsbarkeit auch dann in vollem Umfang zu unterstellen, wenn diese sich ihrer Jurisdiktion ursprünglich nur unter einer unzulässigen Beschränkung oder einem unzulässigen Vorbehalt unterworfen haben, weicht die Erfordernisse von Konsensgrundsatz und Souveränitätsprinzip merklich auf. Sie

---

[609] Die Reaktionen auf den Vorbehalt Trinidad und Tobagos sind einsehbar unter https://treaties.un.org/Pages/ViewDetails.aspx?src=TREATY&mtdsg_no=IV-5&chapter=4&clang=_en#1 (geprüft am 3. August 2016).

[610] Siehe EGMR, *Loizidou v. Turkey*, Appl. No. 15318/89, Preliminary Objections, Urt. v. 23. März 1995, Rdn. 90.

[611] Siehe IAGMR, *Hilaire v. Trinidad and Tobago*, Preliminary Objections, Ser. C, No. 80, Rdn. 52, 74.

illustriert damit die Tendenz des Völkerrechts, auch die gerichtliche Rechtsdurchsetzung zunehmend von ihrer subjektiven Grundlage, dem Staatenkonsens, zu lösen und insofern zu einer Objektivierung des Völkerrechts beizutragen. So verständlich das Bemühen um effektiven Rechtsschutz auch sein mag, die Begründungen, die die Gerichte bislang für diese Objektivierung der Rechtsdurchsetzung anführen, überzeugen methodisch und dogmatisch nicht. Einerseits versuchen sie, die Frage, welche Folgen die Unzulässigkeit einer solchen Beschränkung nach sich zieht, durch Auslegung zu lösen, und übersehen dabei, dass ein völkervertraglicher Anknüpfungspunkt für eine solche Auslegung fehlt. Andererseits stützen sie sich auf Vermutungen, die nicht nur in der Sache unberechtigt sind, sondern im Lichte von Konsens- und Souveränitätsprinzip selbst einer Rechtfertigung bedürfen. Das Prinzipienmodell vermag diese Defizite auszugleichen. Es bildet mit der Abwägung von Souveränitäts- und Rechtsschutzprinzip einen argumentativen Rahmen, in dem sich auch die Abtrennbarkeitslösung, für die sich die Gerichte vermehrt aussprechen, zuweilen überzeugend begründen lässt. Wie die Rekonstruktion der Fälle Loizidou und Kennedy zeigt, hat das indes nicht die regelmäßige Anwendung der Abtrennbarkeitslösung zur Folge. Vielmehr ist erst unter Berücksichtigung der konkreten Umstände des Einzelfalls zu entscheiden, ob das Rechtsschutzprinzip den mit der Abtrennung eines Vorbehalts verbundenen Souveränitätseingriff aufwiegt. Wo eben dies der Fall ist, trägt das Prinzipienmodell dazu bei, der Objektivierung völkerrechtlicher Rechtsdurchsetzung eine innerrechtliche Begründung zu verleihen, die sie nicht nur als möglicherweise wünschenswert, sondern als rechtlich geboten herausstellt.

E. Ergebnis

Nach alledem belegen die besprochenen Fallstudien zumindest exemplarisch, dass sich die mit dem Strukturwandel des Völkerrechts einhergehenden Veränderungen des völkerrechtlichen Regelbestands unter Bezugnahme auf die Fortentwicklung der völkerrechtlichen Prinzipienschicht erklären und oftmals auch dogmatisch rechtfertigen lassen – und das unabhängig davon, ob die fraglichen Regelveränderungen als Materialisierungs-, Hierarchisierungs-, Privatisierungs- oder Objektivierungstendenz einzuordnen sind oder gar mehrere dieser Entwicklungslinien zugleich repräsentieren.[612] Auch jenseits der abstrakten methodentheoretischen Überlegungen des vorangegangenen vierten Kapitels bestätigt sich somit, dass das Aufkommen neuer völkerrechtlicher Grundprinzipien dazu beiträgt, Rechtsentwicklungen und -fortbildungen, die nach klassischem Völkerrechtsverständnis als unberechtigter Aktivismus der Gerichte erscheinen müssen, in der völkerrechtlichen Dogmatik abzubilden und in der Sache vielfach als rechtlich vertretbar auszuweisen. Das Bemühen, die Veränderungen des völkerrechtlichen Regelbestands derart auf den erweiterten Kreis völkerrechtlicher Grundprinzipien zurückzuführen, verfällt dabei – wie insbesondere die zuletzt besprochenen Beispiele illustrieren – keinesfalls in eine pauschale Apologie völkerrechtlicher Regelfortbildungen; vielmehr etabliert es mit dem Abstellen auf die prinzipientypische Abwägungsstruktur Begründungserfordernisse, die es – trotz zweifellos bestehender Spielräume – erlauben, Fortbildungen bestehender Regeln kontrollierbare Grenzen zu setzen. Innerhalb dieser Grenzen jedoch bilden die Grundprinzipien des Völkerrechts mächtige Rechtsfortbildungsargumente, die das Potential besitzen, den begonnenen Strukturwandel des Völkerrechts, auch über seine bereits beobachtbaren Einzelphänomene hinaus, zu „verlängern" und ihn so in Bereiche des völkerrechtlichen Regelbestands hineinzutragen, die von der bisherigen Entwicklung unberührt geblieben sind.

---

[612] Insbesondere mit Privatisierungsentwicklungen, wie etwa der individualrechtsfreundlichen Deutung des Art. 36 WÜK, geht oftmals auch eine Objektivierungstendenz einher. Denn durch die Umdeutung des Art. 36 WÜK in eine Individualrechtsgarantie sehen die Staaten sich einer Rechtsbeziehung zu einem Rechtssubjekt (dem Einzelnen) ausgesetzt, gegenüber dem sie die entsprechenden Pflichten nie konsentiert haben.

Schlussüberlegungen und Ausblick

Die vorliegende Arbeit hat sich um ein Verständnis völkerrechtlicher Strukturveränderungen bemüht, das diese nicht nur deskriptiv erfassen kann, sondern in erster Linie normativ zu begründen und in die Dogmatik des Völkerrechts zu integrieren vermag. Sie hat gezeigt, dass sich die Veränderungen des völkerrechtlichen Regelbestands, die der These vom Strukturwandel des Völkerrechts zugrunde liegen, jedenfalls in zentralen Bereichen als Folge eines Wandels völkerrechtlicher Grundprinzipien begreifen und dogmatisch rechtfertigen lassen: Das Aufkommen neuer völkerrechtlicher Grundprinzipien lässt rechtsförmige Gründe entstehen, die jedenfalls dann auf eine Anpassung bestehender Regeln drängen, wenn diese Regeln den Wertungen der neu entstandenen Grundprinzipien nicht bereits Ausdruck verleihen. Vor diesem Hintergrund sind die Regelveränderungen, an denen der Strukturwandel des Völkerrechts erkennbar wird, als Harmonisierungsprozesse zu begreifen, die dogmatisch als prinzipienkonforme Auslegungen oder prinzipienbasierte Rechtsfortbildungen begründbar sind. Die „Strukturwandel als Prinzipienwandel"-These ermöglicht damit ein Verständnis völkerrechtlicher Strukturveränderungen, das auch auf die normative Frage nach Grund und dogmatischer Begründbarkeit eben dieser Strukturveränderungen eine Antwort gibt.

Wenngleich der Fokus der „Strukturwandel als Prinzipienwandel"-These auf eben dieser normativen Erfassung des völkerrechtlichen Strukturwandels liegt, so lässt sie die einheitsbildende Funktion strukturparadigmatischer Beschreibungen dennoch nicht vermissen.[1] Indem sie die kaum überschaubare Vielzahl zunächst disparat erscheinender Strukturwandelphänomene auf den Einfluss weniger neu entstandener völkerrechtlicher Grundprinzipien zurückführt, gibt sie die unterschiedlichen Einzelentwicklungen als Teile eines einheitlichen Wandlungsprozesses zu erkennen und enthält damit ebenso wie die eingangs

[1] Dazu S. 153 f. Wie dort bereits gezeigt, steht das hier vorgeschlagene Verständnis des völkerrechtlichen Strukturwandels nicht im engeren Sinne in Konkurrenz zu Versuchen, die Veränderungen der Völkerrechtsordnung unter Bezugnahme auf Sturkturparadigmen wie „Internationales Gemeinschaftsrecht" oder „Weltverfassungsrecht" deskriptiv zu erfassen, und ließe sich durch diese ohne weiteres ergänzen.

J. Rauber, *Strukturwandel als Prinzipienwandel,* Beiträge zum ausländischen öffentlichen Recht und Völkerrecht, https://doi.org/10.1007/978-3-662-55471-5_7

dargestellten[2] deskriptiven Ansätze das Versprechen, „that there is some system in all the madness“[3]. So heterogen die einzelnen Regelentwicklungen zunächst auch erscheinen mögen, so sehr stiftet die Tatsache, dass sie alle ihre normative Grundlage in denselben neu entstandenen Grundprinzipien finden, einen inhaltlichen Zusammenhang, der die unterschiedlichen Regelveränderungen verbindet und deutlich macht, dass der Wandel des Völkerrechts tiefer greift und über die konstatierten Regelveränderungen selbst hinausreicht. Erst im Lichte dieser Überlegungen erschließt sich, dass die hier vorgestellte Erklärung eine Theorie des völkerrechtlichen *Struktur*wandels darstellt, die mehr ist als eine Theorie konkreter *Regel*veränderungen. Denn eine Struktur bezeichnet die innere Ordnung eines Ganzen, das Sinngefüge einer Vielheit von Elementen und die Art und Weise, auf die die Bestandteile eines Systems zueinander in Beziehung stehen. Von den Elementen, deren Sinngefüge sie beschreibt, ist die Struktur selbst demnach verschieden. Und so stellen denn auch die Regeln des Völkerrechts bloße Elemente der Völkerrechtsordnung dar, die mit der Struktur der Völkerrechtsordnung nicht identisch sind. Mögen die Veränderungen individueller Völkerrechtsregeln daher auch das sichtbarste Indiz völkerrechtlicher Strukturveränderungen darstellen, so sind sie mit dem Wandel völkerrechtlicher Strukturen dennoch nicht gleichzusetzen. Doch indem die „Strukturwandel als Prinzipienwandel“-These die Gesamtheit dieser Regelveränderungen auf die Entstehung neuer völkerrechtlicher Grundprinzipien zurückführt und so als einheitlichen Wandlungsprozess ausweist, legt sie zugleich die Veränderungen im inhaltlichen Sinngefüge der Regeln des Völkerrechts dar: Anders als bisher lassen sich die Regeln des Völkerrechts nicht mehr allein als Ausdruck des Prinzips staatlicher Souveränität verstehen; vielmehr verbindet sie die Tatsache, dass sie sich als verhältnismäßiger Ausgleich eines erweiterten Bestands völkerrechtlicher Grundprinzipien begreifen lassen, der neben dem Souveränitätsprinzip unter anderem auch ein Humanitäts-, ein Umwelt- und ein Rechtsschutzprinzip enthält.[4] Und so ist es gerade die Erweiterung völkerrechtlicher Grundprinzipien, der den Wandel des inhaltlichen Sinngefüges der Völkerrechtsordnung kennzeichnet. Sei-

---

2 Siehe S. 113 ff., insbes. 115 ff., 124 ff.

3 *J. Klabbers*, IO L. Rev. 1 (2004), S. 31 (49).

4 Zu den Implikationen dieser Tatsache für die Frage nach Systematizität und Einheit der Völkerrechtsordnung siehe *J. Rauber*, ZaöRV 75 (2015), S. 259; vgl. zum einheitsbildenden Moment des Prinzipienansatzes auch *A. van Aaken*, Ind. J. Global Leg. Stud. 16 (2009), S. 483.

nem Wesen nach ist der Wandel völkerrechtlicher Strukturen demnach ein Wandel völkerrechtlicher Prinzipien.

Die Konsequenzen und Anschlussfragen, die diese Interpretation des völkerrechtlichen Strukturwandels aufwirft, sind zweifellos vielfältig. Vor allem jedoch betreffen sie die internationale Gerichtsbarkeit. Zwar hat sich gezeigt, dass der Rekurs auf Grundprinzipien des Völkerrechts – das Souveränitätsprinzip einmal ausgenommen – in der Entscheidungspraxis internationaler Gerichte bisher selten ist und dort, wo er dennoch erfolgt, meist lediglich als ergänzendes Argument zum Tragen kommt.[5] Stets jedoch geht mit der Konkretisierung völkerrechtlicher Grundprinzipien eine gesteigerte Begründungsverantwortung der Gerichte einher: Für eine fundierte Entscheidungsfindung müssen die zur Entscheidung berufenen Gerichte die Abwägungsvorgänge, die der Prinzipienanwendung zugrundeliegen, nachvollziehbar strukturieren und die dabei bemühten Wertungsentscheidungen explizit offenlegen. Nur durch eine solche Offenlegung der wertungsmäßigen Annahmen bleiben die im Wege der Abwägung gefundenen Ergebnisse auch für die Staaten vorhersehbar, überprüfbar und für Kritik zugänglich.[6] Und nur eine in diesem Sinne transparente Entscheidungsbegründung ermöglicht es, die ursprünglich von den Gerichten getroffenen Wertungsentscheidungen im dialogischen Zusammenspiel von gerichtlicher Entscheidung und staatlichen Reaktionen über die Zeit hinweg an einen entsprechenden Konsens der Staaten rückzubinden und diese gegebenenfalls für künftige Entscheidungen anzupassen. Angesichts all dessen dürfte im Lichte der vorgestellten prinzipienbasierten Interpretation des völkerrechtlichen Strukturwandels künftig nicht nur die Frage nach der Legitimation internationaler Gerichte,[7] sondern auch die damit eng verbundenen Themen der Befolgungsbereitschaft und Steuerungswirkung des Völkerrechts[8] verstärkt in den Fokus rücken.

---

[5] Siehe insbes. die Beispiele auf S. 657 ff.

[6] Vgl. *A. v. Bogdandy*, in: FS Riedel, 2013, S. 413 (425).

[7] Dazu aus jüngerer Zeit vor allem *A. v. Bogdandy/I. Venzke*, In wessen Namen?, 2014; siehe auch *S. Besson*, in: M. Rosenfeld/A. Sajó (Hrsg.), The Oxford Handbook of Comparative Constitutional Law, 2012, S. 413 (430 ff.).

[8] Grundlegend zu diesem Zusammenhang *T. M. Franck*, The Power of Legitimacy among Nations, 1990.

Zusammenfassung

Es kann als Gemeinplatz der Völkerrechtslehre gelten, dass sich die Strukturen des Völkerrechts in einem Wandlungsprozess befinden. Aktuelle Debatten wie insbesondere die Diskussion über die Konstitutionalisierung des Völkerrechts verdeutlichen dies. Die vorliegende Arbeit hat versucht zum Verständnis dieses Strukturwandels des Völkerrechts beizutragen. Anstatt jedoch nach einem begrifflichen Paradigma zu suchen, das den gegenwärtigen Stand des Völkerrechts angemessen zu beschreiben und so deskriptiv zu erfassen vermag, stand im Mittelpunkt der vorliegenden Untersuchung die Frage nach dem normativen Grund der Einzelentwicklungen, an denen sich der völkerrechtliche Strukturwandel zu erkennen gibt. Die zentrale These der Arbeit lautet, dass der Strukturwandel des Völkerrechts in einem Wandel völkerrechtlicher Grundprinzipien besteht. Diese Grundprinzipien stellen nicht nur den allgemein-normativen Grund der Regelveränderungen dar, sondern ermöglichen es, diese Regelveränderungen in rechtsdogmatischer Hinsicht als prinzipienkonforme Auslegungen oder Rechtsfortbildungen zu begreifen und damit dogmatisch zu rechtfertigen. Diese „Strukturwandel als Prinzipienwandel"-These hat die Arbeit in fünf Kapiteln dargestellt. Deren Ergebnisse werden im Folgenden thesenförmig zusammengefasst.

I. Bestandsaufnahme: Der völkerrechtliche Strukturwandel und seine wissenschaftliche Erfassung

Das erste Kapitel gibt einen Überblick über die Einzelphänomene, die dem aktuellen Strukturwandel des Völkerrechts zugeordnet werden, und beleuchtet die bisherigen Versuche diesen Wandel wissenschaftlich zu erfassen.

Thesen:

1. Bereits innerhalb des klassischen Völkerrechts lassen sich unterschiedliche Entwicklungsstufen unterscheiden. Die Völkerrechtswissenschaft hat diese Entwicklungsstufen mit Hilfe von Strukturparadigmen wie Koexistenz- und Kooperationsvölkerrecht (*Friedmann*) deskriptiv zu erfassen versucht. Eine Bewertung, Rechtfertigung oder Begründung des völkerrechtlichen Wandels erlaubt ein solcher methodischer Zugang nicht.

2. Der aktuelle Strukturwandel des Völkerrechts lässt sich durch vier Entwicklungstendenzen charakterisieren: Materialisierung, Hierarchisierung, Privatisierung und Objektivierung.

2.1. *Materialisierung*: Die Normen des Völkerrechts nehmen sich in inhaltlicher Hinsicht nicht mehr lediglich dem Schutz rein staatlicher Interessen an, sondern schützen darüber hinaus verstärkt Gemeinschaftsinteressen (z.B. Menschenrechte oder die globale Umwelt).

2.2. *Hierarchisierung*: Die Normen des Völkerrechts stehen dabei nicht mehr gleichgeordnet nebeneinander. Vielmehr bilden sich durch das Aufkommen zwingender Völkerrechtsnormen, die Entstehung von Verpflichtungen *erga omnes* sowie die Anerkennung vertraglicher Vorrangklauseln wie etwa Art. 103 UN-Charta normhierarchische Vorrangverhältnisse heraus. Allein das *ius cogens* genießt dabei einen Vorrang nach dem Bedingungszusammenhang. In institutioneller Hinsicht begründet vor allem – aber nicht lediglich – die Sonderstellung des UN-Sicherheitsrats ein hierarchisches Über-Unterordnungsverhältnis.

2.3. *Privatisierung*: Im Rahmen der Privatisierung des Völkerrechts dehnt sich das Konzept der Völkerrechtssubjektivität auf nichtstaatliche Akteure, wie insbesondere den Einzelnen, NGOs, multinationale Unternehmen und weitere Entitäten aus. Diese werden nicht nur in einer zunehmenden Anzahl von Normen berechtigt oder verpflichtet, sondern verfügen zum Teil gar auf völkerrechtlicher Ebene über prozessuale Möglichkeiten zur gerichtlichen Durchsetzung ihrer Rechte.

2.4. *Objektivierung*: Die klassische Abhängigkeit von Rechtsbindung und -durchsetzung vom subjektiven Willen der betroffenen Staaten wird teilweise in Frage gestellt. Unter anderem der Umgang mit unzulässigen Vorbehalten zu völkerrechtlichen Verträgen, Entwicklungen im Bereich der Staatennachfolge in Menschenrechtskonventionen sowie die Dogmatik des zwingenden Völkerrechts zeigen, dass völkerrechtliche Rechtsbindungen der Staaten teilweise auch ohne oder gegen den Willen der Staaten entstehen. Auch im Bereich der Durchsetzung des Völkerrechts zeigen sich – wenngleich weniger deutlich – entsprechende Tendenzen.

3. Sowohl Materialisierung als auch Hierarchisierung, Privatisierung und Objektivierung zeugen von einer verminderten Bedeutung des Souveränitätsprinzips und lassen sich folglich als Tendenzen einer Entsouveränisierung verstehen.

4. In der Völkerrechtswissenschaft werden diese Entwicklungen vor allem als Ausbildung eines internationalen Gemeinschaftsrechts oder als

Kennzeichen einer Konstitutionalisierung des Völkerrechts zu erfassen versucht. Insbesondere der Konstitutionalisierungslehre fehlen bislang aber die Instrumente, um diese Entwicklungen auch normativ zu erfassen und in die Dogmatik des Völkerrechts integrieren zu können.

II. Theoretische Grundlagen: Der Begriff rechtlicher Prinzipien und ihre Stellung im Schichtenbau der Rechtsordnung

Vor diesem Hintergrund entwirft das zweite Kapitel die rechtstheoretischen Grundlagen für die vorzustellende normative Alternativkonzeption völkerrechtlicher Strukturveränderungen, der „Strukturwandel als Prinzipienwandel"-These. Es definiert das zugrundegelegte Prinzipienverständnis und untersucht das rechtstheoretische Verhältnis von Regeln und Prinzipien des Rechts.

Thesen:

1. Rechtsprinzipien sind Normen, die der Abwägung fähig sind und ihr im Konfliktfall auch bedürfen. Von Rechtsregeln unterscheiden sie sich normstrukturell dadurch, dass sie inhaltlich die Verwirklichung abstufbarer Ideale gebieten und lediglich ein ideales Sollen enthalten, die Verwirklichung ihres Norminhalts folglich nur „unter der Bedingung gebieten, daß man von allem absieht oder abstrahiert, was dem entgegenstehen könnte".[1]

2. Entgegen unterschiedlicher Kritik aus dem Schrifttum ist diese normstrukturelle Unterscheidung zwischen Regeln und Prinzipien auch nicht überflüssig.

3. Im Rahmen der Struktur der Rechtsordnung stehen Prinzipien zwischen Werten einerseits und Regeln andererseits. Einerseits inkorporieren sie vielfach außerrechtliche Werte in den Bereich des Rechts; andererseits fungieren sie dort – das zeigt ihr spezifischer Anwendungsmodus: die Abwägung – als normative Gründe für konkret-definitive rechtliche Sollensurteile, das heißt für Rechtsregeln.

4. Rechtsregeln lassen sich ihrerseits als Ergebnis einer Abwägung rekonstruieren, deren Gegenstände jedenfalls diejenigen Rechtsprinzipien bilden, die die regelsetzende Instanz im Rahmen der Rechtsetzung binden (*Inversionsthese*).

5. In diesem aus Rechtsprinzipien und Rechtsregeln bestehenden Schichtenbau der Rechtsordnung erscheinen Regelveränderungen als

---

[1] *R. Alexy*, in: L. Clérico/J.-R. Sieckmann (Hrsg.), Grundrechte, Prinzipien und Argumentation, S. 21 (23).

ein sekundäres Phänomen, das seinen eigentlichen normativen Grund in einem veränderten Bestand zugrundeliegender Abwägungsgründe, das heißt Prinzipien, findet. Rechtstheoretisch liegt es deshalb nahe die Regelveränderungen, an die die Feststellung vom Strukturwandel des Völkerrechts anknüpft, auf eine Veränderung völkerrechtlicher Prinzipien zurückzuführen.

6. Überzeugende Einwände gegen die Übertragung dieses Prinzipienverständnisses und des darauf aufbauenden Schichtenbau-Modells der Rechtsordnung in das Völkerrecht bestehen nicht.

III. Dogmatische Grundlagen: Die Rechtsquellen völkerrechtlicher Prinzipien und die Veränderungen ihres Bestands

Das dritte Kapitel zeigt, dass das Völkerrecht Normen enthält, die dem skizzierten Prinzipienverständnis entsprechen und dass sich der Bestand dieser Prinzipien im Lauf der völkerrechtlichen Entwicklung gewandelt hat.

Thesen:

1. Prinzipien lassen sich nur dann als Normen des Völkerrechts ausweisen, wenn sie die Kriterien einer völkerrechtlichen Rechtsquelle erfüllen. Als Rechtsquelle für Prinzipiennormen kommen neben dem Völkervertragsrecht im Sinne des Art. 38 Abs. 1 lit. a IGH-Statut vor allem die allgemeinen Rechtsgrundsätze im Sinne des Art. 38 Abs. 1 lit. c IGH-Statut in Betracht.

2. Aufgrund der normstrukturellen Charakteristika prinzipienhafter Normen erfüllt ein Rechtsprinzip die Voraussetzungen des Art. 38 Abs. 1 lit. c IGH-Statut bereits dann, wenn es von den Staaten *in foro internationalis* als Recht anerkannt wird; einer Staatenpraxis bedarf es insofern nicht. Auch eine Anerkennung *in foro domestico* ist möglich.

3. Der Prinzipienbestand des klassischen Völkerrechts wird allein vom Prinzip staatlicher Souveränität bestimmt. Das Souveränitätsprinzip stellt eine inhaltlich umfassende staatliche Selbstbestimmungsgarantie dar, die in normstruktureller Hinsicht Prinzipiencharakter besitzt. Als ein solches Prinzip liegt das Souveränitätsprinzip den Regeln des klassischen Völkerrechts als normativer Grund zugrunde. Diese lassen sich als Ergebnisse einer Abwägung sich gegenseitig beschränkender Souveränitätsansprüche rekonstruieren.

4. Im aktuellen Völkerrecht bricht dieser Prinzipienmonismus auf und weitere Grundprinzipien bilden sich aus. Zu diesen Grundprinzipien zählen neben einem völkerrechtlichen Humanitätsprinzip auch ein völ-

kerrechtliches Umweltprinzip sowie ein Rechtsschutzprinzip. All diese Prinzipien sind als allgemeine Rechtsgrundsätze Teil des positiven Völkerrechts und besitzen in normstruktureller Hinsicht Prinzipiencharakter. Ihre Verwirklichung steht daher unter dem Vorbehalt des rechtlich und tatsächlich Möglichen, im Konfliktfall mit anderen Rechtsprinzipien bedürfen sie der Abwägung.

IV. Methodische Grundlagen: Der Einfluss völkerrechtlicher Prinzipien auf Auslegung und Fortbildung des Rechts

Das vierte Kapitel untersucht, inwiefern die völkerrechtliche Methodenlehre den neu entstandenen Prinzipien die Möglichkeit eröffnet, auf die völkerrechtliche Rechtsgewinnung und den Inhalt bestehender Völkerrechtsregeln Einfluss zu nehmen.

Thesen:

1. Rechtsgewinnung *secundum legem*:

1.1. Die neu entstandenen Völkerrechtsprinzipien sind bei der Auslegung bestehender völkervertraglicher Regeln gem. Art. 31 Abs. 3 lit. c WVK als Argumente systematischer Auslegung zu berücksichtigen.

1.2. Im Wege teleologischer Auslegung hingegen entfalten Rechtsprinzipien, anders als häufig angenommen, lediglich unter sehr engen Voraussetzungen ihre Wirkung: Lediglich dann, wenn ein Vertrag eine Zielbestimmung enthält, bei deren Auslegung gem. Art. 31 Abs. 3 lit. c WVK auch die Rechtsprinzipien des allgemeinen Völkerrechts heranzuziehen sind, können diese mittelbar auch im Rahmen teleologischer Interpretation wirksam werden.

1.3. Dessen ungeachtet lässt sich – in Anlehnung an den Grundsatz *in dubio mitius* und gestützt auf die strukturellen Eigenheiten der fraglichen Völkerrechtsprinzipien – ein allgemeines Gebot prinzipienkonformer Auslegung begründen: Eine jede völkervertragliche Regel ist so auszulegen, dass sie die in ihrem Anwendungsbereich einschlägigen Völkerrechtsprinzipien einem verhältnismäßigen Ausgleich zuführt.

1.4. Völkergewohnheitsrechtliche Regeln sind der Auslegung nicht zugänglich.

2. Rechtsgewinnung *praeter legem*: Wo der völkerrechtliche Regelbestand Lücken enthält, ist zur Rechtsgewinnung unmittelbar auf die einschlägigen Grundprinzipien zurückzugreifen. Sind mehrere Prinzipien anwendbar, so ist die Entscheidung im Wege der Abwägung zu treffen.

3. Rechtsgewinnung *contra legem*: Ein Hinwegsetzen über bestehende völkerrechtliche Regeln erlauben die Grundprinzipien des Völkerrechts

indes nur unter erhöhten Begründungsanforderungen. Nur dann, wenn die bestehende Regel kein mögliches Ergebnis einer Abwägung der einschlägigen Völkerrechtsprinzipien darstellt, kommt eine regelkorrigierende Rechtsfortbildung in Betracht.

V. Anwendung: Fallstudien zur Erprobung der Strukturwandel als Prinzipienwandel-These

Gestützt auf die Ergebnisse der Kapitel drei und vier überprüft das fünfte Kapitel anhand einiger exemplarisch ausgewählter Fallstudien, ob sich die im ersten Kapitel skizzierten Strukturwandelphänomene dogmatisch als prinzipienbasierte Auslegungen oder prinzipiengestützte Rechtsfortbildungen rechtfertigen lassen.

Thesen:

1. In zentralen Bereichen können die neu entstandenen Rechtsprinzipien die beobachteten Materialisierungs-, Hierarchisierungs-, Privatisierungs- und Objektivierungstendenzen rechtfertigen und so in die Dogmatik des Völkerrechts integrieren. Die Ergebnisse bestätigen insofern die These, dass der Strukturwandel des Völkerrechts normativ als Wandel völkerrechtlicher Prinzipien zu verstehen ist.

2. Die prinzipienbasierte Rekonstruktion bietet keine bloße Apologie der beobachtbaren Entwicklungen, sondern bietet Maßstäbe, die Regelfortbildungen auch Grenzen zu setzen im Stande sind.

Summary

It is commonplace in international legal scholarship to observe, that the structures of international law are changing. For this, current debates as, for instance, the debate on the constitutionalisation of international law provide ample proof. The present book is an attempt to contribute to the understanding of this alteration in the structures of international law. However, instead of searching for a conceptual paradigm that adequately describes and hence descriptively captures the current state of the international legal order, the present study focuses on the normative reasons for those individual developments that reveal the changing structures of international law. It is the book's main thesis that the alteration of international legal structures consists in a change of international law's foundational principles. These foundational principles not only provide a normative reason for the change of legal rules, but in terms of legal doctrine, they also allow to conceive these changes as interpretations in conformity with these principles or as principle-based judicial developments of the law. By doing so, the emergence of international law's new foundational principles paves the way for a doctrinal justification of the changes in legal rules that are at the surface of international law's structural alterations. The book elaborates this proposition in five chapters. In the following, their findings are concisely summarized.

I. Taking stock: The changing structure of international law and its ascertainment in legal scholarship

The first chapter provides an overview of the individual phenomena that are attributed to the current structural change of international law and examines previous scholarly attempts to scientifically capture this change.

Theses:

1. Already within classical international law different stages of development can be distinguished. In international legal scholarship these developmental stages have been descriptively captured using structural paradigms as, e.g., the law of coexistence and the law of cooperation (*Friedmann*). This methodological approach does not allow for a normative assessment or a justification of the changes in international law.

2. The current structural alterations in international law can be characterized by four development trends: contentualisation (*Materialisierung*), hierarchization (*Hierarchisierung*), privatisation (*Privatisierung*), and objectivisation (*Objektivierung*).

2.1. *Contentualisation*: With regard to their content, norms of public international law do no longer confine themselves to the protection of mere state interests, but in addition increasingly protect community interests (e.g. human rights or global environment).

2.2. *Hierarchization*: Norms of public international law do no longer enjoy equal rank. Rather, through the occurrence of peremptory norms of international law, the coming into existence of obligations *erga omnes*, and the recognition of priority clauses in treaties as, e.g., Art. 103 UN-Charter, normative hierarchies emerge. Among those, however, only *jus cogens* norms enjoy priority in the sense that the validity of other norms depends on their being compatible with the former (*Vorrang nach dem Bedingungszusammenhang*). When it comes to institutional hierarchies, it is first and foremost – but not exclusively – the special position of the UN Security Council that establishes an hierarchic relationship of superiority and inferiority.

2.3. *Privatisation*: The privatisation of international law is manifested in the fact, that non-state actors, most importantly individuals, NGOs, and multinational companies, but also other entities, have increasingly come to enjoy international legal personality. Not only are they conferred rights and duties by a growing number of international norms, but in part they even have access to procedural safeguards for the judicial enforcement of their rights on the international level.

2.4. *Objectivisation*: The traditional dependency of both legal obligations and the enforcement of law from consent and, thus, the subjective will of the States concerned is partially challenged. The treatment of inadmissible reservations to international treaties, developments in the realm of the succession of states with regard to human rights conventions and, *inter alia*, the doctrine of peremptory norms illustrate that for States obligations under international law can, in some instances, arise even without or against their will. When it comes to the enforcement of international law, respective trends can – even if to a lesser extent – also be ascertained.

3. International law's contentualisation as well as the hierarchisation, privatisation, and objectivisation of international law testify to a diminished importance of the sovereignty principle and can, hence, be understood as tendencies pointing toward its decline (*Entsouveränisierung*).

4. In international legal scholarship these developments are predominantly conceived of as the emergence of an international community law or as indcators of a constitutionalisation of international law. To date, however, in particular the constitutionalist school lacks instruments that can normatively capture these developments and can reintegrate them into the doctrine of public international law.

II. Theoretical Foundations: The concept of legal principles and their place in the layers of the legal order

Against this backdrop the second chapter outlines the legal-theoretical foundations for the alternative conception of the structural changes of international law that is presented in this study. It defines the underlying conception of legal principles and examines, from the standpoint of legal theory, the relationship between rules and principles of law.

Theses:

1. Legal principles are norms, that can be balanced and that in case of conflict require balancing. They differ from legal rules with regard to their norm structure. Other than rules, principles, first, require the implementation of ideals that are capable of gradual realization and, secondly, merely contain an ideal ought, that is they demand realization only under the condition of abstraction from any possible obstacles.

2. Contrary to what critics in legal literature claim, this structural distinction between rules and principles is not redundant.

3. Principles' place in the structure of the legal order is between values on the one hand and rules on the other. On the one hand, legal principles often incorporate extralegal values into the realm of law; within the realm of law, on the other hand, they serve as normative reasons for judgments on a specific and definite ought, i.e. for legal rules. This is illustrated by legal principles' specific mode of application, namely balancing.

4. Legal rules can be reconstructed as the result of a balancing exercise. The principles having to be taken into account in this exercise are, at a minimung, those principles that in the process of law-making are binding on the legislative authority (*inversion-thesis*).

5. In this layered structure of the legal order that consists of both principles and rules of law changes in legal rules appear as a derivative phenomenon. Their actual normative reason lies in an altered stock of underlying reasons that have to be balanced, that is an altered set of principles. From the standpoint of legal theory it therefore stands to reason

that the changes of legal rules linked to the observation of international law's structural alteration can be traced back to a change of international legal principles.

6. The possible objections against the transfer and application to international law of both this conception of legal principles and the layer-model of the legal order based on it, are unpersuasive.

III. Doctrinal Foundations: The sources of inernational legal principles and the changes of their set

The third chapter demonstrates that international law in fact contains norms that conform to the conception of legal principles outlined before and that the set of those principles has been changing in the course of the development of international law.

Theses:

1. Principles can only be shown to be a norm of international law, if they fulfill the criteria of one of the sources of international law. Besides international treaty law (Art. 38 Abs. 1 lit. a ICJ Statute) it is primarily the general principles of law (Art. 38 Abs. 1 lit. c ICJ Statute) that are eligible as a legal source for norms that are principles in the above sense.

2. Given the structural characteristics of principle-type norms the criteria set up by Art. 38 Abs. 1 lit. c ICJ Statute are already fulfilled, if the principle in question is recognized as law by States *in foro internationalis*; a corresponding state practice is not required. Alternatively or additionally, a recognition of the said principle *in foro domestico* also suffices.

3. In classical international law the set of legal principles was dominated by state sovereignty alone. As to its content, the sovereignty principle contains a comprehensive guarantee of State autonomy that, in terms of norm structure, qualifies as a principle in the above sense. Given this qualification, it underlies the rules of classical international law and provides their normative reason. These rules can be reconstructed as results of a balancing exercise between mutually constraining claims to sovereignty.

4. In current international law this monism of principles finds an end as further foundational principles emerge. Among those new foundational principles are a principle of humanity, a principle of environmental protection, and a principle of legal protection. All of these principles enjoy the status of general principles of law (Art. 38 Abs. 1 lit. c ICJ Statute) and are thus part of positive law. As to their norm structure they also

qualify as principles in the above sense. Hence, their realization is conditional upon the legal and factual possibilities, in case of conflict with other principles they need to be balanced.

IV. Methodological Foundations: The impact of legal principles on the interpretation and judicial development of the law

The fourth chapter examines to what extent international legal methodology allows for newly emerged principles to impact the determination and the content of existing rules of international law.

Theses:

1. Interpretation *secundum legem*:

1.1. When interpreting existing international legal rules newly emerged principles of international law have to be taken into account as systematic arguments pursuant to Art. 31 Abs. 3 lit. c VCLT.

1.2. By means of teleological interpretation, however, legal principles can, contrary to a common assumption, assert their influence only under very restrictive conditions: Only if a treaty contains an express definition of its purpose that pursuant to Art. 31 Abs. 3 lit. c VCLT has to be interpreted by taking into account principles of general international law, these principles can indirectly influence the teleological interpretation of a treaty provision.

1.3. These limitations notwithstanding, a general requirement of interpreting treaty rules in conformity with legal principles can be justified. This can be argued drawing on the principle of *in dubio mitius* and based on the structural characteristics of the said principles of international law. Accordingly, every rule of international treaty law must be interpreted in a way that guarantees a proportionate balance of the relevant legal principles applicable in the case at hand.

1.4. Rules of customary international law are not subject to interpretation.

2. Development of law *praeter legem*: In cases not covered by international legal rules, it is necessary and mandatory to directly draw on the relevant foundational principles in order to determine what the law requires. If several principles apply, the decision has to be made by way of balancing.

3. Development of law *contra legem*: However, only under increased justificatory requirements is it possible to draw on the foundational principles of international law in order to override existing international legal rules. Only if a prevailing rule cannot be reconstructed as the re-

sult of a balancing exercise between the relevant international legal principles, a development of law adjusting the rule comes into question.

V. Application: Case-studies for the testing of the „changes of legal structures as changes of legal principles"-thesis

Relying on the findings of chapters three and four and based on several exemplarily chosen case studies, the fifth chapter verifies whether the individual phenomena that the first chapter attributed to the structural change of international law can be explained and justified as interpretations of existing rules in conformity with newly emerged principles or as cases of a principle-based judicial development of law.

Theses:

1. The case studies illustrate that in major aspects the trends of contentualisation, hierarchisation, privatisation and objectivisation can be justified and re-integrated into the doctrine of international law by drawing on the newly emerged foundational principles of international law. To this extent the findings confirm the thesis, that in normative terms the changing structure of international law is to be conceived of as a change of international legal principles.

2. The principle-based reconstruction does not amout to a mere apology of the observed developments, rather it provides standards that are also capale of limiting the judicical development of law.

Literaturverzeichnis

van Aaken, Anne, To Do Away with International Law? Some Limits to ‚The Limits of International Law', EJIL 17 (2006), S. 289-308.
van Aaken, Anne, Defragmentation of Public International Law Through Interpretation: A Methodological Proposal, Ind. J. Global Leg. Stud. 16 (2009), S. 483-512.
van Aaken, Anne, Die vielen Wege zur Effektuierung des Völkerrechts, RW 4 (2013), S. 227-262.
Aarnio, Aulis, Taking Rules Seriously, in: Maihofer, Werner/Sprenger, Gerhard (Hrsg.), Law and the States in Modern Times. Proceedings of the 14th IVR World Congress in Edinburgh, August 1989, ARSP Beiheft 42, Stuttgart 1990, S. 180-192.
Abass, Ademola, The Proposed International Criminal Jurisdiction for the African Court: Some Problematical Aspects, NILR 2013, S. 27-50.
Abi-Saab, Georges, Cours général de droit international public, RdC 207 (1987-VII), S. 9-464.
Abi-Saab, Georges, Wither the International Community?, EJIL 9 (1998), S. 248-265.
Ago, Roberto, Science juridique et droit international, RdC 90 (1956-II), S. 851-958.
Akande, Dapo, What is the Meaning of „Consensus" in International Decision Making?, EJIL: Talk!, 8. April 2013, online abrufbar unter http://www.ejiltalk.org/negotiations-on-arms-trade-treaty-fail-to-adopt-treaty-by-consensus-what-is-the-meaning-of-consensus-in-international-decision-making/
Akehurst, Michael, Custom as a Source of International Law, BYIL 47 (1974-75), S. 1-53.
Akehurst, Michael, The Hierarchy of the Sources of International Law, BYIL 47 (1974-75), S. 273-285.
Alexander, Larry, Legal Objectivity and the Illusion of Legal Principles, in: Klatt, Matthias (Hrsg.), Institutionalized Reason. The Jurisprudence of Robert Alexy, Oxford 2012, S. 115-131.
Alexy, Robert, Rechtsregeln und Rechtsprinzipien, in: MacCormick, Neil (Hrsg.), Conditions of validity and cognition in modern legal thought. Proceedings of the 11th World Congress on Philosophy of Law and Social Philosophy in Helsinki, 1983, ARSP Beiheft 25, Stuttgart 1985, S. 13-29.
Alexy, Robert, Theorie der Grundrechte, Frankfurt a. M. 1986.
Alexy, Robert, Rechtssystem und Praktische Vernunft, Rechtstheorie 18 (1987), S. 405-419.
Alexy, Robert, Zum Begriff des Rechtsprinzips, in: ders., Recht, Vernunft, Diskurs. Studien zur Rechtsphilosophie, Frankfurt am Main 1995, S. 177-212.

J. Rauber, *Strukturwandel als Prinzipienwandel,* Beiträge zum ausländischen öffentlichen Recht und Völkerrecht, https://doi.org/10.1007/978-3-662-55471-5

Alexy, Robert, On the Structure of Legal Principles, Ratio Juris 13 (2000), S. 294-304.

Alexy, Robert, Zur Struktur der Rechtsprinzipien, in: Schilcher, Bernd/Koller, Peter/Funk, Bernd-Christian (Hrsg.), Regeln, Prinzipien und Elemente im System des Rechts, Wien 2000, S. 31-52.

Alexy, Robert, Die Gewichtsformel, in: Jickeli, Joachim/Kreutz, Peter/Reuter, Dieter (Hrsg.), Gedächtnisschrift für Jürgen Sonnenschein, Berlin 2003, S. 771-792.

Alexy, Robert, Ideales Sollen, in: Clérico, Laura/Sieckmann, Jan-Reinard (Hrsg.), Grundrechte, Prinzipien und Argumentation. Studien zur Rechtstheorie Robert Alexys, Baden-Baden 2009, S. 21-38.

Alexy, Robert, Die Konstruktion der Grundrechte, in: Clérico, Laura/Sieckmann, Jan-Reinard (Hrsg.), Grundrechte, Prinzipien und Argumentation. Studien zur Rechtstheorie Robert Alexys, Baden-Baden 2009, S. 9-19.

Alexy, Robert, Two or Three?, in: Borowski, Martin (Hrsg.), On the Nature of Legal Principles. Proceedings of the Special Workshop „The Principles Theory“ held at the 23rd World Congress of the International Association for Philosophy of Law and Social Philosophy (IVR), Kraków, 2007, ARSP Beiheft 119, Stuttgart 2010, S. 9-18.

Alexy, Robert, Begriff und Geltung des Rechts, 3. Auflage der Studienausgabe (= 5. Auflage), Freiburg u.a. 2011.

Alexy, Robert, Theorie der juristischen Argumentation. Die Theorie des rationalen Diskurses als Theorie der juristischen Begründung, 7. Auflage, Frankfurt am Main 2012.

Alexy, Robert, Formal principles: Some replies to critics, ICON 12 (2014), S. 511-524.

Alkema, Evert A., Netherlands, in: Shelton, Dinah (Hrsg.), International Law and Domestic Legal Systems, Oxford 2011, S. 407-428.

Allan, Trevor R. S., The Rule of Law, in: Dyzenhaus, David/Thorburn, Malcolm (Hrsg.), Philosophical Foundations of Constitutional Law, Oxford 2016, S. 201-220.

Alston, Philip, The Myopia of the Handmaidens: International Lawyers and Globalization, EJIL 8 (1997), S. 435-448.

Altwicker, Tilmann, Völkerrecht und Rechtspositivismus. Eine Annäherung mit Kelsen und Hart, ZRPh 10 (2012), S. 46-61.

Alvarez, José E., International Organizations as Law-Makers, Oxford 2006.

Alvarez, José E., State Sovereignty is not Withering Away: A Few Lessons for the Future, in: Cassese, Antonio (Hrsg.), Realizing Utopia. The Future of International Law, Oxford 2012, S. 26-37.

Ambos, Kai, Völkerrechtliche Bestrafungspflichten bei schweren Menschenrechtsverletzungen, AVR 37 (1999), S. 318-356.

Ambos, Kai, Internationales Strafrecht. Strafanwendungsrecht - Völkerstrafrecht - Europäisches Strafrecht - Rechtshilfe, 4. Auflage, München 2014.

Amerasinghe, Chittharanjan F., Diplomatic Protection, Oxford 2008.

Anand, Ram P., Sovereign Equality of States in International Law, RdC 197 (1986-II), S. 9-228.

Anand, Ram P., New States and International Law, in: MPEPIL (online edition), Artikel-Stand: Januar 2007.

Antonacci, Louis, Lessons from LaGrand: An Argument for the Domestic Enforceability of Treaty-Based Rights Under International Prisoner Transfer Treaties, Santa Clara J. Int'l L. 3 (2005), S. 22-71.

Appel, Ivo, Das Verwaltungsrecht zwischen traditionellem dogmatischen Verständnis und dem Anspruch einer Steuerungswissenschaft, VVDStRL 67 (2008), S. 226-285.

Appelbaum, Christian, Einschränkungen der Staatenimmunität in Fällen schwerer Menschenrechtsverletzungen: Klagen von Bürgern gegen einen fremden Staat oder ausländische staatliche Funktionsträger vor staatlichen Gerichten, Berlin 2007.

Arajärvi, Noora, Is there a Need for a New Sources Theory in International Law? A Proposal for an Inclusive Positivist Model, ASIL Proc.106 (2012), S. 370-373.

Arangio-Ruiz, Gaetano, The UN Declaration on Friendly Relations and the System of the Sources of International Law, Alphen aan den Rijn 1979.

Arato, Julian, Accounting for Difference in Treaty Interpretation over Time, in: Bianchi, Andrea/Peat, Daniel/Windsor, Matthew (Hrsg.), Interpretation in International Law, Oxford 2015, S. 205-228.

v. Arnauld, Andreas, Die normtheoretische Begründung des Verhältnismäßigkeitsgrundsatzes, JZ 55 (2000), S. 276-280.

v. Arnauld, Andreas, Rechtssicherheit: Perspektivische Annäherungen an eine „idée directrice“ des Rechts, Tübingen 2006.

v. Arnauld, Andreas, Völkerrecht, 3. Auflage, Heidelberg u.a. 2016.

Aston, Jurij Daniel, Die Bekämpfung abstrakter Gefahren für den Weltfrieden durch legislative Maßnahmen des Sicherheitsrats – Resolution 1373 (2001) im Kontext, ZaöRV 62 (2002), S. 257-291.

Atapattu, Sumudu, The Right to a Healthy Life or the Right to Die Polluted?: The Emergence of a Human Right to a Healthy Environment Under International Law, Tul. Envtl. L. J. 16 (2002-2003), S. 65-126.

Aust, Helmut Philipp, Complicity and the Law of State Responsibility, Cambridge 2013.

Austin, John, Lectures on Jurisprudence, or The Philosophy of Positive Law, 5. Auflage, hrsgg. v. Robert Campbell, London 1896.

Ávila, Humberto Bergmann, Theorie der Rechtsprinzipien, Berlin 2006.

Aznar-Gomez, Mariano J., The 1996 Nuclear Weapons Advisory Opinion and *Non Liquet* in International Law, ICLQ 48 (1999), S. 3-19.

Badura, Peter, Grenzen und Möglichkeiten des Richterrechts – Verfassungsrechtliche Überlegungen, in: Rechtsfortbildung durch die sozialgerichtliche Rechtsprechung: Verhandlungen des Deutschen Sozialgerichtsverbands, Bonn-Bad Godesberg 1973, S. 39-57.

Bähr, Otto, Der Rechtsstaat: Eine publizistische Studie, Darmstadt 1864.

Bäumler, Jelena, Das Schädigungsverbot im Völkerrecht, Heidelberg u.a. 2017.

Baldus, Manfred, Die Einheit der Rechtsordnung: Die Bedeutung einer juristischen Formel in Rechtstheorie, Zivil- und Staatsrechtswissenschaft des 19. und 20. Jahrhunderts, Berlin 1995.

Baldus, Manfred, Menschenwürdegarantie und Absolutheitsthese, AöR 136 (2011), S. 529-552.

Ballreich, Hans, Völkerrechtliche Verträge zu Lasten Dritter, in: Schreiber, Georg/Mosler, Hermann (Hrsg.), Völkerrechtliche und staatsrechtliche Abhandlungen. Carl Bilfinger zum 75. Geburtstag am 21. Januar 1954 gewidmet von Mitgliedern und Freunden des Instituts, Köln u.a. 1954, S. 1-26.

Bantekas, Ilias, Reflections on Some Sources and Methods of International Criminal and Humanitarian Law, Int'l Crim. L. Rev. 6 (2006), S. 121-136.

Baratta, Roberto, Should Invalid Reservations to Human Rights Treaties be Disregarded?, EJIL 11 (2000), S. 413-425.

Barnet, Richard J., Coexistence and Cooperation in International Law, World Politics 18 (1965), S. 82-91.

Barral, Virginie, Sustainable Development in International Law: Nature and Operation of an Evolutive Legal Norm, EJIL 23 (2012), S. 377-400.

Barriga, Stefan/Alday, Alejandro, The General Assembly and the Rule of Law: Daring to Succeed? – The Perspective of Member States, MPYUNL 12 (2008), S. 381-408.

Barriga, Stefan/Kerschischnig, Georg, The UN General Assembly Resolution on the Rule of Law Resolution: Ambition Meets Pragmatism, HJRL 2 (2010), S. 253-258.

Bartels, Lorand, Article XX of GATT and the Problem of Extraterritorial Jurisdiction. The Case of Trade Measures for the Protection of Human Rights, JWT 36 (2002), S. 353-403.

Barth, Rainer, Richterliche Rechtsfortbildung im Steuerrecht, Berlin 1996.

Basak, Anindita, Environmental Studies, Delhi 2009.

Baslar, Kemal, The Concept of the Common Heritage of Mankind in International Law, The Hague u.a. 1998.

Bassiouni, M. Cherif, A Functional Approach to „General Principles of Law", Mich. J. Int'l L. 11 (1989-1990), S. 768-818.

Bassiouni, M. Cherif, International Crimes: *Jus Cogens* and *Obligatio Erga Omnes*, Law & Contemp. Probs. 59 (1996), S. 63-74.

Baylis, Elena A., General Comment No. 24: Confronting the Problem of Reservations to Human Rights Treaties, Berkeley J. Int'l L. 17 (1999), S. 277-329.

Beaucamp, Guy, Allgemeine Rechtsgrundsätze als methodisches Problem, DÖV 2013, S. 41-50.

Becker, Florian, Kooperative und konsensuale Strukturen der Normsetzung, Tübingen 2005.

Beckett, Jason A., Behind Relative Normativity: Rules and Process as Prerequisites of Law, EJIL 12 (2001), S. 627-650.

de Beco, Gauthier, War Crimes in International Versus Non-International Armed Conflicts: „New Wine in Old Wineskins"?, Int'l Crim . Rev. 8 (2008), S. 319-330.

Bedermann, David J., Third Party Rights and Obligations in Treaties, in: Hollis, Duncan B. (Hrsg.), The Oxford Guide to Treaties, Oxford 2012, S. 328-346.

Bedi, Shiv R. S., The Development of Human Rights Law by the Judges of the International Court of Justice, Portland 2007.

Bedner, Adriaan, An Elementary Approach to the Rule of Law, HJRL 2 (2010), S. 48-74.

Benecke, Martina, Gesetzesumgehung im Zivilrecht. Lehre und praktischer Fall im allgemeinen und internationalen Privatrecht, Tübingen 2004.

Benedek, Wolfgang, Humanization of International Law, Human Rights and the Common Interest, in: ders./De Feyter, Koen/Kettemann, Matthias C./Voigt, Christina, The Common Interest in International Law, Cambridge u.a. 2014, S. 185-196.

Bengoetxea, Joxerramon, Principia and Teloi, in: Besson, Samantha/Pichonnaz, Pascal (Hrsg.), Les principes en droit européen/Principles in European Law, Zürich u.a. 2011, S. 65-84.

Bentzien, Joachim, Die völkerrechtlichen Schranken der nationalen Souveränität im 21. Jahrhundert, Franfurt am Main u.a. 2007.

Berat, Lynn, Defending the Right to a Healthy Environment: Toward a Crime of Geocide in International Law, B. U. Int'l L. J. 11 (1993), S. 327-348.

Berber, Friedrich, Lehrbuch des Völkerrechts, Bd. I: Allgemeines Friedensrecht, 2. Auflage, München 1975.

Berge, George Wendell, The Case of the S.S. „Lotus", Mich. J. Int'l L. 26 (1927-28), S. 361-382.

Bertele, Joachim, Souveränität und Verfahrensrecht: eine Untersuchung der aus dem Völkerrecht ableitbaren Grenzen staatlicher extraterritorialer Jurisdiktion im Verfahrensrecht, Tübingen 1998.

Berkemann, Jörg, Zum Prinzip der Widerspruchsfreiheit in der deontischen Logik, in: Lenk, Hans (Hrsg.), Normenlogik. Grundprobleme der deontischen Logik, Pullach 1974, S. 166-197.

Bernhardt, Rudolf, Die Auslegung völkerrechtlicher Verträge, insbesondere in der neueren Rechtsprechung internationaler Gerichte, Köln u.a. 1963.

Bernhardt, Rudolf, Eigenheiten und Ziele der Rechtsvergleichung im öffentlichen Recht, ZaöRV 24 (1964), S. 431-452.

Bernhardt, Rudolf, Interpretation and Implied (Tacit) Modification of Treaties. Comments on Arts. 27, 28, 29 and 38 of the ILC's 1966 Draft Articles on the Law of Treaties, ZaöRV 27 (1967), S. 491-506.

Bernhardt, Rudolf, Ungeschriebenes Völkerrecht, ZaöRV 36 (1976), S. 50-76.

Bernhardt, Rudolf, Rechtsfortbildung durch internationale Richter, insbesondere im Bereich der Menschenrechte, in: Hochschullehrer der Juristischen Fakultät der Universität Heidelberg (Hrsg.), Richterliche Rechtsfortbildung. Erscheinungsformen, Auftrag, Grenzen. Festschrift der Juristischen Fakultät zur 600-Jahr-Feier der Ruprecht-Karls-Universität Heidelberg, Heidelberg 1986, S. 527-540.

Bernhardt, Rudolf, Anmerkungen zur Rechtsfortbildung und Rechtsschöpfung durch internationale Gerichte, in: Ginther, Konrad/Hafner, Gerhard/Lang,

Winfried/Neuhold, Hanspeter/Sucharipa-Behrmann, Lilly (Hrsg.), Völkerrecht zwischen normativem Anspruch und politischer Realität, Festschrift für Karl Zemanek zum 65. Geburtstag, Berlin 1994, S. 11-24.

Bernhardt, Rudolf, Evolutive Treaty Interpretation, Especially of the European Convention on Human Rights, GYIL 42 (1999), S. 11-25.

Bernstorff, Jochen von, The Public International Law Theory of Hans Kelsen. Believing in Universal Law, Cambridge 2010.

Besson, Samantha, Post-souveraineté ou simplement changement de paradigmes?, in: Balmelli, Tiziano/Borghi, Alvaro/Hildbrand, Pierre-Antoine (Hrsg.), La souveraineté au XXIe siècle, Fribourg 2003, S. 7-58.

Besson, Samantha, The Morality of Conflict. Reasonable Disagreement and the Law, Oxford 2005.

Besson, Samantha, Whose Constitution(s)? International Law, Constitutionalism, and Democracy, in: Dunoff, Jeffrey L./Trachtman, Joel P. (Hrsg.), Ruling the World? Constitutionalism, International Law, and Global Governance, Cambridge 2009, S. 381-407.

Besson, Samantha, The Authority of International Law – Lifting the State Veil, Sydney Law Review 31 (2009), S. 343-380.

Besson, Samantha, Theorizing the Sources of International Law, in: Besson, Samantha/Tasioulas, John (Hrsg.), The Philosophy of International Law, Oxford 2010, S. 163-185.

Besson, Samantha, Sovereignty, in: MPEPIL (online edition), Artikel-Stand: April 2011.

Besson, Samantha, Sovereignty, International Law and Democracy, EJIL 22 (2011), S. 373-387.

Besson, Samantha, General Principles in International Law – Whose Principles?, in: Besson, Samantha/Pichonnaz, Pascal (Hrsg.), Les principes en droit européen/Principles in European Law, Zürich 2011, S. 21-68.

Besson, Samantha, Legal Philosophical Issues of International Adjudication. Getting Over the *Amour Impossible* between International Law and Adjudication, in: Rosenfeld, Michel/Sajó, András (Hrsg.), The Oxford Handbook of Comparative Constitutional Law, Oxford 2012, S. 413-434.

Besson, Samantha, State Consent and Disagreement in International Law-Making. Dissolving the Paradox, LJIL 29 (2016), S. 289-316.

Beyerlin, Ulrich, The Concept of Sustainable Development, in: Wolfrum, Rüdiger (Hrsg.), Enforcing Environmental Standards: Economic Mechanisms as a Viable Means?, Berlin u.a. 1996, S. 95-121.

Beyerlin, Ulrich, „Prinzipien" im Umweltvölkerrecht – ein pathologisches Phänomen?, in: Cremer, Hans-Joachim/Giegerich, Thomas/Richter, Dagmar/Zimmermann, Andreas (Hrsg.), Tradition und Weltoffenheit des Rechts. Festschrift für Helmut Steinberger, Berlin u.a. 2002, S. 31-61.

Beyerlin, Ulrich, Umweltschutz und Menschenrechte, ZaöRV 65 (2005), S. 525-542.

Beyerlin, Ulrich, Different Types of Norms in International Environmental Law. Policies, Principles, and Rules, in: Bodansky, Daniel/Brunnée, Jutta/Hey,

Ellen (Hrsg.), The Oxford Handbook of International Environmental Law, Oxford 2012, S. 425-448.

Beyerlin, *Ulrich*, Sustainable Development, in: MPEPIL (online edition), Artikel-Stand: Oktober 2013.

Beyerlin, *Ulrich* /*Marauhn*, *Thilo*, International Environmental Law, Oxford 2011.

Beylage-Haarmann, *Britta*/*Ghione*, *Leonard*, „Privatisierung" im Völkerrecht? – Die Vermittlung von Rechtspositionen im Wirtschaftsvölkerrecht, StudZR 8 (2011), S. 423-446.

Bielefeldt, *Heiner*, Menschenwürde und Folterverbot: Eine Auseinandersetzung mit den jüngsten Vorstößen zur Aufweichung des Folterverbots, Berlin 2007.

Bienk-Koolman, *Sabine*, Die Befugnis des Sicherheitsrates der Vereinten Nationen zur Einsetzung von ad hoc-Strafgerichtshöfen: Zur Rechtmäßigkeit der Einsetzung des Internationalen Strafgerichtshofs für das Ehemalige Jugoslawien sowie zum nachfolgenden Wandel in Praxis und Rechtsauffassung, Frankfurt a. M. u.a. 2009.

Biermann, *Frank*, „Common Concern of Humankind": The Emergence of a New Concept of International Environmental Law, AVR 34 (1996), S. 426-481.

Billib, *Roland Andreas*, Die allgemeinen Rechtsgrundsätze gemäss Artikel 38 I c des Statuts des Internationalen Gerichtshofs: Versuch einer Darstellung, Göttingen 1972.

Bindschedler, *Rudolf L.*, Betrachtungen über die Souveränität, in: Faculté de Droit de l'Université de Genève/Institut Universitaire des Hautes Études Internationales, Genève (Hrsg.), Recueil d'Études de Droit International en Hommage à Paul Guggenheim, Genève 1968, S. 167-183.

Lord Bingham, *Thomas Henry*, The Rule of Law, CLJ 66 (2007), S. 67-85.

Bishop, *Anthony N.*, The Unenforceable Rights to Consular Notification and Access in the United States: What's Changed Since the *LaGrand Case*?, Hous. J. Int'l L. 25 (2002-2003), S. 1-98.

Bjorge, *Eirik*, The convergence of the methods of treaty interpretation: Different regimes, different methods of interpretation?, in: Andenas, Mads/Bjorge, Eirik (Hrsg.), A Farewell to Fragmentation: Reassertion and Convergence in International Law, Cambridge 2015, S. 498-535.

Bjorge, *Eirik*, The Vienna Rules, Evolutionary Interpretation, and the Intentions of the Parties, in: Bianchi, Andrea/Peat, Daniel/Windsor, Matthew (Hrsg.), Interpretation in International Law, Oxford 2015, S. 189-204.

Bleckmann, *Albert*, Begriff und Kriterien der innerstaatlichen Anwendbarkeit völkerrechtlicher Verträge. Versuch einer allgemeinen Theorie des self-executing treaty auf rechtsvergleichender Grundlage, Berlin 1970.

Bleckmann, *Albert*, Völkergewohnheitsrecht trotz widersprüchlicher Praxis?, ZaöRV 36 (1976), S. 374-406.

Bleckmann, *Albert*, Analogie im Völkerrecht, AVR 17 (1977), S. 161-180.

Bleckmann, *Albert*, Zur Feststellung und Auslegung von Völkergewohnheitsrecht, ZaöRV 37 (1977), S. 504-529.

Bleckmann, Albert, Die Handlungsfreiheit der Staaten. System und Struktur der Völkerrechtsordnung, ÖZöRV 29 (1978), S. 173-196.

Bleckmann, Albert, Gedanken zur Repressalie, in: Münch, Ingo von (Hrsg.), Staatsrecht, Völkerrecht, Europarecht. Festschrift für Hans-Jürgen Schlochauer zum 75. Geburtstag am 28. März 1981, Berlin 1981, S. 193-213.

Bleckmann, Albert, Grundprobleme und Methoden des Völkerrechts, Freiburg u.a. 1982.

Bleckmann, Albert, Die Völkerrechtsordnung als System von Rechtsvermutungen, in: Achterberg, Norbert/Krawietz, Werner/Wyduckel, Dieter (Hrsg.), Recht und Staat im sozialen Wandel. Festschrift für Hans Ulrich Scupin zum 80. Geburtstag, Berlin 1983, S. 407-427.

Bleckmann, Albert, Das Souveränitätsprinzip im Völkerrecht, AVR 23 (1985), S. 450-477.

Bleckmann, Albert, The Subjective Right in Public International Law, GYIL 28 (1985), S. 144-162.

Bleckmann, Albert, Kommentierung von Art. 2 Ziff. 1, in: Simma, Bruno (Hrsg.), Charta der Vereinten Nationen. Kommentar, München 1991.

Bleckmann, Albert, Die Rechtsanalogie im Völkerrecht, AVR 31 (1993), S. 353-366.

Bleckmann, Albert, Allgemeine Staats- und Völkerrechtslehre: Vom Kompetenz- zum Kooperationsvölkerrecht, Köln u.a. 1995.

Bleckmann, Albert, Völkerrecht, Baden-Baden 2001.

Bleckmann, Albert, Völkerrechtssubjekte, in: Seidl-Hohenfeldern, Ignaz (Hrsg.), Lexikon des Rechts, Völkerrecht, 3. Auflage, Neuwied u.a. 2001, S. 517-519.

Bleckmann, Albert, Zur originären Entstehung gewohnheitsrechtlicher Menschenrechtsnormen, in: Klein, Eckart (Hrsg.), Menschenrechtsschutz durch Gewohnheitsrecht, Berlin 2003, S. 29-55.

Blondel, André, Les Principes Généraux de Droit devant la Cour Permanent de Justice Internationale et la Cour International de Justice, in: Faculté de Droit de l'Université de Genève/Institut Universitaire des Hautes Études Internationales, Genève (Hrsg.), Recueil d'Études de Droit International en Hommage à Paul Guggenheim, Genève 1968, S. 201-236.

Bodansky, Daniel, *Non Liquet* and the Incompleteness of International Law, in: Boisson de Chazournes, Laurence/Sands, Philippe (Hrsg.), International Law, the International Court of Justice and Nuclear Weapons, Cambridge 1999, S. 153-170.

Bodansky, Daniel, Is There an International Environmental Constitution, Ind. J. Global Leg. Stud. 16 (2009), S. 565-584.

Boehme-Neßler, Volker, Reziprozität und Recht, Rechtstheorie 39 (2008), S. 521-556.

Boelaert-Suominen, Sonja, Grave Breaches, Universal Jurisdiction and Internal Armed Conflict: Is Customary Law Moving Towards a Uniform Enforcement Mechanism for All Armed Conflicts?, J. Conflict & Sec. L. 5 (2000), S. 63-103.

Böckenförde, Ernst-Wolfgang, Entstehung und Wandel des Rechtsstaatsbegriffs, in: Ehmke, Horst/Schmid, Carlo/Scharoun, Hans (Hrsg.), Festschrift für Adolf Arndt zum 65. Geburtstag, Frankfurt am Main 1969, S. 53-76.

Böckenförde, Ernst-Wolfgang, Grundrechte als Grundsatznormen. Zur gegenwärtigen Lage der Grundrechtsdogmatik, Der Staat 29 (1990), S. 1-31.

Böckstiegel, Karl-Heinz, Der Staat als Vertragspartner ausländischer Privatunternehmen, Frankfurt a. M. 1971.

Böth, Katharina, Evolutive Auslegung völkerrechtlicher Verträge. Eine Untersuchung zu Voraussetzungen und Grenzen in Anbetracht der Praxis internationaler Streitbeilegungsinstitutionen, Berlin 2013.

Bogdan, Michael, General Principles of Law and the Problem of Lacunae in the Law of Nations, Nordic J. Int'l L. 46 (1977), S. 37-53.

von Bogdandy, Armin, Demokratie, Globalisierung, Zukunft des Völkerrechts – eine Bestandsaufnahme, ZaöRV 63 (2003), S. 853-877.

von Bogdandy, Armin, Constitutionalism in International Law: Comment on a Proposal from Germany, Harv. Int'l L. J. 47 (2006), S. 223-242.

von Bogdandy, Armin, Pluralism, direct effect, and the ultimate say: On the relationship beween international and domestic constitutional law, ICON 6 (2008), S. 397-413.

von Bogdandy, Armin, Grundprinzipien, in: Bogdandy, Armin von/Bast, Jürgen (Hrsg.), Europäisches Verfassungsrecht. Theoretische und dogmatische Grundzüge, 2. Auflage, Dordrecht u.a. 2009, S. 13-71.

von Bogdandy, Armin, Grundprinzipien des Unionsrechts – eine verfassungstheoretische und -dogmatische Skizze, EuR 44 (2009), S. 749-768.

von Bogdandy, Armin/Dann, Philipp/Goldmann, Matthias, Developing the Publicness of Public International Law: Towards a Legal Framework for Global Governance Activities, German L. J. 9 (2008), S. 1375-1400.

von Bogdandy, Armin/Dann, Philipp/Goldmann, Matthias, Völkerrecht als Öffentliches Recht: Konturen eines rechtlichen Rahmens für Global Governance, Der Staat 49 (2010), S. 23-50.

von Bogdandy, Armin/Jacob, Marc, The Judge as Law-Maker: Thoughts on Bruno Simma's Declaration in the Kosovo Opinion, in: Fastenrath, Ulrich/Geiger, Rudolf/Khan, Daniel-Erasmus/Paulus, Andreas/Schorlemer, Sabine von/Vedder, Christoph (Hrsg.), From Bilateralism to Community Interest. Essays in Honour of Bruno Simma, Oxford 2011, S. 809-824.

von Bogdandy, Armin/Rau, Markus, Lotus, The, in: MPEPIL (online edition), Artikel-Stand: Juni 2006.

von Bogdandy, Armin/Venzke, Ingo, Zur Herrschaft internationaler Gerichte: Eine Untersuchung internationaler öffentlicher Gewalt und ihrer demokratischen Rechtfertigung, ZaöRV 70 (2010), S. 1-49.

von Bogdandy, Armin/Venzke, Ingo, Beyond Dispute: International Judicial Institutions as Lawmakers, German L. J. 12 (2011), S. 979-1003.

von Bogdandy, Armin/Venzke, Ingo, The Spell of Precendents. Lawmaking by International Courts and Tribunals, in: Rosenfeld, Michel/Sajó, András (Hrsg.), The Oxford Handbook of Comparative Constitutional Law, Oxford 2012, S. 503-522.

von Bogdandy, Armin/Venzke, Ingo, In wessen Namen? Internationale Gerichte in Zeiten globalen Regierens, Berlin 2014.

Bond, E. J., Reason and Value, Cambridge 1983.

Borgen, Christopher J., Treaty Conflicts and Normative Fragmentation, in: Hollis, Duncan B. (Hrsg.), The Oxford Guide to Treaties, Oxford 2012, S. 448-471.

Borowski, Martin, Prinzipien als Grundrechtsnormen, ZÖR 53 (1998), S. 307-335.

Borowski, Martin, Die Lehre vom Stufenbau des Rechts nach Adolf Julius Merkl, in: Paulson, Stanley L./Stolleis, Michael (Hrsg.), Hans Kelsen. Staatsrechtslehrer und Rechtstheoretiker des 20. Jahrhunderts, Tübingen 2005, S. 122-159.

Borowski, Martin, Die Glaubens- und Gewissensfreiheit des Grundgesetzes, Tübingen 2006.

Borowski, Martin, Grundrechte als Prinzipien, 2. Auflage, Baden-Baden 2007.

Borowski, Martin, Die Bindungen an Festsetzungen des Gesetzgebers in der grundrechtlichen Abwägung, in: Clérico, Laura/Sieckmann, Jan-Reinard (Hrsg.), Grundrechte, Prinzipien und Argumentation. Studien zur Rechtstheorie Robert Alexys, Baden-Baden 2009, S. 99-128.

Borowski, Martin, The Structure of Formal Principles, in: ders. (Hrsg.), On the Nature of Legal Principles. Proceedings of the Special Workshop „The Principles Theory" held at the 23rd World Congress of the International Asociation for Philosophy of Law and Social Philosophy (IVR), Kraków, 2007, ARSP Beiheft 119, Stuttgart 2010, S. 19-35.

Borowski, Martin, Formelle Prinzipien und Gewichtsformel, in: Klatt, Matthias (Hrsg.), Prinzipientheorie und Theorie der Abwägung, Tübingen 2013, S. 151-199.

Bos, Maarten, Theory and Practice of Treaty Interpretation, NILR 27 (1980), S. 3-38.

Bos, Maarten, A Methodology of International Law, Amsterdam u.a. 1984.

Bothe, Michael, Die Bedeutung der Rechtsvergleichung in der Praxis internationaler Gerichte, ZaöRV 36 (1976), S. 280-299.

Bothe, Michael, Friedenssicherung und Kriegsrecht, in: Vitzthum, Wolfgang Graf/Proelß, Alexander (Hrsg.), Völkerrecht, 7. Auflage, Berlin 2016, 8. Abschnitt, S. 573-662.

Bothe, Michael/Ress, Georg, The Comparative Method and Public International Law, in: Butler, William Elliott (Hrsg.), International Law in Comparative Perspective, Alphen aan den Rijn 1980, S. 49-66.

Bottici, Chiara, Men and States. Rethinking the Domestic Analogy in a Global Age, New York 2009.

Bourguignon, Henry J., The Belilos Case: New Light on Reservations to Multilateral Treaties, Va. J. Int' L. 29 (1989), S. 347-386.

Boyle, Alan/Chinkin, Christine, The Making of International Law, Oxford 2007.

Boyle, Alan/Freestone, David, Introduction, in: dies. (Hrsg.), International Law and Sustainable Development. Past Achievements and Future Challenges, Oxford 1999, S. 1-18.

Bradley, Curtis A., Customary International Law Adjudication as Common Law Adjudication, in: Bradley, Curtis A. (Hrsg.), Custom's Future: International Law in a Changing World, Cambridge 2016, S. 34-61.

Bradley, Curtis A./Goldsmith, Jack L., Treaties, Human Rights, and Conditional Consent, U. Pa. L. Rev. 149 (2000-2001), S. 399-468.

Brandenburg, Hans-Friedrich, Die teleologische Reduktion. Grundlagen und Erscheinungsformen der auslegungsunterschreitenden Gesetzeseinschränkung im Privatrecht, Göttingen 1983.

Bratspies, Rebecca M., Rethinking Decisionmaking in International Environmental Law: A Process-Oriented Inquiry into Sustainable Development, Yale J. Int'l L. 32 (2007), S. 369-397.

Bratspies, Rebecca M., Reconciling the Irreconcilable: Progress Toward Sustainable Development, in: Miller, Russell A./Bratspies, Rebecca M. (Hrsg.), Progress in International Law, Leiden u.a. 2008, S. 813-834.

Breuer, Marten, Souveränität in der Staatengemeinschaft, in: ders./Epiney, Astrid/Haratsch, Andreas/Schmahl, Stefanie/Weiß, Norman (Hrsg.), Der Staat im Recht. Festschrift für Eckart Klein zum 70. Geburtstag, Berlin 2013, S. 747-764.

Breuer, Marten, Zulässigkeit und Grenzen richterrechtlicher Rechtsfortbildung in der Rechtsprechung des EGMR, ZöR 68 (2013), S. 729-766.

Brierly, J. L., The '*Lotus*' Case, L. Q. Rev. 44 (1928), S. 154-163.

Brown, Davis, Use of Force Against Terrorism after September 11th: State Responsibility, Self-Defence and other Responses, Cardozo J. Int'l & Comp. L. 11 (2003), S. 1-53.

Brownlie, Ian, Principles of Public International Law, 7. Auflage, Oxford 2008.

Bruch, Carl/Coker, Wole/VanArsdale, Chris, Constitutional Environmental Law: Giving Force to Fundamental Principles in Africa, Colum. J. Envtl. L. 26 (2001), S. 131-211.

Brugger, Winfried, Das Zusammenspiel von Prinzipien und Regeln im Bereich der Rechtsfortbildung – Das Beispiel Folgenbeseitigungsanspruch, in: Schilcher, Bernd/Koller, Peter/Funk, Bernd-Christian (Hrsg.), Regeln, Prinzipien und Elemente im System des Rechts, Wien 2000, S. 221

Brunnée, Jutta, Consent, in: MPEPIL (online edition), Artikel-Stand: Oktober 2010.

Brunnée, Jutta, Treaty Amendments, in: Hollis, Duncan B. (Hrsg.), The Oxford Guide to Treaties, Oxford 2012, S. 347-366.

Brunnée, Jutta/Toope, Stephen J., Legitimacy and Legality in International Law. An Interactional Account, Cambridge 2010.

Bruns, Viktor, Völkerrecht als Rechtsordnung I, ZaöRV 1 (1929), S. 1-56.

Bruns, Alexander, Zivilrichterliche Rechtsschöpfung und Gewaltenteilung, JZ 69 (2014), S. 162-171.

Bryde, Brun-Otto, Konstitutionalisierung des Völkerrechts und Internationalisierung des Verfassungsrechts, Der Staat 42 (2003), S. 61-75.

Buchs, Gaby, Die unmittelbare Anwendbarkeit völkerrechtlicher Vertragsbestimmungen. Am Beispiel der Rechtsprechung der Gerichte Deutschlands, Österreichs, der Schweiz und der Vereinigten Staaten von Amerika, Baden-Baden 1993.

Bumke, Christian, Der Grundrechtsvorbehalt. Untersuchungen über die Begrenzung und Ausgestaltung der Grundrechte, Baden-Baden 1998.

Bumke, Christian, Relative Rechtswidrigkeit. Systembildung und Binnendifferenzierung im öffentlichen Recht, Tübingen 2004.

Bumke, Christian, Verfassungsrechtliche Grenzen fachrichterlicher Rechtserzeugung, in: ders. (Hrsg.), Richterrecht zwischen Gesetzesrecht und Rechtsgestaltung, Tübingen 2012, S. 33-47.

Buchwald, Delf, Konflikte zwischen Regeln, Prinzipien und Elementen im Rechtssystem, in: Schilcher, Bernd/Koller, Peter/Funk, Bernd-Christian (Hrsg.), Regeln, Prinzipien und Elemente im System des Rechts, Wien 2000, S. 83-114.

Buergenthal, Thomas, Self-executing and non-self-executing treaties in national and international law, RdC 235 (1992-IV), S. 303-400.

Burchard, Christoph, Zu den Folgen einer Verletzung der Belehrungspflicht gegenüber ausländischen Beschuldigten über das Recht auf konsularische Unterstützung, JZ 62 (2007), S. 891-894.

Burkhardt, Sven-U., The ICTY Approach Towards International and Internal Armed Conflicts, FYIL 9 (1998), S. 427-452.

Bydlinski, Franz, Juristische Methodenlehre und Rechtsbegriff, 2. Auflage, Wien u.a. 1991.

Byers, Michael, Conceptualising the Relationship between *Jus Cogens* and *Erga Omnes* Rules, Nordic J. Int'l L. 66 (1997), S. 211-239.

Çali, Basak, Specialized Rules of Treaty Interpretation Human Rights, in: Hollis, Duncan B. (Hrsg.), The Oxford Guide to Treaties, Oxford 2012, S. 525-548.

Cameron, Iain/Horn, Frank, Reservations to the European Convention on Human Rights: The Belilos Case, GYIL 33 (1990), S. 69-129.

Camilleri, Joseph A./Falk, Jim, The End of Sovereignty? The Politics of a Shrinking and Fragmenting World, Aldershot 1992.

Canaris, Claus-Wilhelm, Die Feststellung von Lücken im Gesetz: Eine methodologische Studie über Voraussetzungen und Grenzen der richterlichen Rechtsfortbildung praeter legem, 2. Auflage, Berlin 1983.

Canaris, Claus-Wilhelm, Systemdenken und Systembegriff in der Jurisprudenz, entwickelt am Beispiel des deutschen Privatrechts, 2. Auflage, Berlin 1983.

Canaris, Claus-Wilhelm, Die richtlinienkonforme Auslegung und Rechtsfortbildung im System der juristischen Methodenlehre, in: Koziol, Helmut/Rummel, Peter (Hrsg.), Im Dienste der Gerechtigkeit. Festschrift für Franz Bydlinski, Wien 2002, S. 47-103.

Canaris, Claus-Wilhelm, Die verfassungskonforme Auslegung und Rechtsfortbildung im System der juristischen Methodenlehre, in: Honsell, Heinrich/Zäch, Roger/Hasenböhler, Franz/Harrer, Friedrich/Rhinow, René

(Hrsg.), Privatrecht und Methode. Festschrift für Ernst A. Kramer, Basel u.a. 2004, S. 141-159.
Cançado Trindade, Antônio Augusto, International Law for Humankind: Towards a New Jus Gentium (I). General Course on Public International Law, RdC 316 (2005), S. 9-440.
Cançado Trindade, Antônio Augusto, International Law for Humankind: Towards a New Jus Gentium (II). General Course on Public International Law, RdC 317 (2005), S. 9-312.
Cançado Trindade, Antônio Augusto, The Humanization of Consular Law: The Impact of Advisory Opinion No. 16 (1999) of the Inter-American Court of Human Rights on International Case-law and Practice, Chinese Journal of International Law 6 (2007), S. 1-16.
Cannizzaro, Enzo, Il Principio della Proporzionalità nell'Ordinamento Internazionale, Milano 2000.
Capps, Patrick, International legal positivism and modern natural law, in: d'Aspremont, Jean/Kammerhofer, Jörg (Hrsg.), International Legal Positivism in a Post-Modern World, Cambridge 2014, S. 213-240.
Carcano, Andrea, The ICTY Appeals Chamber's *Nikolic* Decision on Legality of Arrest: Can an International Criminal Court Assert Jurisdiction over Illegally Seized Offenders?, ItalianYIL 13 (2003), S. 77-93.
Carillo-Salcedo, Juan-Antonio, Droit international et souveraineté des Etats. Cours général de droit international public, RdC 257 (1996), S. 35-222.
Carillo-Salcedo, Juan-Antonio, Reflections on the Existence of a Hierarchy of Norms in International Law, EJIL 8 (1997), S. 583-595.
Carpanelli, Elena, General Principles of International Law: Struggling with a Slippery Concept, in: Pineschi, Laura (Hrsg.), General Principles of Law – The Role of the Judiciary, Cham u.a. 2015, S. 125-143.
Casey, Lee A./Rivkin, David B., The Limits of Legitimacy: The Rome Statute's Unlawful Application to Non-State Parties, Va. J. Int'l L. 44 (2003-2004), S. 63-89.
Cass, Deborah Z., The ‚Constitutionalization' of International Trade Law: Judicial Norm-Generation as the Engine of Constitutional Development in International Law, EJIL 12 (2001), S. 39-75.
Cassese, Antonio, Ex iniuria ius oritor: Are We Moving towards International Legitimation of Forcible Humanitarian Countermeasures in the World Community?, EJIL 10 (1999), S. 23-30.
Cassese, Antonio, International Law, 2. Auflage, Oxford 2005.
Cazala, Julien, L'adage *male captus bene detentus* face au droit international (L'irrégularité de la capture n'entraîne pas l'irrégularité de la détention), Journal du Droit International 134 (2007), S. 837-862.
Cerna, Christina M., Impact on the Right to Consular Notification, in: Kamminga, Menno T./Scheinin, Martin (Hrsg.), The Impact of Human Rights Law on General International Law, Oxford 2009, S. 171-209.
Chang, Howard F., Toward a Greener GATT: Environmental Trade Measures and the Shrimp-Turtle Case, S. Cal. L. Rev. 74 (2000-2001), S. 31-47.

Charlesworth, Hilary C. M., Customary International Law and the Nicaragua Case, AusYIL 11 (1984-1987), S. 1-31.
Charlesworth, Hilary C. M., Law-making and sources, in: Crawford, James/Koskenniemi, Martti (Hrsg.), The Cambridge Companion to International Law, Oxford 2012, S. 187-202.
Charney, Jonathan I., The Persistent Objector Rule and the Development of International Law, BYIL 56 (1985), S. 1-24.
Charney, Jonathan I., Universal International Law, AJIL 87 (1993), S. 529-551.
Charnovitz, Steve, Nongovernmental Organizations and International Law, AJIL 100 (2006), S. 348-372.
Chaumont, Ch., Recherche du Contenu Irréductible du Concept de Souveraineté Internationale de l'État, in: Hommage d'une Génération de Juristes au Président Basdevant, Paris 1960, S. 114-151.
Cheng, Bin, United Nations Resoultions on Outer Space: „Instant" International Customary Law?, Indian JIL 5 (1965), S. 23-48.
Chesterman, Simon, An International Rule of Law?, AJCL 56 (2008), S. 331-361.
Cheyne, Ilona, Environmental Unilateralism and the WTO/GATT System, Ga. J. Int'l & Comp. L. 24 (1994-1995), S. 433-465.
Chinkin, Christine, Jus Cogens, Article 103 of the UN Charter and other Hierarchical Techniques of Conflict Solution, FYIL 17 (2008), S. 63-82.
Choi, Stephen J./Gulati, Mitu, Customary International Law: How Do Courts Do It?, in: Bradley, Curtis A. (Hrsg.), Custom's Future: International Law in a Changing World, Cambridge 2016, S. 117-147.
Christakis, Theodore, The ICJ Advisory Opinion on Kosovo: Has International Law Something to Say about Secession?, LJIL 24 (2011), S. 73-86.
Christensen, Ralph, Gesetzesbindung. Vom vertikalen zum horizontalen Verständnis, Berlin 2008.
Christenson, Gordon A., Jus Cogens: Guarding Interests Fundamental to International Society, Va. J. Int' L. 28 (1987-1988), S. 585-648.
Christofferson, Jonas, Fair Balance. Proportionality, Subsidiarity and Primarity in the European Convention on Human Rights, Leiden 2009.
Clérico, Laura, Die Struktur der Verhältnismäßigkeit, Baden-Baden 2001.
Combacau, Jean, Le droit international : bric-à-brac ou système?, Archives de Philosophie du Droit 31 (1986), S. 85-105.
Combacau, Jean/Sur, Serge, Droit International Public, 10. Auflage, Paris 2012.
Corbett, P. E., The Consent of States and the Sources of International Law, BYIL 6 (1925), S. 20-30.
Corey, Ian G., Sovereignty and Jus Cogens: Plus Ça Change, Plus C'Est la Même Chose?, Int'l Legal Theory 1 (1995), S. 9-10.
Corey, Ian G., The Fine Line Between Policy and Custom: *Prosecutor v. Tadic* and the Customary International Law of Internal Armed Conflict, Mil. L. Rev. 166 (2000), S. 145-157.
Corn, Geoffrey S., Humanity, Principle of, in: MPEPIL (online edition), Artikel-Stand: Juli 2013.

Cornils, Matthias, Die Ausgestaltung der Grundrechte. Untersuchung zur Grundrechtsbindung des Ausgestaltungsgesetzgebers, Tübingen 2005.

Corten, Olivier/Klein, Pierre (Hrsg.), The Vienna Convention on the Law of Treaties: A Commentary, Oxford 2011.

Cot, Jean-Pierre/Pellet, Alain/Forteau, Mathias (Hrsg.), La Charte des Nations Unies. Commentaire Article par Article, 3. Auflage, Paris 2005.

Cottier, Thomas/Hertig, Maya, The Prospects of 21st Century Constitutionalism, MPUNYL 7 (2003), S. 261-328.

Cottier, Thomas/Müller, Jörg Paul, Estoppel, in: MPEPIL (online edition), Artikel-Stand: April 2007.

Coupland, Robin, Humanity: What is it and how does it influence international law?, IRRC 83 (2001), S. 969-989.

Crawford, Emily, Blurring the Lines Between International and Non-International Armed Conflicts – The Evolution of Customary International Law Applicable in Internal Armed Conflicts, Austl. Int'l L. J. 15 (2008), S. 29-54.

Crawford, James, Brownlie's Principles of Public International Law, 8. Auflage, Cambridge 2012.

Crawford, James, Sovereignty as a legal value, in: ders./Koskenniemi, Martti (Hrsg.), The Cambridge Companion to International Law, Cambridge 2012, S. 117-133.

Crawford, James, State Responsibility: The General Part, Cambridge 2013.

Crawford, James, Chance, Order, Change: The Course of International Law, RdC 365 (2013), S. 9-389.

Crema, Luigi, Disappearance and New Sightings of Restrictive Interpretation(s), EJIL 21 (2010), S. 681-700.

Cremer, Hans-Joachim, Völkerrecht – Alles nur Rhetorik?, ZaöRV 67 (2007), S. 267-296.

Cremer, Hans-Joachim, Fünf Thesen zur subjektiven Rechtsqualität völkerrechtlich gewährleisteter Menschenrechte, in: Hanschel, Dirk/Kielmansegg, Sebastian Graf/Kischel, Uwe/Koenig, Christian/Lorz, Ralph Alexander (Hrsg.), Mensch und Recht. Festschrift für Eibe Riedel zum 70. Geburtstag, Berlin 2013, S. 33-48.

Cremer, Wolfram, Entschädigungsklagen wegen schwerer Menschenrechtsverletzungen und Staatenimmunität vor nationaler Zivilgerichtsbarkeit, AVR 41 (2003), S. 137-168.

Cremer, Wolfram, Freiheitsgrundrechte: Funktionen und Strukturen, Tübingen 2004.

Criddle, Evan J./Fox-Decent, Evan, A Fiduciary Theory of Jus Cogens, Yale J. Int'l L. 34 (2009), S. 331-387.

Crnic-Grotic, V., Object and Purpose of Treaties in the Vienna Cnvention on the Law of Treaties, Asian YIL 7 (1997), S. 141-174.

Czaplinski, Wladislaw, Sources of International Law ind the *Nicaragua* Case, ICLQ 38 (1989), S. 151-166.

D'Amato, Anthony, The Concept of Custom in International Law, Ithaca u.a. 1971.

D'Amato, Anthony, Trashing Customary International Law, AJIL 81 (1987), S. 101-105.

D'Amato, Anthony, It's a Bird, it's a Plane, it's Jus Cogens, Conn. J. Int'l L. 6 (1990-1991), S. 1-6.

d'Argent, Pierre, Les principes généraux à la Cour internationale de Justice, in: Besson, Samantha/Pichonnaz, Pascal (Hrsg.), Les principes en droit européen/Principles in European Law, Zürich u.a. 2011, S. 107-119.

d'Argent, Pierre/d'Aspremont Lynden, Jean/Dopagne, Frédéric/Steenberghe, Raphaël van, Kommentierung zu Art. 39, in: Cot, Jean-Pierre/Pellet, Alain/Forteau, Mathias (Hrsg.), La Charte des Nations Unies. Commentaire Article par Article, 3. Auflage, Paris 2005.

d'Aspremont, Jean, Contemporary International Rulemaking and the Public Character of International Law, IILJ Working Paper 2006/12, online abrufbar unter: http://www.iilj.org/publications/2006-12Aspermont.asp

d'Aspremont, Jean, Hart et le Positivisme Postmoderne en Droit International, RGDIP 113 (2009), S. 635-655.

d'Aspremont, Jean, Formalism and the Sources of International Law. A Theory of the Ascertainment of Legal Rules, Oxford 2011.

d'Aspremont, Jean, The Rise and Fall of Democracy Governance in International Law: A Reply to Susan Marks, EJIL 22 (2011), S. 549-570.

d'Aspremont, Jean, The Multidimensional Process of Interpretation: Content-Determination and Law-Ascertainment Distinguished, in: Bianchi, Andrea/Peat, Daniel/Windsor, Matthew (Hrsg.), Interpretation in International Law, Oxford 2015, S. 111-129.

d'Aspremont, Jean, Towards a New Theory of Sources in International Law, in: Orford, Anne/Hoffmann, Florian (Hrsg.), The Oxford Handbook of the Theory of International Law, Oxford 2016, S. 545-563.

Dahm, Georg, Völkerrecht, Bd. I, Stuttgart 1958; Bd. III, Stuttgart 1961.

Dahm, Georg/Delbrück, Jost/Wolfrum, Rüdiger, Völkerrecht, Bd. I/1, 2. Auflage, Berlin 1989.

Dahm, Georg/Delbrück, Jost/Wolfrum, Rüdiger, Völkerrecht, Bd. I/3, 2. Auflage, Berlin 2002.

Danilenko, Gennady M., International *Jus Cogens*: Issues of Law-Making, EJIL 2 (1991), S. 42-65.

Danilenko, Gennady M., Law-Making in the International Community, Dordrecht 1993.

Danish, Kyle W., International Environmental Law and the „Bottom-Up" Approach: A Review of the Desertification Convention, Ind. J. Global Leg. Stud. 3 (1995), S. 133-176.

Danner, Allison Marston, When Courts Make Law: How the International Criminal Tribunals Recast the Laws of War, Vand. L. Rev. 59 (2006), S. 1-65.

David, Marian, The Correspondence Theory of Truth, in: Zalta, Edward N. (Hrsg.), The Stanford Encyclopedia of Philosophy (Stand: Herbst 2013), online abrufbar unter: http://plato.stanford.edu/entries/truth-correspondence/.

Dechsling, Rainer, Das Verhältnismäßigkeitsgebot. Eine Bestandsaufnahme der Literatur zur Verhältnismäßigkeit staatlichen Handelns, München 1989.
Deckert, Martina R., Die Methodik der Gesetzesauslegung, JA 1994, S. 412-419.
Dedek, Helge, Rumblings from Olympus: Das Zeitelement in der (Fort-)Bildung des englischen common law, RabelZ 79 (2015), S. 272-321.
Deen-Racsmány, Zsuzsanna, The ICC, Peacekeepers and Resolution 1422: Will the Court Defer to the Council?, NILR 49 (2002), S. 353-388.
Deen-Racsmány, Zsuzsanna, Diplomatic Protection and the *LaGrand* Case, LJIL 15 (2002), S. 87-103.
Dekker, Inge F./Werner, Wouter G., The Completeness of International Law and Hamlet's Dilemma. Non Liquet, The Nuclear Weapons Case and Legal Theory, Nordic J. Int'l L. 68 (1999), S. 225-247.
Delbrück, Jost, „Laws in the Public Interest" – Some Observations on the Foundations and Identification of *erga omnes* Norms in International Law, in: Götz, Volkmar/Selmer, Peter/Wolfrum, Rüdiger (Hrsg.), Liber amicorum Günther Jaenicke – Zum 85. Geburtstag, Berlin u.a. 1998, S. 17-36.
Delbrück, Jost, Structural Changes in the International System and its Legal Order: International Law in the Era of Globalization, SZIER 11 (2001), S. 1-36.
Delbrück, Jost, Prospects for a „World (Internal) Law"?: Legal Developments in a Changing International System, Ind. J. Global Legal Stud. 9 (2002), S. 401-431.
Dennert, Jürgen, Ursprung und Begriff der Souveränität, Stuttgart 1964.
Depenheuer, Otto, Der Wortlaut als Grenze. Thesen zu einem Topos der Verfassungsinterpretation, Heidelberg 1988.
Depenheuer, Otto, Funktionen der Verfassung, in: ders./Grabenwarter, Christoph (Hrsg.), Verfassungstheorie, Tübingen 2010, S. 537-568.
Desgagné, Richard, Integrating Environmental Values into the European Convention on Human Rights, AJIL 89 (1995), S. 263-294.
Di Fabio, Udo, Gefahr, Vorsorge, Risiko – Die Gefahrenabwehr unter dem Einfluß des Vorsorgeprinzips, Jura 18 (1996), S. 566-574.
Dicey, Albert Venn, Introduction to the Study of the Law of the Constitution, 8. Auflage, London 1915.
Dicke, Detlev Christian, Die Intervention mit wirtschaftlichen Mitteln im Völkerrecht. Zugleich ein Beitrag zu den Fragen der wirtschaftlichen Souveränität, Baden-Baden 1978.
Dieterich, Thomas, Zur Pflicht der Gerichte, das Recht fortzubilden, RdA 46 (1993), S. 67-72.
Diggelmann, Oliver/Altwicker, Tilmann, Is There Something Like a Constitution of International Law? A Critical Analysis of the Debate on World Constitutionalism, ZaöRV 68 (2008), S. 623-650.
Dillard, Hardy Cross, Some Aspects of Law and Diplomacy, RdC 91 (1957-I), S. 445-552.
Dinh, Nguyen Quoc/Daillier, Patrick/Forteau, Mathias/Pellet, Alain, Droit international public, 8. Auflage, Paris 2009.

Dinstein, Yoram, The principle of proportionality, in: Larsen, Kjetil M./Cooper, Camilla G./Nystuen, Gro (Hrsg.), Searching for a ‚Principle of Humanity' in International Humanitarian Law, Cambridge 2013, S. 72-85.

Disse, Jörg, Kleine Geschichte der abendländischen Metaphysik. Von Platon bis Hegel, 2. Auflage, Darmstadt 2004.

Djeffal, Christian, The *Iron Rhine* Case – A Treaty's Journey from Peace to Sustainable Development, ZaöRV 71 (2011), S. 569-586.

Djeffal, Christian, Static and Evolutive Treaty Interpretation: A Functional Reconstruction, Cambridge 2016.

Dobner, Petra/Loughlin, Martin (Hrsg.), The Twilight of Constitutionalism?, Oxford 2010.

Dock, Adolf, Der Souveränitätsbegriff – Von Bodin bis zu Friedrich dem Großen, Strassburg 1897.

Doehring, Karl, Die Rechtsprechung als Rechtsquelle des Völkerrechts, in: Hochschullehrer der Juristischen Fakultät der Universität Heidelberg (Hrsg.), Richterliche Rechtsfortbildung. Erscheinungsformen, Auftrag, Grenzen. Festschrift der Juristischen Fakultät zur 600-Jahr-Feier der Ruprecht-Karls-Universität Heidelberg, Heidelberg 1986, S. 541-554.

Doehring, Karl, Handelt es sich bei einem Recht, das durch diplomatischen Schutz eingefordert wird, um ein solches, das dem die Protektion ausübenden Staat zusteht, oder geht es um die Erzwingung von Rechten des betroffenen Individuums?, in: Ress, Georg/Stein, Torsten (Hrsg.), Der diplomatische Schutz im Völker- und Europarecht. Aktuelle Probleme und Entwicklungstendenzen, Baden-Baden 1996, S. 13-20.

Doehring, Karl, Völkerrecht, 2. Auflage, Heidelberg 2004.

Dörr, Oliver, Staatliche Immunität auf dem Rückzug?, AVR 41 (2003), S. 201-219.

Dörr, Oliver, „Privatisierung" des Völkerrechts, JZ 60 (2005), S. 905-916.

Dörr, Oliver, Kommentierung von Art. 31, in: ders./Schmalenbach, Kirsten (Hrsg.), Vienna Convention on the Law of Treaties. A Commentary, Heidelberg u.a. 2012.

Dörr, Oliver/Schmalenbach, Kirsten (Hrsg.), Vienna Convention on the Law of Treaties. A Commentary, Heidelberg u.a. 2012.

Dohna, Bernt Graf zu, Die Grundprinzipien des Völkerrechts über die freundschaftlichen Beziehungen und die Zusammenarbeit zwischen den Staaten. Die Arbeit des UN-Sonderausschusses über die völkerrechtlichen Grundsätze betreffend die freundschaftlichen Beziehungen und die Zusammenarbeit zwischen den Staaten und das geltende Völkerrecht, Berlin 1973.

Douma, Sjoerd, Optimization of Tax Sovereignty and Free Movement, Amsterdam 2011.

Doyle, Michael W., The UN Charter – A Global Constitution?, in: Dunoff, Jeffrey L./Trachtman, Joel P. (Hrsg.), Ruling the World? Constitutionalism, International Law, and Global Governance, Cambridge 2009, S. 113-132.

Dreier, Ralf, Der Begriff des Rechts, in: ders., Recht – Staat – Vernunft, Frankfurt am Main 1991, S. 95-119.

Dreier, Horst, Grundrechtsdurchgriff contra Gesetzesbindung? Exemplarische Betrachtungen zum Verhältnis von Verfassungs- und Verwaltungsrecht anhand der Rechtsprechung des Bundesverwaltungsgerichts, Die Verwaltung 36 (2003), S. 105-136.

Dreier, Horst, Vorbemerkung, in: ders. (Hrsg.), Grundgesetz-Kommentar, Bd. I, 2. Auflage, Tübingen 2004.

Dreier, Horst, Benedikt XVI. und Hans Kelsen, JZ 66 (2011), S. 1151-1154.

Drinan, Cara, Aricle 36 of the Vienna Convention on Consular Relations: Private Enforcement in American Courts after *LaGrand*, Stan. L. Rev. 54 (2001-2002), S. 1303-1319.

Dubois, Dan, The Authority of Peremptory Norms in International Law: State Consent or Natural Law, Nordic J. Int'l L. 78 (2009), S. 133-175.

Dugard, John, Diplomatic Protection and Human Rights: The Draft Articles of the International Law Commission, AusYIL 24 (2005), S. 75-91.

Dugard, John, Diplomatic Protection, in: MPEPIL (online edition), Artikel-Stand: Mai 2009.

Dumberry, Patrick, The Last Citadel! Can a State Claim the Status of Persistent Objector to Prevent the Application of a Rule of Customary International Law in Investor-State Arbitration?, LJIL 23 (2010), S. 379-400.

Dunoff, Jeffrey L., Why Constitutionalism Now? Text, Context and the Historical Contingency of Ideas, J. Int'l L. & Int' Rel. 1 (2004-2005), S. 191-211.

Dunoff, Jeffrey L., Constitutional Conceits: The WTO's ‚Constitution' and the Discipline of International Law, EJIL 17 (2006), S. 647-675.

Dunoff, Jeffrey L./Trachtman, Joel P. (Hrsg.), Ruling the World? Constitutionalism, International Law, and Global Governance, Cambridge 2009.

Dupuy, Pierre-Marie, Sécurité collective et organisation de la paix, RGDIP 97 (1993), S. 617-627.

Dupuy, Pierre-Marie, The Constitutional Dimension of the Charter of the United Nations Revisited, MPUNYB 1 (1997), S. 1-33.

Dupuy, Pierre-Marie, L'Unité de l'Ordre Juridique International, RdC 297 (2002), S. 9-489.

Dupuy, Pierre-Marie, A Doctrinal Debate in the Globalisation Era: The „Fragmentation" of International Law, EJLS 1 (2007), Issue 1.

Dupuy, Pierre-Marie, Evolutionary Interpretation of Treaties: Between Memory and Prophecy, in: Cannizzaro, Enzo (Hrsg.), The Law of Treaties Beyond the Vienna Convention, Oxford 2011, S. 123-137.

Dupuy, Pierre-Marie/Hoss, Christina, LaGrand Case (Germany v United States of America), in: MPEPIL (online edition), Artikel-Stand: Dezember 2009.

Dupuy, Pierre-Marie/Kerbrat, Yann, Droit International Public, 11. Auflage, Paris 2012.

Dupuy, René-Jean, Coutume sage et coutume sauvage, in: Mélanges offerts à Charles Rousseau. La communauté internationale, Paris 1974, S. 75-87.

Dupuy, René-Jean, Communauté internationale et disparités de développement. Cours général de droit international public, RdC 165 (1979-IV), S. 9-231.

Dupuy, René-Jean, La communauté internationale entre le mythe et l'histoire, Paris 1986.

Durner, Wolfgang, Common Goods. Statusprinzipien von Umweltgütern im Völkerrecht, Baden-Baden 2001.
Dworkin, Ronald, The Model of Rules, U. Chi. L. Rev. 35 (1967), S. 14-46.
Dworkin, Ronald, Law as Interpretation, Tex. L. Rev. 60 (1982), S. 527-550.
Dworkin, Ronald, Bürgerrechte ernstgenommen, Frankfurt a. M. 1984.
Dworkin, Ronald, Law's Empire, Cambridge/MA 1986.
Dworkin, Ronald, A New Philosophy for International Law, Philosophy & Public Affairs 41 (2013), S. 2-30.
Dyzenhaus, David, Accountability and the Concept of (Global) Administrative Law, IILJ Working Paper 2008/7, online abrufbar unter: http://www.iilj.org/publications/2008-7Dyzenhaus.asp.
Eaton, David J., (Hrsg.), The End of Sovereignty? A Transatlantic Perspective, Berlin u.a. 2006.
Eckhardt, Melanie, Die Entwicklung des Individualrechtsschutzes im internationalen Investitionsschutzrecht, Baden-Baden 2014.
Edwards, Richard W., Reservations to Treaties: The *Belilos* Case and the Work of the International Law Commission, U. Tol. L. Rev. 31 (1999-2000), S. 195-207.
Ehm, Frithjof, Das völkerrechtliche Demokratiegebot. Eine Untersuchung zur schwindenden Wertneutralität des Völkerrechts gegenüber den staatlichen Binnenstrukturen, Tübingen 2013.
Eisenberg, Melvin Aaron, The Nature of the Common Law, Cambridge/MA 1991.
Elias, Olufemi/Lim, Chin, ‚General Principles of Law', ‚Soft Law' and the Identification of International Law, NYIL 28 (1997), S. 3-49.
Elias, Olufemi/Quast, Anneliese, The Relationship Between the Security Council and the International Criminal Court in the Light of Resolution 1422 (2002), Non-State Actors and International Law 3 (2003), S. 165-185.
Ellis, Jaye, General Principles and Comparative Law, EJIL 22 (2011), S. 949-971.
Ellis, Jaye, Shades of Grey: Soft Law and the Validity of Public International Law, LJIL 25 (2012), S. 313-334.
Emmerich-Fritsche, Angelika, Vom Völkerrecht zum Weltrecht, Berlin 2007.
Enderlein, Wolfgang, Abwägung in Recht und Moral, Freiburg u.a. 1992.
Endicott, Timothy, The Logic of Freedom and Power, in: Besson, Samantha/Tasioulas, John (Hrsg.), The Philosophy of International Law, Oxford 2010, S. 245-259.
Epiney, Astrid/Scheyli, Martin, Strukturprinzipien des Umweltvölkerrechts, Baden-Baden 1998.
Epping, Volker, Das Individuum als Völkerrechtssubjekt, in: Ipsen, Knut (Hrsg.), Völkerrecht, 6. Auflage, München 2014, § 7.
Erben, Cosima, Das Vorsorgegebot im Völkerrecht, Berlin 2005.
Erler, Georg, Staatssouveränität und internationale Wirtschaftsverflechtung, BDGVR 1 (1957), S. 29-56.

Esser, Josef, Grundsatz und Norm in der richterlichen Fortbildung des Privatrechts. Rechtsvergleichende Beiträge zur Rechtsquellen- und Interpretationslehre, 1. Auflage, Tübingen 1956; 4. Auflage, Tübingen 1990.

Esser, Josef, Vorverständnis und Methodenwahl in der Rechtsfindung. Rationalitätsgarantien der richterlichen Entscheidungspraxis, Frankfurt a. M. 1970.

Eurick, Janelle P., The Constitutional Right to a Healthy Environment: Enforcing Environmental Protection Through State and Federal Constitutions, Int'l Legal Persp. 11 (1999-2001), S. 185-222.

Falk, Richard A., The Authority of the United Nations over Non-Members, Princeton 1965.

Falk, Richard A., The Haiti Intervention: A Dangerous World Order Precedent for the United Nations, Harv. Int'l L. J. 36 (1995), S. 341-358.

Fallon, Richard H., „The Rule of Law" as a Concept in Constitutional Discourse, Colum. L. R. 97 (1997), S. 1-56.

Falterbaum, Johannes, Auf dem Weg zu einer effektiven internationalen Rechtsordnung. Zugleich eine kritische, rechtsphilosophische und rechtstheoretische Betrachtung zur Bedeutung von Menschenrechten im internationalen Recht, AVR 33 (1995), S. 245-265.

Farral, Jeremy Matam, United Nations Sanctions and the Rule of Law, Cambridge 2007.

Fassbender, Bardo, The United Nations Charter as Constitution of the International Community, Colum. J. Transnat'l L. 36 (1998), S. 529-619.

Fassbender, Bardo, Der Schutz der Menschenrechte als zentraler Inhalt des völkerrechtlichen Gemeinwohls, EuGRZ 30 (2003), S. 1-16.

Fassbender, Bardo, Sovereignty and Constitutionalism in International Law, in: Walker, Neil (Hrsg.), Sovereignty in Transition, Oxford 2003, S. 115-143.

Fassbender, Bardo, Die Souveränität des Staates als Autonomie im Rahmen der völkerrechtlichen Verfassung, in: Mansel, Heinz-Peter/Hausmann, Rainer/Kohler, Christian/Kronke, Herbert/Pfeiffer, Thomas (Hrsg.), Festschrift für Erik Jayme, Bd. 2, München 2004, S. 1089-1101.

Fassbender, Bardo, Grund und Grenzen der konstitutionellen Idee im Völkerrecht, in: Depenheuer, Otto/Heintzen, Markus/Jestaedt, Matthias/Axer, Peter (Hrsg.), Staat im Wort. Festschrift für Josef Isensee, Heidelberg 2007, S. 73-91.

Fassbender, Bardo, Rediscovering a Forgotten Constitution: Notes on the Place of the UN Charter in the International Legal Order, in: Dunoff, Jeffrey L./Trachtman, Joel P. (Hrsg.), Ruling the World? Constitutionalism, International Law, and Global Governance, Cambridge 2009, S. 133-148.

Fassbender, Bardo, Kommentierung zu Art. 2(1), in: Simma, Bruno/Khan, Daniel-Erasmus/Nolte, Georg/Paulus, Andreas (Hrsg.), The Charter of the United Nations. A Commentary, 3. Auflage, Oxford 2012.

Fastenrath, Ulrich, Lücken im Völkerrecht. Zu Rechtscharakter, Quellen, Systemzusammenhang, Methodenlehre und Funktionen des Völkerrechts, Berlin 1991.

Fastenrath, Ulrich, Relative Normativity in International Law, EJIL 4 (1993), S. 305-340.

Feichtner, Isabel, Community Interest, in: MPEPIL (online edition), Artikel-Stand: Februar 2007.

Feinäugle, Clemens A., Hoheitsgewalt im Völkerrecht. Das 1267-Sanktionsregime der UN und seine rechtliche Fassung, Berlin u.a. 2011.

Felix, Dagmar, Die Einheit der Rechtsordnung. Zur verfassungsrechtlichen Relevanz einer juristischen Argumentationsfigur, Tübingen 1998.

Fernandez de Casadevante Romani, Carlos, Sovereignty and Interpretation of International Norms, Berlin u.a. 2007.

Fernandez de Casadevante Romani, Carlos, Objective Regime, in: MPEPIL (online edition), Artikel-Stand: April 2010.

Fidahusein, Arwa J., VCCR Article 36 Civil Remedies and Other Solutions: A Small Step for Litigants but a Giant Leap Towards International Compliance, Seton Hall Cir. Rev. 5 (2008-2009), S. 239-277.

Finke, Jasper, Sovereign Immunity: Rule, Comity, or Something Else?, EJIL 21 (2010), S. 853-881.

Finke, Jasper, Regime-collisions: Tensions between treaties (and how to solve them), in: Tams, Christian J./Tzanakopoulos, Antonios/Zimmermann, Andreas (Hrsg.), Research Handbook on the Law of Treaties, Cheltenham u.a. 2014, S. 415-446.

Finnis, John, Natural Law and Natural Rights, Oxford 1980.

Fischer, Christian, Topoi verdeckter Rechtsfortbildungen im Zivilrecht, Tübingen 2007.

Fischer, Peter, Multinationale Gesellschaften, in: Seidl-Hohenfeldern, Ignaz (Hrsg.), Lexikon des Rechts, Völkerrecht, 3. Auflage, Neuwied u.a. 2001, S. 288-290.

Fischer-Lescano, Andreas, Die Emergenz der Globalverfassung, ZaöRV 63 (2003), S. 717-760.

Fitschen, Thomas, Inventing the Rule of Law for the United Nations, MPYUNL 12 (2008), S. 347-380.

Fitzmaurice, Sir Gerald G., The General Principles of International Law Considered from the Standpoint of the Rule of Law, RdC 92 (1957-II), S. 1-228.

Fitzmaurice, Sir Gerald G., The Law and Procedure of the International Court of Justice, Bd. I, Cambridge 1986.

Fitzpatrick, Joan, The Unreality of International Law in the United States and the *LaGrand* Case, Yale J. Int'l L. 27 (2002), S. 427-433.

Focarelli, Carlo, Promotional *Jus Cogens*: A Critical Appraisal of *Jus Cogens*' Legal Effects, Nordic J. Int'l L. 77 (2008), S. 429-459.

Ford, Christopher A., Judicial Discretion in International Jurisprudence: Article 38(1)(c) and „General Principles of Law", Duke J. Comp. & Int'l L. 5 (1994), S. 35-86.

Fox, Gregory H./Roth, Brad R. (Hrsg.), Democratic Governance and International Law, Cambridge 2000.

Fraas, Michael, Sicherheitsrat der Vereinten Nationen und Internationaler Gerichtshof. Die Rechtäßigkeitsprüfung von Beschlüssen des Sicherheitsrates der Vereinten Nationen im Rahmen des VII. Kapitels der Charta durch den Internationalen Gerichtshof, Frankfurt a. M. u.a. 1998.

Francioni, Francesco, International ‚soft law': a contemporary assessment, in: Lowe, Vaughan/Fitzmaurice, Malgosia (Hrsg.), Fifty Years of the International Court of Justice. Essays in Honour of Sir Robert Jennings, Cambridge 1996, S. 167-178.

Francioni, Francesco, The Right of Access to Justice under Customary International Law, in: ders. (Hrsg.), Access to Justice as a Human Right, Oxford u.a. 2007, S. 1-56.

Franck, Thomas M., Some Observations on the ICJ's Procedural and Substantive Innovations, AJIL 81 (1987), S. 116-121.

Franck, Thomas M., The Power of Legitimacy among Nations, Oxford 1990.

Franck, Thomas M., The Emerging Right to Democratic Governance, AJIL 86 (1992), S. 46-91.

Franck, Thomas M., Fairness in International Law and Institutions, Oxford 1995.

Franck, Thomas M., Terrorism and the Right of Self-Defence, AJIL 95 (2001), S. 839-843.

Franck, Thomas M., Is the UN Charter a Constitution?, in: Frowein, Jochen Abr./Scharioth, Klaus/Winkelmann, Ingo/Wolfrum, Rüdiger (Hrsg.), Verhandeln für den Frieden – Negotiating for Peace. Liber Amicorum Tono Eitel, Berlin u.a. 2003, S. 95-106.

Franck, Thomas M., On Proportionality of Countermeasures in International Law, AJIL 102 (2008), S. 715-767.

Frauenkron, Katrin, Das Solidaritätsprinzip im Umweltvölkerrecht, Berlin 2008.

French, Duncan, Treaty Interpretation and the Incorporation of Extraneous Legal Rules, ICLQ 55 (2006), S. 281-314.

Friedmann, Wolfgang Gaston, Some Impacts of Social Organization on International Law, AJIL 50 (1956), S. 475-513.

Friedmann, Wolfgang Gaston, The Changing Structure of International Law, London 1964.

Friedmann, Wolfgang Gaston, General Course in Public International Law, RdC 127 (1969-II), S. 39-246.

Frowein, Jochen Abr., Die Verpflichtungen erga omnes im Völkerrecht und ihre Durchsetzung, in: Bernhardt, Rudolf/Geck, Wilhelm Karl/Jaenicke, Günther/Steinberger, Helmut (Hrsg.), Völkerrecht als Rechtsordnung, Internationale Gerichtsbarkeit, Menschenrechte. Festschrift für Hermann Mosler, Berlin 1983, S. 241-262.

Frowein, Jochen Abr., Reactions by Not Directly Affected States to Breaches of Public International Law, RdC 248 (1994-IV), S. 345-438

Frowein, Jochen Abr., Male Captus, Male Detentus: A Human Right, in: Lawson, Rick/Blois, Matthijs de (Hrsg.), The Dynamics of the Protection of Human Rights in Europe. Essays in Honour of Henry G. Schermers, Bd. III, Dordrecht u.a. 1994, S. 175-185.

Frowein, Jochen Abr., Konstitutionalisierung des Völkerrechts, BDGVR 39 (1999), S. 427-447.

Frowein, Jochen Abr., Are there Limits to the Amendment Procedures in Treaties Constituting International Organisations?, in: ders., Völkerrecht – Menschenrechte – Verfassungsfragen Deutschlands und Europas. Ausgewählte Schriften, hrsgg. v. Hartwig, Matthias/Nolte, Georg/Oeter, Stefan/Walter, Christian, Berlin u.a. 2004, S. 129-146.

Frowein, Jochen Abr., Obligations erga omnes, in: MPEPIL (online edition), Artikel-Stand: Dezember 2008.

Frowein, Jochen Abr., Kosovo and Lotus, in: Fastenrath, Ulrich/Geiger, Rudolf/Khan, Daniel-Erasmus/Paulus, Andreas/Schorlemer, Sabine von/Vedder, Christoph (Hrsg.), From Bilateralism to Community Interest. Essays in Honour of Bruno Simma, Oxford 2011, S. 923-931.

Frowein, Jochen Abr., Ius Cogens, in: MPEPIL (online edition), Artikel-Stand: März 2013.

Fuller, Lon, The Morality of Law, 2. Auflage, New Haven u.a. 1969.

Funk, Bernd-Christian, Regeln und Prinzipien in Teilsystemen des Rechts, dargestellt am Staats- und Verwaltungsrecht, in: Schilcher, Bernd/Koller, Peter/Funk, Bernd-Christian (Hrsg.), Regeln, Prinzipien und Elemente im System des Rechts, Wien 2000, S. 259-265.

Funke, Andreas, Ius cogens-Normen, in: Schöbener, Burkhard (Hrsg.), Völkerrecht. Lexikon zentraler Begriffe und Themen, Heidelberg u.a. 2014, S. 248-251.

Gärditz, Klaus Ferdinand, Ungeschriebenes Völkerrecht durch Systembildung, AVR 45 (2007), S. 1-34.

Gärditz, Klaus Ferdinand, Die Legitimation der Justiz zur Völkerrechtsfortbildung, Der Staat 47 (2008), S. 381-409.

Gärditz, Klaus Ferdinand, Nachhaltigkeit und Völkerrecht, in: Kahl, Wolfgang (Hrsg.), Nachhaltigkeit als Verbundbegriff, Tübingen 2008, S. 137-179.

Gärditz, Klaus Ferdinand, Grundrechte im Rahmen der Kompetenzordnung, in: Isensee, Josef/Kirchhof, Paul (Hrsg.), Handbuch des Staatsrechts, Bd. IX: Allgemeine Grundrechtslehren, 3. Auflage, Heidelberg 2011, § 189.

Gärditz, Klaus Ferdinand, Kommentierung zu Art. 20a GG, in: R. Landmann/G. Rohmer, Umweltrecht, Stand: 1. August 2013 (70. Erg.-Lfg.).

Gaja, Giorgio, Jus Cogens beyond the Vienna Convention, RdC 172 (1981-III), S. 271-316

Gaja, Giorgio, The Protection of General Interests in the International Community: General Course on Public International Law, RdC 364 (2012), S. 9-186.

Gaja, Giorgio, General Principles of Law, in: MPEPIL (online edition), Artikel-Stand: Mai 2013.

Gamper, Anna, Regeln der Verfassungsinterpretation, Wien u.a. 2012.

Gardam, Judith, The Contribution of the International Court of Justice to International Humanitarian Law, LJIL 14 (2001), S. 349-365.

Gardiner, Richard K., Treaty Interpretation, Oxford 2008.

Gas, Tonio, Gemeinwohl und Individualfreiheit im nationalen Recht und Völkerrecht, Hamburg 2012.

Geiger, Rudolf, Grundgesetz und Völkerrecht, mit Europarecht, 6. Auflage, München 2013.
Geistlinger, Michael, Präjudizien im Völkerrecht, in: Harrer, Friedrich/Honsell, Heinrich/Mader, Peter (Hrsg.), Gedächtnisschrift für Theo Mayer-Maly, Wien 2011, S. 159-186.
Geldermann, Heiner, Völkerrechtliche Pflichten multinationaler Unternehmen, Baden-Baden 2009.
Giegerich, Thomas, Vorbehalte zu Menschenrechtsabkommen: Zulässigkeit, Gültigkeit und Prüfungskompetenz von Vertragsgremien, ZaöRV 55 (1995), S. 713-766.
Gill, T. D., Legal and Some Political Limitations on the Power of the UN Security Council to Exercise its Enforcement Powers under Chapter VII of the Charter, NYIL 26 (1995), S. 33-138.
Ginsburg, Tom, Bounded Discretion in International Judicial Lawmaking, Va. J. Int'l L. 45 (2005), S. 631-673.
Göldner, Detlef, Verfassungsprinzip und Privatrechtsnorm in der verfassungskonformen Auslegung und Rechtsfortbildung. Verfassungskonkretisierung als Methoden- und Kompetenzproblem, Berlin 1969.
Göttsche, Götz J., Die Anwendung von Rechtsprinzipien in der Spruchpraxis der WTO-Rechtsmittelinstanz, Berlin 2005.
Goldmann, Matthias, We Need to Cut Off the Head of the King: Past, Present, and Future Approaches to International Soft Law, LJIL 25 (2012), S. 335-368.
Goldmann, Matthias, Dogmatik als Rationale Rekonstruktion: Versuch einer Metatheorie am Beispiel völkerrechtlicher Prinzipien, Der Staat 53 (2014), S. 373-399.
Goldmann, Matthias, Internationale öffentliche Gewalt. Handlungsformen internationale Institutionen im Zeitalter der Globalisierung, Heidelberg u.a. 2015.
Goldsmith, Jack L./Posner, Eric A., The Limits of International Law, Oxford 2005.
Golsong, Heribert, Interpreting the European Convention on Human Rights Beyond the Confines of the Vienna Convention on the Law of Treaties?, in: Macdonald, R. St. J./Matscher F./Petzold, H. (Hrsg.), The European System for the Protection of Human Rights, Dordrecht u.a. 1993, S. 147-162.
Goodman, Ryan, Human Rights Treaties, Invalid Reservations, and State Consent, AJIL 96 (2002), S. 531-560.
Gowlland-Debbas, Vera, Judicial Insights into the Fundamental Values and Interests of the International Community, in: Muller, A. Sam/Raic, David/Thuránszky, J. M. (Hrsg.), The International Court of Justice. Its Future after Fifty Years, The Hague u.a. 1997, S. 327-366.
Grabenwarter, Christoph/Pabel, Katharina, Europäische Menschenrechtskonvention, 6. Auflage, München 2016.
Graefrath, Bernhard, Vorbehalte zu Menschenrechtsverträgen – Neue Projekte und alte Streitfragen, HuV-I 1996, S. 68-75.
Green, James A., Questioning the Peremptory Status of the Prohibition of the Use of Force, Mich. J. Int'l L. 32 (2010-2011), S. 215-257.

Greenwood, Christopher, International Humanitarian Law and the *Tadic* Case, EJIL 7 (1996), S. 265-283.

Greenwood, Christopher, The Development of International Humanitarian Law by the International Criminal Tribunal for the Former Yugoslawia, MPYUNL 2 (1998), S. 97-140.

Greenwood, Christopher, Belligerent Reprisals in the Jurisprudence of the International Criminal Tribunal for the Former Yugoslawia, in: Fischer, Horst/Kreß, Claus/Lüder, Sascha Rolf (Hrsg.), International and National Prosecution of Crimes Under International Law. Current Developments, Berlin 2001, S. 539-557.

Greig, Donald W., Intertemporality and the Law of Treaties, London 2001.

Gropp, Michael, Die Rechtsfortbildung contra legem. Ein Beitrag zur rechtstheoretischen Erforschung der Grundlagen richterlicher Rechtsfortbildung im Privatrecht, Berlin 1976.

Grosche, Nils, Rechtsfortbildung im Unionsrecht. Eine Untersuchung zum Phänomen richterlicher Rechtsfortbildung durch den Gerichtshof der Europäischen Union, Tübingen 2011.

Gruber, Urs Peter, Methoden des internationalen Einheitsrechts, Tübingen 2004.

Grzeszick, Bernd, Rechte und Ansprüche. Eine Rekonstruktion des Staatshaftungsrechts aus den subjektiven öffentlichen Rechten, Tübingen 2002.

Grzeszick, Bernd, Rechte des Einzelnen im Völkerrecht. Chancen und Gefahren völkerrechtlicher Entwicklungstrends am Beispiel der Individualrechte im allgemeinen Völkerrecht, AVR 43 (2005), S. 312-344.

Grzeszick, Bernd, Staat, Verfassung und Einheit der Rechtsordnung. Zur Suche nach der verlorenen Einheit des Rechts, in: Depenheuer, Otto/Heintzen, Markus/Jestaedt, Matthias/Axer, Peter (Hrsg.), Staat im Wort. Festschrift für Josef Isensee, Heidelberg 2007, S. 93-110.

Grzeszick, Bernd, Kommentierung von Art. 20 (Demokratie), in: Maunz/Dürig, Grundgesetz-Kommentar, Stand: 65. Erg.-Lfg., April 2012.

Grzeszick, Bernd, Kommentierung von Art. 20 (Allgemeine Rechtsstaatlichkeit), in: Maunz/Dürig, Grundgesetz-Kommentar, Stand: 67. Erg.-Lfg., November 2012.

Grzeszick, Bernd, Rationalitätsanforderungen an die parlamentarische Rechtssetzung im demokratischen Rechtsstaat, VVDStRL 71 (2012), S. 49-81.

Grzeszick, Bernd, Die Teilung der staatlichen Gewalt, Paderborn u.a. 2013.

Günther, Herbert, Zur Entstehung von Völkergewohnheitsrecht, Berlin 1970.

Günther, Klaus, Der Sinn für Angemessenheit. Anwendungsdiskurse in Moral und Recht, Frankfurt a. M. 1988.

Gutman, Amy/Thompson, Dennis, Democracy and Disagreement, Cambridge/MA 1996.

Guggenheim, Paul, Lehrbuch des Völkerrechts, Bd. I, Basel 1948.

Guha Roy, S. N., Is the Law of Responsibility of States for Injuries to Aliens a Part of Universal International Law?, AJIL 55 (1961), S. 863-891.

Guzman, Andrew T., Saving Customary International Law, Mich. J. Int'l L. 27 (2005), S. 115-176.

Guzman, Andrew T., Against Consent, Va. J. Int'l L. 52 (2012), S. 747-790.

Haack, Stefan, Widersprüchliche Regelungskonzeptionen im Bundesstaat, Berlin 2002.

Habermas, Jürgen, Faktizität und Geltung. Beiträge zur Diskurstheorie des Rechts und des demokratischen Rechtsstaats, Frankfurt a. M. 1992.

Habermas, Jürgen, Kants Idee des ewigen Friedens – aus dem historischen Abstand von 200 Jahren, in: ders., Die Einbeziehung des Anderen. Studien zur politischen Theorie, Frankfurt am Main 1996, S. 192-236.

Habermas, Jürgen, Replik auf Beiträge zu einem Symposion der Cardozo Law School, in: ders., Die Einbeziehung des Anderen. Studien zur politischen Theorie, Frankfurt am Main 1996, S. 309-398.

Habermas, Jürgen, Hat die Konstitutionalisierung des Völkerrechts noch eine Chance?, in: ders., Der gespaltene Westen, Frankfurt am Main 2004, S. 113-193.

Habermas, Jürgen, Die Krise der Europäischen Union im Lichte einer Konstitutionalisierung des Völkerrechts – Ein Essay zur Verfassung Europas, ZaöRV 72 (2012), S. 1-44.

Häberle, Peter, Buchbesprechung: Robert Alexy, Theorie der Grundrechte, 1985, Der Staat 26 (1987), S. 135-141.

Härle, Elfried, Die allgemeinen Rechtsgrundsätze im Völkerrecht, ZöR 11 (1931), S. 206-246.

Hafner, Gerhard, Pros and Cons Ensuing From Fragmentation of International Law, Mich. J. Int'l L. 25 (2003-2004), S. 849-863.

Hafner, Gerhard/Novak, Gregor, State Succession in Respect of Treaties, in: Hollis, Duncan B. (Hrsg.), The Oxford Guide to Treaties, Oxford 2012, S. 396-427.

Hagemann, Max, Staatliche Souveränität und Internationale Ordnung, SchweizJIR 16 (1959), S. 53-72.

Hager, Günter, Rechtsmethoden in Europa, Tübingen 2009.

Hailbronner, Kay, Diskussionsbeitrag, in: Delbrück, Jost (Hrsg.), New Trends in International Lawmaking – International „Legislation“ in the Public Interest. Proceedings of an International Symposium of the Walther-Schücking-Institute of International Law, March 6 to 8, 1996, Berlin 1997, S. 105-106.

Hain, Karl-Eberhard, Die Grundsätze des Grundgesetzes. Eine Untersuchung zu Art. 79 Abs. 3 GG, Baden-Baden 1999.

Hakimi, Monica, Custom's Method and Process: Lessons from Humanitarian Law, in: Bradley, Curtis A. (Hrsg.), Custom's Future: International Law in a Changing World, Cambridge 2016, S. 148-171.

Hall, William Edward, A Treatise on International Law, 7. Auflage, Oxford 1917.

Haltern, Ulrich R., Internationales Verfassungsrecht? Anmerkungen zu einer kopernikanischen Wende, AöR 128 (2003), S. 511-557.

Haltern, Ulrich R., Europarecht. Dogmatik im Kontext, 2. Auflage, Tübingen 2007.

Haltern, Ulrich R., Was bedeutet Souveränität?, Tübingen 2007.

Hameed, Asif, Unravelling the Mystery of Jus Cogens in International Law, BYIL 84 (2014), S. 52-102.

Handeyside, Hugh, The *Lotus* Principle in ICJ Jurisprudence: Was the Ship Ever Afloat?, Mich. J. Int'l L. 29 (2007-2008), S. 71-94.

Handl, Günther, Territorial Sovereignty and the Problem of Transnational Pollution, AJIL 69 (1975), S. 51-76.

Handl, Günther, Transboundary Impacts, in: Bodansky, Daniel/Brunnée, Jutta/Hey, Ellen (Hrsg.), The Oxford Handbook of International Environmental Law, Oxford 2012, S. 531-549.

Hannikainen, Lauri, Peremptory Norms (Jus Cogens) in International Law. Historical Development, Criteria, Present Status, Helsinki 1988.

Hart, Herbert Lionel Adolphus, Book Review: The Morality of Law by Lon Fuller, Harv. L. Rev. 78 (1965), S. 1281-1296.

Hart, Herbert Lionel Adolphus, The Concept of Law, 2. Auflage, Oxford 1994.

Hassemer, Winfried, Gesetzesbindung und Methodenlehre, ZRP 2007, S. 213-219.

Hassemer, Winfried, Juristische Methodenlehre und richterliche Pragmatik, Rechtstheorie 39 (2008), S. 1-22.

Hassemer, Winfried, Dogmatik zwischen Wissenschaft und richterlicher Pragmatik. Einführende Bemerkungen, in: Kirchhof, Gregor/Magen, Stefan/Schneider, Karsten, Was weiß Dogmatik? Was leistet und wie steuert die Dogmatik des Öffentlichen Rechts?, Tübingen 2012, S. 3-15.

Hayek, Friedrich A. von, Die Verfassung der Freiheit, hrsgg. v. Bosch, Alfred/Veit, Reinhold, 4. Auflage, Tübingen 2005.

Heck, Philipp, Was ist diejenige Begriffsjurisprudenz, die wir bekämpfen?, DJZ 14 (1909), Sp. 1457-1461.

Hector, Pascal, Das völkerrechtliche Abwägungsgebot. Abgrenzung der Souveräntätssphären durch Verfahren, Berlin 1992.

Hegel, Georg Wilhelm Friedrich, Grundlinien der Philosophie des Rechts oder Naturrecht und Staatswissenschaft im Grundrisse. Mit Hegels eigenhändigen Notizen und den mündlichen Zusätzen (Georg Wilhelm Friedrich Hegel, Werke, Bd. 7), hrsgg. v. Moldenhauer, Eva und Michel, Karl Markus, Frankfurt am Main 1970.

Heinold, Alexander, Die Prinzipientheorie bei Ronald Dworkin und Robert Alexy, Berlin 2011.

Heinsch, Robert, Die Weiterentwicklung des humanitären Völkerrechts durch die Strafgerichtshöfe für das ehemalige Jugoslawien und Ruanda. Zur Bedeutung von internationalen Gerichtsentscheidungen als Rechtsquelle des Völkerstrafrechts, Berlin 2007.

Heintschel von Heinegg, Wolff, Casebook Völkerrecht, München 2005.

Heintschel von Heinegg, Wolff, Der Geltungsbereich von Verträgen, in: Ipsen, Knut (Hrsg.), Völkerrecht, 6. Auflage, München 2014, § 13.

Heintschel von Heinegg, Wolff, Ungültigkeit von Verträgen und Fortfall der Vertragsbindung, in: Ipsen, Knut (Hrsg.), Völkerrecht, 6. Auflage, München 2014, § 16.

Heintschel von Heinegg, *Wolff*, Völkergewohnheitsrecht, in: Ipsen, Knut (Hrsg.), Völkerrecht, 6. Auflage, München 2014, § 17.

Heintschel von Heinegg, *Wolff*, Allgemeine Rechtsgrundsätze, in: Ipsen, Knut (Hrsg.), Völkerrecht, 6. Auflage, München 2014, § 18.

Heintschel von Heinegg, *Wolff*, Gewohnheitsrechtliche Grundsätze und Regeln des Umweltvölkerrechts, in: Ipsen, Knut (Hrsg.), Völkerrecht, 6. Auflage, München 2014, § 50.

Heintze, *Hans-Joachim*, Frieden und Völkerrecht, in: Gießmann, Hans J./Rinke, Bernhard (Hrsg.), Handbuch Frieden, Wiesbaden 2011, S. 599-613.

Held, *David*, Models of Democracy, 3. Auflage, Cambridge 2006.

Hemke, *Katja*, Methodik der Analogiebildung im öffentlichen Recht, Berlin 2006.

Hempel, *Michael*, Die Völkerrechtssubjektivität internationaler nichtstaatlicher Organisationen, Berlin 1999.

Henckaerts, *Jean-Marie*/*Doswald-Beck*, *Louise*, Customary International Humanitarian Law, Volume I: Rules, Cambridge 2005.

Henkin, *Louis*, How Nations Behave, 2. Auflage, New York 1979.

Henkin, *Louis*, The Mythology of Sovereignty, in: Macdonald, Ronald St. John (Hrsg.), Essays in Honour of Wang Tieya, Dordrecht u.a. 1994, S. 351-358.

Henkin, *Louis*, That „S" Word: Sovereignty, and Globalization, and Human Rights, Et Cetera, Fordham L. Rev. 68 (1999), S. 1-14.

Henninger, *Hartmut*, Menschenrechte und Frieden als Rechtsprinzipien des Völkerrechts. Das Handeln der Vereinten Nationen in der Konfliktnachsorge aus der Perspektive einer völkerrechtlichen Prinzipienlehre, Tübingen 2013.

Henninger, *Thomas*, Europäisches Privatrecht und Methode. Entwurf einer rechtsvergleichend gewonnenen juristischen Methodenlehre, Tübingen 2009.

Hennings, *Antje*, Über das Verhältnis von Multinationalen Unternehmen zu Menschenrechten. Eine Bestandsaufnahme aus juristischer Perspektive, Göttingen 2009.

Herbst, *Jochen*, Rechtskontrolle des UN-Sicherheitsrates, Frankfurt a. M. u.a. 1999.

Herbst, *Jochen*, Immunität von Angehörigen der US-Streitkräfte vor der Strafverfolgung durch den IStGH? Zu Resolution 1422 (2002) des UN Sicherheitsrates vom 12. Juli 2002, EuGRZ 29 (2002), S. 581-588.

Herczegh, *Géza*, General Principles of Law and the International Legal Order, Budapest 1969.

Herdegen, *Matthias*, The „Constitutionalization" of the UN Security System, Vand. J. Transnat'l L. 27 (1994), S. 135-159.

Herdegen, *Matthias*, Die Grundwerte der modernen Völkerrechtsordnung und ihre effektive Sicherung, in: Vogel, Bernhard/Dolzer, Rudolf/Herdegen, Matthias (Hrsg.), Die Zukunft der UNO und des Völkerrechts. Beiträge und Thesen einer internationalen Konferenz, Freiburg im Breisgau u.a. 2004, S. 226-240.

Herdegen, *Matthias*, Assymetrien in der Staatenwelt und die Herausforderungen des „konstruktiven Völkerrechts", ZaöRV 64 (2004), S. 571-582.

Herdegen, Matthias, Das „konstruktive Völkerrecht" und seine Grenzen: die Dynamik des Völkerrechts als Methodenfrage, in: Dupuy, Pierre-Marie/Fassbender, Bardo/Shaw, Malcolm N./Sommermann, Karl-Peter (Hrsg.), Völkerrecht als Wertordnung. Common Values in International Law. Festschrift für Christian Tomuschat, Kehl 2006, S. 899-911.

Herdegen, Matthias, Völkerrecht, 10. Auflage, München 2011; 15. Auflage, München 2016.

Herdegen, Matthias, Kommentierung von Art. 1 Abs. 1, in: Maunz/Dürig, Grundgesetz-Kommentar, Stand: 62. Erg.-Lfg., München 2011.

Herdegen, Matthias, Interpretation in International Law, in: MPEPIL (online edition), Artikel-Stand: März 2013.

Hergenröder, Curt Wolfgang, Zivilprozessuale Grundlagen richterlicher Rechtsfortbildung, Tübingen 1995.

Hermes, Georg, Verfassungsrecht und einfaches Recht – Verfassungsgerichtsbarkeit und Fachgerichtsbarkeit, VVDStRL 61 (2002), S. 119-154.

Hernández, Gleider I., Interpretation, in: d'Aspremont, Jean/Kammerhofer, Jörg (Hrsg.), International Legal Positivism in a Post-Modern World, Cambridge 2014, S. 317-348.

Herresthal, Carsten, Rechtsfortbildung im europarechtlichen Bezugsrahmen. Methoden, Kompetenzen, Grenzen dargestellt am Beispiel des Privatrechts, München 2006.

Hertogen, An, Letting Lotus Bloom, EJIL 26 (2015), S. 901-926.

Herzog, Roman, Gesetzgeber und Gerichte, in: Brandt, Willy/Gollwitzer, Helmut/Henschel, Johann Friedrich (Hrsg.), Ein Richter, ein Bürger, ein Christ. Festschrift für Helmut Simon, Baden-Baden 1987, S. 103-112.

Heselhaus, Sebastian, Resolution 1422 (2002) des Sicherheitsrates zur Begrenzung der Tätigkeit des Internationalen Strafgerichtshofs, ZaöRV 62 (2002), S. 907-940.

Hesse, Konrad, Grundzüge des Verfassungsrechts der Bundesrepublik Deutschland, 20. Auflage, Heidelberg 1995.

Heyder, Udo, Gültigkeit und Nutzen der besonderen juristischen Schlussformen in der Rechtsfortbildung, Göttingen 2010.

Hicks, Stephen C., International Order and Article 38 (1) (c) of the Statute of the International Court of Justice, Suffolk Transnat'l L. J. 2 (1978), S. 1-42.

Higgins, Rosalyn, The Rule of Law: Some Sceptical Thoughts, in: dies., Themes and Theories. Selected Essays, Speeches, and Writings in International Law, Bd. II, Oxford u.a. 2009, S. 1330-1339.

Hilbert, Patrick, An welche Normen ist der Richter gebunden?, JZ 68 (2013), S. 130-136.

Hilbert, Patrick, Systemdenken in Verwaltungsrecht und Verwaltungsrechtswissenschaft, Tübingen 2015.

Hillgruber, Christian, Richterliche Rechtsfortbildung als Verfassungsproblem, JZ 51 (1996), S. 118-125.

Hillgruber, Christian, Anmerkung zur LaGrand-Entscheidung des IGH, JZ 57 (2002), S. 94-99.

Hillgruber, Christian, Souveränität – Verteidigung eines Rechtsbegriffs, JZ 57 (2002), S. 1072-1080.
Hillgruber, Christian, Neue Methodik – Ein Beitrag zur Geschichte der richterlichen Rechtsfortbildung in Deutschland, JZ 63 (2008), S. 745-755.
Hillgruber, Christian, Kommentierung von Art. 1 GG, in: Epping, Volker/Hillgruber, Christian (Hrsg.), Beck'scher Online Kommentar, Grundgesetz, Stand: 1.10.2011.
Hingst, Ulla, Auswirkungen der Globalisierung auf das Recht der völkerrechtlichen Verträge, Berlin 2001.
Hirsch, Günter, Rechtsanwendung, Rechtsfindung, Rechtsschöpfung. Der Richter im Spannungsverhältnis von erster und dritter Gewalt, Heidelberg 2003.
Hirsch, Günter, Zwischenruf – Der Richter wird's schon richten, ZRP 2006, S. 161.
Hirsch, Günter, Auf dem Weg zum Richterstaat? Vom Verhältnis des Richters zum Gesetzgeber in unserer Zeit, JZ 62 (2007), S. 853-858.
Hirsch, Günter, Im Namen des Volkes: Gesetz – Recht – Gerechtigkeit, ZRP 2012, S. 205-209.
Hobe, Stephan, Global Challenges to Statehood: The Increasingly Important Role of Nongovernmental Organizations, Ind. J. Global Leg. Stud. 5 (1997), S. 191-209.
Hobe, Stephan, Der Rechtsstatus der Nichtregierungsorganisationen nach gegenwärtigem Völkerrecht, AVR 37 (1999), S. 152-176.
Hobe, Stephan, The Era of Globalisation as a Challenge to International Law, Duquesne Law Review 40 (2002), S. 655-665.
Hobe, Stephan, Non-Governmental Organizations, in: MPEPIL (online edition), Artikel-Stand: März 2010.
Hobe, Stephan, Einführung in das Völkerrecht, 10. Auflage, Tübingen 2014.
Höffe, Otfried, Demokratie im Zeitalter der Globalisierung, München 1999.
Höffe, Otfried, Gründe und Motive, in: ders. (Hrsg.), Lexikon der Ethik, 7. Auflage, München 2008, S. 121-122.
Höpfner, Clemens, Die systemkonforme Auslegung. Zur Auflösung einfachgesetzlicher, verfassungsrechtlicher und europarechtlicher Widersprüche, Tübingen 2008.
Hörmann, Saskia, Völkerrecht bricht Rechtsgemeinschaft? Zu den rechtlichen Folgen einer Umsetzung von Resolutionen des UN-Sicherheitsrates durch die EG, AVR 44 (2006), S. 267-327.
von Hoffmann, Bernd, Diskussionsbeitrag, in: Böckstiegel, Karl-Heinz (Hrsg.), Rechtsfortbildung durch Internationale Schiedsgerichtsbarkeit, Köln u.a. 1989, S. 127-128.
Hoffmann, Jochen, Theorie des internationalen Wirtschaftsrechts, Tübingen 2009.
Hoffmann, Stanley, International Systems and International Law, in: Falk, Richard/Hanrieder, Wolfram (Hrsg.), International Law and Organization. An Introductory Reader, Philadelphia 1968, S. 89-120.

Hoffmeister, Frank/Kleinlein, Thomas, International Public Order, in: MPEPIL (online edition), Artikel-Stand: November 2013.

Hofmann, Frank, Gründe und Werte. Ein Vergleich theoretischer und praktischer Rationalität, in: Schönrich, Gerhard (Hrsg.), Wissen und Werte, Paderborn 2009, S. 223-252.

Holbrook, Christian, Positivism and Peremptory Norms: Like Peas in a Pod?, Inter Alia 2010, S. 115-122.

Hoof, Godefridus J. H. van, Rethinking the Sources of International Law, Deventer 1983.

Hoogh, André de, The Relationship between *Jus Cogens*, Obligations *Erga Omnes* and International Crimes: Peremptory Norms in Perspective, AJPIL 42 (1991), S. 183-214.

Hoogh, André de, The Sovereigns are Dead, Long Live the Sovereigns – Reflections on State Sovereignty and International Law, in: Rieter, Eva/ Waele, Henri de (Hrsg.), Evolving Principles of International Law. Studies in Honour of Karel C. Wellens, Leiden 2012, S. 169-195.

Horn, Norbert, Einführung in die Rechtswissenschaft und Rechtsphilosophie, 5. Auflage, Heidelberg u.a. 2011.

Hossain, Kamrul, The Concept of Jus Cogens and the Obligation under the U.N. Charter, Santa Clara J. Int' L. 3 (2005), S. 72-98.

Howse, Robert, The Use and Abuse of Other „Relevant Rules of International Law“ in Treaty Interpretation: Insights From WTO Trade/Environment Litigation, IILJ Working Paper 2007/1.

Huerta, Carla, Normkonflikte im Lichte der Prinzipientheorie, in: Clérico, Laura/Sieckmann Jan-Reinard (Hrsg.), Grundrechte, Prinzipien und Argumentation. Studien zur Rechtstheorie Robert Alexys, Baden-Baden 2009, S. 183-193.

Human Rights in China, Counter Terrorism and Human Rights: The Impact of the Shanghai Cooperation Organization, New York u.a. 2011, online abrufbar unter http://www.hrichina.org/en/publications/hric-report/counter-terrorism-and-human-rights-impact-shanghai-cooperation-organization.

Hummer, Waldemar, Internationale nichtstaatliche Organisationen im Zeitalter der Globalisierung – Abgrenzung, Handlungsbefugnisse, Rechtsnatur, BDGVR 39 (1999), S. 45-230.

Hurley, Susan L., Natural Reasons. Personality and Polity, Oxford 1989.

Huster, Stefan, Rechte und Ziele. Zur Dogmatik des allgemeinen Gleichheitssatzes, Berlin 1993.

International Military Tribunal Nuremberg, Trial of the Major War Criminals Before the Intenrational Milityra Tribunal, Nuremberg, 14 November 1945 – 1 October 1946, Bd. XVII, Nuremberg 1948.

Iorio, Marco, Echte Gründe, echte Vernunft. Über Handlungen, ihre Erklärung und Begründung, Dresden 1998.

Ipsen, Jörn, Richterrecht und Verfassung, Berlin 1975.

Ipsen, Knut, Völkerrechtssubjektivität und Rechtsgleichheit im internationalen bewaffneten Konflikt, in: ders. (Hrsg.), Völkerrecht, 6. Auflage, München 2014, § 60.

Jackson, John Howard, The World Trade Organization: Constitution and Jurisprudence, London 1998.
Jacob, Marc, Precedents: Lawmaking Through International Adjudication, German L. J. 12 (2011), S. 1005-1032.
Jain, Neha, Comparative International Law at the ICTY: The General Principles Experiment, AJIL 109 (2015), S. 486-497.
Jain, Neha, Judicial Lawmaking and General Principles of Law in International Criminal Law, Harv. J. Int'l L. 57 (2016), S. 111-150.
Jakab, András, Prinzipien, Rechtstheorie 27 (2006), S. 49-65.
Jakab, András, Re-Defining Principles as „Important Rules". A Critique of Robert Alexy, in: Borowski, Martin (Hrsg.), On the Nature of Legal Principles. Proceedings of the Special Workshop „The Principles Theory" held at the 23rd World Congress of the International Association for Philosophy of Law and Social Philosophy (IVR), Kraków, 2007, ARSP Beiheft 119, Stuttgart 2010, S. 145-159.
Janik, Cornelia, Die Bindung internationaler Organisationen an internationale Menschenrechtsstandards. Eine rechtsquellentheoretische Untersuchung am Beispiel der Vereinten Nationen, der Weltbank und des Internationalen Währungsfonds, Tübingen 2012.
Janis, Mark W., The Nature of *Jus Cogens*, Conn. J. Int'l L. 3 (1987-1988), S. 359-363.
Jansen, Nils, Die Struktur der Gerechtigkeit, Baden-Baden 1998.
Jeep, Wolfgang, Generalverdacht gegen „Pianisten", FAZ vom 10.11.2006, Nr. 262, S. 21.
Jellinek, Georg, Allgemeine Staatslehre, 3. Auflage, Berlin 1914.
Jenks, Clarence Wilfred, The Conflict of Law-Making Treaties, BYIL 30 (1953), S. 401-453.
Jenks, Clarence Wilfred, Law in the World Community, London 1967.
Jenks, Clarence Wilfred, A New World of Law?, London u.a. 1969.
Jennings, Robert, Sovereignty and International Law, in: Kreijen, Gerard (Hrsg.), State, Sovereignty and International Governance, Oxford u.a. 2002, S. 27-44.
Jennings, Robert, The *LaGrand* Case, LPICT 1 (2002), S. 13-54.
Jennings, Robert/Watts, Arthur, Oppenheim's International Law, Bd. I: Peace, Introduction and part 1, 9. Auflage, Harlow 1992.
Jestaedt, Matthias, Grundrechtsentfaltung im Gesetz. Studien zur Interdependenz von Grundrechtsdogmatik und Rechtsgewinnungstheorie, Tübingen 1999.
Jestaedt, Matthias, Das mag in der Theorie richtig sein... Vom Nutzen der Rechtstheorie für die Rechtspraxis, Tübingen 2006.
Jestaedt, Matthias, Die Abwägungslehre – ihre Stärken und ihre Schwächen, in: Depenheuer, Otto/Heintzen, Markus/Jestaedt, Matthias/Axer, Peter (Hrsg.), Staat im Wort. Festschrift für Josef Isensee, Heidelberg 2007, S. 253-275.
Jestaedt, Matthias, Richterliche Rechtsetzung statt richterliche Rechtsfortbildung, in: Bumke, Christian (Hrsg.), Richterrecht zwischen Gesetzesrecht und Rechtsgestaltung, Tübingen 2012, S. 49-70.

Jonas, David S./Saunders, Thomas N., The Object and Purpose of a Treaty: Three Interpretive Methods, Vand. J. Transnat'l L. 43 (2010), S. 565-609.

Joseph, Sarah, Taming the Leviathans: Multinational Enterprises and Human Rights, NILR 46 (1999), S. 171-203.

Jung, Han-Wei, Rechtserkenntnis und Rechtsfortbildung im Völkergewohnheitsrecht. Das Verhältnis zwischen Methodik und Rechtsquellenlehre, Göttingen 2012.

Kadelbach, Stefan, Zwingendes Völkerrecht, Berlin 1992.

Kadelbach, Stefan/Kleinlein, Thomas, Überstaatliches Verfassungsrecht. Zur Konstitutionalisierung im Völkerrecht, AVR 44 (2006), S. 235-266.

Kadelbach, Stefan/Kleinlein, Thomas, International Law – A Constitution for Mankind? An Attempt at a Re-appraisal with an Analysis of Constitutional Principles, GYIL 50 (2007), S. 303-347.

Kadish, Mark J., Article 36 of the Vienna Convention on Consular Relations: A Search for the Right to Consul, Mich. J. Int'l L. 18 (1996-1997), S. 565-613.

Kadish, Mark J., Article 36 of the Vienna Convention on Consular Relations: The International Court of Justice in *Mexico v. United States (Avena)* Speaks Emphatically to the Supreme Court of the United States About the Fundamental Nature of the Right to Consul, Geo. J. Int'l L. 36 (2004-2005), S. 1-60.

Kälin, Walter, Menschenrechtsverträge als Gewährleistung einer objektiven Ordnung, BDGVR 33 (1994), S. 9-48.

Kälin, Walter/Künzli, Jörg, Universeller Menschenrechtsschutz, 3. Auflage, Basel 2013.

Kahl, Wolfgang, Umweltprinzip und Gemeinschaftsrecht. Eine Untersuchung zur Idee des „bestmöglichen Umweltschutzes" im EWG-Vertrag, Heidelberg 1993.

Kahl, Wolfgang, Einleitung: Nachhaltigkeit als Verbundbegriff, in: ders. (Hrsg.), Nachhaltigkeit als Verbundbegriff, Tübingen 2008, S. 1-35.

Kallmeyer, Christoph, Ideales Sollen. Eine Analyse der Prinzipienkonstruktion, Baden-Baden 2016.

Kalscheuer, Fiete, Kants Theorie der Abwägung, ARSP 99 (2013), S. 499-505.

Kaltenborn, Markus, Entwicklungsvölkerrecht und Neugestaltung der internationalen Ordnung. Rechtstheoretische und Rechtspolitische Aspekte des Nord-Süd-Konflikts, Berlin 1998.

Kammerhofer, Jörg, The Benefits of the Pure Theory of Law for International Lawyers, or: What Use is Kelsenian Theory?, Int'l Legal Theory 12 (2007), S. 5-54.

Kammerhofer, Jörg, Kelsen – Which Kelsen? A Reapplication of the Pure Theory to International Law, LJIL 22 (2009), S. 225-249.

Kammerhofer, Jörg, Gaps, the *Nuclear Weapons* Advisory Opinion and the Structure of International Legal Argument between Theory and Practice, BYIL 80 (2009), S. 333-360.

Kammerhofer, Jörg, Constitutionalism and the Myth of Practical Reason: Kelsenian Responses to Methodological Confusion, LJIL 23 (2010), S. 723-740.

Kammerhofer, Jörg, Hans Kelsen's place in international legal theory, in: Orakhelashvili, Alexander (Hrsg.), Research Handbook on the Theory and History of International Law, Cheltenham u.a. 2011, S. 143-167.

Kammerhofer, Jörg, Uncertainty in International Law. A Kelsenian perspective, Oxford u.a. 2011.

Kammerhofer, Jörg, Hans Kelsen in today's international legal scholarship, in: d'Aspremont, Jean/Kammerhofer, Jörg (Hrsg.), International Legal Positivism in a Post-Modern World, Cambridge 2014, S. 81-113.

Kamminga, Menno T., State Succession in Respect of Human Rights Treaties, EJIL 7 (1996), S. 469-484.

Kant, Immanuel, Kritik der reinen Vernunft, nach der ersten und zweiten Original-Ausgabe hrsgg. v. Schmidt, Raymund (Philosophische Bibliothek, Bd. 37a), 3. Auflage, Hamburg 1990.

Kant, Immanuel, Metaphysische Anfangsgründe der Rechtslehre. Methaphysik der Sitten. Erster Teil, hrsgg. v. Ludwig, Bernd (Philosophische Bibliothek, Bd. 360), 2. Auflage, Hamburg 1998.

Karazivan, Noura, Diplomatic Protection: Taking Human Rights Extraterritorially, CanadianYIL 44 (2006), S. 299-352.

Karl, Wolfram, Treaties, Conflicts between, in: Bernhardt, Rudolf (Hrsg.), Encyclopedia of Public International Law, Bd. IV, Amsterdam u.a. 2000, S. 935-941.

Kato, Nobuyuki, The Role of Diplomatic Protection in the Implementation Process of Public Interests, in: Komori, Tuori/Wellens, Karel (Hrsg.), Public Interest Rules of International Law: Towards Effective Implementation, Oxon 2009, S. 189-206.

Kau, Marcel, Der Staat und der Einzelne als Völkerrechtssubjekte, in: Vitzthum, Wolfgang Graf/Proelß, Alexander (Hrsg.), Völkerrecht, 7. Auflage, Berlin 2016, 3. Abschnitt, S. 131-235.

Keller, Helen, Rezeption des Völkerrechts. Eine rechtsvergleichende Studie zur Praxis des U.S. Supreme Court, des Gerichtshofes der Europäischen Gemeinschaften und des schweizerischen Bundesgerichts in ausgewählten Bereichen, Berlin u.a. 2003.

Kelsen, Hans, Allgemeine Staatslehre, Wien 1925.

Kelsen, Hans, Das Problem der Souveränität und die Theorie des Völkerrechts, 2. Auflage, Tübingen 1928.

Kelsen, Hans, Reine Rechtslehre. Einleitung in die rechtswissenschaftliche Problematik, 1. Auflage, Leipzig u.a. 1934.

Kelsen, Hans, Zur Theorie der Interpretation, Revue internationale de la théorie de droit 8 (1934), S. 9-17.

Kelsen, Hans, The Law of the United Nations. A Critical Analysis of Its Fundamental Problems, London 1950.

Kelsen, Hans, Sovereignty and International Law, Geo. L. J. 48 (1959-1960), S. 627-640.

Kelsen, Hans, Reine Rechtslehre. Mit einem Anhang: Das Problem der Gerechtigkeit, 2. Auflage, Wien 1960.

Kelsen, Hans, Die Grundlage der Naturrechtslehre, ÖZöR 13 (1963), S. 1-37.

Kelsen, Hans, Principles of International Law, 2. Auflage, hrsgg. v. Tucker, Robert W., New York u.a. 1967.

Kelsen, Hans, Allgemeine Theorie der Normen, aus dem Nachlass hrsgg. v. Ringhofer, Kurt/Walter, Robert, Wien 1979.

Kewenig, Wilhelm A., Common heritage of mankind – politischer Slogan oder völkerrechtlicher Schlüsselbegriff?, in: Münch, Ingo von (Hrsg.), Staatsrecht, Völkerrecht, Europarecht. Festschrift für Hans-Jürgen Schlochauer zum 75. Geburtstag am 28. März 1981, Berlin 1981, S. 385-406.

Khan, Daniel-Erasmus, Max Huber as Arbitrator: The Palmas (Miangas) Case and Other Arbitrations, EJIL 18 (2007), S. 145-170.

Khan, Daniel-Erasmus/Paulus, Andreas, Gemeinsame Werte in der Völkerrechtsgemeinschaft?, in: Erberich, Ingo/Hörster, Ansgar/Hoffmann, Michael/Kingreen, Thorsten/Pünder, Hermann/Störmer, Rainer (Hrsg.), Frieden und Recht. 38. Tagung der Wissenschaftlichen Mitarbeiterinnen und Mitarbeiter der Fachrichtung „Öffentliches Recht", Stuttgart u.a. 1998, S. 217-258.

Kiechle, Friedrich, Richter ohne Notenmaterial, FAZ vom 29.11.2006, Nr. 278, S. 8.

Kill, Theodore, The Evidence for Constitutionalization of the WTO: Revisiting the Telmex Report, Minn. J. Int'l L. 20 (2011), S. 65-122.

Kim, Rakhyun E./Bosselmann, Klaus, Operationalizing Sustainable Development: Ecological Integrity as a Grundnorm of International Law, RECIEL 24 (2015), S. 194-208.

Kingsbury, Benedict, The Concept of ‚Law' in Global Administrative Law, EJIL 20 (2009), S. 23-57.

Kingsbury, Benedict/Donaldson, Megan, From Bilateralism to Publicness in International Law, in: Fastenrath, Ulrich/Geiger, Rudolf/Khan, Daniel-Erasmus/Paulus, Andreas/Schorlemer, Sabine von/Vedder, Christoph (Hrsg.), From Bilateralism to Community Interest. Essays in Honour of Bruno Simma, Oxford 2011, S. 79-89.

Kinley, David, Human Rights, Globalization and the Rule of Law: Friends, Foes or Family?, UCLA J. Int'l L. & For. Aff. 7 (2002), S. 239-264.

Kirchhof, Paul, Begriff und Kultur der Verfassung, in: Depenheuer, Otto/Grabenwarter, Christoph (Hrsg.), Verfassungstheorie, Tübingen 2010, S. 69-117.

Kirchner, Stefan, Relative Normativity and the Constitutional Dimension of International Law: A Place for Values in the International Legal System?, German L. J. 5 (2004), S. 47-64.

Kirgis, Frederic L., Custom on a Sliding Scale, AJIL 81 (1987), S. 146-151.

Kiss, Alexandre/Shelton, Dinah, International Environmental Law, 3. Auflage, Ardsley 2004.

Klabbers, Jan, The Curious Condition of Custom, Int'l Legal Theory 8 (2002), S. 29-39.

Klabbers, Jan, Constitutionalism Lite, IO L. Rev. 1 (2004), S. 31-58.

Klabbers, Jan, Treaties, Amendment and Revision, in: MPEPIL (online edition), Artikel-Stand: Dezember 2006.

Klabbers, Jan, Treaties, Object and Purpose, MPEPIL (online edition), Artikel-Stand: Dezember 2006.

Klabbers, Jan, Book Review: José Alvarez, International Organizations as Law-Makers, 2005, IO L. Rev. 3 (2006), S. 153-157.

Klabbers, Jan, Constitutionalism and the Making of International Law: Fuller's Procedural Natural Law, NoFo 5 (2008), S. 84-112, online abrufbar unter http://www.helsinki.fi/nofo/NoFo5Klabbers.html.

Klabbers, Jan/Peters, Anne/Ulfstein, Geir, The Constitutionalization of International Law, Oxford 2009.

Klabbers, Jan, Setting the Scene, in: ders./Peters, Anne/Ulfstein, Geir, The Constitutionalization of International Law, Oxford 2009, S. 1-44.

Klabbers, Jan, Law-Making and Constitutionalism, in: ders./Peters, Anne/Ulfstein, Geir, The Constitutionalization of International Law, Oxford 2009, S. 81-125.

Klabbers, Jan, International legal positivism and constitutionalism, in: d'Aspremont, Jean/Kammerhofer, Jörg (Hrsg.), International Legal Positivism in a Post-Modern World, Cambridge 2014, S. 264-290.

Klappstein, Verena, Die Rechtsprechungsänderung mit Wirkung für die Zukunft. Eine rechtsmethodische und rechtsvergleichende Untersuchung im Zivilrecht, Berlin 2009.

Klatt, Matthias, Theorie der Wortlautgrenze. Semantische Normativität in der juristischen Argumentation, Baden-Baden 2004.

Klatt, Matthias/Schmidt, Johannes, Spielräume im Öffentlichen Recht. Zur Abwägungslehre der Prinzipientheorie, Tübingen 2010.

Klauer, Bernd, Was ist Nachhaltigkeit und wie kann man eine nachhaltige entwicklung erreichen?, ZAU 12 (1999), S. 86-97.

van Kleffens, E. N., Sovereignty in International Law, RdC 82 (1953-I), S. 1-132.

Klein, Eckart, Statusverträge im Völkerrecht. Rechtsfragen territorialer Sonderregime, Berlin u.a. 1980.

Klein, Eckart, Diskussionsbeitrag, BDGVR 28 (1998), S. 133.

Klein, Eckart, Menschenrechte und Ius Cogens, in: Bröhmer, Jürgen/Bieber, Roland/Calliess, Christian/Langenfeld, Christine/Weber, Stefan/Wolf, Joachim (Hrsg.), Internationale Gemeinschaft und Menschenrechte. Festschrift für Georg Ress zum 70. Geburtstag am 21. Januar 2005, Köln u.a. 2005, S. 151-163.

Kleinfeld, Rachel, Competing Definitions of the Rule of Law, in: Carothers, Thomas (Hrsg.), Promoting the Rule of Law Abroad: In Search of Knowledge, Washington D.C. 2006, S. 31-73.

Kleinlein, Thomas, Judicial Lawmaking by Judicial Restraint? The Potential of Balancing in International Economic Law, German L. J. 12 (2011), S. 1141-1174.

Kleinlein, Thomas, Konstitutionalisierung im Völkerrecht. Konstruktion und Elemente einer idealistischen Völkerrechtslehre, Berlin u.a. 2012.

Kleinlein, Thomas, Jus Cogens as the 'Highest Law'? Peremptory Norms and Legal Hierarchies, NYIL 46 (2015), S. 173-210.

Klement, Jan Henrik, Verantwortung. Funktion und Legitimation eines Begriffs im öffentlichen Recht, Tübingen 2006.

Klement, Jan Henrik, Vom Nutzen einer Theorie, die alles erklärt. Robert Alexys Prinzipientheorie aus der Sicht der Grundrechtsdogmatik, JZ 63 (2008), S. 756-763.

Kloepfer, Michael, Grenzüberschreitende Umweltbelastungen als Rechtsproblem, DVBl. 1984, S. 245-255.

Kloke, Bernd, Die Axt an der Gesetzesvorschrift, FAZ v. 10.11.2006, Nr. 262, S. 21.

Kloke, Theresia M., Der Sicherheitsrat der Vereinten Nationen als Weltgesetzgeber – eine kritische Betrachtung aus völkerrechtlicher Sicht, Berlin 2016.

Knauff, Matthias, Konstitutionalisierung im inner- und überstaatlichen Recht – Konvergenz oder Divergenz?, ZaöRV 68 (2008), S. 453-490.

Knuchel, Sévrine, „General Principles“: The surest Path for the Formation of *Jus Cogens*?, in: Besson, Samantha/Pichonnaz, Pascal (Hrsg.), Les principes en droit européen/Principles in European Law, Zürich u.a. 2011, S. 121-138.

Koch, Hans-Joachim, Die normtheoretische Basis der Abwägung, in: Erbguth, Wilfried/Oebbecke, Janbernd/Rengeling, Hans-Werner/Schulte, Martin (Hrsg.), Abwägung im Recht. Symposium und Verabschiedung von Werner Hoppe am 30. Juni 1995 in Münster aus Anlaß seiner Emeritierung, Köln u.a. 1996, S. 9-24.

Koch, Hans-Joachim/Rüßmann, Helmut, Juristische Begründungslehre. Eine Einführung in die Grundprobleme der Rechtswissenschaft, München 1982.

Köck, Heribert Franz, Zur Interpretation völkerrechtlicher Verträge, ZöR 53 (1998), S. 217-237.

Köster, Constantin, Die völkerrechtliche Verantwortlichkeit privater (multinationaler) Unternehmen für Menschenrechtsverletzungen, Berlin 2010.

Koja, Friedrich, Allgemeine Staatslehre, Wien 1993.

Kokott, Juliane, Zum Spannungsverhältnis zwischen nationality rule und Menschenrechtsschutz bei der Ausübung diplomatischer Protektion, in: Ress, Georg/Stein, Torsten (Hrsg.), Der diplomatische Schutz im Völker- und Europarecht. Aktuelle Probleme und Entwicklungstendenzen, Baden-Baden 1996, S. 45-61.

Kokott, Juliane, Naturrecht und Positivismus im Völkerrecht – sind wir auf dem Wege zu einer Weltverfassung?, in: Meier-Schatz, Christian J. (Hrsg.), Recht und Internationalisierung. Festgabe gewidmet dem Schweizerischen Juristenverein anlässlich des Juristentags 2000 in St. Gallen durch die Juristische Abteilung der Universität St. Gallen, Zürich 2000, S. 3-21.

Kokott, Juliane, Souveräne Gleichheit und Demokratie im Völkerrecht, ZaöRV 64 (2004), S. 517-534.

Kokott, Juliane, Sovereign Equality of States, in: MPEPIL (online edition), Artikel-Stand: April 2011.

Kokott, Juliane/Kaspar, Martin, Ensuring Constitutional Efficacy, in: Rosenfeld, Michel/Sajó, András (Hrsg.), The Oxford Handbook of Comparative Constitutional Law, Oxford 2012, S. 795-815.

Kolb, Robert, Théorie du *Ius Cogens* International, RBDI 36 (2001), S. 5-55.

Kolb, Robert, Principles as Sources of International Law (With Special Reference to Good Faith), NILR 53 (2006), S. 1-36.

Kolb, Robert, The main epochs of modern international humanitarian law since 1864 and their related dominant legal constructions, in: Larsen, Kjetil M./Cooper, Camilla G./Nystuen, Gro (Hrsg.), Searching for a ‚Principle of Humanity' in International Humanitarian Law, Cambridge 2013, S. 23-71.

Kolb, Robert, L'article 103 de la Charte des Nations Unies, RdC 367 (2013), S. 9-252.

Kolb, Robert, Is there a subject-matter ontology in interpretation of international legal norms?, in: Andenas, Mads/Bjorge, Eirik (Hrsg.), A Farewell to Fragmentation: Reassertion and Convergence in International Law, Cambridge 2015, S. 473-485.

Koller, Peter, Zur Theorie des rechtlichen Stufenbaus, in: Paulson, Stanley L./Stolleis, Michael (Hrsg.), Hans Kelsen. Staatsrechtslehrer und Rechtstheoretiker des 20. Jahrhunderts, Tübingen 2005, S. 106-121.

Konrad Adenauer Foundation (Hrsg.), Rule of Law. The KAF Democracy Report 2006, Bonn 2006.

Koppensteiner, Hans Georg, Die Europäische Integration und das Souveränitätsproblem, Baden-Baden 1963.

Korkeakivi, Antti, Consequences of „Higher" International Law: Evaluating Crimes of State and Erga Omnes, J. Int'l Legal Stud. 2 (1996), S. 81-117.

Korkelia, Konstantin, New Challenges to the Regime of Reservations under the International Covenant on Civil and Political Rights, EJIL 13 (2002), S. 437-477.

Korowicz, Marek Stanislaw, Some Present Aspects of Sovereignty in International Law, RdC 102 (1961-I), S. 1-120.

Koskenniemi, Martti, General Principles: Reflexions on Constructivist Thinking in International Law, Oikeustiede-Jurisprudentia 18 (1985), S. 117-163.

Koskenniemi, Martti, The Politics of International Law, EJIL 1 (1990), S. 4-32.

Koskenniemi, Martti, The Police in the Temple. Order, Justice and the UN: A Dialectical View, EJIL 6 (1995), S. 325-348.

Koskenniemi, Martti, Hierarchy in International Law: A Sketch, EJIL 8 (1997), S. 566-582.

Koskenniemi, Martti, „The Lady Doth Protest Too Much". Kosovo, and the Turn to Ethics in International Law, Modern L. Rev. 65 (2002), S. 159-175.

Koskenniemi, Martti, From Apology to Utopia. The Structure of International Legal Argument, Reissue with a new Epilogue, Cambridge 2006.

Koskenniemi, Martti, The Mystery of Legal Obligation, International Theory 3 (2011), S. 319-325.

Koskenniemi, Martti /Leino, Päivi, Fragmentation of International Law? Postmodern Anxieties, LJIL 15 (2002), S. 553-579.

Kotzur, Markus, Theorieelemente des internationalen Menschenrechtsschutzes: Das Beispiel der Präambel des Internationalen Paktes über bürgerliche und politische Rechte, Berlin 2001.

Kotzur, Markus, Nachhaltigkeit im Völkerrecht – eine sektorenübergreifende und systembildende Ordnungsidee, JöR N.F. 57 (2009), S. 503-525.

Krajewski, Markus, Verfassungsperspektiven und Legitimation des Rechts der Welthandelsorganisation (WTO), Berlin 2001.

Krajewski, Markus, Democratic Legitimacy and Constitutional Perspectives on WTO Law, JWT 35 (2001), S. 167-186.

Krajewski, Markus, Selbstverteidigung gegen bewaffnete Angriffe nichtstaatlicher Organisationen – Der 11. September 2001 und seine Folgen, AVR 40 (2002), S. 183-214.

Kranz, Jerzy, Notion de souveraineté et le droit international, AVR 30 (1992), S. 411-441.

Kratochwil, Friedrich V., Is International Law „Proper" Law? The Concept of Law in the Light of an Assessment of the „Legal" Nature of Prescriptions in the International Arena, ARSP 69 (1983), S. 13-46.

Kratochwil, Friedrich V., Rules, Norms, and Decisions. On the Conditions of Practical and Legal Reasoning in International Relations and Domestic Affairs, Cambridge 1989.

Kravchenko, Svitlana, Environmental Rights in International Law: Explicitly Recognized or Creatively Interpreted?, Fa. A & M U. L. Rev. 7 (2011-2012), S. 163-180.

Krieger, Heike, Das Effektivitätsprinzip im Völkerrecht, Berlin 2000.

Krieger, Heike, Der Einfluss der Menschenrechte auf den Rechtsetzungsprozess im humanitären Völkerrecht: Das Beispiel der kriegerischen Repressalie, in: Breuer, Marten/Epiney, Astrid/Haratsch, Andreas/Schmahl, Stefanie/Weiß, Norman (Hrsg.), Der Staat im Recht. Festschrift für Eckart Klein zum 70. Geburtstag, Berlin 2013, S. 811-821.

Krieger, Heike, Verfassung im Völkerrecht – Konstitutionelle Elemente jenseits des Staates?, VVdStRL 75 (2016), S. 439-472.

Kriele, Martin, Richterrecht und Rechtspolitik, ZRP 2008, S. 51-53.

Krisch, Nico, Selbstverteidigung und kollektive Sicherheit, Berlin u.a. 2001.

Krisch, Nico, The Decay of Consent: International Law in an Age of Global Public Goods, AJIL 108 (2014), S. 1-40.

Krüger, Herbert, Zum Problem der Souveränität, BDGVR 1 (1957), S. 1-28.

Krygier, Martin, Rule of Law, in: Rosenfeld, Michel/Sajó, András (Hrsg.), The Oxford Handbook of Comparative Constitutional Law, Oxford 2012, S. 233-249.

Kuhli, Milan/Günther, Klaus, Judicial Lawmaking, Discourse Theory, and the ICTY on Belligerent Reprisals, German L. J. 12 (2011), S. 1261-1278.

Kulick, Andreas, Estoppel im Völkerrecht – Antworten auf drei dogmatische Fragen, AVR 52 (2014), S. 522-544.

Kumm, Mattias, International Law in Domestic Courts: The International Rule of Law and the Limits of the Internationalist Model, Va. J. Int'l L. 44 (2003), S. 19-32.

Kumm, Mattias, The Cosmopolitan Turn in Constitutionalism. On the Relationship between Constitutionalism in and beyond the State, in: Dunoff, Jeffrey L./Trachtman, Joel P. (Hrsg.), Ruling the World? Constitutionalism, International Law, and Global Governance, Cambridge 2009, S. 258-324.

Kunig, Philip, Das Völkerrecht als Recht der Weltbevölkerung, AVR 41 (2003), S. 327-335.

Kunz, Josef Laurenz, Die Staatenverbindungen, Stuttgart 1929.

von Kutschera, Franz, Einführung in die Logik der Normen, Werte und Entscheidungen, Freiburg u.a. 1973.

von Kutschera, Franz, Wert und Wirklichkeit, Paderborn 2010.

Lamb, Susan, Illegal arrest and the jurisdiction of the ICTY, in: May, Richard/Tolbert, David/Hocking, John/Roberts, Ken/Jia, Bing Bing/Mundis, Daryl/Oosthuizen, Gabriël u.a. (Hrsg.), Essays on the ICTY Procedure and Evidence. In Honour of Gabrielle Kirk McDonald, The Hague u.a. 2001, S. 27-43.

Lammers, Johan G., General Principles of Law Recognized by Civilized Nations, in: Kalshoven, Frits/Kuyper, Pieter Jan/Lammers, Johan G. (Hrsg.), Essays on the Development of the International Legal Order. In Memory of Haro F. van Panhuys, Alphen aan den Rijn 1980, S. 53-75.

Láncos, Petra Lea, Flexibility and Legitimacy – The Emissions Trading System Under the Kyoto Protocol, in: v. Bogdandy, Armin/Wolfrum, Rüdiger/Bernstorff, Jochen von/Dann, Philipp/Goldmann, Matthias (Hrsg.), The Exercise of Public Authority by International Institutions. Advancing International Institutional Law, Berlin u.a. 2010, S. 271-299.

Lange, Friederike Valerie, Grundrechtsbindung des Gesetzgebers. Eine rechtsvergleichende Studie zu Deutschland Frankreich und den USA, Tübingen 2010.

Langer, Stefan, Grundlagen einer internationalen Wirtschaftsverfassung. Strukturprinzipien, Typik und Perspektiven anhand von Europäischer Union und Welthandelsorganisation, München 1995.

Larenz, Karl, Richtiges Recht. Grundzüge einer Rechtsethik, München 1979.

Larenz, Karl, Methodenlehre der Rechtswissenschaft, 6. Auflage, Berlin u.a. 1991.

Larouer, Christophe J., In the Name of Sovereignty? The Battle over In Dubio Mitius Inside and Outside the Courts, Cornell Law School Inter-University Graduate Student Conference Papers, Paper 22, online abrufbar unter http://scholarship.law.cornell.edu/lps_clacp/22.

Larsen, Kjetil M., A ‚principle of humanity' or a ‚principle of human-rightism', in: Larsen, Kjetil M./Cooper, Camilla G./Nystuen, Gro (Hrsg.), Searching for a ‚Principle of Humanity' in International Humanitarian Law, Cambridge 2013, S. 124-148.

Larsson, Marie-Louise, The Law of Environmental Damage. Liability and Reparation, Dordrecht 1999.

Lauterpacht, Elihu, Aspects of the Administration of International Justice, Cambridge 1991.

Lauterpacht, Elihu, Sovereignty – Myth or Reality?, International Affairs 73 (1997), S. 137-150.

Lauterpacht, Hersch, Private Law Sources and Analogies of International Law, London 1927.

Lauterpacht, Hersch, The Function of Law in the International Community, Oxford 1933.

Lauterpacht, Hersch, Restricitve Interpretation and the Principle of Effectiveness in the Interpretation of Treaties, BYIL 26 (1949), S. 48-85.

Lauterpacht, Hersch, Some Observations on the Prohibition of „Non Liquet" and the Completeness of the Law, in: van Asbeck, Frederik M. (Hrsg.), Symbolae Verzijl. Presentée au professeur J.H.W. Verzijl à l'occasion de son LXX-ième anniversaire, The Hague 1958, S. 196-221.

Lauterpacht, Hersch, The Development of International Law by the International Court, London 1958.

Lauterpacht, Hersch, International Law (Collected Papers of Hersch Lauterpacht), Bd. III: The Law of Peace, hrsgg. v. Lauterpacht, Elihu, Cambridge 1977.

Law, David S./Versteeg, Mila, The Evolution and Ideology of Global Constitutionalism, Cal. L. Rev. 99 (2011), S. 1163-1253.

Law, David S./Versteeg, Mila, The Declining Influence of the United States Constitution, NYU L. Rev. 87 (2012), S. 762-858.

League of Nations, Conference for the Codification of International Law, Bases of Discussion Drawn up for the Conference by the Preparatory Committee, Bd. I: Nationality, Genf 1929.

Leben, Charles, The Changing Structure of International Law Revisited. By Way of Introduction, EJIL 8 (1997), S. 399-408.

Lee, Luke T., The Law of the Sea Convention and Third States, AJIL 77 (1983), S. 541-568.

Lefkowitz, David, The Sources of International Law: Some Philosophical Reflections, in: Besson, Samantha/Tasioulas, John (Hrsg.), The Philosophy of International Law, Oxford 2010, S. 187-203.

Leininger, Julia, Haiti Conflict, in: MPEPIL (online edition), Artikel-Stand: Oktober 2008.

Leisner-Egensperger, Anna, Kontinuität als Verfassungsprinzip, unter besonderer Berücksichtigung des Steuerrechts, Tübingen 2002.

Lenman, James, Reasons for Action: Justification vs. Explanation, in: Zalta, Edward N. (Hrsg.), The Stanford Encyclopedia of Philosophy (Stand: Winter 2011), online abrufbar unter: http://plato.stanford.edu/entries/reasons-just-vs-expl/#Rel.

Lennard, Michael, Navigating by the Stars: Interpreting the WTO Agreements, JIEL 5 (2002), S. 17-89.

Lepard, Brian D., Customary International Law as a Dynamic Process, in: Bradley, Curtis A. (Hrsg.), Custom's Future: International Law in a Changing World, Cambridge 2016, S. 62-94.

Lerche, Peter, Die Verfassung als Quelle von Optimierungsgeboten?, in: Burmeister, Joachim (Hrsg.), Verfassungsstaatlichkeit. Festschrift für Klaus Stern zum 65. Geburtstag, München 1997, S. 197-209.

Linderfalk, Ulf, On the Interpretation of Treaties. The Modern International Law as Expressed in the 1969 Vienna Convention on the Law of Treaties, Dordrecht 2007.

Linderfalk, Ulf, Who are 'The Parties'? Article 31, Paragraph 3(c) of the 1969 Vienna Convention and the 'Principle of Systemic Integration' Revisited, NILR 45 (2008), S. 343-364.

Linderfalk, Ulf, Doing the Right Thing for the Right Reason – Why Dynamic or Static Approaches Should be Taken in the Interpretation of Treaties, ICLR 10 (2008), S. 109-141.
Linderfalk, Ulf, Normative Conflict and the Fuzziness of the International *ius cogens* Regime, ZaöRV 69 (2009), S. 961-977.
Linderfalk, Ulf, International Legal Hierarchy Revisited – The Status of Obligations *Erga Omnes*, Nordic J. Int'l L. 80 (2011), S. 1-23.
Linderfalk, Ulf, The Creation of *Jus Cogens* – Making Sense of Article 53 of the Vienna Convention, ZaöRV 71 (2011), S. 359-378.
Linderfalk, Ulf, The Source of *Jus Cogens* Obligations – How Legal Positivism Copes with Peremptory International Law, Nordic J. Int'l L. 82 (2013), S. 369-389.
Linderfalk, Ulf, What Is So Special About *Jus Cogens*? – On the Difference between the Ordinary and the Peremptory International Law, ICLR 14 (2012), S. 3-18.
Lindner, Josef Franz, Theorie der Grundrechtsdogmatik, Tübingen 2005.
Lock, Tobias, Das Verhältnis zwischen dem EuGH und internationalen Gerichten, Tübingen 2010.
Loewenstein, Karl, Sovereignty and International Co-operation, AJIL 48 (1954), S. 222-244.
Looschelders, Dirk/Roth, Wolfgang, Juristische Methodik im Prozess der Rechtsanwendung. Zugleich ein Beitrag zu den verfassungsrechtlichen Grundlagen von Gesetzesauslegung und Rechtsfortbildung, Berlin 1996.
Loucaides, Loukis, Environmental Protection Through the Jurisprudence of the European Convention on Human Rights, BYIL 75 (2004), S. 249-267.
Lowe, Vaughan, Sustainable Development and Unsustainable Arguments, in: Boyle, Alan/Freestone, David (Hrsg.), International Law and Sustainable Development. Past Achievements and Future Challenges, Oxford 1999, S. 19-37.
Luban, David J., The Rule of Law and Human Dignity: Re-examining Fuller's Canons, HJRL 2 (2010), S. 29-47.
Lücke, J., Das Recht des einzelnen auf Umweltschutz als ein internationales Menschenrecht, AVR 16 (1973-1975), S. 387-396.
Lüdemann, Jörn, Die verfassungskonforme Auslegung von Gesetzen, JuS 2004, S. 27-30.
Luhmann, Niklas, Das Recht der Gesellschaft, Frankfurt a. M. 1993.
Lundmark, Thomas, Juristische Technik und Methodik des Common Law, Münster 1998.
Lydgate, Emily Barrett, Sustainable development in the WTO: from mutual supportiveness to balancing, World Trade Review 11 (2012), S. 621-639.
Mac Amhlaigh, Cormac, Harmonising Global Constitutionalism, GlobCon 5 (2016), S. 173-206.
MacCormick, Neil D., Der Rechtsstaat und die rule of law, JZ 39 (1984), S. 65-70.
MacCormick, Neil D., Beyond the Sovereign State, Modern Law Review 56 (1993), S. 1-18.
MacCormick, Neil D., Legal Reasoning and Legal Theory, Oxford 1994.

MacDonald, Ronald St. John, The United Nations Charter: Constitution or Contract?, in: ders./Johnston, Douglas M. (Hrsg.), The Structure and Process of International Law. Essays in Legal Philosophy, Doctrine and Theory, The Hague u.a. 1983, S. 889-911.

MacDonald, Ronald St. John, Fundamental Norms in Contemporary International Law, CanadianYIL 25 (1987), S. 115-149.

MacGibbon, I. C., Estoppel in International Law, ICLQ 7 (1958), S. 468-513.

Magraw, Daniel Barstow/Hawke, Lisa D., Sustainable Development, in: Bodansky, Daniel/Brunnée, Jutta/Hey, Ellen (Hrsg.), The Oxford Handbook of International Environmental Law, Oxford 2012, S. 613-638.

Mahlmann, Matthias, Gründungsmythos und Autonomie – Aspekte der Souveränität, in: Stein, Tine/Buchstein, Hubertus/Offe, Claus (Hrsg.), Souveränität, Recht, Moral. Die Grundlagen politischer Gemeinschaft, Frankfurt am Main u.a. 2007, S. 270-279.

Maki, Linda J., General Principles of Human Rights Law Recognzied by All Nations: Freedom from Arbitrary Arrest and Detention, Cal. W. Int'l L. J. 10 (1980), S. 272-313.

Mammen, Lars, Völkerrechtliche Stellung von internationalen Terrororganisationen, Baden-Baden 2008.

Mangoldt, Hermann von/Klein, Friedrich/Starck, Christian (Hrsg.), Kommentar zum Grundgesetz, Bd. II, 6. Auflage, München 2010.

Mann, F. A., Reflections on Prosecution of Persons Abducted in Breach of International Law, in: Dinstein, Yoram (Hrsg.), International Law at a Time of Perplexity. Essays in Honour of Shabtai Rosenne, Dordrecht 1989, S. 407-421.

Månsson, Katarina, The principle of humanity in the development of 'special protection' for children in armed conflict: 60 years beyond the Geneva Conventions and 20 years beyond the Convention on the Rights of the Child, in: Larsen, Kjetil M./Cooper, Camilla G./Nystuen, Gro (Hrsg.), Searching for a ‚Principle of Humanity' in International Humanitarian Law, Cambridge 2013, S. 149-180.

Maresca, Louis G., Case Analysis: The Prosecutor v. Tadic. The Appellate Decision of the ICTY and Internal Violations of Humanitarian Law as International Crimes, LJIL 9 (1996), S. 219-231.

Marks, Stephen, UNESCO and Human Rights: The Implementation of Rights Relating to Education, Science, Culture, and Communication, Texas International Law Journal 13 (1977-1978), S. 35-67.

Marks, Susan, Reservations Unhinged: The Belilos Case before the European Court of Human Rights, ICLQ 39 (1990), S. 300-327.

Marks, Susan, What has Become of the Emerging Right to Democratic Governance?, EJIL 22 (2011), S. 507-524.

Marschik, Axel, Legislative Powers of the Security Council, in: MacDonald, Ronals St. John/Johnston, Douglas, M. (Hrsg.), Towards World Constitutionalism. Issues in the Legal Ordering of the World Community, Leiden u.a. 2005, S. 457-492.

Marschik, Axel, Hard Law Strikes Back – How the Recent Focus on the Rule of Law Promotes Compliance with Norms in International Relations, in:

Bufffard, Isabelle/Crawford, James/Pellet, Allain/Wittich, Stephan (Hrsg.), International Law between Universalism and Fragmentation. Festschrift in Honour of Gerhard Hafner, Leiden u.a. 2008, S. 61-84.

Marschik, Axel, Enhancing Rule of Law, in: Genser, Jared/Stagno Ugarte, Bruno (Hrsg.), The United Nations Security Council in the Age of Human Rights, Cambridge 2014, S. 247-271.

Martenczuk, Bernd, Rechtsbindung und Rechtskontrolle des Weltsicherheitsrats. Die Überprüfung nichtmilitärischer Zwangsmaßnahmen durch den Internationalen Gerichtshof, Berlin 1996.

Martin, Antoine, L'estoppel en droit international public, précédé d'un aperçu de la théorie de l'estoppel en droit anglais, Paris 1979.

Martin, Francisco Forrest, Human Rights and the Hierarchy of International Law Sources and Norms. Delineating a Hierarchical Outline of International Law Sources and Norms, Saskatchewan Law Review 65 (2002), S. 333-368.

Matz, Nele, Wege zur Koordinierung völkerrechtlicher Verträge. Völkervertragsrechtliche und institutionelle Ansätze, Berlin u.a. 2005.

Matz-Lück, Nele, Harmonization, Systemic Integration, and 'Mutual Suportiveness' as Conflict-Solution Techniques: Different Modes of Interpretation as a Challenge to Negative Effects of Fragmentation, FYBIL 17 (2006), S. 39-54.

Matz-Lück, Nele, Treaties, Conflicts between, in: MPEPIL (online edition), Artikel-Stand: Dezember 2010.

Matz-Lück, Nele/Wolfrum, Rüdiger, Kommentierung von Art. XX(g) GATT, in: Wolfrum, Rüdiger/Stoll, Peter-Tobias/Hestermeyer, Holger P. (Hrsg.), WTO – Trade in Goods, Leiden 2011.

Maurmann, Dorothee, Rechtsgrundsätze im Völkerrecht am Beispiel des Vorsorgeprinzips, Baden-Baden 2008.

May, James R., Constituting Fundamental Environmental Rights Worldwide, Pace Envtl. L. Rev. 23 (2005-2006), S. 113-182.

McClymonds, James T., The Human Right to a Healthy Environment: An International Legal Perspective, N. Y. L. Sch. L. Rev. 37 (1992), S. 583-633.

McDougal, Myres S./Reisman, W. Michael, The Changing Structure of International Law: Unchanging Theory for Inquiry, Colum. L. Rev. 65 (1965), S. 810-835.

McDougal, Myres S./Reisman, W. Michael/Willard, Andrew R., The World Community: A Planetary Social Process, U.C. Davis L. Rev. 21 (1988), S. 807-972.

McGinnis, John O./Movsesian, Mark L., The World Trade Constitution, Harv. L. Rev. 114 (2000), S. 511-605.

McGoldrick, Dominic, Sustainable Development and Human Rights: An Integrated Conception, ICLQ 45 (1996), S. 796-818.

McGrady, Benn, Fragmentation of International Law or 'Systemic Integration' of Treaty Regimes: *EC-Biotech Products* and the Proper Interpretation of Article 31(3)(c) of the Vienna Convention on the Law of Treaties, JWT 42 (2008), S. 589-618.

McGrory, Glenn, Reservations of Virtue? Lessons from Trinidad and Tobago's Reservation to the First Optional Protocol, Hum. Rts. Q. 23 (2001), S. 769-826.

McLachlan, Campbell, The Principle of Systemic Integration and Article 31(3)(c) of the Vienna Convention, ICLQ 54 (2005), S. 279-319.

McNair, Arnold Duncan, The Law of Treaties, Oxford 1961.

McWhinney, Edward, International Law-Making and the Judicial Process: The World Court and the French Nuclear Tests Case, Syracuse J. Int'l L. & Com. 3 (1975), S. 9-46.

Meessen, Karl Matthias, Völkerrechtliche Grundsätze des internationalen Kartellrechts, Baden-Baden 1975.

Meindersma, Christa, Violations of Common Article 3 of the Geneva Conventions as Violations of the Laws or Customs of War under Article 3 of the Statute of the International Criminal Tribunal for the Former Yugoslavia, NILR 42 (1995), S. 375-397.

Melin, Patrick, Gesetzesauslegung in den USA und in Deutschland. Historische Entwicklung moderne Methodendiskussion und die Auswirkungen von Divergenzen für das internationale Einheitskaufrecht (CISG), Tübingen 2005.

Mendes de Leon, Pablo, The Dynamics of Sovereignty and Jurisdiction in International Aviation Law, in: Kreijen, Gerard (Hrsg.), State, Sovereignty and International Governance, Oxford u.a. 2002, S. 483-495.

Meng, Werner, Neuere Entwicklungen im Streit um die Jurisdiktionshoheit der Staaten im Bereich der Wettbewerbsbeschränkungen, ZaöRV 41 (1981), S. 469-513.

Meng, Werner, Völkerrechtliche Zulässigkeit und Grenzen wirtschaftsverwaltungsrechtlicher Hoheitsakte mit Auslandswirkung, ZaöRV 44 (1984), S. 675-783.

Menger, Chistian-Friedrich, Zu den Grenzen richterlicher Rechtsfortbildung, Verwaltungsarchiv 65 (1974), S. 195-200.

Mennecke, Martin, Towards the Humanization of the Vienna Convention of Consular Rights – The *LaGrand* Case Before the International Court of Justice, GYIL 44 (2001), S. 430-468.

Menzel, Jörg, Internationales Öffentliches Recht. Verfassungs- und Verwaltungsgrenzrecht in Zeiten offener Staatlichkeit, Tübingen 2011.

Merkl, Adolf Julius, Prolegomena einer Theorie des rechtlichen Stufenbaues, in: Klecatsky, Hans R./Marcic, René/Schambeck, Herbert (Hrsg.), Die Wiener rechtstheoretische Schule. Schriften von Hans Kelsen, Adolf Merkl, Alfred Verdross, Bd. II, Wien 1968, S. 1311-1361.

Merkouris, Panos, Debating the *Ouroboros* of International Law. The Drafting History of Article 31(3)(c), ICLR 9 (2007), S. 1-31.

Merkouris, Panos, (Inter)Temporal Considerations in the Interpretative Process of the VCLT: Do Treaties Endure, Perdure or Exdure?, NYIL 45 (2014), S. 121-156.

Merkouris, Panos, Article 31(3)(c) VCLT and the Principle of Systemic Integration. Normative Shadows in Plato's Cave, Leiden u.a. 2015.

Meron, Theodor, On a Hierarchy of International Human Rights, AJIL 80 (1986), S. 1-23.
Meron, Theodor, Human Rights and Humanitarian Norms as Customary International Law, Oxford 1989.
Meron, Theodor, International Criminalization of Internal Atrocities, AJIL 89 (1995), S. 554-577.
Meron, Theodor, The Martens Clause, Principles of Humanity, and Dictates of Public Conscience, AJIL 94 (2000), S. 78-89.
Meron, Theodor, The Humanization of Humanitarian Law, AJIL 94 (2000), S. 239-278.
Merrills, J. G., International Dispute Settlement, 5. Auflage, Cambridge 2011.
Merten, Detlef, Rule of Law am Scheideweg von der nationalen zur internationalen Ebene, ZÖR 58 (2003), S. 1-19.
Metzger, Axel, Extra legem, intra ius: Allgemeine Rechtsgrundsätze im Europäischen Privatrecht, Tübingen 2009.
Michael, Lothar, Verfassungsrechtliche Grenzen richtlinienkonformer Rechtsfortbildung, Der Staat 54 (2015), S. 349-373.
Michael, Lothar/Payandeh, Mehrdad, Richtlinienkonforme Rechtsfortbildung zwischen Unionsrecht und Verfassungsrecht, NJW 2015, S. 2392-2398.
Milano, Enrico, Diplomatic Protection and Human Rights Before the International Court of Justice: Re-fashioning Tradition?, NYIL 35 (2004), S. 85-142.
Milanović, Marko, Norm Conflict in International Law: Whither Human Rights?, Duke J. Comp. & Int'l L. 20 (2009), S. 69-131.
Milewicz, Karolina, Emerging Patterns of Global Constitutionalization: Toward a Conceptual Framework, Ind. J. Global Leg. 16 (2009), S. 413-436.
Mittelstraß, Jürgen, Artikel: Substanz, in: ders. (Hrsg.), Enzyklopädie Philosophie und Wissenschaftstheorie, Bd. IV, Stuttgart 1993, S. 133-136.
Möllers, Christoph, Souveränität, in: Heun, Werner/Honecker, Martin/Morlok, Martin/Wieland, Joachim (Hrsg.), Evangelisches Staatslexikon, Stuttgart 2006, Sp. 2174-2180.
Möllers, Christoph, Der Mann am Klavier, FAZ vom 26. 10. 2006, Nr. 249, S. 37.
Möllers, Christoph, Verfassunggebende Gewalt – Verfassung – Konstitutionalisierung, in: Bogdandy, Armin von/Bast, Jürgen (Hrsg.), Europäisches Verfassungsrecht. Theoretische und dogmatische Grundzüge, 2. Auflage, Dordrecht u.a. 2009, S. 227-277.
Möllers, Christoph, Nachvollzug ohne Maßstabbildung: richterliche Rechtsfortbildung in der Rechtsprechung des Bundesverfassungsgerichts. Zum Beschluss des BVerfG vom 15. 1. 2009 – 2 BvR 2044/07, JZ 64 (2009), S. 668-673.
Möllers, Christoph, Die Möglichkeit der Normen. Über eine Praxis jenseits von Moralität und Kausalität, Berlin 2015.
Möllers, Thomas, Ein Vierstufen-System zur Rationalisierung der Grenze zulässiger Rechtsfortbildung, in: Altmeppen, Holger/Fitz, Hanns/Honsell, Heinrich (Hrsg.), Festschrift für Günther H. Roth zum 70. Geburtstag, München 2011, S. 473-498.
Mohit, Abraham, The Customary Law of International Abductions: Limits and Boundaries, AsianYIL 11 (2003-2004), S. 123-146.

Moir, Lindsay, Grave Breaches and Internal Armed Conflicts, JICJ 7 (2009), S. 763-787.

Moloney, Roslyn, Incompatible Reservations to Human Rights Treaties: Severability and the Problem of State Consent, Melbourne J. Int'l L. 5 (2004), S. 155-168.

Monien, Johanna, Prinzipien als Wegbereiter eines globalen Umweltrechts? Das Nachhaltigkeits-, Vorsorge- und Verursacherprinzip im Mehrebenensystem, Baden-Baden 2014.

Morgenthau, Hans J., Positivism, Functionalism, and International Law, AJIL 34 (1940), S. 260-284.

Morina, Visar/Korenica, Fisnik/Doli, Dren, The relationship between international law and national law in the case of Kosovo: A constitutional perspective, ICON 9 (2011), S. 274-296.

Morris, Madeline, High Crimes and Misconceptions: The ICC and Non-Party States, Law & Contemp. Probs. 64 (2001), S. 13-66.

Morrisson, Clovis C., Restrictive Interpretation of Sovereignty-Limiting Treaties: The Practice of the European Human Rights Convention System, ICLQ 19 (1970), S. 361-375.

Mortenson, Julian Davis, The *Travaux* of *Travaux*: Is the Vienna Convention Hostile to Drafting History?, AJIL 107 (2013), S. 780-822.

Mosler, Hermann, Die Erweiterung des Kreises der Völkerrechtssubjekte, ZaöRV 22 (1962), S. 1-48.

Mosler, Hermann, Völkerrecht als Rechtsordnung, ZaöRV 36 (1976), S. 6-49.

Mosler, Hermann, The International Society as a Legal Community, Alphen aan den Rijn 1980.

Mosler, Hermann, General Principles of Law, in: Bernhardt, Rudolf (Hrsg.), Encyclopedia of Public International Law, Bd. II, Amsterdam u.a. 1995, S. 511-527.

Moyo, Monica P., The International Rule of Law: An Analysis, Minn. J. Int'l L. 23 (2014), S. 79-100.

Muchlinski, Peter T., Corporations in International Law, in: MPEPIL (online edition), Artikel-Stand: Juni 2014.

Müller, Friedrich/Christensen, Ralph, Juristische Methodik, Bd. I: Grundlegung für die Arbeitsmethoden der Rechtspraxis, 11. Auflage, Berlin 2013.

Müller, Jörg Paul, Vertrauensschutz im Völkerrecht, Köln u.a. 1971.

Müller-Wewel, Artur, Souveränitätskonzepte im geltenden Völkerrecht, Frankfurt am Main u.a. 2003.

Münch, F., Die Martens'sche Klausel und die Grundlagen des Völkerrechts, ZaöRV 36 (1976), S. 347-373.

v. Mullingen, Johannes Gerald, Global Constitutionalism and the Objective Purport of the International Legal Order, LJIL 24 (2011), S. 277-304.

Mus, Jan B., Conflict between Treaties in International Law, NILR 45 (1998), S. 208-232.

Nagan, Winston P./Hammer, Craig, The Changing Character of Sovereignty in International Law and International Relations, Colum. J. Transnat'l L. 43 (2004), S. 141-187.

Nawiasky, Hans, Allgemeine Rechtslehre als System der rechtlichen Grundbegriffe, 2. Auflage, Einsiedeln u.a. 1948.

Nelson, Leonard, Kritik der praktischen Vernunft, Leipzig 1917.

Nettesheim, Martin, Die ökologische Intervention. Gewalt und Druck zum Schutz der Umwelt?, AVR 34 (1996), S. 168-217.

Nettesheim, Martin, Von der Verhandlungsdiplomatie zur internationalen Verfassungsordnung, in: Classen, Claus, Dieter/Dittmann, Armin/Fechner, Frank/Gassner, Ulrich, M./Kilian, Michael (Hrsg.), „In einem vereinten Europa dem Frieden der Welt zu dienen…“ – Liber amicorum Thomas Oppermann, 2001, S. 381-409.

Nettesheim, Martin, Das kommunitäre Völkerrecht, JZ 57 (2002), S. 569-578.

Nettesheim, Martin, Kompetenzen, in: Bogdandy, Armin von/Bast, Jürgen (Hrsg.), Europäisches Verfassungsrecht. Theoretische und dogmatische Grundzüge, 2. Auflage, Dordrecht u.a. 2009, S. 389-439.

Neuhold, Hanspeter, Völkerrechtlicher Vertrag und Drittstaaten, BDGVR 28 (1988), S. 51-99.

Neumann, Jacqueline, Die Förderung der Rule of Law in der Entwicklungszusammenarbeit. Ein Beitrag zur Herausbildung einer völkerrechtlichen Verfassungsnorm, Berlin u.a. 2013.

Neumann, Ulfrid, Die Geltung von Regeln, Prinzipien und Elementen, in: Schilcher, Bernd/Koller, Peter/Funk, Bernd-Christian (Hrsg.), Regeln, Prinzipien und Elemente im System des Rechts, Wien 2000, S. 115-127.

Neumann, Ulfrid, Juristische Logik, in: Kaufmann, Arthur/Hassemer, Winfried/Neumann, Ulfrid (Hrsg.), Einführung in Rechtsphilosophie und Rechtstheorie der Gegenwart, 8. Auflage, Heidelberg u.a. 2011, S. 298-319.

Neuner, Jörg, Die Rechtsfindung contra legem, München 1992.

Neuner, Jörg, Die Rechtsfortbildung, in: Riesenhuber, Karl (Hrsg.), Europäische Methodenlehre. Handbuch für Ausbildung und Praxis, 3. Auflage, Berlin u.a. 2015, § 12, S. 246-263.

Nida-Rümelin, Julian, Strukturelle Rationalität. Ein philosophischer Essay über praktische Vernunft, Stuttgart 2001.

Noll, Gregor, The Democratic Legitimacy of Refugee Law, Nordic J. Int'l L. 66 (1997), S. 429-452.

Nollkaemper, André, Constitutionalization and the Unity of the Law of International Responsibility, Ind. J. Global Leg. Stud. 16 (2009), S. 535-563.

Nollkaemper, André, The Internationalized Rule of Law, HJRL 1 (2009), S. 74-78.

Nollkaemper, André, National Courts and the International Rule of Law, Oxford 2011.

Nollkaemper, André, The Duality of Direct Effect of International Law, EJIL 25 (2014), S. 105-125.

Nowrot, Karsten, Legal Consequences of Globalization: The Status of Non-Governmental Organizations Under International Law, Ind. J. Global Legal Stud. 6 (1999), S. 579-645.

Nußberger, Angelika, Auf der Suche nach einem europäischen Konsens – zur Rechtsprechung des Europäischen Gerichtshofs für Menschenrechte, RW 3 (2012), S. 197-211.

O'Boyle, Michael/Lafferty, Michelle, General Principles and Constitutions as Sources of Human Rights Law, in: Shelton, Dinah (Hrsg.), The Oxford Handbook on International Human Rights Law, Oxford 2013, S. 194-221.

Odendahl, Kerstin, Die Umweltpflichtigkeit der Souveränität. Reichweite und Schranken territorialer Souveränitätsrechte über die Umwelt und die Notwendigkeit eines veränderten Verständnisses staatlicher Souveränität, Berlin 1998.

Odendahl, Kerstin, Kommentierung von Art. 41, in: Dörr, Oliver/Schmalenbach, Kirsten (Hrsg.), Vienna Convention on the Law of Treaties. A Commentary, Heidelberg u.a. 2012.

Odinkalu, C. A., The Individual Complaints Procedure of the African Commission on Human and Peoples' Rights: A Preliminary Assessment, Transnational Law & Contemporary Problems 8 (1998), S. 359-405.

Oehlinger, Theo, Der Stufenbau der Rechtsordnung. Rechtstheoretische und ideologische Aspekte, Wien 1975.

Oehmichen, Anna, Male Captus – Bene Detentus, in: Kühne, Hans-Heiner/Esser, Robert/Gerding, Marc (Hrsg.), Völkerstrafrecht, Osnabrück 2007, S. 217-249.

Oellers-Frahm, Karin, Die Entscheidung des IGH im Fall LaGrand – Eine Stärkung der internationalen Gerichtsbarkeit und der Rolle des Individuums im Völkerrecht. Zum Urteil des IGH vom 27. Juni 2001 in der Rechtssache Deutschland gegen die USA im Fall LaGrand, EuGRZ 28 (2001), S. 265-272.

Oellers-Frahm, Karin, Die Entscheidung des IGH im Fall LaGrand – ein Markstein in der Rechtsprechung des IGH, in: Marauhn, Thilo (Hrsg.), Die Rechtsstellung des Menschen im Völkerrecht. Entwicklungen und Perspektiven, Tübingen 2003, S. 21-36.

Oellers-Frahm, Karin, Lawmaking Through Advisory Opinions?, German L. J. 12 (2011), S. 1033-1056.

Oellers-Frahm, Karin, Das italienische Verfassungsgericht und das Völkerrecht: Eine unerfreuliche Beziehung, EuGRZ 42 (2015), S. 8-16.

Oellers-Frahm, Karin, A Never-Ending Story: The International Court of Justice – The Italian Constitutional Court – Italian Tribunals and the Question of Immunity, ZaöRV 76 (2016), S. 193-202.

Oeter, Stefan, Souveränität – ein überholtes Konzept?, in: Cremer, Hans-Joachim/Giegerich, Thomas/Richter, Dagmar/Zimmermann, Andreas (Hrsg.), Tradition und Weltoffenheit des Rechts. Festschrift für Helmut Steinberger, Berlin u.a. 2002, S. 259-290.

Ohlhoff, Stefan, Beteiligung von Verbänden und Unternehmen in WTO-Streitbeilegungsverfahren. Das Shrimps-Turtle-Verfahren als Wendepunkt?, EuZW 10 (1999), S. 139-144.

Ohlhoff, Stefan/Schloemann, Hannes, Transcending the Nation-State? Private Parties and the Enforcement of International Trade Law, MPYUNL 5 (2001), S. 675-734.

Okowa, Phoebe N., Defences in the Jurisprudence of International Tribunals, in: Goodwinn-Gill, Guy S./Talmon, Stefan (Hrsg.), The Reality of International Law. Essays in Honour of Ian Brownlie, Oxford 1999, S. 389-411.

Onuf, Nicholas, Do Rules Say What They Do? From Ordinary Language to International Law, Harv. Int'l L. J. 26 (1985), S. 385-410.

Onuf, Nicholas, World of Our Making. Rules and Rule in Social Theory and International Relations, Columbia 1989.

Onuf, Nicholas, The Constitution of International Society, EJIL 5 (1994), S. 1-19.

Oppenheim, Lassa, International Law, Bd. I: Peace, hrsgg. v. Lauterpacht, Hersch, 5. Auflage, London 1937.

Oppong, Richard Frimpong, Re-Imagining International Law: An Examination of Recent Trends in the Reception of International Law Into National Legal Systems in Africa, Fordham Int'l L. J. 30 (2006), S. 296-345.

Opsahl, Torkel, An „International Constitutional Law", ICLQ 10 (1961), S. 760-784.

Orakhelashvili, Alexander, The European Convention on Human Rights and International Public Order, Cambridge Y.B. Eur. Legal Stud. 5 (2002-2003), S. 237-270.

Orakhelashvili, Alexander, Peremptory Norms in International Law, Oxford 2006.

Orakhelashvili, Alexander, The Interpretation of Acts and Rules in International Public Law, Oxford 2008.

Orakhelashvili, Alexander, Kommentierung von Art. 30, in: Corten, Olivier/Klein, Pierre (Hrsg.), The Vienna Convention on the Law of Treaties: A Commentary, Bd. I, Oxford 2011.

Ossenbühl, Fritz, Richterrecht im demokratischen Rechtsstaat, Bonn 1988.

Owada, Hisashi, The Rule of Law in a Globalizing World – An Asian Perspective, Wash. U. Global Stud. L. Rev. 8 (2009), S. 187-206.

Paech, Norman, Staatenimmunität und Kriegsverbrechen, AVR 47 (2009), S. 36-92.

Palombella, Gianluigi, Principles and Disagreements in International Law (with a View from Dworkin's Legal Theory), in: Pineschi, Laura (Hrsg.), General Principles of Law – The Role of the Judiciary, Cham u.a. 2015, S. 3-21.

Papier, Hans-Jürgen, Justizgewähranspruch, in: Isensee, Josef/Kirchhof, Paul (Hrsg.), Handbuch des Staatsrechts, Bd. VIII: Grundrechte: Wirtschaft, Verfahren, Gleichheit, 3. Auflage, Heidelberg 2010, § 176.

Papsthart, Alexander, Der Rechtsphilosoph als Klavierstimmer, FAZ vom 29.11.2006, Nr. 278, S. 8.

Parker, Karen/Neylon, Lyn Beth, *Jus Cogens*: Compelling the Law of Human Rights, Hastings Int'l & Comp. L. Rev. 12 (1988-1989), S. 411-463.

Parlett, Kate, The Individual in the International Legal System, Cambridge 2011.

Parlett, Kate, Diplomatic Protection and the International Court of Justice, in: Tams, Christian J./Sloan, James (Hrsg.), The Development of International Law by the International Court of Justice, Oxford 2013, S. 87-106.

Paulus, Andreas, Die internationale Gemeinschaft im Völkerrecht. Eine Untersuchung zur Entwicklung des Völkerrechts im Zeitalter der Globalisierung, München 2001.

Paulus, Andreas, *Jus Cogens* in a Time of Hegemony and Fragmentation. An Attempt at a Re-appraisal, Nordic J. Int'l L. 74 (2005), S. 297-334.

Paulus, Andreas, The International Legal System as a Constitution, in: Dunoff, Jeffrey L./Trachtman, Joel P. (Hrsg.), Ruling the World? Constitutionalism, International Law, and Global Governance, Cambridge 2009, S. 69-109.

Paulus, Andreas, International Adjudication, in: Besson, Samantha/Tasioulas, John (Hrsg.), The Philosophy of International Law, Oxford 2010, S. 207-224.

Paulus, Andreas, Reciprocity Revisited, in: Fastenrath, Ulrich/Geiger, Rudolf/Khan, Daniel-Erasmus/Paulus, Andreas/Schorlemer, Sabine von/Vedder, Christoph (Hrsg.), From Bilateralism to Community Interest. Essays in Honour of Bruno Simma, Oxford 2011, S. 113-137.

Paulus, Andreas, Whether Universal Values Can Prevail over Bilateralism and Reciprocity, in: Cassese, Antonio (Hrsg.), Realizing Utopia. The Future of International Law, Oxford 2012, S. 89-104.

Paulus, Andreas, Zusammenspiel der Rechtsquellen aus völkerrechtlicher Perspektive, BDGIR 46 (2014), S. 7-46.

Paulus, Andreas/Leiß, Johann, Kommentierung von Art. 103, in: Simma, Bruno/Khan, Daniel-Erasmus/Nolte, Georg/Paulus, Andreas (Hrsg.), The Charter of the United Nations. A Commentary, 3. Auflage, Oxford 2012.

Pauwelyn, Joost, The Role of Public International Law in the WTO: How Far Can We Go?, AJIL 95 (2001), S. 535-578.

Pauwelyn, Joost, Conflict of Norms in Public International Law. How WTO Law Relates to Other Rules of International Law, Cambridge 2003.

Pauwelyn, Joost, Bridging Fragmentation and Unity: International Law as a Universe of Inter-Connected Islands, Mich. J Int'l L. 25 (2003-2004), S. 903-916.

Pauwelyn, Joost, Is It International Law or Not, and Does It Even Matter?, in: ders./Wessel, Ramses/Wouters, Jan (Hrsg.), Informal International Lawmaking, Oxford 2012, S. 125-161.

Pavčnik, Marijan, Interpretative Importance of Legal Principles for the Understanding of Legal Texts, ARSP 101 (2015), S. 52-59.

Pawlowski, Hans-Martin, Methodenlehre für Juristen. Theorie der Norm und des Gesetzes, 3. Auflage, Heidelberg 1999.

Payandeh, Mehrdad, Internationales Gemeinschaftsrecht. Zur Herausbildung gemeinschaftsrechtlicher Strukturen im Völkerrecht der Globalisierung, Berlin u.a. 2010.

Payandeh, Mehrdad, The Concept of International Law in the Jurisprudence of H.L.A. Hart, EJIL 21 (2010), S. 967-995.

Payandeh, Mehrdad, Das Gebot der Folgerichtigkeit: Rationalitätsgewinn oder Irrweg der Grundrechtsdogmatik?, AöR 136 (2011), S. 578-615.

Payandeh, Mehrdad, The United Nations, Military Intervention, and Regime Change in Libya, Va. J. Int'l L. 52 (2012), S. 355-403.

Pazartzis, *Photini*, Judicial Activism and Judicial Self-Restraint: The PCIJ's *Lotus* Case, in: Tams, Christian J./Fitzmaurice, Malgosia (Hrsg.), Legacies of the Permanent Court of International Justice, Leiden 2013, S. 319-335.

Peaslee, *Amos J.*, International Constitutional Law, ASIL Proc. 35 (1941), S. 100-106.

Peczenik, *Aleksander*, On Law and Reason, New York 2009.

Pellet, *Alain*, The Normative Dilemma: Will and Consent in International Law-Making, AusYIL 12 (1988-1989), S. 22-53.

Pellet, *Alain*, Kommentierung von Art. 38, in: Zimmermann, Andreas/ Tomuschat, Christian/Oellers-Frahm, Karin/Tams, Christian J. (Hrsg.), The Statute of the International Court of Justice. A Commentary, 2. Auflage, Oxford 2012.

Pellet, *Alain* /*Müller*, *Daniel*, Reservations to Human Rights Treaties: Not an Absolute Evil…, in: Fastenrath, Ulrich/Geiger, Rudolf/Khan, Daniel-Erasmus/Paulus, Andreas/Schorlemer, Sabine von/Vedder, Christoph (Hrsg.), From Bilateralism to Community Interest. Essays in Honour of Bruno Simma, Oxford 2011, S. 521-551.

Penski, *Ulrich*, Rechtsgrundsätze und Rechtsregeln, JZ 44 (1989), S. 105-114.

Pergantis, *Vasileios*, Towards a "Humanization" of Diplomatic Protection?, ZaöRV 66 (2006), S. 351-398.

Perina, *Rubén M.*, The Inter-American Democratic Charter: An Assessment and Ways to Strengthen It, in: The Brookings Institution (Hrsg.), The Road to Hemispheric Cooperation. Beyond the Cartagena Summit of the Americas, Washington D.C. 2012, S. 77-89.

Permanent Court of International Justice, *Advisory Committee of Jurists*, Procès-Verbaux of the Proceedings of the Committee, June 16th – July 24th 1920, with Annexes, The Hague 1920.

Peterke, *Sven*/*Noortmann*, *Math*, Transnationale kriminelle Organisationen im Völkerrecht: Mehr als Outlaws?, AVR 53 (2015), S. 1-34.

Peters, *Anne*, There is Nothing More Practical Than a Good Theory: An Overview of Contemporary Approaches to International Law, GYIL 24 (2001), S. 25-37.

Peters, *Anne*, Gobal Constitutionalism Revisited, Int'l Legal Theory 11 (2005), S. 39-67.

Peters, *Anne*, Compensatory Constitutionalism: The Function and Potential of Fundamental International Norms and Structures, LJIL 19 (2006), S. 579-610.

Peters, *Anne*, The Globalization of State Constitutions, in: Nijman, Janne/Nollkaemper, André (Hrsg.), New Perspectives on the Divide Between National and International Law, Oxford 2007, S. 251-308.

Peters, *Anne*, Humanity as the A and Ω of Sovereignty, EJIL 20 (2009), S. 513-544.

Peters, *Anne*, The Merits of Global Constitutionalism, Ind. J. Global Leg. Stud. 16 (2009), S. 397-411.

Peters, *Anne*, Membership in the Global Constitutional Community, in: Klabbers, Jan/Peters, Anne/Ulfstein, Geir, The Constitutionalization of International Law, Oxford 2009, S. 153

Peters, Anne, Treaty Making Power, in: MPEPIL (online edition), Artikel-Stand: März 2009.

Peters, Anne, Rechtsordnungen und Konstitutionalisierung: Zur Neubestimmung der Verhältnisse, ZÖR 65 (2010), S. 3-63.

Peters, Anne, Das subjektive internationale Recht, JöR N.F. 59 (2011), S. 411-456.

Peters, Anne, Does Kosovo Lie in the *Lotus*-Land of Freedom?, LJIL 24 (2011), S. 95-108.

Peters, Anne, Are we Moving towards Constitutionalization of the World Community?, in: Cassese, Antonio (Hrsg.), Realizing Utopia. The Future of International Law, Oxford 2012, S. 118-135.

Peters, Anne, Kommentierung von Art. 24, in: Simma, Bruno/Khan, Daniel-Erasmus/Nolte, Georg/Paulus, Andreas (Hrsg.), The Charter of the United Nations. A Commentary, 3. Auflage, Oxford 2012.

Peters, Anne, Kommentierung von Art. 25, in: Simma, Bruno/Khan, Daniel-Erasmus/Nolte, Georg/Paulus, Andreas (Hrsg.), The Charter of the United Nations. A Commentary, 3. Auflage, Oxford 2012.

Peters, Anne, Das Gründungsdokument internationaler Organisationen als Verfassungsvertrag, ZöR 68 (2013), S. 1-57.

Peters, Anne, Jenseits der Menschenrechte. Die Rechtsstellung des Individuums im Völkerrecht, Tübingen 2014.

Peters, Anne, Novel practice of the Security Council: Wildlife poaching and trafficking as a threat to peace, EJIL: Talk!, 12. Februar 2014, online abrufbar unter http://www.ejiltalk.org/novel-practice-of-the-security-council-wildlife-poaching-and-trafficking-as-a-threat-to-the-peace/.

Peters, Anne, Konstitutionalismus als globale Errungenschaft, in: Delbrück, Jost/Heinz, Ursula/Odendahl, Kerstin/Matz-Lück, Nele/von Arnauld, Andreas, Aus Kiel in die Welt: Kiel's Contribution to International Law. Festschrift zum 100-jährigen Bestehen des Walther-Schücking-Instituts für Internationales Recht, Berlin 2014, S. 127-138.

Peters, Anne, Der Mensch im Mittelpunkt des Völkerrechts, in: Grimm, Dieter/Kemmerer, Alexandra/Möllers, Christoph (Hrsg.), Rechtswege. Kontextsensible Rechtswissenschaft vor der transnationalen Herausforderung, Baden-Baden 2015, S. 63-77.

Peters, Anne, Völkerrecht: Allgemeiner Teil, 4. Auflage, Zürich u.a. 2016.

Peters, Anne, Fragmentation and Constitutionalization, in: Orford, Anne/Hoffmann, Florian (Hrsg.), The Oxford Handbook of the Theory of International Law, Oxford 2016, S. 1011-1031.

Peters, Michaela, Grundrechte als Regeln und als Prinzipien, ZÖR 51 (1996), S. 159-182.

Petersen, Niels, Der Wandel des ungeschriebenen Völkerrechts im Zuge der Konstitutionalisierung, AVR 46 (2008), S. 502-523.

Petersen, Niels, Customary Law Without Custom? Rules, Principles, and the Role of State Practice in International Norm Creation, Am. U. Int'l L. Rev. 23 (2008), S. 275-310.

Petersen, *Niels*, Demokratie als teleologisches Prinzip. Zur Legitimität von Staatsgewalt im Völkerrecht, Berlin u.a. 2009.

Petersen, *Niels*, Rational Choice or Deliberation? Customary International Law between Coordination and Constitutionalization, JITE 165 (2009), S. 71-85.

Petersen, *Niels*, Lawmaking by the International Court of Justice – Factors of Success, German L. J. 12 (2011), S. 1295-1316.

Petersmann, *Ernst-Ulrich*, Constitutional Functions and Constitutional Problems of International Economic Law. International and Domestic Foreign Trade Law and Foreign Trade Policy in the United States, the European Community and Switzerland, Fribourg 1991.

Petersmann, *Ernst-Ulrich*, Settlement of International Environmental Disputes in GATT and the EC – Comparative Legal Aspects, in: Blokker, Niels M./Muller, A. Sam (Hrsg.), Towards More Effective Supervision by International Organizations. Essays in Honour of Herny G. Schermers, Vol. I, Dordrecht 1994, S. 165-203.

Petersmann, *Ernst-Ulrich*, Constitutionalism and International Adjudication: How to Constitutionalize the U.N. Dispute Settlement System, NYU J. Int'l L. & Pol. 31 (1999), S. 753-790.

Petersmann, *Ernst-Ulrich*, Constitutionalism, International Law and "We the Peoples of the United Nations", in: Cremer, Hans-Joachim/Giegerich, Thomas/Richter, Dagmar/Zimmermann, Andreas (Hrsg.), Tradition und Weltoffenheit des Rechts. Festschrift für Helmut Steinberger, Berlin u.a. 2002, S. 291-313.

Petersmann, *Ernst-Ulrich*, Welthandelsrecht als Freiheits- und Verfassungsordnung, ZaöRV 65 (2005), S. 543-585.

Petsche, *Markus*, *Jus Cogens* as a Vision of the International Legal Order, Penn St. Int'l L. Rev. 29 (2010-2011), S. 233-273.

Piccone, *Paolo*, The Distinction between *Jus Cogens* and Obligations *Erga Omnes*, in: Cannizzaro, Enzo (Hrsg.), The Law of Treaties Beyond the Vienna Convention, Oxford 2011, S. 411-424.

Picker, *Eduard*, Richterrecht und Rechtsdogmatik. Zur rechtsdogmatischen Disziplinierung des Richterrechts, in: Bumke, Christian (Hrsg.), Richterrecht zwischen Gesetzesrecht und Rechtsgestaltung, Tübingen 2012, S. 85-119.

Pictet, *Jean*, The Fundamental Principles of the Red Cross: Commentary, Geneva u.a. 1979.

Pieroth, *Bodo*/*Aubel*, *Tobias*, Die Rechtsprechung des Bundesverfassungsgerichts zu den Grenzen richterlicher Entscheidungsfindung, JZ 58 (2003), S. 504-510.

Pisillo Mazzeschi, *Riccardo*, Impact on the Law of Diplomatic Protection, in: Kamminga, Menno T./Scheinin, Martin (Hrsg.), The Impact of Human Rights Law on General International Law, Oxford 2009, S. 211-233.

Pokol, *Béla*, Abstrahierungsformen des Rechts, Rechtstheorie 42 (2011), S. 105-123.

Politis, *Nikolaos*, Le problème des limitations de la souveraineté et la théorie de l'abus des droits dans les rapports internationaux, RdC 6 (1925-I), S. 1-122.

Popper, Karl, Logik der Forschung, hrsgg. v. Keuth, Herbert, 11. Auflage, Tübingen 2005.
Portmann, Roland, Legal Personality in International Law, Cambridge 2010.
Portocarrero Quispe, Jorge Alexander, Zu Begriff und Struktur der formellen Prinzipien, in: Klatt, Matthias (Hrsg.), Prinzipientheorie und Theorie der Abwägung, Tübingen 2013, S. 200-235.
Poscher, Ralf, Grundrechte als Abwehrrechte. Reflexive Regelung rechtlich geordneter Freiheit, Tübingen 2003.
Poscher, Ralf, Insights, Errors and Self-Misconceptions of the Theory of Principles, Ratio Juris 22 (2009), S. 425-454.
Poscher, Ralf, Theorie eines Phantoms – Die erfolglose Suche der Prinzipientheorie nach ihrem Gegenstand, RW 1 (2010), S. 349-372.
Preuß, Ulrich K., Souveränität – Zwischenbemerkungen zu einem Schlüsselbegriff des Politischen, in: Stein, Tine/Buchstein, Hubertus/Offe, Claus (Hrsg.), Souveränität, Recht, Moral. Die Grundlagen politischer Gemeinschaft, Frankfurt am Main u.a. 2007, S. 313-336.
Proelß, Alexander, Das Umweltvölkerrecht vor den Herausforderungen des Klimawandels. Ansätze zu einer bereichsübergreifenden Operationalisierung des Vorsorgeprinzips, JZ 66 (2011), S. 496-503.
Proelß, Alexander, Raum und Umwelt im Völkerrecht, in: Vitzthum, Wolfgang Graf/Proelß, Alexander (Hrsg.), Völkerrecht, 7. Auflage, Berlin 2016, 5. Abschnitt, S. 351-438.
Prütting, Hanns, Diskussionsbeitrag, in: Böckstiegel, Karl-Heinz (Hrsg.), Rechtsfortbildung durch Internationale Schiedsgerichte, Köln u.a. 1989, S. 130-131.
Pulkowski, Dirk, Book Review: Wilske, Stephan, Die völkerrechtswidrige Entführung und ihre Rechtsfolgen, 2000, EJIL 12 (2001), S. 1035-1038.
Raabe, Marius, Grundrechte und Erkenntnis. Der Einschätzungsspielraum des Gesetzgebers, Baden-Baden 1998.
Radbruch, Gustav, Rechtsphilosophie, 3. Auflage, Leipzig 1932.
Radke, Klaus, Der Staatsnotstand im modernen Friedensvölkerrecht. Ein Beitrag zur Diskussion über die Grenzen der Verbindlichkeit völkerrechtlicher Normen, Baden-Baden 1988.
Ragazzi, Mauruizio, The Concept of International Obligations *Erga Omnes*, Oxford 1997.
Raimondo, Fabián O., The International Court of Justice as a Guardian of the Unity of Humanitarian Law, LJIL 20 (2007), S. 593-611.
Raimondo, Fabián O., General Principles of Law in the Decisions of International Criminal Courts and Tribunals, Leiden 2008.
Rajamani, Lavanya, The Cancún Climate Agreements: Reading the Text, Subtext and Tea Leaves, ICLQ 60 (2011), S. 499-519.
Ramlogan, Rajendra, Sustainable development: Towards a Judicial Interpretation, Leiden 2011.
Randelzhofer, Albrecht, Der normative Gehalt des Friedensbegriffs im Völkerrecht der Gegenwart, in: Delbrück, Jost (Hrsg.), Völkerrecht und Kriegsver-

hütung. Zur Entwicklung des Völkerrechts als Recht friedenssichernden Wandels, Berlin 1979, S. 13-39.

Randelzhofer, *Albrecht*, Souveränität und Staatsgewalt, in: Isensee, Josef/Kirchhof, Paul (Hrsg.), Handbuch des Staatsrechts der Bundesrepublik Deutschland, Bd. II: Verfassungsstaat, 3. Auflage, Heidelberg 2004, § 17.

Rao, *Pemmaraju Sreenivasa*, Multiple International Judicial Forums: A Reflection of the Growing Strength of International Law or Its Fragmentation, Mich. J. Int'l L. 25 (2003-2004), S. 929-961.

Rauber, *Jochen*, Verhältnismäßigkeit und völkerrechtliche Systembildung. Überlegungen zur einheitsbildenden Funktion des Verhältnismäßigkeitsgrundsatzes im Völkerrecht der Konstitutionalisierung, ZaöRV 75 (2015), S. 259-298.

Rausch, *Anne*, Responsibility to Protect. Eine juristische Betrachtung, Frankfurt am Main 2011.

Raz, *Joseph*, Legal Principles and the Limits of Law, Yale L. J. 81 (1972), S. 823-845.

Raz, *Joseph*, The Authority of Law. Essays on Law and Morality, Oxford 1979.

Raz, *Joseph*, Authority, Law and Morality, The Monist 68 (1985), S. 295-324.

Raz, *Joseph*, Authority and Justification, Philosophy & Public Affairs 14 (1985), S. 3-29.

Raz, *Joseph*, The Morality of Freedom, Oxford 1986.

Raz, *Joseph*, Praktische Gründe und Normen, Frankfurt am Main 2006.

Raz, *Joseph*, Reasons: Explanatory and Normative, Oxford Legal Studies Research Paper No. 13/2007, online abrufbar unter http://papers.ssrn.com/sol3/papers.cfm?abstract_id=999869##.

Redslob, *Robert*, Traité de Droit des Gens. L'évolution historique, les institutions positives, les idées de justice, le droit nouveau, Paris 1950.

Reicherzer, *Max*, Authentische Gesetzgebung. Gesetzesvorbereitende Vereinbarungen mit Umsetzungsgesetz auf dem Prüfstand des Grundgesetzes, Berlin 2006.

Reimer, *Franz*, Verfassungsprinzipien. Ein Normtyp im Grundgesetz, Berlin 2001.

Reimer, *Philipp*, „...und machet zu Jüngern alle Völker"? Von „universellen Verfassungsprinzipien" und der Weltmission der Prinzipientheorie der Grundrechte, Der Staat 52 (2013), S. 27-57.

Reinhardt, *Michael*, Konsistente Jurisdiktion. Grundlegung einer verfassungsrechtlichen Theorie der rechtsgestaltenden Rechtsprechung, Tübingen 1997.

Rensmann, *Thilo*, Wertordnung und Verfassung. Das Grundgesetz im Kontext grenzüberschreitender Konstitutionalisierung, Tübingen 2007.

Rensmann, *Thilo*, Die Humanisierung des Völkerrechts durch das *ius in bello* – Von der Martens'schen Klausel zur „Responsibility to Protect", ZaöRV 68 (2008), S. 111-128.

Ress, *Hans-Konrad*, Das Handelsembargo. Völker-, europa- und außenwirtschaftsrechtliche Rahmenbedingungen, Praxis und Entschädigung, Berlin u.a. 2000.

Reßing, Maximilian, Prinzipien als Normen mit zwei Geltungsebenen. Zur Unterscheidung von Regeln und Prinzipien. ARSP 95 (2009), S. 28-48.

Rhinow, René A., Rechtsetzung und Methodik. Rechtstheoretische Untersuchung zum gegenseitigen Verhältnis von Rechtsetzung und Rechtsanwendung, Basel u.a. 1979.

Richter, Johannes, Die extraterritoriale Anwendung der *antifraud*-Vorschriften im US-amerikanischen Kapitalmarktrecht, Berlin 2012.

Rieble, Volker, Richterliche Gesetzesbindung und BVerfG, NJW 2011, S. 819-822.

Riechelmann, Frank, Die Leistungsfähigkeit einer prinzipientheoretischen Normbetrachtung, ARSP 97 (2011), S. 207-217.

Riedel, Eibe, Paradigmenwechsel im internationalen Umweltrecht, in: Stober, Rolf (Hrsg.), Recht und Recht. Festschrift für Gerd Roellecke, Stuttgart u.a. 1997, S. 245-279.

Riedel, Manfred, Norm und Werturteil. Grundprobleme der Ethik, Stuttgart 1979.

Riedinger, Sonja, Die Rolle nichtstaatlicher Organisationen bei der Entwicklung und Durchsetzung internationalen Umweltrechts, Berlin 2001.

Riehm, Thomas, Abwägungsentscheidungen in der praktischen Rechtsanwendung. Argumentation - Beweis - Wertung, München 2006.

Ripert, Georges, Les règles du droit civil applicables aux rapports internationaux (Contribution à l'étude des principes généraux du droit visés au Statut de la Cour permanente de Justice internationale), RdC 44 (1933-II), S. 565-664.

Rivers, Julian, Proportionality and discretion in international and European law, in: Tsagourias, Nicholas (Hrsg.), Transnational Constitutionalism. International and European Perspectives, Cambridge 2007, S. 107 -131.

Robbers, Gerhard, Für ein neues Verhältnis zwischen Bundesverfassungsgericht und Fachgerichtsbarkeit. Möglichkeit und Inhalt von „Formeln" zur Bestimmung von verfassungsrechtlicher Kompetenzweite, NJW 1998, S. 935-941.

Roberts, Anthea Elizabeth, Traditional and Modern Approaches to Customary International Law: A Reconciliation, AJIL 95 (2001), S. 757-791.

Rodiles, Alejandro, Non-Permanent Members of the United Nations Security Council and the Promotion of the International Rule of Law, GoJIL 5 (2013), S. 333-373.

Röben, Volker, The ICJ Advisory Opinion on the Unilateral Declaration of Independence in Respect of Kosovo: Rules or Principles?, GoJIL 2 (2010), S. 1063-1086.

Röhl, Klaus Friedrich/Röhl, Hans Christian, Allgemeine Rechtslehre, 3. Auflage, München 2008.

Rosas, Allan, The Decline of Sovereignty: Legal Perspectives, in: Iivonen, Jyrki (Hrsg.), The Future of the Nation State in Europe, Aldershot 1993, S. 130-158.

Rosas, Allan, Towards Some International Law and Order, Journal of Peace Research 31 (1994), S. 129-135.

Ross, Alf, Constitution of the United Nations. Analysis of Structure and Function, Kopenhagen 1950.

Rossen, Helge, Grundrechte als Regeln und Prinzipien, in: Grabenwarter, Christoph/Hammer, Stefan/Pelzl, Alexander/Schulev-Steindl, Eva/Wiederin, Ewald (Hrsg.), Allgemeinheit der Grundrechte und Vielfalt der Gesellschaft. 34. Tagung der Wissenschaflichen Mitarbeiterinnen und Mitarbeiter der Fachrichtung „Öffentliches Recht“, Wien 1994, S. 41-60.

Rousseau, Charles, Principes Généraux du Droit International Public, Bd. I: Introduction, Sources, Paris 1944.

Rozakis, Christos L., Treaties and Third States: a Study in the Reinforcement of the Consensual Standards in International Law, ZaöRV 35 (1975), S. 1-40.

Rozakis, Christos L., The Concept of Jus Cogens in the Law of Treaties, Amsterdam 1976.

Rüthers, Bernd, Methodenrealismus in Jurisprudenz und Justiz, JZ 61 (2006), S. 53-60.

Rüthers, Bernd, Gesetzesbindung oder freie Methodenwahl? – Hypothesen zu einer Diskussion, ZRP 2008, S. 48-51.

Rüthers, Bernd, Klartext zu den Grenzen des Richterrechts, NJW 2011, S. 1856-1858.

Rüthers, Bernd /Höpfner, Clemens, Grundlagen einer europäischen Methodenlehre, AcP 209 (2009), S. 1-36.

Rüthers, Bernd/Fischer, Christian/Birk, Axel, Rechtstheorie, mit juristischer Methodenlehre, 9. Auflage, München 2016.

Ruffert, Matthias, Diplomatischer und konsularischer Schutz, in: Isensee, Josef/Kirchhof, Paul (Hrsg.), Handbuch des Staatsrechts der Bundesrepublik Deutschland, Bd. X: Deutschland in der Staatengemeinschaft, 3. Auflage, Heidelberg 2012, § 206.

Ruhl, J. B., Sustainable Development: A Five-Dimensional Algorithm for Environmental Law, Stan. Envtl. L. J. 18 (1999), S. 31-64.

Ruys, Tom/Soete, Anemoon, „Creeping“ Advisory Jurisdiction of International Courts and Tribunals? The case of the International Tribunal for the Law of the Sea, Leiden JIL 29 (2016), S. 155-176.

Sachariew, K., State Responsibility for Multilateral Treaty Violations: Identifying the ‘Injured State’ and its Legal Status, NILR 35 (1988), S. 273-289.

Sachs, Michael (Hrsg.), Grundgesetz. Kommentar, 7. Auflage, München 2014.

Sachs, Michael, Kommentierung zu Art. 20 GG, in: ders. (Hrsg.), Grundgesetz. Kommentar, 7. Auflage, München 2014.

Sadat, Leila Nadya, Summer in Rome, Spring in The Hague, Winter in Washington? U.S. Policy Towards the International Criminal Court, Wis. Int’l L. J. 21 (2004), S. 557-597.

Safferling, Christoph J. M., International Criminal Procedure, Oxford 2012.

Sampford, Charles, Reconceiving the rule of law for a globalizing world, in: Zifcak, Spencer (Hrsg.), Globalisation and the Rule of Law, London 2005, S. 9-31.

de Sanctis, Francesco, The Practice of National and International Courts on Transnational Seizure: Is a Fair Balance between Human Rights and Accountability Possible?, Neth. Q. Hum. Rts. 22 (2004), S. 529-557.

Sands, Philippe, Sustainable Development: Treaty, Custom, and the Cross-fertilization of International Law, in: Boyle, Alan/Freestone, David (Hrsg.), International Law and Sustainable Development. Past Achievements and Future Challenges, Oxford 1999, S. 39-60.

Sands, Philippe, International Courts and the Application of the Concept of „Sustainable Development“, MPYUNL 3 (1999), S. 389-405.

Sands, Philippe/Mackenzie, Ruth, International Courts and Tribunals, Amicus Curiae, in: MPEPIL (online edition), Artikel-Stand: Januar 2008.

Sands, Philippe/Peel, Jacqueline, Principles of International Environmental Law, 3. Auflage, Cambridge 2012.

Santos, Alvaro, The World Bank's Uses of the "Rule of Law" Promise in Economic Development, in: Trubek, David/Santos, Alvaro (Hrsg.), The New Land and Economic Development: A Critical Appraisal, New York 2006, S. 253-300.

Saul, Matthew, Identifying Jus Cogens Norms: The Interaction of Scholars and International Judges, Asian JIL 5 (2015), S. 26-54.

Saurer, Johannes, Die Hart-Dworkin-Debatte als Grundlagenkontroverse der angloamerikanischen Rechtsphilosophie, ARSP 98 (2012), S. 214-232.

Saurer, Johannes, Die Globalisierung des Verhältnismäßigkeitsgrundsatzes, Der Staat 51 (2012), S. 3-33.

Scanlon, Thomas, What We Owe to Each Other, Cambridge/MA 1998.

Schabas, William A., Reservations to Human Rights Treaties: Time for Innovation and Reform, CanadianYIL 32 (1994), S. 39-81.

Schabas, William A., Invalid Reservations to the International Covenant on Civil and Political Rights: Is the United States Still a Party?, Brook. J. Int'l L. 21 (1995-1996), S. 277-325.

Schabas, William A., Reservations to the Convention on the Rights of the Child, Hum Rts. Q. 18 (1996), S. 472-491.

Schabas, William A./Pecorella, Giulia, Kommentierung von Art. 13, in: Triffterer, Otto/Ambos, Kai (Hrsg.), The Rome Statute of the International Criminal Court. A Commentary, 3. Auflage, München 2016.

Schachter, Oscar, International Law in Theory and Practice. General Course in Public International Law, RdC 178 (1982-V), S. 9-395.

Schachtschneider, Karl Albrecht, Prinzipien des Rechtsstaates, Berlin 2006.

Schachtschneider, Karl Albrecht, Souveränität. Grundlegung einer freiheitlichen Souveränitätslehre. Ein Beitrag zum deutschen Staats- und Völkerrecht, Berlin 2015.

Schaefer, Michael, Die Funktionsfähigkeit des Sicherheitsmechanismus der Vereinten Nationen, Berlin u.a. 1981.

Scheffer, Davi J., The United States and the International Criminal Court, AJIL 93 (1999), S. 12-22.

Schermers, Henry, Different Aspects of Sovereignty, in: Kreijen, Gerard (Hrsg.), State, Sovereignty and International Governance, Oxford u.a. 2002, S. 185-192.

Scheyli, Martin, Der Schutz des Klimas als Prüfstein völkerrechtlicher Konstitutionalisierung?, AVR 40 (2002), S. 273-330.

Scheyli, *Martin*, Konstitutionelle Gemeinwohlorientierung im Völkerrecht. Grundlagen völkerrechtlicher Konstitutionalisierung am Beispiel des Schutzes der globalen Umwelt, Berlin 2008.

Schick, *Robert*, Auslegung und Rechtsfortbildung, in: Griller, Stefan/Rill, Heinz Peter (Hrsg.), Rechtstheorie: Rechtsbegriff – Dynamik – Auslegung, 2011, S. 209-221.

Schiffauer, *Peter*, Wortbedeutung und Rechtserkenntnis, entwickelt an Hand einer Studie zum Verhältnis von verfassungskonformer Auslegung und Analogie, Berlin 1979.

Schiffman, *Howard S.*, *Beard* and Beyond: The Status of Consular Notifiaction and Access Under the Vienna Convention, Cardozo J. Int'l & Comp. L. 8 (2000), S. 27-60.

Schiffman, *Howard S.*, The *LaGrand* Decision: The Evolving Legal Landscape of the Vienna Convention on Consular Relations in U.S. Death Penalty Cases, Santa Clara L. Rev. 42 (2001-2002), S. 1099-1135.

Schilling, *Theodor*, Rang und Geltung von Normen in gestuften Rechtsordnungen, Berlin u.a. 1994.

Schilling, *Theodor*, Die „neue Weltordnung" und die Souveränität der Mitglieder der Vereinten Nationen, AVR 33 (1995), S. 67-106.

Schilling, *Theodor*, Völkerkonsensrecht, in: Bröhmer, Jürgen/Bieber, Roland/Calliess, Christian/Langenfeld, Christine/Weber, Stefan/Wolf, Joachim (Hrsg.), Internationale Gemeinschaft und Menschenrechte. Festschrift für Georg Ress zum 70. Geburtstag am 21. Januar 2005, Köln u.a. 2005, S. 235-248.

Schilling, *Theodor*, On the Constitutionalization of General International Law, Jean Monnet Working Paper 06/05, online abrufbar unter http://www.jeanmonnetprogram.org/archive/papers/05/050601.html.

Schindler, *Dietrich*, Kollektive Sicherheit der Vereinten Nationen und dauernde Neutralität der Schweiz, SZIER 2 (1992), S. 435-479.

Schlaich, *Klaus*/*Korioth*, *Stefan*, Das Bundesverfassungsgericht. Stellung, Verfahren, Entscheidungen, 10. Auflage, München 2015.

Schlink, *Bernhard*, Abwägung im Verfassungsrecht, Berlin 1976.

Schlochauer, *Hans-Jürgen*, Bemerkungen zur Revision der Charter of the United Nations, ZaöRV 19 (1958), S. 416-448.

Schlütter, *Birgit*, Developments in Customary International Law. Theory and the Practice of the International Court of Justice and the International *ad hoc* Criminal Tribunals for Rwanda and Yugoslavia, Leiden u.a. 2010.

Schmahl, *Stefanie*, An Example of Jus Cogens: The Status of Prisoners of War, in: Tomuschat, Christian/Thouvenin, Jean-Marc (Hrsg.), The Fundamental Rules of the International Legal Order: Jus Cogens and Obligations Erga Omnes, Leiden u.a. 2006, S. 41-68.

Schmalenbach, *Kirsten*, Multinationale Unternehmen und Menschenrechte, AVR 39 (2001), S. 57-81.

Schmalenbach, *Kirsten*, Kommentierung von Art. 53, in: Dörr, Oliver/Schmalenbach, Kirsten (Hrsg.), Vienna Convention on the Law of Treaties. A Commentary, Heidelberg u.a. 2012.

Schmeer, Elis, Responsibility to Protect und Wandel von Souveränität, untersucht am Fallbeispiel des Krieges in Darfur, Berlin 2010.

Schmidt-Aßmann, Eberhard, Verwaltungsrechtliche Dogmatik. Eine Zwischenbilanz zu Entwicklung, Reform und künftigen Aufgaben, Tübingen 2013.

Schmitt, Carl, Inhalt und Bedeutung des zweiten Hauptteils der Reichsverfassung, in: Anschütz, Gerhard/Thoma, Richard (Hrsg.), Handbuch des deutschen Staatsrechts, Bd. II, Tübingen 1932, S. 572-606.

Schmitt, Carl, Der Begriff des Politischen, 1932

Schmitt, Michael N., Military Necessity and Humanity in International Humanitarian Law: Preserving the Delicate Balance, Va. J. Int'l L. 50 (2010), S. 795-839.

Schneider, Hans, Gesetzgebung, 3. Auflage, Heidelberg 2002.

Schneider, Karsten, Normativität und Risikoentscheidung. Untersuchungen zur Theorie der Rechtsgüterrelationen, Berlin 2008.

Schoenbaum, Thomas J., International Trade and Protection of the Environment: The Continuing Search for Reconciliation, AJIL 91 (1997), S. 268-313.

Schöbener, Burkhard/Knauff, Matthias, Allgemeine Staatslehre, 2. Auflage, München 2013.

Schöbener, Burkhard, Diplomatischer Schutz, in: ders. (Hrsg.), Völkerrecht. Lexikon zentraler Begriffe und Themen, Heidelberg u.a. 2014, S. 61-68.

Scholz, Franz, Völkerrecht und Rechtssicherheit, AVR 2 (1950), S. 28-39.

Schreuer, Christoph, The Waning of the Sovereign State: Towards a New Paradigm for International Law?, EJIL 4 (1993), S. 447-471.

Schrijver, Nico, The Changing Nature of State Sovereignty, BYIL 70 (2000), S. 65-98.

Schrijver, Nico, The Evolution of Sustainable Development in International Law: Inception, Meaning and Status, RdC 329 (2007), S. 217-412.

Schröder, Meinhard, Treaties, Validity, in: MPEPIL (online edition), Artikel-Stand: Januar 2015.

Schröder, Meinhard, Sustainable Development – Ausgleich zwischen Umwelt und Entwicklung als Gestaltungsaufgabe der Staaten, AVR 34 (1996), S. 251-275.

Schröter, Jessica, Strukturprinzipien des Umweltvölkerrechts und ihr Beitrag zur Eindämmung des Klimawandels, Berlin 2015.

Schroth, Ulrich, Hermeneutik, Norminterpretation und richterliche Normanwendung, in: Kaufmann, Arthur/Hassemer, Winfried/Neumann, Ulfrid (Hrsg.), Einführung in Rechtsphilosophie und Rechtstheorie der Gegenwart, 8. Auflage, Heidelberg u.a. 2011, S. 270-297.

Schütz, Raimund, Solidarität im Wirtschaftsvölkerrecht. Eine Bestandsaufnahme zentraler entwicklungsspezifischer Solidarrechte und Solidarpflichten im Völkerrecht, Berlin 1994.

Schulze-Fielitz, Helmuth, Theorie und Praxis parlamentarischer Gesetzgebung, besonders des 9. Deutschen Bundestages (1980-1983), Berlin 1988.

Schuppert, Gunnar Folke, Souveränität – überholter Begriff, wandlungsfähiges Konzept oder »born 1576, but still going strong«?, in: Stein, Tine/Buchstein,

Hubertus/Offe, Claus (Hrsg.), Souveränität, Recht, Moral. Die Grundlagen politischer Gemeinschaft, Frankfurt am Main u.a. 2007, S. 251-269.
Schuppert, *Gunnar Folke*, Zum Umgang mit unterschiedlichen Konzeptualisierungen der Rule of Law als Anwendungsfall normativer Pluralität, in: Kötter, Matthias/Schuppert, Gunnar Folke (Hrsg.), Normative Pluralität ordnen. Rechtsbegriffe, Normenkollisionen und Rule of Law in Kontexten dies- und jenseits des Staates, Baden-Baden 2009, S. 209-229.
Schwabe, *Jürgen*, Schadensersatz bei Verletzung des Persönlichkeitsrechts, DVBl 1973, S. 788-790.
Schwartmann, *Rolf*, Private im Wirtschaftsvölkerrecht, Tübingen 2005.
Schwarzenberger, *Georg*, The Rule of Law and the Disintegration of the International Society, AJIL 33 (1939), S. 56-77.
Schwarzenberger, *Georg*, The Three Types of Law, Ethics 53 (1943), S. 89-97.
Schwarzenberger, *Georg*, International Law and Society, YBWA 1 (1947), S. 159-177.
Schwarzenberger, *Georg*, Machtpolitik. Eine Studie über die internationale Gesellschaft, Tübingen 1955.
Schwarzenberger, *Georg*, The Forms of Sovereignty. An Essay in Comparative Jurisprudence, CLP 10 (1957), S. 264-295.
Schwarzenberger, *Georg*, International Law, Bd. I: International Law as Applied by International Courts and Tribunals, 3. Auflage, London 1957.
Schwarzenberger, *Georg*, The Frontiers of International Law, London 1962.
Schwarzenberger, *Georg*, Civitas Maxima?, Tübingen 1973.
Schweisfurth, *Theodor*, Das Recht der Staatensukzession, BDGVR 35 (1996), S. 49-233.
Schweisfurth, *Theodor*, Völkerrecht, Tübingen 2006.
Schweitzer, *Michael*, Ius Cogens im Völkerrecht, AVR 15 (1971), S. 197-223.
Schwelb, *Egon*, Withdrawal from the United Nations – The Indonesian Intermezzo, AJIL 61 (1967), S. 661-672.
Schwöbel, *Christine E. J.*, Situating the debate on global constitutionalism, ICON 8 (2010), S. 611-635.
Schwöbel, *Christine E. J.*, Organic Global Constitutionalism, LJIL 23 (2010), S. 529-553.
Sciso, *Elena*, On Article 103 of the Charter of the United Nations in the Light of the Vienna Convention on the Law of Treaties, ÖZöRV 38 (1987/88), S. 161-179.
Scobbie, *Iain*, Wicked Heresies or Legitimate Perspectives? Theory and International Law, in: Evans, Malcolm D. (Hrsg.), International Law, 3. Auflage, Oxford 2010, S. 58-92.
Seibert-Fohr, *Anja*, Die Deliktshaftung von Unternehmen für die Beteiligung an im Ausland begangenen Völkerrechtsverletzungen. Anmerkungen zum Urteil *Doe I. v. Unocal Corp.* des US Court of Appeal (9th Circuit), ZaöRV 63 (2003), S. 195-204.
Seibert-Fohr, *Anja*, The Potentials of the Vienna Convention on the Law of Treaties with Respect to Reservations to Human Rights Treaties, in: Ziemele, Ineta (Hrsg.), Reservations to Human Rights Treaties and the Vienna Conven-

tion Regime. Conflict, Harmony or Reconciliation, Leiden u.a. 2005, S. 183-211.

Seibert-Fohr, Anja, Unity and Diversity in the Formation and Relevance of Customary International Law: Modern Concepts of Customary International Law as a Manifestation of a Value-Based International Order, in: Zimmermann, Andreas/Hofmann, Rainer (Hrsg.), Unity and Diversity in International Law. Proceedings of an International Symposium of the Kiel Walther Schücking Institute of International Law November 4-7, 2004, Berlin 2006, S. 257-283.

Seidel, Gerd, Diskussionsbeitrag, BDGVR 35 (1996), S. 364.

Selleck, Kathryn, Jurisdiction After International Kidnapping: A Comparative Study, B.C. Int'l & Comp. L. Rev. 8 (1985), S. 237-265.

Sellers, Mortimer, An Introduction to the Rule of Law in Comparative Perspective, in: ders./Tomaszewski, Tadeusz (Hrsg.), The Rule of Law in Comparative Perspective, Dordrecht u.a. 2010, S. 1-9.

Shahabuddeen, Mohamed, Precedent in the World Court, Cambridge 1996.

Shaw, Malcolm N., State Succession Revisited, FYIL 5 (1994), S. 34-98.

Shaw, Malcolm N., International Law, 7. Auflage, Cambridge 2014.

Shelton, Dinah, The Participation of Nongovernmental Organizations in International Judicial Proceedings, AJIL 88 (1994), S. 611-642.

Shelton, Dinah, Remedies in International Human Rights Law, 2. Auflage, Oxford 2005.

Shelton, Dinah, Normative Hierarchy in International Law, AJIL 100 (2006), S. 291-323.

Shelton, Dinah, International Law and ‚Relative Normativity', in: Evans, Malcolm D. (Hrsg.), International Law, 4. Auflage, Oxford 2014, S. 137-165.

Shelton, Dinah, Sherlock Holmes and the Mystery of *Jus Cogens*, NYIL 46 (2015), S. 23-50.

Shklar, Judith, Political Theory and the Rule of Law, in: Hutchinson, Allan C./Monahan, Patrick (Hrsg.), The Rule of Law: Ideal or Ideology, Toronto 1987, S. 1-16.

Sicilianos, Linos-Alexander, The Classification of Obligations and the Multilateral Dimension of the Relations of International Responsibility, EJIL 13 (2002), S. 1127-1145.

Sieckmann, Jan-Reinard, Regelmodelle und Prinzipienmodelle des Rechtssystems, Baden-Baden 1990.

Sieckmann, Jan-Reinard, Zur Abwägungsfähigkeit von Prinzipien, in: Koch, Hans-Joachim/Neumann, Ulfrid (Hrsg.), Praktische Vernunft und Rechtsanwendung. Verhandlungen des 15. Weltkongresses der Vereinigung für Rechts- und Sozialphilosophie (IVR) in Göttingen, August 1991, ARSP Beiheft 53, Stuttgart 1994, S. 205-213.

Sieckmann, Jan-Reinard, Logische Eigenschaften von Prinzipien, Rechtstheorie 25 (1994), S.163-189.

Sieckmann, Jan-Reinard, Zur Analyse von Normkonflikten und Normabwägungen, in: Meggle, Georg (Hrsg.), Analyomen 2. Proceedings of the 2nd

Conference "Perspectives in Analytical Philosophy", Bd. III, Berlin u.a. 1997, S. 349-356.

Sieckmann, Jan-Reinard, Begriff und Struktur von Regeln, Prinzipien und Elementen im Recht, in: Schilcher, Bernd/Koller, Peter/Funk, Bernd-Christian (Hrsg.), Regeln, Prinzipien und Elemente im System des Rechts, Wien 2000, S. 69-82.

Sieckmann, Jan-Reinard, Grundrechte als Prinzipien, in: ders. (Hrsg.), Die Prinzipientheorie der Grundrechte. Studien zur Grundrechtstheorie Robert Alexys, Baden-Baden 2007, S. 17-38.

Sieckmann, Jan-Reinard, Probleme der Prinzipientheorie der Grundrechte, in: Clérico, Laura/Sieckmann Jan-Reinard (Hrsg.), Grundrechte, Prinzipien und Argumentation. Studien zur Rechtstheorie Robert Alexys, Baden-Baden 2009, S. 39-66.

Sieckmann, Jan-Reinard, Recht als normatives System. Die Prinzipientheorie des Rechts, Baden-Baden 2009.

Sieckmann, Jan-Reinard, The Theory of Principles – A Framework for Autonomous Reasoning, in: Borowski, Martin (Hrsg.), On the Nature of Legal Principles. Proceedings of the Special Workshop „The Principles Theory" held at the 23rd World Congress of the International Association for Philosophy of Law and Social Philosophy (IVR), Kraków, 2007, ARSP Beiheft 119, Stuttgart 2010, S. 49-62.

Sieckmann, Jan-Reinard, Prinzipien, ideales Sollen und normative Argumente, ARSP 97 (2011), S. 178-197.

Simma, Bruno, Das Reziprozitätselement in der Entstehung des Völkergewohnheitsrechts, München u.a. 1970.

Simma, Bruno, Das Reziprozitätselement im Zustandekommen völkerrechtlicher Verträge. Gedanken zu einem Bauprinzip der internationalen Rechtsbeziehungen, Berlin 1972.

Simma, Bruno, From Bilateralism to Community Interest in International Law, RdC 250 (1994-VI), S. 217-384.

Simma, Bruno, International Human Rights and General International Law: A Comparative Analysis, in: Academy of European Law (Hrsg.), Collected Courses of the Academy of European Law, Vol. IV, Book 2, 1995, S. 153-236.

Simma, Bruno, NATO, the UN and the Use of Force: Legal Aspects, EJIL 10 (1999), S. 1-22.

Simma, Bruno, Fragmentation in a Positive Light, Mich. J. Int'l L. 25 (2003-2004), S. 845-848.

Simma, Bruno, Reciprocity, in: MPEPIL (online edition), Artikel-Stand: April 2008.

Simma, Bruno, Human Rights Before the International Court of Justice: Community Interest Coming to Life?, in: Tams, Christian J./Sloan, James (Hrsg.), The Development of International Law by the International Court of Justice, Oxford 2013, S. 301-325.

Simma, Bruno/Alston, Philip, The Sources of Human Rights Law: Custom, Jus Cogens, and General Principles, AusYIL 5 (1988/89), S. 82-108.

Simma, Bruno/Hernández, Gleider I., Legal Consequences of an Impermissible Reservation to a Human Rights Treaty: Where Do We Stand?, in: Cannizzaro, Enzo (Hrsg.), The Law of Treaties Beyond the Vienna Convention, Oxford 2011, S. 60-85.

Simma, Bruno/Hoppe, Carsten, From *LaGrand* and *Avena* to *Medellin* – A Rocky Road Toward Implementation, Tul. J. Int'l & Comp. L. 14 (2005-2006), S. 7-59.

Simma, Bruno/Khan, Daniel-Erasmus/Nolte, Georg/Paulus, Andreas (Hrsg.), The Charter of the United Nations. A Commentary, 3. Auflage, Oxford 2012.

Simma, Bruno /Paulus, Andreas L., The 'International Community' Facing the Challenge of Globalization, EJIL 9 (1998), S. 266-277.

Simma, Bruno /Paulus, Andreas L., The Responsibility of Individuals for Human Rights Abuses in Internal Armed Conflict: A Positivist View, AJIL 93 (1999), S. 302-316.

Simson, Werner von, Die Souveränität im rechtlichen Verständnis der Gegenwart, Berlin 1965.

Sinclair, Ian, The Vienna Convention on the Law of Treaties, 2. Auflage, Manchester 1984.

Siorat, Lucien, Le problème des lacunes en droit international. Contribution à l'étude des sources du droit et de la fonction judiciare, Paris 1958.

Sivakumaran, Sandesh, Re-envisaging the International Law of Internal Armed Conflict, EJIL 22 (2011), S. 219-264.

Sloan, James, Breaching international law to ensure its enforcement: the reliance by the ICTY on illegal capture, YIHL 6 (2003), S. 319-344.

Sloan, James, Case Comment: Prosecutor v. Dragan Nikolic (Decision of the Interlocutory Appeal Concerning Legality of Arrest), Case No. IT-94-2-AR73, International Criminal Tribunal for the Former Yugoslavia, Appeals Chamber, 5 June 2003, LPICT 4 (2005), S. 491-500.

Sluiter, Göran, International Criminal Proceedings and the Protection of Human Rights, New Eng. L. Rev. 37 (2002-2003), S. 935-948.

Smend, Rudolf, Verfassung und Verfassungsrecht, München 1928.

Smith, Michael, The Moral Problem, Cambridge/MA 1994.

Sobota, Katharina, Das Prinzip Rechtsstaat. Verfassungs- und verwaltungsrechtliche Aspekte, Tübingen 1997.

Sodan, Helge, Das Prinzip der Widerspruchsfreiheit der Rechtsordnung, JZ 54 (1999), S. 864-873.

Soder, Josef, Die Vereinten Nationen und die Nichtmitglieder. Zum Problem der Weltstaatenorganisation, Bonn 1956.

Söllner, Alfred, Der Richter als Ersatzgesetzgeber, ZG 10 (1995), S. 1-16.

Somek, Alexander, Kelsen Lives, EJIL 18 (2007), S. 409-451.

Somek, Alexander, The Concept of 'Law' in Global Administrative Law: A Reply to Benedict Kingsbury, EJIL 20 (2009), S. 985-995.

Somló, Felix, Juristische Grundlehre, 2. Auflage, Leipzig 1927.

Sommermann, Karl-Peter, Kommentierung von Art. 20, in: Mangoldt, Hermann von/Klein, Friedrich/Starck, Christian (Hrsg.), Kommentar zum Grundgesetz, Bd. II, 6. Auflage, München 2010.

Sourlas, Paul, Rechtsprinzipien als Handlungsgründe. Studien zur Normativität des Rechts, Baden-Baden 2011.

Spiermann, Ole, *Lotus* and the Double Structure of International Legal Argument, in: Boisson de Chazournes, Laurence/Sands, Philippe (Hrsg.), International Law, the International Court of Justice and Nuclear Weapons, Cambridge 1999, S. 131-151.

Spiermann, Ole, Humanitarian Intervention as a Necessity and the Threat or Use of *Jus Cogens*, Nordic J. Int'l L. 71 (2002), S. 523-543.

Spiermann, Ole, The *LaGrand* Case and the Individual as a Subject of International Law, ZöR 58 (2003), S. 197-221.

Spiermann, Ole, Judge Max Huber at the Permanent Court of International Justice, EJIL 18 (2007), S. 115-133.

Sridhar, Aparna, Note: The International Criminal Tribunal for the Former Yugoslavia's Response to the Problem of Transnational Abduction, Stan. J. Int'l L. 42 (2006), S. 343-364.

Van Staden, Alfred/*Vollaard, Hans*, The Erosion of State Sovereignty: Towards a Post-territorial World, in: Kreijen, Gerard (Hrsg.), State, Sovereignty and International Governance, Oxford u.a. 2002, S. 165-184.

Stahl, Sandra, Schutzpflichten im Völkerrecht – Ansatz einer Dogmatik. Ein Beitrag zu Grund, Inhalt und Grenzen der völkerrechtlichen Schutzpflichtendogmatik im Bereich konventionell geschützter Menschenrechte, Berlin u.a. 2012.

Stahn, Carsten, The Ambiguities of Security Council Resolution 1422 (2002), EJIL 14 (2003), S. 85-104.

Stahn, Carsten, Responsibility to Protect: Political Rhetoric or Emerging Legal Norm? AJIL 101 (2007), S. 99-120.

Staker, Christopher, Jurisdiction, in: Evans, Malcolm D. (Hrsg.), International Law, 4. Auflage, Oxford 2014, S. 309-335.

Starck, Christian, Auslegung und Fortbildung der Verfassung und des Verfassungsgesetzes durch das Verfassungsgericht, in: Depenheuer, Otto/Heintzen, Markus/Jestaedt, Matthias/Axer, Peter (Hrsg.), Staat im Wort. Festschrift für Josef Isensee, Heidelberg 2007, S. 215-227.

Staubach, Peter, The Interpretation of Unwritten International Law by Domestic Judges, in: Aust, Helmut Philipp/Nolte, Georg (Hrsg.), The Interpretation of International Law by Domestic Courts: Uniformity, Diversity, Convergence, Oxford 2016, S. 113-131.

van Steenberghe, Raphaël, Self-Defence in Response to Attacks by Non-State Actors in the Light of Recent State Practice: A Step Forward?, LJIL 23 (2010), S. 183-208.

Stemplowski, Ryszard, Indivisible Sovereignty and the European Union, in: Eaton, David J. (Hrsg.), The End of Sovereignty? A Transatlantic Perspective, Münster u.a. 2006, S. 237-242.

Steiff, Jakob, Rechtsfindung im Umweltrecht. Normtheoretische Grundlagen, verfassungsrechtliche Konditionierung, verwaltungs- und planungsdogmatische Entfaltung, Baden-Baden 2006.

Steiger, Dominik, Das völkerrechtliche Folterverbot und der „Krieg gegen den Terror", Berlin u.a. 2013.

Stein, Andreas, Der Sicherheitsrat der Vereinten Nationen und die Rule of Law. Auslegung und Rechtsfortbildung des Begriffs der Friedensbedrohung bei humanitären Interventionen auf der Grundlage des Kapitels VII der Charta der Vereinten Nationen, Baden-Baden 1999.

Stein, Torsten, Richterrecht wie anderswo auch?, in: Hochschullehrer der Juristischen Fakultät Heidelberg (Hrsg.), Richterliche Rechtsfortbildung. Erscheinungsformen, Auftrag, Grenzen. Festschrift der Juristischen Fakultät zur 600-Jahr-Feier der Ruprecht-Karls-Universität Heidelberg, Heidelberg 1986, S. 619-641.

Stein, Torsten, Die Bilateral Immunity Agreements der USA und Art. 98 des Rom-Statuts, in: Bröhmer, Jürgen/Bieber, Roland/Calliess, Christian/Langenfeld, Christine/Weber, Stefan/Wolf, Joachim (Hrsg.), Internationale Gemeinschaft und Menschenrechte. Festschrift für Georg Ress zum 70. Geburtstag am 21. Januar 2005, Köln u.a. 2005, S. 295-306.

Stein, Torsten/Buttlar, Christian von/Kotzur, Markus, Völkerrecht, 13. Auflage, München 2012; 14. Auflage, München 2017.

Steinberg, Richard H., Judicial Lawmaking at the WTO: Discursive, Constitutional, and Political Constraints, AJIL 98 (2004), S. 247-275.

Steinberger, Helmut, Sovereignty, in: Bernhardt, Rudolf (Hrsg.), Encyclopedia of Public International Law, Bd. IV, Amsterdam u.a. 2000, S. 500-521.

Steinle, Stefanie, Völkerrecht und Machtpolitik: Georg Schwarzenberger (1908-1991), Baden-Baden 2002.

Stelzer, Manfred, Das Wesensgehaltsargument und der Grundsatz der Verhältnismäßigkeit, Wien u.a. 1991.

Stemmer, Peter, Normativität. Eine ontologische Untersuchung, Berlin u.a. 2008.

Stephens, Tim, The LaGrand Case (Federal Republic of Germany v United States of America). The Right to Information on Consular Assistance Under the *Vienna Convention on Consular Relations*: A Right for What Purpose?, Melbourne J. Int'l L. 3 (2002), S. 143-164.

Stephens, Tim, International Courts and Environmental Protection, Cambridge 2009.

Stern, Klaus, Das Staatsrecht der Bundesrepublik Deutschland, Bd. I: Grundbegriffe und Grundlagen des Staatsrechts, Strukturprinzipien der Verfassung, 2. Auflage, München 1984.

von Sternberg, Mark R., A Comparison of the Yugoslavian and the Rwandan War Crimes Tribunals: Universal Jursidiction and the "Elementary Dictates of Humanity", Brook. J. Int'l L. 22 (1996-1997), S. 111-156.

Stone, Julius, Fictional Elements in the Interpretation of Treaties – A Study in the International Judicial Process, Sydney L. Rev. 1 (1953-55), S. 344-368.

Stone, Julius, *Non Liquet* and the Function of Law in the International Community, BYIL 35 (1959), S. 124-161.

Stone, Julius, Non liquet and the Judicial Function, in: Perelman, Chaim (Hrsg.), Le problème des lacunes en droit, Brussels 1968, S. 305-311.

Stone Sweet, Alec, Constitutionalism, Legal Pluralism, and International Regimes, Ind. J. Global Leg. Stud. 16 (2009), S. 621-645.

Stone Sweet, Alec, Constitutions and judicial power, in: Caramani, Daniele (Hrsg.), Comparative Politics, 3. Auflage, Oxford 2014, S. 150-165.

Stone Sweet, Alec/Mathews, Jud, Proportionality Balancing an Global Constitutionalism, Colum. J. Transnat'l L. 47 (2008), S. 73-165.

Strebel, Helmut, Quellen des Völkerrechts als Rechtsordnung, ZaöRV 36 (1976), S. 301-346.

Stück, Hege, Subsumtion und Abwägung, ARSP 84 (1998), S. 405-419.

Subedi, Surya P., The Doctrine of Objective Regimes in International Law and the Competence of the United Nations to Impose Territorial or Peace Settlements on States, GYIL 37 (1994), S. 162-205.

Sucharipa-Behrmann, Lilly, The Legal Effects of Reservations to Multilateral Treaties, ARIEL 1 (1996), S. 67-88.

Suganami, Hidemi, The Domestic Analogy and World Order Proposals, Cambridge 1989.

Sulyok, Gábor, General Principles of Law and International Law-Making, in: Sampford, Charles/Zifcak, Spencer/Aydin Okur, Derya (Hrsg.), Rethinking international law and justice, Farnham u.a. 2015, S. 313-331.

Summers, Robert S., Precedent in the United States (New York State), in: MacCormick, Neil/Summers, Robert S., (Hrsg.), Interpreting Precedents: A Comparative Study, 1997, S. 355-406.

Summers, Robert S./Eng, Svein, Departures from Precedent, in: MacCormick, Neil/Summers, Robert S., (Hrsg.), Interpreting Precedents: A Comparative Study, 1997, S. 519-530.

Sur, Serge, L'Interprétation en Droit International Public, Paris 1974.

Suy, Erik, Kommentierung von Art. 53, Corten, Olivier/Klein, Pierre (Hrsg.), The Vienna Convention on the Law of Treaties: A Commentary, Bd. II, Oxford 2011.

Swart, Mia, Judicial Lawmaking at the *ad hoc* Tribunals: The Creative Use of the Sources of International Law and „Adventurous Interpretation", ZaöRV 70 (2010), S. 459-486.

Szasz, Paul C., Improving the International Legislative Process, Ga. J. Int'l & Comp. L. 9 (1979), S. 519-533.

Szasz, Paul C., General Law-Making Processes, in: Schachter, Oscar/Joyner, Christopher C. (Hrsg.), United Nations Legal Order, Bd. I, Cambridge 1995, S. 35-108.

Talmon, Stefan, The Security Council as World Legislature, AJIL 99 (2005), S. 175-193.

Talmon, Stefan, Kommentierung von Art. 2 (6), in: Simma, Bruno/Khan, Daniel-Erasmus/Nolte, Georg/Paulus, Andreas (Hrsg.), The Charter of the United Nations. A Commentary, 3. Auflage, Oxford 2012.

Talmon, Stefan, Determining Customary International Law: The ICJ's Methodology between Induction, Deduction and Assertion, EJIL 26 (2015), S. 417-443.

Tamanaha, Brian Z., On the Rule of Law. History, Politics, Theory, Cambridge 2004.

Tammelo, Ilmar, On the Logical Openness of Legal Orders: A Modal Analysis of Law with Special Reference to the Logical Status of Non Liquet in International Law, AJCL 8 (1959), S. 187-203.

Tammelo, Ilmar, Treaty Interpretation and Practical Reason. Towards a General Theory of Legal Interpretation, Sydney 1967.

Tams, Christian J., Schwierigkeiten mit dem Ius Cogens, AVR 40 (2002), S. 331-349.

Tams, Christian J., Enforcing Obligations Erga Omnes in International Law, Cambridge 2005.

Tams, Christian J./Tzanakopoulos, Antonios, *Barcelona Traction* at 40: The ICJ as an Agent of Legal Development, LJIL 23 (2010), S. 781-800.

Tanzi, Attila, Remarks on Sovereingty in the Evolving Constitutional Features of the International Community, ICLR 12 (2010), S. 145-169.

Tasioulas, John, In Defence of Relative Normativity: Communitarian Values and the *Nicaragua* Case, Oxford J. Leg. Stud. 16 (1996), S. 85-128.

Tasioulas, John, Custom, Jus Cogens, and Human Rights, in: Bradley, Curtis A. (Hrsg.), Custom's Future: International Law in a Changing World, Cambridge 2016, S. 95-116.

Teifke, Nils, Das Prinzip Menschenwürde. Zur Abwägungsfähigkeit des Höchstrangigen, Tübingen 2011.

Teitel, Ruti G., Humanity Law: A New Interpretive Lens on the International Sphere, Fordham L. Rev. 77 (2008), S. 667-702.

Teitel, Ruti G., Sovereignty Humanized, ASIL Proc. 103 (2009), S. 417-420.

Teitel, Ruti G., Humanity's Law, New York u.a. 2011.

Teraya, Koji, Emerging Hierarchy in Intenrational Human Rights and Beyond: From the Perspective of Non-derogable Rights, EJIL 12 (2001), S. 917-941.

Thiele, Carmen, Fragmentierung des Völkerrechts als Herausforderung für die Staatengemeinschaft, AVR 46 (2008), S. 1-41.

Thiele, Carmen, Regeln und Verfahren der Entscheidungsfindung innerhalb von Staaten und Staatenverbindungen. Staats- und kommunalrechtliche sowie europa- und völkerrechtliche Untersuchungen, Berlin u.a. 2008.

Thirlway, Hugh, The Law and Procedure of the International Court of Justice 1960-1989 (Part Two), BYIL 61 (1990), S. 1-133.

Thirlway, Hugh, Concepts, Principles, Rules and Analogies: International and Municipal Legal Reasoning, RdC 294 (2002), S. 265-406

Thirlway, Hugh, The Sources of International Law, in: Evans, Malcolm D. (Hrsg.), International Law, 4. Auflage, Oxford 2014, S. 91-117.

Thirlway, Hugh, The International Court of Justice, in: Evans, Malcolm D. (Hrsg.), International Law, 4. Auflage, Oxford 2014, S. 589-617.

Thirlway, Hugh, The Sources of International Law, Oxford 2014.

Thirlway, Hugh, Human Rights in Customary Law: An Attempt to Define Some of the Issues, Leiden JIL 28 (2015), S. 495-506.

tho Pesch, Sebastian, The Influence of Human Rights on Diplomatic Protection: Reviving an Old Instrument of Public International Law, in: Weiß,

Norman/Thouvenin, Jean-Marc (Hrsg.), The Influence of Human Rights on International Law, Cham u.a. 2015, S. 55-67.

Thürer, *Daniel*, Internationales «Rule of Law» – innerstaatliche Demokratie, SZIER 5 (1995), S. 455-478.

Thürer, *Daniel*, Modernes Völkerrecht: Ein System im Wandel und Wachstum – Gerechtigkeitsgedanke als Kraft der Veränderung?, ZaöRV 60 (2000), S. 557-604.

Thürer, *Daniel*, Dunant's pyramid: thoughts on the "humanitarian space", IRRC 89 (2007), S. 47-61.

Tietje, *Christian*, Individualrechte im Menschenrechts- und Investitionsschutzbereich – Kohärenz von Staaten- und Unternehmensverantwortung?, in: Hanschel, Dirk/Kielmansegg, Sebastian Graf/Kischel, Uwe/Koenig, Christian/Lorz, Ralph Alexander (Hrsg.), Mensch und Recht. Festschrift für Eibe Riedel zum 70. Geburtstag, Berlin 2013, S. 271-288.

Tinta, *Monica Feria*, Due Process and the Right to Life in the Context of the Vienna Convention on Consular Relations: Arguing the *LaGrand* Case, EJIL 12 (2001), S. 363-366.

Tladi, *Dire*, Sustainable Development in International Law. An Analysis of Key Enviro-Economic Instruments, Pretoria 2007.

Tönnies, *Ferdinand*, Gemeinschaft und Gesellschaft. Abhandlung des Communismus und des Socialismus als empirischer Culturformen, 1. Auflage, Leipzig 1887; 8. Auflage, Leipzig 1935.

Tomuschat, *Christian*, Repressalie und Retorsion. Zu einigen Aspekten ihrer innerstaatlichen Durchführung, ZaöRV 33 (1973), S. 179-222.

Tomuschat, *Christian*, Die Charta der wirtschaftlichen Rechte und Pflichten der Staaten. Zur Gestaltungskraft von Dekalrationen der UN-Generalversammlung, ZaöRV 36 (1976), S. 444-491.

Tomuschat, *Christian*, Völkerrechtlicher Vertrag und Drittstaaten, BDGVR 28 (1988), S. 9-49.

Tomuschat, *Christian*, Obligations Arising for States without or against their Will, RdC 241 (1993-IV), S. 195-374.

Tomuschat, *Christian*, Die internationale Gemeinschaft, AVR 33 (1995), 1-20.

Tomuschat, *Christian*, International Law as the Constitution of Mankind, in: United Nations (Hrsg.), International Law on the Eve of the Twenty-first Century. Views from the International Law Commission, New York 1997, S. 37-50.

Tomuschat, *Christian*, International Law: Ensuring the Survival of Mankind on the Eve of a New Century. General Course on Public International Law, RdC 281 (1999), S. 9-438.

Tomuschat, *Christian*, The Duty to Prosecute International Crimes Committed by Individuals, in: Cremer, Hans-Joachim/Giegerich, Thomas/Richter, Dagmar/Zimmermann, Andreas (Hrsg.), Tradition und Weltoffenheit des Rechts. Festschrift für Helmut Steinberger, Berlin u.a. 2002, S. 315-349.

Tomuschat, *Christian*, L'immunité des Etats en cas de graves violations des droits de l'homme, RGDIP 109 (2005), S. 51-74.

Tomuschat, Christian, The Security Council and Jus Cogens, in: Cannizzaro, Enzo (Hrsg.), The Present and Future of Jus Cogens, Rom 2015, S. 7-97.

Trachtman, Joel P., The Constitutions of the WTO, EJIL 17 (2006), S. 623-646.

Trendelenburg, Friedrich Adolf, Lücken im Völkerrecht. Betrachtungen und Vorschläge aus dem Jahre 1870, Leipzig 1870.

Triffterer, Otto/Ambos, Kai (Hrsg.), The Rome Statute of the International Criminal Court. A Commentary, 3. Auflage, München 2016.

Troper, Michel, Sovereignty, in: Rosenfeld, Michel/Sajó, András (Hrsg.), The Oxford Handbook of Comparative Constitutional Law, Oxford 2012, S. 350-369.

Tsagourias, Nicholas, The Will of the International Community as a Normative Source of International Law, in: Dekker, Ige F./Werner, Wouter G. (Hrsg.), Governance and International Legal Theory, Leiden u.a. 2004, S. 97-121.

Tsagourias, Nicholas, The constitutional role of general principles of law in international and European jurisprudence, in: ders. (Hrsg.), Transnational Constitutionalism. International and European Perspectives, Cambridge 2007, S. 71-106.

Tschentscher, Axel, Demokratische Legitimation der dritten Gewalt, Tübingen 2006.

Tschentscher, Axel, Verfassung im Völkerrecht – Konstitutionelle Elemente jenseits des Staates?, VVdStRL 75 (2016), S. 407-438.

Tunkin, Grigorij I., „General Principles of Law" in International Law, in: Marcic, René/Mosler, Hermann/Suy, Erik/Zemanek, Karl (Hrsg.), Internationale Festschrift für Alfred Verdross zum 80. Geburtstag, München u.a. 1971, S. 523-532.

Tunkin, Grigorij I., Völkerrechtstheorie, Berlin 1972.

Tunkin, Grigorij I., Soviet Theory of Sources of International Law, in: Fischer, Peter/Köck, Heribert Franz/Verdross, Alfred (Hrsg.), Völkerrecht und Rechtsphilosophie. Internationale Festschrift für Stephan Verosta zum 70. Geburtstag, Berlin 1980, S. 67-77.

Turpel, Mary Ellen/Sands, Philipe, Peremptory International Law and Sovereignty: Some Questions, Conn. J. Int'l L. 3 (1987-1987), S. 364-369.

Tushnet, Mark, Judicial Review of Legislation, in: Cane, Peter/Tushnet, Mark (Hrsg.), The Oxford Handbook of Legal Studies, 2003, S. 164-182.

Tzanakopoulos, Antonios, Domestic Courts in International Law: The International Judicial Function of National Courts, Loy. L. A. Int'l & Comp. L. Rev. 34 (2011), S. 133-168.

Tzevelekos, Vassilis P., The Use of Article 31(3)(c) of the VCLT in the Case Law of the ECtHR: An Effective Anti-Fragmentation Tool or a Selective Loophole for the Reinforcement of Human Rights Ideology? Between Evolution and Systematic Integration, Mich. J. Int'l L. 31 (2010), S. 621-690.

Tzevelekos, Vassilis P./Lixinski, Lucas, Towards a Humanized International „Constitution"?, LJIL 29 (2016), S. 343-364.

Uerpmann, Robert, Internationales Verfassungsrecht, JZ 56 (2001), S. 565-573.

Ukrow, Jörg, Richterliche Rechtsfortbildung durch den EuGH, dargestellt am Beispiel der Erweiterung des Rechtsschutzes des Marktbürgers im Bereich des vorläufigen Rechtsschutzes und der Staatshaftung, Baden-Baden 1995.

Ulber, Daniel, Die Rechtsprechung des Bundesverfassungsgerichts zu Zulässigkeit und Grenzen richterlicher Rechtsfortbildung, EuGRZ 39 (2012), S. 365-376.

Unger, Sebastian, Das Verfassungsprinzip der Demokratie. Normstruktur und Norminhalt des grundgesetzlichen Demokratieprinzips, Tübingen 2008.

Vadi, Valentina, Analogies in International Investment Law and Arbitration, Cambridge 2016.

Van Damme, Isabelle, Treaty Interpretation by the WTO Appellate Body, Oxford 2009.

Vasciannie, Stephen, Part XI of the Law of the Sea Convention and Third States: Some general Observations, CLJ 48 (1989), S. 85-97.

Vattel, Emer de, Le Droit des Gens ou Principes de la Loi Naturelle, Appliqués à la Conduite et aux Affaires des Nations et des Souverains, 1758, Tübingen 1959.

Vec, Miloš, Die Grundrechte der Staaten. Die Tradierung des Natur- und Völkerrechts der Aufklärung, Rg 18 (2011), S. 66-90.

Ventura, Manuel J., The Prevention of Genocide as a Jus Cogens Norm? A Formula for Lawful Humaniterian Intervention, in: Jalloh, Charles Chernor/Elias, Olufemi (Hrsg.), Shielding Humanity. Essays in International Law in Honour of Judge Abdul G. Koroma, Leiden u.a. 2015, S. 289-351.

Verdross, Alfred, Die Einheit des rechtlichen Weltbildes auf Grundlage der Völkerrechtsverfassung, Tübingen 1923.

Verdross, Alfred, Die Verfassung der Völkerrechtsgemeinschaft, Wien 1926.

Verdross, Alfred von, Les principes généraux du droit dans la jurisprudence internationale, RdC 52 (1935-II), S. 191-252.

Verdross, Alfred von, Forbidden Treaties in International Law: Comments on Professor Garner's Report on „The Law of Treaties", AJIL 31 (1937), S. 571-577.

Verdross, Alfred, Jus Dispositivum and Jus Cogens in International Law, AJIL 60 (1966), S. 55-63.

Verdross, Alfred, Les Principes Généraux de Droit dans le Système des Sources du Droit International Public, in: Faculté de Droit de l'Université de Genève/Institut Universitaire des Hautes Études Internationales, Genève (Hrsg.), Recueil d'Études de Droit International en Hommage à Paul Guggenheim, Genève 1968, S. 521-530.

Verdross, Alfred, Die Quellen des universellen Völkerrechts. Eine Einführung, Freiburg 1973.

Verdross, Alfred, Die völkerrechtliche und politische Souveränität der Staaten, in: Kipp, Heinrich/Mayer, Franz/Steinkamm, Armin (Hrsg.), Um Recht und Freiheit. Festschrift für Friedrich August Freiherr von der Heydte zur Vollendung des 70. Lebensjahres, Halbbd. 1, Berlin 1977, S. 703-710.

Verdross, Alfred/Simma, Bruno, Universelles Völkerrecht. Theorie und Praxis, 3. Auflage, Berlin 1984.

Verlage, Christopher, Responsibility to Protect. Ein neuer Ansatz im Völkerrecht zur Verhinderung von Völkermord, Kriegsverbrechen und Verbrechen gegen die Menschlichkeit, Tübingen 2009.

Vermeer-Künzli, Annemarieke, The Protecton of Individuals by Means of Diplomatic Protection: Diplomatic Protection as a Human Rights Instrument, Ph.D. Diss., Leiden 2007, online abrufbar unter https://openaccess.leidenuniv.nl/handle/1887/12538.

Verschuuren, Jonathan, Principles of Environmental Law. The Ideal of Sustainable Development and the Role of Principles of International, European, and National Environmental Law, Baden-Baden 2003.

Vickers, John, The Problem of Induction, in: Zalta, Edward N. (Hrsg.), The Stanford Encyclopedia of Philosophy (Stand: Herbst 2014), online abrufbar unter: http://plato.stanford.edu/entries/induction-problem/.

Vidmar, Jure, Norm Conflicts and Hierarchy in International Law: Towards a Vertical International Legal System?, in: de Wet, Erika/Vidmar, Jure (Hrsg.), Hierarchy in International Law. The Place of Human Rights, Oxford 2012, S. 13-41.

Viellechner, Lars, Transnationalisierung des Rechts, Weilerswist 2013.

Villalpando, Santiago, L'émergence de la communauté internationale dans la responsabilité des Etats, Paris 2005.

Villalpando, Santiago, The Legal Dimension of the International Community: How Community Interests Are Protected in International Law, EJIL 21 (2010), S. 387-419.

Villiger, Mark E., Commentary on the 1969 Vienna Convention on the Law of Treaties, Leiden 2009.

Villiger, Mark E., The Rules on Interpretation: Misgivings, Misunderstandings, Miscarriage? The ‚Crucible' Intended by the International Law Commission, in: Cannizzaro, Enzo (Hrsg.), The Law of Treaties Beyond the Vienna Convention, Oxford 2011, S. 105-122.

Virally, Michel, Le Rôle des «Principes» dans le Développement du Droit International, in: Faculté de Droit de l'Université de Genève/Institut Universitaire des Hautes Études Internationales, Genève (Hrsg.), Recueil d'Études de Droit International en Hommage à Paul Guggenheim, Genève 1968, S. 531-554.

de Visscher, Charles, Positivisme et «Jus Cogens», RGDIP 75 (1971), S. 5-11.

Vitanyi, Béla, La Signification de la "Généralité" des Principes de Droit, RGDIP 80 (1976), S. 536-545.

Vitanyi, Béla, Les Position Doctrinales Concernant le Sens de la Notion de "Principes Généraux de Droit Reconnus par les Nations Civilisées", RGDIP 86 (1982), S. 48-116.

Graf Vitzthum, Wolfgang, Kommentierung von Art. 2 Ziff. 6, in: Simma (Hrsg.), Charta der Vereinten Nationen, Kommentar, München 1991.

Graf Vitzthum, Wolfgang, Begriff, Geschichte und Rechtsquellen des Völkerrechts, in: ders. (Hrsg.), Völkerrecht, 3. Auflage, Berlin 2004, 1. Abschnitt, S. 1-77.

Graf Vitzthum, Wolfgang, Maritimes Aquitorium und Anschlusszone, in: ders. (Hrsg.), Handbuch des Seerechts, München 2006, S. 63-160.
Graf Vitzthum, Wolfgang, Begriff, Geschichte und Rechtsquellen des Völkerrechts, in: ders./Proelß, Alexander (Hrsg.), Völkerrecht, 7. Auflage, Berlin 2016, 1. Abschnitt, S. 1-59.
Vöneky, Silja, Analogy in International Law, in: MPEPIL (online edition), Artikel-Stand: Februar 2008.
Vogenauer, Stefan, Die Auslegung von Gesetzen in England und auf dem Kontinent. Eine vergleichende Untersuchung der Rechtsprechung und ihrer historischen Grundlagen, Bd. I, Tübingen 2001.
Voigt, Christina, The Role of General Principles in International Law and their Relationship to Treaty Law, Retfaerd 121 (2008), Nr. 2, S. 3-25.
Voigt, Christina, Sustainable Development as a Principle of International Law. Resolving Conflicts between Climate Measures and WTO Law, Leiden 2009.
Voigt, Christina, Delineating the Common Interest in International Law, in: Benedek, Wolfgang/De Feyter, Koen/Kettemann, Matthias C./Voigt, Christina, The Common Interest in International Law, Cambridge u.a. 2014, S. 9-27.
Voßkuhle, Andreas, Theorie und Praxis der verfassungskonformen Auslegung von Gesetzen durch Fachgerichte. Kritische Bestandsaufnahme und Versuch einer Neubestimmung, AöR 125 (2000), S. 177-201.
Voßkuhle, Andreas/Sydow, Gernot, Die demokratische Legitimation des Richters, JZ 57 (2002), S. 673-682.
Voyiakis, Emmanuel, Customary International Law and the Place of Normative Considerations, Am. J. Juris. 55 (2010), S. 163-200.
Vranes, Erich, The Definition of 'Norm Conflict' in International Law and Legal Theory, EJIL 17 (2006), S. 395-418.
Vranes, Erich, Trade and the Environment. Fundamental Issues in International Law, WTO Law, and Legal Theory, Oxford 2009.
Vranes, Erich, Der Verhältnismäßigkeitsgrundsatz. Herleitungsalternativen, Rechtsstatus und Funktionen, AVR 47 (2009), S. 1-35.
Vranes, Erich, Völkerrechtsdogmatik als „self-contained discipline"? Eine kritische Analyse des ILC Report on Fragmentation of International Law, ZÖR 65 (2010), S. 87-115.
Wagner, Markus, Non-State Actors, in: MPEPIL (online edition), Artikel-Stand: Juli 2013.
Wagner, Megan, Jurisdiction by Estoppel in the International Court of Justice, Cal. L. Rev. 74 (1986), S. 1777-1804.
Wahl, Rainer, Der Einzelne in der Welt jenseits des Staates, Der Staat 40 (2001), S. 45-72.
Wahl, Rainer, Konstitutionalisierung – Leitbegriff oder Allerweltsbegriff?, in: Eberle, Carl-Eugen (Hrsg.), Der Wandel des Staates vor den Herausforderungen der Gegenwart. Festschrift für Winfried Brohm zum 70. Geburtstag, München 2002, S. 191-207.
Waldhoff, Christian, Kritik und Lob der Dogmatik. Rechtsdogmatik im Spannungsfeld von Gesetzesbindung und Funktionsorientierung, in: Kirchhof, Gregor/Magen, Stefan/Schneider, Karsten (Hrsg.), Was weiß Dogmatik? Was

leistet und wie steuert die Dogmatik des Öffentlichen Rechts?, Tübingen 2012, S. 17-37.

Waldock, Sir Claud H. M., General Course on Public International Law, RdC 106 (1962), S. 1-252.

Waldron, Jeremy, Is the Rule of Law an Essentially Contested Concept (In Florida)?, Law and Philosophy 21 (2002), S. 137-164.

Waldron, Jeremy, Authority for Officials, in: Meyer, Lukas H./Paulson, Stanley L./Pogge, Thomas W. (Hrsg.), Rights, Culture, and the Law. Themes from the Legal and Political Philosophy of Joseph Raz, Oxford 2003, S. 45-69.

Waldron, Jeremy, The Rule of International Law, Harv. J. L. & Pub. Pol'y 30 (2006), S. 15-30.

Waldron, Jeremy, Are Sovereigns Entitled to the Benefit of the International Rule of Law?, EJIL 22 (2011), S. 315-343.

Waldron, Jeremy, How Law Protects Dignity, CLJ 71 (2012), S. 200-222.

Waldron, Jeremy, International Law: ‚A Relatively Small and Unimportant' Part of Jurisprudence?, in: Duarte d'Almeida, Luís/Edwards, James/Dolcetti, Andrea (Hrsg.), Reading HLA Hart's ‚The Concept of Law', Oxford 2013, S. 209-223.

Walker, Neil, The EU and the WTO: Constitutionalism in a New Key, in: de Búrca, Graínne/Scott, Joanne (Hrsg.), The EU and the WTO. Legal and Constitutional Issues, Oxford u.a. 2001, S. 31-57.

Walter, Christian, Die Europäische Menschenrechtskonvention als Konstitutionalisierungsprozeß, ZaöRV 59 (1999), S. 961-983.

Walter, Christian, Constitutionalizing (Inter)national Governance – Possibilities for and Limits to the Development of an International Constitutional Law, GYIL 44 (2001), S. 170-201.

Walter, Christian, Subjects of International Law, in: MPEPIL (online edition), Artikel-Stand: Mai 2007.

Walter, Christian, Der Internationale Menschenrechtsschutz zwischen Konstitutionalisierung und Fragmentierung, ZaöRV 75 (2015), S. 753-771.

Walter, Christian/Schorkopf, Frank, Elements of Constitutionalization: Multilevel Structures of Human Rights Protection in General International and WTO-Law, German L. J. 4 (2003), S. 1359-1374.

Walter, Konrad, Rechtsfortbildung durch den EuGH. Eine rechtsmethodische Untersuchung ausgehend von der deutschen und französischen Methodenlehre, Berlin 2009.

Walter, Robert, Der Aufbau der Rechtsordnung. Eine rechtstheoretische Untersuchung auf Grundlage der Reinen Rechtslehre, Graz 1964.

Waluchow, Wilfrid J., Inclusive Legal Positivism, Oxford 1994.

Walz, Christian, Das Ziel der Auslgung und die Rangfolge der Auslegungskriterien, ZJS 3 (2010), S. 482-490.

Wandscher, Christiane, Internationaler Terrorismus und Selbstverteidigungsrecht, Berlin 2006.

Wang, Peng-Hsiang, Are Rules Exclusionary Reasons in Legal Reasoning?, in: Borowski, Martin (Hrsg.), On the Nature of Legal Principles. Proceedings of the Special Workshop „The Principles Theory" held at the 23rd World Congress of the International Association for Philosophy of Law and Social Philosophy (IVR), Kraków, 2007, ARSP Beiheft 119, Stuttgart 2010, S. 37-48.

Wang, Peng-Hsiang, Principles as Ideal Ought. Semantic Considerations on the Logical Structure of Principles, in: Sieckmann, Jan-Reinard (Hrsg.), Legal Reasoning: The Methods of Balancing. Proceedings of the Special Workshop Legal Reasoning: The Methods of Balancing held at the 24th World Congress of the International Association for Philosophy of Law and Social Philosophy (IVR), ARSP Beiheft 124, Stuttgart 2010, S. 29-50.

Wank, Rolf, Grenzen richterlicher Rechtsfortbildung, Berlin 1978.

Wank, Rolf, Die Auslegung von Gesetzen, 6. Auflage, München 2015.

Warbrick, Colin/Rowe, Peter, The International Criminal Tribunal for the Former Yugoslavia: The Decision of the Appeals Chamber on the Interlocutory Appeal on Jurisdiction in the Tadic Case, ICLQ 45 (1996), S. 691-701.

Watkins-Bienz, Renée M., Die Hart-Dworkin Debatte. Ein Beitrag zu den internationalen Kontroversen der Gegenwart, Berlin 2004.

Watson, Geoffrey R., The Humanitarian Law of the Yugoslavia War Crimes Tribunal: Jurisdiction ind *Prosecutor v. Tadic*, Va. J. Int'l L. 36 (1995-1996), S. 687-719.

Weber, Max, Die Objektivität sozialwissenschaftlicher und sozialpolitischer Erkenntnis, in: ders., Gesammelte Aufsätze zur Wissenschaftslehre, hrsgg. v. Winckelmann, Johannes, 3. Auflage, Tübingen 1968, S. 146-214.

Wedgwood, Ruth, Responding to Terrorism: The Strikes Against bin Laden, Yale J. Int'l L. 24 (1999), S. 559-576.

Wedgwood, Ruth, The International Criminal Court: An American View, EJIL 10 (1999), S. 93-107.

Wei, Su, Reservation to Treaties and Some Practical Issues, AsianYIL 7 (1997), S. 105-139.

Weil, Prosper, Towards Relative Normativity in International Law?, AJIL 77 (1983), S. 413-442.

Weil, Prosper, „The Court Cannot Conclude Definitively..." *Non Liquet* Revisited, Colum. J. Transnat'l L. 36 (1998), S. 109-119.

Weiler, Joseph H. H., The Geology of International Law – Governance, Democracy, and Legitimacy, ZaöRV 64 (2004), S. 547-562.

Weilert, Anja Katarina, Grundlagen und Grenzen des Folterverbotes in verschiedenen Rechtskreisen. Eine Analyse anhand der deutschen, israelischen und pakistanischen Rechtsvorschriften vor dem Hintergrund des jeweiligen historisch-kulturell bedingten Verständnisses der Menschenwürde, Berlin u.a. 2009.

Weinberger, Ota, Rechtslogik. Versuch einer Anwendung moderner Logik auf das juristische Denken, Wien u.a. 1970.

Weiss, Wolfgang, Allgemeine Rechtsgrundsätze des Völkerrechts, AVR 39 (2001), S. 394-431.

Weiss, Wolfgang, Die Rechtsquellen des Völkerrechts in der Globalisierung: Zu Notwendigkeit und Legitimation neuer Quellenkategorien, AVR 53 (2015), S. 220-251.

Wenzel, *Joachim*, Die Bindung des Richters an Gesetz und Recht, NJW 2008, S. 345-349.

Wenzel, *Matthias*, Schutzverantwortung im Völkerrecht. Zu Möglichkeiten und Grenzen der "Responsibility to Protect"-Konzeption, Hamburg 2010.

Werle, *Gerhard*, Völkerstrafrecht, 3. Auflage, Tübingen 2012.

Werner, *Wouter G.*, State Sovereignty and International Legal Discourse, in: Dekker, Ige F./Werner, Wouter G. (Hrsg.), Governance and International Legal Theory, Leiden u.a. 2004, S. 125-158.

Werner, *Wouter G.*, The never-ending closure: constituionalism and international law, in: Tsagourias, Nicholas (Hrsg.), Transnational Constitutionalism. International and European Perspectives, Cambridge 2007, S. 329-367.

Weschka, *Marion*, Human Rights and Multinational Enterprises: How Can Multinational Enterprises Be Held Responsible for Human Rights Violations Committed Abroad?, ZaöRV 66 (2006), S. 625-661.

de Wet, *Erika*, The Chapter VII Powers of the United Nations Security Council, Oxford 2004.

de Wet, *Erika*, The Prohibition of Torture as an International Norm of *jus cogens* and Its Implications for National and Customary Law, EJIL 15 (2004), S. 97-121.

de Wet, *Erika*, The International Constitutional Order, ICLQ 55 (2006), S. 51-76.

de Wet, *Erika*, The Emergence of International and Regional Value Systems as a Manifestation of the Emerging International Constitutional Order, LJIL 19 (2006), S. 611-632.

de Wet, *Erika*, Zur Zukunft der Völkerrechtswissenschaft in Deutschland, ZaöRV 69 (2007), S. 777-797.

de Wet, *Erika*, The Constitutionalization of Public International Law, in: Rosenfeld, Michel/Sajó, András (Hrsg.), The Oxford Handbook of Comparative Constitutional Law, Oxford 2012, S. 1209-1240.

Wetzel, *Ralf Günter*, Verträge zugunsten und zu Lasten Dritter nach der Wiener Vertragsrechtskonvention, Göttingen 1973.

Wheatley, *Steven*, A Democratic Rule of International Law, EJIL 22 (2011), S. 525-548.

Wiederin, *Ewald*, Was ist und welche Konsequenzen hat ein Normenkonflikt?, Rechtstheorie 21 (1990), S. 311-333.

Wiesbrock, *Katja*, Internationaler Schutz der Menschenrechte vor Verletzungen durch Private, Berlin 1999.

Wilburg, *Walter*, Die Elemente des Schadensrechts, Marburg 1941.

Wilburg, *Walter*, Entwicklung eines beweglichen Systems im bürgerlichen Recht, Graz 1950.

Wildhaber, *Luzius*, Sovereignty and International Law, in: Macdonald, Ronald St. John/Johnston, Douglas M. (Hrsg.), The Structure and Process of International Law: Essays in Legal Philosophy, Doctrine and Theory, 1983, S. 425-452.

Wildhaber, *Luzius*, The European Convention on Human Rights and International Law, ICLQ 56 (2007), S. 217-232.

Wildhaber, Luzius/Hjartarson, Arnaldur/Donelly, Stephen, No Consensus on Consensus? The Practice of the European Court of Human Rights, HRLJ 33 (2013), S. 248-263.

Wilske, Stephan, Die völkerrechtswidrige Entführung und ihre Rechtsfolgen, Berlin 2000.

Winterhoff, Christian, Verfassung – Verfassunggebung – Verfassungsänderung. Zur Theorie der Verfassung und der Verfassungsrechtserzeugung, Tübingen 2007.

Witschel, Georg, Kommentierung von Art. 108, in: Simma, Bruno/Khan, Daniel-Erasmus/Nolte, Georg/Paulus, Andreas (Hrsg.), The Charter of the United Nations. A Commentary, 3. Auflage, Oxford 2012.

Wittreck, Fabian, Die Verwaltung der Dritten Gewalt, Tübingen 2006.

Wohlfahrt, Christian, Die Vermutung unmittelbarer Wirkung des Unionsrechts. Ein Plädoyer für die Aufgabe der Kriterien hinreichender Genauigkeit und Unbedingtheit, Berlin 2015.

Wolfke, Karol, Custom in Present International Law, Wroclaw 1964.

Wolfke, Karol, *Jus Cogens* in International Law (Regulation and Prospects), PolishYIL 6 (1974), S. 145-162.

Wolfrum, Rüdiger, The Principle of the Common Heritage of Mankind, ZaöRV 43 (1982), S. 312-337.

Wolfrum, Rüdiger, Diskussionsbeitrag, BDGVR 35 (1996), S. 347.

Wolfrum, Rüdiger, The Attack of September 11, 2001, the Wars Against the Taliban and Iraq: Is There a Need to Reconsider International Law on the Recourse to Force and the Rules in Armed Conflict?, MPYUNL 7 (2003), S. 1-78.

Wolfrum, Rüdiger, Hohe See und Tiefseeboden (Gebiet), in: Vitzthum, Wolfgang Graf (Hrsg.), Handbuch des Seerechts, München 2006, S. 287-345.

Wolfrum, Rüdiger, Common Heritage of Mankind, in: MPEPIL (online edition), Artikel-Stand: November 2009.

Wolfrum, Rüdiger, Advisory Opinions: Are they a suitable alternative for the settlement of international disputes?, in: ders./Gätzschmann, Ina (Hrsg.), International Dispute Settlement: Room for Innovations?, Heidelberg u.a. 2013, S. 35-67.

Wolfrum, Rüdiger/Philipp, Christiane E., The Status of the Taliban: Their Obligations and Rights under International Law, MPYUNL 6 (2002), S. 559-601.

Wolfrum, Rüdiger/Pichon, Jakob, Consensus, in: MPEPIL (online edition), Artikel-Stand: Oktober 2010.

Wolfrum, Rüdiger/Stoll, Peter-Tobias/Hestermeyer, Holger P. (Hrsg.), WTO – Trade in Goods, Leiden 2011.

Wouters, Jan/Chané, Anna-Louise, Multinational Corporations in International Law, in: Noortmann, Math/Reinisch, August/Ryngaert, Cedric (Hrsg.), Non-State Actors in International Law, Oxford u.a. 2015, S. 225-251.

Wouters, Jan/Ryngaert, Cedric, Impact on the Process of the Formation of Customary International Law, in: Kamminga, Menno T./Scheinin, Martin (Hrsg.), The Impact of Human Rights Law on General International Law, Oxford 2009, S. 111-131.

Wright, *Georg Henrik von*, Norm und Handlung. Eine logische Untersuchung, Königstein 1979.

Wright, *Georg Henrik von*, Normen, Werte und Handlungen, Frankfurt am Main 1994.

Wright, *Q.*, The Corfu Channel Case, AJIL 43 (1949), S. 491-494.

Yang, *Teng-Chieh*, Eine starke oder eine schwache Konzeption der Rechtsstaatlichkeit? – Auch zur Problematik der Universalität der Rechtsstaatlichkeit, Der Staat 54 (2015), S. 375-407.

Yang, *Xiaodong*, *Jus Cogens* and State Immunity, NZYIL 6 (2006), S. 131-179.

Yee, *Sienho*, Towards an International Law of Co-progressiveness, in: ders./ Tieya, Wang (Hrsg.), International Law in the Post-Cold War World. Essays in Memory of Li Haopei, London 2001, S. 18-39.

Yeh, *Jiunn-Rong*/*Chang*, *Wen-Chen*, The Emergence of Transnational Constitutionalism: Its Features, Challenges and Solutions, Penn St. Int'l L. Rev. 27 (2008), S. 89-124.

Zacharias, *Diana*, Cologne Cathedral versus Skycrapers – World Cultural Heritage Protection as Archetype of a Multilevel System, MPYUNL 10 (2006), S. 273-366.

Zacharias, *Diana*, The UNESCO Regime for the Protection of World Heritage as Prototype of an Autonomy-Gaining International Institution, German L. J. 9 (2008), S. 1833-1864.

Zagor, *Matthew*, Elementary Considerations of Humanity, in: Bannelier, Karine/Christakis, Theodore/Heathcote, Sarah (Hrsg.), The ICJ and the Evolution of International Law. The enduring impact of the Corfu Channel case, London u.a. 2012, S. 264-291.

Zangl, *Bernhard*, Is there an emerging international rule of law?, European Review 13 (2005), Supp. No. 1, S. 73-91.

Zappala, *Salvatore*, The Reaction of the US to the Entry into Force of the ICC Statute: Comments on UN SC Resolution 1422 (2002) and Article 98 Agreements, JICJ 1 (2003), S. 114-134.

Zeileissen, *Christian*, War Crimes under the Jurisdiction of the Tribunal on the Former Yugoslavia, ARIEL 3 (1998), S. 47-99.

Zeitler, *Helge Elisabeth*, Einseitige Handelsbeschränkungen zum Schutz extraterritorialer Rechtsgüter. Eine Untersuchung zum GATT, Gemeinschaftsrecht und allgemeinen Völkerrecht, Baden-Baden 2000.

Zemanek, *Karl*, The United Nations and the Law of Outer Space, YBWA 19 (1965), S. 199-222.

Zemanek, *Karl*, New Trends in the Enforcement of Erga Omnes Obligations, MPYUNL 4 (2000), S. 1-52.

Ziegenhain, *Hans-Jörg*, Extraterritoriale Rechtsanwendung und die Bedeutung des Genuine-Link-Erfordernisses. Eine Darstellung der deutschen und amerikanischen Staatenpraxis, München 1992.

Ziemele, *Ineta*/*Liede*, *Lasma*, Reservations to Human Rights Treaties: From Draft Guideline 3.1.12 to Guideline 3.1.5.6, EJIL 24 (2013), S. 1135-1152.

Zifcak, Spencer, Globalizing the rule of law: Rethinking values and reforming institutions, in: ders. (Hrsg.), Globalisation and the Rule of Law, London 2005, S. 32-64.

Zimmermann, Andreas, Staatennachfolge in völkerrechtliche Verträge. Zugleich ein Beitrag zu den Möglichkeiten und Grenzen völkerrechtlicher Kodifikation, Berlin u.a. 2000.

Zimmermann, Andreas, „Acting under Chapter VII (...)" – Resolution 1422 and Possible Limits of the Powers of the Security Council, in: Frowein, Jochen Abr./Scharioth, Klaus/Winkelmann, Ingo/Wolfrum, Rüdiger (Hrsg.), Verhandeln für den Frieden – Negotiating for Peace. Liber Amicorum Tono Eitel, Berlin u.a. 2003, S. 253-278.

Zimmermann, Andreas, State Succession in Treaties, in: MPEPIL (online edition), Artikel-Stand: November 2006.

Zimmermann, Andreas, The International Court of Justice and State Succession to Treaties. Avoiding Principled Answers to Questions of Principle, in: Tams, Christian/Sloan, James (Hrsg.), The Development of International Law by the International Court of Justice, 2013, S. 53-68.

Zimmermann, Andreas /Elberling, Björn, Grenzen der Legislativbefugnisse des Sicherheitsrates, VN 52 (2004), S. 71-77.

Zimmermann, Andreas/Tomuschat, Christian/Oellers-Frahm, Karin/Tams, Christian J. (Hrsg.), The Statute of the International Court of Justice. A Commentary, 2. Auflage, Oxford 2012.

Zippelius, Reinhold, Allgemeine Staatslehre, 16. Auflage, München 2010.

Zitelmann, Ernst, Die Unvollkommenheit des Völkerrechts, München u.a. 1919.

Zoellner, Carl-Sebastian, Das Transparenzprinzip im internationalen Wirtschaftsrecht. Konturen und Perspektiven des transparenzrelevanten Einwirkens transnationaler Vorgaben auf die innerstaatliche Rechts- und Verwaltungspraxis, Halle an der Saale 2009.

Zolo, Danilo, The Rule of Law: A Critical Reappraisal, in: Costa, Pietro/Zolo, Danilo (Hrsg.), The Rule of Law. History, Theory, Criticism, Dordrecht 2007, S. 3-71.

Zuleeg, Manfred, Vertragskonkurrenz im Völkerrecht. Teil 1: Verträge zwischen souveränen Staaten, GYIL 20 (1977), S. 246-276.

Zysset, Alain/Rochel, Johan, Between Authority and Morality: Identifying Two Legitimatory Roles of Legal Principles, in: Besson, Samantha/Pichonnaz, Pascal (Hrsg.), Les principes en droit européen/Principles in European Law, Zürich u.a. 2011, S. 85-104.

Rechtsprechungsverzeichnis*

Ständiger Internationaler Gerichtshof

Entscheidungen in Streitsachen

- *Case of the S.S. Wimbledon*, Judgment of 17 August 1923, Series A, No. 1
- *The Mavrommatis Palestine Concessions* (Greece v. United Kingdom of Great Britan), Judgment of 30 August 1924, Series A, No. 2
- *Case of the S.S. Lotus*, Judgment of 7 September 1927, Series A, No. 10
- *Rights of Minorities in Upper Silesia (Minority Schools)*, Judgment of 26 April 1928, Series A, No. 15
- *Case Concerning the Payment of Various Serbian Loans Issued in France*, Judgment of 12 July 1929, Series A, No. 20
- *Case Concerning the Payment in Gold of the Brazilian Federal Loans Issued in France*, Judgment of 12 July 1929, Series A, No. 21
- *Case Relating to the Territorial Jurisdiction of the International Commission of the River Oder*, Judgment of 10 September 1929, Series A, No. 23
- *Case of the Free Zones of Upper Savoy and the District of Gex*, Order of 19 August 1929, Series A, No. 22
- *Case of the Free Zones of Upper Savoy and the District of Gex*, Second Phase, Order of 6 December 1930, Series A, No. 24
- *Case of the Free Zones of Upper Savoy and the District of Gex*, Judgment of 7 June 1932, Series A/B, No. 46
- *Lighthouses in Crete and Samos*, Judgment of 8 October 1937, Series A/B, No. 71

---

* Auf ein Dokumentenverzeichnis wurde angesichts der ausführlichen Fundstellennachweise in den Fußnoten verzichtet. Die zitierten UN-Dokumente sind mit der angegebenen Dokumenten-Nummer unter http://www.un.org/en/documents/index.html erhältlich, die angeführten Comments, Statements, Memorials und Wortprotokolle im Rahmen von Verfahren vor dem IGH auf http://icj-cij.org/docket/ unter den Reitern „written proceedings" bzw. „oral proceedings" des jeweiligen Verfahrens einsehbar. Die Erreichbarkeit aller angegebenen Internetquellen wurde zuletzt am 3. August 2016 geprüft.

Gutachtenverfahren

- *Competence of the International Labour Organisation in regard to International Regulation of the Labour of Persons Employed in Agriculture*, Advisory Opinion of 12 August 1922, Series B, No. 2
- *Acquisition of Polish Nationality*, Advisory Opinion of 15 September 1923, Series B, No. 7
- *Nationality Decrees Issued in Tunis and Morocco*, Advisory Opinion of 7 February 1923, Series B, No. 4
- *Exchange of Greek and Turkish Populations*, Advisory Opinion of 21. February 1925, Series B, No. 10
- *Polish Postal Service in Danzig*, Advisory Opinion of 16. May 1925, Series B, No. 11
- *Article 3, Paragraph 2, of the Treaty of Lausanne (Frontier Between Turkey and Iraq)*, Advisory Opinion of 21 November 1925, Series B, No. 12
- *Jurisdiction of the European Commission of the Danube*, Advisory Opinion of 8 December 1927, Series B, No. 14
- *Jurisdiction of the Courts of Danzig*, Advisory Opinion of 3 March 1928, Series B, No. 15
- *Customs Régime between Germany and Austria*, Advisory Opinion of 5 September 1931, Series A/B, No. 41

Internationaler Gerichtshof

Entscheidungen in Streitsachen

- *Corfu Channel Case* (United Kingdom of Great Britain v. People's Republic of Albania), Merits, Judgment of 9 April 1949, ICJ Reports 1949, S. 4
- *Asylum Case* (Colombia v. Peru), Judgment of 20. November 1950, ICJ Reports 1950, S. 266
- *Fisheries Case* (United Kingdom v. Norway), Judgment of 18 December 1951, ICJ Reports 1951, S. 116
- *Anglo-Iranian Oil Company Case* (United Kingdom v. Iran), Preliminary Objections, Judgment of 22 July 1952, ICJ Reports 1952, S. 93
- *Case Concerning Rights of Nationals of the United States of America in Morocco* (France v. United States of America), Judgment of 27 August 1952, ICJ Reports 1952, S. 176
- *Nottebohm Case* (Liechtenstein v. Guatemala), Second Phase, Judgment of 6 April 1955, ICJ Reports, 1955, S. 4
- *Case Concerning Right of Passage over Indian Territory* (Portugal v. India), Preliminary Objections, Judgment of 26 November 1957, ICJ Reports 1957, S. 125
- *Case Concerning the Aerial Incident of 27 July 1955* (Israel v. Bulgaria), Preliminary Objections, Judgment of 26 May 1959, ICJ Reports 1959, S. 127

- *Case Concerning the Application of the Convention of 1902 Governing the Guardianship of Infants* (Netherlands v. Sweden), Judgment of 28 November 1958, ICJ Reports 1958, S. 55
- *Interhandel Case* (Switzerland v. United States of America), Preliminary Objections, Judgment of 21 March 1959, ICJ Reports, 1959, S. 6
- *South West Africa Cases* (Ethiopia v. South Africa; Liberia v. South Africa), Preliminary Objections, Judgment of 21 December 1962, ICJ Reports 1962, S. 319
- *South West Africa Cases* (Ethiopia v. South Africa; Liberia v. South Africa), Second Phase, Judgment of 18 July 1966, ICJ Reports 1966, S. 6
- *North Sea Continental Shelf Cases* (Federal Republic of Germany v. Denmark; Federal Republic of Germany v. Netherlands), Judgment of 20 February 1969, ICJ Reports 1969, S. 3
- *Case Concerning the Barcelona Traction, Light and Power Company, Limited* (Belgium v. Spain), Second Phase, Judgment of 5 February 1970, ICJ Reports 1970, S. 3
- *Nuclear Test Case* (Australia v. France), Judgment of 20 December 1974, ICJ Reports 1974, S. 253
- *Nuclear Tests Case* (New Zealand v. France), Judgment of 20 December 1974, ICJ Reports 1974, S. 457
- *Aegean Sea Continental Shelf* (Greece v. Turkey), Judgment of 19 December 1978, ICJ Reports 1978, S. 3
- *Case Concerning United States Diplomatic and Consular Staff in Tehran* (United States of America v. Iran), Judgment of 24 May 1980, ICJ Reports 1980, S. 3
- *Case Concerning the Continental Shelf* (Tunisia v. Libyan Arab Jamahiriya), Judgment of 24 February 1982, ICJ Reports 1982, S. 18
- *Case Concerning the Continental Shelf* (Libyan Arab Jamahiriya v. Malta), Application by Italy for Permission to Intervene, Judgment of 21 March 1984, ICJ Reports 1984, S. 3
- *Case concerning Military and Paramilitary Activities in and against Nicaragua* (Nicaragua v. United States of America), Jurisdiction and Admissibility, Judgment of 26 November 1984, ICJ Reports 1984, S. 382
- *Case Concerning the Delimitation of the Maritime Boundary in the Gulf of Maine Area* (Canada v. United States of America), Judgment of 12 October 1984, ICJ Reports 1984, S. 246
- *Case Concerning the Continental Shelf* (Libyan Arab Jamahiriya v. Malta), Judgment of 3 June 1985, ICJ Reports 1985, S. 13
- *Military and Paramilitary Activities in and against Nicaragua* (Nicaragua v. United States of America), Merits, Judgment of 27 June 1986, ICJ Reports 1986, S. 14
- *Case Concerning the Frontier Dispute* (Burkina-Faso v. Republic of Mali), Judgment of 22 December 1986, ICJ Reports 1986, S. 554
- *Case Concerning Questions of Interpretation and Application of the 1971 Montreal Convention Arising from the Aerial Incident at Lockerbie* (Libyan

Arab Jamahiriya v. United States of America), Provisional Measures, Order of 14 April 1992, ICJ Reports 1992, S. 114
- *Case Concerning Questions of Interpretation and Application of the 1971 Montreal Convention Arising from the Aerial Incident at Lockerbie* (Libyan Arab Jamahiriya v. United Kingdom), Provisional Measures, Order of 14 April 1992, ICJ Reports 1992, S. 3
- *Case Concerning Maritime Delimitation in the Area between Greenland and Jan Mayen* (Denmark v. Norway), Judgment of 14 June 1993, ICJ Reports 1993, S. 38
- *Case Concerning the Territorial Dispute* (Libyan Arab Jamahiriya v. Chad), Judgment of 3 February 1994, ICJ Reports 1994, S. 6
- *East Timor* (Portugal v. Australia), Judgment of 30 June 1995, ICJ Reports 1995, S. 90
- *Application of the Convention on the Prevention and Punishment of the Crime of Genocide* (Bosnia Herzegovina v. Yugoslavia), Preliminary Objections, Judgment of 11 July 1996, ICJ Reports 1996, S. 595
- *Case Concerning the Gabčíkovo-Nagymaros Project* (Hungary v. Slovakia), Judgment of 25 September 1997, ICJ Reports 1997, S. 7
- *Fisheries Jurisdiction Case* (Spain v. Canada), Jurisdiction of the Court, Judgment of 4 December 1998, ICJ Reports 1998, S. 432
- *Case Concerning Legality of Use of Force* (Yugoslavia v. Belgium), Provisional Measures, Order of 2 June 1999, ICJ Reports 1999, S. 124
- *LaGrand Case* (Germany v. United States of America), Judgment of 27 June 2001, ICJ Reports 2001, S. 466
- *Case Concerning the Arrest Warrant of 11 April 2000* (Democratic Republic of the Congo v. Belgium), Judgment of 14 February 2002, ICJ Reports 2002, S. 3
- *Land and Maritime Boundary between Cameroon and Nigeria* (Cameroon v. Nigeria: Equatorial Guinea intervening), Judgment of 10 October 2002, ICJ Reports 2002, S. 303
- *Case Concerning Oil Platforms* (Islamic Republic of Iran v. United States of America), Judgment of 6 November 2003, ICJ Reports 2003, S. 161.
- *Case Concerning Avena and other Mexican Nationals* (Mexico v. United States of America), Judgment of 31 March 2004, ICJ Reports 2004, S. 12
- *Case Concerning Armed Activities on the Territory of the Congo* (Democratic Republic of the Congo v. Uganda), Judgment of 19 December 2005, ICJ Reports 2005, S. 168
- *Case Concerning Pulp Mills on the River Uruguay* (Argentina v. Uruguay), Provisional Measures, Order of 13 July 2006, ICJ Reports 2006, S. 113
- *Case Concerning Armed Activities on the Territory of the Congo (New Application: 2002)* (Democratic Republic of the Congo v. Rwanda), Jurisdiction of the Court and Admissibility of the Application, Judgment of 3 February 2006, ICJ Reports 2006, S. 6
- *Case Concerning Ahmadou Sadio Diallo* (Republic of Guinea v. Democratic Republic of the Congo), Preliminary Objections, Judgment of 24 May 2007, ICJ Reports 2007, S. 582

- *Application of the Convention on the Prevention and Punishment of the Crime of Genocide* (Croatia v. Serbia), Preliminary Objections, Judgment of 18 November 2008, ICJ Reports 2008, S. 412
- *Dispute Regarding Navigational and Related Rights* (Costa Rica v. Nicaragua), Judgment of 13 November 2009, ICJ Reports 2009, S. 213
- *Pulp Mills on the River Uruguay* (Argentina v. Uruguay), Judgment of 20 April 2010, ICJ Reports 2010, S. 14
- *Application of the International Convention on the Elimination of All Forms of Racial Discrimination* (Georgia v. Russian Federation), Preliminary Objections, Judgment of 1 April 2011, ICJ Reports 2011, S. 70
- *Jurisdictional Immunities of the State* (Germany v. Italy: Greece intervening), Judgment of 3 February 2012, ICJ Reports 2012, S. 99
- *Case Concerning Ahmadou Sadio Diallo* (Republic of Guinea v. Democratic Republic of the Congo), Compensation, Judgment of 19 June 2012, ICJ Reports 2012, S. 324
- *Questions Relating to the Obligation to Prosecute or Extradite* (Belgium v. Senegal), Judgment of 20 July 2012, ICJ Reports 2012, S. 422
- *Application of the Convention on the Prevention and Punishment of the Crime of Genocide* (Croatia v. Serbia), Merits, Judgment of 3 February 2015
- *Certain Activities carried out by Nicaragua in the Border Area* (Costa Rica v. Nicaragua), Judgment of 16 December 2015

Gutachtenverfahren

- *Reparations for Injuries Suffered in the Service of the United Nations*, Advisory Opinion of 11 April 1949, ICJ Reports 1949, S. 174
- *Interpretation of Peace Treaties with Bulgaria, Hungary and Romania*, Advisory Opinion of 30 March 1950, ICJ Reports 1950, S. 65
- *Interpretation of Peace Treaties with Bulgaria, Hungary and Romania*, Second Phase, Advisory Opinion of 18 July 1950, ICJ Reports 1950, S. 221
- *Reservations to the Convention on the Prevention and Punishment of the Crime of Genocide*, Advisory Opinion of 28 May 1951, ICJ Reports 1951, S. 15
- *Effect of Awards of Compensation Made by the United Nations Administrative Tribunal*, Advisory Opinion of 13 July 1954, ICJ Reports 1954, S. 47
- *Constitution of the Maritime Safety Committee of the Inter-Governmental Maritime Consultative Organization*, Advisory Opinion of 8 June 1960, ICJ Reports 1960, S. 150
- *Certain Expenses of the United Nations (Article 17, paragraph 2 of the Charter)*, Advisory Opinion of 20 July 1962, ICJ Reports 1962, S. 151
- *Legal Consequences for States of the Continued Presence of South Africa in Namibia (South West Africa) notwithstanding Security Council Resolution 276 (1970)*, Advisory Opinion of 21 June 1971, ICJ Reports 1971, S. 16
- *Interpretation of the Agreement of 25 March 1951 between the WHO and Egypt*, Advisory Opinion of 20 December 1980, ICJ Reports 1980, 73

- *Legality of the Threat or Use of Nuclear Weapons*, Advisory Opinion of 8 July 1996, ICJ Reports 1996, S. 226
- *Legal Consequences of the Construction of a Wall in the Occupied Palestinian Territory*, Advisory Opinion of 9 July 2004, ICJ Rep 2004, S. 136
- *Accordance with International Law of the Unilateral Declaration of Independence in Respect of Kosovo*, Advisory Opinion of 22 July 2010, ICJ Reports 2010, S. 403

Internationaler Seegerichtshof

- *The M/V ‚SAIGA' (No. 2)* (Saint Vincent and the Grenadines v. Guinea), Merits, Urteil vom 1. Juli 1999
- *The ‚Juno Trader' Case* (Saint Vincent and the Grenadines v. Guinea-Bissau), Urteil vom 18. Dezember 2004

(UN-)Straftribunale

Internationaler Strafgerichtshof für das ehemalige Jugoslawien

- *Prosecutor v. Tadić*, Case No. IT-94-1-AR72, Appeals Chamber, Decision on the Defence Motion for Interlocutory Appeal on Jurisdiction, 2. Oktober 1995
- *Prosecutor v. Mrkšić et al.*, Case No. IT-95-13a-PT, Trial Chamber II, Decision on the Motion for Release by the Accused Slavko Dokmanovic, 22. Oktober 1997
- *Prosecutor v. Delalic et al. (Čelebići Case)*, Case No. IT-96-21-T, Trial Chamber, Judgement, 16. November 1998
- *Prosecutor v. Furundžija*, Case No. IT-95-17/1-T, Trial Chamber, Judgement, 10. Dezember 1998
- *Prosecutor v. Kupreškić et al.*, Case No. IT-95-16-T, Trial Chamber, Judgement, 14. Januar 2000
- *Prosecutor v. Blaškić*, Case No. IT-45-14-T, Trial Chamber, Judgement, 3. März 2000
- *Prosecutor v. Simić et al.*, Case No. IT-95-9, Trial Chamber, Decision on Motion für Judicial Assistance to be Provided by SFOR and Others, 18. Oktober 2000
- *Prosecutor v. Delalic et al. (Čelebići Case)*, Case No. IT-96-21-T, Appeals Chamber, Judgement, 20. Februar 2001
- *Prosecutor v. Kunarac et al.*, Case No. IT-96-23-T & IT-96-23/1-T, Trial Chamber, Judgement, 22. Februar 2001
- *Prosecutor v. Kordić and Čerkez*, Case No. IT-95-14/2-T, Trial Chamber, Judgement, 26. Februar 2001

- *Prosecutor v. Nikolić*, Case No. IT-94-2-PT, Trial Chamber II, Decision on Defence Motion Challenging the Exercise of Jurisdiction by the Tribunal, 9. Oktober 2002
- *Prosecutor v. Naletilić and Martinović*, Case No. IT-98-34-T, Trial Chamber, Judgement, 31. März 2003
- *Prosecutor v. Nikolić*, Case No. IT-94-2-AR73, Appeals Chamber, Decision on Interlocutory Appeal Concerning Legality of Arrest, 5. Juni 2003
- *Prosecutor v. Galić*, Case No. IT-98-29, Trial Chamber, Judgement, 5. Dezember 2003

Internationaler Strafgerichtshof für Ruanda

- *Baraygwiza v. Prosecutor*, Case No. ICTR-97-19-AR72, Appeals Chamber, Decision, 3. November 1999

Internationales Militärtribunal von Nürnberg

- US Military Tribunal Nuremberg, *Krupp et al.*, Urteil vom 31. Juli 1948, in: Trials of War Criminals Before the Nuremberg Military Tribunals under Control Council Law No. 10. Bd. IX, S. 1326
- US Military Tribunal Nuremberg, *Josef Altstötter et al.*, Urteil vom 4. Dezember 1947, in: Trials of War Criminals Before the Nuremberg Military Tribunals under Control Council Law No. 10. Bd. III, S. 954

UN-Menschenrechtsausschuss

- *Rawle Kennedy v. Trinidad and Tobago*, Communication No. 845/1999, Admissibility, Auffassung vom 2. November 1999, UN Doc. CCPR/C/67/D/845/1999
- *Mahuika et al v. New Zealand*, Communication 547/1993, Auffassung vom 27. Oktober 2000, UN Doc. CCPR/C/70/D/547/1993

GATT/WTO-Streitbeilegungsverfahren

- *US– Restrictions on Imports of Tuna*, GATT Panel Report vom 3. September 1991, DS21/R
- *US– Restrictions on Imports of Tuna*, GATT Panel Report vom 16. Juni 1994, DS29/R
- *US– Standards for Reformulated and Conventional Gasoline*, WTO Appellate Body Report vom 29. April 1996, WT/DS2/AB/R
- *EC Measures Concerning Meat and Meat Products (Hormones)*, WTO Appellate Body Report vom 16. Januar 1998, WT/DS26 & 48/AB/R

- *US– Import Prohibition of Certain Shrimp and Shrimp Products*, WTO Panel Report vom 15. Mai 1998, WT/DS58/AB/R
- *US– Import Prohibition of Certain Shrimp and Shrimp Products*, WTO Appellate Body Report vom 12. Oktober 1998, WT/DS58/AB/R
- *US– Import Prohibition of Certain Shrimp and Shrimp Products*, Recourse to Article 21.5 by Malaysia, WTO Panel Report vom 15. Juni 2001, WT/DS58/RW
- *Chile – Price Band System and Safeguarding Measures Relating to Certain Agricultural Products*, Panel Report vom 3. Mai 2002, WT/DS207/R
- *EC – Measures Affecting the Approval and Marketing of Biotech Products*, WTO Panel Report vom 29. September 2006, WT/DS291-293/R
- *China – Measures Related to the Exportation of Various Raw Materials*, WTO Panel Report vom 5. Juli 2011, WT/DS394/R, WT/DS395/R, WT/DS398/R,
- *EC and Certain Member States – Measures Affecting Trade in Large Civil Aircraft*, WTO Appellate Body Report vom 18. Mai 2011, WT/DS316/AB/R
- *EC – Measures Prohibiting the Importation and Marketing of Seal Products*, WTO Appellate Body Report vom 22. Mai 2014, WT/DS400/AB/R, WT/DS401/AB/R

Entscheidungen in internationalen Schiedsverfahren

- *Affaire de Casablanca* (Allemagne v. France), Schiedsspruch vom 22. Mai 1909, RIAA XI, S. 119
- Roumano-Hungarian Mixed Arbitral Tribunal, *„Generala" et al. v. Sternberg*, Schiedsspruch vom 25. Juli 1925, Annual Digest of Public International Law Cases (1925-26), Case No. 304, S. 403
- *Responsabilité de l'Allemagne à raison des Dommages Causés Dans Les Colonies Portugaises de Sud de L'Afrique* (Portugal v. Allemagne), Schiedsspruch vom 31. Juli 1928, RIAA 2 (1928), S. 1011
- *Baron de Neuflize v. Disconto Gesellschaft et al.*, Recueil des Tribunaux arbitraux mixtes 7 (1928), S. 629
- *Island of Palmas Case (or Miangas)* (Netherlands v. Unites States of America), Schiedsspruch vom 4. April 1928, RIAA II, S. 829
- *Trail Smelter Arbitration* (United States v. Canada), Schiedsspruch vom 16. April 1938 und 11. März 1941, RIAA III, S. 1905
- *Affaire de Lac Lanoux* (France v. Spain), Schiedsspruch vom 16. November 1957, RIAA XII, S. 281
- *Texaco Overseas Petroleum Company v. California Asiatic Oil Company and the Government of the Libyan Arabic Republic*, Schiedsspruch vom 19. Januar 1977, ILM 17 (1978), S. 3
- *Award on Territorial Sovereignty and Scope of the Dispute* (Eritrea v. Yemen), Schiedsspruch vom 3. Oktober 1996, ILM 40 (2001), S. 900

- *Dispute Concerning Access to Information Under Article 9 of the Ospar Convention* (Ireland v. United Kingdom), Final Award, Schiedsspruch vom 2. Juli 2003, RIAA XXIII, S. 59
- *Award in the Arbitration Regarding the Iron Rhine Railway* (Belgium v. Netherlands), Schiedsspruch vom 24. Mai 2005, RIAA XXVII, S. 35
- *Award in the Arbitration regarding the delimitation of the maritime boundary between Guyana and Suriname*, Schiedsspruch vom 17. September 2007, RIAA XXX, S. 1

Organe der Amerikanischen Menschenrechtskonvention

Interamerikanische Menschenrechtskommission

- *Martinez Villareal v. USA*, Case No 11.753, Report No. 52/02, 10. Oktober 2002
- *Fierro v. USA*, Case No 11.331, Report No. 99/03, 29. Dezember 2003
- *Medellín, Ramírez Cardenas und Leal García v. USA*, Case No. 12.644, Report No. 90/09, 7. August 2009

Interamerikanischer Gerichtshof für Menschenrechte

- *Case of Loayza Tamayo v. Peru*, Merits, Urteil vom 17. September 1997, IACHR Series C, No. 33.
- *The Right to Information on Consular Assistance in the Framework of the Guarantees of the Due Process of Law*, Advisory Opinion OC-16/99 vom 1. Oktober 1999, IACHR Series A, No. 16
- *Case of the "Street Children" (Villagrán Morales et al.) v. Guatemala*, Urteil vom 19. November 1999, IACHR Series C, No. 63
- *Case of Hilaire v. Trinidad and Tobago*, Preliminary Objections, Urteil vom 1. September 2001, Series C, No. 80
- *Juridical Condition and Rights of the Undocumented Migrants*, Advisory Opinion OC-18/03 vom 17. September 2003, IACHR Series A, No. 18
- *Case of Maritza Urrutia v. Guatemala*, Merits, Reparations and Costs, Urteil vom 27. November 2003, IACHR Series C, No. 103
- *Caesar v. Trinidad and Tobago*, Merits, Reparations and Costs, Urteil vom 11. März 2005, IACHR Series C, No. 123
- *Case of the Sawhoyamaxa Indigenous Community v. Paraguay*, Merits, Reparations and Costs, Urteil vom 29. März 2006, IACHR Series C, No. 146
- *Case of Baldeón García v. Peru*, Merits, Reparations and Costs,Urteil vom 6. April 2006, IACHR Series C, No. 147

Organe der Europäischen Menschenrechtskonvention

Europäische Kommission für Menschenrechte

- *Chrysostomos, Papachrysostomou and Loizidou v. Turkey*, Appl. No. 15299/89, 15300/89, 15318/89, Entscheidung vom 4. März 1991

Europäischer Gerichtshof für Menschenrechte

- *Case of Golder v. The United Kingdom*, Appl. No. 4451/70, Urteil vom 21. Februar 1975
- *Case of Ireland v. The United Kingdom*, Appl. No. 5310/71, Urteil vom 18. Januar 1978
- *Case of Belilos v. Switzerland*, Appl. No. 10328/83, Urteil vom 29. April 1988, Rdn. 60
- Case of *Soering v. The United Kingdom*, Appl. No. 14038/88, Urteil vom 7. Juli 1989
- *Case of López Ostra v. Spain*, Appl. No. 16798/90, Urteil vom 9. Dezember 1994
- *Case of Loizidou v. Turkey*, Appl. No. 15318/89, Preliminary Objections, Urteil vom 23. März 1995
- *Case of Sakik and Others v. Turkey*, Appl. No. 23878/94, Urteil vom 26. November 1997,
- *Case of Kudla v. Poland*, Appl. No. 30210/96, Urteil vom 26. Oktober 2000
- *Case of Cyprus v. Turkey*, Appl. No. 25781/94, Urteil vom 10. Mai 2001
- (Große Kammer), *Case of McElhinney v. Ireland*, Appl. No. 31253/96, Urteil vom 21. November 2001
- (Große Kammer), *Case of Al-Adsani v.The United Kingdom*, Appl. No. 35763/97, Urteil vom 21. November 2001
- (Große Kammer), *Case of Banković et al. v. Belgium et al.*, Appl. No. 52207/99, Urteil vom 12. Dezember 2001
- *Case of Kalashnikov v. Russia*, Appl. No. 47095/99, Urteil vom 15. Juli 2002
- (Große Kammer), *Case of Üner v. The Netherlands*, Appl. No. 46410/09, Urteil vom 18. Oktober 2006
- *Case of Jorgic v. Germany*, Appl. No. 74613/01, Urteil vom 12. Juli 2007
- (Große Kammer), *Case of Saadi v. The United Kingdom*, Appl. No. 13229/03, Urteil vom 29. Januar 2008,
- (Große Kammer), *Case of Demir and Baykara v. Turkey*, Appl. No. 34503/97, Urteil vom 12. November 2008
- *Case of Nolan and K. v. Russia*, Appl. No. 2512/04, Urteil vom 12. Februar 2009
- *Case of Al-Dulimi and Montana Management Inc. v. Switzerland*, Appl. No. 5809/08, Urteil vom 26. November 2013
- (Große Kammer), *Al-Dulimi and Montana Management Inc. v. Switzerland*, Appl. No. 5809/08, Urteil vom 21. Juni 2016

Gerichte der Europäischen Union

- EuG, *Yassin Abdullah Kadi/Rat der Europäischen Union und Kommission der Europäischen Gemeinschaften*, Rs. T-315/01, Urteil vom 21. September 2005
- EuG, *Ahmed Ali Yusuf und Al Barakaat International Foundation/Rat der Europäischen Union und Kommission der Eruopäischen Gemeinschaften*, Rs T-306/01, Urteil vom 21. September 2005
- EuGH, *Van Gend & Loos*, Rs. 26/62, Urteil vom 5. Februar 1962
- EuGH, *Costa/ENEL*, Rs. 6/64, Urteil vom 15. Juli 1964
- EuGH, *Yassin Abdullah Kadi und Al Barakaat International Foundation v. Rat der Europäischen Union und Kommission der Europäischen Gemeinschaften*, Rs. C-402/05 P, C-415/05 P, Urteil vom 3. September 2008

Entscheidungen staatlicher Gerichte

- Privy Council (Australia), *Southern Portland Cement Ltd. v. Cooper*, Urteil vom 19. November 1973, [1974] AC 623 = [1974] 1 All ER 87 = [1974] 2 WLR 152
- High Court of Australia, *Ruhani v. Director of Police*, Urteil vom 31. August 2005, 2005 HCA 43, ILDC 509 (AU 2005)
- High Court of Australia, *XYZ v. Australia*, Urteil vom 13. Juni 2006, Case No. M14/2005, 2006 HCA 25, ILDC 528 (AU 2006)
- Federal Court of Australia, *Nulyarimma v. Thompson*, Urteil vom 1. September 1999, 1999 FCA 1192, ILM 39 (2000), S. 20
- Federal Court of Australia, *Habib v. Commonwealth*, Urteil vom 25. Februar 2010, [2010] 183 FCR 62

- BVerfG, Beschluss vom 7. Mai 1953, - 1 BvL 104/52 -, BVerfGE 2, 266
- BVerfG, Urteil vom 18. Dezember 1953, - 1 BvL 106/53 -, BVerfGE 3, 225
- BVerfG, Beschluss vom 25. Oktober 1966, - 2 BvR 506/63 -, BVerfGE 20, 323
- BVerfG, Beschluss vom 14. Februar 1973, - 1 BvR 112/65 -, BVerfGE 34, 269
- BVerfG, Urteil vom 5. Juni 1973, - 1 BvR 536/72 -, BVerfGE 35, 202
- BVerfG, Beschluss vom 8. Oktober 1974, - 2 BvR 747/73 -, BVerfGE 38, 105
- BVerfG, Beschluss vom 19. Juni 1979, - 2 BvR 1060/78 -, BVerfGE 51, 324
- BVerfG, Beschluss vom 26. Juni 1991, - 1 BvR 779/85 -, BVerfGE 84, 212
- BVerfG, Beschluss vom 2. März 1993, - 1 BvR 1213/85 -, BVerfGE 88, 103
- BVerfG, Beschluss vom 15. Mai 1995, - 2 BvL 19/91, 2 BvR 1206/91, 1584/91, 2601/93 -, BVerfGE 92, 277
- BVerfG, Beschluss vom 10. Juni 2005, - 1 BvR 2790/04 -, NJW 2005, 2685

- BVerfG, Beschluss vom 6. Dezember 2006, - 2 BvM 9/03 -, BVerfGE 117, 141
- BVerfG, Beschluss vom 19. September 2006, - 2 BvR 2115/01, 2 BvR 2132/01, 2 BvR 348/03 -, NJW 2007, S. 499
- BVerwG, Urteil vom 28. Februar 2007, - 3 C 38/05 -, BVerwGE 128, S. 155
- BGH, Beschluss vom 30. Januar 1991, - 2 Bgs 38/91 -, BGHSt 37, 305
- KG Berlin, Beschluss vom 26. November 1980, - Kart 18/80 -, RIW 1981, S. 406

- Court of Appeal (Civil Division), *Jones v. Ministry of the Interior of the Kingdom of Saudi Arabia and another*, Urteil vom 28. Oktober 2004, [2005] 2 W.L.R. 808
- House of Lords, *Regina v. Bow Street Metropolitan Stipendiary Magistrate and Others, Ex Parte Pinochet Ugarte (No. 3)*, Urteil vom 24. März 1999, [2000] 1 A.C. 147
- House of Lords, *Jones v. Ministry of the Interior of the Kingdom of Saudi Arabia and another*, Urteil vom 14. Juni 2006, [2007] 1 A.C. 270
- UK Supreme Court, *R (on the application of Smith) v. Secretary of State for Defence*, Urteil vom 30. Juni 2010, 2010 UKSC 29 SC, ILDC 1572 (UK 2010)

- Supreme Court of India, *In re Berubari Union and Exchange of Enclaves*, Urteil vom 14. März 1960, AIR 1960 SC 845
- Supreme Court of India, *Sonowal v. India and the State of Assam*, Urteil vom 12. Juli 2005, No. 131 of 2000, ILDC 335 (IN 2005)

- District Court of Jerusalem, *Israel v. Eichmann*, Urteil vom 11. Dezember 1961, ILR 36 (1961), S. 5
- Supreme Court of Israel, *Rosenstein v. Israel*, Urteil vom 30. November 2005, Crim A 4596/05, ILDC 159 (IL 2005)
- Supreme Court of Israel, *Adalah v. Minister of Interior of Israel and others*, Urteil vom 16. Mai 2006, HCJ 7052/03, ILDC 393 (IL 2006)

- Corte di Cassazione, *United States v. Tissino and others*, Entscheidung vom 25. Februar 2009, Case No. 4461/2009, ILDC 1262 (IT 2009)
- Corte Constituzionale, Sentenza no. 238, Urteil vom 22. Oktober 2014, erhältlich unter http://www.cortecostituzionale.it/actionJudgment.do

- Ontario Superior Court of Justice, *Council of Canadians and others v. R*, Urteil vom 8. Juli 2005, 2005 CanLII 28426, ILDC 751 (CA 2005)
- Supreme Court of Canada, *R v. Cook*, Urteil vom 1. Oktober 1998, (1998) 2 SCR 597
- Supreme Court of Canada, *Little Sisters Book and Art Emporium v. Canada (Minister of Justice)*, Urteil vom 15. Dezember 2000, 2000 SCC 69

- Supreme Court of Canada, *Suresh v. Canada (Minister of Citizenship & Immigration)*, Urteil vom 11. Januar 2002, 2002 SCC 1
- Supreme Court of Canada, *R v. Hape*, Urteil vom 7. Juni 2007, 2000 SCC 26, ILM 46 (2007), S. 815
- Supreme Court of Canada, *The Queen v Klassen*, Urteil vom 19. Dezember 2008, 2008 BCSC 1762, ILDC 941 (CA 2008)

- New Zealand Court of Appeal, *Controller and Auditor-General v. Sir Ronald Davison*, Urteil vom 16. Februar 1996, ILM 36 (1996), S. 729
- High Court (New Zealand), *Fang and ors. v. Jiang and ors.*, Urteil vom 21. Dezember 2006, [2007] NZAR 420, ILDC 1226 (NZ 2006)

- US Supreme Court, *Nishimura Eiku v. United States*, Urteil vom 18. Januar 1892, 142 US 651
- US Supreme Court, *The Paquete Habana*, Urteil vom 8. Januar 1900, 175 U.S. 677
- US Supreme Court, *Medellín v. Texas*, Urteil vom 25. März 2008, 552 US 491
- US District Court (Southern District of Florida), *United States v. Noriega*, Urteil vom 8. Juni 1990, 752 F. Supp 1506 (1990)
- US Court of Appeals (9th Circuit), *Siderman de Blake v. Republic of Argentina*, Urteil vom 22. Mai 1992, 965 F.2d 699
- US Court of Appeals (DC Circuit), *Princz v. Germany*, Urteil vom 1. Juli 1994, 26 F.3d 1166

- Mixed Court of Appeal in Egypt, *Rothschild & Sons v. Egyptian Government*, Urteil vom 29. März 1926, Annual Digest of Public International Law Cases (1925-26), Case No. 14, S. 20
- Federal Court Penang (Malaysia), *Lembaga Letrik Negara, Malaysia v. Ramakrishnan*, Urteil vom 13. April 1982, Malayan Law Journal 2 (1982), S. 128
- Schweizerisches Bundesgericht, Urteil vom 22. Juni 2007, BGE 133 I, S. 234
- Tokyo District Court, Urteil vom 7. Dezember 1963, Japanese Annual of International Law 8 (1964), S. 212
- Special Supreme Court of Greece, *Germany v. Margellos*, Urteil vom 17. September 2002, Case No. 6/2002, ILDC 87 (GR 2002),
- Supreme Federal Court of Brazil, *Italy v. Battisti*, Urteil vom 16. Dezember 2009, ILDC 1674 (BR 2009)
- Court of Appeal (Macao), *A v. Secretary for Security*, Urteil vom 14. März 2002, TSI-A-209/2001, ILDC 628 (MO 2002)
- High Court of Kenya, *Twictor Investments Ltd v. United States*, Urteil vom 23. Mai 2003, Civil Suit No. 1309 of 2001, ILDC 927 (KE 2003)
- Supreme Court of Poland, *Winicjusz N v. Federal Republic of Germany*, Urteil vom 29. Oktober 2010, SN IV CSK 465/09, ILDC 1769 (PL 2010)

- Constitutional Court of Slovenia, *Stepanovic and others*, Urteil vom 16. Juni 2005, U-I-2/04, ILDC 424 (Sl 2005)
- Constitutional Court of South Africa, *Kaunda v. President of South Africa*, Urteil vom 4. August 2004, Case No. CCT23/04, ILDC 89 (ZA 2004)

Sach- und Personenverzeichnis

Max-Planck-Institut für ausländisches öffentliches Recht und Völkerrecht

Beiträge zum ausländischen öffentlichen Recht und Völkerrecht

Hrsg.: A. von Bogdandy, A. Peters

Bde. 27–59 erschienen im Carl Heymanns Verlag KG Köln, Berlin (Bestellung an: Max-Planck-Institut für Völkerrecht, Im Neuenheimer Feld 535, 69120 Heidelberg); ab Band 60 im Springer-Verlag GmbH

---

272 Jochen *Rauber*: **Strukturwandel als Prinzipienwandel.** 2018. XXXIV, 970 Seiten. Geb. € 159,99

271 Anja *Höfelmeier*: **Die Vollstreckungsimmunität der Staaten im Wandel des Völkerrechts.** 2018. XVIII, 250 Seiten. Geb. € 89,99

270 Rudolf *Bernhardt*, Karin *Oellers-Frahm*: **Das Max-Planck-Institut für ausländisches öffentliches Recht und Völkerrecht.** 2018. XII, 344 Seiten. Geb. € 89,99

269 Philine *Wehling*: **Wasserrechte am Nil.** 2018. XVI, 349 Seiten. Geb. € 84,99

268 Katharina *Berner*: **Subsequent Agreements and Subsequent Practice in Domestic Courts.** 2017. XL, 238 Seiten. Geb. € 114,99 zzgl. landesüblicher MwSt.

267 Josephine *Asche*: **Die Margin of Appreciation.** 2018. XII, 255 Seiten. Geb. € 69,99

266 Nele *Yang*: **Die Leitentscheidung.** 2018. XI, 363 Seiten. Geb. € 84,99

265 Roya *Sangi*: **Die auswärtige Gewalt des Europäischen Parlaments.** 2018. XIV, 179 Seiten. Geb. € 69,99

264 Anna *Krueger*: **Die Bindung der Dritten Welt an das postkoloniale Völkerrecht.** 2018. XII, 434 Seiten. Geb. € 89,99

263 Björnstjern *Baade*: **Der Europäische Gerichtshof für Menschenrechte als Diskurswächter.** 2017. XVIII, 543 Seiten. Geb. € 99,99

262 Felix *Lange*: **Praxisorientierung und Gemeinschaftskonzeption.** 2017. XIV, 403 Seiten. Geb. € 94,99

261 Johanna Elisabeth *Dickschen*: **Empfehlungen und Leitlinien als Handlungsform der Europäischen Finanzaufsichtsbehörden.** 2017. XIX, 277 Seiten. Geb. € 84,99

260 Mohamed *Assakkali*: **Europäische Union und Internationaler Währungsfonds.** 2017. XX, 516 Seiten. Geb. € 99,99

259 Franziska *Paefgen*: **Der von Art. 8 EMRK gewährleistete Schutz vor staatlichen Eingriffen in die Persönlichkeitsrechte im Internet.** 2017. XV, 220 Seiten. Geb. € 69,99

258 Tim René *Salomon*: **Die internationale Strafverfolgungsstrategie gegenüber somalischen Piraten.** 2017. XXXII, 743 Seiten. Geb. € 129,99

257 Jelena *Bäumler*: **Das Schädigungsverbot im Völkerrecht.** 2017. XIX, 379 Seiten. Geb. € 89,99

256 Christopher *Peters*: **Praxis Internationaler Organisationen - Vertragswandel und völkerrechtlicher Ordnungsrahmen.** 2016. XXVIII, 498 Seiten. Geb. € 99,99

255 Nicole *Appel*: **Das internationale Kooperationsrecht der Europäischen Union.** 2016. XVIII, 608 Seiten. Geb. € 109,99

254 Christian *Wohlfahrt*: **Die Vermutung unmittelbarer Wirkung des Unionsrechts.** 2016. XIX, 300 Seiten. Geb. € 84,99

253 Katja *Göcke*: **Indigene Landrechte im internationalen Vergleich.** 2016. XVII, 818 Seiten. Geb. € 139,99

252 Julia *Heesen*: **Interne Abkommen.** 2015. XXI, 473 Seiten. Geb. € 94,99

251 Matthias *Goldmann*: **Internationale öffentliche Gewalt.** 2015. XXIX, 636 Seiten. Geb. € 109,99

250 Isabelle *Ley*: **Opposition im Völkerrecht.** 2014. XXIII, 452 Seiten. Geb. € 94,99

249 Matthias *Kottmann*: **Introvertierte Rechtsgemeinschaft.** 2014. XII, 352 Seiten. Geb. € 84,99

248 Jelena *von Achenbach*: **Demokratische Gesetzgebung in der Europäischen Union.** 2014. XVI, 522 Seiten. Geb. € 94,99

247 Jürgen *Friedrich*: **International Environmental "soft law".** 2014. XXI, 503 Seiten. Geb. € 94,99 zzgl. landesüblicher MwSt.

246 Anuscheh *Farahat*: **Progressive Inklusion.** 2014. XXIV, 429 Seiten. Geb. € 94,99

245 Christina *Binder*: **Die Grenzen der Vertragstreue im Völkerrecht.** 2013. XL, 770 Seiten. Geb. € 119,99

244 Cornelia *Hagedorn*: **Legitime Strategien der Dissensbewältigung in demokratischen Staaten.** 2013. XX, 551 Seiten. Geb. € 99,99

243 Marianne *Klumpp*: **Schiedsgerichtsbarkeit und Ständiges Revisionsgericht des Mercosur.** 2013. XX, 512 Seiten. Geb. € 94,99

242 Karen *Kaiser* (Hrsg.): **Der Vertrag von Lissabon vor dem Bundesverfassungsgericht.** 2013. XX, 1635 Seiten. Geb. € 199,99

241 Dominik *Steiger*: **Das völkerrechtliche Folterverbot und der "Krieg gegen den Terror".** 2013. XXX, 821 Seiten. Geb. € 139,99

240 Silja *Vöneky*, Britta *Beylage-Haarmann*, Anja *Höfelmeier*, Anna-Katharina *Hübler* (Hrsg.): **Ethik und Recht - Die Ethisierung des Rechts/Ethics and Law - The Ethicalization of Law.** 2013. XVIII, 456 Seiten. Geb. € 94,99

239 Rüdiger *Wolfrum*, Ina *Gätzschmann* (eds.): **International Dispute Settlement: Room for Innovations?** 2013. XIV, 445 Seiten. Geb. € 94,95 zzgl. landesüblicher MwSt.

238 Isabel *Röcker*: **Die Pflicht zur rahmenbeschlusskonformen Auslegung nationalen Rechts.** 2013. XXIII, 410 Seiten. Geb. € 89,95

237 Maike *Kuhn*: **Die Europäische Sicherheits- und Verteidigungspolitik im Mehrebenensystem.** 2012. XIII, 325 Seiten. Geb. € 79,95

236 Armin *von Bogdandy*, Ingo *Venzke* (eds.): **International Judicial Lawmaking.** 2012. XVII, 509 Seiten. Geb. € 94,95 zzgl. landesüblicher MwSt.

235 Susanne *Wasum-Rainer*, Ingo *Winkelmann*, Katrin *Tiroch* (eds.): **Arctic Science, International Law and Climate Change.** 2012. XIX, 374 Seiten. Geb. € 84,95 zzgl. landesüblicher MwSt.

234 Mirja A. *Trilsch*: **Die Justiziabilität wirtschaftlicher, sozialer und kultureller Rechte im innerstaatlichen Recht.** 2012. XIX, 559 Seiten. Geb. € 99,95

233 Anja *Seibert-Fohr* (ed.): **Judicial Independence in Transition.** 2012. XIII, 1378 Seiten. Geb. € 169,95 zzgl. landesüblicher MwSt.

232 Sandra *Stahl*: **Schutzpflichten im Völkerrecht - Ansatz einer Dogmatik.** 2012. XXX, 505 Seiten. Geb. € 94,95

231 Thomas *Kleinlein*: **Konstitutionalisierung im Völkerrecht.** 2012. XLII, 940 Seiten. Geb. € 149,95

230 Roland *Otto*: **Targeted Killings and International Law.** 2012. XVIII, 661 Seiten. Geb. € 109,95 zzgl. landesüblicher MwSt.

229 Nele *Matz-Lück*, Mathias *Hong* (Hrsg.): **Grundrechte und Grundfreiheiten im Mehrebenensystem - Konkurrenzen und Interferenzen.** 2012. VIII, 394 Seiten. Geb. € 89,95

228 Matthias *Ruffert*, Sebastian *Steinecke*: **The Global Administrative Law of Science,** 2011. IX, 140 Seiten. Geb. € 59,95 zzgl. landesüblicher MwSt.

227 Sebastian *Pritzkow*: **Das völkerrechtliche Verhältnis zwischen der EU und Russland im Energiesektor.** 2011. XXIV, 304 Seiten. Geb. € 79,95

226 Sarah *Wolf*: **Unterseeische Rohrleitungen und Meeresumweltschutz.** 2011. XXIII, 442 Seiten. Geb. € 94,95

225 Clemens *Feinäugle*: **Hoheitsgewalt im Völkerrecht.** 2011. XXVI, 418 Seiten. Geb. € 89,95

224 David *Barthel*: **Die neue Sicherheits- und Verteidigungsarchitektur der Afrikanischen Union.** 2011. XXV, 443 Seiten. Geb. € 94,95

223 Tilmann *Altwicker*: **Menschenrechtlicher Gleichheitsschutz.** 2011. XXX, 549 Seiten. Geb. € 99,95

222 Stephan *Bitter*: **Die Sanktion im Recht der Europäischen Union.** 2011. XV, 351 Seiten. Geb. € 84,95

221 Holger *Hestermeyer*, Nele *Matz-Lück*, Anja *Seibert-Fohr*, Silja *Vöneky* (eds.): **Law of the Sea in Dialogue.** 2011. XII, 189 Seiten. Geb. € 69,95 zzgl. landesüblicher MwSt.

220 Jan *Scheffler*: **Die Europäische Union als rechtlich-institutioneller Akteur im System der Vereinten Nationen.** 2011. XXXV, 918 Seiten. Geb. € 149,95

219 Mehrdad *Payandeh*: **Internationales Gemeinschaftsrecht.** 2010. XXXV, 629 Seiten. Geb. € 99,95

218 Jakob *Pichon*: **Internationaler Strafgerichtshof und Sicherheitsrat der Vereinten Nationen.** 2011. XXVI, 399 Seiten. Geb. € 89,95

217 Michael *Duchstein*: **Das internationale Benchmarkingverfahren und seine Bedeutung für den gewerblichen Rechtsschutz.** 2010. XXVI, 528 Seiten. Geb. € 99,95

216 Tobias *Darge*: **Kriegsverbrechen im nationalen und internationalen Recht.** 2010. XXXV, 499 Seiten. Geb. € 94,95

215 Markus *Benzing*: **Das Beweisrecht vor internationalen Gerichten und Schiedsgerichten in zwischenstaatlichen Streitigkeiten.** 2010. L, 846 Seiten. Geb. € 139,95

214 Urs *Saxer*: **Die internationale Steuerung der Selbstbestimmung und der Staatsentstehung.** 2010. XLII, 1140 Seiten. Geb. € 169,95

GPSR Compliance
The European Union's (EU) General Product Safety Regulation (GPSR) is a set of rules that requires consumer products to be safe and our obligations to ensure this.

If you have any concerns about our products, you can contact us on

ProductSafety@springernature.com

In case Publisher is established outside the EU, the EU authorized representative is:

Springer Nature Customer Service Center GmbH
Europaplatz 3
69115 Heidelberg, Germany

www.ingramcontent.com/pod-product-compliance
Lightning Source LLC
Chambersburg PA
CBHW060108241026
53708CB00003B/48
9783662554708